The ICS Ancient Chinese Text Concordance Series

先秦兩漢古籍逐字索引叢刊

古列女傳逐字索引

A CONCORDANCE TO THE
GULIENUZHUAN

叢刊主編：劉殿爵　　陳方正
計劃主任：何志華
系統主任：何國杰
程式助理：梁偉明
資料處理：黃祿添　　洪瑞强
研究助理：陳麗珠
顧　　問：張雙慶　　黃坤堯　　朱國藩
版本顧問：沈　津
程式顧問：何玉成　　梁光漢

本《逐字索引》乃據「先秦兩漢一切傳世文獻電腦化資料庫」編纂而成，而資
料庫之建立，有賴香港大學及理工撥款委員會資助，謹此致謝。

CUHK.ICS.

The Ancient Chinese Texts Concordance Series

SERIES EDITORS   D.C. Lau   Chen Fong Ching
PROJECT DIRECTOR   Ho Che Wah
COMPUTER PROJECTS OFFICER   Ho Kwok Kit
PROGRAMMING ASSISTANT   Leung Wai Ming
DATA PROCESSING   Wong Luk Tim   Hung Sui Keung
RESEARCH ASSISTANT   Uppathamchat Nimitra
CONSULTANTS   Chang Song Hing   Wong Kuan Io   Chu Kwok Fan
TEXT CONSULTANT   Shum Chun
PROGRAMMING CONSULTANTS   Ho Yuk Shing   Leung Kwong Han

THIS CONCORDANCE IS COMPILED FROM THE ANCIENT CHINESE TEXTS DATABASE,
WHICH IS ESTABLISHED WITH A RESEARCH AWARD FROM THE UNIVERSITY AND
POLYTECHNIC GRANTS COMMITTEE OF HONG KONG, FOR WHICH WE WISH TO
ACKNOWLEDGE OUR GRATITUDE.

古列女傳逐字索引

編　　輯：劉殿爵
執行編輯：何志華
版本顧問：沈燮元
研究助理：陳麗珠
校　　對：陳建樑　　莫鉅志　　姚道生
　　　　　陳秀芳　　趙國基　　李朝輝
　　　　　文覺謙
系統設計：何國杰
程式助理：梁偉明

The Concordance to the Gulienuzhuan

EDITOR   D.C. Lau
EXECUTIVE EDITOR   Ho Che Wah
TEXT CONSULTANT   Shen Xie Yuan
RESEARCH ASSISTANT   Uppathamchat Nimitra
PROOF-READERS   Chan Kin Leung   Mok Kui Chi   Yiu To Sang
                       Chan Sau Fong   Chiu Kwok Kei   Lee Chiu Fai
                       Man Kwok Him
SYSTEM DESIGN   Ho Kwok Kit
PROGRAMMING ASSISTANT Leung Wai Ming

香港中文大學中國文化研究所

The Chinese University of Hong Kong
Institute of Chinese Studies

The ICS Ancient Chinese Text Concordance Series

先秦兩漢古籍逐字索引叢刊

古列女傳逐字索引

A CONCORDANCE TO THE GULIENUZHUAN

叢刊主編：劉殿爵　陳方正

本書編者：劉殿爵

臺灣商務印書館 發行

The Commercial Press, Ltd.

古列女傳逐字索引＝A concordance to the
　Gulienuzhuan／劉殿爵編. --初版. --臺北
市：臺灣商務，1994 [民83]
　　　　面；　公分. --（香港中文大學中國文化研
究所先秦兩漢古籍逐字索引叢刊）
　　ISBN 957-05-0894-9 (精裝)

1.古列女傳－語詞索引

782.222　　　　　　　　　　　83003301

香港中文大學中國文化研究所
先秦兩漢古籍逐字索引叢刊

古列女傳逐字索引
A Concordance to the Gulienuzhuan

定價新臺幣 1200 元

叢 刊 主 編	劉殿爵　陳方正
本 書 編 者	劉　殿　爵
執 行 編 輯	何　志　華
發 行 人	張　連　生
出 版 者	臺灣商務印書館股份有限公司
印 刷 所	

臺北市 10036 重慶南路 1 段 37 號
電話：(02)3116118・3115538
傳眞：(02)3710274
郵政劃撥：0000165-1 號
出版事業
登 記 證：局版臺業字第 0836 號

• 1994 年 6 月初版第 1 次印刷

ISBN　957-05-0894-9(精裝)　　　　b 41423000

目　　次

出版說明

Preface

凡例

Guide to the use of the Concordance

漢語拼音檢字表 1

威妥碼 ── 漢語拼音對照表 23

筆畫檢字表 25

通用字表 33

徵引書目 38

誤字改正說明表 39

增字、刪字改正說明表 43

譌體改正說明表 46

古列女傳原文 1-74

  1　母儀傳第一 1

    1.1　《有虞二妃》 1

    1.2　《棄母姜源》 1

    1.3　《契母簡狄》 2

    1.4　《啓母塗山》 3

    1.5　《湯妃有㜪》 3

    1.6　《周室三母》 3

    1.7　《衛姑定姜》 5

    1.8　《齊女傅母》 6

    1.9　《鄒孟軻母》 6

    1.10　《魯季敬姜》 7

    1.11　《楚子發母》 9

    1.12　《魯之母師》 10

    1.13　《魏芒慈母》 11

    1.14　《齊田稷母》 11

  2　賢明傳第二 12

    2.1　《周宣姜后》 12

    2.2　《齊桓衛姬》 13

    2.3　《晉文齊姜》 13

    2.4　《秦穆公姬》 14

    2.5　《楚莊樊姬》 15

2.6 《周南之妻》 16

2.7 《宋鮑女宗》 16

2.8 《晉趙衰妻》 17

2.9 《陶荅子妻》 17

2.10 《柳下惠妻》 18

2.11 《魯黔婁妻》 19

2.12 《齊相御妻》 19

2.13 《楚接輿妻》 20

2.14 《楚老萊妻》 21

2.15 《楚於陵妻》 21

3　仁智傳第三 22

3.1 《密康公母》 22

3.2 《楚武鄧曼》 22

3.3 《許穆夫人》 23

3.4 《曹僖氏妻》 24

3.5 《孫叔敖母》 24

3.6 《晉伯宗妻》 25

3.7 《衛靈夫人》 25

3.8 《齊靈仲子》 26

3.9 《魯臧孫母》 26

3.10 《晉羊叔姬》 27

3.11 《晉范氏母》 28

3.12 《魯公乘姒》 29

3.13 《魯漆室女》 30

3.14 《魏曲沃負》 30

3.15 《趙將括母》 31

4　貞順傳第四 32

4.1 《召南申女》 32

4.2 《宋恭伯姬》 32

4.3 《衛（宣）〔寡〕夫人》 33

4.4 《蔡人之妻》 33

4.5 《黎莊夫人》 34

4.6 《齊孝孟姬》 34

4.7 《息君夫人》 35

4.8 《齊杞梁妻》 36

4.9 《楚平伯嬴》 36

4.10 《楚昭貞姜》 37

4.11 《楚白貞姬》 38

4.12 《衛宗二順》 38

4.13 《魯寡陶嬰》 39

4.14 《梁寡高行》 39

4.15 《陳寡孝婦》 40

5 節義傳第五 41

5.1 《魯孝義保》 41

5.2 《楚成鄭瞀》 41

5.3 《晉圉懷嬴》 42

5.4 《楚昭越姬》 43

5.5 《蓋將之妻》 44

5.6 《魯義姑姊》 44

5.7 《代趙夫人》 45

5.8 《齊義繼母》 46

5.9 《魯秋潔婦》 46

5.10 《周主忠妾》 47

5.11 《魏節乳母》 48

5.12 《梁節姑姊》 48

5.13 《珠崖二義》 49

5.14 《（邰）〔郃〕陽友（姊）〔娣〕》 50

5.15 《京師節女》 50

6 辯通傳第六 51

6.1 《齊管妾婧》 51

6.2 《楚江乙母》 52

6.3 《晉弓工妻》 52

6.4 《齊傷槐女》 53

6.5 《楚野辯女》 54

6.6 《阿谷處女》 55

6.7 《趙津女娟》 55

6.8 《趙佛肸母》 56

6.9 《齊威虞姬》 57

6.10 《齊鍾離春》 58

6.11 《齊宿瘤女》 59

6.12 《齊孤逐女》 60

6.13 《楚處莊姪》 61

6.14 《齊女徐吾》 62

6.15 《齊太倉女》 62

7 孽嬖傳第七 63

7.1 《夏桀末喜》 63

7.2 《殷紂妲己》 64

7.3 《周幽褒姒》 64

7.4 《衛宣公姜》 65

7.5 《魯桓文姜》 66

7.6 《魯莊哀姜》 66
7.7 《晉獻驪姬》 67
7.8 《魯宣繆姜》 68
7.9 《陳女夏姬》 69
7.10 《齊靈聲姬》 70
7.11 《齊東郭姜》 70
7.12 《衛二亂女》 71
7.13 《趙靈吳女》 72
7.14 《楚考李后》 72
7.15 《趙悼倡后》 73
逐字索引 75-410
附錄：
　　全書用字頻數表 411-417

出 版 說 明

一九八八年，香港中文大學中國文化研究所獲香港「大學及理工撥款委員會」撥款
資助，並得香港中文大學電算機服務中心提供技術支援，建立「漢及以前全部傳世文獻
電腦化資料庫」，決定以三年時間，將漢及以前全部傳世文獻共約八百萬字輸入電腦。
資料庫建立後，將陸續編印《香港中文大學中國文化研究所先秦兩漢古籍逐字索引叢
刊》，以便利語言學、文學，及古史學之研究。

《香港中文大學先秦兩漢古籍逐字索引叢刊》之編輯工作，將分兩階段進行，首階
段先行處理未有「逐字索引」之古籍，至於已有「逐字索引」者，將於次一階段重新編
輯出版，以求達致更高之準確度，與及提供更為詳審之異文校勘紀錄。

「逐字索引」作為學術研究工具書，對治學幫助極大。西方出版界、學術界均極重
視索引之編輯工作，早於十三世紀，聖丘休（Hugh of St. Cher）已編成《拉丁文聖經
通檢》。

我國蔡耀堂（ 廷幹 ）於民國十一年(1922)編刊《老解老》一書，以武英殿聚珍版
《道德經》全文為底本，先正文，後逐字索引，以原書之每字為目，下列所有出現該字
之句子，並標出句子所出現之章次，此種表示原句位置之方法，雖未詳細至表示原句之
頁次 、行次，然已具備逐字索引之功能。《老解老》 一書為非賣品，今日坊間已不常
見，然而蔡氏草創引得之編纂，其功實不可泯滅。 我國大規模編輯引得， 須至一九三
零年，美國資助之哈佛燕京學社引得編纂處之成立然後開始。此引得編纂處，由洪業先
生主持，費時多年，為中國六十多種傳統文獻，編輯引得，功績斐然。然而漢學資料卷
帙浩繁，未編成引得之古籍仍遠較已編成者為多。本計劃希望能利用今日科技之先進產
品 —— 電腦，重新整理古代傳世文獻；利用電腦程式，將先秦兩漢近八百萬字傳世文
獻，悉數編為「逐字索引」。俾使學者能據以掌握文獻資料，進行更高層次及更具創意
之研究工作。

一九三二年，洪業先生著《引得說》，以「引得」對譯 Index，音義兼顧，巧妙工
整。Index 原意謂「指點」，引伸而為一種學術工具，日本人譯為「索引」。而洪先生
又將西方另一種逐字索引之學術工具 Concordance 譯為「堪靠燈」。Index 與
Concordance 截然不同；前者所重視者乃原書之意義名物，只收重要之字、詞，不收虛
字及連繫詞等，故用處有限；後者則就文獻中所見之字，全部收納，大小不遺，故有助
於文辭訓詁，語法句式之研究及字書之編纂。洪先生將選索性之 Index 譯作「引得」，
將字字可索的 Concordance 譯作「堪靠燈」，足見卓識，然其後於一九三零年間，主

持哈佛燕京學社編纂工作，所編成之大部分《引得》，反屬全索之「堪靠燈」，以致名實混淆，實爲可惜。今爲別於選索之引得（Index），本計劃將全索之 Concordance 稱爲「逐字索引」。

利用電腦編纂古籍逐字索引，本計劃經驗尚淺，是書倘有失誤之處，尚望學者方家不吝指正。

PREFACE

In 1988, the Institute of Chinese Studies of The Chinese University of Hong Kong put forward a proposal for the establishment of a computerized database of the entire body of extant Han and pre-Han traditional Chinese texts. This project received a grant from the UPGC and was given technical support by the Computer Services Centre of The Chinese University of Hong Kong. The project was to be completed in three years.

From such a database, a series of concordances to individual ancient Chinese texts will be compiled and published in printed form. Scholars whether they are interested in Chinese literature, history, philosophy, linguistics, or lexicography, will find in this series of concordances a valuable tool for their research.

The *Ancient Chinese Texts Concordance Series* is planned in two stages. In the first stage, texts without existing concordances will be dealt with. In the second stage, texts with existing concordances will be redone with a view to greater accuracy and more adequate textual notes.

In the Western tradition, the concordance was looked upon as one of the most useful tools for research. As early as c. 1230, appeared the concordance to the *Vulgate*, compiled by Hugh of St. Cher.

In China, the first concordance to appear was *Laozi Laojielao* in the early nineteen twenties. Cai Yaotang who produced it was in all probability unaware of the Western tradition of concordances.

As the *Laojielao* was not for sale, it had probably a very limited circulation. However, Cai Yaotang's contribution to the compilation of concordances to Chinese texts should not go unmentioned.

The *Harvard-Yenching Sinological Concordance Series* was begun in the 1930s under the direction of Dr. William Hung. Unfortunately, work on this series was cut short by the Second World War. Although some sixty concordances were published, a far greater number of texts remains to be done. However, with the advent of the computer the establishment of a database of all extant ancient works become a distinct possibility. Once

PREFACE

such a database is established, a series of concordances can be compiled to cover the entire field of ancient Chinese studies.

Back in 1932, William Hung in his *"What is Index ?"* used the term 引得 for "Index" in preference to the Japanese 索引, and the term 堪靠燈 for concordance. However, when he came to compile the *Harvard Yenching Sinological Concordance Series*, he abandoned the term 堪靠燈 and used the term 引得 for both index and concordance. This was unfortunate as this blurs the difference between a concordance and an index. The former, because of its exhaustive listing of the occurrence of every word, is a far more powerful tool for research than the latter. To underline this difference we decided to use 逐字索引 for concordance.

The *Ancient Chinese Texts Concordance Series* is compiled from the computerized database. As we intend to extend our work to cover subsequent ages, any ideas and suggestions which may be of help to us in our future work are welcome.

凡　例

一．《古列女傳》正文：

1．本《逐字索引》所附正文據《四部叢刊》影長沙葉氏觀古堂藏明刊本。由於傳世刊本，均甚殘闕，今除別本、類書外，並據其他文獻所見之重文，加以校改。校改只供讀者參考，故不論在「正文」或在「逐字索引」，均加上校改符號，以便恢復底本原來面貌。

2．（　）表示刪字；〔　〕表示增字。除用以表示增刪字外，凡誤字之改正，例如 a 字改正爲 b 字，亦以（a）〔b〕方式表示。

　　例如：（受）坐不同席　　　　　　　　　　4.9/36/29

　　　　　表示《四部叢刊》本衍「受」字。讀者翻檢《增字、刪字改正說明表》，即知刪字之依據爲《文選樓叢書》本（頁107）。

　　例如：學〔何〕所至矣　　　　　　　　　　1.9/6/28

　　　　　表示《四部叢刊》本脫「何」字。讀者翻檢《增字、刪字改正說明表》，即知增字之依據爲《太平御覽》卷826（頁 3680 ）。

　　例如：兆如山（林）〔陵〕　　　　　　　　1.7/5/23

　　　　　表示《四部叢刊》本作「林」，乃誤字，今改正爲「陵」。讀者翻檢《誤字改正說明表》，即知改字之依據爲《左傳‧襄公十年》（頁 540 ）。

3．本《逐字索引》據別本，及其他文獻對校原底本，或改正底本原文，或只標注異文。有關此等文獻之版本名稱，以及本《逐字索引》標注其出處之方法，均列《徵引書目》中。

4．本《逐字索引》所收之字一律劃一用正體，以昭和四十九年大修館書店發行之《大漢和辭典》，及一九八六至一九九零年湖北辭書出版社、四川辭書出版社出版之《漢語大字典》所收之正體爲準，遇有異體或譌體，一律代以正體。

　　例如：（i）舜往飛出　　　　　　　　　　1.1/1/12

《四部叢刊》本原作「舜徃飛出」，據《大漢和辭典》，「往」、「徃」
乃異體字，音義無別，今代以正體「往」字。爲便讀者了解底本原貌，凡
異體之改正，均列《通用字表》中。

（ⅱ）維王之（卭）〔邛〕　　　　　　　　7.2/64/13

「卭」爲譌體，今改作正體「邛」字。凡譌體之改正，均列《譌體改正說
明表》中，並申明改字依據。

5．異文校勘主要參考梁端《列女傳校注》（《四部備要》本）。

　5.1.異文紀錄欄

　　a．凡正文文字右上方標有數碼者，表示當頁下端有注文

　　　　例如：汝后[1]稷　　　　　　　　　　　1.2/2/3

　　　　　　當頁注 1 注出「后」字有異文「居」。

　　b．數碼前加 ＇＇，表示範圍。

　　　　例如：＇不食＇[6]邪味　　　　　　　　　1.6/4/7

　　　　　　當頁注 6 注出「食不」爲「不食」二字之異文。

　　c．異文多於一種者：加 A. B. C. 以區別之。

　　　　例如：女倚柱而嘯[2]　　　　　　　　　3.13/30/3

　　　　　　當頁注 2 下注出異文：

　　　　　　　A.啼　B.歎

　　　　　　表示兩種不同異文分見不同別本。

　　d．異文後所加按語，外括〈　〉號。

　　　　例如：小子＇矯矯＇[11]　　　　　　　3.15/31/26

　　　　　　當頁注 11 注出異文後，再加按語：

　　　　　　蹻蹻〈與今本《詩》同。〉

5.2.校勘除選錄不同版本所見異文之外,亦選錄其他文獻、類書等引錄所見異文。

5.3.讀者欲知異文詳細情況,可參看梁端《列女傳校注》。凡據別本,及其他文獻所紀錄之異文,於標注異文後,均列明出處,包括書名、篇名、頁次,有關所據文獻之版本名稱,及標注其出處之方法,請參《徵引書目》。

6.◇表示底本原有空白。

二.逐字索引編排:

1.以單字爲綱,旁列該字在全文出現之頻數(書末另附《全書用字頻數表》〔附錄一〕,按頻數次序列出全書單字),下按原文先後列明該字出現之全部例句,句中遇該字則代以「○」號。

2.全部《逐字索引》按漢語拼音排列;一字多音者,於最常用讀音下,列出全部例句。

3.每一例句後加上編號 a/b/c 表明於原文中位置,例如 1.1/2/3,「1.1」表示原文的篇章次、「2」表示頁次、「3」表示行次。

三.檢字表:

備有《漢語拼音檢字表》、《筆畫檢字表》兩種:

1.漢語拼音據《辭源》修訂本(一九七九年至一九八三年北京商務印書館)及《漢語大字典》。一字多音者,按不同讀音在音序中分別列出;例如「說」字有 shuō, shuì, yuè, luō 四讀,分列四處。聲母、韻母相同之字,按陰平、陽平、上、去四聲先後排列。讀音未詳者,一律置於表末。

2.《逐字索引》中某字所出現之頁數,在《漢語拼音檢字表》中所列該字任一讀音下皆可檢得。

3.筆畫數目、部首歸類均據《康熙字典》。畫數相同之字,其先後次序依部首排列。

4.另附《威妥碼－漢語拼音對照表》,以方便使用威妥碼拼音之讀者。

主編者簡介

劉殿爵教授（Prof. D. C. Lau）早歲肄業於香港大學中文系，嗣赴蘇格蘭格拉斯哥大學攻讀西洋哲學，畢業後執教於倫敦大學達二十八年之久，一九七八年應邀回港出任香港中文大學中文系講座教授。劉教授於一九八九年榮休，隨即出任中國文化研究所榮譽教授至今。劉教授興趣在哲學及語言學，以準確嚴謹的態度翻譯古代典籍，其中《論語》、《孟子》、《老子》三書之英譯，已成海外研究中國哲學必讀之書。

陳方正博士（Dr. Chen Fong Ching），一九六二年哈佛（Harvard）大學物理學學士，一九六四年拔蘭（Brandeis）大學理學碩士，一九六六年獲理學博士，隨後執教於香港中文大學物理系，一九八六年任中國文化研究所所長至今。陳博士一九九零年創辦學術文化雙月刊《二十一世紀》，致力探討中國文化之建設。

Guide to the use of the Concordance

1. Text

1.1 The text printed with the concordance is based on the *Sibu congkan* (*SBCK*) edition. As all extant editions are marred by serious corruptions, besides other editions, parallel texts in other works have been used for collation purposes. As emendations of the text have been incorporated for the reference of the reader, care has been taken to have them clearly marked as such, both in the case of the full text as well as in the concordance, so that the original text can be recovered by ignoring the emendations.

1.2 Round brackets signify deletions while square brackets signify additions. This device is also used for emendations. An emendation of character a to character b is indicated by (a) [b]. e.g.,

(受)坐不同席   4.9/36/29

The character 受 in the *SBCK* edition, being an interpolation, is deleted on the authority of the *Wenxuanlou congshu* edition (p.107).

學〔何〕所至矣   1.9/6/28

The character 何 missing in the *SBCK* edition, is added on the authority of the *Taipingyulan* (p.3680).

A list of all deletions and additions is appended on p. 43, where the authority for each emendation is given.

兆如山（林）〔陵〕   1.7/5/23

The character 林 in the *SBCK* edition has been emended to 陵 on the authority of *Zuozhuan* xiang 10 (p.540).

A list of all emendations is appended on p.39 where the authority for each is given.

1.3 Where the text has been emended on the authority of other editions or the parallel text found in other works, such emendations are either incorporated into the text or entered as footnotes. For explanations, the reader is referred to the Bibliography on p.38.

1.4 For all concordanced characters only the standard form is used. Variant or incorrect forms have been replaced by the standard forms as given in Morohashi Tetsuji's *Dai Kan-Wa jiten*, (Tokyo : Taishūkan shōten, 1974), and the *Hanyu da zidian* (Hubei cishu chubanshe and Sichuan cishu chubanshe 1986-1990) e.g.,

（ⅰ）舜往飛出   1.1/1/12

The *SBCK* edition has 徃 which, being a variant form, has been replaced by the standard form 往 as given in the *Dai Kan-Wa jiten*. A list of all variant forms that have been in this way replaced is appended on p.33.

（ⅱ）維王之（邛）〔邛〕   7.2/64/13

The *SBCK* edition has 邛 which, being an incorrect form, has been replaced by the standard form 邛. A list of all emendations of incorrect forms is appended on p.46.

1.5 The textual notes are mainly based on the *Sibu beiyao* edition of Liang duan's *Lienüzhuan jiaozhu*.

1.5.1.a A figure on the upper right hand corner of a character indicates that a collation note is to be found at the bottom of the page, e.g.,

汝后¹稷   1.2/2/3

the superscript ¹ refers to note 1 at the bottom of the page.

1.5.1.b A range marker ⸳ ⸳ is added to the figure superscribed to indicate the total number of characters affected, e.g.,

⸳不食⸳⁶邪味   1.6/4/7

The range marker indicates that note 6 covers the two characters 不食.

1.5.1.c Where there are more than one variant reading, these are indicated by A, B, C, e.g.,

女倚柱而嘯[2]   3.13/30/3

Note 2 reads A.啼 B.歎, showing that for 嘯 one version reads 啼, while another version reads 歎.

1.5.1.d A comment on a collation note is marked off by the sign 〈 〉, e.g.,

小子‧矯矯‧[11]   3.15/31/26

Note 11 reads: 蹻蹻〈與今本《詩》同。〉.

1.5.2 Besides readings from other editions, readings from quotations found in encyclopaedias and other works are also included.

1.5.3 For further information on variant readings given in the collation notes the reader is referred to Liang duan's *Lienüzhuan jiaozhu*, and for further information on references to sources the reader is referred to Bibliography on p.38.

1.6 The sign ◇ indicates that in the original text there is a blank space.

2. Concordance

2.1 In the entries the concordanced character is replaced by the ○ sign.

The entries are arranged according to the order of appearance in the text. The frequency of appearance of the character concerned in the whole text is shown, and a list of all the concordanced characters in frequency order is appended. (Appendix One)

2.2 The entries are listed according to Hanyupinyin. In the body of the concordance all occurrences of a character with more than one pronunciation are located under its most common pronunciation.

2.3 Figures in three columns show the location of a character in the text, e.g., 1.1/2/3,

    1.1 denotes the chapter.
    2   denotes the page.
    3   denotes the line.

3. Index

A Stroke Index and an Index arranged according to Hanyupinyin are included.

3.1 The pronunciation given in the *Ciyuan* (The Commercial Press , Beijing, 1979 - 1983) and the *Hanyu da zidian* is used. Where a character has two or more pronunciations, it can be found under any of these in the index. For example : 說 which has four pronunciations : shuō, shuì, yuè, tuō is to be found under any one of these four entries. Characters with the same pronunciation but different tones are listed according to tone order. Characters of which the pronunciation is unknown are relegated to the end of the index.

3.2 In the body of the Concordance all occurrences of a character with more than one pronunciation will be located under its most common pronunciation, but this location is given under all alternative pronunciations of the character in the index.

3.3 In the stroke index, characters with the same number of strokes appear under the radicals in the same order as given in the *Kangxi zidian*.

3.4 A correspondence table between the Hanyupinyin and the Wade-Giles systems is also provided.

漢 語 拼 音 檢 字 表

ā	弊(bì)　81	**bǎo**	**bèn**	壁　81
阿(ē)　115	**bà**	保　77	奔(bēn)　79	蔽　81
	伯(bó)　83	褓　78		孿　81
āi	罷　76	飽　77	**bēng**	避　81
哀　75	霸　76	寶　78	崩　79	臂　82
			傍(páng)　218	璧　82
ài	**bái**	**bào**		躄　82
愛　75	白　76	抱　78	**bèng**	
隘　75		豹　78	迸(péng)　219	**biān**
嗌(yì)　341	**bǎi**	報　78		編　82
	百　76	暴　78	**bī**	鞭　82
ān		鮑　78	幅(fú)　132	邊　82
安　75	**bài**			
陰(yīn)　342	拜　77	**bēi**	**bí**	**biǎn**
闇(àn)　76	敗　77	杯　78	鼻　79	褊　82
		波(bō)　83		辨(biàn)　82
àn	**bān**	卑　78	**bǐ**	
按　76	般　77	背(bèi)　78	比　79	**biàn**
暗　76		庳　78	卑(bēi)　78	便　82
闇　76	**bǎn**	悲　78	彼　79	編(biān)　82
	反(fǎn)　124		俾　80	辨　82
áng		**běi**	筆　80	辯　82
卬　76	**bàn**	北　78	鄙　80	變　82
	半　77			
áo	辨(biàn)　82	**bèi**	**bì**	**biǎo**
敖　76		北(běi)　78	必　80	表　82
	bāng	拔(bá)　76	服(fú)　131	
ǎo	邦　77	背　78	拂(fú)　132	**biē**
夭(yāo)　323	彭(péng)　219	勃(bó)　84	邲　81	鱉　82
		悖　79	泌(mì)　203	
ào	**bàng**	被　79	被(bèi)　79	**bié**
敖(áo)　76	並(bìng)　83	倍　78	婢　81	別　82
	旁(páng)　218	備　79	畢　81	
ba	傍(páng)　218	糒　79	閉　81	**bīn**
罷(bà)　76			庳(bēi)　78	賓　82
	bāo	**bēn**	敝　81	濱　83
bā	苞　77	奔　79	費(fèi)　127	
八　76	炮　77		詖　81	**bìn**
	褒　77	**běn**	弼　81	賓(bīn)　82
bá		本　79	辟(pì)　219	擯　83
拔　76		畚　79	幣　81	
跋　76			弊　81	

bīng	
并(bìng)	83
冰	83
兵	83
屏(píng)	220
bǐng	
丙	83
秉	83
屏(píng)	220
bìng	
并	83
並	83
屏(píng)	220
病	83
bō	
波	83
般(bān)	77
發(fā)	123
播	83
bó	
百(bǎi)	76
佛(fó)	128
伯	83
帛	84
勃	84
悖(bèi)	79
亳	84
博	84
搏	84
蒲(pú)	220
暴(bào)	78
薄	84
bǒ	
播(bō)	83
bò	
辟(pì)	219
薄(bó)	84
bǔ	
卜	84
哺	84
補	84
bù	
不	84
布	91
步	91
cái	
才	91
材	91
財	91
cǎi	
采	92
採	92
cài	
采(cǎi)	92
蔡	92
cān	
飡	92
參(shēn)	253
殘	92
驂	92
cán	
殘	92
慚	92
蠶	92
cǎn	
慘	92
càn	
參(shēn)	253
粲	92
操(cāo)	92
cāng	
倉	92
蒼	92
cáng	
臧(zāng)	367
藏	92
cǎng	
蒼(cāng)	92
cāo	
操	92
cáo	
曹	92
cǎo	
草	92
cè	
側	93
策	93
測	93
惻	93
廁(cì)	103
cēn	
參(shēn)	253
céng	
曾(zēng)	369
層	93
chā	
差	93
chá	
苴(jū)	179
察	93
chà	
差(chā)	93
chāi	
拆	93
差(chā)	93
chái	
豺	93
chài	
差(chā)	93
chān	
沾(zhān)	369
chán	
亶(dǎn)	107
漸(jiàn)	168
澶	93
纏	93
讒	93
chǎn	
產	93
諂	93
chāng	
昌	93
倡	93
cháng	
長	93
尙(shàng)	251
常	94
嘗	94
裳	94
償	94
chàng	
倡(chāng)	93
唱	94
chāo	
超	94
cháo	
巢	94
朝(zhāo)	370
chē	
車	94
chě	
尺(chǐ)	97
chè	
宅(zhái)	369
徹	94
澈	94
chén	
臣	94
沉	95
晨	95
陳	95
塡(tián)	282
塵	95
chèn	
稱(chēng)	95
chēng	
稱	95
頳	95
chéng	
成	95
承	96
城	96
乘	96
盛	96
程	96
誠	96
徵(zhēng)	375
懲	97
chěng	
程(chéng)	96
chèng	
稱(chēng)	95
chī	
笞	97
絺	97
鴟	97
離(lí)	191
chí	
弛	97
池	97
治(zhì)	391
持	97
馳	97
遲	97

chǐ		chū		chūn		còu		dà	
尺	97	除	99	春	101	奏(zòu)	407	大	105
斥(chì)	98	芻	99			族(zú)	408		
赤(chì)	98	屠(tú)	283	chún				dài	
侈	97	著(zhù)	398	純	101	cú		大(dà)	105
恥	97	廚	99	淳	101	徂	104	代	106
移(yí)	331	諸(zhū)	396	醇	101			毒(dú)	113
齒	97					cù		怠	106
		chǔ		chǔn		取(qǔ)	236	殆	107
chì		處	99	春(chūn)	101	卒(zú)	408	待	107
斥	98	楚	99			戚(qī)	222	帶	107
赤	98			chuò		酢(zuò)	410	逮	107
敕	98	chù		啜	101	趣(qù)	237	棣(dì)	112
嘯(xiào)	313	畜	100	輟	101	數(shù)	268	戴	107
		絀	100			趨(qū)	236		
chōng		處(chǔ)	99	cī				dān	
充	98	詘(qū)	236	差(chā)	93	cuàn		丹	107
		黜	100	恣(zì)	407	竄	104	耽	107
chóng		歜	100					酖	107
重(zhòng)	394	觸	100	cí		cuī		聃	107
崇	98			子(zǐ)	399	衰(shuāi)	269	堪(kān)	185
		chuān		祠	101	崔	104	殫	107
chǒng		穿	100	茨	101	摧	104		
龍(lóng)	197			茲(zī)	399	榱	104	dán	
寵	98	chuán		詞	101			但(dàn)	107
		傳	100	粢(zī)	399	cuì			
chōu		椽	100	慈	101	卒(zú)	408	dǎn	
抽	98			辭	101	脆	104	紞	107
犨	98	chuāng				翠	104	亶	107
		創	100	cǐ					
chóu				此	102	cún		dàn	
綢	98	chuáng				存	104	旦	107
醻	98	床	100	cì				但	107
讎	98			次	102	cuō		妲(dá)	104
		chuàng		伺(sì)	272	差(chā)	93	淡	107
chǒu		倉(cāng)	92	刺	103	磋	104	亶(dǎn)	107
醜	98	創(chuāng)	100	恣(zì)	407			澶(chán)	93
				廁	103	cuò		餤(tán)	279
chòu		chuī		賜	103	昔(xī)	305		
臭	98	吹	100			摧(cuī)	104	dāng	
				cōng		錯	104	當	107
chū		chuí		從(cóng)	103				
出	98	垂	101	聰	103	dá		dǎng	
初	99	捶	101			妲	104	黨	108
				cóng		苔	104		
chú		chuì		從	103	達	104	dàng	
助(zhù)	397	吹(chuī)	100					宕	108

湯(tāng)	280	**dǐ**		**dìng**		**duān**		**è**	
當(dāng)	107	砥	111	定	112	端	114	厄	115
蕩	108							扼	115
		dì		**dōng**		**duǎn**		惡	115
dāo		弔(diào)	112	東	112	短	114	隘(ài)	75
刀	108	地	111					遏	115
叨(tāo)	280	弟	111	**dòng**		**duàn**		關	115
		俤	111	動	113	斷	114	餓	115
dǎo		帝	111	棟	113				
倒	108	娣	111			**duī**		**ēn**	
道(dào)	108	商	112	**dǒu**		追(zhuī)	398	恩	115
導	108	棣	112	斗	113	敦(dūn)	114		
蹈	108	禘	112	豆(dòu)	113			**ér**	
禱	108					**duì**		而	116
		diān		**dòu**		兌	114	兒	122
dào		顛	112	豆	113	敦(dūn)	114		
倒(dǎo)	108			投(tóu)	283	對	114	**ěr**	
悼	108	**diǎn**		瀆(dú)	113	銳(ruì)	246	耳	122
陶(táo)	280	典	112	讀(dú)	113			珥	122
敦(dūn)	114			關	113	**dūn**		爾	122
盜	108	**diàn**				純(chún)	101	邇	122
道	108	田(tián)	281	**dū**		敦	114		
稻	109	殿	112	都	113			**èr**	
醻(chóu)	98	填(tián)	282			**dùn**		二	122
				dú		盾	114	貳	123
dé		**diāo**		毒	113	敦(dūn)	114		
陟(zhì)	392	敦(dūn)	114	頓(dùn)	114	遁	114	**fā**	
得	109	雕	112	獨	113	頓	114	發	123
德	110			瀆	113				
		diǎo		牘	113	**duō**		**fá**	
dēng		鳥(niǎo)	215	櫝	113	多	114	乏	123
登	110			讀	113			伐	123
		diào				**duó**		罰	124
děng		弔	112	**dǔ**		度(dù)	114		
等	110	吊	112	堵	113	奪	115	**fǎ**	
		趙(zhào)	371	篤	113	鐸	115	法	124
dèng		調(tiáo)	282	覩	113				
鄧	110					**duò**		**fà**	
		dié		**dù**		惰	115	髮	124
dí		佚(yì)	339	土(tǔ)	284	墮	115		
狄	111	涉(shè)	252	杜	113			**fān**	
條(tiáo)	282	絰	112	妒	113	**ē**		反(fǎn)	124
嫡	111			度	114	阿	115	幡	124
翟	111	**dīng**		渡	114			蹯	124
敵	111	丁	112	塗(tú)	283	**é**			
適(shì)	265					娥	115	**fán**	
						莪	115	凡	124

煩 124	匪 126	葑(fēng) 127	輔 132	**gāo**
樊 124	菲 126	鳳 128	撫 132	咎(jiù) 178
繁 124	翡 126	縫(féng) 128		高 137
蟠 124			**fù**	睪 137
	fèi	**fó**	父 132	膏 137
fǎn	菲(fěi) 126	佛 128	伏(fú) 131	
反 124	費 127		服(fú) 131	**gǎo**
返 125	廢 127	**fōu**	附 133	槀 137
		不(bù) 84	赴 133	
fàn	**fēn**		負 133	**gào**
反(fǎn) 124	分 127	**fǒu**	婦 134	告 137
犯 125	匪(fěi) 126	不(bù) 84	副 135	膏(gāo) 137
范 125		否 128	傅 135	
飯 125	**fén**		復 135	**gē**
	焚 127	**fū**	富 135	戈 137
fāng	墳 127	夫 128	報(bào) 78	格(gé) 138
方 125		不(bù) 84	腹 135	割 137
妨(fáng) 125	**fèn**	拊(fǔ) 132	賦 135	歌 137
放(fàng) 125	分(fēn) 127	鈇 131	鮒 135	
	忿 127	傅(fù) 135	覆 135	**gé**
fáng	焚(fén) 127	膚 131		格 138
方(fāng) 125	墳(fén) 127	敷 131	**gǎi**	假(jiǎ) 166
防 125			改 136	葛 138
妨 125	**fēng**	**fú**		
房 125	風 127	夫(fū) 128	**gài**	**gě**
魴 125	封 127	弗 131	蓋 136	合(hé) 150
	烽 127	伏 131		蓋(gài) 136
fǎng	逢(féng) 127	扶 131	**gān**	
放(fàng) 125	葑 127	佛(fó) 128	干 136	**gè**
紡 125	蜂 127	拂 132	甘 136	各 138
	豐(lǐ) 191	茀 131	奸(jiān) 166	浩(hào) 150
fàng	鳳(fèng) 128	服 131	玕 136	
放 125	熢(péng) 219	祓 132	竿 136	**gēn**
	豐 127	浮 132	乾(qián) 229	根 138
fēi	鄷 127	符 132		
妃 125		幅 132	**gǎn**	**gèn**
非 126	**féng**	福 132	敢 136	艮 138
飛 126	逢 127		感 136	
匪(fěi) 126	馮 127	**fǔ**		**gēng**
菲(fěi) 126	縫 128	父(fù) 132	**gàn**	更 138
霏 126		甫 132	竿(gān) 136	耕 138
	fěng	附(fù) 133	幹 137	
féi	諷 128	拊 132		**gěng**
肥 126		府 132	**gāng**	邢(xíng) 316
	fèng	俯 132	綱 137	
fěi	奉 128	釜 132		**gèng**
非(fēi) 126	風(fēng) 127	脯 132		更(gēng) 138

gōng		家(jiā)	165	guǎn		guò		睪(gāo)	137
弓	138	辜	143	莞	146	過	149	**hē**	
工	138			管	146			何(hé)	150
公	138	**gǔ**		館	146	**hǎi**		阿(ē)	115
功	141	古	143			海	149	苛(kē)	185
共(gòng)	142	谷	143	**guàn**					
攻	141	角(jué)	181	冠(guān)	145	**hài**		**hé**	
肱	141	股	143	棺(guān)	145	害	149	禾	150
供	141	姑(gū)	142	關(guān)	145	蓋(gài)	136	合	150
宮	141	苦(kǔ)	188	灌	146	駭	149	何	150
恭	141	骨	143	觀(guān)	145			河	151
躬	141	賈	143			**hān**		和	152
訟(sòng)	274	鼓	143	**guāng**		歃(liǎn)	194	劾	151
		穀	143	光	146			郃	152
gǒng		轂	143			**hán**		盍	152
共(gòng)	142	瞽	143	**guǎng**		含	149	害(hài)	149
		鵠(hú)	156	廣	146	寒	149	貉	152
gòng						幹(gàn)	137	蓋(gài)	136
共	142	**gù**		**guī**		韓	149	闔	152
供(gōng)	141	告(gào)	137	媯	146				
貢	142	固	143	閨	146	**hàn**		**hè**	
恐(kǒng)	187	故	144	歸	146	旱	149	何(hé)	150
		顧	144			含(hán)	149	和(hé)	152
gōu				**guǐ**		感(gǎn)	136	賀	152
勾	142	**guā**		宄	147	漢	149	葛(gé)	138
句	142	瓜	144	癸	147	憾	149	赫	152
拘(jū)	179							熇	152
溝	142	**guǎ**		**guì**		**háng**		褐	152
構(gòu)	142	寡	144	貴	147	行(xíng)	315	壑	152
				跪	147			鵠(hú)	156
gǒu		**guāi**		曘(wèi)	297	**hàng**			
狗	142	乖	145			行(xíng)	315	**hēi**	
苟	142			**gǔn**				黑	152
		guài		卷(juàn)	181	**hāo**			
gòu		怪	145			蒿	149	**hēng**	
勾(gōu)	142			**guō**				亨	152
句(gōu)	142	**guān**		活(huó)	158	**háo**			
搆	142	官	145	郭	147	毫	149	**héng**	
構	142	冠	145	過(guò)	149	號	149	衡	152
覯	142	矜(jīn)	175					橫	152
購	142	莞(guǎn)	146	**guó**		**hǎo**			
講(jiǎng)	171	棺	145	國	147	好	150	**hèng**	
		關	145					橫(héng)	152
gū		鰥	145	**guǒ**		**hào**			
姑	142	觀	145	果	148	好(hǎo)	150	**hōng**	
呱	142			槨	148	浩	150	薨	152
孤	143					號(háo)	149		

hóng
弘 152
降(jiàng) 171
紘 152
閎 152

hóu
侯 152
喉 153

hòu
后 153
後 153
厚 153
候 154

hū
乎 154
忽 155
呼 155
武(wǔ) 304
惡(è) 115
戲(xì) 307

hú
狐 155
弧 155
胡 155
壺 155
號(háo) 149
糊 156
穀 156
鵠 156

hǔ
虎 156
許(xǔ) 318
滸 156

hù
戶 156
祜 156
護 156

huā
華(huá) 156

huá
華 156

huà
化 156
畫 156
華(huá) 156

huái
淮 156
槐 156
懷 156

huài
壞 156

huān
驩 156

huán
桓 156
環 157
還 157

huǎn
緩 157

huàn
浣 157
患 157
喚 157
豢 157

huāng
皇 157
荒 157

huáng
黃 157
惶 157
騜 157

huǎng
芒(máng) 201

huī
悝(kuī) 188
揮 158
墮(duò) 115
徽 158
戲(xì) 307
隳 158

huí
回 158

huǐ
悔 158
毀 158

huì
恚 158
晦 158
惠 158
喙 158
會 158
誨 158
慧 158
壞(huài) 156

hūn
昏 158
婚 158

hún
昆(kūn) 188
渾 158
魂 158

hùn
渾(hún) 158

huó
活 158
越(yuè) 364

huǒ
火 159

huò
呼(hū) 155
或 159
貨 159
惑 159
禍 159
霍 159
獲 159

jī
肌 159
居(jū) 179
其(qí) 222
奇(qí) 226
姬 159
迹 161
笄 161
倚(yǐ) 338
飢 161
基 161
朞 161
幾(jǐ) 163
期(qī) 222
資(zī) 399
齊(qí) 226
箕 161
稽 161
墼 161
璣 161
機 161
激 161
積 161
擊 161
績 161
雞 161
譏 161
饑 161
鷄 161
齎 161
羈 161

jí
及 162
伋 162
即 162
急 162
亟 162
疾 162
揖(yī) 331
楫 163
極 163
嫉 163
瘠 163
輯 163

jǐ
己 163
紀(jì) 164
脊 163
幾 163
濟(jì) 165
擠 163

jì
吉 163
技 163
忌 163
季 163
近(jìn) 175
其(qí) 222
紀 164
計 164
既 164
記 164
寂 164
祭 164
結(jié) 172
幾(jǐ) 163
跡 164
資(zī) 399
齊(qí) 226
稷 164
冀 165
濟 165
騎(qí) 227
繼 165

jiā
加 165
夾 165
枷 165
家 165
挾(xié) 313
葭 166
嘉 166

jiá
夾(jiā) 165

jiǎ									
甲	166	踐	168	jiē		衿(jīn)	175	jiǔ	
夏(xià)	308	諫	168	皆	172	浸	175	九	178
假	166	餞	169	接	172	晉	175	久	178
賈(gǔ)	143	薦	169	階	172	進	176	句(gōu)	142
		譖(zèn)	369	喈	172	僅(jǐn)	175	酒	178
jià						禁	176		
枷(jiā)	165	jiāng		jié		墐	176	jiù	
假(jiǎ)	166	江	169	劫	172	盡	176	臼	178
賈(gǔ)	143	姜	169	拾(shí)	257	薦(jiàn)	169	咎	178
嫁	166	將	170	桀	172			救	178
稼	166	僵	171	接(jiē)	172	jīng		就	179
駕	166	漿	171	結	172	京	176	舅	179
		彊(qiáng)	230	節	173	涇	176	廐	179
jiān				竭	173	荊	176	舊	179
奸	166	jiǎng		潔	173	婧(jìng)	177		
肩	166	講	171			菁	176	jū	
姦	166			jiě		靖(jìng)	177	且(qiě)	230
咸(xián)	309	jiàng		解	173	經	176	車(chē)	94
兼	166	降	171			精	176	拘	179
堅	166	將(jiāng)	170	jiè		驚	177	居	179
間	166	強(qiáng)	230	介	173			苴	179
閒(xián)	309	絳	171	戒	173	jǐng		俱	179
漸(jiàn)	168	彊(qiáng)	230	界	173	井	177	罝	180
監	167			借	173	穽	177	据	180
蕑	167	jiāo		解(jiě)	173	景	177	雎	180
		交	171	誡	173	儆	177		
jiǎn		郊	171			頸	177	jú	
前(qián)	229	教(jiào)	171	jīn				告(gào)	137
剪	167	蛟	171	巾	173	jìng			
減	167	喬(qiáo)	230	今	174	徑	177	jǔ	
齊(qí)	226	膠	171	斤	174	竟	177	巨(jù)	180
踐(jiàn)	168	驕	171	金	175	婧	177	去(qù)	236
儉	167			津	175	敬	177	拒(jù)	180
險(xiǎn)	310	jiǎo		矜	175	靖	177	苢	180
簡	167	糾(jiū)	178	衿	175	境	177	舉	180
繭	167	皎	171	筋	175	靜	177		
		膠(jiāo)	171	禁(jìn)	176	鏡	177	jù	
jiàn		矯	171	襟	175	競	178	句(gōu)	142
見	167	僥	171					巨	180
建	168			jǐn		jiǒng		足(zú)	407
間(jiān)	166	jiào		僅	175	絅	178	具	180
閒(xián)	309	教	171	盡(jìn)	176			拒	180
漸	168	醮	172	錦	175	jiū		俱(jū)	179
監(jiān)	167	覺(jué)	181	謹	175	究	178	据(jū)	180
賤	168					糾	178	距	180
劍	168	jie		jìn		鳩	178	聚	180
		家(jiā)	165	近	175	繆(móu)	207	鋸	180

據	180	駿	184	頎(qí)	226	**kuāng**		**lā**	
屨	180	**kāi**		墾	187	匡	188	拉	189
遽	180	開	184	皇(huāng)	157			
醵	180	**kǎi**		**kǒng**				**là**	
懼	180	豈(qǐ)	228	孔	187	**kuáng**		臘	189
		愷	185	恐	187	狂	188	
juān		**kān**						**lái**	
娟	180	堪	185	**kǒu**		**kuàng**		來(lài)	189
捐	180			口	187	兄(xiōng)	317	萊	189
		kàn				況	188	釐(lí)	190
juǎn		衎	185	**kòu**		皇(huāng)	157	
卷(juàn)	181			叩	187			**lài**	
捲	181	**kāng**		寇	187	**kuī**		來	189
		康	185	殼	187	悝	188	厲(lì)	194
juàn						悝(kuī)	188	賴	189
卷	181	**kàng**		**kū**		窺	188	
倦	181	康(kāng)	185	刳	187	虧	188	**lán**	
惓	181			枯	187			婪	189
		kǎo		哭	187	**kuí**		
juē		考	185			揆	188	**làn**	
祖(zǔ)	408	熇(hè)	152	**kǔ**		葵	188	爛	189
嗟	181			苦	188	隗(wěi)	293	
		kào				夔	188	**láng**	
jué		槀(gǎo)	137	**kù**				狼	189
決	181			庫	188	**kuǐ**		琅	189
角	181	**kē**				頃(qǐng)	234	蜋	189
屈(qū)	236	苛	185	**kuā**		窺(kuī)	188	
桷	181	柯	185	夸	188			**láo**	
厥	181	軻	185	華(huá)	156	**kuì**		牢	189
絕	181					臾(yú)	354	勞	189
駃	181	**kě**		**kuà**		喟	188	
爵	181	可	185	夸(kuā)	188	媿	188	**lǎo**	
闕(què)	237	軻(kē)	185			歸(guī)	146	老	190
譎	181			**kuǎi**		饋	188	橑	190
覺	181	**kè**		蒯	188			
		可(kě)	185			**kūn**		**lào**	
jūn		克	186	**kuài**		卵(luǎn)	199	牢(láo)	189
旬(xún)	319	刻	186	會(huì)	158	昆	188	烙(luò)	200
均	181	剋	186	駃(jué)	181	髡	189	勞(láo)	189
君	181	恪	186					絡(luò)	200
軍	184	客	186	**kuān**		**kǔn**		樂(yuè)	365
鈞	184			寬	188	捆	189	
		kěn						**lè**	
jùn		肯	187	**kuǎn**		**kuò**		樂(yuè)	365
俊	184			款	188	括	189	
郡	184					會(huì)	158	**léi**	
浚	184					闊	189	累(lěi)	190

雷	190	瀝	194	**lǐn**		婁	197	**luán**	
纍	190	麗	194	廩	196	樓	197	欒	199
		離(lí)	191						
lěi				**lìn**		**lǒu**		**luǎn**	
累	190	**lián**		臨(lín)	195	婁(lóu)	197	卵	199
誄	190	令(lìng)	196	轔(lín)	196				
纍(léi)	190	連	194			**lòu**		**luàn**	
		廉	194	**líng**		陋	197	亂	199
lèi		奩	194	令(lìng)	196				
累(lěi)	190	憐	194	凌	196	**lú**		**lūn**	
類	190			陵	196	慮(lǜ)	199	輪(lún)	200
		liǎn		靈	196	盧	197		
lí		斂	194			蘆	197	**lún**	
狸	190			**lǐng**		壚	198	倫	200
犛	190	**liáng**		領	196			淪	200
黎	190	良	194			**lǔ**		論(lùn)	200
藜	190	梁	195	**lìng**		虜	198	輪	200
罹	190	糧	195	令	196	魯	198		
縭	190			領(lǐng)	196			**lùn**	
釐	190	**liǎng**				**lù**		論	200
離	191	良(liáng)	194	**liú**		六(liù)	197		
麗(lì)	194	兩	195	流	197	谷(gǔ)	143	**luō**	
驪	191			留	197	角(jué)	181	捋	200
		liàng		游(yóu)	346	賂	198		
lǐ		兩(liǎng)	195	瘤	197	祿	198	**luó**	
里	191			劉	197	路	198	羅	200
李	191	**liáo**				慮(lǜ)	199		
悝(kuī)	188	聊	195	**liǔ**		戮	198	**luǒ**	
理	191	勞(láo)	189	柳	197	錄	199	果(guǒ)	148
豐	191	繆(móu)	207	留(liú)	197	麓	199	累(lěi)	190
禮	191	療	195			露	199	裸	200
醴	192			**liù**					
		liè		六	197	**lǘ**		**luò**	
lì		列	195			婁(lóu)	197	格(gé)	138
力	192	戾(lì)	194	**lóng**		閭	199	烙	200
立	192	栗(lì)	194	龍	197			絡	200
吏	193	烈	195	籠	197	**lǚ**		落	200
利	193	獵	195			呂	199	路(lù)	198
戾	194			**lǒng**		旅	199	樂(yuè)	365
栗	194	**lín**		龍(lóng)	197	婁(lóu)	197		
粒	194	林	195	籠(lóng)	197	履	199	**má**	
慄	194	鄰	195					麻	200
蒞	194	霖	195	**lòng**		**lù**			
厲	194	臨	195	弄(nòng)	216	率(shuài)	269	**mǎ**	
歷	194	鱗	196			慮	199	馬	200
勵	194	麟	196	**lóu**					
隸	194			牢(láo)	189				

mà		méi		彌(mí)	203	冥	206	沐	210
貉(hé)	152	枚	201	靡	203	盟(méng)	202	牧	210
罵	200	眉	201	禰(nǐ)	214	鳴	206	莫(mò)	206
		媒	201					幕	210
mái		墨(mò)	207	mì		mìng		墓	210
埋	200	糜(mí)	203	泌	203	命	206	慕	210
				密	203			暮	210
mǎi		měi		冪	203	miù		穆	210
買	200	每	201	謐	203	繆(móu)	207	繆(móu)	207
		美	201			謬	206		
mài				miǎn				ná	
賣	200	mèi		免	203	mó		南(nán)	212
		每(měi)	201	勉	203	莫(mò)	206		
mán		妹	202	湎	203	無(wú)	302	nà	
槾	200	昧	202			磨	206	內(nèi)	213
		媒(méi)	201	miàn		靡(mǐ)	203	納	210
mǎn		寐	202	面	203				
滿	200	媚	202			mò		nǎi	
				miáo		末	206	乃	210
màn		mén		苗	203	百(bǎi)	76		
曼	200	門	202			沒	206	nài	
幕(mù)	210			miǎo		歿	206	奈	212
嫚	201	mèn		妙(miào)	203	妺	206	柰	212
慢	201	滿(mǎn)	200			冒(mào)	201	能(néng)	213
漫	201			miào		秣	206		
		méng		妙	203	莫	206	nán	
máng		萌	202	玅	203	絑(wà)	284	男	212
芒	201	盟	202	廟	203	貉(hé)	152	南	212
萌(méng)	202	蒙	202	繆(móu)	207	幕(mù)	210	難	212
龍(lóng)	197	夢(mèng)	203			漠	207		
				miè		嘿	207	nàn	
máo		měng		滅	204	墨	207	難(nán)	212
毛	201	猛	202	蔑	204	磨(mó)	206		
茅	201							náng	
旄	201	mèng		mín		móu		囊	213
		孟	202	民	204	毋(wú)	300		
mǎo		盟(méng)	202	旻	204	謀	207	nǎng	
卯	201	夢	203			繆	207	曩	213
				mǐn					
mào		mí		昏(hūn)	158	mǔ		náo	
冒	201	迷	203	敏	204	母	207	猱	213
旄(máo)	201	糜	203	閔	204	姆	209		
耄	201	彌	203	憫	205	畝	209	nèi	
媚	201	靡(mǐ)	203					內	213
貌	201			míng		mù			
瞀	201	mǐ		名	205	木	209	néng	
		辟(pì)	219	明	205	目	210	而(ér)	116

能	213	寧	215	**pán**		熢	219	**pín**	
		疑(yí)	332	般(bān)	77	**pěng**		貧	219
ní				樊(fán)	124	奉(fèng)	128	嬪	219
尼	214	**nìng**		繁(fán)	124				
兒(ér)	122	佞	215	蟠(fán)	124	**pī**		**pǐn**	
泥	214	甯(níng)	215	磐	218	皮(pí)	219	品	219
倪	214	寧(níng)	215			被(bèi)	79		
				pàn				**pìn**	
nǐ		**niú**		反(fǎn)	124	**pí**		牝	219
尼(ní)	214	牛	215	半(bàn)	77	比(bǐ)	79	聘	220
泥(ní)	214			盼	218	皮	219		
昵(nì)	214	**niǔ**		叛	218	庳(bēi)	78	**píng**	
疑(yí)	332	狃	216	畔	218	辟(pì)	219	平	220
禰	214	紐	216			罷(bà)	76	屏	220
				páng				馮(féng)	127
nì		**nòng**		方(fāng)	125	**pǐ**		耕	220
泥(ní)	214	弄	216	房(fáng)	125	匹	219		
昵	214			旁	218	庀	219	**pō**	
倪(ní)	214	**nǔ**		逢(féng)	127	否(fǒu)	128	頗	220
逆	214	弩	216	傍	218				
匿	214			彭(péng)	219	**pì**		**pó**	
溺	214	**nù**				匹(pǐ)	219	繁(fán)	124
		怒	216	**páo**		俾(bǐ)	80		
nián				庖	218	副(fù)	135	**pǒ**	
年	214	**nǚ**		炮(bāo)	77	辟	219	頗(pō)	220
		女	216	袍	218	僻	219		
niǎn						譬	219	**pò**	
輦	215	**nǜ**		**pào**				迫	220
		女(nǚ)	216	炮(bāo)	77	**piān**		破	220
niàn						偏	219	霸(bà)	76
念	215	**nuǎn**		**pèi**					
		暖	218	妃(fēi)	125	**pián**		**pōu**	
niǎo				佩	218	平(píng)	220	剖	220
鳥	215	**nuó**		配	218	便(biàn)	82		
		難(nán)	212	珮	218	駢	219	**pǒu**	
niào						辯(biàn)	82	附(fù)	133
溺(nì)	214	**nuò**		**pēng**					
		諾	218	亨(hēng)	152	**piàn**		**pú**	
niè				烹	219	辨(biàn)	82	扶(fú)	131
泥(ní)	214	**nüè**		彭(péng)	219			脯(fǔ)	132
孽	215	虐	218	耕(píng)	220	**piē**		僕	220
蘗	215					蔽(bì)	81	蒲	220
躡	215	**ǒu**		**péng**				酺	220
		偶	218	朋	219	**piè**			
níng				逢(féng)	127	嫳	219	**pǔ**	
冰(bīng)	83	**pái**		彭	219			圃	220
甯	215	俳	218	蓬	219				

pù							
暴(bào)	78	棄	228	樵	230	qíng	
曝	220	器	229			情	234
				qiào		請(qǐng)	234
qī		qiān		竅	230		
七	220	千	229			qǐng	
妻	221	牽	229	qiē		頃	234
戚	222	悭	229	切	230	請	234
期	222	遷	229				
欺	222	謙	229	qiě		qìng	
棲	222			且	230	請(qǐng)	234
漆	222	qián				慶	234
		前	229	qiè			
qí		虔	229	切(qiē)	230	qióng	
岐	222	乾	229	妾	231	卭	235
祁	222	鉗	229	契(qì)	228	邛	235
其	222	漸(jiàn)	168	竊	232	窮	235
奇	226	潛	229			瓊	235
俟(sì)	273	黔	229	qīn			
幾(jǐ)	163			侵	232	qiū	
頎	226	qiǎn		浸(jìn)	175	丘	235
旗	226	遣	230	衾	232	秋	235
齊	226	譴	230	親	232		
騏	227					qiú	
騎	227	qiàn		qín		囚	235
麒	227	倩	230	秦	233	求	235
齎(jī)	161	倩	230	琴	233	述	235
		牽(qiān)	229	禽	233	裘	236
qǐ		謙(qiān)	229	勤	233		
乞	227			墐(jìn)	176	qiǔ	
屺	228	qiāng		擒	233	糗	236
杞	228	將(jiāng)	170				
豈	228	慶(qìng)	234	qǐn		qū	
起	228			侵(qīn)	232	去(qù)	236
啟	228	qiáng		寢	233	曲	236
幾(jǐ)	163	強	230			屈	236
綺	228	彊	230	qìn		取(qǔ)	236
稽(jī)	161	墻	230	親(qīn)	232	詘	236
						趣(qù)	237
qì		qiǎng		qīng		趨	236
乞(qǐ)	227	強(qiáng)	230	卿	234	驅	236
切(qiē)	230	襁	230	清	234	麯	236
妻(qī)	221	彊(qiáng)	230	頃(qǐng)	234	驅	236
泣	228	繈	230	傾	234		
亟(jí)	162			輕	234	qú	
契	228	qiáo		慶(qìng)	234	句(gōu)	142
氣	228	招(zhāo)	370			佝	236
		喬	230			懼(jù)	180

蘧	236
qǔ	
曲(qū)	236
取	236
娶	236
qù	
去	236
趣	237
趨(qū)	236
quān	
拳(quán)	237
quán	
全	237
卷(juàn)	181
泉	237
純(chún)	101
拳	237
捲(juǎn)	181
惓(juàn)	181
權	237
quǎn	
犬	237
畎	237
quàn	
勸	237
quē	
屈(qū)	236
闕(què)	237
què	
卻	237
雀	237
愨	237
爵(jué)	181
闕	237
qūn	
遁(dùn)	114

qún 群　237	**rì** 日　243	**sǎ** 灑　247	殺　248	**shē** 奢　251
rán 然　238	**róng** 戎　243 容　244 訟(sòng)　274 頌(sòng)　274 榮　244	**sà** 殺(shā)　248 蔡(cài)　92	**shá** 奢(shē)　251	**shé** 舌　251 蛇　251
ráng 攘　238 壤(rǎng)　238	**róu** 柔　244 猱(náo)　213	**sāi** 思(sī)　270	**shà** 沙(shā)　248 舍(shè)　252	**shě** 舍(shè)　252
rǎng 壤　238 攘(ráng)　238 讓(ràng)　238	**ròu** 肉　244	**sài** 塞(sè)　248	**shài** 殺(shā)　248	**shè** 舍　252 社　252 拾(shí)　257 射　252 涉　252 設　252 赦　252 葉(yè)　330
ràng 攘(ráng)　238 讓　238	**rū** 繻　244	**sān** 三　247 參(shēn)　253	**shān** 山　249	
ráo 蕘　238	**rú** 如　244 儒　245 孺(rù)　246	**sǎn** 參(shēn)　253	**shàn** 善　250 擅　250 膳　250 繕　250	**shēn** 申　252 身　252 信(xìn)　314 娠　253 參　253 深　253 莘　253 蔘　253
rǎo 擾　238	**rǔ** 女(nǚ)　216 汝　245 乳　245 辱　245	**sāng** 桑　247 喪(sàng)　248	**shāng** 商　250 湯(tāng)　280 傷　250 觴　250	
rě 若(ruò)　246	**rù** 入　245 洳　246 孺　246	**sàng** 喪　248	**shǎng** 上(shàng)　250 賞　250	**shén** 神　253
rén 人　238 仁　242 壬　243 任(rèn)　243 紝　243	**ruì** 兌(duì)　114 銳　246	**sāo** 騷　248	**shàng** 上　250 尚　251 賞(shǎng)　250	**shěn** 審　253
rěn 忍　243	**rùn** 潤　246	**sǎo** 埽　248 掃　248 嫂　248 騷(sāo)　248	**sháo** 招(zhāo)　370	**shèn** 甚　253 慎　254
rèn 任　243 妊　243 衽　243	**ruò** 若　246 弱　246	**sào** 埽(sǎo)　248	**shǎo** 少　251 搜(sōu)　274	**shēng** 升　254 生　254 勝(shèng)　255 聲　255
réng 仍　243		**sè** 色　248 塞　248 瑟　248 穡　248	**shào** 少(shǎo)　251 召(zhào)　371 詔(zhào)　371	
		shā 沙　248		

shěng
省（xǐng）　316

shèng
乘（chéng）　96
盛（chéng）　96
勝　255
聖　255

shī
尸　255
失　255
施　256
屍　256
師　256
詩　256
薯　257

shí
十　257
石　257
拾　257
食　257
時　257
寔　258
碩　258
實　258
識　258

shǐ
史　258
矢　258
弛（chí）　97
豕　258
始　260
使　258
施（shī）　256

shì
士　260
氏　260
示　261
市　261
仕　261
世　261
式　262
寺（sì）　272

事　262
侍　263
舍（shè）　252
恃　263
是　263
室　264
拭　265
啇（dì）　112
逝　265
弑　265
視　265
筮　265
勢　265
試　265
飾　265
適　265
餙　265
澤（zé）　369
謚　265
識（shí）　258
釋　265

shōu
收　266

shǒu
手　266
守　266
首　266

shòu
受　266
狩　267
售　267
授　267
壽　267
獸　267
醻（chóu）　98

shū
叔　267
杼（zhù）　397
姝　267
殊　267
書　267
淑　268
梳　268

菽　268
舒　268
踈　268
輸　268

shú
孰　268
贖　268

shǔ
黍　268
鼠　268
暑　268
數（shù）　268
屬　268

shù
戍　268
束　268
杼（zhù）　397
恕　268
術　268
庶　268
踈（shū）　268
數　268
豎　268
樹　269
懯　269

shuā
選（xuǎn）　319

shuāi
衰　269

shuài
帥　269
率　269

shuāng
雙　269

shuǎng
爽　269

shuí
誰　269

shuǐ
水　269

shuì
說（shuō）　270

shùn
順　269
舜　270

shǔ
黍　268

shuō
說　270

shuò
朔　270
碩（shí）　258
數（shù）　268

sī
司　270
私　270
思　270
斯　270
絲　271
廝　271

sǐ
死　271

sì
四　272
司（sī）　270
寺　272
伺　272
似　272
祀　272
姒　273
食（shí）　257
俟　273
思（sī）　270
笥　273
嗣　273
駟　273

sōng
娀　273

sǒng
從（cóng）　103
縱（zòng）　407

sòng
宋　273
送　273
訟　274
頌　274
誦　274

sōu
叟（sǒu）　274
搜　274
溲（sóu）　274

sóu
溲　274

sǒu
叟　274

sū
蘇　274

sú
俗　274

sù
夙　274
素　274
速　274
宿　274
訴　275
粟　275
肅　275
愬　275
數（shù）　268
蘇（sū）　274

suān
酸　275

suàn
選（xuǎn）　319

suī		tài		táo		tiàn		tōu	
雖	275	大(dà)	105	逃	280	瑱	282	偷	283
		太	278	陶	280				
suí		能(néng)	213	綢(chóu)	98	tiāo		tóu	
綏	275	泰	279			條(tiáo)	282	投	283
隨	275			tǎo				頭	283
		tān		討	280	tiáo			
suì		探	279			苕	282	tǒu	
術(shù)	268	貪	279	tè		條	282	斜	283
遂	275			忒	280	脩(xiū)	317		
歲	276	tán		特	280	調	282	tū	
碎	276	淡(dàn)	107	慝(nì)	214			吐(tǔ)	284
隧	276	談	279	貳(èr)	123	tiǎo			
燧	276	餤	279			窕	282	tú	
		譚	279	tí				徒	283
sūn				折(zhé)	371	tiǎo		屠	283
孫	277	tǎn		啼	280	窕(tiǎo)	282	塗	283
飧(cān)	92	袒	279	緹	280			圖	283
				騠	281	tiè			
sǔn		tàn				帖	282	tǔ	
損	277	炭	279	tǐ				土	284
		探(tān)	279	體	281	tīng		吐	284
suō		貪(tān)	279			聽	282		
獻(xiàn)	310	嘆	279	tì				tù	
		歎	280	弟(dì)	111	tíng		吐(tǔ)	284
suǒ				狄(dí)	111	廷	282	兔	284
所	277	tāng		悌	281	庭	282		
索	278	湯	280	涕	281			tuán	
		蕩(dàng)	108	惕	281	tìng		專(zhuān)	398
tā				棣(dì)	112	庭(tíng)	282	敦(dūn)	114
他	278	táng		摘(zhāi)	369			鱄(zhuān)	398
		唐	280	適(shì)	265	tōng			
tà		堂	280	躍(yuè)	365	通	282	tuàn	
苔(dá)	104	棠	280					緣(yuán)	359
達(dá)	104	螳	280	tiān		tóng			
				天	281	同	282	tuī	
tāi		tǎng				重(zhòng)	394	推	284
台(tái)	278	黨(dǎng)	108	tián		童	283		
胎	278	儻	280	田	281	銅	283	tuí	
				填	282			弟(dì)	111
tái		tàng		鎮(zhèn)	375	tǒng			
台	278	湯(tāng)	280	顛(diān)	112	統	283	tuì	
邰	278							退	284
能(néng)	213	tāo		tiǎn		tòng		脫(tuō)	284
臺	278	叨	280	忝	282	痛	283		
		慆	280	填(tián)	282	慟	283	tūn	
		謟	280					呑	284

tún			
純（chún）	101		
敦（dūn）	114		

tuō			
他（tā）	278		
託	284		
脫	284		
說（shuō）	270		

tuó			
池（chí）	97		

tuǒ			
綏（suí）	275		

tuò			
蘀	284		
籜	284		

wā			
汙（wū）	300		
汚（wū）	300		
窪（yǔ）	357		

wà			
袜	284		

wài			
外	284		

wān			
關（guān）	145		

wán			
玩	285		
蚖（yuán）	359		
頑	285		

wǎn			
莞（guǎn）	146		

wàn			
萬	285		

wāng			
匡（kuāng）	188		

汪	285		

wáng			
亡	285		
王	285		

wǎng			
方（fāng）	125		
王（wáng）	285		
往	288		
枉	289		
罔	289		

wàng			
王（wáng）	285		
忘	289		
往（wǎng）	288		
望	289		

wēi			
危	289		
委（wěi）	293		
威	289		
畏（wèi）	294		
隈	289		
微	289		

wéi			
爲	289		
偽（wěi）	293		
惟	293		
唯	293		
帷	293		
圍	293		
違	293		
維	293		
闈	293		
魏（wèi）	297		

wěi			
尾	293		
委	293		
唯（wéi）	293		
偉	293		
偽	293		
隗	293		
葦	293		

闡	294		

wèi			
未	294		
位	294		
味	294		
畏	294		
渭	294		
蔚	294		
遺（yí）	332		
衛	296		
謂	294		
瞷	297		
魏	297		

wēn			
溫	297		
縕（yùn）	365		

wén			
文	297		
聞	297		

wěn			
昧（mèi）	202		

wèn			
文（wén）	297		
免（miǎn）	203		
問	298		
聞（wén）	297		

wèng			
甕	299		

wǒ			
我	299		
果（guǒ）	148		

wò			
沃	299		
臥	300		
握	300		

wū			
污	300		
汙	300		

巫	300		
於（yú）	353		
屋	300		
惡（è）	115		
嗚	300		
誣	300		

wú			
亡（wáng）	285		
毋	300		
吳	301		
吾	300		
梧	302		
無	302		
蕪	303		

wǔ			
午	304		
五	303		
武	304		
侮	304		
務（wù）	304		
舞	304		

wù			
勿	304		
物	304		
悞	304		
悟	304		
務	304		
梧（wú）	302		
惡（è）	115		
寤	305		
誤	305		
窹	305		
霧	305		

xī			
夕	305		
兮	305		
西	305		
昔	305		
肸	305		
息	306		
奚	306		
惜	306		
悉	306		

棲（qī）	222		
喜（xǐ）	307		
郗	306		
傒	306		
膝	306		
嬉	306		
嘻	306		
餘（shì）	265		
谿	306		
戲（xì）	307		
釐（lí）	190		
攜	306		

xí			
席	306		
習	306		
隰	306		
襲	306		

xǐ			
枲	306		
洗	306		
徙	307		
喜	307		

xì			
係	307		
卻（què）	237		
氣（qì）	228		
郤	307		
細	307		
裕	307		
赫（hè）	152		
戲	307		
繫	307		

xiā			
瑕（xiá）	307		

xiá			
甲（jiǎ）	166		
夾（jiā）	165		
狎	307		
狹	307		
假（jiǎ）	166		
斜（xié）	313		
葭（jiā）	166		

瑕	307	祥	311	襭	313	姓	316	畜(chù)	100
遐	307	詳	311	攜(xī)	306	性	316	敘	318
						興(xīng)	314	緒	318
xià		**xiǎng**		**xiě**				續	318
下	307	亨(hēng)	152	寫	313	**xiōng**			
夏	308	享	311			凶	317	**xuān**	
假(jiǎ)	166	鄉(xiāng)	311	**xiè**		兄	317	宣	318
		想	311	泄	313	胸	317	軒	319
xiān		嚮(xiàng)	312	契(qì)	228			暖(nuǎn)	218
先	308	攘(ráng)	238	屑	313	**xióng**			
鮮	309	饗	311	解(jiě)	173	雄	317	**xuán**	
				榭	313	熊	317	玄	319
xián		**xiàng**		寫(xiě)	313			旋	319
咸	309	向	311	懈	313	**xiū**		滋	319
銜	309	巷	311	豫(yù)	359	休	317	縣(xiàn)	310
閒	309	相(xiāng)	310	謝	313	修	317	還(huán)	157
閑	309	象	312	褻	313	羞	317	懸	319
嫌	309	項	312			脩	317		
衒	309	鄉(xiāng)	311	**xīn**				**xuǎn**	
賢	309	嚮	312	心	313	**xiù**		選	319
誠	310			辛	314	臭(chòu)	98		
		xiāo		忻	314	袖	317	**xuàn**	
xiǎn		肖(xiào)	312	莘(shēn)	253	宿(sù)	274	衒	319
省(xǐng)	316	消	312	新	314	繡	317	旋(xuán)	319
洗(xǐ)	306	梟	312	親(qīn)	232			選(xuǎn)	319
險	310	熇(hè)	152	薪	314	**xū**			
鮮(xiān)	309	騷(sāo)	248			于(yú)	350	**xué**	
顯	310	驕(jiāo)	171	**xìn**		吁	318	穴	319
				信	314	呼(hū)	155	學	319
xiàn		**xiǎo**				呴(qú)	236		
見(jiàn)	167	小	312	**xīng**		胥	318	**xuě**	
倪(qiàn)	230	曉	312	惺	314	虛	318	雪	319
軒(xuān)	319			興	314	須	318		
陷	310	**xiào**						**xuè**	
綖(yán)	321	肖	312	**xíng**		**xú**		決(jué)	181
縣	310	孝	312	行	315	邪(xié)	313	謔	319
鮮(xiān)	309	效	312	刑	315	余(yú)	353		
獻	310	笑	313	邢	316	徐	318	**xún**	
		嘯	313	形	316			旬	319
xiāng						**xǔ**		恂	319
相	310	**xié**		**xǐng**		休(xiū)	317	紃	319
湘	311	邪	313	省	316	許	318	尋	319
鄉	311	恊	313	醒	316	滸(hǔ)	156	循	319
襄	311	挾	313					遁(dùn)	114
		脅	313	**xìng**		**xù**		詢	319
xiáng		斜	313	行(xíng)	315	序	318		
降(jiàng)	171	諧	313	幸	316	恤	318		

xùn		揜	322	繇	324	施(shī)	256	嗌	341
孫(sūn)	277	閹(àn)	76	謠	324	蛇(shé)	251	意	341
訓	319	壓	322			焉(yān)	320	毅	341
訊	319			**yǎo**		移	331	劓	341
遜	319	**yàn**		杳	324	貽	332	懌	341
選(xuǎn)	319	唁	322	要(yāo)	323	椸	332	澤(zé)	369
		晏	322	窈	324	疑	332	隸(lì)	194
yā		燕	322			儀	332	翼	341
雅(yǎ)	320	讌	322	**yào**		遺	332	鎰	342
		縻	322	幼(yòu)	350			繹	342
yá		驗	322	要(yāo)	323	**yǐ**		藝	342
牙	319	鹽(yán)	322	樂(yuè)	365	乙	332	釋(shì)	265
崖	320			藥	324	已	332	議	342
		yāng				以	333	懿	342
yǎ		殃	322	**yé**		矣	337		
雅	320			邪(xié)	313	依(yī)	331	**yīn**	
		yáng		耶	324	苡	338	因	342
yà		羊	322	斜(xié)	313	倚	338	音	342
御(yù)	357	洋	323			齮	338	姻	342
		湯(tāng)	280	**yě**				殷	342
yái		揚	323	也	324	**yì**		陰	342
崖(yá)	320	陽	323	冶	329	弋	338	壹(yī)	331
		楊	323	野	329	失(shī)	255	湮	342
yān		詳(xiáng)	311			衣(yī)	331	愔	342
身(shēn)	252			**yè**		亦	339	禋	342
殷(yīn)	342	**yǎng**		夜	329	役	339	蔭	342
焉	320	卬(áng)	76	射(shè)	252	佚	339		
湮(yīn)	342	仰	323	業	330	抑	339	**yín**	
鄢	320	養	323	葉	330	邑	339	淫	342
閼(è)	115			謁	330	泄(xiè)	313	龈	343
燕(yàn)	322	**yàng**				易	339		
閹	320	恙	323	**yī**		洟	339	**yǐn**	
				一	330	施(shī)	256	引	343
yán		**yāo**		伊	331	食(shí)	257	尹	343
延	320	夭	323	衣	331	羿	339	殷(yīn)	342
言	320	妖	323	依	331	射(shè)	252	飲	343
綖	321	要	323	挹(yì)	340	挹	340	隱	343
險(xiǎn)	310	腰	324	揖	331	益	339		
顏	322			壹	331	移(yí)	331	**yìn**	
嚴	322	**yáo**		意(yì)	341	翊	340	印	344
鹽	322	姚	324			逸	340	陰(yīn)	342
		陶(táo)	280	**yí**		異	340	飲(yǐn)	343
yǎn		窕(tiáo)	282	台(tái)	278	睪(gāo)	137	蔭(yīn)	342
衍	322	堯	324	夷	331	肄	341	隱(yǐn)	343
淡(dàn)	107	猶(yóu)	346	宜	331	溢	341		
掩	322	瑤	324	怠(dài)	106	詣	341	**yīng**	
偃	322	踰(yú)	354	姨	331	義	340	英	344

字	頁	字	頁	字	頁	字	頁	字	頁
籥	344	**yóu**		與(yǔ)	355	譽	359	**yūn**	
膺	344	尤	346	踰	354			縕(yùn)	365
嬰	344	由	346	諛	354	**yuān**			
應	344	油	346	餘	354	冤	359	**yún**	
纓	344	猶	346	輿	355	淵	359	云	365
		游	346	歟	355	嫚(màn)	201	均(jūn)	181
yíng		猷	346			鳶	359	員(yuán)	359
迎	344	遊	346	**yǔ**		鵷	359	雲	365
盈	344	繇(yáo)	324	予	355				
楹	344			宇	355	**yuán**		**yǔn**	
熒	344	**yǒu**		羽	355	元	359	盾(dùn)	114
縈	344	又(yòu)	349	雨	355	垣	359	殞	365
贏	344	友	347	臾(yú)	354	爰	359		
營	344	有	347	禹	355	員	359	**yùn**	
		幽(yōu)	345	梧(wú)	302	蚖	359	孕	365
yǐng		脩(xiū)	317	圉	355	媛(yuàn)	360	均(jūn)	181
郢	345	牖	349	傴	355	援	359	怨(yuàn)	360
景(jǐng)	177			與	355	源	359	溫(wēn)	297
		yòu		語	355	園	359	運	365
yìng		又	349	龉	357	嫄	359	慍	365
迎(yíng)	344	幼	350			緣	359	縕	365
媵	345	右	350	**yù**					
應(yīng)	344	有(yǒu)	347	玉	357	**yuǎn**		**zāi**	
		宥	350	聿	357	遠	359	災	365
yōng		囿	350	谷(gǔ)	143			哉	366
庸	345	誘	350	育	357	**yuàn**			
雍	345			或(huò)	159	怨	360	**zǎi**	
壅	345	**yū**		雨(yǔ)	355	原(yuán)	359	宰	366
擁	345	汙(wū)	300	浴	357	媛	360	載(zài)	367
		污(wū)	300	御	357	願	360		
yǒng				圉(yǔ)	355			**zài**	
永	345	**yú**		欲	357	**yuē**		再	366
臾(yú)	354	于	350	衒(xián)	309	曰	360	在	366
勇	345	予(yǔ)	355	喻	358	約	364	載	367
踴	345	污(wū)	300	預	358				
		吾(wú)	300	愈	358	**yuè**		**zān**	
yòng		邪(xié)	313	遇	358	月	364	簪	367
用	345	余	353	與(yǔ)	355	刖	364		
		於	353	獄	358	兌(duì)	114	**zàn**	
yōu		俞	354	語(yǔ)	355	悅	364	贊	367
攸	345	臾	354	蔚(wèi)	294	越	364		
幽	345	魚	354	慾	359	鉞	364	**zāng**	
悠	346	喻(yù)	358	閼(è)	115	說(shuō)	270	臧	367
憂	346	渝	354	禦	359	樂	365	藏(cáng)	92
繇(yáo)	324	虞	354	閾	359	嶽	365		
優	346	愚	354	豫	359	躍	365	**zàng**	
		漁	354	諭	359			葬	367

臧（zāng）	367	詐	369	昭	370	**zhēng**		視（shì）	265
藏（cáng）	92			朝	370	丁（dīng）	112	徵（zhēng）	375
		zhāi		著（zhù）	398	正（zhèng）	375		
zāo		禰（dì）	112			爭	375	**zhì**	
遭	367	齊（qí）	226	**zhào**		政（zhèng）	376	至	390
糟	367	摘	369	召	371	征	375	志	391
		齋	369	兆	371	烝	375	制	391
zǎo				詔	371	徵	375	治	391
早	367	**zhái**		照	371			知（zhī）	388
棗	367	宅	369	趙	371	**zhěng**		炙	391
		翟（dí）	111			承（chéng）	96	致	392
zào				**zhé**		整	375	陟	392
造	367	**zhài**		折	371			秩	392
譟	367	祭（jì）	164	哲	371	**zhèng**		寔（shí）	258
		責（zé）	368	輒	371	正	375	雉	392
zé				摘（zhāi）	369	爭（zhēng）	375	智	392
則	367	**zhān**		適（shì）	265	政	376	置	392
責	368	沾	369			烝（zhēng）	375	膌	392
皋（gāo）	137	澶（chán）	93	**zhě**		鄭	376	稚	392
賊	368	瞻	369	者	371	靜（jìng）	177	摯	392
擇	369			堵（dǔ）	113			幟	392
澤	369	**zhǎn**				**zhī**		質	392
		展	369	**zhēn**		氏（shì）	260	遲（chí）	97
zè		斬	369	珍	374	支	388	贄	392
昃	369			貞	374	之	376	織（zhī）	389
側（cè）	93	**zhàn**		娠（shēn）	253	知	388	職（zhí）	390
		戰	369	振（zhèn）	375	枝	388	識（shí）	258
zèn				真	375	昵（nì）	214	櫛	392
譖	369	**zhāng**		斟	375	智（zhì）	392		
		張	370			織	389	**zhōng**	
zēng		章	370	**zhěn**				中	392
曾	369	彰	370	枕	375	**zhí**		忠	393
憎	369			振（zhèn）	375	直	389	終	393
繒	369	**zhǎng**		軫	375	姪	389	眾（zhòng）	394
		長（cháng）	93			值	389	鍾	394
zèng		掌	370	**zhèn**		執	389	鐘	394
甑	369	黨（dǎng）	108	枕（zhěn）	375	殖	390		
贈	369			娠（shēn）	253	植	390	**zhǒng**	
		zhàng		振	375	遲（chí）	97	冢	394
zhā		丈	370	朕	375	職	390	種	394
苴（jū）	179	杖	370	酖（dān）	107			踵	394
		長（cháng）	93	陳（chén）	95	**zhǐ**			
zhá		張（zhāng）	370	塡（tián）	282	止	390	**zhòng**	
札	369	障	370	瑱（tiàn）	282	旨	390	中（zhōng）	392
				鴆	375	指	390	仲	394
zhà		**zhāo**		震	375	砥（dǐ）	111	重	394
作（zuò）	410	招	370	鎮	375	趾	390	眾	394

種(zhǒng)	394	柱	397	啄	398	zǒu		zuò	
		除(chú)	99	椓	398	走	407	左(zuǒ)	409
zhōu		祝(shù)	397	琢	398	奏(zòu)	407	坐	409
舟	395	庶(shù)	268	著(zhù)	398			作	410
州	395	著	398	斲	399	zòu		胙	410
周	395	築	398	濁	399	奏	407	祚	410
調(tiáo)	282			擢	399	族(zú)	408	酢	410
		zhuān						鑿	410
zhóu		專	398	zī		zū			
軸	395	鱄	398	次(cì)	102	苴(jū)	179	(音未詳)	
				茲	399	諸(zhū)	396	牟	410
zhǒu		zhuǎn		淄	399				
帚	395	轉	398	粢	399	zú			
		鱄(zhuān)	398	資	399	足	407		
zhòu				齊(qí)	226	卒	408		
注(zhù)	397	zhuàn		輜	399	族	408		
胄	395	傳(chuán)	100	齋(zhāi)	369				
紂	395	轉(zhuǎn)	398	齋(jī)	161	zǔ			
祝(zhù)	397					作(zuò)	410		
晝	395	zhuāng		zǐ		阻	408		
啄(zhuó)	398	莊	398	子	399	俎	408		
繇(yáo)	324	裝	398	姊	406	祖	408		
驟	395					組	408		
		zhuàng		zì					
zhū		壯	398	自	406	zuǎn			
侏	396	狀	398	字	406	纘	408		
邾	396			事(shì)	262				
珠	396	zhuī		恣	407	zuì			
株	396	追	398	瘠(jí)	163	最	408		
誅	396					罪	408		
諸	396	zhuì		zōng		醉	409		
		墜	398	宗	407				
zhú		隧(suì)	276	從(cóng)	103	zūn			
逐	396			綜	407	尊	409		
軸(zhóu)	395	zhūn		縱(zòng)	407				
燭	397	純(chún)	101			zǔn			
		淳(chún)	101	zǒng		尊(zūn)	409		
zhǔ		頓(dùn)	114	從(cóng)	103				
主	397			縱(zòng)	407	zuō			
柱(zhù)	397	zhǔn				作(zuò)	410		
屬(shǔ)	268	純(chún)	101	zòng					
囑	397			從(cóng)	103	zuó			
		zhuō		縱	407	作(zuò)	410		
zhù		卓	398						
助	397			zōu		zuǒ			
杼	397	zhuó		鄒	407	左	409		
注	397	酌	398			佐	409		

威 妥 碼 － 漢 語 拼 音 對 照 表

A			C (cont.)		E			H (cont.)		J (cont.)		K (cont.)		L	
a	a		ch'ing	qing				hui	hui			k'ou	kou	la	la
ai	ai		chiu	jiu	e	e		hun	hun			ku	gu	lai	lai
an	an		ch'iu	qiu	eh	ê		hung	hong	**J**		k'u	ku	lan	lan
ang	ang		chiung	jiong	ei	ei		huo	huo	jan	ran	kua	gua	lang	lang
ao	ao		ch'iung	qiong	en	en				jang	rang	k'ua	kua	lao	lao
			cho	zhuo	eng	eng		**J**		jao	rao	kuai	guai	le	le
C			ch'o	chuo	erh	er		jan	ran	je	re	k'uai	kuai	lei	lei
cha	zha		chou	zhou				jang	rang	jen	ren	kuan	guan	leng	leng
ch'a	cha		ch'ou	chou	**F**			jao	rao	jeng	reng	k'uan	kuan	li	li
chai	zhai		chu	zhu	fa	fa		je	re	jih	ri	kuang	guang	lia	lia
ch'ai	chai		ch'u	chu	fan	fan		jen	ren	jo	ruo	k'uang	kuang	liang	liang
chan	zhan		chua	zhua	fang	fang		jeng	reng	jou	rou	kuei	gui	liao	liao
ch'an	chan		ch'ua	chua	fei	fei		jih	ri	ju	ru	k'uei	kui	lieh	lie
chang	zhang		chuai	zhuai	fen	fen		jo	ruo	juan	ruan	kun	gun	lien	lian
ch'ang	chang		ch'uai	chuai	feng	feng		jou	rou	jui	rui	k'un	kun	lin	lin
chao	zhao		chuan	zhuan	fo	fo		ju	ru	jun	run	kung	gong	ling	ling
ch'ao	chao		ch'uan	chuan	fou	fou		juan	ruan	jung	rong	k'ung	kong	liu	liu
che	zhe		chuang	zhuang	fu	fu		jui	rui			kuo	guo	lo	le
ch'e	che		ch'uang	chuang				jun	run	**K**		k'uo	kuo	lou	lou
chei	zhei		chui	zhui	**H**			jung	rong	ka	ga			lu	lu
chen	zhen		ch'ui	chui	ha	ha				k'a	ka	**L**		luan	luan
ch'en	chen		chun	zhun	hai	hai		**K**		kai	gai	la	la		
cheng	zheng		ch'un	chun	han	han		ka	ga	k'ai	kai	lai	lai		
ch'eng	cheng		chung	zhong	hang	hang		k'a	ka	kan	gan	lan	lan		
chi	ji		ch'ung	chong	hao	hao		kai	gai	k'an	kan	lang	lang		
ch'i	qi		chü	ju	he	he		k'ai	kai	kang	gang	lao	lao		
chia	jia		ch'ü	qu	hei	hei		kan	gan	k'ang	kang	le	le		
ch'ia	qia		chüan	juan	hen	hen		k'an	kan	kao	gao	lei	lei		
chiang	jiang		ch'üan	quan	heng	heng		kang	gang	k'ao	kao	leng	leng		
ch'iang	qiang		chüeh	jue	ho	he		k'ang	kang	ke	ge	li	li		
chiao	jiao		ch'üeh	que	hou	hou		kao	gao	k'e	ke	lia	lia		
ch'iao	qiao		chün	jun	hsi	xi		k'ao	kao	kei	gei	liang	liang		
chieh	jie		ch'ün	qun	hsia	xia		ke	ge	ken	gen	liao	liao		
ch'ieh	qie				hsiang	xiang		k'e	ke	k'en	ken	lieh	lie		
chien	jian		**E**		hsiao	xiao		kei	gei	keng	geng	lien	lian		
ch'ien	qian		e	e	hsieh	xie		ken	gen	k'eng	keng	lin	lin		
chih	zhi		eh	ê	hsien	xian		k'en	ken	ko	ge	ling	ling		
ch'ih	chi		ei	ei	hsin	xin		keng	geng	k'o	ke	liu	liu		
chin	jin		en	en	hsing	xing		k'eng	keng	kou	gou	lo	le		
ch'in	qin		eng	eng	hsiu	xiu		ko	ge			lou	lou		
ching	jing		erh	er	hsiung	xiong		k'o	ke			lu	lu		
					hsü	xu		kou	gou			luan	luan		
					hsüan	xuan									
					hsüeh	xue									
					hsün	xun									
					hu	hu									
					hua	hua									
					huai	huai									
					huan	huan									
					huang	huang									

lun	lun	nu	nu	sai	sai	t'e	te	tsung	zong
lung	long	nuan	nuan	san	san	teng	deng	ts'ung	cong
luo	luo	nung	nong	sang	sang	t'eng	teng	tu	du
lü	lü	nü	nü	sao	sao	ti	di	t'u	tu
lüeh	lüe	nüeh	nüe	se	se	t'i	ti	tuan	duan
M		**O**		sen	sen	tiao	diao	t'uan	tuan
ma	ma	o	o	seng	seng	t'iao	tiao	tui	dui
mai	mai	ou	ou	sha	sha	tieh	die	t'ui	tui
man	man	**P**		shai	shai	t'ieh	tie	tun	dun
mang	mang	pa	ba	shan	shan	tien	dian	t'un	tun
mao	mao	p'a	pa	shang	shang	t'ien	tian	tung	dong
me	me	pai	bai	shao	shao	ting	ding	t'ung	tong
mei	mei	p'ai	pai	she	she	t'ing	ting	tzu	zi
men	men	pan	ban	shei	shei	tiu	diu	tz'u	ci
meng	meng	p'an	pan	shen	shen	to	duo	**W**	
mi	mi	pang	bang	sheng	sheng	t'o	tuo	wa	wa
miao	miao	p'ang	pang	shih	shi	tou	dou	wai	wai
mieh	mie	pao	bao	shou	shou	t'ou	tou	wan	wan
mien	mian	p'ao	pao	shu	shu	tsa	za	wang	wang
min	min	pei	bei	shua	shua	ts'a	ca	wei	wei
ming	ming	p'ei	pei	shuai	shuai	tsai	zai	wen	wen
miu	miu	pen	ben	shuan	shuan	ts'ai	cai	weng	weng
mo	mo	p'en	pen	shuang	shuang	tsan	zan	wo	wo
mou	mou	peng	beng	shui	shui	ts'an	can	wu	wu
mu	mu	p'eng	peng	shun	shun	tsang	zang	**Y**	
N		pi	bi	shuo	shuo	ts'ang	cang	ya	ya
na	na	p'i	pi	so	suo	tsao	zao	yang	yang
nai	nai	piao	biao	sou	sou	ts'ao	cao	yao	yao
nan	nan	p'iao	piao	ssu	si	tse	ze	yeh	ye
nang	nang	pieh	bie	su	su	ts'e	ce	yen	yan
nao	nao	p'ieh	pie	suan	suan	tsei	zei	yi	yi
ne	ne	pien	bian	sui	sui	tsen	zen	yin	yin
nei	nei	p'ien	pian	sun	sun	ts'en	cen	ying	ying
nen	nen	pin	bin	sung	song	tseng	zeng	yo	yo
neng	neng	p'in	pin	**T**		ts'eng	ceng	yu	you
ni	ni	ping	bing	ta	da	tso	zuo	yung	yong
niang	niang	p'ing	ping	t'a	ta	ts'o	cuo	yü	yu
niao	niao	po	bo	tai	dai	tsou	zou	yüan	yuan
nieh	nie	p'o	po	t'ai	tai	ts'ou	cou	yüeh	yue
nien	nian	p'ou	pou	tan	dan	tsu	zu	yün	yun
nin	nin	pu	bu	t'an	tan	ts'u	cu		
ning	ning	p'u	pu	tang	dang	tsuan	zuan		
niu	niu	**S**		t'ang	tang	ts'uan	cuan		
no	nuo	sa	sa	tao	dao	tsui	zui		
nou	nou			t'ao	tao	ts'ui	cui		
				te	de	tsun	zun		
						ts'un	cun		

筆 畫 檢 字 表

一畫
部	字	頁
一	一	330
乙	乙	332

二畫
部	字	頁
一	丁	112
	七	220
丿	乃	210
乙	九	178
二	二	122
人	人	238
入	入	245
八	八	76
刀	刀	108
力	力	192
十	十	257
卜	卜	84
又	又	349

三畫
部	字	頁
一	上	250
	三	247
	丈	370
	下	307
丿	久	178
乙	乞	227
	也	324
二	于	350
亠	亡	285
几	凡	124
十	千	229
口	口	187
土	土	284
士	士	260
夕	夕	305
大	大	105
女	女	216
子	子	399
小	小	312
尸	尸	255
山	山	249
工	工	138
己	己	163
	已	332
巾	巾	173
干	干	136
弋	弋	338
弓	弓	138
手	才	91

四畫
部	字	頁
一	不	84
丨	中	392
、	丹	107
丿	之	376
亅	予	355
二	井	177
	五	303
	云	365
人	仁	242
	仍	243
	今	174
	介	173
儿	元	359
入	內	213
八	公	138
	六	197
	兮	305
凵	凶	317
刀	分	127
	切	230
勹	勻	142
	勿	304
匕	化	156
匚	匹	219
十	升	254
	午	304
卩	卯	76
厂	厄	115
又	反	124
	及	162
	友	347
士	壬	243
大	夫	128
	天	281
	太	278
	夭	323
子	孔	187
小	少	251
尤	尤	346
尸	尺	97
	尹	343
弓	弔	112
	引	343
心	心	313
戈	戈	137
戶	戶	156
手	手	266
支	支	388
文	文	297
斗	斗	113
斤	斤	174
方	方	125
日	日	243
曰	曰	360
月	月	364
木	木	209
止	止	390
毋	毌	300
比	比	79
毛	毛	201
氏	氏	260
水	水	269
火	火	159
父	父	132
牙	牙	319
牛	牛	215
犬	犬	237
玉	王	285

五畫
部	字	頁
一	丙	83
	丘	235
	世	261
	且	230
、	主	397
丿	乏	123
	乎	154
人	代	106
	仕	261
	令	196
	他	278
	以	333
儿	充	98
	兄	317
凵	出	98
力	功	141
	加	165
匕	北	78
十	半	77
卩	卬	235
	卯	201
厶	去	236
口	古	143
	句	142
	史	258
	可	185
	司	270
	叩	187
	台	278
	叨	280
	右	350
	召	371
囗	囚	235
	四	272
夕	外	284
大	奀	255
子	孕	365
宀	宄	147
尸	尼	214
工	巨	180
	左	409
巾	布	91
	市	261
干	平	220
幺	幼	350
广	庀	219
弓	弗	131
	弘	152
心	必	80
斤	斥	98
日	旦	107
木	本	79
	末	206
	未	294
	札	369
止	正	375
毋	母	207
氏	民	204
水	永	345
犬	犯	125
玄	玄	319
玉	玉	357
瓜	瓜	144
甘	甘	136
生	生	254
用	用	345
田	甲	166
	申	252
	由	346
	田	281
白	白	76
皮	皮	219
目	目	210
矢	矢	258
石	石	257
示	示	261
禾	禾	150
穴	穴	319
立	立	192

六畫
部	字	頁
亠	交	171
	亦	339
人	伐	123
	伏	131
	伇	162
	任	243
	伊	331
	仰	323
	仲	394
	休	317
儿	光	146
	先	308
	兆	371
入	全	237
八	共	142
冂	再	366
冫	冰	83
刀	列	195
	刖	364
	刑	315
匚	匡	188
十	牟	410
卩	印	344
	危	289
口	后	153
	合	150
	各	138
	吊	112
	名	205
	吏	193
	呼	318
	向	311
	吐	284
	同	282
囗	回	158
	因	342
土	地	111
	在	366
夕	多	114
	夙	274
大	夸	188
	夷	331
女	妃	125
	好	150
	奸	166
	如	244
子	存	104
	字	406
宀	安	75
	守	266
	宅	369
	宇	355
寸	寺	272
山	屺	228
巛	州	395
干	并	83
	年	214
弋	式	262
弓	弛	97
戈	成	95
	戍	268
	戎	243
攴	收	266
日	早	367
	旨	390
	旬	319
曰	曲	236
月	有	347
欠	次	102
止	此	102
歹	死	271
水	池	97
	江	169
	汝	245
	汗	300
	污	300
牛	牝	219
白	百	76
羊	羊	322
羽	羽	355
老	考	185
	老	190
而	而	116
耳	耳	122
聿	聿	357
肉	肌	159
	肉	244
臣	臣	94
自	自	406
至	至	390
臼	臼	178

舌 舌 251	大 夾 165		沒 206	人 佟 97		炰 236	拉 189	狗 142
舟 舟 395	女 妨 125	沐 210	供 141	姆 209	拒 180	狎 307
艮 艮 138	妊 243	沙 248	佩 218	姜 231	招 370	狀 398
色 色 248	妙 203	求 235	來 189	委 293	攴 放 125	玉 玩 285
行 行 315	妖 323	汪 285	使 258	姓 316	政 376	目 直 389
衣 衣 331	子 孝 312	沃 299	侍 263	姊 406	方 於 353	矢 知 388
西 西 305	宀 宋 273	火 災 365	依 331	子 孤 143	日 昌 93	示 社 252
邑 邡 235	尸 尾 293	牛 牢 189	侏 396	季 163	昏 158	祀 272

部首	字	頁
	俊	184
	信	314
	俎	408
	係	307
	侮	304
	俗	274
入	俞	354
冂	冒	201
	冑	395
一	冠	145
刀	前	229
	剋	186
	則	367
力	勃	84
	勉	203
	勇	345
十	南	212
卩	卻	237
厂	厚	153
又	叛	218
口	哀	75
	品	219
	咸	309
	哉	366
囗	囿	350
土	城	96
	垣	359
大	奔	79
	契	228
	奏	407
女	姜	169
	姦	166
	姬	159
	姝	267
	娀	273
	姪	389
	姨	331
	威	289
	姻	342
	姚	324
宀	室	264
	客	186
	宣	318
	宥	350
寸	封	127
尸	屏	220
	屍	256

部首	字	頁
	屋	300
己	巷	311
巾	帝	111
	帥	269
幺	幽	345
广	度	114
廴	建	168
彳	後	153
	待	107
心	急	162
	怠	106
	恃	263
	怒	216
	恪	186
	恤	318
	協	313
	恂	319
	怨	360
手	持	97
	按	76
	拜	77
	拾	257
	拭	265
	括	189
	指	390
攴	故	144
方	施	256
无	既	164
日	春	101
	昵	214
	昧	202
	是	263
	昭	370
木	枷	165
	柯	185
	奈	212
	柔	244
	枯	187
	柳	197
	柱	397
	枲	306
歹	殂	107
	殃	322
水	活	158
	泉	237
	津	175

部首	字	頁
	洳	246
	洋	323
	洗	306
火	炮	77
	為	289
	炭	279
爪	爰	359
犬	狩	267
玄	妙	203
玉	珍	374
甘	甚	253
田	界	173
	畎	237
	畏	294
癶	癸	147
白	皇	157
	皆	172
皿	盈	344
目	盾	114
	眉	201
	盼	218
	省	316
	相	310
矛	矜	175
内	禹	355
禾	秋	235
穴	穿	100
	窀	177
竹	竿	136
糸	紀	164
	約	364
	紃	319
	紂	395
羊	美	201
羽	羿	339
老	者	371
耳	耶	324
肉	背	78
	胡	155
	胥	318
	胎	278
	胙	410
至	致	392
臼	臾	354
艸	苞	77
	范	125
	苟	142

部首	字	頁
	苛	185
	苗	203
	苦	188
	若	246
	苴	179
	茅	201
	英	344
	苡	338
	茗	282
卢	虐	218
行	衍	185
	衒	322
衣	衿	175
	衽	243
西	要	323
言	計	164
貝	負	133
	貞	374
走	赴	133
車	軍	184
辵	迫	220
邑	部	152
	郊	171
	郲	396
里	重	394
阜	降	171
	陋	197
面	面	203
音	音	342
風	風	127
飛	飛	126
食	食	257
首	首	266

十　畫

部首	字	頁
丿	乘	96
亠	亳	84
人	倉	92
	倍	78
	俯	132
	候	154
	倡	93
	俾	80
	倒	108
	倫	200
	倦	181
	俳	218
	徐	318

部首	字	頁
	倪	214
	俱	179
	借	173
	倩	230
	修	317
	倚	338
八	兼	166
冖	冥	206
	冤	359
	冢	394
冫	凌	196
刀	剖	220
匚	匪	126
厂	原	359
又	叟	274
口	哺	84
	哭	187
	哲	371
	唐	280
	唁	322
	員	359
囗	圄	220
土	埋	200
文	夏	308
大	奚	306
女	娥	115
	娣	111
	娟	180
	娠	253
子	孫	277
宀	家	165
	宮	141
	害	149
	容	244
	宰	366
寸	射	252
尸	屑	313
	展	369
工	差	93
巾	師	256
	席	306
广	庫	188
	庭	282
弓	弱	246
彳	徑	177
	徙	132

部首	字	頁
	徒	283
心	恥	97
	恩	115
	恭	141
	恚	158
	悔	158
	悖	79
	恕	268
	恐	187
	悝	188
	悟	304
	恣	407
	息	306
	羞	323
	悞	304
	悌	281
	悅	364
手	拳	237
	捆	189
	捐	180
	捋	200
	挹	340
	振	375
	挾	313
攴	效	312
方	旂	201
	旁	218
	旅	199
日	時	257
	晉	175
	晏	322
曰	書	267
月	朔	270
	朕	375
木	根	138
	桓	156
	桀	172
	格	138
	桑	247
	栗	194
	株	396
歹	殊	267
殳	殷	342
气	氣	228
水	海	149
	浣	157
	浮	132

部首	字	頁
	浩	150
	涇	176
	浸	175
	涉	252
	流	197
	浚	184
	泰	279
	消	312
	涕	281
	浴	357
火	烙	200
	烈	195
	烝	375
牛	特	280
犬	狼	189
	狸	190
	狹	307
玉	珥	122
	珮	218
	珠	396
田	畚	79
	畜	100
	畔	218
	畝	209
	留	197
广	病	83
	疾	162
皿	盍	152
	益	339
目	眞	375
石	砥	111
	破	220
示	祜	156
	祠	101
	祓	132
	神	253
	祝	397
	祖	408
	祚	410
禾	秦	233
	秫	206
	秩	392
穴	窈	324
竹	笄	161
	笑	313
糸	純	101
	紘	152

部	字	頁
糸	紡	125
	統	107
	納	210
	紖	243
	紐	216
	索	278
	素	274
	紉	283
网	罝	180
老	耄	201
耒	耕	138
耳	耽	107
肉	肴	163
	脆	104
	能	213
	脅	313
	胸	317
自	臭	98
舟	般	77
艸	草	92
	芻	99
	茨	101
	荒	157
	荅	104
	荊	176
	茲	399
虍	虔	229
虫	蚖	359
衣	被	79
	衾	232
	衰	269
	袍	218
	袖	317
	袒	279
言	記	164
	訊	319
	訓	319
	討	280
	託	284
豆	豈	228
豸	豺	93
	豹	78
貝	貢	142
	財	91
走	起	228
身	躬	141
車	軒	319
辰	辱	245
辵	迹	161
	逆	214
	送	273
	迷	203
	逃	280
	退	284
	追	398
邑	郡	184
	郢	345
	郤	307
酉	配	218
	酒	178
	酌	398
金	釜	132
阜	除	99
	陟	392
馬	馬	200
骨	骨	143
高	高	137

十一畫

部	字	頁
乙	乾	229
人	側	93
	假	166
	偏	219
	偶	218
	偃	322
	偉	293
	偽	293
	偷	283
刀	剪	167
	副	135
力	動	113
	務	304
匚	匿	214
卩	卿	234
厶	參	253
口	啜	101
	唱	94
	商	112
	售	267
	啓	228
	商	250
	唯	293
	啄	398
	問	298
囗	國	147
	圉	355
土	基	161
	堅	166
	埽	248
	堂	280
	執	389
女	婢	81
	婦	134
	婚	158
	婁	197
	婧	177
	婪	189
	婆	236
子	孰	268
宀	寂	164
	密	203
	寇	187
	宿	274
寸	將	170
	專	398
山	崔	104
	崩	79
	崇	98
	崖	320
巛	巢	94
巾	帶	107
	常	94
	帷	293
广	庫	78
	康	185
	庶	268
	庸	345
弓	強	230
	張	370
彳	從	103
	得	109
	徙	307
	御	357
心	患	157
	悼	108
	惓	181
	情	234
	惟	293
	悠	346
	惕	281
	悉	306
	惜	306
戈	戚	222
手	捧	101
	接	172
	採	92
	掃	248
	據	180
	授	267
	捲	181
	掩	322
	推	284
	探	279
攴	敖	76
	敗	77
	敕	98
	教	171
	救	178
	敏	204
	敘	318
斗	斜	313
斤	斬	369
方	旋	319
	族	408
日	晦	158
	晨	95
	晝	395
曰	曹	92
	曼	200
月	望	289
木	梨	181
	梳	268
	梁	195
	梧	302
	條	282
	梟	312
欠	欲	357
殳	殺	248
毛	毫	149
水	淡	107
	淳	101
	淮	156
	深	253
	淪	200
	淑	268
	淵	359
	淄	399
	淫	342
火	烽	127
	烹	219
	焉	320
爻	爽	269
牛	牽	229
犬	猛	202
玄	率	269
玉	琅	189
	理	191
生	產	93
田	畢	81
白	皎	171
目	眾	394
示	祭	164
	祥	311
禾	移	331
穴	窕	282
立	竟	177
	章	370
竹	符	132
	笞	97
	笱	273
米	粒	194
糸	絀	100
	絅	178
	累	190
	絑	284
	細	307
	終	393
	組	408
羊	羞	317
羽	翊	340
	習	306
耳	聊	107
	聊	195
肉	脯	132
	脫	284
	脩	317
艸	莪	115
	莞	146
	莒	180
	莘	253
	莫	206
	莊	398
虍	處	99
虫	蛇	251
行	術	268
	衒	319
言	設	252
	訟	274
	許	318
貝	貨	159
	貧	219
	貪	279
	責	368
赤	赦	252
足	趾	390
辵	逢	127
	逑	235
	逝	265
	連	194
	通	282
	造	367
	逐	396
	速	274
邑	郭	147
酉	酖	107
里	野	329
門	閉	81
阜	陳	95
	陵	196
	陷	310
	陰	342
	陶	280
佳	雀	237
雨	雪	319
頁	頃	234
食	飢	161
	飡	92
魚	魚	354
鳥	鳥	215
麻	麻	200

十二畫

部	字	頁
人	備	79
	傅	135
	傍	218
刀	割	137
	創	100
力	勞	189
	勝	255
十	博	84
厂	厥	181
口	喉	153
	喙	158
	喚	157
	喈	172
	喪	248
	喬	230
	善	250
	喟	188
	喜	307
	啼	280
	喻	358
囗	圍	293
土	堵	113
	報	78
	堪	185
	堯	324
士	壺	155
	壹	331
大	奢	251
女	嬌	146
	媒	201
	媚	202
	媚	201
	媛	360
宀	富	135
	寒	149
	寐	202
	寔	258
寸	尋	319
	尊	409
尢	就	179
尸	屠	283
巾	幅	132
幺	幾	163
广	廁	103
弋	弒	265
弓	弼	81
且	尵	392
彡	彭	219
彳	復	135
	循	319
心	悲	78
	惑	159
	惶	157
	惡	115
	惠	158
	惰	115

惻 93	然 238	詘 236	**十三畫**	斗 斟 375	罪 408	車 輧 220
憎 342	無 302	詔 371	乙 亂 199	斤 新 314	羊 群 237	載 367
悝 314	牛 犀 190	詐 369	亠 亶 107	日 暗 76	義 340	辛 辟 219
手 揮 158	犬 猱 213	訴 275	人 傳 100	暖 218	耳 聘 220	辵 過 149
揆 188	猶 346	豕 象 312	傾 234	暑 268	聖 255	遍 115
掌 370	玉 琴 233	貝 費 127	僅 175	日 會 158	聿 肆 341	達 104
握 300	琢 398	貴 147	傷 250	木 椽 100	肅 275	遁 114
捲 322	用 甯 215	貳 123	傴 355	楚 99	肉 腹 135	道 108
揚 323	田 畫 156	賀 152	力 勢 265	極 163	腰 324	遂 275
揖 331	異 340	買 200	勤 233	楣 163	臼 舅 179	遇 358
援 359	广 痛 283	貽 332	冂 剽 306	楹 344	艸 葑 127	遐 307
攴 敦 114	癶 登 110	走 超 94	口 嗟 181	椹 332	葭 166	運 365
敢 136	發 123	越 364	嗣 273	楊 323	葛 138	違 293
敝 81	皿 盛 96	足 跋 76	嗌 341	業 330	落 200	遊 346
斤 斯 270	盜 108	距 180	嗚 300	止 歲 276	葵 188	邑 鄒 407
日 景 177	矢 短 114	車 軻 185	囗 園 359	殳 毀 158	著 398	鄉 311
智 392	立 童 283	軫 375	土 塞 248	水 溝 142	萬 285	金 鉗 229
曰 曾 369	竹 等 110	軸 395	填 282	滅 204	葬 367	鉞 364
最 408	策 93	辛 辜 143	塗 283	溺 214	葉 330	阜 隘 75
月 幕 161	筆 80	辵 逮 107	女 嫉 163	溢 341	葦 293	隍 293
期 222	筋 175	進 176	嫁 166	滋 319	虍 號 149	隹 雎 180
朝 370	米 粟 275	逸 340	媿 188	源 359	虞 354	雍 345
木 棟 113	粢 399	邑 都 113	嫂 248	溫 297	虫 蜂 127	雨 雷 190
棣 112	糸 絳 171	酉 酢 410	嫌 309	溲 274	蜋 189	青 靖 177
棺 145	結 172	金 鈇 131	媵 345	火 煩 124	衣 裸 200	頁 頓 114
棄 228	経 112	鈞 184	嫄 359	照 371	裘 236	頎 226
棲 222	絡 200	門 間 166	干 幹 137	犬 獀 346	裝 398	頌 274
棗 367	絲 271	閔 152	广 廉 194	玉 瑟 248	角 解 173	頑 285
植 390	絕 181	閑 204	廕 392	瑕 307	言 誠 96	預 358
棠 280	統 283	開 184	彳 微 289	田 當 107	誄 190	食 飯 125
椓 398	舌 舒 268	閒 309	心 愛 75	皿 盟 202	試 265	殯 92
欠 款 188	舛 舜 270	閑 309	感 136	石 碎 276	詩 256	飲 343
欺 222	艸 菲 126	阜 階 172	愆 229	示 祿 198	誅 396	馬 馳 97
歹 殘 92	華 156	陽 323	慎 254	禁 176	詢 319	髟 髮 189
殖 390	菁 176	隈 289	慄 194	內 禽 233	詣 341	鳥 鳩 178
水 測 93	萊 189	隹 雅 320	愷 185	禾 稚 392	詳 311	鼓 鼓 143
渡 114	萌 202	雄 317	愚 354	竹 節 173	豆 豐 191	鼠 鼠 268
減 167	菽 268	雨 雲 365	惛 280	筮 265	豸 豺 157	**十四畫**
渾 158	虍 虜 198	頁 順 269	意 341	米 粲 92	貉 152	人 僕 220
湎 203	虛 318	項 312	想 311	糸 綃 97	貝 賈 143	僭 282
渝 354	虫 蛟 171	須 318	愈 358	經 176	賂 198	僖 306
渭 294	行 衕 309	馬 馮 127	慍 365	裕 307	賊 368	厂 厮 271
游 346	衣 裎 96	黃 黃 157	手 搆 142	綖 321	資 399	口 嘉 166
湯 280	補 84	黍 黍 268	搏 84	綏 275	足 跪 147	嘗 94
湮 342	見 視 265	黑 黑 152	搜 274	网 置 392	跡 164	嘆 279
湘 311	言 詞 101		損 277		跣 268	囗 圖 283
火 焚 127	詖 81		攴 敬 177		路 198	

土 塵 95	火 熇 152	衣 褐 152	儀 332	木 槲 148	調 282	女 變 81
境 177	熊 317	裳 94	刀 劍 168	樊 124	豆 豎 268	嬖 253
墓 210	熒 344	褊 82	劉 197	樓 197	貝 賦 135	嬴 344
墐 176	爻 爾 122	裸 78	厂 厲 194	橢 200	賜 103	子 學 319
士 壽 267	犬 獄 358	言 誨 158	口 嘿 207	樂 365	賤 168	寸 導 108
夕 夢 203	玉 瑤 324	誠 173	嘻 306	欠 歎 280	賣 200	广 廩 196
大 奪 115	瑱 282	誦 274	嘯 313	殳 毅 341	賞 250	弓 彊 230
奮 194	疋 疑 332	說 270	土 墳 127	水 潔 173	賢 309	心 憾 149
女 嫡 111	皿 監 167	誘 350	墮 115	澈 94	質 392	懈 313
嫚 201	盡 176	語 355	墨 207	漿 171	走 趣 237	懌 341
宀 寡 144	目 瞀 201	誣 300	墜 398	潤 246	足 踐 168	戈 戰 369
察 93	石 碩 258	誤 305	女 嬌 219	潑 190	車 輟 101	手 操 92
寧 215	示 禘 112	豸 貌 201	嬉 306	潛 229	輪 200	擒 233
寢 233	禍 159	貝 賓 82	宀 寬 188	火 燈 219	輦 215	擅 250
實 258	福 132	赤 赫 152	審 253	片 牖 349	輜 399	據 180
寤 305	禋 342	走 趙 371	寫 313	广 瘠 163	辵 適 265	擁 345
寸 對 114	禾 稱 95	車 輔 132	尸 層 93	瘤 197	遷 229	擇 369
巾 幕 210	種 394	輕 234	履 199	石 磋 104	遭 367	攴 整 375
广 廏 179	立 端 114	輓 371	巾 幣 81	禾 稷 164	邑 鄧 110	日 曉 312
彡 彰 370	竭 173	辵 遣 230	幡 124	稽 161	鄰 195	木 機 161
心 慚 92	竹 箕 161	遜 319	幟 392	稻 109	鄭 376	橫 152
慈 101	管 146	遠 359	广 廚 99	稼 166	酉 醇 101	橑 190
慘 92	米 精 176	邑 鄙 80	廣 146	穀 143	醉 409	樹 269
愨 237	糸 綱 98	鄢 320	廢 127	穴 窮 235	金 銳 246	樵 230
慢 201	綱 137	酉 酺 220	廟 203	窳 357	門 閻 199	止 歷 194
慟 283	綺 228	酸 275	廾 弊 81	米 糊 156	雨 震 375	歹 殫 107
愿 275	維 293	金 銅 283	彳 徹 94	糸 緩 157	食 養 323	水 澶 93
手 摧 104	綜 407	衛 309	德 110	編 82	馬 駕 166	激 161
摘 369	网 罰 124	門 閨 146	徵 375	緣 359	駟 273	澤 369
斤 斲 399	羽 翠 104	阜 障 370	心 慧 158	緹 280	髟 髮 124	濁 399
方 旗 226	翡 126	頁 領 196	憐 194	緒 318	魚 魴 125	火 燕 322
木 槀 137	翟 111	頗 220	慕 210	网 罷 76	魯 198	犬 獨 113
構 142	耳 聚 180	食 飽 77	慶 234	罵 200	鳥 鳩 375	玉 璣 161
槐 156	聞 297	飾 265	憫 205	肉 膠 171	黍 黎 190	皿 盧 197
榱 104	肉 膏 137	馬 駃 181	慮 199	膚 131	齒 齗 97	石 磨 206
榮 244	臣 臧 367	鬼 魂 158	憎 369	膝 306		示 禦 359
榭 313	至 臺 278	鳥 鳳 128	憂 346	艸 蔡 92	**十六畫**	禾 積 161
欠 歌 137	臼 與 355	鳴 206	慾 359	蓬 219	人 儒 245	穆 210
歹 殞 365	舛 舞 304	鳶 359	戈 戮 198	蔞 204	八 冀 165	穴 窺 188
水 漢 149	艸 蓋 136	鼻 鼻 79	手 播 83	蔚 294	一 冪 203	竇 305
滸 156	蒼 92	齊 齊 226	撫 132	蔭 342	刀 劓 341	竹 篤 113
漸 168	蔑 149		摯 392	衣 褒 77	口 器 229	築 398
漫 201	蒲 220	**十五畫**	攴 敷 131	言 諂 93	土 壁 81	米 糒 79
滿 200	蓍 257	人 僵 171	敵 111	論 200	墼 161	糗 236
漠 207	蒙 202	儉 167	數 268	誰 269	牆 230	糸 縠 156
漆 222	蒞 194	傲 177	日 暴 78	請 234	墾 187	縕 365
漁 354	蒯 188	僻 219	暮 210	談 279	壑 345	縣 310

部	字	頁
	榮	344
缶	罃	344
网	羀	190
肉	膳	250
臼	興	314
艸	蕩	108
	蔽	81
	蕳	167
	蕘	238
	蕪	303
行	衡	152
	衛	296
衣	褔	230
見	覩	113
	親	232
言	諫	168
	諷	128
	謀	207
	諾	218
	諛	354
	謁	330
	諴	310
	謂	294
	諧	313
	諭	359
	諸	396
豸	豫	359
貝	賴	189
足	踰	354
	踵	394
	踢	345
車	輯	163
	輸	268
辛	辨	82
辵	遲	97
	遺	332
	選	319
酉	醒	316
金	錯	104
	鋸	180
	錄	199
	錦	175
門	閣	115
	閣	320
	閾	359
阜	險	310
	隨	275

部	字	頁
	隊	276
佳	雕	112
雨	霏	126
	霍	159
	霖	195
青	靜	177
頁	頻	95
	頸	177
	頭	283
食	餓	115
	餚	265
	餘	354
馬	駭	149
魚	鮒	135
	鮑	78
鳥	鴟	97
黑	黔	229
龍	龍	197

十七畫

部	字	頁
人	償	94
	優	346
力	勵	194
土	壑	152
女	嬪	219
	嬰	344
子	孺	246
尸	屨	180
山	嶽	365
弓	彌	203
彳	徽	158
心	應	344
戈	戲	307
手	擋	83
	擠	163
	擊	161
	擢	399
欠	歜	100
	歙	194
水	濱	83
	濟	165
火	燧	276
	營	344
	燭	397
犬	獲	159
玉	環	157
瓦	甋	369

部	字	頁
广	療	195
目	瞩	297
矢	矯	171
米	糟	367
糸	績	161
	縫	128
	繁	124
	繆	207
	縭	190
	縊	230
	縣	324
	縱	407
羽	翼	341
耳	聰	103
	聲	255
肉	臂	82
	膺	344
臣	臨	195
臼	舉	180
艸	薦	169
	薄	84
	薨	152
	薪	314
卢	虧	188
虫	螳	280
衣	襄	311
	褻	313
見	覬	142
言	講	171
	謐	203
	謚	265
	謙	229
	謠	324
	謔	319
	諂	280
	謝	313
谷	谿	306
貝	購	142
走	趨	236
足	蹈	108
車	轂	143
	輿	355
辵	還	157
	避	81
	邃	180
酉	醜	98
金	鍾	394

部	字	頁
門	闌	76
	闊	189
	闈	293
阜	隱	343
	隮	306
隶	隸	194
佳	雖	275
韋	韓	149
食	館	146
	餞	169
	餒	279
馬	駿	184
魚	鮮	309
鹿	麋	203
黑	黜	100
齊	齋	369

十八畫

部	字	頁
口	囂	343
戈	戴	107
手	擾	238
斤	斷	114
木	檿	322
欠	歠	355
止	歸	146
水	濆	113
爪	爵	181
犬	獵	195
玉	璧	82
瓦	甕	299
白	皦	171
目	瞽	143
	瞻	369
示	禮	191
禾	穡	248
穴	竄	104
	竅	230
竹	簡	167
	簪	367
米	糧	195
糸	繕	250
	織	389
	繒	369
	繡	317
耳	職	390
臼	舊	179
艸	藏	92

部	字	頁
虫	蟠	124
衣	襟	175
襾	覆	135
角	觴	250
言	謬	206
	謹	175
豆	豐	127
貝	贄	392
足	蹕	82
身	軀	236
車	轉	398
辵	邇	122
里	釐	190
金	鎰	342
	鎮	375
門	闖	152
	闕	237
阜	隳	158
佳	雞	161
	雙	269
革	鞭	82
頁	顏	322
馬	騈	219
	騏	227
	騎	227
鬼	魏	297
鳥	鵠	156

十九畫

部	字	頁
人	儳	269
口	嚮	312
土	壞	156
	壚	198
宀	寵	98
广	廬	197
心	懷	156
	懲	97
日	曝	220
木	櫝	113
	櫛	392
水	瀝	194
牛	犢	113
犬	獸	267
玉	瓊	235
示	禱	108
	禰	214
糸	繭	167

部	字	頁
糸	繹	342
	繫	307
网	羅	200
肉	臟	189
艸	藪	274
	藝	342
	藥	324
言	識	161
	譖	258
	譎	181
	譜	369
	譚	279
貝	贈	369
	贇	367
足	蹲	124
車	轔	196
辛	辭	101
辵	邊	82
酉	醮	172
金	鏡	177
門	關	145
佳	離	191
	難	212
雨	霧	305
非	靡	203
革	鞫	218
頁	顛	112
	類	190
	願	360
馬	騤	157
	騙	281
鳥	鵬	359
鹿	麓	199
	麗	194
	麒	227
麥	麴	236

二十畫

部	字	頁
力	勸	237
口	嚴	322
土	壤	238
攵	變	188
子	孽	215
宀	寶	78
心	懸	319
手	攘	238
牛	犨	98
犬	獻	310

部	字	頁
立	競	178
糸	繼	165
	繻	244
艸	蘇	274
	蘀	284
衣	襭	313
見	覺	181
角	觸	100
言	譬	219
	譫	367
	議	342
酉	醸	180
	醴	192
采	釋	265
金	鐘	394
門	闈	294
雨	露	199
馬	騷	248
黑	黨	108

廿一畫

部	字	頁
尸	屬	268
心	懼	180
手	攜	306
日	曩	213
水	灌	146
火	爛	189
糸	纏	93
	纍	190
	續	318
艸	蘿	236
言	護	156
	譴	230
	譽	359
足	躍	365
辛	辯	82
邑	鄲	127
酉	醺	98
金	鐸	115
雨	霸	76
頁	顧	144
食	饑	161
	饋	188
馬	驂	92
	驅	236
魚	鰥	145
鳥	雞	161

轂	187	
齊	齎	161

廿五畫

糸	纘	408
見	觀	145
足	躡	215

廿二畫

人	儻	280
口	囊	213
心	懿	342
木	權	237
水	灑	247
穴	竊	232
竹	籠	197
	籜	284
米	糱	215
耳	聽	282
衣	襲	306
言	讀	113
貝	贖	268
食	饗	311
馬	驕	171
魚	鱄	398

廿八畫

金	鑿	410
馬	驩	156

廿九畫

馬	驪	191

廿三畫

木	欒	199
糸	纓	344
言	讎	98
	變	82
	讌	322
頁	顯	310
食	饜	322
馬	驚	177
	驗	322
骨	體	281
魚	鱉	82
鹿	麟	196
齒	齮	338

廿四畫

口	囑	397
网	羈	161
虫	蠶	92
言	讒	93
	讓	238
雨	靈	196
馬	驟	395
鬥	鬭	113
鹵	鹽	322

通 用 字 表

編號	本索引用字	原底本用字	章/頁/行	內文
1	往	徃	1.1/1/12	我其往
			1.1/1/12	往哉
			1.1/1/12	舜往飛出
			1.1/1/13	往哉
			1.1/1/13	舜往浚井
			1.1/1/15	遂往
			1.1/1/16	舜往于田
			1.3/2/16	簡狄與其妹娣競往取之
			1.4/3/10	禹往敷土
			1.8/6/6	始往
			1.10/8/12	推而往
			1.11/10/2	王使人（往）〔注〕江之上流
			1.12/10/18	吾從汝謁往監之
			2.7/16/19	因往來者請問其夫
			2.11/19/3	曾子與門人往弔之
			2.13/20/13	往聘迎之
			2.15/21/22	往聘迎之
			2.15/22/1	進往遇害
			3.3/23/20	齊桓往而存之
			3.10/28/8	叔姬往視之
			4.1/32/14	遂不肯往
			4.1/32/15	必死不往
			4.5/34/13	既往而不同欲
			4.6/34/28	終不往
			4.14/40/1	一往而不改
			5.9/47/1	子束髮辭親往仕
			5.11/48/19	他人無事不得往
			6.2/52/9	乃往言于王曰
			6.3/53/15	妻往說公
			6.6/55/14	子貢往曰
			6.6/55/17	子貢往曰
			6.11/59/18	使使者以金百鎰往聘迎之
			6.11/59/19	請死不往
			6.13/61/8	王將往
			6.13/61/10	姪願往諫之
			6.13/61/12	使人往問之
			6.13/61/21	王必遂往
			7.4/65/22	遽往追之
			7.7/67/22	亟往祀焉

編號	本索引 用字	原底本 用字	章/頁/行	內文
1	往	徃	7.8/68/19	始往
2	冰	氷	1.2/1/31	乃取置寒冰之上
3	樹	𣗳	1.2/2/1 5.14/50/20 6.4/54/1 6.4/54/2	而教之種樹桑麻 季兒樹義 今吾君樹槐 皆謂君愛樹而（賊）〔賤〕人
4	敕	勅	1.3/2/19 2.6/16/15	乃敕之曰 以敕君子
5	妊	姙	1.6/4/6 1.6/4/9	古者婦人妊子 故妊子之時
6	聃	䏙	1.6/4/16	次則聃季載
7	階	堦	1.10/8/1	從後階降而卻行
8	效	効	1.10/8/26 1.14/12/4	男女效績 務在效忠
9	鱉	䰠	1.10/9/3 1.10/9/4 1.10/9/4	羞鱉焉爲小 相延食鱉 將使鱉長而食之
10	糧	粮	1.11/9/27	絕糧
11	爾	尔	1.11/10/7 2.8/17/11 3.1/22/14 4.7/35/28	教誨爾子 及爾同死 況爾小醜乎 及爾同死
12	怪	恠	1.12/10/22 2.12/20/1 6.11/59/20	魯大夫從臺上見而怪之 晏子怪而問其故 諸夫人皆怪之
13	慚	慙	1.14/12/6 4.9/37/4 4.12/38/24 4.12/39/7 5.9/47/1 5.14/50/12 6.5/54/22	田稷子慚而出 于是吳王慚 我甚內慚 夫人慚辭 秋胡子慚 延壽慚而去 大夫慚而無以應

編號	本索引用字	原底本用字	章/頁/行	內文
13	慚	慙	6.5/55/3	鄭使慚去
			6.11/59/17	王大慚曰
			6.11/59/21	王大慚
			6.11/59/27	于是諸夫人皆大慚
14	臥	臥	2.1/12/24	宣王常早臥晏起
			5.1/41/14	臥于稱之處
			5.15/50/28	東首臥
			5.15/50/28	使臥他所
			5.15/50/29	開戶牖而臥
			6.7/56/1	津吏醉臥不能渡
15	解	觧	2.2/13/12	解環佩
			2.14/21/11	鳥獸之解毛
			5.13/49/17	夫人解繫臂
			5.13/49/20	妾解去之
			7.13/72/12	即解兵
16	閒	聞	2.3/14/2	閒者吾已除之矣
17	群	羣	2.4/14/21	穆姬使納群公子曰
			7.13/72/9	主父從旁觀窺群臣宗室〔之禮〕
18	鄰	隣	2.6/16/4	蓋與其鄰人陳素所與大夫言
			3.9/26/28	壁鄰之國也
			3.13/30/4	其鄰人婦從之遊
			3.13/30/6	鄰婦笑曰
			6.14/62/11	婦人以辭不見棄于鄰
19	微	微	2.8/17/15	微君姬氏
			3.1/22/14	君子謂密母爲能識微
			4.5/34/15	式微式微
			4.5/34/17	微君之故
			4.5/34/22	作詩《式微》
			6.2/52/20	君子謂乙母善以微喻
			6.5/54/21	（鞭）〔輕〕其微弱
			7.2/64/10	微子去之
			7.13/72/7	孟姚數微言后有淫意
20	床	牀	2.14/21/3	木床著席
21	帚	箒	2.15/21/23	僕有箕帚之妾
			4.11/38/5	執箕帚

編號	本索引用字	原底本用字	章/頁/行	內文
22	鬭	鬥	3.2/22/25 3.9/27/8 3.13/30/12 5.8/46/5	鬭伯比謂其御曰 言趣饗戰鬭之士而繕甲兵也 男子戰鬭 有人鬭死于道者
23	羈	羈	3.4/24/1 3.4/24/4 3.4/24/8 3.4/24/9	《曹僖氏妻》曹大夫僖負羈之妻也 負羈之妻言于夫曰 負羈乃遺之壺飧 乃表負羈之閭
24	弊	獘	5.4/43/16	取婢子于弊邑
25	攜	携	5.6/44/28 5.6/44/29 6.13/61/27	望見一婦人抱一兒、攜一兒而行 抱其所攜而走〔於〕山 攜手同歸
26	讎	讐	5.14/50/9 5.14/50/11 5.14/50/11 5.14/50/15 5.14/50/20 5.15/50/25 5.15/50/29 5.15/50/30 5.15/51/5 6.10/58/22	事兄之讎 兄死而讎不（執）〔報〕 又縱兄之讎 君子謂友（姊）〔娣〕善復兄讎 欲復兄讎 其夫有讎人 讎家果至 讎人哀痛之 夫讎劫父 南有強楚之讎
27	劫	刧	5.15/50/26 5.15/51/5	乃劫其妻之父 夫讎劫父
28	楫	檝	6.7/56/1 6.7/56/6 6.7/56/6 6.7/56/7 6.7/56/12 6.7/56/20	持楫而走 用楫者少一人 娟攘卷操楫而請曰 願備（父）〔員〕持楫 妾持楫兮操其維 操楫進說
29	屬	属	6.14/62/6 6.14/62/6 6.14/62/7 6.14/62/7 6.14/62/8 6.15/62/24	與鄰婦李吾之屬會燭相從夜績 而燭數不屬 李吾（與）〔謂〕其屬曰 徐吾燭數不屬 妾以貧、燭不屬之故 刑者不可復屬

編號	本索引用字	原底本用字	章/頁/行	內文
30	羈	觭	7.1/63/20	羈其頭而飲之于酒池
31	胸	胃	7.5/66/14	摧幹拉胸
32	昏	昬	7.7/68/10 7.12/71/20	五世亂昏 昏時
33	剋	尅	7.10/70/3 7.10/70/4 7.10/70/4 7.10/70/7 7.10/70/8 7.10/70/14	淫通于大夫慶剋 國佐召慶剋 慶剋久不出 使慶剋佐之 國佐使人殺慶剋 淫于慶剋
34	廟	庙	7.11/70/26	請就（元）〔先〕君之廟而死焉
35	豎	竪	7.12/71/18	姬與孔氏之豎渾良夫淫

徵 引 書 目

編號	書名	標注出處方法	版本
1	列女傳	頁數	叢書集成初編影文選樓叢書本
2	列女傳	卷/頁（a、b為頁之上下面）	梁端校注本　四部備要本
3	王念孫讀書雜志	頁數	江蘇古籍出版社1985年
4	北堂書鈔	卷頁	北京中國書店1989年
5	太平御覽	卷頁	北京中華書局1985年
6	六臣注文選	頁數	北京中華書局1987年
7	初學記	頁數	北京中華書局1962年
8	渚宮舊事	卷/頁（a、b為頁之上下面）	叢書集成初編據平津館叢書本排印本上海商務印書館1936年
9	毛詩	頁數	臺北藝文印書館1985年影十三經注疏本
10	周易	頁數	臺北藝文印書館1985年影十三經注疏本
11	左傳	頁數	臺北藝文印書館1985年影十三經注疏本
12	國語	卷/頁（a、b為頁之上下面）	黃丕烈士禮居叢書重雕天聖明道本
13	史記	頁數	北京中華書局1982年
14	韓詩外傳	卷/頁（a、b為頁之上下面）	四部叢刊影上海涵芬樓藏明沈氏野竹齋刊本
15	論語	頁數	臺北藝文印書館1985年影十三經注疏本
16	晏子春秋	頁數	四部叢刊初編縮本影明活字本　臺灣商務印書館1965年
17	尚書	頁數	臺北藝文印書館1985年影十三經注疏本
18	戰國策	卷/頁（a、b為頁之上下面）	黃丕烈士禮居叢書重刻宋姚宏本
19	論衡	卷/頁（a、b為頁之上下面）	四部叢刊影上海涵芬樓藏明通津草堂本
20	新序	卷/頁（a、b為頁之上下面）	四部叢刊影江南圖書館藏明覆宋刊本

誤 字 改 正 說 明 表

編號	原句 / 位置（章/頁/行）	改正說明
1	四嶽（鷹）〔鴌〕之於堯 1.1/1/9	叢書集成初編影文選樓叢書本頁1
2	後伐平林者咸（鷹）〔薦〕之覆之 1.2/1/31	叢書集成初編影文選樓叢書本頁3
3	與其妹（姊）〔娣〕浴於玄丘之水 1.3/2/15	叢書集成初編影文選樓叢書本頁5
4	而敬敷（王）〔五〕教 1.3/2/19	叢書集成初編影文選樓叢書本頁5
5	立子生（商）〔商〕 1.3/2/21	叢書集成初編影文選樓叢書本頁6
6	降而生（商）〔商〕 1.3/2/21	叢書集成初編影文選樓叢書本頁6
7	遂自脩（餙）〔飾〕 1.3/2/26	叢書集成初編影文選樓叢書本頁6
8	（賢）〔質〕行聰明 1.5/3/22	叢書集成初編影文選樓叢書本頁8
9	有（呂）〔台〕氏之女 1.6/3/27	太平御覽卷135頁657
10	禹后有（娶）〔莘〕姒氏之女 1.6/4/12	叢書集成初編影文選樓叢書本頁10
11	（夫）〔天〕禍衛國也 1.7/5/16	叢書集成初編影文選樓叢書本頁12
12	兆如山（林）〔陵〕 1.7/5/23	左傳・襄公十年頁540
13	獲鄭皇耳于（大）〔犬〕丘 1.7/5/24	左傳・襄公十年頁540
14	（畫）〔晝〕者 1.10/8/10	叢書集成初編影文選樓叢書本頁16
15	綜可以爲（開）〔關〕內之師 1.10/8/12	太平御覽卷826頁3681
16	敬姜（力）〔方〕績 1.10/8/14	叢書集成初編影文選樓叢書本頁16
17	宣（敬）〔敘〕民事 1.10/8/19	初學記卷13頁318
18	與太史、司載（科）〔糾〕虔天刑 1.10/8/20	國語・魯語下頁5/8b
19	晝而講（隸）〔肆〕 1.10/8/23	梁端校注本頁1/8a
20	（則）〔列〕士之妻加之以朝服 1.10/8/25	國語・魯語下頁5/9a
21	（吾）〔胡〕不自安 1.10/9/1	國語・魯語下頁5/9b
22	敬姜戒（止）〔其〕妾曰 1.10/9/7	叢書集成初編影文選樓叢書本頁18
23	王使人（往）〔注〕江之上流 1.11/10/2	太平御覽卷281頁1309
24	臘（月）〔日〕禮畢事間 1.12/10/25	太平御覽卷430頁1982
25	使（明請）〔朝謁〕夫人 1.12/10/27	太平御覽卷430頁1982
26	其喪（天）〔父〕母 1.12/10/28	叢書集成初編影文選樓叢書本頁26
27	色厲音（楊）〔揚〕 2.2/13/15	叢書集成初編影文選樓叢書本頁33
28	彼（姜）〔美〕孟姜 2.3/14/9	叢書集成初編影文選樓叢書本頁36
29	姜（興）〔與〕犯謀 2.3/14/14	叢書集成初編影文選樓叢書本頁36
30	治楚三（季）〔年〕 2.5/15/20	叢書集成初編影文選樓叢書本頁40
31	大夫夙（夜）〔退〕 2.5/15/21	叢書集成初編影文選樓叢書本頁40
32	謂女（者）〔君〕也 2.5/15/22	叢書集成初編影文選樓叢書本頁40
33	凡事遠（周）〔害〕 2.6/16/14	梁端說，見梁端校注本頁2/4b
34	（方）〔夫〕無一去義 2.7/16/25	叢書集成初編影文選樓叢書本頁44
35	狄人入其二女叔（隈）〔隗〕、季隗于公子 2.8/17/6	叢書集成初編影文選樓叢書本頁45
36	公以叔（隈）〔隗〕妻趙衰 2.8/17/7	叢書集成初編影文選樓叢書本頁45
37	及（及）〔返〕國 2.8/17/7	叢書集成初編影文選樓叢書本頁45
38	夫子之（謚）〔諡〕 2.10/18/21	叢書集成初編影文選樓叢書本頁50
39	（手）〔首〕足不盡斂 2.11/19/5	太平御覽卷561頁2537

編號	原句 / 位置（章/頁/行）	改正說明
40	食不充（口）〔虛〕 2.11/19/8	文選‧張景陽雜詩注引，見卷29頁559
41	先生（以）〔少〕而爲義 2.13/20/15	韓詩外傳頁2/12b
42	（何）〔然〕 2.14/21/8	叢書集成初編影文選樓叢書本頁57
43	姓（魏）〔隗〕氏 3.1/22/11	史記‧周本紀集解引頁140
44	群帥因于（治）〔冶〕父以待刑 3.2/22/29	左傳‧桓公十三年頁125
45	載馳載（馳）〔驅〕 3.3/23/21	詩第54首鄘風‧載馳頁125
46	（廉）〔厥〕智孔白 3.4/24/15	叢書集成初編影文選樓叢書本頁68
47	此之（說）〔謂〕也 3.5/24/25	叢書集成初編影文選樓叢書本頁70
48	民（愛）〔惡〕其上 3.6/25/4	左傳‧成公十五年頁467
49	至言不（餙）〔飾〕 3.6/25/6	叢書集成初編影文選樓叢書本頁71
50	諸大夫（慕）〔莫〕子若也 3.6/25/9	國語‧晉語五頁11/6a
51	子之（仕）〔性〕固不可易也 3.6/25/9	太平御覽卷520頁2367
52	不爲昭昭（變）〔信〕節 3.7/25/24	太平御覽卷402頁1860
53	君（心）〔必〕悔之 3.8/26/13	左傳‧襄公十九年頁586
54	是有木治（保）〔係〕于獄矣 3.9/27/10	叢書集成初編影文選樓叢書本頁78
55	是虎目而豕（啄）〔喙〕 3.10/28/12	國語‧晉語八頁14/3a
56	鳶（眉）〔肩〕而牛腹 3.10/28/12	國語‧晉語八頁14/3a
57	趙（間）〔簡〕子乘馬園中 3.11/28/25	叢書集成初編影文選樓叢書本頁83
58	已而（閑）〔開〕圉示之株 3.11/28/28	叢書集成初編影文選樓叢書本頁83
59	（籜）〔蘀〕兮（籜）〔蘀〕兮 3.12/29/21	詩第85首鄭風‧蘀兮頁172
60	如耳未遇（門）〔間〕 3.14/30/25	叢書集成初編影文選樓叢書本頁89
61	而亂男（子）〔女〕之別也 3.14/30/30	叢書集成初編影文選樓叢書本頁90
62	《衛（宣）〔寡〕夫人》夫人者 4.3/33/14	太平御覽卷441頁2029
63	持心不（願）〔頃〕 4.4/34/8	梁端校注本頁4/3a
64	行節（及）〔反〕乖 4.5/34/22	梁端校注本頁4/3b
65	內（餙）〔飾〕則結紐綢繆 4.6/35/7	叢書集成初編影文選樓叢書本頁102
66	歸問女（見）〔昆〕弟 4.6/35/12	叢書集成初編影文選樓叢書本頁102
67	（有如）〔謂予〕不信 4.7/35/25	叢書集成初編影文選樓叢書本頁103
68	（死）〔有〕如皦日 4.7/35/25	叢書集成初編影文選樓叢書本頁103
69	乃（枕）〔就〕其夫之屍于城下而哭〔之〕 4.8/36/11	文選‧曹子建求通親親表注引，見卷37頁693
70	莫不爲之揮（俤）〔涕〕 4.8/36/12	叢書集成初編影文選樓叢書本頁105
71	號曰〔楚白〕貞姬（楚） 4.11/38/9	太平御覽卷441頁2029
72	秦滅衛君（乃）〔角〕 4.12/38/20	太平御覽卷422頁1948
73	妾聞忠臣（下）〔事〕君 4.12/38/26	叢書集成初編影文選樓叢書本頁113
74	其子泣而（守）〔止〕之 4.12/39/1	太平御覽卷422頁1948
75	遂許傳（妻）〔妾〕留 4.12/39/1	叢書集成初編影文選樓叢書本頁114
76	而名立于（夫）〔後〕世矣 4.12/39/2	叢書集成初編影文選樓叢書本頁114
77	我心匪（后）〔石〕 4.12/39/3	叢書集成初編影文選樓叢書本頁114
78	嗚呼（哉）〔悲〕兮 4.13/39/15	梁端校注本頁4/8b
79	雖有賢（匹）〔雄〕兮 4.13/39/16	梁端校注本頁4/8b
80	（念）〔今〕忘死而趨生 4.14/40/1	太平御覽卷441頁2029
81	（備）〔借〕吾不還 4.15/40/15	叢書集成初編影文選樓叢書本頁119
82	淮陽（大）〔太〕守以聞 4.15/40/24	叢書集成初編影文選樓叢書本頁120

編號	原句 / 位置（章/頁/行）	改正說明
83	王將立公子（商）〔商〕臣以爲太子　5.2/42/3	叢書集成初編影文選樓叢書本頁123
84	其後（商）〔商〕臣以子上救蔡之事　5.2/42/6	叢書集成初編影文選樓叢書本頁124
85	王請食熊（蟠）〔蹯〕而死　5.2/42/14	叢書集成初編影文選樓叢書本頁124
86	孰能以身（試）〔誠〕　5.2/42/15	叢書集成初編影文選樓叢書本頁124
87	知（商）〔商〕臣亂　5.2/42/20	叢書集成初編影文選樓叢書本頁124
88	故（一）〔以〕婢子之身爲苞苴玩好　5.4/43/11	叢書集成初編影文選樓叢書本頁127
89	然可（移）〔以〕移于將相　5.4/43/19	叢書集成初編影文選樓叢書本頁129
90	據節銳（情）〔精〕　5.5/44/23	叢書集成初編影文選樓叢書本頁132
91	（兄）〔況〕以禮義治國乎　5.6/45/10	叢書集成初編影文選樓叢書本頁134
92	殺魏（主）〔王〕瑕　5.11/48/6	叢書集成初編影文選樓叢書本頁143
93	各（有）〔自〕伏惡　5.13/50/1	叢書集成初編影文選樓叢書本頁148
94	《（郃）〔部〕陽友（姊）〔娣〕》　5.14/50/4	叢書集成初編影文選樓叢書本頁149
95	（郃）〔部〕陽邑任延壽之妻也　5.14/50/6	叢書集成初編影文選樓叢書本頁149
96	兄死而讎不（執）〔報〕　5.14/50/11	叢書集成初編影文選樓叢書本頁149
97	何面目以生而戴天（復）〔履〕地乎　5.14/50/12	叢書集成初編影文選樓叢書本頁149
98	遂以（身）〔繦〕自經而死　5.14/50/14	叢書集成初編影文選樓叢書本頁150
99	君子謂友（姊）〔娣〕善復兄讎　5.14/50/15	梁端校注本頁5/11a
100	甯戚擊牛角而（商）〔商〕歌甚悲　6.1/51/16	叢書集成初編影文選樓叢書本頁153
101	人（也）〔已〕語君矣　6.1/51/24	叢書集成初編影文選樓叢書本頁154
102	妾豈貪貨而（失）〔干〕大王哉　6.2/52/19	太平御覽卷820頁3650
103	既歸家（庭）〔處〕　6.2/52/25	叢書集成初編影文選樓叢書本頁156
104	糊以（阿）〔河〕魚之膠　6.3/53/7	太平御覽卷347頁1599
105	右（乎）〔手〕如附枝　6.3/53/8	梁端校注本頁6/3a
106	敦（于）〔弓〕既堅　6.3/53/10	梁端校注本頁6/3b
107	禱祠于名山神（女）〔水〕　6.4/53/26	叢書集成初編影文選樓叢書本頁159
108	不勝麴（蘗）〔糵〕之味　6.4/53/26	梁端校注本頁6/3b
109	召太（上）〔卜〕而卜之　6.4/53/28	叢書集成初編影文選樓叢書本頁160
110	皆謂君愛樹而（賊）〔賤〕人　6.4/54/2	叢書集成初編影文選樓叢書本頁160
111	其女悼（惺）〔惶〕　6.4/54/12	叢書集成初編影文選樓叢書本頁160
112	是以敗子（夫）〔大〕夫之車　6.5/54/19	叢書集成初編影文選樓叢書本頁161
113	（鞭）〔輕〕其微弱　6.5/54/21	叢書集成初編影文選樓叢書本頁161
114	（授）〔受〕子貢觴　6.6/55/12	韓詩外傳頁1/2a
115	（切）〔竊〕有狂夫名之者矣　6.6/55/19	叢書集成初編影文選樓叢書本頁164
116	願備（父）〔員〕持楫　6.7/56/7	太平御覽卷771頁3418
117	武（三）〔王〕伐殷　6.7/56/9	叢書集成初編影文選樓叢書本頁166
118	（浮）〔呼〕來擢兮行勿疑　6.7/56/13	叢書集成初編影文選樓叢書本頁166
119	積之于（大）〔素〕雅　6.9/57/23	叢書集成初編影文選樓叢書本頁171
120	（印）〔卬〕鼻結喉　6.10/58/12	叢書集成初編影文選樓叢書本頁173
121	願（借）〔備〕後宮之埽除　6.10/58/14	叢書集成初編影文選樓叢書本頁174
122	〔而〕忽所（時）〔恃〕　6.10/58/23	新序・雜事二頁2/13b
123	（謟）〔諂〕諛強于左右　6.10/58/25	梁端校注本頁6/9b
124	于是（折）〔拆〕漸臺　6.10/58/29	叢書集成初編影文選樓叢書本頁176
125	退（謟）〔諂〕諛　6.10/58/29	梁端校注本頁6/9b
126	其（一）〔二〕日　6.12/60/19	叢書集成初編影文選樓叢書本頁182
127	賢其（夫妻）〔妻子〕　6.12/60/21	北堂書鈔卷49頁140

編號	原句 / 位置（章/頁/行）	改正說明
128	姦臣必（倍）〔倚〕敵國而發謀 6.13/61/10	叢書集成初編影文選樓叢書本頁183
129	外內崩（壞）〔壞〕 6.13/61/19	叢書集成初編影文選樓叢書本頁184
130	（滋日以）〔日以滋〕甚 6.13/61/20	太平御覽卷455頁2092
131	李吾（與）〔謂〕其屬曰 6.14/62/7	叢書集成初編影文選樓叢書本頁185
132	（令）〔今〕坐法當刑 6.15/62/24	史記・孝文本紀頁427
133	淫（如）〔妬〕熒惑 7/63/13	叢書集成初編影文選樓叢書本頁9
134	遂反爲（商）〔商〕 7.1/63/29	梁端校注本頁7/1b
135	辨足以（餙）〔飾〕非 7.2/64/3	叢書集成初編影文選樓叢書本頁191
136	諛（目）〔臣〕群女 7.2/64/6	叢書集成初編影文選樓叢書本頁191
137	紂乃爲炮（烙）〔格〕之法 7.2/64/7	王念孫讀書雜志頁787
138	反（商）〔商〕爲周 7.2/64/17	叢書集成初編影文選樓叢書本頁192
139	而藏綮（犢）〔櫝〕中 7.3/64/24	國語・鄭語頁16/5b
140	（誦）〔頌〕曰 7.5/66/12	叢書集成初編影文選樓叢書本頁198
141	魯（逐）〔遂〕擯繆姜于東宮 7.8/68/19	叢書集成初編影文選樓叢書本頁205
142	齊崔杼御東郭偃之（娣）〔姊〕也 7.11/70/19	叢書集成初編影文選樓叢書本頁211
143	崔子（弔）〔弗〕而說姜 7.11/70/20	叢書集成初編影文選樓叢書本頁211
144	請就（元）〔先〕君之廟而死焉 7.11/70/26	梁端校注本頁7/8b
145	崔氏射（中公）〔公中〕踵 7.11/70/27	叢書集成初編影文選樓叢書本頁212
146	慶封乃使盧蒲嫳帥徒衆與國人焚其庫廄而殺成、（姜）〔彊〕 7.11/71/3	左傳・襄公二十七年頁649
147	反〔北面爲〕（目）〔臣〕 7.13/72/9	史記・趙世家頁1815
148	（生）〔主〕閉沙丘 7.13/72/18	叢書集成初編影文選樓叢書本頁216
149	君〔貴〕用事（又）〔久〕 7.14/72/26	史記・春申君列傳頁2397
150	亂（時）〔是〕用餕 7.14/73/7	叢書集成初編影文選樓叢書本頁218

增字、刪字改正說明表

編號	原句 / 位置（章/頁/行）	改正說明
1	〔卒爲周宗〕 1.6/4/6	太平御覽卷135頁657
2	（心淫泆） 1.8/6/7	叢書集成初編影文選樓叢書本頁13
3	〔有〕冶容〔之行〕 1.8/6/7	叢書集成初編影文選樓叢書本頁13
4	〔淫泆之心〕 1.8/6/7	叢書集成初編影文選樓叢書本頁13
5	此非吾所以居處子〔也〕 1.9/6/24	文選・何平叔景福殿賦注引，見卷11頁227
6	學〔何〕所至矣 1.9/6/28	太平御覽卷826頁3680
7	君子稱身〔而〕就位 1.9/7/12	叢書集成初編影文選樓叢書本頁23
8	使師尹維旅牧〔相〕 1.10/8/19	國語・魯語下頁5/8b
9	晝考其國〔職〕 1.10/8/21	國語・魯語下頁5/8b
10	天子及諸侯合民事〔于外朝〕 1.10/9/14	國語・魯語下頁5/8a
11	〔合神事〕于內朝 1.10/9/14	國語・魯語下頁5/8a
12	子不聞越王句踐之伐吳〔耶〕 1.11/10/1	太平御覽卷281頁1309
13	客有獻醇酒一器〔者〕 1.11/10/2	太平御覽卷281頁1309
14	然吾父母家〔多〕幼稚 1.12/10/18	叢書集成初編影文選樓叢書本頁25
15	少繫〔於〕父母 1.12/10/19	太平御覽430頁1981
16	〔待〕夕而入 1.12/10/22	太平御覽430頁1982
17	至闇〔外〕而止 1.12/10/23	太平御覽430頁1982
18	〔穆公〕賜母尊號曰母師 1.12/10/27	太平御覽430頁1982
19	〔人不愛母至甚也〕 1.13/11/13	叢書集成初編影文選樓叢書本頁27
20	爲人母〔而〕不能愛其子 1.13/11/15	叢書集成初編影文選樓叢書本頁27
21	〔宣王之后〕也 2.1/12/23	文選・何平叔景福殿賦注引卷11頁226
22	姜后〔既出〕 2.1/12/24	文選・何平叔景福殿賦注引卷11頁226
23	〔乃〕脫簪珥 2.1/12/24	文選・何平叔景福殿賦注引卷11頁226
24	妾（之）不才 2.1/12/25	文選・何平叔景福殿賦注引卷11頁226
25	〔罷〕朝入閨 2.2/13/11	叢書集成初編影文選樓叢書本頁33
26	姜〔氏〕殺之 2.3/14/1	國語・晉語四頁10/2a
27	其能及〔乎〕 2.3/14/5	叢書集成初編影文選樓叢書本頁36
28	醉〔而〕載之以行 2.3/14/6	國語・晉語四頁10/3b
29	〔若〕無所濟 2.3/14/7	國語・晉語四頁10/3b
30	何罷〔之〕晏也 2.5/15/12	韓詩外傳頁2/3a
31	未聞進賢〔而〕退不肖 2.5/15/18	韓詩外傳頁2/3b
32	明日〔朝〕 2.5/15/19	韓詩外傳頁2/3b
33	王以姬〔之〕言告虞丘子 2.5/15/19	韓詩外傳頁2/3b
34	〔隱門而入〕 2.11/19/3	太平御覽卷561頁2537

編號	原句／位置（章／頁／行）	改正說明
35	〔立於堂下〕 2.11/19/3	太平御覽卷561頁2537
36	既〔而〕歸 2.12/19/24	史記・管晏列傳頁2135
37	〔所〕甘不過一肉 2.15/21/26	韓詩外傳頁9/12b
38	必致之〔於〕王 3.1/22/12	國語・周語上頁1/4b
39	美之物〔也〕 3.1/22/13	國語・周語上頁1/4b
40	〔衆以美物〕歸汝 3.1/22/13	國語・周語上頁1/4b
41	〔鄧曼〕曰 3.2/22/26	左傳・桓公十三年頁124
42	大敗〔之〕 3.2/22/29	左傳・桓公十三年頁125
43	吾觀晉公子〔賢人也〕 3.4/24/4	國語・晉語四頁10/4a
44	曹必為首〔誅也〕 3.4/24/6	國語・晉語四頁10/4b
45	〔天必〕陽報之 3.5/24/23	論衡・福虛頁6/4b
46	為〔楚〕令尹 3.5/24/24	論衡・福虛頁6/4b、新序・雜事一頁1/2a
47	此〔必〕蘧伯玉也 3.7/25/23	太平御覽卷402頁1860
48	是君有二〔賢〕臣也 3.7/25/28	太平御覽卷402頁1860
49	夫人仲子與其娣戎子〔皆〕孿于公 3.8/26/11	叢書集成初編影文選樓叢書本頁75
50	〔公曰〕 3.8/26/13	左傳・襄公十九年頁586
51	〔伯碩〕生時 3.10/28/8	叢書集成初編影文選樓叢書本頁81
52	而賞負〔粟〕三十鍾 3.14/31/7	太平御覽卷455頁2092
53	身所奉飯〔飲而進食〕者以十數 3.15/31/20	史記・廉頗、藺相如列傳頁2447
54	乃日視便利田宅可買者〔買之〕 3.15/31/22	史記・廉頗、藺相如列傳頁2447
55	願〔王〕勿遣 3.15/31/23	史記・廉頗、藺相如列傳頁2447
56	即有〔如〕不稱 3.15/31/24	史記・廉頗、藺相如列傳頁2447
57	妾得無隨〔坐〕乎 3.15/31/24	史記・廉頗、藺相如列傳頁2447
58	王以括母〔先言〕，〔故卒不加誅〕。〔君子謂括母〕為仁智 3.15/31/25	叢書集成初編影文選樓叢書本頁92
59	乃（枕）〔就〕其夫之屍于城下而哭〔之〕 4.8/36/11	文選・曹子建求通親親表注引，見卷37頁693
60	〔遂〕入至郢 4.9/36/26	叢書集成初編影文選樓叢書本頁107
61	（受）坐不同席 4.9/36/29	叢書集成初編影文選樓叢書本頁107
62	〔大夫〕致幣 4.11/38/4	叢書集成初編影文選樓叢書本頁111
63	吳王賢其守節〔而〕有義 4.11/38/9	太平御覽卷441頁2029
64	號曰〔楚白〕貞姬（楚） 4.11/38/9	太平御覽卷441頁2029
65	衛宗室靈王之夫人（而）及其傅妾也 4.12/38/20	太平御覽卷422頁1948
66	〔公〕不幸早終 4.12/38/25	太平御覽卷422頁1948
67	夜半悲鳴〔兮〕 4.13/39/14	叢書集成初編影文選樓叢書本頁115
68	妾〔宜以身薦其棺槨〕 4.14/39/29	太平御覽卷441頁2029
69	〔見〕貴而忘賤 4.14/40/2	太平御覽卷441頁2029
70	子胥遂〔行〕不顧 5.2/41/29	文選・謝玄暉和王主簿怨情詩注引，見卷30頁572
71	（可得）而遂不顧 5.2/41/30	渚宮舊事卷1頁4
72	王不〔吾〕應 5.2/42/12	叢書集成初編影文選樓叢書本頁124
73	抱其所攜而走〔於〕山 5.6/44/29	叢書集成初編影文選樓叢書本頁133
74	養夫子〔而已矣〕 5.9/46/28	太平御覽卷441頁2029
75	吾不願〔人之〕金〔也〕 5.9/46/29	太平御覽卷441頁2029

編號	原句 / 位置（章/頁/行）	改正說明
76	〔歸〕 5.9/46/30	文選・顏延年秋胡詩注引，見卷21頁393
77	〔母〕使人喚婦 5.9/46/30	太平御覽441頁2029、卷520頁2367
78	妾不忍見〔不孝不義之人〕 5.9/47/4	太平御覽卷520頁2367
79	〔有〕得公子者 5.11/48/7	韓詩外傳頁9/3a
80	〔延〕壽會赦 5.14/50/7	叢書集成初編影文選樓叢書本頁149
81	惻然爲〔民〕痛之 6.3/53/2	梁端校注本頁6/2b
82	其爲之亦勞〔矣〕 6.3/53/5	太平御覽卷347頁1599
83	是君〔之〕不能射也 6.3/53/7	梁端校注本頁6/3a
84	左手如拒〔石〕 6.3/53/8	梁端校注本頁6/3a
85	願得備數于下〔陳〕 6.4/53/22	晏子春秋・內篇諫下2.2章頁16
86	進而問焉〔曰〕 6.4/53/24	晏子春秋・內篇諫下2.2章頁16
87	〔所憂何也〕 6.4/53/24	晏子春秋・內篇諫下2.2章頁16
88	當以人祀〔之〕 6.4/53/28	叢書集成初編影文選樓叢書本頁160
89	欲〔以〕槐之故 6.4/54/1	叢書集成初編影文選樓叢書本頁160
90	有一婦人乘車與大夫〔遇〕 6.5/54/17	太平御覽卷649頁2903
91	妾〔之避〕已極矣 6.5/54/19	太平御覽卷649頁2903
92	孔子南遊〔適楚〕 6.6/55/8	韓詩外傳頁1/1b
93	願借子〔以〕調其音 6.6/55/15	韓詩外傳頁1/2b
94	趙河津〔吏〕之女 6.7/55/30	叢書集成初編影文選樓叢書本頁165
95	簡子〔怒〕 6.7/56/1	太平御覽卷771頁3418
96	非女（子）之罪也 6.7/56/4	叢書集成初編影文選樓叢書本頁165
97	妾〔居河濟之間〕 6.7/56/7	太平御覽卷771頁3418
98	〔世習舟楫之事〕 6.7/56/7	太平御覽卷771頁3418
99	自言〔曰〕 6.8/56/26	叢書集成初編影文選樓叢書本頁167
100	〔諸侯並侵之〕 6.9/57/15	文選・何平叔景福殿賦注引，見卷11頁226
101	〔其〕佞臣周破胡專權擅勢 6.9/57/16	文選・何平叔景福殿賦注引，見卷11頁226
102	不意大王乃復見〔而〕與之語 6.9/57/23	梁端校注本頁6/8a
103	〔此〕妾之罪二也 6.9/57/27	叢書集成初編影文選樓叢書本頁171
104	〔行〕年四十 6.10/58/12	叢書集成初編影文選樓叢書本頁173
105	〔願乞一見〕 6.10/58/13	太平御覽卷382頁1766
106	〔又〕不以隱對 6.10/58/20	新序・雜事二頁2/13b
107	〔而〕忽所（時）〔恃〕 6.10/58/23	新序・雜事二頁2/13b
108	賢者〔伏〕匿于山林 6.10/58/25	新序・雜事二頁2/13b
109	〔吾〕乃今一聞〔寡人之殆〕 6.10/58/28	新序・雜事二頁2/14a
110	〔寡人之殆幾不全〕 6.10/58/29	新序・雜事二頁2/14a
111	宿瘤〔女〕採桑如故 6.11/59/12	太平御覽卷382頁1765
112	夫飾〔與不飾〕相去千萬 6.11/59/22	太平御覽卷382頁1765
113	〔立〕瘤女以爲后 6.11/59/28	太平御覽卷382頁1765
114	（一）立帝號 6.11/59/29	太平御覽卷382頁1765
115	〔居三日〕 6.12/60/26	北堂書鈔卷49頁140
116	〔四方之士多歸於〕齊〔而〕國以治〔也〕 6.12/60/26	北堂書鈔卷49頁140
117	〔有〕緩急非有益〔也〕 6.15/62/23	史記・孝文本紀頁427

編號	原句 / 位置（章/頁/行）	改正說明
118	齊中皆稱〔其〕廉平 6.15/62/24	史記·孝文本紀頁427
119	雖〔復〕欲改過自新 6.15/62/25	史記·孝文本紀頁427
120	何〔則〕 6.15/62/27	史記·孝文本紀頁427
121	〔故〕夫訓道不純 6.15/62/28	史記·孝文本紀頁428
122	而其道無繇〔也〕 6.15/62/29	史記·孝文本紀頁428
123	何其〔楚〕痛而不德也 6.15/63/1	史記·孝文本紀頁428
124	卜請其蔡〔而〕藏之 7.3/64/23	史記·周本紀頁147
125	（而）吉 7.3/64/24	史記·周本紀頁147
126	宮之童妾未毀〔齒〕而遭之 7.3/64/26	梁端說，見梁端校注本頁7/2b
127	聞童妾遭棄而夜號〔也〕 7.3/64/28	國語·鄭語頁16/5b
128	褒姒不〔好〕笑 7.3/65/4	史記·周本紀頁148
129	〔至〕而無寇 7.3/65/5	史記·周本紀頁148
130	公使大夫宗〔婦〕用幣見 7.6/66/20	叢書集成初編影文選樓叢書本頁199
131	〔夫豈〕惠其民而不惠其父乎 7.7/67/15	國語·晉語一頁7/9b
132	〔今夫以君爲紂〕 7.7/67/17	國語·晉語一頁7/10a
133	毋彰其惡〔而厚其敗〕 7.7/67/17	國語·晉語一頁7/10a
134	鈞〔之〕死也 7.7/67/18	國語·晉語一頁7/10a
135	〔至于今吾豈知紂之善否哉〕 7.7/67/18	國語·晉語一頁7/10a
136	〔陳〕大夫夏徵舒之母 7.9/69/6	史記·陳杞世家正義引頁1579
137	〔御叔之妻〕也 7.9/69/6	史記·陳杞世家正義引頁1579
138	〔或裝其幅〕 7.9/69/8	藝文類聚卷35頁617
139	生二子明（成） 7.11/70/29	左傳·襄公二十七年頁649
140	主父從旁觀窺群臣宗室〔之禮〕 7.13/72/9	史記·趙世家頁1815
141	反〔北面爲〕（目）〔臣〕 7.13/72/9	史記·趙世家頁1815
142	〔詘〕于〔其〕弟 7.13/72/10	史記·趙世家頁1815
143	將〔更〕立兄弟 7.14/72/25	史記·春申君列傳頁2396
144	彼亦各貴其〔故〕所親 7.14/72/26	史記·春申君列傳頁2396
145	君〔貴〕用事（又）〔久〕 7.14/72/26	史記·春申君列傳頁2397
146	今妾〔自〕知有身矣 7.14/73/1	史記·春申君列傳頁2397
147	〔妾〕賴天有子男 7.14/73/2	戰國策·楚策四頁17/7b
148	〔考烈王〕召而幸之 7.14/73/3	叢書集成初編影文選樓叢書本頁218
149	〔以〕園女弟爲后 7.14/73/4	史記·春申君列傳頁2397

譌 體 改 正 說 明 表

編號	原句 / 位置（章/頁/行）	改正說明
1	維王之（邙）〔邘〕 7.2/64/13	大漢和辭典

正 文

文・玉

1 母儀傳第一

惟若母儀，賢聖有智。行爲儀表，言則中義。胎養子孫，以漸教化。既成以德，致其功業。姑母察此，不可不法。

1.1 《有虞二妃》

有虞二妃者，帝堯之二女也。長娥皇，次女英。舜父頑母嚚。父號瞽叟。弟曰象，敖游於嫚。舜能諧柔之，承事瞽叟以孝。母憎舜而愛象。舜猶內治，靡有姦意。四嶽（鷹）〔薦〕之於堯，堯乃妻以二女，以觀厥內。二女承事舜於畎畝之中，不以天子之女故而驕盈怠嫚，猶謙謙恭儉，思盡婦道。瞽叟與象謀殺舜，使塗廩。舜歸告二女曰：「父母使我塗廩，我其往？」二女曰：「往哉！」舜既治廩，乃捐階，瞽叟焚廩，舜往飛出。象復與父母謀，使舜浚井。舜乃告二女，二女曰：「俞，往哉！」舜往浚井，格其出入，從掩，舜潛出。時既不能殺舜，瞽叟又速舜飲酒，醉將殺之。舜告二女，二女乃與舜藥，浴汪，遂往。舜終日飲酒不醉。舜之女弟繫憐之，與二嫂諧。父母欲殺舜，舜猶不怨。怒之不已，舜往于田，號泣日呼旻天，呼父母。惟害若茲，思慕不已，不怨其弟，篤厚不怠。既納于百揆，賓于四門，選于林木，入于大麓。堯試之百方。每事常謀于二女。舜既嗣位，升爲天子，娥皇爲后，女英爲妃，封象于有庳，事瞽叟猶若焉。天下稱二妃聰明貞仁。舜陟方死于蒼梧，號曰重華。二妃死于江、湘之間，俗謂之湘君。君子曰：二妃德純而行篤。《詩》云：「不顯惟德，百辟其刑之[1]。」此之謂也。

頌曰：

元始二妃，帝堯之女。嬪列有虞，承舜於下。以尊事卑，終能勞苦。瞽叟和寧，卒享福祜。

1.2 《棄母姜源》

棄母姜嫄者，邰侯之女也。當堯之時，行見巨人跡，好而履之，歸而有娠，浸以益大。心怪惡之，卜筮禋祀，以求無子。終生子。以爲不祥，而棄之隘巷，牛羊避而不踐。乃送之平林之中，後伐平林者咸（鷹）〔薦〕之覆之。乃取置寒冰之上，飛鳥傴翼

---

1. 引《詩》見269章《周頌·烈文》頁712。今本《詩》「惟」作「維」。

之。姜嫄以爲異，乃收以歸，因命曰棄。姜嫄之性，清靜專一，好種稼穡。及棄長，而
教之種樹桑麻。棄之性明而仁，能育其教，卒致其名。堯使棄居稷官，更國邰地，遂封
棄于邰，號曰后稷。及堯崩，舜即位，乃命之曰：「棄！黎民阻飢，汝后[1]稷，播時百
穀。」其後世世居稷，至周文、武而興爲天子。君子謂姜嫄靜而有化。《詩》云：「赫
赫姜嫄，其德不回，上帝是依[2]。」又曰：「思文后稷，克配彼天，立我烝民[3]。」此之
謂也。

頌曰：

棄母姜嫄，清靜專一。履跡而孕，懼棄於野。鳥獸覆翼，乃復收恤。卒爲帝佐，母
道既畢。

1.3　《契母簡狄》

契母簡狄者，有娀氏之長女也。當堯之時，與其妹（姊）〔娣〕浴於玄丘之水，有
玄鳥銜卵，過而墜之，五色甚好。簡狄與其妹娣競往取之。簡狄得而含之，誤而吞
之[4]，遂生契焉。簡狄性好人事之治，上知天文，樂於施惠。及契長，而教之理，順之
序。契之性，聰明而仁，能育其教，卒致其名。堯使爲司徒，封之於亳。及堯崩，舜即
位，乃敕之曰：「契！百姓不親，五品不遜。汝作司徒，而敬敷（王）〔五〕教，在
寬。」其後世世居亳，至殷，湯興爲天子。君子謂簡狄仁而有禮。《詩》云：「有娀方
將，立子生（商）〔商〕[5]。」又曰：「天命玄鳥，降而生（商）〔商〕[6]。」此之謂
也。

頌曰：

契母簡狄，敦仁勵翼。吞卵產子，遂自脩（餝）〔飾〕。教以事理，推恩有德。契
爲帝輔，蓋母有力。

---

1. 居　　　　　　　　2. 引《詩》見300章《魯頌・閟宮》頁776。
3. 引《詩》見275章《周頌・思文》頁721。　　　　4. 吞之有妊
5. 引《詩》見304章《商頌・長發》頁800。今本《詩》「立」上有「帝」字。
6. 引《詩》見303章《商頌・玄鳥》頁793。

1.4 《啟母塗山》

啟母者，塗山氏長女也[1]。夏禹娶以為妃。既生啟，辛壬癸甲，啟呱呱泣，禹去而治水，惟荒度土功，三過其家，不入其門。塗山獨明教訓而致其化焉。及啟長，化其德而從其教，卒致令名。禹為天子，而啟為嗣，持禹之功而不殞。君子謂塗山彊於教誨。《詩》云：「釐爾士女，從以孫子[2]。」此之謂也。

頌曰：

啟母塗山，維配帝禹。辛壬癸甲，禹往敷土。啟呱呱泣，母獨論序。教訓以善，卒繼其父。

1.5 《湯妃有㜪》

湯妃有㜪者，有㜪氏之女也。殷湯娶以為妃。生仲壬、外丙，亦明教訓，致其功。有㜪之妃湯也，統領九嬪，後宮有序，咸無妬媚逆理之人，卒致王功。君子謂妃明而有序。《詩》云：「窈窕淑女。君子好逑[3]。」言賢女能為君子和好眾妾。其有㜪之謂也。

頌曰：

湯妃有㜪，（賢）〔質〕行聰明。媵從伊尹，自夏適殷。勤愨治中，九嬪有行。化訓內外，亦無愆殃。

1.6 《周室三母》

三母者，太姜、太任、太姒。太姜者，王季之母，有（呂）〔台〕[4]氏之女。大王娶以為妃。生太伯、仲雍、王季。貞順率道[5]，靡有過失。太王謀事遷徙，必與太姜。君子謂太姜廣于德教。德教本也，而謀事次之。《詩》云：「古公亶父，來朝走馬，率

---

1. 長女也。曰女嬌。
2. 引《詩》見247章《大雅・既醉》頁606。今本《詩》「士女」作「女士」。
3. 引《詩》見1章《周南・關雎》頁20。
4. 梁端云：「台」與「邰」同。 　5. 導

西水滸，至於岐下。爰及姜女。聿來胥宇[1]。」此之謂也。蓋太姜淵智非常，雖太王之賢聖，亦與之謀。其知太王仁恕，必可以比國人而景附矣[2]。

太任者，文王之母，摰任氏中女也。王季娶爲妃。太任之性，端一[3]誠莊，惟德之行。及其有娠，目不視惡色，耳不聽淫聲，口不出敖言，能以胎教，溲于豕牢而生文王。文王生而明聖，太任教之以一而識百，〔卒爲周宗〕。君子謂太任爲能胎教。古者婦人妊子，寢不側，坐不邊[4]，立不蹕[5]，不食[6]邪味，割不正不食，席不正不坐，目不視于邪色，耳不聽于淫聲，夜則令瞽誦詩，道正事。如此，則生子形容端正，才德必過人矣。故妊子之時，必慎所感，感于善則善，感于惡則惡。人生而肖父母[7]者，皆其母感于物，故形意[8]肖之。文王母可謂知肖化矣。

太姒者，武王之母，禹后有（嫟）〔莘〕姒氏之女。仁而明道。文王嘉之，親迎于渭，造舟爲梁。及入，太姒思媚太姜、太任，旦夕勤勞，以進婦道。太姒號曰文母。文王理陽道而治外，文母理陰道而治內[9]。太姒生有十男[10]，長伯邑考，次則武王發，次則周公旦，次則管叔鮮，次則蔡叔度，次則曹叔振鐸，次則霍叔武，次則成叔處，次則康叔封，次則聃季載[11]。太姒教誨十子，自少及長，未嘗見邪辟之事。及其長，文王繼而教之，卒成武王、周公之德。武王纘太王、王季、文王之緒，壹戎衣而有天下，身不失天下之顯名，尊爲天子，富有四海之內，宗廟饗之，子孫保之。武王末受命，周公成文武之德，追王太王、王季，上祀先公，以天子之禮。斯禮也，達乎諸侯大夫及士庶人。父爲大夫，子爲士，葬以大夫，祭以士。父爲士，子爲大夫，葬以士，祭以大夫。期之喪，達乎大夫。三年之喪，達乎天子。父母之喪，無貴賤一也。蓋十子之中，惟武王、周公成聖，要其安民以播烈光、制禮以廣達孝而言之，則盛德自然著矣。若管、蔡監殷而畔，乃人才質不同，有不可以少加重任者。《易》曰：「力小而任重，鮮不及矣[12]。」反思其受教之時，未必至於斯也。豈可以累太姒耶？故[13]君子謂太姒仁明而有德。《詩》曰：「大邦有子，俔天之妹。文定厥祥，親迎于渭。造舟爲梁，不顯其光[14]。」又曰：「太姒嗣徽音，則百斯男[15]。」此之謂也。

---

1. 引《詩》見237章《大雅・緜》頁547。
2. 《文選樓叢書》本無「德教本也」至「必可以比國人而景附矣」一段。
3. 懿　　　4. 差　　　5. 跛　　　6. 食不　　　7. 萬物
8. 音　　　9. 文王治外，文母治內　　　10. 生十男
11. 次武王發，次周公旦，次管叔鮮，次蔡叔度，次曹叔振鐸，次霍叔武，次成叔處，次康叔封，次聃季載　　　12. 引《易》見《繫辭下》頁170。
13. 《文選樓叢書》本無「武王纘太王」至此「故」字一段。
14. 引《詩》見236章《大雅・大明》頁541。
15. 引《詩》見240章《大雅・思齊》頁561。

頌曰：

　　周室三母，太姜任姒。文武之興，蓋由斯起。太姒最賢，號曰文母。三姑之德，亦
甚大矣。

1.7　《衛姑定姜》

　　衛姑定姜者，衛定公之夫人，公子之母也。公子既娶而死，其婦無子。畢三年之
喪，定姜歸其婦，自送之至於野。恩愛哀思，悲心感慟。立而望之，揮泣垂涕。乃賦詩
曰：「燕燕于飛，差池其羽。之子于歸，遠送于野。瞻望不及，泣涕如雨[1]。」送去，
歸泣而望之。又作詩曰：「先君之思，以畜寡人。」君子謂定姜為慈姑，過而之厚。定
公惡孫林父，孫林父奔晉。晉侯使郤犨為請還，定公欲辭。定姜曰：「不可。是先君宗
卿之嗣也，大國又以為請，而弗許，將亡。雖惡之，不猶愈于亡乎？君其忍之！夫安民
而宥宗卿，不亦可乎？」定公遂復之。君子謂定姜能遠患難。《詩》曰：「其儀不忒，
正是四國[2]。」此之謂也。定公卒，立敬姒之子衎為君，是為獻公。獻公居喪而慢。定
姜既哭而息，見獻公之不哀也，不內食飲，嘆曰：「是將敗衛國，必先害善人，（夫）
〔天〕禍衛國也。夫吾不獲鱄也，使主社稷。」大夫聞之皆懼。孫文子自是不敢舍其重
器于衛。鱄者，獻公弟子鮮也。賢，而定姜欲立之而不得。後獻公暴虐，慢侮定姜，卒
見逐走。出亡至境，使祝宗告亡，且告無罪於廟。定姜曰：「不可。若令無[3]，神不可
誣。有罪若何告無罪也？且公之行，舍大臣而與小臣謀，一罪也；先君有冢卿以為師保
而蔑之，二罪也；余以巾櫛事先君而暴妾使余，三罪也。告亡而已，無告無罪。」其後
賴鱄力，獻公復得反國。君子謂定姜能以辭教。《詩》云：「我言惟服[4]。」此之謂
也。鄭皇耳率師侵衛。孫文子卜追之，獻兆于定姜曰：「兆如山（林）〔陵〕，有夫出
征而喪其雄。」定姜曰：「征者喪雄，禦寇之利也。大夫圖之！」衛人追之，獲‧鄭皇
耳‧[5]于（大）〔犬〕丘。君子謂定姜達於事情。《詩》云：「左之左之，君子宜
之[6]。」此之謂也。

　　頌曰：

---

1. 此文見《詩28章‧邶風‧燕燕》頁77。今本《詩》「不」作「弗」。此文作「不」者蓋
　　避漢諱改。　　2. 引《詩》見152章《曹風‧鳲鳩》頁271。
3. 梁端注云：疑「無」下脫「罪」字。
4. 引《詩》見254章《大雅‧板》頁633。今本《詩》「惟」作「維」。　5. 皇耳
6. 引《詩》見214章《小雅‧裳裳者華》頁480。

衛姑定姜，送婦作詩。恩愛慈惠，泣而望之。數諫獻公，得其罪尤。聰明遠識，麗
于文辭。

1.8 《齊女傅母》

傅母者，齊女之傅母也。女爲衛莊公夫人，號曰莊姜。姜交好，始往，操行衰惰，
（心淫泆），〔有〕冶容〔之行〕，〔淫泆之心〕。傅母見其婦道不正，諭之云：「子
之家世世尊榮，當爲民法則。子之質聰達于事，當爲人表式。儀貌壯麗，不可不自脩
整。衣錦絅裳，飾在輿馬，是不貴德也。」乃作詩曰：「碩人其頎，衣錦絅衣。齊侯之
子，衛侯之妻。東宮之妹，邢侯之姨，譚公維私[1]。」砥厲[2]女之心以高節[3]，以爲
人君之子弟，爲國君之夫人，尤不可有邪辟之行焉。女遂感而自修。君子善傅母之防未
然也。莊姜者，東宮得臣之妹也。無子，姆戴嬀之子桓公。公子州吁，嬖人之子也。有
寵，驕而好兵，莊公弗禁。後州吁果殺桓公。《詩》曰：「毋教猱升木[4]。」此之謂
也。

頌曰：

齊女傅母，防女未然。稱列先祖，莫不尊榮。作詩明指，使無辱先。莊姜姆妹，卒
能脩身。

1.9 《鄒孟軻母》

鄒孟軻之母也。號孟母。其舍近墓。孟子之少也，嬉遊爲墓間之事，踴躍築埋。孟
母曰：「此非吾所以居處子〔也〕。」乃去，舍市傍。其嬉戲爲賈人衒賣之事。孟母又
曰：「此非吾所以居處子也。」復徙舍學宮之傍[5]。其嬉遊乃設俎豆，揖讓進退。孟母
曰：「眞可以居吾子矣。」遂居之[6]。及孟子長，學六藝，卒成大儒之名。君子謂孟
母善以漸化。《詩》云：「彼姝者子。何以予之[7]？」此之謂也。自孟子[8]之少也，既
學而歸。孟母方績，問曰：「學〔何〕所至矣？」孟子曰：「自若也。」孟母以刀斷其
織。孟子懼而問其故。孟母曰：「子之廢學，若吾斷斯織也。夫君子學以立名，問則廣

---

1. 此文見《詩57章・衛風・碩人》頁129。今本《詩》「絅」作「褧」。
2. 以砥厲   3. 高其節   4. 引《詩》見223章《小雅・角弓》頁504。
5. 傍   6. 居   7. 引《詩》見53章《鄘風・干旄》頁124。
8. 孟子

知。是以居則安寧，動則遠害。今而廢之，是不免于廝役，而無以離于禍患也，何以異于織績而食，中道廢而不為，寧能衣其夫子而長不乏糧食哉？女則廢其所食，男則墮于脩德，不為竊盜，則為虜役矣。」孟子懼，旦夕勤學不息，師事子思，遂成天下之名儒。君子謂孟母知為人母之道矣。《詩》云：「彼姝者子，何以告之[1]？」此之謂也。孟子既娶，將入私室，其婦袒而在內，孟子不悅，遂去不入。婦辭孟母而求去，曰：「妾聞夫婦之道，私室不與焉。今者妾竊墮在室，而夫子見妾，勃然不悅，是客妾也。婦人之義，蓋不客宿。請歸父母。」于是孟母召孟子而謂之曰：「夫禮，將入門，問孰存，所以致敬也；將上堂，聲必揚，所以戒人也；將入戶，視必下，恐見人過也。今子不察於禮，而責禮於人，不亦遠乎？」孟子謝，遂留其婦。君子謂孟母知禮而明於姑母之道。孟子處齊，而有憂色。孟母見之曰：「子若有憂色，何也？」孟子曰：「不敏[2]。」異日，閒居擁楹而歎。孟母見之曰：「鄉見子有憂色，曰『不也』。今擁楹而歎，何也？」孟子對曰：「軻聞之，君子稱身〔而〕就位，不為苟得而受賞，不貪榮祿，諸侯不聽，則不達其上；聽而不用，則不踐其朝。今道不用於齊，願行而母老，是以憂也。」孟母曰：「夫婦人之禮，精五飯，冪酒漿，養舅姑，縫衣裳而已矣，故有閨內之修，而無境外之志。《易》曰：『在中饋，無攸遂[3]。』《詩》曰：『無非無儀，惟酒食是議[4]。』以言婦人無擅制之義，而有三從之道也。故年少則從乎父母，出嫁則從乎夫，夫死則從乎子，禮也。今子，成人也，而我老矣。子行乎子義，吾行乎吾禮。」君子謂孟母知婦道。《詩》云：「載色載笑，匪怒匪教[5]。」此之謂也。

　　頌曰：

　　孟子之母，教化列分。處子擇藝，使從大倫。子學不進，斷機示焉。子遂成德，為當世冠。

1.10　《魯季敬姜》

　　魯季敬姜者，莒女也，號戴己[6]，魯大夫公父穆伯之妻，文伯之母，季康子之從祖叔母也。博達知禮。穆伯先死，敬姜守養。文伯出學而還歸，敬姜側目而盼之，見其

---

1. 引《詩》見53章《鄘風‧干旄》頁124。
2. 王照圓云：據下文「敏」當作「也」。
3. 引《易》見《家人》頁90。今本《易》二句倒。「無」作「无」。
4. 引《詩》見189章《小雅‧斯干》頁388。今本《詩》「惟」作「唯」。
5. 引《詩》見299章《魯頌‧泮水》頁768。今本《詩》「匪教」作「伊教」。
6. ◇號戴己

友上堂，從後階降而卻行，奉劍而正履，若事父兄。文伯自以爲成人矣。敬姜召而數之
曰：「昔者武王罷朝而結絲絑絕，左右顧，無可使結之者，俯而自申之，故能成王道；
桓公坐友三人，諫臣五人，日舉過者三十人，故能成伯業；周公一食而三吐哺，一沐而
三握髮，所執贄而見於窮閭隘巷者七十餘人，故能存周室。彼二聖一賢者，皆伯[1]王之
君也，而下人如此，其所與遊者皆過己者也，是以日益而不自知也。今以子年之少而位
之卑，所與遊者，皆爲服役，子之不益，亦以明矣。」文伯乃謝罪。于是乃擇嚴師賢友
而事之，所與遊處者，皆黃耄倪齒也。文伯引衽攘捲而親饋之。敬姜曰：「子成人
矣。」君子謂敬姜備于教化。《詩》云：「濟濟多士，文王以寧[2]。」此之謂也。文伯
相魯，敬姜謂之曰：「吾語汝，治國之要盡在經矣。夫幅者，所以正曲枉也，不可不
彊，故幅可以爲將。（畫）〔畫〕者，所以均不均、服不服也，故畫可以爲正。物者，
所以治蕪與莫也，故物可以爲都大夫。持交而不失，出入不絕者，‣捆也，捆可以‹[3]爲
大行人也。推而往，引而來者，綜也，綜可以爲（開）〔關〕內之師。主多少之數者，
均也，均可以爲內史。服重任，行遠道，正直而固者，軸也，軸可以爲相。舒而無窮
者，摘也，摘可以爲三公。」文伯再拜受教。文伯退朝，朝敬姜，敬姜（力）〔方〕
績。文伯曰：「以歜之家而主猶績，懼干季孫之怒，其以歜爲不能事主乎？」敬姜嘆
曰：「魯其亡乎？使吾[4]子備官而未之聞耶？居，吾語女。昔聖王之處民也，擇瘠土而
處之，勞其民而用之，故長王天下。夫民勞則思，思則善心生；逸則淫，淫則忘善，忘
善則惡心生。沃土之民不材，淫也；瘠土之民嚮義，勞也。是故天子大采朝日，與三公
九卿‣組織‹[5]施德，日中考政，與百官之政事，使師尹維旅牧〔相〕，宣（敬）
〔敘〕[6]民事；少采夕月，與太史、司載（科）〔糾〕虔天刑；日入監九御，使潔奉
禘、郊之粢盛，而後即安。諸侯朝脩天子之業令，晝考其國〔職〕，夕省其典刑，夜儆
百工，使無慆淫，而後即安，卿大夫朝考其職，晝講其庶政，夕序其業，夜庀其家事，
而後即安。士朝而受業，晝而講（隸）〔肆〕[7]，夕而習復，夜而討[8]過，無憾，而後即
安。自庶人以下，明而動，晦而休，無自以怠。王后親織玄紞，公侯之夫人加之以紘、
綖，卿之內子爲大帶，命婦成祭服，（則）〔列〕士之妻加之以朝服，自庶士以下，皆
衣其夫。社而賦事，烝而獻功，男女效績，否則有辟，古之制也。君子勞心，小人勞
力，先王之訓也。自上以下，誰敢淫心舍力？今我寡也，爾又在下位，朝夕處事，猶恐
忘先人之業，況有怠惰，‣其何以辟‹[9]？吾冀而[10]朝夕脩我曰：「必無廢先人！」爾今

1. 霸　　　　　　　2. 引《詩》見235章《大雅·文王》頁535。　　　　3. 梱也，梱可以
4. 童　　　　　　　5. 組識《國語·魯語下》5/8b　　　6. 序《國語·魯語下》5/8b
7. 貫《國語·魯語下》5/9a。〈韋昭注：貫、習也。〉
8. 計《國語·魯語下》5/9a　　　　9. 其何以避辟《國語·魯語下》5/9b
10. 汝

也[1]曰：『（吾）〔胡〕不自安。』以是承君之官，余懼穆伯之絕嗣也。」仲尼聞之曰：「弟子記之，季氏之婦不淫矣。」《詩》曰：「婦無公事，休其蠶織[2]。」言婦人以織績爲公事者也，休之非禮也。文伯飲南宮敬叔酒，以露堵父爲客。羞鱉焉爲小。堵父怒。相延食鱉，堵父辭曰：「將使鱉長而食之！」遂出。敬姜聞之，怒曰：「吾聞之先子曰：『祭養尸，饗養上賓。』鱉于人何有？而使夫人怒！」遂逐文伯。五日。魯大夫辭而復之。君子謂敬姜爲愼微。《詩》曰：「我有旨酒，嘉賓式讌以樂[3]。」言尊賓也。文伯卒，敬姜戒（止）〔其〕妾曰：「吾聞之，好內，女死之；好外，士死之。今吾子夭死，吾惡其以好內聞也。二三婦之辱共祀先祀者，請毋瘠色，毋揮涕，毋陷膺，毋憂容，有降服，毋加服，從禮而靜，是昭吾子。」仲尼聞之曰：「女知莫如婦，男知莫如夫。公父氏之婦知矣！欲明其子之令德。」《詩》曰：「君子有穀，貽厥孫子[4]。」此之謂也。敬姜之處喪也，朝哭穆伯，暮哭文伯。仲尼聞之曰：「季氏之婦可謂知禮矣。愛而無私，上下有章。」敬姜嘗如季氏，康子在朝，與之言，不應，從之，及寢門，不應而入。康子辭于朝而入見，曰：「肥也不得聞命，毋乃罪耶？」敬姜對曰：「子不[5]聞耶？天子及諸侯合民事〔于外朝〕，〔合神事〕于內朝；自卿大夫以下，合官職于外朝，合家事于內朝；寢門之內，婦人治其職焉。上下同之。夫外朝，子將業君之官職焉；內朝，子將庀季氏之政焉，皆非吾所敢言也。」康子嘗至，敬姜闔門而與之言，皆不踰閾。祭悼子，康子與焉，酢不受，徹俎不讌，宗不具不繹，繹不盡飲，則不退。仲尼謂敬姜別于男女之禮矣。《詩》曰：「女也不爽[6]。」此之謂也。

頌曰：

文伯之母，號曰敬姜。通達知禮，德行光明。匡子過失，教以法理。仲尼賢焉，列爲慈母。

1.11 《楚子發母》

楚將子發之母也。子發攻‧秦‧[7]，絕糧，使人請于王，因歸問其母。母問使者曰：「士卒得無恙乎？」對曰：「士卒并分菽粒而食之。」又問：「將軍得無恙乎？」對

---

1. 《國語‧魯語下》5/9b無此「也」字。
2. 引《詩》見264章《大雅‧瞻卬》頁695。
3. 引《詩》見161章《小雅‧鹿鳴》頁316。今本《詩》下句作「嘉賓式燕以敖。」
4. 引《詩》見298章《魯頌‧有駜》頁766。今本《詩》下句作「詒孫子」。
5. 編者按：《國語‧魯語下》作「弗」，此文作「不」者蓋避漢諱改。
6. 引《詩》見58章《衛風‧氓》頁135。　　　　7. 秦軍

曰：「將軍朝夕芻豢黍粱。」子發破‧秦﹇1而歸，其母閉門而不內，使人數之曰：「子不聞越王句踐之伐吳〔耶〕？客有獻醇酒一器〔者〕，王使人（往）〔注〕江之上流，使士卒飲其下流，味不及加美，而士卒戰自‧五﹇2也。異日，有獻一囊糗糒者，王又以賜軍士，分而食之，甘不踰嗌，而戰自‧十﹇3也。今子為將，士卒并分菽粒而食之，子獨朝夕芻豢黍粱，何也？《詩》不云乎？『好樂無荒，良士休休4。』言不失和也。夫使人入于死地，而自康樂于其上，雖有以得勝，非其術也。子非吾子也。無入吾門！」子發于是謝其母，然後內之。君子謂子發母能以教誨。《詩》云：「教誨爾子，式穀似之5。」此之謂也。

頌曰：

子發之母，刺子驕泰。將軍稻粱，士卒菽粒。責以無禮，不得人力。君子嘉焉，編于母德。

1.12 《魯之母師》

母師者，魯九子之寡母也。臘日休作者，歲祀禮事畢，悉召諸子，謂曰：「婦人之義，非有大故，不出夫家。然吾父母家〔多〕幼稚，歲時禮不理，吾從汝謁往監之。」諸子皆頓首許諾。又召諸婦曰：「婦人有三從之義，而無專制之行，少繫〔於〕父母，長繫于夫，老繫于子。今諸子許我歸視私家，雖踰正禮，願與少子俱，以備婦人出入之制。諸婦其慎房戶之守，吾夕而反。」于是使少子僕，歸辨家事。天陰還，失早，至閭外而止，〔待〕夕而入。魯大夫從臺上見而怪之，使人間視其居處。禮節甚脩，家事甚理。使者還，以狀對。于是大夫召母而問之曰：「‧一日﹇6從北方來，至閭〔外〕而止，良久，夕乃入。吾不知其故，甚怪之，是以問也。」母對曰：「妾不幸早失夫，獨與九子居。臘（月）〔日〕禮畢事間，從7諸子謁歸視私家，與諸婦孺子期夕而反8。妾恐其酣醸醉飽，人情所有也。妾反9太早，不敢復反10，故止閭外，期盡而入。」大夫美之，言于穆公，〔穆公〕賜母尊號曰母師，使（明請）〔朝謁〕夫人，夫人、諸姬皆師之。君子謂母師能以身教。夫禮，婦人未嫁，則以父母為天，既嫁則以夫為天，其喪（天）〔父〕母，則降服一等，無二天之義也。《詩》云：「出宿于濟，飲餞于禰。女

---

1. 秦軍　　　　2. 五倍　　　　3. 十倍
4. 引《詩》見114章《唐風‧蟋蟀》頁217。
5. 引《詩》見196章《小雅‧小宛》頁419。　　　6. 母　　　7. 從
8. 返　　　　9. 返　　　　10. 返

子有行，遠父母兄弟[1]。」

頌曰：

九子之母，誠知禮經。謁歸還返[2]，不掩[3]人情。德行既備，卒蒙其榮。魯君賢之， [5]
號以尊名。

1.13 《魏芒慈母》

魏芒慈母者，魏孟陽氏之女，芒卯之後妻也。有三子。前妻之子有五人，皆不愛慈 [10]
母。遇之甚異，猶不愛。慈母乃命[4]其三子，不得與前妻子齊，衣服飲食，起居進退，
甚相遠。前妻之子猶不愛。于是，前妻中子犯魏王令，當死。慈母憂戚悲哀，帶圍減
尺，朝夕勤勞，以救其罪。人有謂慈母曰：「〔人不愛母至甚也〕，何如勤勞憂懼如
此？」慈母曰：「如妾親子，雖不愛妾，猶救其禍而除其害，獨於假子而不爲，何以異
于凡母？其父爲其孤也，而使妾爲其繼母。繼母如母。爲人母〔而〕不能愛其子，可謂 [15]
慈乎？親其親而偏其假，可謂義乎？不慈且無義，何以立於世？彼雖不愛，妾安可以忘
義乎？」遂說[5]之。魏安釐王聞之，高其義，曰：「慈母如此，可不赦[6]其子乎？」乃赦
其子，復其家。自此五子親附慈母，雍雍若一。慈母以禮義之漸，率導八子，咸爲魏大
夫卿士，各成於禮義。君子謂慈母一心。《詩》云：「尸鳩在桑，其子七兮。淑人君
子，其儀一兮。其儀一兮，心如結兮[7]。」言心之均一也。尸鳩以一心養七子，君子以 [20]
一儀養[8]萬物。一心可以事百君，百心不可以事一君。此之謂也。

頌曰：

芒卯之妻，五子後母。慈惠仁義，扶養假子。雖不吾愛，拳拳若親。繼母若斯，亦 [25]
誠可尊。

1.14 《齊田稷母》

齊田稷子之母也。田稷子相齊，受下吏之貨金百鎰，以遺其母。母曰：「子爲相三 [30]

---

1. 引《詩》見39章《邶風‧泉水》頁101。今本《詩》「濟」作「泲」。
2. 反　　　　3. 捪　　　　4. 令　　　　5. 訟　　　　6. 救
7. 引《詩》見152章《曹風‧鳲鳩》頁271。　　8. 理《說苑‧反質》20/2b

年矣，祿未嘗多若此也。豈脩士大夫之費哉？安所得此？」對曰：「誠受之于下。」其
母曰：「吾聞士脩身潔行，不爲苟得，竭情盡實，不行詐僞，非義之事，不計於心，非
理之利，不入于家，言行若一，情貌相副。今君設官以待子，厚祿以奉子，言行則可以
報君。夫爲人臣而事其君，猶爲人子而事其父也，盡力竭能，忠信不欺，務在效忠，必
死奉命，廉潔公正，故遂而無患。今子反是，遠忠矣。夫爲人臣不忠，是爲人子不孝
也。不義之財，非吾有也；不孝之子，非吾子也。子起。」田稷子慚而出，反其金，自
歸罪於宣王，請就誅焉。宣王聞之，大賞其母之義，遂舍稷子之罪，復其相位，而以公
金賜母。君子謂稷母廉而有化。《詩》曰：「彼君子兮，不素飧兮[1]。」無功而食祿，
不爲也。況於受金乎？

頌曰：

田稷之母，廉潔正直。責子受金，以爲不德。忠孝之事，盡材竭力。君子受祿，終
不素食。

2 賢明傳第二

惟若賢明，廉正以方。動作有節，言成文章。咸曉事理，知世紀綱。循法興居，終
身無殃。妃后賢焉，名號必揚。

2.1 《周宣姜后》

周宣姜后者，齊侯之女，〔宣王之后〕也。賢而有德，事非禮不言，行非禮不動。
宣王常早[2]臥晏起，后夫人不出房。姜后〔既出〕，〔乃〕脫簪珥，待罪於永巷，使其
傳母通言于王曰：「妾（之）不才。妾之淫心見矣，至使君王失禮而晏朝，以見君王樂
色而忘德也。夫苟樂色，必好奢窮欲，亂之所興也。原亂之興，從婢子起，敢請婢子之
罪。」王曰：「寡人不德，寔自有[3]過，非夫人之罪也。」遂復姜后而勤于政事，早朝
晏退，卒成中興之名。君子謂姜后善于威儀而有德行。夫禮，后夫人御于君，以燭進，
至于君所，滅燭，適房中，脫朝服，衣褻服，然後進御于君。雞鳴，樂師擊鼓以告旦，
后夫人‧鳴佩‧[4]而去。《詩》曰：「威儀抑抑，德音秩秩[5]。」又曰：「隰桑有阿，其葉

---

1. 引《詩》見112章《魏風‧伐檀》頁210。　　　　2. 夜　　　　3. 生
4. 鳴佩玉　　　5. 引《詩》見249章《大雅‧假樂》頁615。

有幽。既見君子，德音孔膠[1]。」夫婦人以色親，以德固。姜氏之德行，可謂孔膠也。

頌曰：

嘉茲姜后，厥德孔賢。由禮動作，匡配周宣。引過推讓，宣王悟焉。夙夜崇道，爲 5
中興君。

2.2 《齊桓衛姬》

衛姬者，衛侯之女，齊桓公之夫人也。桓公好淫樂，衛姬爲之不聽鄭衛之音。桓公 10
用管仲、甯戚，行伯[2]道，諸侯皆朝，而衛獨不至。桓公與管仲謀伐衛。〔罷〕朝入
閨，衛姬望見桓公，脫簪珥，解環佩，下堂再拜曰：「願請衛之罪。」桓公曰：「吾與
衛無故，姬何請邪[3]？」對曰：「妾聞之，人君有三色，顯然喜樂，容貌淫樂者，鐘鼓
酒食之色；寂然清靜，意氣沉抑者，喪禍之色；忿然充滿，手足矜動者，攻伐之色。今
妾望君舉趾高，色厲音（楊）〔揚〕，意在衛也。是以請也[4]。」桓公許諾。明日臨 15
朝，管仲趨進曰：「君之涖朝也，恭而氣下，言則徐，無伐國之志，是釋衛也。」桓公
曰：「善。」乃立衛姬爲夫人，號管仲爲仲父，曰：「夫人治內，管仲治外，寡人雖
愚，足以立于世矣。」君子謂衛姬信而有行。《詩》曰：「展如之人兮，邦之媛
也[5]。」

20

頌曰：

齊桓衛姬，忠款誠信。公好淫樂，姬爲修身。望色請罪，桓公加焉。厥使治內，立
爲夫人。

25

2.3 《晉文齊姜》

齊姜，齊桓公之宗女，晉文公之夫人也。初，文公父獻公納驪姬，譖殺太子申生。
文公號公子重耳，與舅犯奔狄，適齊，齊桓公以宗女妻之，遇之甚善，有馬二十乘，將
死于齊，曰：「人生安樂而已，誰知其他！」子犯知文公之安齊也，欲行而患之，與從 30

---

1. 引《詩》見228章《小雅‧隰桑》頁515。　　2. 霸　　　　3. 耶
4. 之　　　5. 引《詩》見47章《鄘風‧君子偕老》頁112。

者謀于桑下。蠶妾在焉。妾告姜氏，姜〔氏〕殺之，而言于公子曰：「從者將以子行，聞者吾已除之矣。公子必從，不可以貳，二無成命。自子去晉，晉無寧歲。天未亡晉，有晉國者，非子而誰？子其勉之！上帝臨子，貳必有咎。」公子曰：「吾不動，必死於此矣。」姜曰：「不可，《周詩》曰：『莘莘征夫，每懷靡及[1]。』夙夜征行，猶恐無

5 及，況欲懷安，將何及矣！人不求及，其能及〔乎〕？亂不長世，公子必有晉。」公子不[2]聽。姜與舅犯謀，醉〔而〕載之以行。酒醒，公子以戈逐舅犯，曰：「若事有濟，則可，〔若〕無所濟，吾食舅氏之肉，豈有饜哉？」遂行，過曹、郼[3]、鄭、楚，而入秦，秦穆公乃以兵內之于晉。晉人殺懷公而立公子重耳，是爲文公。迎齊姜以爲夫人，遂伯天下，爲諸侯盟主。君子謂齊姜潔而不瀆，能育君子于善。《詩》曰：「彼（姜）

10 〔美〕孟姜，可與寤言[4]。」此之謂也。

頌曰：

齊姜公正，言行不怠。勸勉晉文，反國無疑。公子不聽，姜（興）〔與〕犯謀。醉

15 而載之，卒成伯[5]基。

2.4 《秦穆公姬》

穆姬者，秦穆公之夫人，晉獻公之女，太子申生之同母姊，與惠公異母。賢而有

20 義。獻公殺太子申生，逐群公子。惠公號公子夷吾，奔梁。及獻公卒，得因秦立。始即位，穆姬使納群公子曰：「公族者，君之根本。」惠公不用。又背秦賂。晉饑，請粟于秦，秦與之。秦飢，請粟于晉，晉不與[6]。秦遂興兵與晉戰，獲晉君以歸。秦穆公曰：「掃除先人之廟，寡人將以晉君見。」穆姬聞之，乃與太子罃、公子弘[7]、與▶簡璧◀[8]，衰絰履薪以迎，且告穆公曰：「上天降災，使兩君罷[9]以玉帛相見，乃以興戎。

25 婢子▶娣姒◀[10]不能相教[11]，以辱君命。晉君朝以入，婢子夕以死。惟君其圖之！」公懼，乃舍諸靈臺。大夫請以入。公曰：「獲晉君以功歸，今以喪歸，將焉用？」遂改館晉君，饋以七牢而遣之。穆姬死，穆姬之弟重耳入秦，秦送之晉，是爲晉文公。太子罃

---

1. 引《詩》見163章《小雅·皇皇者華》頁318。今本《詩》「莘」並作「駪」。
2. 編者按：《國語·晉語四》頁10/3a作「弗」，此文作「不」者蓋避漢諱改。
3. 宋
4. 引《詩》見139章《陳風·東門之池》頁252。今本《詩》「孟姜」作「淑姬」，「寤」
   作「晤」。   5. 霸
6. 編者按：此下《史記·秦本紀》頁188有「興兵將攻秦」句，文義較爲完整。
7. 宏   8. 女簡璧   9. 匪   10. 兄弟   11. 救

思母之恩而送其舅氏也，作詩曰：「我送舅氏，曰至渭陽。何以贈之，路車乘黃[1]。」君子曰：慈母生孝子。《詩》云：「敬慎威儀，維民之則[2]。」穆姬之謂也。

頌曰：

秦穆夫人，晉惠之姊。秦執晉君，夫人流涕。痛不能救，乃將赴死。穆公義之，遂釋其弟。

2.5 《楚莊樊姬》

樊姬者，楚莊王之夫人也。莊王即位，好狩獵。樊姬諫，不止，乃不食禽獸之肉。王改過，勤於政事。王嘗聽朝罷晏，姬下殿迎曰：「何罷〔之〕晏也？得無飢倦乎？」王曰：「與賢者俱[3]，不知飢倦也。」姬曰：「王之所謂賢者，何也？」曰：「虞丘子也。」姬掩口而笑。王曰：「姬之所笑，何也？」曰：「虞丘子賢則賢矣，未忠也。」王曰：「何謂也？」對曰：「妾執巾櫛十一年，遣人之鄭、衛，求賢[4]人進於王，今賢于妾者二人，同列者七人。妾豈不欲擅王之愛寵乎[5]？妾聞堂上兼女，所以觀人能也。妾不能以私蔽公，欲王多見，知人能也。妾聞[6]虞丘子相楚十餘年，所薦非子弟，則族昆弟，未聞進賢〔而〕退不肖，是蔽君而塞賢路。知賢不進，是不忠；不知其賢，是不智也。妾之所笑，不亦可乎？」王悅。明日〔朝〕，王以姬〔之〕言告虞丘子，丘子避席，不知所對。于是避舍，使人迎孫叔敖而進之，王以為令尹，治楚三（季）〔年〕，而莊王以霸。楚史書曰：「莊王之霸，樊姬之力也。」《詩》曰：「大夫夙（夜）〔退〕，無使君勞[7]。」其「君」者，謂女（者）〔君〕也。又曰：「溫恭朝夕，執事有恪[8]。」此之謂也。

頌曰：

樊姬謙讓，靡有嫉妬。薦進美人，與己同處。非刺虞丘，蔽賢之路。楚莊用焉，功業遂伯。

---

1. 此文見《詩134章·秦風·渭陽》頁246。
2. 引《詩》見256章《大雅·抑》頁645、299章《魯頌·泮水》頁768。 3. 語
4. 美　　　　5. 哉　　　　6. 今
7. 引《詩》見57章《衛風·碩人》頁130。
8. 引《詩》見301章《商頌·那》頁789。

2.6　《周南之妻》

　　周南之妻者，周南大夫之妻也。大夫受命，平治水土，過時不來。妻恐其懈于王
事，蓋與其鄰人陳素所與大夫言：國家多難，惟勉强之，無有譴怒，遺父母憂。昔舜耕
5　于歷山，漁于雷澤，陶于河濱，非舜之事，而舜爲之者，爲養父母也。家貧親老，不擇
官而仕；親操井臼，不擇妻而娶。故父母在，當與時小同，無虧大義，不罹患害而已。
夫鳳皇不罹于蔚[1]羅，麒麟不入于陷阱，蛟龍不及于枯澤。鳥獸之智，猶知避害，而況
于人乎！生于亂世，不得道理，而迫于暴虐，不得行義，然而仕者，爲父母在故也。乃
作《詩》曰：「魴魚頳尾，王室如毀。雖則如毀，父母孔邇[2]。」蓋不得已也。君子以
10　是知周南之妻而能匡夫也。

　　頌曰：

　　周大夫妻，夫出治土。維戒無怠，勉爲父母。凡事遠（周）〔害〕，爲親之在。作
15　詩魴魚，以救君子。

2.7　《宋鮑女宗》

　　女宗者，宋鮑蘇之妻也。養姑甚謹。鮑蘇仕衛三年，而娶外妻。女宗養姑愈敬，因
20　往來者請問其夫，賂遺外妻甚厚。女宗姒謂曰：「可以去矣。」女宗曰：「何故？」姒
曰：「夫人既有所好，子何留乎？」女宗曰：「婦人一醮不改，夫死不嫁。執麻枲，治
絲繭，織紝組紃，以供衣服，以事夫室。澈漠酒醴，羞饋食，以事舅姑。以專一爲貞，
以善從爲順，豈以專夫室之愛爲善哉？若其以淫意爲心，而扼夫室之好，吾未知其善
也。夫禮，天子十二，諸侯九，卿大夫三，士二。今吾夫誠士也，有二不亦宜乎？且婦
25　人有七見去，（方）〔夫〕無一去義。七去之道，妬正爲首，淫僻、竊盜、長舌、驕
侮、無子、惡病皆在其後。吾姒不教吾以居室之禮，而反欲使吾爲見棄之行，將安所用
此？」遂不聽，事姑愈謹。宋公聞之，表其閭，號曰女宗。君子謂女宗謙而知禮。
《詩》云：「令儀令色，小心翼翼。古[3]訓是式，威儀是力[4]。」此之謂也。

30　　頌曰：

---

1. 梁端云：「蔚」當作「罻」。
2. 引《詩》見10章《周南・汝墳》頁44。今本《詩》「毀」並作「燬」。
3. 故　　　　　4. 引《詩》見260章《大雅・烝民》頁675。

宋鮑女宗，好禮知理。夫有外妻，不爲變己。稱引婦道，不聽其姒。宋公賢之，表其閭里。

2.8 《晉趙衰妻》

晉趙衰妻者，晉文公之女也。號趙姬。初，文公爲公子時，與趙衰奔狄，狄人入其二女叔（隈）〔隗〕、季隗于公子，公以叔（隈）〔隗〕妻趙衰，生盾。及（及）〔返〕國，文公以其女趙姬妻趙衰，生原同、屛括、樓嬰。趙姬請迎盾與其母而納之，趙衰辭而不敢。姬曰：「不可。夫得寵而忘舊，舍義；好新而嫚故，無恩；與人勤于隘厄，富貴而不顧，無禮。君棄此三者，何以使人？雖妾亦無以侍執巾櫛。《詩》不云乎：『采葑采菲，無以下體？德音莫違，及爾同死[1]。』與人同寒苦，雖有小過，猶與之同死而不去，況于安新忘舊乎？又曰：『讌爾新婚，不我屑以[2]。』蓋傷之也。君其逆之！無以新廢舊。」趙衰許諾，乃逆叔隗與盾來。姬以盾爲賢，請立爲嫡子，使三子下之；以叔隗爲內婦，姬親下之。及盾爲正卿，思趙姬之讓恩，請以姬之中子屛括爲公族大夫，曰：「君姬氏之愛子也。微君姬氏，則臣狄人也，何以至此！」成公許之。屛括遂以其族爲公族大夫。君子謂趙姬恭而有讓。《詩》曰：「溫溫恭人，維德之基[3]。」趙姬之謂也。

頌曰：

趙衰姬氏，制行分明。身雖尊貴，不妬偏房。躬事叔隗，子盾爲嗣。君子美之，厥行孔備。

2.9 《陶荅子妻》

陶太夫荅子妻也。荅子治陶三年，名譽不興，家富三倍。其妻數諫，不用。居五年，從車百乘，歸休，宗人擊牛而賀之，其妻獨抱兒而泣。姑怒曰：「何其不祥也！」婦曰：「夫子能薄而官大，是謂嬰害；無功而家昌，是謂積殃。昔楚令尹子文之治國也，家貧國富，君敬民戴，故福結于子孫，名傳[4]于後世。今夫子不然，貪富務大，不顧後害。妾聞南山有玄豹，霧雨七日而不下食者，何也？欲以澤其毛而成文章也，故藏

---

1. 引《詩》見35章《邶風・谷風》頁89。
2. 引《詩》見35章《邶風・谷風》頁90。今本《詩》「讌」作「宴」，「婚」作「昏」。
3. 引《詩》見256章《大雅・抑》頁648。   4. 垂

而遠害。犬彘不擇食以肥其身，坐而須死耳。今夫子治陶，家富國貧，君不敬，民不戴，敗亡之徵見矣。願與少子俱脫。」姑怒，遂棄之。處朞年，荅子之家果以盜誅，唯其母老以免。婦乃與少子歸，養姑，終卒天年。君子謂荅子妻能以義易利，雖違禮求去，終以全身復禮，可謂遠識矣。《詩》曰：「百爾所思，不如我所之[1]。」此之謂也。

頌曰：

荅子治陶，家富三倍。妻諫不聽，知其不改。獨泣姑怒，送厥母家。荅子逢禍，復歸養姑。

2.10 《柳下惠妻》

魯大夫柳下惠之妻也。柳下惠處魯，三黜而不去，憂民救亂。妻曰：「無乃瀆乎？君子有二恥：國無道而貴，恥也；國有道而賤，恥也。今當亂世，三黜而不去，亦近恥也。」柳下惠曰：「油油之民，將陷于害，吾能以[2]乎？且彼爲彼，我爲我，彼雖裸裎，安能污我？」油油然與之處，仕于下位。柳下既死，門人將誄之。妻曰：「將誄夫子之德耶？則二三子不如妾知之也。」乃誄曰：「夫子之不伐兮，夫子之不竭兮，夫子之信誠而與人無害兮。屈柔從容[3]，不強察兮。蒙恥救民，德彌大兮。雖遇三黜，終不蔽兮。愷悌君子，永能厲兮。嗟呼惜哉，乃下世兮。庶幾遐年，今遂逝兮。嗚呼哀哉，魂神泄兮。夫子之（謚）〔謚〕，宜爲惠兮。」門人從之以爲誄，莫能竄一字。君子謂柳下惠妻能光其夫矣。《詩》曰：「人知其一，莫知其他[4]。」此之謂也。

頌曰：

下惠之妻，賢明有文。柳下既死，門人必存。將誄下惠，妻爲之辭。陳列其行，莫能易之。

---

1. 引《詩》見54章《鄘風・載馳》頁126。　　2. 已　　3. 俗
4. 引《詩》見195章《小雅・小旻》頁414。

2.11 《魯黔婁妻》

魯黔婁先生之妻也。先生死，曾子與門人往弔之，〔隱門而入〕，〔立於堂下〕。
其妻出‧戶‧[1]，曾子弔之。上堂，見先生之尸在牖下，枕墼席稾，縕袍不表，覆以布
被，（手）〔首〕足不盡斂，覆頭則足見，覆足則頭見。曾子曰：「斜[2]引其被，則斂
矣。」妻曰：「斜[3]而有餘，不如正而不足也。先生以不斜[4]之故，能至于此。生時不
邪，死而邪之，非先生意也。」曾子不能應，遂哭之曰：「嗟乎！先生之終也，何以爲
諡？」其妻曰：「以「康」爲諡。」曾子曰：「先生在時，食不充（口）〔虛〕，衣不
蓋形，死則手足不斂，旁無酒肉。生不得其美，死不得其榮，何樂于此而諡爲「康」
乎？」其妻曰：「昔先生，君嘗欲授之政，以爲國相，辭而不爲，是有餘貴也；君嘗賜
之粟三十鍾，先生辭而不受，是有餘富也。彼先生者，甘天下之淡味，安天下之卑位，
不戚戚于貧賤，不忻忻于富貴，求仁而得仁，求義而得義，其諡爲「康」，不亦宜
乎？」曾子曰：「唯斯人也，而有斯婦。」君子謂黔婁妻爲樂貧行道。《詩》曰：「彼
美淑姬，可與寤言[5]。」此之謂也。

頌曰：

黔婁既死，妻獨主喪。曾子弔焉，布衣褐衾。安賤甘淡，不求豐美。尸不掩蔽，猶
諡曰「康」。

2.12 《齊相御妻》

齊相晏子僕御之妻也。號曰命婦。晏子將出，命婦窺其夫爲相御，擁大蓋，策駟
馬，意氣‧洋洋‧[6]，甚自得也。既〔而〕歸[7]，其妻曰：「宜矣子之卑且賤也。」夫曰：
「何也？」妻曰：「晏子長不滿三[8]尺，身相齊國，名顯諸侯。今者，吾從門間觀其志
氣，恂恂自下，思念深矣。今子身長八尺，乃爲之僕御耳，然子之意洋洋若自足者，妾
是以去也。」其夫謝曰：「請自改，何如？」妻曰：「是懷晏子之智，而加以八尺之長
也。夫躬仁義，事明主，其名必揚矣。且吾聞寧榮于義而賤，不虛驕以貴。」于是其夫

---

1. 衣褐袍   2. 邪   3. 邪   4. 邪
5. 引《詩》見139章《陳風‧東門之池》頁253。今本《詩》「寤」作「晤」。
6. 揚揚
7. 編者按：此下《史記‧管晏列傳》頁2135有「其妻請去。夫問其故。」是也。不然則下
   文「妾是以去也」無所承。   8. 六

乃深自責，學道謙遜，常若不足。晏子怪而問其故，具以實對。于是晏子賢其能納善自
改，升諸景公以爲大夫，顯其妻以爲命婦。君子謂命婦知善。故賢人之所以成者，其道
博矣，非特師傅、朋友相與切磋也，妃匹亦居多焉。《詩》云：「高山仰止，景行行
止[1]。」言當常嚮爲其善也。

頌曰：

齊相御妻，匡夫以道。明言驕恭，恂恂自效。夫改易行，學問靡已。晏子升之，列
于君子。

2.13　《楚接輿妻》

楚狂接輿之妻也。接輿躬耕以爲食。楚王使使者持金百鎰、車二駟，往聘迎之，
曰：「王願請先生治淮[2]南。」接輿笑而不應，使者遂不得與語而去。妻從市來，曰：
「先生（以）〔少〕而爲義，豈將老而遺之哉？門外車跡[3]何其深也？」接輿曰：「王
不知吾不肖也，欲使我治淮[4]南，遣使者持金、駟來聘。」其妻曰：「得無許之乎？」
接輿曰：「夫富貴者，人之所欲也。子何惡？我許之矣。」妻曰：「義士非禮不動，不
爲貧而易操，不爲賤而改行。妾事先生，躬耕以爲食，親績以爲衣，食飽衣暖，據義而
動，其樂亦自足矣。若受人重祿，乘人堅良，食人肥鮮，而將何以待之？」接輿曰：
「吾不許也。」妻曰：「君使不從，非忠也；從之又違，非義也[5]。不如去之。」夫
負釜甑，妻戴絍器，變名易姓而遠徙，莫知所之。君子謂接輿妻爲樂道而遠害。夫安貧
賤而不怠于道者，唯至德者能之。《詩》曰：「肅肅兔罝，椓之丁丁[6]。」言不怠于道
也。

頌曰：

接輿之妻，亦安貧賤。雖欲進仕，見時暴亂。楚聘接輿，妻請避館。戴絍易姓，終
不遭難。

1．引《詩》見218章《小雅・車舝》頁485。　　2．河　　　　　3．軼
4．河　　　　　　5．從之，是遺義也《韓詩外傳》頁2/13a
6．引《詩》見7章《周南・兔罝》頁40。

2.14 《楚老萊妻》

　　楚老萊子之妻也。萊子逃世，耕於蒙山之陽，葭牆蓬室，木床著席，衣縕食菽，墾山播種。人或言之楚王曰：「老萊，賢士也。」王欲聘以璧帛，恐不來，楚王駕至老萊之門。老萊方織畚。王曰：「寡人愚陋，獨守宗廟，願先生幸臨之。」老萊子曰：「僕、山野之人，不足守政。」王復曰：「守國之孤，願變先生之志。」老萊子曰：「諾！」王去。其妻戴畚萊，挾薪樵而來，曰：「何車迹之眾也？」老萊子曰：「楚王欲使吾守國之政。」妻曰：「許之乎？」曰：「（何）〔然〕。」妻曰：「妾聞之，可食以酒肉者，可隨以鞭捶；可授以官祿者，可隨以鈇鉞。今先生食人酒肉，受人官祿，為人所制也。能免於患乎？妾不能為人所制！」投其畚萊而去。老萊子曰：「子還！吾為子更慮。」遂行不顧，至江南而止，曰：「鳥獸之解毛，可績而衣之，据其遺粒，足以食也。」老萊子乃隨其妻而居之，民從而家者，一年成落，三年成聚。君子謂老萊妻果於從善。《詩》曰：「衡門之下，可以棲遲。泌之洋洋，可以療飢[1]。」此之謂也。

　　頌曰：

　　老萊與妻，逃世山陽。蓬蒿為室，莞葭為蓋。楚王聘之，老萊將行。妻曰世亂，乃遂逃亡。

2.15 《楚於陵妻》

　　楚於陵子終之妻也。楚王聞於陵子終賢，欲以為相，使使者持金百鎰，往聘迎之。於陵子終曰：「僕有箕帚之妾，請入與計之。」即入，謂其妻曰：「楚王欲以我為相，遣使者持金來。今日為相，明日結駟連騎，食方丈於前。可乎？」妻曰：「夫子織屨以為食，非與物無治也；左琴右書，樂亦在其中矣。夫結駟連騎，所安不過容膝；食方丈於前，〔所〕甘不過一肉。今以容膝之安、一肉之味，而懷楚國之憂，其可樂乎[2]？亂世多害，妾恐先生之不保命也。」于是子終出，謝使者而不許也。遂相與逃而為人灌園。君子謂於陵妻為有德行。《詩》云：「愔愔良人，秩秩德音[3]。」此之謂也。

　　頌曰：

---

1. 引《詩》見138章《陳風・衡門》頁252。今本《詩》「療」作「樂」。
2. 其可乎
3. 引《詩》見128章《秦風・小戎》頁238。今本《詩》「愔」並作「厭」。

於陵處楚，王使聘焉。入與妻謀，懼世亂煩。進往遇害，不若身安。左琴右書，爲人灌園。

3 仁智傳第三

惟若仁智，豫識難易。原度天理[1]，禍福所移。歸義從安，危險必避。專專小心，永懼匪懈。夫人省茲，榮名必利。

3.1 《密康公母》

密康公之母，姓（魏）〔隗〕氏。周共王遊于涇上，康公從，有三女奔之。其母曰：「必致之〔於〕王。夫獸三爲群，人三爲眾，女三爲粲。王田不取群，公行下眾，王御不參一族。夫粲，美之物〔也〕，〔眾以美物〕歸汝，而何德以堪之？王猶不堪，況爾小醜乎？」康公不獻，王滅密。君子謂密母爲能識微。《詩》云：「無已太康，職思其憂[2]。」此之謂也。

頌曰：

密康之母，先識盛衰。非刺康公，受粲不歸。公行下眾，物滿則損。俾獻不聽，密果滅殞。

3.2 《楚武鄧曼》

鄧曼者，武王之夫人也。王使屈瑕爲將，伐羅。屈瑕號莫敖。與群帥悉楚師以行。鬬伯比謂其御曰：「莫敖必敗。舉趾高，心不固矣。」見王曰：「必濟師！」王以告夫人鄧曼，〔鄧曼〕曰：「大夫非眾之謂也，其謂君撫小民以信，訓諸司以德，而威莫敖以刑也。莫敖狃于蒲騷之役，將自用也，必小羅。君若不鎮撫，其不設備乎？」於是王使賴人追之，不及。莫敖·令于軍中曰·[3]：「諫者有刑！」及鄢，·師次亂濟·[4]。至羅，羅與盧戎擊之，大敗〔之〕。莫敖自經[5]荒谷，群帥囚于（治）〔冶〕父以待刑。王

---

1. 道
2. 引《詩》見114章《唐風・蟋蟀》頁217。今本《詩》「太」作「大」。
3. 使徇于師曰《左傳・桓公十三年》頁125。
4. 亂次以濟《左傳・桓公十三年》頁125。
5. 縊《左傳・桓公十三年》頁125。

曰：「孤之罪也。」皆免之。君子謂鄧曼爲知人。《詩》云：「曾是莫聽，大命以傾[1]。」此之謂也。王伐隨，且行，告鄧曼曰：「余心蕩，何也？」鄧曼曰：「王德薄而祿厚，施鮮而得多。物盛必衰，日中必移，盈而蕩，天之道也。先王知之矣，故臨武事，將發大命而蕩王心焉。若師徒毋虧，王薨于行，國之福也。」王遂行，卒于樠木之下，君子謂鄧曼爲知天道。《易》曰：「日中則昃，月盈則虧。天地盈虛，與時消息[2]。」此之謂也。

頌曰：

楚武鄧曼，見事所興。謂瑕軍敗，知王將薨。識彼天道，盛而必衰。終如其言，君子揚稱。

3.3　《許穆夫人》

許穆夫人者，衛懿公之女，許穆公之夫人也。初，許求之，齊亦求之，懿公將與許。女因其傅母而言曰：「古者諸侯之有女子也，所以苞苴玩弄，繫援于大國也。言今者許小而遠，齊大而近，若今之世，强者爲雄，如使邊境有寇戎之事，維是四方之故，赴告大國，妾在不猶愈乎？今舍近而就遠，離大而附小，一旦有車馳之難，孰可與慮社稷？」衛侯不聽，而嫁之于許。其後翟人攻衛，大破之，而許不能救，衛侯遂奔走，涉河而南，至楚丘。齊桓往而存之，遂城楚丘以居。衛侯於是悔不用其言。當敗之時，許夫人馳驅而弔唁衛侯，因疾之而作詩云：「載馳載（馳）〔驅〕，歸唁衛侯。驅馬悠悠，言至于曹[3]。大夫跋涉，我心則憂。既不我嘉，不能旋反。視爾不臧，我思不遠[4]。」君子善其慈惠而遠識也。

頌曰：

衛女未嫁，謀許與齊。女諷母曰，齊大可依。衛君不聽，後果遁逃。許不能救，女作《載馳》。

---

1. 引《詩》見255章《大雅・蕩》頁643。
2. 引《易》見《豐卦・象辭》頁126。今本《易》「虧」作「食」。
3. 漕〈與今本《詩》同。〉　　　4. 此文見《詩54章・鄘風・載馳》頁125。

3.4 　《曹僖氏妻》

　　曹大夫僖負羈之妻也。晉公子重耳亡，過曹，恭公不禮焉，聞其骿[1]脅，近其舍，伺其將浴，設帷[2]薄而觀之。負羈之妻言于夫曰：「吾觀晉公子〔賢人也〕，其從者三人皆國相也。以此三人者，皆善戮力以輔人，必得晉國。若得反國，必霸諸侯而討無禮，曹必爲首〔誅也〕。若曹有難，子必不免。子胡不早自貳焉？且吾聞之，不知其子者，視其父；不知其君者，視其所使。今其從者皆卿相之僕也，則其君必伯[3]王之主也。若加禮焉，必能報施矣。若有罪焉，必能討過。子不早圖[4]，禍至不久矣。」負羈乃遺之壺飱，加璧其上。公子受飱反璧。及公子反國，伐曹，乃表負羈之閭，令兵士無敢入，士民之扶老攜幼[5]而赴其閭者，門外成市。君子謂僖氏之妻能遠識。《詩》云：「既明且哲，以保其身[6]。」此之謂也。

　　頌曰：

　　僖氏之妻，（廉）〔厥〕智孔白。見晉公子，知其興祚[7]。使夫饋飱，且以自託。文伐曹國，卒獨見釋。

3.5 　《孫叔敖母》

　　楚令尹孫叔敖之母也。叔敖爲嬰兒之時，出遊，見兩頭蛇，殺而埋之，歸見其母而泣焉。母問其故，對曰：「吾聞見兩頭蛇者死，今者出遊見之。」其母曰：「蛇今安在？」對曰：「吾恐他人復見之，殺而埋之矣。」其母曰：「汝不死矣！夫有陰德者，〔天必〕陽報之。德勝不祥，仁除百禍，天之處高而聽卑。《書》不云乎：『皇天無親，惟德是輔。』爾嘿矣，必興于楚。」及叔敖長，爲〔楚〕令尹。君子謂叔敖之母知道德之次。《詩》云：「母氏聖善[8]。」此之（說）〔謂〕也。

　　頌曰：

　　叔敖之母，深知天道。叔敖見蛇，兩頭岐首。殺而埋之，泣恐不及。母曰陰德，不死必壽。

---

1. 骿　　　　2. 微　　　　3. 霸　　　　4. 啚　　　　5. 弱
6. 引《詩》見260章《大雅·烝民》頁675。　　　　7. 作
8. 引《詩》見32章《邶風·凱風》頁85。

3.6　《晉伯宗妻》

　　晉大夫伯宗之妻也。伯宗賢而好以直辨[1]凌人。每朝，其妻常戒之曰：「盜憎主人，民（愛）〔惡〕其上，有愛好人者，必有憎妬人者。夫子好直言，枉者惡之，禍必及身矣。」伯宗不聽，朝而以喜色歸，其妻曰：「子貌有喜色，何也？」伯宗曰：「吾言于朝，諸大夫皆謂我知似陽子。」妻曰：「實毅不華，至言不（餘）〔飾〕。今陽子華而不實，言而無謀，是以禍及其身。子何喜焉？」伯宗曰：「吾欲飲諸大夫酒而與之謀[2]。爾試聽之。」其妻曰：「諾。」于是爲大會，與諸大夫飲。既飲而問妻曰：「何若？」對曰：「諸大夫（慕）〔莫〕子若也。然而民之不能戴其上久矣，難必及子。子之（仕）〔性〕固不可易也，且國家多貳，其危可立待也。子何不預結賢大夫以託州犂焉？」伯宗曰：「諾！」乃得畢羊[3]而交之。及欒不[4]忌之難，郤害伯宗，譖而殺之。畢羊[5]乃送州犂于荊，遂得免焉。君子謂伯宗之妻知天道。《詩》云：「多將熇熇，不可救藥[6]。」此[7]之謂也。

　　頌曰：

　　伯宗凌人，妻知且[8]亡。數諫伯宗，厚許畢羊。屬以州犂，以免咎殃。伯宗遇禍，州犂奔荊。

3.7　《衛靈夫人》

　　衛靈公之夫人也。靈公與夫人夜坐，聞車聲轔轔，至闕而止，過闕復有聲。公問夫人曰：「知此謂誰？」夫人曰：「此〔必〕蘧伯玉也。」公曰：「何以知之？」夫人曰：「妾聞禮，下公門，式路馬，所以廣敬也。夫忠臣與孝子，不爲昭昭（變）〔信〕節，不爲冥冥惰[9]行。蘧伯玉，衛之賢大夫也，仁而有智，敬以[10]事上，此其人必不以闇昧廢禮。是以知之。」公使視之，果伯玉也。公反之，以戲夫人曰[11]：「非也。」夫人酌觴，再拜賀公。公曰：「子何以賀寡人？」夫人曰：「始妾獨以衛爲有蘧伯玉爾，今衛復有與之齊者，是君有二〔賢〕臣也。國多賢臣，國之福也。妾是以賀。」公驚曰：「善哉！」遂語夫人其實焉。君子謂衛夫人明于知人道。夫可欺而不可罔者，其

---

1. 辯　　　　2. 語　　　　3. 陽
4. 編者按：《國語・晉語五》作「弗」，此文作「不」者，蓋避漢諱改。
5. 陽　　　6. 引《詩》見254章《大雅・板》頁634。　　　7. 伯宗
8. 其　　　9. 墮　　　10. 於　　　11. 反戲之曰《御覽》卷402頁1860

明智乎！《詩》云：「我聞其聲，不見其人[1]。」此之謂也。

頌曰：

衛靈夜坐，夫人與存。有車轔轔，中止闕門。夫人知之，必伯玉焉。維知識賢，問
之信然。

3.8 《齊靈仲子》

齊靈仲子者，宋侯之女，齊靈公之夫人也。初，靈公娶于魯[2]，聲姬生子光，以爲
太子。夫人仲子與其娣戎子〔皆〕嬖于公。仲子生子牙，戎子請以牙爲太子代光，公許
之。仲子曰：「不可。夫廢常，不祥；‣聞諸侯之難‣[3]，失謀。夫光之立也，列于諸侯
矣。今無故而廢之，是專紲諸侯，而以難犯不祥也。君（心）〔必〕悔之。」〔公
曰〕：「在我而已。」仲子曰：「妾非讓也，誠禍之萌也。」以死爭之，公終不聽，遂
逐太子光，而立牙爲太子，高厚爲傅。靈公疾，‣高厚欲迎牙‣[4]。及公薨，崔杼立光而
殺高厚。以不用仲子之言，禍至於此。君子謂仲子明於事理。《詩》云：「聽用我謀，
庶無大悔[5]。」仲子之謂也。

頌曰：

齊靈仲子，仁智顯明。靈公立牙，廢姬子光。仲子強諫，棄嫡不祥。公既不聽，果
有禍殃。

3.9 《魯臧孫母》

臧孫母者，魯大夫臧文仲之母也。文仲將爲魯使至齊，其母送之曰：「汝刻而無
恩，好盡人力，窮人‣以爲威‣[6]，魯國不容子矣，而使子之齊。凡奸將作，必於變動，
害子者，其于斯發事乎？汝其戒之！魯與齊通壁，壁鄰之國也，魯之寵臣多怨汝者，又

---

1. 引《詩》見199章《小雅・何人斯》頁426。今本《詩》「人」作「身」。
2. 《左傳・襄公十九年》頁585此下有「曰顏懿姬，無子，其姪鬷」九字。
3. 聞諸侯難《左傳・襄公十九年》頁585
4. 崔杼微逆光《左傳・襄公十九年》頁586。
5. 引《詩》見256章《大雅・抑》649。   6. 以威

皆通于齊高子、國子，是必使齊圖魯而拘汝留之。難乎其免也！汝必施恩布惠，而後出
以求助焉。」于是文仲託于三家，厚士大夫而後之齊。齊果拘之，而興兵欲襲魯。文仲
陰[1]使人遺公書，恐得其書，乃謬其辭曰：「斂小器，投諸台；食獵犬，組羊裘；琴之
合，甚思之；臧我羊，羊有母；食我以同魚；冠纓不足帶有餘。」公及[2]大夫相與議
之，莫能知之。人有言：「臧孫母者，世家子也，君何不試召而問焉？」于是召而語之
曰：「吾使臧子之齊，今特[3]書來云爾，何也？」臧孫母泣下襟曰：「吾子拘有木治
矣。」公曰：「何以知之？」對曰：「斂小器、投諸台者，言取郭外萌內之於城中也；
食獵犬、組羊裘者，言趣饗戰鬭之士而繕甲兵也；琴之合、甚思之者，言思妻也；臧我
羊，羊有母，是善告妻善養母也；食我以同魚，同者，其文錯，錯者，所以治鋸，鋸
者，所以治木也，是有木治（保）〔係〕于獄矣；冠纓不足帶有餘者，頭亂不得梳，飢
不得食也。故知吾子拘而有木治矣。」於是以臧孫母之言。軍于境上。齊方遣[4]兵，將
以襲魯，聞兵在境上，乃還文仲而不伐魯。君子謂臧孫母識高[5]見遠。《詩》云：「陟
彼屺兮，瞻望母兮[6]。」此之謂也。

頌曰：

臧孫之母，刺子好威。必且遇害，使援所危[7]。既厚三家，果拘于齊。母說其書，
子遂得歸。

3.10 《晉羊叔姬》

叔姬者，羊舌子之妻也，叔向、叔魚之母也。一姓楊氏。叔向名肸，叔魚名鮒。羊
舌子好正，不容于晉，去而之三室之邑。三室之邑人，相與攘羊而遺之，羊舌子不受。
叔姬曰：「夫子居晉，不容，去之三室之邑。又不容于三室之邑，是于夫子不容也。不
如受之。」羊舌子受之，曰：「爲肸與鮒亨之！」叔姬曰：「不可。南方有鳥，名曰乾
吉，食其子不擇肉，子常不遂。今肸與鮒，童子也，隨大夫而化者，不可食以不義之
肉。不若埋之，以明不與。」于是乃盛以甕，埋壚陰。後二年，攘羊之事發，都吏至。
羊舌子曰：「吾受之，不敢食也。」發而視之，則其骨存焉。都吏曰：「君子哉！羊舌
子不與攘羊之事矣。」君子謂叔姬爲能防害遠疑。《詩》曰：「無曰不顯，莫予云
覯[8]。」此之謂也。叔向欲娶于申公巫臣氏夏姬之女，美而有色，叔姬不欲娶其族。叔

---

1. 微   2. 召   3. 持   4. 發   5. 微
6. 引《詩》見110章《魏風・陟岵》頁209。   7. 依
8. 引《詩》見256章《大雅・抑》頁647。

向曰：「吾母之族，貴而無庶。吾懲舅氏矣。」叔姬曰：「子靈之妻殺三夫、一君、一子，而亡一國、兩卿矣。爾不懲此，而反懲吾族，何也？且吾聞之，有奇福者，必有奇禍；而有甚美者，必有甚惡。今是鄭穆少妃姚子之子，子貉之妹也。子貉早死，無後，而天鐘美于是，將必以是大有敗也。昔有仍氏生女，髮[1]黑而甚美，光可監人，名曰玄

5　妻。樂正夔娶之，生伯封，宲[2]有豕心，忿戾[3]毋期，貪惏[4]無魘，謂之封豕。有窮后羿滅之，夔是用[5]不祀。且三代之亡、恭太子之廢，皆是物也。汝何以爲哉？夫有美物足以移人，苟非德義，則必有禍也。」叔向懼而不敢娶。平公强使娶之，生楊[6]食我，食我號曰伯碩。〔伯碩〕生時，侍者謁之叔姬曰：「長姒產男。」叔姬往視之，及堂，聞其號也而還，曰：「豺狼之聲也，狼子野心。今將滅羊舌氏者，必是子也。」遂

10　不肯見。及長，與祁勝爲亂，晉人殺食我。羊舌氏由是遂滅。君子謂叔姬爲能推類。《詩》云：「如彼泉流，無淪胥以敗[7]。」此之謂也。叔姬之始生叔魚也，而視之曰：「是虎目而豕（啄）〔喙〕，鳶（眉）〔肩〕而牛腹。谿壑可盈，是不可魘也，必以賂[8]死。」遂不見[9]。及叔魚長，爲國贊理。邢侯與雍子爭田，雍子入其女於叔魚以求直。邢侯殺叔魚與雍子于朝。韓宣子患之。叔向曰：「三姦同罪，請殺其生者而戮其死

15　者。」遂族邢侯氏，而尸叔魚與雍子于市。叔魚卒以貪死。叔姬可謂知矣。《詩》云：「貪人敗類[10]。」此之謂也。

　　頌曰：

20　叔向之母，察于情性。知[11]人之生，以窮其命。叔魚食我，皆貪不正。必以貨死，果卒分爭。

3.11　《晉范氏母》

25　晉范氏母者，范獻子之妻也。其三子遊于趙氏。趙（蒑）〔簡〕子乘馬園中，園中多株，問三子曰：「奈何？」長者曰：「明君不問不爲，亂君不問而爲。」中者曰：「愛馬足，則無愛民力，愛民力，則無愛馬足。」少者曰：「可以三德使民。設令伐株于山，將有馬爲也。已而（閑）〔開〕囿示之株。夫山遠而囿近，是民一悅矣；夫險阻

---

1. 鬒《左傳·昭公二十八年》頁911
2. 實《左傳·昭公二十八年》頁912　　　　　　3. 貪惏　　　　4. 忿戾
5. 以《左傳·昭公二十八年》頁912　　　　　　6. 揚
7. 引《詩》見195章《小雅·小旻》頁413。　　8. 賄《國語·晉語八》14/3a
9. 視《國語·晉語八》14/3a　　10. 引《詩》見257章《小雅·桑柔》頁657。
11. 推

之山,而伐平地之株,民二悅矣;既畢而賤賣,民三悅矣。」簡子從之,民果三悅。少
子伐其謀,歸以告母。母喟然嘆曰:「終滅范氏者,必是子也。夫伐功施勞,鮮能布
仁,乘僞行詐,莫能久長。」其後智伯滅范氏。君子謂范氏母爲知難本。《詩》曰:
「無忝皇[1]祖,式救爾後[2]。」此之謂也。

頌曰:

范氏之母,貴德尚信。小子三悅[3],以詐與民。知其必滅,鮮能有仁。後果逢禍,
身死國分。

3.12 《魯公乘姒》

魯公乘姒者,魯公乘子皮之姒也。其族人死,姒哭之甚悲。子皮止姒曰:「安之!
吾今嫁姊矣。」已過時,子皮不復言也。魯君欲以子皮爲相,子皮問姒曰:「魯君欲以
我爲相,爲之乎?」姒曰:「勿爲也。」子皮曰:「何也?」姒曰:「夫臨喪而言嫁,
一何不習禮也!後過時而不言,一何不達人事也!子內不習禮,而外不達人事,子不可
以爲相。」子皮曰:「姒欲嫁,何不早言?」姒曰:「婦人之事,唱而後和。吾豈以欲
嫁之故數子乎?子誠不習於禮,不達於人事,以此相一國,據大政[4],何以理之?譬猶
揜目而別黑白也,掩目而別黑白,猶無患也,不達人事而相國,非有天咎,必有人禍。
子其勿爲也!」子皮不聽,卒受爲相。居未期年,果誅而死。君子謂公乘姒緣事而知弟
之遇禍也,可謂智矣;待禮然後動,不苟觸情,可謂貞矣。《詩》云:「(籜)〔蘀〕
兮(籜)〔蘀〕兮,風其吹汝。叔兮伯兮,唱予和汝[5]。」又曰:「百爾所思,不如我
所之[6]。」此之謂也。

頌曰:

子皮之姊,‣明事分禮‹[7]。子皮相魯,知其禍起。姊諫子皮,殆不如止。子皮不
聽,卒爲宗恥。

---

1. 爾   2. 引《詩》見264章《大雅‧瞻卬》頁697。   3. 德
4. 眔
5. 引《詩》見85章《鄭風‧蘀兮》頁172。今本《詩》「汝」並作「女」。
6. 引《詩》見54章《鄘風‧載馳》頁126。   7. 緣事分理

3.13 《魯漆室女》

漆室女者，魯漆室邑之女也。過時未適人。當穆公時，君老，大[1]子幼。女倚柱而嘯[2]，旁人聞之，莫不爲之慘者。其鄰人婦從之遊，謂曰：「何嘯[3]之悲也！子欲嫁耶？吾爲子求偶。」漆室女曰：「嗟乎！始吾以子爲有知，今無識也。吾豈爲不嫁不樂而悲哉！吾憂魯君老，大[4]子幼。」鄰婦笑曰：「此乃魯大夫之憂，婦人何與焉？」漆室女曰：「不然。非子所知也。昔晉客舍吾家，繫馬園中，馬佚馳走，踐吾葵，使我終歲不食葵[5]。鄰人女奔，隨人亡，其家倩吾兄行追之，逢霖水出，溺流而死，令吾終身無兄。吾聞河潤九里，漸洳三百步。今魯君老悖，太子少愚，愚僞日起。夫魯國有患者，君臣父子皆被其辱，禍及衆庶，婦人獨安所避乎？吾甚憂之。子乃曰：婦人無與者。何哉？」鄰婦謝曰：「子之所慮，非妾所及。」三年，魯果亂，齊、楚攻之，魯連有寇，男子戰鬬，婦人轉輸，不得休息。君子曰：遠矣！漆室女之思也。《詩》云：「知我者，謂我心憂，不知我者，謂我何求[6]。」此之謂也。

頌曰：

漆室之女，計慮甚妙[7]。維魯且亂，倚柱而嘯。君老嗣幼，愚悖姦生。魯果擾亂，齊伐其城。

3.14 《魏曲沃負》

曲沃負者，魏大夫如耳母也。秦立魏公子政爲魏太子，魏哀王使使者爲太子納妃而美，王將自納焉。曲沃負謂其子如耳曰：「王亂于無別，汝胡不匡之？方今戰國，强者爲雄，義者顯焉。今魏不能强，王又無義，何以持國乎？王中人也，不知其爲禍耳。汝不言，則魏必有禍矣，有禍必及吾家，汝言以盡忠，忠以除禍。不可失也。」如耳未遇（門）〔間〕，會使于齊，負因款王門而上書曰：「曲沃之老婦也，心有所懷，願以聞於王。」王召入。負曰：「妾聞男女之別，國之大節也。婦人脆于志，窕于心，不可以邪開也，是故必十五而笄，二十而嫁，早成其號謚，所以就之也。聘則爲妻，奔則爲妾，所以開善遏淫也。節成然後許嫁，親迎然後隨從，貞女之義也。今大王爲太子求妃，而自納之于後宮，此毀貞女之行，而亂男（子）〔女〕之別也。自古聖王，必正妃

---

1. 太　　　2. A.啼 B.歎　　3. 哭　　　4. 太　　　5. 不厭葵味
6. 引《詩》見65章《王風‧黍離》頁147。　　　7. 妙

匹，妃匹正，則興；不正，則亂，夏之興也以塗山，亡也以末喜；殷之興也以有娀，亡也以妲己；周之興也以大姒，亡也以褒姒。周之康王夫人晏出朝，《關雎》▸起興◂[1]，思得淑女，以配君子。夫雎鳩之鳥，猶未嘗見乘居而匹處也。夫男女之盛，合之以禮，則父子生焉，君臣成焉，故爲萬物始。君臣、父子、夫婦，三者，天下之大綱紀也。三者治則治，亂則亂。今大王亂人道之始，棄綱紀之大[2]，大[3]國五六。南有強[4]楚，西有橫秦，而魏國居其間，可謂僅存矣。王不憂此，而從亂無別，父子同女。妾恐大王之國政危矣。」王曰：「然。寡人不知也。」遂與太子妃，而賞[5]負〔粟〕三十鍾，如耳還而爵之。哀王勤行自修，勞來國家，而齊、楚、強秦不敢加兵焉。君子謂魏負知禮。《詩》云：「敬之敬之，天維顯思[6]。」此之謂也。

頌曰：

魏負聰達，非刺哀王。王子納妃，禮別不明。負款[7]王門，陳列紀綱。王能[8]自脩，卒無敵兵。

3.15 《趙將括母》

趙將馬服君趙奢之妻，趙括之母也。秦攻趙，孝成王使括代廉頗爲將。將行，括母上書言于王曰：「括不可使將。」王曰：「何也[9]？」曰：「始妾事其父，父時爲將，身所奉飯〔飲而進食〕者以十數，所友者以百數，大王及宗室所▸賜幣◂[10]者，盡以與軍吏士大夫，受命之日，不問家事。今括一旦爲將，東向而朝軍吏，吏無敢仰視之者，王所賜金帛，歸盡藏之，乃日視便利田宅可買者〔買之〕。王以爲若其父乎？父子不同，執心各異，願〔王〕勿遣。」王曰：「母置之，吾計已決矣。」括母曰：「王終遣之，即有〔如〕不稱，妾得無隨〔坐〕乎？」王曰：「不也。」括既行，代廉頗三十餘日，趙兵果敗，括死軍覆。王以括母〔先言〕，〔故卒不加誅〕。〔君子謂括母〕爲仁智。《詩》曰：「老夫灌灌，小子▸蹻蹻◂[11]。匪我言耄，爾用憂謔[12]。」此之謂也。

頌曰：

---

1. 預見　　　2. 務　　　3. 敵　　　4. 從　　　5. 賜
6. 引《詩》見288章《周頌・敬之》頁740。　7. 報　　　8. 改
9. 以〈與《史記・廉頗藺相如列傳》頁2447同。〉
10. 賞賜《史記・廉頗藺相如列傳》頁2447。　11. 蹻蹻〈與今本《詩》同。〉
12. 引《詩》見254章《大雅・板》頁634。

孝成用括，代頗拒[1]秦。括母獻書，知其覆軍。願止不得，請罪止身。括死長平，妻子得存。

4 貞順傳第四

惟若貞順，修道正進。避嫌遠別，爲必可信。終不更二，天下之俊。勤正潔行，精專謹愼。諸姬觀之，以爲法訓。

4.1 《召南申女》

召南申女者，申人之女也。既許嫁于酆，夫家禮不備而欲迎之。女與其人言，以爲夫婦者，人倫之始也，不可不正。《傳》曰：「正其本，則萬物理，失之毫釐，差之千里。」是以本立而道生，源潔[2]而流清。故嫁娶者，所以傳重承業，繼續先祖爲宗廟主也。夫家輕禮違制，不可以行。遂不肯往。夫家訟之于理，致之于獄。女終以一物不具，一禮不備，守節持義，必死不往，而作詩曰：「雖速我獄，室家不足[3]。」言夫家之禮不備足也。君子以爲得婦道之儀[4]，故舉而揚之，傳而法之，以絕無禮之求，防淫慾之行焉。又曰：「雖速我訟，亦不女從[5]。」此之謂也。

頌曰：

召南申女，貞一脩容。夫禮不備，終不肯從。要以必死，遂至獄訟。作詩明意，後世稱誦。

4.2 《宋恭伯姬》

伯姬者，魯宣公之女，成公之妹也。其母曰繆姜，嫁伯姬于宋恭公。恭公不親迎，伯姬迫于父母之命而行。既入宋，三月廟見，當行夫婦之道，伯姬以恭公不親迎，故不肯聽命。宋人告魯，魯使大夫季文子如宋，致命于伯姬。還復命，公享之。繆姜出于房，再拜曰：「大夫勤勞于遠道，辱送小子，不忘先君，以及後嗣，使下而有知，先君猶有望也。敢再拜大夫之辱。」伯姬既嫁于恭公，十[6]年，恭公卒，伯姬寡。至景[7]公

---

1. 距　　　　2. 治　　　　3. 此文見《詩17章・召南・行露》頁56。
4. 宜《韓詩外傳》頁1/1b　　5. 此文見《詩17章・召南・行露》頁57。
6. 顧廣圻校云：「十」當爲「七」，《春秋》成九年伯姬歸于宗，十五年宋公固卒。
7. 顧廣圻校云：「景」當作「平」，平公以魯成十六年即位，宋災在襄三十年，乃平公之三十三年。

時，伯姬嘗遇夜失火，左右曰：「夫人少避火！」伯姬曰：「婦人之義，保傅不俱[1]，夜不下堂，待保傅來也。」保母至矣，傅母未至也。左右又曰：「夫人少避火！」伯姬曰：「婦人之義，傅母不至，夜不可下堂。越義而[2]生，不如守義而死。」遂逮于火而死。《春秋》詳錄其事，爲賢伯姬，以爲婦人以貞爲行者也，伯姬之婦道盡矣。當此之時，諸侯聞之，莫不悼痛，以爲死者不可以生，財物猶可復，故相與聚會于澶淵，償宋之所喪。《春秋》善之。君子曰：「禮，婦人不得傅母，夜不下堂，行必以燭。伯姬之謂也。」《詩》云：「淑慎爾止，不愆于儀[3]。」伯姬可謂不失儀矣。

頌曰：

伯姬心專，守禮一意。宮夜失火，保傅不備。逮火而死，厥心靡悔。《春秋》賢之，詳錄其事。

4.3 《衛（宣）〔寡〕夫人》

夫人者，齊侯之女也。嫁于衛，至城門而衛君死，保母曰：「可以還矣。」女不聽，遂入，持三年之喪。畢，弟立請曰：「衛，小國也，不容二庖。請願同庖。」終不聽。衛君使人愬于齊兄弟，齊兄弟皆欲與君，使人告女，女終不聽，乃作詩曰：「我心匪石，不可轉也。我心匪席，不可卷也[4]。」厄窮而不憫，勞辱而不苟，然後能自致也。言不失也，然後可以濟難矣。《詩》曰：「威儀棣棣，不可選也[5]。」言其左右無賢臣，皆順其君之意也。君子美其貞一[6]，故舉而列之于《詩》也。

頌曰：

齊女嫁衛，厥至城門。公薨不反，遂入三年。後君欲同，女終不渾。作詩譏刺，卒守死君。

4.4 《蔡人之妻》

蔡人之妻者，宋人之女也。既嫁于蔡，而夫有惡疾，其母將改嫁之。女曰：「夫之

1. 來　　2. 求　　3. 引《詩》見256章《大雅·抑》頁648。
4. 此文見《詩26章·邶風·柏舟》頁74。
5. 引《詩》見26章《邶風·柏舟》頁74。　　　6. 壹

不幸,乃妾之不幸也。奈何去之?適人之道,一[1]與之醮,終身不改,不幸遇惡疾,不改其意。且夫‧采采‧[2]芣苢之草,雖其[3]臭惡,猶始于捋采之,終于懷襭之,浸以益親,況于夫婦之道乎?彼無大故,又不遣妾,何以得去?」終不聽其母,乃作《芣苢》之詩。君子曰:宋女之意,甚貞而一[4]也。

頌曰:

宋女專愨,持心不(願)〔傾〕。夫有惡疾,意猶一精。母勸去歸,作詩不聽。詩[5]人美之,以爲順貞。

4.5 《黎莊夫人》

黎莊夫人者,衛侯之女,黎莊公之夫人也。既往而不同欲,所務者異,未嘗得見,甚不得意。其傅母閔夫人賢,公反不納,憐其失意,又恐其已見遣而不以時去,謂夫人曰:「夫婦之道,有義則合,無義則去。今不得意,胡不去乎?」乃作詩曰:「式微式微,胡不歸[6]?」夫人曰:「婦人之道,一[7]而已矣。彼雖不吾以,吾何可以離于婦道乎?」乃作詩曰:「微君之故,胡爲乎中露[8]?」,終執貞一[9],不違婦道以俟君命。君子故序之以編《詩》。

頌曰:

黎莊夫人,執行不衰。莊公不偶,行節(及)〔反〕乖。傅母勸去,作詩《式微》。夫人守一[10],終不肯歸。

4.6 《齊孝孟姬》

孟姬者,華氏之長女,齊孝公之夫人也。好禮貞一[11],過時不嫁,齊中求之,禮不備,終不往。躐[12]男席,語不及外,遠別避嫌,齊中莫能備禮求焉。齊國稱其貞。孝公聞之,乃脩禮親迎于華氏之室。父母送孟姬不下堂,母醮房之中,結其衿縭,戒[13]之

---

1. 壹　　　　2. 采　　　　3. 甚　　　　4. 壹　　　　5. 後
6. 此文見《詩36章‧邶風‧式微》頁92。　　　　7. 壹
8. 此文見《詩36章‧邶風‧式微》頁92。　　　　9. 壹　　　　10. 壹
11. 壹　　　　12. 段玉裁云:「躐」上當有「不」字。　　　　13. 誡

曰：「必敬必戒，無違宮事！」父誠之東階之上，曰：「必夙興夜寐，無違命！其有大
妨于王命者，亦勿從也！」諸母誡之兩階之間，曰：「敬之敬之，必終父母之命！夙夜
無怠，爾之衿鞶，父母之言謂何。」姑姊妹誡之門內，曰：「夙夜無愆，爾之衿鞶，無
忘父母之言！」孝公親迎孟姬於其父母，三顧而出，親迎之綏，自御輪三曲顧[1]姬與，
遂納于宮，三月廟見，而後行夫婦之道。既居久之，公遊于琅邪，華孟姬從。車奔，姬
墮車碎。孝公使馭馬立車載姬以歸，姬使侍御者舒帷以自障蔽，而使傅母應使者曰：
「妾聞妃后踰閾，必乘安車輜軿，下堂，則[2]從傅母保阿，進退則鳴玉環佩，內（餝）
〔飾〕則結紐綢繆，野處則帷裳擁蔽，所以正心一[3]意，自斂制也。今立車無軿，非所
敢受命也；野處無衛，非所敢久居也。三者失禮多矣。夫無禮而生，不若早死。」使者
馳以告公，更取安車，比其反也，則自經[4]矣，傅母救之，不絕。傅母曰：「使者至，
輜軿已具。」姬氏蘇，然後乘而歸。君子謂孟姬好禮。禮，婦人出必輜軿，衣服綢繆，
既嫁，歸問女（見）〔昆〕弟，不問男昆弟，所以遠別也。《詩》曰：「彼君子女，綢
直如髮[5]。」此之謂也。

　　　頌曰：

　　　孟姬好禮，執節甚公。避嫌遠別，終不冶容。輦[6]不並[7]乘，非禮不從。君子嘉焉，
自古寡同。

4.7 《息君夫人》

　　　夫人者，息君之夫人也。楚伐息，破之，虜其君，使守門，將妻其夫人而納之于
宮。楚王出遊，夫人遂出見息君，謂之曰：「人生要一死而已，何至自苦？妾無須臾而
忘君也，終不以身更貳醮。生離于地上，豈如死歸于地下哉？」乃作詩曰：「穀則異
室，死則同穴。（有如）〔謂予〕不信，（死）〔有〕如皦日[8]。」息君止之，夫人不
聽，遂自殺。息君亦自殺，同日俱死。楚王賢其夫人守節有義，乃以諸侯之禮，合而葬
之。君子謂夫人說于行善，故序之于《詩》。夫義動君子，利動小人，息君夫人不爲利
動矣。《詩》云：「德音莫違，及爾同死[9]。」此之謂也。

---

　　1. 願　　　　　　2. 必　　　　　　3. 壹　　　　　4. 縊
　　5. 引《詩》見225章《小雅・都人士》頁511。　　6. 載
　　7. 梁端云：「並」是「立」字之誤，《曲禮》：「婦人不立乘」。
　　8. 引《詩》見73章《王風・大車》頁154。
　　9. 引《詩》見35章《邶風・谷風》頁89。

頌曰：

楚虜息君，納其適妃。夫人持固，彌久不衰。作詩《同穴》，思故忘新。遂死不顧，列于貞賢。

4.8 《齊杞梁妻》

齊杞梁殖之妻也。莊公襲莒，殖戰而死。莊公歸，遇其妻，使使者弔之于路。杞梁妻曰：「今[1]殖有罪，君何辱命焉？若令殖免于罪，則賤妾有先人之弊廬在，下妾不得與郊弔。」于是莊公乃還車，詣其室，成禮然後去。杞梁之妻無子，內外皆無五屬之親。既無所歸，乃（枕）〔就〕其夫之屍于城下而哭〔之〕。內誠[2]動人，道路過者，莫不爲之揮（俤）〔涕〕，十[3]日而城爲之崩。既葬，曰：「吾何歸矣！夫婦人必有所倚者也，父在則倚父，夫在則倚夫，子在則倚子。今吾上則無父，中則無夫，下則無子，內無所依，以見吾誠，外無所倚，以立吾節，吾豈能更二哉？亦死而已。」遂赴淄水而死。君子謂杞梁之妻貞而知禮。《詩》云：「我心傷悲，聊與子同歸[4]。」此之謂也。

頌曰：

杞梁戰死，其妻收喪。齊莊道弔，避不敢當。哭夫于城，城爲之崩。自以無親，赴淄而薨。

4.9 《楚平伯嬴》

伯嬴者，秦穆公之女，楚平王之夫人，昭王之母也。當昭王時，楚與吳爲伯莒之戰，吳勝楚，〔遂〕入至郢，昭王亡，吳王闔閭盡妻其後宮，次至伯嬴，伯嬴持刀[5]曰：「妾聞天子者，天下之表也；公侯者，一國之儀也。天子失制，則天下亂，諸侯失節，則其國危。夫婦之道，固人倫之始，王教之端，是以明王之制，使男女不親授，（受）坐不同席，食不共器，殊椸枷，異巾櫛，所以遠[6]之也。若諸侯外淫者絕，卿大夫外淫者放，士庶人外淫者宮割。夫然者，以爲仁失可復以義，義失可復以禮，男女之

---

1. A.令 B.如　　2. 誠　　　　3. 七
4. 引《詩》見147章《檜風・素冠》頁263。今本《詩》「悲」、「歸」下並有「兮」字。
5. 刃　　　6. 施

失[1]，亂亡興焉。夫造亂亡之端，公侯之所絕，天子之所誅也。今君王棄儀表之行，縱亂亡之欲，犯誅絕之事，何以行令訓民？且妾聞生而辱，不若死而榮。若使君王棄其儀表，則無以臨國；妾有淫端，則無以生世。一[2]舉而兩辱。妾以死守之，不敢承命。且凡所欲妾者，爲樂也，近妾而死，何樂之有？如先殺妾，又何益于君王？」于是吳王慚，遂退，舍伯嬴與其保阿，閉永巷之門，皆不釋兵。三旬，秦救至，昭王乃復矣。君子謂伯嬴勇而精一[3]，《詩》曰：「莫莫葛藟，施于條枚。豈弟君子，求福不回[4]。」此之謂也。

頌曰：

闔閭勝楚，入厥宮室。盡妻後宮，莫不戰慄。伯嬴自守，堅固專一。君子美之，以爲有節。

4.10 《楚昭貞姜》

貞姜者，齊侯之女，楚昭王之夫人也。王出遊，留夫人漸臺之上而去。王聞江水大至，使使者迎夫人，忘持其符[5]。使者至，請夫人出，夫人曰：「王與宮人約，令召宮人必以符。今使者不持符，妾不敢從使者行。」使者曰：「今水方大至，還而取符，則恐後矣。」夫人曰：「妾聞之，貞女之義不犯約，勇者不畏死，守一節[6]而已。妾知從使者必生，留必死，然棄約越義而求生，不若留而死耳！」于是，使者取符，則水大至，臺崩，夫人流而死。王曰：「嗟夫！守義死節，不爲苟生，處約持信，以成其貞。」乃號之曰貞姜。君子謂貞姜有婦節。《詩》云：「淑人君子，其儀不忒[7]。」此之謂也。

頌曰：

楚昭出遊，留姜漸臺。江水大至，無符不來。夫人守節，流死不疑。君子序焉，上配伯姬。

---

1. 喪　　　　　2. 壹　　　　　3. 壹
4. 引《詩》見239章《大雅・旱麓》頁560。今本《詩》「藟」作「藟」。
5. 符　　　　　6. 守節　　　　　7. 引《詩》見152章《曹風・鳲鳩》頁271。

4.11 《楚白貞姬》

　　貞姬者，楚白公勝之妻也。白公死，其妻紡績不嫁。吳王聞其美且有行，使大夫持
金百鎰、白璧一雙以聘[1]焉，以輜軿三十乘迎之，將以爲夫人。〔大夫〕致幣，白妻辭
之曰：「白公生之時，妾幸得充後宮，執箕帚，掌衣履，拂枕席。託爲妃匹。白公不幸
而死。妾願守其墳墓。以終天年。今王賜金璧之聘、夫人之位，非愚妾之所聞也。且夫
棄義從欲者，污也；見利忘死者，貪也。夫貪污之人，王何以爲哉？妾聞之，忠臣不借
人以力，貞女不假人以色，豈獨事生若此哉？于死者亦然。妾既不仁，不能從死，今又
去而嫁，不亦太甚乎？」遂辭聘而不行。吳王賢其守節〔而〕有義，號曰〔楚白〕貞姬
（楚）。君子謂貞姬廉潔而誠信。夫任重而道遠，「仁以爲己任，不亦重乎？死而後
已，不亦遠乎[2]？」《詩》云：「彼美孟姜，德音不忘[3]。」此之謂也。

　　頌曰：

　　白公之妻，守寡紡績。吳王美之，聘[4]以金璧。妻操固行，雖死不易。君子大之，
美其嘉績。

4.12 《衛宗二順》

　　衛宗二順者，衛宗室靈王之夫人（而）及其傅妾也。秦滅衛君（乃）〔角〕，封靈
王世家，使奉其祀。靈王死，夫人無子而守寡。傅妾有子。傅妾事夫人，八年不衰，供
養愈謹。夫人謂傅妾曰：「孺子養我甚謹。子奉祀而妾事我，我不聊也。且吾聞主君之
母不妾事人。今我無子，于禮、斥絀之人也，而得留以盡其節，是我幸也。今又煩孺
子，不改故節，我甚內慚。吾願出居外，以時相見，我甚便之。」傅妾泣而對曰：「夫
人欲使靈氏受三不祥耶？〔公〕不幸早終，是一不祥也；夫人無子而婢妾有子，是二不
祥也；夫人欲出居外，使婢子居內，是三不祥也。妾聞忠臣（下）〔事〕君，無怠倦
時；孝子養親，患無日也。妾豈敢以小貴之故，變妾之節哉？供養，固妾之職也，夫人
又何勤乎？」夫人曰：「無子之人，而辱主君之母，雖子欲爾，衆人謂我不知禮也。吾
終願居外而已。」傅妾退而謂其子曰：「吾聞君子處順，奉上下之儀，脩先古之禮，此
順道也。今夫人難我，將欲居外，使我居內，此逆也。處逆而生，豈若守順而死哉？」

---

1. 媵　　　　　 2. 此文見《論語・泰伯》頁71
3. 引《詩》見83章《鄭風・有女同車》頁171。　　　 4. 媵

遂欲自殺。其子泣而（守）〔止〕之，不聽。夫人聞之，懼，遂許傅（妻）〔妾〕留，終年供養不衰。君子曰：「二女相讓，亦誠君子，可謂行成于內，而名立于（夫）〔後〕世矣。」《詩》云：「我心匪（后）〔石〕，不可轉也[1]。」此之謂也。

頌曰：

衛宗二順，執行咸固。妾子雖代，供養如故。夫人慚辭[2]，請求出舍。終不肯聽，禮甚有度[3]。

4.13　《魯寡陶嬰》

陶嬰者，魯陶門之女也。少寡，養幼孤，無強昆弟，紡織[4]為產。魯人或聞其義，將求焉。嬰聞之，恐不得免，作歌明己之不更二也。其歌曰：「黃鵠[5]之早寡兮，七年不雙。鶂[6]頸獨宿兮，不與衆同。夜半悲鳴〔兮〕，想其故雄。天命早寡兮，獨宿何傷？寡婦念此兮，泣下數行。嗚呼（哉）〔悲〕兮，死者不可忘。飛鳥尚然兮，況于貞良。雖有賢（匹）〔雄〕兮，終不重行。」魯人聞之曰：「斯女不可得已。」遂不敢復求。嬰寡，終身不改。君子謂陶嬰貞一[7]而思。《詩》云：「心之憂矣，我歌且謠[8]。」此之謂也。

頌曰：

陶嬰少寡，紡績養子。或欲取焉，乃自修理。作歌自明，求者乃止。君子稱揚，以為女紀。

4.14　《梁寡高行》

高行者，梁之寡婦也。其為人榮于色而美[9]于行。夫死早寡，不嫁，梁貴人多爭欲娶之者，不能得。梁王聞之，使相聘[10]焉。高行曰：「妾夫不幸早死，先狗馬填溝壑。妾〔宜以身薦其棺槨〕，守養其孤幼[11]，曾不得專意，貴人多求妾者，幸而得免。今

---

1. 引《詩》見26章《邶風‧柏舟》頁74。　　2. 主婦慚讓　　3. 閒暇
4. 績　　　　5. 悲黃鵠　　6. 宛　　　7. 壹
8. 引《詩》見109章《魏風‧園有桃》頁208。　　9. 敏　　　10. 娉
11. 幼孤

王又重之。妾聞婦人之義，一往而不改，以全貞信之節。（念）〔今〕忘死而趨生，是不信也；〔見〕貴而忘賤，是不貞也；棄義而從利，無以爲人。」乃援鏡持刀[1]以割其鼻，曰：「妾已刑矣。所以不死者，不忍幼弱[2]之重孤也。王之求妾者，以其色也。今刑餘之人，殆可釋矣！」于是相以報，王大其義，高其行，乃復其身，尊其號曰高行。君子謂高行節禮專精，《詩》云：「謂予不信，有如皎日[3]。」此之謂也。

　　頌曰：

　　高行處梁，貞專精純。不貪行貴，務在一信。不受梁聘[4]，劓鼻刑身。君子高之，顯示後人。

4.15　《陳寡孝婦》

　　孝婦者，陳之少寡婦也。年十六而嫁，未有子，其夫當行戍。夫且行時，囑[5]孝婦曰：「我生死未可知，幸有老母，無他[6]兄弟。（備）〔借〕吾不還，汝肯養[7]吾母乎？」婦應曰：「諾。」夫果死不還。婦養姑不衰，慈愛愈固，紡績以爲家業，終無嫁意。居喪三年，其父母哀其年少無子而早寡也，將取而嫁之。孝婦曰：「妾聞之，信者，人之幹也；義者，行之節也。妾幸得離襁褓，受嚴命而事夫，夫且行時，屬妾以其老母，既許諾之。夫受人之託，豈可棄哉？棄託不信，背死不義。不可也。」母曰：「吾憐女[8]少年早寡也！」孝婦曰：「妾聞寧載于義而死，不載于地而生。且夫養人老母而不能卒，許人以諾而不能信，將何以立于世？夫爲人婦，固養其舅姑者也，夫不幸先死，不得盡爲人子之禮，今又使妾去之，莫養老母，是明夫之不肖，而著妾之不孝。不孝不信且無義，何以生哉？」因欲自殺，其父母懼而不敢嫁也，遂使養其姑。二十八年，姑死，葬之，終奉祭祀。淮陽（大）〔太〕守以聞，漢孝文皇帝高其義，貴其信，美其行，使使者賜之黃金四十斤。復之終身，號曰孝婦。君子謂孝婦備于婦道。《詩》云：「匪直也人，秉心塞淵[9]。」此之謂也。

　　頌曰：

---

1. 刃　　　　　2. 嗣
3. 引《詩》見73章《王風・大車》頁154。今本《詩》「皎」作「皦」。
4. 娉　　　　5. 屬　　　　6. 它　　　　7. 善視　　　　8. 汝
9. 引《詩》見50章《鄘風・定之方中》頁117。

孝婦處陳，夫死無子。母[1]將嫁之，終不聽母。專心養姑，一醮不改。聖王嘉之，
號曰孝婦。

5 節義傳第五

惟若節義，必死無避。好善慕節，終不背義。誠信勇敢，何有險詖？義之所在，赴
之不疑。姜姒法斯，以爲世基。

5.1 《魯孝義保》

孝義保者，魯孝公稱之保母，臧氏之寡也。初，孝公父武公與其二子長子括、中子
戲朝周宣王，宣王立戲爲魯太子。武公薨，戲立，是爲懿公。孝公時號公子稱，最少。
義保與其子俱入宮，養公子稱。括之子伯御與魯人作亂，攻殺懿公而自立，求公子稱于
宮，將殺之。義保聞伯御將殺稱，乃衣其子以稱之衣，臥于稱之處，伯御殺之。義保遂
抱稱以出，遇稱舅魯大夫于外。舅問：「稱死乎？」義保曰：「不死。在此。」舅曰：
「何以得免？」義保曰：「以吾子代之。」義保遂以逃。十一年，魯大夫皆知稱之在
保，于是，請周天子殺伯御，立稱，是爲孝公。魯人高之。《論語》曰：「可以託六尺
之孤[2]。」其義保之謂也。

頌曰：

伯御作亂，由魯宮起。孝公乳保，臧氏之母。逃匿孝公，易以其子。保母若斯，亦
誠足恃。

5.2 《楚成鄭瞀》

鄭瞀者，鄭女之嬴媵，楚成王之夫人也。初，成王登臺臨後宮，宮人皆傾觀。子瞀
直行不顧，徐步不變。王曰：「行者顧！」子瞀不顧。王曰：「顧，吾以女爲夫人。」
子瞀復不顧。王曰：「顧，吾又與女千金，而封若父兄。」子瞀遂〔行〕不顧。于是，
王下臺而問曰：「夫人，重位也；封爵，厚祿也。一[3]顧可以得之，（可得）[4]而遂不

---

1. 妣　　　　　2. 引文見《論語・泰伯》頁71。　　　3. 壹
4. 據《渚宮舊事》卷1頁4引刪。

顧，何也？」子瞀曰：「妾聞婦人以端正和顏爲容，今者大王在臺上，而妾顧，則是失
儀節也；不顧，告以夫人之尊，示以封爵之重，而後顧，則是妾貪貴樂利以忘義理也。
苟忘義理，何以事王？」王曰：「善。」遂立以爲夫人。處期年，王將立公子（商）
〔商〕臣以爲太子，王問之于令尹子上。子上曰：「君之齒未也，而又多寵子，既置而
黜之，必爲亂矣。且其人蜂目而豺聲，忍人也，不可立也。」王退而問于夫人。子瞀
曰：「令尹之言，信可從也。」王不聽，遂立之。其後（商）〔商〕臣以子上救蔡之
事，譖子上而殺之。子瞀謂其保曰：「吾聞婦人之事，在于饋食之間而已。雖然，心之
所見，吾不能藏。夫昔者[1]，子上言太子之不可立也，太子怨之，譖而殺之，王不明
察，遂辜無罪，是白黑顛倒，上下錯謬也。王多寵子，皆欲得國，太子貪忍，恐失其
所，王又不明，無以照之，庶嫡分爭，禍必興焉。」後王又欲立公子職。職，商臣庶弟
也。子瞀退而與其保言曰：「吾聞信不見疑，今者王必將以職易太子，吾懼禍亂之作
也，而言之于王，王不〔吾〕應，其以太子爲非吾子，疑吾譖之者乎？夫見疑而生，眾
人孰知其不然？與其無義而生，不如死以明之。且王聞吾死，必寤太子之不可釋也。」
遂自殺。保母以其言通于王。是時，太子知王之欲廢之也，遂興師作亂，圍王宮。王請
食熊（蟠）〔蹯〕而死，不可得也，遂自經。君子曰：非至仁。孰能以身（試）
〔誠〕？《詩》曰：「舍命不渝[2]。」此之謂也。

頌曰：

子瞀先識，執節有常。興于不顧，卒配成王。知（商）〔商〕臣亂，言之甚强。自
嫌非子，以殺身盟。

5.3 《晉圉懷嬴》

懷嬴者，秦穆公之女，晉惠公太子之妃也。圉質于秦，穆公以嬴妻之。六年，圉將
逃歸，謂嬴氏曰：「吾去國數年，子父之接忘而秦晉之友不加親也。夫鳥飛反鄉，狐死
首丘，我其首晉而死，子其與我行乎？」嬴氏對曰：「子，晉太子也，辱于秦。子之欲
去，不亦宜乎？雖然，寡君使婢子侍執巾櫛以固子也。今吾不足以結子，是吾不肖也；
從子而歸，是棄君也；言子之謀，是負妻之義也。三者無一可行。雖吾不從子也，子行
矣。吾不敢泄言，亦不敢從也。」子圉遂逃歸。君子謂懷嬴善處夫婦之間。

---

1. 日   2. 引《詩》見80章《鄭風・羔裘》頁168。

頌曰：

晉圍質秦，配以懷嬴。圍將與逃，嬴不肯聽。亦不泄言，操心甚平。不告所從，無所阿傾。

5.4 《楚昭越姬》

楚昭越姬者，越王勾[1]踐之女，楚昭王之姬也。昭王燕[2]遊，蔡姬在左，越姬參右，王親乘駟以馳逐，遂登附社之臺。以望雲夢之囿，觀士大夫逐者。既驩，乃顧謂二姬曰：「樂乎？」蔡姬對曰：「樂。」王曰：「吾願與子生若此，死又若此。」蔡姬曰：「昔敝邑寡君固以眾[3]黎民之役事君王之馬足，故（一）〔以〕婢子之身為苞苴玩好。今乃比于妃嬪，固願生俱樂，死同時。」王顧謂史：「書之。蔡姬許從孤死矣。」乃復謂越姬。越姬對曰：「樂則樂矣，然而不可久也。」王曰：「吾願與子生若此，死若此，其不可得乎？」越姬對曰：「‣昔者‣[4]吾先君莊王淫樂，三年不聽政事，終而能改，卒霸天下。妾以君王為能法吾先君，將改斯樂而勤於政也，今則不然，而要婢子以死，其可得乎？且君王以束帛乘馬，取婢子于弊邑，寡君受之太廟也，不約死。妾聞之諸姑，婦人以死彰君之善，益君之寵，不聞其以苟從其闇死為榮。妾不敢聞命。」于是王寤，敬越姬之言，而猶親嬖蔡姬也。居二十五年，王救陳，越[5]姬從。王病在軍中，有赤雲夾日如飛鳥。王問周史，史曰：「是害王身，然可（移）〔以〕移於將相。」將相聞之，將請以身禱于神。王曰：「將相之於孤，猶股肱也，今移禍焉，庸為去是身乎？」不聽。越姬曰：「大哉！君王之德，以是妾願從王矣。昔日之遊，燕[6]樂也，是以不敢許。及君王復于禮，國人皆將為君王死，而況于妾乎？請願先驅狐狸于地下。」王曰：「昔之遊樂，吾戲耳。若將必死，是彰孤之不德也。」越姬曰：「昔者妾雖口不言，心既許之矣。妾聞信者不負其心，義者不虛設其事。妾死王之義，不死王之好也。」遂自殺。王病甚，讓位于三弟，三弟不聽。王薨于軍中。蔡姬竟不能死。王弟子閭與子西、子期謀曰：「母信者，其子必仁。」乃伏師閉壁[7]，迎越姬之子熊章，立，是為惠王，然後罷兵，歸葬昭王。君子謂越姬信能死義。《詩》曰：「德音莫違，及爾同死[8]。」越姬之謂也。

頌曰：

---

1. 句　　　　2. 讌　　　　3. 其　　　　4. 昔　　　　5. 二
6. 淫　　　　7. 塗　　　　8. 引《詩》見35章《邶風·谷風》頁89。

楚昭遊樂，要姬從死。蔡姬許王，越姬執禮。終獨死節，群臣嘉美。維斯兩姬，其德不比。

5.5　《蓋將之妻》

蓋之偏將丘子之妻也。戎伐蓋，殺其君，令于蓋群臣曰：「敢有自殺者，妻子盡誅！」丘子自殺，人救之，不得死。既歸，其妻謂之曰：「吾聞將節勇而不果生，故士民盡力而不畏死，是以戰勝攻取，故能存國安君。夫戰而忘勇，非孝也；君亡不死，非忠也。今軍敗君死，子獨可[1]生？忠孝忘于身，何忍以歸？」丘子曰：「蓋小戎大，吾力畢能盡。君不幸而死，吾固自殺也，以救，故不得死。」其妻曰：「曩日有救，今又何也？」丘子曰：「吾非愛身也。戎令曰：自殺者誅及妻子，是以不死。死又何[2]益于君。」其妻曰：「吾聞之，主憂臣辱，主辱臣死。今君死而子不死，可謂義乎？多殺士民，不能存國而自活，可謂仁乎？憂妻子而忘仁義，背故君而事强暴[3]，可謂忠乎？人無忠臣之道、仁義之行，可謂賢乎？《周書》曰：『先君而後臣，先父母而後兄弟，先兄弟而後交友，先交友而後妻子。』妻子，私愛也；事君，公義也。今子以妻子之故，失人臣之節，無事君之禮，棄忠臣之公道，營妻子之私愛，偷生苟活，妾等恥之，況于子乎？吾不能與子蒙恥而生焉。」遂自殺[4]。戎君賢之，祠以大[5]牢，而以將禮葬之，賜其弟金百鎰，以爲卿，而使別治蓋。君子謂蓋將之妻潔而好義。《詩》曰：「淑人君子，其德不回[6]。」此之謂也。

頌曰：

蓋將之妻，據節銳（情）〔精〕。戎既滅蓋，丘子獨生。妻恥不死，陳設五榮。爲夫先死，卒遺顯名。

5.6　《魯義姑姊》

魯義姑姊者，魯野之婦人也。齊攻魯，至郊，望見一婦人抱一兒、攜一兒而行。軍且及之，棄其所抱，抱其所攜而走〔於〕山。兒隨而啼，婦人遂行不顧。齊將問兒曰：「走者爾母耶？」曰：「是也。」「母所抱者誰也？」曰：「不知也。」齊將乃追之，

---

1. 何　　　　　2. 無　　　　　3. 暴強　　　　4. 孫志祖云：此下疑有脫文。
5. 太　　　　　6. 引《詩》見208章《小雅・鼓鍾》頁452。

軍士引弓將射之,曰:「止!不止,吾將射爾。」婦人乃還。齊將問所抱者誰也,所棄者誰也。對曰:「所抱者妾兄之子也,所棄者妾之子也。見軍之至,力不能兩護,故棄妾之子。」齊將曰:「子之于母,其親愛也痛甚于心,今釋之,而反抱兄之子,何也?」婦人曰:「己之子,私愛也;兄之子,公義也。夫背公義而嚮私愛,亡兄子而存妾子,幸而得幸,則魯君不吾畜,大夫不吾養,庶民國人不吾與也。夫如是,則脅肩無所容,而累足無所履也。子雖痛乎,獨謂義何?故忍棄子而行義,不能無義而視魯國。」于是齊將按兵而止,使人言于齊君曰:「魯未可伐也。乃至于境,山澤之婦人耳,猶知持節行義,不以私害公,而況于朝臣士大夫乎?請還。」齊君許之。魯君聞之,賜婦人束帛百端,號曰義姑姊。公正誠信,果于行義。夫義其大哉!雖在匹婦,國猶賴之,(兄)〔況〕以禮義治國乎?《詩》云:「有覺德行,四國順之[1]。」此之謂也。

　　頌曰:

　　齊君攻魯,義姑有節。見軍走山,棄子抱姪。齊將問之,賢其推理。號[2]婦爲義,齊兵遂止。

5.7　《代趙夫人》

　　代趙夫人者,趙簡子之女,襄子之姊,代王之夫人也。簡子既葬,襄子未除服,馳[3]登夏屋,誘代王,使廚人持斗以食代王及從者,行斟,陰令宰人各以一斗擊殺代王及從者,因舉兵平代地,而迎其姊趙夫人。夫人曰:「吾受先君之命,事代王[4],今十有餘年矣。代無大故,而主君殘之。今代已亡,吾將奚歸?且吾聞之,婦人執[5]義無二夫,吾豈有二夫哉?欲迎我何之?以弟慢夫,非義也;以夫怨弟,非仁也。吾不敢怨,然亦不歸。」遂泣而呼天,自殺于磨[6]笄之地。代人皆懷之,君子謂趙夫人善處夫婦之間。《詩》云:「不僭不賊,鮮不爲則[7]。」此之謂也。

　　頌曰:

　　惟趙襄子,代夫人弟。襲滅代王,迎取其姊。姊引義理,稱說[8]節禮。不歸不怨,

---

1. 引《詩》見256章《大雅・抑》頁645。　　　2. 一　　　3. 北
4. 代之王　　　5. 之　　　6. 靡
7. 引《詩》見256章《大雅・抑》頁648。　　　8. 引

遂留野死。

5.8 　《齊義繼母》

齊義繼母者，齊二子之母也。當宣王時，有人鬥死于道者，吏訊之，被一創。二子
兄弟立其傍，吏問之。兄曰：「我殺之。」弟曰：「非兄也，乃我殺之。」期年，吏不
能決，言之于相。相不能決，言之于王。王曰：「今皆赦之，是縱有罪也；皆殺之，是
誅無辜也。寡人度其母能知子善惡，試問其母，聽其所欲殺活。」相召其母，問之曰：
「母之子殺人，兄弟欲相代死，吏不能決，言之于王，王有仁惠，故問母何所欲殺
活。」其母泣而對曰：「殺其少者。」相受其言，因而問之曰：「夫少子者，人之所愛
也。今欲殺之，何也？」其母對曰：「少者，妾之子也；長者，前妻之子也。其父疾，
且死之時，屬之于妾曰：『善養視之。』妾曰：『諾。』今既受人之託，許人以諾，豈
可以忘人之託，而不信其諾耶？且殺兄活弟，是以私愛廢公義也；背言忘信，是欺死者
也。夫言不約束，已諾不分，何以居于世哉？子雖痛乎，獨謂行[1]何？」泣下沾襟。相
入言于王，王美其義，高其行，皆赦不殺，而尊其母號曰義母。君子謂義母信而好義，
潔而有讓。《詩》曰：「愷悌君子，四方為則[2]。」此之謂也。

頌曰：

義繼信誠，公正知禮。親假有罪，相讓不已。吏不能決，王以問母。據信行義，卒
免二子。

5.9 　《魯秋潔婦》

潔婦者，魯秋胡子妻也。既納之五日，去而官[3]于陳，五年乃歸。未至家，見路傍
婦人採桑，秋胡子悅之，下車謂曰：「若曝採桑，吾行道遠，願託桑蔭下飡，下齎休
焉。」婦人採桑不輟。秋胡子謂曰：「力田不如逢豐年，力桑不如見國卿。吾有金，願
以與夫人。」婦人曰：「嘻！夫採桑力作，紡績織紝，以供衣食，奉二親，養夫子〔而
已矣〕。吾不願〔人之〕金〔也〕，所願卿無有外意，妾亦無淫佚[4]之志。收子之齎與
笥金！」秋胡子遂去。〔歸〕，至家，奉金遺母，〔母〕使人喚婦，至，乃向[5]採桑者

1. 義
2. 引《詩》見252章《大雅・卷阿》頁627。今本《詩》「愷悌」作「豈弟」。
3. 宦　　　　　　4. 泆　　　　　5. 鄉

也。秋胡子慚。婦曰：「子束髮辭親往仕，五年乃還，當所悅，馳驟揚塵疾至，今也乃悅路傍婦人，下子之糧[1]，以金予之，是忘母也。忘母不孝。好色淫佚[2]，是污行也。污行不義。夫事親不孝，則事君不忠；處家不義，則治官不理。孝義並，忘，[3]，必不遂矣。妾不忍見〔不孝不義之人〕，子改娶矣，妾亦不嫁。」遂去而東走，投河而死。君子曰：潔婦精于善。夫不孝莫大于不愛其親而愛其人，秋胡子有之矣。君子曰：「見善如不及，見不善如探湯[4]。」秋胡子婦之謂也。《詩》云：「惟是褊心，是以爲刺[5]。」此之謂也。

　　頌曰：

　　秋胡西仕，五年乃歸。遇妻不識，心有淫思。妻執無二，歸而相知。恥夫無義，遂東赴河。

5.10　《周主忠妾》

　　周主忠妾者，周大夫妻之媵妾也。大夫號主父，自衛仕于周，二年且歸。其妻淫于鄰人，恐主父覺。其淫者憂之。妻曰：「無憂也！吾爲毒酒，封以待之矣。」三日，主父至，其妻曰：「吾爲子勞，封酒相待。」使媵婢取酒而進之。媵婢心知其毒酒也，計念進之則殺主父，不義；言之又殺主母，不忠。猶豫，因陽僵覆酒。主大[6]怒而笞之。既已，妻恐媵婢言之，因以他過笞，欲殺之。媵知將死，終不言。主父弟聞其事，具以告主父。主父驚，乃免媵婢而笞殺其妻，使人陰問媵婢曰：「汝知其事，何以不言，而反幾死乎？」媵婢曰：「殺主以自生，又有辱主之名。吾死則死耳，豈言之哉？」主父高其義，貴其意，將納以爲妻。媵婢辭曰：「主辱而死，而妾獨生，是無禮也；代主之處，是逆禮也。無禮逆禮，有一猶愈，今盡有之，難以生矣。」欲自殺。主聞之，乃厚幣而嫁之，四鄰爭娶之。君子謂忠妾爲仁厚。夫名無細而不聞，行無隱而不彰。《詩》云：「無言不讎，無德不報[7]。」此之謂也。

　　頌曰：

1. 裝
2. 泆
3. 亡於身
4. 此文見《論語・季氏》頁149
5. 引《詩》見107章《魏風・葛屨》頁207。今本《詩》「惟」作「維」。
6. 父
7. 引《詩》見256章《大雅・抑》頁647。今本《詩》「讎」作「讐」。

周主忠妾，慈惠有序。主妻淫僻，藥酒毒主。使妾奉進，僵以除賊。忠全其主，終蒙其福。

5.11 《魏節乳母》

魏節乳母者，魏公子之乳母。秦攻魏，破之，殺魏（主）〔王〕瑕[1]，誅諸公子，而一公子不得，令魏國曰：「〔有〕得公子者，賜金千鎰；匿之者，罪至夷。」節乳母與公子俱逃。魏之故臣見乳母而識之曰：「乳母無恙乎？」乳母曰：「嗟乎！吾奈公子何？」故臣曰：「今公子安在？吾聞秦令者[2]：『有能得公子者，賜金千鎰；匿之者，罪至夷。』乳母儻言之，則可以得千金；知而不言，則昆弟無類矣。」乳母曰：「吁！我不知公子之處。」故臣曰：「我聞公子與乳母俱逃。」母曰：「吾雖知之，亦終不可以言。」故臣曰：「今魏國亦[3]破亡，族已滅，子匿之，尚誰為乎？」母吁而言曰：「夫見利而反上者，逆也；畏死而棄義者，亂也。今持逆亂而以求利，吾不為也。且夫凡為人養子者，務生之，非為殺之也，豈可利賞畏誅之故，廢正義而行逆節哉？妾不能生而令公子擒也。」遂抱公子逃于深澤之中。故臣以告秦軍，秦軍追見，爭射之。乳母以身為公子蔽，矢著身者數十，與公子俱死。秦王聞之，貴其守忠死義，乃以卿禮葬之，祠以大[4]牢，寵其兄為五大夫，賜金百鎰。君子謂節乳母慈惠敦厚，重義輕財。禮，為孺子室于宮，擇諸母及阿者，必求其寬仁[5]慈惠，溫良恭敬，慎而寡言者，使為子師，次為慈母，次為保母，皆居子室以養全之，他人無事不得往。夫慈故能愛，乳狗搏人[6]，伏雞搏狸，恩出于中心也。《詩》云：「行有死人，尚或墐之[7]。」此之謂也。

頌曰：

秦既滅魏，購其子孫。公子乳母，與俱遁逃。守節執事，不為利違。遂死不顧，名號顯遺。

5.12 《梁節姑姊》

梁節姑姊者，梁之婦人也。因失火，兄子與其己子在火[8]中，欲取兄子，輒得其子，獨不得兄子。火盛不得復入，婦人將自趣火。其人[9]止之曰：「子本欲取兄之子，

---

1. 假　　　2. 曰　　　3. 已　　　4. 太　　　5. 然
6. 虎　　　7. 引《詩》見197章《小雅·小弁》頁422。　　　8. 內
9. A.夫 B.友

惶恐，卒悍[1]得爾子，中心謂何？何至自赴火？」婦人曰：「梁國豈可戶告人曉也？被不義之名，何面目以見兄弟、國人哉？吾欲復投吾子，爲失母之恩。吾勢不可以生！」遂赴火而死。君子謂節姑姊潔而不污。《詩》曰：「彼其之子，舍命不渝[2]。」此之謂也。

頌曰：

梁節姑姊，據義執理。子姪同內，火大發起。欲出其姪，輒得厥子。火盛自投，明不私己。

5.13 《珠崖二義》

二義者，珠崖令之後妻及前妻之女也。女名初，年十三。珠崖多珠，繼母連大珠以爲繫臂。及令死，當送喪。法，內珠入于關者死。繼母棄其繫臂珠，其子男，年九歲，好而取之，置之母鏡奩中，皆莫之知，遂奉喪歸。至海關，關候士吏搜索，得珠十枚于繼母鏡奩中。吏曰：「嘻！此值法，無可奈何，誰當坐者？」初在，左右顧，心恐母云[3]置鏡奩中，乃曰：「初當坐之。」吏曰：「其狀何如？」對曰：「君不幸，夫人解繫臂，棄之，初心惜之，取而置夫人鏡奩中，夫人不知也。」繼母聞之，遽疾行問初。初曰：「夫人所棄珠，初復取之，置夫人奩中。初當坐之。」母意亦以初爲實，然憐之，乃因謂吏曰：「願且待，幸無劾兒，兒誠不知也。此珠妾之繫臂也，君不幸，妾解去之，而置奩中，迫奉喪，道遠與弱小俱，忽然忘之。妾當坐之。」初固曰：「實初取之。」繼母又曰：「兒但讓耳[4]，實妾取之。」因涕泣不能自禁。女亦曰：「夫人哀初之孤，欲強活初身[5]，夫人實不知也。」又因哭泣，泣下交頸。送葬者盡哭，哀慟[5]傍人，莫不爲酸鼻揮涕。關吏執筆書劾，不能就一字。關候垂泣，終日不能忍決，乃曰：「母子有義如此，吾寧坐之，不忍加文。且又相讓，安知孰是？」遂棄珠而遣之。既去，後乃知男獨取之也。君子謂二義慈孝。《論語》曰：「父爲子隱，子爲父隱，直在其中矣[6]。」若繼母與假女推讓爭死，哀感傍人，可謂直耳！

頌曰：

---

1. 誤　　　　2. 引《詩》見80章《鄭風‧羔裘》頁168。
3. 去〈梁端云：「去」與「弄」同。〉　　　4. 耳　　5. 動
6. 引文見《論語‧子路》頁118。

　　珠崖夫人，甚有母恩。假繼相讓，維女亦賢。納珠于關，各（有）〔自〕伏愆。二義如此，爲世所傳。

5.14　《（邰）〔郃〕陽友（姊）〔娣〕》

　　友娣者，（邰）〔郃〕陽邑任延壽之妻也。字季兒，有三子。季兒兄季宗與延壽爭葬父事，延壽與其友田建陰殺季宗。建獨坐死，〔延〕壽會赦，乃以告季兒。季兒曰：「嘻！獨今乃語我乎？」遂振衣欲去，問曰：「所與共殺吾兄者爲誰？」延壽曰：「田建。田建已死，獨我當坐之。汝殺我而已。」季兒曰：「殺夫不義，事兄之讎，亦不義。」延壽曰：「吾不敢留汝，願以車馬及家中財物盡以送汝，聽汝所之。」季兒曰：「吾當安之？兄死而讎不（執）〔報〕，與子同枕席，而使殺吾兄，內不能和夫家，又縱兄之讎[1]，何面目以生而戴天（復）〔履〕地乎？」延壽慚而去，不敢見季兒。季兒乃告其大女曰：「汝父殺吾兄，義不可以留，又終不復嫁矣。吾去汝而死，善視汝兩弟。」遂以（身）〔繩〕自經而死。馮翊王讓聞之，大其義，令縣復其三子而表其墓。君子謂友（姊）〔娣〕善復兄讎[2]。《詩》曰：「不僭不賊，鮮不爲則。」季兒可以爲則矣。

　　頌曰：

　　季兒樹義，夫殺其兄。欲復兄讎，義不可行。不留不去，遂以自殃。馮翊表墓，嘉其義明。

5.15　《京師節女》

　　京師節女者，長安大昌里人之妻也。其夫有讎[3]人，欲報其夫而無道徑，聞其妻之仁孝有義，乃劫其妻之父，使要其女爲中謪。父呼其女告之。女計念不聽之，則殺父，不孝；聽之，則殺夫，不義。不孝不義，雖生不可以行于世。欲以身當之，乃且許諾曰：「旦日在樓上新沐，東首臥，則是矣。妾請開戶牖待之。」還其家，乃告其夫，使臥他所，因自沐，居樓上東首，開戶牖而臥。夜半，讎[4]家果至，斷頭持去，明而視之，乃其妻之頭也。讎[5]人哀痛之，以爲有義，遂釋不殺其夫。君子謂節女仁孝，厚於恩義也。夫重仁義，輕死亡，行之高者也。《論語》曰：「君子殺身以成仁，無求生以

---

1. 仇　　　　2. 仇　　　　3. 仇　　　　4. 仇　　　　5. 仇

害仁[1]。」此之謂也。

　　頌曰：

　　京師節女，夫讎[2]劫父。要女問[3]之，不敢不許。期處既成，乃易其所。殺身成仁，　　5
義冠天下。

6 辯通傳第六

　　惟若辯通，文詞[4]可從。連類引譬，以投禍凶。推摧一切，後不復重。終能一心，　　10
開意甚公。妻妾則焉，爲世所誦。

6.1 《齊管妾婧》

　　妾婧者，齊相管仲之妾也。甯戚欲見桓公，道無從，乃爲人僕，將車宿齊東門之　　15
外。桓公因出，甯戚擊牛角而（商）〔商〕歌甚悲，桓公異之，使管仲迎之。甯戚稱
曰：「浩浩乎白水！」管仲不知所謂，不朝五日，而有憂色。其妾婧進曰：「今君不朝
五日，而有憂色，敢問國家之事耶？君之謀也？」管仲曰：「非汝所知也。」婧曰：
「妾聞之也，毋老老，毋賤賤，毋少少，毋弱弱。」管仲曰：「何謂也？」「昔者太公
望年七十，屠牛于朝歌市，八十爲天子師，九十而封于齊。由是觀之，老可老耶？夫伊　　20
尹，有莘氏之媵臣也，湯立以爲三公，天下之治太平。由是觀之，賤可賤耶？皋子生五
歲而贊禹，由是觀之，少可少耶？駃騠生七日而超其母，由是觀之，弱可弱耶？」于是
管仲乃下席而謝曰：「吾請語子其故。昔日公使我迎甯戚，甯戚曰：『浩浩乎白水！』
吾不知其所謂，是故憂之。」其妾笑曰：「人（也）〔已〕語君矣，君不知識矣[5]！古
有《白水》之詩，詩不云乎：『浩浩白水，儵儵[6]之魚。君來召我，我將安居？國家　　25
未定，從我焉如？』此甯戚之欲得仕國家也。」管仲大悅，以報桓公。桓公乃修官
職[7]，齊戒五日，見甯子，因以爲相[8]，齊國以治。君子謂妾婧爲可與謀。《詩》云：
「先民有言，詢于芻蕘[9]。」此之謂也。

---

1. 引文見《論語‧衛靈公》頁138。今本《論語》作「志士仁人無求生以害仁，有殺身以
　　成仁。」　　2. 仇　　3. 間　　4. 辭　　5. 耶
6. 儵儵　　7. 府　　8. 佐
9. 引《詩》見254章《大雅‧板》頁633。

頌曰：

桓遇甯戚，命管迎之。甯稱《白水》，管仲憂疑。妾進問焉，爲說其詩。管嘉報公，齊得以治。

6.2 《楚江乙母》

楚大夫江乙之母也。當恭王之時，乙爲郢大夫，有入王宮中盜者，令尹以罪乙，請于王而絀之。處家無幾何，其母亡布八尋，乃往言于王曰：「妾夜亡布八尋，令尹盜之。」王方在小曲之臺，令尹侍焉。王謂母曰：「令尹信盜之，寡人不爲其富貴而不行法焉；若不盜而誣之，楚國有常法。」母曰：「令尹不身盜之也，乃使人盜之。」王曰：「其使人盜柰何？」對曰：「昔孫叔敖之爲令尹也，道不拾遺，門不閉關，而盜賊自息。今令尹之治也，耳目不明，盜賊公行，是故使盜得盜妾之布，是與使人盜何以異也？」王曰：「令尹在上，寇盜在下，令尹不知，有何罪焉？」母曰：「吁！何大王之言過也！昔者[1]，妾之子爲郢大夫，有盜王宮中之物者，妾子坐而絀，妾子亦豈知之哉？然終坐之。令尹獨何人而不以是爲過也？昔者周武王有言曰：『百姓有過，罪[2]予一人。』上不明，則下不治；相不賢，則國不寧。所謂國無人者，非無人也，無理人者也。王其察之！」王曰：「善。非徒譏令尹，又譏寡人。」命吏償母之布，因賜金千[3]鎰。母讓金、布曰：「妾豈貪貨而（失）〔干〕大王哉？怨令尹之治也。」遂去，不肯受。王曰：「母智若此，其子必不愚。」乃復召江乙而用之。君子謂乙母善以微喻。《詩》云：「猷之未遠，是用大諫[4]。」此之謂也。

頌曰：

江乙失位，乙母動心。既歸家（庭）〔處〕，亡布八尋。指責令尹，辭甚有度。王復用乙，賜母金、布。

6.3 《晉弓工妻》

弓工妻者，晉繁人之女也。當平公之時，使其夫爲弓，三年乃成，平公引弓而射，

---

1. 日   2. 在   3. 十
4. 引《詩》見254章《大雅・板》頁632。今本《詩》「猷」作「猶」。

不穿一札。平公怒，將殺弓人。弓人之妻請見曰：「繁¹人之子，弓人之妻也，願有謁于君。」平公見之。妻曰：「君聞昔者公劉之行乎？羊牛踐葭葦，惻然爲〔民〕痛之，恩及草木，豈欲殺不辜者乎？秦穆公有盜食其駿馬之肉，反飲之以酒。楚莊王臣援其夫人之衣，而絕纓與飲大樂。此三君者，仁著于天下，卒享其報，名垂至今。昔帝堯茅茨不剪，采椽不斲，土階三等，猶以爲爲之者勞，居之者逸。今妾之夫治造此弓，其爲之亦勞〔矣〕。其幹生于太山之阿，一日三覩陰，三覩陽，傅以燕牛之角，纏以荊糜之筋，糊以（阿）〔河〕魚之膠。此四者，皆天下之妙選也，而君不能以穿一札，是君〔之〕不能射也，而反欲殺妾之夫，不亦謬乎？妾聞射之道，左手如拒〔石〕，右（乎）〔手〕如附枝，右手發之，左手不知，此蓋射之道也。」平公以其言而射，穿七札，繁人之夫立得出，而賜金三鎰。君子謂弓工妻可與處難。《詩》曰：「敦（于）〔弓〕既堅²」，「舍矢既鈞³」。言射有法也。

頌曰：

晉平作弓，三年乃成。公怒弓工，將加以刑。妻往說公，陳其幹材。列其勞苦，公遂釋之。

6.4　《齊傷槐女》

齊傷槐女者，傷槐衍之女也。名婧。景公有所愛槐，使人守之，植木懸之，下令曰：「犯槐者刑，傷槐者死。」于是衍醉而傷槐，景公聞之曰：「是先犯我令。」使吏拘之，且加罪焉。婧懼，乃造于相晏子之門，曰：「賤妾不勝其欲，願得備數于下〔陳〕。」晏子聞之，笑曰：「嬰有⁴淫色乎？何爲老而見奔？殆有說。內之至哉！」既入門，晏子望見之，曰：「怪哉！有深憂。」進而問焉〔曰〕：「〔所憂何也〕？」對曰：「妾父衍幸得充城郭爲公民，見陰陽不調，風雨不時，五穀不滋之故，禱祠于名山神（女）〔水〕，不勝麴（蘗）〔糵〕之味，先犯君令，醉至于此，罪固當死。妾聞明君之蒞國也，不損祿而加刑，又不以私患害公法，不爲六畜傷民人，不爲野草傷禾苗。昔者，宋景公之時，大旱，三年不雨，召太（上）〔卜〕而卜之，曰：「當以人祀〔之〕。」景公乃降堂，北面稽首曰：「吾所以請雨者，乃爲吾民也。今必當以人祀，寡人請自當之。」言未卒，天大雨，方千里。所以然者何也？以能順天慈民也。

---

1. 蔡　　　　　　　2. 引《詩》見246章《大雅・行葦》頁601。
3. 引《詩》見246章《大雅・行葦》頁601。今本《詩》「鈞」作「均」。
4. 嬰其有

今吾君樹槐，令犯者死，欲〔以〕槐之故，殺婧之父，孤妾之身，妾恐傷執政之法，而
害明君之義也。鄰國聞之，皆謂君愛樹而（賊）〔賤〕人，其可乎？」晏子惕然而悟。
明日朝，謂景公曰：「嬰聞之，窮民財力謂之暴，崇玩好，·嚴威令◂1，謂之逆，刑殺
不正，謂之賊。夫三者，守國之大殃也。今君窮民財力以美²飲食之具，繁鐘鼓之樂，
極宮室之觀，行暴之大者也；崇玩好，·嚴威令◂3，是逆民之明者也；犯槐者刑，傷槐
者死，刑殺不正，是賊民之深者也。」公曰：「寡人敬受命。」晏子出，景公即時命罷
守槐之役，拔植懸之木，廢傷槐之法，出犯槐之囚。君子曰：傷槐女能以辭免。《詩》
云：「是究是圖，亶其然乎4？」此之謂也。

　　頌曰：

　　景公愛槐，民醉折傷。景公將殺，其女悼（惺）〔惶〕。奔告晏子，稱說先王。晏
子為言，遂免父亡5。

6.5　《楚野辯女》

　　楚野辯女者，昭氏之妻也。鄭簡公使大夫聘于荆，至于狹路，有一婦人乘車與大夫
〔遇〕，轂擊而折大夫車軸。大夫怒，將執而鞭之。婦人曰：「君子不遷怒，不貳過。
今于狹路之中，妾〔之避〕已極矣，而子大夫之僕不肯少引6，是以敗子（夫）〔大〕
夫之車，而反執妾，豈不遷怒哉？既不怒僕，而反怨7妾，豈不貳過哉？《周書》曰：
「無侮鰥寡，而畏高明8。」今子列大夫而不為之表，而遷怒貳過，釋僕執妾，（鞭）
〔輕〕其微弱，豈可謂不侮鰥寡乎？吾鞭則鞭耳，惜子大夫之喪善也。」大夫慚而無以
應。遂釋之。而問之。對曰：「妾，楚野之鄙人也。」大夫曰：「盍從我于鄭乎？」對
曰：「既有狂夫昭氏在內矣。」遂去。君子曰：辯女能以辭免。《詩》云：「惟號斯
言，有倫有脊9。」此之謂也。

1. A.威嚴令　B.威嚴擬乎君《晏子春秋·內篇諫下2.2章》頁16
2. 羹《晏子春秋·內篇諫下2.2章》頁16
3. A.威嚴令　B.威嚴擬乎君《晏子春秋·內篇諫下2.2章》頁16
4. 引《詩》見164章《小雅·常棣》頁323。　　　　5. 殃　　　　　6. 佪
7. 怒
8. 引《周書》見《尚書·周書·洪範》頁172。今本作「無虐煢獨而畏高明。」《史記·
　宋微子世家》頁1614引同此文，「無」作「毋」。
9. 引《詩》見192章《小雅·正月》頁399。今本《詩》「惟」作「維」。

頌曰：

　　辯女獨乘，遇鄭使者。鄭使折軸，執女忿怒。女陳其冤，亦有其序。鄭使慚去，不敢談語。

6.6 《阿谷處女》

　　阿谷處女者，阿谷之隧浣者也。孔子南遊〔適楚〕，過阿谷之隧，見處子珮瑱[1]而浣。孔子謂子貢曰：「彼浣者，其可與言乎？」抽觴以授子貢，曰：「為之辭，以觀其志。」子貢曰：「我北鄙之人也，自北徂南，將欲之楚。逢天之暑。我思譚譚，願乞一飲，以伏我心。」處子曰：「阿谷之隧，隱曲之地[2]，其水一清一濁，流入于海。欲飲則飲，何問乎婢子？」（授）〔受〕子貢觴，迎流而挹之，投而棄之，從流而挹之，滿而溢之，跪置沙上曰：「禮不親授。」子貢還報其辭。孔子曰：「丘已知之矣。」抽琴去其軫以授子貢，曰：「為之辭。」子貢往曰：「嚮者，聞子之言，穆如清風，不拂不寤，私復我心。有琴無軫，願借子〔以〕調其音。」處子曰：「我鄙野之人也，陋固無心，五音不知，安能調琴？」子貢以報孔子。孔子曰：「丘已知之矣。過賢則賓。」抽絺紵五兩以授子貢，曰：「為之辭。」子貢往曰：「吾北鄙之人也，自北徂南，將欲之楚。有絺紵五兩，非敢以當子之身也，願注之水旁。」處子曰：「行客之人，嗟然永久。分其資財，棄于野鄙。妾年甚少，何敢受子？子不早命，（切）〔竊〕有狂夫名之者矣。」子貢以告孔子。孔子曰：「丘已知之矣。斯婦人達于人情而知禮。」《詩》云：「南有喬木，不可休息。漢有遊女，不可求思[3]。」此之謂也。

頌曰：

　　孔子出遊，阿谷之南。異其處子，欲觀其風。子貢三反，女辭辯[4]深。子曰達情，知禮不淫。

6.7 《趙津女娟》

　　趙津女娟者，趙河津〔吏〕之女，趙簡子之夫人也。初，簡子南擊楚，與津吏期。

---

1. 瑱　　　　2. 氾
3. 引《詩》見9章《周南‧漢廣》頁42。今本《詩》「遊」作「游」。　4. 辨

簡子至，津吏醉臥不能渡，簡子〔怒〕，欲殺之。娟懼，持楫而走。簡子曰：「女子走
何爲？」對曰：「津吏息女。妾父聞主君來[1]渡不測之水，恐風波之起，水神動駭，故
禱祠九江三淮之神，供具備禮，御釐受福，不勝王祝杯酌餘瀝，醉至于此。君欲殺之，
妾願以鄙軀易父之死。」簡子曰：「非女（子）之罪也。」娟曰：「主君欲因其醉而殺
5 之，妾恐其身之不知痛，而心不知罪也。若不知罪殺之，是殺不辜也。願醒而殺之，使
知其罪。」簡子曰：「善！」遂釋不誅。簡子將渡，用楫者少一人，娟攘卷操楫而請
曰：「妾〔居河濟之間〕，〔世習舟楫之事〕，願備（父）〔員〕持楫。」簡子曰：
「不穀將行，選士大夫齋戒沐浴，義不與婦人同舟而渡也。」娟對曰：「妾聞昔者湯伐
夏，左驂牝驪，右驂牝靡，而遂放桀；武（三）〔王〕伐殷，左驂牝騏，右驂牝騜，而
10 遂克紂，至于華山之陽。主君不欲渡則已，與妾同舟，又何傷乎？」簡子悅，遂與渡。
中流，爲簡子發《河激》之歌，其辭曰：「升彼阿兮面觀清，水揚波兮杳冥冥。禱求福
兮醉不醒，誅將加兮妾心驚。罰既釋兮瀆乃清，妾持楫兮操其維。蛟龍助兮主將歸，
（浮）〔呼〕來擢兮行勿疑。」簡子大悅，曰：「昔者不穀夢娶妻，豈此女乎？」將使
人祝祓以爲夫人。娟乃再拜而辭曰：「夫婦人之禮，非媒不嫁。嚴親在內，不敢聞
15 命！」遂辭而去。簡子歸，乃納幣于父母，而立以爲夫人。君子曰：女娟通達而有辭。
《詩》云：「來遊來歌，以矢其音[2]。」此之謂也。

頌曰：

20   趙簡渡河，津吏醉荒。將欲加誅，女娟恐惶。操楫進說，父得不喪。維久難蔽，終
遂發揚。

6.8 《趙佛肸母》

25   趙佛肸母者，趙之中牟宰佛肸之母也。佛肸以中牟畔。趙之法，以城畔[3]者，身死
家收。佛肸之母將論，自言〔曰〕：「我·死不當·[4]。」士長問其故，母曰：「爲我通
于主君，乃言不通則老婦死而已。」士長爲之言于襄子。·襄子問·[5]其故，母曰：「不
得見主君，則不言。」于是襄子見而問之曰：「不當死，何也？」母曰：「妾之當死，
亦何也？」襄子曰：「而子反。」母曰：「子反，母何爲當死？」襄子曰：「母不能教
30 子，故使至于反。母何爲不當死也？」母曰：「吁！以主君殺妾爲有說也，乃以母無教

---

1. 東   2. 引《詩》見252章《大雅·卷阿》頁626。   3. 叛
4. 不當死   5. 襄子出問

耶？妾之職盡久矣。此乃在于主君！妾聞子少而慢者，母之罪也；長而不能使者，父之罪也。今妾之子少而不慢，長又能使，妾何負哉？妾聞之，子少則爲子，長則爲友，夫死從子。妾能爲君長子，君自擇以爲臣，妾之子與在論中，此君之臣，非妾之子，君有暴臣，妾無暴子。是以言妾無罪也。」襄子曰：「善！夫佛肸之反，寡人之罪也。」遂釋之。君子曰：佛肸之母一言而發襄子之意，使行不遷怒之德，以免其身。《詩》云：「既見君子，我心寫兮[1]。」此之謂也。

頌曰：

佛肸既叛，其母任理。將就于論，自言襄子。陳列母職，子長在君。襄子說之，遂釋不論。

6.9 《齊威虞姬》

虞姬者，名娟之，齊威王之姬也。威王即位，九年不治，委政大臣，〔諸侯並侵之〕。〔其〕佞臣周破胡專權擅勢，嫉賢妒能，即墨大夫賢而日毀之，阿大夫不肖，反日譽之。虞姬謂王曰：「破胡，讒諛之臣也，不可不退。齊有北郭先生者，賢明有道，可置左右。」破胡聞之，乃惡虞姬，曰：「其幼弱在于閭巷之時，嘗與北郭先生通。」王疑之，乃閉虞姬于九層之臺，而使有司即窮驗問。破胡賂執事者，使竟其罪。執事者誣其詞[2]而上之。王視其詞[3]，不合于意，乃召虞姬而自問焉。虞姬對曰：「妾娟之幸得蒙先人之遺體，生于天壤之間，去蓬廬之下，侍明王之讌，昵附王著，薦床蔽席，供執掃除，掌奉湯沐，至今十餘年矣。惓惓之心，冀幸補一言，而爲讒臣所擠，湮于百重之下。不意大王乃復見〔而〕與之語。妾聞玉石墜泥不爲汙，柳下覆寒女不爲亂，積之于（大）〔素〕雅，故不見疑也。經瓜田，不納[4]履；過李園，不整[5]冠，妾不避，此罪一也。既陷難中，有司受賂，聽用邪人，卒見覆冒，不能自明。妾聞寡婦哭城，城爲之崩；亡士嘆市，市爲之罷。誠信發內，感動城市。妾之冤明于白日，雖銜[6]號于九層之內，而眾人莫爲毫釐。〔此〕妾之罪二也。既有汙名，而加此二罪，義固不可以生，所以生者，爲莫白妾之汙名也。且自古有之，伯奇放野，申生被患，孝順至明，反以爲殘。妾既當死，不復重陳，然願戒大王，群臣爲邪，破胡最甚，王不執政，國殆危矣。」于是王大寤，出虞姬，顯之于朝市，封即墨大夫以萬戶，烹阿大夫與周破胡，遂

1. 引《詩》見173章《小雅・蓼蕭》頁349。　　　2. 辭　　　3. 辭
4. 躡　　　5. 正　　　6. 獨

起兵收故侵地，齊國震懼。人知烹阿大夫，不敢飾非，務盡其職，齊國大治。君子謂虞
姬好善。《詩》云：「既見君子，我心則降[1]。」此之謂也。

　　頌曰：

　　齊威惰政，不治九年。虞姬讒刺，反害其身。姬列其事，上指皇天。威王覺寤，卒
距強秦。

6.10　《齊鍾離春》

　　鍾離春者，齊無鹽邑之女，宣王之正后也。其爲人極醜無雙，臼頭深目，長指[2]大
節，（印‧）〔卬〕鼻結喉，肥項少髮，折腰出胸，皮膚若漆，〔行〕年四[3]十，無所容
入，衒嫁不售，流棄莫執。于是乃拂拭短褐，自詣宣王，〔願乞一見〕，謂謁者曰：
「妾，齊之不售女也，聞君王之聖德，願（借）〔備〕後宮之埽[4]除。頓首司馬門外，
唯王幸許之。」謁者以聞。宣王方置酒于漸臺，左右聞之，莫不掩口大笑，曰：「此天
下強顏女子也，豈不異哉？」于是宣王乃召見之，謂曰：「昔者，先王爲寡人娶妃匹，
皆已備有列位矣。今‧女子‧[5]不容于鄉里布衣，而欲干萬乘之主，亦有何奇能哉？」鍾
離春對曰：「無有。特竊慕大王之美義耳！」王曰：「雖然，何喜？」良久曰：「竊嘗
喜隱。」宣王曰：「隱，固寡人之所願也，試一行之！」言未卒，忽然不見。宣王大
驚，立發《隱書》而讀之，退而推之，又未能得。明日，又更召而問之，〔又〕不以隱
對，但揚目銜齒，舉手拊膝曰：「殆哉！殆哉！」如此者四。宣王曰：「願遂聞命。」
鍾離春對曰：「今大王之君國也，西有衡秦之患，南有強楚之讎，外有二國之難，內聚
奸臣，衆人不附。春秋四十，壯男不立，不務衆子，而務衆婦，尊所好，〔而〕忽所
（時）〔恃〕。一旦山陵崩弛，社稷不定，此一殆也。漸臺五重[6]，黃金白玉，琅玕籠
疏，翡翠珠璣，幕絡連飾，萬民罷極，此二殆也。賢者〔伏〕匿于山林，（謟）〔諂〕
諛強于左右，邪僞立于本朝，諫者不得通入，此三殆也。飲酒沉湎，以夜繼晝，女樂俳
優，縱橫大笑，外不修諸侯之禮，內不秉國家之治，此四殆也。故曰：『殆哉！殆
哉！』」于是宣王喟然而嘆曰：「痛哉！無鹽君之言，〔吾〕‧乃今‧[7]一聞〔寡人之
殆〕。〔寡人之殆幾不全〕。」于是（折）〔拆〕漸臺，罷女樂，退（謟）〔諂〕諛，
去雕琢，選兵馬，實府庫，四辟公門，招進直言，延及側陋。卜擇吉日，立太子，進慈

---

1. 引《詩》見168章《小雅‧出車》頁339。　　　2. 壯　　　　　3. 三
4. 掃　　　　　5. 夫人　　　　6. 層　　　　7. 今乃《新序‧雜事二》頁2/14a

母，拜無鹽君爲后。而齊國大安者，醜女之力也。君子謂鍾離春正而有辭。《詩》云：「既見君子，我心則喜[1]。」此之謂也。

頌曰：

無鹽之女，干說齊宣。分別四殆，稱國亂煩。宣王從之，四辟公門。遂立太子，拜無鹽君。

6.11　《齊宿瘤女》

宿瘤女者，齊東郭採桑之女，閔王之后也。項有大瘤，故號曰宿瘤。初，閔王出遊，至東郭，百姓盡觀，宿瘤〔女〕採桑如故。王怪之，召問曰：「寡人出遊，車騎甚衆，百姓無少長，皆棄事來觀，汝採桑道旁，曾不一視，何也？」對曰：「妾受父母教採桑，不受教觀大王。」王曰：「此奇女也！惜哉宿瘤！」女曰：「婢妾之職，屬之不二，予之不忘，中心謂何？宿瘤何傷？」王大悅之，曰：「此賢女也！」命後乘[2]載之。女曰：「賴大王之力，父母在內，使妾不受父母之教，而隨大王，是奔女也，大王又安用之？」王大慚曰：「寡人失之。」又曰：「貞女一禮不備，雖死不從。」于是王遣歸，使使者以[3]金百鎰往聘[4]迎之。父母驚惶，欲洗沐加衣裳。女曰：「如是見王，則變容更服，不見識也。」請死不往。于是如故隨使者。閔王歸，見諸夫人，告曰：「今日出遊，得一聖女，今至，斥汝屬矣。」諸夫人皆怪之，盛服而衛。遲[5]其至也，宿瘤駭，宮中諸夫人皆掩口而笑，左右失貌。不能自止。王大慚，曰：「且無笑，不飾耳。夫飾與不飾，固相去十百也。」女曰：「夫飾〔與不飾〕相去千萬，尚不足言，何獨十百也？」王曰：「何以言之？」對曰：「性相近，習相遠也。昔者，堯、舜、桀、紂俱天子也，堯、舜自飾以仁義，雖爲天子，安于節儉，茅茨不剪，采椽不斲，後宮衣不重采，食不重味，至今數千歲，天下歸善焉；桀、紂不自飾以仁義，習爲苛文，造爲高臺深池，後宮蹈綺縠，弄珠玉，意非有饜時也，身死國亡，爲天下笑，至今千餘歲，天下歸惡焉。由是觀之，飾與不飾，相去千萬，尚不足言，何獨十百也？」于是諸夫人皆大慚，閔王大感，〔立〕瘤女以爲后，出令卑宮室，塡池澤，損膳減樂，後宮不得重采。期月之間，化行鄰國，諸侯朝之。侵三晉，懼秦、楚，（一）立帝號。閔王至于此也，宿瘤女有力焉。及女死之後，燕遂屠齊，閔王逃亡，而弒死于外。君子謂宿瘤女通而有

---

1. 引《詩》見176章《小雅・菁菁者莪》頁353。　　2. 車　　　　3. 加
4. 娉　　　5. 王念孫云：「遲」猶「比」也。

禮。《詩》云：「菁菁者莪，在彼中阿。既見君子，樂且有儀[1]。」此之謂也。

頌曰：

齊女宿瘤，東郭採桑。閔王出遊，不爲變常。王召與語，諫辭甚明。卒升后位，名
聲光榮。

6.12 《齊孤逐女》

孤逐女者，齊即墨之女，齊相之妻也。初，逐女孤無父母，狀甚醜，三逐于鄉，五
逐于里，過時無所容。齊相婦死，逐女造襄王之門，而見謁者曰：「妾三逐于鄉，五逐
于里，孤無父母，擯棄于野，無所容止。願當君王之盛顏，盡其愚辭。」左右復于王，
王輟食吐哺而起。左右曰：「三逐于鄉者，不忠也；五逐于里者，少禮也。不忠少禮之
人，王何爲遽？」王曰：「子不識也。夫牛鳴而馬不應，非不聞牛聲也，異類故也。此
人必有與人異者矣。」遂見，與之語三日。始一日，曰：「大王知國之柱乎？」王曰：
「‧不知‧[2]。」逐女曰：「柱，相國是也。夫柱不正，則棟不安；棟不安，則榱橑墮；
榱橑墮，則屋幾覆矣。王，則棟矣；庶民，榱橑也；國家，屋也。夫屋堅與不堅，在乎
柱；國家安與不安，在乎相。今大王既有明哲[3]，而國相不可不審也。」王曰：
「諾。」其（一）〔二〕日，王曰：「吾國相奚若？」對曰：「王之國相，比目之魚
也，外比內比，然後能成其事、就其功。」王曰：「何謂也？」逐女對曰：「朋其左
右，賢其（夫妻）〔妻子〕，是外比內比也。」其三日，王曰：「吾相其可易[4]乎？」
逐女對曰：「中才也，求之未可得也。如有過之者，何爲不可也？今則未有。妾聞明王
之用人也，推一而用之，故楚用虞丘子，而得孫叔敖；燕用郭隗，而得樂毅。大王誠能
屬之，則此可用矣。」王曰：「吾用之奈何？」逐女對曰：「昔者，齊桓公尊九九之
人，而有道之士歸之；越王敬螳蜋之怒，而勇士死之；葉公好龍，而龍爲暴下。物之所
徵，固不須頃。」王曰：「善！」遂尊相，敬而事之，以逐女妻之，〔居三日〕，〔四
方之士多歸於〕齊〔而〕國以治〔也〕。《詩》云：「既見君子，並坐鼓瑟[5]。」此之
謂也。

頌曰：

---

1. 引《詩》見176章《菁菁者莪》頁353。   2. 不知也   3. 知
4. 爲   5. 引《詩》見126章《秦風‧車鄰》頁234

齊孤逐女，造襄王門。女雖五逐，王猶見焉。譚[1]國之政，亦甚有文。與語三日，遂配相君。

6.13 《楚處莊姪》

楚處莊姪者，楚頃襄王之夫人，縣邑之女也。初，頃襄王好臺榭，出入不時，行年四十，不立太子，諫者蔽塞，屈原放逐，國既殆矣。秦欲襲其國，乃使張儀間之，使其左右謂王曰：「南遊于唐五百里有樂焉。」王將往。是時莊姪年十二，謂其母曰：「王好淫樂，出入不時，春秋既盛，不立太子，今秦又使人重賂左右，以惑我王，使遊五百里外[2]，以觀其勢。王已出，姦臣必（倍）〔倚〕敵國而發謀，王必不得反國。姪願往諫之。」其母曰：「汝，嬰兒也，安知諫？」不遣。姪乃逃。以緹竿為幟，姪持幟伏南郊道旁。王車至，姪舉其幟，王見之而止，使人往問之。使者報曰：「有一女童伏于幟下，願有謁于王。」王曰：「召之。」姪至，王曰：「女何為者也？」姪對曰：「妾，縣邑之女也，欲言隱事于王，恐壅閼蔽塞而不得見，聞大王出遊五百里，因以幟見。」王曰：「子何以戒寡人？」姪對曰：「大魚失水，有龍無尾，墻欲內崩而王不視。」王曰：「不知也。」姪對曰：「大魚失水者，王離國五百里也，樂之於前，不思禍之起于後也；有龍無尾者，年既四十，無太子也，國無弼[3]輔，必且殆也；墻欲內崩而王不視者，禍亂且成而王不改也。」王曰：「何謂也？」姪曰：「王好臺榭，不恤眾庶，出入不時，耳目不聰明，春秋四十，不立太子，國無強輔，外內崩（壞）〔壞〕，強秦使人內間王左右，使王不改，（滋日以）〔日以滋〕甚。今禍且搆[4]，王遊于五百里之外，王必遂往，國非王之國也。」王曰：「何也？」姪曰：「王之致此三難也，以五患。」王曰：「何謂五患？」姪曰：「宮室相望，城郭闊達，一患也；宮垣衣繡[5]，民人無褐，二患也；奢侈無度，國且虛竭，三患也；百姓飢餓，馬有餘秣，四患也；邪臣在側，賢者不達，五患也；王有五患，故及三難。」王曰：「善！」命後車載之，立還反國。門已閉。反者已定。王乃發鄢郢之師以擊之。僅能勝之。乃立姪為夫人，立在鄭子袖之右，為王陳節儉愛民之事，楚國復強。君子謂莊姪雖違于禮而終守以正。《詩》云：「北風其喈，雨雪霏霏。惠而好我，攜手同歸[6]。」此之謂也。

頌曰：

---

1. 談　　　　2. 五百里之外　3. 強　　　　4. 搆　　　　5. 繡
6. 引《詩》見41章《邶風·北風》頁104。今本《詩》「霏霏」作「其霏」。

楚處莊姪，雖爲女童。以幟見王，陳國禍凶。設王三難，五患累重。王載以歸，終卒有功。

6.14 《齊女徐吾》

齊女徐吾者，齊東海上貧婦人也。與鄰婦李吾之屬會[1]燭相從夜績。徐吾最貧，而燭數不屬。李吾（與）〔謂〕其屬曰：「徐吾燭數不屬，請無與夜也。」徐吾曰：「是何言與？妾以貧、燭不屬之故，起常先，息常後，灑[2]掃陳席以待來者，自與蔽[3]薄，坐常處下。凡爲貧、燭不屬故也。夫一室之中，益一人，燭不爲暗；損一人，燭不爲明，何愛東壁之餘光，不使貧妾得蒙見哀之恩，長爲妾役之事？使諸君常有惠施于妾，不亦可乎？」李吾莫能應，遂復與夜，終無後言。君子曰：婦人以辭不見棄于鄰，則辭安可以已乎哉？《詩》云：「辭之輯矣，民之協矣[4]。」此之謂也。

頌曰：

齊女徐吾，會績獨貧。夜託燭明，李吾絕焉。徐吾自列，辭語甚分。卒得容入，終沒後言。

6.15 《齊太倉女》

齊太倉女者，漢太倉令淳于公之少女也。名緹縈。淳于公無男，有女五人。孝文皇帝時，淳于公有罪當刑。是時肉刑尙在，詔獄繫長安，當行會逮，公罵其女曰：「生子不生男，〔有〕緩急非有益〔也〕！」緹縈自悲泣，而[5]隨其父至長安，上書曰：「妾父爲吏，齊中皆稱〔其〕廉平，（令）〔今〕坐法當刑。妾傷夫死者不可復生，刑者不可復屬，雖〔復〕欲改過自新，其道無由也。妾願入身爲官婢，以贖父罪，使得自新。」書奏，天子憐悲其意，乃下詔曰：「蓋聞有虞之時，畫衣冠，異章服，以爲示[6]，而民不犯，何〔則〕？其至治也！今法有肉刑五，而姦不止，其咎安在？非朕德薄而教之不明歟？吾甚自媿。〔故〕夫訓道不純，而愚民陷焉。《詩》云：『愷悌君子，民之父母[7]。』今人有過，教未施而刑已加焉，或欲改行爲善，而其道無繇

1. 合　　2. 洒　　3. 王照圓云：「蔽」當作「敝」。
4. 引《詩》見254章《大雅·板》頁633。今本《詩》「協」作「洽」。
5. 乃《史記·孝文本紀》頁427　6. 戮
7. 引《詩》見251章《大雅·泂酌》頁622。今本《詩》「愷悌」作「豈弟」。

〔也〕。朕甚憐之。夫刑者，至斷支體，刻肌膚，終身不息，何其〔楚〕痛而不德也！豈稱爲民父母之意哉！其除肉刑！」自是之後，鑿顚者髡，抽脅者笞，刖足者鉗。淳于公遂得免焉。君子謂緹縈一言發聖主之意，可謂得事之宜矣。《詩》云：「辭之懌矣，民之莫矣[1]。」此之謂也。

頌曰：

緹縈訟父，亦孔有識。推誠上書，文雅甚備。小女之言，乃感聖意。終除肉刑，以免父事。

7 孽嬖傳第七

惟若孽嬖，亦甚嫚易。淫（如）〔妲〕熒惑，背節棄義。指是爲非，終被禍敗。

7.1 《夏桀末喜》

末喜者，夏桀之妃也。美于色，薄于德，亂孽無道，女子行，丈夫心，佩劍帶冠。桀既棄禮義，淫于婦人，求美女積之於後宮，收倡[2]優、侏儒、狎徒、能爲奇偉戲者，聚之于旁，造爛漫之樂，日夜與末喜及宮女飲酒，無有休時，置妹喜于膝上，聽用其言，昏亂失道，驕奢自恣。爲酒池，可以運舟，一鼓而牛飲者三千人，䩅其頭而飲之于酒池，醉而溺死者，末喜笑之，以爲樂。龍逢進諫曰：「君無道，必亡矣！」桀曰：「日有亡乎？日亡而我亡。」不聽，以爲妖言而殺之。造瓊[3]室瑤臺以臨雲雨，殫財盡幣，意尙不饜，召湯，囚之於夏臺，已而釋之。諸侯大叛。于是湯受命而伐之，戰于鳴條。桀師不戰，湯遂放桀，與末喜、嬖妾同舟流于海[4]，死于南巢之山。《詩》曰：「懿厥哲婦，爲梟爲鴟[5]。」此之謂也。

頌曰：

末喜配桀，維亂驕揚。桀既無道，又重其荒。姦宄是用，不恤法常。夏后之國，遂反爲（商）〔商〕。

---

1. 引《詩》見254章《大雅・板》頁633。　　2. 俳　　3. 琁
4. 江　　5. 引《詩》見264章《大雅・瞻卬》頁695。

7.2 《殷紂妲己》

妲己者，殷紂之妃也。嬖幸于紂。紂材力過人，手格猛獸。智足以距諫，辨[1]足以
（餙）〔飾〕非。矜人臣以能，高天下以聲，以爲人皆出己之下。好酒淫樂，不離妲
己，妲己之所譽貴之，妲己之所憎誅之。作新淫之聲，北鄙之舞，靡靡之樂，收珍物，
積之于後宮，諛（目）〔臣〕群女，咸獲所欲。積糟爲丘，流酒爲池，懸肉爲林，使人
裸形相逐其間，爲長夜之飲。妲己好之。百姓怨望，諸侯有畔者，紂乃爲炮（烙）
〔格〕之法，膏銅柱，加之炭，令有罪者行其上，輒墮炭中，妲己乃笑。比干諫曰：
「不修先王之典法，而用婦言，禍至無日！」紂怒，以爲妖言。妲己曰：「吾聞聖人之
心有七竅。」于是剖心而觀之。囚箕子，微子去之。武王遂受命興師伐紂，戰于牧野。
紂師倒戈，紂乃登廩臺，衣寶玉衣而自殺。于是武王遂致天之罰，斬妲己頭，懸于小白
旗，以爲亡紂者，是女也。《書》曰：「牝雞無晨。牝雞之晨，惟家之索[2]。」《詩》
云：「君子信盜，亂是用暴[3]。」「匪其止共。維王之（卭）〔邛〕[4]。」此之謂也。

頌曰：

妲己配紂，惑亂是修。紂既無道，又重相謬，指笑炮炙，諫士剖囚。遂敗牧野，反
（商）〔商〕爲周。

7.3 《周幽褒姒》

褒姒者，童妾之女，周幽王之后也。初，夏之衰也，褒人之神，化爲二龍，伺[5]于
王庭而言曰：「余，褒之二君也。」夏后卜殺之與去[6]，莫吉。卜請其漦〔而〕藏
之，（而）吉。乃布幣焉，龍忽不見，而藏漦（犢）〔櫝〕中，乃置之郊，至周，莫之
敢發也。及周厲王之末，發而觀之，漦流于庭，不可除也。王使婦人裸而譟之，化爲玄
蚖[7]，入後宮。宮之童妾未毀〔齒〕而遭之，既笄而孕，當宣王之時產，無夫而乳，懼
而棄之。先是有童謠曰：「檿弧箕服，寔亡周國！」宣王聞之。後有人夫妻賣檿弧箕服
之器者，王使執而戮之。夫妻夜逃，聞童妾遭棄而夜號〔也〕，哀而取之，遂竄于褒。

---

1. 辯   2. 引《書》見《周書·牧誓》頁158。
3. 引《詩》見198章《小雅·巧言》頁424。
4. 引《詩》見198章《小雅·巧言》頁424。
5. A.同《國語·鄭語》16/5a〈韋昭注：共處曰同。〉 B.止《史記·周本紀》頁147
6. 殺之，與去之，與止之《國語·鄭語》頁16/5b、《史記·周本紀》頁147
7. 鼉

長而美好，褒人姁有獄，獻之以贖。幽王受而嬖之，遂釋褒姁，故號曰褒姒。既生子伯服，幽王乃廢后申侯之女而立褒姒爲后，廢太子宜臼[1]而立伯服爲太子。幽王惑于褒姒，出入與之同乘，不恤國事，驅馳弋獵不時，以適褒姒之意。飲酒沉[2]湎，倡優在前，以夜繼[3]畫。褒姒不〔好〕笑，幽王乃欲其笑萬端，故不笑。幽王爲熢燧大鼓，有寇至則舉。諸侯悉至，〔至〕而無寇，褒姒乃大笑。幽王欲悅之，數爲舉熢[4]火。其後不信，諸侯不至。忠諫者誅，唯褒姒言是從，上下相諛，百姓乖離，申侯乃與繒、西夷犬戎共攻幽王。幽王舉熢燧徵兵，莫至，遂殺幽王于驪山之下，虜褒姒，盡取周賂而去。于是諸侯乃即申侯而共立故太子宜臼[5]。是爲平王。自是之後，周與諸侯無異。《詩》云：「赫赫宗周，褒姒滅之[6]。」此之謂也。

頌曰：

褒神龍變，寔生褒姒。興配幽王，廢后、太子。舉烽致兵，笑寇不至。申侯伐周，果滅其祀。

7.4　《衛宣公姜》

宣姜者，齊侯之女，衛宣公之夫人也。初，宣公夫人夷姜生伋子，以爲太子。又娶于齊，曰宣姜，生壽及朔。夷姜既死，宣姜欲立壽，乃與壽弟朔謀構伋子。公使伋子之齊，宣姜乃陰使力士待之界上而殺之，曰：「有四馬白旄至者，必要殺之！」壽聞之，以告太子曰：「太子其避之！」伋子曰：「不可。夫棄父之命，則惡用子也？」壽度太子必行，乃與太子飲，奪之旄而行，盜殺之。伋子醒，求旄不得，遽往追之，壽已死矣。伋子以[7]壽爲己死，乃謂盜曰：「所欲殺者，乃我也。此何罪？請殺我！」盜又殺之。二子既死，朔遂立爲太子。宣公薨，朔立，是爲惠公，竟終無後，亂及五世，至戴公而後寧。《詩》云：「乃如之人，德音無良[8]。」此之謂也。

頌曰：

衛之宣姜，謀危太子。欲立子壽，陰設力士。壽乃俱死，衛果危殆。五世不寧，亂

---

1. 咎　　　　2. 流　　　　3. 續　　　　4. 熢　　　　5. 咎
6. 引《詩》見192章《小雅·正月》頁400。今本《詩》「滅」作「成」。
7. 痛
8. 引《詩》見29章《邶風·日月》頁78。今本《詩》「人」下有「兮」字。

由姜起。

7.5 《魯桓文姜》

文姜者，齊侯之女，魯桓公之夫人也。內亂其兄齊襄公。桓公將伐鄭，納厲公。既行，與夫人俱將如齊也。申繻曰：「不可。女有家，男有室，無相瀆也，謂之有禮。易此必敗。且禮，婦人無大故，則不歸。」桓公不聽，遂與如齊。文姜與襄公通，桓公怒，禁之不止，文姜以告襄公。襄公享桓公酒，醉之，使公子彭生抱而乘之，因拉其脅而殺之，遂死于車。魯人求彭生以除恥，齊人殺彭生。《詩》曰：「亂匪降自天，生自婦人[1]。」此之謂也。

（誦）〔頌〕曰：

文姜淫亂，配魯桓公。與俱歸齊，齊襄淫通。俾厥彭生，摧幹拉胸。維女為亂，卒成禍凶。

7.6 《魯莊哀姜》

哀姜者，齊侯之女，莊公之夫人也。初，哀姜未入時，公數如齊，與哀姜淫。既入，與其弟叔姜俱。公使大夫宗〔婦〕用幣見。大夫夏甫不忌[2]曰：「婦贄，不過棗、栗，以致禮[3]也；男贄，不過玉帛、禽鳥，以彰物也。今婦贄用幣，是男女無別也。男女之別，國之大節也。無乃不可乎？」公不[4]聽。又丹其父桓公廟宮之楹，刻其桷，以夸哀姜。哀姜驕淫，通于二叔公子慶父、公子牙。哀姜欲立慶父。莊公薨，子般立。慶父與哀姜謀，遂殺子般于黨氏，立叔姜之子，是為閔公。閔公既立，慶父與哀姜淫益甚，又與慶父謀殺閔公，而立慶父，遂使卜齮襲弒閔公于武闈，將自立。魯人謀之，慶父恐，奔莒，哀姜奔邾。齊桓公立僖公，聞哀姜與慶父通以危魯，乃召哀姜，酖而殺之。魯遂殺慶父。《詩》云：「啜其泣矣，何嗟及矣[5]。」此之謂也。

頌曰：

---

1. 引《詩》見264章《大雅‧瞻卬》頁695。
2. 宗人夏父展《國語‧魯語上》頁4/2b   3. 告虔《國語‧魯語上》頁4/2b
4. 編者按：《國語‧魯語上》頁4/3a作「弗」，此文作「不」者蓋避漢諱改。
5. 引《詩》見69章《王風‧中谷有蓷》頁151。

哀姜好邪，淫于魯莊。延及二叔，驕妒縱橫。慶父是依，國適以亡。齊桓征伐，酖殺哀姜。

7.7 《晉獻驪姬》

驪姬者，驪戎之女，晉獻公之夫人也。初，獻公娶于齊，生秦穆夫人及太子申生；又娶二女于戎，生公子重耳、夷吾。獻公伐驪戎，克之，獲驪姬以歸，生奚齊、卓子。驪姬嬖于獻公。齊姜先死，公乃立驪姬以為夫人。驪姬欲立奚齊，乃與弟謀曰：「一朝不朝，其間容刀。逐太子與二公子而可間也。」于是驪姬乃說公曰：「曲沃，君之宗邑也；蒲與二屈，君之境[1]也，不可以無主。宗邑無主，則民不畏[2]；邊境[3]無主，則開寇心[4]。夫寇[5]生其心，民慢[6]其政，國之患也。若使太子主曲沃，二公子主蒲與二屈，則可以威民而懼寇[7]矣。」遂使太子居曲沃，重耳居蒲，夷吾居二屈。晉獻[8]驪姬，既遠太子，乃夜泣。公問其故，對曰：「吾聞申生為人甚好仁而强，甚寬惠而慈于民，今謂君惑于我，必亂國，無乃以國民之故，行强于君。君未終命而歿，君其奈何？胡不殺我？無以一妾亂百姓。」公曰：「〔夫豈〕惠其民而不惠其父乎？」驪姬曰：「為民與為父異。夫殺君利民，民孰不戴？苟父利而得寵，除亂而衆說，妾[9]不欲焉？雖其愛君，欲不勝也[10]。〔今夫以君為紂〕，若紂有良子而先殺[11]紂，毋彰其惡〔而厚其敗〕，鈞〔之〕死也，毋必假手於武王以廢其祀，〔至于今吾豈知紂之善否哉〕。自吾先君武公兼翼，而楚穆弒成，此皆為民而不顧親。君不早圖，禍且及矣[12]。」公懼曰：「奈何而可？」驪姬曰：「君何不老而授之政？彼得政而治之，殆將釋君乎？」公曰：「不可！吾將圖之。」由此疑太子。驪姬乃使人以公命告太子曰：「君夢見齊姜，亟往祀焉！」申生祭于曲沃，歸福于絳。公田不在，驪姬受福，乃置[13]鴆于酒，施毒于脯。公至，召申生，將胙，驪姬曰：「食自外來，不可不試也。」覆酒于地，地墳。申生恐而出。驪姬與犬，犬死；飲小臣，小臣死之。驪姬乃仰天叩心而泣，見申生哭曰：「嗟乎！國，子之國，子何遲為君？有父恩[14]忍之，況國人乎？弒父以求利，人孰利之？」獻公使人謂太子曰：「爾其圖之！」太傅里克曰：「太子入自明可以生，不則不

---

1. 疆《國語·晉語一》頁7/7b　　2. 威《國語·晉語一》頁7/7b
3. 疆場《國語·晉語一》頁7/7b
4. 則啓戎心《國語·晉語一》頁7/7b〈編者按：《國語》作「啓」，則此文作「開」者蓋避漢諱改。〉　5. 戎《國語·晉語一》頁7/7b　　6. 嫚
7. 戎《國語·晉語一》頁7/7b　　8. ◇◇　　9. 孰
10. 雖欲愛君，惑不釋也《國語·晉語一》頁7/9b
11. 喪《國語·晉語一》頁7/10a
12. 其何及矣《國語·晉語一》頁7/10a〈編者按：「何」字以聲近訛「禍」，後人不解，乃刪「其」字而增「且」字。〉　　13. 實　　14. 父

可以生。」太子曰:「吾君老矣。若入而自明,則驪姬死,吾君不安。」遂自經于新城廟。公遂殺少傅杜原款;使閹楚刺重耳,重耳奔狄;使賈華刺夷吾,夷吾奔梁。盡逐群公子,乃立奚齊。獻公卒,奚齊立,里克殺之;卓子立,又殺之;乃戮驪姬,鞭而殺之。于是秦立夷吾,是爲惠公。惠公死,子圉立,是爲懷公。晉人殺懷公于高梁,立重耳,是爲文公。亂及五世然後定。《詩》曰:「婦有長舌,惟厲之階[1]。」又曰:「哲婦傾城[2]。」此之謂也。

頌曰:

驪姬繼母,惑亂晉獻。謀譖太子,毒酒爲權。果弒申生,公子出奔。身又伏辜,五世亂昏。

7.8 《魯宣繆姜》

繆姜者,齊侯之女,魯宣公之夫人,成公母也。聰慧而行亂,故諡曰繆。初,成公幼,繆姜通于叔孫宣伯,名喬如。喬如與繆姜謀去季、孟而擅魯國。晉、楚戰于鄢陵,公出佐晉。將行,姜告公:「必逐季、孟,是背君也。」公辭以晉難,請反聽命。又貨晉大夫,使執季孫行父而止之,許殺仲孫蔑,以魯士晉爲內臣。魯人不順喬如,明而逐之。喬如奔齊,魯(逐)〔遂〕擯繆姜于東宮。始往,繆姜使筮之。遇《艮》之六。史曰:「是謂《艮》之《隨》。《隨》,其出也。君必速出!」姜曰:「亡!是于《周易》曰:『《隨》,元、亨、利、貞,無咎[3]。』元、善之長也,亨、嘉之會也,利、義之和也,貞、事之幹也。終故不可誣也,是以雖《隨》無咎。今我婦人而與于亂,固在下位而有不仁,不可謂元;不靖國家,不可謂亨;作而害身,不可謂利;棄位而放。不可謂貞。有四德者,《隨》而無咎。我皆無之,豈《隨》也哉?我則取惡,能無咎乎?必死于此,不得出矣。」卒薨于東宮。君子曰:惜哉繆姜!雖有聰慧之質,終不得掩其淫亂之罪。《詩》曰:「士之耽兮,猶可說也。女之耽兮,不可說也[4]。」此之謂也。

頌曰:

---

1. 引《詩》見264章《大雅·瞻卬》頁695。今本《詩》「惟」作「維」。
2. 引《詩》見264章《大雅·瞻卬》頁694。
3. 引《易》見《隨卦》頁56。今本《易》「無」作「无」。
4. 引《詩》見58章《衛風·氓》頁135。

繆姜淫洩，宣伯是阻。謀逐季、孟，欲使專魯。既廢見擯，心意摧下。後雖善言，終不能補。

7.9 《陳女夏姬》

陳女夏姬者，〔陳〕大夫夏徵舒之母，〔御叔之妻〕也。其狀美好無匹，內挾技[1]術。蓋老而復壯者，三爲王后，七爲夫人，公侯爭之，莫不迷惑失意。夏姬之子徵舒爲大夫。公孫寧、儀行父與陳靈公皆通于夏姬，或衣其衣，〔或裝其幡〕，以戲于朝。泄冶見之，謂曰：「君有不善，子宜掩之。今自子率君而爲之，不待幽間於朝廷，以戲士民，其謂爾何？」二人以告靈公。靈公曰：「衆人知之，吾不善，無害也；泄冶知之，寡人恥焉。」乃使人微賊泄冶而殺之。靈公與二子飲於夏氏，召徵舒也。公戲二子曰：「徵舒似汝。」二子亦曰：「不若其似公也。」徵舒疾此言。靈公罷酒，出，徵舒伏弩廏門，射殺靈公。公孫寧、儀行父皆奔楚，靈公太子午奔晉。其明年，楚莊王舉兵誅徵舒，定陳國，立午，是爲成公。莊王見夏姬美好，將納之。申公巫臣諫曰：「不可。王討罪也，而納夏姬，是貪色也。貪色爲淫，淫爲大罰。願王圖之！」王從之，使壞後垣而出之。將軍子反見美，又欲取之。巫臣諫曰：「是不祥人也。殺御叔，弑靈公，戮夏南，出孔、儀。喪陳國。天下多美婦女，何必取是？」子反乃止。莊王以夏姬與連尹襄老。襄老死於邲，亡其尸。其子黑要又通于夏姬。巫臣見夏姬，謂曰：「子歸，我將聘[2]汝。」及恭王即位，巫臣聘[3]于齊，盡與其室俱，至鄭，使人召夏姬曰：「尸可得也。」夏姬從之。巫臣使介歸幣於楚，而與夏姬奔晉。大夫子反怨之，遂與子重滅巫臣之族，而分其室。《詩》云：「乃如之人兮，懷婚姻也。大無信也，不知命也[4]。」言變色殞命也。

頌曰：

夏姬好美，滅國破陳。走二大夫，殺子之身。殆誤楚莊，敗亂巫臣。子反悔懼，申公族分。

---

1. 伎　　　　　2. 娉　　　　3. 娉
4. 引《詩》見51章《鄘風·蝃蝀》頁122。今本《詩》「兮」作「也」，「婚」作「昏」。

7.10　《齊靈聲姬》

聲姬者，魯侯之女，靈公之夫人，太子光之母也。號孟子。淫通于大夫慶剋，與之
蒙衣乘輦而入于閎。鮑牽見之，以告國佐。國佐召慶剋，將詢之。慶剋久不出，以告孟
5　子曰：「國佐非我。」孟子怒。時國佐相靈公，會諸侯于柯陵，高子、鮑子處內守。及
還，將至，閉門而索客。孟子訴之曰：「高、鮑將不內君，而欲立公子角，國佐知
之。」公怒，刖鮑牽而逐高子、國佐，佐遂奔莒。更以崔杼爲大夫，使慶剋佐之。乃帥
師圍莒，不勝。國佐使人殺慶剋。靈公與佐盟而復之。孟子又愬而殺之。及靈公薨。
高、鮑皆復，遂殺孟子，齊亂乃息。《詩》云：「匪教匪誨，時維婦寺[1]。」此之謂
10　也。

頌曰：

齊靈聲姬，厥行亂失。淫于慶剋，鮑牽是疾。譖愬高、鮑，遂以奔亡。好禍用亡，
15　亦以事喪。

7.11　《齊東郭姜》

齊東郭姜者，棠公之妻，齊崔杼御東郭偃之（娣）〔姊〕也。美而有色。棠公死，
20　崔子（吊）〔弔〕而說姜，遂與偃謀娶之。既居，其室比于公宮，莊公通焉，驟如崔
氏。崔子知之。異日，公以崔子之冠賜侍人。崔子慍，告有疾，不出。公登臺以臨崔子
之宮，由臺上與東郭姜戲。公下從之，東郭姜奔入戶而閉之。公推之曰：「開！余。」
東郭姜曰：「老夫在此，未及收髮。」公曰：「余聞崔子之疾也；不聞？」崔子與姜自
側戶出，閉門，聚眾鳴鼓。公恐，擁柱而歌。公請于崔氏曰：「公[2]知有罪矣，請改心
25　事吾子。若不信，請盟。」崔子曰：「臣不敢聞命。」乃避之。公又請于崔氏之宰曰：
「請就（元）〔先〕君之廟而死焉。」崔氏之宰曰：「君之臣杼有疾不在，侍臣不敢聞
命。」公踰牆而逃，崔氏射（中公）〔公中〕踵[3]，公反墮，遂弒公。先是時，東郭姜
與前夫子棠毋咎俱入，崔子愛之，使爲相室。崔子前妻子二人，大子城[4]、少子彊。及
姜入後，生二子明（成），成有疾，崔子廢成而以明爲後。成使人請崔邑以老，崔子哀
30　而許之，棠毋咎與東郭偃爭而不與。成與彊怒，將欲殺之，以告慶封。慶封，齊大夫

---

1. 引《詩》見264章《大雅‧瞻卬》頁695。　　　　　2. 孤
3. 股《左傳‧襄公二十五年》頁619。
4. 成《左傳‧襄公二十七年》頁649。

也，陰與崔氏爭權，欲其相滅也，謂二子曰：「殺之！」于是二子歸殺棠毋咎、東郭偃
于崔子之庭。崔子怒，愬之于慶氏，曰：「吾不肖，有子不能教也，以至于此。吾事夫
子，國人之所知也，唯辱使者不可以已。」慶封乃使盧蒲嫳帥徒衆與國人焚其庫廄而殺
成、（姜）〔彊〕。崔氏之妻曰：「生若此，不若死。」遂自經而死。崔子歸，見庫廄
皆焚，妻子皆死，又自經而死。君子曰：東郭姜殺一國君而滅三室，又殘其身，可謂不   5
祥矣。《詩》曰：「枝葉未有害，本寔先敗[1]。」此之謂也。

頌曰：

齊東郭姜，崔杼之妻。惑亂莊公，毋咎是依。禍及明、成，爭邑相殺。父母無聊，   10
崔氏遂滅。

7.12 《衛二亂女》

衛二亂女者，南子及衛伯姬也。南子者，宋女，衛靈公之夫人。通于宋子朝，太子   15
蒯聵知而惡之。南子讒太子于靈公曰：「太子欲殺我。」靈公大怒蒯聵，蒯聵奔宋。靈
公薨，蒯聵之子輒立，是爲出公。衛伯姬者，蒯聵之姊也，孔文子之妻，孔悝之母也。
悝相出公。文子卒，姬與孔氏之豎渾良夫淫。姬使良夫于蒯聵。蒯聵曰：「子苟能內我
于國，報子以乘軒，免子三死。」與盟，許以姬爲良夫妻。良夫喜以告姬，姬大悅。良
夫乃與蒯聵入舍孔氏之圃。昏時，二人蒙衣而乘，遂入至姬所。已食，姬杖戈先太子與   20
五介冑之士，迫其子悝于廁，强盟之。出公奔魯，子路死之，蒯聵遂立，是爲莊公。殺
夫人南子，又殺渾良夫。莊公以戎州之亂又出奔，四年而出公復入。將入，大夫殺孔悝
之母而迎公。二女爲亂五世，至悼公而後定。《詩》云：「相鼠有皮，人而無儀。人而
無儀，不死何爲[2]？」此之謂也。

25

頌曰：

南子惑淫，宋朝是親。譖彼蒯聵，使之出奔。悝母亦嬖，出入兩君。二亂交錯，咸
以滅身。

30

---

1. 引《詩》見255章《大雅·蕩》頁644。今本《詩》「寔」作「實」，「敗」作「撥」。
2. 引《詩》見52章《鄘風·相鼠》頁122。

7.13　《趙靈吳女》

　　趙靈吳女者，號孟姚，吳廣之女，趙武靈王之后也。初，武靈王娶韓王女爲夫人，
生子章，立以爲后，章爲太子。王嘗夢見處女鼓瑟[1]而歌曰：「美人熒熒兮，顏若苕之
5　榮。命兮命兮，逢天時而生，曾莫我嬴嬴！」·異日·[2]，王飮酒樂，數言所夢，想見其
人。吳廣聞之，乃因后而入[3]其女孟姚，甚有色焉，王愛幸之，不能離。數年，生子
何。孟姚數微言后有淫意，太子無慈孝之行。王乃廢后與太子，而立孟姚爲惠后，以何
爲王，是爲惠文王。武靈王自號主父，封章于代，號安陽君。四年，朝群臣，安陽君來
朝，主父從旁觀窺群臣宗室〔之禮〕，見章儡[4]然也，反〔北面爲〕（目）〔臣〕，
10　〔詘〕于〔其〕弟，心憐之。是時惠后死久恩衰，乃欲分趙而王章于代，計未決而輟。
主父遊沙丘宮，章以其徒作亂，李兌乃起四邑之兵擊章。章走主父，主父開[5]之，兌因
圍主父宮。既殺章，乃相與謀曰：「以章圍主父，即解兵，吾屬夷矣。」乃遂圍主父。
主父欲出不得，又不得食，乃探雀鷇而食之。三月餘，遂餓死沙丘宮。《詩》曰：「流
言以對，寇攘式內[6]。」言不善之從內出也。
15

　　頌曰：

　　吳女苕顏，神寤趙靈。既見嬖近，惑心乃生。廢后興戎，子何是成。（生）〔主〕
閉沙丘，國以亂傾。
20

7.14　《楚考李后》

　　楚考李后者，趙人李園之女弟，楚考烈王之后也。初，考烈王無子，春申君患之。
李園爲春申君舍人，乃取其女弟與春申君。知有身，園女弟因[7]間謂春申君曰：「楚王
25　之貴幸君。雖兄弟不如。今君相楚三[8]十餘年，而王無子，即百歲後，將〔更〕立兄
弟。即楚更立君後，彼亦各貴其〔故〕所親，又安得長有寵乎？非徒然也，君〔貴〕用
事（又）〔久〕，多失禮于王兄弟，王兄弟誠立，禍且及身，何以保相印、江東之封

1.　琴
2.　今本《史記‧趙世家》頁1804亦作「異日」。王念孫《讀史記雜志》頁105從舊本《北
　　堂書鈔‧樂部二》及《太平御覽‧樂部八》引，改「異日」爲「旦日」。編者按：此文
　　疑本作「翌日」，「異日」蓋「翌日」之聲誤。
3.　內　《史記‧趙世家》頁1804〈編者按：「內」讀「納」。〉　　　　4.　儡
5.　閉　　　　　6.　引《詩》見255章《大雅‧蕩》頁642。　　　　7.　承
8.　二

乎？今妾〔自〕知有身矣，而人莫知。妾之幸君未久，誠以君之重而進妾于楚王，楚王必變[1]妾，〔妾〕賴天有子男，則是君之子爲王也，楚國盡可得，孰與身臨不測之罪乎？」春申君大然之，乃出園女弟，謹舍之，言之考烈王。〔考烈王〕召而幸之，遂生子悼，立爲太子，〔以〕園女弟爲后，而李園貴用事，養士欲殺春申君以滅口。及考烈王死，園乃殺春申君，滅其家。悼立，是爲幽王[2]。后有考烈王遺腹子猶立，是爲哀王，考烈王弟公子負芻之徒聞知幽王非考烈王子，疑哀王，乃襲殺哀王及太后，盡滅李園之家，而立負芻爲王，五年而秦滅之。《詩》云：「盜言孔甘，亂（時）〔是〕用餤[3]。」此之謂也。

頌曰：

李園女弟，發迹春申。考烈無子，果得納身。知重而入，遂得爲嗣。既立畔本，宗族滅弒。

7.15　《趙悼倡后》

倡后者，趙悼襄王之后也。前日而亂一宗之族。既寡，悼襄王以其美而取之。李牧諫曰：「不可。女之不正，國家所以覆而不安也。此女亂一宗，大王不畏乎？」王曰：「亂與不亂，在寡人爲政。」遂娶之。初，悼襄王后生子嘉，爲太子。倡后既入爲姬，生子遷。倡后既嬖幸于王，陰譖后及太子于王，使人犯太子而陷之于罪。王遂廢嘉而立遷，黜后而立倡姬爲后。及悼襄王薨，遷立，是爲幽閔王。倡后淫佚不正，通于春平君，多受秦賂，而使王誅其良將武安君李牧。其後秦兵徑入，莫能距，遷遂見虜于秦，趙亡。大夫怨倡后之譖太子及殺李牧，乃殺倡后而滅其家，共立嘉于代，七年不能勝秦，趙遂滅爲郡。《詩》云：「人而無禮[4]」，「不死何俟[5]」？此之謂也。

頌曰：

趙悼倡后，貪叨無足，隳廢后適，執詐不慤。淫亂春平，窮意所欲。受賂亡趙，身死滅國。

---

1. 幸《戰國策・楚策四》頁17/7b　2. 顧廣圻校云：此下當脫「幽王死」三字。
3. 引《詩》見198章《小雅・巧言》頁424。
4. 引《詩》見52章《鄘風・相鼠》頁123。
5. 引《詩》見52章《鄘風・相鼠》頁123。

逐字索引

哀 āi 　31

恩愛○思	1.7/5/9
見獻公之不○也	1.7/5/16
慈母憂戚悲○	1.13/11/12
嗚呼○哉	2.10/18/20
魏○王使使者爲太子納	
妃而美	3.14/30/22
○王勤行自修	3.14/31/8
非刺○王	3.14/31/13
其父母○其年少無子而	
早寡也	4.15/40/17
夫人○初之孤	5.13/49/22
○慟傍人	5.13/49/23
○感傍人	5.13/49/27
讎人○痛之	5.15/50/30
不使貧妾得蒙見○之恩	
	6.14/62/10
○而取之	7.3/64/28
○姜者	7.6/66/19
○姜未入時	7.6/66/19
與○姜淫	7.6/66/19
以夸○姜	7.6/66/23
○姜驕淫	7.6/66/23
○姜欲立慶父	7.6/66/23
慶父與○姜謀	7.6/66/24
慶父與○姜淫益甚	7.6/66/24
○姜奔邾	7.6/66/26
聞○姜與慶父通以危魯	7.6/66/26
乃召○姜	7.6/66/26
○姜好邪	7.6/67/1
酖殺○姜	7.6/67/1
崔子○而許之	7.11/70/29
是爲○王	7.14/73/5
疑○王	7.14/73/6
乃襲殺○王及太后	7.14/73/6

愛 ài 　41

母憎舜而○象	1.1/1/9
恩○哀思	1.7/5/9
恩○慈惠	1.7/6/1
○而無私	1.10/9/12
皆不○慈母	1.13/11/10
猶不○	1.13/11/11
前妻之子猶不○	1.13/11/12
〔人不○母至甚也〕	1.13/11/13

雖不○妾	1.13/11/14
爲人母〔而〕不能○其	
子	1.13/11/15
彼雖不○	1.13/11/16
雖不吾○	1.13/11/25
妾豈不欲擅王之○寵乎	2.5/15/16
豈以專夫室之○爲善哉	2.7/16/23
君姬氏之○子也	2.8/17/15
民（○）〔惡〕其上	3.6/25/4
有○好人者	3.6/25/4
○馬足	3.11/28/27
則無○民力	3.11/28/27
○民力	3.11/28/27
則無○馬足	3.11/28/27
慈○愈固	4.15/40/16
吾非○身也	5.5/44/11
私○也	5.5/44/15,5.6/45/4
營妻子之私○	5.5/44/16
其親○也痛甚于心	5.6/45/3
夫背公義而鄉私○	5.6/45/4
人之所○也	5.8/46/10
是以私○廢公義也	5.8/46/13
夫不孝莫大于不○其親	
而○其人	5.9/47/5
夫慈故能○	5.11/48/19
景公有所○槐	6.4/53/20
皆謂君○樹而（賊）	
〔賤〕人	6.4/54/2
景公○槐	6.4/54/12
爲王陳節儉○民之事	6.13/61/26
何○東壁之餘光	6.14/62/10
雖其○君	7.7/67/16
崔子○之	7.11/70/28
王○幸之	7.13/72/6

隘 ài 　3

而棄之○巷	1.2/1/30
所執贄而見於窮閭○巷	
者七十餘人	1.10/8/4
與人勤于○厄	2.8/17/9

安 ān 　55

要其○民以播烈光、制	
禮以廣達孝而言之	1.6/4/22
夫○民而宥宗卿	1.7/5/13

是以居則○寧	1.9/7/1
而後即○	1.10/8/21,1.10/8/22
	1.10/8/23,1.10/8/23
（吾）〔胡〕不自○	1.10/9/1
妾○可以忘義乎	1.13/11/16
魏○釐王聞之	1.13/11/17
○所得此	1.14/12/1
人生○樂而已	2.3/13/30
子犯知文公之○齊也	2.3/13/30
況欲懷○	2.3/14/5
將○所用此	2.7/16/26
況于○新忘舊乎	2.8/17/12
○能污我	2.10/18/17
○天下之卑位	2.11/19/11
○賤甘淡	2.11/19/18
夫○貧賤而不怠于道者	
	2.13/20/21
亦○貧賤	2.13/20/27
所○不過容膝	2.15/21/25
今以容麻之○、一肉之	
味	2.15/21/26
不若身○	2.15/22/1
歸義從○	3/22/6
蛇今○在	3.5/24/21
○之	3.12/29/13
婦人獨○所避乎	3.13/30/10
必乘○車輻軒	4.6/35/7
更取○車	4.6/35/10
故能存國○君	5.5/44/8
今公子○在	5.11/48/9
○知孰是	5.13/49/25
吾當○之	5.14/50/11
長○大昌里人之妻也	5.15/50/25
我將○居	6.1/51/25
○能調琴	6.6/55/16
而齊國大○者	6.10/59/1
大王又○用之	6.11/59/16
○于節儉	6.11/59/24
則棟不○	6.12/60/16
棟不○	6.12/60/16
國家○與不○	6.12/60/18
○知諫	6.13/61/11
則辭○可以已乎哉	6.14/62/11
詔獄繫長○	6.15/62/22
而隨其父至長○	6.15/62/23
其咎○在	6.15/62/27
吾君不○	7.7/68/1

號○陽君　7.13/72/8
○陽君來朝　7.13/72/8
又○得長有寵乎　7.14/72/26
國家所以覆而不○也　7.15/73/18
而使王誅其良將武○君
　李牧　7.15/73/22

按 àn　1

于是齊將○兵而止　5.6/45/7

暗 àn　1

燭不爲○　6.14/62/9

闇 àn　2

此其人必不以○昧廢禮　3.7/25/25
不聞其以苟從其○死爲
　榮　5.4/43/17

卬 áng　1

（印）〔○〕鼻結喉　6.10/58/12

敖 áo　17

○游於嫚　1.1/1/9
口不出○言　1.6/4/5
使人迎孫叔○而進之　2.5/15/20
屈瑕號莫○　3.2/22/24
莫○必敗　3.2/22/25
而威莫○以刑也　3.2/22/26
莫○狃于蒲騷之役　3.2/22/27
莫○令于軍中曰　3.2/22/28
莫○自經荒谷　3.2/22/29
楚令尹孫叔○之母也　3.5/24/20
叔○爲嬰兒之時　3.5/24/20
及叔○長　3.5/24/24
君子謂叔○之母知道德
　之次　3.5/24/24
叔○之母　3.5/24/29
叔○見蛇　3.5/24/29
昔孫叔○之爲令尹也　6.2/52/12
而得孫叔○　6.12/60/23

八 bā　9

牽導○子　1.13/11/18
今子身長○尺　2.12/19/26
而加以○尺之長也　2.12/19/27
○年不衰　4.12/38/21
二十○年　4.15/40/23
○十爲天子師　6.1/51/20
其母亡布○尋　6.2/52/9
妾夜亡布○尋　6.2/52/9
亡布○尋　6.2/52/25

拔 bá　1

○植懸之木　6.4/54/7

跋 bá　1

大夫○涉　3.3/23/22

罷 bà　11

昔者武王○朝而結絲絑
　絕　1.10/8/2
〔○〕朝入閨　2.2/13/11
使兩君○以玉帛相見　2.4/14/24
王嘗聽朝○晏　2.5/15/12
何○〔之〕晏也　2.5/15/12
然後○兵　5.4/43/27
景公即時命○守槐之役　6.4/54/6
市爲之○　6.9/57/26
萬民○極　6.10/58/25
○女樂　6.10/58/29
靈公○酒　7.9/69/12

霸 bà　4

而莊王以○　2.5/15/21
莊王之○　2.5/15/21
必○諸侯而討無禮　3.4/24/5
卒○天下　5.4/43/15

白 bái　22

（廉）〔厳〕智孔○　3.4/24/15
嘗猶揜目而別黑○也　3.12/29/18
掩目而別黑○　3.12/29/19

楚○公勝之妻也　4.11/38/3
○公死　4.11/38/3
使大夫持金百鎰、○璧
　一雙以聘焉　4.11/38/3
○妻辭之曰　4.11/38/4
○公生之時　4.11/38/5
○公不幸而死　4.11/38/5
號曰〔楚○〕貞姬（楚）
　4.11/38/9
○公之妻　4.11/38/15
是○黑顛倒　5.2/42/9
浩浩乎○水　6.1/51/17,6.1/51/23
古有《○水》之詩　6.1/51/24
浩浩○水　6.1/51/25
甯稱《○水》　6.1/52/3
妾之冤明于○日　6.9/57/26
爲莫○妾之汙名也　6.9/57/28
黃金○玉　6.10/58/24
懸于小○旗　7.2/64/11
有四馬○旄至者　7.4/65/20

百 bǎi　42

既納于○揆　1.1/1/17
堯試之○方　1.1/1/17
○辟其刑之　1.1/1/20
播時○穀　1.2/2/3
○姓不親　1.3/2/19
太任教之以一而識○　1.6/4/6
則○斯男　1.6/4/26
與○官之政事　1.10/8/19
夜儆○工　1.10/8/21
一心可以事○君　1.13/11/21
○心不可以事一君　1.13/11/21
受下吏之貨金○鎰　1.14/11/30
從車○乘　2.9/17/27
○爾所思　2.9/18/4,3.12/29/22
楚王使使者持金○鎰、
　車二駟　2.13/20/13
使使者持金○鎰　2.15/21/22
仁除○禍　3.5/24/23
漸洳三○步　3.13/30/9
所友者以○數　3.15/31/20
使大夫持金○鎰、白璧
　一雙以聘焉　4.11/38/3
賜其弟金○鎰　5.5/44/18
賜婦人束帛○端　5.6/45/9

賜金○鎰	5.11/48/17
○姓有過	6.2/52/16
湮于○重之下	6.9/57/22
○姓盡觀	6.11/59/12
○姓無少長	6.11/59/13
使使者以金○鎰往聘迎	
之	6.11/59/18
固相去十○也	6.11/59/22
何獨十○也	6.11/59/22
	6.11/59/27
南遊于唐五○里有樂焉	6.13/61/8
使遊五○里外	6.13/61/9
聞大王出遊五○里	6.13/61/14
王離國五○里也	6.13/61/16
王遊于五○里之外	6.13/61/20
○姓飢餓	6.13/61/23
○姓怨望	7.2/64/7
○姓乖離	7.3/65/6
無以一妾亂○姓	7.7/67/15
即○歲後	7.14/72/25

拜 bài 8

文伯再○受教	1.10/8/14
下堂再○曰	2.2/13/12
再○賀公	3.7/25/27
再○曰	4.2/32/29
敢再○大夫之辱	4.2/32/30
娟乃再○而辭曰	6.7/56/14
○無鹽君爲后	6.10/59/1
○無鹽君	6.10/59/6

敗 bài 18

是將○衛國	1.7/5/16
○亡之徵見矣	2.9/18/2
莫敖必○	3.2/22/25
大○〔之〕	3.2/22/29
謂瑕軍○	3.2/23/10
當○之時	3.3/23/20
將必以是大有○也	3.10/28/4
無淪胥以○	3.10/28/11
貪人○類	3.10/28/16
趙兵果○	3.15/31/25
今軍○君死	5.5/44/9
是以○子（夫）〔大〕	
夫之車	6.5/54/19

終被禍○	7/63/13
遂○牧野	7.2/64/17
易此必○	7.5/66/6
毋彰其惡〔而厚其○〕	7.7/67/17
○亂巫臣	7.9/69/26
本寔先○	7.11/71/6

殷 bān 2

子○立	7.6/66/23
遂殺子○于黨氏	7.6/66/24

半 bàn 2

夜○悲鳴〔兮〕	4.13/39/14
夜○	5.15/50/29

邦 bāng 2

大○有子	1.6/4/25
○之媛也	2.2/13/18

炮 bāo 2

紂乃爲○（烙）〔格〕	
之法	7.2/64/7
指笑○炙	7.2/64/17

苞 bāo 2

所以○苴玩弄	3.3/23/16
故（一）〔以〕婢子之	
身爲○苴玩好	5.4/43/11

褒 bāo 18

亡也以○姒	3.14/31/2
○姒者	7.3/64/22
○人之神	7.3/64/22
○之二君也	7.3/64/23
遂竄于○	7.3/64/28
○人姁有獄	7.3/65/1
遂釋○姁	7.3/65/1
故號曰○姒	7.3/65/1
幽王乃廢后申侯之女而	
立○姒爲后	7.3/65/2
幽王惑于○姒	7.3/65/2

以適○姒之意	7.3/65/3
○姒不〔好〕笑	7.3/65/4
○姒乃大笑	7.3/65/5
唯○姒言是從	7.3/65/6
虜○姒	7.3/65/7
○姒滅之	7.3/65/9
○神龍變	7.3/65/13
寔生○姒	7.3/65/13

保 bǎo 29

子孫○之	1.6/4/18
先君有冢卿以爲師○而	
蔑之	1.7/5/20
妾恐先生之不○命也	2.15/21/27
以○其身	3.4/24/11
是有木治（○）〔係〕	
于獄矣	3.9/27/10
○傅不俱	4.2/33/1
待○傅來也	4.2/33/2
○母至矣	4.2/33/2
○傅不備	4.2/33/11
○母曰	4.3/33/16
則從傅母○阿	4.6/35/7
舍伯嬴與其○阿	4.9/37/5
孝義○者	5.1/41/11
魯孝公稱之○母	5.1/41/11
義○與其子俱入宮	5.1/41/13
義○聞伯御將殺稱	5.1/41/14
義○遂抱稱以出	5.1/41/14
義○曰	5.1/41/15,5.1/41/16
義○遂以逃	5.1/41/16
魯大夫皆知稱之在○	5.1/41/16
其義○之謂也	5.1/41/18
孝公乳○	5.1/41/22
○母若斯	5.1/41/22
子督謂其○曰	5.2/42/7
子督退而與其○言曰	5.2/42/11
○母以其言通于王	5.2/42/14
次爲○母	5.11/48/19
何以○相印、江東之封	
乎	7.14/72/27

飽 bǎo 2

妾恐其醉醲醉○	1.12/10/25
食○衣暖	2.13/20/18

褓 bǎo	1
妾幸得離褓○	4.15/40/18

寶 bǎo	1
衣○玉衣而自殺	7.2/64/11

抱 bào	12
其妻獨○兒而泣	2.9/17/27
義保遂○稱以出	5.1/41/14
望見一婦人○一兒、攜	
一兒而行	5.6/44/28
棄其所○	5.6/44/29
○其所攜而走〔於〕山	5.6/44/29
母所○者誰也	5.6/44/30
齊將問所○者誰也	5.6/45/1
所○者妾兄之子也	5.6/45/2
而反○兄之子	5.6/45/3
棄子○姪	5.6/45/15
遂○公子逃于深澤之中	
	5.11/48/15
使公子彭生○而乘之	7.5/66/8

豹 bào	1
妾聞南山有玄○	2.9/17/30

報 bào	14
言行則可以○君	1.14/12/3
必能○施矣	3.4/24/8
〔天必〕陽○之	3.5/24/23
于是相以○	4.14/40/4
無德不○	5.10/47/26
兄死而讎不（執）〔○〕	
	5.14/50/11
欲○其夫而無道徑	5.15/50/25
以○桓公	6.1/51/26
管嘉○公	6.1/52/3
卒享其○	6.3/53/4
子貢還○其辭	6.6/55/13
子貢以○孔子	6.6/55/16
使者○曰	6.13/61/12
○子以乘軒	7.12/71/19

暴 bào	11
後獻公○虐	1.7/5/18
余以巾櫛事先君而○妾	
使余	1.7/5/21
而迫于○虐	2.6/16/8
見時○亂	2.13/20/27
背故君而事强○	5.5/44/13
窮民財力謂之○	6.4/54/3
行之大者也	6.4/54/5
君有○臣	6.8/57/3
妾無○子	6.8/57/4
而龍爲○下	6.12/60/25
亂是用○	7.2/64/13

鮑 bào	10
宋○蘇之妻也	2.7/16/19
○蘇仕衛三年	2.7/16/19
宋○女宗	2.7/17/1
○牽見之	7.10/70/4
高子、○子處內守	7.10/70/5
高、○將不內君	7.10/70/6
則○牽而逐高子、國佐	7.10/70/7
高、○皆復	7.10/70/9
○牽是疾	7.10/70/14
譖愬高、○	7.10/70/14

杯 bēi	1
不勝王祝○酌餘瀝	6.7/56/3

卑 bēi	6
以尊事○	1.1/1/24
今以子年之少而位之○	1.10/8/5
安天下之○位	2.11/19/11
宜矣子之○且賤也	2.12/19/24
天之處高而聽○	3.5/24/23
出令○宮室	6.11/59/28

庳 bēi	1
封象于有○	1.1/1/18

悲 bēi	11
○心慟	1.7/5/9
慈母憂戚○哀	1.13/11/12
似哭之甚○	3.12/29/13
何嘯之○也	3.13/30/4
吾豈爲不嫁不樂而○哉	3.13/30/5
我心傷○	4.8/36/15
夜半○鳴〔兮〕	4.13/39/14
嗚呼（哉）〔○〕兮	4.13/39/15
甯戚擊牛角而（商）	
〔商〕歌甚○	6.1/51/16
緹縈自○泣	6.15/62/23
天子憐○其意	6.15/62/26

北 běi	11
一日從○方來	1.12/10/23
○面稽首曰	6.4/53/29
我○鄙之人也	6.6/55/10
自○徂南　6.6/55/10, 6.6/55/17
吾○鄙之人也	6.6/55/17
齊有○郭先生者	6.9/57/17
嘗與○郭先生通	6.9/57/18
○風其喈	6.13/61/27
○鄙之舞	7.2/64/5
反〔○面爲〕（目）	
〔臣〕	7.13/72/9

背 bèi	8
又○秦路	2.4/14/21
○死不義	4.15/40/19
終不○義	5/41/6
○故君而事强暴	5.5/44/13
夫○公義而嚮私愛	5.6/45/4
○言忘信	5.8/46/13
○節棄義	7/63/13
是○君也	7.8/68/17

倍 bèi	3
家富三○　2.9/17/26, 2.9/18/9
姦臣必（○）〔倍〕敵	
國而發謀	6.13/61/10

被 bèi　7

覆以布○	2.11/19/4
斜引其○	2.11/19/5
君臣父子皆○其辱	3.13/30/10
○一創	5.8/46/5
○不義之名	5.12/49/1
申生○患	6.9/57/28
終○禍敗	7/63/13

悖 bèi　2

今魯君老○	3.13/30/9
愚○姦生	3.13/30/17

備 bèi　22

君子謂敬姜○于教化	1.10/8/8
使吾子○官而未之聞耶	1.10/8/16
以○婦人出入之制	1.12/10/20
德行既○	1.12/11/5
厥行孔○	2.8/17/21
其不設○乎	3.2/22/27
夫家禮不○而欲迎之	4.1/32/11
一禮不○	4.1/32/15
言夫家之禮不○足也	4.1/32/15
夫禮不○	4.1/32/21
保傅不○	4.2/33/11
禮不○	4.6/34/27
齊中莫能○禮求焉	4.6/34/28
（○）〔借〕吾不還	4.15/40/15
君子謂孝婦○于婦道	4.15/40/25
願得○數于下〔陳〕	6.4/53/22
供具○禮	6.7/56/3
願○（父）〔員〕持楫	6.7/56/7
願（借）〔○〕後宮之	
埽除	6.10/58/14
皆已○有列位矣	6.10/58/17
貞女一禮不○	6.11/59/17
文雅甚○	6.15/63/8

糒 bèi　1

有獻一囊糒○者	1.11/10/3

奔 bēn　29

孫林父○晉	1.7/5/12
與舅犯○狄	2.3/13/29
○梁	2.4/14/20
與趙衰○狄	2.8/17/6
有三女○之	3.1/22/11
衛侯遂○走	3.3/23/19
州犁○荆	3.6/25/18
鄰人女○	3.13/30/8
○則爲妾	3.14/30/28
車○	4.6/35/5
何爲老而見○	6.4/53/23
○告晏子	6.4/54/12
是○女也	6.11/59/16
○莒	7.6/66/26
哀姜○邾	7.6/66/26
重耳○狄	7.7/68/2
夷吾○梁	7.7/68/2
公子出○	7.7/68/10
喬如○齊	7.8/68/19
公孫寧、儀行父皆○楚	7.9/69/13
靈公太子午○晉	7.9/69/13
而與夏姬○晉	7.9/69/20
佐遂○莒	7.10/70/7
遂以○亡	7.10/70/14
東郭姜○入戶而閉之	7.11/70/22
削瞤○宋	7.12/71/16
出公○魯	7.12/71/21
莊公以戎州之亂又出○	
	7.12/71/22
使之出○	7.12/71/28

本 běn　9

德教○也	1.6/3/29
君之根○	2.4/14/21
君子謂范氏母爲知○	3.11/29/3
正其○	4.1/32/12
是以○立而道生	4.1/32/13
子○欲取兄之子	5.12/48/30
邪僞立于○朝	6.10/58/26
○寔先敗	7.11/71/6
既立畔○	7.14/73/12

畚 běn　3

老萊方織○	2.14/21/5
其妻戴○萊	2.14/21/7
投其○萊而去	2.14/21/10

崩 bēng　10

及堯○	1.2/2/3,1.3/2/18
十日而城爲之○	4.8/36/12
城爲之○	4.8/36/20,6.9/57/25
臺○	4.10/37/21
一旦山陵○弛	6.10/58/24
墻欲內○而王不視	6.13/61/15
墻欲內○而王不視者	6.13/61/17
外內○（壞）〔壞〕	6.13/61/19

鼻 bí　4

乃援鏡持刀以割其○	4.14/40/2
劓○刑身	4.14/40/9
莫不爲酸○揮涕	5.13/49/24
（印）〔卬〕○結喉	6.10/58/12

比 bǐ　12

必可以○國人而景附矣	1.6/4/2
闞伯○謂其御曰	3.2/22/25
○其反也	4.6/35/10
今乃○于妃嬪	5.4/43/12
其德不○	5.4/44/1
○目之魚也	6.12/60/19
外○內○	6.12/60/20
是外○內○也	6.12/60/21
○干諫曰	7.2/64/8
其室○于公宮	7.11/70/20

彼 bǐ　26

克配○天	1.2/2/5
○姝者子	1.9/6/27,1.9/7/4
○二聖一賢者	1.10/8/4
○雖不愛	1.13/11/16
○君子兮	1.14/12/8
○（姜）〔美〕孟姜	2.3/14/9
且○爲○	2.10/18/16
○雖裸裎	2.10/18/16

○先生者　2.11/19/11
○美淑姬　2.11/19/13
識○天道　3.2/23/10
陟○屺兮　3.9/27/12
如○泉流　3.10/28/11
○無大故　4.4/34/3
○雖不吾以　4.5/34/16
○君子女　4.6/35/12
○美孟姜　4.11/38/11
○其之子　5.12/49/3
○浣者　6.6/55/9
升○阿兮面觀清　6.7/56/11
在○中阿　6.11/60/1
○得政而治之　7.7/67/20
譖○蔮瞋　7.12/71/28
○亦各貴其〔故〕所親
　　　　　7.14/72/26

俾 bǐ　2

○獻不聽　3.1/22/19
○厥彭生　7.5/66/14

筆 bǐ　1

關吏執○書劾　5.13/49/24

鄙 bǐ　7

楚野之○人也　6.5/54/23
我北○之人也　6.6/55/10
我○野之人也　6.6/55/15
吾北○之人也　6.6/55/17
棄于野○　6.6/55/19
妾願以○軀易父之死　6.7/56/4
北○之舞　7.2/64/5

必 bì　103

○與太姜　1.6/3/28
○可以比國人而景附矣　1.6/4/2
才德○過人矣　1.6/4/8
○慎所感　1.6/4/9
未○至於斯也　1.6/4/24
○先害善人　1.7/5/16
聲○揚　1.9/7/8
視○下　1.9/7/8

○無廢先人　1.10/8/28
○死奉命　1.14/12/4
名號○揚　2/12/19
○好奢窮欲　2.1/12/26
公子○從　2.3/14/2
貳○有咎　2.3/14/3
○死於此矣　2.3/14/3
公子○有晉　2.3/14/5
門人○存　2.10/18/26
其名○揚矣　2.12/19/28
危險○避　3/22/6
榮名○利　3/22/7
○致之〔於〕王　3.1/22/12
莫敖○敗　3.2/22/25
○濟師　3.2/22/25
○小羅　3.2/22/27
物盛○衰　3.2/23/3
日中○移　3.2/23/3
盛而○衰　3.2/23/10
○得晉國　3.4/24/5
○霸諸侯而討無禮　3.4/24/5
曹○為首〔誅也〕　3.4/24/6
子○不免　3.4/24/6
則其君○伯王之主也　3.4/24/7
○能報施矣　3.4/24/8
○能討過　3.4/24/8
〔天○〕陽報之　3.5/24/23
○興于楚　3.5/24/24
不死○壽　3.5/24/29
○有憎妬人者　3.6/25/4
禍○及身矣　3.6/25/4
難○及子　3.6/25/9
此〔○〕蘧伯玉也　3.7/25/23
此其人○不以闇昧廢禮　3.7/25/25
○伯玉焉　3.7/26/5
君（心）〔○〕悔之　3.8/26/13
○於變動　3.9/26/27
是○使齊圖魯而拘汝留
之　　　　　3.9/27/1
汝○施恩布惠　3.9/27/1
○且遇害　3.9/27/17
○有奇禍　3.10/28/2
○有甚惡　3.10/28/3
將○以是大有敗也　3.10/28/4
則○有禍也　3.10/28/7
○是子也　3.10/28/9, 3.11/29/2
○以賂死　3.10/28/12

○以貨死　3.10/28/20
知其○滅　3.11/29/8
○有人禍　3.12/29/19
則魏○有禍矣　3.14/30/25
有禍○及吾家　3.14/30/25
是故○十五而笄　3.14/30/28
○正妃匹　3.14/30/30
為○可信　4/32/6
○死不往　4.1/32/15
要以○死　4.1/32/21
行○以燭　4.2/33/6
○敬○戒　4.6/35/1
○夙興夜寐　4.6/35/1
○終父母之命　4.6/35/2
○乘安車輜軿　4.6/35/7
婦人出○輜軿　4.6/35/11
夫婦人○有所倚者也　4.8/36/12
令召宮人○以符　4.10/37/17
妾知從使者○生　4.10/37/19
留○死　4.10/37/20
○死無避　5/41/6
○為亂矣　5.2/42/5
禍○興焉　5.2/42/10
今者王○將以職易太子　5.2/42/11
○寢太子之不可釋也　5.2/42/13
若將○死　5.4/43/23
其子○仁　5.4/43/26
○不遂矣　5.9/47/3
○求其寬仁慈惠　5.11/48/18
其子○不愚　6.2/52/20
今○當以人祀　6.4/53/29
此人○有與人異者矣　6.12/60/14
姦臣○〔倍〕〔倚〕敵
　國而發謀　6.13/61/10
王○不得反國　6.13/61/10
○且殆也　6.13/61/17
王○遂往　6.13/61/21
○亡矣　7.1/63/21
○要殺之　7.4/65/20
壽度太子○行　7.4/65/21
易此○敗　7.5/66/6
○亂國　7.7/67/14
毋○假手於武王以廢其
　祀　　　　　7.7/67/18
○逐季、孟　7.8/68/17
君○速出　7.8/68/20
○死于此　7.8/68/25

何○取是	7.9/69/17	取○子于弊邑	5.4/43/16	〔皆〕○于公	3.8/26/11
楚王○嬖妾	7.14/73/1	使媵○取酒而進之	5.10/47/18	而猶親○蔡姬也	5.4/43/18
		媵○心知其毒酒也	5.10/47/18	惟若孽○	7/63/13
邲 bì	1	妻恐媵○言之	5.10/47/20	與末喜、○姜同舟流于	
		乃免媵○而笞殺其妻	5.10/47/21	海	7.1/63/24
襄老死於○	7.9/69/18	使人陰問媵○曰	5.10/47/21	○幸于紂	7.2/64/3
		媵○曰	5.10/47/22	幽王受而○之	7.3/65/1
閉 bì	10	媵○辭曰	5.10/47/23	驪姬○于獻公	7.7/67/8
		何問乎○子	6.6/55/12	言○色殞命也	7.9/69/21
其母○門而不內	1.11/10/1	○妾之職	6.11/59/14	悝母亦○	7.12/71/28
○永巷之門	4.9/37/5	妾願入身爲官○	6.15/62/25	既見○近	7.13/72/18
乃伏師○壁	5.4/43/26			楚王必○妾	7.14/73/1
門不○關	6.2/52/12	**弼 bì**	1	倡后既○幸于王	7.15/73/20
乃虞姬于九層之臺	6.9/57/19				
門已○	6.13/61/25	國無○輔	6.13/61/17	**壁 bì**	4
○門而索客	7.10/70/6				
東郭姜奔入戶而○之	7.11/70/22	**詖 bì**	1	魯與齊通○	3.9/26/28
○門	7.11/70/24			○鄰之國也	3.9/26/28
（生）〔主〕○沙丘	7.13/72/18	何有險○	5/41/6	乃伏師閉○	5.4/43/26
				何愛東○之餘光	6.14/62/10
畢 bì	10	**敝 bì**	1		
				蔽 bì	13
母道既○	1.2/2/10	昔○邑寡君固以眾黎民			
○三年之喪	1.7/5/8	之役事君王之馬足	5.4/43/11	妾不能以私○公	2.5/15/17
歲祀禮事○	1.12/10/17			是○君而塞賢路	2.5/15/18
臘（月）〔日〕禮○事		**弊 bì**	2	○賢之路	2.5/15/27
間	1.12/10/25			紂不○兮	2.10/18/19
乃得○羊而交之	3.6/25/11	則賤妾有先人之○廬在	4.8/36/9	尸不掩○	2.11/19/18
○羊乃迻州犂于荊	3.6/25/11	取婢子于○邑	5.4/43/16	姬使侍御者舒帷以自障	
厚許○羊	3.6/25/17			○	4.6/35/6
既○而賤賣	3.11/29/1	**幣 bì**	9	野處則帷裳擁○	4.6/35/8
○	4.3/33/17			乳母以身爲公子○	5.11/48/15
吾力○能盡	5.5/44/9	大王及宗室所賜○者	3.15/31/20	維久難○	6.7/56/20
		〔大夫〕致○	4.11/38/4	薦床○席	6.9/57/21
婢 bì	20	乃厚○而嫁之	5.10/47/24	諫者○塞	6.13/61/7
		乃納○于父母	6.7/56/15	恐壅閼○塞而不得見	6.13/61/14
從○子起	2.1/12/26	殫財盡○	7.1/63/22	自與○薄	6.14/62/8
敢請○子之罪	2.1/12/26	乃布○焉	7.3/64/24		
○子娣姒不能相教	2.4/14/25	公使大夫宗〔婦〕用○		**避 bì**	18
○子夕以死	2.4/14/25	見	7.6/66/20		
夫人無子而○妾有子	4.12/38/25	今婦贄用○	7.6/66/21	牛羊○而不踐	1.2/1/30
使○子居內	4.12/38/26	巫臣使介歸○於楚	7.9/69/20	丘子○席	2.5/15/19
寡君使○子侍執巾櫛以				于是○舍	2.5/15/20
固子也	5.3/42/28	**嬖 bì**	13	猶知○害	2.6/16/7
故（一）〔以〕○子之				妻請○館	2.13/20/27
身爲苞苴玩好	5.4/43/11	○人之子也	1.8/6/12	危險必○	3/22/6
而要○子以死	5.4/43/15	夫人仲子與其娣戎子		婦人獨安所○乎	3.13/30/10

○嫌遠別	4/32/6,4.6/35/17
夫人少○火	4.2/33/1,4.2/33/2
遠別○嫌	4.6/34/28
○不敢當	4.8/36/20
必死無○	5/41/6
妾〔之○〕已極矣	6.5/54/19
妾不○	6.9/57/24
太子其○之	7.4/65/21
乃○之	7.11/70/25

臂 bì　4

繼母連大珠以爲繫○	5.13/49/13
繼母棄其繫○珠	5.13/49/14
夫人解繫○	5.13/49/17
此珠妾之繫○也	5.13/49/20

璧 bì　7

乃與太子蒼、公子弘、	
與簡○	2.4/14/23
王欲聘以○帛	2.14/21/4
加○其上	3.4/24/9
公子受飱反○	3.4/24/9
使大夫持金百鎰、白○	
一雙以聘焉	4.11/38/3
今王賜金○之聘、夫人	
之位	4.11/38/6
聘以金○	4.11/38/15

躃 bì　1

立不○	1.6/4/7

編 biān　2

○于母德	1.11/10/12
君子故序之以○《詩》	4.5/34/17

鞭 biān　6

可隨以○捶	2.14/21/9
將執而○之	6.5/54/18
（○）〔輕〕其微弱	6.5/54/21
吾○則○耳	6.5/54/22
○而殺之	7.7/68/3

邊 biān　3

坐不○	1.6/4/7
如使○境有寇戎之事	3.3/23/17
○境無主	7.7/67/10

褊 biān　1

惟是○心	5.9/47/6

便 biàn　2

乃日視○利田宅可買者	
〔買之〕	3.15/31/22
我甚○之	4.12/38/24

辨 biàn　3

歸○家事	1.12/10/21
伯宗賢而好以直○凌人	3.6/25/3
○足以（餙）〔飾〕非	7.2/64/3

辯 biàn　5

惟若○通	6/51/10
楚野○女者	6.5/54/17
○女能以辭免	6.5/54/24
○女獨乘	6.5/55/3
女辯○深	6.6/55/25

變 biàn　10

不爲○己	2.7/17/1
○名易姓而遠徙	2.13/20/21
願○先生之志	2.14/21/6
不爲昭昭（○）〔信〕	
節	3.7/25/24
必於○動	3.9/26/27
○妾之節哉	4.12/38/27
徐步不○	5.2/41/28
則○容更服	6.11/59/18
不爲○常	6.11/60/5
襃神龍○	7.3/65/13

表 biǎo　12

行爲儀○	1/1/3

當爲人○式	1.8/6/8
○其閭	2.7/16/27
○其閭里	2.7/17/1
縕袍不○	2.11/19/4
乃○負羈之閭	3.4/24/9
天下之○也	4.9/36/27
今君王棄儀○之行	4.9/37/1
若使君王棄其儀○	4.9/37/2
令縣復其三子而○其墓	
	5.14/50/14
馮翊○墓	5.14/50/20
今子列大夫而不爲之○	6.5/54/21

鱉 biē　4

羞○焉爲小	1.10/9/3
相延食○	1.10/9/4
將使○長而食之	1.10/9/4
○于人何有	1.10/9/5

別 bié　16

仲尼謂敬姜○于男女之	
禮矣	1.10/9/18
瞽猶捭目而○黑白也	3.12/29/18
掩目而○黑白	3.12/29/19
王亂于無○	3.14/30/23
妾聞男女之○	3.14/30/27
而亂男（子）〔女〕之	
○也	3.14/30/30
而從亂無○	3.14/31/6
禮○不明	3.14/31/13
避嫌遠○	4/32/6,4.6/35/17
遠○避嫌	4.6/34/28
所以遠○也	4.6/35/12
而使○治蓋	5.5/44/18
分○四殆	6.10/59/6
是男女無○也	7.6/66/21
男女之○	7.6/66/22

賓 bīn　5

○于四門	1.1/1/17
饗養上○	1.10/9/5
嘉○式讌以樂	1.10/9/6
言尊○也	1.10/9/6
過賢則○	6.6/55/16

濱 bīn	1	**丙 bǐng**	1	穆○先死	1.10/7/28
				文○出學而還歸	1.10/7/28
陶于河○	2.6/16/5	生仲壬、外○	1.5/3/15	文○自以爲成人矣	1.10/8/1
				故能成○業	1.10/8/3
擯 bìn	3	**秉 bǐng**	2	皆○王之君也	1.10/8/4
				文○乃謝罪	1.10/8/6
○棄于野	6.12/60/12	○心塞淵	4.15/40/26	文○引衽攝捲而親饋之	1.10/8/7
魯（逐）〔遂〕○繆姜		內不○國家之治	6.10/58/27	文○相魯	1.10/8/8
于東宮	7.8/68/19			文○再拜受教	1.10/8/14
既廢見○	7.8/69/1	**并 bìng**	2	文○退朝	1.10/8/14
				文○曰	1.10/8/15
冰 bīng	1	士卒○分菽粒而食之	1.11/9/28	余懼穆○之絕嗣也	1.10/9/1
			1.11/10/4	文○飲南宮敬叔酒	1.10/9/3
乃取置寒○之上	1.2/1/31			遂逐文○	1.10/9/5
		並 bìng	4	文○卒	1.10/9/7
兵 bīng	24			朝哭穆○	1.10/9/11
		輦不○乘	4.6/35/17	暮哭文○	1.10/9/11
驕而好○	1.8/6/13	孝義○忘	5.9/47/3	行○道	2.2/13/11
秦穆公乃以○內之于晉	2.3/14/8	〔諸侯○侵之〕	6.9/57/15	遂○天下	2.3/14/9
秦遂興○與晉戰	2.4/14/22	○坐鼓瑟	6.12/60/27	卒成○基	2.3/14/15
令○士無敢入	3.4/24/9			功業遂○	2.5/15/27
而興○欲襲魯	3.9/27/2	**病 bìng**	3	關○比謂其御曰	3.2/22/25
言趣饗戰鬭之士而繕甲				則其君必○王之主也	3.4/24/7
○也	3.9/27/8	淫僻、竊盜、長舌、驕		晉大夫○宗之妻也	3.6/25/3
齊方遣○	3.9/27/11	侮、無子、惡○皆在		○宗賢而好以直辨凌人	3.6/25/3
聞○在境上	3.9/27/12	其後	2.7/16/25	○宗不聽	3.6/25/5
而齊、楚、強秦不敢加		王○在軍中	5.4/43/18	○宗曰	3.6/25/5
○焉	3.14/31/8	王○甚	5.4/43/25		3.6/25/7, 3.6/25/11
卒無敵○	3.14/31/14			郤害○宗	3.6/25/11
趙○果敗	3.15/31/25	**波 bō**	2	君子謂○宗之妻知天道	3.6/25/12
皆不釋○	4.9/37/5			○宗凌人	3.6/25/17
然後罷○	5.4/43/27	恐風○之起	6.7/56/2	數諫○宗	3.6/25/17
于是齊將按○而止	5.6/45/7	水揚○兮杳冥冥	6.7/56/11	○宗遇禍	3.6/25/17
齊○遂止	5.6/45/16			此〔必〕蘧○玉也	3.7/25/23
因舉○平代地	5.7/45/22	**播 bō**	3	蘧○玉	3.7/25/25
遂起○收故侵地	6.9/57/30			果○玉也	3.7/25/26
選○馬	6.10/58/30	○時百穀	1.2/2/3	始姜獨以衛爲有蘧○玉	
幽王舉燧燧徵○	7.3/65/7	要其安民以○烈光、制		爾	3.7/25/27
舉烽致○	7.3/65/13	禮以廣達孝而言之	1.6/4/22	必○玉焉	3.7/26/5
楚莊王舉○誅徵舒	7.9/69/13	墾山○種	2.14/21/3	生○封	3.10/28/5
李兌乃起四邑之○擊章				食我號曰○碩	3.10/28/8
	7.13/72/11	**伯 bó**	84	〔○碩〕生時	3.10/28/8
即解○	7.13/72/12			其後智○滅范氏	3.11/29/3
其後秦○徑入	7.15/73/22	生太○、仲雍、王季	1.6/3/28	叔兮○兮	3.12/29/22
		長○邑考	1.6/4/14	○姬者	4.2/32/26
		魯大夫公父穆○之妻	1.10/7/27	嫁○姬於宋恭公	4.2/32/26
		文○之母	1.10/7/27, 1.10/9/22	○姬迫于父母之命而行	4.2/32/27

○姬以恭公不親迎　4.2/32/27
致命于○姬　4.2/32/28
○姬既嫁于恭公　4.2/32/30
○姬寡　4.2/32/30
○姬嘗遇夜失火　4.2/33/1
○姬曰　4.2/33/1,4.2/33/2
爲賢○姬　4.2/33/4
○姬之婦道盡矣　4.2/33/4
○姬之謂也　4.2/33/6
○姬可謂不失儀矣　4.2/33/7
○姬心專　4.2/33/11
○嬴者　4.9/36/25
楚與吳爲○莒之戰　4.9/36/25
次至○嬴　4.9/36/26
○嬴持刀曰　4.9/36/26
舍○嬴與其保阿　4.9/37/5
君子謂○嬴勇而精一　4.9/37/5
○嬴自守　4.9/37/11
上配○姬　4.10/37/27
括之子○御與魯人作亂　5.1/41/13
義保聞○御將殺稱　5.1/41/14
○御殺之　5.1/41/14
請周天子殺○御　5.1/41/17
○御作亂　5.1/41/22
○奇放野　6.9/57/28
既生子○服　7.3/65/1
廢太子宜臼而立○服爲
　太子　7.3/65/2
繆姜通于叔孫宣○　7.8/68/16
宣○是阻　7.8/69/1
南子及衛○姬也　7.12/71/15
衛○姬者　7.12/71/17

帛 bó　6
使兩君罷以玉○相見　2.4/14/24
王欲聘以璧○　2.14/21/4
王所賜金○　3.15/31/21
且君王以束○乘馬　5.4/43/16
賜婦人束○百端　5.6/45/9
不過玉○、禽鳥　7.6/66/21

勃 bó　1
○然不悅　1.9/7/6

亳 bó　2
封之於○　1.3/2/18
其後世世居○　1.3/2/20

博 bó　2
○達知禮　1.10/7/28
其道○矣　2.12/20/2

摶 bó　2
乳狗○人　5.11/48/19
伏鷄○狸　5.11/48/20

薄 bó　6
夫子能○而官大　2.9/17/28
王德○而祿厚　3.2/23/2
設帷○而觀之　3.4/24/4
自與藏○　6.14/62/8
非朕德○而教之不明歟
　6.15/62/27
○于德　7.1/63/17

卜 bǔ　8
○筮禋祀　1.2/1/30
孫文子○追之　1.7/5/23
召太（上）〔○〕而○
　之　6.4/53/28
○擇吉日　6.10/58/30
夏后○殺之與去　7.3/64/23
○請其蔡〔而〕藏之　7.3/64/23
遂使○齮襲閔公于武
　闈　7.6/66/25

哺 bǔ　2
周公一食而三吐○　1.10/8/3
王輟食吐○而起　6.12/60/13

補 bǔ　2
冀幸○一言　6.9/57/22
終不能○　7.8/69/2

不 bù　1005
○可○法　1/1/4
○以天子之女故而驕盈
　怠嫚　1.1/1/10
時既○能殺舜　1.1/1/14
舜終日飲酒○醉　1.1/1/15
舜猶○怨　1.1/1/16
怒之○已　1.1/1/16
思慕○已　1.1/1/16
○怨其弟　1.1/1/16
篤厚○怠　1.1/1/17
○顯惟德　1.1/1/20
以爲○祥　1.2/1/30
牛羊避而○踐　1.2/1/30
其德○回　1.2/2/5,5.5/44/19
百姓○親　1.3/2/19
五品○遜　1.3/2/19
○入其門　1.4/3/4
持禹之功而○殞　1.4/3/5
目○視惡色　1.6/4/5
耳○聽淫聲　1.6/4/5
口○出敖言　1.6/4/5
寢○側　1.6/4/7
坐○邊　1.6/4/7
立○蹕　1.6/4/7
○食邪味　1.6/4/7
割○正○食　1.6/4/7
席○正○坐　1.6/4/7
目○視于邪色　1.6/4/7
耳○聽于淫聲　1.6/4/8
身○失天下之顯名　1.6/4/18
乃人才質○同　1.6/4/23
有○可以少加重任者　1.6/4/23
鮮○及矣　1.6/4/24
○顯其光　1.6/4/26
瞻望○及　1.7/5/10
○可　1.7/5/12,1.7/5/19
　2.3/14/4,2.8/17/9
　3.8/26/12,3.10/27/25
　7.4/65/21,7.5/66/6
　7.7/67/21,7.9/69/14
　7.15/73/18
○猶愈于亡乎　1.7/5/13
○亦可乎　1.7/5/14
　2.5/15/19,6.14/62/10
其儀○忒　1.7/5/14,4.10/37/22

見獻公之○哀也	1.7/5/16	肥也○得聞命	1.10/9/13	○素殯兮	1.14/12/8
○內食飲	1.7/5/16	子○聞耶	1.10/9/14	○爲也	1.14/12/9
夫吾○獲鱄也	1.7/5/17	皆○踰閾	1.10/9/17	以爲○德	1.14/12/13
孫文子自是○敢舍其重		酢○受	1.10/9/17	終○素食	1.14/12/13
器于衛	1.7/5/17	徹俎○讌	1.10/9/17	事非禮○言	2.1/12/23
而定姜欲立之而○得	1.7/5/18	宗○具○繹	1.10/9/17	行非禮○動	2.1/12/23
神○可誣	1.7/5/19	繹○盡飲	1.10/9/17	后夫人○出房	2.1/12/24
傅母見其婦道○正	1.8/6/7	則○退	1.10/9/18	姜（之）○才	2.1/12/25
○可○自脩整	1.8/6/8	女也○爽	1.10/9/18	寡人○德	2.1/12/27
是○貴德也	1.8/6/9	其母閉門而○內	1.11/10/1	衛姬爲之○聽鄭衛之音	2.2/13/10
尤○可有邪辟之行焉	1.8/6/11	子○聞越王句踐之伐吳		而衛獨○至	2.2/13/11
莫○尊榮	1.8/6/18	〔耶〕	1.11/10/1	○可以貳	2.3/14/2
是○免于廝役	1.9/7/1	味○及加美	1.11/10/3	吾○動	2.3/14/3
中道廢而○爲	1.9/7/2	甘○踰嗌	1.11/10/4	人○求及	2.3/14/5
寧能衣其夫子而長○乏		《詩》○云乎	1.11/10/5	亂○長世	2.3/14/5
糧食哉	1.9/7/2		2.8/17/10	公子○聽	2.3/14/5, 2.3/14/14
○爲竊盜	1.9/7/3	言○失和也	1.11/10/5	君子謂齊姜潔而○瀆	2.3/14/9
且夕勤學○息	1.9/7/3	○得人力	1.11/10/12	言行○怠	2.3/14/14
孟子○悅	1.9/7/5	○出夫家	1.12/10/18	惠公○用	2.4/14/21
遂去○入	1.9/7/5	歲時禮○理	1.12/10/18	晉○與	2.4/14/22
私室○與焉	1.9/7/6	吾○知其故	1.12/10/24	婢子娣姒○能相教	2.4/14/25
勃然○悅	1.9/7/6	妾○幸早失夫	1.12/10/24	痛○能救	2.4/15/6
蓋○客宿	1.9/7/7	○敢復反	1.12/10/26	○止	2.5/15/11, 5.6/45/1
今子○察於禮	1.9/7/8	○掩人情	1.12/11/5	乃○食禽獸之肉	2.5/15/11
○亦遠乎	1.9/7/9, 4.11/38/11	皆○愛慈母	1.13/11/10	○知飢倦也	2.5/15/13
○敏	1.9/7/10	猶○愛	1.13/11/11	妾豈○欲擅王之愛寵乎	2.5/15/16
曰「○也」	1.9/7/11	○得與前妻子齊	1.13/11/11	妾○能以私蔽公	2.5/15/17
○爲苟得而受賞	1.9/7/12	前妻之子猶○愛	1.13/11/12	未聞進賢〔而〕退○肖	2.5/15/18
○貪榮祿	1.9/7/12	〔人○愛母至甚也〕	1.13/11/13	知賢○進	2.5/15/18
諸侯○聽	1.9/7/13	雖○愛妾	1.13/11/14	是○忠	2.5/15/18
則○達其上	1.9/7/13	獨於假子而○爲	1.13/11/14	○知其賢	2.5/15/18
聽而○用	1.9/7/13	爲人母〔而〕○能愛其		是○智也	2.5/15/18
則○踐其朝	1.9/7/13	子	1.13/11/15	○知所對	2.5/15/20
今道○用於齊	1.9/7/13	○慈且無義	1.13/11/16	過時○來	2.6/16/3
子學○進	1.9/7/22	彼雖○愛	1.13/11/16	○擇官而仕	2.6/16/5
是以日益而○自知也	1.10/8/5	可○赦其子乎	1.13/11/17	○擇妻而娶	2.6/16/6
子之○益	1.10/8/6	百心○可以事一君	1.13/11/21	○罹患害而已	2.6/16/6
○可○彊	1.10/8/9	雖○吾愛	1.13/11/25	夫鳳皇○罹于蔚羅	2.6/16/7
所以均○均、服○服也	1.10/8/10	○爲苟得	1.14/12/2	麒麟○入于陷穽	2.6/16/7
持交而○失	1.10/8/11	○行詐僞	1.14/12/2	蛟龍○及于枯澤	2.6/16/7
出入○絕者	1.10/8/11	○計於心	1.14/12/2	○得道理	2.6/16/8
其以歌爲○能事主乎	1.10/8/15	○入于家	1.14/12/3	○得行義	2.6/16/8
沃土之民○材	1.10/8/18	忠信○欺	1.14/12/4	蓋○得已也	2.6/16/9
（吾）〔胡〕○自安	1.10/9/1	夫爲人臣○忠	1.14/12/5	婦人一醮○改	2.7/16/21
季氏之婦○淫矣	1.10/9/2	是爲人子○孝也	1.14/12/5	夫死○嫁	2.7/16/21
○應	1.10/9/12	○義之財	1.14/12/6	有二○亦宜乎	2.7/16/24
○應而入	1.10/9/13	○孝之子	1.14/12/6	吾姒○教吾以居室之禮	2.7/16/26

遂○聽	2.7/16/27	
○爲變己	2.7/17/1	
○聽其姒	2.7/17/1	
趙衰辭而○敢	2.8/17/9	
富貴而○顧	2.8/17/10	
猶與之同死而○去	2.8/17/11	
○我屑以	2.8/17/12	
○妬偏房	2.8/17/21	
名譽○興	2.9/17/26	
○用	2.9/17/26	
何其○祥也	2.9/17/27	
今夫子○然	2.9/17/29	
○顧後害	2.9/17/29	
霧雨七日而○下食者	2.9/17/30	
犬彘○擇食以肥其身	2.9/18/1	
君○敬	2.9/18/1	
民○戴	2.9/18/1	
○如我所之	2.9/18/4,3.12/29/22	
妻諫○聽	2.9/18/9	
知其○改	2.9/18/9	
三黜而○去	2.10/18/14	
	2.10/18/15	
則二三子○如妾知之也		
	2.10/18/18	
夫子之○伐兮	2.10/18/18	
夫子之○竭兮	2.10/18/18	
○强察兮	2.10/18/19	
紂○藏兮	2.10/18/19	
縕袍○表	2.11/19/4	
（手）〔首〕足○盡斂	2.11/19/5	
○如正而○足也	2.11/19/6	
先生以○斜之故	2.11/19/6	
生時○邪	2.11/19/6	
曾子○能應	2.11/19/7	
食○充（口）〔虛〕	2.11/19/8	
衣○蓋形	2.11/19/8	
死則手足○斂	2.11/19/9	
生○得其美	2.11/19/9	
死○得其榮	2.11/19/9	
辭而○爲	2.11/19/10	
先生辭而○受	2.11/19/11	
○戚戚于貧賤	2.11/19/12	
○忻忻于富貴	2.11/19/12	
○亦宜乎	2.11/19/12,5.3/42/28	
○求豐美	2.11/19/18	
尸○掩蔽	2.11/19/18	
晏子長○滿三尺	2.12/19/25	
○虛驕以貴	2.12/19/28	
常若○足	2.12/20/1	
接輿笑而○應	2.13/20/14	
使者遂○得與語而去	2.13/20/14	
王○知吾○肖也	2.13/20/15	
義士非禮○動	2.13/20/17	
○爲貧而易操	2.13/20/17	
○爲賤而改行	2.13/20/18	
吾○許也	2.13/20/20	
君使○從	2.13/20/20	
○如去之	2.13/20/20	
夫安貧賤而○怠于道者		
	2.13/20/21	
言○怠于道也	2.13/20/22	
終○遭難	2.13/20/27	
恐○來	2.14/21/4	
○足守政	2.14/21/6	
妾○能爲人所制	2.14/21/10	
遂行○顧	2.14/21/11	
所安○過容膝	2.15/21/25	
〔所〕甘○過一肉	2.15/21/26	
妾恐先生之○保命也	2.15/21/27	
謝使者而○許也	2.15/21/27	
○若身安	2.15/22/1	
王田○取群	3.1/22/12	
王御○參一族	3.1/22/13	
王猶○堪	3.1/22/13	
康公○獻	3.1/22/14	
受粲○歸	3.1/22/19	
俾獻○聽	3.1/22/19	
心○固矣	3.2/22/25	
君若○鎭撫	3.2/22/27	
其○設備乎	3.2/22/27	
○及	3.2/22/28	
妾在○猶愈乎	3.3/23/18	
衛侯○聽	3.3/23/19	
而許○能救	3.3/23/19	
衛侯於是悔○用其言	3.3/23/20	
既○我嘉	3.3/23/22	
○能旋反	3.3/23/22	
視爾○臧	3.3/23/22	
我思○遠	3.3/23/22	
衛君○聽	3.3/23/27	
許○能救	3.3/23/27	
恭公○禮焉	3.4/24/3	
子必○免	3.4/24/6	
子胡○早自貳焉	3.4/24/6	
○知其子者	3.4/24/6	
○知其君者	3.4/24/7	
子○早圖	3.4/24/8	
禍至○久矣	3.4/24/8	
汝○死矣	3.5/24/22	
德勝○祥	3.5/24/23	
《書》○云乎	3.5/24/23	
泣恐○及	3.5/24/29	
○死必壽	3.5/24/29	
伯宗○聽	3.6/25/5	
實毅○華	3.6/25/6	
至言○（餝）〔飾〕	3.6/25/6	
今陽子華而○實	3.6/25/6	
然而民之○能戴其上久		
矣	3.6/25/9	
子之（仕）〔性〕固○		
可易也	3.6/25/9	
子何○預結賢大夫以託		
州犁焉	3.6/25/10	
及欒○忌之難	3.6/25/11	
○可救藥	3.6/25/12	
○爲昭昭（變）〔信〕		
節	3.7/25/24	
○爲冥冥惰行	3.7/25/25	
此其人必○以闇昧廢禮	3.7/25/25	
夫可欺而○可罔者	3.7/25/29	
○見其人	3.7/26/1	
○祥	3.8/26/12	
而以難犯○祥也	3.8/26/13	
公終○聽	3.8/26/14	
以○用仲子之言	3.8/26/16	
棄嫡○祥	3.8/26/21	
公既○聽	3.8/26/21	
魯國○容子矣	3.9/26/27	
冠纓○足帶有餘	3.9/27/4	
君何○試召而問焉	3.9/27/5	
冠纓○足帶有餘者	3.9/27/10	
頭亂○得梳	3.9/27/10	
飢○得食也	3.9/27/10	
乃還文仲而○伐魯	3.9/27/12	
○容于晉	3.10/27/23	
羊舌子○受	3.10/27/23	
○容	3.10/27/24	
又○容于三室之邑	3.10/27/24	
是于夫子○容也	3.10/27/24	
○如受之	3.10/27/24	
食其子○擇肉	3.10/27/26	

子常○遂	3.10/27/26
○可食以○義之肉	3.10/27/26
○若埋之	3.10/27/27
以明○與	3.10/27/27
○敢食也	3.10/27/28
羊舌子○與攘羊之事矣	
	3.10/27/28
無曰○顯	3.10/27/29
叔姬○欲娶其族	3.10/27/30
爾○懲此	3.10/28/2
夒是用○祀	3.10/28/6
叔向懼而○敢娶	3.10/28/7
遂○肯見	3.10/28/9
是○可壓也	3.10/28/12
遂○見	3.10/28/13
皆貪○正	3.10/28/20
明君○問○爲	3.11/28/26
亂君○問而爲	3.11/28/26
子皮○復言也	3.12/29/14
一何○智禮也	3.12/29/16
後過時而○言	3.12/29/16
一何○達人事也	3.12/29/16
子內○智禮	3.12/29/16
而外○達人事	3.12/29/16
子○可以爲相	3.12/29/16
何○早言	3.12/29/17
子誠○智於禮	3.12/29/18
○達於人事	3.12/29/18
○達人事而相國	3.12/29/19
于皮○聽	3.12/29/20,3.12/29/27
○苟觸情	3.12/29/21
殆○如止	3.12/29/27
莫○爲之慘者	3.13/30/4
吾豈爲○嫁○樂而悲哉	3.13/30/5
○然	3.13/30/7
使我終歲○食葵	3.13/30/7
○得休息	3.13/30/12
○知我者	3.13/30/13
汝胡○匡之	3.14/30/23
今魏○能强	3.14/30/24
○知其爲禍耳	3.14/30/24
汝○言	3.14/30/24
○可失也	3.14/30/25
○可以邪開也	3.14/30/27
○正	3.14/31/1
王○憂此	3.14/31/6
寡人○知也	3.14/31/7

而齊、楚、强秦○敢加	
兵焉	3.14/31/8
禮別○明	3.14/31/13
括○可使將	3.15/31/19
○問家事	3.15/31/21
父子○同	3.15/31/22
即有〔如〕○稱	3.15/31/24
○也	3.15/31/24
〔故卒○加誅〕	3.15/31/25
願止○得	3.15/32/1
終○更二	4/32/6
夫家禮○備而欲迎之	4.1/32/11
○可○正	4.1/32/12
○可以行	4.1/32/14
遂○肯往	4.1/32/14
女終以一物○具	4.1/32/14
一禮○備	4.1/32/15
必死○往	4.1/32/15
室家○足	4.1/32/15
言夫家之禮○備足也	4.1/32/15
亦○女從	4.1/32/17
夫禮○備	4.1/32/21
終○肯從	4.1/32/21
恭公○親迎	4.2/32/26
伯姬以恭公○親迎	4.2/32/27
故○肯聽命	4.2/32/27
○忘先君	4.2/32/29
保傅○俱	4.2/33/1
夜○下堂	4.2/33/2,4.2/33/6
傅母○至	4.2/33/3
夜○可下堂	4.2/33/3
○如守義而死	4.2/33/3
莫○悼痛	4.2/33/5
以爲死者○可以生	4.2/33/5
婦人○得傅母	4.2/33/6
○愆于儀	4.2/33/7
伯姬可謂○失儀矣	4.2/33/7
保傅○備	4.2/33/11
女○聽	4.3/33/16
○容二庖	4.3/33/17
終○聽	4.3/33/17
女終○聽	4.3/33/18
○可轉也	4.3/33/19,4.12/39/3
○可卷也	4.3/33/19
厄窮而○憫	4.3/33/19
勞辱而○苟	4.3/33/19
言○失也	4.3/33/20

○可選也	4.3/33/20
公薨○反	4.3/33/25
女終○渾	4.3/33/25
夫之○幸	4.4/33/30
乃妾之○幸也	4.4/34/1
終身○改	4.4/34/1,4.13/39/17
○幸遇惡疾	4.4/34/1
○改其意	4.4/34/1
又○遣妾	4.4/34/3
終○聽其母	4.4/34/3
持心○（願）〔頃〕	4.4/34/8
作詩○聽	4.4/34/8
既往而○同欲	4.5/34/13
甚○得意	4.5/34/14
公反○納	4.5/34/14
又恐其已見遣而○以時	
去	4.5/34/14
今○得意	4.5/34/15
胡○去乎	4.5/34/15
胡○歸	4.5/34/16
彼雖○吾以	4.5/34/16
○違婦道以俟君命	4.5/34/17
執行○衰	4.5/34/22
莊公○偶	4.5/34/22
終○肯歸	4.5/34/23
過時○嫁	4.6/34/27
禮○備	4.6/34/27
終○往	4.6/34/28
語○及外	4.6/34/28
父母送孟姬○下堂	4.6/34/29
○若早死	4.6/35/9
○絕	4.6/35/10
○問男昆弟	4.6/35/12
終○冶容	4.6/35/17
輦○並乘	4.6/35/17
非禮○從	4.6/35/17
終○以身更貳醮	4.7/35/24
（有如）〔謂予〕○信	4.7/35/25
夫人○聽	4.7/35/25
息君夫人○爲利動矣	4.7/35/27
彌久○衰	4.7/36/3
遂死○顧	4.7/36/3,5.11/48/24
下妾○得與郊弔	4.8/36/9
莫○爲之揮（俤）〔涕〕	
	4.8/36/12
避○敢當	4.8/36/20
使男女○親授	4.9/36/28

（受）坐〇同席	4.9/36/29	終〇重行	4.13/39/16	王〇明察	5.2/42/8
食〇共器	4.9/36/29	斯女〇可得已	4.13/39/16	王又〇明	5.2/42/10
〇若死而榮	4.9/37/2	遂〇敢復求	4.13/39/16	吾聞信〇見疑	5.2/42/11
〇敢承命	4.9/37/3	〇嫁	4.14/39/27	王〇〔吾〕應	5.2/42/12
皆〇釋兵	4.9/37/5	〇能得	4.14/39/28	衆人孰知其〇然	5.2/42/12
求福〇回	4.9/37/6	妾夫〇幸早死	4.14/39/28	〇如死以明之	5.2/42/13
莫〇戰慄	4.9/37/11	曾〇得專意	4.14/39/29	必寤太子之〇可釋也	5.2/42/13
今使者〇持符	4.10/37/18	一往而〇改	4.14/40/1	〇可得也	5.2/42/15
妾〇敢從使者行	4.10/37/18	是〇信也	4.14/40/1	舍命〇渝	5.2/42/16,5.12/49/3
貞女之義〇犯約	4.10/37/19	是〇貞也	4.14/40/2	興于〇顧	5.2/42/20
勇者〇畏死	4.10/37/19	所以〇死者	4.14/40/3	子父之接忘而秦晉之友	
〇若留而死耳	4.10/37/20	〇忍幼弱之重孤也	4.14/40/3	〇加親也	5.3/42/26
〇爲苟生	4.10/37/21	謂予〇信	4.14/40/5	今吾〇足以結子	5.3/42/28
無符〇來	4.10/37/27	〇貪行貴	4.14/40/9	是吾〇肖也	5.3/42/28
流死〇疑	4.10/37/27	〇受梁聘	4.14/40/9	雖吾〇從子也	5.3/42/29
其妻紡績〇嫁	4.11/38/3	（備）〔借〕吾〇還	4.15/40/15	吾〇敢泄言	5.3/42/30
白公〇幸而死	4.11/38/5	夫果死〇還	4.15/40/16	亦〇敢從也	5.3/42/30
忠臣〇借人以力	4.11/38/7	婦養姑〇衰	4.15/40/16	嬴〇肯聽	5.3/43/3
貞女〇假人以色	4.11/38/8	棄託〇信	4.15/40/19	亦〇泄言	5.3/43/3
妾既〇仁	4.11/38/8	背死〇義	4.15/40/19	〇告所從	5.3/43/3
〇能從死	4.11/38/8	〇可也	4.15/40/19	然而〇可久也	5.4/43/13
〇亦太甚乎	4.11/38/9	〇載于地而生	4.15/40/20	其〇可得乎	5.4/43/14
遂辭聘而〇行	4.11/38/9	且夫養人老母而〇能卒		三年〇聽政事	5.4/43/14
〇亦重乎	4.11/38/10		4.15/40/20	今則〇然	5.4/43/15
德音〇忘	4.11/38/11	許人以諾而〇能信	4.15/40/21	〇約死	5.4/43/16
雖死〇易	4.11/38/15	夫〇幸先死	4.15/40/21	〇聞其以苟從其闇死爲	
八年〇衰	4.12/38/21	〇得盡爲人子之禮	4.15/40/22	榮	5.4/43/17
我〇聊也	4.12/38/22	是明夫之〇肖	4.15/40/22	妾〇敢聞命	5.4/43/17
且吾聞主君之母〇妾事		而著妾之〇孝	4.15/40/22	是以〇敢許	5.4/43/21
人	4.12/38/22	〇孝〇信且無義	4.15/40/23	是彰孤之〇德也	5.4/43/23
〇改故節	4.12/38/24	其父母懼而〇敢嫁也	4.15/40/23	昔者妾雖口〇言	5.4/43/23
夫人欲使靈氏受三〇祥		終〇聽母	4.15/41/1	妾聞信者〇負其心	5.4/43/24
耶	4.12/38/24	一醮〇改	4.15/41/1	義者〇虛設其事	5.4/43/24
〔公〕〇幸早終	4.12/38/25	終〇背義	5/41/6	〇死王之好也	5.4/43/24
是一〇祥也	4.12/38/25	赴之〇疑	5/41/6	三弟〇聽	5.4/43/25
是二〇祥也	4.12/38/25	〇死	5.1/41/15	蔡姬竟〇能死	5.4/43/25
是三〇祥也	4.12/38/26	子胥直行〇顧	5.2/41/27	其德〇比	5.4/44/1
衆人謂我〇知禮也	4.12/38/28	徐步〇變	5.2/41/28	〇得死	5.5/44/7
〇聽	4.12/39/1	子胥〇顧	5.2/41/28	吾聞將節勇而〇果生	5.5/44/7
	5.4/43/21,7.1/63/22	子胥復〇顧	5.2/41/29	故士民盡力而〇畏死	5.5/44/7
終年供養〇衰	4.12/39/2	子胥遂〔行〕〇顧	5.2/41/29	君亡〇死	5.5/44/8
終〇肯聽	4.12/39/7	（可得）而遂〇顧	5.2/41/30	君〇幸而死	5.5/44/10
恐〇得免	4.13/39/13	〇顧	5.2/42/2	故〇得死	5.5/44/10
作歌明己之〇更二也	4.13/39/13	〇可立也	5.2/42/5	是以〇死	5.5/44/11
七年〇雙	4.13/39/13	王〇聽	5.2/42/6	今君死而子〇死	5.5/44/12
〇與衆同	4.13/39/14	吾〇能藏	5.2/42/8	〇能存國而自活	5.5/44/13
死者〇可忘	4.13/39/15	子上言太子之〇可立也	5.2/42/8	吾〇能與子蒙恥而生焉	5.5/44/17

妻恥○死　　　　　5.5/44/23
婦人遂行○顧　　　5.6/44/29
○知也　5.6/44/30,6.13/61/16
力○能兩護　　　　5.6/45/2
則魯君○吾畜　　　5.6/45/5
大夫○吾養　　　　5.6/45/5
庶民國人○吾與也　5.6/45/5
○能無義而視魯國　5.6/45/6
○以私害公　　　　5.6/45/8
吾○敢怨　　　　　5.7/45/24
然亦○歸　　　　　5.7/45/25
○偕○賊　5.7/45/26,5.14/50/15
鮮○爲則　5.7/45/26,5.14/50/15
○歸○怨　　　　　5.7/45/30
吏○能決　　　　　5.8/46/6
　　　　　5.8/46/9,5.8/46/20
相○能決　　　　　5.8/46/7
而○信其諾耶　　　5.8/46/13
夫言○約束　　　　5.8/46/14
已諾○分　　　　　5.8/46/14
皆赦○殺　　　　　5.8/46/15
相讓○已　　　　　5.8/46/20
婦人採桑○輟　　　5.9/46/27
力田○如逢豐年　　5.9/46/27
力桑○如見國卿　　5.9/46/27
吾○願〔人之〕金〔也〕
　　　　　　　　　5.9/46/29
忘母○孝　　　　　5.9/47/2
污行○義　　　　　5.9/47/2
夫事親○孝　　　　5.9/47/3
則事君○忠　　　　5.9/47/3
處家○義　　　　　5.9/47/3
則治官○理　　　　5.9/47/3
必○遂矣　　　　　5.9/47/3
妾○忍見〔○孝○義之
　人〕　　　　　　5.9/47/4
妾亦○嫁　　　　　5.9/47/4
夫○孝莫大于○愛其親
　而愛其人　　　　5.9/47/5
見善如○及　　　　5.9/47/5
見○善如探湯　　　5.9/47/6
遇妻○識　　　　　5.9/47/11
○義　5.10/47/19,5.15/50/27
○忠　　　　　　　5.10/47/19
終○言　　　　　　5.10/47/20
何以○言　　　　　5.10/47/21
夫名無細而○聞　　5.10/47/25

行無隱而○彰　　　5.10/47/25
無言○讎　　　　　5.10/47/26
無德○報　　　　　5.10/47/26
而一公子○得　　　5.11/48/7
知而○言　　　　　5.11/48/10
我○知公子之處　　5.11/48/11
亦終○可以言　　　5.11/48/11
吾○爲也　　　　　5.11/48/13
妾○能生而令公子擒也
　　　　　　　　　5.11/48/14
他人無事○得往　　5.11/48/19
○爲利違　　　　　5.11/48/24
獨○得兄子　　　　5.12/48/30
火盛○得復入　　　5.12/48/30
被○義之名　　　　5.12/49/1
吾勢○可以生　　　5.12/49/2
君子謂節姑姊潔而○污　5.12/49/3
明○私己　　　　　5.12/49/8
君○幸　5.13/49/17,5.13/49/20
夫人○知也　　　　5.13/49/18
兒誠○知也　　　　5.13/49/20
因涕泣○能自禁　　5.13/49/22
夫人實○知也　　　5.13/49/23
莫○爲酸鼻揮涕　　5.13/49/24
○能就一字　　　　5.13/49/24
終日○能忍決　　　5.13/49/24
○忍加文　　　　　5.13/49/25
殺夫○義　　　　　5.14/50/9
亦○義　　　　　　5.14/50/9
吾○敢留汝　　　　5.14/50/10
兄死而讎○（執）〔報〕
　　　　　　　　　5.14/50/11
內○能和夫家　　　5.14/50/11
○敢見季兒　　　　5.14/50/12
義○可以留　　　　5.14/50/13
又終○復嫁矣　　　5.14/50/13
義○可行　　　　　5.14/50/20
○留○去　　　　　5.14/50/20
女計念○聽之　　　5.15/50/26
○孝　　　　　　　5.15/50/27
○孝○義　　　　　5.15/50/27
雖生○可以行于世　5.15/50/27
遂釋○殺其夫　　　5.15/50/30
○敢○許　　　　　5.15/51/5
後○復重　　　　　6/51/10
管仲○知所謂　　　6.1/51/17
○朝五日　　　　　6.1/51/17

今君○朝五日　　　6.1/51/17
吾○知其所謂　　　6.1/51/24
君○知識矣　　　　6.1/51/24
詩○云乎　　　　　6.1/51/25
寡人○爲其富貴而○行
　法焉　　　　　　6.2/52/10
若○盜而誣之　　　6.2/52/11
令尹○身盜之也　　6.2/52/11
道○拾遺　　　　　6.2/52/12
門○閉關　　　　　6.2/52/12
耳目○明　　　　　6.2/52/13
令尹○知　　　　　6.2/52/14
令尹獨何人而○以是爲
　過也　　　　　　6.2/52/16
上○明　　　　　　6.2/52/17
則下○治　　　　　6.2/52/17
相○賢　　　　　　6.2/52/17
則國○寧　　　　　6.2/52/17
○肯受　　　　　　6.2/52/19
其子必○愚　　　　6.2/52/20
○穿一札　　　　　6.3/53/1
豈欲殺○辜者乎　　6.3/53/3
昔帝堯茅茨○剪　　6.3/53/4
采椽○斲　6.3/53/5,6.11/59/24
而君○能以穿一札　6.3/53/7
是君〔之〕○能射也　6.3/53/7
○亦謬乎　　　　　6.3/53/8
左手○知　　　　　6.3/53/9
賤妾○勝其欲　　　6.4/53/22
見陰陽○調　　　　6.4/53/25
風雨○時　　　　　6.4/53/25
五穀○滋之故　　　6.4/53/25
○勝麴（蘗）〔糵〕之
　味　　　　　　　6.4/53/26
○損祿而加刑　　　6.4/53/27
又○以私患害公法　6.4/53/27
○爲六畜傷民人　　6.4/53/27
○爲野草傷禾苗　　6.4/53/27
三年○雨　　　　　6.4/53/28
刑殺○正　6.4/54/3,6.4/54/6
君子○遷怒　　　　6.5/54/18
○貳過　　　　　　6.5/54/18
而子大夫之僕○肯少引　6.5/54/19
豈○遷怒哉　　　　6.5/54/20
既○怒僕　　　　　6.5/54/20
豈○貳過哉　　　　6.5/54/20
今子列大夫而○爲之表　6.5/54/21

豈可謂○侮鰥寡乎	6.5/54/22	
○敢談語	6.5/55/3	
禮○親授	6.6/55/13	
○拂寤	6.6/55/14	
五音○知	6.6/55/16	
子○早命	6.6/55/19	
○可休息	6.6/55/21	
○可求思	6.6/55/21	
知禮○淫	6.6/55/26	
津吏醉臥○能渡	6.7/56/1	
妾父聞主君來渡○測之		
水	6.7/56/2	
○勝王祝杯酌餘瀝	6.7/56/3	
妾恐其身之○知痛	6.7/56/5	
而心○知罪也	6.7/56/5	
若○知罪殺之	6.7/56/5	
是殺○辜也	6.7/56/5	
遂釋○誅	6.7/56/6	
○穀將行	6.7/56/8	
義○與婦人同舟而渡也	6.7/56/8	
主君○欲渡則已	6.7/56/10	
禱求福兮醉○醒	6.7/56/11	
昔者○穀夢娶妻	6.7/56/13	
非媒○嫁	6.7/56/14	
○敢聞命	6.7/56/14	
父得○喪	6.7/56/20	
我死○當	6.8/56/26	
乃言○通則老婦死而已	6.8/56/27	
○得見主君	6.8/56/27	
則○言	6.8/56/28	
○當死	6.8/56/28	
母○能教子	6.8/56/29	
母何爲○當死也	6.8/56/30	
長而○能使者	6.8/57/1	
今妾之子少而○慢	6.8/57/2	
使行○遷怒之德	6.8/57/5	
遂釋○論	6.8/57/10	
九年○治	6.9/57/15	
阿大夫○肖	6.9/57/16	
○可○退	6.9/57/17	
○合于意	6.9/57/20	
○意大王乃復見〔而〕		
與之語	6.9/57/23	
妾聞玉石墜泥○爲汙	6.9/57/23	
柳下覆寒女○爲亂	6.9/57/23	
故○見疑也	6.9/57/24	
○納履	6.9/57/24	
○整冠	6.9/57/24	
妾○避	6.9/57/24	
○能自明	6.9/57/25	
義固○可以生	6.9/57/27	
○復重陳	6.9/57/29	
王○執政	6.9/57/29	
○敢飾非	6.9/58/1	
○治九年	6.9/58/6	
衒嫁○售	6.10/58/13	
齊之○售女也	6.10/58/14	
莫○掩口大笑	6.10/58/15	
豈○異哉	6.10/58/16	
今女子○容于鄉里布衣		
	6.10/58/17	
忽然○見	6.10/58/19	
〔又〕○以隱對	6.10/58/20	
衆人○附	6.10/58/23	
壯男○立	6.10/58/23	
○務衆子	6.10/58/23	
社稷○定	6.10/58/24	
諫者○得通入	6.10/58/26	
外○修諸侯之禮	6.10/58/27	
內○秉國家之治	6.10/58/27	
〔寡人之殆幾○全〕	6.10/58/29	
曾○一視	6.11/59/13	
○受教觀大王	6.11/59/14	
屬之○二	6.11/59/14	
予之○忘	6.11/59/15	
使妾○受父母之教	6.11/59/16	
貞女一禮○備	6.11/59/17	
雖死○從	6.11/59/17	
○見識也	6.11/59/19	
請死○往	6.11/59/19	
○能自止	6.11/59/21	
○飾耳	6.11/59/21	
夫飾與○飾	6.11/59/22	
夫飾〔與○飾〕相去千		
萬	6.11/59/22	
尙○足言	6.11/59/22, 6.11/59/27	
茅茨○剪	6.11/59/24	
後宮衣○重采	6.11/59/24	
食○重味	6.11/59/25	
桀、紂○自飾以仁義	6.11/59/25	
飾與○飾	6.11/59/27	
後宮○得重采	6.11/59/28	
○爲變常	6.11/60/5	
○忠也	6.12/60/13	
○忠少禮之人	6.12/60/13	
子○識也	6.12/60/14	
夫牛鳴而馬○應	6.12/60/14	
非○聞牛聲也	6.12/60/14	
○知	6.12/60/16	
夫柱○正	6.12/60/16	
則棟○安	6.12/60/16	
棟○安	6.12/60/16	
夫屋堅與○堅	6.12/60/17	
國家安與○安	6.12/60/18	
而國相○可○審也	6.12/60/18	
何爲○可也	6.12/60/22	
固○須頃	6.12/60/26	
出入○時	6.13/61/6	
	6.13/61/9, 6.13/61/19	
○立太子	6.13/61/7	
	6.13/61/9, 6.13/61/19	
王必○得反國	6.13/61/10	
○遣	6.13/61/11	
恐壅閼蔽塞而○得見	6.13/61/14	
墻欲內崩而王○視	6.13/61/15	
○思禍之起于後也	6.13/61/16	
墻欲內崩而王○視者	6.13/61/17	
禍亂且成而王○改也	6.13/61/18	
○恤衆庶	6.13/61/18	
耳目○聰明	6.13/61/19	
使王○改	6.13/61/20	
賢者○達	6.13/61/24	
而燭數○屬	6.14/62/6	
徐吾燭數○屬	6.14/62/7	
妾以貧、燭○屬之故	6.14/62/8	
凡爲貧、燭○屬故也	6.14/62/9	
燭○爲暗	6.14/62/9	
燭○爲明	6.14/62/9	
○使貧妾得蒙見哀之恩		
	6.14/62/10	
婦人以辭○見棄于鄰	6.14/62/11	
生子○生男	6.15/62/22	
妾傷夫死者○可復生	6.15/62/24	
刑者○可復屬	6.15/62/24	
而民○犯	6.15/62/27	
而姦○止	6.15/62/27	
非朕德薄而教之○明歟		
	6.15/62/27	
〔故〕夫訓道○純	6.15/62/28	
終身○息	6.15/63/1	
何其〔楚〕痛而○德也	6.15/63/1	

意尙○壓	7.1/63/23	○可謂貞	7.8/68/24	○衣褐衾	2.11/19/18
桀師○戰	7.1/63/24	○得出矣	7.8/68/25	汝必施恩○惠	3.9/27/1
○恤法常	7.1/63/29	終○得掩其淫亂之罪	7.8/68/25	鮮能○仁	3.11/29/2
○離妲己	7.2/64/4	○可說也	7.8/68/26	其母亡○八尋	6.2/52/9
○修先王之典法	7.2/64/9	終○能補	7.8/69/2	姜夜亡○八尋	6.2/52/9
龍忽○見	7.3/64/24	莫○迷惑失意	7.9/69/7	是故使盜得盜妾之○	6.2/52/13
○可除也	7.3/64/25	君有○善	7.9/69/9	命吏償母之○	6.2/52/18
○恤國事	7.3/65/3	○待幽間於朝廷	7.9/69/9	母讓金、○曰	6.2/52/19
驅馳弋獵○時	7.3/65/3	吾○善	7.9/69/10	亡○八尋	6.2/52/25
褒姒○〔好〕笑	7.3/65/4	○若其似公也	7.9/69/12	賜母金、○	6.2/52/26
故○笑	7.3/65/4	是○祥人也	7.9/69/16	今女子不容于鄉里○衣	
其後○信	7.3/65/5	○知命也	7.9/69/21		6.10/58/17
諸侯○至	7.3/65/6	慶剋久○出	7.10/70/4	乃○幣焉	7.3/64/24
笑寇○至	7.3/65/13	高、鮑將○內君	7.10/70/6		
求旄○得	7.4/65/22	○勝	7.10/70/8	**步 bù**	2
五世○寧	7.4/65/29	○出	7.11/70/21		
則○歸	7.5/66/7	○聞	7.11/70/23	漸洳三百○	3.13/30/9
桓公○聽	7.5/66/7	若○信	7.11/70/25	徐○不變	5.2/41/28
禁之○止	7.5/66/8	臣○敢聞命	7.11/70/25		
大夫夏甫○忌曰	7.6/66/20	君之臣杼有疾○在	7.11/70/26	**才 cái**	4
○過棗、栗	7.6/66/20	侍臣○敢聞命	7.11/70/26		
○過玉帛、禽鳥	7.6/66/21	棠毋咎與東郭偃爭而○		○德必過人矣	1.6/4/8
無乃○可乎	7.6/66/22	與	7.11/70/30	乃人○質不同	1.6/4/23
公○聽	7.6/66/22	吾○肯	7.11/71/2	妾（之）不○	2.1/12/25
一朝○朝	7.7/67/8	有子○能教也	7.11/71/2	中○也	6.12/60/22
○可以無主	7.7/67/10	唯辱使者○可以已	7.11/71/3		
則民○畏	7.7/67/10	○若死	7.11/71/4	**材 cái**	4
胡○殺我	7.7/67/14	可謂○祥矣	7.11/71/5		
〔夫豈〕惠其民而○惠		○死何爲	7.12/71/24	沃土之民不○	1.10/8/18
其父乎	7.7/67/15	○能離	7.13/72/6	盡○竭力	1.14/12/13
民孰○戴	7.7/67/16	主父欲出○得	7.13/72/13	陳其幹○	6.3/53/15
妾○欲焉	7.7/67/16	又○得食	7.13/72/13	紂○力過人	7.2/64/3
欲○勝也	7.7/67/17	言○善之從內出也	7.13/72/14		
此皆爲民而○顧親	7.7/67/19	雖兄弟○如	7.14/72/25	**財 cái**	8
君○早圖	7.7/67/19	孰與身臨○測之罪乎	7.14/73/2		
君何○老而授之政	7.7/67/20	女之○正	7.15/73/18	不義之○	1.14/12/6
公田○在	7.7/67/22	國家所以覆而○安也	7.15/73/18	○物猶可復	4.2/33/5
○可○試也	7.7/67/23	大王○畏乎	7.15/73/18	重義輕○	5.11/48/17
○則可以生	7.7/67/26	亂與○亂	7.15/73/19	願以車馬及家中○物盡	
吾君○安	7.7/68/1	倡后淫佚○正	7.15/73/21	以送汝	5.14/50/10
魯人○順喬如	7.8/68/18	七年○能勝秦	7.15/73/23	窮民○力謂之暴	6.4/54/3
終故○可諱也	7.8/68/22	○死何俟	7.15/73/24	今君窮民○力以美飲食	
固在下位而有○仁	7.8/68/22	執詐○愍	7.15/73/28	之具	6.4/54/4
○可謂元	7.8/68/23			分其資○	6.6/55/19
○靖國家	7.8/68/23	**布 bù**	13	殫○盡幣	7.1/63/22
○可謂亨	7.8/68/23				
○可謂利	7.8/68/23	覆以○被	2.11/19/4		

采 cǎi　　11

是故天子大○朝日　1.10/8/18
少○夕月　1.10/8/20
○薺菲　2.8/17/11
且夫○○茶荎之草　4.4/34/2
猶始于捋○之　4.4/34/2
○椽不斲　6.3/53/5,6.11/59/24
後宮衣不重○　6.11/59/24
後宮不得重○　6.11/59/28

採 cǎi　　10

見路傍婦人○桑　5.9/46/25
若曝○桑　5.9/46/26
婦人○桑不輟　5.9/46/27
夫○桑力作　5.9/46/28
乃向○桑者也　5.9/46/30
齊東郭○桑之女　6.11/59/11
宿瘤〔女〕○桑如故　6.11/59/12
汝○桑道旁　6.11/59/13
妾受父母教○桑　6.11/59/13
東郭○桑　6.11/60/5

蔡 cài　　12

次則○叔度　1.6/4/15
若管、○監殷而畔　1.6/4/23
○人之妻者　4.4/33/30
既嫁于○　4.4/33/30
其後（商）〔商〕臣以
　子上救○之事　5.2/42/6
○姬在左　5.4/43/8
○姬對曰　5.4/43/10
○姬曰　5.4/43/10
○姬許從孤死矣　5.4/43/12
而猶親變○姬也　5.4/43/18
○姬竟不能死　5.4/43/25
○姬許王　5.4/44/1

湌 cān　　4

負羈乃遺之壺○　3.4/24/8
公子受○反璧　3.4/24/9
使夫餽○　3.4/24/15
願託桑蔭下○　5.9/46/26

殑 cān　　1

不素○兮　1.14/12/8

驂 cān　　4

左○牝驪　6.7/56/9
右○牝麛　6.7/56/9
左○牝騏　6.7/56/9
右○牝騜　6.7/56/9

殘 cán　　3

而主君○之　5.7/45/23
反以爲○　6.9/57/28
又○其身　7.11/71/5

慚 cán　　11

田稷子○而出　1.14/12/6
于是吳王○　4.9/37/4
我甚內○　4.12/38/24
夫人○辭　4.12/39/7
秋胡子○　5.9/47/1
延壽○而去　5.14/50/12
大夫○而無以應　6.5/54/22
鄭使○去　6.5/55/3
王大○曰　6.11/59/17
王大○　6.11/59/21
于是諸夫人皆大○　6.11/59/27

蠶 cán　　2

休其○織　1.10/9/2
○妾在焉　2.3/14/1

慘 cǎn　　1

莫不爲之○者　3.13/30/4

粲 càn　　3

女三爲○　3.1/22/12
夫○　3.1/22/13
受○不歸　3.1/22/19

倉 cāng　　2

齊太○女者　6.15/62/21
漢太○令淳于公之少女
　也　6.15/62/21

蒼 cāng　　1

舜陟方死于○梧　1.1/1/19

藏 cáng　　5

故○而遠害　2.9/17/30
歸盡○之　3.15/31/22
吾不能○　5.2/42/8
卜請其槊〔而〕○之　7.3/64/23
而○槊（犢）〔櫝〕中　7.3/64/24

操 cāo　　8

○行衰惰　1.8/6/6
親○井臼　2.6/16/6
不爲貧而易○　2.13/20/17
妻○固行　4.11/38/15
○心甚平　5.3/43/3
娟攘卷○楫而請曰　6.7/56/6
妾持楫兮○其維　6.7/56/12
○楫進說　6.7/56/20

曹 cáo　　9

次則○叔振鐸　1.6/4/15
過○、邾、鄭、楚　2.3/14/7
言至于○　3.3/23/22
○大夫僖負羈之妻也　3.4/24/3
過○　3.4/24/3
○必爲首〔誅也〕　3.4/24/6
若○有難　3.4/24/6
伐○　3.4/24/9
文伐○國　3.4/24/16

草 cǎo　　3

且夫采采茶荎之○　4.4/34/2
恩及○木　6.3/53/3
不爲野○傷禾苗　6.4/53/27

側 cè　5

寢不○　1.6/4/7
敬姜○目而盼之　1.10/7/28
延及○陋　6.10/58/30
邪臣在○　6.13/61/23
崔子與姜自○戶出　7.11/70/23

惻 cè　1

○然爲〔民〕痛之　6.3/53/2

策 cè　1

○駟馬　2.12/19/23

測 cè　2

妾父聞主君來渡不○之
　水　6.7/56/2
孰與身臨不○之罪乎　7.14/73/2

層 céng　2

乃閉虞姬於九○之臺　6.9/57/19
雖銜號于九○之內　6.9/57/26

差 chā　2

○池其羽　1.7/5/10
○之千里　4.1/32/12

察 chá　6

姑母○此　1/1/4
今子不○於禮　1.9/7/8
不強○兮　2.10/18/19
○于情性　3.10/28/20
王不明○　5.2/42/8
王其○之　6.2/52/18

拆 chāi　1

于是（折）〔○〕漸臺
　　6.10/58/29

犲 chái　2

○狼之聲也　3.10/28/9
且其人蜂目而○聲　5.2/42/5

澶 chán　1

故相與聚會于○淵　4.2/33/5

纏 chán　1

○以荊糜之筋　6.3/53/6

讒 chán　3

○諛之臣也　6.9/57/17
而爲○臣所擠　6.9/57/22
南子○太子于靈公曰　7.12/71/16

產 chǎn　4

呑卵○子　1.3/2/26
長姒○男　3.10/28/8
紡織爲○　4.13/39/12
當宣王之時○　7.3/64/26

諂 chǎn　2

（諂）〔○〕諛强于左
　右　6.10/58/25
退（諂）〔○〕諛　6.10/58/29

昌 chāng　2

無功而家○　2.9/17/28
長安大○里人之妻也　5.15/50/25

倡 chāng　10

收○優、侏儒、狎徒、
　能爲奇偉戲者　7.1/63/18
○優在前　7.3/65/3
○后者　7.15/73/17
○后既入爲姬　7.15/73/19
○后既變幸于王　7.15/73/20
黜后而立○姬爲后　7.15/73/21
○后淫佚不正　7.15/73/21

大夫怨○后之譖太子及
　殺李牧　7.15/73/23
乃殺○后而滅其家　7.15/73/23
趙悼○后　7.15/73/28

長 cháng　47

○娥皇　1.1/1/8
及棄○　1.2/2/1
有娀氏之○女也　1.3/2/15
及契○　1.3/2/17
塗山氏○女也　1.4/3/3
及啓○　1.4/3/4
○伯邑考　1.6/4/14
自少及○　1.6/4/16
及其○　1.6/4/16
及孟子○　1.9/6/26
寧能衣其夫子而○不乏
　糧食哉　1.9/7/2
故○王天下　1.10/8/17
將使鼇○而食之　1.10/9/4
○繫于夫　1.12/10/20
亂不○世　2.3/14/5
淫僻、竊盜、○舌、驕
　侮、無子、惡病皆在
　其後　2.7/16/25
晏子○不滿三尺　2.12/19/25
今子身○八尺　2.12/19/26
而加以八尺之○也　2.12/19/27
及叔敖○　3.5/24/24
○姒產男　3.10/28/8
及○　3.10/28/10
及叔魚○　3.10/28/13
○者曰　3.11/28/26
莫能久○　3.11/29/3
括死○平　3.15/32/1
華氏之○女　4.6/34/27
孝公父武公與其二子○
　子括、中子戲朝周宣
　王　5.1/41/11
○者　5.8/46/11
○安大昌里人之妻也　5.15/50/25
士○問其故　6.8/56/26
士○爲之言于襄子　6.8/56/27
○而不能使者　6.8/57/1
○又能使　6.8/57/2
○則爲友　6.8/57/2

妾能爲君〇子	6.8/57/3	
子〇在君	6.8/57/10	
〇指大節	6.10/58/11	
百姓無少〇	6.11/59/13	
〇爲妾役之事	6.14/62/10	
詔獄繫〇安	6.15/62/22	
而隨其父至〇安	6.15/62/23	
爲〇夜之飲	7.2/64/7	
〇而美好	7.3/65/1	
婦有〇舌	7.7/68/5	
元、善之〇也	7.8/68/21	
又安得〇有寵乎	7.14/72/26	

常 cháng　16

每事〇謀于二女	1.1/1/17
蓋太姜淵智非〇	1.6/4/1
宣王〇早臥晏起	2.1/12/24
〇若不足	2.12/20/1
言當〇饗爲其善也	2.12/20/4
其妻〇戒之曰	3.6/25/3
夫廢〇	3.8/26/12
子〇不遂	3.10/27/26
執節有〇	5.2/42/20
楚國有〇法	6.2/52/11
不爲變〇	6.11/60/5
起〇先	6.14/62/8
息〇後	6.14/62/8
坐〇處下	6.14/62/8
使諸君〇有惠施于妾	6.14/62/10
不恤法〇	7.1/63/29

嘗 cháng　13

未〇見邪辟之事	1.6/4/16
敬姜〇如季氏	1.10/9/12
康子〇至	1.10/9/16
祿未〇多若此也	1.14/12/1
王〇聽朝罷晏	2.5/15/12
君〇欲授之政	2.11/19/10
君〇賜之粟三十鍾	2.11/19/10
猶未〇見乘居而匹處也	3.14/31/3
伯姬〇遇夜失火	4.2/33/1
未〇得見	4.5/34/13
〇與北郭先生通	6.9/57/18
竊〇喜隱	6.10/58/18
王〇夢見處女鼓瑟而歌	

曰	7.13/72/4	

裳 cháng　4

衣錦絅〇	1.8/6/9
縫衣〇而已矣	1.9/7/14
野處則帷〇擁蔽	4.6/35/8
欲洗沐加衣〇	6.11/59/18

償 cháng　2

〇宋之所喪	4.2/33/5
命吏〇母之布	6.2/52/18

唱 chàng　2

〇而後和	3.12/29/17
〇予和汝	3.12/29/22

超 chāo　1

駃騠生七日而〇其母	6.1/51/22

巢 cháo　1

死于南〇之山	7.1/63/24

車 chē　25

路〇乘黃	2.4/15/1
從〇百乘	2.9/17/27
楚王使使者持金百鎰、〇二駟	2.13/20/13
門外〇跡何其深也	2.13/20/15
何〇迹之衆也	2.14/21/7
一旦有〇馳之難	3.3/23/18
聞〇聲轔轔	3.7/25/22
有〇轔轔	3.7/26/5
〇奔	4.6/35/5
姬墮〇碎	4.6/35/5
孝公使駟馬立〇載姬以歸	4.6/35/6
必乘安〇輜軿	4.6/35/7
今立〇無軿	4.6/35/8
更取安〇	4.6/35/10
于是莊公乃還〇	4.8/36/10
下〇謂曰	5.9/46/26

願以〇馬及家中財物盡以送汝	5.14/50/10	
將〇宿齊東門之外	6.1/51/15	
有一婦人乘〇與大夫〔遇〕	6.5/54/17	
轂擊而折大夫〇軸	6.5/54/18	
是以敗子（夫）〔大〕夫之〇	6.5/54/19	
〇騎甚衆	6.11/59/12	
王〇至	6.13/61/12	
命後〇載之	6.13/61/24	
遂死于〇	7.5/66/9	

徹 chè　1

〇俎不讓	1.10/9/17

澈 chè　1

〇漠酒醴	2.7/16/22

臣 chén　67

舍大〇而與小〇謀	1.7/5/20
東宮得〇之妹也	1.8/6/12
諫〇五人	1.10/8/3
夫爲人〇而事其君	1.14/12/4
夫爲人〇不忠	1.14/12/5
則〇狄人也	2.8/17/15
夫忠〇與孝子	3.7/25/24
是君有二〔賢〕〇也	3.7/25/28
國多賢〇	3.7/25/28
魯之寵〇多怨汝者	3.9/26/28
叔向欲娶于申公巫〇氏夏姬之女	3.10/27/30
君〇父子皆被其辱	3.13/30/10
君〇成焉	3.14/31/4
君〇、父子、夫婦	3.14/31/4
言其左右無賢〇	4.3/33/20
忠〇不借人以力	4.11/38/7
妾聞忠〇（下）〔事〕君	4.12/38/26
王將立公子（商）〔商〕〇以爲太子	5.2/42/3
其後（商）〔商〕〇以子上救蔡之事	5.2/42/6
商〇庶弟也	5.2/42/10

知（商）〔商〕○亂	5.2/42/20
群○嘉美	5.4/44/1
令于蓋群○曰	5.5/44/6
主憂○辱	5.5/44/12
主辱○死	5.5/44/12
人無忠○之道、仁義之	
行	5.5/44/14
先君而後○	5.5/44/14
失人○之節	5.5/44/16
棄忠○之公道	5.5/44/16
而況于朝○士大夫乎	5.6/45/8
魏之故○見乳母而識之	
曰	5.11/48/8
故○曰	5.11/48/9
	5.11/48/11,5.11/48/12
故○以告秦軍	5.11/48/15
有娶氏之媵○也	6.1/51/21
楚莊王○援其夫人之衣	6.3/53/3
君自擇以爲○	6.8/57/3
此君之○	6.8/57/3
君有暴○	6.8/57/3
委政大○	6.9/57/15
〔其〕佞○周破胡專權	
擅勢	6.9/57/16
讒諛之○也	6.9/57/17
而爲讒○所搆	6.9/57/22
群○爲邪	6.9/57/29
內聚奸○	6.10/58/22
姦○必（倍）〔倚〕敵	
國而發謀	6.13/61/10
邪○在側	6.13/61/23
矜人○以能	7.2/64/4
諛（目）〔○〕群女	7.2/64/6
飲小○	7.7/67/24
小○死之	7.7/67/24
以魯士晉爲內○	7.8/68/18
申公巫○諫曰	7.9/69/14
巫○諫曰	7.9/69/16
巫○見夏姬	7.9/69/18
巫○聘于齊	7.9/69/19
巫○使介歸幣於楚	7.9/69/20
遂與子重滅巫○之族	7.9/69/20
敗亂巫○	7.9/69/26
○不敢聞命	7.11/70/25
君之○籽有疾不在	7.11/70/26
侍○不敢聞命	7.11/70/26
朝群○	7.13/72/8

主父從旁觀窺群○宗室	
〔之禮〕	7.13/72/9
反〔北面爲〕（目）	
〔○〕	7.13/72/9

沉 chén　3

意氣○抑者	2.2/13/14
飲酒○湎	6.10/58/26,7.3/65/3

晨 chén　2

牝雞無○	7.2/64/12
牝雞之○	7.2/64/12

陳 chén　22

蓋與其鄰人○素所與大	
夫言	2.6/16/4
○列其行	2.10/18/26
○列紀綱	3.14/31/13
○之少寡婦也	4.15/40/14
孝婦處○	4.15/41/1
王救○	5.4/43/18
○設五榮	5.5/44/23
去而官于○	5.9/46/25
○其幹材	6.3/53/15
願得備數于下〔○〕	6.4/53/22
女○其冤	6.5/55/3
○列母職	6.8/57/10
不復重○	6.9/57/29
爲王○節儉愛民之事	6.13/61/26
○國禍凶	6.13/62/1
灑掃○席以待來者	6.14/62/8
○女夏姬者	7.9/69/6
〔○〕大夫夏徵舒之母	7.9/69/6
公孫寧、儀行父與○靈	
公皆通于夏姬	7.9/69/8
定○國	7.9/69/14
喪○國	7.9/69/17
滅國破○	7.9/69/26

塵 chén　1

馳驟揚○疾至	5.9/47/1

稱 chēng　28

天下○二妃聰明貞仁	1.1/1/19
○列先祖	1.8/6/18
君子○身〔而〕就位	1.9/7/12
○引婦道	2.7/17/1
君子揚○	3.2/23/10
即有〔如〕不○	3.15/31/24
後世○誦	4.1/32/21
齊國○其貞	4.6/34/28
君子○揚	4.13/39/22
魯孝公○之保母	5.1/41/11
孝公時號公子○	5.1/41/11
養公子○	5.1/41/13
求公子○于宮	5.1/41/13
義保聞伯御將殺○	5.1/41/14
乃衣其子以○之衣	5.1/41/14
臥于○之處	5.1/41/14
義保遂抱○以出	5.1/41/14
遇○舅魯大夫于外	5.1/41/15
○死乎	5.1/41/15
魯大夫皆知○之在保	5.1/41/16
立○	5.1/41/17
○說節禮	5.7/45/30
甯戚○曰	6.1/51/16
甯○《白水》	6.1/52/3
○說先王	6.4/54/12
○國亂煩	6.10/59/6
齊中皆○〔其〕廉平	6.15/62/24
豈○爲民父母之意哉	6.15/63/2

頳 chēng　1

魴魚○尾	2.6/16/9

成 chéng　57

既○以德	1/1/3
次則○叔處	1.6/4/15
卒○武王、周公之德	1.6/4/17
周公○文武之德	1.6/4/19
惟武王、周公○聖	1.6/4/22
卒○大儒之名	1.9/6/26
遂○天下之名儒	1.9/7/3
○人也	1.9/7/17
子遂○德	1.9/7/22
文伯自以爲○人矣	1.10/8/1

故能〇王道	1.10/8/2
故能〇伯業	1.10/8/3
子〇人矣	1.10/8/7
命婦〇祭服	1.10/8/25
各〇於禮義	1.13/11/19
言〇文章	2/12/18
卒〇中興之名	2.1/12/28
二無〇命	2.3/14/2
卒〇伯基	2.3/14/15
〇公許之	2.8/17/15
欲以澤其毛而〇文章也	2.9/17/30
故賢人之所以〇者	2.12/20/2
一年〇落	2.14/21/12
三年〇聚	2.14/21/12
門外〇市	3.4/24/10
早〇其號謚	3.14/30/28
節〇然後許嫁	3.14/30/29
君臣〇焉	3.14/31/4
孝〇王使括代廉頗爲將	
	3.15/31/18
孝〇用括	3.15/32/1
〇公之妹也	4.2/32/26
〇禮然後去	4.8/36/10
以〇其貞	4.10/37/21
可謂行〇于內	4.12/39/2
楚〇王之夫人也	5.2/41/27
〇王登臺臨後宮	5.2/41/27
卒配〇王	5.2/42/20
君子殺身以〇仁	5.15/50/31
期處既〇	5.15/51/5
殺身〇仁	5.15/51/5
三年乃〇	6.3/52/30, 6.3/53/15
然後能〇其事、就其功	
	6.12/60/20
禍亂且〇而王不改也	6.13/61/18
卒〇禍凶	7.5/66/14
而楚穆弑〇	7.7/67/19
〇公母也	7.8/68/15
〇公幼	7.8/68/15
是爲〇公	7.9/69/14
生二子明（〇）	7.11/70/29
〇有疾	7.11/70/29
崔子廢〇而以明爲後	7.11/70/29
〇使人請崔邑以老	7.11/70/29
〇與彊怒	7.11/70/30
慶封乃使盧蒲嫳帥徒眾	
與國人焚其庫廄而殺	

〇、（姜）〔彊〕	7.11/71/3
禍及明、〇	7.11/71/10
子何是〇	7.13/72/18

承 chéng   6

〇事瞽叟以孝	1.1/1/9
二女〇事舜於畎畝之中	1.1/1/10
〇舜於下	1.1/1/24
以是〇君之官	1.10/9/1
所以傳重〇業	4.1/32/13
不敢〇命	4.9/37/3

城 chéng   18

遂〇楚丘以居	3.3/23/20
言取郭外萌內之於〇中	
也	3.9/27/7
齊伐其〇	3.13/30/18
至〇門而衛君死	4.3/33/16
厥至〇門	4.3/33/25
乃（枕）〔就〕其夫之	
屍于〇下而哭〔之〕	4.8/36/11
十日而〇爲之崩	4.8/36/12
哭夫于〇	4.8/36/20
〇爲之崩	4.8/36/20, 6.9/57/25
姜父衍幸得充〇郭爲公	
民	6.4/53/25
以〇畔者	6.8/56/25
姜聞寡婦哭〇	6.9/57/25
感動〇市	6.9/57/26
〇郭闉達	6.13/61/22
遂自經于新〇廟	7.7/68/1
哲婦傾〇	7.7/68/5
大子〇、少子彊	7.11/70/28

乘 chéng   25

有馬二十〇	2.3/13/29
路車〇黃	2.4/15/1
從車百〇	2.9/17/27
〇人堅良	2.13/20/19
趙（間）〔簡〕子〇馬	
園中	3.11/28/25
〇僞行詐	3.11/29/3
魯公〇姒者	3.12/29/13
魯公〇子皮之姒也	3.12/29/13

君子謂公〇姒緣事而知	
弟之遇禍也	3.12/29/20
猶未嘗見〇居而匹處也	3.14/31/3
必〇安車輜軿	4.6/35/7
然後〇而歸	4.6/35/11
輦不並〇	4.6/35/17
以輜軿三十〇迎之	4.11/38/4
王親〇馴以馳逐	5.4/43/9
且君王以束帛〇馬	5.4/43/16
有一婦人〇車與大夫	
〔遇〕	6.5/54/17
辯女獨〇	6.5/55/3
而欲干萬〇之主	6.10/58/17
命後〇載之	6.11/59/15
出入與之同〇	7.3/65/3
使公子彭生抱而〇之	7.5/66/8
與之蒙衣〇輦而入于閎	7.10/70/3
報子以〇軒	7.12/71/19
二人蒙衣而〇	7.12/71/20

盛 chéng   12

則〇德自然著矣	1.6/4/22
使潔奉禘、郊之粢〇	1.10/8/20
先識〇衰	3.1/22/19
物〇必衰	3.2/23/3
〇而必衰	3.2/23/10
于是乃〇以甕	3.10/27/27
夫男女之〇	3.14/31/3
火〇不得復入	5.12/48/30
火〇自投	5.12/49/8
〇服而衛	6.11/59/20
願當君王之〇顏	6.12/60/12
春秋既〇	6.13/61/9

裎 chéng   1

彼雖裸〇	2.10/18/16

誠 chéng   22

端一〇莊	1.6/4/4
〇知禮經	1.12/11/5
亦〇可尊	1.13/11/25
〇受之于下	1.14/12/1
忠款〇信	2.2/13/23
今吾夫〇士也	2.7/16/24

夫子之信○而與人無害		爲酒○	7.1/63/20	王親乘馳以○逐	5.4/43/9
兮	2.10/18/18	羈其頭而飲之于酒○	7.1/63/20	○登夏屋	5.7/45/21
○禍之萌也	3.8/26/14	流酒爲○	7.2/64/6	○驟揚塵疾至	5.9/47/1
子○不習於禮	3.12/29/18			驅○弋獵不時	7.3/65/3
以見吾○	4.8/36/14	**弛** chí	1		
君子謂貞姬廉潔而○信				**遲** chí	3
	4.11/38/10	一旦山陵崩○	6.10/58/24		
亦○君子	4.12/39/2			可以棲○	2.14/21/13
○信勇敢	5/41/6	**持** chí	25	○其至也	6.11/59/20
亦○足恃	5.1/41/22			子何○爲君	7.7/67/25
公正○信	5.6/45/9	○禹之功而不殞	1.4/3/5		
義繼信○	5.8/46/20	○交而不失	1.10/8/11	**尺** chǐ	5
兒○不知也	5.13/49/20	楚王使使者○金百鎰、			
○信發內	6.9/57/26	車二駟	2.13/20/13	帶圍減○	1.13/11/12
大王○能屬之	6.12/60/23	遣使者○金、駟來聘	2.13/20/16	晏子長不滿三○	2.12/19/25
推○上書	6.15/63/8	使使者○金百鎰	2.15/21/22	今子身長八○	2.12/19/26
王兄弟○立	7.14/72/27	遣使者○金來	2.15/21/24	而加以八○之長也	2.12/19/27
○以君之重而進妾于楚		何以○國乎	3.14/30/24	可以託六○之孤	5.1/41/17
王	7.14/73/1	守節○義	4.1/32/15		
		○三年之喪	4.3/33/17	**侈** chǐ	1
懲 chéng	3	○心不（願）〔頏〕	4.4/34/8		
		夫人○固	4.7/36/3	奢○無度	6.13/61/23
吾○舅氏矣	3.10/28/1	伯嬴○刀曰	4.9/36/26		
爾不○此	3.10/28/2	忘○其符	4.10/37/17	**恥** chǐ	12
而反○吾族	3.10/28/2	今使者不○符	4.10/37/18		
		處約○信	4.10/37/21	君子有二○	2.10/18/15
笞 chī	4	使大夫○金百鎰、白璧		○也 2.10/18/15, 2.10/18/15	
		一雙以聘焉	4.11/38/3	亦近○也	2.10/18/15
主大怒而○之	5.10/47/19	乃援鏡○刀以割其鼻	4.14/40/2	蒙○救民	2.10/18/19
囚以他過○	5.10/47/20	猶知○節行義	5.6/45/8	卒爲宗○	3.12/29/28
乃免滕婢而○殺其妻	5.10/47/21	使廚人○斗以食代王及		妾等○之	5.5/44/16
抽脅者○	6.15/63/2	從者	5.7/45/21	吾不能與子蒙○而生焉	5.5/44/17
		今○逆亂而以求利	5.11/48/13	妻○不死	5.5/44/23
絺 chī	2	斷頭○去	5.15/50/29	○夫無義	5.9/47/11
		○楫而走	6.7/56/1	魯人求彭生以除○	7.5/66/9
抽○紵五兩以授子貢	6.6/55/16	願備（父）〔員〕○楫	6.7/56/7	寡人○焉	7.9/69/11
有○紵五兩	6.6/55/18	妾○楫兮操其維	6.7/56/12		
		姪○幟伏南郊道旁	6.13/61/11	**齒** chǐ	4
鴟 chī	1				
		馳 chí	11	皆黃耄倪○也	1.10/8/7
爲梟爲○	7.1/63/25			君之○未也	5.2/42/4
		一旦有車○之難	3.3/23/18	但揚目衘○	6.10/58/21
池 chí	6	許夫人○驅而弔唁衛侯	3.3/23/20	宮之童妾未毀〔○〕而	
		載○載（○）〔驅〕	3.3/23/21	遭之	7.3/64/26
差○其羽	1.7/5/10	女作《載○》	3.3/23/27		
造爲高臺深○	6.11/59/25	馬佚○走	3.13/30/7		
塡○澤	6.11/59/28	使者○以告公	4.6/35/9		

斥 chì	2
于禮、○絀之人也	4.12/38/23
○汝屬矣	6.11/59/20

赤 chì	1
有○雲夾日如飛鳥	5.4/43/19

敕 chì	2
乃○之曰	1.3/2/19
以○君子	2.6/16/15

充 chōng	4
忿然○滿	2.2/13/14
食不○（口）〔虛〕	2.11/19/8
姜幸得○後宮	4.11/38/5
姜父衍幸得○城郭爲公民	6.4/53/25

崇 chóng	3
夙夜○道	2.1/13/5
○玩好	6.4/54/3,6.4/54/5

寵 chǒng	10
有○	1.8/6/12
妾豈不欲擅王之愛○乎	2.5/15/16
夫得○而忘舊	2.8/17/9
魯之○臣多怨汝者	3.9/26/28
而又多○子	5.2/42/4
王多○子	5.2/42/9
益君之○	5.4/43/17
○其兄爲五大夫	5.11/48/17
苟父利而得○	7.7/67/16
又安得長有○乎	7.14/72/26

抽 chōu	4
○觸以授子貢	6.6/55/9
○琴去其軫以授子貢	6.6/55/13
○絺綌五兩以授子貢	6.6/55/16
○脅者笞	6.15/63/2

犨 chōu	1
晉侯使郤○爲請還	1.7/5/12

綢 chóu	3
內（餙）〔飾〕則結紐○繆	4.6/35/7
衣服○繆	4.6/35/11
○直如髮	4.6/35/12

醻 chóu	1
無言不○	5.10/47/26

讎 chóu	10
事兄之○	5.14/50/9
兄死而○不（執）〔報〕	5.14/50/11
又縱兄之○	5.14/50/11
君子謂友（姊）〔娣〕善復兄○	5.14/50/15
欲復兄○	5.14/50/20
其夫有○人	5.15/50/25
○家果至	5.15/50/29
○人哀痛之	5.15/50/30
夫○劫父	5.15/51/5
南有强楚之○	6.10/58/22

醜 chǒu	4
況爾小○乎	3.1/22/14
其爲人極○無雙	6.10/58/11
○女之力也	6.10/59/1
狀甚○	6.12/60/10

臭 chòu	1
雖其○惡	4.4/34/2

出 chū	80
舜往飛○	1.1/1/12
格其○入	1.1/1/13
舜潛○	1.1/1/14
口不○敖言	1.6/4/5
○亡至境	1.7/5/19
有夫○征而喪其雄	1.7/5/23
○嫁則從乎夫	1.9/7/16
文伯○學而還歸	1.10/7/28
○入不絕者	1.10/8/11
遂○	1.10/9/4
不○夫家	1.12/10/18
以備婦人○入之制	1.12/10/20
○宿于濟	1.12/10/29
田稷子慚而○	1.14/12/6
后夫人不○房	2.1/12/24
姜后〔既○〕	2.1/12/24
夫○治土	2.6/16/14
其妻○戶	2.11/19/4
晏子將○	2.12/19/23
于是子終○	2.15/21/27
○遊	3.5/24/20
今者○遊見之	3.5/24/21
而後○以求助焉	3.9/27/1
逢霖水○	3.13/30/8
周之康王夫人晏○朝	3.14/31/2
繆姜○于房	4.2/32/28
三顧而○	4.6/35/4
婦人○必輜軿	4.6/35/11
楚王○遊	4.7/35/23
夫人遂○見息君	4.7/35/23
王○遊	4.10/37/16
請夫人○	4.10/37/17
楚昭○遊	4.10/37/27
吾願○居外	4.12/38/24
夫人欲○居外	4.12/38/26
請求○舍	4.12/39/7
義保遂抱稱以○	5.1/41/14
恩○于中心也	5.11/48/20
欲○其姪	5.12/49/8
桓公因○	6.1/51/16
繁人之夫立得○	6.3/53/10
晏子○	6.4/54/6
○犯槐之囚	6.4/54/7
孔子○遊	6.6/55/25
○虞姬	6.9/57/30
折腰○胸	6.10/58/12
閔王○遊	6.11/59/11,6.11/60/5
寡人○遊	6.11/59/12
今日○遊	6.11/59/19
○令卑宮室	6.11/59/28
○入不時	6.13/61/6

6.13/61/9, 6.13/61/19

王已○　6.13/61/10
聞大王○遊五百里　6.13/61/14
以爲人皆○己之下　7.2/64/4
○入與之同乘　7.3/65/3
申生恐而○　7.7/67/23
公子○奔　7.7/68/10
公○佐晉　7.8/68/17
其○也　7.8/68/20
君必速○　7.8/68/20
不得○矣　7.8/68/25
○　7.9/69/12
使壞後垣而○之　7.9/69/15
○孔、儀　7.9/69/17
慶剋久不○　7.10/70/4
不○　7.11/70/21
崔子與姜自側戶○　7.11/70/23
是爲○公　7.12/71/17
悝相○公　7.12/71/18
○公奔魯　7.12/71/21
莊公以戎州之亂又○奔　7.12/71/22
四年而○公復入　7.12/71/22
使之○奔　7.12/71/28
○入兩君　7.12/71/28
主父欲○不得　7.13/72/13
言不善之從內○也　7.13/72/14
乃○園女弟　7.14/73/3

初 chū　31

○　2.3/13/28, 2.8/17/6
　3.3/23/15, 3.8/26/10
　5.1/41/11, 5.2/41/27
　6.7/55/30, 6.11/59/11
　6.12/60/10, 6.13/61/6
　7.3/64/22, 7.4/65/18
　7.6/66/19, 7.7/67/6
　7.8/68/15, 7.13/72/3
　7.14/72/23, 7.15/73/19
女名○　5.13/49/13
○在　5.13/49/16
○當坐之　5.13/49/17, 5.13/49/19
○心惜之　5.13/49/18
遽疾行問○　5.13/49/18
○曰　5.13/49/19
○復取之　5.13/49/19

母意亦以○爲實　5.13/49/19
○固曰　5.13/49/21
實○取之　5.13/49/21
夫人哀○之孤　5.13/49/22
欲强活○身　5.13/49/23

芻 chú　5

將軍朝夕○粲黍粱　1.11/10/1
子獨朝夕○粲黍粱　1.11/10/4
詢于○蕘　6.1/51/28
考烈王弟公子負○之徒
　聞知幽王非考烈王子　7.14/73/6
而立負○爲王　7.14/73/7

除 chú　14

猶救其禍而○其害　1.13/11/14
聞者吾已○之矣　2.3/14/2
掃○先人之廟　2.4/14/23
仁○百禍　3.5/24/23
忠以○禍　3.14/30/25
襄子未○服　5.7/45/20
僵以○賊　5.10/48/1
供執掃○　6.9/57/21
願（借）〔備〕後宮之
　埽　6.10/58/14
其○肉刑　6.15/63/2
終○肉刑　6.15/63/8
不可○也　7.3/64/25
魯人求彭生以○恥　7.5/66/9
○亂而衆說　7.7/67/16

廚 chú　1

使○人持斗以食代王及
　從者　5.7/45/21

處 chǔ　47

次則成叔○　1.6/4/15
此非吾所以居○子〔也〕　1.9/6/24
此非吾所以居○子也　1.9/6/25
孟子○齊　1.9/7/10
○子擇藝　1.9/7/22
所與遊○者　1.10/8/7

昔聖王之○民也　1.10/8/16
擇瘠土而○之　1.10/8/16
朝夕○事　1.10/8/27
敬姜之○喪也　1.10/9/11
使人間視其居○　1.12/10/22
與己同○　2.5/15/27
○暮年　2.9/18/2
柳下惠○魯　2.10/18/14
油油然與之○　2.10/18/17
於陵○楚　2.15/22/1
天之○高而聽卑　3.5/24/23
猶未嘗見乘居而匹○也　3.14/31/3
野○則帷裳擁蔽　4.6/35/8
野○無衛　4.6/35/9
○約持信　4.10/37/21
吾聞君子○順　4.12/38/29
○逆而生　4.12/38/30
高行○梁　4.14/40/9
孝婦○陳　4.15/41/1
臥于稱之○　5.1/41/14
○期年　5.2/42/3
君子謂懷嬴善○夫婦之
　間　5.3/42/30
君子謂趙夫人善○夫婦
　之間　5.7/45/25
○家不義　5.9/47/3
代主之○　5.10/47/23
我不知公子之○　5.11/48/11
期○既成　5.15/51/5
○家無幾何　6.2/52/9
既歸家（庭）〔○〕　6.2/52/25
君子謂弓工妻可與○難　6.3/53/10
阿谷○女者　6.6/55/8
見○子珮瑱而浣　6.6/55/8
○子曰　6.6/55/11
　6.6/55/15, 6.6/55/18
異其○子　6.6/55/25
楚○莊姪者　6.13/61/6
楚○莊姪　6.13/62/1
坐常○下　6.14/62/8
高子、鮑子○內守　7.10/70/5
王嘗夢見○女鼓瑟而歌
　曰　7.13/72/4

楚 chǔ　80

○將子發之母也　1.11/9/27

過曹、邾、鄭、○	2.3/14/7	○昭王之姬也	5.4/43/8	**歜 chù**	2
○莊王之夫人也	2.5/15/11	○昭遊樂	5.4/44/1		
妾聞虞丘子相○十餘年	2.5/15/17	大夫江乙之母也	6.2/52/8	以○之家而主猶績	1.10/8/15
治○三（季）〔年〕	2.5/15/20	○國有常法	6.2/52/11	其以○爲不能事主乎	1.10/8/15
○史書曰	2.5/15/21	○莊王臣援其夫人之衣	6.3/53/3		
○莊用焉	2.5/15/27	○野辯女者	6.5/54/17	**黜 chù**	5
昔○令尹子文之治國也	2.9/17/28	○野之鄙人也	6.5/54/23		
○狂接輿之妻也	2.13/20/13	孔子南遊〔適○〕	6.6/55/8	三○而不去	2.10/18/14
○王使使者持金百鎰、		將欲之○	6.6/55/10,6.6/55/17		2.10/18/15
車二駟	2.13/20/13	簡子南擊○	6.7/55/30	雖遇三○	2.10/18/19
○聘接輿	2.13/20/27	南有强○之讎	6.10/58/22	既置而○之	5.2/42/4
○老萊子之妻也	2.14/21/3	懼秦、○	6.11/59/29	○后而立倡姬爲后	7.15/73/21
人或言之○王曰	2.14/21/4	故○用虞丘子	6.12/60/23		
○王駕至老萊之門	2.14/21/4	○處莊姪者	6.13/61/6	**觸 chù**	1
○王欲使吾守國之政	2.14/21/7	○頃襄王之夫人	6.13/61/6		
○王聘之	2.14/21/17	○國復强	6.13/61/26	不苟○情	3.12/29/21
○於陵子終之妻也	2.15/21/22	○處莊姪	6.13/62/1		
○王聞於陵子終賢	2.15/21/22	何其〔○〕痛而不德也	6.15/63/1	**穿 chuān**	3
○王欲以我爲相	2.15/21/23	而○穆弑成	7.7/67/19		
而懷○國之憂	2.15/21/26	使閹○刺重耳	7.7/68/2	不○一札	6.3/53/1
於陵處○	2.15/22/1	晉、○戰于鄢陵	7.8/68/16	而君不能以○一札	6.3/53/7
與群帥悉○師以行	3.2/22/24	公孫寧、儀行父皆奔○	7.9/69/13	○七札	6.3/53/9
○武鄧曼	3.2/23/10	○莊王舉兵誅徵舒	7.9/69/13		
至○丘	3.3/23/20	巫臣使介歸幣於○	7.9/69/20	**傳 chuán**	5
遂城○丘以居	3.3/23/20	殆誤○莊	7.9/69/26		
○令尹孫叔敖之母也	3.5/24/20	○考李后者	7.14/72/23	名○于後世	2.9/17/29
必興于○	3.5/24/24	○考烈王之后也	7.14/72/23	《○》曰	4.1/32/12
爲〔○〕令尹	3.5/24/24	○王之貴幸君	7.14/72/24	所以○重承業	4.1/32/13
齊、○攻之	3.13/30/11	今君相○三十餘年	7.14/72/25	○而法之	4.1/32/16
南有强○	3.14/31/5	即○更立君後	7.14/72/26	爲世所○	5.13/50/2
而齊、○、强秦不敢加		誠以君之重而進妾于○			
兵焉	3.14/31/8	王	7.14/73/1	**椽 chuán**	2
○伐息	4.7/35/22	○王必嬖妾	7.14/73/1		
○王出遊	4.7/35/23	○國盡可得	7.14/73/2	采○不斲	6.3/53/5,6.11/59/24
○王賢其夫人守節有義	4.7/35/26				
○虞息君	4.7/36/3	**畜 chù**	3	**創 chuāng**	1
○平王之夫人也	4.9/36/25				
○與吳爲伯莒之戰	4.9/36/25	以○寡人	1.7/5/11	被一○	5.8/46/5
吳勝	4.9/36/26	則魯君不吾○	5.6/45/5		
闔閭勝○	4.9/37/11	不爲六○傷民人	6.4/53/27	**床 chuáng**	2
○昭王之夫人也	4.10/37/16				
○昭出遊	4.10/37/27			木○著席	2.14/21/3
○白公勝之妻也	4.11/38/3	**絀 chù**	4	薦○蔽席	6.9/57/21
號曰〔○白〕貞姬（○）					
	4.11/38/9	是專○諸侯	3.8/26/13	**吹 chuī**	1
○成王之夫人也	5.2/41/27	于禮、斥○之人也	4.12/38/23		
○昭越姬者	5.4/43/8	請于王而○之	6.2/52/8	風其○汝	3.12/29/22
		妾子坐而○	6.2/52/15		

垂 chuí	3
揮泣○涕	1.7/5/9
關候○泣	5.13/49/24
名○至今	6.3/53/4

捶 chuí	1
可隨以鞭○	2.14/21/9

春 chūn	20
《○秋》詳錄其事	4.2/33/4
《○秋》善之	4.2/33/6
《○秋》賢之	4.2/33/11
鍾離○者	6.10/58/11
鍾離○對曰	6.10/58/17
	6.10/58/22
○秋四十	6.10/58/23,6.13/61/19
君子謂鍾離○正而有辭	6.10/59/1
○秋既盛	6.13/61/9
○申君患之	7.14/72/23
李園爲○申君舍人	7.14/72/24
乃取其女弟與○申君	7.14/72/24
園女弟因間謂○申君曰	
	7.14/72/24
○申君大然之	7.14/73/3
養士欲殺○申君以滅口	7.14/73/4
園乃殺○申君	7.14/73/5
發迹○申	7.14/73/12
通于○平君	7.15/73/21
淫亂○平	7.15/73/28

純 chún	3
二妃德○而行篤	1.1/1/20
貞專精○	4.14/40/9
〔故〕夫訓道不○	6.15/62/28

淳 chún	4
漢太倉令○于公之少女也	6.15/62/21
○于公無男	6.15/62/21
○于公有罪當刑	6.15/62/22
○于公遂得免焉	6.15/63/2

醇 chún	1
客有獻○酒一器〔者〕	1.11/10/2

啜 chuò	1
○其泣矣	7.6/66/27

輟 chuò	3
婦人採桑不○	5.9/46/27
王○食吐哺而起	6.12/60/13
計未決而○	7.13/72/10

祠 cí	4
○以大牢	5.5/44/17,5.11/48/17
禱○于名山神（女）〔水〕	6.4/53/26
故禱○九江三淮之神	6.7/56/2

茨 cí	2
昔帝堯茅○不剪	6.3/53/4
茅○不剪	6.11/59/24

詞 cí	3
文○可從	6/51/10
執事者誣其○而上之	6.9/57/19
王視其○	6.9/57/20

慈 cí	29
君子謂定姜爲○姑	1.7/5/11
恩愛○惠	1.7/6/1
列爲○母	1.10/9/22
魏芒○母者	1.13/11/10
皆不愛○母	1.13/11/10
○母乃命其三子	1.13/11/11
○母憂戚悲哀	1.13/11/12
人有謂○母曰	1.13/11/13
○母曰	1.13/11/14
可謂○乎	1.13/11/15
不○且無義	1.13/11/16
○母如此	1.13/11/17
自此五子親附○母	1.13/11/18

○母以禮義之漸	1.13/11/18
君子謂○母一心	1.13/11/19
○惠仁義	1.13/11/25
○母生孝子	2.4/15/2
君子善其○惠而遠識也	3.3/23/23
○愛愈固	4.15/40/16
○惠有序	5.10/48/1
君子謂節乳母○惠敦厚	
	5.11/48/17
必求其寬仁○惠	5.11/48/18
次爲○母	5.11/48/19
夫○故能愛	5.11/48/19
君子謂二義○孝	5.13/49/26
以能順天○民也	6.4/53/30
進○母	6.10/58/30
甚寬惠而○于民	7.7/67/13
太子無○孝之行	7.13/72/7

辭 cí	38
定公欲○	1.7/5/12
君子謂定姜能以○教	1.7/5/22
麗于文○	1.7/6/1
婦○孟母而求去	1.9/7/5
堪父○曰	1.10/9/4
魯大夫○而復之	1.10/9/5
康子○于朝而入見	1.10/9/13
趙衰○而不敢	2.8/17/9
妻爲之○	2.10/18/26
○而不爲	2.11/19/10
先生○而不受	2.11/19/11
乃謬其○曰	3.9/27/3
白妻○之曰	4.11/38/4
遂○聘而不行	4.11/38/9
夫人慚○	4.12/39/7
子束髮○親往仕	5.9/47/1
媵婢○曰	5.10/47/23
○甚有度	6.2/52/25
傷槐女能以○免	6.4/54/7
辯女能以○免	6.5/54/24
爲之○	6.6/55/9
	6.6/55/14,6.6/55/17
子貢還報其○	6.6/55/13
女○辯深	6.6/55/25
其○曰	6.7/56/11
娟乃再拜而○曰	6.7/56/14
遂○而去	6.7/56/15

女娲通達而有○　6.7/56/15
君子謂鍾離春正而有○　6.10/59/1
諫○甚明　6.11/60/5
盡其愚○　6.12/60/12
婦人以○不見棄于鄰　6.14/62/11
則○安可以已乎哉　6.14/62/11
○之輯矣　6.14/62/12
○語甚分　6.14/62/16
○之懌矣　6.15/63/3
公○以晉難　7.8/68/17

此 cǐ　166

姑母察○　1/1/4
○之謂也　1.1/1/20
　1.2/2/5,1.3/2/21,1.4/3/6
　1.6/4/1,1.6/4/26,1.7/5/15
　1.7/5/22,1.7/5/26,1.8/6/13
　1.9/6/27,1.9/7/4,1.9/7/18
　1.10/8/8,1.10/9/11
　1.10/9/18,1.11/10/8
　1.13/11/21,2.3/14/10
　2.5/15/23,2.7/16/28
　2.9/18/4,2.10/18/22
　2.11/19/14,2.14/21/13
　2.15/21/28,3.1/22/15
　3.2/23/2,3.2/23/6
　3.4/24/11,3.6/25/13
　3.7/26/1,3.9/27/13
　3.10/27/30,3.10/28/11
　3.10/28/16,3.11/29/4
　3.12/29/23,3.13/30/13
　3.14/31/9,3.15/31/26
　4.1/32/17,4.6/35/13
　4.7/35/28,4.8/36/15
　4.9/37/6,4.10/37/22
　4.11/38/11,4.12/39/3
　4.13/39/18,4.14/40/5
　4.15/40/26,5.2/42/16
　5.5/44/19,5.6/45/10
　5.7/45/26,5.8/46/16
　5.9/47/7,5.10/47/26
　5.11/48/20,5.12/49/3
　5.15/51/1,6.1/51/28
　6.2/52/21,6.4/54/8
　6.5/54/25,6.6/55/21
　6.7/56/16,6.8/57/6
　6.9/58/2,6.10/59/2
　6.11/60/1,6.12/60/27
　6.13/61/27,6.14/62/12
　6.15/63/4,7.1/63/25
　7.2/64/13,7.3/65/9
　7.4/65/25,7.5/66/10
　7.6/66/27,7.7/68/6
　7.8/68/26,7.10/70/9
　7.11/71/6,7.12/71/24
　7.14/73/8,7.15/73/24
如○　1.6/4/8
○非吾所以居處子〔也〕　1.9/6/24
○非吾所以居處子也　1.9/6/25
而下人如○　1.10/8/5
何如勤勞憂懼如○　1.13/11/13
慈母如○　1.13/11/17
自○五子親附慈母　1.13/11/18
祿未嘗多若○也　1.14/12/1
安所得○　1.14/12/1
必死於○矣　2.3/14/3
將安所用○　2.7/16/26
君棄○三者　2.8/17/10
何以至○　2.8/17/15
能至于○　2.11/19/6
何樂于○而謐爲「康」
　乎　2.11/19/9
以○三人者　3.4/24/5
○之（說）〔謂〕也　3.5/24/25
知○謂誰　3.7/25/23
○〔必〕蘧伯玉也　3.7/25/23
○其人必不以闇昧廢禮　3.7/25/25
禍至於○　3.8/26/16
爾不懲○　3.10/28/2
以○相一國　3.12/29/18
○乃魯大夫之憂　3.13/30/6
○毀貞女之行　3.14/30/30
王不憂○　3.14/31/6
當○之時　4.2/33/4
豈獨事生若○哉　4.11/38/8
○順道也　4.12/38/29
○逆也　4.12/38/30
寡婦念○兮　4.13/39/15
在○　5.1/41/15
吾願與子生若○
　5.4/43/10
　5.4/43/13
死又若○　5.4/43/10
死若○　5.4/43/13
○值法　5.13/49/16
○珠姜之繫臂也　5.13/49/20
母子有義如○　5.13/49/24
二義如○　5.13/50/1
○甯戚之欲得仕國家也　6.1/51/26
母智若○　6.2/52/20
○三君者　6.3/53/4
今妾之夫治造○弓　6.3/53/5
○四者　6.3/53/7
○蓋射之道也　6.3/53/9
醉至于○　6.4/53/26,6.7/56/3
豈○女乎　6.7/56/13
○乃在于主君　6.8/57/1
○君之臣　6.8/57/3
○罪一也　6.9/57/24
〔○〕妾之罪二也　6.9/57/27
而加○二罪　6.9/57/27
○天下強顏女子也　6.10/58/15
如○者四　6.10/58/21
○一殆也　6.10/58/24
○二殆也　6.10/58/25
○三殆也　6.10/58/26
○四殆也　6.10/58/27
○奇女也　6.11/59/14
○賢女也　6.11/59/15
閔王至于○也　6.11/59/29
○人必有與人異者矣　6.12/60/14
則○可用矣　6.12/60/24
王之致○三難也　6.13/61/21
○何罪　7.4/65/23
易○必敗　7.5/66/6
○皆爲民而不顧親　7.7/67/19
由○疑太子　7.7/67/21
必死于○　7.8/68/25
徵舒疾○言　7.9/69/12
老夫在○　7.11/70/23
以至于○　7.11/71/2
生若○　7.11/71/4
○女亂一宗　7.15/73/18

次 cì　16

○女英　1.1/1/8
而謀事○之　1.6/3/29
○則武王發　1.6/4/14
○則周公旦　1.6/4/15

○則管叔鮮　1.6/4/15
○則蔡叔度　1.6/4/15
○則曹叔振鐸　1.6/4/15
○則霍叔武　1.6/4/15
○則成叔處　1.6/4/15
○則康叔封　1.6/4/16
○則聃季載　1.6/4/16
師○亂濟　3.2/22/28
君子謂叔敖之母知道德
　之○　3.5/24/24
○至伯贏　4.9/36/26
○爲慈母　5.11/48/19
○爲保母　5.11/48/19

刺 cì　10
○子驕泰　1.11/10/12
非○虞丘　2.5/15/27
非○康公　3.1/22/19
○子好威　3.9/27/17
非○哀王　3.14/31/13
作詩譏○　4.3/33/25
是以爲○　5.9/47/6
虞姬譏○　6.9/58/6
使闔楚○重耳　7.7/68/2
使賈華○夷吾　7.7/68/2

廁 cì　1
迫其子惺于○　7.12/71/21

賜 cì　17
王又以○軍士　1.11/10/3
〔穆公〕○母尊號曰母
　師　1.12/10/27
而以公金○母　1.14/12/7
君嘗○之粟三十鍾　2.11/19/10
大王及宗室所○幣者　3.15/31/20
王所○金帛　3.15/31/21
今王○金璧之聘、夫人
　之位　4.11/38/6
使使者○之黃金四十斤
　4.15/40/25
○其弟金百鎰　5.5/44/18
○婦人束帛百端　5.6/45/9
○金千鎰　5.11/48/7,5.11/48/9

○金百鎰　5.11/48/17
因○金千鎰　6.2/52/18
○母金、布　6.2/52/26
而○金三鎰　6.3/53/10
公以崔子之冠○侍人　7.11/70/21

聰 cōng　9
天下稱二妃○明貞仁　1.1/1/19
○明而仁　1.3/2/18
（賢）〔質〕行○明　1.5/3/22
○明遠識　1.7/6/1
子之質○達于事　1.8/6/8
魏負○達　3.14/31/13
耳目不○明　6.13/61/19
○慧而行亂　7.8/68/15
雖有○慧之質　7.8/68/25

從 cóng　78
○掩　1.1/1/14
化其德而○其教　1.4/3/4
○以孫子　1.4/3/6
媵○伊尹　1.5/3/22
而有三○之道也　1.9/7/16
故年少則○乎父母　1.9/7/16
出嫁則○乎夫　1.9/7/16
夫死則○乎子　1.9/7/17
使○大倫　1.9/7/22
季康子之○祖叔母也　1.10/7/27
○後階降而卻行　1.10/8/1
○禮而靜　1.10/9/9
○之　1.10/9/12
吾○汝謁往監之　1.12/10/18
婦人有三○之義　1.12/10/19
魯大夫○臺上見而怪之
　1.12/10/22
一日○北方來　1.12/10/23
○諸子謁歸視私家　1.12/10/25
○婢子起　2.1/12/26
與○者謀于桑下　2.3/13/30
○者將以子行　2.3/14/1
公子必○　2.3/14/2
以善○爲順　2.7/16/23
○車百乘　2.9/17/27
屈柔○容　2.10/18/19
門人○之以爲誅　2.10/18/21

吾○門間觀其志氣　2.12/19/25
妻○市來　2.13/20/14
君使不○　2.13/20/20
○之又違　2.13/20/20
民○而家者　2.14/21/12
君子謂老萊妻果於○善
　2.14/21/12
歸義○安　3/22/6
康公○　3.1/22/11
其○者三人皆國相也　3.4/24/4
今其○者皆卿相之僕也　3.4/24/7
簡子○之　3.11/29/1
其鄰人婦○之遊　3.13/30/4
親迎然後隨○　3.14/30/29
而○亂無別　3.14/31/6
亦不女○　4.1/32/17
終不肯○　4.1/32/21
亦勿○也　4.6/35/2
華孟姬○　4.6/35/5
則○傅母保阿　4.6/35/7
非禮不○　4.6/35/17
妾不敢○使者行　4.10/37/18
妾知○使者必生　4.10/37/19
且夫棄義○欲者　4.11/38/6
不能○死　4.11/38/8
棄義而○利　4.14/40/2
信可○也　5.2/42/6
○子而歸　5.3/42/29
雖吾不○子也　5.3/42/29
亦不敢○也　5.3/42/30
不告所○　5.3/43/3
蔡姬許○孤死矣　5.4/43/12
不聞其以苟○其闇死爲
　榮　5.4/43/17
越姬○　5.4/43/18
以是妾願○王矣　5.4/43/21
要姬○死　5.4/44/1
使廚人持斗以食代王及
　○者　5.7/45/21
陰令宰人各以一斗擊殺
　代王及○者　5.7/45/21
文詞可○　6/51/10
道無○　6.1/51/15
○我焉如　6.1/51/26
盍○我于鄭乎　6.5/54/23
○流而抱之　6.6/55/12
夫死○子　6.8/57/2

宣王○之	6.10/59/6	
雖死不○	6.11/59/17	
與鄰婦李吾之屬會燭相		
○夜績	6.14/62/6	
唯褒姒言是○	7.3/65/6	
王○之	7.9/69/15	
夏姬○之	7.9/69/20	
公下○之	7.11/70/22	
主父○旁觀窺群臣宗室		
〔之禮〕	7.13/72/9	
言不善之○內出也	7.13/72/14	

徂 cú　2

自北○南	6.6/55/10, 6.6/55/17	

竄 cuàn　2

莫能○一字	2.10/18/21	
遂○于褒	7.3/64/28	

崔 cuī　28

○杼立光而殺高厚	3.8/26/15	
更以○杼爲大夫	7.10/70/7	
齊○杼御東郭偃之（娣）		
〔姊〕也	7.11/70/19	
○子（吊）〔弔〕而說		
姜	7.11/70/20	
驟如○氏	7.11/70/20	
○子知之	7.11/70/21	
公以○子之冠賜侍人	7.11/70/21	
○子愠	7.11/70/21	
公登臺以臨○子之宮	7.11/70/21	
余聞○子之疾也	7.11/70/23	
○子與姜自側戶出	7.11/70/23	
公請于○氏曰	7.11/70/24	
○子曰	7.11/70/25	
公又請于○氏之宰曰	7.11/70/25	
○氏之宰曰	7.11/70/26	
○氏射（中公）〔公中〕		
踵	7.11/70/27	
○子愛之	7.11/70/28	
○子前妻子二人	7.11/70/28	
○子廢成而以明爲後	7.11/70/29	
成使人請○邑以老	7.11/70/29	
○子哀而許之	7.11/70/29	

陰與○氏爭權	7.11/71/1	
于是二子歸殺棠毋咎、		
東郭偃于○子之庭	7.11/71/1	
○子怒	7.11/71/2	
○氏之妻曰	7.11/71/4	
○子歸	7.11/71/4	
○杼之妻	7.11/71/10	
○氏遂滅	7.11/71/11	

摧 cuī　3

推○一切	6/51/10	
○幹拉胸	7.5/66/14	
心意○下	7.8/69/1	

槯 cuī　3

則○橑墮	6.12/60/16	
○橑墮	6.12/60/17	
○橑也	6.12/60/17	

脆 cuì　1

婦人○于志	3.14/30/27	

翠 cuì　1

翡○珠璣	6.10/58/25	

存 cún　11

問孰○	1.9/7/7	
故能○周室	1.10/8/4	
門人必○	2.10/18/26	
齊桓往而○之	3.3/23/20	
夫人與○	3.7/26/5	
則其骨○焉	3.10/27/28	
可謂僅○矣	3.14/31/6	
妻子得○	3.15/32/2	
故能○國安君	5.5/44/8	
不能○國而自活	5.5/44/13	
亡兄子而○妾子	5.6/45/4	

磋 cuō　1

非特師傅、朋友相與切		
○也	2.12/20/3	

錯 cuò　4

其文○	3.9/27/9	
○者	3.9/27/9	
上下○謬也	5.2/42/9	
二亂交○	7.12/71/28	

妲 dá　10

亡也以○己	3.14/31/1	
○己者	7.2/64/3	
不離○己	7.2/64/4	
○己之所譽貴之	7.2/64/5	
○己之所憎誅之	7.2/64/5	
○己好之	7.2/64/7	
○己乃笑	7.2/64/8	
○己曰	7.2/64/9	
斬○己頭	7.2/64/11	
○己配紂	7.2/64/17	

荅 dá　6

陶太夫○子妻也	2.9/17/26	
○子治陶三年	2.9/17/26	
○子之家果以盜誅	2.9/18/2	
君子謂○子妻能以義易		
利	2.9/18/3	
○子治陶	2.9/18/9	
○子逢禍	2.9/18/9	

達 dá　19

○乎諸侯大夫及士庶人	1.6/4/19	
○乎大夫	1.6/4/21	
○乎天子	1.6/4/21	
要其安民以播烈光、制		
禮以廣○孝而言之	1.6/4/22	
君子謂定姜○於事情	1.7/5/25	
子之質聰○于事	1.8/6/8	
則不○其上	1.9/7/13	
博○知禮	1.10/7/28	
通○知禮	1.10/9/22	
一何不○人事也	3.12/29/16	
而外不○人事	3.12/29/16	
不○於人事	3.12/29/18	
不○人事而相國	3.12/29/19	
魏負聰○	3.14/31/13	

斯婦人○于人情而知禮 6.6/55/20
子曰○情 6.6/55/25
女娟通○而有辭 6.7/56/15
城郭闔○ 6.13/61/22
賢者不○ 6.13/61/24

大 dà 209

入于○麓 1.1/1/17
浸以益○ 1.2/1/29
○王娶以爲妃 1.6/3/27
達乎諸侯○夫及士庶人 1.6/4/19
父爲○夫 1.6/4/20
葬以○夫 1.6/4/20
子爲○夫 1.6/4/20
祭以○夫 1.6/4/21
達乎○夫 1.6/4/21
○邦有子 1.6/4/25
亦甚○矣 1.6/5/3
○國又以爲請 1.7/5/13
○夫聞之皆懼 1.7/5/17
舍○臣而與小臣謀 1.7/5/20
○夫圖之 1.7/5/24
獲鄭皇耳于（○）〔犬〕
  丘 1.7/5/24
卒成○儒之名 1.9/6/26
使從○倫 1.9/7/22
魯○夫公父穆伯之妻 1.10/7/27
故物可以爲都○夫 1.10/8/11
捆可以爲○行人也 1.10/8/11
是故天子○采朝日 1.10/8/18
卿○夫朝考其職 1.10/8/22
卿之內子爲○帶 1.10/8/25
魯○夫辭而復之 1.10/9/5
自卿○夫以下 1.10/9/14
非有○故 1.12/10/18
魯○夫從臺上見而怪之 1.12/10/22
于是○夫召母而問之曰 1.12/10/23
○夫美之 1.12/10/26
咸爲魏○夫卿士 1.13/11/18
豈脩士○夫之費哉 1.14/12/1
○賞其母之義 1.14/12/7
○夫請以入 2.4/14/26
○夫夙（夜）〔退〕 2.5/15/21
周南○夫之妻也 2.6/16/3

○夫受命 2.6/16/3
蓋與其鄰人陳素所與○
  夫言 2.6/16/4
無虧○義 2.6/16/6
周○夫妻 2.6/16/14
卿○夫三 2.7/16/24
請以姬之中子屏括爲公
  族○夫 2.8/17/14
屏括遂以其族爲公族○
  夫 2.8/17/15
夫子能薄而官○ 2.9/17/28
貪富務○ 2.9/17/29
魯○夫柳下惠之妻也 2.10/18/14
德彌○兮 2.10/18/19
擁○蓋 2.12/19/23
升諸景公以爲○夫 2.12/20/2
○夫非眾之謂也 3.2/22/26
○敗〔之〕 3.2/22/29
○命以傾 3.2/23/1
將發○命而蕩王心焉 3.2/23/4
繫援于○國也 3.3/23/16
齊○而近 3.3/23/17
赴告○國 3.3/23/18
離○而附小 3.3/23/18
○破之 3.3/23/19
○夫跋涉 3.3/23/22
齊○可依 3.3/23/27
曹○夫僖負羈之妻也 3.4/24/3
晉○夫伯宗之妻也 3.6/25/3
諸○夫皆謂我知似陽子 3.6/25/6
吾欲飲諸○夫酒而與之
  謀 3.6/25/7
于是爲○會 3.6/25/8
與諸○夫飲 3.6/25/8
諸○夫（慕）〔莫〕子
  若也 3.6/25/9
子何不預結賢○夫以託
  州犁焉 3.6/25/10
衛之賢○夫也 3.7/25/25
庶無○悔 3.8/26/17
魯○夫臧文仲之母也 3.9/26/26
厚士○夫而後之齊 3.9/27/2
公及○夫相與議之 3.9/27/4
隨○夫而化者 3.10/27/26
將必以是○有敗也 3.10/28/4
據○政 3.12/29/18
○子幼 3.13/30/3,3.13/30/6

此乃魯○夫之憂 3.13/30/6
魏○夫如耳母也 3.14/30/22
國之○節也 3.14/30/27
  7.6/66/22
今○王爲太子求妃 3.14/30/29
周之興也以○姒 3.14/31/2
天下之○綱紀也 3.14/31/4
今○王亂人道之始 3.14/31/5
棄綱紀之○ 3.14/31/5
○國五六 3.14/31/5
妾恐○王之國政危矣 3.14/31/6
○王及宗室所賜幣者 3.15/31/20
盡以與軍吏士○夫 3.15/31/20
魯使○夫季文子如宋 4.2/32/28
○夫勤勞于遠道 4.2/32/29
敢再拜○夫之辱 4.2/32/30
彼無○故 4.4/34/3
其有○妨于王命者 4.6/35/1
卿○夫外淫者放 4.9/36/29
王聞江水○至 4.10/37/16
今水方○至 4.10/37/18
則水○至 4.10/37/20
江水○至 4.10/37/27
使○夫持金百鎰、白璧
  一雙以聘焉 4.11/38/3
〔○夫〕致幣 4.11/38/4
君子○之 4.11/38/15
王○其義 4.14/40/4
淮陽（○）〔太〕守以
  聞 4.15/40/24
遇稱舅魯○夫于外 5.1/41/15
魯○夫皆知稱之在保 5.1/41/16
今者○王在臺上 5.2/42/1
觀士○夫逐者 5.4/43/9
○哉 5.4/43/21
蓋小戎○ 5.5/44/9
祠以○牢 5.5/44/17,5.11/48/17
○夫不吾養 5.6/45/5
而況于朝臣士○夫乎 5.6/45/8
夫義其○哉 5.6/45/9
代無○故 5.7/45/23
夫不孝莫○于不愛其親
  而愛其人 5.9/47/5
周○夫妻之媵妾也 5.10/47/16
○夫號主父 5.10/47/16
主○怒而答之 5.10/47/19
寵其兄爲五○夫 5.11/48/17

火○發起	5.12/49/8
繼母連○珠以爲繫臂	5.13/49/13
季兒乃告其○女曰	5.14/50/12
○其義	5.14/50/14
長安○昌里人之妻也	5.15/50/25
管仲○悅	6.1/51/26
楚○夫江乙之母也	6.2/52/8
乙爲郢○夫	6.2/52/8
何○王之言過也	6.2/52/14
妾之子爲郢○夫	6.2/52/15
妾豈貪貨而（失）〔干〕	
○王哉	6.2/52/19
是用○諫	6.2/52/21
而絕纓與飲○樂	6.3/53/4
○旱	6.4/53/28
天○雨	6.4/53/30
守國之○殃也	6.4/54/4
行暴之○者也	6.4/54/5
鄭簡公使○夫聘于荊	6.5/54/17
有一婦人乘車與○夫	
〔遇〕	6.5/54/17
轂擊而折○夫車軸	6.5/54/18
○夫怒	6.5/54/18
而子○夫之僕不肯少引	6.5/54/19
是以敗子（夫）〔○〕	
夫之車	6.5/54/19
今子列○夫而不爲之表	6.5/54/21
惜子○夫之喪善也	6.5/54/22
○夫慚而無以應	6.5/54/22
○夫曰	6.5/54/23
選士○夫齋戒沐浴	6.7/56/8
簡子○悅	6.7/56/13
委政○臣	6.9/57/15
即墨○夫賢而日毀之	6.9/57/16
阿○夫不肖	6.9/57/16
不意○王乃復見〔而〕	
與之語	6.9/57/23
積之于（○）〔素〕雅	6.9/57/23
然願戒○王	6.9/57/29
于是王○寤	6.9/57/30
封即墨○夫以萬戶	6.9/57/30
烹阿○夫與周破胡	6.9/57/30
人知烹阿○夫	6.9/58/1
齊國○治	6.9/58/1
長指○節	6.10/58/11
莫不掩口○笑	6.10/58/15
特竊慕○王之美義耳	6.10/58/18

宣王○驚	6.10/58/19
今○王之君國也	6.10/58/22
縱橫○笑	6.10/58/27
而齊國○安者	6.10/59/1
項有○瘤	6.11/59/11
不受教觀○王	6.11/59/14
王○悅之	6.11/59/15
賴○王之力	6.11/59/16
而隨○王	6.11/59/16
○王又安用之	6.11/59/16
王○慚曰	6.11/59/17
王○慚	6.11/59/21
于是諸夫人皆○慚	6.11/59/27
閔王○感	6.11/59/28
○王知國之柱乎	6.12/60/15
今○王既有明哲	6.12/60/18
○王誠能屬之	6.12/60/23
聞○王出遊五百里	6.13/61/14
○魚失水	6.13/61/15
○魚失水者	6.13/61/16
諸侯○叛	7.1/63/23
幽王爲燧燧○鼓	7.3/65/4
褎姒乃○笑	7.3/65/5
婦人無○故	7.5/66/7
公使○夫宗〔婦〕用幣	
見	7.6/66/20
○夫夏甫不忌曰	7.6/66/20
又貨晉○夫	7.8/68/17
〔陳〕○夫夏徵舒之母	7.9/69/6
夏姬之子徵舒爲○夫	7.9/69/7
淫爲○罰	7.9/69/15
○夫子反怨之	7.9/69/20
○無信也	7.9/69/21
走二○夫	7.9/69/26
淫通于○夫慶剋	7.10/70/3
更以崔杼爲○夫	7.10/70/7
○子城、少子彊	7.11/70/28
齊○夫也	7.11/70/30
靈公○怒劓躓	7.12/71/16
姬○悅	7.12/71/19
○夫殺孔悝之母而迎公	
	7.12/71/22
春申君○然之	7.14/73/3
○王不畏乎	7.15/73/18
○夫怨倡后之譖太子及	
殺李牧	7.15/73/23

代 dài	24
戎子請以牙爲太子○光	3.8/26/11
且三○之亡、恭太子之	
廢	3.10/28/6
孝成王使括○廉頗爲將	
	3.15/31/18
○廉頗三十餘日	3.15/31/24
○頗拒秦	3.15/32/1
妾子雖○	4.12/39/7
以吾子○之	5.1/41/16
○趙夫人者	5.7/45/20
○王之夫人也	5.7/45/20
誘○王	5.7/45/21
使廚人持斗以食○王及	
從者	5.7/45/21
陰令宰人各以一斗擊殺	
○王及從者	5.7/45/21
因舉兵平○地	5.7/45/22
事○王	5.7/45/22
○無大故	5.7/45/23
今○已亡	5.7/45/23
○人皆懷之	5.7/45/25
○夫人弟	5.7/45/30
襲滅○王	5.7/45/30
兄弟欲相○死	5.8/46/9
○主之處	5.10/47/23
封章于○	7.13/72/8
乃欲分趙而王章于○	7.13/72/10
共立嘉于○	7.15/73/23

怠 dài	10
不以天子之女故而驕盈	
○嫚	1.1/1/10
篤厚不○	1.1/1/17
無自以○	1.10/8/24
況有○惰	1.10/8/28
言行不○	2.3/14/14
維戒無○	2.6/16/14
夫安貧賤而不○于道者	
	2.13/20/21
言不○于道也	2.13/20/22
夙夜無○	4.6/35/2
無○倦時	4.12/38/26

待 dài	15	冠纓不足○有餘者	3.9/27/10	紞 dǎn	1
		佩劍○冠	7.1/63/17		
〔○〕夕而入	1.12/10/22			王后親織玄○	1.10/8/24
今君設官以○子	1.14/12/3	逮 dài	3		
○罪於永巷	2.1/12/24			亶 dǎn	2
而將何以○之	2.13/20/19	遂○于火而死	4.2/33/3		
群帥因于（治）〔冶〕		○火而死	4.2/33/11	古公○父	1.6/3/29
父以○刑	3.2/22/29	當行會○	6.15/62/22	○其然乎	6.4/54/8
其危可立○也	3.6/25/10				
○禮然後動	3.12/29/21	戴 dài	11	旦 dàn	8
○保傅來也	4.2/33/2				
封以○之矣	5.10/47/17	姆○嬀之子桓公	1.8/6/12	○夕勤勞	1.6/4/13
封酒相○	5.10/47/18	號○己	1.10/7/27	次則周公○	1.6/4/15
願且○	5.13/49/20	君敬民○	2.9/17/29	○夕勤學不息	1.9/7/3
妾請開戶牖○之	5.15/50/28	民不○	2.9/18/1	樂師擊鼓以告○	2.1/12/29
灑掃陳席以○來者	6.14/62/8	妻○紝器	2.13/20/21	一○有車馳之難	3.3/23/18
宣姜乃陰使力士○之界		○紝易姓	2.13/20/27	今括一○爲將	3.15/31/21
上而殺之	7.4/65/20	其妻○畚萊	2.14/21/7	○日在樓上新沐	5.15/50/28
不○幽間於朝廷	7.9/69/9	然而民之不能○其上久		一○山陵崩弛	6.10/58/24
		矣	3.6/25/9		
殆 dài	20	何面目以生而○天（復）		但 dàn	2
		〔履〕地乎	5.14/50/12		
○不如止	3.12/29/27	至○公而後寧	7.4/65/24	兒○讓耳	5.13/49/22
○可釋矣	4.14/40/4	民孰不○	7.7/67/16	○揚目銜齒	6.10/58/21
○有說	6.4/53/23				
國○危矣	6.9/57/29	丹 dān	1	淡 dàn	2
○哉	6.10/58/21,6.10/58/21				
6.10/58/27,6.10/58/27		又○其父桓公廟宮之楹	7.6/66/22	甘天下之○味	2.11/19/11
此一○也	6.10/58/24			安賤甘○	2.11/19/18
此二○也	6.10/58/25	耽 dān	2		
此三○也	6.10/58/26			當 dāng	44
此四○也	6.10/58/27	士之○兮	7.8/68/26		
〔吾〕乃今一聞〔寡人		女之○兮	7.8/68/26	○堯之時	1.2/1/29,1.3/2/15
之○〕	6.10/58/28			○爲民法則	1.8/6/8
〔寡人之○幾不全〕	6.10/58/29	酖 dān	2	○爲人表式	1.8/6/8
分別四○	6.10/59/6			爲○世冠	1.9/7/22
國既○矣	6.13/61/7	○而殺之	7.6/66/26	○死	1.13/11/12
必且○也	6.13/61/17	○殺哀姜	7.6/67/1	○與時小同	2.6/16/6
衛果危○	7.4/65/29			今○亂世	2.10/18/15
○將釋君乎	7.7/67/20	聃 dān	1	言○常嚮爲其善也	2.12/20/4
○誤楚莊	7.9/69/26			○敗之時	3.3/23/20
		次則○季載	1.6/4/16	○穆公時	3.13/30/3
帶 dài	5			○行夫婦之道	4.2/32/27
		殫 dān	1	○此之時	4.2/33/4
卿之內子爲大○	1.10/8/25			避不敢○	4.8/36/20
○圍減尺	1.13/11/12	○財盡幣	7.1/63/22	○昭王時	4.9/36/25
冠纓不足○有餘	3.9/27/4			其夫○行戍	4.15/40/14

○宣王時　5.8/46/5
○所悅　5.9/47/1
○送喪　5.13/49/14
誰○坐者　5.13/49/16
初○坐之　5.13/49/17,5.13/49/19
妾○坐之　5.13/49/21
獨我○坐之　5.14/50/9
吾○安之　5.14/50/11
欲以身○之　5.15/50/27
○恭王之時　6.2/52/8
○平公之時　6.3/52/30
罪固○死　6.4/53/26
○以人祀〔之〕　6.4/53/28
今必○以人祀　6.4/53/29
寡人請自○之　6.4/53/30
非敢以○子之身也　6.6/55/18
我死不○　6.8/56/26
不○死　6.8/56/28
妾之○死　6.8/56/28
母何爲○死　6.8/56/29
母何爲不○死也　6.8/56/30
妾既○死　6.9/57/29
願○君王之盛顏　6.12/60/12
淳于公有罪○刑　6.15/62/22
○行會逮　6.15/62/22
（令）〔今〕坐法○刑　6.15/62/24
○宣王之時產　7.3/64/26

黨 dǎng　1
遂殺子般于○氏　7.6/66/24

宕 dàng　1
○有豸心　3.10/28/5

蕩 dàng　3
余心○　3.2/23/2
盈而○　3.2/23/3
將發大命而○王心焉　3.2/23/4

刀 dāo　4
孟母以○斷其織　1.9/6/28
伯嬴持○曰　4.9/36/26

乃援鏡持○以割其鼻　4.14/40/2
其間容○　7.7/67/9

倒 dǎo　2
是白黑顛○　5.2/42/9
紂師○戈　7.2/64/11

導 dǎo　1
率○八子　1.13/11/18

蹈 dǎo　1
後宮○綺縠　6.11/59/26

禱 dǎo　4
將請以身○于神　5.4/43/20
○祠于名山神（女）〔水〕　6.4/53/26
故○祠九江三淮之神　6.7/56/2
○求福兮醉不醒　6.7/56/11

悼 dào　11
祭○子　1.10/9/17
莫不○痛　4.2/33/5
其女○（惺）〔惶〕　6.4/54/12
至○公而後定　7.12/71/23
遂生子○　7.14/73/3
○立　7.14/73/5
趙○襄王之后也　7.15/73/17
○襄王以其美而取之　7.15/73/17
○襄王后生嘉　7.15/73/19
及○襄王薨　7.15/73/21
趙○倡后　7.15/73/28

盜 dào　24
不爲竊○　1.9/7/3
淫僻、竊○、長舌、驕侮、無子、惡病皆在其後　2.7/16/25
苔子之家果以○誅　2.9/18/2
○憎主人　3.6/25/3
有入王宮中○者　6.2/52/8

令尹○之　6.2/52/9
令尹信○之　6.2/52/10
若不○而誣之　6.2/52/11
令尹不身○之也　6.2/52/11
乃使人○之　6.2/52/11
其使人○奈何　6.2/52/12
而○賊自息　6.2/52/12
○賊公行　6.2/52/13
是故使○得○妾之布　6.2/52/13
是與使人○何以異也　6.2/52/13
寇○在下　6.2/52/14
有○王宮中之物者　6.2/52/15
秦穆公有○食其駿馬之肉　6.3/53/3
君子信○　7.2/64/13
○殺之　7.4/65/22
乃謂○曰　7.4/65/23
○又殺之　7.4/65/23
○言孔甘　7.14/73/7

道 dào　81
思盡婦○　1.1/1/11
母○既畢　1.2/2/10
貞順率○　1.6/3/28
○正事　1.6/4/8
仁而明○　1.6/4/12
以進婦○　1.6/4/13
文王理陽○而治外　1.6/4/14
文母理陰○而治內　1.6/4/14
傅母見其婦○不正　1.8/6/7
中○廢而不爲　1.9/7/2
君子謂孟母知爲人母之○矣　1.9/7/4
妾聞夫婦之○　1.9/7/6
君子謂孟母知禮而明於姑母之○　1.9/7/9
今○不用於齊　1.9/7/13
而有三從之○也　1.9/7/16
君子謂孟母知婦○　1.9/7/18
故能成王○　1.10/8/2
行遠○　1.10/8/13
夙夜崇○　2.1/13/5
行伯○　2.2/13/11
不得○理　2.6/16/8
七去之○　2.7/16/25
稱引婦○　2.7/17/1

國無○而貴	2.10/18/15	○無從	6.1/51/15	甚自○也	2.12/19/24
國有○而賤	2.10/18/15	○不拾遺	6.2/52/12	使者遂不○與語而去	2.13/20/14
君子謂黔妻妻爲樂貧行		妾聞射之○	6.3/53/8	○無許之乎	2.13/20/16
○	2.11/19/13	此蓋射之○也	6.3/53/9	施鮮而○多	3.2/23/3
學○謙遜	2.12/20/1	賢明有○	6.9/57/17	必○晉國	3.4/24/5
其○博矣	2.12/20/2	汝採桑○旁	6.11/59/13	若○反國	3.4/24/5
匡夫以	2.12/20/8	而有○之士歸之	6.12/60/25	乃○畢羊而交之	3.6/25/11
君子謂接輿妻爲樂○而		姪持幟伏南郊○旁	6.13/61/11	遂○免焉	3.6/25/12
遠害	2.13/20/21	其○無由也	6.15/62/25	恐○其書	3.9/27/3
夫安貧賤而不怠于○者		〔故〕夫訓○不純	6.15/62/28	頭亂不○梳	3.9/27/10
	2.13/20/21	而其○無斁〔也〕	6.15/62/29	飢不○食也	3.9/27/10
言不怠于○也	2.13/20/22	亂孽無○	7.1/63/17	子遂○歸	3.9/27/18
天之○也	3.2/23/3	昏亂失○	7.1/63/20	不○休息	3.13/30/12
君子謂鄧曼爲知天○	3.2/23/5	君無○	7.1/63/21	思○淑女	3.14/31/3
識彼天○	3.2/23/10	桀既無○	7.1/63/29	妾○無隨〔坐〕乎	3.15/31/24
君子謂叔敖之母知○德		紂既無○	7.2/64/17	願止不○	3.15/32/1
之次	3.5/24/24			妻子○存	3.15/32/2
深知天○	3.5/24/29	**稻 dào**	**1**	君子以爲○婦道之儀	4.1/32/16
君子謂伯宗之妻知天○	3.6/25/12			婦人不○傅母	4.2/33/6
君子謂衛夫人明于知人		將軍○梁	1.11/10/12	何以○去	4.4/34/3
○	3.7/25/29			未嘗○見	4.5/34/13
今大王亂人○之始	3.14/31/5	**得 dé**	**113**	甚不○意	4.5/34/14
修○正進	4/32/6	簡狄○而含之	1.3/2/16	今不○意	4.5/34/15
是以本立而○生	4.1/32/13	而定姜欲立之而不○	1.7/5/18	下妾不○與郊弔	4.8/36/9
君子以爲得婦○之儀	4.1/32/16	獻公復○反國	1.7/5/22	妾幸○充後宮	4.11/38/5
當行夫婦之○	4.2/32/27	○其罪尤	1.7/6/1	而○留以盡其節	4.12/38/23
大夫勤勞于遠○	4.2/32/29	東宮○臣之妹也	1.8/6/12	恐不○免	4.13/39/13
伯姬之婦○盡矣	4.2/33/4	不爲苟○而受賞	1.9/7/12	斯女不可○已	4.13/39/16
適人之○	4.4/34/1	肥也不○聞命	1.10/9/13	不能○	4.14/39/28
況于夫婦之○乎	4.4/34/3	士卒○無恙乎	1.11/9/28	曾不○專意	4.14/39/29
夫婦之○	4.5/34/15,4.9/36/28	將軍○無恙乎	1.11/9/28	幸而○免	4.14/39/29
婦人之○	4.5/34/16	雖有以○勝	1.11/10/6	妾幸○離禍裸	4.15/40/18
吾何可以離于婦○乎	4.5/34/16	不○人力	1.11/10/12	不○盡爲人子之禮	4.15/40/22
不違婦○以俟君命	4.5/34/17	不○與前妻子齊	1.13/11/11	何以○免	5.1/41/16
而後行夫婦之○	4.6/35/5	安所○此	1.14/12/1	一顧可以○之	5.2/41/30
○路過者	4.8/36/11	不爲苟○	1.14/12/2	（可○）而遂不顧	5.2/41/30
齊莊○弔	4.8/36/20	○因秦立	2.4/14/20	皆欲○國	5.2/42/9
夫任重而○遠	4.11/38/10	○無飢倦乎	2.5/15/12	不可○也	5.2/42/15
此順○也	4.12/38/29	不○道理	2.6/16/8	其不可○乎	5.4/43/14
君子謂孝婦備于婦○	4.15/40/25	不○行義	2.6/16/8	其可○乎	5.4/43/16
人無忠臣之○、仁義之		蓋不○已也	2.6/16/9	不○死	5.5/44/7
行	5.5/44/14	夫○寵而忘舊	2.8/17/9	故不○死	5.5/44/10
乘忠臣之公○	5.5/44/16	生不○其美	2.11/19/9	幸而○幸	5.6/45/5
有人闚死于○者	5.8/46/5	死不○其榮	2.11/19/9	而一公子不○	5.11/48/7
吾行○遠	5.9/46/26	求仁而○仁	2.11/19/12	〔有〕公子者	5.11/48/7
○遠與弱小俱	5.13/49/21	求義而○義	2.11/19/12	有能○公子者	5.11/48/9
欲報其夫而無○徑	5.15/50/25			則可以○千金	5.11/48/10

他人無事不〇往	5.11/48/19	**德 dé**		67	訓諸司以〇	3.2/22/26
輒〇其子	5.12/48/29				王〇薄而祿厚	3.2/23/2
獨不〇兄子	5.12/48/30	既成以〇		1/1/3	夫有陰〇者	3.5/24/22
火盛不〇復入	5.12/48/30	二妃〇純而行篤		1.1/1/20	〇勝不祥	3.5/24/23
卒愒〇爾子	5.12/49/1	不顯惟〇		1.1/1/20	惟〇是輔	3.5/24/24
輒〇厥子	5.12/49/8	其〇不回	1.2/2/5,5.5/44/19		君子謂叔敖之母知道〇	
〇珠十枚于繼母鏡奩中		推恩有〇		1.3/2/26	之次	3.5/24/24
	5.13/49/15	化其〇而從其教		1.4/3/4	母曰陰〇	3.5/24/29
此甯戚之欲〇仕國家也	6.1/51/26	君子謂太姜廣于〇教		1.6/3/29	苟非〇義	3.10/28/7
齊〇以治	6.1/52/4	〇教本也		1.6/3/29	可以三〇使民	3.11/28/27
是故使盜〇盜妾之布	6.2/52/13	惟〇之行		1.6/4/4	貴〇尚信	3.11/29/8
繁人之夫立〇出	6.3/53/10	才〇必過人矣		1.6/4/8	〇音不忘	4.11/38/11
願〇備數于下〔陳〕	6.4/53/22	卒成武王、周公之〇		1.6/4/17	君王之〇	5.4/43/21
妾父衍幸〇充城郭爲公		周公成文武之〇		1.6/4/19	是彰孤之不〇也	5.4/43/23
民	6.4/53/25	則盛〇自然著矣		1.6/4/22	其〇不比	5.4/44/1
父〇不喪	6.7/56/20	故君子謂太姒仁明而有			有覺〇行	5.6/45/10
不〇見主君	6.8/56/27	〇		1.6/4/24	無〇不報	5.10/47/26
妾娟之幸〇蒙先人之遺		三姑之〇		1.6/5/3	使行不遷怒之〇	6.8/57/5
體	6.9/57/20	是不貴〇也		1.8/6/9	聞君王之聖〇	6.10/58/14
又未能〇	6.10/58/20	男則墮于脩〇		1.9/7/2	非朕〇薄而教之不明歟	
諫者不〇通入	6.10/58/26	子遂成〇		1.9/7/22		6.15/62/27
〇一聖女	6.11/59/20	與三公九卿組織施〇		1.10/8/18	何其〔楚〕痛而不〇也	6.15/63/1
後宮不〇重采	6.11/59/28	欲明其子之令〇		1.10/9/10	薄于〇	7.1/63/17
求之未可〇也	6.12/60/22	〇行光明		1.10/9/22	〇音無良	7.4/65/25
而〇孫叔敖	6.12/60/23	編于母〇		1.11/10/12	有四〇者	7.8/68/24
而〇樂毅	6.12/60/23	〇行既備		1.12/11/5		
王必不〇反國	6.13/61/10	以爲不〇		1.14/12/13	**登 dēng**	5
恐壅閼蔽塞而不〇見	6.13/61/14	賢而有〇		2.1/12/23		
不使貧妾〇蒙見哀之恩		以見君王樂色而忘〇也		2.1/12/25	成王〇臺臨後宮	5.2/41/27
	6.14/62/10	寡人不〇		2.1/12/27	遂〇附社之臺	5.4/43/9
卒〇容入	6.14/62/16	君子謂姜后善于威儀而			馳〇夏屋	5.7/45/21
使〇自新	6.15/62/25	有〇行		2.1/12/28	紂乃〇廩臺	7.2/64/11
淳于公遂〇免焉	6.15/63/2	〇音秩秩		2.1/12/30	公〇臺以臨崔子之宮	7.11/70/21
可謂〇事之宜矣	6.15/63/3	〇音孔膠		2.1/13/1		
求旐不〇	7.4/65/22	以〇固		2.1/13/1	**等 děng**	3
苟父利而〇寵	7.7/67/16	姜氏之〇行		2.1/13/1		
彼〇政而治之	7.7/67/20	厥〇孔賢		2.1/13/5	則降服一〇	1.12/10/29
不〇出矣	7.8/68/25	〇音莫違		2.8/17/11	妾〇恥之	5.5/44/16
終不〇掩其淫亂之罪	7.8/68/25		4.7/35/28,5.4/43/27		土階三〇	6.3/53/5
尸可〇也	7.9/69/19	維〇之基		2.8/17/16		
主父欲出不〇	7.13/72/13	將誅夫子之〇耶		2.10/18/17	**鄧 dèng**	8
又不〇食	7.13/72/13	〇彌大兮		2.10/18/19		
又安〇長有寵乎	7.14/72/26	唯至〇者能之		2.13/20/22	〇曼者	3.2/22/24
楚國盡可〇	7.14/73/2	君子謂於陵妻爲有〇行			王以告夫人〇曼	3.2/22/25
果〇納身	7.14/73/12			2.15/21/28	〔曼〕曰	3.2/22/26
遂〇爲嗣	7.14/73/12	秩秩〇音		2.15/21/28	君子謂〇曼爲知人	3.2/23/1
		而何〇以堪之		3.1/22/13	告〇曼曰	3.2/23/2

○曼曰	3.2/23/2	不載于○而生	4.15/40/20	兄○欲相代死	5.8/46/9
君子謂○曼爲知天道	3.2/23/5	請願先驅狐狸于○下	5.4/43/22	且殺兄活○	5.8/46/13
楚武○曼	3.2/23/10	因舉兵平代○	5.7/45/22	主父○聞其事	5.10/47/20
		自殺于磨笄之○	5.7/45/25	則昆○無類矣	5.11/48/10

狄 dí 11

契母簡○者	1.3/2/15	何面目以生而戴天（復）		何面目以見兄○、國人	
簡○與其妹娣競往取之	1.3/2/16	〔履〕○乎	5.14/50/12	哉	5.12/49/2
簡○得而含之	1.3/2/16	隱曲之○	6.6/55/11	善視汝兩○	5.14/50/13
簡○性好人事之治	1.3/2/17	遂起兵收故侵○	6.9/57/30	乃與壽○朔謀構俓子	7.4/65/19
君子謂簡○仁而有禮	1.3/2/20	覆酒于○	7.7/67/23	與其○叔姜俱	7.6/66/20
契母簡○	1.3/2/26	○墳	7.7/67/23	乃與○謀曰	7.7/67/8
與舅犯奔○	2.3/13/29			〔詘〕于〔其〕○	7.13/72/10
與趙衰奔○	2.8/17/6			趙人李園之女○	7.14/72/23
○人入其二女叔（隁）		**弟 dì** 53		乃取其女○與春申君	7.14/72/24
〔隁〕、季隁于公子	2.8/17/6			園女○因間謂春申君曰	
則臣○人也	2.8/17/15	○曰象	1.1/1/8		7.14/72/24
重耳奔○	7.7/68/2	舜之女○繫憐之	1.1/1/15	雖兄○不如	7.14/72/25
		不怨其○	1.1/1/16	將〔更〕立兄○	7.14/72/25

嫡 dí 3

		獻公○子鮮也	1.7/5/18	多失禮于王兄○	7.14/72/27
請立爲○子	2.8/17/13	以爲人君之子○	1.8/6/10	王兄○誠立	7.14/72/27
棄○不祥	3.8/26/21	○子記之	1.10/9/2	乃出園女○	7.14/73/3
庶○分爭	5.2/42/10	遠父母兄○	1.12/11/1	〔以〕園女○爲后	7.14/73/4
		穆姬之○重耳入秦	2.4/14/27	考烈王○公子負芻之徒	
翟 dí 1		遂釋其○	2.4/15/6	聞知幽王非考烈王子 7.14/73/6	
		所薦非子○	2.5/15/17	李園女○	7.14/73/12
其後○人攻衛	3.3/23/19	則族昆○	2.5/15/17		
		君子謂公乘姒緣事而知		**帝 dì** 11	
敵 dí 2		○之遇禍也	3.12/29/20		
		○立請曰	4.3/33/17	○堯之二女也	1.1/1/8
卒無○兵	3.14/31/14	衛君使人愬于齊兄○	4.3/33/18	○堯之女	1.1/1/24
姦臣必（倍）〔倚〕○		齊兄○皆欲與君	4.3/33/18	上○是依	1.2/2/5
國而發謀	6.13/61/10	歸問女（見）〔昆〕○	4.6/35/12	卒爲○佐	1.2/2/10
		不問男昆○	4.6/35/12	契爲○輔	1.3/2/26
砥 dǐ 1		豈○君子	4.9/37/6	維配○禹	1.4/3/10
		無强昆○	4.13/39/12	上○臨子	2.3/14/3
○屬女之心以高節	1.8/6/10	無他兄○	4.15/40/15	漢孝文皇○高其義	4.15/40/24
		商臣庶○也	5.2/42/10	昔○堯茅茨不剪	6.3/53/4
地 dì 15		讓位于三○	5.4/43/25	（一）立○號	6.11/59/29
		三○不聽	5.4/43/25	孝文皇○時	6.15/62/21
更國郙○	1.2/2/2	王○子閭與子西、子期			
夫使人入于死○	1.11/10/5	謀曰	5.4/43/25	**俤 dì** 1	
天○盈虛	3.2/23/5	先父母而後兄○	5.5/44/14		
而伐平○之株	3.11/29/1	先兄○而後交友	5.5/44/15	莫不爲之揮（○）〔涕〕	
生離于○上	4.7/35/24	賜其○金百鎰	5.5/44/18		4.8/36/12
豈如死歸于○下哉	4.7/35/24	以○慢夫	5.7/45/24		
		以夫怨○	5.7/45/24	**娣 dì** 7	
		代夫人○	5.7/45/30		
		二子兄○立其傍	5.8/46/5	與其妹（姊）〔○〕浴	
		○曰	5.8/46/6		

於玄丘之水	1.3/2/15	雕 diāo	1	獻兆于○姜曰	1.7/5/23
簡狄與其妹○競往取之	1.3/2/16			君子謂○姜達於事情	1.7/5/25
婢子○姒不能相教	2.4/14/25	去○琢	6.10/58/30	衛姑○姜	1.7/6/1
夫人仲子與其○戎子				國家未○	6.1/51/25
〔皆〕嬖于公	3.8/26/11	弔 diào	8	社稷不○	6.10/58/24
友○者	5.14/50/6			反者已○	6.13/61/25
君子謂友（娣）〔○〕		曾子與門人往○之	2.11/19/3	亂及五世然後○	7.7/68/5
善復兄讎	5.14/50/15	曾子○之	2.11/19/4	○陳國	7.9/69/14
齊崔杼御東郭偃之（○）		曾子○焉	2.11/19/18	至悼公而後○	7.12/71/23
〔娣〕也	7.11/70/19	許夫人馳驅而○唁衛侯	3.3/23/20		
		使使者○之于路	4.8/36/8	東 dōng	27
商 dì	8	下妾不得與郊○	4.8/36/9		
		齊莊道○	4.8/36/20	○宮之妹	1.8/6/10
立子生（○）〔商〕	1.3/2/21	崔子（吊）〔○〕而說		○宮得臣之妹也	1.8/6/12
降而生（○）〔商〕	1.3/2/21	姜	7.11/70/20	○向而朝軍吏	3.15/31/21
王將立公子（○）〔商〕				父誡之○階之上	4.6/35/1
臣以爲太子	5.2/42/3	吊 diào	1	遂去而○走	5.9/47/4
其後（○）〔商〕臣以	.			遂○赴河	5.9/47/11
子上救蔡之事	5.2/42/6	崔子（○）〔弔〕而說		○首臥	5.15/50/28
知（○）〔商〕臣亂	5.2/42/20	姜	7.11/70/20	居樓上○首	5.15/50/29
甯戚擊牛角而（○）				將車宿齊○門之外	6.1/51/15
〔商〕歌甚悲	6.1/51/16	絰 dié	1	齊○郭採桑之女	6.11/59/11
遂反爲（○）〔商〕	7.1/63/29			至○郭	6.11/59/12
反（○）〔商〕爲周	7.2/64/17	衰○履薪以迎	2.4/14/24	○郭採桑	6.11/60/5
				齊○海上貧婦人也	6.14/62/6
棣 dì	2	丁 dīng	2	何愛○壁之餘光	6.14/62/10
				魯（逐）〔遂〕擯繆姜	
威儀○○	4.3/33/20	椓之○○	2.13/20/22	于○宮	7.8/68/19
				卒薨于○宮	7.8/68/25
禘 dì	1	定 dìng	26	齊○郭姜者	7.11/70/19
				齊崔杼御○郭偃之（娣）	
使潔奉○、郊之粢盛	1.10/8/20	文○厥祥	1.6/4/25	〔娣〕也	7.11/70/19
		衛姑○姜者	1.7/5/8	由臺上與○郭姜戲	7.11/70/22
顛 diān	2	衛○公之夫人	1.7/5/8	○郭姜奔入戶而閉之	7.11/70/22
		○姜歸其婦	1.7/5/9	○郭姜曰	7.11/70/23
是白黑○倒	5.2/42/9	君子謂○姜爲慈姑	1.7/5/11	○郭姜與前夫子棠毋咎	
鬷○者髡	6.15/63/2	○公惡孫林父	1.7/5/11	俱入	7.11/70/27
		○公欲辭	1.7/5/12	棠毋咎與○郭偃爭而不	
典 diǎn	2	○姜曰　1.7/5/12,1.7/5/19		與	7.11/70/30
			1.7/5/24	于是二子歸殺棠毋咎、	
夕省其○刑	1.10/8/21	○公遂復之	1.7/5/14	○郭偃于崔子之庭	7.11/71/1
不修先王之○法	7.2/64/9	君子謂○姜能遠患難	1.7/5/14	○郭姜殺一國君而滅三	
		○公卒	1.7/5/15	室	7.11/71/5
殿 diàn	1	○姜既哭而息	1.7/5/15	齊○郭姜	7.11/71/10
		而○姜欲立之而不得	1.7/5/18	何以保相印、江○之封	
姬下○迎曰	2.5/15/12	慢侮○姜	1.7/5/18	乎	7.14/72/27
		君子謂○姜能以辭教	1.7/5/22		

動 dòng	18
○則遠害	1.9/7/1
明而○	1.10/8/24
○作有節	2/12/18
行非禮不○	2.1/12/23
由禮○作	2.1/13/5
手足矜○者	2.2/13/14
吾不○	2.3/14/3
義士非禮不○	2.13/20/17
據義而○	2.13/20/18
必於變○	3.9/26/27
待禮然後○	3.12/29/21
夫義○君子	4.7/35/27
利○小人	4.7/35/27
息君夫人不爲利○矣	4.7/35/27
內誠○人	4.8/36/11
乙母○心	6.2/52/25
水神○駭	6.7/56/2
感○城市	6.9/57/26

棟 dòng	3
則○不安	6.12/60/16
○不安	6.12/60/16
則○矣	6.12/60/17

斗 dǒu	2
使廚人持○以食代工及 　從者	5.7/45/21
陰令宰人各以一○擊殺 　代王及從者	5.7/45/21

豆 dòu	1
其嬉遊乃設俎○	1.9/6/25

鬪 dòu	4
○伯比謂其御曰	3.2/22/25
言趣饗戰○之士而繕甲 　兵也	3.9/27/8
男子戰○	3.13/30/12
有人○死于道者	5.8/46/5

都 dū	3
故物可以爲○大夫	1.10/8/11
○吏至	3.10/27/27
○吏曰	3.10/27/28

毒 dú	5
吾爲○酒	5.10/47/17
媵婢心知其○酒也	5.10/47/18
藥酒○主	5.10/48/1
施○于脯	7.7/67/22
○酒爲權	7.7/68/10

獨 dú	32
塗山○明教訓而致其化焉	1.4/3/4
母○論序	1.4/3/10
子○朝夕揚礿桼梁	1.11/10/4
○與九子居	1.12/10/24
○於假子而不爲	1.13/11/14
而衛○不至	2.2/13/11
其妻○抱兒而泣	2.9/17/27
○泣姑怒	2.9/18/9
妻○主喪	2.11/19/18
○守宗廟	2.14/21/5
卒○見釋	3.4/24/16
始姜○以衛爲有蘧伯玉 　爾	3.7/25/27
婦人○安所避乎	3.13/30/10
豈○事生若此哉	4.11/38/8
鵷頸○宿兮	4.13/39/14
○宿何傷	4.13/39/14
終○死節	5.4/44/1
子○可生	5.5/44/9
丘子○生	5.5/44/23
○謂義何	5.6/45/6
○謂行何	5.8/46/14
而妾○生	5.10/47/23
○不得兄子	5.12/48/30
後乃知男○取之也	5.13/49/25
建○坐死	5.14/50/7
○今乃語我乎	5.14/50/8
○我當坐之	5.14/50/9
令尹○何人而不以是爲 　過也	6.2/52/16
辯女○乘	6.5/55/3

何○十百也	6.11/59/22
	6.11/59/27
會稽○貧	6.14/62/16

瀆 dú	4
君子謂齊姜潔而不○	2.3/14/9
無乃○乎	2.10/18/14
罰既釋兮○乃清	6.7/56/12
無相○也	7.5/66/6

櫝 dú	1
而藏糵（牘）〔○〕中	7.3/64/24

牘 dú	1
而藏糵（○）〔櫝〕中	7.3/64/24

讀 dú	1
立發《隱書》而○之	6.10/58/20

堵 dǔ	3
以露○父爲客	1.10/9/3
○父怒	1.10/9/3
○父辭曰	1.10/9/4

篤 dǔ	2
○厚不怠	1.1/1/17
二妃德純而行○	1.1/1/20

覩 dǔ	2
一日三○陰	6.3/53/6
三○陽	6.3/53/6

杜 dù	1
公遂殺少傅○原款	7.7/68/2

妬 dù	8
咸無○媚逆理之人	1.5/3/16
靡有嫉○	2.5/15/27

○正爲首　2.7/16/25
不○偏房　2.8/17/21
必有憎○人者　3.6/25/4
嫉賢○能　6.9/57/16
淫（如）〔○〕熒惑　7/63/13
驕○縱橫　7.6/67/1

度 dù　8

惟荒○土功　1.4/3/4
次則蔡叔○　1.6/4/15
原○天理　3/22/6
禮甚有○　4.12/39/8
寡人○其母能知子善惡　5.8/46/8
辭甚有○　6.2/52/25
奢侈無○　6.13/61/23
壽○太子必行　7.4/65/21

渡 dù　7

津吏醉臥不能○　6.7/56/1
姜父聞主君來○不測之
　水　6.7/56/2
簡子將○　6.7/56/6
義不與婦人同舟而○也　6.7/56/8
主君不欲○則已　6.7/56/10
遂與○　6.7/56/10
趙簡○河　6.7/56/20

端 duān　8

○一誠莊　1.6/4/4
則生子形容○正　1.6/4/8
王教之○　4.9/36/28
夫造亂亡之○　4.9/37/1
妾有淫○　4.9/37/3
妾聞婦人以○正和顏爲
　容　5.2/42/1
賜婦人束帛百○　5.6/45/9
幽王乃欲其笑萬○　7.3/65/4

短 duǎn　1

于是乃拂拭○褐　6.10/58/13

斷 duàn　5

孟母以刀○其織　1.9/6/28
若吾○斯織也　1.9/6/29
○機示焉　1.9/7/22
○頭持去　5.15/50/29
至○支體　6.15/63/1

兌 duì　2

李○乃起四邑之兵擊章
　7.13/72/11
○因圍主父宮　7.13/72/11

對 duì　45

孟子○曰　1.9/7/12
敬姜○曰　1.10/9/13
○曰　1.11/9/28
　1.11/9/28,1.14/12/1
　2.2/13/13,2.5/15/15
　3.5/24/21,3.5/24/22
　3.6/25/9,3.9/27/7,5.6/45/2
　5.13/49/17,6.2/52/12
　6.4/53/25,6.5/54/23
　6.5/54/23,6.7/56/2
　6.11/59/13,6.11/59/23
　6.12/60/19,7.7/67/13
以狀○　1.12/10/23
母○曰　1.12/10/24
不知所○　2.5/15/20
具以實○　2.12/20/1
傅妾泣而○曰　4.12/38/24
嬴氏○曰　5.3/42/27
蔡姬○曰　5.4/43/10
越姬○曰　5.4/43/13,5.4/43/14
其母泣而○曰　5.8/46/10
其母○曰　5.8/46/11
娟○曰　6.7/56/8
虞姬○曰　6.9/57/20
鍾離春○曰　6.10/58/17
　6.10/58/22
〔又〕不以隱○　6.10/58/20
逐女○曰　6.12/60/20
　6.12/60/22,6.12/60/24
姪○曰　6.13/61/13
　6.13/61/15,6.13/61/16

流言以○　7.13/72/13

敦 dūn　3

○仁勱翼　1.3/2/26
君子謂節乳母慈惠○厚
　5.11/48/17
○（于）〔弓〕既堅　6.3/53/10

盾 dùn　6

生○　2.8/17/7
趙姬請迎○與其母而納
　之　2.8/17/8
乃逆叔隗與○來　2.8/17/13
姬以○爲賢　2.8/17/13
及○爲正卿　2.8/17/14
子○爲嗣　2.8/17/21

遁 dùn　2

後果○逃　3.3/23/27
與俱○逃　5.11/48/24

頓 dùn　2

諸子皆○首許諾　1.12/10/19
○首司馬門外　6.10/58/14

多 duō　25

濟濟○士　1.10/8/8
主○少之數者　1.10/8/12
然吾父母家〔○〕幼稚
　1.12/10/18
祿未嘗○若此也　1.14/12/1
欲王○見　2.5/15/17
國家○難　2.6/16/4
妃匹亦居○焉　2.12/20/3
亂世○害　2.15/21/27
施鮮而得○　3.2/23/3
且國家○貳　3.6/25/10
○將熇熇　3.6/25/12
國○賢臣　3.7/25/28
魯之寵臣○怨汝者　3.9/26/28
園中○株　3.11/28/25
三者失禮○矣　4.6/35/9

梁貴人○爭欲娶之者	4.14/39/27	膠	6.3/53/7	不幸遇○疾	4.4/34/1
貴人○求妾者	4.14/39/29	○谷處女者	6.6/55/8	雖其臭○	4.4/34/2
而又○寵子	5.2/42/4	○谷之隧浣者也	6.6/55/8	夫有○疾	4.4/34/8
王○寵子	5.2/42/9	過○谷之隧	6.6/55/8	寡人度其母能知子善○	5.8/46/8
○殺士民	5.5/44/12	○谷之隧	6.6/55/11	乃○虞姬	6.9/57/18
珠崖○珠	5.13/49/13	○谷之南	6.6/55/25	天下歸○焉	6.11/59/26
〔四方之士○歸於〕齊		升彼○兮面觀清	6.7/56/11	則○用子也	7.4/65/21
〔而〕國以治〔也〕		○大夫不肖	6.9/57/16	毋彰其○〔而厚其敗〕	7.7/67/17
	6.12/60/26	烹○大夫與周破胡	6.9/57/30	我則取○	7.8/68/24
天下○美婦女	7.9/69/17	人知烹○大夫	6.9/58/1	太子蒯瞶知而○之	7.12/71/15
○失禮于王兄弟	7.14/72/27	在彼中○	6.11/60/1		
○受秦賂	7.15/73/22			**遏 è**	**1**
		娥 é	**2**	所以開善○淫也	3.14/30/29
奪 duó	**1**	長○皇	1.1/1/8		
○之旌而行	7.4/65/22	○皇為后	1.1/1/18	**餓 è**	**2**
				百姓飢○	6.13/61/23
鐸 duó	**1**	**莪 é**	**1**	遂○死沙丘宮	7.13/72/13
次則曹叔振○	1.6/4/15	菁菁者○	6.11/60/1		
				闕 è	**1**
惰 duò	**4**	**厄 è**	**2**	恐壅○蔽塞而不得見	6.13/61/14
操行衰○	1.8/6/6	與人勤于隘○	2.8/17/9		
況有怠○	1.10/8/28	○窮而不憫	4.3/33/19	**恩 ēn**	**16**
不為冥冥○行	3.7/25/25			推○有德	1.3/2/26
齊威○政	6.9/58/6	**扼 è**	**1**	○愛哀思	1.7/5/9
		而○夫室之好	2.7/16/23	○愛慈惠	1.7/6/1
墮 duò	**7**			太子籍思母之○而送其	
男則○于脩德	1.9/7/2	**惡 è**	**24**	舅氏也	2.4/14/27
今者妾竊○在室	1.9/7/6	心怪○之	1.2/1/30	無○	2.8/17/9
姬○車碎	4.6/35/5	目不視○色	1.6/4/5	思趙姬之讓○	2.8/17/14
則榱橑○	6.12/60/16	感于○則○	1.6/4/9	汝刻而無○	3.9/26/26
榱橑○	6.12/60/17	定公○孫林父	1.7/5/11	汝必施○布惠	3.9/27/1
輒○炭中	7.2/64/8	雖○之	1.7/5/13	○出于中心也	5.11/48/20
公反○	7.11/70/27	忘善則○心生	1.10/8/17	為失母之○	5.12/49/2
		吾○其以好內聞也	1.10/9/8	甚有母○	5.13/50/1
阿 ē	**17**	淫僻、竊盜、長舌、驕		厚於○義也	5.15/50/30
隰桑有○	2.1/12/30	侮、無子、○病皆在		○及草木	6.3/53/3
則從傅母保○	4.6/35/7	其後	2.7/16/25	不使貧妾得蒙見哀之○	
舍伯嬴與其保○	4.9/37/5	子何○	2.13/20/17		6.14/62/10
無所○傾	5.3/43/3	民（愛）〔○〕其上	3.6/25/4	有父○忍之	7.7/67/25
擇諸母及○者	5.11/48/18	枉者○之	3.6/25/4	是時惠后死久○衰	7.13/72/10
其幹生于太山之○	6.3/53/6	必有甚○	3.10/28/3		
糊以（○）〔河〕魚之		而夫有○疾	4.4/33/30		

而 ér	782
母憎舜○愛象	1.1/1/9
不以天子之女故○驕盈 　怠嫚	1.1/1/10
二妃德純○行篤	1.1/1/20
好○履之	1.2/1/29
歸○有娠	1.2/1/29
○棄之隘巷	1.2/1/30
牛羊避○不踐	1.2/1/30
○教之種樹桑麻	1.2/2/1
棄之性明○仁	1.2/2/2
至周文、武○興爲天子	1.2/2/4
君子謂姜嫄靜○有化	1.2/2/4
履跡○孕	1.2/2/10
過○墜之	1.3/2/16
簡狄得○含之	1.3/2/16
誤○吞之	1.3/2/16
○教之理	1.3/2/17
聰明○仁	1.3/2/18
○敬敷（王）〔五〕教	1.3/2/19
君子謂簡狄仁○有禮	1.3/2/20
降○生（商）〔商〕	1.3/2/21
禹去○治水	1.4/3/3
塗山獨明教訓○致其化焉	1.4/3/4
化其德○從其教	1.4/3/4
○啓爲嗣	1.4/3/5
持禹之功○不殞	1.4/3/5
君子謂妃明○有序	1.5/3/16
○謀事次之	1.6/3/29
必可以比國人○景附矣	1.6/4/2
溲于豕牢○生文王	1.6/4/5
文王生○明聖	1.6/4/6
太任教之以一○識百	1.6/4/6
人生○肖父母者	1.6/4/9
仁○明道	1.6/4/12
文王理陽道○治外	1.6/4/14
文母理陰道○治內	1.6/4/14
文王繼○教之	1.6/4/17
壹戎衣○有天下	1.6/4/17
要其安民以播烈光、制 　禮以廣達孝○言之	1.6/4/22
若管、蔡監殷○畔	1.6/4/23
力小○任重	1.6/4/23
故君子謂太姒仁明○有 　德	1.6/4/24
公子既娶○死	1.7/5/8

立○望之	1.7/5/9
歸泣○望之	1.7/5/11
過○之厚	1.7/5/11
○弗許	1.7/5/13
夫安民○宥宗卿	1.7/5/13
獻公居喪○慢	1.7/5/15
定姜既哭○息	1.7/5/15
○定姜欲立之○不得	1.7/5/18
舍大臣○與小臣謀	1.7/5/20
先君有冢卿以爲師保○ 　蔑之	1.7/5/20
余以巾櫛事先君○暴妾 　使余	1.7/5/21
告亡○已	1.7/5/21
有夫出征○喪其雄	1.7/5/23
泣○望之	1.7/6/1
女遂感○自修	1.8/6/11
驕○好兵	1.8/6/13
既學○歸	1.9/6/27
孟子懼○問其故	1.9/6/29
今○廢之	1.9/7/1
○無以離于禍患也	1.9/7/1
何以異于織績○食	1.9/7/1
中道廢○不爲	1.9/7/2
寧能衣其夫子○長不乏 　糧食哉	1.9/7/2
其婦袒○在內	1.9/7/5
婦辭孟母○求去	1.9/7/5
○夫子見妾	1.9/7/6
于是孟母召孟子○謂之曰	1.9/7/7
○責禮於人	1.9/7/9
君子謂孟母知禮○明於 　姑母之道	1.9/7/9
○有憂色	1.9/7/10
	6.1/51/17,6.1/51/18
閒居擁楹○歎	1.9/7/11
今擁楹○歎	1.9/7/11
君子稱身〔○〕就位	1.9/7/12
不爲苟得○受賞	1.9/7/12
聽○不用	1.9/7/13
願行○母老	1.9/7/13
縫衣裳○已矣	1.9/7/14
○無境外之志	1.9/7/15
○有三從之道也	1.9/7/16
○我老矣	1.9/7/17
文伯出學○還歸	1.10/7/28
敬姜側目○盼之	1.10/7/28

從後階降○卻行	1.10/8/1
奉劍○正履	1.10/8/1
敬姜召○數之曰	1.10/8/1
昔者武王罷朝○結絲袜 　絕	1.10/8/2
俛○自申之	1.10/8/2
周公一食○三吐哺	1.10/8/3
一沐○三握髮	1.10/8/3
所執贄○見於窮閭隘巷 　者七十餘人	1.10/8/4
○下人如此	1.10/8/5
是以日益○不自知也	1.10/8/5
今以子年之少○位之卑	1.10/8/5
于是乃擇嚴師賢友○事 　之	1.10/8/6
文伯引袵攘捲○親饋之	1.10/8/7
持交○不失	1.10/8/11
推○往	1.10/8/12
引○來者	1.10/8/12
正直○固者	1.10/8/13
舒○無窮者	1.10/8/13
以歌之家○主猶績	1.10/8/15
使吾子備官○未之聞耶	1.10/8/16
擇瘠土○處之	1.10/8/16
勞其民○用之	1.10/8/17
○後即安	1.10/8/21,1.10/8/22
	1.10/8/23,1.10/8/23
士朝○受業	1.10/8/23
晝○講（隸）〔肄〕	1.10/8/23
夕○習復	1.10/8/23
夜○討過	1.10/8/23
明○動	1.10/8/24
晦○休	1.10/8/24
社○賦事	1.10/8/26
烝○獻功	1.10/8/26
吾翼○朝夕脩我曰	1.10/8/28
將使鰲長○食之	1.10/9/4
○使夫人怒	1.10/9/5
魯大夫辭○復之	1.10/9/5
從禮○靜	1.10/9/9
愛○無私	1.10/9/12
不應○入	1.10/9/13
康子辭于朝○入見	1.10/9/13
敬姜闔門○與之言	1.10/9/16
士卒并分菽粒○食之	1.11/9/28
	1.11/10/4
子發破秦○歸	1.11/10/1

其母閉門○不內	1.11/10/1	
○士卒戰自五也	1.11/10/3	
分○食之	1.11/10/4	
○戰自十也	1.11/10/4	
○自康樂于其上	1.11/10/6	
○無專制之行	1.12/10/19	
吾夕○反	1.12/10/21	
至閭外○止	1.12/10/21	
〔待〕夕○入	1.12/10/22	
魯大夫從臺上見○怪之		
	1.12/10/22	
于是大夫召母○問之曰		
	1.12/10/23	
至閭〔外〕○止	1.12/10/23	
與諸婦孺子期夕○反	1.12/10/25	
期盡○入	1.12/10/26	
猶救其禍○除其害	1.13/11/14	
獨於假子○不爲	1.13/11/14	
○使妾爲其繼母	1.13/11/15	
爲人母〔○〕不能愛其		
子	1.13/11/15	
親其親○偏其假	1.13/11/16	
夫爲人臣○事其君	1.14/12/4	
猶爲人子○事其父也	1.14/12/4	
故遂○無患	1.14/12/5	
田稷子慚○出	1.14/12/6	
○以公金賜母	1.14/12/7	
君子謂稷母廉○有化	1.14/12/8	
無功○食祿	1.14/12/8	
賢○有德	2.1/12/23	
至使君王失禮○晏朝	2.1/12/25	
以見君王樂色○忘德也	2.1/12/25	
遂復姜后○勤于政事	2.1/12/27	
君子謂姜后善于威儀○		
有德行	2.1/12/28	
后夫人鳴佩○去	2.1/12/30	
○衛獨不至	2.2/13/11	
恭○氣下	2.2/13/16	
君子謂衛姬信○有行	2.2/13/18	
人生安樂○已	2.3/13/30	
欲行○患之	2.3/13/30	
○言于公子曰	2.3/14/1	
非子○誰	2.3/14/3	
醉〔○〕載之以行	2.3/14/6	
○入秦	2.3/14/7	
晉人殺懷公○立公子重		
耳	2.3/14/8	
君子謂齊姜潔○不瀆	2.3/14/9	
醉○載之	2.3/14/14	
賢○有義	2.4/14/19	
饋以七牢○遣之	2.4/14/27	
太子蕃思母之恩○送其		
舅氏也	2.4/14/27	
姬掩口○笑	2.5/15/14	
未聞進賢〔○〕退不肖	2.5/15/18	
是蔽君○塞賢路	2.5/15/18	
使人迎孫叔敖○進之	2.5/15/20	
○莊王以霸	2.5/15/21	
○舜爲之者	2.6/16/5	
不擇官○仕	2.6/16/5	
不擇妻○娶	2.6/16/6	
不罹患害○已	2.6/16/6	
○況于人乎	2.6/16/7	
○迫于暴虐	2.6/16/8	
然○仕者	2.6/16/8	
君子以是知周南之妻○		
能匡夫也	2.6/16/9	
○娶外妻	2.7/16/19	
○扼夫室之好	2.7/16/23	
○反欲使吾爲見棄之行	2.7/16/26	
君子謂女宗謙○知禮	2.7/16/27	
趙姬請迎盾與其母○納		
之	2.8/17/8	
趙衰辭○不敢	2.8/17/9	
夫得寵○忘舊	2.8/17/9	
好新○嫚故	2.8/17/9	
富貴○不顧	2.8/17/10	
猶與之同死○不去	2.8/17/11	
君子謂趙姬恭○有讓	2.8/17/16	
宗人擊牛○賀之	2.9/17/27	
其妻獨抱兒○泣	2.9/17/27	
夫子能薄○官大	2.9/17/28	
無功○家昌	2.9/17/28	
霧雨七日○不下食者	2.9/17/30	
欲以澤其毛○成文章也	2.9/17/30	
故藏○遠害	2.9/17/30	
坐○須死耳	2.9/18/1	
三黜○不去	2.10/18/14	
	2.10/18/15	
國無道○貴	2.10/18/15	
國有道○賤	2.10/18/15	
夫子之信誠○與人無害		
兮	2.10/18/18	
〔隱門○入〕	2.11/19/3	
斜○有餘	2.11/19/6	
不如正○不足也	2.11/19/6	
死○邪之	2.11/19/7	
何樂于此○諡爲「康」		
乎	2.11/19/9	
辭○不爲	2.11/19/10	
先生辭○不受	2.11/19/11	
求仁○得仁	2.11/19/12	
求義○得義	2.11/19/12	
○有斯婦	2.11/19/13	
既〔○〕歸	2.12/19/24	
○加以八尺之長也	2.12/19/27	
且吾聞寧榮于義○賤	2.12/19/28	
晏子怪○問其故	2.12/20/1	
接輿笑○不應	2.13/20/14	
使者遂不得與語○去	2.13/20/14	
先生（以）〔少〕○爲		
義	2.13/20/15	
豈將老○遺之哉	2.13/20/15	
不爲貧○易操	2.13/20/17	
不爲賤○改行	2.13/20/18	
據義○動	2.13/20/18	
○將何以待之	2.13/20/19	
變名易姓○遠徙	2.13/20/21	
君子謂接輿妻爲樂道○		
遠害	2.13/20/21	
夫安貧賤○不怠于道者		
	2.13/20/21	
挾薪樵○來	2.14/21/7	
投其畚萊○去	2.14/21/10	
至江南○止	2.14/21/11	
可績○衣之	2.14/21/11	
老萊子乃隨其妻○居之		
	2.14/21/12	
民從○家者	2.14/21/12	
○懷楚國之憂	2.15/21/26	
謝使者○不許也	2.15/21/27	
遂相與逃○爲人灌園	2.15/21/27	
○何德以堪之	3.1/22/13	
○威莫敖以刑也	3.2/22/26	
王德薄○祿厚	3.2/23/2	
施鮮○得多	3.2/23/3	
盈○蕩	3.2/23/3	
將發大命○蕩王心焉	3.2/23/4	
盛○必衰	3.2/23/10	
女因其傅母○言曰	3.3/23/16	
言今者許小○遠	3.3/23/16	

齊大○近	3.3/23/17	兵也	3.9/27/8	是故必十五○笄	3.14/30/28
今舍近○就遠	3.3/23/18	故知吾子拘○有木治矣	3.9/27/11	二十○嫁	3.14/30/28
離大○附小	3.3/23/18	乃還文仲○不伐魯	3.9/27/12	○自納之于後宮	3.14/30/30
○嫁之于許	3.3/23/19	去○之三室之邑	3.10/27/23	○亂男（子）〔女〕之	
○許不能救	3.3/23/19	相與攘羊○遺之	3.10/27/23	別也	3.14/30/30
涉河○南	3.3/23/19	隨大夫○化者	3.10/27/26	猶未嘗見乘居○匹處也	3.14/31/3
齊桓往○存之	3.3/23/20	發○視之	3.10/27/28	○魏國居其間	3.14/31/6
許夫人馳驅○弔唁衛侯	3.3/23/20	美○有色 3.10/27/30,7.11/70/19		○從亂無別	3.14/31/6
因疾之○作詩云	3.3/23/21	貴○無庶	3.10/28/1	○賞負〔粟〕三十鍾	3.14/31/7
君子善其慈惠○遠識也	3.3/23/23	○亡一國、兩卿矣	3.10/28/2	如耳還○爵之	3.14/31/7
設帷薄○觀之	3.4/24/4	○反戾吾族	3.10/28/2	○齊、楚、强秦不敢加	
必霸諸侯○討無禮	3.4/24/5	○有甚美者	3.10/28/3	兵焉	3.14/31/8
士民之扶老攜幼○赴其		○天鐘美于是	3.10/28/4	身所奉飯〔飲○進食〕	
閭者	3.4/24/10	髮黑○甚美	3.10/28/4	者以十數	3.15/31/20
殺○埋之 3.5/24/20,3.5/24/29		叔向懼○不敢娶	3.10/28/7	東向○朝軍吏	3.15/31/21
歸見其母○泣焉	3.5/24/20	聞其號也○還	3.10/28/9	夫家禮不備○欲迎之	4.1/32/11
殺○埋之矣	3.5/24/22	○視之曰	3.10/28/11	是以本立○道生	4.1/32/13
天之處高○聽卑	3.5/24/23	是虎目○豕（啄）〔喙〕		源潔○流清	4.1/32/13
伯宗賢○好以直辨凌人	3.6/25/3		3.10/28/12	○作詩曰	4.1/32/15
朝○以喜色歸	3.6/25/5	鳶（眉）〔肩〕○牛腹		故舉○揚之	4.1/32/16
今陽子華○不實	3.6/25/6		3.10/28/12	傳○法之	4.1/32/16
言○無謀	3.6/25/7	請殺其生者○戮其死者		伯姬迫于父母之命○行	4.2/32/27
吾欲飲諸大夫酒○與之			3.10/28/14	使下○有知	4.2/32/29
謀	3.6/25/7	○尸叔魚與雍子于市	3.10/28/15	越義○生	4.2/33/3
既飲○問妻曰	3.6/25/8	亂君不問○爲	3.11/28/26	不如守義○死	4.2/33/3
然○民之不能戴其上久		已○（閑）〔開〕圍示		遂逮于火○死	4.2/33/3
矣	3.6/25/9	之株	3.11/28/28	逮火○死	4.2/33/11
乃得畢羊○交之	3.6/25/11	夫山遠○圍近	3.11/28/28	至城門○衛君死	4.3/33/16
譖○殺之 3.6/25/11,5.2/42/8		○伐平地之株	3.11/29/1	厄窮○不憫	4.3/33/19
至闕○止	3.7/25/22	既畢○賤賣	3.11/29/1	勞辱○不苟	4.3/33/19
仁○有智	3.7/25/25	夫臨喪○言嫁	3.12/29/15	故舉○列之于《詩》也	4.3/33/21
夫可欺○不可罔者	3.7/25/29	後過時○不言	3.12/29/16	○夫有惡疾	4.4/33/30
今無故○廢之	3.8/26/13	○外不達人事	3.12/29/16	甚貞○一也	4.4/34/4
○以難犯不祥也	3.8/26/13	唱○後和	3.12/29/17	既往○不同欲	4.5/34/13
在我○已	3.8/26/14	譬猶揜目○別黑白也	3.12/29/18	又恐其已見遣○不以時	
○立牙爲太子	3.8/26/15	掩目○別黑白	3.12/29/19	去	4.5/34/14
崔杼立光○殺高厚	3.8/26/15	不達人事○相國	3.12/29/19	一○已矣	4.5/34/16
汝刻○無恩	3.9/26/26	果誅○死	3.12/29/20	三顧○出	4.6/35/4
○使子之齊	3.9/26/27	君子謂公乘姒緣事○知		○後行夫婦之道	4.6/35/5
是必使齊圖魯○拘汝留		弟之遇禍也	3.12/29/20	○使傅母應使者曰	4.6/35/6
之	3.9/27/1	女倚柱○嘯	3.13/30/3	夫無禮○生	4.6/35/9
○後出以求助焉	3.9/27/1	吾豈爲不嫁不樂○悲哉	3.13/30/5	然後乘○歸	4.6/35/11
厚士大夫○後之齊	3.9/27/2	溺流○死	3.13/30/8	將妻其夫人○納之于宮	4.7/35/22
○興兵欲襲魯	3.9/27/2	倚柱○嘯	3.13/30/17	人生要一死○已	4.7/35/23
君何不試召○問焉	3.9/27/5	魏哀王使使者爲太子納		妾無須臾○忘君也	4.7/35/23
于是召○語之曰	3.9/27/5	妃○美	3.14/30/22	合○葬之	4.7/35/26
言趣饗戰騶○繕甲		負因款王門○上書曰	3.14/30/26	殖戰○死	4.8/36/8

乃（枕）〔就〕其夫之	幸○得免　　　4.14/39/29	故士民盡力○不畏死　5.5/44/7
屍于城下○哭〔之〕 4.8/36/11	一往○不改　　　4.14/40/1	夫戰○忘勇　　　　5.5/44/8
十日○城爲之崩　　4.8/36/12	（念）〔今〕忘死○趨	君不幸○死　　　5.5/44/10
亦死○已　　　　　4.8/36/14	生　　　　　　4.14/40/1	今君死○子不死　5.5/44/12
遂赴淄水○死　　　4.8/36/14	〔見〕貴○忘賤　4.14/40/2	不能存國○自活　5.5/44/13
君子謂杞梁之妻貞○知	棄義○從利　　　4.14/40/2	憂妻子○忘仁義　5.5/44/13
禮　　　　　　　4.8/36/15	年十六○嫁　　4.15/40/14	背故君○事强暴　5.5/44/13
赴淄○薨　　　　　4.8/36/20	其父母哀其年少無子○	先君○後臣　　　5.5/44/14
且妾聞生○辱　　　4.9/37/2	早寡也　　　4.15/40/17	先父母○後兄弟　5.5/44/14
不若死○榮　　　　4.9/37/2	將取○嫁之　　4.15/40/17	先兄弟○後交友　5.5/44/15
一舉○兩辱　　　　4.9/37/3	受嚴命○事夫　4.15/40/18	先交友○後妻子　5.5/44/15
近妾○死　　　　　4.9/37/4	妾聞寧載于義○死　4.15/40/20	吾不能與子蒙恥○生焉 5.5/44/17
君子謂伯嬴勇○精一 4.9/37/5	不載于地○生　4.15/40/20	○以將禮葬之　　5.5/44/17
留夫人漸臺之上○去 4.10/37/16	且夫養人老母○不能卒	○使別治蓋　　　5.5/44/18
還○取符　　　　4.10/37/18	4.15/40/20	君子謂蓋將之妻潔○好
守一節○已　　　4.10/37/19	許人以諾○不能信 4.15/40/21	義　　　　　　5.5/44/18
然棄約越義○求生 4.10/37/20	○著妾之不孝　4.15/40/22	望見一婦人抱一兒、攜
不若留○死耳　　4.10/37/20	其父母懼○不敢嫁也 4.15/40/23	一兒○行　　　5.6/44/28
夫人流○死　　　4.10/37/21	攻殺懿公○自立　5.1/41/13	抱其所攜○走〔於〕山 5.6/44/29
白公不幸○死　　　4.11/38/5	○封若父兄　　　5.2/41/29	兒隨○啼　　　　5.6/44/29
今又去○嫁　　　　4.11/38/8	王下臺○問曰　　5.2/41/30	○反抱兄之子　　5.6/45/3
遂辭聘○不行　　　4.11/38/9	（可得）○遂不顧 5.2/41/30	夫背公義○嚮私愛　5.6/45/4
吳王賢其守節〔○〕有	○妾顧　　　　　5.2/42/1	亡兄子○存妾子　5.6/45/4
義　　　　　　　4.11/38/9	○後顧　　　　　5.2/42/2	幸○得幸　　　　5.6/45/5
君子謂貞姬廉潔○誠信	○又多寵子　　　5.2/42/4	○累足無所履也　5.6/45/6
4.11/38/10	既置○黜之　　　5.2/42/4	故忍棄子○行義　5.6/45/6
夫任重○道遠　　4.11/38/10	且其人蜂目○豺聲　5.2/42/5	不能無義○視魯國　5.6/45/6
死○後已　　　　4.11/38/10	王退○問于夫人　5.2/42/5	于是齊將按兵○止　5.6/45/7
衛宗室靈王之夫人（○）	譖子上○殺之　　5.2/42/7	○況于朝臣士大夫乎　5.6/45/8
及其傅妾也　　4.12/38/20	在丁饋食之間○已　5.2/42/7	○迎其姊趙夫人　5.7/45/22
夫人無子○守寡　4.12/38/21	子瞀退○與其保言曰 5.2/42/11	○主君殘之　　　5.7/45/23
子奉祀○妾事我　4.12/38/22	○言之于王　　　5.2/42/12	遂泣○呼天　　　5.7/45/25
○得留以盡其節　4.12/38/23	夫見疑○生　　　5.2/42/12	其母泣○對曰　　5.8/46/10
傅妾泣○對曰　　4.12/38/24	與其無義○生　　5.2/42/13	因○問之曰　　　5.8/46/10
夫人無子○婢妾有子 4.12/38/25	王請食熊（蟠）〔蹯〕	○不信其諾耶　　5.8/46/13
○辱主君之母　　4.12/38/28	○死　　　　　5.2/42/14	○尊其母號曰義母　5.8/46/15
吾終願居外○已　4.12/38/28	子父之接忘○秦晉之友	君子謂義母信○好義　5.8/46/15
傅妾退○謂其子曰 4.12/38/29	不加親也　　　5.3/42/26	潔○有讓　　　　5.8/46/16
處逆○生　　　　4.12/38/30	我其首晉○死　　5.3/42/27	去○官于陳　　　5.9/46/25
豈若守順○死哉　4.12/38/30	從子○歸　　　　5.3/42/29	養夫子〔○已矣〕　5.9/46/28
其子泣○（守）〔止〕	然○不可久也　　5.4/43/13	遂去○東走　　　5.9/47/4
之　　　　　　4.12/39/1	終○能改　　　　5.4/43/14	投河○死　　　　5.9/47/4
○名立于（夫）〔後〕	將改斯樂○勤於政也 5.4/43/15	夫不孝莫大于不愛其親
世矣　　　　　4.12/39/2	○要婢子以死　　5.4/43/15	○愛其人　　　5.9/47/5
君子謂陶嬰貞一○思 4.13/39/17	○猶親變蔡姬也　5.4/43/18	歸○相知　　　　5.9/47/11
其爲人榮于色○美于行	○況于妾乎　　　5.4/43/22	使媵婢取酒○進之　5.10/47/18
4.14/39/27	吾聞將節勇○不果生　5.5/44/7	主大怒○笞之　　5.10/47/19

乃免滕婢○笞殺其妻	5.10/47/21
○反幾死乎	5.10/47/21
主辱○死	5.10/47/23
○妾獨生	5.10/47/23
乃厚幣○嫁之	5.10/47/24
夫名無細○不聞	5.10/47/25
行無隱○不彰	5.10/47/25
○一公子不得	5.11/48/7
魏之故臣見乳母○識之 曰	5.11/48/8
知○不言	5.11/48/10
母呼○言曰	5.11/48/12
夫見利○反上者	5.11/48/13
畏死○棄義者	5.11/48/13
今持逆亂○以求利	5.11/48/13
廢正義○行逆節哉	5.11/48/14
妾不能生○令公子擒也	5.11/48/14
慎○寡言者	5.11/48/18
遂赴火○死	5.12/49/3
君子謂節姑姊潔○不污	5.12/49/3
好○取之	5.13/49/15
取○置夫人鏡奩中	5.13/49/18
○置奩中	5.13/49/21
遂棄珠○遣之	5.13/49/25
汝殺我○已	5.14/50/9
兄死○讎不（執）〔報〕	5.14/50/11
○使殺吾兄	5.14/50/11
何面目以生○戴天（復）〔履〕地乎	5.14/50/12
延壽慚○去	5.14/50/12
吾去汝○死	5.14/50/13
遂以（身）〔繩〕自經○死	5.14/50/14
令縣復其三子○表其墓	5.14/50/14
欲報其夫○無道徑	5.15/50/25
開戶牖○臥	5.15/50/29
明○視之	5.15/50/29
甯戚擊牛角○（南）〔商〕歌甚悲	6.1/51/16
九十○封于齊	6.1/51/20
霅子生五歲○贊禹	6.1/51/21
駃騠生七日○超其母	6.1/51/22
于是管仲乃下席○謝曰	6.1/51/22
請于王○絀之	6.2/52/8
寡人不爲其富貴○不行法焉	6.2/52/10
若不盜○誣之	6.2/52/11
○盜賊自息	6.2/52/12
妾子坐絀	6.2/52/15
令尹獨何人○不以是爲過也	6.2/52/16
妾豈貪貨○（失）〔干〕大王哉	6.2/52/19
乃復召江乙○用之	6.2/52/20
平公引弓○射	6.3/52/30
○絕纓與飲大樂	6.3/53/4
○君不能以穿一札	6.3/53/7
○反欲殺妾之夫	6.3/53/8
平公以其言○射	6.3/53/9
○賜金三鎰	6.3/53/10
于是衍醉○傷槐	6.4/53/21
何爲老○見奔	6.4/53/23
進○問焉〔曰〕	6.4/53/24
不損祿○加刑	6.4/53/27
召太（上）〔卜〕○卜之	6.4/53/28
○害明君之義也	6.4/54/1
皆謂君愛樹○（賊）〔賤〕人	6.4/54/2
晏子憱然○悟	6.4/54/2
轂擊○折大夫車軸	6.5/54/18
將執○鞭之	6.5/54/18
○子大夫之僕不肯少引	6.5/54/19
○反執妾	6.5/54/20
○反怨妾	6.5/54/20
○畏高明	6.5/54/21
今子列大夫○不爲之表	6.5/54/21
○遷怒貳過	6.5/54/21
大夫慚○無以應	6.5/54/22
○問之	6.5/54/23
見處子珮璩○浣	6.6/55/8
迎流○挹之	6.6/55/12
投○棄之	6.6/55/12
從流○挹之	6.6/55/12
滿○溢之	6.6/55/12
斯婦人達于人情○知禮	6.6/55/20
持楫○走	6.7/56/1
主君欲因其醉○殺之	6.7/56/4
○心不知罪也	6.7/56/5
願醒○殺之	6.7/56/5
娟攬卷操楫○請曰	6.7/56/6
義不與婦人同舟○渡也	6.7/56/8
○遂放桀	6.7/56/9
○遂克紂	6.7/56/9
娟乃再拜○辭曰	6.7/56/14
遂辭○去	6.7/56/15
○立以爲夫人	6.7/56/15
女娟通達○有辭	6.7/56/15
乃言不通則老婦死○已	6.8/56/27
于是襄子見○問之曰	6.8/56/28
○子反	6.8/56/29
妾聞子少○慢者	6.8/57/1
長○不能使者	6.8/57/1
今妾之子少○不慢	6.8/57/2
佛肸之母一言○發襄子之意	6.8/57/5
即墨大夫賢○日毀之	6.9/57/16
○使有司即窮驗問	6.9/57/19
執事者誣其詞○上之	6.9/57/19
乃召虞姬○自問焉	6.9/57/20
○爲讒臣所擠	6.9/57/22
不意大王乃復見〔○〕與之語	6.9/57/23
○衆人莫爲毫氂	6.9/57/27
○加此二罪	6.9/57/27
○欲干萬乘之主	6.10/58/17
立發《隱書》○讀之	6.10/58/20
退○推之	6.10/58/20
又更召○問之	6.10/58/20
○務采婦	6.10/58/23
〔○〕忽所（時）〔恃〕	6.10/58/23
于是宣王喟然○嘆曰	6.10/58/28
○齊國大安者	6.10/59/1
君子謂鍾離春正○有辭	6.10/59/1
○隨大王	6.11/59/16
盛服○衛	6.11/59/20
宮中諸夫人皆掩口○笑	6.11/59/21
○弒死于外	6.11/59/30
君子謂宿瘤女通○有禮	6.11/59/30
○見謁者曰	6.12/60/11
王輟食吐哺○起	6.12/60/13
夫牛鳴○馬不應	6.12/60/14
○國相不可不審也	6.12/60/18
推一○用之	6.12/60/23
○得孫叔敖	6.12/60/23

○得樂毅	6.12/60/23	無夫○乳	7.3/64/26	喬如與繆姜謀去季、孟	
○有道之士歸之	6.12/60/25	懼○棄之	7.3/64/26	○擅魯國	7.8/68/16
○勇士死之	6.12/60/25	王使執○戮之	7.3/64/28	使執季孫行父○止之	7.8/68/18
○龍爲暴下	6.12/60/25	聞童妾遭棄○夜號〔也〕		明○逐之	7.8/68/18
敬○事之	6.12/60/26		7.3/64/28	今我婦人○與于亂	7.8/68/22
〔四方之士多歸於〕齊		哀○取之	7.3/64/28	固在下位○有不仁	7.8/68/22
〔○〕國以治〔也〕		長○美好	7.3/65/1	作○害身	7.8/68/23
	6.12/60/26	幽王受○嬖之	7.3/65/1	棄位○放	7.8/68/23
姦臣必（倍）〔倚〕敵		幽王乃廢后申侯之女○		《隨》○無咎	7.8/68/24
國○發謀	6.13/61/10	立褒姒爲后	7.3/65/2	蓋老○復壯者	7.9/69/7
王見之○止	6.13/61/12	廢太子宜臼○立伯服爲		今自子率君○爲之	7.9/69/9
恐壅閼蔽塞○不得見	6.13/61/14	太子	7.3/65/2	乃使人徵賊泄冶○殺之	7.9/69/11
墻欲內崩○王不視	6.13/61/15	〔至〕○無寇	7.3/65/5	○納夏姬	7.9/69/15
墻欲內崩○王不視者	6.13/61/17	盡取周賂○去	7.3/65/7	使壞後垣○出之	7.9/69/15
禍亂且成○王不改也	6.13/61/18	于是諸侯乃即申侯○共		○與夏姬奔晉	7.9/69/20
君子謂莊姪雖違于禮○		立故太子宜臼	7.3/65/8	○分其室	7.9/69/21
終守以正	6.13/61/26	宣姜乃陰使力士待之界		與之蒙衣乘輦○入于閎	7.10/70/3
惠○好我	6.13/61/27	上○殺之	7.4/65/20	閉門○索客	7.10/70/6
○燭數不屬	6.14/62/6	奪之旄○行	7.4/65/22	○欲立公子角	7.10/70/6
○隨其父至長安	6.15/62/23	至戴公○後寧	7.4/65/24	刖鮑牽○逐高子、國佐	7.10/70/7
○民不犯	6.15/62/27	使公子彭生抱○乘之	7.5/66/8	靈公與佐盟○復之	7.10/70/8
○姦不止	6.15/62/27	因拉其脅○殺之	7.5/66/8	孟子又愬○殺之	7.10/70/8
非朕德薄○教之不明歟		○立慶父	7.6/66/25	崔子（弔）〔弗〕○說	
	6.15/62/27	酖○殺之	7.6/66/26	姜	7.11/70/20
○愚民陷焉	6.15/62/28	逐太子與二公子○可間		東郭姜奔入戶○閉之	7.11/70/22
教未施○刑已加焉	6.15/62/29	也	7.7/67/9	擁柱○歌	7.11/70/24
○其道無繇〔也〕	6.15/62/29	則可以威民○懼寇矣	7.7/67/12	請就（元）〔先〕君之	
何其〔楚〕痛○不德也	6.15/63/1	吾聞申生爲人甚好仁○		廟○死焉	7.11/70/26
一鼓○牛飲者三千人	7.1/63/20	強	7.7/67/13	公踰墻○逃	7.11/70/27
羈其頭○飲之于酒池	7.1/63/20	甚寬惠○慈于民	7.7/67/13	崔子廢成○以明爲後	7.11/70/29
醉○溺死者	7.1/63/21	君未終命○殀	7.7/67/14	崔子哀○許之	7.11/70/29
曰亡○我亡	7.1/63/22	〔夫豈〕惠其民○不惠		棠毋咎與東郭偃爭○不	
以爲妖言○殺之	7.1/63/22	其父乎	7.7/67/15	與	7.11/70/30
已○釋之	7.1/63/23	苟父利○得寵	7.7/67/16	慶封乃使盧蒲嫳帥徒衆	
于是湯受命○伐之	7.1/63/23	除亂○衆說	7.7/67/16	與國人焚其庫廄○殺	
○用婦言	7.2/64/9	若紂有良子○先殺紂	7.7/67/17	成、（姜）〔彊〕	7.11/71/3
于是剖心○觀之	7.2/64/10	毋彰其惡〔厚其敗〕	7.7/67/17	遂自經○死	7.11/71/4
衣寶玉衣○自殺	7.2/64/11	○楚穆弑成	7.7/67/19	又自經○死	7.11/71/5
伺于王庭○言曰	7.3/64/22	此皆爲民○不顧親	7.7/67/19	東郭姜殺一國君○滅三	
卜請其漦〔○〕藏之	7.3/64/23	奈何○可	7.7/67/20	室	7.11/71/5
（○）吉	7.3/64/24	君何不老○授之政	7.7/67/20	太子蒯瞶知○惡之	7.12/71/15
○藏漦（牘）〔櫝〕中	7.3/64/24	彼得政○治之	7.7/67/23	二人蒙衣○乘	7.12/71/20
發○觀之	7.3/64/25	申生恐○出	7.7/67/23	四年○出公復入	7.12/71/22
王使婦人裸○譟之	7.3/64/25	驪姬乃仰天叩心○泣	7.7/67/24	大夫殺孔悝之母○迎公	
宮之童妾未毀〔齒〕○		若入○自明	7.7/68/1		7.12/71/22
遭之	7.3/64/26	鞭○殺之	7.7/68/3	至悼公○後定	7.12/71/23
既笄○孕	7.3/64/26	聰慧○行亂	7.8/68/15	人○無儀 7.12/71/23, 7.12/71/23	

王嘗夢見處女鼓瑟○歌		季○乃告其大女曰	5.14/50/12	爾 ěr	28
曰	7.13/72/4	季○可以爲則矣	5.14/50/15	蘀○士女	1.4/3/6
逢天時○生	7.13/72/5	季○樹義	5.14/50/20	○又在下位	1.10/8/27
乃因后○入其女孟姚	7.13/72/6	嬰○也	6.13/61/11	○今也曰	1.10/8/28
○立孟姚爲惠后	7.13/72/7			教誨○子	1.11/10/7
乃欲分趙○王章于代	7.13/72/10	耳 ěr	31	及○同死	2.8/17/11
計未決○輟	7.13/72/10	○不聽淫聲	1.6/4/5		4.7/35/28,5.4/43/27
乃探雀鷇○食之	7.13/72/13	○不聽于淫聲	1.6/4/8	讌○新婚	2.8/17/12
○王無子	7.14/72/25	鄭皇○率師侵衛	1.7/5/23	百○所思	2.9/18/4,3.12/29/22
○人莫知	7.14/73/1	獲鄭皇○于（大）〔犬〕		況○小醜乎	3.1/22/14
誠以君之重○進妾于楚		丘	1.7/5/24	視○不臧	3.3/23/22
王	7.14/73/1	文公號公子重○	2.3/13/29	○嚛矣	3.5/24/24
〔考烈王〕召○幸之	7.14/73/3	晉人殺懷公而立公子重		○試聽之	3.6/25/8
○李園貴用事	7.14/73/4	○	2.3/14/8	始妾獨以衛爲有蘧伯玉	
○立負芻爲王	7.14/73/7	穆姬之弟重○入秦	2.4/14/27	○	3.7/25/27
五年○秦滅之	7.14/73/7	坐而須死○	2.9/18/1	今特書來云○	3.9/27/6
知重○入	7.14/73/12	乃爲之僕御○	2.12/19/26	○不懲此	3.10/28/2
前日○亂一宗之族	7.15/73/17	晉公子重○亡	3.4/24/3	式救○後	3.11/29/4
悼襄王以其美○取之	7.15/73/17	魏大夫如○母也	3.14/30/22	○用憂譖	3.15/31/26
國家所以覆○不安也	7.15/73/18	曲沃負謂其子如○曰	3.14/30/23	淑愼○止	4.2/33/7
使人犯太子○陷之于罪		不知其爲禍○	3.14/30/24	○之衿縭	4.6/35/3
	7.15/73/20	如○未遇（門）〔間〕		○之衿鞶	4.6/35/3
王遂廢嘉○立遷	7.15/73/20		3.14/30/25	雖子欲○	4.12/38/28
黜后○立倡姬爲后	7.15/73/21	如○還而爵之	3.14/31/7	走者○母耶	5.6/44/30
○使王誅其良將武安君		不若留而死○	4.10/37/20	吾將射○	5.6/45/1
李牧	7.15/73/22	吾戲○	5.4/43/23	卒悵得○子	5.12/49/1
乃殺倡后○滅其家	7.15/73/23	山澤之婦人○	5.6/45/7	○其圖之	7.7/67/26
人○無禮	7.15/73/24	吾死則死○	5.10/47/22	其謂○何	7.9/69/10
		兒但讓○	5.13/49/22		
兒 ér	20	可謂直○	5.13/49/27	邇 ěr	1
		○目不明	6.2/52/13		
其妻獨抱○而泣	2.9/17/27	吾鞭則鞭○	6.5/54/22	父母孔○	2.6/16/9
叔敖爲嬰○之時	3.5/24/20	特竊慕大王之美義○	6.10/58/18		
望見一婦人抱一○、攜		不飾○	6.11/59/21	二 èr	89
一○而行	5.6/44/28	○目不聰明	6.13/61/19		
○隨而啼	5.6/44/29	生公子重○、夷吾	7.7/67/7	有虞○妃者	1.1/1/8
齊將問○曰	5.6/44/29	重○居蒲	7.7/67/12	帝堯之○女也	1.1/1/8
幸無劾○	5.13/49/20	使閹楚刺重○	7.7/68/2	堯乃妻以○女	1.1/1/10
○誠不知也	5.13/49/20	重○奔狄	7.7/68/2	○女承事舜於畎畝之中	1.1/1/10
○但讓耳	5.13/49/22	立重○	7.7/68/4	舜歸告○女曰	1.1/1/11
字季○	5.14/50/6			○女曰	1.1/1/12,1.1/1/13
季○兄季宗與延壽爭葬		珥 ěr	2	舜乃告○女	1.1/1/13
父事	5.14/50/6			舜告○女	1.1/1/14
乃以告季○	5.14/50/7	〔乃〕脫○簪	2.1/12/24	○女乃與舜藥	1.1/1/14
季○曰	5.14/50/7	脫簪○	2.2/13/12	與○嫂諧	1.1/1/15
	5.14/50/9,5.14/50/10			每事常謀于○女	1.1/1/17
不敢見季○	5.14/50/12				

天下稱○妃聰明貞仁	1.1/1/19
○妃死于江、湘之間	1.1/1/19
○妃德純而行篤	1.1/1/20
元始○妃	1.1/1/24
○罪也	1.7/5/21
彼○聖一賢者	1.10/8/4
○三婦之厚共祀先祀者	1.10/9/8
無○天之義也	1.12/10/29
有馬○十乘	2.3/13/29
○無成命	2.3/14/2
今賢于妾者○人	2.5/15/15
天子十○	2.7/16/24
士○	2.7/16/24
有○不亦宜乎	2.7/16/24
狄人入其〔女叔（隈）〕	
〔隗〕、季隗于公子	2.8/17/6
君子有○恥	2.10/18/15
則○三子不如妾知之也	
	2.10/18/18
楚王使使者持金百鎰、	
車○駟	2.13/20/13
是君有○〔賢〕臣也	3.7/25/28
後○年	3.10/27/27
民○悅矣	3.11/29/1
○十而嫁	3.14/30/28
終不更○	4/32/6
不容○庖	4.3/33/17
吾豈能更○哉	4.8/36/14
衛宗○順者	4.12/38/20
是○不祥也	4.12/38/25
○女相讓	4.12/39/2
衛宗○順	4.12/39/7
作歌明己之不更○也	4.13/39/13
○十八年	4.15/40/23
孝公父武公與其○子長	
子括、中子戲朝周宣	
王	5.1/41/11
乃顧謂○姬曰	5.4/43/9
居○十五年	5.4/43/18
婦人執義無○夫	5.7/45/23
吾豈有○夫哉	5.7/45/24
齊○子之母也	5.8/46/5
○子兄弟立其傍	5.8/46/5
卒免○子	5.8/46/20
奉○親	5.9/46/28
妻執無○	5.9/47/11
○年且歸	5.10/47/16

○義者	5.13/49/13
君子謂○義慈孝	5.13/49/26
○義如此	5.13/50/1
〔此〕妾之罪○也	6.9/57/27
而加此○罪	6.9/57/27
外有○國之難	6.10/58/22
此○殆也	6.10/58/25
屬之不○	6.11/59/14
其（一）〔○〕日	6.12/60/19
是時莊姪年十○	6.13/61/8
○患也	6.13/61/23
化爲○龍	7.3/64/22
襃之○君也	7.3/64/23
○子既死	7.4/65/24
通于○叔公子慶父、公	
子牙	7.6/66/23
延及○叔	7.6/67/1
又娶○女于戎	7.7/67/7
逐太子與○公子而可間	
也	7.7/67/9
蒲與○屈	7.7/67/10
○公子主蒲與○屈	7.7/67/11
夷吾居○屈	7.7/67/12
○人以告靈公	7.9/69/10
靈公與○子飲於夏氏	7.9/69/11
公戲○子曰	7.9/69/11
○子亦曰	7.9/69/12
走○大夫	7.9/69/26
崔子前妻子○人	7.11/70/28
生○子明（成）	7.11/70/29
謂○子曰	7.11/71/1
于是○子歸殺棠毋咎、	
東郭偃于崔子之庭	7.11/71/1
衛○亂女者	7.12/71/15
○人蒙衣而乘	7.12/71/20
○女爲亂五世	7.12/71/23
○亂交錯	7.12/71/28

貳 èr　　8

不可以○	2.3/14/2
○必有咎	2.3/14/3
子胡不早自○焉	3.4/24/6
且國家多○	3.6/25/10
終不以身更○醮	4.7/35/24
不○過	6.5/54/18
豈不○過哉	6.5/54/20

而遷怒○過	6.5/54/21

發 fā　　24

次則武王○	1.6/4/14
楚將子○之母也	1.11/9/27
子○攻秦	1.11/9/27
子○破秦而歸	1.11/10/1
子○于是謝其母	1.11/10/7
君子謂子○母能以教誨	1.11/10/7
子○之母	1.11/10/12
將○大命而蕩王心焉	3.2/23/4
其于斯○事乎	3.9/26/28
攘羊之事○	3.10/27/27
○而視之	3.10/27/28
火大○起	5.12/49/8
右手○之	6.3/53/9
爲簡子○《河激》之歌	6.7/56/11
終遂○揚	6.7/56/20
佛肹之母一言而○襄子	
之意	6.8/57/5
誠信○內	6.9/57/26
立○《隱書》而讀之	6.10/58/20
姦臣必（倍）〔倚〕敵	
國而○謀	6.13/61/10
王乃○鄢郢之師以擊之	
	6.13/61/25
君子謂緹縈一言○聖主	
之意	6.15/63/3
莫之敢○也	7.3/64/24
○而觀之	7.3/64/25
○迹春申	7.14/73/12

乏 fá　　1

寧能衣其夫子而長不○	
糧食哉	1.9/7/2

伐 fá　　27

後○平林者咸（鷹）	
〔鷹〕之覆之	1.2/1/31
子不聞越王句踐之○吳	
〔耶〕	1.11/10/1
桓公與管仲謀○衛	2.2/13/11
攻○之色	2.2/13/14
無○國之志	2.2/13/16

夫子之不〇兮	2.10/18/18	廢傷槐之〇	6.4/54/7	〇姬之力也	2.5/15/21
〇羅	3.2/22/24	趙之〇	6.8/56/25	〇姬謙讓	2.5/15/27
王〇隨	3.2/23/2	（令）〔今〕坐〇當刑			
〇曹	3.4/24/9		6.15/62/24	**繁 fán**	4
文〇曹國	3.4/24/16	今〇有肉刑五	6.15/62/27		
乃還文仲而不〇魯	3.9/27/12	不恤〇常	7.1/63/29	晉〇人之女也	6.3/52/30
設令〇株于山	3.11/28/27	紂乃爲炮（烙）〔格〕		〇人之子	6.3/53/1
而〇平地之株	3.11/29/1	之〇	7.2/64/7	〇人之夫立得出	6.3/53/10
少子〇其謀	3.11/29/1	不修先王之典〇	7.2/64/9	〇鐘鼓之樂	6.4/54/4
夫〇功施勞	3.11/29/2				
齊〇其城	3.13/30/18	**髮 fà**	6	**蟠 fán**	1
楚〇息	4.7/35/22				
戎〇蓋	5.5/44/6	一沐而三握〇	1.10/8/3	王請食熊（〇）〔蹯〕	
魯未可〇也	5.6/45/7	〇黑而甚美	3.10/28/4	而死	5.2/42/14
妾聞昔者湯〇夏	6.7/56/8	綱直如〇	4.6/35/12		
武（三）〔王〕〇殷	6.7/56/9	子束〇辭親往仕	5.9/47/1	**反 fǎn**	48
于是湯受命而〇之	7.1/63/23	肥項少〇	6.10/58/12		
武王遂受命興師〇紂	7.2/64/10	未及收〇	7.11/70/23	〇思其受教之時	1.6/4/24
申侯〇周	7.3/65/13			獻公復得〇國	1.7/5/22
桓公將〇鄭	7.5/66/5	**幡 fān**	1	吾夕而〇	1.12/10/21
齊桓征〇	7.6/67/1			與諸婦孺子期夕而〇	1.12/10/25
獻公〇驪戎	7.7/67/7	〔或裝其〇〕	7.9/69/8	妾〇太早	1.12/10/26
				不敢復〇	1.12/10/26
罰 fá	3	**蹯 fān**	1	今子〇是	1.14/12/5
				〇其金	1.14/12/6
〇既釋兮潰乃清	6.7/56/12	王請食熊（蹯）〔〇〕		〇國無疑	2.3/14/14
于是武王遂致天之〇	7.2/64/11	而死	5.2/42/14	而〇欲使吾爲見棄之行	2.7/16/26
淫爲大〇	7.9/69/15			不能旋〇	3.3/23/22
		凡 fán	6	若得〇國	3.4/24/5
法 fǎ	22			公子受飧〇璧	3.4/24/9
		何以異于〇母	1.13/11/14	及公子〇國	3.4/24/9
不可不〇	1/1/4	〇事遠（周）〔害〕	2.6/16/14	公〇之	3.7/25/26
當爲民〇則	1.8/6/8	〇奸將作	3.9/26/27	而〇懲吾族	3.10/28/2
教以〇理	1.10/9/22	且〇所欲妾者	4.9/37/3	公薨不〇	4.3/33/25
循〇興居	2/12/18	且夫〇爲人養子者	5.11/48/13	公〇不納	4.5/34/14
以爲〇訓	4/32/7	〇爲貧、燭不屬故也	6.14/62/9	行節（及）〔〇〕乖	4.5/34/22
傳而〇之	4.1/32/16			比其〇也	4.6/35/10
姜姒〇斯	5/41/7	**煩 fán**	3	夫鳥飛〇鄉	5.3/42/26
妾以君王爲能〇吾先君	5.4/43/15			而〇抱兄之子	5.6/45/3
〇	5.13/49/14	懼世亂〇	2.15/22/1	而〇幾死乎	5.10/47/21
此值〇	5.13/49/16	今又〇孺子	4.12/38/23	夫見利而〇上者	5.11/48/13
寡人不爲其富貴而不行		稱國亂〇	6.10/59/6	〇飲之以酒	6.3/53/3
〇焉	6.2/52/10			而〇欲殺妾之夫	6.3/53/8
楚國有常〇	6.2/52/11	**樊 fán**	4	而〇執妾	6.5/54/20
言射有〇也	6.3/53/11			而〇怨妾	6.5/54/20
又不以私患害公〇	6.4/53/27	〇姬者	2.5/15/11	子貢三〇	6.6/55/25
妾恐傷執政之〇	6.4/54/1	〇姬諫	2.5/15/11	而子〇	6.8/56/29

子〇	6.8/56/29	**范 fàn**	6	**防 fáng**	4
故使至于〇	6.8/56/30				
夫佛肸之〇	6.8/57/4	晉〇氏母者	3.11/28/25	君子善傅母之〇未然也	1.8/6/11
〇日饗之	6.9/57/16	〇獻子之妻也	3.11/28/25	〇女未然	1.8/6/18
〇以爲殘	6.9/57/28	終滅〇氏者	3.11/29/2	君子謂叔姬爲能〇害遠	
〇害其身	6.9/58/6	其後智伯滅〇氏	3.11/29/3	疑	3.10/27/29
王必不得〇國	6.13/61/10	君子謂〇氏母爲知難本	3.11/29/3	〇淫慾之行焉	4.1/32/16
立還〇國	6.13/61/24	〇氏之母	3.11/29/8		
〇者已定	6.13/61/25			**房 fáng**	6
遂〇爲（商）〔商〕	7.1/63/29	**飯 fàn**	2		
〇（商）〔商〕爲周	7.2/64/17			諸婦其慎〇戶之守	1.12/10/21
請〇聽命	7.8/68/17	精五〇	1.9/7/14	后夫人不出〇	2.1/12/24
將軍子〇見美	7.9/69/16	身所奉〇〔飲而進食〕		適〇中	2.1/12/29
子〇乃止	7.9/69/17	者以十數	3.15/31/20	不妬偏〇	2.8/17/21
大夫子〇怨之	7.9/69/20			繆姜出于〇	4.2/32/28
子〇悔懼	7.9/69/26	**方 fāng**	21	母醮〇之中	4.6/34/29
公〇墮	7.11/70/27				
〇〔北面爲〕（目）		堯試之百〇	1.1/1/17	**魴 fáng**	2
〔臣〕	7.13/72/9	舜陟〇死于蒼梧	1.1/1/19		
		有娀〇將	1.3/2/20	〇魚赬尾	2.6/16/9
返 fǎn	2	孟母〇績	1.9/6/28	作詩〇魚	2.6/16/14
		敬姜（力）〔〇〕績	1.10/8/14		
謁歸還〇	1.12/11/5	一日從北〇來	1.12/10/23	**紡 fǎng**	6
及（及）〔〇〕國	2.8/17/7	廉正以〇	2/12/18		
		（〇）〔夫〕無一去義	2.7/16/25	其妻〇績不嫁	4.11/38/3
犯 fàn	17	老萊〇織畚	2.14/21/5	守寡〇績	4.11/38/15
		食〇丈於前	2.15/21/24	〇織爲產	4.13/39/12
前妻中子〇魏王令	1.13/11/12		2.15/21/25	〇績養子	4.13/39/22
與舅〇奔狄	2.3/13/29	維是四〇之故	3.3/23/17	〇績以爲家業	4.15/40/16
子〇知文公之安齊也	2.3/13/30	齊〇遣兵	3.9/27/11	〇績織紝	5.9/46/28
姜與舅〇謀	2.3/14/6	南〇有鳥	3.10/27/25		
公子〇以戈逐舅〇	2.3/14/6	〇今戰國	3.14/30/23	**放 fàng**	6
姜（興）〔與〕〇謀	2.3/14/14	今水〇大至	4.10/37/18		
而以難〇不祥也	3.8/26/13	四〇爲則	5.8/46/16	卿大夫外淫者〇	4.9/36/29
〇誅絕之事	4.9/37/2	王〇在小曲之臺	6.2/52/10	而遂〇桀	6.7/56/9
貞女之義不〇約	4.10/37/19	〇千里	6.4/53/30	伯奇〇野	6.9/57/28
〇槐者刑 6.4/53/21,6.4/54/5		宣王〇置酒於漸臺	6.10/58/15	屈原〇逐	6.13/61/7
是先〇我令	6.4/53/21	〔四〇之士多歸於〕齊		湯遂〇桀	7.1/63/24
先〇君令	6.4/53/26	〔而〕國以治〔也〕		棄位而〇	7.8/68/23
令〇者死	6.4/54/1		6.12/60/26		
出〇槐之囚	6.4/54/7			**妃 fēi**	31
而民不〇	6.15/62/27	**妨 fáng**	1		
使人〇太子而陷之于罪				有虞二〇者	1.1/1/8
	7.15/73/20	其有大〇于王命者	4.6/35/1	女英爲〇	1.1/1/18
				天下稱二〇聰明貞仁	1.1/1/19
				二〇死于江、湘之間	1.1/1/19
				二〇德純而行篤	1.1/1/20

元始二〇	1.1/1/24	○子而誰	2.3/14/3	指是爲〇	7/63/13
夏禹娶以爲〇	1.4/3/3	所蔿〇子弟	2.5/15/17	辨足以（餙）〔飾〕〇	7.2/64/3
湯〇有娍者	1.5/3/15	○刺虞丘	2.5/15/27	國佐〇我	7.10/70/5
殷湯娶以爲〇	1.5/3/15	○舜之事	2.6/16/5	○徒然也	7.14/72/26
有娍之〇湯也	1.5/3/16	○先生意也	2.11/19/7	考烈王弟公子負芻之徒	
君子謂〇明而有序	1.5/3/16	○特師傅、朋友相與切		聞知幽王〇考烈王子	7.14/73/6
湯〇有娍	1.5/3/22	磋也	2.12/20/3		
大王娶以爲〇	1.6/3/27	義士〇禮不動	2.13/20/17	**飛 fēi**	**6**
王季娶爲〇	1.6/4/4	○忠也	2.13/20/20,5.5/44/8		
○后賢焉	2/12/19	○義也	2.13/20/20,5.7/45/24	舜往〇出	1.1/1/12
○匹亦居多焉	2.12/20/3	○與物無治也	2.15/21/25	○鳥傴翼之	1.2/1/31
今是鄭穆少〇姚子之子	3.10/28/3	○刺康公	3.1/22/19	燕燕于〇	1.7/5/10
魏哀王使使者爲太子納		大夫〇衆之謂也	3.2/22/26	○鳥尙然兮	4.13/39/15
○而美	3.14/30/22	○也	3.7/25/26	夫鳥〇反鄉	5.3/42/26
今大王爲太子求〇	3.14/30/29	妾〇讓也	3.8/26/14	有赤雲夾日如〇鳥	5.4/43/19
必正〇匹	3.14/30/30	茍〇德義	3.10/28/7		
○匹正	3.14/31/1	○有天咎	3.12/29/19	**霏 fēi**	**2**
遂與太子〇	3.14/31/7	○子所知也	3.13/30/7		
王子納〇	3.14/31/13	○妾所及	3.13/30/11	雨雪〇〇	6.13/61/27
妾聞〇后踰閾	4.6/35/7	○刺哀王	3.14/31/13		
納其適〇	4.7/36/3	○所敢受命也	4.6/35/8	**肥 fēi**	**4**
託爲〇匹	4.11/38/5	○所敢久居也	4.6/35/9		
晉惠公太子之〇也	5.3/42/25	○禮不從	4.6/35/17	○也不得聞命	1.10/9/13
今乃比于〇嬪	5.4/43/12	○愚妾之所聞	4.11/38/6	犬彘不擇食以〇其身	2.9/18/1
先王爲寡人娶〇匹	6.10/58/16	其以太子爲〇吾子	5.2/42/12	食人〇鮮	2.13/20/19
夏桀之〇也	7.1/63/17	○至仁	5.2/42/15	○項少髮	6.10/58/12
殷紂之〇也	7.2/64/3	自嫌〇子	5.2/42/20		
		○孝也	5.5/44/8	**匪 fēi**	**12**
非 fēi	**67**	吾〇愛身也	5.5/44/11		
		○仁也	5.7/45/24	○怒〇教	1.9/7/18
蓋太姜淵智〇常	1.6/4/1	○兄也	5.8/46/6	永懼〇懈	3/22/7
此〇吾所以居處子〔也〕		○爲殺之也	5.11/48/14	○我言耄	3.15/31/26
	1.9/6/24	○汝所知也	6.1/51/18	我心〇石	4.3/33/18
此〇吾所以居處子也	1.9/6/25	○無人也	6.2/52/17	我心〇席	4.3/33/19
無〇無儀	1.9/7/15	○徒譏令尹	6.2/52/18	我心〇（后）〔石〕	4.12/39/3
皆〇吾所敢言也	1.10/9/16	○敢以當子之身也	6.6/55/18	○直也人	4.15/40/26
○其術也	1.11/10/6	○女（子）之罪也	6.7/56/4	○其止共	7.2/64/13
子〇吾子也	1.11/10/6	○媒不嫁	6.7/56/14	亂〇降自天	7.5/66/9
○有大故	1.12/10/18	○妾之子	6.8/57/3	○教〇誨	7.10/70/9
○義之事	1.14/12/2	不敢飾〇	6.9/58/1		
○理之利	1.14/12/2	意〇有屢時也	6.11/59/26	**菲 fěi**	**1**
○吾有也	1.14/12/6	○不聞牛聲也	6.12/60/14		
○吾子也	1.14/12/6	國〇王之國也	6.13/61/21	采葑采〇	2.8/17/11
事〇禮不言	2.1/12/23	〔有〕緩急〇有益〔也〕			
行〇禮不動	2.1/12/23		6.15/62/23	**翡 fěi**	**1**
○夫人之罪也	2.1/12/27	○朕德薄而教之不明歟			
			6.15/62/27	○翠珠璣	6.10/58/25

費 fèi	1
豈脩士大夫之○哉	1.14/12/1
廢 fèi	25
子之○學	1.9/6/29
今而○之	1.9/7/1
中道○而不爲	1.9/7/2
女則○其所食	1.9/7/2
必無○先人	1.10/8/28
無以新○舊	2.8/17/13
此其人必不以闇昧○禮	3.7/25/25
夫○常	3.8/26/12
今無故而○之	3.8/26/13
○姬子光	3.8/26/21
且三代之亡、恭太子之○	3.10/28/6
太子知王之欲○之也	5.2/42/14
是以私愛○公義也	5.8/46/13
○正義而行逆節哉	5.11/48/14
○傷槐之法	6.4/54/7
幽王乃○后申侯之女而立襃姒爲后	7.3/65/2
○太子宜臼而立伯服爲太子	7.3/65/2
○后、太子	7.3/65/13
毋必假手於武王以○其祀	7.7/67/18
既○見擯	7.8/69/1
崔子○成而以明爲後	7.11/70/29
王乃○后與太子	7.13/72/7
○后興戎	7.13/72/18
王遂○嘉而立還	7.15/73/20
驪○后適	7.15/73/28

分 fēn	16
教化列○	1.9/7/22
士卒并○菽粒而食之	1.11/9/28
	1.11/10/4
○而食之	1.11/10/4
制行○明	2.8/17/21
果卒○爭	3.10/28/21
身死國○	3.11/29/9
明事○禮	3.12/29/27
庶嫡○爭	5.2/42/10

已諾不○	5.8/46/14
○其資財	6.6/55/19
○別四殆	6.10/59/6
辭語甚○	6.14/62/16
而○其室	7.9/69/21
申公族○	7.9/69/26
乃欲○趙而王章于代	7.13/72/10

焚 fén	3
瞽叟○廩	1.1/1/12
慶封乃使盧蒲嫳帥徒衆與國人○其庫廄而殺成、（姜）〔彊〕	7.11/71/3
見庫廄皆○	7.11/71/4

墳 fén	2
妾願守其○墓	4.11/38/6
地○	7.7/67/23

忿 fèn	3
○然充滿	2.2/13/14
○戾毋期	3.10/28/5
執女○怒	6.5/55/3

封 fēng	19
○象于有庳	1.1/1/18
遂○棄于邰	1.2/2/2
○之於亳	1.3/2/18
次則康叔○	1.6/4/16
生伯○	3.10/28/5
謂之○豕	3.10/28/5
○靈王世家	4.12/38/20
而○若父兄	5.2/41/29
○爵	5.2/41/30
示以○爵之重	5.2/42/2
○以待之矣	5.10/47/17
○酒相待	5.10/47/18
九十而○于齊	6.1/51/20
○即墨大夫以萬戶	6.9/57/30
以告慶○	7.11/70/30
慶○	7.11/70/30
慶○乃使盧蒲嫳帥徒衆與國人焚其庫廄而殺	

成、（姜）〔彊〕	7.11/71/3
○章于代	7.13/72/8
何以保相印、江東之○乎	7.14/72/27

風 fēng	6
○其吹汝	3.12/29/22
○雨不時	6.4/53/25
穆如清○	6.6/55/14
欲觀其○	6.6/55/25
恐○波之起	6.7/56/2
北○其喈	6.13/61/27

烽 fēng	1
舉○致兵	7.3/65/13

蜂 fēng	1
且其人○目而豺聲	5.2/42/5

葑 fēng	1
采○采菲	2.8/17/11

豐 fēng	1
不求○美	2.11/19/18

酆 fēng	1
既許嫁于○	4.1/32/11

逢 féng	7
苔子○禍	2.9/18/9
後果○禍	3.11/29/8
○霖水出	3.13/30/8
力田不如○豐年	5.9/46/27
○天之暑	6.6/55/10
龍○進諫曰	7.1/63/21
○天時而生	7.13/72/5

馮 féng	2
○翊王讓聞之	5.14/50/14

○翊表墓	5.14/50/20	〔至于今吾豈知紂之善			1.12/10/22
		○哉〕	7.7/67/18	于是大○召母而問之曰	
縫 féng	1				1.12/10/23
		夫 fū	427	妾不幸早失○	1.12/10/24
○衣裳而已矣	1.9/7/14			大○美之	1.12/10/26
		達乎諸侯大○及士庶人	1.6/4/19	使（明請）〔朝謁〕○	
諷 fěng	1	父爲大○	1.6/4/20	人	1.12/10/27
		葬以大○	1.6/4/20	○人、諸姬皆師之	1.12/10/27
女○母曰	3.3/23/27	子爲大○	1.6/4/20	既嫁則以○爲天	1.12/10/28
		祭以大○	1.6/4/21	咸爲魏大○卿士	1.13/11/18
奉 fèng	15	達乎大○	1.6/4/21	豈脩士大○之費哉	1.14/12/1
		衛定公之○人	1.7/5/8	○爲人臣而事其君	1.14/12/4
○劍而正履	1.10/8/1	○安民而宥宗卿	1.7/5/13	○爲人臣不忠	1.14/12/5
使潔○禘、郊之粢盛	1.10/8/20	（○）〔天〕禍衛國也	1.7/5/16	后○人不出房	2.1/12/24
厚祿以○子	1.14/12/3	○吾不獲鱄也	1.7/5/17	○苟樂色	2.1/12/26
必死○命	1.14/12/4	大○聞之皆懼	1.7/5/17	非○人之罪也	2.1/12/27
身所○飯〔飲而進食〕		有○出征而喪其雄	1.7/5/23	后○人御于君	2.1/12/28
者以十數	3.15/31/20	大○圖之	1.7/5/24	后○人鳴佩而去	2.1/12/30
使○其祀	4.12/38/21	女爲衛莊公○人	1.8/6/6	○婦人以色親	2.1/13/1
子○祀而妾事我	4.12/38/22	爲國君之○人	1.8/6/11	齊桓公之○人也	2.2/13/10
○上下之儀	4.12/38/29	○君子學以立名	1.9/6/29	乃立衛姬爲○人	2.2/13/17
終○祭祀	4.15/40/24	寧能衣其○子而長不乏		○人治內	2.2/13/17
○二親	5.9/46/28	糧食哉	1.9/7/2	立爲○人	2.2/13/23
○金遺母	5.9/46/30	妾聞○婦之道	1.9/7/6	晉文公之○人也	2.3/13/28
使妾○進	5.10/48/1	而○子見妾	1.9/7/6	莘莘征○	2.3/14/4
遂○喪歸	5.13/49/15	○禮　1.9/7/7,1.12/10/28		迎齊姜以爲○人	2.3/14/8
迫○喪	5.13/49/21	2.1/12/28,2.7/16/24		秦穆公之○人	2.4/14/19
掌○湯沐	6.9/57/22	○婦人之禮　1.9/7/14,6.7/56/14		大○請以入	2.4/14/26
		出嫁則從乎○	1.9/7/16	秦穆○人	2.4/15/6
鳳 fèng	1	○死則從乎子	1.9/7/17	○人流涕	2.4/15/6
		魯大○公父穆伯之妻	1.10/7/27	楚莊王之○人也	2.5/15/11
夫○皇不罹于蔚羅	2.6/16/7	○幅者	1.10/8/9	大○夙（夜）〔退〕	2.5/15/21
		故物可以爲都大○	1.10/8/11	周南大○之妻也	2.6/16/3
佛 fó	7	○民勞則思	1.10/8/17	大○受命	2.6/16/3
		卿大○朝考其職	1.10/8/22	蓋與其鄰人陳素所與大	
趙○肸母者	6.8/56/25	公侯之○人加之以紘、		○言	2.6/16/4
趙之中牟宰○肸之母也	6.8/56/25	綖	1.10/8/24	○鳳皇不罹于蔚羅	2.6/16/7
○肸以中牟畔	6.8/56/25	皆衣其○	1.10/8/25	君子以是知周南之妻而	
○肸之母將論	6.8/56/26	而使○人怒	1.10/9/5	能匡○也	2.6/16/9
夫○肸之反	6.8/57/4	魯大○辭而復之	1.10/9/5	周大○妻	2.6/16/14
○肸之母一言而發襄子		男知莫如○	1.10/9/9	○出治土	2.6/16/14
之意	6.8/57/5	自卿大○以下	1.10/9/14	因往來者請問其○	2.7/16/19
○肸既叛	6.8/57/10	○外朝	1.10/9/15	○人既有所好	2.7/16/21
		○使人入于死地	1.11/10/5	○死不嫁	2.7/16/21
否 fǒu	2	不出○家	1.12/10/18	以事○室	2.7/16/22
		長繫于○	1.12/10/20	豈以專○室之愛爲善哉	2.7/16/23
○則有辟	1.10/8/26	魯大○從臺上見而怪之		而扼○室之好	2.7/16/23

卿大〇三	2.7/16/24	負羈之妻言于〇曰	3.4/24/4	〇臨喪而言嫁	3.12/29/15
今吾〇誠士也	2.7/16/24	使〇饋飱	3.4/24/15	此乃魯大〇之憂	3.13/30/6
（方）〔〇〕無一去義	2.7/16/25	〇有陰德者	3.5/24/22	〇魯國有患者	3.13/30/9
〇有外妻	2.7/17/1	晉大〇伯宗之妻也	3.6/25/3	魏大〇如耳母也	3.14/30/22
〇得寵而忘舊	2.8/17/9	〇子好直言	3.6/25/4	周之康王〇人晏出朝	3.14/31/2
請以姬之中子屛括爲公		諸大〇皆謂我知似陽子	3.6/25/6	〇雎鳩之鳥	3.14/31/3
族大〇	2.8/17/14	吾欲飲諸大〇酒而與之		〇男女之盛	3.14/31/3
屛括遂以其族爲公族大		謀	3.6/25/7	君臣、父子、〇婦	3.14/31/4
〇	2.8/17/15	與諸大〇飲	3.6/25/8	盡以與軍吏士大〇	3.15/31/20
陶太〇咎子妻也	2.9/17/26	諸大〇（慕）〔莫〕子		老〇灌灌	3.15/31/26
〇子能薄而官大	2.9/17/28	若也	3.6/25/9	〇家禮不備而欲迎之	4.1/32/11
今〇子不然	2.9/17/29	子何不預結賢大〇以託		以爲〇婦者	4.1/32/11
今〇子治陶	2.9/18/1	州犂焉	3.6/25/10	〇家輕禮違制	4.1/32/14
魯大〇柳下惠之妻也	2.10/18/14	衛靈公之〇人也	3.7/25/22	〇家訟之于理	4.1/32/14
將誄〇子之德耶	2.10/18/17	靈公與〇人夜坐	3.7/25/22	言〇家之禮不備足也	4.1/32/15
〇子之不伐兮	2.10/18/18	公問〇人曰	3.7/25/22	〇禮不備	4.1/32/21
〇子之不竭兮	2.10/18/18	〇人曰	3.7/25/23, 3.7/25/23	當行〇婦之道	4.2/32/27
〇子之信誠而與人無害			3.7/25/27, 4.5/34/16	魯使大〇季文子如宋	4.2/32/28
兮	2.10/18/18		4.10/37/17, 4.10/37/19	大〇勤勞于遠道	4.2/32/29
〇子之（諡）〔謚〕	2.10/18/21		4.12/38/28, 5.7/45/22	敢再拜大〇之辱	4.2/32/30
君子謂柳下惠妻能光其		〇忠臣與孝子	3.7/25/24	〇人少避火	4.2/33/1, 4.2/33/2
〇矣	2.10/18/21	衛之賢大〇也	3.7/25/25	〇人者	4.3/33/16, 4.7/35/22
命婦窺其〇爲相御	2.12/19/23	以戲〇人曰	3.7/25/26	而〇有惡疾	4.4/33/30
〇曰	2.12/19/24	〇人酌觴	3.7/25/27	〇之不幸	4.4/33/30
其〇謝曰	2.12/19/27	遂語〇人其實焉	3.7/25/29	且〇采采芣苢之草	4.4/34/2
〇躬仁義	2.12/19/28	君子謂衛〇人明于知人		況于〇婦之道乎	4.4/34/3
于是其〇乃深自責	2.12/19/28	道	3.7/25/29	〇有惡疾	4.4/34/8
升諸景公以爲大〇	2.12/20/2	〇可欺而不可罔者	3.7/25/29	黎莊〇人者	4.5/34/13
匡〇以道	2.12/20/8	〇人與存	3.7/26/5	黎莊公之〇人也	4.5/34/13
〇改易行	2.12/20/8	〇人知之	3.7/26/5	其傅母閔〇人賢	4.5/34/14
〇富貴者	2.13/20/17	齊靈公之〇人也	3.8/26/10	謂〇人曰	4.5/34/14
〇負釜甑	2.13/20/20	〇人仲子與其娣戎子		〇婦之道	4.5/34/15, 4.9/36/28
〇安貧賤而不怠于道者		〔皆〕嬖于公	3.8/26/11	黎莊〇人	4.5/34/22
	2.13/20/21	〇廢常	3.8/26/12	〇人守一	4.5/34/23
〇子織屨以爲食	2.15/21/24	〇光之立也	3.8/26/12	齊孝公之〇人也	4.6/34/27
〇結駟連騎	2.15/21/25	魯大〇臧文仲之母也	3.9/26/26	而後行〇婦之道	4.6/35/5
〇人省茲	3/22/7	厚士大〇而後之齊	3.9/27/2	〇無禮而生	4.6/35/9
〇獸三爲群	3.1/22/12	公及大〇相與議之	3.9/27/4	息君之〇人也	4.7/35/22
〇粲	3.1/22/13	〇子居晉	3.10/27/24	將妻其〇人而納之于宮	4.7/35/22
武王之〇人也	3.2/22/24	是于〇子不容也	3.10/27/24	〇人遂出見息君	4.7/35/23
王以告〇人鄧曼	3.2/22/25	隨大〇而化者	3.10/27/26	〇人不聽	4.7/35/25
大〇非衆之謂也	3.2/22/26	子靈之妻殺三〇、一君		楚王賢其〇人守節有義	4.7/35/26
許穆〇人者	3.3/23/15	、一子	3.10/28/1	君子謂〇人說于行善	4.7/35/27
許穆公之〇人也	3.3/23/15	〇有美物足以移人	3.10/28/6	〇義動君子	4.7/35/27
許〇人馳驅而弔唁衛侯	3.3/23/20	〇山遠而圍近	3.11/28/28	息君〇人不爲利動矣	4.7/35/27
大〇跋涉	3.3/23/22	險阻之山	3.11/28/28	〇人持固	4.7/36/3
曹大〇僖負羈之妻也	3.4/24/3	〇伐功施勞	3.11/29/2	乃（枕）〔就〕其〇之	

屍于城下而哭〔之〕	4.8/36/11	且○養人老母而不能卒		大○號主父	5.10/47/16
○婦人必有所倚者也	4.8/36/12		4.15/40/20	○名無細而不聞	5.10/47/25
○在則倚○	4.8/36/13	○爲人婦	4.15/40/21	○見利而反上者	5.11/48/13
中則無○	4.8/36/13	○不幸先死	4.15/40/21	且○凡爲人養子者	5.11/48/13
哭○于城	4.8/36/20	是明○之不肖	4.15/40/22	寵其兄爲五大○	5.11/48/17
楚平王之○人	4.9/36/25	○死無子	4.15/41/1	○慈故能愛	5.11/48/19
卿大○外淫者放	4.9/36/29	遇稱舅魯大○于外	5.1/41/15	○人解繫臂	5.13/49/17
○然者	4.9/36/30	魯大○皆知稱之在保	5.1/41/16	取而置○人鏡奩中	5.13/49/18
○造亂亡之端	4.9/37/1	楚成王之○人也	5.2/41/27	○人不知也	5.13/49/18
楚昭王之○人也	4.10/37/16	吾以女爲○人	5.2/41/28	○人所棄珠	5.13/49/19
留○人漸臺之上而去	4.10/37/16	○人	5.2/41/30	置○人奩中	5.13/49/19
使使者迎○人	4.10/37/17	告以○人之尊	5.2/42/2	○人哀初之孤	5.13/49/22
請○人出	4.10/37/17	遂立以爲○人	5.2/42/3	○人實不知也	5.13/49/23
○人流而死	4.10/37/21	王退而問于○人	5.2/42/5	珠崖○人	5.13/50/1
嗟○	4.10/37/21	○昔者	5.2/42/8	殺○不義	5.14/50/9
○人守節	4.10/37/27	○見疑而生	5.2/42/12	內不能和○家	5.14/50/11
使大○持金百鎰、白璧		○鳥飛反鄉	5.3/42/26	○殺其兄	5.14/50/20
一雙以聘焉	4.11/38/3	君子謂懷嬴善處○婦之		其○有讎人	5.15/50/25
將以爲○人	4.11/38/4	間	5.3/42/30	欲報其○而無道徑	5.15/50/25
〔大○〕致幣	4.11/38/4	觀士大○逐者	5.4/43/9	則殺○	5.15/50/27
今王賜金璧之聘、○人		○戰而忘勇	5.5/44/8	乃告其○	5.15/50/28
之位	4.11/38/6	爲○先死	5.5/44/23	遂釋不殺其○	5.15/50/30
且○棄義從欲者	4.11/38/6	○背公義而嚮私愛	5.6/45/4	○重仁義	5.15/50/31
○貪污之人	4.11/38/7	大○不吾養	5.6/45/5	○讎劫父	5.15/51/5
○任重而道遠	4.11/38/10	○如是	5.6/45/5	○伊尹	6.1/51/20
衛宗室靈王之○人（而）		而況于朝臣士大○乎	5.6/45/8	楚大○江乙之母也	6.2/52/8
及其傅妾也	4.12/38/20	○義其大哉	5.6/45/9	乙爲郢大○	6.2/52/8
○人無子而守寡	4.12/38/21	代趙○人者	5.7/45/20	姜之子爲郢大○	6.2/52/15
傅妾事○人	4.12/38/21	代王之○人也	5.7/45/20	使其○爲弓	6.3/52/30
○人謂傅妾曰	4.12/38/22	而迎其姊趙○人	5.7/45/22	楚莊王臣援其○人之衣	6.3/53/3
○人欲使靈氏受三不祥		婦人執義無二○	5.7/45/23	今妾之○治造此弓	6.3/53/5
耶	4.12/38/24	吾豈有二○哉	5.7/45/24	而反欲殺妾之○	6.3/53/8
○人無子而婢妾有子	4.12/38/25	以弟慢○	5.7/45/24	繁人之○立得出	6.3/53/10
○人欲出居外	4.12/38/26	以○怨弟	5.7/45/24	○三者	6.4/54/4
○人又何勤乎	4.12/38/27	君子謂趙○人善處○婦		鄭簡公使大○聘于荊	6.5/54/17
今○人難我	4.12/38/30	之間	5.7/45/25	有一婦人乘車與大○	
○人聞之	4.12/39/1	代○人弟	5.7/45/30	〔遇〕	6.5/54/17
而名立于（○）〔後〕		○少子者	5.8/46/10	轂擊而折大○車軸	6.5/54/18
世矣	4.12/39/2	○言不約束	5.8/46/14	大○怒	6.5/54/18
○人慚辭	4.12/39/7	願以與○人	5.9/46/27	而子大○之僕不肯少引	6.5/54/19
○死早寡	4.14/39/27	○採桑力作	5.9/46/28	是以敗子（○）〔大〕	
妾○不幸早死	4.14/39/28	養○子〔而已矣〕	5.9/46/28	○之車	6.5/54/19
其○當行戍	4.15/40/14	○事親不孝	5.9/47/3	今子列大○而不爲之表	6.5/54/21
○且行時 4.15/40/14,4.15/40/18		○不孝莫大于不愛其親		惜子大○之喪善也	6.5/54/22
○果死不還	4.15/40/16	而愛其人	5.9/47/5	大○慚而無以應	6.5/54/22
受嚴命而事○	4.15/40/18	恥○無義	5.9/47/11	大○曰	6.5/54/23
○受人之託	4.15/40/19	周大○妻之媵妾也	5.10/47/16	既有狂○昭氏在內矣	6.5/54/24

（切）〔竊〕有狂○名		生秦穆○人及太子申生	7.7/67/6	**膚** fū		2
之者矣	6.6/55/19	公乃立驪姬以爲○人	7.7/67/8			
趙簡子之○人也	6.7/55/30	○寇生其心	7.7/67/11	皮○若漆		6.10/58/12
選士大○齋戒沐浴	6.7/56/8	〔○豈〕惠其民而不惠		刻肌○		6.15/63/1
將使人祝祓以爲○人	6.7/56/13	其父乎	7.7/67/15			
而立以爲○人	6.7/56/15	○殺君利民	7.7/67/16	**弗** fú		2
○死從子	6.8/57/2	〔今○以君爲紂〕	7.7/67/17			
○佛肸之反	6.8/57/4	魯宣公之○人	7.8/68/15	而○許		1.7/5/13
即墨大○賢而日毀之	6.9/57/16	又貨晉大○	7.8/68/17	莊公○禁		1.8/6/13
阿大○不肖	6.9/57/16	〔陳〕大○夏徵舒之母	7.9/69/6			
封即墨大○以萬戶	6.9/57/30	七爲○人	7.9/69/7	**伏** fú		9
烹阿大○與周破胡	6.9/57/30	夏姬之子徵舒爲大○	7.9/69/7			
人知烹阿大○	6.9/58/1	大○子反怨之	7.9/69/20	乃○師閉壁		5.4/43/26
見諸○人	6.11/59/19	走二大○	7.9/69/26	○鷄搏狸		5.11/48/20
諸○人皆怪之	6.11/59/20	靈公之○人	7.10/70/3	各（有）〔自〕○愬		5.13/50/1
宮中諸○人皆掩口而笑		淫通于大○慶剋	7.10/70/3	以○我心		6.6/55/11
	6.11/59/21	更以崔杼爲大○	7.10/70/7	賢者〔○〕匿于山林		6.10/58/25
○飾與不飾	6.11/59/22	老○在此	7.11/70/23	姪持幟○南郊道旁		6.13/61/11
○飾〔與不飾〕相去千		東郭姜與前○子棠毋咎		有一女童○于幟下		6.13/61/12
萬	6.11/59/22	俱入	7.11/70/27	身又○辜		7.7/68/10
于是諸○人皆大慚	6.11/59/27	齊大○也	7.11/70/30	徵舒○弩廄門		7.9/69/12
○牛鳴而馬不應	6.12/60/14	吾事○子	7.11/71/2			
○柱不正	6.12/60/16	衛靈公之○人	7.12/71/15	**扶** fú		2
○屋堅與不堅	6.12/60/17	姬與孔氏之豎渾良○淫				
賢其（○妻）〔妻子〕			7.12/71/18	○養假子		1.13/11/25
	6.12/60/21	姬使良○于薊瞶	7.12/71/18	士民之○老攜幼而赴其		
楚頃襄王之○人	6.13/61/6	許以姬爲良○妻	7.12/71/19	閭者		3.4/24/10
乃立姪爲○人	6.13/61/25	良○喜以告姬	7.12/71/19			
○一室之中	6.14/62/9	良○乃與薊瞶入舍孔氏		**苻** fú		2
妾傷○死者不可復生	6.15/62/24	之圃	7.12/71/19			
〔故〕○訓道不純	6.15/62/28	殺○人南子	7.12/71/21	且夫采采○苡之草		4.4/34/2
○刑者	6.15/63/1	又殺渾良○	7.12/71/22	乃作《○苡》之詩		4.4/34/3
丈○心	7.1/63/17	大○殺孔悝之母而迎公				
無○而乳	7.3/64/26		7.12/71/22	**服** fú		24
後有人○妻賣壓弧箕服		武靈王娶韓王女爲○人	7.13/72/3			
之器者	7.3/64/27	大○怨倡后之譖太子及		我言惟○		1.7/5/22
○妻夜逃	7.3/64/28	殺李牧	7.15/73/23	皆爲○役		1.10/8/6
衛宣公之○人也	7.4/65/18			所以均不均、○不○也		1.10/8/10
宣公○人夷姜生伋子	7.4/65/18	**鈇** fū		1	○重任	1.10/8/13
○棄父之命	7.4/65/21			命婦成祭○		1.10/8/25
魯桓公之○人也	7.5/66/5	可隨以○鉞	2.14/21/9	（則）〔列〕士之妻加		
與○人俱將如齊也	7.5/66/6			之以朝○		1.10/8/25
莊公之○人也	7.6/66/19	**敷** fū		2	有降○	1.10/9/9
公使大○宗〔婦〕用幣				毋加○		1.10/9/9
見	7.6/66/20	而敬○（王）〔五〕教	1.3/2/19	則降○一等		1.12/10/29
大○夏甫不忌曰	7.6/66/20	禹往○土	1.4/3/10	衣○飲食		1.13/11/11
晉獻公之○人也	7.7/67/6			脫朝○		2.1/12/29

衣襲〇	2.1/12/29	故〇結于子孫	2.9/17/29	**父 fù** 132
以供衣〇	2.7/16/22	禍〇所移	3/22/6	
趙將馬〇君趙奢之妻	3.15/31/18	國之〇也	3.2/23/4、3.7/25/28	舜〇頑母嚚 1.1/1/8
衣〇綢繆	4.6/35/11	有奇〇者	3.10/28/2	〇號瞽叟 1.1/1/8
襄子未除〇	5.7/45/20	求〇不回	4.9/37/6	〇母使我塗廩 1.1/1/12
則變容更〇	6.11/59/18	終蒙其〇	5.10/48/1	象復與〇母謀 1.1/1/13
盛〇而衛	6.11/59/20	御釐受〇	6.7/56/3	〇母欲殺舜 1.1/1/15
異章〇	6.15/62/26	禱求〇兮醉不醒	6.7/56/11	呼〇母 1.1/1/16
壓弧箕〇	7.3/64/27	歸〇于絳	7.7/67/22	卒繼其〇 1.4/3/10
後有人夫妻賣壓弧箕〇		驪姬受〇	7.7/67/22	古公亶〇 1.6/3/29
之器者	7.3/64/27			人生而肯〇母者 1.6/4/9
既生子伯〇	7.3/65/1	**甫 fǔ** 1		〇爲大夫 1.6/4/20
廢太子宜臼而立伯〇爲				〇爲士 1.6/4/20
太子	7.3/65/2	大夫夏〇不忌日	7.6/66/20	〇母之喪 1.6/4/21
				定公惡孫林〇 1.7/5/11
拂 fú 3		**府 fǔ** 1		孫林〇奔晉 1.7/5/12
				請歸〇母 1.9/7/7
〇枕席	4.11/38/5	實〇庫	6.10/58/30	故年少則從乎〇母 1.9/7/16
不〇不寤	6.6/55/14			魯大夫公〇穆伯之妻 1.10/7/27
于是乃〇拭短褐	6.10/58/13	**拊 fǔ** 1		若事〇兄 1.10/8/1
				以露堵〇爲客 1.10/9/3
浮 fú 1		舉手〇膝曰	6.10/58/21	堵〇怒 1.10/9/3
				堵〇辭曰 1.10/9/4
（〇）〔呼〕來擢兮行		**俯 fǔ** 1		公〇氏之婦知矣 1.10/9/10
勿疑	6.7/56/13			然吾〇母家〔多〕幼稚
		〇而自申之	1.10/8/2	1.12/10/18
祓 fú 1				少繫〔於〕〇母 1.12/10/19
		釜 fǔ 1		則以〇母爲天 1.12/10/28
將使人祝〇以爲夫人	6.7/56/13			其喪（天）〔〇〕母 1.12/10/28
		夫負〇甑	2.13/20/20	遠〇母兄弟 1.12/11/1
符 fú 6				其〇爲其孤也 1.13/11/15
		脯 fǔ 1		猶爲人子而事其〇也 1.14/12/4
忘持其〇	4.10/37/17			號管仲爲仲〇 2.2/13/17
令召宮人必以〇	4.10/37/17	施毒于〇	7.7/67/22	文公〇獻公納驪姬 2.3/13/28
今使者不持〇	4.10/37/18			遺〇母憂 2.6/16/4
還而取〇	4.10/37/18	**輔 fǔ** 5		爲養〇母也 2.6/16/5
使者取〇	4.10/37/20			故〇母在 2.6/16/6
無〇不來	4.10/37/27	契爲帝〇	1.3/2/26	爲〇母在故也 2.6/16/6
		皆善戮力以〇人	3.4/24/5	〇母孔邇 2.6/16/9
幅 fú 2		惟德是〇	3.5/24/24	勉爲〇母 2.6/16/14
		國無弼〇	6.13/61/17	群帥囚于（治）〔冶〕
夫〇者	1.10/8/9	國無强〇	6.13/61/19	〇以待刑 3.2/22/29
故〇可以爲將	1.10/8/10			視其〇 3.4/24/7
		撫 fǔ 2		君臣〇子皆被其辱 3.13/30/10
福 fú 12				則〇子生焉 3.14/31/4
		其謂君〇小民以信	3.2/22/26	君臣、〇子、夫婦 3.14/31/4
卒享〇祐	1.1/1/24	君若不鎮〇	3.2/22/27	〇子同女 3.14/31/6

始妾事其○	3.15/31/19	妾願以鄙軀易○之死	6.7/56/4	主○開之	7.13/72/11
○時爲將	3.15/31/19	願備（○）〔員〕持梢	6.7/56/7	兌因圍主○宮	7.13/72/11
王以爲若其○乎	3.15/31/22	乃納幣于○母	6.7/56/15	以章圍主○	7.13/72/12
○子不同	3.15/31/22	○得不喪	6.7/56/20	乃遂圍主○	7.13/72/12
伯姬迫于○母之命而行	4.2/32/27	○之罪也	6.8/57/1	主○欲出不得	7.13/72/13
○母送孟姬不下堂	4.6/34/29	妾受○母教採桑	6.11/59/13		
○誠之東階之上	4.6/35/1	○母在內	6.11/59/16	**附 fù**	**7**
必終○母之命	4.6/35/2	使妾不受○母之教	6.11/59/16		
○母之言謂何	4.6/35/3	○母驚惶	6.11/59/18	必可以比國人而景○矣	1.6/4/2
無忘○母之言	4.6/35/3	逐女孤無○母	6.12/60/10	自此五子親○慈母	1.13/11/18
孝公親迎孟姬於其○母	4.6/35/4	孤無○母	6.12/60/12	離大而○小	3.3/23/18
○在則倚○	4.8/36/13	而隨其○至長安	6.15/62/23	遂登○社之臺	5.4/43/9
今吾上則無○	4.8/36/13	妾○爲吏	6.15/62/23	右（乎）〔手〕如○枝	6.3/53/8
其○母哀其年少無子而		以贖○罪	6.15/62/25	昵○王著	6.9/57/21
早寡也	4.15/40/17	民之○母	6.15/62/29	衆人不○	6.10/58/23
其○母懼而不敢嫁也	4.15/40/23	豈稱爲民○母之意哉	6.15/63/2		
孝公○武公與其二子長		緹縈訟○	6.15/63/8	**赴 fù**	**9**
子括、中子戲朝周宣		以免○事	6.15/63/8		
王	5.1/41/11	夫棄○之命	7.4/65/21	乃將○死	2.4/15/6
而封若○兄	5.2/41/29	又丹其○桓公廟宮之楹	7.6/66/22	○告大國	3.3/23/18
子○之接忘而秦晉之友		通于二叔公子慶○、公		士民之扶老攜幼而○其	
不加親也	5.3/42/26	子牙	7.6/66/23	闕者	3.4/24/10
先○母而後兄弟	5.5/44/14	哀姜欲立慶○	7.6/66/23	遂○淄水而死	4.8/36/14
其○疾	5.8/46/11	慶○與哀姜謀	7.6/66/24	○淄而薨	4.8/36/20
大夫號主○	5.10/47/16	慶○與哀姜淫益甚	7.6/66/24	○之不疑	5/41/6
恐主○覺	5.10/47/17	又與慶○謀殺閔公	7.6/66/25	遂東○河	5.9/47/11
主○至	5.10/47/17	而立慶○	7.6/66/25	何至自○火	5.12/49/1
計念進之則殺主○	5.10/47/18	慶○恐	7.6/66/26	遂○火而死	5.12/49/3
主○弟聞其事	5.10/47/20	聞哀姜與慶○通以危魯	7.6/66/26		
具以告主○	5.10/47/20	魯遂殺慶○	7.6/66/27	**負 fù**	**18**
主○驚	5.10/47/21	慶○是依	7.6/67/1		
主○高其義	5.10/47/22	〔夫豈〕惠其民而不惠		夫○釜甑	2.13/20/20
○爲子隱	5.13/49/26	其○乎	7.7/67/15	曹大夫僖○羈之妻也	3.4/24/3
子爲○隱	5.13/49/26	爲民與爲○異	7.7/67/15	○羈之妻言于夫曰	3.4/24/4
季兒兄季宗與延壽爭葬		苟○利而得寵	7.7/67/16	○羈乃遺之壺飡	3.4/24/8
○事	5.14/50/6	有○恩忍之	7.7/67/25	乃表○羈之閭	3.4/24/9
汝○殺吾兄	5.14/50/13	弒○以求利	7.7/67/25	曲沃○者	3.14/30/22
乃劫其妻之○	5.15/50/26	使執季孫行○而止之	7.8/68/18	曲沃○謂其子如耳曰	3.14/30/23
○呼其女告之	5.15/50/26	公孫寧、儀行○與陳靈	7.9/69/8	○因款王門而上書曰	3.14/30/26
則殺○	5.15/50/26	公皆通于夏姬	7.9/69/8	○曰	3.14/30/27
夫讎劫○	5.15/51/5	公孫寧、儀行○皆奔楚	7.9/69/13	而賞○〔粟〕三十鍾	3.14/31/7
妾○衍幸得充城郭爲公		○母無聊	7.11/71/10	君子謂魏○知禮	3.14/31/8
民	6.4/53/25	武靈王自號主○	7.13/72/8	魏○聰達	3.14/31/13
殺婧之○	6.4/54/1	主○從旁觀窺羣臣宗室		○款王門	3.14/31/13
遂免○亡	6.4/54/13	〔之禮〕	7.13/72/9	是○妻之義也	5.3/42/29
妾○聞主君來渡不測之		主○遊沙丘宮	7.13/72/11	妾聞信者不○其心	5.4/43/24
水	6.7/56/2	章走主○	7.13/72/11	妾何○哉	6.8/57/2

考烈王弟公子○錢之徒

　聞知幽王非考烈王子　7.14/73/6

而立○錢爲王　7.14/73/7

婦 fù　141

思盡○道　1.1/1/11
古者○人妊子　1.6/4/6
以進○道　1.6/4/13
其○無子　1.7/5/8
定姜歸其○　1.7/5/9
遂○作詩　1.7/6/1
傅母見其○道不正　1.8/6/7
其○袒而在內　1.9/7/5
○辭孟母而求去　1.9/7/5
妾聞夫○之道　1.9/7/6
○人之義　1.9/7/7,1.12/10/17
　4.2/33/1,4.2/33/3
遂留其○　1.9/7/9
夫○人之禮　1.9/7/14,6.7/56/14
以言○人無擅制之義　1.9/7/16
君子謂孟母知○道　1.9/7/18
命○成絺服　1.10/8/25
季氏之○不淫矣　1.10/9/2
○無公事　1.10/9/2
言○人以織績爲公事者
　也　1.10/9/2
二三○之厚共祀先祀者　1.10/9/8
女知莫如○　1.10/9/9
公父氏之○知矣　1.10/9/10
季氏之○可謂知禮矣　1.10/9/11
○人治其職焉　1.10/9/15
又召諸○曰　1.12/10/19
○人有三從之義　1.12/10/19
以備○人出入之制　1.12/10/20
諸○其慎房戶之守　1.12/10/21
與諸○孺子期夕而反　1.12/10/25
○人未嫁　1.12/10/28
夫○人以色親　2.1/13/1
○人一醮不改　2.7/16/21
且○人有七見去　2.7/16/24
稱引○道　2.7/17/1
以叔隗爲內○　2.8/17/14
○曰　2.9/17/28,5.9/47/1
○乃與少子歸　2.9/18/3
而有斯○　2.11/19/13
號曰命○　2.12/19/23

命○窺其夫爲相御　2.12/19/23
顯其妻以爲命○　2.12/20/2
君子謂命○知善　2.12/20/2
○人之事　3.12/29/17
其鄰人○從之遊　3.13/30/4
鄰○笑曰　3.13/30/6
○人何與焉　3.13/30/6
○人獨安所避乎　3.13/30/10
○人無與者　3.13/30/10
鄰○謝曰　3.13/30/11
○人轉輸　3.13/30/12
曲沃之老○也　3.14/30/26
○人脆于志　3.14/30/27
君臣、父子、夫○　3.14/31/4
以爲夫○者　4.1/32/11
君子以爲得○道之儀　4.1/32/16
當行夫○之道　4.2/32/27
以爲○人以貞爲行者也　4.2/33/4
伯姬之○道盡矣　4.2/33/4
○人不得傅母　4.2/33/6
況于夫○之道乎　4.4/34/3
夫○之道　4.5/34/15,4.9/36/28
○人之道　4.5/34/16
吾何可以離于○道乎　4.5/34/16
不遑○道以俟君命　4.5/34/17
而後行夫○之道　4.6/35/5
○人出必輜軿　4.6/35/11
夫○人必有所倚者也　4.8/36/12
君子謂貞姜有○節　4.10/37/22
寡○念此兮　4.13/39/15
梁之寡○也　4.14/39/27
妾聞○人之義　4.14/40/1
孝○者　4.15/40/14
陳之少寡○也　4.15/40/14
囑孝○曰　4.15/40/14
○應曰　4.15/40/16
○養姑不衰　4.15/40/16
孝○曰　4.15/40/17,4.15/40/20
夫爲人　4.15/40/21
號曰孝○　4.15/40/25,4.15/41/2
君子謂孝○備于○道　4.15/40/25
孝○處陳　4.15/41/1
妾聞○人以端正和顏爲
　容　5.2/42/1
吾聞○人之事　5.2/42/7
君子謂懷嬴善處夫之
　間　5.3/42/30

○人以死彰君之善　5.4/43/17
魯野之○人也　5.6/44/28
望見一○人抱一兒、攜
　一兒而行　5.6/44/28
○人遂行不顧　5.6/44/29
○人乃還　5.6/45/1
○人曰　5.6/45/4,5.9/46/28
　5.12/49/1,6.5/54/18
山澤之○人耳　5.6/45/7
賜○人束帛百端　5.6/45/9
雖在匹○　5.6/45/9
號○爲義　5.6/45/15
○人執義無二夫　5.7/45/23
君子謂趙夫人善處夫○
　之間　5.7/45/25
潔○者　5.9/46/25
見路傍○人採桑　5.9/46/25
○人採桑不輟　5.9/46/27
〔母〕使人喚○　5.9/46/30
今也乃悅路傍○人　5.9/47/1
潔○精于善　5.9/47/5
秋胡子○之謂也　5.9/47/6
梁之○人也　5.12/48/29
○人將自趣火　5.12/48/30
有一○人乘車與大夫
　〔遇〕　6.5/54/17
斯○人達于人情而知禮　6.6/55/20
義不與○人同舟而渡也　6.7/56/8
乃言不通則老○死而已　6.8/56/27
妾聞寡○哭城　6.9/57/25
而務衆○　6.10/58/23
齊相○死　6.12/60/11
齊東海上貧○人也　6.14/62/6
與鄰○李吾之屬會燭相
　從夜績　6.14/62/6
○人以辭不見棄于鄰　6.14/62/11
淫于○人　7.1/63/18
懿厥哲○　7.1/63/25
而用○言　7.2/64/9
王使○人裸而謋之　7.3/64/25
○人無大故　7.5/66/7
生自○人　7.5/66/9
公使大夫宗〔○〕用幣
　見　7.6/66/20
○贄　7.6/66/20
今○贄用幣　7.6/66/21
○有長舌　7.7/68/5

哲○傾城	7.7/68/5	**復 fù**	53	與之語	6.9/57/23
今我○人而與于亂	7.8/68/22	象○與父母謀	1.1/1/13	不○重陳	6.9/57/29
天下多美○女	7.9/69/17	乃○收恤	1.2/2/10	左右○于王	6.12/60/12
時維○寺	7.10/70/9	定公遂○之	1.7/5/14	楚國○强	6.13/61/26
		獻公○得反國	1.7/5/22	遂○與夜	6.14/62/11
副 fù	1	○徙舍學宮之傍	1.9/6/25	妾傷夫死者不可○生	6.15/62/24
		夕而習○	1.10/8/23	刑者不可○屬	6.15/62/24
情貌相○	1.14/12/3	魯大夫辭而○之	1.10/9/5	雖〔○〕欲改過自新	6.15/62/25
		不敢○反	1.12/10/26	蓋老而○壯者	7.9/69/7
傅 fù	31	○其家	1.13/11/18	靈公與佐盟而○之	7.10/70/8
		○其相位	1.14/12/7	高、鮑皆○	7.10/70/9
○母者	1.8/6/6	遂○姜后而勤于政事	2.1/12/27	四年而出公○入	7.12/71/22
齊女之○母也	1.8/6/6	終以全身○禮	2.9/18/4		
○母見其婦道不正	1.8/6/7	○歸養姑	2.9/18/9	**富 fù**	11
君子善○母之防未然也	1.8/6/11	王○曰	2.14/21/6		
齊女○母	1.8/6/18	吾恐他人○見之	3.5/24/22	○有四海之內	1.6/4/18
使其○母通言于王曰	2.1/12/24	過闕○有聲	3.7/25/22	○貴而不顧	2.8/17/10
非特師○、朋友相與切		今衛○有與之齊者	3.7/25/28	家○三倍	2.9/17/26, 2.9/18/9
磋也	2.12/20/3	子皮不○言也	3.12/29/14	家貧國○	2.9/17/29
女因其○母而言曰	3.3/23/16	還○命	4.2/32/28	貪○務大	2.9/17/29
高厚爲○	3.8/26/15	財物猶可○	4.2/33/5	家○國貧	2.9/18/1
保○不俱	4.2/33/1	以爲仁失可○以義	4.9/36/30	是有餘○也	2.11/19/11
待保○來也	4.2/33/2	義失可○以禮	4.9/36/30	不忻忻于○貴	2.11/19/12
○母未至也	4.2/33/2	昭王乃○矣	4.9/37/5	夫○貴者	2.13/20/17
○母不至	4.2/33/3	遂不敢○求	4.13/39/16	寡人不爲其○貴而不行	
婦人不得○母	4.2/33/6	乃○其身	4.14/40/4	法焉	6.2/52/10
保○不備	4.2/33/11	○之終身	4.15/40/25		
其○母閔夫人賢	4.5/34/14	子督○不顧	5.2/41/29	**腹 fù**	2
○母勸去	4.5/34/22	乃○謂越姬	5.4/43/12		
而使○母應使者曰	4.6/35/6	及君王○于禮	5.4/43/22	蔦（眉）〔肩〕而牛○	
則從○母保阿	4.6/35/7	火盛不得○入	5.12/48/30		3.10/28/12
○母救之	4.6/35/10	吾欲○投吾子	5.12/49/2	后有考烈王遺○子猶立	7.14/73/5
○母曰	4.6/35/10	初○取之	5.13/49/19		
衛宗室靈王之夫人（而）		何面目以生而戴天（○）		**賦 fù**	2
及其○妾也	4.12/38/20	〔履〕地乎	5.14/50/12		
○妾有子	4.12/38/21	又終不○嫁矣	5.14/50/13	乃○詩曰	1.7/5/9
○妾事夫人	4.12/38/21	令縣○其三子而表其墓		社而○事	1.10/8/26
夫人謂○妾曰	4.12/38/22		5.14/50/14		
○妾泣而對曰	4.12/38/24	君子謂友（姊）〔娣〕		**鮒 fù**	3
○妾退而謂其子曰	4.12/38/29	善○兄讎	5.14/50/15		
遂許○（妻）〔妾〕留	4.12/39/1	欲○兄讎	5.14/50/20	叔魚名○	3.10/27/22
○以燕牛之角	6.3/53/6	後不○重	6/51/10	爲胕與○亨之	3.10/27/25
太○里克曰	7.7/67/26	乃○召江乙而用之	6.2/52/20	今胕與○	3.10/27/26
公遂殺少○杜原款	7.7/68/2	王○用乙	6.2/52/25		
		私○我心	6.6/55/15	**覆 fù**	13
		不意大王乃○見〔而〕			
				後伐平林者咸（麃）	

〔薦〕之○之	1.2/1/31
鳥獸○翼	1.2/2/10
○以布被	2.11/19/4
○頭則足見	2.11/19/5
○足則頭見	2.11/19/5
括死軍○	3.15/31/25
知其○軍	3.15/32/1
因陽僵○酒	5.10/47/19
柳下○寒女不爲亂	6.9/57/23
卒見○冒	6.9/57/25
則屋幾○矣	6.12/60/17
○酒于地	7.7/67/23
國家所以○而不安也	7.15/73/18

改 gǎi　　23

遂○館晉君	2.4/14/26
王○過	2.5/15/12
婦人一醮不○	2.7/16/21
知其不○	2.9/18/9
請自○	2.12/19/27
于是晏子賢其能納善自○	2.12/20/1
夫○易行	2.12/20/8
不爲賤而○行	2.13/20/18
其母將○嫁之	4.4/33/30
終身不○	4.4/34/1, 4.13/39/17
不○其意	4.4/34/1
不○故節	4.12/38/24
一往而不○	4.14/40/1
一醮不○	4.15/41/1
終而能○	5.4/43/14
將○斯樂而勤於政也	5.4/43/15
子○娶矣	5.9/47/4
禍亂且成而王不○也	6.13/61/18
使王不○	6.13/61/20
雖〔復〕欲○過自新	6.15/62/25
或欲○行爲善	6.15/62/29
請○心事吾子	7.11/70/24

蓋 gài　　22

○母有力	1.3/2/27
○太姜淵智非常	1.6/4/1
○十子之中	1.6/4/21
○由斯起	1.6/5/3
○不客宿	1.9/7/7

○與其鄰人陳素所與大夫言	2.6/16/4
○不得已也	2.6/16/9
○傷之也	2.8/17/12
衣不○形	2.11/19/8
擁大○	2.12/19/23
莞蒻爲○	2.14/21/17
○之偏將丘子之妻也	5.5/44/6
戎伐○	5.5/44/6
令于○群臣曰	5.5/44/6
○小戎大	5.5/44/9
而使別治○	5.5/44/18
君子謂○將之妻潔而好義	5.5/44/18
○將之妻	5.5/44/23
戎既滅○	5.5/44/23
此○射之道也	6.3/53/9
○聞有虞之時	6.15/62/26
○老而復壯者	7.9/69/7

干 gān　　5

懼○季孫之怒	1.10/8/15
妾豈貪貨而〔失〕〔○〕大王哉	6.2/52/19
而欲○萬乘之主	6.10/58/17
○說齊宣	6.10/59/6
比○諫曰	7.2/64/8

甘 gān　　5

○不踰嗌	1.11/10/4
○天下之淡味	2.11/19/11
安賤○淡	2.11/19/18
〔所〕○不過一肉	2.15/21/26
盜言孔○	7.14/73/7

玕 gān　　1

琅○籠疏	6.10/58/24

竿 gān　　1

以緹○爲幟	6.13/61/11

敢 gǎn　　39

孫文子自是不○舍其重器于衛	1.7/5/17
誰○淫心舍力	1.10/8/27
皆非吾所○言也	1.10/9/16
不○復反	1.12/10/26
○請婢子之罪	2.1/12/26
趙衰辭而不○	2.8/17/9
令兵士無○入	3.4/24/9
不○食也	3.10/27/28
叔向懼而不○娶	3.10/28/7
而齊、楚、强秦不○加兵焉	3.14/31/8
吏無○仰視之者	3.15/31/21
○再拜大夫之辱	4.2/32/30
非所○受命也	4.6/35/8
非所○久居也	4.6/35/9
避不○當	4.8/36/20
不○承命	4.9/37/3
妾不○從使者行	4.10/37/18
妾豈○以小貴之故	4.12/38/27
遂不○復求	4.13/39/16
其父母懼而不○嫁也	4.15/40/23
誠信勇○	5/41/6
吾不○泄言	5.3/42/30
亦不○從也	5.3/42/30
妾不○聞命	5.4/43/17
是以不○許	5.4/43/21
○有自殺者	5.5/44/6
吾不○怨	5.7/45/24
吾不○留汝	5.14/50/10
不○見季兒	5.14/50/12
不○不許	5.15/51/5
○問國家之事耶	6.1/51/18
不○談語	6.5/55/3
非○以當子之身也	6.6/55/18
何○受子	6.6/55/19
不○聞命	6.7/56/14
不○飾非	6.9/58/1
莫之○發也	7.3/64/24
臣不○聞命	7.11/70/25
侍臣不○聞命	7.11/70/26

感 gǎn　　10

必愼所○	1.6/4/9

○于善則善	1.6/4/9	主父○其義	5.10/47/22	使者馳以○公	4.6/35/9
○于惡則惡	1.6/4/9	行之○者也	5.15/50/31	○以夫人之尊	5.2/42/2
皆其母○于物	1.6/4/9	而畏○明	6.5/54/21	不○所從	5.3/43/3
悲心○慟	1.7/5/9	造爲○臺深池	6.11/59/25	具以○主父	5.10/47/20
女遂○而自修	1.8/6/11	○天下以聲	7.2/64/4	故臣以○秦軍	5.11/48/15
哀○傍人	5.13/49/27	晉人殺懷公于○梁	7.7/68/4	梁國豈可戶○人曉也	5.12/49/1
○動城市	6.9/57/26	○子、鮑子處內守	7.10/70/5	乃以○季兒	5.14/50/7
閔王大○	6.11/59/28	○、鮑將不內君	7.10/70/6	季兒乃○其大女曰	5.14/50/12
乃○聖意	6.15/63/8	刖鮑牽而逐○子、國佐	7.10/70/7	父呼其女○之	5.15/50/26
		○、鮑皆復	7.10/70/9	乃○其夫	5.15/50/28
幹 gàn	**5**	譖愬○、鮑	7.10/70/14	奔○晏子	6.4/54/12
				子貢以○孔子	6.6/55/20
人之○也	4.15/40/18	**罩 gāo**	**1**	○曰	6.11/59/19
其○生于太山之阿	6.3/53/6			以○太子曰	7.4/65/21
陳其○材	6.3/53/15	○子生五歲而贊禹	6.1/51/21	文姜以○襄公	7.5/66/8
摧○拉胸	7.5/66/14			驪姬乃使人以公命○太	
貞、事之○也	7.8/68/22	**膏 gāo**	**1**	子曰	7.7/67/21
				姜○公	7.8/68/17
綱 gāng	**4**	○銅柱	7.2/64/8	二人以○靈公	7.9/69/10
				以○國佐	7.10/70/4
知世紀○	2/12/18	**稾 gǎo**	**1**	以○孟子曰	7.10/70/4
天下之大○紀也	3.14/31/4			○有疾	7.11/70/21
棄○紀之大	3.14/31/5	枕墼席○	2.11/19/4	以○慶封	7.11/70/30
陳列紀○	3.14/31/13			良夫喜以○姬	7.12/71/19
		告 gào	**43**		
高 gāo	**32**			**戈 gē**	**3**
		舜歸○二女曰	1.1/1/11		
砥厲女之心以○節	1.8/6/10	舜乃○二女	1.1/1/13	公子以○逐舅犯	2.3/14/6
○其義	1.13/11/17	舜○二女	1.1/1/14	紂師倒○	7.2/64/11
今妾望君舉趾○	2.2/13/14	使祝宗○亡	1.7/5/19	姬杖○先太子與五介胄	
○山仰止	2.12/20/3	且○無罪於廟	1.7/5/19	之士	7.12/71/20
舉趾○	3.2/22/25	有罪若何○無罪也	1.7/5/20		
天之處○而聽卑	3.5/24/23	○亡而已	1.7/5/21	**割 gē**	**3**
○厚爲傅	3.8/26/15	無○無罪	1.7/5/21		
○厚欲迎牙	3.8/26/15	何以○之	1.9/7/4	○不正不食	1.6/4/7
崔杼立光而殺○厚	3.8/26/15	樂師擊鼓以○旦	2.1/12/29	士庶人外淫者宮○	4.9/36/30
又皆通于齊○子、國子	3.9/26/28	姜○姜氏	2.3/14/1	乃援鏡持刀以○其鼻	4.14/40/2
君子謂臧孫母識○見遠	3.9/27/12	且○穆公曰	2.4/14/24		
○行者	4.14/39/27	王以姬〔之〕言○虞丘		**歌 gē**	**10**
○行曰	4.14/39/28	子	2.5/15/19		
○其行	4.14/40/4，5.8/46/15	王以○夫人鄧曼	3.2/22/25	作○明己之不更二也	4.13/39/13
尊其號曰○行	4.14/40/4	○鄧曼曰	3.2/23/2	其○曰	4.13/39/13
君子謂○行節禮專精	4.14/40/5	赴○大國	3.3/23/18	我○且謠	4.13/39/17
○行處梁	4.14/40/9	是善○妻善養母也	3.9/27/9	作○自明	4.13/39/22
君子○之	4.14/40/9	歸以○母	3.11/29/2	甯戚擊牛角而（南）	
漢孝文皇帝○其義	4.15/40/24	宋人○魯	4.2/32/28	〔商〕○甚悲	6.1/51/16
魯人○之	5.1/41/17	使人○女	4.3/33/18	屠牛于朝○市	6.1/51/20

爲簡子發《河激》之○	6.7/56/11
來遊來○	6.7/56/16
擁柱而○	7.11/70/24
王嘗夢見處女鼓瑟而○	
曰	7.13/72/4

格 gé　　　　3

○其出入	1.1/1/13
手○猛獸	7.2/64/3
紂乃爲炮（烙）〔○〕	
之法	7.2/64/7

葛 gé　　　　1

莫莫○纍	4.9/37/6

各 gè　　　　5

○成於禮義	1.13/11/19
執心○異	3.15/31/23
陰令宰人○以一斗擊殺	
代王及從者	5.7/45/21
○（有）〔自〕伏惌	5.13/50/1
彼亦○貴其〔故〕所親	
	7.14/72/26

根 gēn　　　　1

君之○本	2.4/14/21

艮 gèn　　　　2

遇《○》之六	7.8/68/19
是謂《○》之《隨》	7.8/68/20

更 gēng　　　　12

○國邰地	1.2/2/2
吾爲子○慮	2.14/21/10
終不○二	4/32/6
○取安車	4.6/35/10
終不以身○貳醮	4.7/35/24
吾豈能○二哉	4.8/36/14
作歌明己之不○二也	4.13/39/13
又○召而問之	6.10/58/20
則變容○服	6.11/59/18

○以崔杼爲大夫	7.10/70/7
將〔○〕立兄弟	7.14/72/25
即楚○立君後	7.14/72/26

耕 gēng　　　　4

昔舜○于歷山	2.6/16/4
接輿躬○以爲食	2.13/20/13
躬○以爲食	2.13/20/18
○於蒙山之陽	2.14/21/3

工 gōng　　　　4

夜儆百○	1.10/8/21
弓○妻者	6.3/52/30
君子謂弓○妻可與處難	6.3/53/10
公怒弓○	6.3/53/15

弓 gōng　　　　12

軍士引○將射之	5.6/45/1
○工妻者	6.3/52/30
使其夫爲○	6.3/52/30
平公引○而射	6.3/52/30
將殺○人	6.3/53/1
○人之妻請見曰	6.3/53/1
○人之妻也	6.3/53/1
今妾之夫治造此○	6.3/53/5
君子謂○工妻可與處難	6.3/53/10
敦（于）〔○〕既堅	6.3/53/10
晉平作○	6.3/53/15
公怒○工	6.3/53/15

公 gōng　　　　380

古○亶父	1.6/3/29
次則周○旦	1.6/4/15
卒成武王、周○之德	1.6/4/17
周○成文武之德	1.6/4/19
上祀先○	1.6/4/19
惟武王、周○成聖	1.6/4/22
衛定○之夫人	1.7/5/8
○子之母也	1.7/5/8
○子既娶而死	1.7/5/8
定○惡孫林父	1.7/5/11
定○欲辭	1.7/5/12
定○遂復之	1.7/5/14

定○卒	1.7/5/15
是爲獻○	1.7/5/15
獻○居喪而慢	1.7/5/15
見獻○之不哀也	1.7/5/16
獻○弟子鮮也	1.7/5/18
後獻○暴虐	1.7/5/18
且○之行	1.7/5/20
獻○復得反國	1.7/5/22
數諫獻○	1.7/6/1
女爲衛莊○夫人	1.8/6/6
譚○維私	1.8/6/10
姆戴嬀之子桓○	1.8/6/12
○子州吁	1.8/6/12
莊○弗禁	1.8/6/13
後州吁果殺桓○	1.8/6/13
魯大夫○父穆伯之妻	1.10/7/27
桓○坐友三人	1.10/8/3
周○一食而三吐哺	1.10/8/3
摘可以爲三○	1.10/8/14
與三○九卿組織施德	1.10/8/18
○侯之夫人加之以紘、	
綖	1.10/8/24
婦無○事	1.10/9/2
言婦人以織績爲○事者	
也	1.10/9/2
○父氏之婦知矣	1.10/9/10
言于穆○	1.12/10/27
〔穆○〕賜母尊號曰母	
師	1.12/10/27
廉潔○正	1.14/12/5
而以○金賜母	1.14/12/7
齊桓○之夫人也	2.2/13/10
桓○好淫樂	2.2/13/10
桓○用管仲、甯戚	2.2/13/10
桓○與管仲謀伐衛	2.2/13/11
衛姬望見桓○	2.2/13/12
桓○曰　2.2/13/12,2.2/13/16
桓○許諾	2.2/13/15
○好淫樂	2.2/13/23
桓○加焉	2.2/13/23
齊桓○之宗女	2.3/13/28
晉文○之夫人也	2.3/13/28
文○父獻○納驪姬	2.3/13/28
文○號○子重耳	2.3/13/29
齊桓○以宗女妻之	2.3/13/29
子犯知文○之安齊也	2.3/13/30
而言于○子曰	2.3/14/1

○子必從	2.3/14/2	密康○之母	3.1/22/11	嫁伯姬于宋恭○	4.2/32/26
○子曰	2.3/14/3	康○從	3.1/22/11	恭○不親迎	4.2/32/26
○子必有晉	2.3/14/5	○行下衆	3.1/22/12,3.1/22/19	伯姬以恭○不親迎	4.2/32/27
○子不聽	2.3/14/5,2.3/14/14	康○不獻	3.1/22/14	○享之	4.2/32/28
○子以戈逐舅犯	2.3/14/6	非刺康○	3.1/22/19	伯姬既嫁于恭○	4.2/32/30
秦穆○乃以兵內之于晉	2.3/14/8	衛懿○之女	3.3/23/15	恭○卒	4.2/32/30
晉人殺懷○而立○子重		許穆○之夫人也	3.3/23/15	至景○時	4.2/32/30
耳	2.3/14/8	懿○將與許	3.3/23/15	○薨不反	4.3/33/25
是爲文○	2.3/14/8,7.7/68/5	晉○子重耳亡	3.4/24/3	黎莊○之夫人也	4.5/34/13
齊姜○正	2.3/14/14	恭○不禮焉	3.4/24/3	○反不納	4.5/34/14
秦穆○之夫人	2.4/14/19	吾觀晉○子〔賢人也〕	3.4/24/4	莊○不偶	4.5/34/22
晉獻○之女	2.4/14/19	○子受飱反璧	3.4/24/9	齊孝○之夫人也	4.6/34/27
與惠○異母	2.4/14/19	及○子反國	3.4/24/9	孝○聞之	4.6/34/28
獻○殺太子申生	2.4/14/20	見晉○子	3.4/24/15	孝○親迎孟姬於其父母	4.6/35/4
逐群○子	2.4/14/20	衛靈○之夫人也	3.7/25/22	○遊于琅邪	4.6/35/5
惠○號○子夷吾	2.4/14/20	靈○與夫人夜坐	3.7/25/22	孝○使駟馬立車載姬以	
及獻○卒	2.4/14/20	○問夫人曰	3.7/25/22	歸	4.6/35/6
穆姬使納群○子曰	2.4/14/21	下○門	3.7/25/24	使者馳以告○	4.6/35/9
○族者	2.4/14/21	○使視之	3.7/25/26	執節甚○	4.6/35/17
惠○不用	2.4/14/21	○反之	3.7/25/26	莊○襲莒	4.8/36/8
秦穆○曰	2.4/14/22	再拜賀○	3.7/25/27	莊○歸	4.8/36/8
乃與太子罃、○子弘、		○驚曰	3.7/25/28	于是莊○乃還車	4.8/36/10
與簡璧	2.4/14/23	齊靈○之夫人也	3.8/26/10	秦穆○之女	4.9/36/25,5.3/42/25
且告穆○曰	2.4/14/24	靈○娶于魯	3.8/26/10	○侯者	4.9/36/27
○懼	2.4/14/25	夫人仲子與其娣戎子		○侯之所絕	4.9/37/1
○曰	2.4/14/26	〔皆〕嬖于○	3.8/26/11	楚白○勝之妻也	4.11/38/3
	3.7/25/23,3.7/25/27	○許之	3.8/26/11	白○死	4.11/38/3
	3.9/27/7,7.7/67/15	〔○曰〕	3.8/26/13	白○生之時	4.11/38/5
	7.7/67/20,7.11/70/23	○終不聽	3.8/26/14	白○不幸而死	4.11/38/5
是爲晉文○	2.4/14/27	靈○疾	3.8/26/15	白○之妻	4.11/38/15
穆○義之	2.4/15/6	及○薨	3.8/26/15	〔○〕不幸早終	4.12/38/25
妾不能以私蔽○	2.5/15/17	靈○立牙	3.8/26/21	魯孝○稱之保母	5.1/41/11
宋○聞之	2.7/16/27	○既不聽	3.8/26/21	孝○父武○與其二子長	
宋○賢之	2.7/17/1	文仲陰使人遺○書	3.9/27/2	子括、中子戲朝周宣	
晉文○之女也	2.8/17/6	○及大夫相與議之	3.9/27/4	王	5.1/41/11
文○爲○子時	2.8/17/6	叔向欲娶于申○巫臣氏		武○薨	5.1/41/12
狄人入其二女叔（隈）		夏姬之女	3.10/27/30	是爲懿○	5.1/41/12
〔隗〕、季隈于○子	2.8/17/6	平○强使娶之	3.10/28/7	孝○時號○子稱	5.1/41/12
○以叔（隈）〔隗〕妻		魯○乘姒者	3.12/29/13	養○子稱	5.1/41/13
趙衰	2.8/17/7	魯○乘子皮之姒也	3.12/29/13	攻殺懿○而自立	5.1/41/13
文○以其女趙姬妻趙衰	2.8/17/8	君子謂○乘姒緣事而知		求○子稱于宮	5.1/41/13
請以姬之中子屏括爲○		弟之遇禍也	3.12/29/20	是爲孝○	5.1/41/17
族大夫	2.8/17/14	當穆○時	3.13/30/3	孝○乳保	5.1/41/22
成○許之	2.8/17/15	秦立魏○子政爲魏太子		逃匿孝○	5.1/41/22
屏括遂以其族爲○族大			3.14/30/22	王將立○子（商）〔商〕	
夫	2.8/17/15	魯宣○之女	4.2/32/26	臣以爲太子	5.2/42/3
升諸景○以爲大夫	2.12/20/2	成○之妹也	4.2/32/26	後王又欲立○子職	5.2/42/10

晉惠○太子之妃也	5.3/42/25	○遂釋之	6.3/53/15	子牙	7.6/66/23
穆○以嬴妻之	5.3/42/25	景○有所愛槐	6.4/53/20	莊○薨	7.6/66/23
○義也　　5.5/44/15,5.6/45/4		景○聞之曰	6.4/53/21	是爲閔○	7.6/66/24
棄忠臣之○道	5.5/44/16	姜父衍幸得充城郭爲○		閔○既立	7.6/66/24
夫背○義而嚮私愛	5.6/45/4	民	6.4/53/25	又與慶父謀殺閔○	7.6/66/25
不以私害○	5.6/45/8	又不以私恚害○法	6.4/53/27	遂使卜齮襲弒閔○于武	
○正誠信	5.6/45/9	宋景○之時	6.4/53/28	闈	7.6/66/25
是以私愛廢○義也	5.8/46/13	景○乃降堂	6.4/53/29	齊桓○立僖○	7.6/66/26
○正知禮	5.8/46/20	謂景○曰	6.4/54/3	晉獻○之夫人也	7.7/67/6
魏○子之乳母	5.11/48/6	○曰	6.4/54/6	獻○娶于齊	7.7/67/6
誅諸○子	5.11/48/6	景○即時命罷守槐之役	6.4/54/6	生○子重耳、夷吾	7.7/67/7
而一○子不得	5.11/48/7	景○愛槐	6.4/54/12	獻○伐驪戎	7.7/67/7
〔有〕得○子者	5.11/48/7	景○將殺	6.4/54/12	驪姬變于獻○	7.7/67/8
節乳母與○子俱逃	5.11/48/7	鄭簡○使大夫聘于荊	6.5/54/17	○乃立驪姬以爲夫人	7.7/67/8
吾柰○子何	5.11/48/8	四辟○門　6.10/58/30,6.10/59/6		逐太子與二○子而可問	
今○子安在	5.11/48/9	齊桓○尊九九之人	6.12/60/24	也	7.7/67/9
有能得○子者	5.11/48/9	葉○好龍	6.12/60/25	于是驪姬乃說○曰	7.7/67/9
我不知○子之處	5.11/48/11	漢太倉令淳于○之少女		二○子主蒲與二屈	7.7/67/11
我聞○子與乳母俱逃	5.11/48/11	也	6.15/62/21	○問其故	7.7/67/13
妾不能生而令○子擒也		淳于○無男	6.15/62/21	自吾先君武○兼翼	7.7/67/18
	5.11/48/14	淳于○有罪當刑	6.15/62/22	○懼曰	7.7/67/19
遂抱○子逃于深澤之中		○罵其女曰	6.15/62/22	驪姬乃使人以○命告太	
	5.11/48/15	淳于○遂得免焉	6.15/63/2	子曰	7.7/67/21
乳母以身爲○子蔽	5.11/48/15	衛宣○之夫人也	7.4/65/18	○田不在	7.7/67/22
與○子俱死	5.11/48/16	宣○夫人夷姜生伋子	7.4/65/18	○至	7.7/67/23
○子乳母	5.11/48/24	○使伋子之齊	7.4/65/19	獻○使人謂太子曰	7.7/67/26
開意甚○	6/51/11	宣○薨	7.4/65/24	○遂殺少傅杜原款	7.7/68/2
甯戚欲見桓○	6.1/51/15	是爲惠○　7.4/65/24,7.7/68/4		盡逐群○子	7.7/68/2
桓○因出	6.1/51/16	至戴○而後寧	7.4/65/24	獻○卒	7.7/68/3
桓○異之	6.1/51/16	魯桓○之夫人也	7.5/66/5	惠○死	7.7/68/4
昔者太○望年七十	6.1/51/19	內亂其兄齊襄○	7.5/66/5	是爲懷○	7.7/68/4
湯立以爲三○	6.1/51/21	桓○將伐鄭	7.5/66/5	晉人殺懷○于高梁	7.7/68/4
昔日○使我迎甯戚	6.1/51/23	納厲	7.5/66/5	○子出奔	7.7/68/10
以報桓○	6.1/51/26	桓○不聽	7.5/66/7	魯宣○之夫人	7.8/68/15
桓○乃修官職	6.1/51/26	文姜與襄○通	7.5/66/7	成○母也	7.8/68/15
管嘉報○	6.1/52/3	桓○怒	7.5/66/7	成○幼	7.8/68/15
盜賊○行	6.2/52/13	文姜以告襄○	7.5/66/8	○出佐晉	7.8/68/17
當平○之時	6.3/52/30	襄○享桓○酒	7.5/66/8	姜告○	7.8/68/17
平○引弓而射	6.3/52/30	使○子彭生抱而乘之	7.5/66/8	○辭以晉難	7.8/68/17
平○怒	6.3/53/1	配魯桓○	7.5/66/14	○侯爭之	7.9/69/7
平○見之	6.3/53/2	莊○之夫人也	7.6/66/19	○孫寧、儀行父與陳靈	
君聞昔者○劉之行乎	6.3/53/2	○數如齊	7.6/66/19	○皆通于夏姬	7.9/69/8
秦穆○有盜食其駿馬之		○使大夫宗〔婦〕用幣		二人以告靈○	7.9/69/10
肉	6.3/53/3	見	7.6/66/20	靈○曰	7.9/69/10
平○以其言而射	6.3/53/9	○不聽	7.6/66/22	靈○與二子飲於夏氏	7.9/69/11
○怒弓工	6.3/53/15	又丹其父桓○廟宮之楹	7.6/66/22	○戲二子曰	7.9/69/11
妻往說○	6.3/53/15	通于二叔○子慶父、○		不若其似○也	7.9/69/12

靈○罷酒	7.9/69/12	聞知幽王非考烈王子 7.14/73/6		○執掃除	6.9/57/21
射殺靈○	7.9/69/13				
○孫寧、儀行父皆奔楚	7.9/69/13	**功 gōng**	13	**恭 gōng**	16
靈○太子午奔晉	7.9/69/13				
是爲成○	7.9/69/14	致其○業	1/1/3	猶謙謙○儉	1.1/1/11
申○巫臣諫曰	7.9/69/14	惟荒度土○	1.4/3/4	○而氣下	2.2/13/16
弒靈○	7.9/69/16	持禹之○而不殞	1.4/3/5	溫○朝夕	2.5/15/22
申○族分	7.9/69/26	致其○	1.5/3/15	君子謂趙姬○而有讓	2.8/17/16
靈○之夫人	7.10/70/3	卒致王○	1.5/3/16	溫溫○人	2.8/17/16
時國佐相靈○	7.10/70/5	烝而獻○	1.10/8/26	明言驕○	2.12/20/8
而欲立○子角	7.10/70/6	無○而食祿	1.14/12/8	○公不禮焉	3.4/24/3
○怒	7.10/70/7	獲晉君以○歸	2.4/14/26	且三代之亡、○太子之	
靈○與佐盟而復之	7.10/70/8	○業遂伯	2.5/15/27	廢	3.10/28/6
及靈○薨	7.10/70/8	無○而家昌	2.9/17/28	嫁伯姬于宋○公	4.2/32/26
棠○之妻	7.11/70/19	夫伐○施勞	3.11/29/2	○公不親迎	4.2/32/26
棠○死	7.11/70/19	然後能成其事、就其○		伯姬以○公不親迎	4.2/32/27
其室比于○宮	7.11/70/20		6.12/60/20	伯姬既嫁于○公	4.2/32/30
莊○通焉	7.11/70/20	終卒有○	6.13/62/1	○公卒	4.2/32/30
○以崔子之冠賜侍人	7.11/70/21			溫良○敬	5.11/48/18
○登臺以臨崔子之宮	7.11/70/21	**攻 gōng**	11	當○王之時	6.2/52/8
○下從之	7.11/70/22			及○王即位	7.9/69/19
○推之曰	7.11/70/22	子發○秦	1.11/9/27		
○恐	7.11/70/24	○伐之色	2.2/13/14	**躬 gōng**	4
○請于崔氏曰	7.11/70/24	其後翟人○衛	3.3/23/19		
○知有罪矣	7.11/70/24	齊、楚○之	3.13/30/11	○事叔隗	2.8/17/21
○又請于崔氏之宰曰	7.11/70/25	秦○趙	3.15/31/18	夫○仁義	2.12/19/28
○踰墻而逃	7.11/70/27	○殺懿公而自立	5.1/41/13	接輿○耕以爲食	2.13/20/13
崔氏射（中○）〔○中〕		是以戰勝○取	5.5/44/8	○耕以爲食	2.13/20/18
踵	7.11/70/27	齊○魯	5.6/44/28		
○反墜	7.11/70/27	齊君○魯	5.6/45/15	**宮 gōng**	48
遂弒○	7.11/70/27	秦○魏	5.11/48/6		
惑亂莊○	7.11/71/10	申侯乃與繒、西夷犬戎		後○有序	1.5/3/16
衛靈○之夫人	7.12/71/15	共○幽王	7.3/65/6	東○之妹	1.8/6/10
南子譖太子于靈○曰	7.12/71/16			東○得臣之妹也	1.8/6/12
靈○大怒蒯瞶	7.12/71/16	**肱 gōng**	1	復徙舍學○之傍	1.9/6/25
靈○薨	7.12/71/16			文伯飮南○敬叔酒	1.10/9/3
是爲出○	7.12/71/17	猶股○也	5.4/43/20	而自納之于後○	3.14/30/30
悝相出○	7.12/71/18			○夜失火	4.2/33/11
出○奔魯	7.12/71/21	**供 gōng**	8	無違○事	4.6/35/1
是爲莊○	7.12/71/21			遂納于○	4.6/35/5
莊○以戎州之亂又出奔		以○衣服	2.7/16/22	將妻其夫人而納之于○	4.7/35/22
	7.12/71/22	○養愈謹	4.12/38/21	吳王闔閭盡妻其後○	4.9/36/26
四年而出○復入	7.12/71/22	○養	4.12/38/27	士庶人外淫者○割	4.9/36/30
大夫殺孔悝之母而迎○		終年○養不衰	4.12/39/2	入厰○室	4.9/37/11
	7.12/71/22	○養如故	4.12/39/7	盡妻後○	4.9/37/11
至悼○而後定	7.12/71/23	以○衣食	5.9/46/28	王與○人約	4.10/37/17
考烈王弟○子負芻之徒		○具備禮	6.7/56/3	令召○人必以符	4.10/37/17

妾幸得充後○ 4.11/38/5
義保與其子俱入○ 5.1/41/13
求公子稱于○ 5.1/41/13
由魯○起 5.1/41/22
成王登臺臨後○ 5.2/41/27
○人皆傾觀 5.2/41/27
圍王○ 5.2/42/14
爲孺子室于○ 5.11/48/18
有入王○中盜者 6.2/52/8
有盜王○中之物者 6.2/52/15
極○室之觀 6.4/54/5
願（借）〔備〕後○之
　埽除 6.10/58/14
○中諸夫人皆掩口而笑
　6.11/59/21
後○衣不重采 6.11/59/24
後○蹈綺縠 6.11/59/26
出令卑○室 6.11/59/28
後○不得重采 6.11/59/28
○室相望 6.13/61/22
○垣衣繡 6.13/61/22
求美女積之於後○ 7.1/63/18
日夜與末喜及○女飲酒 7.1/63/19
積之于後○ 7.2/64/6
入後○ 7.3/64/26
○之童妾未毀〔齒〕而
　遭之 7.3/64/26
又丹其父桓公廟○之楹 7.6/66/22
魯（逐）〔遂〕擯繆姜
　于東○ 7.8/68/19
卒薨于東○ 7.8/68/25
其室比于公○ 7.11/70/20
公登臺以臨崔子之○ 7.11/70/21
主父遊沙丘○ 7.13/72/11
兌因圍主父○ 7.13/72/11
遂餓死沙丘○ 7.13/72/13

共 gòng　8
二三婦之辱○祀先祀者 1.10/9/8
周○王遊于涇上 3.1/22/11
食不○器 4.9/36/29
所與○殺吾兄者爲誰 5.14/50/8
匪其止○ 7.2/64/13
申侯乃與繒、西夷犬戎
　○攻幽王 7.3/65/6
于是諸侯乃即申侯而○

立故太子宜臼 7.3/65/8
○立嘉于代 7.15/73/23

貢 gòng　12
孔子謂子○曰 6.6/55/9
抽觸以授子○ 6.6/55/9
子○曰 6.6/55/10
（授）〔受〕子○觸 6.6/55/12
子○還報其辭 6.6/55/13
抽琴去其軫以授子○ 6.6/55/13
子○往曰 6.6/55/14, 6.6/55/17
子○以報孔子 6.6/55/16
抽絺紿五兩以授子○ 6.6/55/16
子○以告孔子 6.6/55/20
子○三反 6.6/55/25

勾 gōu　1
越王○踐之女 5.4/43/8

句 gōu　1
子不聞越王○踐之伐吳
　〔耶〕 1.11/10/1

溝 gōu　1
先狗馬塡○壑 4.14/39/28

狗 gǒu　2
先○馬塡溝壑 4.14/39/28
乳○搏人 5.11/48/19

苟 gǒu　12
不爲○得而受賞 1.9/7/12
不爲○得 1.14/12/2
夫○樂色 2.1/12/26
○非德義 3.10/28/7
不○觸情 3.12/29/21
勞辱而不○ 4.3/33/19
不爲○生 4.10/37/21
○忘義理 5.2/42/3
不聞其以○從其闍死爲
　榮 5.4/43/17

偷生○活 5.5/44/16
○父利而得寵 7.7/67/16
子○能內我于國 7.12/71/18

搆 gòu　1
今禍且○ 6.13/61/20

構 gòu　1
乃與壽弟朔謀○伋子 7.4/65/19

購 gòu　1
○其子孫 5.11/48/24

覯 gòu　1
莫予云○ 3.10/27/29

呱 gū　4
啓○○泣 1.4/3/3, 1.4/3/10

姑 gū　29
○母察此 1/1/4
三○之德 1.6/5/3
衛○定姜者 1.7/5/8
君子謂定姜爲慈○ 1.7/5/11
衛○定姜 1.7/6/1
君子謂孟母知禮而明於
　○母之道 1.9/7/9
養舅○ 1.9/7/14
養○甚謹 2.7/16/19
女宗養○愈敬 2.7/16/19
以事舅○ 2.7/16/22
事○愈謹 2.7/16/27
○怒曰 2.9/17/27
○怒 2.9/18/2
養○ 2.9/18/3
獨泣○怒 2.9/18/9
復歸養○ 2.9/18/9
○姊妹誡之門內 4.6/35/3
婦養○不衰 4.15/40/16
固養其舅○者也 4.15/40/21
遂使養其○ 4.15/40/23

○死	4.15/40/24	○有《白水》之詩	6.1/51/24	**轂 gǔ**		1
專心養○	4.15/41/1	且自○有之	6.9/57/28			
妾聞之諸○	5.4/43/16			○擊而折大夫車軸	6.5/54/18	
魯義○姊者	5.6/44/28	**谷 gǔ**		6		
號曰義○姊	5.6/45/9			**瞽 gǔ**		8
義○有節	5.6/45/15	莫敖自經荒○	3.2/22/29			
梁節○姊者	5.12/48/29	阿○處女者	6.6/55/8	父號○叟	1.1/1/8	
君子謂節○姊潔而不污	5.12/49/3	阿○之隧浣者也	6.6/55/8	承事○叟以孝	1.1/1/9	
梁節○姊	5.12/49/8	過阿○之隧	6.6/55/8	○叟與象謀殺舜	1.1/1/11	
		阿○之隧	6.6/55/11	○叟焚廩	1.1/1/12	
孤 gū		16	阿○之南	6.6/55/25	○叟又速舜飲酒	1.1/1/14
				事○叟猶若焉	1.1/1/18	
其父爲其○也	1.13/11/15	**股 gǔ**		1	○叟和寧	1.1/1/24
守國之○	2.14/21/6			夜則令○誦詩	1.6/4/8	
○之罪也	3.2/23/1	猶○肱也	5.4/43/20			
養幼○	4.13/39/12			**固 gù**		24
守養其○幼	4.14/39/29	**骨 gǔ**		1		
不忍幼弱之重○也	4.14/40/3				正直而○者	1.10/8/13
可以託六尺之○	5.1/41/17	則其○存焉	3.10/27/28	以德○	2.1/13/1	
蔡姬許從○死矣	5.4/43/12			心不○矣	3.2/22/25	
將相之於○	5.4/43/20	**賈 gǔ**		2	子之（仕）〔性〕○不	
是彰○之不德也	5.4/43/23			可易也	3.6/25/9	
夫人哀初之○	5.13/49/22	其嬉戲爲○人衒賣之事	1.9/6/24	夫人持○	4.7/36/3
○妾之身	6.4/54/1	使○華刺夷吾	7.7/68/2	○人倫之始	4.9/36/28
○逐女者	6.12/60/10			堅○專一	4.9/37/11	
逐女○無父母	6.12/60/10	**鼓 gǔ**		8	妻操○行	4.11/38/15
○無父母	6.12/60/12			○妾之職也	4.12/38/27	
齊○逐女	6.12/61/1	樂師擊○以告旦	2.1/12/29	執行咸○	4.12/39/7
		鐘○酒食之色	2.2/13/13	慈愛愈○	4.15/40/16
辜 gū		5	繁鐘○之樂	6.4/54/4	○養其舅姑者也	4.15/40/21
		並坐○瑟	6.12/60/27	寡君使婢子侍執巾櫛以	
遂○無罪	5.2/42/9	一○而牛飲者三千人	7.1/63/20	○子也	5.3/42/28
是誅無○也	5.8/46/7	幽王爲燧燧大○	7.3/65/4	昔斂邑寡君○以衆黎民	
豈欲殺不○者乎	6.3/53/3	聚衆鳴○	7.11/70/24	之役事君王之馬足	5.4/43/11
是殺不○也	6.7/56/5	王嘗夢見處女○瑟而歌		○願生俱樂	5.4/43/12
身又伏○	7.7/68/10	曰	7.13/72/4	吾○自殺也	5.5/44/10
				初○曰	5.13/49/21
古 gǔ		10	**穀 gǔ**		8	罪○當死	6.4/53/26
				陋○無心	6.6/55/15	
○公亶父	1.6/3/29	播時百○	1.2/2/3	義○不可以生	6.9/57/27
○者婦人妊子	1.6/4/6	君子有○	1.10/9/10	○寡人之所願也	6.10/58/19
○之制也	1.10/8/26	式○似之	1.11/10/7	○相去十百也	6.11/59/22
○訓是式	2.7/16/28	實○不華	3.6/25/6	○不須頃	6.12/60/26
○者諸侯之有女子也	3.3/23/16	○則異室	4.7/35/24	○在下位而有不仁	7.8/68/22
自○聖王	3.14/30/30	五○不滋之故	6.4/53/25		
自○寡同	4.6/35/18	不○將行	6.7/56/8		
脩先○之禮	4.12/38/29	昔者不○夢娶妻	6.7/56/13		

故 gù　99

不以天子之女○而驕盈	
怠嫚	1.1/1/10
○妊子之時	1.6/4/9
○形意肯之	1.6/4/10
○君子謂太姒仁明而有	
德	1.6/4/24
孟子懼而問其○	1.9/6/29
○有閨內之修	1.9/7/14
○年少則從乎父母	1.9/7/16
○能成王道	1.10/8/2
○能成伯業	1.10/8/3
○能存周室	1.10/8/4
○幅可以爲將	1.10/8/10
○畫可以爲正	1.10/8/10
○物可以爲都大夫	1.10/8/11
○長王天下	1.10/8/17
是○天子大采朝日	1.10/8/18
非有大○	1.12/10/18
吾不知其○	1.12/10/24
○止閫外	1.12/10/26
○遂而無患	1.14/12/5
吾與衛無○	2.2/13/12
○父母在	2.6/16/6
爲父母在○也	2.6/16/8
何○	2.7/16/20
好新而嫚○	2.8/17/9
○福結于子孫	2.9/17/29
○藏而遠害	2.9/17/30
先生以不斜之○	2.11/19/6
晏子怪而問其○	2.12/20/1
○賢人之所以成者	2.12/20/2
○臨武事	3.2/23/3
維是四方之○	3.3/23/17
母問其○	3.5/24/21
今無○而廢之	3.8/26/13
○知吾子拘而有木治矣	3.9/27/11
吾豈以欲嫁之○數子乎	
	3.12/29/17
是○必十五而筓	3.14/30/28
○爲萬物始	3.14/31/4
〔○卒不加誅〕	3.15/31/25
○嫁娶者	4.1/32/13
○舉而揚之	4.1/32/16
○不肯聽命	4.2/32/27
○相與聚會于澶淵	4.2/33/5

○舉而列之于《詩》也	4.3/33/21
彼無大○	4.4/34/3
微君之○	4.5/34/17
君子○序之以編《詩》	4.5/34/17
○序之于《詩》	4.7/35/27
思○忘新	4.7/36/3
不改○節	4.12/38/24
妾豈敢以小貴之○	4.12/38/27
供養如○	4.12/39/7
想其○雄	4.13/39/14
○（一）〔以〕婢子之	
身爲苞苴玩好	5.4/43/11
○士民盡力而不畏死	5.5/44/7
○能存國安君	5.5/44/8
○不得死	5.5/44/10
背○君而事强暴	5.5/44/13
今子以妻子之○	5.5/44/15
○棄妾之子	5.6/45/2
○忍棄子而行義	5.6/45/6
代無大○	5.7/45/23
○問母何所欲殺活	5.8/46/9
魏之○臣見乳母而識之	
曰	5.11/48/8
○臣曰	5.11/48/9
	5.11/48/11,5.11/48/12
豈可利賞畏誅之○	5.11/48/14
○臣以告秦軍	5.11/48/15
夫慈○能愛	5.11/48/19
吾請語子其○	6.1/51/23
是○憂之	6.1/51/24
是○使盜得盜妾之布	6.2/52/13
五穀不滋之○	6.4/53/25
欲〔以〕槐之○	6.4/54/1
○禱祠九江三淮之神	6.7/56/2
士長問其○	6.8/56/26
襄子問其○	6.8/56/27
○使至于反	6.8/56/30
○不見疑也	6.9/57/24
遂起兵收○侵地	6.9/57/30
○曰	6.10/58/27
○號曰宿瘤	6.11/59/11
宿瘤〔女〕採桑如○	6.11/59/12
于是如○隨使者	6.11/59/19
異類○也	6.12/60/14
○楚用虞丘子	6.12/60/23
○及三難	6.13/61/24
妾以貧、燭不屬之○	6.14/62/8

凡爲貧、燭不屬○也	6.14/62/9
〔○〕夫訓道不純	6.15/62/28
○號曰褎姒	7.3/65/1
○不笑	7.3/65/4
于是諸侯乃即申侯而共	
立○太子宜臼	7.3/65/8
婦人無大○	7.5/66/7
公問其○	7.7/67/13
無乃以國民之○	7.7/67/14
○謚曰繆	7.8/68/15
終○不可誣也	7.8/68/22
彼亦各貴其〔○〕所親	
	7.14/72/26

顧 gù　26

左右○	1.10/8/2,5.13/49/16
富貴而不○	2.8/17/10
不○後害	2.9/17/29
遂行不○	2.14/21/11
三○而出	4.6/35/4
自御輪三曲○姬與	4.6/35/4
遂死不○	4.7/36/3,5.11/48/24
子瞀直行不○	5.2/41/27
行者○	5.2/41/28
子瞀不○	5.2/41/28
○	5.2/41/28,5.2/41/29
子瞀復不○	5.2/41/29
子瞀遂〔行〕不○	5.2/41/29
一○可以得之	5.2/41/30
（可得）而遂不○	5.2/41/30
而妾○	5.2/42/1
不○	5.2/42/2
而後○	5.2/42/2
興于不○	5.2/42/20
乃○謂二姬曰	5.4/43/9
王○謂史	5.4/43/12
婦人遂行不○	5.6/44/29
此皆爲民而不○親	7.7/67/19

瓜 guā　1

| 經○田 | 6.9/57/24 |

寡 guǎ　48

| 以畜○人 | 1.7/5/11 |

今我○也	1.10/8/27	○人失之	6.11/59/17	畫衣○	6.15/62/26
魯九子之○母也	1.12/10/17	子何以戒○人	6.13/61/15	佩劍帶○	7.1/63/17
○人不德	2.1/12/27	○人恥焉	7.9/69/11	公以崔子之○賜侍人	7.11/70/21
○人雖愚	2.2/13/17	既○	7.15/73/17		
○人將以晉君見	2.4/14/23	在○人爲政	7.15/73/19	**棺** guān	1
○人愚陋	2.14/21/5				
子何以賀○人	3.7/25/27	**乖** guāi	2	妾〔宜以身薦其○槨〕	
○人不知也	3.14/31/7				4.14/39/29
伯姬○	4.2/32/30	行節（及）〔反〕○	4.5/34/22		
自古○同	4.6/35/18	百姓○離	7.3/65/6	**關** guān	9
守○紡績	4.11/38/15				
夫人無子而守○	4.12/38/21	**怪** guài	7	綜可以爲（開）〔○〕	
少○	4.13/39/12			內之師	1.10/8/12
黃鵠之早○兮	4.13/39/13	心○惡之	1.2/1/30	《○雎》起興	3.14/31/2
天命早○兮	4.13/39/14	魯大夫從臺上見而○之		內珠入于○者死	5.13/49/14
○婦念此兮	4.13/39/15		1.12/10/22	至海○	5.13/49/15
嬰○	4.13/39/17	甚○之	1.12/10/24	○候士吏搜索	5.13/49/15
陶嬰少○	4.13/39/22	晏子○而問其故	2.12/20/1	○吏執筆書劾	5.13/49/24
梁之○婦也	4.14/39/27	○哉	6.4/53/24	○候垂泣	5.13/49/24
夫死早○	4.14/39/27	王○之	6.11/59/12	納珠于○	5.13/50/1
陳之少○婦也	4.15/40/14	諸夫人皆○之	6.11/59/20	門不閉○	6.2/52/12
其父母哀其年少無子而					
早○也	4.15/40/17	**官** guān	15	**鰥** guān	2
吾憐女少年早○也	4.15/40/20				
臧氏之○也	5.1/41/11	堯使棄居稷○	1.2/2/2	無侮○寡	6.5/54/21
○君使婢子侍執巾櫛以		使吾子備○而未之聞耶	1.10/8/16	豈可謂不侮○寡乎	6.5/54/22
固子也	5.3/42/28	與百○之政事	1.10/8/19		
昔敝邑○君固以衆黎民		以是承君之○	1.10/9/1	**觀** guān	24
之役事君王之馬足	5.4/43/11	合○職于外朝	1.10/9/15		
○君受之太廟也	5.4/43/16	子將業君之○職焉	1.10/9/15	以○厥內	1.1/1/10
○人度其母能知子善惡	5.8/46/8	今君設○以待子	1.14/12/3	所以○人能也	2.5/15/16
慎而○言者	5.11/48/18	不擇○而仕	2.6/16/5	吾從門間○其志氣	2.12/19/25
○人不爲其富貴而不行		夫子能薄而○大	2.9/17/28	設帷薄而○之	3.4/24/4
法焉	6.2/52/10	可授以○祿者	2.14/21/9	吾○晉公子〔賢人也〕	3.4/24/4
又讒○人	6.2/52/18	受人○祿	2.14/21/9	諸姬○之	4/32/7
○人請自當之	6.4/53/30	去而○于陳	5.9/46/25	宮人皆傾○	5.2/41/27
○人敬受命	6.4/54/6	則治○不理	5.9/47/3	○士大夫逐者	5.4/43/9
無侮鰥○	6.5/54/21	桓公乃修○職	6.1/51/26	由是○之	6.1/51/20
豈可謂不侮鰥○乎	6.5/54/22	妾願入身爲○婢	6.15/62/25	6.1/51/21,6.1/51/22	
○人之罪也	6.8/57/4			6.1/51/22,6.11/59/27	
妾聞○婦哭城	6.9/57/25	**冠** guān	8	極宮室之○	6.4/54/5
先王爲○人娶妃匹	6.10/58/16			以○其志	6.6/55/9
固○人之所願也	6.10/58/19	爲當世○	1.9/7/22	欲○其風	6.6/55/25
〔吾〕乃今一聞〔○人		○纓不足帶有餘	3.9/27/4	升彼阿兮面○清	6.7/56/11
之殆〕	6.10/58/28	○纓不足帶有餘者	3.9/27/10	百姓盡○	6.11/59/12
〔○人之殆幾不全〕	6.10/58/29	義○天下	5.15/51/6	皆棄事來○	6.11/59/13
○人出遊	6.11/59/12	不整○	6.9/57/24	不受教○大王	6.11/59/14

以○其勢	6.13/61/10
于是剖心而○之	7.2/64/10
發而○之	7.3/64/25
主父從旁○窺群臣宗室	
〔之禮〕	7.13/72/9

莞 guǎn　1

○蔖爲蓋	2.14/21/17

管 guǎn　17

次則○叔鮮	1.6/4/15
若○、蔡監殷而畔	1.6/4/23
桓公用○仲、甯戚	2.2/13/10
桓公與○謀伐衛	2.2/13/11
○仲趨進曰	2.2/13/16
號○仲爲仲父	2.2/13/17
○仲治外	2.2/13/17
齊相○仲之妾也	6.1/51/15
使○仲迎之	6.1/51/16
○仲不知所謂	6.1/51/17
○仲曰	6.1/51/18,6.1/51/19
于是○仲乃下席而謝曰	6.1/51/22
○仲大悅	6.1/51/26
命○迎之	6.1/52/3
○仲憂疑	6.1/52/3
○嘉報公	6.1/52/3

館 guǎn　2

遂改○晉君	2.4/14/26
妻請避○	2.13/20/27

灌 guàn　4

遂相與逃而爲人○園	2.15/21/27
爲人○園	2.15/22/1
老夫○○	3.15/31/26

光 guāng　14

要其安民以播烈○、制	
禮以廣達孝而言之	1.6/4/22
不顯其○	1.6/4/26
德行○明	1.10/9/22
君子謂柳下惠妻能○其	
夫矣	2.10/18/21
聲姬生子○	3.8/26/10
戎子請以牙爲太子代○	3.8/26/11
夫○之立也	3.8/26/12
遂逐太子○	3.8/26/14
崔杼立○而殺高厚	3.8/26/15
廢姬子○	3.8/26/21
○可監人	3.10/28/4
名聲○榮	6.11/60/5
何愛東壁之餘○	6.14/62/10
太子○之母也	7.10/70/3

廣 guǎng　6

君子謂太姜○于德教	1.6/3/29
要其安民以播烈光、制	
禮以○達孝而言之	1.6/4/22
問則○知	1.9/6/29
所以○敬也	3.7/25/24
吳○之女	7.13/72/3
吳○聞之	7.13/72/6

媯 guī　1

姆戴○之子桓公	1.8/6/12

閨 guī　2

故有○內之修	1.9/7/14
〔龍〕朝入○	2.2/13/11

歸 guī　77

舜○告二女曰	1.1/1/11
○而有娠	1.2/1/29
乃收以○	1.2/2/1
定姜○其婦	1.7/5/9
之子于○	1.7/5/10
○泣而望之	1.7/5/11
既學而○	1.9/6/27
請○父母	1.9/7/7
文伯出學而還○	1.10/7/28
因○問其母	1.11/9/27
子發破秦而○	1.11/10/1
今諸子許我○視私家	1.12/10/20
○辨家事	1.12/10/21
從諸子謁○視私家	1.12/10/25
謁○還返	1.12/11/5
自○罪於宣王	1.14/12/6
獲晉君以○	2.4/14/22
獲晉君以功○	2.4/14/26
今以喪○	2.4/14/26
○休	2.9/17/27
婦乃與少子○	2.9/18/3
復○養姑	2.9/18/9
既〔而〕○	2.12/19/24
○義從安	3/22/6
〔衆以美物〕○汝	3.1/22/13
受粲不○	3.1/22/19
○唁衛侯	3.3/23/21
○見其母而泣焉	3.5/24/20
朝而以喜色○	3.6/25/5
子遂得○	3.9/27/18
○以告母	3.11/29/2
○盡藏之	3.15/31/22
母勸去○	4.4/34/8
胡不○	4.5/34/16
終不肯○	4.5/34/23
孝公使駟馬立車載姬以	
○	4.6/35/6
然後乘而○	4.6/35/11
○問女（見）〔昆〕弟	4.6/35/12
豈如死○于地下哉	4.7/35/24
莊公○	4.8/36/8
既無所○	4.8/36/11
吾何○矣	4.8/36/12
聊與子同○	4.8/36/15
圉將逃○	5.3/42/25
從子而○	5.3/42/29
子圉遂逃○	5.3/42/30
○葬昭王	5.4/43/27
既○	5.5/44/7
何忍以○	5.5/44/9
吾將奚○	5.7/45/23
然亦不○	5.7/45/25
不○不怨	5.7/45/30
五年乃○	5.9/46/25,5.9/47/11
〔○〕	5.9/46/30
○而相知	5.9/47/11
二年且○	5.10/47/16
遂奉喪○	5.13/49/15
既○家（庭）〔處〕	6.2/52/25
蛟龍助兮主將○	6.7/56/12
簡子○	6.7/56/15

于是王遣○	6.11/59/17
閔王○	6.11/59/19
天下○善焉	6.11/59/25
天下○惡焉	6.11/59/26
而有道之士○之	6.12/60/25
〔四方之士多○於〕齊	
〔而〕國以治〔也〕	
	6.12/60/26
攜手同○	6.13/61/27
王載以○	6.13/62/1
則不○	7.5/66/7
與俱○齊	7.5/66/14
獲驪姬以○	7.7/67/7
○福于絳	7.7/67/22
子○	7.9/69/18
巫臣使介○幣於楚	7.9/69/20
于是二子○殺棠毋咎、	
東郭偃于崔子之庭	7.11/71/1
崔子○	7.11/71/4

宄 guǐ 　　1

姦○是用	7.1/63/29

癸 guǐ 　　2

辛壬○甲	1.4/3/3、1.4/3/10

貴 guì 　　26

無○賤一也	1.6/4/21
是不○德也	1.8/6/9
富○而不顧	2.8/17/10
身雖尊○	2.8/17/21
國無道而○	2.10/18/15
是有餘○也	2.11/19/10
不忻忻于富○	2.11/19/12
不虛驕以○	2.12/19/28
夫富○者	2.13/20/17
○而無庶	3.10/28/1
○德尚信	3.11/29/8
妾豈敢以小○之故	4.12/38/27
梁○人多爭欲娶之者	4.14/39/27
○人多求妾者	4.14/39/29
〔見〕○而忘賤	4.14/40/2
不貪行○	4.14/40/9
○其信	4.15/40/24

則是妾貪○樂利以忘義	
理也	5.2/42/2
○其意	5.10/47/23
○其守忠死義	5.11/48/16
寡人不爲其富○而不行	
法焉	6.2/52/10
妲己之所譽○之	7.2/64/5
楚王之○幸君	7.14/72/24
彼亦各○其〔故〕所親	
	7.14/72/26
君〔○〕用事（又）	
〔久〕	7.14/72/26
而李園○用事	7.14/73/4

跪 guì 　　1

○置沙上曰	6.6/55/13

郭 guō 　　19

言取○外萌內之於城中	
也	3.9/27/7
姜父衍幸得充城○爲公	
民	6.4/53/25
齊有北○先生者	6.9/57/17
嘗與北○先生通	6.9/57/18
齊東○採桑之女	6.11/59/11
至東○	6.11/59/12
東○採桑	6.11/60/5
燕用○隗	6.12/60/23
城○闊達	6.13/61/22
齊東○姜者	7.11/70/19
齊崔杼御東○偃之（娣）	
〔姊〕也	7.11/70/19
由臺上與東○姜戲	7.11/70/22
東○姜奔入戶而閉之	7.11/70/22
東○姜曰	7.11/70/23
東○姜與前夫子棠毋咎	
俱入	7.11/70/27
棠毋咎與東○偃爭而不	
與	7.11/70/30
于是二子歸殺棠毋咎、	
東○偃于崔子之庭	7.11/71/1
東○姜殺一國君而滅三	
室	7.11/71/5
齊東○姜	7.11/71/10

國 guó 　　145

更○邰地	1.2/2/2
必可以比○人而景附矣	1.6/4/2
大○又以爲請	1.7/5/13
正是四○	1.7/5/15
是將敗衛○	1.7/5/16
（夫）〔天〕禍衛○也	1.7/5/16
獻公復得反○	1.7/5/22
爲○君之夫人	1.8/6/11
治○之要盡在經矣	1.10/8/9
畫考其〔職〕	1.10/8/21
無伐○之志	2.2/13/16
有晉○者	2.3/14/3
反○無疑	2.3/14/14
○家多難	2.6/16/4
及（及）〔返〕○	2.8/17/7
昔楚令尹子文之治○也	2.9/17/28
家貧○富	2.9/17/29
家富○貧	2.9/18/1
○無道而貴	2.10/18/15
○有道而賤	2.10/18/15
以爲○相	2.11/19/10
身相齊○	2.12/19/25
守○之孤	2.14/21/6
楚王欲使吾守○之政	2.14/21/7
而懷楚○之憂	2.15/21/26
○之福也	3.2/23/4、3.7/25/28
繫援于大○也	3.3/23/16
赴告大○	3.3/23/18
其從者三人皆○相也	3.4/24/4
必得晉○	3.4/24/5
若得反○	3.4/24/5
及公子反○	3.4/24/9
文伐曹○	3.4/24/16
且○家多貳	3.6/25/10
○多賢臣	3.7/25/28
魯○不容子矣	3.9/26/27
壁鄰之○也	3.9/26/28
又皆通于齊高子、○子	3.9/26/28
而亡一○、兩卿矣	3.10/28/2
爲○贊理	3.10/28/13
身死○分	3.11/29/9
以此相一○	3.12/29/18
不達人事而相○	3.12/29/19
夫魯○有患者	3.13/30/9
方今戰○	3.14/30/23

何以持○乎	3.14/30/24
○之大節也	3.14/30/27
	7.6/66/22
大○五六	3.14/31/5
而魏○居其間	3.14/31/6
姜恐大王之○政危矣	3.14/31/6
勞來○家	3.14/31/8
小○也	4.3/33/17
齊○稱其貞	4.6/34/28
一○之儀也	4.9/36/27
則其○危	4.9/36/28
則無以臨○	4.9/37/3
皆欲得○	5.2/42/9
吾去○數年	5.3/42/26
○人皆將爲君王死	5.4/43/22
故能存○安君	5.5/44/8
不能存○而自活	5.5/44/13
庶民○人不吾與也	5.6/45/5
不能無義而視魯○	5.6/45/6
○猶賴之	5.6/45/9
（兄）〔況〕以禮義治	
○乎	5.6/45/10
四○順之	5.6/45/10
力桑不如見○卿	5.9/46/27
令魏○曰	5.11/48/7
今魏○亦破亡	5.11/48/12
梁○豈可戶告人曉也	5.12/49/1
何面目以見兄弟、○人	
哉	5.12/49/2
敢問○家之事耶	6.1/51/18
○家未定	6.1/51/25
此甯戚之欲得仕○家也	6.1/51/26
齊○以治	6.1/51/27
楚○有常法	6.2/52/11
則○不寧	6.2/52/17
所謂○無人者	6.2/52/17
妾聞明君之蒞也	6.4/53/27
鄰○聞之	6.4/54/2
守○之大殃也	6.4/54/4
○殆危矣	6.9/57/29
齊○震懼	6.9/58/1
齊○大治	6.9/58/1
今大王之君○也	6.10/58/22
外有二○之難	6.10/58/22
內不乘○家之治	6.10/58/27
而齊○大安者	6.10/59/1
稱○亂煩	6.10/59/6

身死○亡	6.11/59/26
化行鄰○	6.11/59/29
大王知○之柱乎	6.12/60/15
相○是也	6.12/60/16
○家	6.12/60/17
○家安與不安	6.12/60/18
而○相不可不審也	6.12/60/18
吾○相奚若	6.12/60/19
王之○相	6.12/60/19
〔四方之士多歸於〕齊	
〔而〕○以治〔也〕	
	6.12/60/26
譚○之政	6.12/61/1
○既殆矣	6.13/61/7
秦欲襲其○	6.13/61/7
姦臣必（倍）〔倚〕敵	
○而發謀	6.13/61/10
王必不得反○	6.13/61/10
王離○五百里也	6.13/61/16
○無弼輔	6.13/61/17
○無强輔	6.13/61/19
○非王之○也	6.13/61/21
且虛竭	6.13/61/23
立還反○	6.13/61/24
楚○復强	6.13/61/26
陳○禍凶	6.13/62/1
夏后之○	7.1/63/29
寔亡周○	7.3/64/27
不恤○事	7.3/65/3
○適以亡	7.6/67/1
○之患也	7.7/67/11
必亂○	7.7/67/14
無乃以○民之故	7.7/67/14
○	7.7/67/25
子之○	7.7/67/25
況○人乎	7.7/67/25
喬如與繆姜謀去季、孟	
而擅魯○	7.8/68/16
不靖○家	7.8/68/23
定陳○	7.9/69/14
喪陳○	7.9/69/17
滅○破陳	7.9/69/26
以告○佐	7.10/70/4
○佐召慶剋	7.10/70/4
○佐非我	7.10/70/5
時○佐相靈公	7.10/70/5
○佐知之	7.10/70/6

刖鮑牽而逐高子、○佐	7.10/70/7
○佐使人殺慶剋	7.10/70/8
○人之所知也	7.11/71/3
慶封乃使盧蒲嫳帥徒衆	
與○人焚其庫廄而殺	
成、（姜）〔彊〕	7.11/71/3
東郭姜殺一○君而滅三	
室	7.11/71/5
子苟能內我于○	7.12/71/18
○以亂傾	7.13/72/19
楚○盡可得	7.14/73/2
○家所以覆而不安也	7.15/73/18
身死滅○	7.15/73/28

果 guǒ　　　　24

後州吁○殺桓公	1.8/6/13
莒子之家○以盜誅	2.9/18/2
君子謂老萊妻○於從善	
	2.14/21/12
密○滅殯	3.1/22/19
後○遁逃	3.3/23/27
○伯玉也	3.7/25/26
○有禍殃	3.8/26/21
齊○拘之	3.9/27/2
○拘于齊	3.9/27/17
○卒分爭	3.10/28/21
民○三悅	3.11/29/1
後○逢禍	3.11/29/8
○誅而死	3.12/29/20
魯○亂	3.13/30/11
魯○擾亂	3.13/30/17
趙兵○敗	3.15/31/25
夫○死不還	4.15/40/16
吾聞將節勇而不○生	5.5/44/7
○于行義	5.6/45/9
讎家○至	5.15/50/29
○滅其祀	7.3/65/14
衛○危殆	7.4/65/29
○弒申生	7.7/68/10
○得納身	7.14/73/12

槨 guǒ　　　　1

妾〔宜以身薦其棺○〕	
	4.14/39/29

過 guò	43	海 hǎi	5	含 hán	1
○而墜之	1.3/2/16	富有四○之內	1.6/4/18	簡狄得而○之	1.3/2/16
三○其家	1.4/3/4	至○關	5.13/49/15		
靡有○失	1.6/3/28	流入于○	6.6/55/11	寒 hán	3
才德必○人矣	1.6/4/8	齊東○上貧婦人也	6.14/62/6		
○而之厚	1.7/5/11	與末喜、嬖妾同舟流于		乃取置○冰之上	1.2/1/31
恐見人○也	1.9/7/8	○	7.1/63/24	與人同○苦	2.8/17/11
日舉○者三十人	1.10/8/3			柳下覆○女不爲亂	6.9/57/23
其所與遊者皆○己者也	1.10/8/5	害 hài	28		
夜而討○	1.10/8/23			韓 hán	2
匡子○失	1.10/9/22	惟○若茲	1.1/1/16		
寔自有○	2.1/12/27	必先○善人	1.7/5/16	○宣子患之	3.10/28/14
引○推讓	2.1/13/5	動則遠○	1.9/7/1	武靈王娶○王女爲夫人	7.13/72/3
○曹、邾、鄭、楚	2.3/14/7	猶救其禍而除其○	1.13/11/14		
王改○	2.5/15/12	不罹患○而已	2.6/16/6	旱 hàn	1
○時不來	2.6/16/3	猶知避○	2.6/16/7		
雖有小○	2.8/17/11	凡事遠（周）〔○〕	2.6/16/14	大○	6.4/53/28
所安不○容膝	2.15/21/25	是謂嬰○	2.9/17/28		
〔所〕甘不○一肉	2.15/21/26	不顧後○	2.9/17/29	漢 hàn	3
○曹	3.4/24/3	故藏而遠○	2.9/17/30		
必能討○	3.4/24/8	將陷于○	2.10/18/16	○孝文皇帝高其義	4.15/40/24
○關復有聲	3.7/25/22	夫子之信誠而與人無○		○有遊女	6.6/55/21
已○時	3.12/29/14	兮	2.10/18/18	○太倉令淳于公之少女	
後○時而不言	3.12/29/16	君子謂接輿妻爲樂道而		也	6.15/62/21
○時未適人	3.13/30/3	遠○	2.13/20/21		
○時不嫁	4.6/34/27	亂世多○	2.15/21/27	憾 hàn	1
道路○者	4.8/36/11	進往遇○	2.15/22/1		
因以他○答	5.10/47/20	郤○伯宗	3.6/25/11	無○	1.10/8/23
何大王之言○也	6.2/52/14	○子者	3.9/26/28		
令尹獨何人而不以是爲		必且遇○	3.9/27/17	蒿 hāo	1
○也	6.2/52/16	君子謂叔姬爲能防○遠			
百姓有○	6.2/52/16	疑	3.10/27/29	蓬○爲室	2.14/21/17
不貳○	6.5/54/18	是○王身	5.4/43/19		
豈不貳○哉	6.5/54/20	不以私○公	5.6/45/8	毫 háo	2
而遷怒貳○	6.5/54/21	無求生以○仁	5.15/50/31		
○阿谷之隧	6.6/55/8	又不以私恚○公法	6.4/53/27	失之○釐	4.1/32/12
○賢則賓	6.6/55/16	而○明君之義也	6.4/54/1	而眾人莫爲○釐	6.9/57/27
○李園	6.9/57/24	反○其身	6.9/58/6		
○時無所容	6.12/60/11	作而○身	7.8/68/23	號 háo	44
如有○之者	6.12/60/22	無○也	7.9/69/10		
雖〔復〕欲改○自新	6.15/62/25	枝葉未有○	7.11/71/6	父○瞽叟	1.1/1/8
今人有○	6.15/62/29			○泣日呼旻天	1.1/1/16
紂材力○人	7.2/64/3	駭 hài	2	○曰重華	1.1/1/19
不○棗、栗	7.6/66/20			○曰后稷	1.2/2/3
不○玉帛、禽鳥	7.6/66/21	水神動○	6.7/56/2	太姒○曰文母	1.6/4/13
		宿瘤○	6.11/59/20	○曰文母	1.6/5/3

○曰莊姜	1.8/6/6	君子○逑	1.5/3/17	哀姜○邪	7.6/67/1

○曰莊姜 1.8/6/6
○孟母 1.9/6/23
○戴己 1.10/7/27
○曰敬姜 1.10/9/22
〔穆公〕賜母尊○曰母
　師 1.12/10/27
○以尊名 1.12/11/6
名○必揚 2/12/19
○管仲爲仲父 2.2/13/17
文公○公子重耳 2.3/13/29
惠公○公子夷吾 2.4/14/20
○曰女宗 2.7/16/27
○趙姬 2.8/17/6
○曰命婦 2.12/19/23
屈瑕○莫敖 3.2/22/24
食我○曰伯碩 3.10/28/8
聞其○也而還 3.10/28/9
早成其○諡 3.14/30/28
乃○之曰貞姜 4.10/37/22
○曰〔楚白〕貞姬（楚）
　 4.11/38/9
尊其○曰高行 4.14/40/4
○曰孝婦 4.15/40/25,4.15/41/2
孝公時○公子稱 5.1/41/12
○曰義姑姊 5.6/45/9
○婦爲義 5.6/45/15
而尊其母○曰義母 5.8/46/15
大夫○主父 5.10/47/16
名○顯遺 5.11/48/24
惟○斯言 6.5/54/24
雖銜○于九層之內 6.9/57/26
故○曰宿瘤 6.11/59/11
（一）立帝○ 6.11/59/29
聞童妾遭棄而夜○〔也〕
　 7.3/64/28
故○曰褒姒 7.3/65/1
○孟子 7.10/70/3
○孟姚 7.13/72/3
武靈王自○主父 7.13/72/8
○安陽君 7.13/72/8

好 hǎo　　55

○而履之 1.2/1/29
○種稼穡 1.2/2/1
五色甚○ 1.3/2/16
簡狄性○人事之治 1.3/2/17

君子○逑 1.5/3/17
言賢女能爲君子和○衆
　妾 1.5/3/17
姜交○ 1.8/6/6
驕而○兵 1.8/6/13
○內 1.10/9/7
○外 1.10/9/7
吾惡其以○內聞也 1.10/9/8
○樂無荒 1.11/10/5
必○奢窮欲 2.1/12/26
桓公○淫樂 2.2/13/10
公○淫樂 2.2/13/23
○狩獵 2.5/15/11
夫人既有所○ 2.7/16/21
而扼夫室之○ 2.7/16/23
○禮知理 2.7/17/1
○新而嫚故 2.8/17/9
伯宗賢而○以直辨凌人 3.6/25/3
有愛○人者 3.6/25/4
夫子○直言 3.6/25/4
○盡人力 3.9/26/27
刺子○威 3.9/27/17
羊舌子○正 3.10/27/22
○禮貞一 4.6/34/27
君子謂孟姬○禮 4.6/35/11
孟姬○禮 4.6/35/17
○善慕節 5/41/6
故（一）〔以〕婢子之
　身爲苞苴玩○ 5.4/43/11
不死王之○也 5.4/43/24
君子謂蓋將之妻潔而○
　義 5.5/44/18
君子謂義母信而○義 5.8/46/15
○色淫佚 5.9/47/2
○而取之 5.13/49/15
崇玩○ 6.4/54/3,6.4/54/5
君子謂虞姬○善 6.9/58/1
尊所○ 6.10/58/23
葉公○龍 6.12/60/25
頃襄王○臺榭 6.13/61/6
王○淫樂 6.13/61/8
王○臺榭 6.13/61/18
惠而○我 6.13/61/27
○酒淫樂 7.2/64/4
妲己○之 7.2/64/7
長而美○ 7.3/65/1
褒姒不〔○〕笑 7.3/65/4

哀姜○邪 7.6/67/1
吾聞申生爲人甚○仁而
　强 7.7/67/13
其狀美○無匹 7.9/69/6
莊王見夏姬美○ 7.9/69/14
夏姬○美 7.9/69/26
○禍用亡 7.10/70/14

浩 hào　　6

○○乎白水 6.1/51/17,6.1/51/23
○○白水 6.1/51/25

禾 hé　　1

不爲野草傷○苗 6.4/53/27

合 hé　　10

天子及諸侯○民事〔于
　外朝〕 1.10/9/14
〔○神事〕于內朝 1.10/9/14
○官職于外朝 1.10/9/15
○家事于內朝 1.10/9/15
琴之○ 3.9/27/3
琴之○、甚思之者 3.9/27/8
○之以禮 3.14/31/3
有義則○ 4.5/34/15
○而葬之 4.7/35/26
不○于意 6.9/57/20

何 hé　　151

有罪若○告無罪也 1.7/5/20
○以予之 1.9/6/27
學〔○〕所至矣 1.9/6/28
○以異于織績而食 1.9/7/1
○以告之 1.9/7/4
○也 1.9/7/10
　 1.9/7/12,1.11/10/5
　 2.5/15/13,2.5/15/14
　 2.9/17/30,2.12/19/25
　 3.2/23/2,3.6/25/5,3.9/27/6
　 3.10/28/2,3.12/29/15
　 3.15/31/19,5.2/42/1
　 5.6/45/3,5.8/46/11
　 6.8/56/28,6.11/59/13

	6.13/61/21
其○以辟	1.10/8/28
縶于人○有	1.10/9/5
○如勤勞憂懼如此	1.13/11/13
○以異于凡母	1.13/11/14
○以立於世	1.13/11/16
姬○請邪	2.2/13/13
將○及矣	2.3/14/5
○以贈之	2.4/15/1
○罷〔之〕晏也	2.5/15/12
○謂也	2.5/15/15,6.1/51/19
	6.12/60/20,6.13/61/18
○故	2.7/16/20
子○留乎	2.7/16/21
○以使人	2.8/17/10
○以至此	2.8/17/15
○其不祥也	2.9/17/27
○以為謚	2.11/19/7
○樂于此而謚為「康」	
乎	2.11/19/9
○如	2.12/19/27
門外車跡○其深也	2.13/20/15
子○惡	2.13/20/17
而將○以待之	2.13/20/19
○車迹之眾也	2.14/21/7
（○）〔然〕	2.14/21/8
而○德以堪之	3.1/22/13
子○喜焉	3.6/25/7
○若	3.6/25/8
子○不預結賢大夫以託	
州犂焉	3.6/25/10
○以知之	3.7/25/23,3.9/27/7
子○以賀寡人	3.7/25/27
君○不試召而問焉	3.9/27/5
汝○以為哉	3.10/28/6
奈○	3.11/28/26
一○不習禮也	3.12/29/16
一○不達人事也	3.12/29/16
○不早言	3.12/29/17
○以理之	3.12/29/18
○嘯之悲也	3.13/30/4
婦人○與焉	3.13/30/6
○哉	3.13/30/11
謂我○求	3.13/30/13
○以持國乎	3.14/30/24
奈○去之	4.4/34/1
○以得去	4.4/34/3
吾○可以離于婦道乎	4.5/34/16
父母之言謂○	4.6/35/3
○至自苦	4.7/35/23
君○辱命焉	4.8/36/9
吾○歸矣	4.8/36/12
○以行令訓民	4.9/37/2
○樂之有	4.9/37/4
又○益于君王	4.9/37/4
王○以為哉	4.11/38/7
夫人又○勤乎	4.12/38/27
獨宿○傷	4.13/39/14
將○以立于世	4.15/40/21
○以生哉	4.15/40/23
○有險詖	5/41/6
○以得免	5.1/41/16
○以事王	5.2/42/3
○忍以歸	5.5/44/9
今又○也	5.5/44/10
死又○益于君	5.5/44/11
獨謂義○	5.6/45/6
欲迎我○之	5.7/45/24
故問母○所欲殺活	5.8/46/9
○以居于世哉	5.8/46/14
獨謂行○	5.8/46/14
○以不言	5.10/47/21
吾奈公子○	5.11/48/8
中心謂○	5.12/49/1,6.11/59/15
○至自赴火	5.12/49/1
○面目以見兄弟、國人	
哉	5.12/49/2
無可奈○	5.13/49/16
其狀○如	5.13/49/17
○面目以生而戴天（復）	
〔履〕地乎	5.14/50/12
處家無幾○	6.2/52/9
其使人盜奈○	6.2/52/12
是與使人盜○以異也	6.2/52/13
有○罪焉	6.2/52/14
○大王之言過也	6.2/52/14
令尹獨○人而不以是為	
過也	6.2/52/16
○為老而見奔	6.4/53/23
〔所憂○也〕	6.4/53/24
所以然者○也	6.4/53/30
○問乎婢子	6.6/55/12
○敢受子	6.6/55/19
女子走○為	6.7/56/1
又○傷乎	6.7/56/10
亦○也	6.8/56/29
母○為當死	6.8/56/29
母○為不當死也	6.8/56/30
妾○負哉	6.8/57/2
亦有○奇能哉	6.10/58/17
○喜	6.10/58/18
宿瘤○傷	6.11/59/15
○獨十百也	6.11/59/22
	6.11/59/27
○以言之	6.11/59/23
王○為遽	6.12/60/14
○為不可也	6.12/60/22
吾用之奈○	6.12/60/24
女○為者也	6.13/61/13
子○以戒寡人	6.13/61/15
○謂五患	6.13/61/22
是○言與	6.14/62/7
○愛東壁之餘光	6.14/62/10
○〔則〕	6.15/62/27
○其〔楚〕痛而不德也	6.15/63/1
此○罪	7.4/65/23
○嗟及矣	7.6/66/27
君其奈○	7.7/67/14
奈○而可	7.7/67/20
君○不老而授之政	7.7/67/20
子○遲為君	7.7/67/25
其謂爾○	7.9/69/10
○必取是	7.9/69/17
不死○為	7.12/71/24
生子○	7.13/72/6
以○為王	7.13/72/7
子○是成	7.13/72/18
○以保相印、江東之封	
乎	7.14/72/27
不死○俟	7.15/73/24

劾 hé 2

幸無○兒	5.13/49/20
關吏執筆書○	5.13/49/24

河 hé 10

陶于○濱	2.6/16/5
涉○而南	3.3/23/19
吾聞○潤九里	3.13/30/9

投○而死	5.9/47/4	褐 hè	3	薨 hōng	13
遂東赴○	5.9/47/11			王○于行	3.2/23/4
糊以（阿）〔○〕魚之		布衣○裘	2.11/19/18	知王將○	3.2/23/10
膠	6.3/53/7	于是乃拂拭短○	6.10/58/13	及公○	3.8/26/15
趙○津〔吏〕之女	6.7/55/30	民人無○	6.13/61/23	公○不反	4.3/33/25
妾〔居○濟之間〕	6.7/56/7			赴淄而○	4.8/36/20
爲簡子發《○激》之歌	6.7/56/11	赫 hè	4	武公○	5.1/41/12
趙簡渡○	6.7/56/20			王○于軍中	5.4/43/25
		○○姜嫄	1.2/2/4	宣公○	7.4/65/24
和 hé	8	○○宗周	7.3/65/9	莊公○	7.6/66/23
				卒○于東宮	7.8/68/25
瞽叟○寧	1.1/1/24	熇 hè	2	及靈公○	7.10/70/8
言賢女能爲君子○好衆				靈公○	7.12/71/16
妾	1.5/3/17	多將○○	3.6/25/12	及悼襄王○	7.15/73/21
言不失○也	1.11/10/5				
唱而後○	3.12/29/17	壑 hè	2	**弘 hóng**	1
唱予○汝	3.12/29/22				
妾聞婦人以端正○顏爲		谿○可盈	3.10/28/12	乃與太子蟜、公子○、	
容	5.2/42/1	先狗馬塡溝○	4.14/39/28	與簡壁	2.4/14/23
內不能○夫家	5.14/50/11				
利、義之○也	7.8/68/21	黑 hēi	5	**紘 hóng**	1
郃 hé	1	髮○而甚美	3.10/28/4	公侯之夫人加之以○、	
		譬猶揜目而別○白也	3.12/29/18	綖	1.10/8/24
（郃）〔○〕陽邑任延		掩目而別○白	3.12/29/19		
壽之妻也	5.14/50/6	是白○顛倒	5.2/42/9	**閎 hóng**	1
		其子○要又通于夏姬	7.9/69/18		
盍 hé	1			與之蒙衣乘輦而入于○	7.10/70/3
		亨 hēng	4		
○從我于鄭乎	6.5/54/23			**侯 hóu**	59
		爲胏與胏○之	3.10/27/25		
貉 hé	2	元、○、利、貞	7.8/68/21	郃○之女也	1.2/1/29
		○、嘉之會也	7.8/68/21	達乎諸○大夫及士庶人	1.6/4/19
子○之妹也	3.10/28/3	不可謂○	7.8/68/23	晉○使郤犫爲請還	1.7/5/12
子○早死	3.10/28/3			齊○之子	1.8/6/9
		橫 héng	3	衛○之妻	1.8/6/10
闔 hé	2			邢○之姨	1.8/6/10
		西有○秦	3.14/31/5	諸○不聽	1.9/7/13
吳王○閭盡妻其後宮	4.9/36/26	縱○大笑	6.10/58/27	諸○朝脩天子之業令	1.10/8/21
○閭勝楚	4.9/37/11	驕妬縱○	7.6/67/1	公○之夫人加之以紘、	
				綖	1.10/8/24
賀 hè	4	**衡 héng**	2	天子及諸○合民事〔于	
				外朝〕	1.10/9/14
宗人擊牛而○之	2.9/17/27	○門之下	2.14/21/13	齊○之女　2.1/12/23,4.10/37/16
再拜○公	3.7/25/27	西有○秦之患	6.10/58/22	7.4/65/18,7.5/66/5
子何以○寡人	3.7/25/27			7.6/66/19,7.8/68/15
妾是以○	3.7/25/28				

衛○之女	2.2/13/10,4.5/34/13	**喉** hóu	1	楚考李○者	7.14/72/23
諸○皆朝	2.2/13/11			楚考烈王之○也	7.14/72/23
爲諸○盟主	2.3/14/9	（印）〔卯〕鼻結○	6.10/58/12	〔以〕圉女弟爲○	7.14/73/4
諸○九	2.7/16/24			○有考烈王遺腹子猶立	7.14/73/5
名顯諸○	2.12/19/25	**后** hòu	57	乃襲殺哀王及太○	7.14/73/6
古者諸○之有女子也	3.3/23/16			倡○者	7.15/73/17
衛○不聽	3.3/23/19	娥皇爲○	1.1/1/18	趙悼襄王之○也	7.15/73/17
衛○遂奔走	3.3/23/19	號曰○稷	1.2/2/3	悼襄王○生子嘉	7.15/73/19
衛○於是悔不用其言	3.3/23/20	汝○稷	1.2/2/3	倡○既入爲姬	7.15/73/19
許夫人馳驅而弔唁衛○	3.3/23/20	思文○稷	1.2/2/5	倡○既嬖幸于王	7.15/73/20
歸唁衛○	3.3/23/21	禹○有（娶）〔莘〕姒		陰譖○及太子于王	7.15/73/20
必霸諸○而討無禮	3.4/24/5	氏之女	1.6/4/12	黜○而立娼姬爲○	7.15/73/21
宋○之女	3.8/26/10	王○親織玄紞	1.10/8/24	倡○淫佚不正	7.15/73/21
聞諸○之難	3.8/26/12	妃○賢焉	2/12/19	大夫怨倡○之譖太子及	
列于諸○矣	3.8/26/12	周宣姜○者	2.1/12/23	殺李牧	7.15/73/23
是專紲諸○	3.8/26/13	〔宣王之○〕也	2.1/12/23	乃殺倡○而滅其家	7.15/73/23
邢○與雍子爭田	3.10/28/13	○夫人不出房	2.1/12/24	趙悼倡○	7.15/73/28
邢○殺叔魚與雍子于朝		姜○〔既出〕	2.1/12/24	顯廢○適	7.15/73/28
	3.10/28/14	遂復姜○而勤于政事	2.1/12/27		
遂族邢○氏	3.10/28/15	君子謂姜○善于威儀而		**厚** hòu	17
諸○聞之	4.2/33/5	有德行	2.1/12/28		
齊○之女也	4.3/33/16	○夫人御于君	2.1/12/28	篤○不忘	1.1/1/17
乃以諸○之禮	4.7/35/26	○夫人鳴佩而去	2.1/12/30	過而之○	1.7/5/11
公○者	4.9/36/27	嘉茲姜○	2.1/13/5	○祿以奉子	1.14/12/3
諸○失節	4.9/36/27	有窮○羿滅之	3.10/28/5	賂遺外妻甚○	2.7/16/20
若諸○外淫者絕	4.9/36/29	姜閔妃○踰閾	4.6/35/7	王德薄而祿○	3.2/23/2
公○之所絕	4.9/37/1	我心匪（○）〔石〕	4.12/39/3	○許畢羊	3.6/25/17
〔諸○並侵之〕	6.9/57/15	宣王之正○也	6.10/58/11	高○爲傅	3.8/26/15
外不修諸○之禮	6.10/58/27	拜無鹽君爲○	6.10/59/1	高○欲迎牙	3.8/26/15
諸○朝之	6.11/59/29	閔王之○也	6.11/59/11	崔杼立光而殺高○	3.8/26/15
諸○大叛	7.1/63/23	〔立〕瘤女以爲○	6.11/59/28	○士大夫而後之齊	3.9/27/2
諸○有畔者	7.2/64/7	卒升○位	6.11/60/5	既○三家	3.9/27/17
幽王乃廢后申○之女而		夏○之國	7.1/63/29	○祿也	5.2/41/30
立褒姒爲后	7.3/65/2	周幽王之○也	7.3/64/22	乃○幣而嫁之	5.10/47/24
諸○悉至	7.3/65/5	夏○卜殺之與去	7.3/64/23	君子謂忠妾爲仁○	5.10/47/25
諸○不至	7.3/65/6	幽王乃廢○申侯之女而		君子謂節乳母慈惠敦○	
申○乃與繒、西夷犬戎		立褒姒爲○	7.3/65/2		5.11/48/17
共攻幽王	7.3/65/6	廢○、太子	7.3/65/13	○於恩義也	5.15/50/30
于是諸○乃即申○而共		三爲王○	7.9/69/7	毋彰其惡〔而○其敗〕	7.7/67/17
立故太子宜臼	7.3/65/8	趙武靈王之○也	7.13/72/3		
周與諸○無異	7.3/65/8	立以爲○	7.13/72/4	**後** hòu	91
申○伐周	7.3/65/13	乃因○而入其女孟姚	7.13/72/6		
公○爭之	7.9/69/7	孟姚數微言○有淫意	7.13/72/7	○伐平林者咸（薦）	
魯○之女	7.10/70/3	王乃廢○與太子	7.13/72/7	〔薦〕之覆之	1.2/1/31
會諸○于柯陵	7.10/70/5	而立孟姚爲惠○	7.13/72/7	其○世世居稷	1.2/2/4
		是時惠○死久恩衰	7.13/72/10	其○世世居亳	1.3/2/20
		廢○興戎	7.13/72/18	○宮有序	1.5/3/16

○獻公暴虐	1.7/5/18
其○賴轉力	1.7/5/21
○州吁果殺桓公	1.8/6/13
從○階降而卻行	1.10/8/1
而○即安	1.10/8/21,1.10/8/22
	1.10/8/23,1.10/8/23
然○內之	1.11/10/7
芒卯之○妻也	1.13/11/10
五子○母	1.13/11/25
然○進御于君	2.1/12/29
淫僻、竊盜、長舌、驕	
侮、無子、惡病皆在	
其○	2.7/16/25
名傳于○世	2.9/17/29
不顧○害	2.9/17/29
其○翟人攻衛	3.3/23/19
○果遁逃	3.3/23/27
而○出以求助焉	3.9/27/1
厚士大夫而○之齊	3.9/27/2
○二年	3.10/27/27
無○	3.10/28/3
其○智伯滅范氏	3.11/29/3
式救爾○	3.11/29/4
○果逢禍	3.11/29/8
○過時而不言	3.12/29/16
唱而○和	3.12/29/17
待禮然○動	3.12/29/21
節成然○許嫁	3.14/30/29
親迎然○隨從	3.14/30/29
而自納之于○宮	3.14/30/30
○世稱誦	4.1/32/21
以及○嗣	4.2/32/29
然○能自致也	4.3/33/19
然○可以濟難矣	4.3/33/20
○君欲同	4.3/33/25
而○行夫婦之道	4.6/35/5
然○乘而歸	4.6/35/11
成禮然○去	4.8/36/10
吳王闔閭盡妻其○宮	4.9/36/26
盡妻○宮	4.9/37/11
則恐○矣	4.10/37/19
妾幸得充○宮	4.11/38/5
死而○已	4.11/38/10
而名立于（夫）〔○〕	
世矣	4.12/39/2
顯示○人	4.14/40/10
成王登臺臨○宮	5.2/41/27

而○顧	5.2/42/2
其○（商）〔商〕臣以	
子上救蔡之事	5.2/42/6
○王又欲立公子職	5.2/42/10
然○罷兵	5.4/43/27
先君而○臣	5.5/44/14
先父母而○兄弟	5.5/44/14
先兄弟而○交友	5.5/44/15
先交友而○妻子	5.5/44/15
珠崖令之○妻及前妻之	
女也	5.13/49/13
○乃知男獨取之也	5.13/49/25
○不復重	6/51/10
願（借）〔備〕○宮之	
埽除	6.10/58/14
命○乘載之	6.11/59/15
○宮衣不重采	6.11/59/24
○宮蹈綺縠	6.11/59/26
○宮不得重采	6.11/59/28
及女死之○	6.11/59/30
然○能成其事、就其功	
	6.12/60/20
不思禍之起于○也	6.13/61/16
命○車載之	6.13/61/24
息常○	6.14/62/8
終無○言	6.14/62/11
終沒○言	6.14/62/16
自是之○	6.15/63/2,7.3/65/8
求美女積之於○宮	7.1/63/18
積之于○宮	7.2/64/6
入○宮	7.3/64/26
○有人夫妻賣檿弧箕服	
之器者	7.3/64/27
其○不信	7.3/65/5
竟終無○	7.4/65/24
至戴公而○寧	7.4/65/24
亂及五世然○定	7.7/68/5
○雖善言	7.8/69/1
使壞○垣而出之	7.9/69/15
及姜入○	7.11/70/28
崔子廢成而以明爲○	7.11/70/29
至悼公而○定	7.12/71/23
即百歲○	7.14/72/25
即楚更立君○	7.14/72/26
其○秦兵徑入	7.15/73/22

候 hòu	2
關○士吏搜索	5.13/49/15
關○垂泣	5.13/49/24
乎 hū	120
達○諸侯大夫及士庶人	1.6/4/19
達○大夫	1.6/4/21
達○天子	1.6/4/21
不猶愈于亡○	1.7/5/13
不亦可○	1.7/5/14
	2.5/15/19,6.14/62/10
不亦遠○	1.9/7/9,4.11/38/11
故年少則從○父母	1.9/7/16
出嫁則從○夫	1.9/7/16
夫死則從○子	1.9/7/17
子行○子義	1.9/7/17
吾行○吾禮	1.9/7/17
其以歇爲不能事主○	1.10/8/15
魯其亡○	1.10/8/16
士卒得無恙○	1.11/9/28
將軍得無恙○	1.11/9/28
《詩》不云○	1.11/10/5
	2.8/17/10
可謂慈○	1.13/11/15
可謂義○	1.13/11/16,5.5/44/12
妾安可以忘義○	1.13/11/16
可不赦其子○	1.13/11/17
況於受金○	1.14/12/9
其能及〔○〕	2.3/14/5
得無飢倦○	2.5/15/12
妾豈不欲擅王之愛寵○	2.5/15/16
而況于人○	2.6/16/7
子何留○	2.7/16/21
有二不亦宜○	2.7/16/24
況于安新忘舊○	2.8/17/12
無乃瀆○	2.10/18/14
吾能以○	2.10/18/16
嗟○	2.11/19/7,3.13/30/5
	5.11/48/8,7.7/67/25
何樂于此而謚爲「康」	
○	2.11/19/9
不亦宜○	2.11/19/12,5.3/42/28
得無許之○	2.13/20/16
許之○	2.14/21/8
能免於患○	2.14/21/10

可○	2.15/21/24	詩不云○	6.1/51/25	遂泣而○天	5.7/45/25	
其可樂○	2.15/21/26	君聞昔者公劉之行○	6.3/53/2	父○其女告之	5.15/50/26	
況爾小醜○	3.1/22/14	豈欲殺不辜者○	6.3/53/3	（浮）〔○〕來擢兮行		
其不設備○	3.2/22/27	不亦謬○	6.3/53/8	勿疑	6.7/56/13	
妾在不猶愈○	3.3/23/18	右（○）〔手〕如附枝	6.3/53/8			
《書》不云○	3.5/24/23	嬰有淫色○	6.4/53/23	**弧 hú**		**2**
其明智○	3.7/25/29	其可○	6.4/54/2			
其于斯發事○	3.9/26/28	亶其然○	6.4/54/8	壓○箕服	7.3/64/27	
難○其免也	3.9/27/1	豈可謂不侮鰥寡○	6.5/54/22	後有人夫妻賣壓○箕服		
爲之○	3.12/29/15	盍從我于鄭○	6.5/54/23	之器者	7.3/64/27	
吾豈以欲嫁之故數子○		其可與言○	6.6/55/9			
	3.12/29/17	何問○婢子	6.6/55/12	**狐 hú**		**2**
婦人獨安所避○	3.13/30/10	又何傷○	6.7/56/10			
何以持國○	3.14/30/24	豈此女○	6.7/56/13	○死首丘	5.3/42/26	
王以爲若其父○	3.15/31/22	大王知國之柱○	6.12/60/15	請願先驅○狸于地下	5.4/43/22	
妾得無隨〔坐〕○	3.15/31/24	在○柱	6.12/60/17			
況于夫婦之道○	4.4/34/3	在○相	6.12/60/18	**胡 hú**		**21**
胡不去○	4.5/34/15	吾相其可易○	6.12/60/21			
吾何可以離于婦道○	4.5/34/16	則辭安可以已○哉	6.14/62/11	（吾）〔○〕不自安	1.10/9/1	
胡爲○中露	4.5/34/17	日有亡○	7.1/63/22	子○不早自貳焉	3.4/24/6	
不亦太甚○	4.11/38/9	無乃不可○	7.6/66/22	汝○不匡之	3.14/30/23	
不亦重○	4.11/38/10	〔夫豈〕惠其民而不惠		○不去乎	4.5/34/15	
夫人又何勸○	4.12/38/27	其父○	7.7/67/15	○不歸	4.5/34/16	
汝肯養舅母○	4.15/40/15	殆將釋君○	7.7/67/20	○爲乎中露	4.5/34/17	
稱死○	5.1/41/15	況國人○	7.7/67/25	魯秋○子妻也	5.9/46/25	
疑吾譖之者○	5.2/42/12	能無咎○	7.8/68/24	秋○子悅之	5.9/46/26	
子其與我行○	5.3/42/27	又安得長有寵○	7.14/72/26	秋○子謂曰	5.9/46/27	
樂○	5.4/43/10	何以保相印、江東之封		秋○子遂去	5.9/46/30	
其不可得○	5.4/43/14	○	7.14/72/27	秋○子慚	5.9/47/1	
其可得○	5.4/43/16	孰與身臨不測之罪○	7.14/73/2	秋○子有之矣	5.9/47/5	
庸爲去是身○	5.4/43/20	大王不畏○	7.15/73/18	秋○子婦之謂也	5.9/47/6	
而況于妾○	5.4/43/22			秋○西仕	5.9/47/11	
可謂仁○	5.5/44/13	**忽 hū**		**4**	〔其〕佞臣周破○專權		
可謂忠○	5.5/44/13				擅勢	6.9/57/16	
可謂賢○	5.5/44/14	○然忘之	5.13/49/21	破○	6.9/57/17	
況于子○	5.5/44/17	○然不見	6.10/58/19	破○聞之	6.9/57/18	
子雖痛	5.6/45/6,5.8/46/14	〔而〕○所（時）〔恃〕		破○賂執事者	6.9/57/19	
而況于朝臣士大夫○	5.6/45/8		6.10/58/23	破○最甚	6.9/57/29	
（兄）〔況〕以禮義治		龍○不見	7.3/64/24	烹阿大夫與周破○	6.9/57/30	
國○	5.6/45/10			○不殺我	7.7/67/14	
而反幾死○	5.10/47/21	**呼 hū**		**8**			
乳母無恙○	5.11/48/8				**壺 hú**		**1**
尚誰爲○	5.11/48/12	號泣日○旻天	1.1/1/16			
獨今乃語我○	5.14/50/8	○父母	1.1/1/16	負羈乃遺之○飧	3.4/24/8	
何面目以生而戴天（復）		嗟○惜哉	2.10/18/20			
〔履〕地	5.14/50/12	嗚○哀哉	2.10/18/20			
浩浩○白水	6.1/51/17,6.1/51/23	嗚○（哉）〔悲〕兮	4.13/39/15			

糊 hú	1
○以（阿）〔河〕魚之膠	6.3/53/7

穀 hú	1
後宮蹈綺○	6.11/59/26

鵠 hú	1
黃○之早寡兮	4.13/39/13

虎 hǔ	1
是○目而豺（啄）〔喙〕	3.10/28/12

澔 hǔ	1
率西水○	1.6/3/29

戶 hù	9
將入○	1.9/7/8
諸婦其慎房○之守	1.12/10/21
其妻出○	2.11/19/4
梁國豈可○告人曉也	5.12/49/1
妾請開○牖待之	5.15/50/28
開○牖而臥	5.15/50/29
封即墨大夫以萬○	6.9/57/30
東郭姜奔入○而閉之	7.11/70/22
崔子與姜自側○出	7.11/70/23

祜 hù	1
卒享福○	1.1/1/24

護 hù	1
力不能兩○	5.6/45/2

華 huá	8
號曰重○	1.1/1/19
實穀不○	3.6/25/6
今陽子○而不實	3.6/25/6

○氏之長女	4.6/34/27
乃脩禮親迎于○氏之室	4.6/34/29
○孟姬從	4.6/35/5
至于○山之陽	6.7/56/10
使賈○刺夷吾	7.7/68/2

化 huà	14
以漸教○	1/1/3
君子謂姜嫄靜而有○	1.2/2/4
塗山獨明教訓而致其○焉	1.4/3/4
○其德而從其教	1.4/3/4
○訓內外	1.5/3/22
文王母可謂知肖○矣	1.6/4/10
君子謂孟母善以漸○	1.9/6/26
教○列分	1.9/7/22
君子謂敬姜備于教○	1.10/8/8
君子謂稷母廉而有○	1.14/12/8
隨大夫而○者	3.10/27/26
○行鄰國	6.11/59/29
○爲二龍	7.3/64/22
○爲玄蚖	7.3/64/25

畫 huà	3
（畫）〔○〕者	1.10/8/10
故○可以爲正	1.10/8/10
○衣冠	6.15/62/26

淮 huái	4
王願請先生治○南	2.13/20/14
欲使我治○南	2.13/20/16
○陽（大）〔太〕守以聞	4.15/40/24
故禱祠九江三○之神	6.7/56/2

槐 huái	15
齊傷○女者	6.4/53/20
傷○衍之女也	6.4/53/20
景公有所愛○	6.4/53/20
犯○者刑	6.4/53/21,6.4/54/5
傷○者死	6.4/53/21,6.4/54/5
于是衍醉而傷○	6.4/53/21
今吾君樹○	6.4/54/1
欲〔以〕○之故	6.4/54/1

景公即時命罷守○之役	6.4/54/6
廢傷○之法	6.4/54/7
出犯○之囚	6.4/54/7
傷○女能以辭免	6.4/54/7
景公愛○	6.4/54/12

懷 huái	14
每○靡及	2.3/14/4
況欲○安	2.3/14/5
晉人殺○公而立公子重耳	2.3/14/8
是○晏子之智	2.12/19/27
而○楚國之憂	2.15/21/26
心有所○	3.14/30/26
終于○之	4.4/34/2
○嬴者	5.3/42/25
君子謂○嬴善處夫婦之間	5.3/42/30
配以○嬴	5.3/43/3
代人皆○之	5.7/45/25
是爲○公	7.7/68/4
晉人殺○公于高梁	7.7/68/4
○婚姻也	7.9/69/21

壞 huài	2
外內崩（壞）〔○〕	6.13/61/19
使○後垣而出之	7.9/69/15

驩 huān	1
既○	5.4/43/9

桓 huán	32
姆戴嬀之子○公	1.8/6/12
後州吁果殺○公	1.8/6/13
○公坐友三人	1.10/8/3
齊○公之夫人也	2.2/13/10
○公好淫樂	2.2/13/10
○公用管仲、甯戚	2.2/13/10
○公與管仲謀伐衛	2.2/13/11
衛姬望見○公	2.2/13/12
○公曰	2.2/13/12,2.2/13/16
○公許諾	2.2/13/15
齊○衛姬	2.2/13/23

○公加焉	2.2/13/23	**環** huán	2	**豢** huàn	2
齊○公之宗女	2.3/13/28				
齊○公以宗女妻之	2.3/13/29	解○佩	2.2/13/12	將軍朝夕芻○黍梁	1.11/10/1
齊○往而存之	3.3/23/20	進退則鳴玉○佩	4.6/35/7	子獨朝夕芻○黍梁	1.11/10/4
甯戚欲見○公	6.1/51/15				
○公因出	6.1/51/16	**緩** huǎn	1	**皇** huāng	10
○公異之	6.1/51/16				
以報○公	6.1/51/26	〔有〕○急非有益〔也〕		長娥○	1.1/1/8
○公乃修官職	6.1/51/26		6.15/62/23	娥○爲后	1.1/1/18
○遇甯戚	6.1/52/3			鄭○耳牽師侵衛	1.7/5/23
齊○公尊九九之人	6.12/60/24	**浣** huàn	3	獲鄭○耳于（大）〔犬〕	
魯○公之夫人也	7.5/66/5			丘	1.7/5/24
○公將伐鄭	7.5/66/5	阿谷之隧○者也	6.6/55/8	夫鳳○不罹于蔚羅	2.6/16/7
○公不聽	7.5/66/7	見處子珮璜而○	6.6/55/8	○天無親	3.5/24/23
○公怒	7.5/66/7	彼○者	6.6/55/9	無忝○祖	3.11/29/4
襄公享○公酒	7.5/66/8			漢孝文○帝高其義	4.15/40/24
配魯○公	7.5/66/14	**患** huàn	23	上指○天	6.9/58/6
又丹其父○公廟宮之楹	7.6/66/22			孝文○帝時	6.15/62/21
齊○公立僖公	7.6/66/26	君子謂定姜能遠○難	1.7/5/14		
齊○征伐	7.6/67/1	而無以離于禍○也	1.9/7/1	**荒** huāng	5
		故遂而無○	1.14/12/5		
還 huán	22	欲行而○之	2.3/13/30	惟○度土功	1.4/3/4
		不罹○害而已	2.6/16/6	好樂無○	1.11/10/5
晉侯使郤犫爲請○	1.7/5/12	能免於○乎	2.14/21/10	莫敖自經○谷	3.2/22/29
文伯出學而○歸	1.10/7/28	韓宣子○之	3.10/28/14	津吏醉○	6.7/56/20
天陰○	1.12/10/21	猶無○也	3.12/29/19	又重其○	7.1/63/29
使者○	1.12/10/23	夫魯國有○者	3.13/30/9		
謁歸○返	1.12/11/5	○無日也	4.12/38/27	**惶** huáng	4
子○	2.14/21/10	申生被○	6.9/57/28		
乃○文仲而不伐魯	3.9/27/12	西有衡秦之○	6.10/58/22	○恐	5.12/49/1
聞其號也而○	3.10/28/9	以五○	6.13/61/21	其女悼（惺）〔○〕	6.4/54/12
如耳○而爵之	3.14/31/7	何謂五○	6.13/61/22	女娟恐○	6.7/56/20
○復命	4.2/32/28	一○也	6.13/61/22	父母驚○	6.11/59/18
可以○矣	4.3/33/16	二○也	6.13/61/23		
于是莊公乃○車	4.8/36/10	三○也	6.13/61/23	**黃** huáng	5
○而取符	4.10/37/18	四○也	6.13/61/23		
（備）〔借〕吾不○	4.15/40/15	五○也	6.13/61/24	皆○耄倪齒也	1.10/8/7
夫果死不○	4.15/40/16	王有五○	6.13/61/24	路車乘○	2.4/15/1
婦人乃○	5.6/45/1	五○累重	6.13/62/1	○鵠之早寡兮	4.13/39/13
請○	5.6/45/8	國之○也	7.7/67/11	使使者賜之○金四十斤	
五年乃○	5.9/47/1	春申君○之	7.14/72/23		4.15/40/25
○其家	5.15/50/28			○金白玉	6.10/58/24
子貢○報其辭	6.6/55/13	**喚** huàn	1		
立○反國	6.13/61/24			**騜** huáng	1
及○	7.10/70/5	〔母〕使人○婦	5.9/46/30		
				右驂牝○	6.7/56/9

揮 huī　　4

○泣垂涕　1.7/5/9
毋○涕　1.10/9/8
莫不爲之○（俤）〔涕〕　4.8/36/12
莫不爲酸鼻○涕　5.13/49/24

徽 huī　　1

太姒嗣○音　1.6/4/26

隳 huī　　1

○廢后適　7.15/73/28

回 huí　　3

其德不○　1.2/2/5,5.5/44/19
求福不○　4.9/37/6

悔 huǐ　　5

衛侯於是○不用其言　3.3/23/20
君（心）〔必〕○之　3.8/26/13
庶無大○　3.8/26/17
厥心靡○　4.2/33/11
子反○懼　7.9/69/26

毀 huǐ　　5

王室如○　2.6/16/9
雖則如○　2.6/16/9
此○貞女之行　3.14/30/30
即墨大夫賢而日○之　6.9/57/16
宮之童妾未○〔齒〕而
　遭之　7.3/64/26

恚 huì　　1

又不以私○害公法　6.4/53/27

晦 huì　　1

○而休　1.10/8/24

喙 huì　　1

是虎目而豕（啄）〔○〕
　　3.10/28/12

惠 huì　　33

樂於施○　1.3/2/17
恩愛慈○　1.7/6/1
慈○仁義　1.13/11/25
與○公異母　2.4/14/19
○公號公子夷吾　2.4/14/20
○公不用　2.4/14/21
晉○之姊　2.4/15/6
魯大夫柳下○之妻也　2.10/18/14
柳下○處魯　2.10/18/14
柳下○曰　2.10/18/16
宜爲○兮　2.10/18/21
君子謂柳下○妻能光其
　夫矣　2.10/18/21
下○之妻　2.10/18/26
將誄下○　2.10/18/26
君子善其慈○而遠識也　3.3/23/23
汝必施恩布○　3.9/27/1
晉○公太子之妃也　5.3/42/25
是爲○王　5.4/43/27
王有仁○　5.8/46/9
慈○有序　5.10/48/1
君子謂節乳母慈○敦厚
　　5.11/48/17
必求其寬仁慈○　5.11/48/18
○而好我　6.13/61/27
使諸君常有○施于妾　6.14/62/10
是爲○公　7.4/65/24,7.7/68/4
甚寬○而慈于民　7.7/67/13
〔夫豈〕○其民而不○
　其父乎　7.7/67/15
○公死　7.7/68/4
而立孟姚爲○后　7.13/72/7
是爲○文王　7.13/72/8
是時○后死久恩衰　7.13/72/10

會 huì　　9

于是爲大○　3.6/25/8
○使于齊　3.14/30/26
故相與聚○于澶淵　4.2/33/5

〔延〕壽○赦　5.14/50/7
與鄰婦李吾之屬○燭相
　從夜續　6.14/62/6
○續獨貧　6.14/62/16
當行○逮　6.15/62/22
亨、嘉之○也　7.8/68/21
○諸侯于柯陵　7.10/70/5

誨 huì　　5

君子謂塗山彊於教○　1.4/3/5
太姒教○十子　1.6/4/16
君子謂子發母能以教○　1.11/10/7
教○爾子　1.11/10/7
匪教匪○　7.10/70/9

慧 huì　　2

聰○而行亂　7.8/68/15
雖有聰○之質　7.8/68/25

昏 hūn　　3

○亂失道　7.1/63/20
五世亂○　7.7/68/10
○時　7.12/71/20

婚 hūn　　2

講爾新○　2.8/17/12
懷○姻也　7.9/69/21

渾 hún　　3

女終不○　4.3/33/25
姬與孔氏之豎○良夫淫
　　7.12/71/18
又殺○良夫　7.12/71/22

魂 hún　　1

○神泄兮　2.10/18/21

活 huó　　6

不能存國而自○　5.5/44/13
偷生苟○　5.5/44/16

聽其所欲殺○　5.8/46/8
故問母何所欲殺○　5.8/46/9
且殺兄○弟　5.8/46/13
欲强○初身　5.13/49/23

火 huǒ　15

伯姬嘗遇夜失○　4.2/33/1
夫人少避○　4.2/33/1,4.2/33/2
遂逮于○而死　4.2/33/3
宮夜失○　4.2/33/11
逮○而死　4.2/33/11
因失○　5.12/48/29
兄子與其己子在○中　5.12/48/29
○盛不得復入　5.12/48/30
婦人將自趣○　5.12/48/30
何至自赴○　5.12/49/1
遂赴○而死　5.12/49/3
○大發起　5.12/49/8
○盛自投　5.12/49/8
數爲擧燧○　7.3/65/5

或 huò　7

人○言之楚王曰　2.14/21/4
魯人○聞其義　4.13/39/12
○欲取焉　4.13/39/22
尙○墐之　5.11/48/20
○欲改行爲善　6.15/62/29
○衣其衣　7.9/69/8
〔○裝其幡〕　7.9/69/8

貨 huò　4

受下吏之○金百鎰　1.14/11/30
必以○死　3.10/28/20
妾豈貪○而（失）〔干〕
　大王哉　6.2/52/19
又○晉大夫　7.8/68/17

惑 huò　10

以○我王　6.13/61/9
淫（如）〔妬〕熒○　7/63/13
○亂是修　7.2/64/17
幽王○于褒姒　7.3/65/2
今謂君○于我　7.7/67/13
○亂晉獻　7.7/68/10
莫不迷○失意　7.9/69/7
○亂莊公　7.11/71/10
南子○淫　7.12/71/28
○心乃生　7.13/72/18

禍 huò　40

（夫）〔天〕○衛國也　1.7/5/16
而無以離于○患也　1.9/7/1
猶救其○而除其害　1.13/11/14
喪○之色　2.2/13/14
荅子逢○　2.9/18/9
○福所移　3/22/6
○至不久矣　3.4/24/8
仁除百○　3.5/24/23
○必及身矣　3.6/25/4
是以○及其身　3.6/25/7
伯宗遇○　3.6/25/17
誠○之萌也　3.8/26/14
○至於此　3.8/26/16
果有○殃　3.8/26/21
必有奇○　3.10/28/2
則必有○也　3.10/28/7
後果逢○　3.11/29/8
必有人○　3.12/29/19
君子謂公乘姒緣事而知
　弟之遇○也　3.12/29/20
知其○起　3.12/29/27
○及衆庶　3.13/30/10
不知其爲○耳　3.14/30/24
則魏必有○矣　3.14/30/25
有○必及吾家　3.14/30/25
忠以除○　3.14/30/25
○必興焉　5.2/42/10
吾懼○亂之作也　5.2/42/11
今移○焉　5.4/43/20
以投○凶　6/51/10
不思○之起于後也　6.13/61/16
○亂且成而王不改也　6.13/61/18
今○且搆　6.13/61/20
陳國○凶　6.13/62/1
終被○敗　7/63/13
○至無日　7.2/64/9
卒成○凶　7.5/66/14
○且及矣　7.7/67/19
好○用亡　7.10/70/14
○及明、成　7.11/71/10
○且及身　7.14/72/27

霍 huò　1

次則○叔武　1.6/4/15

獲 huò　6

夫吾不○鱄也　1.7/5/17
○鄭皇耳于（大）〔犬〕
　丘　1.7/5/24
○晉君以歸　2.4/14/22
○晉君以功歸　2.4/14/26
咸○所欲　7.2/64/6
○驪姬以歸　7.7/67/7

肌 jī　1

刻○膚　6.15/63/1

姬 jī　161

夫人、諸○皆師之　1.12/10/27
衛○者　2.2/13/10
衛○爲之不聽鄭衛之音　2.2/13/10
衛○望見桓公　2.2/13/12
○何請邪　2.2/13/13
乃立衛○爲夫人　2.2/13/17
君子謂衛○信而有行　2.2/13/18
齊桓衛○　2.2/13/23
○爲修身　2.2/13/23
文公父獻公納驪○　2.3/13/28
穆○者　2.4/14/19
穆○使納群公子曰　2.4/14/21
穆○聞之　2.4/14/23
穆○死　2.4/14/27
穆○之弟重耳入秦　2.4/14/27
穆○之謂也　2.4/15/2
樊○者　2.5/15/11
樊○諫　2.5/15/11
○下殿迎曰　2.5/15/12
○曰　2.5/15/13,2.8/17/9
○掩口而笑　2.5/15/14
○之所笑　2.5/15/14
王以○〔之〕言告虞丘
　子　2.5/15/19

樊○之力也	2.5/15/21
樊○謙讓	2.5/15/27
號趙○	2.8/17/6
文公以其女趙○妻趙衰	2.8/17/8
趙○請迎盾與其母而納	
之	2.8/17/8
○以盾爲賢	2.8/17/13
○親下之	2.8/17/14
思趙○之讓恩	2.8/17/14
請以○之中子屏括爲公	
族大夫	2.8/17/14
君○氏之愛子也	2.8/17/15
微君○氏	2.8/17/15
君子謂趙○恭而有讓	2.8/17/16
趙○之謂也	2.8/17/17
趙衰○氏	2.8/17/21
彼美淑○	2.11/19/13
聲○生子光	3.8/26/10
廢○子光	3.8/26/21
叔○者	3.10/27/22
叔○曰	3.10/27/24
	3.10/27/25,3.10/28/1
君子謂叔○爲能防害遠	
疑	3.10/27/29
叔向欲娶於申公巫臣氏	
夏○之女	3.10/27/30
叔○不欲娶其族	3.10/27/30
侍者謁之叔○曰	3.10/28/8
叔○往視之	3.10/28/8
君子謂叔○爲能推類	3.10/28/10
叔○之始生叔魚也	3.10/28/11
叔○可謂知矣	3.10/28/15
諸○觀之	4/32/7
伯○者	4.2/32/26
嫁伯○于宋恭公	4.2/32/26
伯○迫于父母之命而行	4.2/32/27
伯○以恭公不親迎	4.2/32/27
致命于伯○	4.2/32/28
伯○既嫁于恭公	4.2/32/30
伯○寡	4.2/32/30
伯○嘗遇夜失火	4.2/33/1
伯○曰	4.2/33/1,4.2/33/2
爲賢伯○	4.2/33/4
伯○之婦道盡矣	4.2/33/4
伯○之謂也	4.2/33/6
伯○可謂不失儀矣	4.2/33/7
伯○心專	4.2/33/11
孟○者	4.6/34/27
父母送孟○不下堂	4.6/34/29
孝公親迎孟○於其父母	4.6/35/4
自御輪三曲顧○與	4.6/35/4
華孟○從	4.6/35/5
○墮車碎	4.6/35/5
孝公使駟馬立車載○以	
歸	4.6/35/6
○使侍御者舒帷以自障	
蔽	4.6/35/6
○氏蘇	4.6/35/11
君子謂孟○好禮	4.6/35/11
孟○好禮	4.6/35/17
上配伯○	4.10/37/27
貞○者	4.11/38/3
號曰〔楚白〕貞○（楚）	
	4.11/38/9
君子謂貞○廉潔而誠信	
	4.11/38/10
楚昭越○者	5.4/43/8
楚昭王之○也	5.4/43/8
蔡○在左	5.4/43/8
越○參右	5.4/43/8
乃顧謂二○曰	5.4/43/9
蔡○對曰	5.4/43/10
蔡○曰	5.4/43/10
蔡○許從孤死矣	5.4/43/12
乃復謂越○	5.4/43/12
越○對曰	5.4/43/13,5.4/43/14
敬越○之言	5.4/43/18
而猶親變蔡○也	5.4/43/18
越○從	5.4/43/18
越○曰	5.4/43/21,5.4/43/23
蔡○竟不能死	5.4/43/25
迎越○之子熊章	5.4/43/26
君子謂越○信能死義	5.4/43/27
越○之謂也	5.4/43/28
要○從死	5.4/44/1
蔡○許王	5.4/44/1
越○執禮	5.4/44/1
維斯兩○	5.4/44/1
虞○者	6.9/57/15
齊威王之○也	6.9/57/15
虞○謂王曰	6.9/57/17
乃惡虞○	6.9/57/18
乃閉虞○于九層之臺	6.9/57/19
乃召虞○而自問焉	6.9/57/20
虞○對曰	6.9/57/20
出虞○	6.9/57/30
君子謂虞○好善	6.9/58/1
虞○譏刺	6.9/58/6
○列其事	6.9/58/6
驪○者	7.7/67/6
獲驪○以歸	7.7/67/7
驪○嬖于獻公	7.7/67/7
公乃立驪○以爲夫人	7.7/67/8
驪○欲立奚齊	7.7/67/8
于是驪○乃說公曰	7.7/67/9
晉獻驪○	7.7/67/12
驪○曰	7.7/67/15
	7.7/67/20,7.7/67/23
驪○乃使人以公命告太	
子曰	7.7/67/21
驪○受福	7.7/67/22
驪○與犬	7.7/67/24
驪○乃仰天叩心而泣	7.7/67/24
則驪○死	7.7/68/1
乃戮驪○	7.7/68/3
驪○繼母	7.7/68/10
陳女夏○者	7.9/69/6
夏○之子徵舒爲大夫	7.9/69/7
公孫寧、儀行父與陳靈	
公皆通于夏○	7.9/69/8
莊王見夏○美好	7.9/69/14
而納夏○	7.9/69/15
莊王以夏○與連尹襄老	7.9/69/17
其子黑要又通于夏○	7.9/69/18
巫臣見夏○	7.9/69/18
使人召夏○曰	7.9/69/19
夏○從之	7.9/69/20
而與夏○奔晉	7.9/69/20
夏○好美	7.9/69/26
聲○者	7.10/70/3
齊靈聲○	7.10/70/14
南子及衛伯○也	7.12/71/15
衛伯○者	7.12/71/17
○與孔氏之豎渾良夫淫	
	7.12/71/18
○使良夫于蒯聵	7.12/71/18
許以○爲良夫妻	7.12/71/19
良夫喜以告○	7.12/71/19
○大悅	7.12/71/19
遂入至○所	7.12/71/20
○杖戈先太子與五介冑	

之士	7.12/71/20	
倡后既入爲○	7.15/73/19	
黜后而立倡○爲后	7.15/73/21	

迹 jī　　2

何車○之衆也	2.14/21/7
發○春申	7.14/73/12

笄 jī　　3

是故必十五而○	3.14/30/28
自殺于磨○之地	5.7/45/25
既○而孕	7.3/64/26

基 jī　　3

卒成伯○	2.3/14/15
維德之○	2.8/17/16
以爲世○	5/41/7

飢 jī　　7

黎民阻○	1.2/2/3
秦○	2.4/14/22
得無○倦乎	2.5/15/12
不知○倦也	2.5/15/13
可以療○	2.14/21/13
○不得食也	3.9/27/10
百姓○餓	6.13/61/23

碁 jī　　1

處○年	2.9/18/2

箕 jī　　5

僕有○帚之妾	2.15/21/23
執○帚	4.11/38/5
囚○子	7.2/64/10
屨弧○服	7.3/64/27
後有人夫妻賣屨弧○服	
之器者	7.3/64/27

稽 jī　　1

北面○首曰	6.4/53/29

機 jī　　1

斷○示焉	1.9/7/22

激 jī　　1

爲簡子發《河○》之歌	6.7/56/11

璣 jī　　1

翡翠珠○	6.10/58/25

墼 jī　　1

枕○席薪	2.11/19/4

積 jī　　5

是謂○殃	2.9/17/28
○之于（大）〔素〕雅	6.9/57/23
求美女○之於後宮	7.1/63/18
○之于後宮	7.2/64/6
○精爲丘	7.2/64/6

績 jī　　16

孟母方○	1.9/6/28
何以異于織○而食	1.9/7/1
敬姜（力）〔方〕○	1.10/8/14
以歜之家而主猶○	1.10/8/15
男女效○	1.10/8/26
言婦人以織○爲公事者	
也	1.10/9/2
親○以爲衣	2.13/20/18
可○而衣之	2.14/21/11
其妻紡○不嫁	4.11/38/3
守寡紡○	4.11/38/15
美其嘉○	4.11/38/16
紡○養子	4.13/39/22
紡○以爲家業	4.15/40/16
紡○織紝	5.9/46/28
與鄰婦李吾之屬會燭相	
從夜○	6.14/62/6
會○獨貧	6.14/62/16

擊 jī　　9

樂師○鼓以告旦	2.1/12/29
宗人○牛而賀之	2.9/17/27
羅與盧戎○之	3.2/22/29
陰令宰人各以一斗○殺	
代王及從者	5.7/45/21
甯戚○牛角而（商）	
〔商〕歌甚悲	6.1/51/16
轂○而折大夫車軸	6.5/54/18
簡子南○楚	6.7/55/30
王乃發鄢郢之師以○之	
	6.13/61/25
李兌乃起四邑之兵○章	
	7.13/72/11

雞 jī　　3

○鳴	2.1/12/29
牝○無晨	7.2/64/12
牝○之晨	7.2/64/12

譏 jī　　4

作詩○刺	4.3/33/25
非徒○令尹	6.2/52/18
又○寡人	6.2/52/18
虞姬○刺	6.9/58/6

饑 jī　　1

晉○	2.4/14/21

齎 jī　　2

下○休焉	5.9/46/26
收子之○與笥金	5.9/46/29

鷄 jī　　1

伏○搏狸	5.11/48/20

羈 jī　　5

曹大夫僖負○之妻也	3.4/24/3
負○之妻言于夫曰	3.4/24/4
負○乃遺之壺飱	3.4/24/8

乃表負○之閭	3.4/24/9
○其頭而飲之于酒池	7.1/63/20

及 jí　　　　　　　　88

○棄長	1.2/2/1
○堯崩	1.2/2/3,1.3/2/18
○契長	1.3/2/17
○啓長	1.4/3/4
爰○姜女	1.6/4/1
○其有娠	1.6/4/5
○入	1.6/4/13
自少○長	1.6/4/16
○其長	1.6/4/16
達乎諸侯大夫○士庶人	1.6/4/19
鮮不○矣	1.6/4/24
瞻望不○	1.7/5/10
○孟子長	1.9/6/26
○寢門	1.10/9/13
天子○諸侯合民事〔于	
外朝〕	1.10/9/14
味不○加美	1.11/10/3
每懷靡○	2.3/14/4
猶恐無○	2.3/14/4
將何○矣	2.3/14/5
人不求○	2.3/14/5
其能○〔乎〕	2.3/14/5
○獻公卒	2.4/14/20
蛟龍不○于枯澤	2.6/16/7
○（○）〔返〕國	2.8/17/7
○爾同死	2.8/17/11
	4.7/35/28,5.4/43/27
○盾爲正卿	2.8/17/14
不○	3.2/22/28
○鄒	3.2/22/28
○公子反國	3.4/24/9
○叔敖長	3.5/24/24
泣恐不○	3.5/24/29
禍必○身矣	3.6/25/4
是以禍○其身	3.6/25/7
難必○子	3.6/25/9
○欒不忌之難	3.6/25/11
○公薨	3.8/26/15
公○大夫相與議之	3.9/27/4
○堂	3.10/28/8
○長	3.10/28/10
○叔魚長	3.10/28/13

禍○衆庶	3.13/30/10
非妾所○	3.13/30/11
有禍必○吾家	3.14/30/25
大王○宗室所賜幣者	3.15/31/20
以○後嗣	4.2/32/29
行節（○）〔反〕乖	4.5/34/22
語不○外	4.6/34/28
衛宗室靈王之夫人（而）	
○其傅姜也	4.12/38/20
○君王復于禮	5.4/43/22
自殺者誅○妻子	5.5/44/11
軍且○之	5.6/44/28
使廚人持斗以食代王○	
從者	5.7/45/21
陰令宰人各以一斗擊殺	
代王○從者	5.7/45/21
見善如不○	5.9/47/5
擇諸母○阿者	5.11/48/18
珠崖令之後妻○前妻之	
女也	5.13/49/13
○令死	5.13/49/14
願以車馬○家中財物盡	
以送汝	5.14/50/10
恩○草木	6.3/53/3
延○側陋	6.10/58/30
○女死之後	6.11/59/30
故○三難	6.13/61/24
日夜與末喜○宮女飲酒	7.1/63/19
○周屬王之末	7.3/64/25
生壽○朔	7.4/65/19
亂○五世	7.4/65/24
何嗟○矣	7.6/66/27
延○二叔	7.6/67/1
生秦穆夫人○太子申生	7.7/67/6
禍且○矣	7.7/67/19
亂○五世然後定	7.7/68/5
○恭王即位	7.9/69/19
○還	7.10/70/5
○靈公薨	7.10/70/8
未○收髮	7.11/70/23
○姜入後	7.11/70/28
禍○明、成	7.11/71/10
南子○衛伯姬也	7.12/71/15
禍且○身	7.14/72/27
○考烈王死	7.14/73/4
乃襲殺哀王○太后	7.14/73/6
陰謀后○太子于王	7.15/73/20

○悼襄王薨	7.15/73/21
大夫怨倡后之譖太子○	
殺李牧	7.15/73/23

伋 jí　　　　　　　　6

宣公夫人夷姜生○子	7.4/65/18
乃與壽弟朔謀構○子	7.4/65/19
公使○子之齊	7.4/65/19
○子曰	7.4/65/21
○子醒	7.4/65/22
○子以壽爲己死	7.4/65/23

即 jí　　　　　　　　21

舜○位	1.2/2/3,1.3/2/18
而後○安	1.10/8/21,1.10/8/22
	1.10/8/23,1.10/8/23
始○位	2.4/14/20
莊王○位	2.5/15/11
○入	2.15/21/23
○有〔如〕不稱	3.15/31/24
景公○時命罷守槐之役	6.4/54/6
威王○位	6.9/57/15
○墨大夫賢而日毀之	6.9/57/16
而使有司○窮驗問	6.9/57/19
封○墨大夫以萬戶	6.9/57/30
齊○墨之女	6.12/60/10
于是諸侯乃○申侯而共	
立故太子宜臼	7.3/65/8
及恭王○位	7.9/69/19
○解兵	7.13/72/12
○百歲後	7.14/72/25
○楚更立君後	7.14/72/26

急 jí　　　　　　　　1

〔有〕緩○非有益〔也〕	
	6.15/62/23

亟 jí　　　　　　　　1

○往祀焉	7.7/67/22

疾 jí　　　　　　　　14

因○之而作詩云	3.3/23/21

靈公○　　　3.8/26/15
而夫有惡○　　　4.4/33/30
不幸遇惡○　　　4.4/34/1
夫有惡○　　　4.4/34/8
其父○　　　5.8/46/11
馳驟揚塵○至　　　5.9/47/1
遽○行問初　　　5.13/49/18
徵舒○此言　　　7.9/69/12
鮑牽是○　　　7.10/70/14
告有○　　　7.11/70/21
余聞崔子之○也　　　7.11/70/23
君之臣杼有○不在　　　7.11/70/26
成有○　　　7.11/70/29

嫉 jí　　　2

靡有○妬　　　2.5/15/27
○賢妬能　　　6.9/57/16

極 jí　　　4

○宮室之觀　　　6.4/54/5
妾〔之避〕已○矣　　　6.5/54/19
其爲人○醜無雙　　　6.10/58/11
萬民寵○　　　6.10/58/25

楫 jí　　　7

持○而走　　　6.7/56/1
用○者少一人　　　6.7/56/6
娟攘卷操○而請曰　　　6.7/56/6
〔世習舟○之事〕　　　6.7/56/7
願備（父）〔員〕持○　　　6.7/56/7
妾持○兮操其維　　　6.7/56/12
操○進說　　　6.7/56/20

瘠 jí　　　3

擇○土而處之　　　1.10/8/16
○土之民嚮義　　　1.10/8/18
請毋○色　　　1.10/9/8

輯 jí　　　1

辭之○矣　　　6.14/62/12

己 jǐ　　　21

虢戴○　　　1.10/7/27
其所與遊者皆過○者也　　　1.10/8/5
與○同處　　　2.5/15/27
不爲變○　　　2.7/17/1
亡也以姐○　　　3.14/31/1
仁以爲○任　　　4.11/38/10
作歌明○之不更二也　　　4.13/39/13
○之子　　　5.6/45/4
兄子與其○子在火中　　　5.12/48/29
明不私○　　　5.12/49/8
姐○者　　　7.2/64/3
以爲人皆出○之下　　　7.2/64/4
不離姐○　　　7.2/64/4
姐○之所譽貴之　　　7.2/64/5
姐○之所憎誅之　　　7.2/64/5
姐○好之　　　7.2/64/7
姐○乃笑　　　7.2/64/8
姐○曰　　　7.2/64/9
斬姐○頭　　　7.2/64/11
姐○配紂　　　7.2/64/17
伋子以壽爲○死　　　7.4/65/23

脊 jǐ　　　1

有倫有○　　　6.5/54/25

幾 jǐ　　　5

庶○遐年　　　2.10/18/20
而反○死乎　　　5.10/47/21
處家無○何　　　6.2/52/9
〔寡人之殆○不全〕　　　6.10/58/29
則屋○覆矣　　　6.12/60/17

擠 jǐ　　　1

而爲讒臣所○　　　6.9/57/22

吉 jí　　　4

名曰乾○　　　3.10/27/25
卜擇○日　　　6.10/58/30
莫○　　　7.3/64/23
（而）○　　　7.3/64/24

技 jì　　　1

內挾○術　　　7.9/69/6

忌 jì　　　2

及爨不○之難　　　3.6/25/11
大夫夏甫不○曰　　　7.6/66/20

季 jì　　　32

王○之母　　　1.6/3/27
生太伯、仲雍、王○　　　1.6/3/28
王○娶爲妃　　　1.6/4/4
次則聘○載　　　1.6/4/16
武王纘太王、王○、文
　　王之緒　　　1.6/4/17
追王太王、王○　　　1.6/4/19
魯○敬姜者　　　1.10/7/27
○康子之從祖叔母也　　　1.10/7/27
懼干○孫之怒　　　1.10/8/15
○氏之婦不淫矣　　　1.10/9/2
○氏之婦可謂知禮矣　　　1.10/9/11
敬姜嘗如○氏　　　1.10/9/12
子將庀○氏之政焉　　　1.10/9/16
治楚三（○）〔年〕　　　2.5/15/20
狄人入其二女叔（隈）
　　〔隗〕、○隗于公子　　　2.8/17/6
魯使大夫○文子如宋　　　4.2/32/28
字○兒　　　5.14/50/6
○兒兄○宗與延壽爭葬
　　父事　　　5.14/50/6
延壽與其友田建陰殺○
　　宗　　　5.14/50/7
乃以告○兒　　　5.14/50/7
○兒曰　　　5.14/50/7
　　　5.14/50/9, 5.14/50/10
不敢見○兒　　　5.14/50/12
○兒乃告其大女曰　　　5.14/50/12
○兒可以爲則矣　　　5.14/50/15
○兒樹義　　　5.14/50/20
喬如與繆姜謀去○、孟
　　而擅魯國　　　7.8/68/16
必逐○、孟　　　7.8/68/17
使執○孫行父而止之　　　7.8/68/18
謀逐○、孟　　　7.8/69/1

紀 jì　5

知世○綱	2/12/18
天下之大綱○也	3.14/31/4
棄綱○之大	3.14/31/5
陳列○綱	3.14/31/13
以爲女○	4.13/39/22

計 jì　7

不○於心	1.14/12/2
請入與○之	2.15/21/23
○慮甚妙	3.13/30/17
吾○已決矣	3.15/31/23
○念進之則殺主父	5.10/47/18
女○念不聽之	5.15/50/26
○未決而輒	7.13/72/10

既 jì　89

○成以德	1/1/3
舜○治廩	1.1/1/12
時○不能殺舜	1.1/1/14
○納于百揆	1.1/1/17
舜○嗣位	1.1/1/18
母道○畢	1.2/2/10
○生啓	1.4/3/3
公子○娶而死	1.7/5/8
定姜○哭而息	1.7/5/15
○學而歸	1.9/6/27
孟子○娶	1.9/7/5
○嫁則以夫爲天	1.12/10/28
德行○備	1.12/11/5
姜后〔○出〕	2.1/12/24
○見君子	2.1/13/1,6.8/57/6
	6.9/58/2,6.10/59/2
	6.11/60/1,6.12/60/27
夫人○有所好	2.7/16/21
柳下○死	2.10/18/17,2.10/18/26
黔婁○死	2.11/19/18
○〔而〕歸	2.12/19/24
○不我嘉	3.3/23/22
○明且哲	3.4/24/11
○飲而問妻曰	3.6/25/8
公○不聽	3.8/26/21
○厚三家	3.9/27/17
○畢而賤賣	3.11/29/1
括○行	3.15/31/24
○許嫁于鄫	4.1/32/11
○入宋	4.2/32/27
伯姬○嫁于恭公	4.2/32/30
○嫁于蔡	4.4/33/30
○往而不同欲	4.5/34/13
○居久之	4.6/35/5
○嫁	4.6/35/12
○無所歸	4.8/36/11
○葬	4.8/36/12
妾○不仁	4.11/38/8
○許諾之	4.15/40/19
○置而黜之	5.2/42/4
○驩	5.4/43/9
心○許之矣	5.4/43/24
○歸	5.5/44/7
戎○滅蓋	5.5/44/23
簡子○葬	5.7/45/20
今○受人之託	5.8/46/12
○納之五日	5.9/46/25
○已	5.10/47/20
秦○滅魏	5.11/48/24
○去	5.13/49/25
期處○成	5.15/51/5
○歸家（庭）〔處〕	6.2/52/25
敦（于）〔弓〕○堅	6.3/53/10
舍矢○鈞	6.3/53/11
○入門	6.4/53/24
○不怒僕	6.5/54/20
○有狂夫昭氏在內矣	6.5/54/24
罰○釋兮瀆乃清	6.7/56/12
佛肹○叛	6.8/57/10
○陷難中	6.9/57/25
○有汙名	6.9/57/27
妾○當死	6.9/57/29
今大王○有明哲	6.12/60/18
國○殆矣	6.13/61/7
春秋○盛	6.13/61/9
年○四十	6.13/61/17
桀○棄禮義	7.1/63/18
桀○無道	7.1/63/29
紂○無道	7.2/64/17
○笄而孕	7.3/64/26
○生子伯服	7.3/65/1
夷姜○死	7.4/65/19
二子○死	7.4/65/24
○行	7.5/66/5
○入	7.6/66/19
閔公○立	7.6/66/24
○遠太子	7.7/67/12
○廢見擯	7.8/69/1
○居	7.11/70/20
○殺章	7.13/72/12
○見孌近	7.13/72/18
○立畔本	7.14/73/12
○寡	7.15/73/17
倡后○入爲姬	7.15/73/19
倡后○孌幸于王	7.15/73/20

記 jì　1

弟子○之	1.10/9/2

寂 jì　1

○然清靜	2.2/13/14

祭 jì　7

○以士	1.6/4/20
○以大夫	1.6/4/21
命婦成○服	1.10/8/25
○養尸	1.10/9/5
○悼子	1.10/9/17
終奉○祀	4.15/40/24
申生○于曲沃	7.7/67/22

跡 jì　3

行見巨人○	1.2/1/29
履○而孕	1.2/2/10
門外車○何其深也	2.13/20/15

稷 jì　14

堯使棄居○官	1.2/2/2
號曰后○	1.2/2/3
汝后○	1.2/2/3
其後世世居○	1.2/2/4
思文后○	1.2/2/5
使主社○	1.7/5/17
齊田○子之母也	1.14/11/30
田○子相齊	1.14/11/30
田○子慚而出	1.14/12/6

遂舍○子之罪　1.14/12/7
君子謂○母廉而有化　1.14/12/8
田○之母　1.14/12/13
孰可與慮社○　3.3/23/18
社○不定　6.10/58/24

冀 jì　2

吾○而朝夕脩我曰　1.10/8/28
○幸補一言　6.9/57/22

濟 jì　9

○○多士　1.10/8/8
出宿于○　1.12/10/29
若事有○　2.3/14/6
〔若〕無所○　2.3/14/7
必○師　3.2/22/25
師次亂○　3.2/22/28
然後可以○難矣　4.3/33/20
姜〔居河○之間〕　6.7/56/7

繼 jì　18

卒○其父　1.4/3/10
文王○而教之　1.6/4/17
而使姜爲其○母　1.13/11/15
○母如母　1.13/11/15
○母若斯　1.13/11/25
○續先祖爲宗廟主也　4.1/32/13
齊義○母者　5.8/46/5
義○信誠　5.8/46/20
○母連大珠以爲繫臂　5.13/49/13
○母棄其繫臂珠　5.13/49/14
得珠十枚于○母鏡奩中
　5.13/49/15
○母聞之　5.13/49/18
○母又曰　5.13/49/22
若○母與假女推讓爭死
　5.13/49/27
假○相讓　5.13/50/1
以夜○晝　6.10/58/26,7.3/65/4
驪姬○母　7.7/68/10

加 jiā　22

有不可以少○重任者　1.6/4/23

公侯之夫人○之以紘、
　綖　1.10/8/24
（則）〔列〕士之妻○
　之以朝服　1.10/8/25
毋○服　1.10/9/9
味不及○美　1.11/10/3
桓公○焉　2.2/13/23
而○以八尺之長也　2.12/19/27
若○禮焉　3.4/24/8
○璧其上　3.4/24/9
而齊、楚、强秦不敢○
　兵焉　3.14/31/8
〔故卒不○誅〕　3.15/31/25
子父之接忘而秦晉之友
　不○親也　5.3/42/26
不忍○文　5.13/49/25
將○以刑　6.3/53/15
且○罪焉　6.4/53/22
不損祿而○刑　6.4/53/27
誅將○兮姜心驚　6.7/56/12
將欲○誅　6.7/56/20
而○此二罪　6.9/57/27
欲洗沐○衣裳　6.11/59/18
教未施而刑已○焉　6.15/62/29
○之炭　7.2/64/8

夾 jiā　1

有赤雲○日如飛鳥　5.4/43/19

枷 jiā　1

殊櫳○　4.9/36/29

家 jiā　62

三過其○　1.4/3/4
子之○世世尊榮　1.8/6/7
以歇之○而主猶績　1.10/8/15
夜庀其○事　1.10/8/22
合○事于內朝　1.10/9/15
不出夫○　1.12/10/18
然吾父母○〔多〕幼稚
　1.12/10/18
今諸子許我歸視私○　1.12/10/20
歸辨○事　1.12/10/21
○事甚理　1.12/10/22

從諸子謁歸視私○　1.12/10/25
復其○　1.13/11/18
不入于○　1.14/12/3
國○多難　2.6/16/4
○貧親老　2.6/16/5
○富三倍　2.9/17/26,2.9/18/9
無功而○昌　2.9/17/28
○貧國富　2.9/17/29
○富國貧　2.9/18/1
苔子之○果以盜誅　2.9/18/2
送厥母○　2.9/18/9
民從而○者　2.14/21/12
且國○多貳　3.6/25/10
于是文仲託于三○　3.9/27/2
世○子也　3.9/27/5
既厚三○　3.9/27/17
昔晉客舍吾○　3.13/30/7
其○倩吾兄行追之　3.13/30/8
有禍必及吾○　3.14/30/25
勞來國○　3.14/31/8
不問○事　3.15/31/21
夫○禮不備而欲迎之　4.1/32/11
夫○輕禮違制　4.1/32/14
夫○訟之于理　4.1/32/14
室○不足　4.1/32/15
言夫○之禮不備足也　4.1/32/15
封靈王世○　4.12/38/20
紡績以爲○業　4.15/40/16
未至○　5.9/46/25
至○　5.9/46/30
處○不義　5.9/47/3
願以車馬及○中財物盡
　以送汝　5.14/50/10
內不能和夫○　5.14/50/11
還其○　5.15/50/28
雖○果至　5.15/50/29
敢問國○之事耶　6.1/51/18
國○未定　6.1/51/25
此甯戚之欲得仕國○也　6.1/51/26
處○無幾何　6.2/52/9
既歸○（庭）〔處〕　6.2/52/25
身死○收　6.8/56/25
內不乘國○之治　6.10/58/27
國○　6.12/60/17
國○安與不安　6.12/60/18
惟○之索　7.2/64/12
女有○　7.5/66/6

不靖國○　7.8/68/23
滅其○　7.14/73/5
盡滅李園之○　7.14/73/6
國○所以覆而不安也　7.15/73/18
乃殺倡后而滅其○　7.15/73/23

葭 jiā　3

○墻蓬室　2.14/21/3
莞○爲蓋　2.14/21/17
羊牛踐○葦　6.3/53/2

嘉 jiā　15

文王○之　1.6/4/12
○賓式讌以樂　1.10/9/6
君子○焉　1.11/10/12,4.6/35/17
○茲姜后　2.1/13/5
既不我○　3.3/23/22
美其○績　4.11/38/16
聖王○之　4.15/41/1
群臣○美　5.4/44/1
○其義明　5.14/50/20
管○報公　6.1/52/3
亨、之會也　7.8/68/21
悼襄王后生子○　7.15/73/19
王遂廢○而立遷　7.15/73/20
共立○于代　7.15/73/23

甲 jiǎ　3

辛壬癸○　1.4/3/3,1.4/3/10
言趣饗戰鬭之士而繕○
　兵也　3.9/27/8

假 jiǎ　8

獨於○子而不爲　1.13/11/14
親其親而偏其○　1.13/11/16
扶養○子　1.13/11/25
貞女不○人以色　4.11/38/8
親○有罪　5.8/46/20
若繼母與○女推讓爭死
　5.13/49/27
○繼相讓　5.13/50/1
毋必○手於武王以廢其
　祀　7.7/67/18

嫁 jià　37

出○則從乎夫　1.9/7/16
婦人未○　1.12/10/28
既○則以夫爲天　1.12/10/28
夫死不○　2.7/16/21
而○之于許　3.3/23/19
衛女未○　3.3/23/27
吾今○姊矣　3.12/29/14
夫臨喪而言○　3.12/29/15
姒欲○　3.12/29/17
吾豈以欲○之故數子乎
　3.12/29/17
子欲○耶　3.13/30/4
吾豈爲不○不樂而悲哉　3.13/30/5
二十而○　3.14/30/28
節成然後許○　3.14/30/29
既許○于鄷　4.1/32/11
故○娶者　4.1/32/13
○伯姬于宋恭公　4.2/32/26
伯姬既○于恭公　4.2/32/30
○于衛　4.3/33/16
齊女○衛　4.3/33/25
既○于蔡　4.4/33/30
其母將改○之　4.4/33/30
過時不○　4.6/34/27
既○　4.6/35/12
其妻紡績不○　4.11/38/3
今又去而○　4.11/38/8
不○　4.14/39/27
年十六而○　4.15/40/14
終無○意　4.15/40/16
將取而○之　4.15/40/17
其父母懼而不敢○也　4.15/40/23
母將○之　4.15/41/1
妾亦不○　5.9/47/4
乃厚幣而○之　5.10/47/24
又終不復○矣　5.14/50/13
非媒不○　6.7/56/14
衒○不售　6.10/58/13

稼 jià　1

好種○穡　1.2/2/1

駕 jià　1

楚王○至老萊之門　2.14/21/4

奸 jiān　2

凡○將作　3.9/26/27
內聚○臣　6.10/58/22

肩 jiān　2

鳶（眉）〔○〕而牛腹
　3.10/28/12
則脅○無所容　5.6/45/5

姦 jiān　6

靡有○意　1.1/1/9
三○同罪　3.10/28/14
愚悖○生　3.13/30/17
○臣必（倍）〔倚〕敵
　國而發謀　6.13/61/10
而○不止　6.15/62/27
○宄是用　7.1/63/29

兼 jiān　2

妾聞堂上○女　2.5/15/16
自吾先君武公○翼　7.7/67/18

堅 jiān　5

乘人○良　2.13/20/19
○固專一　4.9/37/11
敦（于）〔弓〕既○　6.3/53/10
夫屋○與不○　6.12/60/17

間 jiān　21

二妃死于江、湘之○　1.1/1/19
嬉遊爲墓○之事　1.9/6/23
使人○視其居處　1.12/10/22
臟（月）〔日〕禮畢事
　○　1.12/10/25
吾從門○觀其志氣　2.12/19/25
如耳未遇（門）〔○〕
　3.14/30/25

而魏國居其〇	3.14/31/6	**簡** jiǎn	26	康子辭于朝而入〇	1.10/9/13	
諸母誡之兩階之〇	4.6/35/2			魯大夫從臺上〇而怪之		
在于饋食之〇而已	5.2/42/7	契母〇狄者	1.3/2/15		1.12/10/22	
君子謂懷嬴善處夫婦之		〇狄與其妹娣競往取之	1.3/2/16	妾之淫心〇矣	2.1/12/25	
〇	5.3/42/30	〇狄得而合之	1.3/2/16	以〇君王樂色而忘德也	2.1/12/25	
君子謂趙夫人善處夫婦		〇狄性好人事之治	1.3/2/17	既〇君子	2.1/13/1,6.8/57/6	
之〇	5.7/45/25	君子謂〇狄仁而有禮	1.3/2/20		6.9/58/2,6.10/59/2	
妾〔居河濟之〇〕	6.7/56/7	契母〇狄	1.3/2/26		6.11/60/1,6.12/60/27	
生于天壤之〇	6.9/57/21	乃與太子蕃、公子弘、		衛姬望〇桓公	2.2/13/12	
期月之〇	6.11/59/29	與〇璧	2.4/14/23	寡人將以晉君〇	2.4/14/23	
乃使張儀〇之	6.13/61/7	趙（蕳）〔〇〕子乘馬		使兩君罷以玉帛相〇	2.4/14/24	
强秦使人內〇王左右	6.13/61/20	園中	3.11/28/25	欲王多〇	2.5/15/17	
使人裸形相逐其〇	7.2/64/6	〇子從之	3.11/29/1	且婦人有七〇去	2.7/16/24	
其〇容刀	7.7/67/9	趙〇子之女	5.7/45/20	而反欲使吾爲〇棄之行	2.7/16/26	
逐太子與二公子而可〇		〇子既葬	5.7/45/20	敗亡之徵〇矣	2.9/18/2	
也	7.7/67/9	鄭〇公使大夫聘于荆	6.5/54/17	〇先生之尸在牖下	2.11/19/4	
不待幽〇於朝廷	7.9/69/9	趙〇子之夫人也	6.7/55/30	覆頭則足〇	2.11/19/5	
園女弟因〇謂春申君曰		〇子南擊楚	6.7/55/30	覆足則頭〇	2.11/19/5	
	7.14/72/24	〇子至	6.7/56/1	〇時暴亂	2.13/20/27	
		〇子〔怒〕	6.7/56/1	〇王曰	3.2/22/25	
監 jiān	4	〇子曰	6.7/56/1	〇事所興	3.2/23/10	
		6.7/56/4,6.7/56/6,6.7/56/7		〇晉公子	3.4/24/15	
若管、蔡〇殷而畔	1.6/4/23	〇子將渡	6.7/56/6	卒獨〇釋	3.4/24/16	
日入〇九御	1.10/8/20	〇子悅	6.7/56/10	〇兩頭蛇	3.5/24/20	
吾從汝謁往〇之	1.12/10/18	爲〇子發《河激》之歌	6.7/56/11	歸〇其母而泣焉	3.5/24/20	
光可〇人	3.10/28/4	〇子大悅	6.7/56/13	吾聞〇兩頭蛇者死	3.5/24/21	
		〇子歸	6.7/56/15	今者出遊〇之	3.5/24/21	
蕳 jiān	1	趙〇渡河	6.7/56/20	吾恐他人復〇之	3.5/24/22	
				叔敖〇蛇	3.5/24/29	
趙（〇）〔簡〕子乘馬		**蠒** jiǎn	1	不〇其人	3.7/26/1	
園中	3.11/28/25			君子謂臧孫母識高〇遠	3.9/27/12	
		治絲〇	2.7/16/21	遂不肯〇	3.10/28/9	
剪 jiǎn	2			遂不〇	3.10/28/13	
		見 jiàn	118	猶未嘗〇乘居而匹處也	3.14/31/3	
昔帝堯茅茨不〇	6.3/53/4			三月廟〇	4.2/32/27,4.6/35/5	
茅茨不〇	6.11/59/24	行〇巨人跡	1.2/1/29	未嘗得〇	4.5/34/13	
		未嘗〇邪辟之事	1.6/4/16	又恐其已〇遣而不以時		
減 jiǎn	2	〇獻公之不哀也	1.7/5/16	去	4.5/34/14	
		卒〇逐走	1.7/5/18	歸問女（〇）〔昆〕弟	4.6/35/12	
帶圍〇尺	1.13/11/12	傅母〇其婦道不正	1.8/6/7	夫人遂出〇息君	4.7/35/23	
損膳〇樂	6.11/59/28	而夫子〇妾	1.9/7/6	以〇吾誠	4.8/36/14	
		恐〇人過也	1.9/7/8	〇利忘死者	4.11/38/7	
儉 jiǎn	3	孟母〇之曰	1.9/7/10,1.9/7/11	以時相〇	4.12/38/24	
		鄉〇子有憂色	1.9/7/11	〔〇〕貴而忘賤	4.14/40/2	
猶謙謙恭〇	1.1/1/11	〇其友上堂	1.10/7/28	心之所〇	5.2/42/7	
安于節〇	6.11/59/24	所執贄而〇於窮閭隘巷		吾聞信不〇疑	5.2/42/11	
爲王陳節〇愛民之事	6.13/61/26	者七十餘人	1.10/8/4	夫〇疑而生	5.2/42/12	

望〇一婦人抱一兒、攜		龍忽不〇	7.3/64/24	且吾聞寧榮于義而〇	2.12/19/28
一兒而行	5.6/44/28	公使大夫宗〔婦〕用幣		不爲〇而改行	2.13/20/18
〇軍之至	5.6/45/2	〇	7.6/66/20	夫安貧〇而不怠于道者	
〇軍走山	5.6/45/15	君夢〇齊姜	7.7/67/21		2.13/20/21
〇路傍婦人採桑	5.9/46/25	〇申生哭曰	7.7/67/24	亦安貧〇	2.13/20/27
力桑不如〇國卿	5.9/46/27	既廢〇擯	7.8/69/1	既畢而〇賣	3.11/29/1
妾不忍〇〔不孝不義之		泄冶〇之	7.9/69/8	則〇妾有先人之弊廬在	4.8/36/9
人〕	5.9/47/4	莊王〇夏姬美好	7.9/69/14	〔見〕貴而忘〇	4.14/40/2
〇善如不及	5.9/47/5	將軍子反〇美	7.9/69/16	毋〇〇	6.1/51/19
〇不善如探湯	5.9/47/6	巫臣〇夏姬	7.9/69/18	〇可〇耶	6.1/51/21
魏之故臣〇乳母而識之		鮑牽〇之	7.10/70/4	〇妾不勝其欲	6.4/53/22
曰	5.11/48/8	〇庫廏皆焚	7.11/71/4	皆謂君愛樹而（賊）	
夫〇利而反上者	5.11/48/13	王嘗夢〇處女鼓瑟而歌		〔〇〕人	6.4/54/2
秦軍追〇	5.11/48/15	曰	7.13/72/4		
何面目以〇兄弟、國人		想〇其人	7.13/72/5	**踐** jiàn	**6**
哉	5.12/49/2	〇章纍然也	7.13/72/9		
不敢〇季兒	5.14/50/12	既〇嬖近	7.13/72/18	牛羊避而不〇	1.2/1/30
甯戚欲〇桓公	6.1/51/15	遷遂〇虜于秦	7.15/73/22	則不〇其朝	1.9/7/13
〇甯子	6.1/51/27			子不聞越王句〇之伐吳	
弓人之妻請〇曰	6.3/53/1	**建** jiàn	**4**	〔耶〕	1.11/10/1
平公〇之	6.3/53/2			〇吾葵	3.13/30/7
何爲老而〇奔	6.4/53/23	延壽與其友田〇陰殺季		越王勾〇之女	5.4/43/8
晏子望〇之	6.4/53/24	宗	5.14/50/7	羊牛〇葭葦	6.3/53/2
〇陰陽不調	6.4/53/25	〇獨坐死	5.14/50/7		
〇處子珮瑱而浣	6.6/55/8	田〇	5.14/50/8	**劍** jiàn	**2**
不得〇主君	6.8/56/27	田〇已死	5.14/50/9		
于是襄子〇而問之曰	6.8/56/28			奉〇而正履	1.10/8/1
不意大王乃復〇〔而〕		**漸** jiàn	**9**	佩〇帶冠	7.1/63/17
與之語	6.9/57/23				
故不〇疑也	6.9/57/24	以〇教化	1/1/3	**諫** jiàn	**23**
卒〇覆冒	6.9/57/25	君子謂孟母善以〇化	1.9/6/26		
〔願乞一〇〕	6.10/58/13	慈母以禮義之〇	1.13/11/18	數〇獻公	1.7/6/1
于是宣王乃召〇之	6.10/58/16	〇洳三百步	3.13/30/9	〇臣五人	1.10/8/3
忽然不〇	6.10/58/19	留夫人〇臺之上而去	4.10/37/16	樊姬〇	2.5/15/11
如是〇王	6.11/59/18	留姜〇臺	4.10/37/27	其妻數〇	2.9/17/26
不〇識也	6.11/59/19	宣王方置酒于〇臺	6.10/58/15	妻〇不聽	2.9/18/9
〇諸夫人	6.11/59/19	〇臺五重	6.10/58/24	〇者有刑	3.2/22/28
而〇謁者曰	6.12/60/11	于是（折）〔拆〕〇臺		數〇伯宗	3.6/25/17
遂〇	6.12/60/15		6.10/58/29	仲子強〇	3.8/26/21
王猶〇焉	6.12/61/1			姊〇子皮	3.12/29/27
王〇之而止	6.13/61/12	**賤** jiàn	**18**	是用大〇	6.2/52/21
恐壅閼蔽塞而不得〇	6.13/61/14			〇者不得通入	6.10/58/26
因以幟〇	6.13/61/14	無貴〇一也	1.6/4/21	〇辭甚明	6.11/60/5
以幟〇王	6.13/62/1	國有道而〇	2.10/18/15	〇者蔽塞	6.13/61/7
不使貧妾得蒙〇哀之恩		不戚戚于貧〇	2.11/19/12	姪願往〇之	6.13/61/10
	6.14/62/10	安〇甘淡	2.11/19/18	安知〇	6.13/61/11
婦人以辭不〇棄于鄭	6.14/62/11	宜矣子之卑且〇也	2.12/19/24	龍逢進〇曰	7.1/63/21

智足以距〇	7.2/64/3	太〇者	1.6/3/27	遂復〇后而勤于政事	2.1/12/27
比干〇曰	7.2/64/8	必與太〇	1.6/3/28	君子謂〇后善于威儀而	
〇士剖囚	7.2/64/17	君子謂太〇廣于德教	1.6/3/29	有德行	2.1/12/28
忠〇者誅	7.3/65/6	爰及〇女	1.6/4/1	〇氏之德行	2.1/13/1
申公巫臣〇曰	7.9/69/14	蓋太〇淵智非常	1.6/4/1	嘉茲〇后	2.1/13/5
巫臣〇曰	7.9/69/16	太姒思媚太〇、太任	1.6/4/13	齊〇	2.3/13/28
李牧〇曰	7.15/73/17	太〇任姒	1.6/5/3	妾告〇氏	2.3/14/1
		衛姑定〇者	1.7/5/8	〇〔氏〕殺之	2.3/14/1
薦 jiàn	**6**	定〇歸其婦	1.7/5/9	〇曰	2.3/14/4, 7.8/68/20
		君子謂定〇爲慈姑	1.7/5/11	〇與舅犯謀	2.3/14/6
四嶽（鷹）〔〇〕之於堯	1.1/1/9	定〇曰	1.7/5/12, 1.7/5/19	迎齊〇以爲夫人	2.3/14/8
後伐平林者咸（鷹）			1.7/5/24	君子謂齊〇潔而不瀆	2.3/14/9
〔〇〕之覆之	1.2/1/31	君子謂定〇能遠患難	1.7/5/14	彼（〇）〔美〕孟〇	2.3/14/9
所〇非子弟	2.5/15/17	定〇既哭而息	1.7/5/15	齊〇公正	2.3/14/14
〇進美人	2.5/15/27	而定〇欲立之而不得	1.7/5/18	〇（興）〔與〕犯謀	2.3/14/14
妾〔宜以身〇其棺槨〕		慢侮定〇	1.7/5/18	其母曰繆〇	4.2/32/26
	4.14/39/29	君子謂定〇能以辭教	1.7/5/22	繆〇出于房	4.2/32/28
〇床蔽席	6.9/57/21	獻兆于定〇曰	1.7/5/23	貞〇者	4.10/37/16
		君子謂定〇達於事情	1.7/5/25	乃號之曰貞〇	4.10/37/22
餞 jiàn	**1**	衛姑定〇	1.7/6/1	君子謂貞〇有婦節	4.10/37/22
		號曰莊〇	1.8/6/6	留〇漸臺	4.10/37/27
飲〇于禰	1.12/10/29	〇交好	1.8/6/6	彼美孟〇	4.11/38/11
		莊〇者	1.8/6/12	〇姒法斯	5/41/7
江 jiāng	**10**	莊〇姆妹	1.8/6/18	宣〇者	7.4/65/18
		魯季敬〇者	1.10/7/27	宣公夫人夷〇生伋子	7.4/65/18
二妃死于〇、湘之間	1.1/1/19	敬〇守養	1.10/7/28	曰宣〇	7.4/65/19
王使人（往）〔注〕〇		敬〇側目而盼之	1.10/7/28	夷〇既死	7.4/65/19
之上流	1.11/10/2	敬〇召而數之曰	1.10/8/1	宣〇欲立壽	7.4/65/19
至〇南而止	2.14/21/11	敬〇曰	1.10/8/7	宣〇乃陰使力士待之界	
王聞〇水大至	4.10/37/16	君子謂敬〇備于教化	1.10/8/8	上而殺之	7.4/65/20
〇水大至	4.10/37/27	敬〇謂之曰	1.10/8/9	衛之宣〇	7.4/65/29
楚大夫〇乙之母也	6.2/52/8	朝敬〇	1.10/8/14	亂由〇起	7.4/65/29
乃復召〇乙而用之	6.2/52/20	敬〇（力）〔方〕績	1.10/8/14	文〇者	7.5/66/5
〇乙失位	6.2/52/25	敬〇嘆曰	1.10/8/15	文〇與襄公通	7.5/66/7
故禱祠九〇三淮之神	6.7/56/2	敬〇聞之	1.10/9/4	文〇以告襄公	7.5/66/8
何以保相印、〇東之封		君子謂敬〇爲慎微	1.10/9/6	文〇淫亂	7.5/66/14
乎	7.14/72/27	敬〇戒（止）〔其〕妾		哀〇者	7.6/66/19
		曰	1.10/9/7	哀〇未入時	7.6/66/19
姜 jiāng	**125**	敬〇之處喪也	1.10/9/11	與哀〇淫	7.6/66/19
		敬〇嘗如季氏	1.10/9/12	與其弟叔〇俱	7.6/66/20
棄母〇嫄者	1.2/1/29	敬〇對曰	1.10/9/13	以夸哀〇	7.6/66/23
〇嫄以爲異	1.2/2/1	敬〇闔門而與之言	1.10/9/16	哀〇驕淫	7.6/66/23
〇嫄之性	1.2/2/1	仲尼謂敬〇別于男女之		哀〇欲立慶父	7.6/66/23
君子謂〇嫄靜而有化	1.2/2/4	禮矣	1.10/9/18	慶父與哀〇謀	7.6/66/24
赫赫〇嫄	1.2/2/4	號曰敬〇	1.10/9/22	立叔〇之子	7.6/66/24
棄母〇嫄	1.2/2/10	周宣〇后者	2.1/12/23	慶父與哀〇淫益甚	7.6/66/24
太〇、太任、太姒	1.6/3/27	〇后〔既出〕	2.1/12/24	哀〇奔邾	7.6/66/26

聞哀○與慶父通以危魯　7.6/66/26
乃召哀○　7.6/66/26
哀○好邪　7.6/67/1
酖殺哀○　7.6/67/1
齊○先死　7.7/67/8
君夢見齊○　7.7/67/21
繆○者　7.8/68/15
繆○通于叔孫宣伯　7.8/68/16
喬如與繆○謀去季、孟
　而擅魯國　7.8/68/16
○告公　7.8/68/17
魯（逐）〔遂〕擯繆○
　于東宮　7.8/68/19
繆○使筮之　7.8/68/19
惜哉繆○　7.8/68/25
繆○淫泆　7.8/69/1
齊東郭○者　7.11/70/19
崔子（吊）〔弔〕而說
　○　7.11/70/20
由臺上與東郭○戲　7.11/70/22
東郭○奔入戶而閉之　7.11/70/22
東郭○曰　7.11/70/23
崔子與○自側戶出　7.11/70/23
東郭○與前夫子棠毋咎
　俱入　7.11/70/27
及○入後　7.11/70/28
慶封乃使盧蒲嫳帥徒眾
　與國人焚其庫廄而殺
　成、（○）〔彊〕　7.11/71/3
東郭○殺一國君而滅三
　室　7.11/71/5
齊東郭○　7.11/71/10

將 jiāng　124

醉○殺之　1.1/1/14
有娀方○　1.3/2/20
○亡　1.7/5/13
是○敗衛國　1.7/5/16
○入私室　1.9/7/5
○入門　1.9/7/7
○上堂　1.9/7/8
○入戶　1.9/7/8
故幅可以為○　1.10/8/10
○縶長而食之　1.10/9/4
子○業君之官職焉　1.10/9/15
子○庇季氏之政焉　1.10/9/16

楚○子發之母也　1.11/9/27
○軍得無恙乎　1.11/9/28
○軍朝夕芻蒸黍梁　1.11/10/1
今子為○　1.11/10/4
○軍稻梁　1.11/10/12
○死于齊　2.3/13/29
從者○以子行　2.3/14/1
○何及矣　2.3/14/5
寡人○以晉君見　2.4/14/23
○焉用　2.4/14/26
乃○赴死　2.4/15/6
○安所用此　2.7/16/26
○陷于害　2.10/18/16
門人○誄之　2.10/18/17
○誄夫子之德耶　2.10/18/17
○誄下惠　2.10/18/26
晏子○出　2.12/19/23
豈○老而遺之哉　2.13/20/15
而○何以待之　2.13/20/19
老萊○行　2.14/21/17
王使屈瑕為○　3.2/22/24
○自用也　3.2/22/27
○發大命而蕩王心焉　3.2/23/4
知王○蕞　3.2/23/10
懿公○與許　3.3/23/15
伺其○浴　3.4/24/4
多○熇熇　3.6/25/12
文仲○為魯使至齊　3.9/26/26
凡奸○作　3.9/26/27
○以襲魯　3.9/27/11
○必以是大有敗也　3.10/28/4
今○滅羊舌氏者　3.10/28/9
○有馬為也　3.11/28/28
王○自納焉　3.14/30/23
趙○馬服君趙奢之妻　3.15/31/18
孝成王使括代廉頗為○
　　3.15/31/18
○行　3.15/31/18,7.8/68/17
括不可使○　3.15/31/19
父時為○　3.15/31/19
今括一旦為○　3.15/31/21
其母○改嫁之　4.4/33/30
○妻其夫人而納之于宮　4.7/35/22
○以為夫人　4.11/38/4
○欲居外　4.12/38/30
○求焉　4.13/39/13
○取而嫁之　4.15/40/17

○何以立于世　4.15/40/21
母○嫁之　4.15/41/1
○殺之　5.1/41/14
義保聞伯御○殺稱　5.1/41/14
王○立公子（商）〔商〕
　臣以為太子　5.2/42/3
今者王必○以職易太子　5.2/42/11
圉○逃歸　5.3/42/25
圉○與逃　5.3/43/3
○改斯樂而勤於政也　5.4/43/15
然可（移）〔以〕移于
　○相　5.4/43/19
○相聞之　5.4/43/19
○請以身禱于神　5.4/43/20
○相之於孤　5.4/43/20
國人皆○為君王死　5.4/43/22
若○必死　5.4/43/23
蓋之偏○丘子之妻也　5.5/44/6
吾聞○節勇而不果生　5.5/44/7
而以○禮葬之　5.5/44/17
君子謂蓋○之妻潔而好
　義　5.5/44/18
蓋○之妻　5.5/44/23
齊○問兒曰　5.6/44/29
齊○乃追之　5.6/44/30
軍士引弓○射之　5.6/45/1
吾○射爾　5.6/45/1
齊○問所抱者誰也　5.6/45/1
齊○曰　5.6/45/3
于是齊○按兵而止　5.6/45/7
齊○問之　5.6/45/15
吾○奚歸　5.7/45/23
滕知○死　5.10/47/20
○納以為妻　5.10/47/23
婦人○自趣火　5.12/48/30
○車宿齊東門之外　6.1/51/15
我○安居　6.1/51/25
○殺弓人　6.3/53/1
○加以刑　6.3/53/15
景公○殺　6.4/54/12
○執而鞭之　6.5/54/18
○欲之楚　6.6/55/10,6.6/55/17
簡子○渡　6.7/56/6
不穀○行　6.7/56/8
誅○加兮妾心驚　6.7/56/12
蛟龍助兮主○歸　6.7/56/12
○使人祝祓以為夫人　6.7/56/13

○欲加誅	6.7/56/20	絳 jiàng	1	哀姜○淫	7.6/66/23
佛肸之母○論	6.8/56/26			○妬縱橫	7.6/67/1
○就于論	6.8/57/10	歸福于○	7.7/67/22		
王○往	6.13/61/8			皎 jiǎo	1
桓公○伐鄭	7.5/66/5	交 jiāo	7		
與夫人俱○如齊也	7.5/66/6			有如○日	4.14/40/5
○自立	7.6/66/25	姜○好	1.8/6/6		
殆○釋君乎	7.7/67/20	持○而不失	1.10/8/11	矯 jiǎo	2
吾○圖之	7.7/67/21	乃得畢羊而○之	3.6/25/11		
○胙	7.7/67/23	先兄弟而後○友	5.5/44/15	小子○○	3.15/31/26
○納之	7.9/69/14	先○友而後妻子	5.5/44/15		
○軍子反見美	7.9/69/16	泣下○頸	5.13/49/23	皦 jiǎo	1
我○聘汝	7.9/69/18	二亂○錯	7.12/71/28		
○詢之	7.10/70/4			（死）〔有〕如○日	4.7/35/25
○至	7.10/70/6	郊 jiāo	5		
高、鮑○不內君	7.10/70/6			教 jiào	42
○欲殺之	7.11/70/30	使潔奉禘、○之粢盛	1.10/8/20		
○入	7.12/71/22	下妾不得與○弔	4.8/36/9	以漸○化	1/1/3
○〔更〕立兄弟	7.14/72/25	至○	5.6/44/28	而○之種樹桑麻	1.2/2/1
而使王誅其良○武安君		姪持幟伏南○道旁	6.13/61/11	能育其○	1.2/2/2,1.3/2/18
李牧	7.15/73/22	乃置之○	7.3/64/24	而○之理	1.3/2/17
				○以事理	1.3/2/26
漿 jiāng	1	蛟 jiāo	2	而敬敷（王）〔五〕○	1.3/2/19
				塗山獨明○訓而致其化焉	1.4/3/4
羃酒○	1.9/7/14	○龍不及于枯澤	2.6/16/7	化其德而從其○	1.4/3/4
		○龍助兮主將歸	6.7/56/12	君子謂塗山彊於○誨	1.4/3/5
僵 jiāng	2			○訓以善	1.4/3/10
		膠 jiāo	3	亦明○訓	1.5/3/15
因陽○覆酒	5.10/47/19			君子謂太姜廣於德○	1.6/3/29
○以除賊	5.10/48/1	德音孔○	2.1/13/1	德○本也	1.6/3/29
		可謂孔○也	2.1/13/1	能以胎○	1.6/4/5
講 jiǎng	2	糊以（阿）〔河〕魚之		太任○之以一而識百	1.6/4/6
		○	6.3/53/7	君子謂太任為能胎○	1.6/4/6
晝○其庶政	1.10/8/22			太姒○誨十子	1.6/4/16
晝而○（隸）〔肄〕	1.10/8/23	驕 jiāo	10	文王繼而○之	1.6/4/17
				反思其受○之時	1.6/4/24
降 jiàng	8	不以天子之女故而○盈		君子謂定姜能以辭○	1.7/5/22
		怠嫚	1.1/1/10	毋○猱升木	1.8/6/13
○而生（商）〔商〕	1.3/2/21	○而好兵	1.8/6/13	匪怒匪○	1.9/7/18
從後階○而卻行	1.10/8/1	刺子○泰	1.11/10/12	○化列分	1.9/7/22
有○服	1.10/9/9	淫僻、竊盜、長舌、○		君子謂敬姜備于○化	1.10/8/8
則○服一等	1.12/10/29	侮、無子、惡病皆在		文伯再拜受○	1.10/8/14
上天○災	2.4/14/24	其後	2.7/16/25	○以法理	1.10/9/22
景公乃○堂	6.4/53/29	不虛○以貴	2.12/19/28	君子謂子發母能以○誨	1.11/10/7
我心則○	6.9/58/2	明言○恭	2.12/20/8	○誨爾子	1.11/10/7
亂匪○自天	7.5/66/9	○奢自恣	7.1/63/20	君子謂母師能以身○	1.12/10/28
		維亂○揚	7.1/63/29	婢子娣姒不能相○	2.4/14/25

吾姒不○吾以居室之禮	2.7/16/26	○是物也	3.10/28/6	楚聘○輿	2.13/20/27
王○之端	4.9/36/28	○貪不正	3.10/28/20	子父之○忘而秦晉之友	
母不能○子	6.8/56/29	君臣父子○被其辱	3.13/30/10	不加親也	5.3/42/26
乃以母無○耶	6.8/56/30	齊兄弟○欲與君	4.3/33/18		

階 jiē　6

妾受父母○採桑	6.11/59/13	○順其君之意也 4.3/33/21
不受○觀大王	6.11/59/14	內外○無五屬之親 4.8/36/10
使妾不受父母之○	6.11/59/16	○不釋兵 4.9/37/5

乃捐○　1.1/1/12
從後○降而卻行　1.10/8/1
父誡之東○之上　4.6/35/1
諸母誡之兩○之間　4.6/35/2
土○三等　6.3/53/5
惟屬之○　7.7/68/5

非朕德薄而○之不明歟
　　　　　　6.15/62/27
○未施而刑已加焉　6.15/62/29
匪○匪誨　7.10/70/9
有子不能○也　7.11/71/2

魯大夫○知稱之在保　5.1/41/16
宮人○傾觀　5.2/41/27
○欲得國　5.2/42/9
國人○將爲君王死　5.4/43/22
代人○懷之　5.7/45/25
今○赦之　5.8/46/7
○殺之　5.8/46/7
○赦不殺　5.8/46/15
○居子室以養全之　5.11/48/19
○莫之知　5.13/49/15
○天下之妙選也　6.3/53/7

喈 jiē　1

北風其○　6.13/61/27

醮 jiào　5

婦人一○不改　2.7/16/21
一與之○　4.4/34/1
母○房之中　4.6/34/29
終不以身更貳○　4.7/35/24
一○不改　4.15/41/1

○謂君愛樹而（賊）
　〔賤〕人　6.4/54/2
○已備有列位矣　6.10/58/17
○棄事來觀　6.11/59/13
諸夫人○怪之　6.11/59/20
宮中諸夫人○掩口而笑
　　　　　　6.11/59/21

劫 jié　2

乃○其妻之父　5.15/50/26
夫讎○父　5.15/51/5

皆 jiē　54

于是諸夫人○大慚　6.11/59/27
齊中○稱〔其〕廉平 6.15/62/24
以爲人○出己之下　7.2/64/4
此○爲民而不顧親　7.7/67/19
我○無之　7.8/68/24
公孫寧、儀行父與陳靈
　公○通于夏姬　7.9/69/8
公孫寧、儀行父○奔楚 7.9/69/13
高、鮑○復　7.10/70/9
見庫廄○焚　7.11/71/4
妻子○死　7.11/71/5

桀 jié　10

而遂放○　6.7/56/9
堯、舜、○、紂俱天子
　也　6.11/59/23
○、紂不自飾以仁義 6.11/59/25
夏○之妃也　7.1/63/17
○既棄禮義　7.1/63/18
○曰　7.1/63/21
○師不戰　7.1/63/24
湯遂放○　7.1/63/24
末喜配○　7.1/63/29
○既無道　7.1/63/29

○其母感于物　1.6/4/9
大夫聞之○懼　1.7/5/17
○伯王之君也　1.10/8/4
其所與遊者○過己者也 1.10/8/5
○爲服役　1.10/8/6
○黃耇倪齒也　1.10/8/7
○衣其夫　1.10/8/25
○非吾所敢言也　1.10/9/16
○不踰閾　1.10/9/17
諸子○頓首許諾　1.12/10/19
夫人、諸姬○師之　1.12/10/27
○不愛慈母　1.13/11/10
諸侯○朝　2.2/13/11
淫僻、竊盜、長舌、驕
　侮、無子、惡病○在
　其後　2.7/16/25
○免之　3.2/23/1
其從者三人○國相也 3.4/24/4
○善戮力以輔人　3.4/24/5
今其從者○卿相之僕也 3.4/24/7
諸大夫○謂我知似陽子 3.6/25/6
夫人仲子與其娣戎子
　〔○〕嬖于公　3.8/26/11
又○通于齊高子、國子 3.9/26/28

接 jiē　10

楚狂○輿之妻也　2.13/20/13
○輿躬耕以爲食　2.13/20/13
○輿笑而不應　2.13/20/14
○輿曰　2.13/20/15
　　　2.13/20/17, 2.13/20/19
君子謂○輿妻爲樂道而
　遠害　2.13/20/21
○輿之妻　2.13/20/27

結 jié　11

昔者武王罷朝而○絲袜
　絕　1.10/8/2
無可使○之者　1.10/8/2
心如○兮　1.13/11/20
故福○于子孫　2.9/17/29
明日○駟連騎　2.15/21/24
夫○駟連騎　2.15/21/25
子何不預○賢大夫以託
　州犂焉　3.6/25/10

○其衿縭	4.6/34/29	○乳母與公子俱逃	5.11/48/7	妾○去之	5.13/49/20
內（餙）〔飾〕則○紐		廢正義而行逆○哉	5.11/48/14	即○兵	7.13/72/12
綢繆	4.6/35/7	君子謂○乳母慈惠敦厚			
今吾不足以○子	5.3/42/28		5.11/48/17	**介** jiè	**2**
（印）〔卬〕鼻○喉	6.10/58/12	守○執事	5.11/48/24		
		梁○姑姊者	5.12/48/29	巫臣使○歸幣於楚	7.9/69/20
節 jié	**51**	君子謂○姑姊潔而不污	5.12/49/3	姬杖戈先太子與五○胄	
		梁○姑姊	5.12/49/8	之士	7.12/71/20
砥厲女之心以高○	1.8/6/10	京師○女者	5.15/50/25		
禮○甚脩	1.12/10/22	君子謂○女仁孝	5.15/50/30	**戒** jiè	**11**
動作有○	2/12/18	京師○女	5.15/51/5		
不爲昭昭（變）〔信〕		長指大○	6.10/58/11	所以○人也	1.9/7/8
○	3.7/25/24	安于○儉	6.11/59/24	敬姜○（止）〔其〕妾	
國之大○也	3.14/30/27	爲王陳○儉愛民之事	6.13/61/26	曰	1.10/9/7
	7.6/66/22	背○棄義	7/63/13	維○無怠	2.6/16/14
○成然後許嫁	3.14/30/29			其妻常○之曰	3.6/25/3
守○持義	4.1/32/15	**竭** jié	**5**	汝其○之	3.9/26/28
行○（及）〔反〕乖	4.5/34/22			○之曰	4.6/34/29
執○甚公	4.6/35/17	○情盡實	1.14/12/2	必敬必○	4.6/35/1
楚王賢其夫人守○有義	4.7/35/26	盡力○能	1.14/12/4	齊○五日	6.1/51/27
以立吾○	4.8/36/14	盡材○力	1.14/12/13	選士大夫齋○沐浴	6.7/56/8
諸侯失○	4.9/36/27	夫子之不○兮	2.10/18/18	然願○大王	6.9/57/29
以爲有○	4.9/37/11	國且虛○	6.13/61/23	子何以○寡人	6.13/61/15
守一○而已	4.10/37/19				
守義死○	4.10/37/21	**潔** jié	**13**	**界** jiè	**1**
君子謂貞姜有婦○	4.10/37/22				
夫人守○	4.10/37/27	使○奉禘、郊之粢盛	1.10/8/20	宣姜乃陰使力士待之○	
吳王賢其守○〔而〕有		吾聞士脩身○行	1.14/12/2	上而殺之	7.4/65/20
義	4.11/38/9	廉○公正	1.14/12/5		
而得留以盡其○	4.12/38/23	廉○正直	1.14/12/13	**借** jiè	**4**
不改故○	4.12/38/24	君子謂齊姜○而不瀆	2.3/14/9		
變妾之○哉	4.12/38/27	勤正○行	4/32/6	忠臣不○人以力	4.11/38/7
以全貞信之○	4.14/40/1	源○而流清	4.1/32/13	（備）〔○〕吾不還	4.15/40/15
君子謂高行○禮專精	4.14/40/5	君子謂貞姬廉○而誠信		願○子〔以〕調其音	6.6/55/15
行之○也	4.15/40/18		4.11/38/10	願（○）〔備〕後宮之	
惟若○義	5/41/6	君子謂蓋將之妻○而好		埽除	6.10/58/14
好善慕○	5/41/6	義	5.5/44/18		
則是失儀○也	5.2/42/1	○而有讓	5.8/46/16	**誡** jiè	**4**
執○有常	5.2/42/20	○婦者	5.9/46/25		
終獨死○	5.4/44/1	○婦精于善	5.9/47/5	父○之東階之上	4.6/35/1
吾聞將○勇而不果生	5.5/44/7	君子謂節姑姊○而不污	5.12/49/3	諸母○之兩階之間	4.6/35/2
失人臣之○	5.5/44/16			姑姊妹○之門內	4.6/35/3
據○銳（情）〔精〕	5.5/44/23	**解** jiè	**5**	孰能以身（試）〔○〕	5.2/42/15
猶知持○行義	5.6/45/8				
義姑有○	5.6/45/15	○環佩	2.2/13/12	**巾** jīn	**5**
稱說○禮	5.7/45/30	鳥獸之○毛	2.14/21/11		
魏○乳母者	5.11/48/6	夫人○繋臂	5.13/49/17	余以○櫛事先君而暴妾	

使余	1.7/5/21	○朌與鮒	3.10/27/26	○公子安在	5.11/48/9
妾執○櫛十一年	2.5/15/15	○是鄭穆少妃姚子之子	3.10/28/3	○魏國亦破亡	5.11/48/12
雖妾亦無以侍執○櫛	2.8/17/10	○將滅羊舌氏者	3.10/28/9	○持逆亂而以求利	5.11/48/13
異○櫛	4.9/36/29	吾○嫁姊矣	3.12/29/14	獨○乃語我乎	5.14/50/8
寡君使婢子侍執○櫛以		○無識也	3.13/30/5	○君不朝五日	6.1/51/17
固子也	5.3/42/28	○魯君老悖	3.13/30/9	○令尹之治也	6.2/52/13
		方○戰國	3.14/30/23	名垂至○	6.3/53/4
今 jīn	**119**	○魏不能強	3.14/30/24	○姜之夫治造此弓	6.3/53/5
		○大王爲太子求妃	3.14/30/29	○必當以人祀	6.4/53/29
○而廢之	1.9/7/1	○大王亂人道之始	3.14/31/5	○吾君樹槐	6.4/54/1
○者妾竊墮在室	1.9/7/6	○括一旦爲將	3.15/31/21	○君窮民財力以美飲食	
○子不察於禮	1.9/7/8	○不得意	4.5/34/15	之具	6.4/54/4
○擁楹而歎	1.9/7/11	○立車無軔	4.6/35/8	○于狹路之中	6.5/54/19
○道不用於齊	1.9/7/13	○殖有罪	4.8/36/9	○子列大夫而不爲之表	6.5/54/21
○子	1.9/7/17	○吾上則無父	4.8/36/13	○姜之子少而不慢	6.8/57/2
○以子年之少而位之卑	1.10/8/5	○君王棄儀表之行	4.9/37/1	至○十餘年矣	6.9/57/22
○我寡也	1.10/8/27	○使者不持符	4.10/37/18	○女子不容于鄉里布衣	
爾○也曰	1.10/8/28	○水方大至	4.10/37/18		6.10/58/17
○吾子夭死	1.10/9/7	○王賜金璧之聘、夫人		○大王之君國也	6.10/58/22
○子爲將	1.11/10/4	之位	4.11/38/6	〔吾〕乃○一聞〔寡人	
○諸子許我歸視私家	1.12/10/20	○又去而嫁	4.11/38/8	之殆〕	6.10/58/28
○君設官以待子	1.14/12/3	○我無子	4.12/38/23	○日出遊	6.11/59/19
○子反是	1.14/12/5	○又煩孺子	4.12/38/23	○至	6.11/59/20
○妾望君舉趾高	2.2/13/14	○夫人難我	4.12/38/30	至○數千歲	6.11/59/25
○以喪歸	2.4/14/26	○王又重之	4.14/39/29	至○千餘歲	6.11/59/26
○賢于妾者二人	2.5/15/15	（念）〔○〕忘死而趨		○大王既有明哲	6.12/60/18
○吾夫誠士也	2.7/16/24	生	4.14/40/1	○則未有	6.12/60/22
○夫子不然	2.9/17/29	○刑餘之人	4.14/40/3	○秦又使人重賂左右	6.13/61/9
○夫子治陶	2.9/18/1	○又使妾去之	4.15/40/22	○禍且搆	6.13/61/20
○當亂世	2.10/18/15	○者大王在臺上	5.2/42/1	（令）〔○〕坐法當刑	
○遂逝兮	2.10/18/20	○者王必將以職易太子	5.2/42/11		6.15/62/24
○者	2.12/19/25	○吾不足以結子	5.3/42/28	○法有肉刑五	6.15/62/27
○子身長八尺	2.12/19/26	○乃比于妃嬪	5.4/43/12	○人有過	6.15/62/29
○先生食人酒肉	2.14/21/9	○則不然	5.4/43/15	○婦贄用幣	7.6/66/21
○日爲相	2.15/21/24	○移禍焉	5.4/43/20	○謂君惑于我	7.7/67/13
○以容郄之安、一肉之		○軍敗君死	5.5/44/9	〔○夫以君爲紂〕	7.7/67/17
味	2.15/21/26	○又何也	5.5/44/10	〔至于○吾豈知紂之善	
言○者許小而遠	3.3/23/16	○君死而子不死	5.5/44/12	否哉〕	7.7/67/18
若○之世	3.3/23/17	○子以妻子之故	5.5/44/15	○我婦人而與于亂	7.8/68/22
○舍近而就遠	3.3/23/18	○釋之	5.6/45/3	○自子牽君而爲之	7.9/69/9
○其從者皆卿相之僕也	3.4/24/7	○十有餘年矣	5.7/45/22	○君相楚三十餘年	7.14/72/25
○者出遊見之	3.5/24/21	○代已亡	5.7/45/23	○妾〔自〕知有身矣	7.14/73/1
蛇○安在	3.5/24/21	○皆赦之	5.8/46/7		
○陽子華而不實	3.6/25/6	○欲殺之	5.8/46/11	**斤 jīn**	**1**
○衛復有與之齊者	3.7/25/28	○既受人之託	5.8/46/12		
○無故而廢之	3.8/26/13	○也乃悅路傍婦人	5.9/47/1	使使者賜之黃金四十○	
○特書來云爾	3.9/27/6	○盡有之	5.10/47/24		4.15/40/25

金 jīn	31	矜 jīn	2	○妾而死	4.9/37/4
				性相○	6.11/59/23
受下吏之貨○百鎰	1.14/11/30	手足○動者	2.2/13/14	既見嬰○	7.13/72/18
反其○	1.14/12/6	○人臣以能	7.2/64/4		
而以公○賜母	1.14/12/7			浸 jìn	2
況於受○乎	1.14/12/9	衿 jīn	3		
貴子受○	1.14/12/13			○以益大	1.2/1/29
楚王使使者持○百鎰、		結其○縭	4.6/34/29	○以益親	4.4/34/2
車二駟	2.13/20/13	爾之○縭	4.6/35/3		
遣使者持○、駟來聘	2.13/20/16	爾之○鞶	4.6/35/3	晉 jìn	56
使使者持○百鎰	2.15/21/22				
遣使者持○來	2.15/21/24	筋 jīn	1	孫林父奔○	1.7/5/12
王所賜○帛	3.15/31/21			○侯使郤犨爲請還	1.7/5/12
使大夫持○百鎰、白璧		纏以荊櫜之○	6.3/53/6	○文公之夫人也	2.3/13/28
一雙以聘焉	4.11/38/3			自子去○	2.3/14/2
今王賜○璧之聘、夫人		襟 jīn	2	○無寧歲	2.3/14/2
之位	4.11/38/6			天未亡○	2.3/14/2
聘以○璧	4.11/38/15	臧孫母泣下○曰	3.9/27/6	有○國者	2.3/14/3
使使者賜之黃○四十斤		泣下沾○	5.8/46/14	公子必有○	2.3/14/5
	4.15/40/25			秦穆公乃以兵內之于○	2.3/14/8
吾又與女千○	5.2/41/29	僅 jǐn	2	○人殺懷公而立公子重	
賜其弟○百鎰	5.5/44/18			耳	2.3/14/8
吾有○	5.9/46/27	可謂○存矣	3.14/31/6	勸勉○文	2.3/14/14
吾不願〔人之〕○〔也〕		○能勝之	6.13/61/25	○獻公之女	2.4/14/19
	5.9/46/29			○饑	2.4/14/21
收子之齎與筲○	5.9/46/29	錦 jǐn	2	請粟于○	2.4/14/22
奉○遺母	5.9/46/30			○不與	2.4/14/22
以○予之	5.9/47/2	衣○絅裳	1.8/6/9	秦遂興兵與○戰	2.4/14/22
賜○千鎰	5.11/48/7,5.11/48/9	衣○絅衣	1.8/6/9	獲○君以歸	2.4/14/22
則可以得千○	5.11/48/10			寡人將以○君見	2.4/14/23
賜○百鎰	5.11/48/17	謹 jǐn	6	○君朝以入	2.4/14/25
因賜○千鎰	6.2/52/18			獲○君以功歸	2.4/14/26
母讓○、布曰	6.2/52/19	養姑甚○	2.7/16/19	遂改館○君	2.4/14/26
賜母○、布	6.2/52/26	事姑愈○	2.7/16/27	秦送之○	2.4/14/27
而賜○三鎰	6.3/53/10	精專○慎	4/32/6	是爲○文公	2.4/14/27
黃○白玉	6.10/58/24	供養愈○	4.12/38/21	○惠之姊	2.4/15/6
使使者以○百鎰往聘迎		孺子養我甚○	4.12/38/22	秦執○君	2.4/15/6
之	6.11/59/18	○舍之	7.14/73/3	○趙衰妻者	2.8/17/6
				○文公之女也	2.8/17/6
津 jīn	6	近 jìn	9	○公子重耳亡	3.4/24/3
				吾觀○公子〔賢人也〕	3.4/24/4
趙○女娟者	6.7/55/30	其舍○墓	1.9/6/23	必得○國	3.4/24/5
趙河○〔吏〕之女	6.7/55/30	亦○恥也	2.10/18/15	見○公子	3.4/24/15
與○吏期	6.7/55/30	齊大而○	3.3/23/17	○大夫伯宗之妻也	3.6/25/3
○吏醉臥不能渡	6.7/56/1	今舍○而就遠	3.3/23/18	不容于○	3.10/27/23
○吏息女	6.7/56/2	○其舍	3.4/24/3	夫子居○	3.10/27/24
○吏醉荒	6.7/56/20	夫山遠而圍○	3.11/28/28	○人殺食我	3.10/28/10

○范氏母者　3.11/28/25
昔○客舍吾家　3.13/30/7
○惠公太子之妃也　5.3/42/25
子父之接忘而秦○之友
　不加親也　5.3/42/26
我其首○而死　5.3/42/27
○太子也　5.3/42/27
○圍質秦　5.3/43/3
○繁人之女也　6.3/52/30
○平作弓　6.3/53/15
侵三○　6.11/59/29
○獻公之夫人也　7.7/67/6
○獻驪姬　7.7/67/12
○人殺懷公于高梁　7.7/68/4
惑亂○獻　7.7/68/10
○、楚戰于鄢陵　7.8/68/16
公出佐○　7.8/68/17
公辭以○難　7.8/68/17
又貨○大夫　7.8/68/17
以魯士○為內臣　7.8/68/18
靈公太子午奔○　7.9/69/13
而與夏姬奔○　7.9/69/20

進 jìn　28

以○婦道　1.6/4/13
揖讓○退　1.9/6/25
子學不○　1.9/7/22
起居○退　1.13/11/11
以燭○　2.1/12/28
然後○御于君　2.1/12/29
管仲趨○曰　2.2/13/16
求賢人○于王　2.5/15/15
未聞○賢〔而〕退不肖　2.5/15/18
知賢不○　2.5/15/18
使人迎孫叔敖而○之　2.5/15/20
薦○美人　2.5/15/27
雖欲○仕　2.13/20/27
○往遇害　2.15/22/1
身所奉飯〔飲而○食〕
　者以十數　3.15/31/20
修道正○　4/32/6
○退則鳴玉環佩　4.6/35/7
使媵婢取酒而○之　5.10/47/18
計念○之則殺主父　5.10/47/18
使妾奉○　5.10/48/1
其妾婧○曰　6.1/51/17

妾○問焉　6.1/52/3
○而問焉〔曰〕　6.4/53/24
操楫○說　6.7/56/20
招○直言　6.10/58/30
○慈母　6.10/58/30
龍逢○諫曰　7.1/63/21
誠以君之重而○妾于楚
　王　7.14/73/1

禁 jìn　3

莊公弗○　1.8/6/13
因涕泣不能自○　5.13/49/22
○之不止　7.5/66/8

盡 jìn　33

思○婦道　1.1/1/11
治國之要○在經矣　1.10/8/9
繹不○飲　1.10/9/17
期○而入　1.12/10/26
竭情○實　1.14/12/2
○力竭能　1.14/12/4
○材竭力　1.14/12/13
（手）〔首〕足不○斂　2.11/19/5
好○人力　3.9/26/27
汝言以○忠　3.14/30/25
○以與軍吏士大夫　3.15/31/20
歸○藏之　3.15/31/22
伯姬之婦道○矣　4.2/33/4
吳王闔閭○妻其後宮　4.9/36/26
○妻後宮　4.9/37/11
而得留以○其節　4.12/38/23
不得○為人子之禮　4.15/40/22
妻子○誅　5.5/44/6
故士民○力而不畏死　5.5/44/7
吾力畢能○　5.5/44/9
今○有之　5.10/47/24
送葬者○哭　5.13/49/23
願以車馬及家中財物○
　以送汝　5.14/50/10
妾之職○久矣　6.8/57/1
務○其職　6.9/58/1
百姓○觀　6.11/59/12
○其愚辭　6.12/60/12
殫財○幣　7.1/63/22
○取周賂而去　7.3/65/7

○逐群公子　7.7/68/2
○與其室俱　7.9/69/19
楚國○可得　7.14/73/2
○滅李園之家　7.14/73/6

堇 jìn　1

尙或○之　5.11/48/20

京 jīng　2

○師節女者　5.15/50/25
○師節女　5.15/51/5

荊 jīng　4

畢羊乃送州犂于○　3.6/25/11
州犂奔○　3.6/25/18
纏以○藥之筋　6.3/53/6
鄭簡公使大夫聘于○　6.5/54/17

涇 jīng　1

周共王遊于○上　3.1/22/11

菁 jīng　2

○○者莪　6.11/60/1

經 jīng　10

治國之要盡在○矣　1.10/8/9
誠知禮○　1.12/11/5
莫敖自○荒谷　3.2/22/29
則自○矣　4.6/35/10
遂自○　5.2/42/15
遂以（身）〔繯〕自○
　而死　5.14/50/14
○瓜田　6.9/57/24
遂自○于新城廟　7.7/68/1
遂自○而死　7.11/71/4
又自○而死　7.11/71/5

精 jīng　8

○五飯　1.9/7/14
○專謹慎　4/32/6

意猶一〇	4.4/34/8	泣下交〇	5.13/49/23
君子謂伯嬴勇而〇一	4.9/37/5		
君子謂高行節禮專〇	4.14/40/5	**徑 jìng**	**2**
貞專〇純	4.14/40/9	欲報其夫而無道〇	5.15/50/25
據節銳（情）〔〇〕	5.5/44/23	其後秦兵〇入	7.15/73/22
潔婦〇于善	5.9/47/5		
		竟 jìng	**3**
驚 jīng	**5**	蔡姬〇不能死	5.4/43/25
公〇曰	3.7/25/28	使〇其罪	6.9/57/19
主父〇	5.10/47/21	〇終無後	7.4/65/24
誅將加兮妾心〇	6.7/56/12		
宣王大〇	6.10/58/19	**婧 jìng**	**7**
父母〇惶	6.11/59/18	妾〇者	6.1/51/15
		其妾〇進曰	6.1/51/17
井 jǐng	**3**	〇曰	6.1/51/18
使舜浚〇	1.1/1/13	君子謂妾〇爲可與謀	6.1/51/27
舜往浚〇	1.1/1/13	名〇	6.4/53/20
親操〇臼	2.6/16/6	〇懼	6.4/53/22
		殺〇之父	6.4/54/1
窜 jǐng	**1**		
麒麟不入于陷〇	2.6/16/7	**敬 jìng**	**40**
		而〇敷（王）〔五〕教	1.3/2/19
景 jǐng	**12**	立〇姒之子衍爲君	1.7/5/15
必可以比國人而〇附矣	1.6/4/2	所以致〇也	1.9/7/8
升諸〇公以爲大夫	2.12/20/2	魯季〇姜者	1.10/7/27
〇行行止	2.12/20/3	〇姜守養	1.10/7/28
至〇公時	4.2/32/30	〇姜側目而盼之	1.10/7/28
〇公有所愛槐	6.4/53/20	〇姜召而數之曰	1.10/8/1
〇公聞之曰	6.4/53/21	〇姜曰	1.10/8/7
宋〇公之時	6.4/53/28	君子謂〇姜備于教化	1.10/8/8
〇公乃降堂	6.4/53/29	〇姜謂之曰	1.10/8/9
謂〇公曰	6.4/54/3	朝〇姜	1.10/8/14
〇公即時命罷守槐之役	6.4/54/6	〇姜（力）〔方〕績	1.10/8/14
〇公愛槐	6.4/54/12	〇姜嘆曰	1.10/8/15
〇公將殺	6.4/54/12	宣（〇）〔敘〕民事	1.10/8/19
		文伯飲南宮〇叔酒	1.10/9/3
儆 jǐng	**1**	〇姜聞之	1.10/9/4
夜〇百工	1.10/8/21	君子謂〇姜爲慎微	1.10/9/6
		〇姜戒（止）〔其〕妾	
頸 jǐng	**2**	曰	1.10/9/7
鵝〇獨宿兮	4.13/39/14	〇姜之處喪也	1.10/9/11
		〇姜譽如季氏	1.10/9/12
		〇姜對曰	1.10/9/13

〇姜闔門而與之言	1.10/9/16
仲尼謂〇姜別于男女之	
禮矣	1.10/9/18
號曰〇姜	1.10/9/22
〇慎威儀	2.4/15/2
女宗養姑愈〇	2.7/16/19
君〇民戴	2.9/17/29
君不〇	2.9/18/1
所以廣〇也	3.7/25/24
〇以事上	3.7/25/25
〇之〇之	3.14/31/9,4.6/35/2
必〇必戒	4.6/35/1
〇越姬之言	5.4/43/18
溫良恭〇	5.11/48/18
寡人〇受命	6.4/54/6
越王〇螳蜋之怒	6.12/60/25
〇而事之	6.12/60/26

靖 jìng	**1**
不〇國家	7.8/68/23

境 jìng	**8**
出亡至〇	1.7/5/19
而無〇外之志	1.9/7/15
如使邊〇有寇戎之事	3.3/23/17
軍于〇上	3.9/27/11
聞兵在〇上	3.9/27/12
乃至于〇	5.6/45/7
君之〇也	7.7/67/10
邊〇無主	7.7/67/10

靜 jìng	**5**
清〇專一	1.2/2/1,1.2/2/10
君子謂姜嫄〇而有化	1.2/2/4
從禮而〇	1.10/9/9
寂然清〇	2.2/13/14

鏡 jìng	**5**
乃援〇持刀以割其鼻	4.14/40/2
置之母〇奩中	5.13/49/15
得珠十枚于繼母〇奩中	
	5.13/49/15
心恐母云置〇奩中	5.13/49/16

取而置夫人○奮中	5.13/49/18

競 jìng   1

簡狄與其妹娣○往取之	1.3/2/16

絅 jiǒng   2

衣錦○裳	1.8/6/9
衣錦○衣	1.8/6/9

究 jiū   1

是○是圖	6.4/54/8

糾 jiū   1

與太史、司載（科）	
〔○〕虔天刑	1.10/8/20

鳩 jiū   3

尸○在桑	1.13/11/19
尸○以一心養七子	1.13/11/20
夫雎○之鳥	3.14/31/3

九 jiǔ   18

統領○嬪	1.5/3/16
○嬪有行	1.5/3/22
與三公○卿組織施德	1.10/8/18
日入監○御	1.10/8/20
魯○子之寡母也	1.12/10/17
獨與○子居	1.12/10/24
○子之母	1.12/11/5
諸侯○	2.7/16/24
吾聞河潤○里	3.13/30/9
年○歲	5.13/49/14
○十而封于齊	6.1/51/20
故禱祠○江三淮之神	6.7/56/2
○年不治	6.9/57/15
乃閉虞姬于○層之臺	6.9/57/19
雖衝號于○層之內	6.9/57/26
不治○年	6.9/58/6
齊桓公尊○○之人	6.12/60/24

久 jiǔ   16

良○	1.12/10/24
禍至不○矣	3.4/24/8
然而民之不能戴其上○	
矣	3.6/25/9
莫能○長	3.11/29/3
既居○之	4.6/35/5
非所敢○居也	4.6/35/9
彌○不衰	4.7/36/3
然而不可○也	5.4/43/13
嗟然永○	6.6/55/18
維○難蔽	6.7/56/20
妾之職盡○矣	6.8/57/1
良○曰	6.10/58/18
慶剋○不出	7.10/70/4
是時惠后死○恩衰	7.13/72/10
君〔貴〕用事（又）	
〔○〕	7.14/72/26
妾之幸君未○	7.14/73/1

酒 jiǔ   35

瞽叟又速舜飲○	1.1/1/14
舜終日飲○不醉	1.1/1/15
冪○漿	1.9/7/14
惟○食是議	1.9/7/16
文伯飲南宮敬叔○	1.10/9/3
我有旨○	1.10/9/6
客有獻醇○一器〔者〕	1.11/10/2
鐘鼓○食之色	2.2/13/13
○醒	2.3/14/6
澉漠○醴	2.7/16/22
旁無○肉	2.11/19/9
可食以○肉者	2.14/21/8
今先生食人○肉	2.14/21/9
吾欲飲諸大夫○而與之	
謀	3.6/25/7
吾爲毒○	5.10/47/17
封○相待	5.10/47/18
使媵婢取○而進之	5.10/47/18
媵婢心知其毒○也	5.10/47/18
因陽僵覆○	5.10/47/19
藥○毒主	5.10/48/1
反飲之以○	6.3/53/3
宣王方置○于漸臺	6.10/58/15
飲○沉湎	6.10/58/26, 7.3/65/3

日夜與末喜及宮女飲○	7.1/63/19
爲○池	7.1/63/20
羈其頭而飲之于○池	7.1/63/20
好○淫樂	7.2/64/4
流○爲池	7.2/64/6
襄公享桓公○	7.5/66/8
乃置鴆于○	7.7/67/22
覆○于地	7.7/67/23
毒○爲權	7.7/68/10
靈公罷○	7.9/69/12
王飲○樂	7.13/72/5

臼 jiù   4

親操井○	2.6/16/6
○頭深目	6.10/58/11
廢太子宜○而立伯服爲	
太子	7.3/65/2
于是諸侯乃即申侯而共	
立故太子宜○	7.3/65/8

咎 jiù   12

貳必有○	2.3/14/3
以免○殃	3.6/25/17
非有天○	3.12/29/19
其○安在	6.15/62/27
無○	7.8/68/21
是以雖《隨》無○	7.8/68/22
《隨》而無○	7.8/68/24
能無○乎	7.8/68/24
東郭姜與前夫子棠毋○	
俱入	7.11/70/27
棠毋○與東郭偃爭而不	
與	7.11/70/30
于是二子歸殺棠毋○、	
東郭偃于崔子之庭	7.11/71/1
毋○是依	7.11/71/10

救 jiù   16

以○其罪	1.13/11/13
猶○其禍而除其害	1.13/11/14
痛不能○	2.4/15/6
憂民○亂	2.10/18/14
蒙恥○民	2.10/18/19
而許不能○	3.3/23/19

許不能〇	3.3/23/27	慶封乃使盧蒲嫳帥徒眾		〇喪三年	4.15/40/17	
不可〇藥	3.6/25/12	與國人焚其庫〇而殺		〇二十五年	5.4/43/18	
式〇爾後	3.11/29/4	成、（姜）〔彊〕	7.11/71/3	何以〇于世哉	5.8/46/14	
傅母〇之	4.6/35/10	見庫〇皆焚	7.11/71/4	皆〇子室以養全之	5.11/48/19	
秦〇至	4.9/37/5			〇樓上東首	5.15/50/29	
其後（商）〔商〕臣以		**舊 jiù**	3	我將安〇	6.1/51/25	
子上〇蔡之事	5.2/42/6			〇之者逸也	6.3/53/5	
王〇陳	5.4/43/18	夫得寵而忘〇	2.8/17/9	姜〔〇濟之間〕	6.7/56/7	
人〇之	5.5/44/9	況于安新忘〇乎	2.8/17/12	〔〇三日〕	6.12/60/26	
以〇	5.5/44/10	無以新廢〇	2.8/17/13	遂使太子〇曲沃	7.7/67/12	
曩日有〇	5.5/44/10			重耳〇蒲	7.7/67/12	
		居 jū	45	夷吾〇二屈	7.7/67/12	
就 jiù	9			既〇	7.11/70/20	
		堯使棄〇稷官	1.2/2/2			
君子稱身〔而〕〇位	1.9/7/12	其後世世〇稷	1.2/2/4	**拘 jū**	6	
請〇誅焉	1.14/12/7	其後世世〇亳	1.3/2/20			
今舍近而〇遠	3.3/23/18	獻公〇喪而慢	1.7/5/15	是必使齊圖魯而〇汝留		
所以〇之也	3.14/30/28	此非吾所以〇處子〔也〕		之	3.9/27/1	
乃（枕）〔〇〕其夫之			1.9/6/24	齊果〇之	3.9/27/2	
屍于城下而哭〔之〕	4.8/36/11	此非吾所以〇處子也	1.9/6/25	吾子〇有木治矣	3.9/27/6	
不能〇一字	5.13/49/24	眞可以〇吾子矣	1.9/6/26	故知吾子〇而有木治矣	3.9/27/11	
將〇于論	6.8/57/10	遂〇之	1.9/6/26	果〇于齊	3.9/27/17	
然後能成其事、〇其功		是以〇則安寧	1.9/7/1	使吏〇之	6.4/53/21	
	6.12/60/20	閒〇擁楹而歎	1.9/7/11			
請〇（元）〔先〕君之		〇	1.10/8/16	**苴 jū**	2	
廟而死焉	7.11/70/26	使人間視其〇處	1.12/10/22			
		獨與九子〇	1.12/10/24	所以苞〇玩弄	3.3/23/16	
舅 jiù	13	起〇進退	1.13/11/11	故（一）〔以〕婢子之		
		循法興〇	2/12/18	身爲苞〇玩好	5.4/43/11	
養〇姑	1.9/7/14	吾姒不教吾以〇室之禮	2.7/16/26			
與〇犯奔狄	2.3/13/29	〇五年	2.9/17/26	**俱 jū**	19	
姜與〇犯謀	2.3/14/6	妃匹亦〇多焉	2.12/20/3			
公子以戈逐〇犯	2.3/14/6	老萊子乃隨其妻而〇之		願與少子〇	1.12/10/20	
吾食〇氏之肉	2.3/14/7		2.14/21/12	與賢者〇	2.5/15/13	
太子蕃思母之恩而迭其		遂城楚丘以〇	3.3/23/20	願與少子〇脫	2.9/18/2	
〇氏也	2.4/14/27	夫子〇晉	3.10/27/24	保傅不〇	4.2/33/1	
我送〇氏	2.4/15/1	〇未期年	3.12/29/20	同日〇死	4.7/35/26	
以事〇姑	2.7/16/22	猶未嘗見乘〇而匹處也	3.14/31/3	義保與其子〇入宮	5.1/41/13	
吾懲〇氏矣	3.10/28/1	而魏國〇其間	3.14/31/6	固願生〇樂	5.4/43/12	
固養其〇姑者也	4.15/40/21	既〇久之	4.6/35/5	節乳母與公子〇逃	5.11/48/7	
遇稱〇魯大夫于外	5.1/41/15	非所敢久〇也	4.6/35/9	我聞公子與乳母〇逃	5.11/48/11	
〇問	5.1/41/15	吾願出〇外	4.12/38/24	與公子〇死	5.11/48/16	
〇曰	5.1/41/15	夫人欲出〇外	4.12/38/26	與〇遁逃	5.11/48/24	
		使婢子〇內	4.12/38/26	道遠與弱小〇	5.13/49/21	
廏 jiù	3	吾終願〇外而已	4.12/38/28	堯、舜、桀、紂〇天子		
		將欲〇外	4.12/38/30	也	6.11/59/23	
徵舒伏弩〇門	7.9/69/12	使我〇內	4.12/38/30	壽乃〇死	7.4/65/29	

與夫人○將如齊也	7.5/66/6
與○歸齊	7.5/66/14
與其弟叔姜○	7.6/66/20
盡與其室○	7.9/69/19
東郭姜與前夫子棠毋咎	
○入	7.11/70/27

置 jū 　1

肅肅兔○	2.13/20/22

据 jū 　1

○其遺粒	2.14/21/11

雎 jū 　2

《關○》起興	3.14/31/2
夫○鳩之鳥	3.14/31/3

莒 jǔ 　6

○女也	1.10/7/27
莊公襲○	4.8/36/8
楚與吳爲伯○之戰	4.9/36/25
奔○	7.6/66/26
佐遂奔○	7.10/70/7
乃帥師圍○	7.10/70/7

舉 jǔ 　14

日○過者三十人	1.10/8/3
今妾望君○趾高	2.2/13/14
○趾高	3.2/22/25
故○而揚之	4.1/32/16
故○而列之于《詩》也	4.3/33/21
一○而兩辱	4.9/37/3
因○兵平代地	5.7/45/22
○手拊膝曰	6.10/58/21
姪○其幟	6.13/61/12
有寇至則○	7.3/65/4
數爲○燧火	7.3/65/5
幽王○燧燧徵兵	7.3/65/7
○烽致兵	7.3/65/13
楚莊王○兵誅徵舒	7.9/69/13

巨 jù 　1

行見○人跡	1.2/1/29

具 jù 　7

宗不○不繹	1.10/9/17
○以實對	2.12/20/1
女終以一物不○	4.1/32/14
輨軨已○	4.6/35/11
○以告主父	5.10/47/20
今君窮民財力以美飲食	
之○	6.4/54/4
供○備禮	6.7/56/3

拒 jù 　2

代頗○秦	3.15/32/1
左手如○〔石〕	6.3/53/8

距 jù 　3

卒○强秦	6.9/58/6
智足以○諫	7.2/64/3
莫能○	7.15/73/22

聚 jù 　5

三年成○	2.14/21/12
故相與○會于澶淵	4.2/33/5
內○奸臣	6.10/58/22
○之于旁	7.1/63/19
○衆鳴鼓	7.11/70/24

鋸 jù 　2

所以治○	3.9/27/9
○者	3.9/27/9

據 jù 　5

○義而動	2.13/20/18
○大政	3.12/29/18
○節銳（情）〔精〕	5.5/44/23
○信行義	5.8/46/20
○義執理	5.12/49/8

屨 jù 　1

夫子織○以爲食	2.15/21/24

遽 jù 　3

○疾行問初	5.13/49/18
王何爲○	6.12/60/14
○往追之	7.4/65/22

釀 jù 　1

妾恐其酺○醉飽	1.12/10/25

懼 jù 　22

○棄於野	1.2/2/10
大夫聞之皆○	1.7/5/17
孟子○而問其故	1.9/6/29
孟子○	1.9/7/3
○干季孫之怒	1.10/8/15
余○穆伯之絕嗣也	1.10/9/1
何如勤勞憂○如此	1.13/11/13
公○	2.4/14/25
○世亂煩	2.15/22/1
永○匪懈	3/22/7
叔向○而不敢娶	3.10/28/7
○	4.12/39/1
其父母○而不敢嫁也	4.15/40/23
吾○禍亂之作也	5.2/42/11
婧○	6.4/53/22
娟○	6.7/56/1
齊國震○	6.9/58/1
○秦、楚	6.11/59/29
○而棄之	7.3/64/26
則可以威民而○寇矣	7.7/67/12
公○曰	7.7/67/19
子反悔○	7.9/69/26

捐 juān 　1

乃○階	1.1/1/12

娟 juān 　10

趙津女○者	6.7/55/30
○懼	6.7/56/1

○曰　6.7/56/4
○擴卷操楫而請曰　6.7/56/6
○對曰　6.7/56/8
○乃再拜而辭曰　6.7/56/14
女○通達而有辭　6.7/56/15
女○恐惶　6.7/56/20
名之　6.9/57/15
妾○之幸得蒙先人之遺
　體　6.9/57/20

捲 juǎn　1

文伯引衽攘○而親饋之　1.10/8/7

卷 juàn　2

不可○也　4.3/33/19
娟擴○操楫而請曰　6.7/56/6

倦 juàn　3

得無飢○乎　2.5/15/12
不知飢○也　2.5/15/13
無怠○時　4.12/38/26

惓 juàn　2

○○之心　6.9/57/22

嗟 juē　8

○呼惜哉　2.10/18/20
○乎　2.11/19/7,3.13/30/5
　5.11/48/8,7.7/67/25
○夫　4.10/37/21
○然永久　6.6/55/18
何○及矣　7.6/66/27

角 jué　4

秦滅衛君（乃）〔○〕
　4.12/38/20
甯戚擊牛○而（商）
　〔商〕歌甚悲　6.1/51/16
傅以燕牛之○　6.3/53/6
而欲立公子○　7.10/70/6

決 jué　7

吾計已○矣　3.15/31/23
吏不能○
　5.8/46/9,5.8/46/20
相不能○　5.8/46/7
終日不能忍○　5.13/49/24
計未○而報　7.13/72/10

桷 jué　1

刻其○　7.6/66/22

厥 jué　15

以觀○內　1.1/1/10
文定○祥　1.6/4/25
貽○孫子　1.10/9/10
○德孔賢　2.1/13/5
○使治內　2.2/13/23
○行孔備　2.8/17/21
送○母家　2.9/18/9
（廉）〔○〕智孔白　3.4/24/15
○心靡悔　4.2/33/11
○至城門　4.3/33/25
入○宮室　4.9/37/11
輒得○子　5.12/49/8
懿○哲婦　7.1/63/25
俾○彭生　7.5/66/14
○行亂失　7.10/70/14

絕 jué　11

昔者武王罷朝而結絲韈
　○　1.10/8/2
出入不○者　1.10/8/11
余懼穆伯之○嗣也　1.10/9/1
○糧　1.11/9/27
以○無禮之求　4.1/32/16
不○　4.6/35/10
若諸侯外淫者○　4.9/36/29
公侯之所○　4.9/37/1
犯誅○之事　4.9/37/2
而○纓與飲大樂　6.3/53/4
李吾○焉　6.14/62/16

駃 jué　1

○騠生七日而超其母　6.1/51/22

爵 jué　3

如耳還而○之　3.14/31/7
封○　5.2/41/30
示以封○之重　5.2/42/2

譎 jué　1

使要其女爲中○　5.15/50/26

覺 jué　3

有○德行　5.6/45/10
恐主父○　5.10/47/17
威王○寤　6.9/58/6

均 jūn　5

所以○不○、服不服也　1.10/8/10
○也　1.10/8/13
○可以爲內史　1.10/8/13
言心之○一也　1.13/11/20

君 jūn　360

俗謂之湘○　1.1/1/19
○子曰　1.1/1/20
　2.4/15/2,3.13/30/12
　4.2/33/6,4.4/34/4
　4.12/39/2,5.2/42/15
　5.9/47/4,5.9/47/5,6.4/54/7
　6.5/54/24,6.7/56/15
　6.8/57/5,6.14/62/11
　7.8/68/25,7.11/71/5
○子謂姜嫄靜而有化　1.2/2/4
○子謂簡狄仁而有禮　1.3/2/20
○子謂塗山彊於教誨　1.4/3/5
○子謂妃明而有序　1.5/3/16
○子好述　1.5/3/17
言賢女能爲○子和好眾
　妾　1.5/3/17
○子謂太姜廣于德教　1.6/3/29
○子謂太任爲能胎教　1.6/4/6

故○子謂太姒仁明而有		彼○子兮	1.14/12/8	○子有二恥	2.10/18/15
德	1.6/4/24	○子受祿	1.14/12/13	愷悌○子	2.10/18/20
先○之思	1.7/5/11	至使○王失禮而晏朝	2.1/12/25		5.8/46/16,6.15/62/28
○子謂定姜爲慈姑	1.7/5/11	以見○王樂色而忘德也	2.1/12/25	○子謂柳下惠妻能光其	
是先○宗卿之嗣也	1.7/5/12	○子謂姜后善于威儀而		夫矣	2.10/18/21
○其忍之	1.7/5/13	有德行	2.1/12/28	○嘗欲授之政	2.11/19/10
○子謂定姜能遠患難	1.7/5/14	后夫人御于○	2.1/12/28	○嘗賜之粟三十鍾	2.11/19/10
立敬姒之子衎爲○	1.7/5/15	至于○所	2.1/12/29	○子謂黔婁妻爲能安貧行	
先○有冢卿以爲師保而		然後進御于○	2.1/12/29	道	2.11/19/13
蔑之	1.7/5/20	既見○子	2.1/13/1,6.8/57/6	○子謂命婦知善	2.12/20/2
余以巾櫛事先○而暴妾			6.9/58/2,6.10/59/2	列于○子	2.12/20/8
使余	1.7/5/21		6.11/60/1,6.12/60/27	○使不從	2.13/20/20
○子謂定姜能以辭教	1.7/5/22	爲中興○	2.1/13/5	○子謂接輿妻爲樂道而	
○子謂定姜達於事情	1.7/5/25	人○有三色	2.2/13/13	遠害	2.13/20/21
○子宜之	1.7/5/25	今妾望○擧趾高	2.2/13/14	○子謂老萊妻果於從善	
以爲人○之子弟	1.8/6/10	○之蒞朝也	2.2/13/16		2.14/21/12
爲國○之夫人	1.8/6/11	○子謂衛姬信而有行	2.2/13/18	○子謂於陵妻爲有德行	
○子善傅母之防未然也	1.8/6/11	○子謂齊姜潔而不瀆	2.3/14/9		2.15/21/28
○子謂孟母善以漸化	1.9/6/26	能育○子于善	2.3/14/9	○子謂密母爲能識微	3.1/22/14
夫○子學以立名	1.9/6/29	○之根本	2.4/14/21	其謂○撫小民以信	3.2/22/26
○子謂孟母知爲人母之		獲晉○以歸	2.4/14/22	○若不鎮撫	3.2/22/27
道矣	1.9/7/4	寡人將以晉○見	2.4/14/23	○子謂鄧曼爲知人	3.2/23/1
○子謂孟母知禮而明於		使兩○罷以玉帛相見	2.4/14/24	○子謂鄧曼爲知天道	3.2/23/5
姑母之道	1.9/7/9	以辱○命	2.4/14/25	○子揚稱	3.2/23/10
○子稱身〔而〕就位	1.9/7/12	晉○朝以入	2.4/14/25	○子善其慈惠而遠識也	3.3/23/23
○子謂孟母知婦道	1.9/7/18	惟○其圖之	2.4/14/25	衛○不聽	3.3/23/27
皆伯王之○也	1.10/8/4	獲晉○以功歸	2.4/14/26	不知其○者	3.4/24/7
○子謂敬姜備于教化	1.10/8/8	遂改館晉○	2.4/14/26	則其○必伯王之主也	3.4/24/7
○子勞心	1.10/8/26	秦執晉○	2.4/15/6	○子謂僖氏之妻能遠識	3.4/24/10
以是承○之官	1.10/9/1	是蔽○而塞賢路	2.5/15/18	○子謂叔敖之母知道德	
○子謂敬姜爲慎微	1.10/9/6	無使○勞	2.5/15/22	之次	3.5/24/24
○子有穀	1.10/9/10	其「○」者	2.5/15/22	○子謂伯宗之妻知天道	3.6/25/12
子將業○之官職焉	1.10/9/15	謂女（者）〔○〕也	2.5/15/22	是○有二〔賢〕臣也	3.7/25/28
○子謂子發母能以教誨	1.11/10/7	○子以是知周南之妻而		○子謂衛夫人明于知人	
○子嘉焉	1.11/10/12,4.6/35/17	能匡夫也	2.6/16/9	道	3.7/25/29
○子謂母師能以身教	1.12/10/28	以敕○子	2.6/16/15	○（心）〔必〕悔之	3.8/26/13
魯○賢之	1.12/11/5	○子謂女宗謙而知禮	2.7/16/27	○子謂仲子明於事理	3.8/26/16
○子謂慈母一心	1.13/11/19	○棄此三者	2.8/17/10	○何不試召而問焉	3.9/27/5
淑人○子	1.13/11/19	○其逆之	2.8/17/12	○子謂臧孫母識高見遠	3.9/27/12
	4.10/37/22,5.5/44/18	○姬氏之愛子也	2.8/17/15	○子哉	3.10/27/28
○子以一儀養萬物	1.13/11/20	微○姬氏	2.8/17/15	○子謂叔姬爲能防害遠	
一心可以事百○	1.13/11/21	○子謂趙姬恭而有讓	2.8/17/16	疑	3.10/27/29
百心不可以事一○	1.13/11/21	○子美之	2.8/17/21,4.9/37/11	子靈之妻殺三夫、一○	
今○設官以待子	1.14/12/3	○敬民戴	2.9/17/29	、一子	3.10/28/1
言行則可以報○	1.14/12/3	○不敬	2.9/18/1	○子謂叔姬爲能推類	3.10/28/10
夫爲人臣而事其○	1.14/12/4	○子謂莒子妻能以義易		明○不問不爲	3.11/28/26
○子謂稷母廉而有化	1.14/12/8	利	2.9/18/3	亂○不問而爲	3.11/28/26

○子謂范氏母爲知難本	3.11/29/3	又何益于○王	4.9/37/4	背故○而事強暴	5.5/44/13
魯○欲以子皮爲相	3.12/29/14	○子謂伯嬴勇而精一	4.9/37/5	先○而後臣	5.5/44/14
魯○欲以我爲相	3.12/29/14	豈弟○子	4.9/37/6	事○	5.5/44/15
○子謂公乘姒緣事而知		○子謂貞姜有婦節	4.10/37/22	無事○之禮	5.5/44/16
弟之遇禍也	3.12/29/20	○子序焉	4.10/37/27	戎○賢之	5.5/44/17
○老	3.13/30/3	○子謂貞姬廉潔而誠信		○子謂蓋將之妻潔而好	
吾憂魯○老	3.13/30/6		4.11/38/10	義	5.5/44/18
今魯○老悖	3.13/30/9	○子大之	4.11/38/15	則魯○不吾畜	5.6/45/5
○臣父子皆被其辱	3.13/30/10	秦滅衛○（乃）〔角〕		使人言于齊○曰	5.6/45/7
○老嗣幼	3.13/30/17		4.12/38/20	齊○許之	5.6/45/8
以配○子	3.14/31/3	且吾聞主○之母不妄事		魯○聞之	5.6/45/15
○臣成焉	3.14/31/4	人	4.12/38/22	齊○攻魯	5.6/45/15
○臣、父子、夫婦	3.14/31/4	妾聞忠臣（下）〔事〕		吾受先○之命	5.7/45/22
○子謂魏負知禮	3.14/31/8	○	4.12/38/26	而主○殘之	5.7/45/23
趙將馬服○趙奢之妻	3.15/31/18	而辱主○之母	4.12/38/28	○子謂趙夫人善處夫婦	
〔○子謂括母〕爲仁智		吾聞○子處順	4.12/38/29	之間	5.7/45/25
	3.15/31/25	亦誠○子	4.12/39/2	○子謂義母信而好義	5.8/46/15
○子以爲得婦道之儀	4.1/32/16	○子謂陶嬰貞一而思	4.13/39/17	則事○不忠	5.9/47/3
不忘先○	4.2/32/29	○子稱揚	4.13/39/22	○子謂忠妾爲仁厚	5.10/47/25
先○猶有望也	4.2/32/29	○子謂高行節禮專精	4.14/40/5	○子謂節乳母慈惠敦厚	
至城門而衛○死	4.3/33/16	○子高之	4.14/40/9		5.11/48/17
衛○使人愬于齊兄弟	4.3/33/18	○子謂孝婦備于婦道	4.15/40/25	○子謂節姑姊潔而不污	5.12/49/3
齊兄弟皆欲與○	4.3/33/18	○之齒未也	5.2/42/4	○不幸	5.13/49/17, 5.13/49/20
皆順其○之意也	4.3/33/21	寡○使婢子侍執巾櫛以		○子謂二義慈孝	5.13/49/26
○子美其貞一	4.3/33/21	固子也	5.3/42/28	○子謂友（姊）〔娣〕	
後○欲同	4.3/33/25	是棄○也	5.3/42/29	善復兄讎	5.14/50/15
卒守死○	4.3/33/25	○子謂懷嬴善處夫婦之		○子謂節女仁孝	5.15/50/30
微○之故	4.5/34/17	間	5.3/42/30	○子殺身以成仁	5.15/50/31
不違婦道以俟○命	4.5/34/17	昔敝邑寡○固以衆黎民		今○不朝五日	6.1/51/17
○子故序之以編《詩》	4.5/34/17	之役事○王之馬足	5.4/43/11	○之謀也	6.1/51/18
○子謂孟姬好禮	4.6/35/11	昔者吾先○莊王淫樂	5.4/43/14	人（也）〔已〕語○矣	6.1/51/24
彼○子女	4.6/35/12	妾以○王爲能法吾先○	5.4/43/15	○不知識矣	6.1/51/24
息○之夫人也	4.7/35/22	且○王以束帛乘馬	5.4/43/16	○來召我	6.1/51/25
虜其○	4.7/35/22	寡○受之太廟也	5.4/43/16	○子謂妾婧爲可與謀	6.1/51/27
夫人遂出見息○	4.7/35/23	婦人以死彰○之善	5.4/43/17	○子謂乙母善以微喻	6.2/52/20
妾無須臾而忘○也	4.7/35/23	益○之寵	5.4/43/17	願有謁于○	6.3/53/1
息○止之	4.7/35/25	○王之德	5.4/43/21	○聞昔者公劉之行乎	6.3/53/2
息○亦自殺	4.7/35/26	及○王復于禮	5.4/43/22	此三○者	6.3/53/4
○子謂夫人說于行善	4.7/35/27	國人皆將爲○王死	5.4/43/22	而○不能以穿一札	6.3/53/7
夫義動○子	4.7/35/27	○子謂越姬信能死義	5.4/43/27	是○〔之〕不能射也	6.3/53/7
息○夫人不爲利動矣	4.7/35/27	殺其○	5.5/44/6	○子謂弓工妻可與處難	6.3/53/10
楚虜息○	4.7/36/3	故能存國安○	5.5/44/8	先犯○令	6.4/53/26
○何辱命焉	4.8/36/9	○亡不死	5.5/44/8	妾聞明○之蒞國也	6.4/53/27
○子謂杞梁之妻貞而知		今軍敗○死	5.5/44/9	今吾○樹槐	6.4/54/1
禮	4.8/36/15	○不幸而死	5.5/44/10	而害明○之義也	6.4/54/1
今○王棄儀表之行	4.9/37/1	死又何益于○	5.5/44/11	皆謂○愛樹而（賊）	
若使○王棄其儀表	4.9/37/2	今○死而子不死	5.5/44/12	〔賤〕人	6.4/54/2

今○窮民財力以美飲食
　之具　6.4/54/4
○子不遷怒　6.5/54/18
妾父聞主○來渡不測之
　水　6.7/56/2
○欲殺之　6.7/56/3
主○欲因其醉而殺之　6.7/56/4
主○不欲渡則已　6.7/56/10
爲我通于主○　6.8/56/26
不得見主○　6.8/56/27
以主○殺妾爲有說也　6.8/56/30
此乃在于主○　6.8/57/1
妾能爲○長子　6.8/57/3
○自擇以爲臣　6.8/57/3
此○之臣　6.8/57/3
○有暴臣　6.8/57/3
子長在○　6.8/57/10
○子謂虞姬好善　6.9/58/1
聞○王之聖德　6.10/58/14
今大王之○國也　6.10/58/22
無鹽○之言　6.10/58/28
拜無鹽○爲后　6.10/59/1
○子謂鍾離春正而有辭　6.10/59/1
拜無鹽○　6.10/59/6
○子謂宿瘤女通而有禮　6.11/59/30
願當○王之盛顏　6.12/60/12
遂配相○　6.12/61/2
○子謂莊姪雖違于禮而
　終守以正　6.13/61/26
使諸○常有惠施于妾　6.14/62/10
○子謂緹縈一言發聖主
　之意　6.15/63/3
○無道　7.1/63/21
○子信盜　7.2/64/13
褒之二○也　7.3/64/23
○之宗邑也　7.7/67/9
○之境也　7.7/67/10
今謂○惑于我　7.7/67/13
行强于○　7.7/67/14
○未終命而歿　7.7/67/14
○其奈何　7.7/67/14
夫殺○利民　7.7/67/16
雖其愛○　7.7/67/16
〔今夫以○爲紂〕　7.7/67/17
自吾先○武公兼翼　7.7/67/18
○不早圖　7.7/67/19

○何不老而授之政　7.7/67/20
殆將釋○乎　7.7/67/20
○夢見齊姜　7.7/67/21
子何遲爲○　7.7/67/25
吾○老矣　7.7/68/1
吾○不安　7.7/68/1
是背○也　7.8/68/17
○必速出　7.8/68/20
○有不善　7.9/69/9
今自子率○而爲之　7.9/69/9
高、鮑將不內○　7.10/70/6
請就（元）〔先〕○之
　廟而死焉　7.11/70/26
○之臣杅有疾不在　7.11/70/26
東郭姜殺一國○而滅三
　室　7.11/71/5
出入兩○　7.12/71/28
號安陽○　7.13/72/8
安陽○來朝　7.13/72/8
春申○患之　7.14/72/23
李園爲春申○舍人　7.14/72/24
乃取其女弟與春申○　7.14/72/24
園女弟因間謂春申○曰　7.14/72/24
楚王之貴幸○　7.14/72/24
今○相楚三十餘年　7.14/72/25
即楚更立○後　7.14/72/26
○〔貴〕用事（又）
　〔久〕　7.14/72/26
妾之幸○未久　7.14/73/1
誠以○之重而進妾于楚
　王　7.14/73/1
則是○之子爲王也　7.14/73/2
春申○大然之　7.14/73/3
養士欲殺春申○以滅口　7.14/73/4
園乃殺春申○　7.14/73/5
通于春平○　7.15/73/21
而使王誅其良將武安○
　李牧　7.15/73/22

軍 jūn　21
將○得無恙乎　1.11/9/28
將○朝夕礪犛泰梁　1.11/10/1
王又以賜○士　1.11/10/3
將○稻梁　1.11/10/12
莫敖令于○中曰　3.2/22/28

謂瑕○敗　3.2/23/10
○于境上　3.9/27/11
盡以與○吏士大夫　3.15/31/20
東向而朝○吏　3.15/31/21
括死○覆　3.15/31/25
知其覆○　3.15/32/1
王病在○中　5.4/43/18
王薨于○中　5.4/43/25
今○敗君死　5.5/44/9
○且及之　5.6/44/28
○士引弓將射之　5.6/45/1
見○之至　5.6/45/2
見○走山　5.6/45/15
故臣以告秦○　5.11/48/15
秦○追見　5.11/48/15
將○子反見美　7.9/69/16

鈞 jūn　2
舍矢既○　6.3/53/11
○〔之〕死也　7.7/67/18

俊 jùn　1
天下之○　4/32/6

郡 jùn　1
趙遂滅爲○　7.15/73/24

浚 jùn　2
使舜○井　1.1/1/13
舜往○井　1.1/1/13

駿 jùn　1
秦穆公有盜食其○馬之
　肉　6.3/53/3

開 kāi　10
綜可以爲（○）〔關〕
　內之師　1.10/8/12
已而（閑）〔○〕圍示
　之株　3.11/28/28
不可以邪○也　3.14/30/27

所以○善遏淫也 3.14/30/29
妾請○戶牖待之 5.15/50/28
○戶牖而臥 5.15/50/29
○意甚公 6/51/11
則○寇心 7.7/67/10
○ 7.11/70/22
主父○之 7.13/72/11

愷 kǎi 3

○悌君子 2.10/18/20
　　5.8/46/16,6.15/62/28

堪 kān 2

而何德以○之 3.1/22/13
王猶不○ 3.1/22/13

衎 kàn 1

立敬姒之子○為君 1.7/5/15

康 kāng 18

次則○叔封 1.6/4/16
季○子之從祖叔母也 1.10/7/27
○子在朝 1.10/9/12
○子辭于朝而入見 1.10/9/13
○子嘗至 1.10/9/16
○子與焉 1.10/9/17
而自○樂于其上 1.11/10/6
以「○」為諡 2.11/19/8
何樂于此而諡為「○」
　乎 2.11/19/9
其諡為「○」 2.11/19/12
猶諡曰「○」 2.11/19/18
密○公之母 3.1/22/11
○公從 3.1/22/11
○公不獻 3.1/22/14
無已太○ 3.1/22/14
密○之母 3.1/22/19
非刺○公 3.1/22/19
周之○王夫人晏出朝 3.14/31/2

考 kǎo 14

長伯邑○ 1.6/4/14

日中○政 1.10/8/19
畫○其國〔職〕 1.10/8/21
卿大夫朝○其職 1.10/8/22
楚○李后者 7.14/72/23
楚○烈王之后也 7.14/72/23
○烈王無子 7.14/72/23
言之○烈王 7.14/73/3
〔○烈王〕召而幸之 7.14/73/3
及○烈王死 7.14/73/4
后有○烈王遺腹子猶立 7.14/73/5
○烈王弟公子負芻之徒
　聞知幽王非○烈王子 7.14/73/6
○烈無子 7.14/73/12

柯 kē 1

會諸侯于○陵 7.10/70/5

苛 kē 1

習為○文 6.11/59/25

軻 kē 2

鄒孟○之母也 1.9/6/23
○聞之 1.9/7/12

可 kě 178

不○不法 1/1/4
必○以比國人而景附矣 1.6/4/2
文王母○謂知肖化矣 1.6/4/10
有不○以少加重任者 1.6/4/23
豈○以累太姒耶 1.6/4/24
不○ 1.7/5/12,1.7/5/19
　　2.3/14/4,2.8/17/9
　　3.8/26/12,3.10/27/25
　　7.4/65/21,7.5/66/6
　　7.7/67/21,7.9/69/14
　　7.15/73/18
不亦○乎 1.7/5/14
　　2.5/15/19,6.14/62/10
神不○誣 1.7/5/19
不○不自脩整 1.8/6/8
尤不○有邪辟之行焉 1.8/6/11
真○以居吾子矣 1.9/6/26
無○使結之者 1.10/8/2

不○不彊 1.10/8/9
故幅○以為將 1.10/8/10
故畫○以為正 1.10/8/10
故物○以為都大夫 1.10/8/11
捆○以為大行人也 1.10/8/11
綜○以為（開）〔關〕
　內之師 1.10/8/12
均○以為內史 1.10/8/13
軸○以為相 1.10/8/13
摘○以為三公 1.10/8/14
季氏之婦○謂知禮矣 1.10/9/11
○謂慈乎 1.13/11/15
○謂義乎 1.13/11/16,5.5/44/12
妾安○以忘義乎 1.13/11/16
○不赦其子乎 1.13/11/17
一心○以事百君 1.13/11/21
百心不○以事一君 1.13/11/21
亦誠○尊 1.13/11/25
言行則○以報君 1.14/12/3
○謂孔膠也 2.1/13/1
不○以貳 2.3/14/2
則○ 2.3/14/7
○與寢言 2.3/14/10
○以去矣 2.7/16/20
○謂遠識矣 2.9/18/4
○與寢言 2.11/19/14
○食以酒肉者 2.14/21/8
○隨以鞭捶 2.14/21/9
○授以官祿者 2.14/21/9
○隨以鈇鉞 2.14/21/9
○績而衣之 2.14/21/11
○以棲遲 2.14/21/13
○以療飢 2.14/21/13
○乎 2.15/21/24
其○樂乎 2.15/21/26
孰○與慮社稷 3.3/23/18
齊大○依 3.3/23/27
子之（仕）〔性〕固不
　○易也 3.6/25/9
其危○立待也 3.6/25/10
不○救藥 3.6/25/12
夫○欺而不○罔者 3.7/25/29
不○食以不義之肉 3.10/27/26
光○監人 3.10/28/4
谿壑○盈 3.10/28/12
是不○饜也 3.10/28/12
叔姬○謂知矣 3.10/28/15

○以三德使民	3.11/28/27	○謂仁乎	5.5/44/13	奈何而○	7.7/67/20
子不○以爲相	3.12/29/16	○謂忠乎	5.5/44/13	不○不試也	7.7/67/23
○謂智矣	3.12/29/21	○謂賢乎	5.5/44/14	太子入自明○以生	7.7/67/26
○謂貞矣	3.12/29/21	魯未○伐也	5.6/45/7	不則不○以生	7.7/67/26
不○失也	3.14/30/25	豈○以忘人之託	5.8/46/12	終故不○誣也	7.8/68/22
不○以邪開也	3.14/30/27	則○以得千金	5.11/48/10	不○謂元	7.8/68/23
○謂僅存矣	3.14/31/6	亦終不○以言	5.11/48/11	不○謂亨	7.8/68/23
括不○使將	3.15/31/19	豈○利賞畏誅之故	5.11/48/14	不○謂利	7.8/68/23
乃日視便利田宅○買者		梁國豈○戶告人曉也	5.12/49/1	不○謂貞	7.8/68/24
〔買之〕	3.15/31/22	吾勢不○以生	5.12/49/2	猶○說也	7.8/68/26
爲必○信	4/32/6	無○奈何	5.13/49/16	○不說也	7.8/68/26
不○不正	4.1/32/12	○謂直耳	5.13/49/27	尸○得也	7.9/69/19
不○以行	4.1/32/14	義不○以留	5.14/50/13	唯辱使者不○以已	7.11/71/3
夜不○下堂	4.2/33/3	季兒○以爲則矣	5.14/50/15	○謂不祥矣	7.11/71/5
以爲死者不○以生	4.2/33/5	義不○行	5.14/50/20	楚國盡○得	7.14/73/2
財物猶○復	4.2/33/5	雖生不○以行于世	5.15/50/27		
伯姬○謂不失儀矣	4.2/33/7	文詞○從	6/51/10	**克 kè**	**5**
○以還矣	4.3/33/16	老○老耶	6.1/51/20		
不○轉也	4.3/33/19,4.12/39/3	賤○賤耶	6.1/51/21	○配彼天	1.2/2/5
不○卷也	4.3/33/19	少○少耶	6.1/51/22	而遂○紂	6.7/56/9
然後○以濟難矣	4.3/33/20	弱○弱耶	6.1/51/22	○之	7.7/67/7
不○選也	4.3/33/20	君子謂妾婧爲○與謀	6.1/51/27	太傅里○曰	7.7/67/26
吾何○以離于婦道乎	4.5/34/16	君子謂弓工妻○與處難	6.3/53/10	里○殺之	7.7/68/3
以爲仁失○復以義	4.9/36/30	其○乎	6.4/54/2		
義失○復以禮	4.9/36/30	豈○謂不侮鰥寡乎	6.5/54/22	**刻 kè**	**3**
○謂行成于內	4.12/39/2	其○與言乎	6.6/55/9		
死者不○忘	4.13/39/15	不○休息	6.6/55/21	汝○而無恩	3.9/26/26
斯女不○得已	4.13/39/16	不○求思	6.6/55/21	○肌膚	6.15/63/1
殆○釋矣	4.14/40/4	不○不退	6.9/57/17	○其桷	7.6/66/22
我生死未○知	4.15/40/15	○置左右	6.9/57/18		
豈○棄哉	4.15/40/19	義固不○以生	6.9/57/27	**尅 kè**	**6**
不○也	4.15/40/19	而國相不○不審也	6.12/60/18		
○以託六尺之孤	5.1/41/17	吾相其○易乎	6.12/60/21	淫通于大夫慶○	7.10/70/3
一顧○以得之	5.2/41/30	求之未○得也	6.12/60/22	國佐召慶○	7.10/70/4
（○得）而遂不顧	5.2/41/30	何爲不○也	6.12/60/22	慶○久不出	7.10/70/4
不○立也	5.2/42/5	則此○用矣	6.12/60/24	使慶○佐之	7.10/70/7
信○從也	5.2/42/6	則辭安○以已乎哉	6.14/62/11	國佐使人殺慶○	7.10/70/8
子上言太子之不○立也	5.2/42/8	妾傷夫死者不○復生	6.15/62/24	淫于慶○	7.10/70/14
必窮太子之不○釋也	5.2/42/13	刑者不○復屬	6.15/62/24		
不○得也	5.2/42/15	○謂得事之宜矣	6.15/63/3	**恪 kè**	**1**
三者無一○行	5.3/42/29	○以運舟	7.1/63/20		
然而不○久也	5.4/43/13	不○除也	7.3/64/25	執事有○	2.5/15/23
其不○得乎	5.4/43/14	無乃不○乎	7.6/66/22		
其○得乎	5.4/43/16	逐太子與二公子而○間		**客 kè**	**7**
然○（移）〔以〕移于		也	7.7/67/9		
將相	5.4/43/19	不○以無主	7.7/67/10	是○妾也	1.9/7/6
子獨○生	5.5/44/9	則○以威民而懼寇矣	7.7/67/12	蓋不○宿	1.9/7/7

以露堵父爲○	1.10/9/3		7.12/71/22	**叩 kòu**	1
○有獻醇酒一器〔者〕	1.11/10/2	盜言○甘	7.14/73/7		
昔晉○舍吾家	3.13/30/7			驪姬乃仰天○心而泣	7.7/67/24
行○之人	6.6/55/18	**恐 kǒng**	27		
閉門而索○	7.10/70/6			**寇 kòu**	11
		○見人過也	1.9/7/8		
肯 kěn	10	猶○忘先人之業	1.10/8/27	禦○之利也	1.7/5/24
		妾○其醞釀醉飽	1.12/10/25	如使邊境有○戎之事	3.3/23/17
遂不○見	3.10/28/9	猶○無及	2.3/14/4	魯連有○	3.13/30/11
遂不○往	4.1/32/14	妻○其懈于王事	2.6/16/3	○盜在下	6.2/52/14
終不○從	4.1/32/21	○不來	2.14/21/4	有○至則舉	7.3/65/4
故不○聽命	4.2/32/27	妾○先生之不保命也	2.15/21/27	〔至〕而無○	7.3/65/5
終不○歸	4.5/34/23	吾○他人復見之	3.5/24/22	笑○不至	7.3/65/13
終不○聽	4.12/39/7	泣○不及	3.5/24/29	則開○心	7.7/67/10
汝○養吾母乎	4.15/40/15	○得其書	3.9/27/3	夫○生其心	7.7/67/11
嬴不○聽	5.3/43/3	妾○大王之國政危矣	3.14/31/6	則可以威民而懼○矣	7.7/67/12
不○受	6.2/52/19	又○其已見遣而不以時		○攘式內	7.13/72/14
而子大夫之僕不○少引	6.5/54/19	去	4.5/34/14		
		則○後矣	4.10/37/19	**瞉 kòu**	1
墾 kěn	1	○不得免	4.13/39/13		
		○失其所	5.2/42/9	乃探雀○而食之	7.13/72/13
○山播種	2.14/21/3	○主父覺	5.10/47/17		
		妻○媵婢言之	5.10/47/20	**刳 kū**	1
孔 kǒng	22	惶○	5.12/49/1		
		心○母云置鏡奩中	5.13/49/16	諫士○囚	7.2/64/17
德音○膠	2.1/13/1	妾○傷執政之法	6.4/54/1		
可謂○膠也	2.1/13/1	○風波之起	6.7/56/2	**枯 kū**	1
厥德○賢	2.1/13/5	妾○其身之不知痛	6.7/56/5		
父母○邇	2.6/16/9	女娟○惶	6.7/56/20	蛟龍不及于○澤	2.6/16/7
厥行○備	2.8/17/21	○壅閼蔽塞而不得見	6.13/61/14		
（廉）〔厥〕智○白	3.4/24/15	慶父○	7.6/66/26	**哭 kū**	11
○子南遊〔適楚〕	6.6/55/8	申生○而出	7.7/67/23		
○子謂子貢曰	6.6/55/9	公○	7.11/70/24	定姜既○而息	1.7/5/15
○子曰	6.6/55/13			朝○穆伯	1.10/9/11
	6.6/55/16, 6.6/55/20	**口 kǒu**	7	暮○文伯	1.10/9/11
子貢以報○子	6.6/55/16			遂○之曰	2.11/19/7
子貢以告○子	6.6/55/20	○不出敖言	1.6/4/5	姒○之甚悲	3.12/29/13
○子出遊	6.6/55/25	姬掩○而笑	2.5/15/14	乃（枕）〔就〕其夫之	
亦○有識	6.15/63/8	食不充（○）〔虛〕	2.11/19/8	屍于城下而○〔之〕	4.8/36/11
出○、儀	7.9/69/17	昔者妾雖○不言	5.4/43/23	○夫于城	4.8/36/20
○文子之妻	7.12/71/17	莫不掩○大笑	6.10/58/15	又因○泣	5.13/49/23
○悝之母也	7.12/71/17	宮中諸夫人皆掩○而笑		送葬者盡○	5.13/49/23
姬與○氏之豎渾良夫淫			6.11/59/21	妾聞寡婦○城	6.9/57/25
	7.12/71/18	養士欲殺春申君以滅○	7.14/73/4	見申生○曰	7.7/67/24
良夫乃與蒯瞶入舍○氏					
之圊	7.12/71/19				
大夫殺○悝之母而迎公					

苦 kǔ	4
終能勞〇	1.1/1/24
與人同寒〇	2.8/17/11
何至自〇	4.7/35/23
列其勞〇	6.3/53/15

庫 kù	3
實府〇	6.10/58/30
慶封乃使盧蒲嫳帥徒眾	
與國人焚其〇廄而殺	
成、〔姜〕〔彊〕	7.11/71/3
見〇廄皆焚	7.11/71/4

夸 kuā	1
以〇哀姜	7.6/66/23

蒯 kuǎi	10
太子〇瞆知而惡之	7.12/71/15
靈公大怒〇瞆	7.12/71/16
〇瞆奔宋	7.12/71/16
〇瞆之子輒立	7.12/71/17
〇瞆之姊也	7.12/71/17
姬使良夫于〇瞆	7.12/71/18
〇瞆曰	7.12/71/18
良夫乃與〇瞆入舍孔氏	
之圃	7.12/71/19
〇瞆遂立	7.12/71/21
譖彼〇瞆	7.12/71/28

寬 kuān	3
在〇	1.3/2/19
必求其〇仁慈惠	5.11/48/18
甚〇惠而慈于民	7.7/67/13

款 kuǎn	4
忠〇誠信	2.2/13/23
負因〇王門而上書曰	3.14/30/26
負〇王門	3.14/31/13
公遂殺少傅杜原〇	7.7/68/2

匡 kuāng	5
〇子過失	1.10/9/22
〇配周宣	2.1/13/5
君子以是知周南之妻而	
能〇夫也	2.6/16/9
〇夫以道	2.12/20/8
汝胡不〇之	3.14/30/23

狂 kuáng	3
楚〇接輿之妻也	2.13/20/13
既有〇夫昭氏在內矣	6.5/54/24
〔切〕〔竊〕有〇夫名	
之者矣	6.6/55/19

況 kuàng	13
〇有怠惰	1.10/8/28
〇於受金乎	1.14/12/9
〇欲懷安	2.3/14/5
而〇于人乎	2.6/16/7
〇于安新忘舊乎	2.8/17/12
爾小醜乎	3.1/22/14
〇于夫婦之道乎	4.4/34/3
〇于貞良	4.13/39/15
而〇于妾乎	5.4/43/22
〇于子乎	5.5/44/17
而〇于朝臣士大夫乎	5.6/45/8
〔兄〕〔〇〕以禮義治	
國乎	5.6/45/10
〇國人乎	7.7/67/25

悝 kuī	5
孔〇之母也	7.12/71/17
〇相出公	7.12/71/18
迫其子〇于廁	7.12/71/21
大夫殺孔〇之母而迎公	
	7.12/71/22
〇母亦嬖	7.12/71/28

窺 kuī	2
命婦〇其夫爲相御	2.12/19/23
主父從旁觀〇群臣宗室	
〔之禮〕	7.13/72/9

虧 kuī	3
無〇大義	2.6/16/6
若師徒毋〇	3.2/23/4
月盈則〇	3.2/23/5

揆 kuí	1
既納于百〇	1.1/1/17

葵 kuí	2
踐吾〇	3.13/30/7
使我終歲不食〇	3.13/30/7

夔 kuí	2
樂正〇娶之	3.10/28/5
〇是用不祀	3.10/28/6

喟 kuì	2
母〇然嘆曰	3.11/29/2
于是宣王〇然而嘆曰	6.10/58/28

媿 kuì	1
吾甚自〇	6.15/62/28

饋 kuì	6
在中〇	1.9/7/15
文伯引衽攘捲而親〇之	1.10/8/7
〇以七牢而遣之	2.4/14/27
羞〇食	2.7/16/22
使夫〇飧	3.4/24/15
在于〇食之間而已	5.2/42/7

昆 kūn	5
則族〇弟	2.5/15/17
歸問女（見）〔〇〕弟	4.6/35/12
不問男〇弟	4.6/35/12
無強〇弟	4.13/39/12
則〇弟無類矣	5.11/48/10

髡 kūn 　　1

鬒顛者○　　6.15/63/2

捆 kǔn 　　2

○也　　1.10/8/11
○可以爲大行人也　　1.10/8/11

括 kuò 　　18

生原同、屏○、樓嬰　　2.8/17/8
請以姬之中子屏○爲公
　族大夫　　2.8/17/14
屏○遂以其族爲公族大
　夫　　2.8/17/15
趙○之母也　　3.15/31/18
孝成王使○代廉頗爲將
　　　3.15/31/18
○母上書言于王曰　　3.15/31/18
○不可使將　　3.15/31/19
今○一旦爲將　　3.15/31/21
○母曰　　3.15/31/23
○既行　　3.15/31/24
○死軍覆　　3.15/31/25
王以○母〔先言〕　　3.15/31/25
〔君子謂○母〕爲仁智
　　　3.15/31/25
孝成用○　　3.15/32/1
○母獻書　　3.15/32/1
○死長平　　3.15/32/1
孝公父武公與其二子長
　子○、中子戲朝周宣
　王　　5.1/41/11
○之子伯御與魯人作亂　5.1/41/13

闊 kuò 　　1

城郭○達　　6.13/61/22

拉 lā 　　2

因○其脅而殺之　　7.5/66/8
攞幹○胸　　7.5/66/14

臘 là 　　2

○日休作者　　1.12/10/17
○（月）〔日〕禮畢事
　間　　1.12/10/25

萊 lái 　　15

楚老○子之妻也　　2.14/21/3
○子逃世　　2.14/21/3
老○　　2.14/21/4
楚王駕至老○之門　　2.14/21/4
老○方織畚　　2.14/21/5
老○子曰　2.14/21/5,2.14/21/6
　　2.14/21/7,2.14/21/10
其妻戴畚○　　2.14/21/7
投其畚○而去　　2.14/21/10
老○子乃隨其妻而居之
　　2.14/21/12
君子謂老○妻果於從善
　　2.14/21/12
老○與妻　　2.14/21/17
老○將行　　2.14/21/17

來 lái 　　25

○朝走馬　　1.6/3/29
聿○胥宇　　1.6/4/1
引而○者　　1.10/8/12
一日從北方○　　1.12/10/23
過時不○　　2.6/16/3
因往○者請問其夫　　2.7/16/19
乃逆叔隗與盾○　　2.8/17/13
妻從市○　　2.13/20/14
遺使者持金、駟以聘　　2.13/20/16
恐不○　　2.14/21/4
挾薪樵而○　　2.14/21/7
遺使者持金　　2.15/21/24
今特書○云爾　　3.9/27/6
勞○國家　　3.14/31/8
待保傅○也　　4.2/33/2
無符不○　　4.10/37/27
君○召我　　6.1/51/25
妾父聞主君○渡不測之
　水　　6.7/56/2
（浮）〔呼〕○擢兮行
　勿疑　　6.7/56/13

○遊○歌　　6.7/56/16
皆棄事○觀　　6.11/59/13
灑掃陳席以待○者　　6.14/62/8
食自外○　　7.7/67/23
安陽君○朝　　7.13/72/8

賴 lài 　　5

其後○轉力　　1.7/5/21
於是王使○人追之　　3.2/22/27
國猶○之　　5.6/45/9
○大王之力　　6.11/59/16
〔妾〕○天有子男　　7.14/73/2

婪 lán 　　1

貪○無饜　　3.10/28/5

爛 làn 　　1

造○漫之樂　　7.1/63/19

狼 láng 　　2

豺○之聲也　　3.10/28/9
○子野心　　3.10/28/9

琅 láng 　　2

公遊于○邪　　4.6/35/5
○玕籠疏　　6.10/58/24

蜋 láng 　　1

越王敬螳○之怒　　6.12/60/25

牢 láo 　　4

溲于豕○而生文王　　1.6/4/5
饋以七○而遣之　　2.4/14/27
祠以大○　5.5/44/17,5.11/48/17

勞 láo 　　18

終能○苦　　1.1/1/24
且夕勤○　　1.6/4/13
○其民而用之　　1.10/8/17

夫民○則思	1.10/8/17
○也	1.10/8/18
君子○心	1.10/8/26
小人○力	1.10/8/26
朝夕勤○	1.13/11/13
何如勤○憂懼如此	1.13/11/13
無使君○	2.5/15/22
夫伐功施○	3.11/29/2
○來國家	3.14/31/8
大夫勤○于遠道	4.2/32/29
○辱而不苟	4.3/33/19
吾爲子○	5.10/47/18
猶以爲爲之者○	6.3/53/5
其爲之亦○〔矣〕	6.3/53/5
列其○苦	6.3/53/15

老 lǎo　42

願行而母○	1.9/7/13
而我○矣	1.9/7/17
○繫于子	1.12/10/20
家貧親○	2.6/16/5
唯其母○以免	2.9/18/2
豈將○而遺之哉	2.13/20/15
楚○萊子之妻也	2.14/21/3
○萊	2.14/21/4
楚王駕至○萊之門	2.14/21/4
○萊方織畚	2.14/21/5
○萊子曰	2.14/21/5,2.14/21/6
	2.14/21/7,2.14/21/10
○萊子乃隨其妻而居之	
	2.14/21/12
君子謂○萊妻果於從善	
	2.14/21/12
○萊與妻	2.14/21/17
○萊將行	2.14/21/17
士民之扶○攜幼而赴其	
閭者	3.4/24/10
君○	3.13/30/3
吾憂魯君○	3.13/30/6
今魯君○悖	3.13/30/9
君○嗣幼	3.13/30/17
曲沃之○婦也	3.14/30/26
○夫灌灌	3.15/31/26
幸有○母	4.15/40/15
屬妾以其○母	4.15/40/18
且夫養人○母而不能卒	

	4.15/40/20
莫養○母	4.15/40/22
毋○○	6.1/51/19
○可○耶	6.1/51/20
何爲○而見奔	6.4/53/23
乃言不通則○婦死而已	6.8/56/27
君何不○而授之政	7.7/67/20
吾君○矣	7.7/68/1
蓋○而復壯者	7.9/69/7
莊王以夏姬與連尹襄○	7.9/69/17
襄○死於邲	7.9/69/18
○夫在此	7.11/70/23
成使人請崔邑以○	7.11/70/29

橑 lǎo　3

則榱○墮	6.12/60/16
榱○墮	6.12/60/17
榱○也	6.12/60/17

雷 léi　1

漁于○澤	2.6/16/5

纍 léi　2

莫莫葛○	4.9/37/6
見章○然也	7.13/72/9

累 lěi　3

豈可以○太姒耶	1.6/4/24
而○足無所履也	5.6/45/6
五患○重	6.13/62/1

誄 lěi　5

門人將○之	2.10/18/17
將○夫子之德耶	2.10/18/17
乃○曰	2.10/18/18
門人從之以爲○	2.10/18/21
將○下惠	2.10/18/26

類 lèi　5

君子謂叔姬爲能推○	3.10/28/10
貪人敗○	3.10/28/16

則昆弟無○矣	5.11/48/10
連○引響	6/51/10
異○故也	6.12/60/14

狸 lí　2

請願先驅狐○于地下	5.4/43/22
伏鷄搏○	5.11/48/20

犂 lí　4

子何不預結賢大夫以託	
州○焉	3.6/25/10
畢羊乃送州○于荊	3.6/25/11
屬以州○	3.6/25/17
州○奔荊	3.6/25/18

褫 lí　3

卜請其○〔而〕藏之	7.3/64/23
而藏○（櫝）〔槥〕中	7.3/64/24
○流于庭	7.3/64/25

黎 lí　5

○民阻飢	1.2/2/3
○莊夫人者	4.5/34/13
○莊公之夫人也	4.5/34/13
○莊夫人	4.5/34/22
昔敝邑寡君固以衆○民	
之役事君王之馬足	5.4/43/11

羅 lí　2

不○患害而已	2.6/16/6
夫鳳皇不○于蔚羅	2.6/16/7

縭 lí　2

結其衿○	4.6/34/29
爾之衿○	4.6/35/3

蠡 lí　5

○爾士女	1.4/3/6
魏安○王聞之	1.13/11/17
失之毫○	4.1/32/12

御○受福	6.7/56/3
而衆人莫爲毫○	6.9/57/27

離 lí　13

而無以○于禍患也	1.9/7/1
○大而附小	3.3/23/18
吾何可以○于婦道乎	4.5/34/16
生○于地上	4.7/35/24
妾幸得○襁褓	4.15/40/18
鍾○春者	6.10/58/11
鍾○春對曰	6.10/58/17
	6.10/58/22
君子謂鍾○春正而有辭	6.10/59/1
王○國五百里也	6.13/61/16
不○妲己	7.2/64/4
百姓乖○	7.3/65/6
不能○	7.13/72/6

驪 lí　22

文公父獻公納○姬	2.3/13/28
左驂牝○	6.7/56/9
遂殺幽王于○山之下	7.3/65/7
○姬者	7.7/67/6
○戎之女	7.7/67/6
獻公伐○戎	7.7/67/7
獲姬以歸	7.7/67/7
○姬嬖于獻公	7.7/67/8
公乃立○姬以爲夫人	7.7/67/8
○姬欲立奚齊	7.7/67/8
于是○姬乃說公曰	7.7/67/9
晉獻○姬	7.7/67/12
○姬曰	7.7/67/15
	7.7/67/20,7.7/67/23
○姬乃使人以公命告太 子曰	7.7/67/21
○姬受福	7.7/67/22
○姬與犬	7.7/67/24
○姬乃仰天叩心而泣	7.7/67/24
則○姬死	7.7/68/1
乃戮○姬	7.7/68/3
○姬繼母	7.7/68/10

里 lǐ　16

表其閭○	2.7/17/1

吾聞河潤九○	3.13/30/9
差之千○	4.1/32/12
長安大昌○人之妻也	5.15/50/25
方千○	6.4/53/30
今女子不容于鄉○布衣	6.10/58/17
五逐于○	6.12/60/10,6.12/60/11
五逐于○者	6.12/60/13
南遊于唐五百○有樂焉	6.13/61/8
使遊五百○外	6.13/61/9
聞大王出遊五百○	6.13/61/14
王離國五百○也	6.13/61/16
王遊于五百○之外	6.13/61/20
太傅○克日	7.7/67/26
○克殺之	7.7/68/3

李 lǐ　15

過○園	6.9/57/24
與鄰婦○吾之屬會燭相 從夜績	6.14/62/6
○吾（與）〔謂〕其屬 曰	6.14/62/7
○吾莫能應	6.14/62/11
○吾絕焉	6.14/62/16
○兌乃起四邑之兵擊章	7.13/72/11
楚考○后者	7.14/72/23
趙人○園之女弟	7.14/72/23
○園爲春申君舍人	7.14/72/24
而○園貴用事	7.14/73/4
盡滅○園之家	7.14/73/6
○園女弟	7.14/73/12
○牧諫曰	7.15/73/17
而使王誅其良將武安君 ○牧	7.15/73/22
大夫怨倡后之譖太子及 殺○牧	7.15/73/23

理 lǐ　27

而教之○	1.3/2/17
教以事○	1.3/2/26
咸無妬媚逆○之人	1.5/3/16
文王○陽道而治外	1.6/4/14
文母○陰道而治內	1.6/4/14
教以法○	1.10/9/22

歲時禮不○	1.12/10/18
家事甚○	1.12/10/22
非○之利	1.14/12/2
咸曉事○	2/12/18
不得道○	2.6/16/8
好禮知○	2.7/17/1
原度天○	3/22/6
君子謂仲子明於事○	3.8/26/16
爲國贊○	3.10/28/13
何以○之	3.12/29/18
則萬物○	4.1/32/12
夫家訟之于○	4.1/32/14
乃自修○	4.13/39/22
則是妾貪貴樂利以忘義 ○也	5.2/42/2
苟忘義○	5.2/42/3
賢其推○	5.6/45/15
姊引義○	5.7/45/30
則治官不○	5.9/47/3
據義執○	5.12/49/8
無○人者也	6.2/52/17
其母任○	6.8/57/10

豐 lǐ　1

力田不如逢○年	5.9/46/27

禮 lǐ　112

君子謂簡狄仁而有○	1.3/2/20
以天子之○	1.6/4/19
斯○也	1.6/4/19
要其安民以播烈光、制 ○以廣達孝而言之	1.6/4/22
夫○	1.9/7/7,1.12/10/28 2.1/12/28,2.7/16/24
今子不察於○	1.9/7/8
而責○於人	1.9/7/9
君子謂孟母知○而明於 姑母之道	1.9/7/9
夫婦人之○	1.9/7/14,6.7/56/14
○也	1.9/7/17
吾行乎吾○	1.9/7/17
博達知○	1.10/7/28
休之非○也	1.10/9/3
從○而靜	1.10/9/9
季氏之婦可謂知○矣	1.10/9/11

仲尼謂敬姜別于男女之	
○矣	1.10/9/18
通達知○	1.10/9/22
責以無○	1.11/10/12
歲祀○事畢	1.12/10/17
歲時○不理	1.12/10/18
雖踰正○	1.12/10/20
○節甚脩	1.12/10/22
臘（月）〔日〕○畢事	
間	1.12/10/25
誠知○經	1.12/11/5
慈母以○義之漸	1.13/11/18
各成於○義	1.13/11/19
事非○不言	2.1/12/23
行非○不動	2.1/12/23
至使君王失○而晏朝	2.1/12/25
由○動作	2.1/13/5
吾姒不教吾以居室之○	2.7/16/26
君子謂女宗謙而知○	2.7/16/27
好○知理	2.7/17/1
無○	2.8/17/10
雖違○求去	2.9/18/3
終以全身復○	2.9/18/4
義士非○不動	2.13/20/17
恭公不○焉	3.4/24/3
必霸諸侯而討無○	3.4/24/5
若加○焉	3.4/24/8
妾聞○	3.7/25/24
此其人必不以闇昧廢○	3.7/25/25
一何不習○也	3.12/29/16
子內不習○	3.12/29/16
子誠不習於○	3.12/29/18
待○然後動	3.12/29/21
明事分○	3.12/29/27
合之以○	3.14/31/3
君子謂魏負知○	3.14/31/8
○別不呢	3.14/31/13
夫家○不備而欲迎之	4.1/32/11
夫家輕○違制	4.1/32/14
一○不備	4.1/32/15
言夫家之○不備足也	4.1/32/15
以絕無○之求	4.1/32/16
夫○不備	4.1/32/21
○	4.2/33/6
4.6/35/11,5.11/48/18	
守○一意	4.2/33/11
好○貞一	4.6/34/27

○不備	4.6/34/27
齊中莫能備○求焉	4.6/34/28
乃脩○親迎于華氏之室	4.6/34/29
三者失○多矣	4.6/35/9
夫無○而生	4.6/35/9
君子謂孟姬好○	4.6/35/11
孟姬好○	4.6/35/17
非○不從	4.6/35/17
乃以諸侯之○	4.7/35/26
成○然後去	4.8/36/10
君子謂杞梁之妻貞而知	
○	4.8/36/15
義失可復以○	4.9/36/30
于○、斥絀之人也	4.12/38/23
衆人謂我不知○也	4.12/38/28
脩先古之○	4.12/38/29
○甚有度	4.12/39/8
君子謂高行節○專精	4.14/40/5
不得盡爲人子之○	4.15/40/22
及君王復于○	5.4/43/22
越姬執○	5.4/44/1
無事君之○	5.5/44/16
而以將○葬之	5.5/44/17
（兄）〔況〕以○義治	
國乎	5.6/45/10
稱說節○	5.7/45/30
公正知○	5.8/46/20
是無○也	5.10/47/23
是逆○也	5.10/47/24
無○逆○	5.10/47/24
乃以卿○葬之	5.11/48/16
○不親授	6.6/55/13
斯婦人達于人情而知○	6.6/55/20
知○不淫	6.6/55/26
供具備○	6.7/56/3
外不修諸侯之○	6.10/58/27
貞女一○不備	6.11/59/17
君子謂宿瘤女通而有○	
	6.11/59/30
少○也	6.12/60/13
不忠少○之人	6.12/60/13
君子謂莊姪雖違于○而	
終守以正	6.13/61/26
桀既棄○義	7.1/63/18
謂之有○	7.5/66/6
且○	7.5/66/7
以致○也	7.6/66/21

主父從旁觀窺群臣宗室	
〔之○〕	7.13/72/9
多失○于王兄弟	7.14/72/27
人而無○	7.15/73/24
體 lǐ	1
激漠酒○	2.7/16/22
力 lì	30
蓋母有○	1.3/2/27
○小而任重	1.6/4/23
其後賴鱄○	1.7/5/21
敬姜（○）〔方〕績	1.10/8/14
小人勞○	1.10/8/26
誰敢淫心舍○	1.10/8/27
不得人○	1.11/10/12
盡○竭能	1.14/12/4
盡材竭○	1.14/12/13
樊姬之○也	2.5/15/21
威儀是○	2.7/16/28
皆善戮○以輔人	3.4/24/5
好盡人○	3.9/26/27
則無愛民○	3.11/28/27
愛民○	3.11/28/27
忠臣不借人以○	4.11/38/7
故士民盡○而不畏死	5.5/44/7
吾○畢能盡	5.5/44/9
○不能兩護	5.6/45/2
○田不如逢豐年	5.9/46/27
○桑不如見國卿	5.9/46/27
夫採桑○作	5.9/46/28
窮民財○謂之暴	6.4/54/3
今君窮民財○以美飲食	
之具	6.4/54/4
醜女之○也	6.10/59/1
賴大王之○	6.11/59/16
宿瘤女有○焉	6.11/59/30
紂材○過人	7.2/64/3
宣姜乃陰使○士待之界	
上而殺之	7.4/65/20
陰設○士	7.4/65/29
立 lì	96
○我烝民	1.2/2/5

○子生（商）〔商〕	1.3/2/21	○發《隱書》而讀之	6.10/58/20	悼○	7.14/73/5
○不蹕	1.6/4/7	壯男不○	6.10/58/23	后有考烈王遺腹子猶○	7.14/73/5
○而望之	1.7/5/9	邪僞○于本朝	6.10/58/26	而○負芻爲王	7.14/73/7
○敬姒之子衍爲君	1.7/5/15	○太子	6.10/58/30	既○畔本	7.14/73/12
而定姜欲○之而不得	1.7/5/18	遂○太子	6.10/59/6	王遂廢嘉而○遷	7.15/73/20
夫君子學以○名	1.9/6/29	〔○〕瘤女以爲后	6.11/59/28	黜后而○倡姬爲后	7.15/73/21
何以○於世	1.13/11/16	（一）○帝號	6.11/59/29	遷○	7.15/73/21
乃○衛姬爲夫人	2.2/13/17	不○太子	6.13/61/7	共○嘉于代	7.15/73/23
足以○于世矣	2.2/13/18		6.13/61/9,6.13/61/19		
○爲夫人	2.2/13/23	○還反國	6.13/61/24	**吏 lì**	**24**
晉人殺懷公而○公子重		乃○姪爲夫人	6.13/61/25		
耳	2.3/14/8	○在鄭子袖之右	6.13/61/25	受下○之貨金百鎰	1.14/11/30
得因秦○	2.4/14/20	幽王乃廢后申侯之女而		都○至	3.10/27/27
請○爲嫡子	2.8/17/13	○褒姒爲后	7.3/65/2	都○曰	3.10/27/28
〔於堂下〕	2.11/19/3	廢太子宜臼而○伯服爲		盡以與軍○士大夫	3.15/31/20
其危可○待也	3.6/25/10	太子	7.3/65/2	東向而朝軍○	3.15/31/21
夫光之○也	3.8/26/12	于是諸侯乃即申侯而共		○無敢仰視之者	3.15/31/21
而○牙爲太子	3.8/26/15	○故太子宜臼	7.3/65/8	○訊之	5.8/46/5
崔杼○光而殺高厚	3.8/26/15	宣姜欲○壽	7.4/65/19	○問之	5.8/46/6
靈公○牙	3.8/26/21	朔遂○爲太子	7.4/65/24	○不能決	5.8/46/6
秦○魏公子政爲魏太子		朔○	7.4/65/24		5.8/46/9,5.8/46/20
	3.14/30/22	欲○子壽	7.4/65/29	關候士○搜索	5.13/49/15
是以本○而道生	4.1/32/13	哀姜欲○慶父	7.6/66/23	○曰	5.13/49/16,5.13/49/17
弟○請曰	4.3/33/17	子般○	7.6/66/23	乃因謂○曰	5.13/49/20
孝公使駟馬○車載姬以		○叔姜之子	7.6/66/24	關○執筆書劾	5.13/49/24
歸	4.6/35/6	閔公既○	7.6/66/24	命○償母之布	6.2/52/18
今○車無�	4.6/35/8	而○慶父	7.6/66/25	使○拘之	6.4/53/21
以○吾節	4.8/36/14	將自○	7.6/66/25	趙河津〔○〕之女	6.7/55/30
而名○于（夫）〔後〕		齊桓公○僖公	7.6/66/26	與津○期	6.7/55/30
世矣	4.12/39/2	公乃○驪姬以爲夫人	7.7/67/8	津○醉臥不能渡	6.7/56/1
將何以○于世	4.15/40/21	驪姬欲○奚齊	7.7/67/8	津○息女	6.7/56/2
宣王○戲爲魯太子	5.1/41/12	乃○奚齊	7.7/68/3	津○醉荒	6.7/56/20
戲○	5.1/41/12	奚齊○	7.7/68/3	妾父爲○	6.15/62/23
攻殺懿公而自○	5.1/41/13	卓子○	7.7/68/3		
○稱	5.1/41/17	于是秦○夷吾	7.7/68/4	**利 lì**	**21**
遂○以爲夫人	5.2/42/3	子圉○	7.7/68/4		
王將○公子（商）〔商〕		○重耳	7.7/68/4	禦寇之○也	1.7/5/24
臣以爲太子	5.2/42/3	○午	7.9/69/14	非理之○	1.14/12/2
不可○也	5.2/42/5	而欲○公子角	7.10/70/6	君子謂荅子妻能以義易	
遂○之	5.2/42/6	蒯聵之子輒○	7.12/71/17	○	2.9/18/3
子上言太子之不可○也	5.2/42/8	蒯聵遂○	7.12/71/21	榮名必○	3/22/7
後王又欲○公子職	5.2/42/10	○以爲后	7.13/72/4	乃曰視便○田宅可買者	
○	5.4/43/26	而○孟姚爲惠后	7.13/72/7	〔買之〕	3.15/31/22
二子兄弟○其傍	5.8/46/5	將〔更〕○兄弟	7.14/72/25	○動小人	4.7/35/27
湯○以爲三公	6.1/51/21	即楚更○君後	7.14/72/26	息君夫人不爲○動矣	4.7/35/27
繁人之夫○得出	6.3/53/10	王兄弟誠○	7.14/72/27	見○忘死者	4.11/38/7
而○以爲夫人	6.7/56/15	○爲太子	7.14/73/4	棄義而從○	4.14/40/2

則是妾貪貴樂○以忘義		歷 lì	1	奩 lián	6
理也	5.2/42/2	昔舜耕于○山	2.6/16/4	置之母鏡○中	5.13/49/15
夫見○而反上者	5.11/48/13			得珠十枚于繼母鏡○中	
今持逆亂而以求○	5.11/48/13	勵 lì	1		5.13/49/15
豈可○賞畏誅之故	5.11/48/14	敦仁○翼	1.3/2/26	心恐母云置鏡○中	5.13/49/16
不爲○違	5.11/48/24			取而置夫人鏡○中	5.13/49/18
夫殺君○民	7.7/67/16	隸 lì	1	置夫人○中	5.13/49/19
苟父○而得寵	7.7/67/16	畫而講（○）〔肆〕	1.10/8/23	而置○中	5.13/49/21
弒父以求○	7.7/67/25				
人孰○之	7.7/67/25	瀝 lì	1	憐 lián	7
元、亨、○、貞	7.8/68/21	不勝王祝杯酌餘○	6.7/56/3	舜之女弟繫○之	1.1/1/15
○、義之和也	7.8/68/21			○其失意	4.5/34/14
不可謂○	7.8/68/23	麗 lì	2	吾○女少年早寡也	4.15/40/20
		○于文辭	1.7/6/1	然○之	5.13/49/19
戾 lì	1	儀貌壯○	1.8/6/8	天子○悲其意	6.15/62/26
忿○毋期	3.10/28/5			朕甚○之	6.15/63/1
		連 lián	7	心○之	7.13/72/10
栗 lì	1	明日結駟○騎	2.15/21/24		
不過棗、○	7.6/66/20	夫結駟○騎	2.15/21/25	斂 liǎn	6
		詹○有寇	3.13/30/11	（手）〔首〕足不盡○	2.11/19/5
粒 lì	4	繼母○大珠以爲繫臂	5.13/49/13	則○矣	2.11/19/5
士卒并分菽○而食之	1.11/9/28	○類引譬	6/51/10	死則手足不○	2.11/19/9
	1.11/10/4	幕絡○飾	6.10/58/25	○小器	3.9/27/3
士卒菽○	1.11/10/12	莊王以夏姬與○尹襄老 7.9/69/17		○小器、投諸台者	3.9/27/7
据其遺○	2.14/21/11			自○制也	4.6/35/8
		廉 lián	9		
慄 lì	1	○潔公正	1.14/12/5	良 liáng	16
莫不戰○	4.9/37/11	君子謂稷母○而有化	1.14/12/8	○士休休	1.11/10/5
		○潔正直	1.14/12/13	○久	1.12/10/24
莅 lì	2	○正以方	2/12/18	乘人堅○	2.13/20/19
君之○朝也	2.2/13/16	（○）〔厥〕智孔白	3.4/24/15	惛惛○人	2.15/21/28
妾聞明君之○國也	6.4/53/27	孝成王使括代○頗爲將		況于貞○	4.13/39/15
			3.15/31/18	溫○恭敬	5.11/48/18
屬 lì	7	代○頗三十餘日	3.15/31/24	○久曰	6.10/58/18
砥○女之心以高節	1.8/6/10	君子謂貞姬○潔而誠信		德音無○	7.4/65/25
色○音（楊）〔揚〕	2.2/13/15		4.11/38/10	若紂有○子而先殺紂 7.7/67/17	
永能○兮	2.10/18/20	齊中皆稱〔其〕○平	6.15/62/24	姬與孔氏之豎渾○夫淫	
大王誠能○之	6.12/60/23				7.12/71/18
及周○王之末	7.3/64/25			姬使○夫于蒯瞶	7.12/71/18
納○公	7.5/66/5			許以姬爲○夫妻	7.12/71/19
惟○之階	7.7/68/5			○夫喜以告姬	7.12/71/19
				○夫乃與蒯瞶入舍孔氏	
				之圃	7.12/71/19

又殺渾○夫	7.12/71/22
而使王誅其○將武安君	
李牧	7.15/73/22

梁 liáng　　22

造舟爲○	1.6/4/13,1.6/4/25
將軍朝夕芻豢黍○	1.11/10/1
子獨朝夕芻豢黍○	1.11/10/4
將軍稻○	1.11/10/12
奔○	2.4/14/20
齊杞○殖之妻也	4.8/36/8
杞○妻曰	4.8/36/8
杞○之妻無子	4.8/36/10
君子謂杞○之妻貞而知	
禮	4.8/36/15
杞○戰死	4.8/36/20
○之寡婦也	4.14/39/27
○貴人多爭欲娶之者	4.14/39/27
○王聞之	4.14/39/28
高行處○	4.14/40/9
不受○聘	4.14/40/9
○節姑姊者	5.12/48/29
○之婦人也	5.12/48/29
○國豈可戶告人曉也	5.12/49/1
○節姑姊	5.12/49/8
夷吾奔○	7.7/68/2
晉人殺懷公于高○	7.7/68/4

糧 liáng　　3

寧能衣其夫子而長不乏	
○食哉	1.9/7/2
絕○	1.11/9/27
下子之○	5.9/47/2

兩 liǎng　　13

使○君罷以玉帛相見	2.4/14/24
見○頭蛇	3.5/24/20
吾聞見○頭蛇者死	3.5/24/21
○頭岐首	3.5/24/29
而亡一國、○卿矣	3.10/28/2
諸母誠之○階之間	4.6/35/2
一舉而○辱	4.9/37/3
維斯○姬	5.4/44/1
力不能○護	5.6/45/2

善視汝○弟	5.14/50/13
抽絺紵五○以授子貢	6.6/55/16
有絺紵五○	6.6/55/18
出入○君	7.12/71/28

聊 liáo　　3

○與子同歸	4.8/36/15
我不○也	4.12/38/22
父母無○	7.11/71/10

療 liáo　　1

可以○飢	2.14/21/13

列 liè　　18

嬪○有虞	1.1/1/24
稱○先祖	1.8/6/18
教化○分	1.9/7/22
（則）〔○〕士之妻加	
之以朝服	1.10/8/25
○爲慈母	1.10/9/22
同○者七人	2.5/15/16
陳○其行	2.10/18/26
○于君子	2.12/20/8
○于諸侯矣	3.8/26/12
陳○紀綱	3.14/31/13
故舉而○之于《詩》也	4.3/33/21
○于貞賢	4.7/36/4
○其勞苦	6.3/53/15
今子○大夫而不爲之表	6.5/54/21
陳○母職	6.8/57/10
姬○其事	6.9/58/6
皆已備有○位矣	6.10/58/17
徐吾自○	6.14/62/16

烈 liè　　10

要其安民以播○光、制	
禮以廣達孝而言之	1.6/4/22
楚考○王之后也	7.14/72/23
考○王無子	7.14/72/23
言之考○王	7.14/73/3
〔考○王〕召而幸之	7.14/73/3
及考○王死	7.14/73/4
后有考○王遺腹子猶立	7.14/73/5

考○王弟公子負芻之徒	
聞知幽王非考○王子	7.14/73/6
考○無子	7.14/73/12

獵 liè　　4

好狩○	2.5/15/11
食○犬	3.9/27/3
食○犬、組羊裘者	3.9/27/8
驅馳弋○不時	7.3/65/3

林 lín　　8

選于○木	1.1/1/17
乃送之平○之中	1.2/1/31
後伐平○者咸（麠）	
〔麠〕之覆之	1.2/1/31
定公惡孫○父	1.7/5/11
孫○父奔晉	1.7/5/12
兆如山（○）〔陵〕	1.7/5/23
賢者〔伏〕匿于山○	6.10/58/25
懸肉爲○	7.2/64/6

鄰 lín　　12

蓋與其○人陳素所與大	
夫言	2.6/16/4
壁○之國也	3.9/26/28
其○人婦從之遊	3.13/30/4
○婦笑曰	3.13/30/6
○人女奔	3.13/30/8
○婦謝曰	3.13/30/11
其妻淫于○人	5.10/47/16
四○爭娶之	5.10/47/25
○國聞之	6.4/54/2
化行○國	6.11/59/29
與○婦李吾之屬會燭相	
從夜績	6.14/62/6
婦人以辭不見棄于○	6.14/62/11

霖 lín　　1

逢○水出	3.13/30/8

臨 lín　　10

明日○朝	2.2/13/15

上帝○子	2.3/14/3	**靈 líng**	37	**令 lìng**	53
願先生幸○之	2.14/21/5				
故○武事	3.2/23/3	乃舍諸○臺	2.4/14/26	卒致○名	1.4/3/5
夫○喪而言嫁	3.12/29/15	衛○公之夫人也	3.7/25/22	夜則○瞽誦詩	1.6/4/8
則無以○國	4.9/37/3	○公與夫人夜坐	3.7/25/22	若○無	1.7/5/19
成王登臺○後宮	5.2/41/27	衛○夜坐	3.7/26/5	諸侯朝脩天子之業○	1.10/8/21
造瓊室瑤臺以○雲雨	7.1/63/22	齊○仲子者	3.8/26/10	欲明其子之○德	1.10/9/10
公登臺以○崔子之宮	7.11/70/21	齊○公之夫人也	3.8/26/10	前妻中子犯魏王○	1.13/11/12
孰與身○不測之罪乎	7.14/73/2	○公娶于魯	3.8/26/10	王以爲○尹	2.5/15/20
		○公疾	3.8/26/15	○儀○色	2.7/16/28
轔 lín	4	齊○仲子	3.8/26/21	昔楚○尹子文之治國也	2.9/17/28
		○公立牙	3.8/26/21	莫敖○于軍中曰	3.2/22/28
聞車聲○○	3.7/25/22	子○之妻殺三夫、一君		○兵士無敢入	3.4/24/9
有車○○	3.7/26/5	、一子	3.10/28/1	楚○尹孫叔敖之母也	3.5/24/20
		衛宗室○王之夫人（而）		爲〔楚〕○尹	3.5/24/24
麟 lín	1	及其傅妾也	4.12/38/20	設○伐株于山	3.11/28/27
		封○王世家	4.12/38/20	○吾終身無兄	3.13/30/8
麒○不入于陷穽	2.6/16/7	○王死	4.12/38/21	若○殖免于罪	4.8/36/9
		夫人欲使○氏受三不祥		何以行○訓民	4.9/37/2
廩 lǐn	5	耶	4.12/38/24	○召宮人必以符	4.10/37/17
		公孫寧、儀行父與陳○		王問之于○尹子上	5.2/42/4
使塗○	1.1/1/11	公皆通于夏姬	7.9/69/8	○尹之言	5.2/42/6
父母使我塗○	1.1/1/12	二人以告○公	7.9/69/10	○于蓋群臣曰	5.5/44/6
舜既治○	1.1/1/12	○公曰	7.9/69/10	戎○曰	5.5/44/11
瞽叟焚○	1.1/1/12	○公與二子飲於夏氏	7.9/69/11	陰○宰人各以一斗擊殺	
紂乃登○臺	7.2/64/11	○公罷酒	7.9/69/12	代王及從者	5.7/45/21
		射殺○公	7.9/69/13	○魏國曰	5.11/48/7
凌 líng	2	○公太子午奔晉	7.9/69/13	吾聞秦○者	5.11/48/9
		弑○公	7.9/69/16	妾不能生而○公子擒也	
伯宗賢而好以直辨○人	3.6/25/3	○公之夫人	7.10/70/3		5.11/48/14
伯宗○人	3.6/25/17	時國佐相○公	7.10/70/5	珠崖○之後妻及前妻之	
		○公與佐盟而復之	7.10/70/8	女也	5.13/49/13
陵 líng	9	及○公薨	7.10/70/8	及○死	5.13/49/14
		齊○聲姬	7.10/70/14	○縣復其三子而表其墓	
兆如山（林）〔○〕	1.7/5/23	衛○公之夫人	7.12/71/15		5.14/50/14
楚於○子終之妻也	2.15/21/22	南子譖太子于○公曰	7.12/71/16	○尹以罪乙	6.2/52/8
楚王聞於○子終賢	2.15/21/22	○公大怒蒯瞶	7.12/71/16	○尹盜之	6.2/52/9
於○子終曰	2.15/21/23	○公薨	7.12/71/16	○尹侍焉	6.2/52/10
君子謂於○妻爲有德行		趙○吳女者	7.13/72/3	○尹信盜之	6.2/52/10
	2.15/21/28	趙武○王之后也	7.13/72/3	○尹不身盜之也	6.2/52/11
於○處楚	2.15/22/1	武○王娶韓王女爲夫人	7.13/72/3	昔孫叔敖之爲○尹也	6.2/52/12
一旦山○崩弛	6.10/58/24	武○王自號主父	7.13/72/8	今○尹之治也	6.2/52/13
晉、楚戰于鄢○	7.8/68/16	神竈趙○	7.13/72/18	○尹在上	6.2/52/14
會諸侯于柯○	7.10/70/5			○尹不知	6.2/52/14
		頜 lǐng	1	○尹獨何人而不以是爲	
				過也	6.2/52/16
		統○九嬪	1.5/3/16	非徒譏○尹	6.2/52/18

怨○尹之治也	6.2/52/19
指責○尹	6.2/52/25
下○曰	6.4/53/20
是先犯我○	6.4/53/21
先犯君○	6.4/53/26
○犯者死	6.4/54/1
嚴威○	6.4/54/3,6.4/54/5
出○卑宮室	6.11/59/28
漢太倉○淳于公之少女	
也	6.15/62/21
（○）〔今〕坐法當刑	
	6.15/62/24
○有罪者行其上	7.2/64/8

流 liú　　　　　17

王使人（往）〔注〕江	
之上○	1.11/10/2
使士卒飲其下○	1.11/10/3
夫人○涕	2.4/15/6
如彼泉○	3.10/28/11
溺○而死	3.13/30/8
源潔而○清	4.1/32/13
夫人○而死	4.10/37/21
○死不疑	4.10/37/27
○入于海	6.6/55/11
迎○而挹之	6.6/55/12
從○而挹之	6.6/55/12
中○	6.7/56/11
○棄莫執	6.10/58/13
與末喜、嬖妾同舟○于	
海	7.1/63/24
○酒爲池	7.2/64/6
縶○于庭	7.3/64/25
○言以對	7.13/72/13

留 liú　　　　　13

遂○其婦	1.9/7/9
子何○乎	2.7/16/21
是必使齊圖魯而拘汝○	
之	3.9/27/1
○夫人漸臺之上而去	4.10/37/16
○必死	4.10/37/20
不若○而死耳	4.10/37/20
○姜漸臺	4.10/37/27
而得○以盡其節	4.12/38/23

遂許傅（妻）〔妾〕○	4.12/39/1
遂○野死	5.7/46/1
吾不敢○汝	5.14/50/10
義不可以○	5.14/50/13
不○不去	5.14/50/20

劉 liú　　　　　1

君聞昔者公○之行乎	6.3/53/2

瘤 liú　　　　　11

宿○女者	6.11/59/11
項有大○	6.11/59/11
故號曰宿○	6.11/59/11
宿○〔女〕採桑如故	6.11/59/12
惜哉宿○	6.11/59/14
宿○何傷	6.11/59/15
宿○駭	6.11/59/20
〔立〕○女以爲后	6.11/59/28
宿○女有力焉	6.11/59/30
君子謂宿○女通而有禮	
	6.11/59/30
齊女宿○	6.11/60/5

柳 liǔ　　　　　7

魯大夫○下惠之妻也	2.10/18/14
○下惠處魯	2.10/18/14
○下惠曰	2.10/18/16
○下既死	2.10/18/17,2.10/18/26
君子謂○下惠妻能光其	
夫矣	2.10/18/21
○下覆寒女不爲亂	6.9/57/23

六 liù　　　　　7

學○藝	1.9/6/26
大國五○	3.14/31/5
年十○而嫁	4.15/40/14
可以託○尺之孤	5.1/41/17
○年	5.3/42/25
不爲○畜傷民人	6.4/53/27
遇《艮》之○	7.8/68/19

龍 lóng　　　　　10

蛟○不及于枯澤	2.6/16/7
蛟○助兮主將歸	6.7/56/12
葉公好○	6.12/60/25
而○爲暴下	6.12/60/25
有○無尾	6.13/61/15
有○無尾者	6.13/61/17
○逢進諫曰	7.1/63/21
化爲二○	7.3/64/22
○忽不見	7.3/64/24
褒神○變	7.3/65/13

籠 lóng　　　　　1

琅玕○疏	6.10/58/24

婁 lóu　　　　　3

魯黔○先生之妻也	2.11/19/3
君子謂黔○妻爲樂貧行	
道	2.11/19/13
黔○既死	2.11/19/18

樓 lóu　　　　　3

生原同、屏括、○嬰	2.8/17/8
且日在○上新沐	5.15/50/28
居○上東首	5.15/50/29

陋 lòu　　　　　3

寡人愚○	2.14/21/5
○固無心	6.6/55/15
延及側○	6.10/58/30

盧 lú　　　　　2

羅與○戎擊之	3.2/22/29
慶封乃使○蒲嫳帥徒眾	
與國人焚其庫廐而殺	
成、（姜）〔彊〕	7.11/71/3

廬 lú　　　　　2

則賤妾有先人之弊○在	4.8/36/9
去蓬○之下	6.9/57/21

爐 lú	1
埋○陰	3.10/27/27

虜 lǔ	5
則爲○役矣	1.9/7/3
○其君	4.7/35/22
楚○息君	4.7/36/3
○襃姒	7.3/65/7
遷遂見○于秦	7.15/73/22

魯 lǔ	72
○季敬姜者	1.10/7/27
○大夫公父穆伯之妻	1.10/7/27
文伯相○	1.10/8/8
○其亡乎	1.10/8/16
○大夫辭而復之	1.10/9/5
○九子之寡母也	1.12/10/17
○大夫從臺上見而怪之	1.12/10/22
○君賢之	1.12/11/5
○大夫柳下惠之妻也	2.10/18/14
柳下惠處○	2.10/18/14
○黔婁先生之妻也	2.11/19/3
靈公娶于○	3.8/26/10
○大夫臧文仲之母也	3.9/26/26
文仲將爲○使至齊	3.9/26/26
○國不容子矣	3.9/26/27
○與齊通壁	3.9/26/28
○之寵臣多怨汝者	3.9/26/28
是必使齊圖○而拘汝留之	3.9/27/1
而興兵欲襲○	3.9/27/2
將以襲○	3.9/27/11
乃還文仲而不伐○	3.9/27/12
○公乘姒者	3.12/29/13
○公乘子皮之姒也	3.12/29/13
○君欲以子皮爲相	3.12/29/14
○君欲以我爲相	3.12/29/14
子皮相○	3.12/29/27
○漆室邑之女也	3.13/30/3
吾憂○君老	3.13/30/6
此乃○大夫之憂	3.13/30/6
今○君老悖	3.13/30/9
夫○國有患者	3.13/30/9
○果亂	3.13/30/11
○連有寇	3.13/30/11
維○且亂	3.13/30/17
○果擾亂	3.13/30/17
○宣公之女	4.2/32/26
宋人告○	4.2/32/28
○使大夫季文子如宋	4.2/32/28
○陶門之女也	4.13/39/12
○人或聞其義	4.13/39/12
○人聞之曰	4.13/39/16
○孝公稱之保母	5.1/41/11
宣王立戲爲○太子	5.1/41/12
括之子伯御與○人作亂	5.1/41/13
遇稱舅○大夫于外	5.1/41/15
○大夫皆知稱之在保	5.1/41/16
○人高之	5.1/41/17
由○宮起	5.1/41/22
○義姑姊者	5.6/44/28
○野之婦人也	5.6/44/28
齊攻○	5.6/44/28
則○君不吾畜	5.6/45/5
不能無義而視○國	5.6/45/6
○未可伐也	5.6/45/7
○君聞之	5.6/45/8
齊君攻○	5.6/45/15
○秋胡子妻也	5.9/46/25
○桓公之夫人也	7.5/66/5
○人求彭生以除恥	7.5/66/9
配○桓公	7.5/66/14
○人謀之	7.6/66/25
聞哀姜與慶父通以危○	7.6/66/26
○遂殺慶父	7.6/66/27
淫于○莊	7.6/67/1
○宣公之夫人	7.8/68/15
喬如與繆姜謀去季、孟而擅○國	7.8/68/16
以○士晉爲內臣	7.8/68/18
○人不順喬如	7.8/68/18
○（逐）〔遂〕擯繆姜于東宮	7.8/68/19
欲使專○	7.8/69/1
○侯之女	7.10/70/3
出公奔○	7.12/71/21

賂 lù	9
又背秦○	2.4/14/21
○遺外妻甚厚	2.7/16/20
必以○死	3.10/28/12
破胡○執事者	6.9/57/19
有司受○	6.9/57/25
今秦又使人重○左右	6.13/61/9
盡取周○而去	7.3/65/7
多受秦○	7.15/73/22
受○亡趙	7.15/73/28

祿 lù	11
不貪榮○	1.9/7/12
○未嘗多若此也	1.14/12/1
厚○以奉子	1.14/12/3
無功而食○	1.14/12/8
君子受○	1.14/12/13
若受人重○	2.13/20/19
可授以官○者	2.14/21/9
受人官○	2.14/21/9
王德薄而○厚	3.2/23/2
厚○也	5.2/41/30
不損○而加刑	6.4/53/27

路 lù	11
○車乘黃	2.4/15/1
是蔽君而塞賢○	2.5/15/18
蔽賢之○	2.5/15/27
式○馬	3.7/25/24
使使者弔之于○	4.8/36/8
道○過者	4.8/36/11
見○傍婦人採桑	5.9/46/25
今也乃悅○傍婦人	5.9/47/1
至于狹○	6.5/54/17
今于狹○之中	6.5/54/19
子○死之	7.12/71/21

戮 lù	5
皆善○力以輔人	3.4/24/5
請殺其生者而○其死者	3.10/28/14
王使執而○之	7.3/64/28
乃○驪姬	7.7/68/3
○夏南	7.9/69/16

錄 lù　2

《春秋》詳○其事　4.2/33/4
詳○其事　4.2/33/12

麓 lù　1

入于大○　1.1/1/17

露 lù　2

以○堵父爲客　1.10/9/3
胡爲乎中○　4.5/34/17

閭 lǘ　12

所執贄而見於窮○隘巷
　者七十餘人　1.10/8/4
至○外而止　1.12/10/21
至○〔外〕而止　1.12/10/23
故止○外　1.12/10/26
表其○　2.7/16/27
表其○里　2.7/17/1
乃表負羈之○　3.4/24/9
士民之扶老攜幼而赴其
　○者　3.4/24/10
吳王闔○盡妻其後宮　4.9/36/26
闔○勝楚　4.9/37/11
王弟子○與子西、子期
　謀曰　5.4/43/25
其幼弱在于○巷之時　6.9/57/18

呂 lǚ　1

有（○）〔台〕氏之女　1.6/3/27

旅 lǚ　1

使師尹維○牧〔相〕　1.10/8/19

履 lǚ　8

好而○之　1.2/1/29
○跡而孕　1.2/2/10
奉劍而正○　1.10/8/1
衰絰○薪以迎　2.4/14/24
掌衣○　4.11/38/5

而累足無所○也　5.6/45/6
何面目以生而戴天（復）
　〔○〕地乎　5.14/50/12
不納○　6.9/57/24

慮 lǜ　4

吾爲子更○　2.14/21/10
孰可與○社稷　3.3/23/18
子之所○　3.13/30/11
計○甚妙　3.13/30/17

欒 luán　1

及○不忌之難　3.6/25/11

卵 luǎn　2

有玄鳥銜○　1.3/2/15
吞○產子　1.3/2/26

亂 luàn　75

○之所興也　2.1/12/26
原○之興　2.1/12/26
○不長世　2.3/14/5
生于○世　2.6/16/8
憂民救○　2.10/18/14
今當○世　2.10/18/15
見時暴○　2.13/20/27
妻曰世○　2.14/21/17
○世多害　2.15/21/27
懼世○煩　2.15/22/1
師次○濟　3.2/22/28
頭○不得梳　3.9/27/10
與祁勝爲○　3.10/28/10
○君不問而爲　3.11/28/26
魯果○　3.13/30/11
維魯且○　3.13/30/17
魯果擾○　3.13/30/17
王○于無別　3.14/30/23
而○男（子）〔女〕之
　別也　3.14/30/30
則○　3.14/31/1
○則○　3.14/31/5
今大王○人道之始　3.14/31/5
而從○無別　3.14/31/6

則天下○　4.9/36/27
○亡興焉　4.9/37/1
夫造○亡之端　4.9/37/1
縱○亡之欲　4.9/37/1
括之子伯御與魯人作○　5.1/41/13
伯御作○　5.1/41/22
必爲○矣　5.2/42/5
吾懼禍○之作也　5.2/42/11
遂興師作○　5.2/42/14
知（商）〔商〕臣○　5.2/42/20
○也　5.11/48/13
今持逆○而以求利　5.11/48/13
柳下覆寒女不爲○　6.9/57/23
稱國○煩　6.10/59/6
禍○且成而王不改也　6.13/61/18
○孽無道　7.1/63/17
昏○失道　7.1/63/20
維○驕揚　7.1/63/29
○是用暴　7.2/64/13
惑○是修　7.2/64/17
○及五世　7.4/65/24
○由姜起　7.4/65/29
內○其兄齊襄公　7.5/66/5
○匪降自天　7.5/66/9
文姜淫○　7.5/66/14
維女爲○　7.5/66/14
必○國　7.7/67/14
無以一妾○百姓　7.7/67/15
除○而衆說　7.7/67/16
○及五世然後定　7.7/68/5
惑○晉獻　7.7/68/10
五世○昏　7.7/68/10
聰慧而行○　7.8/68/15
今我婦人而與于○　7.8/68/22
終不得掩其淫○之罪　7.8/68/25
敗○巫臣　7.9/69/26
齊○乃息　7.10/70/9
厥行○失　7.10/70/14
惑○莊公　7.11/71/10
衛二○女者　7.12/71/15
莊公以戎州之○又出奔
　　7.12/71/22
二女爲○五世　7.12/71/23
二○交錯　7.12/71/28
章以其徒作○　7.13/72/11
國以○傾　7.13/72/19
○（時）〔是〕用餤　7.14/73/7

前日而○一宗之族	7.15/73/17	烙 luò	1	○有餘秣	6.13/61/23
此女一宗	7.15/73/18			有四○白旆至者	7.4/65/20
○與不○	7.15/73/19	紂乃爲炮（○）〔格〕			
淫○春平	7.15/73/28	之法	7.2/64/7	罵 mà	1

倫 lún　　4

使從大○	1.9/7/22
人○之始也	4.1/32/12
固人○之始	4.9/36/28
有○有脊	6.5/54/25

絡 luò　　1

幕○連飾	6.10/58/25

公○其女曰　　6.15/62/22

埋 mái　　6

蹢躍築○	1.9/6/23
殺而○之	3.5/24/20, 3.5/24/29
殺而○之矣	3.5/24/22
不若○之	3.10/27/27
○壚陰	3.10/27/27

淪 lún　　1

無○胥以敗　　3.10/28/11

落 luò　　1

一年成○　　2.14/21/12

買 mǎi　　2

乃日視便利田宅可○者
　〔○之〕　　3.15/31/22

輪 lún　　1

自御○三曲顧姬與　　4.6/35/4

麻 má　　2

而教之種樹桑○	1.2/2/1
執○枲	2.7/16/21

賣 mài　　3

其嬉戲爲賈人衒○之事	1.9/6/24
既畢而賤○	3.11/29/1
後有人夫妻○檿弧箕服	
之器者	7.3/64/27

論 lùn　　8

母獨○序	1.4/3/10
《○語》曰	5.1/41/17
	5.13/49/26, 5.15/50/31
佛肸之母將○	6.8/56/26
姜之子與在○中	6.8/57/3
將就于○	6.8/57/10
遂釋不○	6.8/57/10

馬 mǎ　　24

來朝走○	1.6/3/29
飾在輿○	1.8/6/9
有○二十乘	2.3/13/29
策駟○	2.12/19/23
驅○悠悠	3.3/23/21
式路○	3.7/25/24
趙（間）〔簡〕子乘○	
園中	3.11/28/25
愛○足	3.11/28/27
則無愛○足	3.11/28/27
將有○爲也	3.11/28/28
繫○園中	3.13/30/7
○佚馳走	3.13/30/7
趙將○服君趙奢之妻	3.15/31/18
孝公使駟○立車載姬以	
歸	4.6/35/6
先狗○塡溝壑	4.14/39/28
昔敝邑寡君固以眾黎民	
之役事君王之○足	5.4/43/11
且君王以束帛乘○	5.4/43/16
願以車○及家中財物盡	
以送汝	5.14/50/10
秦穆公有盜食其駿○之	
肉	6.3/53/3
頓首司○門外	6.10/58/14
選兵○	6.10/58/30
夫牛鳴而○不應	6.12/60/14

槾 mán　　1

卒于○木之下　　3.2/23/4

滿 mǎn　　4

忿然充○	2.2/13/14
晏子長不○三尺	2.12/19/25
物○則損	3.1/22/19
○而溢之	6.6/55/12

捋 luō　　1

猶始于○采之　　4.4/34/2

羅 luó　　5

夫鳳皇不罹于蔚○	2.6/16/7
伐○	3.2/22/24
必小○	3.2/22/27
至○	3.2/22/28
○與盧戎擊之	3.2/22/29

曼 màn　　8

鄧○者	3.2/22/24
王以告夫人鄧○	3.2/22/25
〔鄧○〕曰	3.2/22/26
君子謂鄧○爲知人	3.2/23/1
告鄧○曰	3.2/23/2
鄧○曰	3.2/23/2
君子謂鄧○爲知天道	3.2/23/5

裸 luǒ　　3

彼雖○裎	2.10/18/16
使人○形相逐其間	7.2/64/6
王使婦人○而譟之	7.3/64/25

楚武鄧○	3.2/23/10	卯 mǎo	2		3.10/28/12
漫 màn	**1**	芒○之後妻也	1.13/11/10	**媒 méi**	**1**
		芒○之妻	1.13/11/25		
造爛○之樂	7.1/63/19			非○不嫁	6.7/56/14
		冒 mào	**1**		
慢 màn	**6**	卒見覆○	6.9/57/25	**每 měi**	**3**
獻公居喪而○	1.7/5/15			○事常謀于二女	1.1/1/17
○悔定姜	1.7/5/18	**毣 mào**	**2**	○懷靡及	2.3/14/4
以弟○夫	5.7/45/24	皆黃○倪齒也	1.10/8/7	○朝	3.6/25/3
妾聞子少而○者	6.8/57/1	匪我言○	3.15/31/26		
今妾之子少而不○	6.8/57/2			**美 měi**	**40**
民○其政	7.7/67/11	**媢 mào**	**1**	味不及加○	1.11/10/3
		咸無妬○逆理之人	1.5/3/16	大夫○之	1.12/10/26
嫚 màn	**4**			彼（姜）〔○〕孟姜	2.3/14/9
敖游於○	1.1/1/9	**貌 mào**	**5**	薦進○人	2.5/15/27
不以天子之女故而驕盈		儀○壯麗	1.8/6/8	君子○之　2.8/17/21, 4.9/37/11	
怠○	1.1/1/10	情○相副	1.14/12/3	生不得其○	2.11/19/9
好新而○故	2.8/17/9	容○淫樂者	2.2/13/13	彼○淑姬	2.11/19/13
亦甚○易	7/63/13	子○有喜色	3.6/25/5	不求豐○	2.11/19/18
		左右失○	6.11/59/21	○之物〔也〕	3.1/22/13
芒 máng	**3**			〔衆以○物〕歸汝	3.1/22/13
魏○慈母者	1.13/11/10	**瞀 mào**	**10**	○而有色　3.10/27/30, 7.11/70/19	
○卯之後妻也	1.13/11/10	鄭○者	5.2/41/27	而有甚○者	3.10/28/3
○卯之妻	1.13/11/25	子○直行不顧	5.2/41/27	而天鐘○于是	3.10/28/4
		子○不顧	5.2/41/28	髮黑而甚○	3.10/28/4
毛 máo	**2**	子○復不顧	5.2/41/29	夫有○物足以移人	3.10/28/6
欲以澤其○而成文章也	2.9/17/30	子○遂〔行〕不顧	5.2/41/29	魏哀王使使者爲太子納	
鳥獸之解○	2.14/21/11	子○曰　5.2/42/1, 5.2/42/5		妃而○	3.14/30/22
		子○謂其保曰	5.2/42/7	君子○其貞一	4.3/33/21
茅 máo	**2**	子○退而與其保言曰	5.2/42/11	詩人○之	4.4/34/9
昔帝堯○茨不剪	6.3/53/4	子○先識	5.2/42/20	吳王聞其○且有行	4.11/38/3
○茨不剪	6.11/59/24			彼○孟姜	4.11/38/11
		枚 méi	**2**	吳王○之	4.11/38/15
旄 máo	**3**	施于條○	4.9/37/6	○其嘉績	4.11/38/16
		得珠十○于繼母鏡奩中		其爲人榮于色而○于行	
有四馬白○至者	7.4/65/20		5.13/49/15		4.14/39/27
奪之○而行	7.4/65/22			○其行	4.15/40/25
求○不得	7.4/65/22	**眉 méi**	**1**	群臣嘉○	5.4/44/1
		鳶（○）〔肩〕而牛腹		王○其義	5.8/46/15
				今君窮民財力以○飲食	
				之具	6.4/54/4
				特竊慕大王之○義耳	6.10/58/18
				○于色	7.1/63/17
				求○女積之於後宮	7.1/63/18

長而〇好	7.3/65/1	曾子與〇人往弔之	2.11/19/3	**蒙** méng	9
其狀〇好無匹	7.9/69/6	〔隱〇而入〕	2.11/19/3		
莊王見夏姬〇好	7.9/69/14	吾從〇間觀其志氣	2.12/19/25	卒〇其榮	1.12/11/5
將軍子反見〇	7.9/69/16	〇外車跡何其深也	2.13/20/15	〇恥救民	2.10/18/19
天下多〇婦女	7.9/69/17	楚王駕至老萊之〇	2.14/21/4	耕於〇山之陽	2.14/21/3
夏姬好〇	7.9/69/26	衡〇之下	2.14/21/13	吾不能與子〇恥而生焉	5.5/44/17
〇人熒熒兮	7.13/72/4	〇外成市	3.4/24/10	終〇其福	5.10/48/1
悼襄王以其〇而取之	7.15/73/17	下公〇	3.7/25/24	妾娟之幸得〇先人之遺	
		中止闕〇	3.7/26/5	體	6.9/57/20
妹 mèi	9	如耳未遇（〇）〔間〕		不使貧妾得〇見哀之恩	
			3.14/30/25		6.14/62/10
與其〇（姊）〔娣〕浴		負因款王〇而上書曰	3.14/30/26	與之〇衣乘輦而入于閨	7.10/70/3
於玄丘之水	1.3/2/15	負款王〇	3.14/31/13	二人〇衣而乘	7.12/71/20
簡狄與其〇娣競往取之	1.3/2/16	至城〇而衛君死	4.3/33/16		
倪天之〇	1.6/4/25	厥至城〇	4.3/33/25	**猛** měng	1
東宮之〇	1.8/6/10	姑姊妹誠之〇內	4.6/35/3		
東宮得臣之〇也	1.8/6/12	使守〇	4.7/35/22	手格〇獸	7.2/64/3
莊姜姆〇	1.8/6/18	閉永巷之〇	4.9/37/5		
子貉之〇也	3.10/28/3	魯陶〇之女也	4.13/39/12	**孟** mèng	53
成公之〇也	4.2/32/26	將車宿齊東〇之外	6.1/51/15		
姑姊〇誠之門內	4.6/35/3	〇不閉關	6.2/52/12	鄒〇軻之母也	1.9/6/23
		乃造于相晏子之〇	6.4/53/22	號〇母	1.9/6/23
昧 mèi	1	既入〇	6.4/53/24	〇子之少也	1.9/6/23
		頓首司馬〇外	6.10/58/14	〇母曰	1.9/6/23
此其人必不以闇〇廢禮	3.7/25/25	四辟公〇	6.10/58/30,6.10/59/6		1.9/6/25,1.9/6/29,1.9/7/14
		逐女造襄王之〇	6.12/60/11	〇母又曰	1.9/6/24
媚 mèi	1	造襄王〇	6.12/61/1	及〇子長	1.9/6/26
		〇已閉	6.13/61/25	君子謂〇母善以漸化	1.9/6/26
太姒思〇太姜、太任	1.6/4/13	徵舒伏弩廄〇	7.9/69/12	自〇子之少也	1.9/6/27
		閉〇而索客	7.10/70/6	〇母方績	1.9/6/28
寐 mèi	1	閉〇	7.11/70/24	〇子曰	1.9/6/28,1.9/7/10
				〇母以刀斷其織	1.9/6/28
必夙興夜〇	4.6/35/1	**萌** méng	2	〇子懼而問其故	1.9/6/29
				〇子懼	1.9/7/3
門 mén	42	誠禍之〇也	3.8/26/14	君子謂〇母知爲人母之	
		言取郭外〇內之於城中		道矣	1.9/7/4
賓于四〇	1.1/1/17	也	3.9/27/7	〇子既娶	1.9/7/5
不入其〇	1.4/3/4			〇子不悅	1.9/7/5
將入〇	1.9/7/7	**盟** méng	6	婦辭〇母而求去	1.9/7/5
及寢〇	1.10/9/13			于是〇母召〇子而謂之曰	1.9/7/7
寢〇之內	1.10/9/15	爲諸侯〇主	2.3/14/9	〇子謝	1.9/7/9
敬姜闔〇而與之言	1.10/9/16	以殺身〇	5.2/42/21	君子謂〇母知禮而明於	
其母閉〇而不內	1.11/10/1	靈公與佐〇而復之	7.10/70/8	姑母之道	1.9/7/9
無入吾〇	1.11/10/6	請〇	7.11/70/25	〇子處齊	1.9/7/10
〇人將誅之	2.10/18/17	與〇	7.12/71/19	〇母見之曰	1.9/7/10,1.9/7/11
〇人從之以爲誅	2.10/18/21	强〇之	7.12/71/21	〇子對曰	1.9/7/12
〇人必存	2.10/18/26			君子謂〇母知婦道	1.9/7/18

○子之母	1.9/7/22	**蘪 mí**	9	傷槐女能以辭○	6.4/54/7
魏○陽氏之女	1.13/11/10			遂○父亡	6.4/54/13
彼（姜）〔美〕○姜	2.3/14/9	○有姦意	1.1/1/9	辯女能以辭○	6.5/54/24
○姬者	4.6/34/27	○有過失	1.6/3/28	以○其身	6.8/57/5
父母送○姬不下堂	4.6/34/29	每懷○及	2.3/14/4	淳于公遂得○焉	6.15/63/2
孝公親迎○姬於其父母	4.6/35/4	○有嫉妬	2.5/15/27	以○父事	6.15/63/8
華○姬從	4.6/35/5	學問○已	2.12/20/8	○子三死	7.12/71/19
君子謂○姬好禮	4.6/35/11	厥心○悔	4.2/33/11		
○姬好禮	4.6/35/17	右驂牝○	6.7/56/9	**勉 miǎn**	4
彼美○姜	4.11/38/11	○○之樂	7.2/64/5		
喬如與繆姜謀去季、○				子其○之	2.3/14/3
而擅魯國	7.8/68/16	**泌 mì**	1	勸○晉文	2.3/14/14
必逐季、○	7.8/68/17			惟○強之	2.6/16/4
謀逐季、○	7.8/69/1	○之洋洋	2.14/21/13	○爲父母	2.6/16/14
號○子	7.10/70/3				
以告○子曰	7.10/70/4	**密 mì**	5	**湎 miǎn**	2
○子怒	7.10/70/5				
○子訴之曰	7.10/70/6	○康公之母	3.1/22/11	飲酒沉○	6.10/58/26,7.3/65/3
○子又愬而殺之	7.10/70/8	王滅○	3.1/22/14		
遂殺○子	7.10/70/9	君子謂○母爲能識微	3.1/22/14	**面 miàn**	5
號○姚	7.13/72/3	○康之母	3.1/22/19		
乃因后而入其女○姚	7.13/72/6	○果滅殞	3.1/22/19	何○目以見兄弟、國人	
○姚數微言后有淫意	7.13/72/7			哉	5.12/49/2
而立○姚爲惠后	7.13/72/7	**冪 mì**	1	何○目以生而戴天（復）	
				〔履〕地乎	5.14/50/12
夢 mèng	5	○酒漿	1.9/7/14	北○稽首曰	6.4/53/29
				升彼阿兮○觀清	6.7/56/11
以望雲○之閒	5.4/43/9	**謐 mì**	1	反〔北○爲〕（目）	
昔者不穀○娶妻	6.7/56/13			〔臣〕	7.13/72/9
君○見齊姜	7.7/67/21	夫子之（○）〔謐〕	2.10/18/21		
王嘗○見處女鼓瑟而歌				**苗 miáo**	1
曰	7.13/72/4	**免 miǎn**	21		
數言所○	7.13/72/5			不爲野草傷禾○	6.4/53/27
		是不○于厮役	1.9/7/1		
迷 mí	1	唯其母老以○	2.9/18/2	**妙 miào**	1
		能○於患乎	2.14/21/10		
莫不○惑失意	7.9/69/7	皆○之	3.2/23/1	皆天下之○選也	6.3/53/7
		子必不○	3.4/24/6		
蘪 mí	1	遂得○焉	3.6/25/12	**玅 miào**	1
		以○咎殃	3.6/25/17		
纏以荊○之筋	6.3/53/6	難乎其○也	3.9/27/1	計慮甚○	3.13/30/17
		若令殖○于罪	4.8/36/9		
彌 mí	2	恐不得○	4.13/39/13	**廟 miào**	11
		幸而得○	4.14/39/29		
德○大兮	2.10/18/19	何以得○	5.1/41/16	宗○饗之	1.6/4/18
○久不衰	4.7/36/3	卒○二子	5.8/46/20	且告無罪於○	1.7/5/19
		乃○縢婢而答殺其妻	5.10/47/21	掃除先人之○	2.4/14/23

獨守宗〇	2.14/21/5	〇之	1.7/5/20	惻然爲〔〇〕痛之	6.3/53/2
繼續先祖爲宗〇主也	4.1/32/13	許殺仲孫〇	7.8/68/18	妾父衍幸得充城郭爲公	
三月〇見	4.2/32/27,4.6/35/5			〇	6.4/53/25
寡君受之太〇也	5.4/43/16	**民 mín**	**68**	不爲六畜傷〇人	6.4/53/27
又丹其父桓公〇宮之楹	7.6/66/22			乃爲吾〇也	6.4/53/29
遂自經于新城〇	7.7/68/1	黎〇阻飢	1.2/2/3	以能順天慈〇也	6.4/53/30
請就（元）〔先〕君之		立我烝〇	1.2/2/5	窮〇財力謂之暴	6.4/54/3
〇而死焉	7.11/70/26	要其安〇以播烈光、制		今君窮〇財力以美飲食	
		禮以廣達孝而言之	1.6/4/22	之具	6.4/54/4
滅 miè	**30**	夫安〇而宥宗卿	1.7/5/13	是逆〇之明者也	6.4/54/5
		當爲〇法則	1.8/6/8	是賊〇之深者也	6.4/54/6
〇燭	2.1/12/29	昔聖王之處〇也	1.10/8/16	〇醉折傷	6.4/54/12
王〇密	3.1/22/14	勞其〇而用之	1.10/8/17	萬〇罷極	6.10/58/25
密果〇殞	3.1/22/19	夫〇勞則思	1.10/8/17	庶〇	6.12/60/17
有窮后羿〇之	3.10/28/5	沃土之〇不材	1.10/8/18	〇人無褐	6.13/61/23
今將〇羊舌氏者	3.10/28/9	瘠土之〇嚮義	1.10/8/18	爲王陳節儉愛〇之事	6.13/61/26
羊舌氏由是遂〇	3.10/28/10	宣（敬）〔敘〕〇事	1.10/8/19	〇之協矣	6.14/62/12
終〇范氏者	3.11/29/2	天子及諸侯合〇事〔于		而〇不犯	6.15/62/27
其後智伯〇范氏	3.11/29/3	外朝〕	1.10/9/14	而愚〇陷焉	6.15/62/28
知其必〇	3.11/29/8	維〇之則	2.4/15/2	〇之父母	6.15/62/29
秦〇衛君（乃）〔角〕		君敬〇戴	2.9/17/29	豈稱爲〇父母之意哉	6.15/63/2
	4.12/38/20	〇不戴	2.9/18/1	〇之莫矣	6.15/63/4
戎既〇蓋	5.5/44/23	憂〇救亂	2.10/18/14	則〇不畏	7.7/67/10
襲〇代王	5.7/45/30	油油之〇	2.10/18/16	〇慢其政	7.7/67/11
族已〇	5.11/48/12	蒙恥救〇	2.10/18/19	則可以威〇而懼寇矣	7.7/67/12
秦既〇魏	5.11/48/24	〇從而家者	2.14/21/12	甚寬惠而慈于〇	7.7/67/13
褒姒〇之	7.3/65/9	其謂君撫小〇以信	3.2/22/26	無乃以國〇之故	7.7/67/14
果〇其祀	7.3/65/14	士〇之扶老攜幼而赴其		〔夫豈〕惠其〇而不惠	
遂與子重〇巫臣之族	7.9/69/20	閭者	3.4/24/10	其父乎	7.7/67/15
〇國破陳	7.9/69/26	〇（愛）〔惡〕其上	3.6/25/4	爲〇與爲父異	7.7/67/15
欲其相〇也	7.11/71/1	然而〇之不能戴其上久		夫殺君利〇	7.7/67/16
東郭姜殺一國君而〇三		矣	3.6/25/9	〇孰不戴	7.7/67/16
室	7.11/71/5	則無愛〇力	3.11/28/27	此皆爲〇而不顧親	7.7/67/19
崔氏遂〇	7.11/71/11	愛〇力	3.11/28/27	以戲士〇	7.9/69/9
咸以〇身	7.12/71/28	可以三德使〇	3.11/28/27		
養士欲殺春申君以〇口	7.14/73/4	是〇一悅矣	3.11/28/28	**旻 mín**	**1**
〇其家	7.14/73/5	〇二悅矣	3.11/29/1		
盡〇李園之家	7.14/73/6	〇三悅矣	3.11/29/1	號泣日呼〇天	1.1/1/16
五年而秦〇之	7.14/73/7	〇果三悅	3.11/29/1		
宗族〇弒	7.14/73/12	以詐與〇	3.11/29/8	**敏 mǐn**	**1**
乃殺倡后而〇其家	7.15/73/23	何以行令訓〇	4.9/37/2		
趙遂〇爲郡	7.15/73/24	昔敝邑寡君固以衆黎〇		不〇	1.9/7/10
身死〇國	7.15/73/28	之役事君王之馬足	5.4/43/11		
		故士〇盡力而不畏死	5.5/44/7	**閔 mǐn**	**13**
蔑 miè	**2**	多殺士〇	5.5/44/12		
		庶〇國人不吾與也	5.6/45/5	其傅母〇夫人賢	4.5/34/14
先君有冢卿以爲師保而		先〇有言	6.1/51/28	〇王之后也	6.11/59/11

○王出遊	6.11/59/11,6.11/60/5	禱祠于○山神（女）		仁智顯○	3.8/26/21
○王歸	6.11/59/19	〔水〕	6.4/53/26	以○不與	3.10/27/27
○王大感	6.11/59/28	（切）〔竊〕有狂夫○		○君不問不爲	3.11/28/26
○王至于此也	6.11/59/29	之者矣	6.6/55/19	○事分禮	3.12/29/27
○王逃亡	6.11/59/30	○娟之	6.9/57/15	禮別不○	3.14/31/13
是爲○公	7.6/66/24	既有汙○	6.9/57/27	作詩○意	4.1/32/21
○公既立	7.6/66/24	爲莫白妾之汙○也	6.9/57/28	是以○王之制	4.9/36/28
又與慶父謀殺○公	7.6/66/25	○聲光榮	6.11/60/5	作歌○己之不更二也	4.13/39/13
遂使卜齮襲弒○公于武		○緹縈	6.15/62/21	作歌自○	4.13/39/22
闈	7.6/66/25	○喬如	7.8/68/16	是○夫之不肖	4.15/40/22
是爲幽○王	7.15/73/21			王不○察	5.2/42/8
		明 míng	**73**	王又不○	5.2/42/10
憫 mǐn	**1**	天下稱二妃聰○貞仁	1.1/1/19	不如死以○之	5.2/42/13
		棄之性○而仁	1.2/2/2	○不私己	5.12/49/8
厄窮而不○	4.3/33/19	聰○而仁	1.3/2/18	嘉其義○	5.14/50/20
		塗山獨○教訓而致其化爲	1.4/3/4	○而視之	5.15/50/29
名 míng	**37**	亦○教訓	1.5/3/15	耳目不○	6.2/52/13
		君子謂妃○而有序	1.5/3/16	上不○	6.2/52/17
卒致其○	1.2/2/2,1.3/2/18	（賢）〔質〕行聰○	1.5/3/22	妾聞○君之蒞國也	6.4/53/27
卒致令○	1.4/3/5	文王生而○聖	1.6/4/6	而害○君之義也	6.4/54/1
身不失天下之顯○	1.6/4/18	仁而○道	1.6/4/12	○日朝	6.4/54/3
卒成大儒之○	1.9/6/26	故君子謂太姒仁○而有		是逆民之○者也	6.4/54/5
夫君子學以立○	1.9/6/29	德	1.6/4/24	而畏高○	6.5/54/21
遂成天下之○儒	1.9/7/3	聰○遠識	1.7/6/1	賢○有道	6.9/57/17
號以尊○	1.12/11/6	作詩○指	1.8/6/18	侍○王之讌	6.9/57/21
○號必揚	2/12/19	君子謂孟母知禮而○於		不能自○	6.9/57/25
卒成中興之○	2.1/12/28	姑母之道	1.9/7/9	妾之冤○于白日	6.9/57/26
○譽不興	2.9/17/26	亦以○矣	1.10/8/6	孝順至○	6.9/57/28
○傳于後世	2.9/17/29	○而動	1.10/8/24	○日	6.10/58/20
○顯諸侯	2.12/19/25	欲○其子之令德	1.10/9/10	諫辭甚○	6.11/60/5
其○必揚矣	2.12/19/28	德行光○	1.10/9/22	今大王既有○哲	6.12/60/18
變○易姓而遠徙	2.13/20/21	使（○請）〔朝謁〕夫		妾聞○王之用人也	6.12/60/22
榮○必利	3/22/7	人	1.12/10/27	耳目不聰○	6.13/61/19
叔向○肹	3.10/27/22	惟若賢○	2/12/18	燭不爲○	6.14/62/9
叔魚○鮒	3.10/27/22	○日臨朝	2.2/13/15	夜託燭○	6.14/62/16
○曰乾吉	3.10/27/25	○日〔朝〕	2.5/15/19	非朕德薄而教之不○歟	
○曰玄妻	3.10/28/4	制行分○	2.8/17/21		6.15/62/27
而○立于（夫）〔後〕		賢○有文	2.10/18/26	太子入自○可以生	7.7/67/26
世矣	4.12/39/2	事○主	2.12/19/28	若入而自○	7.7/68/1
卒遺顯○	5.5/44/24	○言驕恭	2.12/20/8	○而逐之	7.8/68/18
又有厚主之○	5.10/47/22	○日結駟連騎	2.15/21/24	其○年	7.9/69/13
夫○無細而不聞	5.10/47/25	既○且哲	3.4/24/11	生二子○（成）	7.11/70/29
○號顯遺	5.11/48/24	君子謂衛夫人○于知人		崔子廢成而以○爲後	7.11/70/29
被不義之○	5.12/49/1	道	3.7/25/29	禍及○、成	7.11/71/10
女○初	5.13/49/13	其○智乎	3.7/25/29		
○垂至今	6.3/53/4	君子謂仲子○於事理	3.8/26/16		
○婧	6.4/53/20				

冥 míng　　　　　　　　4

不爲○○惰行	3.7/25/25
水揚波兮杳○○	6.7/56/11

鳴 míng　　　　　　　　7

雞○	2.1/12/29
后夫人○佩而去	2.1/12/30
進退則○玉環佩	4.6/35/7
夜半悲○〔兮〕	4.13/39/14
夫牛○而馬不應	6.12/60/14
戰于○條	7.1/63/23
聚衆○鼓	7.11/70/24

命 mìng　　　　　　　　58

因○曰棄	1.2/2/1
乃○之曰	1.2/2/3
天○玄鳥	1.3/2/21
武王末受○	1.6/4/18
○婦成祭服	1.10/8/25
肥也不得聞○	1.10/9/13
慈母乃○其三子	1.13/11/11
必死奉○	1.14/12/4
二無成○	2.3/14/2
以辱君○	2.4/14/25
大夫受○	2.6/16/3
號曰○婦	2.12/19/23
○婦窺其夫爲相御	2.12/19/23
顯其妻以爲○婦	2.12/20/2
君子謂○婦知善	2.12/20/2
妾恐先生之不保○也	2.15/21/27
大○以傾	3.2/23/1
將發大○而蕩王心焉	3.2/23/4
以窮其○	3.10/28/20
受○之日	3.15/31/21
伯姬迫于父母之○而行	4.2/32/27
故不肯聽○	4.2/32/27
致○于伯姬	4.2/32/28
還復○	4.2/32/28
不違婦道以俟君○	4.5/34/17
無違○	4.6/35/1
其有大妨于王○者	4.6/35/1
必終父母之○	4.6/35/2
非所敢受○也	4.6/35/8
君何辱○焉	4.8/36/9

不敢承○	4.9/37/3
天○早寡兮	4.13/39/14
受嚴○而事夫	4.15/40/18
舍○不渝	5.2/42/16,5.12/49/3
妾不敢聞○	5.4/43/17
吾受先君之○	5.7/45/22
○管迎之	6.1/52/3
○吏償母之布	6.2/52/18
寡人敬受○	6.4/54/6
景公即時○罷守槐之役	6.4/54/6
子不早○	6.6/55/19
不敢聞○	6.7/56/14
願遂聞○	6.10/58/21
○後乘載之	6.11/59/15
○後車載之	6.13/61/24
于是湯受○而伐之	7.1/63/23
武王遂受○興師伐紂	7.2/64/10
夫棄父之○	7.4/65/21
君未終○而歿	7.7/67/14
驪姬乃使人以公○告太 　子曰	7.7/67/21
請反聽○	7.8/68/17
不知○也	7.9/69/21
言變色殞○也	7.9/69/21
臣不敢聞○	7.11/70/25
侍臣不敢聞○	7.11/70/26
○兮○兮	7.13/72/5

謬 miù　　　　　　　　4

乃○其辭曰	3.9/27/3
上下錯○也	5.2/42/9
不亦○乎	6.3/53/8
又重相○	7.2/64/17

磨 mó　　　　　　　　1

自殺于○笄之地	5.7/45/25

末 mò　　　　　　　　8

武王○受命	1.6/4/18
亡也以○喜	3.14/31/1
○喜者	7.1/63/17
日夜與○喜及宮女飲酒	7.1/63/19
○喜笑之	7.1/63/21
與○喜、嬖妾同舟流于	

海	7.1/63/24
○喜配桀	7.1/63/29
及周屬王之○	7.3/64/25

沒 mò　　　　　　　　1

終○後言	6.14/62/16

歿 mò　　　　　　　　1

君未終命而○	7.7/67/14

妹 mò　　　　　　　　1

置○喜于膝上	7.1/63/19

秣 mò　　　　　　　　1

馬有餘○	6.13/61/23

莫 mò　　　　　　　　46

○不尊榮	1.8/6/18
所以治蕪與○也	1.10/8/11
女知○如婦	1.10/9/9
男知○如夫	1.10/9/9
德音○違	2.8/17/11
	4.7/35/28,5.4/43/27
○能竄一字	2.10/18/21
○知其他	2.10/18/22
○能易之	2.10/18/26
○知所之	2.13/20/21
屈瑕號○敖	3.2/22/24
○敖必敗	3.2/22/25
而威○敖以刑也	3.2/22/26
○敖狃于蒲騷之役	3.2/22/27
○敖令于軍中曰	3.2/22/28
○敖自經荒谷	3.2/22/29
曾是○聽	3.2/23/1
諸大夫（慕）〔○〕子 　若也	3.6/25/9
○能知之	3.9/27/5
○予云覯	3.10/27/29
○能久長	3.11/29/3
○不爲之慘者	3.13/30/4
○不悼痛	4.2/33/5
齊中○能備禮求焉	4.6/34/28

○不爲之揮（俤）〔涕〕		與從者○于桑下	2.3/13/30	○姜淫洪	7.8/69/1
	4.8/36/12	姜與舅犯○	2.3/14/6		
○○葛纍	4.9/37/6	姜（興）〔與〕犯○	2.3/14/14	**母 mǔ**	307
○不戰慄	4.9/37/11	入與妻○	2.15/22/1		
○養老母	4.15/40/22	○許與齊	3.3/23/27	惟若○儀	1/1/3
夫不孝○大于不愛其親		言而無○	3.6/25/7	姑○察此	1/1/4
而愛其人	5.9/47/5	吾欲飲諸大夫酒而與之		舜父頑○嚚	1.1/1/8
皆○之知	5.13/49/15	○	3.6/25/7	○憎舜而愛象	1.1/1/9
○不爲酸鼻揮涕	5.13/49/24	失○	3.8/26/12	父○使我塗廩	1.1/1/12
而衆人○爲毫釐	6.9/57/27	聽用我○	3.8/26/16	象復與父○謀	1.1/1/13
爲○白姜之汙名也	6.9/57/28	少子伐其○	3.11/29/1	父○欲殺舜	1.1/1/15
流棄○執	6.10/58/13	言子之○	5.3/42/29	呼父○	1.1/1/16
○不掩口大笑	6.10/58/15	王弟子閭與子西、子期		棄○姜嫄者	1.2/1/29
李吾○能應	6.14/62/11	○曰	5.4/43/25	棄○姜嫄	1.2/2/10
民之○矣	6.15/63/4	君之○也	6.1/51/18	○道既畢	1.2/2/10
○吉	7.3/64/23	君子謂姜婧爲可與○	6.1/51/27	契○簡狄者	1.3/2/15
○之敢發也	7.3/64/24	姦臣必（倍）〔倚〕敵		契○簡狄	1.3/2/26
○至	7.3/65/7	國而發○	6.13/61/10	蓋○有力	1.3/2/27
○不迷惑失意	7.9/69/7	乃與壽弟朔○構伋子	7.4/65/19	啓○者	1.4/3/3
曾○我羸羸	7.13/72/5	○危太子	7.4/65/29	啓○塗山	1.4/3/10
而人○知	7.14/73/1	慶父與哀姜○	7.6/66/24	○獨論序	1.4/3/10
○能距	7.15/73/22	又與慶父○殺閔公	7.6/66/25	三○者	1.6/3/27
		魯人○之	7.6/66/25	王季之○	1.6/3/27
漠 mò	1	乃與弟○曰	7.7/67/8	文王之○	1.6/4/4
		○譖太子	7.7/68/10	人生而肖父○者	1.6/4/9
澂○酒醴	2.7/16/22	喬如與繆姜○去季、孟		皆其○感于物	1.6/4/9
		而擅魯國	7.8/68/16	文王○可謂知肖化矣	1.6/4/10
墨 mò	3	○逐季、孟	7.8/69/1	武王之○	1.6/4/12
		遂與偃○娶之	7.11/70/20	太姒號曰文○	1.6/4/13
即○大夫賢而日毀之	6.9/57/16	乃相與○曰	7.13/72/12	文○理陰道而治內	1.6/4/14
封即○大夫以萬戶	6.9/57/30			父○之喪	1.6/4/21
齊即○之女	6.12/60/10	**繆 móu**	12	周室三○	1.6/5/3
				號曰文○	1.6/5/3
嚜 mò	1	其母曰○姜	4.2/32/26	公子之○也	1.7/5/8
		○姜出于房	4.2/32/28	傅○者	1.8/6/6
爾○矣	3.5/24/24	內（歸）〔飾〕則結紐		齊女之傅○也	1.8/6/6
		綢○	4.6/35/7	傅○見其婦道不正	1.8/6/7
謀 móu	34	衣服綢○	4.6/35/11	君子善傅○之防未然也	1.8/6/11
		○姜者	7.8/68/15	齊女傅○	1.8/6/18
瞽叟與象○殺舜	1.1/1/11	故謚曰○	7.8/68/15	鄒孟軻之○也	1.9/6/23
象復與父母○	1.1/1/13	○姜通于叔孫宣伯	7.8/68/16	號孟○	1.9/6/23
每事常○于二女	1.1/1/17	喬如與○姜謀去季、孟		孟○曰	1.9/6/23
太王○事遷徙	1.6/3/28	而擅魯國	7.8/68/16	1.9/6/25,1.9/6/29,1.9/7/14	
而○事次之	1.6/3/29	魯（逐）〔遂〕摈○姜		孟○又曰	1.9/6/24
亦與之○	1.6/4/2	于東宮	7.8/68/19	君子謂孟○善以漸化	1.9/6/26
舍大臣而與小臣○	1.7/5/20	○姜使篋之	7.8/68/19	孟○方績	1.9/6/28
桓公與管仲○伐衛	2.2/13/11	惜哉○姜	7.8/68/25	孟○以刀斷其織	1.9/6/28

君子謂孟○知爲人○之		繼○如○	1.13/11/15	君子謂叔敖之○知道德	
道矣	1.9/7/4	爲人○〔而〕不能愛其		之次	3.5/24/24
婦辭孟○而求去	1.9/7/5	子	1.13/11/15	○氏聖善	3.5/24/25
請歸父○	1.9/7/7	慈○如此	1.13/11/17	叔敖之○	3.5/24/29
于是孟○召孟子而謂之曰	1.9/7/7	自此五子親附慈○	1.13/11/18	○曰陰德	3.5/24/29
君子謂孟○知禮而明於		慈○以禮義之漸	1.13/11/18	臧孫○者	3.9/26/26,3.9/27/5
姑○之道	1.9/7/9	君子謂慈○一心	1.13/11/19	魯大夫臧文仲之○也	3.9/26/26
孟○見之曰	1.9/7/10,1.9/7/11	五子後○	1.13/11/25	其○送之曰	3.9/26/29
願行而○老	1.9/7/13	繼○若斯	1.13/11/25	羊有○	3.9/27/4,3.9/27/9
故年少則從父○	1.9/7/16	齊田稷子之○也	1.14/11/30	臧孫○泣下襟曰	3.9/27/6
君子謂孟○知婦道	1.9/7/18	以遺其○	1.14/11/30	是善告妻善養○也	3.9/27/9
孟子之○	1.9/7/22	○曰	1.14/11/30,4.15/40/19	於是以臧孫○之言	3.9/27/11
文伯之○	1.10/7/27,1.10/9/22		5.11/48/11,6.2/52/11	君子謂臧孫○識高見遠	3.9/27/12
季康子之從祖叔○也	1.10/7/27		6.2/52/14,6.8/56/26	瞻望○兮	3.9/27/13
列爲慈○	1.10/9/22		6.8/56/27,6.8/56/28	臧孫之○	3.9/27/17
楚將子發之○也	1.11/9/27		6.8/56/29,6.8/56/30	○說其書	3.9/27/17
因歸問其○	1.11/9/27	其○曰	1.14/12/1	叔向、叔魚之○也	3.10/27/22
○問使者曰	1.11/9/27		3.1/22/11,3.5/24/21	吾○之族	3.10/28/1
其○閉門而不內	1.11/10/1		3.5/24/22,6.13/61/11	叔向之○	3.10/28/20
子發於是謝其○	1.11/10/7	大賞其○之義	1.14/12/7	晉范氏○者	3.11/28/25
君子謂子發○能以教誨	1.11/10/7	而以公金賜○	1.14/12/7	歸以告○	3.11/29/2
子發之○	1.11/10/12	君子謂稷○廉而有化	1.14/12/8	○喟然嘆曰	3.11/29/2
編于○德	1.11/10/12	田稷之○	1.14/12/13	君子謂范氏○爲知難本	3.11/29/3
○師者	1.12/10/17	使其傅○通言于王曰	2.1/12/24	范氏之○	3.11/29/8
魯九子之寡○也	1.12/10/17	太子申生之同○姊	2.4/14/19	魏大夫如耳○也	3.14/30/22
然吾父○家〔多〕幼稚		與惠公異○	2.4/14/19	趙括之○也	3.15/31/18
	1.12/10/18	太子蕃思○之恩而送其		括○上書言于王曰	3.15/31/18
少繫〔於〕父○	1.12/10/19	舅氏也	2.4/14/27	○置之	3.15/31/23
于是大夫召○而問之曰		慈○生孝子	2.4/15/2	括○曰	3.15/31/23
	1.12/10/23	遭父○憂	2.6/16/4	王以括○〔先言〕	3.15/31/25
○對曰	1.12/10/24	爲養父○也	2.6/16/5	〔君子謂括○〕爲仁智	
〔穆公〕賜○尊號曰○		故父○在	2.6/16/6		3.15/31/25
師	1.12/10/27	爲父○在故也	2.6/16/8	括○獻書	3.15/32/1
君子謂○師能以身教	1.12/10/28	父○孔邇	2.6/16/9	其○曰繆姜	4.2/32/26
則以父○爲天	1.12/10/28	勉爲父○	2.6/16/14	伯姬迫于父○之命而行	4.2/32/27
其喪（天）〔父〕○	1.12/10/28	趙姬請迎盾與其○而納		保○至矣	4.2/33/2
遠父○兄弟	1.12/11/1	之	2.8/17/8	傅○未至也	4.2/33/2
九子之○	1.12/11/5	唯其○老以免	2.9/18/2	傅○不至	4.2/33/3
魏芒慈○者	1.13/11/10	送厥○家	2.9/18/9	婦人不得傅○	4.2/33/6
皆不愛慈○	1.13/11/10	密康公之○	3.1/22/11	保○曰	4.3/33/16
慈○乃命其三子	1.13/11/11	君子謂密○爲能識微	3.1/22/14	其○將改嫁之	4.4/33/30
慈○憂戚悲哀	1.13/11/12	密康之○	3.1/22/19	終不聽其○	4.4/34/3
人有謂慈○曰	1.13/11/13	女因其傅○而言曰	3.3/23/16	○勸去歸	4.4/34/8
〔人不愛○至甚也〕	1.13/11/13	女諷○曰	3.3/23/27	其傅○閔夫人賢	4.5/34/14
慈○曰	1.13/11/14	楚令尹孫叔敖之○也	3.5/24/20	傅○勸去	4.5/34/22
何以異于凡○	1.13/11/14	歸見其○而泣焉	3.5/24/20	父○送孟姬不下堂	4.6/34/29
而使妾爲其繼○	1.13/11/15	○問其故	3.5/24/21	○醮房之中	4.6/34/29

諸○誠之兩階之間	4.6/35/2	是忘○也	5.9/47/2	佛肸之○將論	6.8/56/26
必終父○之命	4.6/35/2	忘○不孝	5.9/47/2	○何爲當死	6.8/56/29
父○之言謂何	4.6/35/3	言之又殺主○	5.10/47/19	○不能教子	6.8/56/29
無忘父○之言	4.6/35/3	魏節乳○者	5.11/48/6	○何爲不當死也	6.8/56/30
孝公親迎孟姬於其父○	4.6/35/4	魏公子之乳○	5.11/48/6	乃以○無教耶	6.8/56/30
而使傅○應使者曰	4.6/35/6	節乳○與公子俱逃	5.11/48/7	○之罪也	6.8/57/1
則從傅○保阿	4.6/35/7	魏之故臣見乳○而識之		佛肸之○一言而發襄子	
傅○救之	4.6/35/10	曰	5.11/48/8	之意	6.8/57/5
傅○曰	4.6/35/10	乳○無恙乎	5.11/48/8	其○任理	6.8/57/10
昭王之○也	4.9/36/25	乳○曰	5.11/48/8,5.11/48/10	陳列○職	6.8/57/10
且吾聞主君之○不妄事		乳○儳言之	5.11/48/10	進慈○	6.10/58/30
人	4.12/38/22	我聞公子與乳○俱逃	5.11/48/11	妾受父○教採桑	6.11/59/13
而辱主君之○	4.12/38/28	○呴而言曰	5.11/48/12	父○在內	6.11/59/16
幸有老○	4.15/40/15	乳○以身爲公子蔽	5.11/48/15	使妾不受父○之教	6.11/59/16
汝肯養吾○乎	4.15/40/15	君子謂節乳○慈惠敦厚		父○驚惶	6.11/59/18
其父○哀其年少無子而			5.11/48/17	逐女孤無父○	6.12/60/10
早寡也	4.15/40/17	擇諸○及阿者	5.11/48/18	孤無父○	6.12/60/12
屬妾以其老○	4.15/40/18	次爲慈○	5.11/48/19	謂其○曰	6.13/61/8
且夫養人老○而不能卒		次爲保○	5.11/48/19	民之父○	6.15/62/29
	4.15/40/20	公子乳○	5.11/48/24	豈稱爲民父○之意哉	6.15/63/2
莫養老○	4.15/40/22	爲失○之恩	5.12/49/2	驪姬繼○	7.7/68/10
其父○懼而不敢嫁也	4.15/40/23	繼○連大珠以爲繫臂	5.13/49/13	成公○也	7.8/68/15
○將嫁之	4.15/41/1	繼○棄其繫臂珠	5.13/49/14	〔陳〕大夫夏徵舒之○	7.9/69/6
終不聽○	4.15/41/1	置之○鏡奩中	5.13/49/15	太子光之○也	7.10/70/3
魯孝公稱之保○	5.1/41/11	得珠十枚于繼○鏡奩中		父○無聊	7.11/71/10
臧氏之○	5.1/41/22		5.13/49/15	孔悝之○也	7.12/71/17
保○若斯	5.1/41/22	心恐○云置鏡奩中	5.13/49/16	大夫殺孔悝之○而迎公	
保○以其言通于王	5.2/42/14	繼○聞之	5.13/49/18		7.12/71/22
○信者	5.4/43/26	○意亦以初爲實	5.13/49/19	悝○亦嬖	7.12/71/28
先父○而後兄弟	5.5/44/14	繼○又曰	5.13/49/22		
走者爾○耶	5.6/44/30	○子有義如此	5.13/49/24	**姆** mǔ	**2**
○所抱者誰也	5.6/44/30	若繼○與假女推讓爭死			
子之于○	5.6/45/3		5.13/49/27	○戴嬀之子桓公	1.8/6/12
齊義繼○者	5.8/46/5	甚有○恩	5.13/50/1	莊姜○妹	1.8/6/18
齊二子之○也	5.8/46/5	駃騠生七日而超其○	6.1/51/22		
寡人度其○能知子善惡	5.8/46/8	楚大夫江乙之○也	6.2/52/8	**畝** mǔ	**1**
試問其○	5.8/46/8	其○亡布八尋	6.2/52/9		
相召其○	5.8/46/8	王謂○曰	6.2/52/10	二女承事舜於畎○之中	1.1/1/10
○之子殺人	5.8/46/9	命吏償○之布	6.2/52/18		
故問○何所欲殺活	5.8/46/9	○讓金、布曰	6.2/52/19	**木** mù	**12**
其○泣而對曰	5.8/46/10	○智若此	6.2/52/20		
其○對曰	5.8/46/11	君子謂乙○善以微喻	6.2/52/20	選于林○	1.1/1/17
而尊其○號曰義○	5.8/46/15	乙○動心	6.2/52/25	毌教猱升○	1.8/6/13
君子謂義○信而好義	5.8/46/15	賜○金、布	6.2/52/26	○床蓍席	2.14/21/3
王以問○	5.8/46/20	乃納幣於父○	6.7/56/15	卒于檽○之下	3.2/23/4
奉金遺○	5.9/46/30	趙佛肸○者	6.8/56/25	吾子拘有○治矣	3.9/27/6
〔○〕使人喚婦	5.9/46/30	趙之中牟宰佛肸之○也	6.8/56/25	所以治○也	3.9/27/10

是有〇治（保）〔係）	
于獄矣	3.9/27/10
故知吾子拘而有〇治矣	3.9/27/11
恩及草〇	6.3/53/3
植〇懸之	6.4/53/20
拔植懸之〇	6.4/54/7
南有喬〇	6.6/55/21

目 mù　　16

〇不視惡色	1.6/4/5
〇不視于邪色	1.6/4/7
敬姜側〇而盼之	1.10/7/28
是虎〇而豕（啄）〔喙〕	
	3.10/28/12
譬猶揜〇而別黑白也	3.12/29/18
掩〇而別黑白	3.12/29/19
且其人蜂〇而豺聲	5.2/42/5
何面〇以見兄弟、國人	
哉	5.12/49/2
何面〇以生而戴天（復）	
〔履〕地乎	5.14/50/12
耳〇不明	6.2/52/13
臼頭深〇	6.10/58/11
但揚〇銜齒	6.10/58/21
比之魚也	6.12/60/19
耳〇不聰明	6.13/61/19
諛（〇）〔臣〕群女	7.2/64/6
反〔北面爲〕（〇）	
〔臣〕	7.13/72/9

沐 mù　　6

一〇而三握髮	1.10/8/3
旦日在樓上新〇	5.15/50/28
因自〇	5.15/50/29
選士大夫齋戒〇浴	6.7/56/8
掌奉湯〇	6.9/57/22
欲洗〇加衣裳	6.11/59/18

牧 mù　　6

使師尹維旅〇〔相〕	1.10/8/19
戰于〇野	7.2/64/10
遂敗〇野	7.2/64/17
李〇諫曰	7.15/73/17
而使王誅其良將武安君	

李〇	7.15/73/22
大夫怨倡后之譖太子及	
殺李〇	7.15/73/23

墓 mù　　5

其舍近〇	1.9/6/23
嬉遊爲〇間之事	1.9/6/23
妾願守其墳〇	4.11/38/6
令縣復其三子而表其〇	
	5.14/50/14
馮翊表〇	5.14/50/20

幕 mù　　1

〇絡連飾	6.10/58/25

暮 mù　　1

〇哭文伯	1.10/9/11

慕 mù　　4

思〇不已	1.1/1/16
諸大夫（〇）〔莫〕子	
若也	3.6/25/9
好善〇節	5/41/6
特竊〇大王之美義耳	6.10/58/18

穆 mù　　29

魯大夫公父〇伯之妻	1.10/7/27
〇伯先死	1.10/7/28
余懼〇伯之絕嗣也	1.10/9/1
朝哭〇伯	1.10/9/11
言于〇公	1.12/10/27
〔〇公〕賜母尊號曰母	
師	1.12/10/27
秦〇公乃以兵內之于晉	2.3/14/8
〇姬者	2.4/14/19
秦〇公之夫人	2.4/14/19
〇姬使納群公子曰	2.4/14/21
秦〇公曰	2.4/14/22
〇姬聞之	2.4/14/23
且告〇公曰	2.4/14/24
〇姬死	2.4/14/27
〇姬之弟重耳入秦	2.4/14/27

〇姬之謂也	2.4/15/2
秦〇夫人	2.4/15/6
〇公義之	2.4/15/6
許〇夫人者	3.3/23/15
許〇公之夫人也	3.3/23/15
今是鄭〇少妃姚子之子	3.10/28/3
當〇公時	3.13/30/3
秦〇公之女	4.9/36/25,5.3/42/25
〇公以嬴妻之	5.3/42/25
秦〇公有盜食其駿馬之	
肉	6.3/53/3
〇如清風	6.6/55/14
生秦〇夫人及太子申生	7.7/67/6
而楚〇弒成	7.7/67/19

納 nà　　22

既〇于百揆	1.1/1/17
文公父獻公〇驪姬	2.3/13/28
穆姬使〇群公子曰	2.4/14/21
趙姬請迎盾與其母而〇	
之	2.8/17/8
于是晏子賢其能〇善自	
改	2.12/20/1
魏哀王使使者爲太子〇	
妃而美	3.14/30/22
王將自〇焉	3.14/30/23
而自〇之于後宮	3.14/30/30
王子〇妃	3.14/31/13
公反不〇	4.5/34/14
遂〇于宮	4.6/35/5
將妻其夫人而〇之于宮	4.7/35/22
〇其適妃	4.7/36/3
既〇之五日	5.9/46/25
將〇以爲妻	5.10/47/23
〇珠于關	5.13/50/1
乃〇幣于父母	6.7/56/15
不〇履	6.9/57/24
〇屬公	7.5/66/5
將〇之	7.9/69/14
而〇夏姬	7.9/69/15
果得〇身	7.14/73/12

乃 nǎi　　175

堯〇妻以二女	1.1/1/10
〇捐階	1.1/1/12

舜○告二女	1.1/1/13	○還文仲而不伐魯	3.9/27/12	○易其所	5.15/51/5
二女○與舜藥	1.1/1/14	于是○盛以甕	3.10/27/27	○爲人僕	6.1/51/15
○送之平林之中	1.2/1/31	此○魯大夫之憂	3.13/30/6	于是管仲○下席而謝曰	6.1/51/22
○取置寒冰之上	1.2/1/31	子○曰	3.13/30/10	桓公○修官職	6.1/51/26
○收以歸	1.2/2/1	○日視便利田宅可買者		○往言于王曰	6.2/52/9
○命之曰	1.2/2/3	〔買之〕	3.15/31/22	使人盜之	6.2/52/11
○復收恤	1.2/2/10	○妾之不幸也	4.4/34/1	○復召江乙而用之	6.2/52/20
○敕之曰	1.3/2/19	○作《芣苢》之詩	4.4/34/3	三年○成 6.3/52/30,6.3/53/15
○人才質不同	1.6/4/23	○脩禮親迎于華氏之室	4.6/34/29	○造于相晏子之門	6.4/53/22
○賦詩曰	1.7/5/9	○以諸侯之禮	4.7/35/26	景公○降堂	6.4/53/29
○作詩曰	1.8/6/9	于是莊公○還車	4.8/36/10	○爲吾民也	6.4/53/29
	4.3/33/18,4.5/34/15	○（枕）〔就〕其夫之		罰既釋兮瀆○清	6.7/56/12
	4.5/34/17,4.7/35/24	屍于城下而哭〔之〕	4.8/36/11	娟○再拜而辭曰	6.7/56/14
○去	1.9/6/24	昭王○復矣	4.9/37/5	○納幣于父母	6.7/56/15
其嬉遊○設俎豆	1.9/6/25	○號之曰貞姜	4.10/37/22	○言不通則老婦死而已	6.8/56/27
文伯○謝罪	1.10/8/6	秦滅衛君（○）〔角〕		○以母無教耶	6.8/56/30
于是○擇嚴師賢友而事			4.12/38/20	此○在于主君	6.8/57/1
之	1.10/8/6	○自修理	4.13/39/22	○惡虞姬	6.9/57/18
毋○罪耶	1.10/9/13	求者○止	4.13/39/22	閉虞姬于九層之臺	6.9/57/19
夕○入	1.12/10/24	○援鏡持刀以割其鼻	4.14/40/2	○召虞姬而自問焉	6.9/57/20
慈母○命其三子	1.13/11/11	○復其身	4.14/40/4	不意大王○復見〔而〕	
○赦其子	1.13/11/17	○衣其子以稱之衣	5.1/41/14	與之語	6.9/57/23
〔○〕脫簪珥	2.1/12/24	○顧謂二姬曰	5.4/43/9	于是○拂拭短褐	6.10/58/13
○立衛姬爲夫人	2.2/13/17	今○比于妃嬪	5.4/43/12	于是宣王○召見之	6.10/58/16
秦穆公○以兵內之于晉	2.3/14/8	○復謂越姬	5.4/43/12	〔吾〕○今一聞〔寡人	
○與太子罃、公子弘、		○伏師閉壁	5.4/43/26	之殆〕	6.10/58/28
與簡璧	2.4/14/23	齊將○追之	5.6/44/30	○使張儀間之	6.13/61/7
○以興戎	2.4/14/24	婦人○還	5.6/45/1	姪○逃	6.13/61/11
○舍諸靈臺	2.4/14/26	○至于境	5.6/45/7	王○發鄙郢之師以擊之	
○將赴死	2.4/15/6	○我殺之	5.8/46/6		6.13/61/25
○不食禽獸之肉	2.5/15/11	五年○歸 5.9/46/25,5.9/47/11		○立姪爲夫人	6.13/61/25
○作《詩》曰	2.6/16/8	○向採桑者也	5.9/46/30	○下詔曰	6.15/62/26
○逆叔隗與盾來	2.8/17/13	五年○還	5.9/47/1	○感聖意	6.15/63/8
婦○與少子歸	2.9/18/3	今也○悅路傍婦人	5.9/47/1	紂○爲炮（烙）〔格〕	
無○瀆乎	2.10/18/14	○免媵婢而笞殺其妻	5.10/47/21	之法	7.2/64/7
○諫曰	2.10/18/18	○厚幣而嫁之	5.10/47/24	妲己○笑	7.2/64/8
○下世兮	2.10/18/20	○以卿禮葬之	5.11/48/16	紂○登廩臺	7.2/64/11
○爲之僕御耳	2.12/19/26	○曰 5.13/49/17,5.13/49/24		○布幣焉	7.3/64/24
于是其夫○深自責	2.12/19/28	○因謂吏曰	5.13/49/20	○置之郊	7.3/64/24
老萊子○隨其妻而居之		後○知男獨取之也	5.13/49/25	幽王○廢后申侯之女而	
	2.14/21/12	○以告季兒	5.14/50/7	立褒姒爲后	7.3/65/2
○遂逃亡	2.14/21/17	獨今○語我乎	5.14/50/8	幽王○欲其笑萬端	7.3/65/4
負羈○遺之壺飧	3.4/24/8	季兒○告其大女曰	5.14/50/12	褒姒○大笑	7.3/65/5
○表負羈之閭	3.4/24/9	○劫其妻之父	5.15/50/26	申侯○與繒、西夷犬戎	
○得畢羊而交之	3.6/25/11	且許諾曰	5.15/50/27	共攻幽王	7.3/65/6
畢羊○送州犁于荊	3.6/25/11	○告其夫	5.15/50/28	于是諸侯○即申侯而共	
○謬其辭曰	3.9/27/3	○其妻之頭也	5.15/50/30	立故太子宜曰	7.3/65/8

○與壽弟朔謀構伋子　7.4/65/19
宣姜○陰使力士待之界
　上而殺之　7.4/65/20
○與太子飲　7.4/65/22
○謂盜曰　7.4/65/23
○我也　7.4/65/23
○如之人　7.4/65/25
壽○俱死　7.4/65/29
無○不可乎　7.6/66/22
○召哀姜　7.6/66/26
公○立驪姬以爲夫人　7.7/67/8
○與弟謀曰　7.7/67/8
于是驪姬○說公曰　7.7/67/9
○夜泣　7.7/67/13
無○以國民之故　7.7/67/14
驪姬○使人以公命告太
　子曰　7.7/67/21
○置鴆于酒　7.7/67/22
驪姬○仰天叩心而泣　7.7/67/24
○立奚齊　7.7/68/3
○戮驪姬　7.7/68/3
○使人徵賊泄冶而殺之　7.9/69/11
子反○止　7.9/69/17
○如之人兮　7.9/69/21
○帥師圍莒　7.10/70/7
齊亂○息　7.10/70/9
○避之　7.11/70/25
慶封○使盧蒲嫳帥徒衆
　與國人焚其庫廄而殺
　成、（姜）〔彊〕　7.11/71/3
良夫○與蒯聵入舍孔氏
　之圍　7.12/71/19
○因后而入其女孟姚　7.13/72/6
王○廢后與太子　7.13/72/7
○欲分趙而王章干代　7.13/72/10
李兌○起四邑之兵擊章
　　　7.13/72/11
○相與謀曰　7.13/72/12
○遂圍主父　7.13/72/12
○探雀鷇而食之　7.13/72/13
惡心○生　7.13/72/18
○取其女弟與春申君　7.14/72/24
○出園女弟　7.14/73/3
園○殺春申君　7.14/73/5
○襲殺哀王及太后　7.14/73/6
○殺倡后而滅其家　7.15/73/23

奈 nài　　　　　1

○何　3.11/28/26

柰 nài　　　　　7

○何去之　4.4/34/1
吾○公子何　5.11/48/8
無可○何　5.13/49/16
其使人盜○何　6.2/52/12
吾用之○何　6.12/60/24
君其○何　7.7/67/14
○何而可　7.7/67/20

男 nán　　　　　25

太姒生有十○　1.6/4/14
則百斯○　1.6/4/26
○則墮于脩德　1.9/7/2
○女效績　1.10/8/26
○知莫如夫　1.10/9/9
仲尼謂敬姜別于○女之
　禮矣　1.10/9/18
長姒產○　3.10/28/8
○子戰鬪　3.13/30/12
妾聞○女之別　3.14/30/27
而亂○（子）〔女〕之
　別也　3.14/30/30
夫○女之盛　3.14/31/3
蹕○席　4.6/34/28
不問○昆弟　4.6/35/12
使○女不親授　4.9/36/28
○女之失　4.9/36/30
其子○　5.13/49/14
後乃知○獨取之也　5.13/49/25
壯○不立　6.10/58/23
淳于公無○　6.15/62/21
生子不生○　6.15/62/22
○有室　7.5/66/6
○贄　7.6/66/21
是○女無別也　7.6/66/21
○女之別　7.6/66/22
〔妾〕賴天有子○　7.14/73/2

南 nán　　　　　29

文伯飲○宮敬叔酒　1.10/9/3

周○之妻者　2.6/16/3
周○大夫之妻也　2.6/16/3
君子以是知周○之妻而
　能匡夫也　2.6/16/9
妾聞○山有玄豹　2.9/17/30
王願請先生治淮○　2.13/20/14
欲使我治淮○　2.13/20/16
至江○而止　2.14/21/11
涉河而○　3.3/23/19
○方有鳥　3.10/27/25
○有強楚　3.14/31/5
召○申女者　4.1/32/11
召○申女　4.1/32/21
孔子○遊〔適楚〕　6.6/55/8
自北徂○　6.6/55/10, 6.6/55/17
○有喬木　6.6/55/21
阿谷之○　6.6/55/25
簡子○擊楚　6.7/55/30
○有強楚之讎　6.10/58/22
○遊于唐五百里有樂焉　6.13/61/8
姪持幟伏○郊道旁　6.13/61/11
死于○巢之山　7.1/63/24
戮夏○　7.9/69/16
○子及衛伯姬也　7.12/71/15
○子者　7.12/71/15
○子讒太子于靈公曰　7.12/71/16
殺夫人○子　7.12/71/21
○子惑淫　7.12/71/28

難 nán　　　　　23

君子謂定姜能遠患○　1.7/5/14
國家多○　2.6/16/4
終不遭○　2.13/20/27
豫識○易　3/22/6
一旦有車馳之○　3.3/23/18
若曹有○　3.4/24/6
○必及子　3.6/25/9
及欒不忌之○　3.6/25/11
聞諸侯之○　3.8/26/12
而以○犯不祥也　3.8/26/13
○乎其免也　3.9/27/1
君子謂范氏母爲知○本　3.11/29/3
然後可以濟○矣　4.3/33/20
今夫人○我　4.12/38/30
○以生矣　5.10/47/24
君子謂弓工妻可與處○　6.3/53/10

維久○蔽	6.7/56/20	也	3.9/27/7	君子謂太任爲○胎教	1.6/4/6
既陷○中	6.9/57/25	子○不習禮	3.12/29/16	君子謂定姜○遠患難	1.7/5/14
外有二國之○	6.10/58/22	姑姊妹誠之門○	4.6/35/3	君子謂定姜○以辭教	1.7/5/22
王之致此三○也	6.13/61/21	○（餙）〔飾〕則結紐		卒○脩身	1.8/6/18
故及三○	6.13/61/24	網繆	4.6/35/7	寧○衣其夫子而長不乏	
設王三○	6.13/62/1	○外皆無五屬之親	4.8/36/10	糧食哉	1.9/7/2
公辭以晉○	7.8/68/17	○誠動人	4.8/36/11	故○成王道	1.10/8/2
		○無所依	4.8/36/14	故○成伯業	1.10/8/3
囊 náng	1	我甚○慚	4.12/38/24	故○存周室	1.10/8/4
		使婢子居○	4.12/38/26	其可歎爲不○事主乎	1.10/8/15
有獻一○糗糒者	1.11/10/3	使我居○	4.12/38/30	君子謂子發母○以教誨	1.11/10/7
		可謂行成于○	4.12/39/2	君子謂母師○以身教	1.12/10/28
曩 nǎng	1	子姪同○	5.12/49/8	爲人母〔而〕不○愛其	
		○珠入于關者死	5.13/49/14	子	1.13/11/15
○日有救	5.5/44/10	○不能和夫家	5.14/50/11	盡力竭○	1.14/12/4
		○之至哉	6.4/53/23	其○及〔乎〕	2.3/14/5
猱 náo	1	既有狂夫昭氏在○矣	6.5/54/24	○育君子于善	2.3/14/9
		嚴親在○	6.7/56/14	婢子娣姒不○相教	2.4/14/25
毋教○升木	1.8/6/13	誠信發○	6.9/57/26	痛不○救	2.4/15/6
		雖銜號于九層之○	6.9/57/26	所以觀人○也	2.5/15/16
內 nèi	59	○聚奸臣	6.10/58/22	妾不○以私蔽公	2.5/15/17
		○不秉國家之治	6.10/58/27	知人○也	2.5/15/17
舜猶○治	1.1/1/9	父母在○	6.11/59/16	君子以是知周南之妻而	
以觀厥○	1.1/1/10	外比○比	6.12/60/20	○匡夫也	2.6/16/9
化訓○外	1.5/3/22	是外比○比也	6.12/60/21	夫子○薄而官大	2.9/17/28
文母理陰道而治○	1.6/4/14	墻欲○崩而王不視	6.13/61/15	君子謂苔子妻○以義易	
富有四海之○	1.6/4/18	墻欲○崩而王不視者	6.13/61/17	利	2.9/18/3
不○食飲	1.7/5/16	外○崩（壞）〔壞〕	6.13/61/19	吾○以乎	2.10/18/16
其婦袒而在○	1.9/7/5	强秦使人○問王左右	6.13/61/20	安○污我	2.10/18/17
故有閨○之修	1.9/7/14	○亂其兄齊襄公	7.5/66/5	永○厲兮	2.10/18/20
綜可以爲（開）〔關〕		以魯士晉爲○臣	7.8/68/18	莫○窺一字	2.10/18/21
○之師	1.10/8/12	○挾技術	7.9/69/6	君子謂柳下惠妻○光其	
均可以爲○史	1.10/8/13	高子、鮑子處○守	7.10/70/5	夫矣	2.10/18/21
卿之○子爲大帶	1.10/8/25	高、鮑將不○君	7.10/70/6	莫○易之	2.10/18/26
好○	1.10/9/7	子苟能○我于國	7.12/71/18	○至于此	2.11/19/6
吾惡其以好○聞也	1.10/9/8	寇攘式○	7.13/72/14	曾子不○應	2.11/19/7
〔合神事〕于○朝	1.10/9/14	言不善之從○出也	7.13/72/14	于是晏子賢其○納善自	
合家事于○朝	1.10/9/15			改	2.12/20/1
寢門之○	1.10/9/15	**能** néng	119	唯至德○之	2.13/20/22
○朝	1.10/9/16			○免於患乎	2.14/21/10
其母閉門而不○	1.11/10/1	舜○諧柔之	1.1/1/9	妾不○爲人所制	2.14/21/10
然後○之	1.11/10/7	時既不○殺舜	1.1/1/14	君子謂密母爲○識微	3.1/22/14
夫人治○	2.2/13/17	終○勞苦	1.1/1/24	而許不○救	3.3/23/19
厥使治○	2.2/13/23	○育其教	1.2/2/2,1.3/2/18	不○旋反	3.3/23/22
秦穆公乃以兵○之于晉	2.3/14/8	言賢女○爲君子和好衆		許不○救	3.3/23/27
以叔隗爲○婦	2.8/17/14	妾	1.5/3/17	必○報施矣	3.4/24/8
言取郭外萌○之於城中		○以胎教	1.6/4/5	必○討過	3.4/24/8

君子謂僖氏之妻○遠識	3.4/24/10
然而民之不○戴其上久	
矣	3.6/25/9
莫○知之	3.9/27/5
君子謂叔姬爲○防害遠	
疑	3.10/27/29
君子謂叔姬爲○推類	3.10/28/10
鮮○布仁	3.11/29/2
莫○久長	3.11/29/3
鮮○有仁	3.11/29/8
今魏不○强	3.14/30/24
王○自脩	3.14/31/13
然後○自致也	4.3/33/19
齊中莫○備禮求焉	4.6/34/28
吾豈○更二哉	4.8/36/14
不○從死	4.11/38/8
不○得	4.14/39/28
且夫養人老母而不○卒	
	4.15/40/20
許人以諾而不○信	4.15/40/21
吾不○藏	5.2/42/8
孰○以身（試）〔誠〕	5.2/42/15
終而○改	5.4/43/14
妾以君王爲○法吾先君	5.4/43/15
蔡姬竟不○死	5.4/43/25
君子謂越姬信○死義	5.4/43/27
故○存國安君	5.5/44/8
吾力畢○盡	5.5/44/9
不○存國而自活	5.5/44/13
吾不○與子蒙恥而生焉	5.5/44/17
力不○兩護	5.6/45/2
不○無義而視魯國	5.6/45/6
吏不○決	5.8/46/6
	5.8/46/9,5.8/46/20
相不○決	5.8/46/7
寡人度其母○知子善惡	5.8/46/8
有○得公子者	5.11/48/9
妾不○生而令公子擒也	
	5.11/48/14
夫慈故○愛	5.11/48/19
因涕泣不○自禁	5.13/49/22
不○就一字	5.13/49/24
終日不○忍決	5.13/49/24
內不○和夫家	5.14/50/11
終○一心	6/51/10
而君不○以穿一札	6.3/53/7
是君〔之〕不○射也	6.3/53/7

以○順天慈民也	6.4/53/30
傷槐女○以辭免	6.4/54/7
辯女○以辭免	6.5/54/24
安○調琴	6.6/55/16
津吏醉臥不○渡	6.7/56/1
母不○教子	6.8/56/29
長而不○使者	6.8/57/1
長又○使	6.8/57/2
妾○爲君長子	6.8/57/3
嫉賢妒○	6.9/57/16
不○自明	6.9/57/25
亦有何奇○哉	6.10/58/17
又未○得	6.10/58/20
不○自止	6.11/59/21
然後○成其事、就其功	
	6.12/60/20
大王誠○屬之	6.12/60/23
僅○勝之	6.13/61/25
李吾莫○應	6.14/62/11
收倡優、侏儒、狎徒、	
○爲奇偉戲者	7.1/63/18
矜人臣以○	7.2/64/4
○無咎乎	7.8/68/24
終不○補	7.8/69/2
有子不○教也	7.11/71/2
子苟○內我于國	7.12/71/18
不○離	7.13/72/6
莫○距	7.15/73/22
七年不○勝秦	7.15/73/23

尼 ní 　　5

仲○聞之曰	1.10/9/1
	1.10/9/9,1.10/9/11
仲○謂敬姜別于男女之	
禮矣	1.10/9/18
仲○賢焉	1.10/9/22

泥 ní 　　1

妾聞玉石墜○不爲汙	6.9/57/23

倪 ní 　　1

皆黃髮○齒也	1.10/8/7

禰 nǐ 　　1

飲餞于○	1.12/10/29

昵 nì 　　1

○附王著	6.9/57/21

逆 nì 　　12

咸無妬媚○理之人	1.5/3/16
君其○之	2.8/17/12
乃○叔隗與盾來	2.8/17/13
此○也	4.12/38/30
處○而生	4.12/38/30
是○禮也	5.10/47/24
無禮○禮	5.10/47/24
○也	5.11/48/13
今持○亂而以求利	5.11/48/13
廢正義而行○節哉	5.11/48/14
謂之○	6.4/54/3
是○民之明者也	6.4/54/5

匿 nì 　　5

逃○孝公	5.1/41/22
○之者	5.11/48/7,5.11/48/9
子○之	5.11/48/12
賢者〔伏〕○于山林	6.10/58/25

溺 nì 　　2

○流而死	3.13/30/8
醉而○死者	7.1/63/21

年 nián 　　65

三○之喪	1.6/4/21
畢三○之喪	1.7/5/8
故○少則從乎父母	1.9/7/16
今以子○之少而位之卑	1.10/8/5
子爲相三○矣	1.14/11/30
妾執巾櫛十一○	2.5/15/15
妾聞虞丘子相楚十餘○	2.5/15/17
治楚三（季）〔○〕	2.5/15/20
鮑蘇仕衛三○	2.7/16/19
苔子治陶三○	2.9/17/26

居五〇	2.9/17/26	其明〇	7.9/69/13	味	6.4/53/26
處朞〇	2.9/18/2	四〇而出公復入	7.12/71/22		
終卒天〇	2.9/18/3	數〇	7.13/72/6	**躡** niè	1
庶幾遐〇	2.10/18/20	四〇	7.13/72/8		
一〇成落	2.14/21/12	今君相楚三十餘〇	7.14/72/25	〇男席	4.6/34/28
三〇成聚	2.14/21/12	五〇而秦滅之	7.14/73/7		
後二〇	3.10/27/27	七〇不能勝秦	7.15/73/23	**甯** níng	10
居未期〇	3.12/29/20				
三〇	3.13/30/11	**輦** niǎn	2	桓公用管仲、〇戚	2.2/13/10
十〇	4.2/32/30			〇戚欲見桓公	6.1/51/15
持三〇之喪	4.3/33/17	〇不並乘	4.6/35/17	〇戚擊牛角而（商）	
遂入三〇	4.3/33/25	與之蒙衣乘〇而入于閎	7.10/70/3	〔商〕歌甚悲	6.1/51/16
以終天〇	4.11/38/6			〇戚稱曰	6.1/51/16
八〇不衰	4.12/38/21	**念** niàn	5	昔日公使我迎〇戚	6.1/51/23
終〇供養不衰	4.12/39/2			〇戚曰	6.1/51/23
七〇不雙	4.13/39/13	思〇深矣	2.12/19/26	此〇戚之欲得仕國家也	6.1/51/26
〇十六而嫁	4.15/40/14	寡婦〇此兮	4.13/39/15	見〇子	6.1/51/27
居喪三〇	4.15/40/17	（〇）〔今〕忘死而趨		桓遇〇戚	6.1/52/3
其父母哀其〇少無子而		生	4.14/40/1	〇稱《白水》	6.1/52/3
早寡也	4.15/40/17	計〇進之則殺主父	5.10/47/18		
吾憐女少〇早寡也	4.15/40/20	女計〇不聽之	5.15/50/26	**寧** níng	13
二十八〇	4.15/40/23				
十一〇	5.1/41/16	**鳥** niǎo	12	瞽叟和〇	1.1/1/24
處期〇	5.2/42/3			是以居則安〇	1.9/7/1
六〇	5.3/42/25	飛〇偪翼之	1.2/1/31	〇能衣其夫子而長不乏	
吾去國數〇	5.3/42/26	〇獸覆翼	1.2/2/10	糧食哉	1.9/7/2
三〇不聽政事	5.4/43/14	有玄〇銜卵	1.3/2/15	文王以〇	1.10/8/8
居二十五〇	5.4/43/18	天命玄〇	1.3/2/21	晉無〇歲	2.3/14/2
今十有餘〇矣	5.7/45/22	〇獸之智	2.6/16/7	且吾聞〇榮于義而賤	2.12/19/28
期〇	5.8/46/6	〇獸之解毛	2.14/21/11	妾聞〇載于義而死	4.15/40/20
五〇乃歸	5.9/46/25, 5.9/47/11	南方有〇	3.10/27/25	吾〇坐之	5.13/49/25
力田不如逢豐〇	5.9/46/27	夫雎鳩之〇	3.14/31/3	則國不〇	6.2/52/17
五〇乃還	5.9/47/1	飛〇徜然兮	4.13/39/15	至戴公而後〇	7.4/65/24
二〇且歸	5.10/47/16	夫〇飛反鄉	5.3/42/26	五世不〇	7.4/65/29
〇十三	5.13/49/13	有赤雲夾日如飛〇	5.4/43/19	公孫〇、儀行父與陳靈	
〇九歲	5.13/49/14	不過玉帛、禽〇	7.6/66/21	公皆通于夏姬	7.9/69/8
昔者太公望〇七十	6.1/51/19			公孫〇、儀行父皆奔楚	7.9/69/13
三〇乃成	6.3/52/30, 6.3/53/15	**糵** niè	3		
三〇不雨	6.4/53/28			**佞** nìng	1
妾〇甚少	6.6/55/19	不勝麴（〇）〔糵〕之			
九〇不治	6.9/57/15	味	6.4/53/26	〔其〕〇臣周破胡專權	
至今十餘〇矣	6.9/57/22	惟若〇變	7/63/13	擅勢	6.9/57/16
不治九〇	6.9/58/6	亂〇無道	7.1/63/17		
〔行〕〇四十	6.10/58/12			**牛** niú	10
行〇四十	6.13/61/6	**糵** niè	1		
是時莊姪〇十二	6.13/61/8			〇羊避而不踐	1.2/1/30
〇既四十	6.13/61/17	不勝麴（糵）〔〇〕之		宗人擊〇而賀之	2.9/17/27

鳶（眉）〔肩〕而○腹	3.10/28/12
甯戚擊○角而（商）	
〔商〕歌甚悲	6.1/51/16
屠○于朝歌市	6.1/51/20
羊○踐蕮葦	6.3/53/2
傅以燕○之角	6.3/53/6
夫○鳴而馬不應	6.12/60/14
非不聞○聲也	6.12/60/14
一鼓而○飲者三千人	7.1/63/20

狃 niǔ　1

莫敖○于蒲騷之役	3.2/22/27

紐 niǔ　1

內（餙）〔飾〕則結○	
綢繆	4.6/35/7

弄 nòng　2

所以苞苴玩○	3.3/23/16
○珠玉	6.11/59/26

弩 nǔ　1

徵舒伏○廄門	7.9/69/12

怒 nù　29

○之不已	1.1/1/16
匪○匪教	1.9/7/18
懼干季孫之○	1.10/8/15
堵父○	1.10/9/3
○曰	1.10/9/4
而使夫人○	1.10/9/5
無有譴○	2.6/16/4
姑○曰	2.9/17/27
姑○	2.9/18/2
獨泣姑○	2.9/18/9
主大○而答之	5.10/47/19
平公○	6.3/53/1
公○弓工	6.3/53/15
大夫○	6.5/54/18
君子不遷○	6.5/54/18
豈不遷○哉	6.5/54/20
既不○僕	6.5/54/20
而遷○貳過	6.5/54/21
執女忿○	6.5/55/3
簡子〔○〕	6.7/56/1
使行不遷○之德	6.8/57/5
越王敬螳蜋之○	6.12/60/25
紂○	7.2/64/9
桓公○	7.5/66/7
孟子○	7.10/70/5
公○	7.10/70/7
成與彊○	7.11/70/30
崔子○	7.11/71/2
靈公大○剸賈	7.12/71/16

女 nǚ　247

帝堯之二○也	1.1/1/8
次○英	1.1/1/8
堯乃妻以二○	1.1/1/10
二○承事舜於畎畝之中	1.1/1/10
不以天子之○故而驕盈	
怠嫚	1.1/1/10
舜歸告二○曰	1.1/1/11
二○曰	1.1/1/12,1.1/1/13
舜乃告二○	1.1/1/13
舜告二○	1.1/1/14
二○乃與舜藥	1.1/1/14
舜之○弟繫憐之	1.1/1/15
每事常謀于二○	1.1/1/17
○英爲妃	1.1/1/18
帝堯之○	1.1/1/24
郜侯之○也	1.2/1/29
有娀氏之長○也	1.3/2/15
塗山氏長○也	1.4/3/3
鰲爾士○	1.4/3/6
有娀氏之○也	1.5/3/15
窈窕淑○	1.5/3/17
言賢○能爲君子和好衆	
妾	1.5/3/17
有（呂）〔台〕氏之○	1.6/3/27
爰及姜○	1.6/4/1
摯任氏中○也	1.6/4/4
禹后有（娎）〔莘〕姒	
氏之○	1.6/4/12
齊○之傅母也	1.8/6/6
○爲衛莊公夫人	1.8/6/6
砥厲○之心以高節	1.8/6/10
○遂感而自修	1.8/6/11
齊○傅母	1.8/6/18
防○未然	1.8/6/18
○則廢其所食	1.9/7/2
苦○也	1.10/7/27
吾語○	1.10/8/16
男○效績	1.10/8/26
○死之	1.10/9/7
○知莫如婦	1.10/9/9
仲尼謂敬姜別于男○之	
禮矣	1.10/9/18
○也不爽	1.10/9/18
○子有行	1.12/10/29
魏孟陽氏之○	1.13/11/10
齊侯之○	2.1/12/23,4.10/37/16
	7.4/65/18,7.5/66/5
	7.6/66/19,7.8/68/15
衛侯之○	2.2/13/10,4.5/34/13
齊桓公之宗○	2.3/13/28
齊桓公以宗○妻之	2.3/13/29
晉獻公之○	2.4/14/19
妾聞堂上兼○	2.5/15/16
謂○（者）〔君〕也	2.5/15/22
○宗者	2.7/16/19
○宗養姑愈敬	2.7/16/19
○宗姒謂曰	2.7/16/20
○宗曰	2.7/16/20,2.7/16/21
號曰○宗	2.7/16/27
君子謂○宗謙而知禮	2.7/16/27
宋鮑○宗	2.7/17/1
晉文公之○也	2.8/17/6
狄人入其二○叔（隗）	
〔隈〕、季隗于公子	2.8/17/6
文公以其○趙姬妻趙衰	2.8/17/8
有三○奔之	3.1/22/11
○三爲粲	3.1/22/12
衛懿公之○	3.3/23/15
○因其傅母而言曰	3.3/23/16
古者諸侯之有○子也	3.3/23/16
衛○未嫁	3.3/23/27
○諷母曰	3.3/23/27
○作《載馳》	3.3/23/27
宋侯之○	3.8/26/10
叔向欲娶于申公巫臣氏	
夏姬之○	3.10/27/30
昔有仍氏生○	3.10/28/4
雍子入其○於叔魚以求	

直	3.10/28/13	吾憐○少年早寡也	4.15/40/20	此天下強顏○子也	6.10/58/15
漆室○者	3.13/30/3	鄭○之嬴滕	5.2/41/27	今○子不容于鄉里布衣	
魯漆室邑之○也	3.13/30/3	吾以○爲夫人	5.2/41/28		6.10/58/17
○倚柱而嘯	3.13/30/3	吾又與○千金	5.2/41/29	○樂俳優	6.10/58/26
漆室○曰 3.13/30/5, 3.13/30/6		越王勾踐之○	5.4/43/8	罷○樂	6.10/58/29
鄰人○奔	3.13/30/8	趙簡子之○	5.7/45/20	醜○之力也	6.10/59/1
漆室○之思也	3.13/30/12	珠崖令之後妻及前妻之		無鹽之○	6.10/59/6
漆室之○	3.13/30/17	○也	5.13/49/13	宿瘤○者	6.11/59/11
妾聞男○之別	3.14/30/27	○名初	5.13/49/13	齊東郭採桑之○	6.11/59/11
貞○之義也	3.14/30/29	○亦曰	5.13/49/22	宿瘤〔○〕採桑如故	6.11/59/12
此毀貞○之行	3.14/30/30	若繼母與假○推讓爭死		此奇○也	6.11/59/14
而亂男（子）〔○〕之			5.13/49/27	此賢○也	6.11/59/15
別也	3.14/30/30	維○亦賢	5.13/50/1	是奔○也	6.11/59/16
思得淑○	3.14/31/3	季兒乃告其大○曰	5.14/50/12	貞○一禮不備	6.11/59/17
夫男○之盛	3.14/31/3	京師節○者	5.15/50/25	得一聖○	6.11/59/20
父子同○	3.14/31/6	使要其○爲中講	5.15/50/26	〔立〕瘤○以爲后	6.11/59/28
召南申○者	4.1/32/11	父呼其○告之	5.15/50/26	宿瘤○有力焉	6.11/59/30
申人之○也	4.1/32/11	○計念不聽之	5.15/50/26	及○死之後	6.11/59/30
○與其人言	4.1/32/11	君子謂節○仁孝	5.15/50/30	君子謂宿瘤○通而有禮	
○終以一物不具	4.1/32/14	京師節○	5.15/51/5		6.11/59/30
亦不○從	4.1/32/17	要○問之	5.15/51/5	齊○宿瘤	6.11/60/5
召南申○	4.1/32/21	晉繁人之○也	6.3/52/30	孤逐○者	6.12/60/10
魯宣公之○	4.2/32/26	齊傷槐○者	6.4/53/20	齊即墨之○	6.12/60/10
齊侯之○也	4.3/33/16	傷槐衍之○也	6.4/53/20	逐○孤無父母	6.12/60/10
○不聽	4.3/33/16	禱祠于名山神（○）		逐○造襄王之門	6.12/60/11
使人告○	4.3/33/18	〔水〕	6.4/53/26	逐○曰	6.12/60/16
○終不聽	4.3/33/18	傷槐○能以辭免	6.4/54/7	逐○對曰	6.12/60/20
齊○嫁衛	4.3/33/25	其○悼（惺）〔惶〕	6.4/54/12		6.12/60/22, 6.12/60/24
○終不渾	4.3/33/25	楚野辯○者	6.5/54/17	以逐○妻之	6.12/60/26
宋人之○也	4.4/33/30	辯○能以辭免	6.5/54/24	齊孤逐○	6.12/61/1
○曰	4.4/33/30	辯○獨乘	6.5/55/3	○雖五逐	6.12/61/1
6.11/59/14, 6.11/59/16		執○忿怒	6.5/55/3	縣邑之○也	6.13/61/6
6.11/59/18, 6.11/59/22		○陳其冤	6.5/55/3		6.13/61/14
宋○之意	4.4/34/4	阿谷處○者	6.6/55/8	有一○童伏于幟下	6.13/61/12
宋○專愨	4.4/34/8	漢有遊○	6.6/55/21	○何爲者也	6.13/61/13
華氏之長○	4.6/34/27	○辭辯深	6.6/55/25	雖爲○童	6.13/62/1
歸問○（見）〔昆〕弟 4.6/35/12		趙津○娟者	6.7/55/30	齊○徐吾者	6.14/62/6
彼君子○	4.6/35/12	趙河津〔吏〕之○	6.7/55/30	齊○徐吾	6.14/62/16
秦穆公之○ 4.9/36/25, 5.3/42/25		○子走何爲	6.7/56/1	齊太倉○者	6.15/62/21
使男○不親授	4.9/36/28	津吏息○	6.7/56/2	漢太倉令淳于公之少○	
男○之失	4.9/36/30	非○（子）之罪也	6.7/56/4	也	6.15/62/21
貞○之義不犯約	4.10/37/19	豈此○乎	6.7/56/13	有○五人	6.15/62/21
貞○不假人以色	4.11/38/8	○娟通達而有辭	6.7/56/15	公罵其○曰	6.15/62/22
二○相讓	4.12/39/2	○娟恐惶	6.7/56/20	小○之言	6.15/63/8
魯陶門之○也	4.13/39/12	柳下覆寒○不爲亂	6.9/57/23	○子行	7.1/63/17
斯○不可得已	4.13/39/16	齊無鹽邑之○	6.10/58/11	求美○積之於後宮	7.1/63/18
以爲○紀	4.13/39/22	齊之不售○也	6.10/58/14	日夜與末喜及宮○飲酒 7.1/63/19

諛（目）〔臣〕群○	7.2/64/6	桓公許○	2.2/13/15	汝採桑道○	6.11/59/13
是○也	7.2/64/12	趙衰許○	2.8/17/13	姪持幟伏南郊道○	6.13/61/11
童姜之○	7.3/64/22	○	2.14/21/7,3.6/25/8	聚之于○	7.1/63/19
幽王乃廢后申侯之○而			3.6/25/11,4.15/40/16	主父從○觀窺群臣宗室	
立襃姒爲后	7.3/65/2		5.8/46/12,6.12/60/19	〔之禮〕	7.13/72/9
○有家	7.5/66/6	既許○之	4.15/40/19		
維○爲亂	7.5/66/14	許人以○而不能信	4.15/40/21	**傍 páng**	**7**
是男○無別也	7.6/66/21	許人以○	5.8/46/12		
男○之別	7.6/66/22	而不信其○耶	5.8/46/13	舍市○	1.9/6/24
驪戎之○	7.7/67/6	已○不分	5.8/46/14	復徙舍學宮之○	1.9/6/25
又娶二○于戎	7.7/67/7	乃且許○曰	5.15/50/27	二子兄弟立其○	5.8/46/5
○之耽兮	7.8/68/26			見路○婦人採桑	5.9/46/25
陳○夏姬者	7.9/69/6	**偶 ǒu**	**2**	今也乃悅路○婦人	5.9/47/1
天下多美婦○	7.9/69/17			哀慟○人	5.13/49/23
魯侯之○	7.10/70/3	吾爲子求○	3.13/30/5	哀感○人	5.13/49/27
衛二亂○者	7.12/71/15	莊公不○	4.5/34/22		
宋○	7.12/71/15			**庖 páo**	**2**
二○爲亂五世	7.12/71/23	**俳 pái**	**1**		
趙靈吳○者	7.13/72/3			不容二○	4.3/33/17
吳廣之○	7.13/72/3	女樂○優	6.10/58/26	請願同○	4.3/33/17
武靈王娶韓王○爲夫人	7.13/72/3				
王嘗夢見處○鼓瑟而歌		**鞶 pán**	**1**	**袍 páo**	**1**
曰	7.13/72/4				
乃因后而入其○孟姚	7.13/72/6	爾之衿○	4.6/35/3	縕○不表	2.11/19/4
吳○苕顏	7.13/72/18				
趙人李園之○弟	7.14/72/23	**盼 pàn**	**1**	**佩 pèi**	**4**
乃取其○弟與春申君	7.14/72/24				
園○弟因間謂春申君曰		敬姜側目而○之	1.10/7/28	后夫人鳴○而去	2.1/12/30
	7.14/72/24			解環○	2.2/13/12
乃出園○弟	7.14/73/3	**叛 pàn**	**2**	進退則鳴玉環○	4.6/35/7
〔以〕園○弟爲后	7.14/73/4			○劍帶冠	7.1/63/17
李園○弟	7.14/73/12	佛肹既○	6.8/57/10		
○之不正	7.15/73/18	諸侯大○	7.1/63/23	**珮 pèi**	**1**
此○亂一宗	7.15/73/18				
		畔 pàn	**5**	見處子○瑱而浣	6.6/55/8
暖 nuǎn	**1**				
		若管、蔡監殷而○	1.6/4/23	**配 pèi**	**12**
食飽衣○	2.13/20/18	佛肹以中牟○	6.8/56/25		
		以城○者	6.8/56/25	克○彼天	1.2/2/5
虐 nüè	**2**	諸侯有○者	7.2/64/7	維○帝禹	1.4/3/10
		既立○本	7.14/73/12	匡○周宣	2.1/13/5
後獻公暴○	1.7/5/18			以○君子	3.14/31/3
而迫于暴○	2.6/16/8	**旁 páng**	**7**	上○伯姬	4.10/37/27
				卒○成王	5.2/42/20
諾 nuò	**15**	○無酒肉	2.11/19/9	○以懷嬴	5.3/43/3
		○人聞之	3.13/30/4	遂○相君	6.12/61/2
諸子皆頓首許○	1.12/10/19	願注之水○	6.6/55/18	末喜○桀	7.1/63/29

妲己○紂	7.2/64/17	匹 pǐ	9	駢 pián	1
興○幽王	7.3/65/13				
○魯桓公	7.5/66/14	妃○亦居多焉	2.12/20/3	聞其○脅	3.4/24/3
		必正妃○	3.14/30/30		
烹 pēng	2	妃○正	3.14/31/1	嫳 piè	1
		猶未嘗見乘居而○處也	3.14/31/3		
○阿大夫與周破胡	6.9/57/30	託為妃○	4.11/38/5	慶封乃使盧蒲○帥徒衆	
人知○阿大夫	6.9/58/1	雖有賢（○）〔雄〕兮		與國人焚其庫廄而殺	
			4.13/39/16	成、（姜）〔彊〕	7.11/71/3
朋 péng	2	雖在○婦	5.6/45/9		
		先王為寡人娶妃○	6.10/58/16	貧 pín	14
非特師傅、○友相與切		其狀美好無○	7.9/69/6		
磋也	2.12/20/3			家○親老	2.6/16/5
○其左右	6.12/60/20	庀 pǐ	2	家○國富	2.9/17/29
				家富國○	2.9/18/1
彭 péng	4	夜○其家事	1.10/8/22	不戚戚于○賤	2.11/19/12
		子將○季氏之政焉	1.10/9/16	君子謂黔婁妻為樂○行	
使公子○生抱而乘之	7.5/66/8			道	2.11/19/13
魯人求○生以除恥	7.5/66/9	辟 pì	7	不為○而易操	2.13/20/17
齊人殺○生	7.5/66/9			夫安○賤而不忘于道者	
俾厥○生	7.5/66/14	百○其刑之	1.1/1/20		2.13/20/21
		未嘗見邪○之事	1.6/4/16	亦安○賤	2.13/20/27
蓬 péng	3	尤不可有邪○之行焉	1.8/6/11	齊東海上○婦人也	6.14/62/6
		否則有○	1.10/8/26	徐吾最○	6.14/62/6
葭牆○室	2.14/21/3	其何以○	1.10/8/28	妾以、燭不屬之故	6.14/62/8
○蒿為室	2.14/21/17	四○公門　6.10/58/30,6.10/59/6		凡為○、燭不屬故也	6.14/62/9
去○廬之下	6.9/57/21			不使○妾得蒙見哀之恩	
		僻 pì	2		6.14/62/10
熢 péng	2			會績獨○	6.14/62/16
		淫○、竊盜、長舌、驕			
幽王為○燧大鼓	7.3/65/4	侮、無子、惡病皆在		嬪 pín	4
幽王舉○燧徵兵	7.3/65/7	其後	2.7/16/25		
		主妻淫○	5.10/48/1	○列有虞	1.1/1/24
皮 pí	14			統領九○	1.5/3/16
		譬 pì	2	九○有行	1.5/3/22
魯公乘子○之姒也	3.12/29/13			今乃比于妃○	5.4/43/12
子○止姒曰	3.12/29/13	○猶揜目而別黑白也	3.12/29/18		
子○不復言也	3.12/29/14	連類引○	6/51/10	品 pǐn	1
魯君欲以子○為相	3.12/29/14				
子○問姒曰	3.12/29/14	偏 piān	3	五○不遜	1.3/2/19
子○曰　3.12/29/15,3.12/29/17					
子○不聽　3.12/29/20,3.12/29/27		親其親而○其假	1.13/11/16	牝 pìn	6
子○之姊	3.12/29/27	不妬○房	2.8/17/21		
子○相魯	3.12/29/27	蓋之○將丘子之妻也	5.5/44/6	左驂○驪	6.7/56/9
姊諫子○	3.12/29/27			右驂○靡	6.7/56/9
○膚若漆	6.10/58/12			左驂○騏	6.7/56/9
相鼠有○	7.12/71/23			右驂○騜	6.7/56/9

○雞無晨	7.2/64/12
○雞之晨	7.2/64/12

聘 pìn　　18

往○迎之	2.13/20/13, 2.15/21/22
遣使者持金、駟來○	2.13/20/16
楚○接輿	2.13/20/27
王欲○以璧帛	2.14/21/4
楚王○之	2.14/21/17
王使○焉	2.15/22/1
○則爲妻	3.14/30/28
使大夫持金百鎰、白璧	
一雙以○焉	4.11/38/3
今王賜金璧之○、夫人	
之位	4.11/38/6
遂辭○而不行	4.11/38/9
○以金璧	4.11/38/15
使相○焉	4.14/39/28
不受梁○	4.14/40/9
鄭簡公使大夫○于荆	6.5/54/17
使使者以金百鎰往○迎	
之	6.11/59/18
我將○汝	7.9/69/18
巫臣○于齊	7.9/69/19

平 píng　　20

乃送之○林之中	1.2/1/31
後伐○林者咸（鷹）	
〔鷹〕之覆之	1.2/1/31
○治水土	2.6/16/3
○公强使娶之	3.10/28/7
而伐○地之株	3.11/29/1
括死長○	3.15/32/1
楚○王之夫人	4.9/36/25
操心甚○	5.3/43/3
因舉兵○代地	5.7/45/22
天下之治太○	6.1/51/21
當○公之時	6.3/52/30
○公引弓而射	6.3/52/30
○公怒	6.3/53/1
○公見之	6.3/53/2
○公以其言而射	6.3/53/9
晉○作弓	6.3/53/15
齊中皆稱〔其〕廉○	6.15/62/24
是爲○王	7.3/65/8

通于春○君	7.15/73/21
淫亂春○	7.15/73/28

屛 píng　　3

生原同、○括、樓嬰	2.8/17/8
請以姬之中子○括爲公	
族大夫	2.8/17/14
○括遂以其族爲公族大	
夫	2.8/17/15

軿 píng　　5

必乘安車輴○	4.6/35/7
今立車無○	4.6/35/8
輴○已具	4.6/35/11
婦人出必輴○	4.6/35/11
以輴○三十乘迎之	4.11/38/4

頗 pō　　3

孝成王使括代廉○爲將	
	3.15/31/18
代廉○三十餘日	3.15/31/24
代○拒秦	3.15/32/1

迫 pò　　4

而○于暴虐	2.6/16/8
伯姬○于父母之命而行	4.2/32/27
○奉喪	5.13/49/21
○其子惺于廁	7.12/71/21

破 pò　　12

子發○秦而歸	1.11/10/1
大○之	3.3/23/19
○之	4.7/35/22, 5.11/48/6
今魏國亦○亡	5.11/48/12
〔其〕佞臣周○胡專權	
擅勢	6.9/57/16
○胡	6.9/57/17
○胡聞之	6.9/57/18
○胡路執事者	6.9/57/19
○胡最甚	6.9/57/29
烹阿大夫與周○胡	6.9/57/30
滅國○陳	7.9/69/26

剖 pōu　　1

于是○心而觀之	7.2/64/10

僕 pú　　10

于是使少子○	1.12/10/21
齊相晏子○御之妻也	2.12/19/23
乃爲之○御耳	2.12/19/26
○、山野之人	2.14/21/6
○有箕帚之妾	2.15/21/23
今其從者皆卿相之○也	3.4/24/7
乃爲人○	6.1/51/15
而子大夫之○不肯少引	6.5/54/19
既不怒○	6.5/54/20
釋○執妾	6.5/54/21

蒲 pú　　5

莫敖狃于○騷之役	3.2/22/27
○與二屈	7.7/67/10
二公子主○與二屈	7.7/67/11
重耳居○	7.7/67/12
慶封乃使盧○嫳帥徒衆	
與國人焚其庫廄而殺	
成、（姜）〔彊〕	7.11/71/3

醅 pú　　1

妾恐其○釀醉飽	1.12/10/25

圃 pǔ　　1

良夫乃與蒯瞶入舍孔氏	
之○	7.12/71/19

曝 pù　　1

若○採桑	5.9/46/26

七 qī　　15

所執贄而見於窮閭隘巷	
者○十餘人	1.10/8/4
其子○兮	1.13/11/19
尸鳩以一心養○子	1.13/11/20
饋以○牢而遣之	2.4/14/27

同列者○人	2.5/15/16	魯大夫柳下惠之○也	2.10/18/14	君子謂傅氏之○能遠識	3.4/24/10
且婦人有○見去	2.7/16/24	○曰	2.10/18/14	傅氏之○	3.4/24/15
○去之道	2.7/16/25		2.10/18/17,2.11/19/6	晉大夫伯宗之○也	3.6/25/3
霧雨○日而不下食者	2.9/17/30		2.12/19/25,2.12/19/27	其○常戒之曰	3.6/25/3
○年不雙	4.13/39/13		2.13/20/17,2.13/20/20	既飲而問○曰	3.6/25/8
昔者太公望年○十	6.1/51/19		2.14/21/8,2.14/21/8	君子謂伯宗之○知天道	3.6/25/12
駃騠生○日而超其母	6.1/51/22		2.15/21/24,3.6/25/6	○知且亡	3.6/25/17
穿○札	6.3/53/9		5.10/47/17,6.3/53/2	言思○也	3.9/27/8
吾聞聖人之心有○竅	7.2/64/9	君子謂柳下惠○能光其		是善告○善養母也	3.9/27/9
○爲夫人	7.9/69/7	夫矣	2.10/18/21	羊舌子之○也	3.10/27/22
○年不能勝秦	7.15/73/23	下惠之○	2.10/18/26	子靈之○殺三夫、一君	
		○爲之辭	2.10/18/26	、一子	3.10/28/1
妻 qī	**165**	魯黔婁先生之○也	2.11/19/3	名曰玄	3.10/28/4
		其○出戶	2.11/19/4	范獻子之○也	3.11/28/25
堯乃○以二女	1.1/1/10	其○曰	2.11/19/8	聘則爲○	3.14/30/28
衛侯之○	1.8/6/10		2.11/19/10,2.12/19/24	趙將馬服君趙奢之○	3.15/31/18
魯大夫公父穆伯之○	1.10/7/27		2.13/20/16,3.6/25/5	○子得存	3.15/32/2
（則）〔列〕士之○加			3.6/25/8,5.5/44/10	蔡人之○者	4.4/33/30
之以朝服	1.10/8/25		5.5/44/12,5.10/47/18	將○其夫人而納之于宮	4.7/35/22
芒卯之後○也	1.13/11/10	君子謂黔婁○爲樂貧行		齊杞梁殖之○也	4.8/36/8
前○之子有五人	1.13/11/10	道	2.11/19/13	遇其○	4.8/36/8
不得與前○子齊	1.13/11/11	○獨主喪	2.11/19/18	杞梁○曰	4.8/36/8
前○之子猶不愛	1.13/11/12	齊相晏子僕御之○也	2.12/19/23	杞梁之○無子	4.8/36/10
前○中子犯魏王令	1.13/11/12	顯其○以爲命婦	2.12/20/2	君子謂杞梁之○貞而知	
芒卯之○	1.13/11/25	齊相御○	2.12/20/8	禮	4.8/36/15
齊桓公以宗女○之	2.3/13/29	楚狂接輿之○也	2.13/20/13	其○收喪	4.8/36/20
周南之○者	2.6/16/3	○從市來	2.13/20/14	吳王闔閭盡○其後宮	4.9/36/26
周南大夫之○也	2.6/16/3	○戴紝器	2.13/20/21	盡○後宮	4.9/37/11
○恐其懈于王事	2.6/16/3	君子謂接輿○爲樂道而		楚白公勝之○也	4.11/38/3
不擇○而娶	2.6/16/6	遠害	2.13/20/21	其○紡績不嫁	4.11/38/3
君子以是知周南之○而		接輿之○	2.13/20/27	白○辭之曰	4.11/38/4
能匡夫也	2.6/16/9	○請避館	2.13/20/27	白公之○	4.11/38/15
周大夫○	2.6/16/14	楚老萊子之○也	2.14/21/3	○操固行	4.11/38/15
宋鮑蘇之○也	2.7/16/19	其○戴畚萊	2.14/21/7	遂許傅（○）〔妾〕留	4.12/39/1
而娶外○	2.7/16/19	老萊子乃隨其○而居之		穆公以嬴○之	5.3/42/25
賂遺外○甚厚	2.7/16/20		2.14/21/12	是負○之義也	5.3/42/29
夫有外○	2.7/17/1	君子謂老萊○果於從善		蓋之偏將丘子之○也	5.5/44/6
晉趙衰○者	2.8/17/6		2.14/21/12	○子盡誅	5.5/44/6
公以叔（隈）〔隗〕○		老萊與○	2.14/21/17	其○謂之曰	5.5/44/7
趙衰	2.8/17/7	○曰世亂	2.14/21/17	自殺者誅及○子	5.5/44/11
文公以其女趙姬○趙衰	2.8/17/8	楚於陵子終之○也	2.15/21/22	憂○子而忘仁義	5.5/44/13
陶太夫荅子○也	2.9/17/26	謂其○曰	2.15/21/23	先交友而後○子	5.5/44/15
其○數諫	2.9/17/26	君子謂於陵○爲有德行		○子	5.5/44/15
其○獨抱兒而泣	2.9/17/27		2.15/21/28	今子以○子之故	5.5/44/15
君子謂荅子○能以義易		入與○謀	2.15/22/1	營○子之私愛	5.5/44/16
利	2.9/18/3	曹大夫傅負羈之○也	3.4/24/3	君子謂蓋將之○潔而好	
○諫不聽	2.9/18/9	負羈之○言于夫曰	3.4/24/4	義	5.5/44/18

蓋將之○　5.5/44/23
○恥不死　5.5/44/23
前○之子也　5.8/46/11
魯秋胡子○也　5.9/46/25
遇○不識　5.9/47/11
○執無二　5.9/47/11
周大夫○之媵妾也　5.10/47/16
其○淫于鄰人　5.10/47/16
○恐媵婢言之　5.10/47/20
乃免媵婢而笞殺其○　5.10/47/21
將納以爲○　5.10/47/23
主○淫僻　5.10/48/1
珠崖令之後○及前○之
　女也　5.13/49/13
（邰）〔郃〕陽邑任延
　壽之○也　5.14/50/6
長安大昌里人之○也　5.15/50/25
聞其○之仁孝有義　5.15/50/25
乃劫其○之父　5.15/50/26
乃其○之頭也　5.15/50/30
○妾則焉　6/51/11
弓工○者　6.3/52/30
弓人之○請見曰　6.3/53/1
弓人之○也　6.3/53/1
君子謂弓工○可與處難　6.3/53/10
○往說公　6.3/53/15
昭氏之○也　6.5/54/17
昔者不穀夢娶○　6.7/56/13
齊相之○也　6.12/60/10
賢其（夫○）〔○子〕
　　6.12/60/21
以逐女○之　6.12/60/26
後有人夫○賣壓弧箕服
　之器者　7.3/64/27
夫○夜逃　7.3/64/28
〔御叔之○〕也　7.9/69/6
棠公之○　7.11/70/19
崔子前○子二人　7.11/70/28
崔氏之○曰　7.11/71/4
○子皆死　7.11/71/5
崔杼之○　7.11/71/10
孔文子之○　7.12/71/17
許以姬爲良夫○　7.12/71/19

戚 qī　11

慈母憂○悲哀　1.13/11/12

桓公用管仲、甯○　2.2/13/10
不○○于貧賤　2.11/19/12
甯○欲見桓公　6.1/51/15
甯○擊牛角而（商）
　〔商〕歌甚悲　6.1/51/16
甯○稱曰　6.1/51/16
昔日公使我迎甯○　6.1/51/23
甯○曰　6.1/51/23
此甯○之欲得仕國家也　6.1/51/26
桓遇甯○　6.1/52/3

期 qī　11

○之喪　1.6/4/21
與諸婦孺子○夕而反　1.12/10/25
○盡而入　1.12/10/26
忿戾毋○　3.10/28/5
居未○年　3.12/29/20
處○年　5.2/42/3
王弟子閭與子西、子○
　謀曰　5.4/43/25
○年　5.8/46/6
○處既成　5.15/51/5
與津吏○　6.7/55/30
○月之間　6.11/59/29

欺 qī　3

忠信不○　1.14/12/4
夫可○而不可罔者　3.7/25/29
是○死者也　5.8/46/13

樓 qī　1

可以○遲　2.14/21/13

漆 qī　7

○室女者　3.13/30/3
魯○室邑之女也　3.13/30/3
○室女曰　3.13/30/5,3.13/30/6
○室女之思也　3.13/30/12
○室之女　3.13/30/17
皮膚若○　6.10/58/12

岐 qī　2

至於○下　1.6/4/1
兩頭○首　3.5/24/29

祁 qī　1

與○勝爲亂　3.10/28/10

其 qī　545

致○功業　1/1/3
我○往　1.1/1/12
格○出入　1.1/1/13
不怨○弟　1.1/1/16
百辟○刑之　1.1/1/20
能育○教　1.2/2/2,1.3/2/18
卒致○名　1.2/2/2,1.3/2/18
○後世世居稷　1.2/2/4
○德不回　1.2/2/5,5.5/44/19
與○妹（姊）〔娣〕浴
　於玄丘之水　1.3/2/15
簡狄與○妹娣競往取之　1.3/2/16
○後世世居亳　1.3/2/20
三過○家　1.4/3/4
不入○門　1.4/3/4
塗山獨明教訓而致○化焉　1.4/3/4
化○德而從○教　1.4/3/4
卒繼○父　1.4/3/10
致○功　1.5/3/15
○有娎之謂也　1.5/3/17
○知太王仁恕　1.6/4/2
及○有娠　1.6/4/5
皆○母感于物　1.6/4/9
及○長　1.6/4/16
要○安民以播烈光、制
　禮以廣達孝而言之　1.6/4/22
反思○受教之時　1.6/4/24
不顯○光　1.6/4/26
○婦無子　1.7/5/8
定姜歸○婦　1.7/5/9
差池○羽　1.7/5/10
君○忍之　1.7/5/13
○儀不忒　1.7/5/14,4.10/37/22
孫文子自是不敢舍○重
　器于衛　1.7/5/17
○後賴轉力　1.7/5/21

有夫出征而喪○雄	1.7/5/23	慈母乃命○三子	1.13/11/11	〔隗〕、季隗于公子	2.8/17/6
得○罪尤	1.7/6/1	以救○罪	1.13/11/13	文公以○女趙姬妻趙衰	2.8/17/8
傅母見○婦道不正	1.8/6/7	猶救○禍而除○害	1.13/11/14	趙姬請迎盾與○母而納	
碩人○頎	1.8/6/9	○父爲○孤也	1.13/11/15	之	2.8/17/8
○舍近墓	1.9/6/23	而使妾爲○繼母	1.13/11/15	君○逆之	2.8/17/12
○嬉戲爲買人衒賣之事	1.9/6/24	爲人母〔而〕不能愛○		屏括遂以○族爲公族大	
○嬉遊乃設俎豆	1.9/6/25	子	1.13/11/15	夫	2.8/17/15
孟母以刀斷○織	1.9/6/28	親○親而偏○假	1.13/11/16	○妻數諫	2.9/17/26
孟子懼而問○故	1.9/6/29	高○義	1.13/11/17	○妻獨抱兒而泣	2.9/17/27
寧能衣○夫子而長不乏		可不赦○子乎	1.13/11/17	何○不祥也	2.9/17/27
糧食哉	1.9/7/2	乃赦○子	1.13/11/17	欲以澤○毛而成文章也	2.9/17/30
女則廢○所食	1.9/7/2	復○家	1.13/11/18	犬彘不擇食以肥○身	2.9/18/1
○婦袒而在內	1.9/7/5	○子七兮	1.13/11/19	唯○母老以免	2.9/18/2
遂留○婦	1.9/7/9	○儀一兮 1.13/11/20,1.13/11/20		知○不改	2.9/18/9
則不達○上	1.9/7/13	以遺○母	1.14/11/30	君子謂柳下惠妻能光○	
則不踐○朝	1.9/7/13	○母曰	1.14/12/1	夫矣	2.10/18/21
見○友上堂	1.10/7/28	3.1/22/11,3.5/24/21		人知○一	2.10/18/22
○所與遊者皆過己者也	1.10/8/5	3.5/24/22,6.13/61/11		莫知○他	2.10/18/22
○以歇爲不能事主乎	1.10/8/15	夫爲人臣而事○君	1.14/12/4	陳列○行	2.10/18/26
魯○亡乎	1.10/8/16	猶爲人子而事○父也	1.14/12/4	○妻出戶	2.11/19/4
勞○民而用之	1.10/8/17	反○金	1.14/12/6	斜引○被	2.11/19/5
晝考○國〔職〕	1.10/8/21	大賞○母之義	1.14/12/7	○妻曰	2.11/19/8
夕省○典刑	1.10/8/21	復○相位	1.14/12/7	2.11/19/10,2.12/19/24	
卿大夫朝考○職	1.10/8/22	使○傅母通言于王曰	2.1/12/24	2.13/20/16,3.6/25/5	
晝講○庶政	1.10/8/22	○葉有幽	2.1/12/30	3.6/25/8,5.5/44/10	
夕序○業	1.10/8/22	誰知○他	2.3/13/30	5.5/44/12,5.10/47/18	
夜庀○家事	1.10/8/22	子○勉之	2.3/14/3	生不得○美	2.11/19/9
皆衣○夫	1.10/8/25	○能及〔乎〕	2.3/14/5	死不得○榮	2.11/19/9
○何以辟	1.10/8/28	惟君○圖之	2.4/14/25	○諡爲「康」	2.11/19/12
休○蠶織	1.10/9/2	太子蕃思母之恩而送○		命婦窺○夫與相御	2.12/19/23
敬姜戒（止）〔○〕妾		舅氏也	2.4/14/27	吾從門間觀○志氣	2.12/19/25
曰	1.10/9/7	遂釋○弟	2.4/15/6	○夫謝曰	2.12/19/27
吾惡○以好內聞也	1.10/9/8	不知○賢	2.5/15/18	○名必揚矣	2.12/19/28
欲明○子之令德	1.10/9/10	○「君」者	2.5/15/22	于是○夫乃深自責	2.12/19/28
婦人治○職焉	1.10/9/15	妻恐○懈于王事	2.6/16/3	晏子怪而問○故	2.12/20/1
因歸問○母	1.11/9/27	蓋與○鄰人陳素所與大		于是晏子賢○能納善自	
○母閉門而不內	1.11/10/1	夫言	2.6/16/4	改	2.12/20/1
使士卒飲○下流	1.11/10/3	因往來者請問○夫	2.7/16/19	顯○妻以爲命婦	2.12/20/2
而自康樂于○上	1.11/10/6	若○以淫意爲心	2.7/16/23	○道博矣	2.12/20/2
非○術也	1.11/10/6	吾未知○善也	2.7/16/23	言當常嚮爲○善也	2.12/20/4
子發于是謝○母	1.11/10/7	淫僻、竊盜、長舌、驕		門外車跡何○深也	2.13/20/15
諸婦○慎房戶之守	1.12/10/21	侮、無子、惡病皆在		○樂亦自足矣	2.13/20/19
使人間視○居處	1.12/10/22	○後	2.7/16/25	○妻戴畚萊	2.14/21/7
吾不知○故	1.12/10/24	表○閭	2.7/16/27	投○畚萊而去	2.14/21/10
妾恐○酣釀醉飽	1.12/10/25	不聽○姒	2.7/17/1	据○遺粒	2.14/21/11
○喪（天）〔父〕母	1.12/10/28	表○閭里	2.7/17/1	老萊子乃隨○妻而居之	
卒蒙○榮	1.12/11/5	狄人入○二女叔（隈）			2.14/21/12

謂○妻曰	2.15/21/23
樂亦在○中矣	2.15/21/25
○可樂乎	2.15/21/26
職思○憂	3.1/22/14
闟伯比謂○御曰	3.2/22/25
○謂君撫小民以信	3.2/22/26
○不設備乎	3.2/22/27
終如○言	3.2/23/10
女因○傅母而言曰	3.3/23/16
○後翟人攻衛	3.3/23/19
衛侯於是悔不用○言	3.3/23/20
君子善○慈惠而遠識也	3.3/23/23
聞○騈脅	3.4/24/3
近○舍	3.4/24/3
伺○將浴	3.4/24/4
○從者三人皆國相也	3.4/24/4
不知○子者	3.4/24/6
視○父	3.4/24/7
不知○君者	3.4/24/7
視○所使	3.4/24/7
今○從者皆卿相之僕也	3.4/24/7
則○君必伯王之主也	3.4/24/7
加璧○上	3.4/24/9
士民之扶老攜幼而赴○	
闓者	3.4/24/10
以保○身	3.4/24/11
知○興祚	3.4/24/15
歸見○母而泣焉	3.5/24/20
母問○故	3.5/24/21
○妻常戒之曰	3.6/25/3
民（愛）〔惡〕○上	3.6/25/4
是以禍及○身	3.6/25/7
然而民之不能戴○上久	
矣	3.6/25/9
○危可立待也	3.6/25/10
此○人必不以闇昧廢禮	3.7/25/25
遂語夫人以實焉	3.7/25/29
○明智乎	3.7/25/29
我聞○聲	3.7/26/1
不見○人	3.7/26/1
夫人仲子與○娣戎子	
〔皆〕嬖于公	3.8/26/11
○母送之曰	3.9/26/26
○于斯發事乎	3.9/26/28
汝○戒之	3.9/26/28
難乎○免也	3.9/27/1
恐得○書	3.9/27/3

乃謬○辭曰	3.9/27/3
○文錯	3.9/27/9
母說○書	3.9/27/17
食○子不擇肉	3.10/27/26
則○骨存焉	3.10/27/28
叔姬不欲娶○族	3.10/27/30
聞○號泣而還	3.10/28/9
雍子入○女於叔魚以求	
直	3.10/28/13
請殺○生者而戮○死者	
	3.10/28/14
以窮○命	3.10/28/20
○三子遊于趙氏	3.11/28/25
少子伐○謀	3.11/29/1
○後智伯滅范氏	3.11/29/3
知○必滅	3.11/29/8
○族人死	3.12/29/13
子○勿爲也	3.12/29/20
風○吹汝	3.12/29/22
知○禍起	3.12/29/27
○鄰人婦從之遊	3.13/30/4
○家倩吾兄行追之	3.13/30/8
君臣父子皆被○辱	3.13/30/10
齊伐○城	3.13/30/18
曲沃負謂○子如耳曰	3.14/30/23
不知○爲禍耳	3.14/30/24
早成○號諡	3.14/30/28
而魏國居○間	3.14/31/6
始姜事○父	3.15/31/19
王以爲若○父乎	3.15/31/22
知○覆軍	3.15/32/1
女與○人言	4.1/32/11
正○本	4.1/32/12
○母曰繆姜	4.2/32/26
《春秋》詳錄○事	4.2/33/4
詳錄○事	4.2/33/12
言○左右無賢臣	4.3/33/20
皆順○君之意也	4.3/33/21
君子美○貞一	4.3/33/21
○母將改嫁之	4.4/33/30
不改○意	4.4/34/1
雖○臭惡	4.4/34/2
終不聽○母	4.4/34/3
○傅母閔夫人賢	4.5/34/14
憐○失意	4.5/34/14
又恐○已見遣而不以時	
去	4.5/34/14

齊國稱○貞	4.6/34/28
結○衿縭	4.6/34/29
○有大妨于王命者	4.6/35/1
孝公親迎孟姬於○父母	4.6/35/4
比○反也	4.6/35/10
虜○君	4.7/35/22
將妻○夫人而納之于宮	4.7/35/22
楚王賢○夫人守節有義	4.7/35/26
納○適妃	4.7/36/3
遇○妻	4.8/36/8
詣○室	4.8/36/10
乃（枕）〔就〕○夫之	
屍于城下而哭〔之〕	4.8/36/11
○妻收喪	4.8/36/20
吳王闔閭盡妻○後宮	4.9/36/26
則○國危	4.9/36/28
若使君王棄○儀表	4.9/37/2
舍伯嬴與○保阿	4.9/37/5
忘持○符	4.10/37/17
以成○貞	4.10/37/21
○妻紡績不嫁	4.11/38/3
吳王聞○美且有行	4.11/38/3
妾願守○墳墓	4.11/38/6
吳王賢○守節〔而〕有	
義	4.11/38/9
美○嘉績	4.11/38/16
衛宗室靈王之夫人（而）	
及○傅妾也	4.12/38/20
使奉○祀	4.12/38/21
而得留以盡○節	4.12/38/23
傅妾退而謂○子曰	4.12/38/29
○子泣而（守）〔止〕	
之	4.12/39/1
魯人或聞○義	4.13/39/12
○歌曰	4.13/39/13
想○故雄	4.13/39/14
○爲人榮于色而美于行	
	4.14/39/27
妾〔宜以身薦○棺槨〕	
	4.14/39/29
守養○孤幼	4.14/39/29
乃援鏡持刀以割○鼻	4.14/40/2
以○色也	4.14/40/3
王大○義	4.14/40/4
高○行	4.14/40/4,5.8/46/15
乃復○身	4.14/40/4
尊○號曰高行	4.14/40/4

○夫當行戍	4.15/40/14	二子兄弟立○傍	5.8/46/5	欲報○夫而無道徑	5.15/50/25
○父母哀○年少無子而		寡人度○母能知子善惡	5.8/46/8	聞○妻之仁孝有義	5.15/50/25
早寡也	4.15/40/17	試問○母	5.8/46/8	乃劫○妻之父	5.15/50/26
屬妾以○老母	4.15/40/18	聽○所欲殺活	5.8/46/8	使要○女爲中譎	5.15/50/26
固養○舅姑者也	4.15/40/21	相召○母	5.8/46/8	父呼○女告之	5.15/50/26
○父母懼而不敢嫁也	4.15/40/23	○母泣而對曰	5.8/46/10	還○家	5.15/50/28
遂使養○姑	4.15/40/23	殺○少者	5.8/46/10	乃告○夫	5.15/50/28
漢孝文皇帝高○義	4.15/40/24	相受○言	5.8/46/10	乃○妻之頭也	5.15/50/30
貴○信	4.15/40/24	○母對曰	5.8/46/11	遂釋不殺○夫	5.15/50/30
美○行	4.15/40/25	○父疾	5.8/46/11	乃易○所	5.15/51/5
孝公父武公與○二子長		而不信○諾耶	5.8/46/13	○妾婧進曰	6.1/51/17
子括、中子戲朝周宣		王美○義	5.8/46/15	駃騠生七日而超○母	6.1/51/22
王	5.1/41/11	而尊○母號曰義母	5.8/46/15	吾請語子○故	6.1/51/23
義保與○子俱入宮	5.1/41/13	夫不孝莫大于不愛○親		吾不知○所謂	6.1/51/24
乃衣○子以稱之衣	5.1/41/14	而愛○人	5.9/47/5	○妾笑曰	6.1/51/24
○義保之謂也	5.1/41/18	○妻淫于鄰人	5.10/47/16	爲說○詩	6.1/52/3
易以○子	5.1/41/22	淫者憂之	5.10/47/17	○母亡布八尋	6.2/52/9
且○人蜂目而豺聲	5.2/42/5	媵婢心知○毒酒也	5.10/47/18	寡人不爲○富貴而不行	
○後（商）〔商〕臣以		主父弟聞○事	5.10/47/20	法焉	6.2/52/10
子上救蔡之事	5.2/42/6	乃免媵婢而笞殺○妻	5.10/47/21	○使人盜奈何	6.2/52/12
子瞀謂○保曰	5.2/42/7	汝知○事	5.10/47/21	王○察之	6.2/52/18
恐失○所	5.2/42/9	主父高○義	5.10/47/22	○子必不愚	6.2/52/20
子瞀退而與○保言曰	5.2/42/11	貴○意	5.10/47/23	使○夫爲弓	6.3/52/30
○以太子爲非吾子	5.2/42/12	忠全○主	5.10/48/1	秦穆公有盜食○駿馬之	
衆人孰知○不然	5.2/42/12	終蒙○福	5.10/48/1	肉	6.3/53/3
與○無義而生	5.2/42/13	貴○守忠死義	5.11/48/16	楚莊王臣援○夫人之衣	6.3/53/3
保母以○言通于王	5.2/42/14	寵○兄爲五大夫	5.11/48/17	卒享○報	6.3/53/4
我○首晉而死	5.3/42/27	必求○寬仁慈惠	5.11/48/18	○爲之亦勞〔矣〕	6.3/53/5
子○與我行乎	5.3/42/27	購○子孫	5.11/48/24	○幹生于太山之阿	6.3/53/6
○不可得乎	5.4/43/14	兄子與○己子在火中	5.12/48/29	平公以○言而射	6.3/53/9
○可得乎	5.4/43/16	輒得○子	5.12/48/29	陳○幹材	6.3/53/15
不聞○以苟從○闍死爲		○人止之曰	5.12/48/30	列○勞苦	6.3/53/15
榮	5.4/43/17	彼○之子	5.12/49/3	賤妾不勝○欲	6.4/53/22
妾聞信者不負○心	5.4/43/24	欲出○姪	5.12/49/8	○可乎	6.4/54/2
義者不虛設○事	5.4/43/24	繼母棄○繫臂珠	5.13/49/14	寘○然乎	6.4/54/8
○子必仁	5.4/43/26	○子男	5.13/49/14	○女悼（惺）〔惶〕	6.4/54/12
○德不比	5.4/44/1	○狀何如	5.13/49/17	（鞭）〔輕〕○微弱	6.5/54/21
殺○君	5.5/44/6	直在○中矣	5.13/49/26	女陳○冤	6.5/55/3
○妻謂之曰	5.5/44/7	延壽與○友田建陰殺季		亦有○序	6.5/55/3
賜○弟金百鎰	5.5/44/18	宗	5.14/50/7	○可與言乎	6.6/55/9
棄○所抱	5.6/44/29	季兒乃告○大女曰	5.14/50/12	以觀○志	6.6/55/9
抱○所攜而走〔於〕山	5.6/44/29	大○義	5.14/50/14	○水一清一濁	6.6/55/11
○親愛也痛甚于心	5.6/45/3	令縣復○三子而表○墓		子貢還報○辭	6.6/55/13
夫義○大哉	5.6/45/9		5.14/50/14	抽琴去○軫以授子貢	6.6/55/13
賢○推理	5.6/45/15	夫殺○兄	5.14/50/20	願借子〔以〕調○音	6.6/55/15
而迎○姊趙夫人	5.7/45/22	嘉○義明	5.14/50/20	分○資財	6.6/55/19
迎取○姊	5.7/45/30	○夫有讎人	5.15/50/25	異○處子	6.6/55/25

欲觀○風	6.6/55/25	何○〔楚〕痛而不德也	6.15/63/1	成、（姜）〔彊〕	7.11/71/3
主君欲因○醉而殺之	6.7/56/4	○除肉刑	6.15/63/2	又殘○身	7.11/71/5
妾恐○身之不知痛	6.7/56/5	聽用○言	7.1/63/19	迫○子悝于廁	7.12/71/21
使知○罪	6.7/56/5	羈○頭而飲之于酒池	7.1/63/20	想見○人	7.13/72/5
○辭曰	6.7/56/11	又重○荒	7.1/63/29	乃因后而入○女孟姚	7.13/72/6
妾持楫兮操○維	6.7/56/12	使人裸形相逐○間	7.2/64/6	〔詘〕于〔○〕弟	7.13/72/10
以矢○音	6.7/56/16	令有罪者行○上	7.2/64/8	章以○徒作亂	7.13/72/11
士長問○故	6.8/56/26	匪○止共	7.2/64/13	乃取○女弟與春申君	7.14/72/24
襄子問○故	6.8/56/27	卜請○蔡〔而〕藏之	7.3/64/23	彼亦各貴○〔故〕所親	
以免○身	6.8/57/5	幽王乃欲○笑萬端	7.3/65/4		7.14/72/26
○母任理	6.8/57/10	○後不信	7.3/65/5	滅○家	7.14/73/5
〔○〕佞臣周破胡專權		果滅○祀	7.3/65/14	悼襄王以○美而取之	7.15/73/17
擅勢	6.9/57/16	太子○避之	7.4/65/21	而使王誅○良將武安君	
○幼弱在于閭巷之時	6.9/57/18	內亂○兄齊襄公	7.5/66/5	李牧	7.15/73/22
使竟○罪	6.9/57/19	因拉○脅而殺之	7.5/66/8	○後秦兵徑入	7.15/73/22
執事者誣○詞而上之	6.9/57/19	與○弟叔姜俱	7.6/66/20	乃殺倡后而滅○家	7.15/73/23
王視○詞	6.9/57/20	又丹○父桓公廟宮之楹	7.6/66/22		
務盡○職	6.9/58/1	刻○桷	7.6/66/22	**奇 qí**	6
反害○身	6.9/58/6	啜○泣矣	7.6/66/27		
姬列○事	6.9/58/6	○間容刀	7.7/67/9	有○福者	3.10/28/2
○爲人極醜無雙	6.10/58/11	夫寇生○心	7.7/67/11	必有○禍	3.10/28/2
遲○至也	6.11/59/20	民慢○政	7.7/67/11	伯○放野	6.9/57/28
盡○愚辭	6.12/60/12	公問○故	7.7/67/13	亦有何○能哉	6.10/58/17
○（一）〔二〕日	6.12/60/19	君○奈何	7.7/67/14	此○女也	6.11/59/14
然後能成○事、就○功		〔夫豈〕惠○民而不惠		收倡優、侏儒、狎徒、	
	6.12/60/20	○父乎	7.7/67/15	能爲○偉戲者	7.1/63/18
朋○左右	6.12/60/20	雖○愛君	7.7/67/16		
賢○（夫妻）〔妻子〕		毋彰○惡〔而厚○敗〕	7.7/67/17	**頎 qí**	1
	6.12/60/21	毋必假手於武王以廢○			
○三日	6.12/60/21	祀	7.7/67/18	碩人其○	1.8/6/9
吾相○可易乎	6.12/60/21	爾○圖之	7.7/67/26		
秦欲襲○國	6.13/61/7	○出也	7.8/68/20	**旗 qí**	1
使○左右謂王曰	6.13/61/7	終不得掩○淫亂之罪	7.8/68/25		
謂○母曰	6.13/61/8	○狀美好無匹	7.9/69/6	懸于小白○	7.2/64/11
以觀○勢	6.13/61/10	或衣○衣	7.9/69/8		
姪舉○幟	6.13/61/12	〔或裝○幡〕	7.9/69/8	**齊 qí**	130
北風○喈	6.13/61/27	○謂爾何	7.9/69/10		
李吾（與）〔謂〕○屬		不若○似公也	7.9/69/12	○女之傅母也	1.8/6/6
曰	6.14/62/7	○明年	7.9/69/13	○侯之子	1.8/6/9
公罵○女曰	6.15/62/22	亡○尸	7.9/69/18	○女傅母	1.8/6/18
而隨○父至長安	6.15/62/23	○子黑要又通于夏姬	7.9/69/18	孟子處○	1.9/7/10
齊中皆稱〔○〕廉平	6.15/62/24	盡與○室俱	7.9/69/19	今道不用於○	1.9/7/13
○道無由也	6.15/62/25	而分○室	7.9/69/21	不得與前妻子○	1.13/11/11
天子憐悲○意	6.15/62/26	○室比于公宮	7.11/70/20	○田稷子之母也	1.14/11/30
○至治也	6.15/62/27	欲○相滅也	7.11/71/1	田稷子相○	1.14/11/30
○咎安在	6.15/62/27	慶封乃使盧蒲嫳帥徒衆		○侯之女	2.1/12/23,4.10/37/16
而○道無繇〔也〕	6.15/62/29	與國人焚○庫廐而殺			7.4/65/18,7.5/66/5

	7.6/66/19, 7.8/68/15
○桓公之夫人也	2.2/13/10
○桓衛姬	2.2/13/23
○姜	2.3/13/28
○桓公之宗女	2.3/13/28
適○	2.3/13/29
○桓公以宗女妻之	2.3/13/29
將死于○	2.3/13/29
子犯知文公之安○也	2.3/13/30
迎○姜以爲夫人	2.3/14/8
君子謂○姜潔而不瀆	2.3/14/9
○姜公正	2.3/14/14
○相晏子僕御之妻也	2.12/19/23
身相○國	2.12/19/25
○相御妻	2.12/20/8
○亦求之	3.3/23/15
○大而近	3.3/23/17
○桓往而存之	3.3/23/20
謀許與○	3.3/23/27
○大可依	3.3/23/27
今衛復有與之○者	3.7/25/28
○靈仲子者	3.8/26/10
○靈公之夫人也	3.8/26/10
○靈仲子	3.8/26/21
文仲將爲魯使至○	3.9/26/26
而使子之○	3.9/26/27
魯與○通璧	3.9/26/28
又皆通于○高子、國子	3.9/26/28
是必使○圖魯而拘汝留	
之	3.9/27/1
厚士大夫而後之○	3.9/27/2
○果拘之	3.9/27/2
吾使臧子之○	3.9/27/6
○方遣兵	3.9/27/11
果拘于○	3.9/27/17
○、楚攻之	3.13/30/11
○伐其城	3.13/30/18
會使于○	3.14/30/26
而○、楚、强秦不敢加	
兵焉	3.14/31/8
○侯之女也	4.3/33/16
衛君使人愬于○兄弟	4.3/33/18
○兄弟皆欲與君	4.3/33/18
○女嫁衛	4.3/33/25
○孝公之夫人也	4.6/34/27
○中求之	4.6/34/27
○中莫能備禮求焉	4.6/34/28

○國稱其貞	4.6/34/28
○杞梁殖之妻也	4.8/36/8
○莊道弔	4.8/36/20
○攻魯	5.6/44/28
○將問兒曰	5.6/44/29
○將乃追之	5.6/44/30
○將問所抱者誰也	5.6/45/1
○將曰	5.6/45/3
于是○將按兵而止	5.6/45/7
使人言于○君曰	5.6/45/7
○君許之	5.6/45/8
○君攻魯	5.6/45/15
○將問之	5.6/45/15
○兵遂止	5.6/45/16
○義繼母者	5.8/46/5
○二子之母也	5.8/46/5
○相管仲之妾也	6.1/51/15
將車宿○東門之外	6.1/51/15
九十而封于○	6.1/51/20
○戒五日	6.1/51/27
○國以治	6.1/51/27
○得以治	6.1/52/4
○傷槐女者	6.4/53/20
○威王之姬也	6.9/57/15
○有北郭先生者	6.9/57/17
○國震懼	6.9/58/1
○國大治	6.9/58/1
○威惰政	6.9/58/6
○無鹽邑之女	6.10/58/11
○之不售女也	6.10/58/14
而○國大安者	6.10/59/1
干說○宣	6.10/59/6
○東郭採桑之女	6.11/59/11
燕遂屠○	6.11/59/30
○女宿瘤	6.11/60/5
○即墨之女	6.12/60/10
○相之妻也	6.12/60/10
○相婦死	6.12/60/11
○桓公尊九九之人	6.12/60/24
〔四方之士多歸於〕○	
〔而〕國以治〔也〕	
	6.12/60/26
○孤逐女	6.12/61/1
○女徐吾者	6.14/62/6
○東海上貧婦人也	6.14/62/6
○女徐吾	6.14/62/16
○太倉女者	6.15/62/21

○中皆稱〔其〕廉平	6.15/62/24
又娶于○	7.4/65/18
公使伋子之○	7.4/65/19
內亂其兄○襄公	7.5/66/5
與夫人俱將如○也	7.5/66/6
遂與如○	7.5/66/7
○人殺彭生	7.5/66/9
與俱歸○	7.5/66/14
○襄淫通	7.5/66/14
公數如○	7.6/66/19
○桓公立僖公	7.6/66/26
○桓征伐	7.6/67/1
獻公娶于○	7.7/67/6
生奚○、卓子	7.7/67/7
○姜先死	7.7/67/8
驪姬欲立奚○	7.7/67/8
君夢見○姜	7.7/67/21
乃立奚○	7.7/68/3
奚○立	7.7/68/3
喬如奔○	7.8/68/19
巫臣聘于○	7.9/69/19
○亂乃息	7.10/70/9
○靈聲姬	7.10/70/14
○東郭姜者	7.11/70/19
○崔杼御東郭偃之（娣）	
〔姊〕也	7.11/70/19
○大夫也	7.11/70/30
○東郭姜	7.11/71/10

騎 qí　　　　　3

明日結駟連○	2.15/21/24
夫結駟連○	2.15/21/25
車○甚衆	6.11/59/12

騏 qí　　　　　1

左驂牝○	6.7/56/9

麒 qí　　　　　1

○麟不入于陷穽	2.6/16/7

乞 qǐ　　　　　2

願○一飲	6.6/55/10
〔願○一見〕	6.10/58/13

屺 qǐ　　1

陟彼○兮　3.9/27/12

杞 qǐ　　5

齊○梁殖之妻也　4.8/36/8
○梁妻曰　4.8/36/8
○梁之妻無子　4.8/36/10
君子謂○梁之妻貞而知
　禮　4.8/36/15
○梁戰死　4.8/36/20

起 qǐ　　17

蓋由斯○　1.6/5/3
○居進退　1.13/11/11
子○　1.14/12/6
宣王常早臥晏○　2.1/12/24
從婢子○　2.1/12/26
知其禍○　3.12/29/27
愚僑曰○　3.13/30/9
《關雎》○興　3.14/31/2
由魯宮○　5.1/41/22
火大發○　5.12/49/8
恐風波之○　6.7/56/2
遂○兵收故侵地　6.9/57/30
王輟食吐哺而○　6.12/60/13
不思禍之○于後也　6.13/61/16
○常先　6.14/62/8
亂由姜○　7.4/65/29
李兌乃○四邑之兵擊章
　　　　7.13/72/11

豈 qǐ　　32

○可以累太姒耶　1.6/4/24
○脩士大夫之費哉　1.14/12/1
○有譬哉　2.3/14/7
妾○不欲擅王之愛寵乎　2.5/15/16
○以專夫室之愛爲善哉　2.7/16/23
○將老而遺之哉　2.13/20/15
吾○以欲嫁之故數子乎
　　　　3.12/29/17
吾○爲不嫁不樂而悲哉　3.13/30/5
○如死歸于地下哉　4.7/35/24
吾○能更二哉　4.8/36/14

○弟君子　4.9/37/6
○獨事生若此哉　4.11/38/8
妾○敢以小貴之故　4.12/38/27
○若守順而死哉　4.12/38/30
○可棄哉　4.15/40/19
吾○有二夫哉　5.7/45/24
○可以忘人之託　5.8/46/12
○言之哉　5.10/47/22
○可利賞畏誅之故　5.11/48/14
梁國○可戶告人曉也　5.12/49/1
妾子亦○知之哉　6.2/52/15
妾○貪貨而（失）〔干〕
　大王哉　6.2/52/19
○欲殺不辜者乎　6.3/53/3
○不遷怒哉　6.5/54/20
○不貳過哉　6.5/54/20
○可謂不侮鰥寡乎　6.5/54/22
○此女乎　6.7/56/13
○不異哉　6.10/58/16
○稱爲民父母之意哉　6.15/63/2
〔夫○〕惠其民而不惠
　其父乎　7.7/67/15
〔至于今吾○知紂之善
　否哉〕　7.7/67/18
○《隨》也哉　7.8/68/24

啓 qǐ　　7

○母者　1.4/3/3
既生○　1.4/3/3
○呱呱泣　1.4/3/3,1.4/3/10
及○長　1.4/3/4
而○爲嗣　1.4/3/5
○母塗山　1.4/3/10

綺 qǐ　　1

後宮蹈○縠　6.11/59/26

泣 qì　　26

號○曰呼旻天　1.1/1/16
啓呱呱○　1.4/3/3,1.4/3/10
揮○垂涕　1.7/5/9
涕如雨○　1.7/5/10
歸○而望之　1.7/5/11
○而望之　1.7/6/1

其妻獨抱兒而○　2.9/17/27
獨○姑怒　2.9/18/9
歸見其母而○焉　3.5/24/20
○恐不及　3.5/24/29
臧孫母○下襟曰　3.9/27/6
傅妾○而對曰　4.12/38/24
其子○而（守）〔止〕
　之　4.12/39/1
○下數行　4.13/39/15
遂○而呼天　5.7/45/25
其母○而對曰　5.8/46/10
○下沾襟　5.8/46/14
因涕○不能自禁　5.13/49/22
又因哭○　5.13/49/23
○下交頸　5.13/49/23
關候垂○　5.13/49/24
緹縈自悲○　6.15/62/23
啜其○矣　7.6/66/27
乃夜○　7.7/67/13
驪姬乃仰天叩心而○　7.7/67/24

契 qì　　7

○母簡狄者　1.3/2/15
遂生○焉　1.3/2/17
及○長　1.3/2/17
○之性　1.3/2/18
○　1.3/2/19
○母簡狄　1.3/2/26
○爲帝輔　1.3/2/26

氣 qì　　4

意○沉抑者　2.2/13/14
恭而○下　2.2/13/16
意○洋洋　2.12/19/24
吾從門間觀其志○　2.12/19/25

棄 qì　　47

○母姜嫄者　1.2/1/29
而○之隘巷　1.2/1/30
因命曰○　1.2/2/1
及○長　1.2/2/1
○之性明而仁　1.2/2/2
堯使○居稷官　1.2/2/2
遂封○于邰　1.2/2/2

○	1.2/2/3	妻戴紝○	2.13/20/21	**謙 qiān**	5
○母姜嫄	1.2/2/10	歛小○	3.9/27/3		
懼○於野	1.2/2/10	歛小○、投諸台者	3.9/27/7	猶○○恭儉	1.1/1/11
而反欲使吾爲見○之行	2.7/16/26	食不共○	4.9/36/29	樊姬○讓	2.5/15/27
君○此三者	2.8/17/10	後有人夫妻賣纍弧箕服		君子謂女宗○而知禮	2.7/16/27
遂○之	2.9/18/2	之○者	7.3/64/27	學道○遜	2.12/20/1
○嫡不祥	3.8/26/21				
○綱紀之大	3.14/31/5	**千 qiān**	12	**前 qián**	13
今君王○儀表之行	4.9/37/1				
若使君王○其儀表	4.9/37/2	差之○里	4.1/32/12	○妻之子有五人	1.13/11/10
然○約越義而求生	4.10/37/20	吾又與女○金	5.2/41/29	不得與○妻子齊	1.13/11/11
且夫○義從欲者	4.11/38/6	賜金○鎰	5.11/48/7,5.11/48/9	○妻之子猶不愛	1.13/11/12
○義而從利	4.14/40/2	則可以得○金	5.11/48/10	○妻中子犯魏王令	1.13/11/12
豈可○哉	4.15/40/19	因賜金○鎰	6.2/52/18	食方丈於○	2.15/21/24
○託不信	4.15/40/19	方○里	6.4/53/30		2.15/21/25
是○君也	5.3/42/29	夫飾〔與不飾〕相去○		○妻之子也	5.8/46/11
○忠臣之公道	5.5/44/16	萬	6.11/59/22	珠崖令之後妻及○妻之	
○其所抱	5.6/44/29	至今數○歲	6.11/59/25	女也	5.13/49/13
所○者誰也	5.6/45/1	至今○餘歲	6.11/59/26	樂之於○	6.13/61/16
所○者妾之子也	5.6/45/2	相去○萬	6.11/59/27	倡優在○	7.3/65/3
故○妾之子	5.6/45/2	一鼓而牛飲者三○人	7.1/63/20	東郭姜與○夫子棠毋咎	
故忍○子而行義	5.6/45/6			俱入	7.11/70/27
○子抱姪	5.6/45/15	**牽 qiān**	3	崔子○妻子二人	7.11/70/28
畏死而○義者	5.11/48/13			○日而亂一宗之族	7.15/73/17
繼母○其繫臂珠	5.13/49/14	鮑○見之	7.10/70/4		
○之	5.13/49/18	刖鮑○而逐高子、國佐	7.10/70/7	**虔 qián**	1
夫人所○珠	5.13/49/19	鮑○是疾	7.10/70/14		
遂○珠而遣之	5.13/49/25			與太史、司載（枓）	
投而○之	6.6/55/12	**愆 qiān**	4	〔糾〕○天刑	1.10/8/20
○于野鄙	6.6/55/19				
流○莫執	6.10/58/13	亦無○殃	1.5/3/23	**乾 qián**	1
皆○事來觀	6.11/59/13	不○于儀	4.2/33/7		
擯○于野	6.12/60/12	夙夜無○	4.6/35/3	名曰○吉	3.10/27/25
婦人以辭不見○于鄰	6.14/62/11	各（有）〔自〕伏○	5.13/50/1		
背節○義	7/63/13			**鉗 qián**	1
桀既○禮義	7.1/63/18	**遷 qiān**	9		
懼而○之	7.3/64/26			刖足者○	6.15/63/2
聞童妾遭○而夜號〔也〕		太王謀事○徙	1.6/3/28		
	7.3/64/28	君子不○怒	6.5/54/18	**潛 qián**	1
夫○父之命	7.4/65/21	豈不○怒哉	6.5/54/20		
○位而放	7.8/68/23	而○怒貳過	6.5/54/21	舜○出	1.1/1/14
		使行不○怒之德	6.8/57/5		
器 qì	7	生子○	7.15/73/20	**黔 qián**	3
		王遂廢嘉而立○	7.15/73/20		
孫文子自是不敢舍其重		○立	7.15/73/21	魯○婁先生之妻也	2.11/19/3
○于衛	1.7/5/17	○遂見虜于秦	7.15/73/22	君子謂○婁妻爲樂貧行	
客有獻醇酒一○〔者〕	1.11/10/2			道	2.11/19/13

○妻既死	2.11/19/18	南有○楚之讎	6.10/58/22	樵 qiáo	1

遣 qiǎn　　12

饋以七牢而○之	2.4/14/27
○人之鄭、衛	2.5/15/15
○使者持金、馴來聘	2.13/20/16
○使者持金來	2.15/21/24
齊方○兵	3.9/27/11
願〔王〕勿○	3.15/31/23
王終○之	3.15/31/23
又不○妾	4.4/34/3
又恐其已見○而不以時去	4.5/34/14
遂棄珠而○之	5.13/49/25
于是王○歸	6.11/59/17
不○	6.13/61/11

譴 qiǎn　　1

無有○怒	2.6/16/4

倪 qiàn　　1

○天之妹	1.6/4/25

倩 qiàn　　1

其家○吾兄行追之	3.13/30/8

強 qiáng　　23

惟勉○之	2.6/16/4
不○察兮	2.10/18/19
○者爲雄	3.3/23/17,3.14/30/23
仲子○諫	3.8/26/21
平公○使娶之	3.10/28/7
今魏不能○	3.14/30/24
南有○楚	3.14/31/5
而齊、楚、秦不敢加兵焉	3.14/31/8
無○昆弟	4.13/39/12
言之甚○	5.2/42/20
背故君而事○暴	5.5/44/13
欲○活初身	5.13/49/23
卒距○秦	6.9/58/6
此天下○顏女子也	6.10/58/15

南有○楚之讎	6.10/58/22
（諂）〔諂〕諛○于右	6.10/58/25
國無○輔	6.13/61/19
○秦使人內間王左右	6.13/61/20
楚國復○	6.13/61/26
吾聞申生爲人甚好仁而○	7.7/67/13
行○于君	7.7/67/14
○盟之	7.12/71/21

彊 qiáng　　5

君子謂塗山○於教誨	1.4/3/5
不可不○	1.10/8/9
大子城、少子○	7.11/70/28
成與○怒	7.11/70/30
慶封乃使盧蒲嫳帥徒衆與國人焚其庫廄而殺成、（姜）〔○〕	7.11/71/3

墻 qiáng　　4

葭○蓬室	2.14/21/3
○欲內崩而王不視	6.13/61/15
○欲內崩而王不視者	6.13/61/17
公踰○而逃	7.11/70/27

襁 qiǎng　　1

妾幸得離○褓	4.15/40/18

繈 qiǎng　　1

遂以（身）〔○〕自經而死	5.14/50/14

喬 qiáo　　5

南有○木	6.6/55/21
名○如	7.8/68/16
○如與繆姜謀去季、孟而擅魯國	7.8/68/16
魯人不順○如	7.8/68/18
○如奔齊	7.8/68/19

樵 qiáo　　1

挾薪○而來	2.14/21/7

竅 qiào　　1

吾聞聖人之心有七○	7.2/64/9

切 qiē　　3

非特師傅、朋友相與○磋也	2.12/20/3
推摧一○	6/51/10
（○）〔竊〕有狂夫名之者矣	6.6/55/19

且 qiě　　52

○告無罪於廟	1.7/5/19
○公之行	1.7/5/20
不慈○無義	1.13/11/16
○告穆公曰	2.4/14/24
○婦人有七見去	2.7/16/24
○彼爲彼	2.10/18/16
宜矣子之卑○賤也	2.12/19/24
吾聞寧榮于義而賤	2.12/19/28
○行	3.2/23/2
○吾聞之	3.4/24/6
	3.10/28/2,5.7/45/23
既明○哲	3.4/24/11
○以自託	3.4/24/15
○國家多貳	3.6/25/10
妻知○亡	3.6/25/17
必○遇害	3.9/27/17
○三代之亡、恭太子之廢	3.10/28/6
維魯○亂	3.13/30/17
○夫采采芣苢之草	4.4/34/2
○妾聞生而辱	4.9/37/2
○凡所欲妾者	4.9/37/3
吳王聞其美○有行	4.11/38/3
○夫棄義從欲者	4.11/38/6
○吾聞主君之母不妾事人	4.12/38/22
我歌○謠	4.13/39/17
夫○行時	4.15/40/14,4.15/40/18
○夫養人老母而不能卒	

	4.15/40/20
不孝不信○無義	4.15/40/23
○其人蜂目而豺聲	5.2/42/5
○王聞吾死	5.2/42/13
○君王以束帛乘馬	5.4/43/16
軍○及之	5.6/44/28
○死之時	5.8/46/12
○殺兄活弟	5.8/46/13
二年○歸	5.10/47/16
○夫凡爲人養子者	5.11/48/13
願○待	5.13/49/20
○又相讓	5.13/49/25
乃○許諾曰	5.15/50/27
○加罪焉	6.4/53/22
○自古有之	6.9/57/28
○無笑	6.11/59/21
樂○有儀	6.11/60/1
必○殆也	6.13/61/17
禍亂○成而王不改也	6.13/61/18
今禍○搆	6.13/61/20
國○虛竭	6.13/61/23
○禮	7.5/66/7
禍○及矣	7.7/67/19
禍○及身	7.14/72/27

妾 qiè　　　210

言賢女能爲君子和好衆○	1.5/3/17
余以巾櫛事先君而暴○使余	1.7/5/21
○聞夫婦之道	1.9/7/6
今者○竊墮在室	1.9/7/6
而夫子見○	1.9/7/6
是客○也	1.9/7/6
敬姜戒（止）〔其〕○曰	1.10/9/7
○不幸早失夫	1.12/10/24
○恐其醰醲醉飽	1.12/10/25
○反太早	1.12/10/26
如○親子	1.13/11/14
雖不愛○	1.13/11/14
而使○爲其繼母	1.13/11/15
○安可以忘義乎	1.13/11/16
○（之）不才	2.1/12/25
○之淫心見矣	2.1/12/25
○聞之	2.2/13/13, 2.14/21/8

	4.10/37/19, 4.11/38/7
	4.15/40/17, 6.8/57/2
今○望君舉趾高	2.2/13/14
霝○在焉	2.3/14/1
○告姜氏	2.3/14/1
○執巾櫛十一年	2.5/15/15
今賢于○者二人	2.5/15/15
○豈不欲擅王之愛寵乎	2.5/15/16
○聞堂上兼女	2.5/15/16
○不能以私蔽公	2.5/15/17
○聞虞丘子相楚十餘年	2.5/15/17
○之所笑	2.5/15/19
雖○亦無以侍執巾櫛	2.8/17/10
○聞南山有玄豹	2.9/17/30
則二三子不如○知之也	2.10/18/18
○是以去也	2.12/19/26
○事先生	2.13/20/18
○不能爲人所制	2.14/21/10
僕有箕帚之○	2.15/21/23
○恐先生之不保命也	2.15/21/27
○在不猶愈乎	3.3/23/18
○聞禮	3.7/25/24
始○獨以衛爲有蘧伯玉爾	3.7/25/27
○是以賀	3.7/25/28
○非讓也	3.8/26/14
非○所及	3.13/30/11
○聞男女之別	3.14/30/27
奔則爲○	3.14/30/28
○恐大王之國政危矣	3.14/31/6
始○事其父	3.15/31/19
○得無隨〔坐〕乎	3.15/31/24
乃○之不幸也	4.4/34/1
又不遣○	4.4/34/3
○聞妃后踰閾	4.6/35/7
○無須臾而忘君也	4.7/35/23
則賤○有先人之弊廬在下○不得與郊弔	4.8/36/9
○聞天子者	4.9/36/27
且○聞生而辱	4.9/37/2
○有淫端	4.9/37/3
○以死守之	4.9/37/3
且凡所欲○者	4.9/37/3
近○而死	4.9/37/4
如先殺○	4.9/37/4
○不敢從使者行	4.10/37/18

○知從使者必生	4.10/37/19
○幸得充後宮	4.11/38/5
○願守其墳墓	4.11/38/6
非愚○之所聞也	4.11/38/6
○既不仁	4.11/38/8
衛宗室靈王之夫人（而）及其傅○也	4.12/38/20
傅○有子	4.12/38/21
傅○事夫人	4.12/38/21
夫人謂傅○曰	4.12/38/22
子奉祀而○事我	4.12/38/22
且吾聞主君之母不○事人	4.12/38/22
傅○泣而對曰	4.12/38/24
夫人無子而婢○有子	4.12/38/25
○聞忠臣（下）〔事〕君	4.12/38/26
○豈敢以小貴之故	4.12/38/27
變○之節哉	4.12/38/27
固○之職也	4.12/38/27
傅○退而謂其子曰	4.12/38/29
遂許傅（妻）〔○〕留	4.12/39/1
○子雖代	4.12/39/7
○夫不幸早死	4.14/39/28
○〔宜以身薦其棺槨〕	4.14/39/29
貴人多求○者	4.14/39/29
○聞婦人之義	4.14/40/1
○已刑矣	4.14/40/3
王之求○者	4.14/40/3
○幸得離襁褓	4.15/40/18
屬○以其老母	4.15/40/18
○聞寧載于義而死	4.15/40/20
今又使○去之	4.15/40/22
而著○之不孝	4.15/40/22
○聞婦人以端正和顏爲容	5.2/42/1
而○顧	5.2/42/1
則是○貪貴樂利以忘義理也	5.2/42/2
○以君王爲能法吾先君	5.4/43/15
○聞之諸姑	5.4/43/16
○不敢聞命	5.4/43/17
以是○願從王矣	5.4/43/21
而況于○乎	5.4/43/22
昔者○口不言	5.4/43/23
○聞信者不負其心	5.4/43/24

○死王之義　5.4/43/24
○等恥之　5.5/44/16
所抱者○兄之子也　5.6/45/2
所棄者○之子也　5.6/45/2
故棄○之子　5.6/45/2
亡兄子而存○子　5.6/45/4
○之子也　5.8/46/11
屬之于○曰　5.8/46/12
○曰　5.8/46/12
○亦無淫佚之志　5.9/46/29
○不忍見〔不孝不義之
　人〕　5.9/47/4
○亦不嫁　5.9/47/4
周主忠○者　5.10/47/16
周大夫妻之媵○也　5.10/47/16
而○獨生　5.10/47/23
君子謂忠○爲仁厚　5.10/47/25
周主忠○　5.10/48/1
使○奉進　5.10/48/1
○不能生而令公子擒也
　5.11/48/14
此珠○之繫臂也　5.13/49/20
○解去之　5.13/49/20
○當坐之　5.13/49/21
實○取之　5.13/49/22
○請開戶牖待之　5.15/50/28
妻○則焉　6/51/11
○婧者　6.1/51/15
齊相管仲之○也　6.1/51/15
其○婧進曰　6.1/51/17
○聞之也　6.1/51/19
其○笑曰　6.1/51/24
君子謂○婧爲可與謀　6.1/51/27
○進問焉　6.1/52/3
○夜亡布八尋　6.2/52/9
是故使盜得盜○之布　6.2/52/13
○之子爲郯大夫　6.2/52/15
○子坐而紲　6.2/52/15
○子亦豈知之哉　6.2/52/15
○豈貪貨而〔失〕〔干〕
　大王哉　6.2/52/19
今○之夫治造此弓　6.3/53/5
而反欲殺○之夫　6.3/53/8
○聞射之道　6.3/53/8
賤○不勝其欲　6.4/53/22
○父衍幸得充城郭爲公
　民　6.4/53/25

○聞明君之蒞國也　6.4/53/27
孤○之身　6.4/54/1
○恐傷執政之法　6.4/54/1
○〔之避〕已極矣　6.5/54/19
而反執○　6.5/54/20
而反怨○　6.5/54/20
釋僕執○　6.5/54/21
○
　6.10/58/14,6.13/61/14
○年甚少　6.6/55/19
○父聞主君來渡不測之
　水　6.7/56/2
○願以鄙軀易父之死　6.7/56/4
○恐其身之不知痛　6.7/56/5
○〔居河濟之間〕　6.7/56/7
○聞昔者湯伐夏　6.7/56/8
與○同舟　6.7/56/10
誅將加兮○心驚　6.7/56/12
○持楫兮操其維　6.7/56/12
○之當死　6.8/56/28
以主君殺○爲有說也　6.8/56/30
○之職盡久矣　6.8/57/1
○聞子少而慢者　6.8/57/1
今○之子少而不慢　6.8/57/2
○何負哉　6.8/57/2
○能爲君長子　6.8/57/3
○之子與在論中　6.8/57/3
非○之子　6.8/57/3
○無暴子　6.8/57/4
是以言○無罪也　6.8/57/4
○娟之幸得蒙先人之遺
　體　6.9/57/20
○聞玉石墜泥不爲汙　6.9/57/23
○不避　6.9/57/24
○聞寡婦哭城　6.9/57/25
○之冤明于白日　6.9/57/26
〔此〕○之罪二也　6.9/57/27
爲莫白○之汙名也　6.9/57/28
○既當死　6.9/57/29
○受父母教採桑　6.11/59/13
婢○之職　6.11/59/14
使○不受父母之教　6.11/59/16
○三逐于鄉　6.12/60/11
○聞明王之用人也　6.12/60/22
○以貧、燭不屬之故　6.14/62/8
不使貧○得蒙見哀之恩
　6.14/62/10

長爲○役之事　6.14/62/10
使諸君常有惠施于○　6.14/62/10
○父爲吏　6.15/62/23
○傷夫死者不可復生　6.15/62/24
○願入身爲官婢　6.15/62/25
與末喜、嬖○同舟流于
　海　7.1/63/24
童○之女　7.3/64/22
宮之童○未毀〔齒〕而
　遭之　7.3/64/26
聞童○遭棄而夜號〔也〕
　7.3/64/28
無以一○亂百姓　7.7/67/15
○不欲焉　7.7/67/16
今○〔自〕知有身矣　7.14/73/1
○之幸君未久　7.14/73/1
誠以君之重而進○于楚
　王　7.14/73/1
楚王必嬖○　7.14/73/1
〔○〕賴天有子男　7.14/73/2

竊 qiè　　　　　6

不爲○盜　1.9/7/3
今者妾○墮在室　1.9/7/6
淫僻、○盜、長舌、驕
　侮、無子、惡病皆在
　其後　2.7/16/25
（切）〔○〕有狂夫名
　之者矣　6.6/55/19
特○慕大王之美義耳　6.10/58/18
○譽喜隱　6.10/58/18

侵 qīn　　　　　4

鄭皇耳牽師○衛　1.7/5/23
〔諸侯並○之〕　6.9/57/15
遂起兵收故○地　6.9/57/30
○三晉　6.11/59/29

裘 qīn　　　　　1

布衣褐○　2.11/19/18

親 qīn　　　　　42

百姓不○　1.3/2/19

○迎于渭	1.6/4/12,1.6/4/25
文伯引衽攘捲而○饋之	1.10/8/7
王后○織玄紞	1.10/8/24
如妾○子	1.13/11/14
○其一而偏其假	1.13/11/16
自此五子○附慈母	1.13/11/18
拳拳若○	1.13/11/25
夫婦人以色○	2.1/13/1
家貧○老	2.6/16/5
○操井臼	2.6/16/6
爲○之在	2.6/16/14
姬○下之	2.8/17/14
○績以爲衣	2.13/20/18
皇天無○	3.5/24/23
○迎然後隨從	3.14/30/29
恭公不○迎	4.2/32/26
伯姬以恭公不○迎	4.2/32/27
浸以益○	4.4/34/2
乃脩禮○迎于華氏之室	4.6/34/29
孝公○迎孟姬於其父母	4.6/35/4
○迎之綏	4.6/35/4
內外皆無五屬之○	4.8/36/10
自以無○	4.8/36/20
使男女不○授	4.9/36/28
孝子養○	4.12/38/27
子父之接忘而秦晉之友	
不加○也	5.3/42/26
王○乘馴以馳逐	5.4/43/9
而猶○變蔡姬也	5.4/43/18
其○愛也痛甚于心	5.6/45/3
○假有罪	5.8/46/20
奉二○	5.9/46/28
子束髮辭○往仕	5.9/47/1
夫事○不孝	5.9/47/3
夫不孝莫大于不愛其○	
而愛其人	5.9/47/5
禮不○授	6.6/55/13
嚴○在內	6.7/56/14
此皆爲民而不顧○	7.7/67/19
宋朝是○	7.12/71/28
彼亦各貴其〔故〕所○	
	7.14/72/26

秦 qín　　　　　　49

子發攻○	1.11/9/27
子發破○而歸	1.11/10/1

而入○	2.3/14/7
○穆公乃以兵內之于晉	2.3/14/8
○穆公之夫人	2.4/14/19
得因○立	2.4/14/20
又背○賂	2.4/14/21
請粟于○	2.4/14/21
○與之	2.4/14/22
○飢	2.4/14/22
○遂興兵與晉戰	2.4/14/22
○穆公曰	2.4/14/22
穆姬之弟重耳入○	2.4/14/27
○送之晉	2.4/14/27
○穆夫人	2.4/15/6
○執晉君	2.4/15/6
○立魏公子政爲魏太子	
	3.14/30/22
西有橫○	3.14/31/5
而齊、楚、强○不敢加	
兵焉	3.14/31/8
○攻趙	3.15/31/18
代頗拒○	3.15/32/1
○穆公之女	4.9/36/25,5.3/42/25
○救至	4.9/37/5
○滅衛君（乃）〔角〕	
	4.12/38/20
圍質于○	5.3/42/25
子父之接忘而○晉之友	
不加親也	5.3/42/26
辱于○	5.3/42/27
晉圍質○	5.3/43/3
○攻魏	5.11/48/6
吾聞○令者	5.11/48/9
故臣以告○軍	5.11/48/15
○軍追見	5.11/48/15
○王聞之	5.11/48/16
○既滅魏	5.11/48/24
○穆公有盜食其駿馬之	
肉	6.3/53/3
卒距强○	6.9/58/6
西有衡○之患	6.10/58/22
懼○、楚	6.11/59/29
○欲襲其國	6.13/61/7
今○又使人重賂左右	6.13/61/9
强○使人內間王左右	6.13/61/20
生○穆夫人及太子申生	7.7/67/6
于是○立夷吾	7.7/68/4
五年而○滅之	7.14/73/7

多受○賂	7.15/73/22
其後○兵徑入	7.15/73/22
遷遂見虜于○	7.15/73/22
七年不能勝○	7.15/73/23

琴 qín　　　　　　7

左○右書	2.15/21/25,2.15/22/1
○之合	3.9/27/3
○之合、甚思之者	3.9/27/8
抽○去其軫以授子貢	6.6/55/13
有○無軫	6.6/55/15
安能調○	6.6/55/16

禽 qín　　　　　　2

乃不食○獸之肉	2.5/15/11
不過玉帛、○鳥	7.6/66/21

勤 qín　　　　　　13

○愨治中	1.5/3/22
旦夕○勞	1.6/4/13
旦夕○學不息	1.9/7/3
朝夕○勞	1.13/11/13
何如○勞憂懼如此	1.13/11/13
遂復姜后而○于政事	2.1/12/27
○於政事	2.5/15/12
與人○于隘厄	2.8/17/9
哀王○行自修	3.14/31/8
○正潔行	4/32/6
大夫○勞于遠道	4.2/32/29
夫人又何○乎	4.12/38/27
將改斯樂而○於政也	5.4/43/15

擒 qín　　　　　　1

妾不能生而令公子○也	
	5.11/48/14

寢 qǐn　　　　　　3

○不側	1.6/4/7
及○門	1.10/9/13
○門之內	1.10/9/15

卿 qīng 　　　17

是先君宗○之嗣也　　　1.7/5/12
夫安民而宥宗○　　　1.7/5/13
先君有家○以爲師保而
　蔑之　　　1.7/5/20
與三公九○組織施德　　　1.10/8/18
○大夫朝考其職　　　1.10/8/22
○之內子爲大帶　　　1.10/8/25
自○大夫以下　　　1.10/9/14
咸爲魏大夫○士　　　1.13/11/18
○大夫三　　　2.7/16/24
及盾爲正○　　　2.8/17/14
今其從者皆○相之僕也　　　3.4/24/7
而亡一國、兩○矣　　　3.10/28/2
○大夫外淫者放　　　4.9/36/29
以爲○　　　5.5/44/18
力桑不如見國○　　　5.9/46/27
所願○無有外意　　　5.9/46/29
乃以○禮葬之　　　5.11/48/16

清 qīng 　　　8

○靜專一　　　1.2/2/1,1.2/2/10
寂然○靜　　　2.2/13/14
源潔而流○　　　4.1/32/13
其水一○一濁　　　6.6/55/11
穆如○風　　　6.6/55/14
升彼阿兮面觀○　　　6.7/56/11
罰既釋兮濟乃○　　　6.7/56/12

傾 qīng 　　　5

大命以○　　　3.2/23/1
宮人皆○觀　　　5.2/41/27
無所阿○　　　5.3/43/3
哲婦○城　　　7.7/68/5
國以亂○　　　7.13/72/19

輕 qīng 　　　4

夫家○禮違制　　　4.1/32/14
重義○財　　　5.11/48/17
○死亡　　　5.15/50/31
（鞭）〔○〕其微弱　　　6.5/54/21

情 qīng 　　　10

君子謂定姜達於事○　　　1.7/5/25
人○所有也　　　1.12/10/26
不掩人○　　　1.12/11/5
竭○盡實　　　1.14/12/2
○貌相副　　　1.14/12/3
察于○性　　　3.10/28/20
不苟觸○　　　3.12/29/21
據節銳（○）〔精〕　　　5.5/44/23
斯婦人達于人○而知禮　　　6.6/55/20
子曰達○　　　6.6/55/25

頃 qīng 　　　4

持心不（願）〔○〕　　　4.4/34/8
固不須○　　　6.12/60/26
楚○襄王之夫人　　　6.13/61/6
○襄王好臺榭　　　6.13/61/6

請 qǐng 　　　53

晉侯使郤犫爲○還　　　1.7/5/12
大國又以爲○　　　1.7/5/13
○歸父母　　　1.9/7/7
○毋瘠色　　　1.10/9/8
使人○于王　　　1.11/9/27
使（明○）〔朝謁〕夫
　人　　　1.12/10/27
○就誅焉　　　1.14/12/7
敢○婢子之罪　　　2.1/12/26
願○衛之罪　　　2.2/13/12
姬何○邪　　　2.2/13/13
是以○也　　　2.2/13/15
望色○罪　　　2.2/13/23
○粟于秦　　　2.4/14/21
○粟于晉　　　2.4/14/22
大夫○以入　　　2.4/14/26
因往來者○問其夫　　　2.7/16/19
趙姬○迎盾與其母而納
　之　　　2.8/17/8
○立爲嫡子　　　2.8/17/13
○以姬之中子屏括爲公
　族大夫　　　2.8/17/14
○自改　　　2.12/19/27
王願○先生治淮南　　　2.13/20/14
妻○避館　　　2.13/20/27

○入與計之　　　2.15/21/23
戎子○以牙爲太子代光　　　3.8/26/11
○殺其生者而戮其死者
　　　3.10/28/14
○罪止身　　　3.15/32/1
弟立○曰　　　4.3/33/17
○願同庖　　　4.3/33/17
○夫人出　　　4.10/37/17
○求出舍　　　4.12/39/7
○周天子殺伯御　　　5.1/41/17
王○食熊（蟠）〔蹯〕
　而死　　　5.2/42/14
將○以身禱于神　　　5.4/43/20
○願先驅狐狸于地下　　　5.4/43/22
○還　　　5.6/45/8
妾○開戶牖待之　　　5.15/50/28
吾○語子其故　　　6.1/51/23
○于王而絀之　　　6.2/52/8
弓人之妻○見曰　　　6.3/53/1
吾所以○雨者　　　6.4/53/29
寡人○自當之　　　6.4/53/30
娟攘卷操楫而○曰　　　6.7/56/6
○死不往　　　6.11/59/19
○無與夜也　　　6.14/62/7
卜○其蔡〔而〕藏之　　　7.3/64/23
○殺我　　　7.4/65/23
○反聽命　　　7.8/68/17
公○于崔氏曰　　　7.11/70/24
○改心事吾子　　　7.11/70/24
○盟　　　7.11/70/25
公又○于崔氏之宰曰　　　7.11/70/25
○就（元）〔先〕君之
　廟而死焉　　　7.11/70/26
成使人○崔邑以老　　　7.11/70/29

慶 qìng 　　　20

通于二叔公子○父、公
　子牙　　　7.6/66/23
哀姜欲立○父　　　7.6/66/23
○父與哀姜謀　　　7.6/66/24
○父與哀姜淫益甚　　　7.6/66/24
又與○父謀殺閔公　　　7.6/66/25
而立○父　　　7.6/66/25
○父恐　　　7.6/66/26
聞哀姜與○父通以危魯　　　7.6/66/26
魯遂殺○父　　　7.6/66/27

○父是依　7.6/67/1
淫通于大夫○剋　7.10/70/3
國佐召○剋　7.10/70/4
○剋久不出　7.10/70/4
使○剋佐之　7.10/70/7
國佐使人殺○剋　7.10/70/8
淫于○剋　7.10/70/14
以告○封　7.11/70/30
○封　7.11/70/30
愬之于○氏　7.11/71/2
○封乃使盧蒲嫳帥徒眾
　與國人焚其庫廄而殺
　成、（姜）〔彊〕　7.11/71/3

邛 qióng　1
維王之（○）〔邛〕　7.2/64/13

邛 qióng　1
維王之（邛）〔○〕　7.2/64/13

窮 qióng　11
所執贄而見於○閭隘巷
　者七十餘人　1.10/8/4
舒而無○者　1.10/8/13
必好奢○欲　2.1/12/26
○人以為威　3.9/26/27
有○后羿滅之　3.10/28/5
以○其命　3.10/28/20
厄○而不憫　4.3/33/19
○民財力謂之暴　6.4/54/3
今君○民財力以美飲食
　之具　6.4/54/4
而使有司即○驗問　6.9/57/19
○意所欲　7.15/73/28

瓊 qióng　1
造○室瑤臺以臨雲雨　7.1/63/22

丘 qiū　24
與其妹（姊）〔娣〕浴
　於玄○之水　1.3/2/15
獲鄭皇耳于（大）〔犬〕

○　1.7/5/24
虞○子也　2.5/15/13
虞○子賢則賢矣　2.5/15/14
妾聞虞○子相楚十餘年　2.5/15/17
王以姬〔之〕言告虞○
　子　2.5/15/19
○子避席　2.5/15/19
非刺虞○　2.5/15/27
至楚○　3.3/23/20
遂城楚○以居　3.3/23/20
狐死首○　5.3/42/26
蓋之偏將○子之妻也　5.5/44/6
○子自殺　5.5/44/7
○子曰　5.5/44/9,5.5/44/11
○子獨生　5.5/44/23
○已知之矣　6.6/55/13
　　6.6/55/16,6.6/55/20
故楚用虞○子　6.12/60/23
積糟為○　7.2/64/6
主父遊沙○宮　7.13/72/11
遂餓死沙○宮　7.13/72/13
（生）〔主〕閉沙○　7.13/72/18

秋 qiū　14
《春○》詳錄其事　4.2/33/4
《春○》善之　4.2/33/6
《春○》賢之　4.2/33/11
魯○胡子妻也　5.9/46/25
○胡子悅之　5.9/46/26
○胡子謂曰　5.9/46/27
○胡子遂去　5.9/46/30
○胡子慚　5.9/47/1
○胡子有之矣　5.9/47/5
○胡子婦之謂也　5.9/47/6
○胡西仕　5.9/47/11
春○四十　6.10/58/23,6.13/61/19
春○既盛　6.13/61/9

囚 qiú　5
群帥○于（治）〔冶〕
　父以待刑　3.2/22/29
出犯槐之○　6.4/54/7
○之於夏臺　7.1/63/23
○箕子　7.2/64/10
諫士剞○　7.2/64/17

求 qiú　37
以○無子　1.2/1/30
婦辭孟母而○去　1.9/7/5
人不○及　2.3/14/5
○賢人進于王　2.5/15/15
雖違禮○去　2.9/18/3
○仁而得仁　2.11/19/12
○義而得義　2.11/19/12
不○豐美　2.11/19/18
許○之　3.3/23/15
齊亦○之　3.3/23/15
而後出以○助焉　3.9/27/1
雍子入其女於叔魚以○
　直　3.10/28/13
吾為子○偶　3.13/30/5
謂我何○　3.13/30/13
今大王為太子○妃　3.14/30/29
以絕無禮之○　4.1/32/16
齊中○之　4.6/34/27
齊中莫能備禮○焉　4.6/34/28
○福不回　4.9/37/6
然棄約越義而○生　4.10/37/20
請○出舍　4.12/39/7
將○焉　4.13/39/13
遂不敢復○　4.13/39/16
○者乃止　4.13/39/22
貴人多○妾者　4.14/39/29
王之○妾者　4.14/40/3
○公子稱于宮　5.1/41/13
今持逆亂而以○利　5.11/48/13
必○其寬仁慈惠　5.11/48/18
無○生以害仁　5.15/50/31
不可○思　6.6/55/21
禱○福辭醉不醒　6.7/56/11
○之未可得也　6.12/60/22
○美女積之於後宮　7.1/63/18
○旃不得　7.4/65/22
魯人○彭生以除恥　7.5/66/9
弒父以○利　7.7/67/25

逑 qiú　1
君子好○　1.5/3/17

裘 qiú	2
組羊〇	3.9/27/3
食獵犬、組羊〇者	3.9/27/8

糗 qiǔ	1
有獻一囊〇糒者	1.11/10/3

曲 qū	11
所以正〇枉也	1.10/8/9
〇沃負者	3.14/30/22
〇沃負謂其子如耳曰	3.14/30/23
〇沃之老婦也	3.14/30/26
自御輪三〇顧姬與	4.6/35/4
王方在小〇之臺	6.2/52/10
隱〇之地	6.6/55/11
〇沃	7.7/67/9
若使太子主〇沃	7.7/67/11
遂使太子居〇沃	7.7/67/12
申生祭于〇沃	7.7/67/22

屈 qū	7
〇柔從容	2.10/18/19
王使〇瑕爲將	3.2/22/24
〇瑕號莫敖	3.2/22/24
〇原放逐	6.13/61/7
蒲與二〇	7.7/67/10
二公子主蒲與二〇	7.7/67/11
夷吾居二〇	7.7/67/12

詘 qū	1
〔〇〕于〔其〕弟	7.13/72/10

趨 qū	2
管仲〇進曰	2.2/13/16
（念）〔今〕忘死而〇生	4.14/40/1

軀 qū	1
妾願以鄙〇易父之死	6.7/56/4

麹 qū	1
不勝〇（孽）〔糵〕之味	6.4/53/26

驅 qū	5
許夫人馳〇而弔唁衛侯	3.3/23/20
載馳載（馳）〔〇〕	3.3/23/21
〇馬悠悠	3.3/23/21
請願先〇狐狸于地下	5.4/43/22
〇馳弋獵不時	7.3/65/3

姁 qú	2
褒人〇有獄	7.3/65/1
遂釋褒〇	7.3/65/1

蘧 qú	3
此〔必〕〇伯玉也	3.7/25/23
〇伯玉	3.7/25/25
始妾獨以衛爲有〇伯玉爾	3.7/25/27

取 qǔ	28
乃〇置寒冰之上	1.2/1/31
簡狄與其妹娣競往〇之	1.3/2/16
王田不〇群	3.1/22/12
言〇郭外萌內之於城中也	3.9/27/7
更〇安車	4.6/35/10
還而〇符	4.10/37/18
使者〇符	4.10/37/20
或欲〇焉	4.13/39/22
將〇而嫁之	4.15/40/17
〇婢子于弊邑	5.4/43/16
是以戰勝攻〇	5.5/44/8
迎〇其姊	5.7/45/30
使媵婢〇酒而進之	5.10/47/18
欲〇兄子	5.12/48/29
子本欲〇兄之子	5.12/48/30
好而〇之	5.13/49/15
〇而置夫人鏡奩中	5.13/49/18
初復〇之	5.13/49/19
實初〇之	5.13/49/21

實妾〇之	5.13/49/22
後乃知男獨〇之也	5.13/49/25
哀而〇之	7.3/64/28
盡〇周賂而去	7.3/65/7
我則〇惡	7.8/68/24
又欲〇之	7.9/69/16
何必〇是	7.9/69/17
乃〇其女弟與春申君	7.14/72/24
悼襄王以其美而〇之	7.15/73/17

娶 qǔ	26
夏禹〇以爲妃	1.4/3/3
殷湯〇以爲妃	1.5/3/15
大王〇以爲妃	1.6/3/27
王季〇爲妃	1.6/4/4
公子既〇而死	1.7/5/8
孟子既〇	1.9/7/5
不擇妻而〇	2.6/16/6
而〇外妻	2.7/16/19
靈公〇于魯	3.8/26/10
叔向欲〇于申公巫臣氏夏姬之女	3.10/27/30
叔姬不欲〇其族	3.10/27/30
樂正夔〇之	3.10/28/5
叔向懼而不敢〇	3.10/28/7
平公强使〇之	3.10/28/7
故嫁〇者	4.1/32/13
梁貴人多爭欲〇之者	4.14/39/27
子改〇矣	5.9/47/4
四鄰爭〇之	5.10/47/25
昔者不穀夢〇妻	6.7/56/13
先王爲寡人〇妃匹	6.10/58/16
又〇于齊	7.4/65/18
獻公〇于齊	7.7/67/6
又〇二女于戎	7.7/67/7
遂與偃謀〇之	7.11/70/20
武靈王〇韓王女爲夫人	7.13/72/3
遂〇之	7.15/73/19

去 qù	60
禹〇而治水	1.4/3/3
遂〇	1.7/5/10
乃〇	1.9/6/24
遂〇不入	1.9/7/5
婦辭孟母而求〇	1.9/7/5

后夫人鳴佩而○	2.1/12/30	○雕琢	6.10/58/30	申侯乃與繒、西夷○戎	
自子○晉	2.3/14/2	固相○十百也	6.11/59/22	共攻幽王	7.3/65/6
可以○矣	2.7/16/20	夫飾〔與不飾〕相○千		驪姬與○	7.7/67/24
且婦人有七見○	2.7/16/24	萬	6.11/59/22	○死	7.7/67/24
（方）〔夫〕無一○義	2.7/16/25	相○千萬	6.11/59/27		
七○之道	2.7/16/25	微子○之	7.2/64/10	**畎 quǎn**	**1**
猶與之同死而不○	2.8/17/11	夏后卜殺之與○	7.3/64/23		
雖違禮求○	2.9/18/3	盡取周賂而○	7.3/65/7	二女承事舜於○畝之中	1.1/1/10
三黜而不○	2.10/18/14	喬如與繆姜謀○季、孟			
	2.10/18/15	而擅魯國	7.8/68/16	**勸 quàn**	**3**
妾是以○也	2.12/19/26				
使者遂不得與語而○	2.13/20/14	**趣 qù**	**2**	○勉晉文	2.3/14/14
不如○之	2.13/20/20			母○去歸	4.4/34/8
王○	2.14/21/7	言○饗戰鬪之士而繕甲		傅母○去	4.5/34/22
投其畚萊而○	2.14/21/10	兵也	3.9/27/8		
○而之三室之邑	3.10/27/23	婦人將自○火	5.12/48/30	**卻 què**	**1**
○之三室之邑	3.10/27/24				
奈何○之	4.4/34/1	**全 quán**	**5**	從後階降而○行	1.10/8/1
何以得○	4.4/34/3				
母勸○歸	4.4/34/8	終以○身復禮	2.9/18/4	**雀 què**	**1**
又恐其已見遣而不以時		以○貞信之節	4.14/40/1		
○	4.5/34/14	忠○其主	5.10/48/1	乃探○鷇而食之	7.13/72/13
無義則○	4.5/34/15	皆居子室以養○之	5.11/48/19		
胡不○乎	4.5/34/15	〔寡人之殆幾不○〕	6.10/58/29	**愨 què**	**3**
傅母勸○	4.5/34/22				
成禮然後○	4.8/36/10	**泉 quán**	**1**	勤○治中	1.5/3/22
留夫人漸臺之上而○	4.10/37/16			宋女專○	4.4/34/8
今又○而嫁	4.11/38/8	如彼○流	3.10/28/11	執詐不○	7.15/73/28
今又使妾○之	4.15/40/22				
吾○國數年	5.3/42/26	**拳 quán**	**2**	**闋 què**	**3**
子之欲○	5.3/42/27				
庸爲○是身乎	5.4/43/20	○○若親	1.13/11/25	至○而止	3.7/25/22
○而官于陳	5.9/46/25			過○復有聲	3.7/25/22
秋胡子遂○	5.9/46/30	**權 quán**	**3**	中止○門	3.7/26/5
遂○而東走	5.9/47/4				
妾解○之	5.13/49/20	〔其〕佞臣周破胡專○		**群 qún**	**13**
既○	5.13/49/25	擅勢	6.9/57/16		
遂振衣欲○	5.14/50/8	毒酒爲○	7.7/68/10	逐○公子	2.4/14/20
延壽慚而○	5.14/50/12	陰與崔氏爭○	7.11/71/1	穆姬使納○公子曰	2.4/14/21
吾○汝而死	5.14/50/13			夫獸三爲○	3.1/22/12
不留不○	5.14/50/20	**犬 quǎn**	**7**	王田不取○	3.1/22/12
斷頭持○	5.15/50/29			與○帥悉楚師以行	3.2/22/24
遂○	6.2/52/19,6.5/54/24	獲鄭皇耳于（大）〔○〕		○帥囚于（治）〔冶〕	
鄭使慚○	6.5/55/3	丘	1.7/5/24	父以待刑	3.2/22/29
抽琴○其軫以授子貢	6.6/55/13	○彘不擇食以肥其身	2.9/18/1	○臣嘉美	5.4/44/1
遂辭而○	6.7/56/15	食獵○	3.9/27/3	令于蓋○臣曰	5.5/44/6
○蓬廬之下	6.9/57/21	食獵○、組羊裘者	3.9/27/8	○臣爲邪	6.9/57/29

諛（目）〔臣〕○女	7.2/64/6	○可（移）〔以〕移于		潔而有○	5.8/46/16
盡逐○公子	7.7/68/2	將相	5.4/43/19	相○不已	5.8/46/20
朝○臣	7.13/72/8	○後罷兵	5.4/43/27	兒但○耳	5.13/49/22
主父從旁觀窺○臣宗室		○亦不歸	5.7/45/25	且又相○	5.13/49/25
〔之禮〕	7.13/72/9	○憐之	5.13/49/19	若繼母與假女推○爭死	
		忽○忘之	5.13/49/21		5.13/49/27

然 rán　56

		○終坐之	6.2/52/16	假繼相○	5.13/50/1
則盛德自○著矣	1.6/4/22	惻○爲〔民〕痛之	6.3/53/2	馮翊王○聞之	5.14/50/14
君子善傅母之防未○也	1.8/6/11	所以○者何也	6.4/53/30	母○金、布曰	6.2/52/19
防女未○	1.8/6/18	晏子愓○而悟	6.4/54/2		
勃○不悅	1.9/7/6	亶其○乎	6.4/54/8		
○後內之	1.11/10/7	嗟○永久	6.6/55/18	## 蕘 ráo　1
○吾父母家〔多〕幼稚		○願戒大王	6.9/57/29		
	1.12/10/18	忽○不見	6.10/58/19	詢于芻○	6.1/51/28
○後進御于君	2.1/12/29	于是宣王喟○而嘆曰	6.10/58/28		
顯○喜樂	2.2/13/13	○後能成其事、就其功			
寂○清靜	2.2/13/14		6.12/60/20	## 擾 rǎo　1
忿○充滿	2.2/13/14	亂及五世○後定	7.7/68/5		
○而仕者	2.6/16/8	見章纍○也	7.13/72/9	魯果○亂	3.13/30/17
今夫子不○	2.9/17/29	非徒○也	7.14/72/26		
油油○與之處	2.10/18/17	春申君大○之	7.14/73/3		
○子之意洋洋若自足者				## 人 rén　515
	2.12/19/26				
（何）〔○〕	2.14/21/8	## 攘 ráng　6		行見巨○跡	1.2/1/29
○而民之不能戴其上久				簡狄性好○事之治	1.3/2/17
矣	3.6/25/9	文伯引衽○捲而親饋之	1.10/8/7	咸無妬媚逆理之○	1.5/3/16
間之信○	3.7/26/5	相與○羊而遺之	3.10/27/23	必可以比國○而景附矣	1.6/4/2
母喟○嘆曰	3.11/29/2	○羊之事發	3.10/27/27	古者婦○妊子	1.6/4/6
待禮○後動	3.12/29/21	羊舌子不與○羊之事矣		才德必過○矣	1.6/4/8
不○	3.13/30/7		3.10/27/28	○生而肖父母者	1.6/4/9
節成○後許嫁	3.14/30/29	娟○卷操楫而請曰	6.7/56/6	達乎諸侯大夫及士庶○	1.6/4/19
親迎○後隨從	3.14/30/29	寇○式內	7.13/72/14	乃○才質不同	1.6/4/23
○	3.14/31/7			衛定公之夫○	1.7/5/8
○後能自致也	4.3/33/19			以畜寡○	1.7/5/11
○後可以濟難矣	4.3/33/20	## 壤 rǎng　2		必先害善○	1.7/5/16
○後乘而歸	4.6/35/11			衛○追之	1.7/5/24
成禮○後去	4.8/36/10	生于天○之間	6.9/57/21	女爲衛莊公夫○	1.8/6/6
夫○者	4.9/36/30	外內崩（○）〔壞〕	6.13/61/19	當爲○表式	1.8/6/8
○棄約越義而求生	4.10/37/20			碩○其頎	1.8/6/9
于死者亦○	4.11/38/8			以爲○君之子弟	1.8/6/10
飛鳥尚○兮	4.13/39/15	## 讓 ràng　16		爲國君之夫○	1.8/6/11
雖○	5.2/42/7			嬖○之子也	1.8/6/12
	5.3/42/28,6.10/58/18	揖○進退	1.9/6/25	其嬉戲爲賈○衒賣之事	1.9/6/24
眾人孰知其不○	5.2/42/12	引過推○	2.1/13/5	君子謂孟母知爲○母之	
○而不可久也	5.4/43/13	樊姬謙○	2.5/15/27	道矣	1.9/7/4
今則不○	5.4/43/15	思趙姬之○恩	2.8/17/14	婦○之義　1.9/7/7,1.12/10/17
		君子謂趙姬恭而有○	2.8/17/16		4.2/33/1,4.2/33/3
		妾非○也	3.8/26/14	所以戒○也	1.9/7/8
		二女相○	4.12/39/2	恐見○過也	1.9/7/8
		○位于三弟	5.4/43/25	而責禮於○	1.9/7/9

夫婦○之禮	1.9/7/14.6.7/56/14	夫爲○臣不忠	1.14/12/5	溫溫恭○	2.8/17/16
以言婦○無擅制之義	1.9/7/16	是爲○子不孝也	1.14/12/5	宗○擊牛而賀之	2.9/17/27
成○也	1.9/7/17	后夫○不出房	2.1/12/24	門○將誅之	2.10/18/17
文伯自以爲成○矣	1.10/8/1	寡○不德	2.1/12/27	夫子之信誠而與○無害	
桓公坐友三○	1.10/8/3	非夫○之罪也	2.1/12/27	兮	2.10/18/18
諫臣五○	1.10/8/3	后夫○御于君	2.1/12/28	門○從之以爲誅	2.10/18/21
日舉過者三十○	1.10/8/3	后夫○鳴佩而去	2.1/12/30	○知其一	2.10/18/22
所執贄而見於窮閭隘巷		夫婦○以色親	2.1/13/1	門○必存	2.10/18/26
者七十餘○	1.10/8/4	齊桓公之夫○也	2.2/13/10	曾子與門○往弔之	2.11/19/3
而下○如此	1.10/8/5	○君有三色	2.2/13/13	唯斯○也	2.11/19/13
子成○矣	1.10/8/7	乃立衛姬爲夫○	2.2/13/17	故賢○之所以成者	2.12/20/2
捆可以爲大行○也	1.10/8/11	夫○治內	2.2/13/17	○之所欲也	2.13/20/17
自庶○以下	1.10/8/24	寡○雖愚	2.2/13/17	若受○重祿	2.13/20/19
公侯之夫○加之以紞、		展如之○兮	2.2/13/18	乘○堅良	2.13/20/19
綖	1.10/8/24	立爲夫○	2.2/13/23	食○肥鮮	2.13/20/19
小○勞力	1.10/8/26	晉文公之夫○也	2.3/13/28	○或言之楚王曰	2.14/21/4
猶恐忘先○之業	1.10/8/27	○生安樂而已	2.3/13/30	寡○愚陋	2.14/21/5
必無廢先○	1.10/8/28	○不求及	2.3/14/5	僕、山野之○	2.14/21/6
言婦○以織績爲公事者		晉○殺懷公而立公子重		今先生食○酒肉	2.14/21/9
也	1.10/9/2	耳	2.3/14/8	受○官祿	2.14/21/9
縶于○何有	1.10/9/5	迎齊姜以爲夫○	2.3/14/8	爲○所制也	2.14/21/10
而使夫○怒	1.10/9/5	秦穆公之夫○	2.4/14/19	妾不能爲○所制	2.14/21/10
婦○治其職焉	1.10/9/15	掃除先○之廟	2.4/14/23	遂相與逃而爲○灌園	2.15/21/27
使○請于王	1.11/9/27	寡○將與晉君見	2.4/14/23	愔愔良○	2.15/21/28
使○數之曰	1.11/10/1	秦穆夫○	2.4/15/6	爲○灌園	2.15/22/1
王使○〔往〕〔注〕江		夫○流涕	2.4/15/6	夫○省茲	3/22/7
之上流	1.11/10/2	楚莊王之夫○也	2.5/15/11	○三爲衆	3.1/22/12
夫使○入于死地	1.11/10/5	遣○之鄭、衛	2.5/15/15	武王之夫○也	3.2/22/24
不得○力	1.11/10/12	求賢○進于王	2.5/15/15	王以告夫○鄧曼	3.2/22/25
婦○有三從之義	1.12/10/19	今賢于妾者二○	2.5/15/15	於是王使頼○追之	3.2/22/27
以備婦○出入之制	1.12/10/20	同列者七○	2.5/15/16	君子謂鄧曼爲知○	3.2/23/1
使○間視其居處	1.12/10/22	所以觀○能也	2.5/15/16	許穆夫○者	3.3/23/15
○情所有也	1.12/10/26	知○能也	2.5/15/17	許穆公之夫○也	3.3/23/15
使（明請）〔朝謁〕夫		使○迎孫叔敖而進之	2.5/15/20	其後翟○攻衛	3.3/23/19
○	1.12/10/27	薦進美○	2.5/15/27	許夫○馳驅而弔唁衛侯	3.3/23/20
夫○、諸姬皆師之	1.12/10/27	蓋與其鄰○陳素所與大		吾觀晉公子〔賢○也〕	3.4/24/4
婦○未嫁	1.12/10/28	夫言	2.6/16/4	其從者三○皆國相也	3.4/24/4
不掩○情	1.12/11/5	而況于○乎	2.6/16/7	以此三○者	3.4/24/5
前妻之子有五○	1.13/11/10	夫○既有所好	2.7/16/21	皆善戮力以輔○	3.4/24/5
○有謂慈母曰	1.13/11/13	婦○一醮不改	2.7/16/21	吾恐他○復見之	3.5/24/22
〔○不愛母至甚也〕	1.13/11/13	且婦○有七見去	2.7/16/24	伯宗賢而好以直辨凌○	3.6/25/3
爲○母〔而〕不能愛其		狄○入其二女叔（隈）		盜憎主○	3.6/25/3
子	1.13/11/15	〔隗〕、季隗于公子	2.8/17/6	有愛好○者	3.6/25/4
淑○君子	1.13/11/19	與○勤于隘厄	2.8/17/9	必有憎妬○者	3.6/25/4
	4.10/37/22,5.5/44/18	何以使○	2.8/17/10	伯宗凌○	3.6/25/17
夫爲○臣而事其君	1.14/12/4	與○同寒苦	2.8/17/11	衛靈公之夫○也	3.7/25/22
猶爲○子而事其父也	1.14/12/4	則臣狄○也	2.8/17/15	靈公與夫○夜坐	3.7/25/22

公問夫〇曰	3.7/25/22	今大王亂〇道之始	3.14/31/5	夫〇流而死	4.10/37/21
夫〇曰	3.7/25/23,3.7/25/23	寡〇不知也	3.14/31/7	夫〇守節	4.10/37/27
	3.7/25/27,4.5/34/16	申〇之女也	4.1/32/11	將以爲夫〇	4.11/38/4
	4.10/37/17,4.10/37/19	女與其〇言	4.1/32/11	今王賜金璧之聘、夫〇	
	4.12/38/28,5.7/45/22	〇倫之始也	4.1/32/12	之位	4.11/38/6
此其〇必不以闇昧廢禮	3.7/25/25	宋〇告魯	4.2/32/28	夫貪污之〇	4.11/38/7
以戲夫〇曰	3.7/25/26	夫〇少避火	4.2/33/1,4.2/33/2	忠臣不借〇以力	4.11/38/7
夫〇酌觴	3.7/25/27	以爲婦〇以貞爲行者也	4.2/33/4	貞女不假〇以色	4.11/38/8
子何以賀寡〇	3.7/25/27	婦〇不得傅母	4.2/33/6	衛宗室靈王之夫〇（而）	
遂語夫〇其實焉	3.7/25/29	夫〇者	4.3/33/16,4.7/35/22	及其傅妾也	4.12/38/20
君子謂衛夫〇明于知〇		衛君使〇愬于齊兄弟	4.3/33/18	夫〇無子而守寡	4.12/38/21
道	3.7/25/29	使〇告女	4.3/33/18	傅妾事夫〇	4.12/38/21
不見其〇	3.7/26/1	蔡〇之妻者	4.4/33/30	夫〇謂傅妾曰	4.12/38/22
夫〇與存	3.7/26/5	宋〇之女也	4.4/33/30	且吾聞主君之母不妾事	
夫〇知之	3.7/26/5	適〇之道	4.4/34/1	〇	4.12/38/22
齊靈公之夫〇也	3.8/26/10	詩〇美之	4.4/34/9	于禮、斥絀之〇也	4.12/38/23
夫〇仲子與其娣戎子		黎莊夫〇者	4.5/34/13	夫〇欲使靈氏受三不祥	
〔皆〕嬖于公	3.8/26/11	黎莊公之夫〇也	4.5/34/13	耶	4.12/38/24
好盡〇力	3.9/26/27	其傅母閔夫〇賢	4.5/34/14	夫〇無子而婢妾有子	4.12/38/25
窮〇以爲威	3.9/26/27	謂夫〇曰	4.5/34/14	夫〇欲出居外	4.12/38/26
文仲陰使〇遺公書	3.9/27/2	婦〇之道	4.5/34/16	夫〇又何勤乎	4.12/38/27
〇有言	3.9/27/5	黎莊夫〇	4.5/34/22	無子之〇	4.12/38/28
三室之邑〇	3.10/27/23	夫〇守一	4.5/34/23	衆〇謂我不知禮也	4.12/38/28
光可監〇	3.10/28/4	齊孝公之夫〇也	4.6/34/27	今夫〇難我	4.12/38/30
夫有美物足以移〇	3.10/28/6	婦〇出必輜軿	4.6/35/11	夫〇聞之	4.12/39/1
晉〇殺食我	3.10/28/10	息君之夫〇也	4.7/35/22	夫〇慚辭	4.12/39/7
貪〇敗類	3.10/28/16	將妻其夫〇而納之于宮	4.7/35/22	魯〇或聞其義	4.13/39/12
知〇之生	3.10/28/20	夫〇遂出見息君	4.7/35/23	魯〇聞之曰	4.13/39/16
其族〇死	3.12/29/13	〇生要一死而已	4.7/35/23	其爲〇榮于色而美于行	
一何不達〇事也	3.12/29/16	夫〇不聽	4.7/35/25		4.14/39/27
而外不達〇事	3.12/29/16	楚王賢其夫〇守節有義	4.7/35/26	梁貴〇多爭欲娶之者	4.14/39/27
婦〇之事	3.12/29/17	君子謂夫〇說于行善	4.7/35/27	貴〇多求妾者	4.14/39/29
不達於〇事	3.12/29/18	利動小〇	4.7/35/27	妾聞婦〇之義	4.14/40/1
不達〇事而相國	3.12/29/19	息君夫〇不爲利動矣	4.7/35/27	無以爲〇	4.14/40/2
必有〇禍	3.12/29/19	夫〇持固	4.7/36/3	今刑餘之死	4.14/40/3
過時未適〇	3.13/30/3	則賤妾有先〇之弊廬在	4.8/36/9	顯示後〇	4.14/40/10
旁〇聞之	3.13/30/4	內誠動〇	4.8/36/11	〇之幹也	4.15/40/18
其鄰〇婦從之遊	3.13/30/4	夫婦〇必有所倚者也	4.8/36/12	夫受〇之託	4.15/40/19
婦〇何與焉	3.13/30/6	楚平王之夫〇	4.9/36/25	且夫養〇老母而不能卒	
鄰〇女奔	3.13/30/8	固〇倫之始	4.9/36/28		4.15/40/20
隨〇亡	3.13/30/8	士庶〇外淫者宮割	4.9/36/30	許〇以諾而不能信	4.15/40/21
婦〇獨安所避乎	3.13/30/10	楚昭王之夫〇也	4.10/37/16	夫爲〇婦	4.15/40/21
婦〇無與者	3.13/30/10	留夫〇漸臺之上而去	4.10/37/16	不得盡爲〇子之禮	4.15/40/22
婦〇轉輸	3.13/30/12	使使者迎夫〇	4.10/37/17	匪直也〇	4.15/40/26
王中〇也	3.14/30/24	請夫〇出	4.10/37/17	括之子伯御與魯〇作亂	5.1/41/13
婦〇脆于志	3.14/30/27	王與宮〇約	4.10/37/17	魯〇高之	5.1/41/17
周之康王夫〇晏出朝	3.14/31/2	令召宮〇必以符	4.10/37/17	楚成王之夫〇也	5.2/41/27

宮○皆傾觀	5.2/41/27	豈可以忘○之託	5.8/46/12	所謂國無○者	6.2/52/17
吾以女爲夫○	5.2/41/28	見路傍婦○採桑	5.9/46/25	非無○也	6.2/52/17
夫○	5.2/41/30	婦○採桑不輟	5.9/46/27	無理○者也	6.2/52/17
妾聞婦○以端正和顏爲		願以與夫○	5.9/46/27	又譏寡○	6.2/52/18
容	5.2/42/1	吾不願〔○之〕金〔也〕		晉繁○之女也	6.3/52/30
告以夫○之尊	5.2/42/2		5.9/46/29	將殺弓○	6.3/53/1
遂立以爲夫○	5.2/42/3	〔母〕使○喚婦	5.9/46/30	弓○之妻請見曰	6.3/53/1
且其○蜂目而豺聲	5.2/42/5	今也乃悅路傍婦○	5.9/47/1	繁○之子	6.3/53/1
忍○也	5.2/42/5	妾不忍見〔不孝不義之		弓○之妻也	6.3/53/1
王退而問于夫○	5.2/42/5	○〕	5.9/47/4	楚莊王臣援其夫○之衣	6.3/53/3
吾聞婦○之事	5.2/42/7	夫不孝莫大于不愛其親		繁○之夫立得出	6.3/53/10
衆○孰知其不然	5.2/42/12	而愛其○	5.9/47/5	使○守之	6.4/53/20
婦○以死彰君之善	5.4/43/17	其妻淫于鄰○	5.10/47/16	不爲六畜傷民○	6.4/53/27
國○皆將爲君王死	5.4/43/22	使○陰問媵婢曰	5.10/47/21	當以○祀〔之〕	6.4/53/28
○救之	5.5/44/7	且夫凡爲○養子者	5.11/48/13	今必當以○祀	6.4/53/29
○無忠臣之道、仁義之		他○無事不得往	5.11/48/19	寡○請自當之	6.4/53/30
行	5.5/44/14	乳狗搏○	5.11/48/19	皆謂君愛樹而（賊）	
失○臣之節	5.5/44/16	行有死○	5.11/48/20	〔賤〕○	6.4/54/2
魯野之婦○也	5.6/44/28	梁之婦○也	5.12/48/29	寡○敬受命	6.4/54/6
望見一婦○抱一兒、攜		婦○將自趣火	5.12/48/30	有一婦○乘車與大夫	
一兒而行	5.6/44/28	其○止之曰	5.12/48/30	〔遇〕	6.5/54/17
婦○遂行不顧	5.6/44/29	梁國豈可戶告○曉也	5.12/49/1	楚野之鄙○也	6.5/54/23
婦○乃還	5.6/45/1	何面目以見兄弟、國○		我北鄙之○也	6.6/55/10
婦○曰　5.6/45/4、5.9/46/28		哉	5.12/49/2	我鄙野之○也	6.6/55/15
5.12/49/1,6.5/54/18		夫○解繁臂	5.13/49/17	吾北鄙之○也	6.6/55/17
庶民國○不吾與也	5.6/45/5	取而置夫○鏡奩中	5.13/49/18	行客之○	6.6/55/18
使○言于齊君曰	5.6/45/7	夫○不知也	5.13/49/18	斯婦○達于○情而知禮	6.6/55/20
山澤之婦○耳	5.6/45/7	夫○所棄珠	5.13/49/19	趙簡子之夫○也	6.7/55/30
賜婦○束帛百端	5.6/45/9	置夫○奩中	5.13/49/19	用楫者少一○	6.7/56/6
代趙夫○者	5.7/45/20	夫○哀初之孤	5.13/49/22	義不與婦○同舟而渡也	6.7/56/8
代王之夫○也	5.7/45/20	夫○實不知也	5.13/49/23	將使○祝祓以爲夫○	6.7/56/13
使廚○持斗以食代王及		哀慟傍○	5.13/49/23	而立以爲夫○	6.7/56/15
從者	5.7/45/21	哀感傍○	5.13/49/27	寡○之罪也	6.8/57/4
陰令宰○各以一斗擊殺		珠崖夫○	5.13/50/1	妾娟之幸得蒙先○之遺	
代王及從者	5.7/45/21	長安大昌里○之妻也	5.15/50/25	體	6.9/57/20
而迎其姊趙夫○	5.7/45/22	其夫有讎	5.15/50/25	聽用邪○	6.9/57/25
婦○執義無二夫	5.7/45/23	讎○哀痛之	5.15/50/30	而衆○莫爲毫釐	6.9/57/27
代○皆懷之	5.7/45/25	乃爲○僕	6.1/51/15	○知烹阿大夫	6.9/58/1
君子謂趙夫○善處夫婦		○（也）〔已〕語君矣	6.1/51/24	其爲○極醜無雙	6.10/58/11
之間	5.7/45/25	寡○不爲其富貴而不行		先王爲寡○娶妃匹	6.10/58/16
代夫○弟	5.7/45/30	法焉	6.2/52/10	固寡○之所願也	6.10/58/19
有○鬪死于道者	5.8/46/5	乃使○盜之	6.2/52/11	衆○不附	6.10/58/23
寡○度其母能知子善惡	5.8/46/8	其使○盜柰何	6.2/52/12	〔吾〕乃一聞〔寡○	
母之子殺○	5.8/46/9	是與使○盜何以異也	6.2/52/13	之殆〕	6.10/58/28
○之所愛也	5.8/46/10	令尹獨何○而不以是爲		〔寡○之殆幾不全〕	6.10/58/29
今既受○之託	5.8/46/12	過也	6.2/52/16	寡○出遊	6.11/59/12
許○以諾	5.8/46/12	罪予一○	6.2/52/16	寡○失之	6.11/59/17

見諸夫○　6.11/59/19
諸夫○皆怪之　6.11/59/20
宮中諸夫○皆掩口而笑　6.11/59/21
于是諸夫○皆大慚　6.11/59/27
不忠少禮之○　6.12/60/13
此○必有與○異者矣　6.12/60/14
妾聞明王之用○也　6.12/60/22
齊桓公尊九九之○　6.12/60/24
楚頃襄王之夫○　6.13/61/6
今秦又使○重賂左右　6.13/61/9
使○往問之　6.13/61/12
子何以戒寡○　6.13/61/15
強秦使○內間王左右　6.13/61/20
民○無褐　6.13/61/23
乃立姪爲夫○　6.13/61/25
齊東海上貧婦○也　6.14/62/6
益一○　6.14/62/9
損一○　6.14/62/9
婦○以辭不見棄于鄰　6.14/62/11
有女五○　6.15/62/21
今○有過　6.15/62/29
淫于婦○　7.1/63/18
一鼓而牛飲者三千○　7.1/63/20
紂材力過○　7.2/64/3
矜○臣以能　7.2/64/4
以爲○皆出己之下　7.2/64/4
使○裸形相逐其間　7.2/64/6
吾聞聖○之心有七竅　7.2/64/9
襃○之神　7.3/64/22
王使婦○裸而譟之　7.3/64/25
後有○夫妻賣檿弧箕服
　之器者　7.3/64/27
襃○姁有獄　7.3/65/1
衛宣公之夫○也　7.4/65/18
宣公夫○夷姜生伋子　7.4/65/18
乃如之○　7.4/65/25
魯桓公之夫○也　7.5/66/5
與夫○俱將如齊也　7.5/66/6
婦○無大故　7.5/66/7
魯○求彭生以除恥　7.5/66/9
齊○殺彭生　7.5/66/9
生自婦○　7.5/66/9
莊公之夫○也　7.6/66/19
魯○謀之　7.6/66/25
晉獻公之夫○也　7.7/67/6
生秦穆夫○及太子申生　7.7/67/6

公乃立驪姬以爲夫○　7.7/67/8
吾聞申生爲○甚好仁而
　強　7.7/67/13
驪姬乃使○以公命告太
　子曰　7.7/67/21
況國○乎　7.7/67/25
○孰利之　7.7/67/25
獻公使○謂太子曰　7.7/67/26
晉○殺懷公于高梁　7.7/68/4
魯宣公之夫○　7.8/68/15
魯○不順喬如　7.8/68/18
今我婦○而與于亂　7.8/68/22
七爲夫○　7.9/69/7
二○以告靈公　7.9/69/10
衆○知之　7.9/69/10
寡○恥焉　7.9/69/11
乃使○徵賊泄冶而殺之　7.9/69/11
是不祥○也　7.9/69/16
使○召夏姬曰　7.9/69/19
乃如之○兮　7.9/69/21
靈公之夫○　7.10/70/3
國佐使○殺慶剋　7.10/70/8
公以崔子之冠賜侍○　7.11/70/21
崔子前妻子二○　7.11/70/28
成使○請崔邑以老　7.11/70/29
國○之所知也　7.11/71/3
慶封乃使盧蒲嫳帥徒衆
　與國○焚其庫廄而殺
　成、(姜)〔彊〕　7.11/71/3
衛靈公之夫○　7.12/71/15
二○蒙衣而乘　7.12/71/20
殺夫○南子　7.12/71/21
○而無儀　7.12/71/23,7.12/71/23
武靈王娶韓王女爲夫○　7.13/72/3
美○熒熒兮　7.13/72/4
想見其○　7.13/72/5
趙○李園之女弟　7.14/72/23
李園爲春申君舍○　7.14/72/24
而○莫知　7.14/73/1
在寡○爲政　7.15/73/19
使○犯太子而陷之于罪
　　　7.15/73/20
○而無禮　7.15/73/24

仁 rén　42

天下稱二妃聰明貞○　1.1/1/19

棄之性明而○　1.2/2/2
聰明而○　1.3/2/18
君子謂簡狄○而有禮　1.3/2/20
敦○勵翼　1.3/2/26
其知太王○恕　1.6/4/2
○而明道　1.6/4/12
故君子謂太姒○明而有
　德　1.6/4/24
慈惠○義　1.13/11/25
求○而得○　2.11/19/12
夫躬○義　2.12/19/28
惟若○智　3/22/6
○除百禍　3.5/24/23
○而有智　3.7/25/25
○智顯明　3.8/26/21
鮮能布○　3.11/29/2
鮮能有○　3.11/29/8
〔君子謂括母〕爲○智
　　　3.15/31/25
以爲○失可復以義　4.9/36/30
妾既不○　4.11/38/8
○以爲己任　4.11/38/10
非至○　5.2/42/15
其子必○　5.4/43/26
可謂○乎　5.5/44/13
憂妻子而忘○義　5.5/44/13
人無忠臣之道、○義之
　行　5.5/44/14
非○也　5.7/45/24
王有○惠　5.8/46/9
君子謂忠妾爲○厚　5.10/47/25
必求其寬○慈惠　5.11/48/18
聞其妻之○孝有義　5.15/50/25
君子謂節女○孝　5.15/50/30
夫重○義　5.15/50/31
君子殺身以成○　5.15/50/31
無求生以害○　5.15/50/31
殺身成○　5.15/51/5
○著于天下　6.3/53/4
堯、舜自飾以○義　6.11/59/24
桀、紂不自飾以○義　6.11/59/25
吾聞申生爲人甚好○而
　強　7.7/67/13
固在下位而有不○　7.8/68/22

壬 rén	3
辛○癸甲	1.4/3/3,1.4/3/10
生仲○、外丙	1.5/3/15

紝 rén	4
織○組紃	2.7/16/22
妻戴○器	2.13/20/21
戴○易姓	2.13/20/27
紡績織○	5.9/46/28

忍 rěn	10
君其○之	1.7/5/13
不○幼弱之重孤也	4.14/40/3
○人也	5.2/42/5
太子貪○	5.2/42/9
何○以歸	5.5/44/9
故○棄子而行義	5.6/45/6
妾不○見〔不孝不義之	
人〕	5.9/47/4
終日不能○決	5.13/49/24
不○加文	5.13/49/25
有父恩○之	7.7/67/25

任 rèn	15
太姜、太○、太姒	1.6/3/27
太○者	1.6/4/4
摰○氏中女也	1.6/4/4
太○之性	1.6/4/4
太○教之以一而識百	1.6/4/6
君子謂太○爲能胎教	1.6/4/6
太姒思媚太姜、太○	1.6/4/13
有不可以少加重○者	1.6/4/23
力小而○重	1.6/4/23
太姜○姒	1.6/5/3
服重○	1.10/8/13
夫○重而道遠	4.11/38/10
仁以爲己○	4.11/38/10
（郃）〔郤〕陽邑○延	
壽之妻也	5.14/50/6
其母○理	6.8/57/10

妊 rèn	2
古者婦人○子	1.6/4/6
故○子之時	1.6/4/9

衽 rèn	1
文伯引○攘捲而親饋之	1.10/8/7

仍 réng	1
昔有○氏生女	3.10/28/4

日 rì	64
舜終○飲酒不醉	1.1/1/15
號泣○呼旻天	1.1/1/16
異○	1.9/7/11,1.11/10/3
	7.11/70/21,7.13/72/5
○舉過者三十人	1.10/8/3
是以○益而不自知也	1.10/8/5
是故天子大采朝○	1.10/8/18
○中考政	1.10/8/19
○入監九御	1.10/8/20
五○	1.10/9/5
朧○休作者	1.12/10/17
一○從北方來	1.12/10/23
朧（月）〔○〕禮畢事	
間	1.12/10/25
明○臨朝	2.2/13/15
明○〔朝〕	2.5/15/19
霧雨七○而不下食者	2.9/17/30
今○爲相	2.15/21/24
明○結駟連騎	2.15/21/24
○中必移	3.2/23/3
○中則昃	3.2/23/5
愚偽○起	3.13/30/9
受命之○	3.15/31/21
乃○視便利田宅可買者	
〔買之〕	3.15/31/22
代廉頗三十餘○	3.15/31/24
（死）〔有〕如嶔○	4.7/35/25
同○俱死	4.7/35/26
十○而城爲之崩	4.8/36/12
患無○也	4.12/38/27
有如皎○	4.14/40/5
有赤雲夾○如飛鳥	5.4/43/19
昔○之遊	5.4/43/21
曩○有救	5.5/44/10
既納之五○	5.9/46/25
三○	5.10/47/17
終○不能忍決	5.13/49/24
且○在樓上新沐	5.15/50/28
不朝五○	6.1/51/17
今君不朝五○	6.1/51/17
駃騠生七○而超其母	6.1/51/22
昔○公使我迎甯戚	6.1/51/23
齊戒五○	6.1/51/27
一○三覩陰	6.3/53/6
明○朝	6.4/54/3
即墨大夫賢而○毀之	6.9/57/16
反○譽之	6.9/57/16
妾之冤明于白○	6.9/57/26
明○	6.10/58/20
卜擇吉○	6.10/58/30
今○出遊	6.11/59/19
與之語三○	6.12/60/15
始一○	6.12/60/15
其（一）〔二〕○	6.12/60/19
其三○	6.12/60/21
〔居三○〕	6.12/60/26
與語三○	6.12/61/1
（滋○以）〔○以滋〕	
甚	6.13/61/20
○夜與末喜及宮女飲酒	7.1/63/19
○有亡乎	7.1/63/22
○亡而我亡	7.1/63/22
禍至無○	7.2/64/9
前○而亂一宗之族	7.15/73/17

戎 róng	17
壹○衣而有天下	1.6/4/17
乃以興○	2.4/14/24
羅與盧○擊之	3.2/22/29
如使邊境有寇○之事	3.3/23/17
夫人仲子與其娣○子	
〔皆〕嬖于公	3.8/26/11
○子請以牙爲太子代光	3.8/26/11
○伐蓋	5.5/44/6
蓋小○大	5.5/44/9
○令曰	5.5/44/11
○君賢之	5.5/44/17
○既滅蓋	5.5/44/23

申侯乃與繒、西夷犬○		○名必利	3/22/7	敬姜嘗○季氏	1.10/9/12
共攻幽王	7.3/65/6	不若死而○	4.9/37/2	何○勤勞憂懼○此	1.13/11/13
驪○之女	7.7/67/6	其爲人○于色而美于行		○妾親子	1.13/11/14
又娶二女于○	7.7/67/7		4.14/39/27	繼母○母	1.13/11/15
獻公伐驪○	7.7/67/7	不聞其以苟從其闇死爲		慈母○此	1.13/11/17
莊公以○州之亂又出奔		○	5.4/43/17	心○結兮	1.13/11/20
	7.12/71/22	陳設五○	5.5/44/23	展○之人兮	2.2/13/18
廢后興○	7.13/72/18	名聲光○	6.11/60/5	王室○毀	2.6/16/9
		顏若苕之○	7.13/72/4	雖則○毀	2.6/16/9
容 róng	**24**			不○我所之 2.9/18/4,3.12/29/22	
		柔 róu	**2**	則二三子不○妾知之也	
則生子形○端正	1.6/4/8				2.10/18/18
〔有〕冶○〔之行〕	1.8/6/7	舜能諧○之	1.1/1/9	不○正而不足也	2.11/19/6
毋憂○	1.10/9/9	屈○從容	2.10/18/19	何○	2.12/19/27
○貌淫樂者	2.2/13/13			不○去之	2.13/20/20
屈柔從○	2.10/18/19	**肉 ròu**	**15**	終○其言	3.2/23/10
所安不過○膝	2.15/21/25			○使邊境有寇戎之事	3.3/23/17
今以○刾之安、一肉之		吾食舅氏之○	2.3/14/7	不○受之	3.10/27/24
味	2.15/21/26	乃不食禽獸之○	2.5/15/11	○彼泉流	3.10/28/11
魯國不○子矣	3.9/26/27	旁無酒○	2.11/19/9	殆不○止	3.12/29/27
不○于晉	3.10/27/23	可食以酒○者	2.14/21/8	魏大夫○耳母也	3.14/30/22
不○	3.10/27/24	今先生食人酒○	2.14/21/9	曲沃負謂其子○耳曰	3.14/30/23
又不○于三室之邑	3.10/27/24	〔所〕甘不過一○	2.15/21/26	○耳未遇（門）〔間〕	
是于夫子不○也	3.10/27/24	今以容刾之安、一○之			3.14/30/25
貞一脩○	4.1/32/21	味	2.15/21/26	○耳還而爵之	3.14/31/7
不○二庖	4.3/33/17	食其子不擇○	3.10/27/26	即有〔○〕不稱	3.15/31/24
終不冶○	4.6/35/17	不可食以不義之○	3.10/27/26	魯使大夫季文子○宋	4.2/32/28
妾聞婦人以端正和顏爲		秦穆公有盜食其駿馬之		不○守義而死	4.2/33/3
○	5.2/42/1	○	6.3/53/3	網直○髮	4.6/35/12
則脅肩無所○	5.6/45/5	是時○刑尚在	6.15/62/22	豈○死歸于地下哉	4.7/35/24
無所○入	6.10/58/12	今法有○刑五	6.15/62/27	（有○）〔謂予〕不信	4.7/35/25
今女子不○于鄉里布衣		其除○刑	6.15/63/2	（死）〔有〕曒日	4.7/35/25
	6.10/58/17	終除○刑	6.15/63/8	○先殺妾	4.9/37/4
則變○更服	6.11/59/18	懸○爲林	7.2/64/6	供養○故	4.12/39/7
過時無所○	6.12/60/11			有○皎日	4.14/40/5
無所○止	6.12/60/12	**繻 rū**	**1**	不○死以明之	5.2/42/13
卒得○入	6.14/62/16			有赤雲夾日○飛鳥	5.4/43/19
其間○刀	7.7/67/9	申○日	7.5/66/6	夫○是	5.6/45/5
				力田不○逢豐年	5.9/46/27
榮 róng	**13**	**如 rú**	**72**	力桑不○見國卿	5.9/46/27
				見善○不及	5.9/47/5
子之家世世尊○	1.8/6/7	○此	1.6/4/8	見不善○探湯	5.9/47/6
莫不尊○	1.8/6/18	泣涕○雨	1.7/5/10	其狀何○	5.13/49/17
不貪○祿	1.9/7/12	兆○山（林）〔陵〕	1.7/5/23	母子有義○此	5.13/49/24
卒蒙其○	1.12/11/5	而下人○此	1.10/8/5	二義○此	5.13/50/1
死不得其○	2.11/19/9	女知莫○婦	1.10/9/9	從我焉○	6.1/51/26
且吾聞寧○于義而賤	2.12/19/28	男知莫○夫	1.10/9/9	左手○拒〔石〕	6.3/53/8

右（乎）〔手〕○附枝	6.3/53/8	○言以盡忠	3.14/30/25	且妾聞生而○	4.9/37/2
穆○清風	6.6/55/14	○肯養吾母乎	4.15/40/15	一舉而兩○	4.9/37/3
○此者四	6.10/58/21	○知其事	5.10/47/21	而○主君之母	4.12/38/28
宿瘤〔女〕採桑○故	6.11/59/12	○殺我而已	5.14/50/9	○于秦	5.3/42/27
○是見王	6.11/59/18	吾不敢留○	5.14/50/10	主憂臣○	5.5/44/12
于是○故隨使者	6.11/59/19	願以車馬及家中財物盡		主○臣死	5.5/44/12
○有過之者	6.12/60/22	以送○	5.14/50/10	又有○主之名	5.10/47/22
淫（○）〔妬〕熒惑	7/63/13	聽○所之	5.14/50/10	主○而死	5.10/47/23
乃○之人	7.4/65/25	○父殺吾兄	5.14/50/13	唯○使者不可以已	7.11/71/3
與夫人俱將○齊也	7.5/66/6	吾去○而死	5.14/50/13		
遂與○齊	7.5/66/7	善視○兩弟	5.14/50/13		
公數○齊	7.6/66/19	非○所知也	6.1/51/18	**入 rù**	**71**
名喬○	7.8/68/16	○採桑道旁	6.11/59/13		
喬○與繆姜謀去季、孟		斥○屬矣	6.11/59/20	格其出○	1.1/1/13
而擅魯國	7.8/68/16	○	6.13/61/11	○于大麓	1.1/1/17
魯人不順喬○	7.8/68/18	徵舒似○	7.9/69/12	不○其門	1.4/3/4
喬○奔齊	7.8/68/19	我將聘○	7.9/69/18	及○	1.6/4/13
乃○之人兮	7.9/69/21			將○私室	1.9/7/5
驟○崔氏	7.11/70/20	**乳 rǔ**	**15**	遂去不○	1.9/7/5
雖兄弟不○	7.14/72/25			將○門	1.9/7/7
		孝公○保	5.1/41/22	將○戶	1.9/7/8
儒 rú	**3**	魏節○母者	5.11/48/6	出○不絕者	1.10/8/11
		魏公子之○母	5.11/48/6	日○監九御	1.10/8/20
卒成大○之名	1.9/6/26	節○母與公子俱逃	5.11/48/7	不應而○	1.10/9/13
遂成天下之名○	1.9/7/3	魏之故臣見○母而識之		康子辭于朝而○見	1.10/9/13
收倡優、侏○、狎徒、		曰	5.11/48/8	夫使人○于死地	1.11/10/5
能爲奇偉戲者	7.1/63/18	○母無恙乎	5.11/48/8	無○吾門	1.11/10/6
		○母曰　5.11/48/8,5.11/48/10		以備婦人出○之制	1.12/10/20
汝 rǔ	**32**	○母儵言之	5.11/48/10	〔待〕夕而○	1.12/10/22
		我聞公子與○母俱逃	5.11/48/11	夕乃○	1.12/10/24
○后稷	1.2/2/3	○母以身爲公子蔽	5.11/48/15	期盡而○	1.12/10/26
○作司徒	1.3/2/19	君子謂節○母慈惠敦厚		不○于家	1.14/12/3
吾語○	1.10/8/9		5.11/48/17	〔罷〕朝○閨	2.2/13/11
吾從○謁往監之	1.12/10/18	○狗搏人	5.11/48/19	而○秦	2.3/14/7
〔衆以美物〕歸○	3.1/22/13	公子○母	5.11/48/24	晉君朝以○	2.4/14/25
○不死矣	3.5/24/22	無夫而○	7.3/64/26	大夫請以○	2.4/14/26
○刻而無恩	3.9/26/26			穆姬之弟重耳○秦	2.4/14/27
○其戒之	3.9/26/28	**辱 rǔ**	**17**	麒麟不○于陷穽	2.6/16/7
魯之寵臣多怨○者	3.9/26/28			狄人○其二女叔（隈）	
是必使齊圖魯而拘○留		使無○先	1.8/6/18	〔隗〕、季隗于公子	2.8/17/6
之	3.9/27/1	二三婦之○共祀先祀者	1.10/9/8	〔隱門而○〕	2.11/19/3
○必施恩布惠	3.9/27/1	以○君命	2.4/14/25	請○與計之	2.15/21/23
○何以爲哉	3.10/28/6	君臣父子皆被其○	3.13/30/10	即○	2.15/21/23
風其吹○	3.12/29/22	○送小子	4.2/32/29	○與妻謀	2.15/22/1
唱予和○	3.12/29/22	敢再拜大夫之○	4.2/32/30	令兵士無敢○	3.4/24/9
○胡不匡之	3.14/30/23	勞○而不苟	4.3/33/19	雍子○其女於叔魚以求	
○不言	3.14/30/24	君何○命焉	4.8/36/9	直	3.10/28/13
				王召○	3.14/30/27

既○宋	4.2/32/27
遂○	4.3/33/17
遂○三年	4.3/33/25
〔遂〕○至郢	4.9/36/26
○厥宮室	4.9/37/11
義保與其子俱○宮	5.1/41/13
相○言于王	5.8/46/14
火盛不得復○	5.12/48/30
內珠○于關者死	5.13/49/14
有○王宮中盜者	6.2/52/8
既○門	6.4/53/24
流○于海	6.6/55/11
無所容○	6.10/58/12
諫者不得通○	6.10/58/26
出○不時	6.13/61/6
	6.13/61/9,6.13/61/19
卒得容○	6.14/62/16
妾願○身爲官婢	6.15/62/25
○後宮	7.3/64/26
出○與之同乘	7.3/65/3
哀姜未○時	7.6/66/19
既○	7.6/66/19
太子○自明可以生	7.7/67/26
若○而自明	7.7/68/1
與之蒙衣乘輦而○于閨	7.10/70/3
東郭姜奔○戶而閉之	7.11/70/22
東郭姜與前夫子棠毋咎	
俱○	7.11/70/27
及姜○後	7.11/70/28
良夫乃與蒯聵○舍孔氏	
之圃	7.12/71/19
遂○至姬所	7.12/71/20
四年而出公復○	7.12/71/22
將○	7.12/71/22
出○兩君	7.12/71/28
乃因后而○其女孟姚	7.13/72/6
知重而○	7.14/73/12
倡后既○爲姬	7.15/73/19
其後秦兵徑○	7.15/73/22

洳 rù　　1

漸○三百步	3.13/30/9

孺 rù　　4

與諸婦○子期夕而反	1.12/10/25

○子養我甚謹	4.12/38/22
今又煩○子	4.12/38/23
爲○子室于宮	5.11/48/18

銳 ruì　　1

據節○（情）〔精〕	5.5/44/23

潤 rùn　　1

吾聞河○九里	3.13/30/9

若 ruò　　69

惟○母儀	1/1/3
惟害○茲	1.1/1/16
事瞽叟猶○焉	1.1/1/18
○管、蔡監殷而畔	1.6/4/23
○令無	1.7/5/19
有罪○何告無罪也	1.7/5/20
自○也	1.9/6/28
○吾斷斯織也	1.9/6/29
子○有憂色	1.9/7/10
○事父兄	1.10/8/1
雍雍○一	1.13/11/18
拳拳○親	1.13/11/25
繼母○斯	1.13/11/25
祿未嘗多○此也	1.14/12/1
言行○一	1.14/12/3
惟○賢明	2/12/18
○事有濟	2.3/14/6
〔○〕無所濟	2.3/14/7
入○其以淫意爲心	2.7/16/23
然子之意洋洋○自足者	
	2.12/19/26
常○不足	2.12/20/1
○受人重祿	2.13/20/19
不○身安	2.15/22/1
惟○仁智	3/22/6
君○不鎮撫	3.2/22/27
○師徒毋虧	3.2/23/4
○今之世	3.3/23/17
○得反國	3.4/24/5
○曹有難	3.4/24/6
○加禮焉	3.4/24/8
○有罪焉	3.4/24/8
何○	3.6/25/8

諸大夫（慕）〔莫〕子	
○也	3.6/25/9
不○埋之	3.10/27/27
王以爲○其父乎	3.15/31/22
惟○貞順	4/32/6
不○早死	4.6/35/9
○令殖免于罪	4.8/36/9
○諸侯外淫者絕	4.9/36/29
不○死而榮	4.9/37/2
○使君王棄其儀表	4.9/37/2
不○留而死耳	4.10/37/20
豈獨事生○此哉	4.11/38/8
豈○守順而死哉	4.12/38/30
惟○節義	5/41/6
保母○斯	5.1/41/22
而封○父兄	5.2/41/29
吾願與子生○此	5.4/43/10
	5.4/43/13
死又○此	5.4/43/10
死○此	5.4/43/13
○將必死	5.4/43/23
○曝採桑	5.9/46/26
○繼母與假女推讓爭死	
	5.13/49/27
惟○辯通	6/51/10
○不盜而誣之	6.2/52/11
母智○此	6.2/52/20
○不知罪殺之	6.7/56/5
皮膚○漆	6.10/58/12
吾國相奚○	6.12/60/19
惟○孽嬖	7/63/13
○使太子主曲沃	7.7/67/11
○紂有良子而先殺紂	7.7/67/17
○入而自明	7.7/68/1
不○其似公也	7.9/69/12
○不信	7.11/70/25
生○此	7.11/71/4
不○死	7.11/71/4
顏○苕之榮	7.13/72/4

弱 ruò　　8

不忍幼○之重孤也	4.14/40/3
道遠與○小俱	5.13/49/21
毋○○	6.1/51/19
○可○耶	6.1/51/22
（鞭）〔輕〕其微○	6.5/54/21

其幼〇在于閭巷之時	6.9/57/18

灑 să　1

〇掃陳席以待來者	6.14/62/8

三 sān　114

〇過其家	1.4/3/4
〇母者	1.6/3/27
〇年之喪	1.6/4/21
周室〇母	1.6/5/3
〇姑之德	1.6/5/3
畢〇年之喪	1.7/5/8
〇罪也	1.7/5/21
而有〇從之道也	1.9/7/16
桓公坐友〇人	1.10/8/3
日舉過者〇十人	1.10/8/3
周公一食而〇吐哺	1.10/8/3
一沐而〇握髮	1.10/8/3
摘可以爲〇公	1.10/8/14
與〇公九卿組織施德	1.10/8/18
二〇婦之厚共祀先祀者	1.10/9/8
婦人有〇從之義	1.12/10/19
有〇子	1.13/11/10,5.14/50/6
慈母乃命其〇子	1.13/11/11
子爲相〇年矣	1.14/11/30
人君有〇色	2.2/13/13
治楚〇（季）〔年〕	2.5/15/20
鮑蘇仕衛〇年	2.7/16/19
卿大夫〇	2.7/16/24
君棄此〇者	2.8/17/10
使〇子下之	2.8/17/13
苔子治陶〇年	2.9/17/26
家富〇倍	2.9/17/26,2.9/18/9
〇黜而不去	2.10/18/14
	2.10/18/15
則二〇子不如妾知之也	
	2.10/18/18
雖遇〇黜	2.10/18/19
君嘗賜之粟〇十鍾	2.11/19/10
晏子長不滿〇尺	2.12/19/25
〇年成聚	2.14/21/12
有〇女奔之	3.1/22/11
夫獸〇爲群	3.1/22/12
人〇爲眾	3.1/22/12
女〇爲粲	3.1/22/12

其從者〇人皆國相也	3.4/24/4
以此〇人者	3.4/24/5
于是文仲託于〇家	3.9/27/2
既厚〇家	3.9/27/17
去而之〇室之邑	3.10/27/23
〇室之邑人	3.10/27/23
去之〇室之邑	3.10/27/24
又不容于〇室之邑	3.10/27/24
子靈之妻殺〇夫、一君	
、一子	3.10/28/1
且〇代之亡、恭太子之	
廢	3.10/28/6
〇姦同罪	3.10/28/14
其〇子遊于趙氏	3.11/28/25
問〇子曰	3.11/28/26
可以〇德使民	3.11/28/27
民〇悅矣	3.11/29/1
民果〇悅	3.11/29/1
小子〇悅	3.11/29/8
漸洳〇百步	3.13/30/9
〇年	3.13/30/11
〇者	3.14/31/4
〇者治則治	3.14/31/4
而賞負〔粟〕〇十鍾	3.14/31/7
代廉頗〇十餘日	3.15/31/24
〇月廟見	4.2/32/27,4.6/35/5
持〇年之喪	4.3/33/17
遂入〇年	4.3/33/25
〇顧而出	4.6/35/4
自御輪〇曲顧姬與	4.6/35/4
〇者失禮多矣	4.6/35/9
〇旬	4.9/37/5
以輻軿〇十乘迎之	4.11/38/4
夫人欲使靈氏受〇不祥	
耶	4.12/38/24
是〇不祥也	4.12/38/26
居喪〇年	4.15/40/17
〇者無一可行	5.3/42/29
〇年不聽政事	5.4/43/14
讓位于〇弟	5.4/43/25
〇弟不聽	5.4/43/25
〇日	5.10/47/17
年十〇	5.13/49/13
令縣復其〇子而表其墓	
	5.14/50/14
湯立以爲〇公	6.1/51/21
〇年乃成	6.3/52/30,6.3/53/15

此〇君者	6.3/53/4
土階〇等	6.3/53/5
一日〇覿陰	6.3/53/6
〇覿陽	6.3/53/6
而賜金〇鎰	6.3/53/10
〇年不雨	6.4/53/28
夫〇者	6.4/54/4
子貢〇反	6.6/55/25
故禱祠九江〇淮之神	6.7/56/2
武（〇）〔王〕伐殷	6.7/56/9
此〇殆也	6.10/58/26
侵〇晉	6.11/59/29
〇逐于鄉	6.12/60/10
妾〇逐于鄉	6.12/60/11
〇逐于鄉者	6.12/60/13
與之語〇日	6.12/60/15
其〇日	6.12/60/21
〔居〇日〕	6.12/60/26
與語〇日	6.12/61/1
王之致此〇難也	6.13/61/21
〇患也	6.13/61/23
故及〇難	6.13/61/24
設王〇難	6.13/62/1
一鼓而牛飲者〇千人	7.1/63/20
〇爲王后	7.9/69/7
東郭姜殺一國君而滅〇	
室	7.11/71/5
免子〇死	7.12/71/19
〇月餘	7.13/72/13
今君相楚〇十餘年	7.14/72/25

桑 sāng　16

而教之種樹〇麻	1.2/2/1
尸鳩在〇	1.13/11/19
隰〇有阿	2.1/12/30
與從者謀于〇下	2.3/13/30
見路傍婦人採〇	5.9/46/25
若曝採〇	5.9/46/26
願託〇蔭下飡	5.9/46/26
婦人採〇不輟	5.9/46/27
力〇不如見國卿	5.9/46/27
夫採〇力作	5.9/46/28
乃向採〇者也	5.9/46/30
齊東郭採〇之女	6.11/59/11
宿瘤〔女〕採〇如故	6.11/59/12
汝採〇道旁	6.11/59/13

妾受父母教探○	6.11/59/13	嫂 sǎo	1	瑟 sè	2
東郭探○	6.11/60/5				
		與二○諧	1.1/1/15	並坐鼓○	6.12/60/27
喪 sàng	**24**			王嘗夢見處女鼓○而歌	
		色 sè	**34**	曰	7.13/72/4
期之○	1.6/4/21				
三年之○	1.6/4/21	五○甚好	1.3/2/16	**穡 sè**	**1**
父母之○	1.6/4/21	目不視惡○	1.6/4/5		
畢三年之○	1.7/5/8	目不視于邪○	1.6/4/7	好種稼○	1.2/2/1
獻公居○而慢	1.7/5/15	而有憂○	1.9/7/10		
有夫出征而○其雄	1.7/5/23		6.1/51/17,6.1/51/18	**沙 shā**	**4**
征者○雄	1.7/5/24	子若有憂○	1.9/7/10		
敬姜之處○也	1.10/9/11	鄉見子有憂○	1.9/7/11	跪置○上曰	6.6/55/13
其○（天）〔父〕母	1.12/10/28	載○載笑	1.9/7/18	主父遊○丘宮	7.13/72/11
○禍之色	2.2/13/14	請毋瘠	1.10/9/8	遂餓死○丘宮	7.13/72/13
今以○歸	2.4/14/26	以見君王樂○而忘德也	2.1/12/25	（生）〔主〕閉○丘	7.13/72/18
妻獨主○	2.11/19/18	夫苟樂○	2.1/12/26		
夫臨○而言嫁	3.12/29/15	夫婦人以○親	2.1/13/1	**殺 shā**	**135**
償宋之所○	4.2/33/5	人君有三○	2.2/13/13		
持三年之○	4.3/33/17	鐘鼓酒食之○	2.2/13/13	瞽叟與象謀○舜	1.1/1/11
其妻收○	4.8/36/20	喪禍之○	2.2/13/14	時既不能○舜	1.1/1/14
居○三年	4.15/40/17	攻伐之○	2.2/13/14	醉將○之	1.1/1/14
當送○	5.13/49/14	○厲音（楊）〔揚〕	2.2/13/15	父母欲○舜	1.1/1/15
遂奉○歸	5.13/49/15	望○請罪	2.2/13/23	後州吁果○桓公	1.8/6/13
迫奉○	5.13/49/21	令儀令○	2.7/16/28	譖○太子申生	2.3/13/28
惜子大夫之○善也	6.5/54/22	朝而以喜○歸	3.6/25/5	姜〔氏〕之	2.3/14/1
父得不○	6.7/56/20	子貌有喜○	3.6/25/5	晉人○懷公而立公子重	
○陳國	7.9/69/17	美而有○	3.10/27/30,7.11/70/19	耳	2.3/14/8
亦以事○	7.10/70/15	貞女不假人以○	4.11/38/8	獻公○太子申生	2.4/14/20
		其為人榮于○而美于行		○而埋之	3.5/24/20,3.5/24/29
騷 sāo	**1**		4.14/39/27	○而埋之矣	3.5/24/22
		以其○也	4.14/40/3	譖而○之	3.6/25/11,5.2/42/8
莫敖狃于蒲○之役	3.2/22/27	好○淫佚	5.9/47/2	崔杼立光而○高厚	3.8/26/15
		嬰有淫○乎	6.4/53/23	子靈之妻○三夫、一君	
掃 sǎo	**3**	美于○	7.1/63/17	、一子	3.10/28/1
		是貪○也	7.9/69/15	晉人○食我	3.10/28/10
○除先人之廟	2.4/14/23	貪○為淫	7.9/69/15	邢侯○叔魚與雍子于朝	
供執○除	6.9/57/21	言變○殞命也	7.9/69/21		3.10/28/14
灑○陳席以待來者	6.14/62/8	甚有○焉	7.13/72/6	請○其生者而戮其死者	
					3.10/28/14
埽 sǎo	**1**	**塞 sè**	**4**	遂自○	4.7/35/26,5.2/42/14
					5.4/43/25,5.5/44/17
願（借）〔備〕後宮之		是蔽君而○賢路	2.5/15/18	息君亦自○	4.7/35/26
○除	6.10/58/14	秉心○淵	4.15/40/26	如先○妾	4.9/37/4
		諫者蔽○	6.13/61/7	遂欲自○	4.12/39/1
		恐壅閼蔽○而不得見	6.13/61/14	因欲自○	4.15/40/23
				攻○懿公而自立	5.1/41/13

將○之	5.1/41/14
義保聞伯御將○稱	5.1/41/14
伯御○之	5.1/41/14
請周天子○伯御	5.1/41/17
譖子上而之	5.2/42/7
以○身盟	5.2/42/21
○其君	5.5/44/6
敢有自○者	5.5/44/6
丘子自○	5.5/44/7
吾固自○也	5.5/44/10
自○者誅及妻子	5.5/44/11
多○士民	5.5/44/12
陰令宰人各以一斗擊○	
代王及從者	5.7/45/21
自○于磨笄之地	5.7/45/25
我○之	5.8/46/6
乃我○之	5.8/46/6
皆○之	5.8/46/7
聽其所欲○活	5.8/46/8
母之子○人	5.8/46/9
故問母何所欲○活	5.8/46/9
○其少者	5.8/46/10
今欲○之	5.8/46/11
且○兄活弟	5.8/46/13
皆赦不○	5.8/46/15
計念進之則○主父	5.10/47/18
言之又○主母	5.10/47/19
欲○之	5.10/47/20,6.7/56/1
乃免勝婢而笞○其妻	5.10/47/21
○主以自生	5.10/47/22
欲自○	5.10/47/24
○魏（主）〔王〕瑕	5.11/48/6
非爲○之也	5.11/48/14
延壽與其友田建陰○季	
宗	5.14/50/7
所與共○吾兄者爲誰	5.14/50/8
汝○我而已	5.14/50/9
○夫不義	5.14/50/9
而使○吾兄	5.14/50/11
汝父○吾兄	5.14/50/13
夫○其兄	5.14/50/20
則○父	5.15/50/26
則○夫	5.15/50/27
遂釋不○其夫	5.15/50/30
君子○身以成仁	5.15/50/31
○身成仁	5.15/51/5
將○弓人	6.3/53/1

豈欲○不辜者乎	6.3/53/3
而反欲○妾之夫	6.3/53/8
○婧之父	6.4/54/1
刑○不正	6.4/54/3,6.4/54/6
景公將○	6.4/54/12
君欲○之	6.7/56/3
主君欲因其醉而○之	6.7/56/4
若不知罪○之	6.7/56/5
是○不辜也	6.7/56/5
願醒而○之	6.7/56/5
以主君○妾爲有說也	6.8/56/30
以爲妖言而○之	7.1/63/22
衣寶玉衣而自○	7.2/64/11
夏后卜○之與去	7.3/64/23
遂○幽王于驪山之下	7.3/65/7
宣姜乃陰使力士待之界	
上而○之	7.4/65/20
必要○之	7.4/65/20
盜○之	7.4/65/22
所欲○者	7.4/65/23
請○我	7.4/65/23
盜又○之	7.4/65/23
因拉其脅而○之	7.5/66/8
齊人○彭生	7.5/66/9
遂○子般于黨氏	7.6/66/24
又與慶父謀○閔公	7.6/66/25
酖而○之	7.6/66/26
魯遂○慶父	7.6/66/27
酖○哀姜	7.6/67/1
胡不○我	7.7/67/14
夫○君利民	7.7/67/16
若紂有良子而先○紂	7.7/67/17
公遂○少傅杜原款	7.7/68/2
里克○之	7.7/68/3
又○之	7.7/68/3
鞭而○之	7.7/68/3
晉人○懷公于高梁	7.7/68/4
許○仲孫蔑	7.8/68/18
乃使人徵賊泄冶而○之	7.9/69/11
射○靈公	7.9/69/13
○御叔	7.9/69/16
○子之身	7.9/69/26
國佐使人○慶剋	7.10/70/8
孟子又愬而○之	7.10/70/8
遂○孟子	7.10/70/9
將欲○之	7.11/70/30
○之	7.11/71/1

于是二子歸○棠毋咎、	
東郭偃于崔子之庭	7.11/71/1
慶封乃使盧蒲嫳帥徒衆	
與國人焚其庫廄而○	
成、（姜）〔彊〕	7.11/71/3
東郭姜○一國君而滅三	
室	7.11/71/5
爭邑相○	7.11/71/10
太子欲○我	7.12/71/16
○夫人南子	7.12/71/21
又○渾良夫	7.12/71/22
大夫○孔悝之母而迎公	
	7.12/71/22
既○章	7.13/72/12
養士欲○春申君以滅口	7.14/73/4
園乃○春申君	7.14/73/5
乃襲○哀王及太后	7.14/73/6
大夫怨倡后之譖太子及	
○李牧	7.15/73/23
乃○倡后而滅其家	7.15/73/23

山 shān 26

塗○氏長女也	1.4/3/3
塗○獨明教訓而致其化焉	1.4/3/4
君子謂塗○彊於教誨	1.4/3/5
啓母塗○	1.4/3/10
兆如○（林）〔陵〕	1.7/5/23
昔舜耕于歷○	2.6/16/4
妾聞南○有玄豹	2.9/17/30
高○仰止	2.12/20/3
耕於蒙○之陽	2.14/21/3
墾○播種	2.14/21/3
僕、○野之人	2.14/21/6
逃世○陽	2.14/21/17
設令伐株于○	3.11/28/27
夫○遠而圍近	3.11/28/28
夫險阻之○	3.11/28/28
夏之興也以塗○	3.14/31/1
抱其所攜而走〔於〕○	5.6/44/29
○澤之婦人耳	5.6/45/7
見軍走○	5.6/45/15
其幹生于太○之阿	6.3/53/6
禱祠于名○神（女）	
〔水〕	6.4/53/26
至于華○之陽	6.7/56/10
一旦○陵崩弛	6.10/58/24

賢者〔伏〕匿于○林	6.10/58/25	
死于南巢之○	7.1/63/24	
遂殺幽王于驪○之下	7.3/65/7	

善 shàn　　　　　57

教訓以○	1.4/3/10
感于○則○	1.6/4/9
必先害○人	1.7/5/16
君子○傅母之防未然也	1.8/6/11
君子謂孟母以漸化	1.9/6/26
思則○心生	1.10/8/17
淫則忘○	1.10/8/17
忘○則惡心生	1.10/8/17
君子謂姜后○于威儀而	
有德行	2.1/12/28
○	2.2/13/17
	5.2/42/3,6.2/52/18
	6.7/56/6,6.8/57/4
	6.12/60/26,6.13/61/24
遇之甚○	2.3/13/29
能育君子于○	2.3/14/9
以○從爲順	2.7/16/23
豈以專夫室之愛爲○哉	2.7/16/23
吾未知其○也	2.7/16/23
于是晏子賢其能納○自	
改	2.12/20/1
君子謂命婦知○	2.12/20/2
言當常嚮爲其○也	2.12/20/4
君子謂老萊妻果於從○	
	2.14/21/12
君子○其慈惠而遠識也	3.3/23/23
皆○戮力以輔人	3.4/24/5
母氏聖○	3.5/24/25
○哉	3.7/25/29
是○告妻○養母也	3.9/27/9
所以開○遏淫也	3.14/30/29
《春秋》○之	4.2/33/6
君子謂夫人說于行○	4.7/35/27
好○慕節	5/41/6
君子謂懷嬴○處夫婦之	
間	5.3/42/30
婦人以死彰君之○	5.4/43/17
君子謂趙夫人○處夫婦	
之間	5.7/45/25
寡人度其母能知子○惡	5.8/46/8
○養視之	5.8/46/12

潔婦精于○	5.9/47/5
見○如不及	5.9/47/5
見不○如探湯	5.9/47/6
○視汝兩弟	5.14/50/13
君子謂友（姊）〔娣〕	
○復兄讎	5.14/50/15
君子謂乙母○以微喻	6.2/52/20
惜子大夫之喪○也	6.5/54/22
君子謂虞姬好○	6.9/58/1
天下歸○焉	6.11/59/25
或欲改行爲○	6.15/62/29
〔至于今吾豈知紂之○	
否哉〕	7.7/67/18
元、○之長也	7.8/68/21
後雖○言	7.8/69/1
君有不○	7.9/69/9
吾不○	7.9/69/10
言不○之從內出也	7.13/72/14

膳 shàn　　　　　1

損○減樂	6.11/59/28

擅 shàn　　　　　4

以言婦人無○制之義	1.9/7/16
妾豈不欲○王之愛寵乎	2.5/15/16
〔其〕佞臣周破胡專權	
○勢	6.9/57/16
喬如與繆姜謀去季、孟	
而○魯國	7.8/68/16

繕 shàn　　　　　1

言趣饗戰鬪之士而○甲	
兵也	3.9/27/8

商 shāng　　　　　9

立子生（商）〔○〕	1.3/2/21
降而生（商）〔○〕	1.3/2/21
王將立公子（商）〔○〕	
臣以爲太子	5.2/42/3
其後（商）〔○〕臣以	
子上救蔡之事	5.2/42/6
○臣庶弟也	5.2/42/10
知（商）〔○〕臣亂	5.2/42/20

甯戚擊牛角而（商）	
〔○〕歌甚悲	6.1/51/16
遂反爲（商）〔○〕	7.1/63/29
反（商）〔○〕爲周	7.2/64/17

傷 shāng　　　　　17

蓋○之也	2.8/17/12
我心○悲	4.8/36/15
獨宿何○	4.13/39/14
齊○槐女者	6.4/53/20
○槐衍之女也	6.4/53/20
○槐者死	6.4/53/21,6.4/54/5
于是衍醉而○槐	6.4/53/21
不爲六畜○民人	6.4/53/27
不爲野草○禾苗	6.4/53/27
妾恐○執政之法	6.4/54/1
廢○槐之法	6.4/54/7
○槐女能以辭免	6.4/54/7
民醉折○	6.4/54/12
又何○乎	6.7/56/10
宿瘤何○	6.11/59/15
妾○夫死者不可復生	6.15/62/24

觴 shāng　　　　　3

夫人酌○	3.7/25/27
抽○以授子貢	6.6/55/9
（授）〔受〕子貢○	6.6/55/12

賞 shǎng　　　　　4

不爲苟得而受○	1.9/7/12
大○其母之義	1.14/12/7
而○負〔粟〕三十鍾	3.14/31/7
豈可利○畏誅之故	5.11/48/14

上 shàng　　　　　57

乃取置寒冰之○	1.2/1/31
○帝是依	1.2/2/5
○知天文	1.3/2/17
○祀先公	1.6/4/19
將○堂	1.9/7/8
則不達其○	1.9/7/13
見其友○堂	1.10/7/28
自○以下	1.10/8/27

饗養○賓	1.10/9/5	○書曰	6.15/62/23	最○	5.1/41/12
○下有章	1.10/9/12	推誠○書	6.15/63/8	殺其○者	5.8/46/10
○下同之	1.10/9/15	置妹喜于膝○	7.1/63/19	夫○子者	5.8/46/10
王使人（往）〔注〕江		令有罪者行其○	7.2/64/8	○者	5.8/46/11
之○流	1.11/10/2	○下相誤	7.3/65/6	毋○○	6.1/51/19
而自康樂于其○	1.11/10/6	宜姜乃陰使力士待之界		○可○耶	6.1/51/22
魯大夫從臺○見而怪之		○而殺之	7.4/65/20	而子大夫之僕不肯○引	6.5/54/19
	1.12/10/22	由臺○與東郭姜戲	7.11/70/22	妾年甚○	6.6/55/19
○帝臨子	2.3/14/3			用楉者○一人	6.7/56/6
○天降災	2.4/14/24	**尚 shàng**	**8**	妾聞子○而慢者	6.8/57/1
妾聞堂○兼女	2.5/15/16			今妾之子○而不慢	6.8/57/2
○堂	2.11/19/4	貴德○信	3.11/29/8	子○則爲子	6.8/57/2
周共王遊于涇○	3.1/22/11	飛鳥○然兮	4.13/39/15	肥項○髮	6.10/58/12
加璧其○	3.4/24/9	○誰爲乎	5.11/48/12	百姓無○長	6.11/59/13
民（愛）〔惡〕其○	3.6/25/4	○或墐之	5.11/48/20	○禮也	6.12/60/13
然而民之不能戴其○久		○不足言 6.11/59/22,6.11/59/27		不忠○禮之人	6.12/60/13
矣	3.6/25/9	是時肉刑○在	6.15/62/22	漢太倉令淳于公之○女	
敬以事○	3.7/25/25	意○不屬	7.1/63/23	也	6.15/62/21
軍于境○	3.9/27/11			公遂殺○傅杜原款	7.7/68/2
聞兵在境○	3.9/27/12	**少 shǎo**	**46**	大子城、○子彊	7.11/70/28
負因款王門而○書曰	3.14/30/26				
括母○書言于王曰	3.15/31/18	自○及長	1.6/4/16	**奢 shē**	**4**
父誡之東階之○	4.6/35/1	有不可以○加重任者	1.6/4/23		
生離于地○	4.7/35/24	孟子之○也	1.9/6/23	必好○窮欲	2.1/12/26
今吾○則無父	4.8/36/13	自孟子之○也	1.9/6/27	趙將馬服君趙○之妻	3.15/31/18
留夫人漸臺之○而去	4.10/37/16	故年○則從乎父母	1.9/7/16	○侈無度	6.13/61/23
○配伯姬	4.10/37/27	今以子年之○而位之卑	1.10/8/5	驕○自恣	7.1/63/20
奉○下之儀	4.12/38/29	主多○之數者	1.10/8/12		
今者大王在臺○	5.2/42/1	○采夕月	1.10/8/20	**舌 shé**	**10**
王問之于令尹子○	5.2/42/4	○繫〔於〕父母	1.12/10/19		
子○曰	5.2/42/4	願與○子俱	1.12/10/20	淫僻、竊盜、長○、驕	
其後（商）〔商〕臣以		于是使○子僕	1.12/10/21	侮、無子、惡病皆在	
子○救蔡之事	5.2/42/6	願與○子俱脫	2.9/18/2	其後	2.7/16/25
譖子○而殺之	5.2/42/7	婦乃與○子歸	2.9/18/3	羊○子之妻也	3.10/27/22
子○言太子之不可立也	5.2/42/8	先生（以）〔○〕而爲		羊○子好正	3.10/27/22
○下錯謬也	5.2/42/9	義	2.13/20/15	羊○子不受	3.10/27/23
夫見利而反○者	5.11/48/13	今是鄭穆○妃姚子之子	3.10/28/3	羊○子受之	3.10/27/25
且日在樓○新沐	5.15/50/28	○者曰	3.11/28/27	羊○子曰	3.10/27/28
居樓○東首	5.15/50/29	○子伐其謀	3.11/29/1	羊○子不與攘羊之事矣	
令尹在○	6.2/52/14	太子○愚	3.13/30/9		3.10/27/28
○不明	6.2/52/17	夫人○避火 4.2/33/1,4.2/33/2		今將滅羊○氏者	3.10/28/9
召太（○）〔卜〕而卜		○寡	4.13/39/12	羊○氏由是遂滅	3.10/28/10
之	6.4/53/28	陶嬰○寡	4.13/39/22	婦有長○	7.7/68/5
跪置沙○曰	6.6/55/13	陳之○寡婦也	4.15/40/14		
執事者誣其詞而○之	6.9/57/19	其父母哀其年○無子而		**蛇 shé**	**4**
○指皇天	6.9/58/6	早寡也	4.15/40/17		
齊東海○貧婦人也	6.14/62/6	吾憐女○年早寡也	4.15/40/20	見兩頭○	3.5/24/20

吾聞見兩頭○者死	3.5/24/21
○今安在	3.5/24/21
叔敖見○	3.5/24/29

舍 shè　　　　　　　　21

孫文子自是不敢○其重	
器于衛	1.7/5/17
○大臣而與小臣謀	1.7/5/20
其○近墓	1.9/6/23
○市傍	1.9/6/24
復徙○學宮之傍	1.9/6/25
誰敢淫心○力	1.10/8/27
遂○稷子之罪	1.14/12/7
乃○諸靈臺	2.4/14/26
于是避○	2.5/15/20
○義	2.8/17/9
今○近而就遠	3.3/23/18
近其○	3.4/24/3
昔晉客○吾家	3.13/30/7
○伯嬴與其保阿	4.9/37/5
請求出○	4.12/39/7
○命不渝	5.2/42/16, 5.12/49/3
○矢既鈞	6.3/53/11
良夫乃與賵瞶入○孔氏	
之圃	7.12/71/19
李園爲春申君○人	7.14/72/24
謹○之	7.14/73/3

社 shè　　　　　　　　5

使主○稷	1.7/5/17
○而賦事	1.10/8/26
孰可與慮○稷	3.3/23/18
遂登附○之臺	5.4/43/9
○稷不定	6.10/58/24

射 shè　　　　　　　　11

軍士引弓將○之	5.6/45/1
吾將○爾	5.6/45/1
爭○之	5.11/48/15
平公引弓而○	6.3/52/30
是君〔之〕不能○也	6.3/53/7
妾聞○之道	6.3/53/8
此蓋○之道也	6.3/53/9
平公以其言而○	6.3/53/9

言○有法也	6.3/53/11
○殺靈公	7.9/69/13
崔氏○（中公）〔公中〕	
踵	7.11/70/27

涉 shè　　　　　　　　2

○河而南	3.3/23/19
大夫跋○	3.3/23/22

設 shè　　　　　　　　9

其嬉遊乃○俎豆	1.9/6/25
今君○官以待子	1.14/12/3
其不○備乎	3.2/22/27
○帷薄而觀之	3.4/24/4
○令伐株于山	3.11/28/27
義者不虛○其事	5.4/43/24
陳○五榮	5.5/44/23
○王三難	6.13/62/1
陰○力士	7.4/65/29

赦 shè　　　　　　　　5

可不○其子乎	1.13/11/17
乃○其子	1.13/11/17
今皆○之	5.8/46/7
皆○不殺	5.8/46/15
〔延〕壽會○	5.14/50/7

申 shēn　　　　　　　　31

俯而自○之	1.10/8/2
譖殺太子○生	2.3/13/28
太子○生之同母姊	2.4/14/19
獻公殺太子○生	2.4/14/20
叔向欲娶于○公巫臣氏	
夏姬之女	3.10/27/30
召南○女者	4.1/32/11
○人之女也	4.1/32/11
召南○女	4.1/32/21
○生被患	6.9/57/28
幽王之廢后○侯之女而	
立襃姒爲后	7.3/65/2
○侯乃與繒、西夷犬戎	
共攻幽王	7.3/65/6
于是諸侯乃即○侯而共	

立故太子宜臼	7.3/65/8
○侯伐周	7.3/65/13
○繻曰	7.5/66/6
生秦穆夫人及太子○生	7.7/67/6
吾聞○生爲人甚好仁而	
強	7.7/67/13
○生祭于曲沃	7.7/67/22
召○生	7.7/67/23
○生恐而出	7.7/67/23
見○生哭曰	7.7/67/24
果弑○生	7.7/68/10
○公巫臣諫曰	7.9/69/14
○公族分	7.9/69/26
春○君患之	7.14/72/23
李園爲春○君舍人	7.14/72/24
乃取其女弟與春○君	7.14/72/24
園女弟因間謂春○君曰	
	7.14/72/24
春○君大然之	7.14/73/3
養士欲殺春○君以滅口	7.14/73/4
園乃殺春○君	7.14/73/5
發迹春○	7.14/73/12

身 shēn　　　　　　　　63

○不失天下之顯名	1.6/4/18
卒能脩○	1.8/6/18
君子稱○〔而〕就位	1.9/7/12
君子謂母師能以○教	1.12/10/28
吾聞士脩○潔行	1.14/12/2
終○無殃	2/12/18
姬爲修○	2.2/13/23
○雖尊貴	2.8/17/21
犬彘不擇食以肥其○	2.9/18/1
終以全○復禮	2.9/18/4
○相齊國	2.12/19/25
今子○長八尺	2.12/19/26
不若○安	2.15/22/1
以保其○	3.4/24/11
禍必及○矣	3.6/25/4
是以禍及其○	3.6/25/7
○死國分	3.11/29/9
令吾終○無兄	3.13/30/8
○所奉飯〔飲而進食〕	
者以十數	3.15/31/20
請罪止○	3.15/32/1
終○不改	4.4/34/1, 4.13/39/17

終不以○更貳醮 4.7/35/24	**娠** shēn 2	將請以身禱于○ 5.4/43/20
妾〔宜以○薦其棺槨〕		禱祠于名山○（女）
4.14/39/29	歸而有○ 1.2/1/29	〔水〕 6.4/53/26
乃復其○ 4.14/40/4	及其有○ 1.6/4/5	水○動駭 6.7/56/2
剕鼻刑○ 4.14/40/9		故禱祠九江三淮之○ 6.7/56/2
復之終○ 4.15/40/25	**參** shēn 2	褒人之○ 7.3/64/22
孰能以○（試）〔誠〕 5.2/42/15		褒○龍變 7.3/65/13
以殺○盟 5.2/42/21	王御不○一族 3.1/22/13	○寵趙靈 7.13/72/18
故（一）〔以〕婢子之	越姬○右 5.4/43/8	
○為苞苴玩好 5.4/43/11		**審** shěn 1
是害王○ 5.4/43/19	**深** shēn 10	
將請以○禱于神 5.4/43/20		而國相不可不○也 6.12/60/18
庸為去是○乎 5.4/43/20	思念○矣 2.12/19/26	
忠孝忘于○ 5.5/44/9	于是其夫乃○自責 2.12/19/28	**甚** shèn 52
吾非愛○也 5.5/44/11	門外車跡何其○也 2.13/20/15	
乳母以○為公子蔽 5.11/48/15	○知天道 3.5/24/29	五色○好 1.3/2/16
矢著○者數十 5.11/48/16	遂抱公子逃于○澤之中	亦○大矣 1.6/5/3
欲強活初○ 5.13/49/23	5.11/48/15	禮節○脩 1.12/10/22
遂以（○）〔緱〕自經	有○憂 6.4/53/24	家事○理 1.12/10/22
而死 5.14/50/14	是賊民之○者也 6.4/54/6	○怪之 1.12/10/24
欲以○當之 5.15/50/27	女辭辯○ 6.6/55/25	遇之○異 1.13/11/11
君子殺○以成仁 5.15/50/31	臼頭○目 6.10/58/11	○相遠 1.13/11/12
殺○成仁 5.15/51/5	造為高臺○池 6.11/59/25	〔人不愛母至○也〕 1.13/11/13
令尹不○盜之也 6.2/52/11		遇之○善 2.3/13/29
孤妾之○ 6.4/54/1	**莘** shēn 3	養姑○謹 2.7/16/19
非敢以當子之○也 6.6/55/18		賂遺外妻○厚 2.7/16/20
妾恐其○之不知痛 6.7/56/5	禹后有（藝）〔○〕姒	○自得也 2.12/19/24
○死家收 6.8/56/25	氏之女 1.6/4/12	○思之 3.9/27/4
以免其○ 6.8/57/5	○○征夫 2.3/14/4	琴之合、○思之者 3.9/27/8
反害其○ 6.9/58/6		而有○美者 3.10/28/3
○死國亡 6.11/59/26	**藝** shēn 8	必有○惡 3.10/28/3
妾願入○為官婢 6.15/62/25		髮黑而○美 3.10/28/4
終○不息 6.15/63/1	湯妃有○者 1.5/3/15	姒哭之○悲 3.12/29/13
○又伏辜 7.7/68/10	有○氏之女也 1.5/3/15	吾○憂之 3.13/30/10
作而害○ 7.8/68/23	有○之妃湯也 1.5/3/16	計慮○妙 3.13/30/17
殺子之○ 7.9/69/26	其有○之謂也 1.5/3/17	○貞而一也 4.4/34/4
又殘其○ 7.11/71/5	湯妃有○ 1.5/3/22	○不得意 4.5/34/14
咸以滅○ 7.12/71/28	禹后有（○）〔莘〕姒	執節○公 4.6/35/17
知有○ 7.14/72/24	氏之女 1.6/4/12	不亦太○乎 4.11/38/9
禍且及○ 7.14/72/27	殷之興也以有○ 3.14/31/1	孺子養我○謹 4.12/38/22
今妾〔自〕知有○矣 7.14/73/1	有○氏之媵臣也 6.1/51/21	我○內慚 4.12/38/24
孰與○臨不測之罪乎 7.14/73/2		我○便之 4.12/38/24
果得納○ 7.14/73/12	**神** shén 10	禮○有度 4.12/39/8
○死滅國 7.15/73/28		言之○強 5.2/42/20
	○不可誣 1.7/5/19	操心○平 5.3/43/3
	〔合○事〕于內朝 1.10/9/14	王病○ 5.4/43/25
	魂○泄兮 2.10/18/21	其親愛也痛○于心 5.6/45/3

○有母恩	5.13/50/1
開意○公	6/51/11
甯戚擊牛角而（商）	
〔商〕歌○悲	6.1/51/16
辭○有度	6.2/52/25
妾年○少	6.6/55/19
破胡最○	6.9/57/29
車騎○衆	6.11/59/12
諫辭○明	6.11/60/5
狀○醜	6.12/60/10
亦○有文	6.12/61/1
（滋日以）〔日以滋〕	
○	6.13/61/20
辭語○分	6.14/62/16
吾○自媿	6.15/62/28
朕○憐之	6.15/63/1
文雅○備	6.15/63/8
亦○嫚易	7/63/13
慶父與哀姜淫益○	7.6/66/24
吾聞申生爲人○好仁而	
強	7.7/67/13
○寛惠而慈于民	7.7/67/13
○有色焉	7.13/72/6

慎 shèn 　　　7

必○所感	1.6/4/9
君子謂敬姜爲○微	1.10/9/6
諸婦其○房戶之守	1.12/10/21
敬○威儀	2.4/15/2
精專謹○	4/32/6
淑○爾止	4.2/33/7
○而寡言者	5.11/48/18

升 shēng 　　　6

○爲天子	1.1/1/18
毋教猱○木	1.8/6/13
○諸景公以爲大夫	2.12/20/2
晏子○之	2.12/20/8
○彼阿兮面觀清	6.7/56/11
卒○后位	6.11/60/5

生 shēng 　　　133

| 終○子 | 1.2/1/30 |
| 遂○契焉 | 1.3/2/17 |

立子○（商）〔商〕	1.3/2/21
降而○（商）〔商〕	1.3/2/21
既○啓	1.4/3/3
○仲壬、外丙	1.5/3/15
○太伯、仲雍、王季	1.6/3/28
溲于豕牢而○文王	1.6/4/5
文王○而明聖	1.6/4/6
則○子形容端正	1.6/4/8
人○而肖父母者	1.6/4/9
太姒○有十男	1.6/4/14
思則善心○	1.10/8/17
忘善則惡心○	1.10/8/17
譖殺太子申○	2.3/13/28
人○安樂而已	2.3/13/30
太子申○之同母姊	2.4/14/19
獻公殺太子申○	2.4/14/20
慈母○孝子	2.4/15/2
○于亂世	2.6/16/8
○盾	2.8/17/7
○原同、屏括、樓嬰	2.8/17/8
魯黔婁先○之妻也	2.11/19/3
先○死	2.11/19/3
見先○之尸在牖下	2.11/19/4
先○以不斜之故	2.11/19/6
○時不邪	2.11/19/6
非先○意也	2.11/19/7
先○之終也	2.11/19/7
先○在時	2.11/19/8
○不得其美	2.11/19/9
昔先○	2.11/19/10
先○辭而不受	2.11/19/11
彼先○者	2.11/19/11
王願請先○治淮南	2.13/20/14
先○（以）〔少〕而爲	
義	2.13/20/15
妾事先○	2.13/20/18
願先○幸臨之	2.14/21/5
願變先○之志	2.14/21/6
今先○食人酒肉	2.14/21/9
妾恐先○之不保命也	2.15/21/27
聲姬○子光	3.8/26/10
仲子○子牙	3.8/26/11
昔有仍氏○女	3.10/28/4
○伯封	3.10/28/5
○楊食我	3.10/28/7
〔伯碩〕○時	3.10/28/8
叔姬之始○叔魚也	3.10/28/11

請殺其○者而戮其死者	
	3.10/28/14
知人之○	3.10/28/20
愚悖姦○	3.13/30/17
則父子○焉	3.14/31/4
是以本立而道○	4.1/32/13
越義而○	4.2/33/3
以爲死者不可以○	4.2/33/5
夫無禮而○	4.6/35/9
人○要一死而已	4.7/35/23
○離于地上	4.7/35/24
且妾聞○而辱	4.9/37/2
則無以○世	4.9/37/3
妾知從使者必○	4.10/37/19
然棄約越義而求○	4.10/37/20
不爲苟○	4.10/37/21
白公○之時	4.11/38/5
豈獨事○若此哉	4.11/38/8
處逆而○	4.12/38/30
（念）〔今〕忘死而趨	
○	4.14/40/1
我○死未可知	4.15/40/15
不載于地而○	4.15/40/20
何以○哉	4.15/40/23
夫見疑而○	5.2/42/12
與其無義而○	5.2/42/13
吾願與子○若此	5.4/43/10
	5.4/43/13
固願○俱樂	5.4/43/12
吾聞將節勇而不果○	5.5/44/7
子獨可○	5.5/44/9
偷○苟活	5.5/44/16
吾不能與子蒙恥而○焉	5.5/44/17
丘子獨○	5.5/44/23
殺主以自○	5.10/47/22
而妾獨○	5.10/47/23
難以○矣	5.10/47/24
務○之	5.11/48/14
妾不能○而令公子擒也	
	5.11/48/14
吾勢不可以○	5.12/49/2
何面目以○而戴天（復）	
〔履〕地乎	5.14/50/12
雖○不可以行于世	5.15/50/27
無求○以害仁	5.15/50/31
睪子○五歲而贊禹	6.1/51/21
駃騠○七日而超其母	6.1/51/22

其幹○于太山之阿	6.3/53/6	聞車○轔轔	3.7/25/22	吾聞○人之心有七竅	7.2/64/9
齊有北郭先○者	6.9/57/17	過闕復有○	3.7/25/22		
嘗與北郭先○通	6.9/57/18	我聞其○	3.7/26/1	**尸** shī	8
○于天壤之間	6.9/57/21	○姬生子光	3.8/26/10		
義固不可以○	6.9/57/27	豺狼之○也	3.10/28/9	祭養○	1.10/9/5
所以○者	6.9/57/27	且其人蜂目而豺○	5.2/42/5	○鳩在桑	1.13/11/19
申○被患	6.9/57/28	名○光榮	6.11/60/5	○鳩以一心養七子	1.13/11/20
○子不○男	6.15/62/22	非不聞牛○也	6.12/60/14	見先生之○在牖下	2.11/19/4
妾傷夫死者不可復○	6.15/62/24	高天下以○	7.2/64/4	○不掩蔽	2.11/19/18
既○子伯服	7.3/65/1	作新淫之○	7.2/64/5	而○叔魚與雍子于市	3.10/28/15
寔○褒姒	7.3/65/13	○姬者	7.10/70/3	亡其○	7.9/69/18
宣公夫人夷姜○伋子	7.4/65/18	齊靈○姬	7.10/70/14	○可得也	7.9/69/19
○壽及朔	7.4/65/19				
使公子彭○抱而乘之	7.5/66/8	**勝** shèng	14	**失** shī	37
魯人求彭○以除恥	7.5/66/9				
齊人殺彭○	7.5/66/9	雖有以得○	1.11/10/6	靡有過○	1.6/3/28
○自婦人	7.5/66/9	德○不祥	3.5/24/23	身不○天下之顯名	1.6/4/18
俾厥彭○	7.5/66/14	與祁○爲亂	3.10/28/10	持交而不○	1.10/8/11
○秦穆夫人及太子申○	7.7/67/6	吳○楚	4.9/36/26	匡子過○	1.10/9/22
○公子重耳、夷吾	7.7/67/7	闔閭○楚	4.9/37/11	言不○和也	1.11/10/5
○奚齊、卓子	7.7/67/7	楚白公○之妻也	4.11/38/3	○早	1.12/10/21
夫寇○其心	7.7/67/11	是以戰○攻取	5.5/44/8	妾不幸早○夫	1.12/10/24
吾聞申○爲人甚好仁而		賤妾不○其欲	6.4/53/22	至使君王○禮而晏朝	2.1/12/25
強	7.7/67/13	不○麴（孽）〔糵〕之		○謀	3.8/26/12
申○祭于曲沃	7.7/67/22	味	6.4/53/26	不可○也	3.14/30/25
召申○	7.7/67/23	不○王祝杯酌餘瀝	6.7/56/3	○之毫釐	4.1/32/12
申○恐而出	7.7/67/23	僅能○之	6.13/61/25	伯姬嘗遇夜○火	4.2/33/1
見申○哭曰	7.7/67/24	欲不○也	7.7/67/17	伯姬可謂不○儀矣	4.2/33/7
太子入自明可以○	7.7/67/26	不○	7.10/70/8	宮夜○火	4.2/33/11
不則不可以○	7.7/67/26	七年不能○秦	7.15/73/23	言不○也	4.3/33/20
果弑申○	7.7/68/10			憐其○意	4.5/34/14
○二子明（成）	7.11/70/29			三者○禮多矣	4.6/35/9
○若此	7.11/71/4	**聖** shèng	14	天子○制	4.9/36/27
○子章	7.13/72/4			諸侯○節	4.9/36/27
逢天時而○	7.13/72/5	賢○有智	1/1/3	以爲仁○可復以義	4.9/36/30
○子何	7.13/72/6	雖太王之賢○	1.6/4/1	義○可復以禮	4.9/36/30
惑心乃○	7.13/72/18	文王生而明○	1.6/4/6	男女之○	4.9/36/30
（○）〔主〕閉沙丘	7.13/72/18	惟武王、周公成○	1.6/4/22	則是○儀節也	5.2/42/1
遂○子悼	7.14/73/3	彼二○一賢者	1.10/8/4	恐○其所	5.2/42/9
悼襄王后○子嘉	7.15/73/19	昔○王之處民也	1.10/8/16	○人臣之節	5.5/44/16
○子遷	7.15/73/20	母氏○善	3.5/24/25	因○火	5.12/48/29
		自古○王	3.14/30/30	爲○母之恩	5.12/49/2
聲 shēng	15	○王嘉之	4.15/41/1	妾豈貪貨而（○）〔干〕	
		聞君王之○德	6.10/58/14	大王哉	6.2/52/19
耳不聽淫○	1.6/4/5	得一○女	6.11/59/20	江乙○位	6.2/52/25
耳不聽于淫○	1.6/4/8	君子謂緹縈一言發○主		寡人○之	6.11/59/17
○必揚	1.9/7/8	之意	6.15/63/3	左右○貌	6.11/59/21
		乃感○意	6.15/63/8		

大魚〇水	6.13/61/15
大魚〇水者	6.13/61/16
昏亂〇道	7.1/63/20
莫不迷惑〇意	7.9/69/7
厥行亂〇	7.10/70/14
多〇禮于王兄弟	7.14/72/27

屍 shī　　　　　　　　1

乃（枕）〔就〕其夫之	
〇于城下而哭〔之〕	4.8/36/11

施 shī　　　　　　　　10

樂於〇惠	1.3/2/17
與三公九卿組織〇德	1.10/8/18
〇鮮而得多	3.2/23/3
必能報〇矣	3.4/24/8
汝必〇恩布惠	3.9/27/1
夫伐功〇勞	3.11/29/2
〇于條枚	4.9/37/6
使諸君常有惠〇于妾	6.14/62/10
教未〇而刑已加焉	6.15/62/29
〇毒于脯	7.7/67/22

師 shī　　　　　　　　27

先君有冢卿以爲〇保而	
蔑之	1.7/5/20
鄭皇耳率〇侵衛	1.7/5/23
〇事子思	1.9/7/3
于是乃擇嚴〇賢友而事	
之	1.10/8/6
綜可以爲（開）〔關〕	
內之〇	1.10/8/12
使〇尹維旅牧〔相〕	1.10/8/19
母〇者	1.12/10/17
〔穆公〕賜母尊號曰母	
〇	1.12/10/27
夫人、諸姬皆〇之	1.12/10/27
君子謂母〇能以身教	1.12/10/28
樂〇擊鼓以告旦	2.1/12/29
非特〇傅、朋友相與切	
磋也	2.12/20/3
與群帥悉楚〇以行	3.2/22/24
必濟	3.2/22/25
〇次亂濟	3.2/22/28

若〇徒毋虧	3.2/23/4
遂興〇作亂	5.2/42/14
乃伏〇閉壁	5.4/43/26
使爲子〇	5.11/48/18
京〇節女者	5.15/50/25
京〇節女	5.15/51/5
八十爲天子〇	6.1/51/20
王乃發鄒郢之〇以擊之	
	6.13/61/25
桀〇不戰	7.1/63/24
武王遂受命興〇伐紂	7.2/64/10
紂〇倒戈	7.2/64/11
乃帥〇圍莒	7.10/70/7

詩 shī　　　　　　　　139

《〇》云	1.1/1/20,1.2/2/4
	1.3/2/20,1.4/3/6,1.5/3/17
	1.6/3/29,1.7/5/22,1.7/5/25
	1.9/6/27,1.9/7/4,1.9/7/18
	1.10/8/8,1.11/10/7
	1.12/10/29,1.13/11/19
	2.4/15/2,2.7/16/28
	2.12/20/3,2.15/21/28
	3.1/22/14,3.2/23/1
	3.4/24/10,3.5/24/25
	3.6/25/12,3.7/26/1
	3.8/26/16,3.9/27/12
	3.10/28/11,3.10/28/15
	3.12/29/21,3.13/30/12
	3.14/31/9,4.2/33/7
	4.7/35/28,4.8/36/15
	4.10/37/22,4.11/38/11
	4.12/39/3,4.13/39/17
	4.14/40/5,4.15/40/25
	5.6/45/10,5.7/45/26
	5.9/47/6,5.10/47/25
	5.11/48/20,6.1/51/27
	6.2/52/21,6.4/54/7
	6.5/54/24,6.6/55/20
	6.7/56/16,6.8/57/5
	6.9/58/2,6.10/59/1
	6.11/60/1,6.12/60/27
	6.13/61/27,6.14/62/12
	6.15/62/28,6.15/63/3
	7.2/64/12,7.3/65/9
	7.4/65/25,7.6/66/27

	7.9/69/21,7.10/70/9
	7.12/71/23,7.14/73/7
	7.15/73/24
夜則令瞽誦〇	1.6/4/8
《〇》曰	1.6/4/25,1.7/5/14
	1.8/6/13,1.9/7/15,1.10/9/2
	1.10/9/6,1.10/9/10
	1.10/9/18,1.14/12/8
	2.1/12/30,2.2/13/18
	2.3/14/9,2.5/15/21
	2.8/17/16,2.9/18/4
	2.10/18/22,2.11/19/13
	2.13/20/22,2.14/21/13
	3.10/27/29,3.11/29/3
	3.15/31/26,4.3/33/20
	4.6/35/12,4.9/37/6
	5.2/42/16,5.4/43/27
	5.5/44/18,5.8/46/16
	5.12/49/3,5.14/50/15
	6.3/53/10,7.1/63/24
	7.5/66/9,7.7/68/5
	7.8/68/26,7.11/71/6
	7.13/72/13
乃賦〇曰	1.7/5/9
又作〇曰	1.7/5/11
送婦作〇	1.7/6/1
乃作〇曰	1.8/6/9
	4.3/33/18,4.5/34/15
	4.5/34/17,4.7/35/24
作〇明指	1.8/6/18
《〇》不云乎	1.11/10/5
	2.8/17/10
《周〇》曰	2.3/14/4
作〇曰	2.4/15/1
乃作《〇》曰	2.6/16/8
作〇舫魚	2.6/16/14
因疾之而作〇云	3.3/23/21
而作〇曰	4.1/32/15
作〇明意	4.1/32/21
故舉而列之于《〇》也	4.3/33/21
作〇諷刺	4.3/33/25
乃作《茉莒》之〇	4.4/34/3
作〇不聽	4.4/34/8
〇人美之	4.4/34/9
君子故序之以編《〇》	4.5/34/17
作〇《式微》	4.5/34/22
故序之于《〇》	4.7/35/27

作○《同穴》	4.7/36/3	〔行〕年四○	6.10/58/12
古有《白水》之○	6.1/51/24	春秋四○	6.10/58/23,6.13/61/19
○不云乎	6.1/51/25	固相去○百也	6.11/59/22
爲說其○	6.1/52/3	何獨○百也	6.11/59/22
			6.11/59/27

薯 shī 　　1

木床○席	2.14/21/3

		行年四○	6.13/61/6
		是時莊姪年○二	6.13/61/8

十 shí 　　42

		年既四○	6.13/61/17
太姒生有○男	1.6/4/14	今君相楚三○餘年	7.14/72/25
太姒教誨○子	1.6/4/16		
蓋○子之中	1.6/4/21	**石 shí**	4
日舉過者三○人	1.10/8/3		
所執贄而見於窮閭隘巷		我心匪○	4.3/33/18
者七○餘人	1.10/8/4	我心匪（后）〔○〕	4.12/39/3
而戰自○也	1.11/10/4	左手如拒〔○〕	6.3/53/8
有馬二○乘	2.3/13/29	妾聞玉○墜泥不爲汙	6.9/57/23
妾執巾櫛○一年	2.5/15/15		
妾聞虞丘子相楚○餘年	2.5/15/17	**食 shí**	61
天子○二	2.7/16/24		
君嘗賜之粟三○鍾	2.11/19/10	不○邪味	1.6/4/7
是故必○五而笄	3.14/30/28	割不正不○	1.6/4/7
二○而嫁	3.14/30/28	不內○飲	1.7/5/16
而賞負〔粟〕三○鍾	3.14/31/7	何以異于織績而○	1.9/7/1
身所奉飯〔飲而進食〕		寧能衣其夫子而長不乏	
者以○數	3.15/31/20	糧○哉	1.9/7/2
代廉頗三○餘日	3.15/31/24	女則廢其所○	1.9/7/2
○年	4.2/32/30	惟酒○是議	1.9/7/16
○日而城爲之崩	4.8/36/12	周公一○而三吐哺	1.10/8/3
以輻耕三○乘迎之	4.11/38/4	相延○驚	1.10/9/4
年○六而嫁	4.15/40/14	將使驚長而○之	1.10/9/4
二八年	4.15/40/23	士卒并分菽粒而○之	1.11/9/28
使使者賜之黃金四○斤			1.11/10/4
	4.15/40/25	分而○之	1.11/10/4
○一年	5.1/41/16	衣服飲○	1.13/11/11
居二○五年	5.4/43/18	無功而○祿	1.14/12/8
今○有餘年矣	5.7/45/22	終不素○	1.14/12/13
矢著身者數○	5.11/48/16	鐘鼓酒○之色	2.2/13/13
年○三	5.13/49/13	吾○舅氏之肉	2.3/14/7
得珠○枚于繼母鏡奩中		乃不○禽獸之肉	2.5/15/11
	5.13/49/15	羞饋○	2.7/16/22
昔者太公望年七○	6.1/51/19	霧雨七日而不下○者	2.9/17/30
八○爲天子師	6.1/51/20	犬彘不擇○以肥其身	2.9/18/1
九○而封于齊	6.1/51/20	○不充（口）〔虛〕	2.11/19/8
至今○餘年矣	6.9/57/22	接輿躬耕以爲○	2.13/20/13
		躬耕以爲○	2.13/20/18
		○飽衣暖	2.13/20/18
		○人肥鮮	2.13/20/19

衣縕○菽	2.14/21/3
可○以酒肉者	2.14/21/8
今先生○人酒肉	2.14/21/9
足以○也	2.14/21/11
○方丈於前	2.15/21/24
	2.15/21/25
夫子織屨以爲○	2.15/21/24
○獵犬	3.9/27/3
○我以同魚	3.9/27/4,3.9/27/9
○獵犬、組羊裘者	3.9/27/8
飢不得○也	3.9/27/10
○其子不擇肉	3.10/27/26
不可○以不義之肉	3.10/27/26
不敢○也	3.10/27/28
生楊○我	3.10/28/7
○我號曰伯碩	3.10/28/8
晉人殺○我	3.10/28/10
叔魚○我	3.10/28/20
使我終歲不○葵	3.13/30/7
身所奉飯〔飲而進○〕	
者以十數	3.15/31/20
○不共器	4.9/36/29
在于饋○之間而已	5.2/42/7
王請○熊（蟠）〔蹯〕	
而死	5.2/42/14
使廚人持斗以○代王及	
從者	5.7/45/21
以供衣○	5.9/46/28
秦穆公有盜○其駿馬之	
肉	6.3/53/3
今君窮民財力以美飲○	
之具	6.4/54/4
○不重味	6.11/59/25
王輟○吐哺而起	6.12/60/13
○自外來	7.7/67/23
已○	7.12/71/20
又不得○	7.13/72/13
乃探雀𪃹而○之	7.13/72/13

拾 shí 　　1

道不○遺	6.2/52/12

時 shí 　　64

○既不能殺舜	1.1/1/14
當堯之○	1.2/1/29,1.3/2/15

播○百穀　1.2/2/3
故妊子之○　1.6/4/9
反思其受教之○　1.6/4/24
歲○禮不理　1.12/10/18
過○不來　2.6/16/3
當與○小同　2.6/16/6
文公爲公子○　2.8/17/6
生○不邪　2.11/19/6
先生在○　2.11/19/8
見○暴亂　2.13/20/27
與○消息　3.2/23/5
當敗之○　3.3/23/20
叔敖爲嬰兒之○　3.5/24/20
〔伯碩〕生○　3.10/28/8
已過○　3.12/29/14
後過○而不言　3.12/29/16
過○未適人　3.13/30/3
當穆公○　3.13/30/3
父○爲將　3.15/31/19
至景公○　4.2/32/30
當此之○　4.2/33/4
又恐其已見遣而不以○
　去　4.5/34/14
過○不嫁　4.6/34/27
當昭王○　4.9/36/25
白公生之○　4.11/38/5
以○相見　4.12/38/24
無怠倦○　4.12/38/26
夫且行○　4.15/40/14,4.15/40/18
孝公○號公子稱　5.1/41/12
是○　5.2/42/14
死同○　5.4/43/12
當宣王○　5.8/46/5
且死之○　5.8/46/12
當恭王之○　6.2/52/8
當平公之○　6.3/52/30
風雨不○　6.4/53/25
宋景公之○　6.4/53/28
景公即○命罷守槐之役　6.4/54/6
其幼弱在于閭巷之○　6.9/57/18
〔而〕忽所（○）〔恃〕
　　6.10/58/23
意非有壓○也　6.11/59/26
過○無所容　6.12/60/11
出入不○　6.13/61/6
　　6.13/61/9,6.13/61/19
是○莊姪年十二　6.13/61/8

孝文皇帝○　6.15/62/21
是○肉刑尙在　6.15/62/22
蓋聞有虞之○　6.15/62/26
無有休○　7.1/63/19
當宣王之○產　7.3/64/26
驅馳弋獵不○　7.3/65/3
哀姜未入○　7.6/66/19
○國佐相靈公　7.10/70/5
○維婦寺　7.10/70/9
先是○　7.11/70/27
昏○　7.12/71/20
逢天○而生　7.13/72/5
是○惠后死久恩衰　7.13/72/10
亂（○）〔是〕用餕　7.14/73/7

寔 shí　4

○自有過　2.1/12/27
○亡周國　7.3/64/27
○生褒姒　7.3/65/13
本○先敗　7.11/71/6

實 shí　10

竭情盡○　1.14/12/2
具以○對　2.12/20/1
○穀不華　3.6/25/6
今陽子華而不○　3.6/25/6
遂語夫人其○焉　3.7/25/29
母意亦以初爲○　5.13/49/19
○初取之　5.13/49/21
○妾取之　5.13/49/22
夫人○不知也　5.13/49/23
○府庫　6.10/58/30

碩 shí　3

○人其頎　1.8/6/9
食我號曰伯○　3.10/28/8
〔伯○〕生時　3.10/28/8

識 shí　19

太任教之以一而○百　1.6/4/6
聰明遠○　1.7/6/1
可謂遠○矣　2.9/18/4
豫○難易　3/22/6

君子謂密母爲能○微　3.1/22/14
先○盛衰　3.1/22/19
○彼天道　3.2/23/10
君子善其慈惠而遠○也　3.3/23/23
君子謂僖氏之妻能遠○　3.4/24/10
維知○賢　3.7/26/5
君子謂臧孫母○高見遠　3.9/27/12
今無○也　3.13/30/5
子督先○　5.2/42/20
遇妻不○　5.9/47/11
魏之故臣見乳母而○之
　曰　5.11/48/8
君不知○矣　6.1/51/24
不見○也　6.11/59/19
子不○也　6.12/60/14
亦孔有○　6.15/63/8

史 shǐ　7

均可以爲內○　1.10/8/13
與太○、司載（科）
　〔糾〕虔天刑　1.10/8/20
楚○書曰　2.5/15/21
王顧謂○　5.4/43/12
王問周○　5.4/43/19
○曰　5.4/43/19,7.8/68/19

矢 shǐ　3

○著身者數十　5.11/48/16
舍○既鈞　6.3/53/11
以○其音　6.7/56/16

豕 shǐ　4

溲于○牢而生文王　1.6/4/5
宧有○心　3.10/28/5
謂之封○　3.10/28/5
是虎目而○（啄）〔喙〕
　　3.10/28/12

使 shǐ　183

○塗廩　1.1/1/11
父母○我塗廩　1.1/1/12
○舜浚井　1.1/1/13
堯○棄居稷官　1.2/2/2

堯〇爲司徒	1.3/2/18	謝〇者而不許也	2.15/21/27	〇奉其祀	4.12/38/21
晉侯〇郤犨爲請還	1.7/5/12	王〇聘焉	2.15/22/1	夫人欲〇靈氏受三不祥	
〇主社稷	1.7/5/17	王〇屈瑕爲將	3.2/22/24	耶	4.12/38/24
〇祝宗告亡	1.7/5/19	於是王〇賴人追之	3.2/22/27	〇婢子居內	4.12/38/26
余以巾櫛事先君而暴妾		如〇邊境有寇戎之事	3.3/23/17	我居內	4.12/38/30
〇余	1.7/5/21	視其所〇	3.4/24/7	〇相聘焉	4.14/39/28
〇無辱先	1.8/6/18	〇夫饋飡	3.4/24/15	今又〇妾去之	4.15/40/22
〇從大倫	1.9/7/22	公〇視之	3.7/25/26	遂〇養其姑	4.15/40/23
無可〇結之者	1.10/8/2	文仲將爲魯〇至齊	3.9/26/26	〇〇者賜之黃金四十斤	
〇吾子備官而未之聞耶	1.10/8/16	而〇子之齊	3.9/26/27		4.15/40/25
〇師尹維旅牧〔相〕	1.10/8/19	是必〇齊圖魯而拘汝留		寡君〇婢子侍執巾櫛以	
〇潔奉禘、郊之粢盛	1.10/8/20	之	3.9/27/1	固子也	5.3/42/28
〇無慆淫	1.10/8/22	文仲陰〇人遺公書	3.9/27/2	而〇別治蓋	5.5/44/18
將〇鱉長而食之	1.10/9/4	吾〇臧子之齊	3.9/27/6	〇人言于齊君曰	5.6/45/7
而〇夫人怒	1.10/9/5	〇援所危	3.9/27/17	〇廚人持斗以食代王及	
〇人請于王	1.11/9/27	平公強〇娶之	3.10/28/7	從者	5.7/45/21
母問〇者曰	1.11/9/27	可以三德〇民	3.11/28/27	〔母〕〇人喚婦	5.9/46/30
〇人數之曰	1.11/10/1	〇我終歲不食葵	3.13/30/7	〇媵婢取酒而進之	5.10/47/18
王〇人（往）〔注〕江		魏哀王〇〇者爲太子納		〇人陰問媵婢曰	5.10/47/21
之上流	1.11/10/2	妃而美	3.14/30/22	〇妾奉進	5.10/48/1
〇士卒飲其下流	1.11/10/3	會〇于齊	3.14/30/26	〇爲子師	5.11/48/18
夫〇人入于死地	1.11/10/5	孝成王〇括代廉頗爲將		而〇殺吾兄	5.14/50/11
于是〇少子僕	1.12/10/21		3.15/31/18	〇要其女爲中讟	5.15/50/26
〇人間視其居處	1.12/10/22	括不可〇將	3.15/31/19	〇臥他所	5.15/50/28
〇者還	1.12/10/23	魯〇大夫季文子如宋	4.2/32/28	〇管仲迎之	6.1/51/16
〇（明請）〔朝謁〕夫		〇下而有知	4.2/32/29	昔日公〇我迎甯戚	6.1/51/23
人	1.12/10/27	衛君〇人愬于齊兄弟	4.3/33/18	乃〇人盜之	6.2/52/11
而〇妾爲其繼母	1.13/11/15	〇人告女	4.3/33/18	其〇人盜奈何	6.2/52/12
〇其傅母通言于王曰	2.1/12/24	孝公〇駟馬立車載姬以		是故〇盜得盜妾之布	6.2/52/13
至〇君王失禮而晏朝	2.1/12/25	歸	4.6/35/6	是與〇人盜何以異也	6.2/52/13
厥〇治內	2.2/13/23	姬〇侍御者舒帷以自障		〇其夫爲弓	6.3/52/30
穆姬〇納群公子曰	2.4/14/21	蔽	4.6/35/6	〇人守之	6.4/53/20
〇兩君罷以玉帛相見	2.4/14/24	而〇傅母應〇者曰	4.6/35/6	〇吏拘之	6.4/53/21
〇人迎孫叔敖而進之	2.5/15/20	〇者馳以告公	4.6/35/9	鄭簡公〇大夫聘于荊	6.5/54/17
無〇君勞	2.5/15/22	〇者至 4.6/35/10、4.10/37/17		遇鄭〇者	6.5/55/3
而反欲〇吾爲見棄之行	2.7/16/26	〇守門	4.7/35/22	鄭〇折軸	6.5/55/3
何以〇人	2.8/17/10	〇〇者弔之于路	4.8/36/8	鄭〇慚去	6.5/55/3
〇三子下之	2.8/17/13	〇男女不親授	4.9/36/28	〇知其罪	6.7/56/5
楚王〇〇者持金百鎰、		若〇君王棄其儀表	4.9/37/2	將〇人祝祓以爲夫人	6.7/56/13
車二駟	2.13/20/13	〇〇者迎夫人	4.10/37/17	故〇至于反	6.8/56/30
〇者遂不得與語而去	2.13/20/14	今〇者不持符	4.10/37/18	長而不能〇者	6.8/57/1
欲〇我治淮南	2.13/20/16	妾不敢從〇者行	4.10/37/18	長又能〇	6.8/57/2
遣〇者持金、駟來聘	2.13/20/16	〇者曰	4.10/37/18	〇行不遷怒之德	6.8/57/5
君〇不從	2.13/20/20	妾知從〇者必生	4.10/37/19	而〇有司即窮驗問	6.9/57/19
楚王欲〇吾守國之政	2.14/21/7	〇者取符	4.10/37/20	〇竟其罪	6.9/57/19
〇〇者持金百鎰	2.15/21/22	〇大夫持金百鎰、白璧		〇妾不受父母之教	6.11/59/16
遣〇者持金來	2.15/21/24	一雙以聘焉	4.11/38/3	〇〇者以金百鎰往聘迎	

之	6.11/59/18	姬○良夫于蒯瞶	7.12/71/18
于是如故隨○者	6.11/59/19	○之出奔	7.12/71/28
乃○張儀間之	6.13/61/7	○人犯太子而陷之于罪	
○其左右謂王曰	6.13/61/7		7.15/73/20
今秦又○人重賂左右	6.13/61/9	而○王誅其良將武安君	
○遊五百里外	6.13/61/9	李牧	7.15/73/22
○人往問之	6.13/61/12		
○者報曰	6.13/61/12	**始 shǐ**	**14**
强秦○人內間王左右	6.13/61/20		
○王不改	6.13/61/20	元○二妃	1.1/1/24
不○貧妾得蒙見哀之恩		○往	1.8/6/6,7.8/68/19
	6.14/62/10	○即位	2.4/14/20
○諸君常有惠施于妾	6.14/62/10	○姜獨以衛爲有蘧伯玉	
○得自新	6.15/62/25	爾	3.7/25/27
○人裸形相逐其間	7.2/64/6	叔姬之○生叔魚也	3.10/28/11
王○婦人裸而謀之	7.3/64/25	○吾以子爲有知	3.13/30/5
王○執而戮之	7.3/64/28	故爲萬物○	3.14/31/4
公○伋子之齊	7.4/65/19	今大王亂人道之○	3.14/31/5
宣姜乃陰○力士待之界		○姜事其父	3.15/31/19
上而殺之	7.4/65/20	人倫之○也	4.1/32/12
○公子彭生抱而乘之	7.5/66/8	猶○于捋采之	4.4/34/2
公○大夫宗〔婦〕用幣		固人倫之○	4.9/36/28
見	7.6/66/20	○一日	6.12/60/15
遂○卜齮襲弒閔公于武			
闈	7.6/66/25	**士 shì**	**53**
若○太子主曲沃	7.7/67/11		
遂○太子居曲沃	7.7/67/12	鼇爾○女	1.4/3/6
驪姬乃○人以公命告太		達乎諸侯大夫及○庶人	1.6/4/19
子曰	7.7/67/21	子爲○	1.6/4/20
獻公○人謂太子曰	7.7/67/26	祭以○	1.6/4/20
○閻楚刺重耳	7.7/68/2	父爲○	1.6/4/20
○賈華刺夷吾	7.7/68/2	葬以○	1.6/4/20
○執季孫行父而止之	7.8/68/18	濟濟多○	1.10/8/8
繆姜○筮之	7.8/68/19	○朝而受業	1.10/8/23
欲○專魯	7.8/69/1	（則）〔列〕○之妻加	
乃○人徵賊泄冶而殺之	7.9/69/11	之以朝服	1.10/8/25
○壞後垣而出之	7.9/69/15	自庶○以下	1.10/8/25
○人召夏姬曰	7.9/69/19	○死之	1.10/9/7
巫臣○介歸幣於楚	7.9/69/20	○卒得無恙乎	1.11/9/28
○慶尅佐之	7.10/70/7	○卒并分菽粒而食之	1.11/9/28
國佐○人殺慶尅	7.10/70/8		1.11/10/4
○爲相室	7.11/70/28	使○卒飲其下流	1.11/10/3
成○人請崔邑以老	7.11/70/29	而○卒戰自五也	1.11/10/3
唯辱○者不可以已	7.11/71/3	王又以賜軍○	1.11/10/3
慶封乃○盧蒲嫳帥徒衆		良○休休	1.11/10/5
與國人焚其庫廄而殺		○卒菽粒	1.11/10/12
成、（姜）〔彊〕	7.11/71/3	咸爲魏大夫卿○	1.13/11/18

豈脩○大夫之費哉	1.14/12/1
吾聞○脩身潔行	1.14/12/2
○二	2.7/16/24
今吾夫誠○也	2.7/16/24
義○非禮不動	2.13/20/17
賢○也	2.14/21/4
令兵○無敢入	3.4/24/9
○民之扶老攜幼而赴其	
闈者	3.4/24/10
厚○大夫而後之齊	3.9/27/2
言趣饗戰鬭之○而繕甲	
兵也	3.9/27/8
盡以與軍吏○大夫	3.15/31/20
○庶人外淫者宮割	4.9/36/30
觀○大夫逐者	5.4/43/9
故○民盡力而不畏死	5.5/44/7
多殺○民	5.5/44/12
軍○引弓將射之	5.6/45/1
而況于朝臣○大夫乎	5.6/45/8
關候○吏搜索	5.13/49/15
選○大夫齋戒沐浴	6.7/56/8
○長問其故	6.8/56/26
○長爲之言于襄子	6.8/56/27
亡○嘆市	6.9/57/26
而有道之○歸之	6.12/60/25
而勇○死之	6.12/60/25
〔四方之○多歸於〕齊	
〔而〕國以治〔也〕	
	6.12/60/26
諫○剆囚	7.2/64/17
宣姜乃陰使力○待之界	
上而殺之	7.4/65/20
陰設力○	7.4/65/29
以魯○晉爲內臣	7.8/68/18
○之耽兮	7.8/68/26
以戲○民	7.9/69/9
姬杖戈先太子與五介胄	
之○	7.12/71/20
養○欲殺春申君以滅口	7.14/73/4

氏 shì	**62**
有娀○之長女也	1.3/2/15
塗山○長女也	1.4/3/3
有藝○之女也	1.5/3/15
有（呂）〔台〕○之女	1.6/3/27
摯任○中女也	1.6/4/4

禹后有（娶）〔莘〕姒		既有狂夫昭○在內矣	6.5/54/24	可易也	3.6/25/9
○之女	1.6/4/12	遂殺子般于黨○	7.6/66/24	子束髮辭親往○	5.9/47/1
季○之婦不淫矣	1.10/9/2	靈公與二子飲於夏○	7.9/69/11	秋胡西○	5.9/47/11
公父○之婦知矣	1.10/9/10	驟如崔○	7.11/70/20	自衛○于周	5.10/47/16
季○之婦可謂知禮矣	1.10/9/11	公請于崔○曰	7.11/70/24	此甯戚之欲得○國家也	6.1/51/26
敬姜嘗如季○	1.10/9/12	公又請于崔○之宰曰	7.11/70/25		
子將庀季○之政焉	1.10/9/16	崔○之宰曰	7.11/70/26	**世 shì**	**38**
魏孟陽○之女	1.13/11/10	崔○射（中公）〔公中〕			
姜○之德行	2.1/13/1	踵	7.11/70/27	其後○○居稷	1.2/2/4
妾告姜○	2.3/14/1	陰與崔○爭權	7.11/71/1	其後○○居亳	1.3/2/20
姜〔○〕殺之	2.3/14/1	愬之于慶○	7.11/71/2	子之家○○尊榮	1.8/6/7
吾食舅○之肉	2.3/14/7	崔○之妻曰	7.11/71/4	爲當○冠	1.9/7/22
太子蕃思母之恩而送其		崔○遂滅	7.11/71/11	何以立於○	1.13/11/16
舅○也	2.4/14/27	姬與孔○之豎渾良夫淫		知○紀綱	2/12/18
我送舅○	2.4/15/1		7.12/71/18	足以立于○矣	2.2/13/18
君姬○之愛子也	2.8/17/15	良夫乃與蒯瞶入舍孔○		亂不長○	2.3/14/5
微君姬○	2.8/17/15	之圃	7.12/71/19	生于亂○	2.6/16/8
趙衰姬○	2.8/17/21			名傳于後○	2.9/17/29
姓（魏）〔隗〕○	3.1/22/11	**示 shì**	**5**	今當亂○	2.10/18/15
君子謂僖○之妻能遠識	3.4/24/10			乃下○兮	2.10/18/20
僖○之妻	3.4/24/15	斷機○焉	1.9/7/22	萊子逃○	2.14/21/3
母○聖善	3.5/24/25	已而（閑）〔開〕圍○		逃○山陽	2.14/21/17
一姓楊○	3.10/27/22	之株	3.11/28/28	妻曰○亂	2.14/21/17
叔向欲娶于申公巫臣○		顯○後人	4.14/40/10	亂○多害	2.15/21/27
夏姬之女	3.10/27/30	○以封爵之重	5.2/42/2	懼○亂煩	2.15/22/1
吾戀舅○矣	3.10/28/1	以爲○	6.15/62/26	若今之○	3.3/23/17
昔有仍○生女	3.10/28/4			○家子也	3.9/27/5
今將滅羊舌○者	3.10/28/9	**市 shì**	**9**	後○稱誦	4.1/32/21
羊舌○由是遂滅	3.10/28/10			則無以生○	4.9/37/3
遂族邢侯○	3.10/28/15	舍○傍	1.9/6/24	封靈王○家	4.12/38/20
晉范○母者	3.11/28/25	妻從○來	2.13/20/14	而名立于（夫）〔後〕	
其三子遊于趙○	3.11/28/25	門外成○	3.4/24/10	○矣	4.12/39/2
終滅范○者	3.11/29/2	而尸叔魚與雍子于○	3.10/28/15	將何以立于○	4.15/40/21
其後智伯滅范○	3.11/29/3	屠牛于朝歌○	6.1/51/20	以爲○基	5/41/7
君子謂范○母爲知難本	3.11/29/3	亡士嘆○	6.9/57/26	何以居于○哉	5.8/46/14
范○之母	3.11/29/8	○爲之罷	6.9/57/26	爲○所傳	5.13/50/2
華○之長女	4.6/34/27	感動城○	6.9/57/26	雖生不可以行于○	5.15/50/27
乃脩禮親迎于華○之室	4.6/34/29	顯之于朝○	6.9/57/30	爲○所誦	6/51/11
姬○蘇	4.6/35/11			〔○習舟楫之事〕	6.7/56/7
夫人欲使靈○受三不祥		**仕 shì**	**10**	亂及五○	7.4/65/24
耶	4.12/38/24			五○不寧	7.4/65/29
臧○之寡也	5.1/41/11	不擇官而○	2.6/16/5	亂及五○然後定	7.7/68/5
臧○之母	5.1/41/22	然而○者	2.6/16/8	五○亂昏	7.7/68/10
謂嬴○曰	5.3/42/26	鮑蘇○衛三年	2.7/16/19	二女爲亂五○	7.12/71/23
嬴○對曰	5.3/42/27	○于下位	2.10/18/17		
有娶○之媵臣也	6.1/51/21	雖欲進○	2.13/20/27		
昭○之妻也	6.5/54/17	子之（○）〔性〕固不			

式 shì	10	合家○于內朝	1.10/9/15	詳錄其○	4.2/33/12
		歲祀禮○畢	1.12/10/17	無違宮○	4.6/35/1
當爲人表○	1.8/6/8	歸辨家○	1.12/10/21	犯誅絕之○	4.9/37/2
嘉賓○讌以樂	1.10/9/6	家○甚理	1.12/10/22	豈獨○生若此哉	4.11/38/8
○穀似之	1.11/10/7	臘（月）〔日〕禮畢○		傅妾○夫人	4.12/38/21
古訓是○	2.7/16/28	間	1.12/10/25	子奉祀而妾○我	4.12/38/22
○路馬	3.7/25/24	一心可以○百君	1.13/11/21	且吾聞主君之母不妾○	
○救爾後	3.11/29/4	百心不可以○一君	1.13/11/21	人	4.12/38/22
○微○微	4.5/34/15	非義之○	1.14/12/2	妾聞忠臣（下）〔○〕	
作詩《○微》	4.5/34/22	夫爲人臣而○其君	1.14/12/4	君	4.12/38/26
寇攘○內	7.13/72/14	猶爲人子而○其父也	1.14/12/4	受嚴命而○夫	4.15/40/18
		忠孝之○	1.14/12/13	何以○王	5.2/42/3
事 shì	120	咸曉○理	2/12/18	其後（商）〔商〕臣以	
		○非禮不言	2.1/12/23	子上救蔡之○	5.2/42/6
承○瞽叟以孝	1.1/1/9	遂復姜后而勤于政○	2.1/12/27	吾聞婦人之○	5.2/42/7
二女承○舜於畎畝之中	1.1/1/10	若○有濟	2.3/14/6	昔敝邑寡君固以衆黎民	
每○常謀于二女	1.1/1/17	勤於政○	2.5/15/12	之役○君王之馬足	5.4/43/11
○瞽叟猶若焉	1.1/1/18	執○有恪	2.5/15/23	三年不聽政○	5.4/43/14
以尊○卑	1.1/1/24	妻恐其懈于王○	2.6/16/3	義者不虛設其○	5.4/43/24
簡狄性好人○之治	1.3/2/17	非舜之○	2.6/16/5	背故君而○強暴	5.5/44/13
教以○理	1.3/2/26	凡○遠（周）〔害〕	2.6/16/14	○君	5.5/44/15
太王謀○遷徙	1.6/3/28	以○夫室	2.7/16/22	無○君之禮	5.5/44/16
而謀○次之	1.6/3/29	以○舅姑	2.7/16/22	○代王	5.7/45/22
道正○	1.6/4/8	○姑愈謹	2.7/16/27	夫○親不孝	5.9/47/3
未嘗見邪辟之○	1.6/4/16	躬○叔隗	2.8/17/21	則○君不忠	5.9/47/3
余以巾櫛○先君而暴妾		○明主	2.12/19/28	主父弟聞其○	5.10/47/20
使余	1.7/5/21	妾○先生	2.13/20/18	汝知其○	5.10/47/21
君子謂定姜達於○情	1.7/5/25	故臨武○	3.2/23/3	他人無○不得往	5.11/48/19
子之質聰達于○	1.8/6/8	見○所興	3.2/23/10	守節執○	5.11/48/24
嬉遊爲墓間之○	1.9/6/23	如使邊境有寇戎之○	3.3/23/17	季兒兄季宗與延壽爭葬	
其嬉戲爲買人衒賣之○	1.9/6/24	敬以○上	3.7/25/25	父	5.14/50/6
師○子思	1.9/7/3	君子謂仲子明於○理	3.8/26/16	○兄之讎	5.14/50/9
若○父兄	1.10/8/1	其于斯發○乎	3.9/26/28	敢問國家之○耶	6.1/51/18
于是乃擇嚴師賢友而○		攘羊之○發	3.10/27/27	〔世習舟楫之○〕	6.7/56/7
之	1.10/8/6	羊舌子不與攘羊之○矣		破胡賂執○者	6.9/57/19
其以歌爲不能○主乎	1.10/8/15		3.10/27/28	執○者誣其詞而上之	6.9/57/19
與百官之政○	1.10/8/19	一何不達人○也	3.12/29/16	姬列其○	6.9/58/6
宣（敬）〔敦〕民○	1.10/8/19	而外不達人○	3.12/29/16	皆棄○來觀	6.11/59/13
夜庀其家○	1.10/8/22	婦人之○	3.12/29/17	然後能成其○、就其功	
社而賦○	1.10/8/26	不達於人○	3.12/29/18		6.12/60/20
朝夕處○	1.10/8/27	不達人○而相國	3.12/29/19	敬而○之	6.12/60/26
婦無公○	1.10/9/2	君子謂公乘姒緣○而知		欲言隱○于王	6.13/61/14
言婦人以織績爲公○者		弟之遇禍也	3.12/29/20	爲王陳節儉愛民之○	6.13/61/26
也	1.10/9/2	明○分禮	3.12/29/27	長爲妾役之○	6.14/62/10
天子及諸侯合民○〔于		始妾○其父	3.15/31/19	可謂得○之宜矣	6.15/63/3
外朝〕	1.10/9/14	不問家○	3.15/31/21	以免父○	6.15/63/8
〔合神○〕于內朝	1.10/9/14	《春秋》詳錄其○	4.2/33/4	不恤國○	7.3/65/3

貞、○之幹也	7.8/68/22
亦以○喪	7.10/70/15
請改心○吾子	7.11/70/24
吾○夫子	7.11/71/2
君〔貴〕用○（又）	
〔久〕	7.14/72/26
而李園貴用○	7.14/73/4

侍 shì　　8

雖妾亦無以○執巾櫛	2.8/17/10
○者謁之叔姬曰	3.10/28/8
姬使○御者舒帷以自障	
蔽	4.6/35/6
寡君使婢子○執巾櫛以	
固子也	5.3/42/28
令尹○焉	6.2/52/10
○明王之讌	6.9/57/21
公以崔子之冠賜○人	7.11/70/21
○臣不敢聞命	7.11/70/26

恃 shì　　2

亦誠足○	5.1/41/22
〔而〕忽所（時）〔○〕	
	6.10/58/23

是 shì　　208

上帝○依	1.2/2/5
○先君宗卿之嗣也	1.7/5/12
正○四國	1.7/5/15
○爲獻公	1.7/5/15
○將敗衛國	1.7/5/16
孫文子自○不敢舍其重	
器于衛	1.7/5/17
○不貴德也	1.8/6/9
○以居則安寧	1.9/7/1
○不免于厮役	1.9/7/1
○客妾也	1.9/7/6
于○孟母召孟子而謂之曰	1.9/7/7
○以憂也	1.9/7/13
惟酒食○議	1.9/7/16
○以日益而不自知也	1.10/8/5
于○乃擇嚴師賢友而事	
之	1.10/8/6
○故天子大采朝日	1.10/8/18

以○承君之官	1.10/9/1
○昭吾子	1.10/9/9
子發于○謝其母	1.11/10/7
于○使少子僕	1.12/10/21
于○大夫召母而問之曰	
	1.12/10/23
○以問也	1.12/10/24
于○	1.13/11/12,4.10/37/20
	5.1/41/17,5.2/41/29
今子反○	1.14/12/5
○爲人子不孝也	1.14/12/5
○以請也	2.2/13/15
○釋衛也	2.2/13/16
○爲文公	2.3/14/8,7.7/68/5
○爲晉文公	2.4/14/27
○蔽君而塞賢路	2.5/15/18
○不忠	2.5/15/18
○不智也	2.5/15/18
于○避舍	2.5/15/20
君子以○知周南之妻而	
能匡夫也	2.6/16/9
古訓○式	2.7/16/28
威儀○力	2.7/16/28
○謂嬰害	2.9/17/28
○謂積殃	2.9/17/28
○有餘貴也	2.11/19/10
○有餘富也	2.11/19/11
妾○以去也	2.12/19/26
○懷晏子之智	2.12/19/27
于○其夫乃深自責	2.12/19/28
于○晏子賢其能納善自	
改	2.12/20/1
于○子終出	2.15/21/27
於○王使賴人追之	3.2/22/27
曾○莫聽	3.2/23/1
維○四方之故	3.3/23/17
衛侯於○悔不用其言	3.3/23/20
惟德○輔	3.5/24/24
○以禍及其身	3.6/25/7
于○爲大會	3.6/25/8
○以知之	3.7/25/26
○君有二〔賢〕臣也	3.7/25/28
妾○以賀	3.7/25/28
○專繼諸侯	3.8/26/13
○必使齊圖魯而拘汝留	
之	3.9/27/1
于○文仲託于三家	3.9/27/2

于○召而語之曰	3.9/27/5
○善告妻善養母也	3.9/27/9
○有木治（保）〔係〕	
于獄矣	3.9/27/10
於○以臧孫母之言	3.9/27/11
○于夫子不容也	3.10/27/24
于○乃盛以甒	3.10/27/27
今○鄭穆少妃姚子之子	3.10/28/3
而天鐘美于○	3.10/28/4
將必以○大有敗也	3.10/28/4
夒用不祀	3.10/28/6
皆○物也	3.10/28/6
必○子也	3.10/28/9,3.11/29/2
羊舌氏由○遂滅	3.10/28/10
○虎目而豕（啄）〔喙〕	
	3.10/28/12
○不可饜也	3.10/28/12
○民一悅矣	3.11/28/28
○故必十五而筓	3.14/30/28
○以本立而道生	4.1/32/13
于○莊公乃還車	4.8/36/10
○以明王之制	4.9/36/28
于○吳王慚	4.9/37/4
○我幸也	4.12/38/23
○一不祥也	4.12/38/25
○二不祥也	4.12/38/25
○三不祥也	4.12/38/26
○不信也	4.14/40/1
○不貞也	4.14/40/2
于○相以報	4.14/40/4
○明夫之不肖	4.15/40/22
○爲懿公	5.1/41/12
○爲孝公	5.1/41/17
則○失儀節也	5.2/42/1
則○妾貪貴樂利以忘義	
理也	5.2/42/2
○白黑顛倒	5.2/42/9
○時	5.2/42/14
○吾不肖	5.3/42/28
○棄君也	5.3/42/29
○負妻之義也	5.3/42/29
于○王寤	5.4/43/17
○害王身	5.4/43/19
庸爲去○身乎	5.4/43/20
以○妾願從王矣	5.4/43/21
○以不敢許	5.4/43/21
○彰孤之不德也	5.4/43/23

○爲惠王	5.4/43/27	如○見王	6.11/59/18	○時惠后死久恩衰	7.13/72/10
○以戰勝攻取	5.5/44/8	于○如故隨使者	6.11/59/19	子何○成	7.13/72/18
○以不死	5.5/44/11	于○諸夫人皆大慚	6.11/59/27	則○君之子爲王也	7.14/73/2
○也	5.6/44/30	相國○也	6.12/60/16	○爲幽王	7.14/73/5
夫如○	5.6/45/5	○外比內比也	6.12/60/21	○爲哀王	7.14/73/5
于○齊將按兵而止	5.6/45/7	○時莊姪年十二	6.13/61/8	亂（時）〔○〕用餕	7.14/73/7
○縱有罪也	5.8/46/7	○何言與	6.14/62/7	○爲幽閔王	7.15/73/21
○誅無辜也	5.8/46/7	○時肉刑尙在	6.15/62/22		
○以私愛廢公義也	5.8/46/13	自○之後	6.15/63/2,7.3/65/8	**室 shì**	**43**
○欺死者也	5.8/46/13	指○爲非	7/63/13		
○忘母也	5.9/47/2	于○湯受命而伐之	7.1/63/23	周○三母	1.6/5/3
○污行也	5.9/47/2	姦宄○用	7.1/63/29	將入私○	1.9/7/5
惟○褊心	5.9/47/6	于○剖心而觀之	7.2/64/10	私○不與焉	1.9/7/6
○以爲刺	5.9/47/6	于○武王遂致天之罰	7.2/64/11	今者妾竊墮在○	1.9/7/6
○無禮也	5.10/47/23	○女也	7.2/64/12	故能存周○	1.10/8/4
○逆禮也	5.10/47/24	亂○用暴	7.2/64/13	王○如毀	2.6/16/9
安知孰○	5.13/49/25	惑亂○修	7.2/64/17	以事夫○	2.7/16/22
則○矣	5.15/50/28	先○有童謠曰	7.3/64/27	豈以專夫○之愛爲善哉	2.7/16/23
由○觀之	6.1/51/20	唯褒姒言○從	7.3/65/6	而扼夫○之好	2.7/16/23
	6.1/51/21,6.1/51/22	于○諸侯乃即申侯而共		吾姒不教吾以居○之禮	2.7/16/26
	6.1/51/22,6.11/59/27	立故太子宜臼	7.3/65/8	葭墻蓬○	2.14/21/3
于○管仲乃下席而謝曰	6.1/51/22	○爲平王	7.3/65/8	蓬萭爲○	2.14/21/17
○故憂之	6.1/51/24	○爲惠公	7.4/65/24,7.7/68/4	去而之三○之邑	3.10/27/23
○故使盜得盜妾之布	6.2/52/13	○男女無別也	7.6/66/21	三○之邑人	3.10/27/23
○與使人盜何以異也	6.2/52/13	○爲閔公	7.6/66/24	去之三○之邑	3.10/27/24
令尹獨何人而不以○爲		慶父○依	7.6/67/1	又不容于三○之邑	3.10/27/24
過也	6.2/52/16	于○驪姬乃說公曰	7.7/67/9	漆○女者	3.13/30/3
○用大諫	6.2/52/21	于○秦立夷吾	7.7/68/4	魯漆○邑之女也	3.13/30/3
○君〔之〕不能射也	6.3/53/7	○爲懷公	7.7/68/4	漆○女曰	3.13/30/5,3.13/30/6
于○衍醉而傷槐	6.4/53/21	○背君也	7.8/68/17	漆○女之思也	3.13/30/12
○先犯我令	6.4/53/21	○謂《艮》之《隨》	7.8/68/20	漆○之女	3.13/30/15
○逆民之明者也	6.4/54/5	○于《周易》曰	7.8/68/20	大王及宗○所賜幣者	3.15/31/20
○賊民之深者也	6.4/54/6	○以雖《隨》無咎	7.8/68/22	○家不足	4.1/32/15
○究○圖	6.4/54/8	宣伯○阻	7.8/69/1	乃脩禮親迎于華氏之○	4.6/34/29
○以敗子（夫）〔大〕		○爲成公	7.9/69/14	彀則異○	4.7/35/24
夫之車	6.5/54/19	○貪色也	7.9/69/15	詣其○	4.8/36/10
○殺不辜也	6.7/56/5	○不祥人也	7.9/69/16	入厥宮○	4.9/37/11
于○襄子見而問之曰	6.8/56/28	何必取○	7.9/69/17	衛宗○靈王之夫人（而）	
○以言妾無罪也	6.8/57/4	鮑牽○疾	7.10/70/14	及其傅妾也	4.12/38/20
于○王大寤	6.9/57/30	先○時	7.11/70/27	爲孺子○于宮	5.11/48/18
于○乃拂拭短褐	6.10/58/13	于○二子歸殺棠毋咎、		皆居子○以養全之	5.11/48/19
于○宣王乃召見之	6.10/58/16	東郭偃于崔子之庭	7.11/71/1	極宮○之觀	6.4/54/5
于○宣王喟然而嘆曰	6.10/58/28	毋咎○依	7.11/71/10	出令卑宮○	6.11/59/28
于○（折）〔拆〕漸臺		○爲出公	7.12/71/17	宮○相望	6.13/61/8
	6.10/58/29	○爲莊公	7.12/71/21	夫一○之中	6.14/62/9
○奔女也	6.11/59/16	宋朝○親	7.12/71/28	造瓊○瑤臺以臨雲雨	7.1/63/22
于○王遣歸	6.11/59/17	○爲惠文王	7.13/72/8	男有○	7.5/66/6

盡與其〇俱　　7.9/69/19
而分其〇　　7.9/69/21
其〇比于公宮　　7.11/70/20
使爲相〇　　7.11/70/28
東郭姜殺一國君而滅三
　〇　　7.11/71/5
主父從旁觀窺群臣宗〇
　〔之禮〕　　7.13/72/9

拭 shì　　1

于是乃拂〇短褐　　6.10/58/13

逝 shì　　1

今遂〇兮　　2.10/18/20

視 shì　　23

目不〇惡色　　1.6/4/5
目不〇于邪色　　1.6/4/7
〇必下　　1.9/7/8
今諸子許我歸〇私家　　1.12/10/20
使人間〇其居處　　1.12/10/22
從諸子謁歸〇私家　　1.12/10/25
〇爾不臧　　3.3/23/22
〇其父　　3.4/24/7
〇其所使　　3.4/24/7
公使〇之　　3.7/25/26
發而〇之　　3.10/27/28
叔姬往〇之　　3.10/28/8
而〇之曰　　3.10/28/11
吏無敢仰〇之者　　3.15/31/21
乃曰〇便利田宅可買者
　〔買之〕　　3.15/31/22
不能無義而〇魯國　　5.6/45/6
善養〇之　　5.8/46/12
善〇汝兩弟　　5.14/50/13
明而〇之　　5.15/50/29
王〇其詞　　6.9/57/20
曾不一〇　　6.11/59/13
墻欲內崩而王不〇　　6.13/61/15
墻欲內崩而王不〇者　　6.13/61/17

弒 shì　　8

而〇死于外　　6.11/59/30

遂使卜齮襲〇閔公于武
　闈　　7.6/66/25
而楚穆〇成　　7.7/67/19
〇父以求利　　7.7/67/25
果〇申生　　7.7/68/10
〇靈公　　7.9/69/16
遂〇公　　7.11/70/27
宗族滅〇　　7.14/73/12

勢 shì　　3

吾〇不可以生　　5.12/49/2
〔其〕佞臣周破胡專權
　擅〇　　6.9/57/16
以觀其〇　　6.13/61/10

筮 shì　　2

卜〇禋祀　　1.2/1/30
繆姜使〇之　　7.8/68/19

試 shì　　7

堯〇之百方　　1.1/1/17
爾〇聽之　　3.6/25/8
君何不〇召而問焉　　3.9/27/5
孰能以身（〇）〔誠〕　　5.2/42/15
〇問其母　　5.8/46/8
〇一行之　　6.10/58/19
不可不〇也　　7.7/67/23

飾 shì　　16

遂自脩（餝）〔〇〕　　1.3/2/26
〇在輿馬　　1.8/6/9
至言不（餝）〔〇〕　　3.6/25/6
內（餝）〔〇〕則結紐
　綢繆　　4.6/35/7
不敢〇非　　6.9/58/1
幕絡連〇　　6.10/58/25
不〇耳　　6.11/59/21
夫〇與不〇　　6.11/59/22
夫〇〔與不〇〕相去千
　萬　　6.11/59/22
堯、舜自〇以仁義　　6.11/59/24
桀、紂不自〇以仁義　　6.11/59/25
〇與不〇　　6.11/59/27

辨足以（餝）〔〇〕非　　7.2/64/3

適 shì　　10

自夏〇殷　　1.5/3/22
〇房中　　2.1/12/29
〇齊　　2.3/13/29
過時未〇人　　3.13/30/3
〇人之道　　4.4/34/1
納其〇妃　　4.7/36/3
孔子南遊〔〇楚〕　　6.6/55/8
以〇褒姒之意　　7.3/65/3
國〇以亡　　7.6/67/1
驟廢后〇　　7.15/73/28

餝 shì　　4

遂自脩（〇）〔飾〕　　1.3/2/26
至言不（〇）〔飾〕　　3.6/25/6
內（〇）〔飾〕則結紐
　綢繆　　4.6/35/7
辨足以（〇）〔飾〕非　　7.2/64/3

諡 shì　　8

夫子之（諡）〔〇〕　　2.10/18/21
何以爲〇　　2.11/19/7
以「康」爲〇　　2.11/19/8
何樂于此而〇爲「康」
　乎　　2.11/19/9
其〇爲「康」　　2.11/19/12
猶〇曰「康」　　2.11/19/18
早成其號〇　　3.14/30/28
故〇曰繆　　7.8/68/15

釋 shì　　18

是〇衛也　　2.2/13/16
遂〇其弟　　2.4/15/6
卒獨見〇　　3.4/24/16
皆不〇兵　　4.9/37/5
殆可〇矣　　4.14/40/4
必寤太子之不可〇也　　5.2/42/13
今〇之　　5.6/45/3
遂〇不殺其夫　　5.15/50/30
公遂〇之　　6.3/53/15
〇僕執妾　　6.5/54/21

遂○之 6.5/54/23,6.8/57/4
遂○不誅 6.7/56/6
罰既○兮瀆乃清 6.7/56/12
遂○不論 6.8/57/10
已而○之 7.1/63/23
遂○褒姁 7.3/65/1
殆將○君乎 7.7/67/20

收 shōu 9

乃○以歸 1.2/2/1
乃復○恤 1.2/2/10
其妻○喪 4.8/36/20
○子之齎與笥金 5.9/46/29
身死家○ 6.8/56/25
遂起兵○故侵地 6.9/57/30
○倡優、侏儒、狎徒、能爲奇偉戲者 7.1/63/18
○珍物 7.2/64/5
未及○髮 7.11/70/23

手 shǒu 11

○足矜動者 2.2/13/14
（○）〔首〕足不盡斂 2.11/19/5
死則○足不斂 2.11/19/9
左○如拒〔石〕 6.3/53/8
右（乎）〔○〕如附枝 6.3/53/8
右○發之 6.3/53/9
左○不知 6.3/53/9
舉○拊膝曰 6.10/58/21
攜○同歸 6.13/61/27
○格猛獸 7.2/64/3
毋必假○於武王以廢其祀 7.7/67/18

守 shǒu 33

敬姜○養 1.10/7/28
諸婦其愼房戶之○ 1.12/10/21
獨○宗廟 2.14/21/5
不足○政 2.14/21/6
○國之孤 2.14/21/6
楚王欲使吾○國之政 2.14/21/7
○節持義 4.1/32/15
不如○義而死 4.2/33/3
○禮一意 4.2/33/11
卒○死君 4.3/33/25
夫人○一 4.5/34/23
使○門 4.7/35/22
楚王賢其夫人○節有義 4.7/35/26
妾以死○之 4.9/37/3
伯嬴自○ 4.9/37/11
○一節而已 4.10/37/19
○義死節 4.10/37/21
夫人○節 4.10/37/27
妾願○其墳墓 4.11/38/6
吳王賢其○節〔而〕有義 4.11/38/9
○寡紡績 4.11/38/15
夫人無子而○寡 4.12/38/21
豈若○順而死哉 4.12/38/30
其子泣而（○）〔止〕之 4.12/39/1
○養其孤幼 4.14/39/29
淮陽（大）〔太〕○以聞 4.15/40/24
貴其○忠死義 5.11/48/16
○節執事 5.11/48/24
使人○之 6.4/53/20
○國之大殃也 6.4/54/4
景公即時命罷○槐之役 6.4/54/6
君子謂莊姪雖違于禮而終○以正 6.13/61/26
高子、鮑子處內○ 7.10/70/5

首 shǒu 11

諸子皆頓○許諾 1.12/10/19
姤正爲○ 2.7/16/25
（手）〔○〕足不盡斂 2.11/19/5
曹必爲○〔誅也〕 3.4/24/6
兩頭岐○ 3.5/24/29
狐死○丘 5.3/42/26
我其○晉而死 5.3/42/27
東○臥 5.15/50/28
居樓上東○ 5.15/50/29
北面稽○曰 6.4/53/29
頓○司馬門外 6.10/58/14

受 shòu 48

武王末○命 1.6/4/18
反思其○教之時 1.6/4/24
不爲苟得而○賞 1.9/7/12
文伯再拜○教 1.10/8/14
士朝而○業 1.10/8/23
酢不○ 1.10/9/17
○下吏之貨金百鎰 1.14/11/30
誠○之于下 1.14/12/1
況於○金乎 1.14/12/9
責子○金 1.14/12/13
君子○祿 1.14/12/13
大夫○命 2.6/16/3
先生辭而不○ 2.11/19/11
若○人重祿 2.13/20/19
○人官祿 2.14/21/9
○粲不歸 3.1/22/19
公子○飧反璧 3.4/24/9
羊舌子不○ 3.10/27/23
不如○之 3.10/27/24
羊舌子○之 3.10/27/25
吾○之 3.10/27/28
卒○爲相 3.12/29/20
○命之日 3.15/31/21
非所敢○命也 4.6/35/8
（○）坐不同席 4.9/36/29
夫人欲使靈氏○三不祥耶 4.12/38/24
不○梁聘 4.14/40/9
○嚴命而事夫 4.15/40/18
夫○人之託 4.15/40/19
寡君○之太廟也 5.4/43/16
吾○先君之命 5.7/45/22
相○其言 5.8/46/10
今既○人之託 5.8/46/12
不肯○ 6.2/52/19
寡人敬○命 6.4/54/6
（授）〔○〕子貢觴 6.6/55/12
何敢○子 6.6/55/19
御釐○福 6.7/56/3
有司○賂 6.9/57/25
妾○父母教採桑 6.11/59/13
不○教觀大王 6.11/59/14
使妾不○父母之教 6.11/59/16
于是湯○命而伐之 7.1/63/23
武王遂○命興師伐紂 7.2/64/10
幽王○而嬖之 7.3/65/1
驪姬○福 7.7/67/22
多○秦賂 7.15/73/22
○賂亡趙 7.15/73/28

狩 shòu	1
好○獵	2.5/15/11

售 shòu	2
衒嫁不○	6.10/58/13
齊之不○女也	6.10/58/14

授 shòu	9
君嘗欲○之政	2.11/19/10
可○以官祿者	2.14/21/9
使男女不親○	4.9/36/28
抽觴以○子貢	6.6/55/9
（○）〔受〕子貢觴	6.6/55/12
禮不親○	6.6/55/13
抽琴去其軫以○子貢	6.6/55/13
抽絺綌五兩以○子貢	6.6/55/16
君何不老而○之政	7.7/67/20

壽 shòu	17
不死必○	3.5/24/29
（邰）〔郃〕陽邑任延	
○之妻也	5.14/50/6
季兒兄季宗與延○爭葬	
父事	5.14/50/6
延○與其友田建陰殺季	
宗	5.14/50/7
〔延〕○會赦	5.14/50/7
延○曰	5.14/50/8,5.14/50/10
延○慚而去	5.14/50/12
生○及朔	7.4/65/19
宣姜欲立○	7.4/65/19
乃與○弟朔謀構伋子	7.4/65/19
○聞之	7.4/65/20
○度太子必行	7.4/65/21
○已死矣	7.4/65/22
伋子以○爲己死	7.4/65/23
欲立子○	7.4/65/29
○乃俱死	7.4/65/29

獸 shòu	6
鳥○覆翼	1.2/2/10
乃不食禽○之肉	2.5/15/11

鳥○之智	2.6/16/7
鳥○之解毛	2.14/21/11
夫○三爲群	3.1/22/12
手格猛○	7.2/64/3

叔 shū	57
次則管○鮮	1.6/4/15
次則蔡○度	1.6/4/15
次則曹○振鐸	1.6/4/15
次則霍○武	1.6/4/15
次則成○處	1.6/4/15
次則康○封	1.6/4/16
季康子之從祖○母也	1.10/7/27
文伯飲南宮敬○酒	1.10/9/3
使人迎孫○敖而進之	2.5/15/20
狄人入其二女○（隗）	
〔隈〕、季隈于公子	2.8/17/6
公以○（隈）〔隗〕妻	
趙衰	2.8/17/7
乃逆○隗與盾來	2.8/17/13
以○隗爲內婦	2.8/17/14
躬事○隗	2.8/17/21
楚令尹孫○敖之母也	3.5/24/20
○敖爲嬰兒之時	3.5/24/20
及○敖長	3.5/24/24
君子謂○敖之母知道德	
之次	3.5/24/24
○敖之母	3.5/24/29
○敖見蛇	3.5/24/29
○姬者	3.10/27/22
○向、○魚之母也	3.10/27/22
○向名肸	3.10/27/22
○魚名鮒	3.10/27/22
○姬曰	3.10/27/24
	3.10/27/25,3.10/28/1
君子謂○姬爲能防害遠	
疑	3.10/27/29
○向欲娶于申公巫臣氏	
夏姬之女	3.10/27/30
○姬不欲娶其族	3.10/27/30
○向曰	3.10/27/30,3.10/28/14
○向懼而不敢娶	3.10/28/7
侍者謁之○姬曰	3.10/28/8
○姬往視之	3.10/28/8
君子謂○姬爲能推類	3.10/28/10
○姬之始生○魚也	3.10/28/11

及○魚長	3.10/28/13
雍子入其女於○魚以求	
直	3.10/28/13
邢侯殺○魚與雍子于朝	
	3.10/28/14
而尸○魚與雍子于市	3.10/28/15
○魚卒以貪死	3.10/28/15
○姬可謂知矣	3.10/28/15
○向之母	3.10/28/20
○魚食我	3.10/28/20
○兮伯兮	3.12/29/22
昔孫○敖之爲令尹也	6.2/52/12
而得孫○敖	6.12/60/23
與其弟○姜俱	7.6/66/20
通于二○公子慶父、公	
子牙	7.6/66/23
立○姜之子	7.6/66/24
延及二○	7.6/67/1
繆姜通于○孫宣伯	7.8/68/16
〔御○之妻〕也	7.9/69/6
殺御○	7.9/69/16

姝 shū	2
彼○者子	1.9/6/27,1.9/7/4

殊 shū	1
○橚枷	4.9/36/29

書 shū	20
楚史○曰	2.5/15/21
左琴右○	2.15/21/25,2.15/22/1
《○》不云乎	3.5/24/23
文仲陰使人遺公○	3.9/27/2
恐得其○	3.9/27/3
今特○來云爾	3.9/27/6
母說其○	3.9/27/17
負因款王門而上○○	3.14/30/26
括母上○言于王曰	3.15/31/18
括母獻○	3.15/32/1
○之	5.4/43/12
《周○》曰	5.5/44/14,6.5/54/20
關吏執筆○劾	5.13/49/24
立發《隱○》而讀之	6.10/58/20
上○曰	6.15/62/23

○奏	6.15/62/26
推誠上○	6.15/63/8
《○》曰	7.2/64/12

淑 shū　7

窈窕○女	1.5/3/17
○人君子	1.13/11/19
	4.10/37/22、5.5/44/18
彼美○姬	2.11/19/13
思得○女	3.14/31/3
○慎爾止	4.2/33/7

梳 shū　1

頭亂不得○	3.9/27/10

菽 shū　4

士卒并分○粒而食之	1.11/9/28
	1.11/10/4
士卒○粒	1.11/10/12
衣緼食○	2.14/21/3

舒 shū　9

○而無窮者	1.10/8/13
姬使侍御者○帷以自障	
蔽	4.6/35/6
〔陳〕大夫夏徵○之母	7.9/69/6
夏姬之子徵○爲大夫	7.9/69/7
召徵○也	7.9/69/11
徵○似汝	7.9/69/12
徵○疾此言	7.9/69/12
徵○伏弩廄門	7.9/69/12
楚莊王舉兵誅徵○	7.9/69/13

踈 shū　1

琅玕籠○	6.10/58/24

輸 shū　1

婦人轉○	3.13/30/12

孰 shú　8

問○存	1.9/7/7
○可與慮社稷	3.3/23/18
衆人○知其不然	5.2/42/12
○能以身（試）〔誠〕	5.2/42/15
安知○是	5.13/49/25
民○不戴	7.7/67/16
人○利之	7.7/67/25
○與身臨不測之罪乎	7.14/73/2

贖 shú　2

以○父罪	6.15/62/25
獻之以○	7.3/65/1

黍 shǔ　2

將軍朝夕芻豢○梁	1.11/10/1
子獨朝夕芻豢○梁	1.11/10/4

暑 shǔ　1

逢天之○	6.6/55/10

鼠 shǔ　1

相○有皮	7.12/71/23

屬 shǔ　14

○以州犁	3.6/25/17
內外皆無五○之親	4.8/36/10
○妾以其老母	4.15/40/18
○之于妾曰	5.8/46/12
○之不二	6.11/59/14
斥汝○矣	6.11/59/20
與鄰婦李吾之○會燭相	
從夜績	6.14/62/6
而燭數不○	6.14/62/6
李吾（與）〔謂〕其○	
曰	6.14/62/7
徐吾燭數不○	6.14/62/7
妾以貧、燭不○之故	6.14/62/8
凡爲貧、燭不○故也	6.14/62/9
刑者不可復○	6.15/62/24
吾○夷矣	7.13/72/12

戍 shù　1

其夫當行○	4.15/40/14

束 shù　4

且君王以○帛乘馬	5.4/43/16
賜婦人○帛百端	5.6/45/9
夫言不約○	5.8/46/14
子○髮辭親往仕	5.9/47/1

恕 shù　1

其知太王仁○	1.6/4/2

術 shù　2

非其○也	1.11/10/6
內挾技○	7.9/69/6

庶 shù　14

達乎諸侯大夫及士○人	1.6/4/19
書講其○政	1.10/8/22
自○人以下	1.10/8/24
自○士以下	1.10/8/25
○幾遐年	2.10/18/20
○無大悔	3.8/26/17
貴而無○	3.10/28/1
禍及衆○	3.13/30/10
士○人外淫者宮割	4.9/36/30
○嫡分爭	5.2/42/10
商臣○弟也	5.2/42/10
○民國人不吾與也	5.6/45/5
○民	6.12/60/17
不恤衆○	6.13/61/18

豎 shù　1

姬與孔氏之○渾良夫淫	
	7.12/71/18

數 shù　21

○諫獻公	1.7/6/1
敬姜召而○之曰	1.10/8/1
主多少之○者	1.10/8/12

使人○之曰	1.11/10/1	盛而必○	3.2/23/10	尙○爲乎	5.11/48/12
其妻○諫	2.9/17/26	執行不○	4.5/34/22	○當坐者	5.13/49/16
○諫伯宗	3.6/25/17	彌久不○	4.7/36/3	所與共殺吾兄者爲○	5.14/50/8
吾豈以欲嫁之故○子乎		八年不○	4.12/38/21		
	3.12/29/17	終年供養不○	4.12/39/2	**水 shuǐ**	**23**
身所奉飯〔飲而進食〕		婦養姑不○	4.15/40/16		
者以十○	3.15/31/20	夏之○也	7.3/64/22	與其妹（姊）〔娣〕浴	
所友者以百○	3.15/31/20	是時惠后死久恩○	7.13/72/10	於玄丘之○	1.3/2/15
泣下○行	4.13/39/15			禹去而治○	1.4/3/3
吾去國○年	5.3/42/26	**帥 shuài**	**4**	率西○滸	1.6/3/29
矢著身者○十	5.11/48/16			平治○土	2.6/16/3
願得備○于下〔陳〕	6.4/53/22	與群○悉楚師以行	3.2/22/24	逢霖○出	3.13/30/8
至今○千歲	6.11/59/25	群○囚于（治）〔冶〕		遂赴淄○而死	4.8/36/14
而燭○不屬	6.14/62/6	父以待刑	3.2/22/29	王聞江○大至	4.10/37/16
徐吾燭○不屬	6.14/62/7	乃○師圍莒	7.10/70/7	今○方大至	4.10/37/18
○爲舉燧火	7.3/65/5	慶封乃使盧蒲嫳○徒衆		則○大至	4.10/37/20
公○如齊	7.6/66/19	與國人焚其庫廄而殺		江○大至	4.10/37/27
○言所夢	7.13/72/5	成、（姜）〔彊〕	7.11/71/3	浩浩乎白○	6.1/51/17, 6.1/51/23
○年	7.13/72/6			古有《白○》之詩	6.1/51/24
孟姚○微言后有淫意	7.13/72/7	**率 shuài**	**5**	浩浩白○	6.1/51/25
				甯稱《白○》	6.1/52/3
樹 shù	**4**	貞順○道	1.6/3/28	禱祠于名山神（女）	
		○西水滸	1.6/3/29	〔○〕	6.4/53/26
而教之種○桑麻	1.2/2/1	鄭皇耳○師侵衛	1.7/5/23	其○一清一濁	6.6/55/11
季兒○義	5.14/50/20	○導八子	1.13/11/18	願注之○旁	6.6/55/18
今吾君○槐	6.4/54/1	今自子○君而爲之	7.9/69/9	姜父聞主君來渡不測之	
皆謂君愛○而（賊）				○	6.7/56/2
〔賤〕人	6.4/54/2	**雙 shuāng**	**3**	○神動駭	6.7/56/2
				○揚波兮杳冥冥	6.7/56/11
懞 shù	**2**	使大夫持金百鎰、白璧		大魚失○	6.13/61/15
		一○以聘焉	4.11/38/3	大魚失○者	6.13/61/16
○○之魚	6.1/51/25	七年不○	4.13/39/13		
		其爲人極醜無○	6.10/58/11	**順 shùn**	**15**
衰 shuāi	**19**				
		爽 shuǎng	**1**	○之序	1.3/2/17
操行○惰	1.8/6/6			貞○率道	1.6/3/28
○經履薪以迎	2.4/14/24	女也不○	1.10/9/18	以善從爲○	2.7/16/23
晉趙○妻者	2.8/17/6			惟若貞○	4/32/6
與趙○奔狄	2.8/17/6	**誰 shuí**	**10**	皆○其君之意也	4.3/33/21
公以叔（隈）〔隗〕妻				以爲○貞	4.4/34/9
趙○	2.8/17/7	○敢淫心舍力	1.10/8/27	衛宗二○者	4.12/38/20
文公以其女趙姬妻趙○	2.8/17/8	○知其他	2.3/13/30	吾聞君子處○	4.12/38/29
趙○辭而不敢	2.8/17/9	非子而○	2.3/14/3	此○道也	4.12/38/29
趙○許諾	2.8/17/13	知此謂○	3.7/25/23	豈若守○而死哉	4.12/38/30
趙○姬氏	2.8/17/21	母所抱者○也	5.6/44/30	衛宗二○	4.12/39/7
先識盛○	3.1/22/19	齊將問所抱者○也	5.6/45/1	四國○之	5.6/45/10
物盛必○	3.2/23/3	所棄者○也	5.6/45/1	以能○天慈民也	6.4/53/30

孝○至明	6.9/57/28	殆有○	6.4/53/23	○復我心	6.6/55/15
魯人不○喬如	7.8/68/18	稱○先王	6.4/54/12		
		操梱進○	6.7/56/20	**思 sī**	**29**
舜 shùn	**32**	以主君殺妾爲有○也	6.8/56/30		
		襄子○之	6.8/57/10	○盡婦道	1.1/1/11
○父頑母嚚	1.1/1/8	干○齊宣	6.10/59/6	○慕不已	1.1/1/16
○能諧柔之	1.1/1/9	于是驪姬乃○公曰	7.7/67/9	○文后稷	1.2/2/5
母憎○而愛象	1.1/1/9	除亂而衆○	7.7/67/16	太姒○媚太姜、太任	1.6/4/13
○猶內治	1.1/1/9	猶可○也	7.8/68/26	反○其受教之時	1.6/4/24
二女承事○於畎畝之中	1.1/1/10	不可○也	7.8/68/26	恩愛哀○	1.7/5/9
瞽叟與象謀殺○	1.1/1/11	崔子（吊）〔弔〕而○		先君之○	1.7/5/11
○歸告二女曰	1.1/1/11	姜	7.11/70/20	師事子○	1.9/7/3
○既治廩	1.1/1/12			夫民勞則○	1.10/8/17
○往飛出	1.1/1/12	**朔 shuò**	**4**	○則善心生	1.10/8/17
使○浚井	1.1/1/13			太子譖○母之恩而送其	
○乃告二女	1.1/1/13	生壽及○	7.4/65/19	舅氏也	2.4/14/27
○往浚井	1.1/1/13	乃與壽弟○謀構伋子	7.4/65/19	○趙姬之讓恩	2.8/17/14
○潛出	1.1/1/14	○遂立爲太子	7.4/65/24	百爾所○	2.9/18/4、3.12/29/22
時既不能殺○	1.1/1/14	○立	7.4/65/24	○念深矣	2.12/19/26
瞽叟又速○飲酒	1.1/1/14			職○其憂	3.1/22/14
○告二女	1.1/1/14	**司 sī**	**7**	我○不遠	3.3/23/22
二女乃與○藥	1.1/1/14			甚○之	3.9/27/4
○終日飲酒不醉	1.1/1/15	堯使爲○徒	1.3/2/18	琴之合、甚○者	3.9/27/8
○之女弟繫憐之	1.1/1/15	汝作○徒	1.3/2/19	言○妻也	3.9/27/8
父母欲殺○	1.1/1/15	與太史、○載（科）		漆室女之○也	3.13/30/12
○猶不怨	1.1/1/16	〔糾〕虔天刑	1.10/8/20	○得淑女	3.14/31/3
○往于田	1.1/1/16	訓諸○以德	3.2/22/26	天維顯○	3.14/31/9
○既嗣位	1.1/1/18	而使有○即窮驗問	6.9/57/19	○故忘新	4.7/36/3
○陟方死于蒼梧	1.1/1/19	有○受賂	6.9/57/25	君子謂陶嬰貞一而○	4.13/39/17
承○於下	1.1/1/24	頓首○馬門外	6.10/58/14	心有淫○	5.9/47/11
○即位	1.2/2/3、1.3/2/18			我○譚譚	6.6/55/10
昔○耕于歷山	2.6/16/4	**私 sī**	**16**	不可求○	6.6/55/21
非○之事	2.6/16/5			不○禍之起于後也	6.13/61/16
而○爲之者	2.6/16/5	譚公維○	1.8/6/10		
堯、○、桀、紂俱天子		將入○室	1.9/7/5	**斯 sī**	**16**
也	6.11/59/23	○室不與焉	1.9/7/6		
堯、○自飾以仁義	6.11/59/24	愛而無○	1.10/9/12	○禮也	1.6/4/19
		今諸子許我歸視○家	1.12/10/20	未必至於○也	1.6/4/24
說 shuō	**18**	從諸子謁歸視○家	1.12/10/25	則百○男	1.6/4/26
		妾不能以○蔽公	2.5/15/17	蓋由○起	1.6/5/3
遂○之	1.13/11/17	○愛也	5.5/44/15、5.6/45/4	若吾斷○織也	1.9/6/29
此之（○）〔謂〕也	3.5/24/25	營妻子之○愛	5.5/44/16	繼母若○	1.13/11/25
母○其書	3.9/27/17	夫背公義而嚮○愛	5.6/45/4	唯○人也	2.11/19/13
君子謂夫人○于行善	4.7/35/27	不以○害公	5.6/45/8	而有○婦	2.11/19/13
稱○節禮	5.7/45/30	是以○愛廢公義也	5.8/46/13	其于○發事乎	3.9/26/28
爲○其詩	6.1/52/3	明不○己	5.12/49/8	○女不可得已	4.13/39/16
妻往○公	6.3/53/15	又不以○害公法	6.4/53/27	姜姒法○	5/41/7

保母若○	5.1/41/22	不○必壽	3.5/24/29	○而後已	4.11/38/10
將改○樂而勤於政也	5.4/43/15	以○爭之	3.8/26/14	雖○不易	4.11/38/15
維○兩姬	5.4/44/1	子貉早○	3.10/28/3	靈王○	4.12/38/21
惟號○言	6.5/54/24	必以賂○	3.10/28/12	豈若守順而○哉	4.12/38/30
○婦人達于人情而知禮	6.6/55/20	請殺其生者而戮其○者		○者不可忘	4.13/39/15
			3.10/28/14	夫○早寡	4.14/39/27
絲 sī	2	叔魚卒以貪○	3.10/28/15	妾夫不幸早○	4.14/39/28
		必以貨○	3.10/28/20	（念）〔今〕忘○而趨	
昔者武王罷朝而結○袜		身○國分	3.11/29/9	生	4.14/40/1
絕	1.10/8/2	其族人○	3.12/29/13	所以不○者	4.14/40/3
治○繭	2.7/16/21	果誅而○	3.12/29/20	我生○未可知	4.15/40/15
		溺流而○	3.13/30/8	夫果○不還	4.15/40/16
廝 sī	1	括○軍覆	3.15/31/25	背○不義	4.15/40/19
		括○長平	3.15/32/1	妾聞寧載于義而○	4.15/40/20
是不免于○役	1.9/7/1	必○不往	4.1/32/15	夫不幸先○	4.15/40/21
		要以必○	4.1/32/21	姑○	4.15/40/24
死 sǐ	208	不如守義而○	4.2/33/3	夫○無子	4.15/41/1
		遂逮于火而○	4.2/33/3	必○無避	5/41/6
舜陟方○于蒼梧	1.1/1/19	以爲○者不可以生	4.2/33/5	稱○乎	5.1/41/15
二妃○于江、湘之間	1.1/1/19	逮火而○	4.2/33/11	不○	5.1/41/15
公子既娶而○	1.7/5/8	至城門而衛君○	4.3/33/16	不如○以明之	5.2/42/13
夫○則從乎子	1.9/7/17	卒守○君	4.3/33/25	且王聞吾○	5.2/42/13
穆伯先○	1.10/7/28	不若早○	4.6/35/9	王請食熊（蟠）〔蹯〕	
女○之	1.10/9/7	人生要一○而已	4.7/35/23	而○	5.2/42/14
士○之	1.10/9/7	豈如○歸于地下哉	4.7/35/24	狐○首丘	5.3/42/26
今吾子夭○	1.10/9/7	○則同穴	4.7/35/25	我其首晉而○	5.3/42/27
夫使人入于○地	1.11/10/5	（○）〔有〕如曒日	4.7/35/25	○又若此	5.4/43/10
當○	1.13/11/12	同日俱○	4.7/35/26	○同時	5.4/43/12
必○奉命	1.14/12/4	遂○不顧	4.7/36/3,5.11/48/24	蔡姬許從孤○矣	5.4/43/12
將○于齊	2.3/13/29	殖戰而○	4.8/36/8	○若此	5.4/43/13
必○於此矣	2.3/14/3	亦○而已	4.8/36/14	而要婢子以○	5.4/43/15
婢子夕以○	2.4/14/25	遂赴淄水而○	4.8/36/14	不約○	5.4/43/16
穆姬○	2.4/14/27	杞梁戰○	4.8/36/20	婦人以○彰君之善	5.4/43/17
乃將赴○	2.4/15/6	不若○而榮	4.9/37/2	不聞其以苟從其闇○爲	
夫○不嫁	2.7/16/21	妾以○守之	4.9/37/3	榮	5.4/43/17
及爾同○	2.8/17/11	近妾而○	4.9/37/4	國人皆將爲君王○	5.4/43/22
	4.7/35/28,5.4/43/27	勇者不畏○	4.10/37/19	若將必○	5.4/43/23
猶與之同○而不去	2.8/17/11	留必○	4.10/37/20	妾○王之義	5.4/43/24
坐而須○耳	2.9/18/1	不若留而○耳	4.10/37/20	不○王之好也	5.4/43/24
柳下既○	2.10/18/17,2.10/18/26	夫人流而○	4.10/37/21	蔡姬竟不能○	5.4/43/25
先生○	2.11/19/3	守義○節	4.10/37/21	君子謂越姬信能○義	5.4/43/27
○而邪之	2.11/19/7	流○不疑	4.10/37/27	要姬從○	5.4/44/1
○則手足不斂	2.11/19/9	白公○	4.11/38/3	終獨○節	5.4/44/1
○不得其榮	2.11/19/9	白公不幸而○	4.11/38/5	不得○	5.5/44/7
黔婁既○	2.11/19/18	見利忘○者	4.11/38/7	故士民盡力而不畏○	5.5/44/7
吾聞見兩頭蛇者○	3.5/24/21	于○者亦然	4.11/38/8	君亡不○	5.5/44/8
汝不○矣	3.5/24/22	不能從	4.11/38/8	今軍敗君○	5.5/44/9

君不幸而○	5.5/44/10	妾既當○	6.9/57/29	維是○方之故　3.3/23/17
故不得○	5.5/44/10	雖○不從	6.11/59/17	使使者賜之黄金○十斤
是以不○	5.5/44/11	請○不往	6.11/59/19	4.15/40/25
○又何益于君	5.5/44/11	身○國亡	6.11/59/26	○國順之　5.6/45/10
主辱臣○	5.5/44/12	及女○之後	6.11/59/30	○方爲則　5.8/46/16
今君○而子不○	5.5/44/12	而弑○于外	6.11/59/30	○鄰爭娶之　5.10/47/25
妻孥不○	5.5/44/23	齊相婦○	6.12/60/11	此○者　6.3/53/7
爲夫先○	5.5/44/23	而勇士○之	6.12/60/25	〔行〕年○十　6.10/58/12
遂留野○	5.7/46/1	妾傷夫○者不可復生	6.15/62/24	如此者○　6.10/58/21
有人闚○于道者	5.8/46/5	醉而溺○者	7.1/63/21	春秋○十　6.10/58/23,6.13/61/19
兄弟欲相代○	5.8/46/9	○于南巢之山	7.1/63/24	此○殆也　6.10/58/27
且○之時	5.8/46/12	夷姜既○	7.4/65/19	○辟公門　6.10/58/30,6.10/59/6
是欺○者也	5.8/46/13	壽已○矣	7.4/65/22	分別○殆　6.10/59/6
投河而○	5.9/47/4	伋子以壽爲己○	7.4/65/23	〔○方之士多歸於〕齊
勝知將○	5.10/47/20	二子既○	7.4/65/24	〔而〕國以治〔也〕
而反幾○乎	5.10/47/21	壽乃俱○	7.4/65/29	6.12/60/26
吾○則○耳	5.10/47/22	遂○于車	7.5/66/9	行年○十　6.13/61/6
主辱而○	5.10/47/23	齊姜先○	7.7/67/8	年既○十　6.13/61/17
畏○而棄義者	5.11/48/13	鈞〔之〕○也	7.7/67/18	○患也　6.13/61/23
與公子俱○	5.11/48/16	犬○	7.7/67/24	有○馬白旄至者　7.4/65/20
貴其守忠○義	5.11/48/16	小臣○之	7.7/67/24	有○德者　7.8/68/24
行有○人	5.11/48/20	則驪姬○	7.7/68/1	○年而出公復入　7.12/71/22
遂赴火而○	5.12/49/3	惠公○	7.7/68/4	○年　7.13/72/8
及令○	5.13/49/14	必○于此	7.8/68/25	李兌乃起○邑之兵擊章
內珠入于闚者	5.13/49/14	襄老○於邲	7.9/69/18	7.13/72/11
若繼母與假女推讓爭○		棠公○	7.11/70/19	
5.13/49/27		請就（元）〔先〕君之		**寺 sì**　　　　1
建獨坐○	5.14/50/7	廟而○焉	7.11/70/26	
田建已○	5.14/50/9	不若○	7.11/71/4	時維婦○　7.10/70/9
兄○而讎不（執）〔報〕		遂自經而○	7.11/71/4	
5.14/50/11		妻子皆○	7.11/71/5	**伺 sì**　　　　2
吾去汝而○	5.14/50/13	又自經而○	7.11/71/5	
遂以（身）〔繩〕自經		免子三○	7.12/71/19	○其將浴　3.4/24/4
而○	5.14/50/14	子路○之	7.12/71/21	○于王庭而言曰　7.3/64/22
輕○亡	5.15/50/31	不○何爲	7.12/71/24	
傷槐者○	6.4/53/21,6.4/54/5	是時惠后○久恩衰	7.13/72/10	**似 sì**　　　　4
罪固當○	6.4/53/26	遂餓○沙丘宮	7.13/72/13	
令犯者○	6.4/54/1	及考烈王○	7.14/73/4	式穀○之　1.11/10/7
妾願以鄙軀易父之○	6.7/56/4	不○何俟	7.15/73/24	諸大夫皆謂我知○陽子　3.6/25/6
身○家收	6.8/56/25	身○滅國	7.15/73/28	徵舒○汝　7.9/69/12
我○不當	6.8/56/26			不若其○公也　7.9/69/12
乃言不通則老婦○而已	6.8/56/27	**四 sì**　　　　27		
不當○	6.8/56/28			**祀 sì**　　　　14
妾之當○	6.8/56/28	○嶽（鷹）〔薦〕之於堯　1.1/1/9		
母何爲當○	6.8/56/29	賓于○門　1.1/1/17		卜筮禋○　1.2/1/30
母何爲不當○也	6.8/56/30	富有○海之內　1.6/4/18		上○先公　1.6/4/19
夫○從子	6.8/57/2	正是○國　1.7/5/15		二三婦之辱共○先○者　1.10/9/8

歲○禮事畢	1.12/10/17	褒○者	7.3/64/22	娀 sōng	2
夔是用不○	3.10/28/6	故號曰褒○	7.3/65/1		
使奉其○	4.12/38/21	幽王乃廢后申侯之女而		有○氏之長女也	1.3/2/15
子奉○而妾事我	4.12/38/22	立褒○爲后	7.3/65/2	有○方將	1.3/2/20
終奉祭○	4.15/40/24	幽王惑于褒○	7.3/65/2		
當以人○〔之〕	6.4/53/28	以適褒○之意	7.3/65/3	宋 sòng	18
今必當以人○	6.4/53/29	褒○不〔好〕笑	7.3/65/4		
果滅其○	7.3/65/14	褒○乃大笑	7.3/65/5	○鮑蘇之妻也	2.7/16/19
毋必假手於武王以廢其		唯褒○言是從	7.3/65/6	○公聞之	2.7/16/27
○	7.7/67/18	虜褒○	7.3/65/7	○鮑女宗	2.7/17/1
亟往○焉	7.7/67/22	褒○滅之	7.3/65/9	○公賢之	2.7/17/1
		寔生褒○	7.3/65/13	○侯之女	3.8/26/10
姒 sì	43			嫁伯姬于○恭公	4.2/32/26
		俟 sì	2	既入○	4.2/32/27
太姜、太任、太○	1.6/3/27			○人告魯	4.2/32/28
太○者	1.6/4/12	不違婦道以○君命	4.5/34/17	魯使大夫季文子如○	4.2/32/28
禹后有（娻）〔莘〕○		不死何○	7.15/73/24	償○之所喪	4.2/33/5
氏之女	1.6/4/12			○人之女也	4.4/33/30
太○思媚太姜、太任	1.6/4/13	笥 sì	1	○女之意	4.4/34/4
太○號曰文母	1.6/4/13			○女專愨	4.4/34/8
太○生有十男	1.6/4/14	收子之齎與○金	5.9/46/29	○景公之時	6.4/53/28
太○教誨十子	1.6/4/16			○女	7.12/71/15
豈可以累太○耶	1.6/4/24	嗣 sì	9	通于○子朝	7.12/71/15
故君子謂太○仁明而有				蒯瞶奔○	7.12/71/16
德	1.6/4/24	舜既○位	1.1/1/18	○朝是親	7.12/71/28
太○嗣徽音	1.6/4/26	而啓爲○	1.4/3/5		
太姜任○	1.6/5/3	太姒○徽音	1.6/4/26	送 sòng	16
太○最賢	1.6/5/3	是先君宗卿之○也	1.7/5/12		
立敬○之子衍爲君	1.7/5/15	余懼穆伯之絕○也	1.10/9/1	乃○之平林之中	1.2/1/31
婢子娣○不能相教	2.4/14/25	子盾爲○	2.8/17/21	自○之至於野	1.7/5/9
女宗○謂曰	2.7/16/20	君老○幼	3.13/30/17	遠○于野	1.7/5/10
○曰 2.7/16/20,3.12/29/15		以及後○	4.2/32/29	○去	1.7/5/10
3.12/29/15,3.12/29/17		遂得爲○	7.14/73/12	○婦作詩	1.7/6/1
吾○不教吾以居室之禮	2.7/16/26			秦○之晉	2.4/14/27
不聽其○	2.7/17/1	駟 sì	7	太子蟜思母之恩而○其	
長○產男	3.10/28/8			舅氏也	2.4/14/27
魯公乘○者	3.12/29/13	策○馬	2.12/19/23	我○舅氏	2.4/15/1
魯公乘子皮之○也	3.12/29/13	楚王使使者持金百鎰、		○厥母家	2.9/18/9
○哭之甚悲	3.12/29/13	車二○	2.13/20/13	畢羊乃○州犂于荆	3.6/25/11
子皮止○曰	3.12/29/13	遣使者持金、○來聘	2.13/20/16	其母○之曰	3.9/26/26
子皮問○曰	3.12/29/14	明日結○連騎	2.15/21/24	辱○小子	4.2/32/29
○欲嫁	3.12/29/17	夫結○連騎	2.15/21/25	父母○孟姬不下堂	4.6/34/29
君子謂公乘○緣事而知		孝公使○馬立車載姬以		當○喪	5.13/49/14
弟之遇禍也	3.12/29/20	歸	4.6/35/6	○葬者盡哭	5.13/49/23
周之興也以大○	3.14/31/2	王親乘○以馳逐	5.4/43/9	願以車馬及家中財物盡	
亡也以褒○	3.14/31/2			以○汝	5.14/50/10
姜○法斯	5/41/7				

訟 sòng　　　　4

夫家○之于理　　　4.1/32/14
雖速我○　　　　　4.1/32/17
遂至獄○　　　　　4.1/32/21
緹縈○父　　　　　6.15/63/8

頌 sòng　　　104

○曰　1.1/1/22,1.2/2/8,1.3/2/24
1.4/3/8,1.5/3/20,1.6/5/1
1.7/5/28,1.8/6/16,1.9/7/20
1.10/9/20,1.11/10/10
1.12/11/3,1.13/11/23
1.14/12/11,2.1/13/3
2.2/13/21,2.3/14/12
2.4/15/4,2.5/15/25
2.6/16/12,2.7/16/30
2.8/17/19,2.9/18/7
2.10/18/24,2.11/19/16
2.12/20/6,2.13/20/25
2.14/21/15,2.15/21/30
3.1/22/17,3.2/23/8
3.3/23/25,3.4/24/13
3.5/24/27,3.6/25/15
3.7/26/3,3.8/26/19
3.9/27/15,3.10/28/18
3.11/29/6,3.12/29/25
3.13/30/15,3.14/31/11
3.15/31/28,4.1/32/19
4.2/33/9,4.3/33/23
4.4/34/6,4.5/34/20
4.6/35/15,4.7/36/1
4.8/36/18,4.9/37/9
4.10/37/25,4.11/38/13
4.12/39/5,4.13/39/20
4.14/40/7,4.15/40/28
5.1/41/20,5.2/42/18
5.3/43/1,5.4/43/30
5.5/44/21,5.6/45/13
5.7/45/28,5.8/46/18
5.9/47/9,5.10/47/28
5.11/48/22,5.12/49/6
5.13/49/29,5.14/50/18
5.15/51/3,6.1/52/1
6.2/52/23,6.3/53/13
6.4/54/10,6.5/55/1

6.6/55/23,6.7/56/18
6.8/57/8,6.9/58/4
6.10/59/4,6.11/60/3
6.12/60/30,6.13/61/29
6.14/62/14,6.15/63/6
7.1/63/27,7.2/64/15
7.3/65/11,7.4/65/27
7.6/66/29,7.7/68/8
7.8/68/29,7.9/69/24
7.10/70/12,7.11/71/8
7.12/71/26,7.13/72/16
7.14/73/10,7.15/73/26
（誦）〔○〕曰　　7.5/66/12

誦 sòng　　　　4

夜則令瞽○詩　　　1.6/4/8
後世稱○　　　　　4.1/32/21
爲世所○　　　　　6/51/11
（○）〔頌〕曰　　7.5/66/12

搜 sōu　　　　　1

關候士吏○索　　5.13/49/15

溲 sóu　　　　　1

○于豕牢而生文王　1.6/4/5

叟 sǒu　　　　　7

父號瞽○　　　　　1.1/1/8
承事瞽○以孝　　　1.1/1/9
瞽○與象謀殺舜　　1.1/1/11
瞽○焚廩　　　　　1.1/1/12
瞽○又速舜飲酒　　1.1/1/14
事瞽○猶若焉　　　1.1/1/18
瞽○和寧　　　　　1.1/1/24

蘇 sū　　　　　3

宋鮑○之妻也　　　2.7/16/19
鮑○仕衛三年　　　2.7/16/19
姬氏○　　　　　　4.6/35/11

俗 sú　　　　　1

○謂之湘君　　　　1.1/1/19

夙 sù　　　　　6

○夜崇道　　　　　2.1/13/5
○夜征行　　　　　2.3/14/4
大夫○（夜）〔退〕2.5/15/21
必○興夜寐　　　　4.6/35/1
○夜無怠　　　　　4.6/35/2
○夜無愆　　　　　4.6/35/3

素 sù　　　　　4

不○殫兮　　　　　1.14/12/8
終不○食　　　　　1.14/12/13
蓋與其鄰人陳○所與大
　夫言　　　　　　2.6/16/4
積之于（大）〔○〕雅 6.9/57/23

宿 sù　　　　14

蓋不客○　　　　　1.9/7/7
出○于濟　　　　　1.12/10/29
鶊頸獨○兮　　　　4.13/39/14
獨○何傷　　　　　4.13/39/14
將車○齊東門之外　6.1/51/15
○瘤女者　　　　　6.11/59/11
故號曰○瘤　　　　6.11/59/11
○瘤〔女〕採桑如故　6.11/59/12
惜哉○瘤　　　　　6.11/59/14
○瘤何傷　　　　　6.11/59/15
○瘤駭　　　　　　6.11/59/20
○瘤女有力焉　　　6.11/59/30
君子謂○瘤女通而有禮
　　　　　　　　　6.11/59/30
齊女○瘤　　　　　6.11/60/5

速 sù　　　　　4

瞽叟又○舜飲酒　　1.1/1/14
雖○我獄　　　　　4.1/32/15
雖○我訟　　　　　4.1/32/17
君必○出　　　　　7.8/68/20

粟 sù	4
請○于秦	2.4/14/21
請○于晉	2.4/14/22
君嘗賜之○三十鍾	2.11/19/10
而賞負〔○〕三十鍾	3.14/31/7

訴 sù	1
孟子○之曰	7.10/70/6

肅 sù	2
○○兔罝	2.13/20/22

愬 sù	4
衛君使人○于齊兄弟	4.3/33/18
孟子又○而殺之	7.10/70/8
譖○高、鮑	7.10/70/14
○之于慶氏	7.11/71/2

酸 suān	1
莫不爲○鼻揮涕	5.13/49/24

雖 suī	46
○太王之賢聖	1.6/4/1
○惡之	1.7/5/13
○有以得勝	1.11/10/6
○蹄正禮	1.12/10/20
○不愛妾	1.13/11/14
彼○不愛	1.13/11/16
○不吾愛	1.13/11/25
寡人○愚	2.2/13/17
○則如毀	2.6/16/9
○妾亦無以侍執巾櫛	2.8/17/10
○有小過	2.8/17/11
身○尊貴	2.8/17/21
○違禮求去	2.9/18/3
彼○裸裎	2.10/18/16
○遇三黜	2.10/18/19
○欲進仕	2.13/20/27
○速我獄	4.1/32/15
○速我訟	4.1/32/17
○其臭惡	4.4/34/2

彼○不吾以	4.5/34/16
○死不易	4.11/38/15
○子欲爾	4.12/38/28
妾子○代	4.12/39/7
○有賢（匹）〔雄〕兮	4.13/39/16
○然	5.2/42/7
	5.3/42/28, 6.10/58/18
○吾不從子也	5.3/42/29
昔者妾○口不言	5.4/43/23
子○痛乎	5.6/45/6, 5.8/46/14
○在匹婦	5.6/45/9
吾○知之	5.11/48/11
○生不可以行于世	5.15/50/27
○銜號于九層之內	6.9/57/26
○死不從	6.11/59/17
○爲天子	6.11/59/24
女○五逐	6.12/61/1
君子謂莊姪○違于禮而 　終守以正	6.13/61/26
○爲女童	6.13/62/1
○〔復〕欲改過自新	6.15/62/25
○其愛君	7.7/67/16
是以○《隨》無咎	7.8/68/22
○有聰慧之質	7.8/68/25
後○善言	7.8/69/1
○兄弟不如	7.14/72/25

綏 suí	1
親迎之○	4.6/35/4

隨 suí	18
可○以鞭捶	2.14/21/9
可○以鈇鉞	2.14/21/9
老萊子乃○其妻而居之	
	2.14/21/12
王伐○	3.2/23/2
○大夫而化者	3.10/27/26
○人亡	3.13/30/8
親迎然後○從	3.14/30/29
妾得無○〔坐〕乎	3.15/31/24
兒○而啼	5.6/44/29
而○大王	6.11/59/16
于是如故○使者	6.11/59/19
而○其父至長安	6.15/62/23

是謂《艮》之《○》	7.8/68/20
《○》	7.8/68/20, 7.8/68/21
是以雖《○》無咎	7.8/68/22
《○》而無咎	7.8/68/24
豈《○》也哉	7.8/68/24

遂 suì	153
○往	1.1/1/15
○封棄于邰	1.2/2/2
○生契焉	1.3/2/17
○自脩（飭）〔飾〕	1.3/2/26
定公○復之	1.7/5/14
女○感而自修	1.8/6/11
○居之	1.9/6/26
○成天下之名儒	1.9/7/3
○去不入	1.9/7/5
○留其婦	1.9/7/9
無攸○	1.9/7/15
子○成德	1.9/7/22
○出	1.10/9/4
○逐文伯	1.10/9/5
○說之	1.13/11/17
故○而無患	1.14/12/5
○舍稷子之罪	1.14/12/7
○復姜后而勤于政事	2.1/12/27
○行	2.3/14/7
○伯天下	2.3/14/9
秦○興兵與晉戰	2.4/14/22
○改館晉君	2.4/14/26
○釋其弟	2.4/15/6
功業○伯	2.5/15/27
○不聽	2.7/16/27
屏括○以其族爲公族大 　夫	2.8/17/15
○棄之	2.9/18/2
今○逝兮	2.10/18/20
○哭之曰	2.11/19/7
使者○不得與語而去	2.13/20/14
○行不顧	2.14/21/11
乃○逃亡	2.14/21/17
○相與逃而爲人灌園	2.15/21/27
王○行	3.2/23/4
衛侯○奔走	3.3/23/19
○城楚丘以居	3.3/23/20
○得免焉	3.6/25/12
○語夫人其實焉	3.7/25/29

○逐太子光	3.8/26/14	○赴火而死	5.12/49/3	魯（逐）〔○〕擯繆姜	
子○得歸	3.9/27/18	○奉喪歸	5.13/49/15	于東宮	7.8/68/19
子常不○	3.10/27/26	○棄珠而遣之	5.13/49/25	○與子重滅巫臣之族	7.9/69/20
○不肯見	3.10/28/9	○振衣欲去	5.14/50/8	佐○奔莒	7.10/70/7
羊舌氏由是○滅	3.10/28/10	○以（身）〔繮〕自經		○殺孟子	7.10/70/9
○不見	3.10/28/13	而死	5.14/50/14	○以奔亡	7.10/70/14
○族邢侯氏	3.10/28/15	○以自殊	5.14/50/20	○與偃謀娶之	7.11/70/20
○與太子妃	3.14/31/7	○釋不殺其夫	5.15/50/30	○弒公	7.11/70/27
○不肯往	4.1/32/14	○去	6.2/52/19,6.5/54/24	○自經而死	7.11/71/4
○至獄訟	4.1/32/21	公○釋之	6.3/53/15	崔氏○滅	7.11/71/11
○逮于火而死	4.2/33/3	○免父亡	6.4/54/13	○入至姬所	7.12/71/20
○入	4.3/33/17	○釋之	6.5/54/23,6.8/57/4	蒯瞶○立	7.12/71/21
○入三年	4.3/33/25	○釋不誅	6.7/56/6	乃○圍主父	7.13/72/12
○納于宮	4.6/35/5	而○放桀	6.7/56/9	○餓死沙丘宮	7.13/72/13
夫人○出見息君	4.7/35/23	而○克紂	6.7/56/9	○生子悼	7.14/73/3
○自殺	4.7/35/26,5.2/42/14	○與渡	6.7/56/10	○得爲嗣	7.14/73/12
	5.4/43/25,5.5/44/17	○辭而去	6.7/56/15	○娶之	7.15/73/19
○死不顧	4.7/36/3,5.11/48/24	終○發揚	6.7/56/20	王○廢嘉而立遷	7.15/73/20
○赴淄水而死	4.8/36/14	○釋不論	6.8/57/10	遷○見虜于秦	7.15/73/22
〔○〕入至郢	4.9/36/26	○起兵收故侵地	6.9/57/30	趙○滅爲郡	7.15/73/24
○退	4.9/37/5	願○聞命	6.10/58/21		
○辭聘而不行	4.11/38/9	○立太子	6.10/59/6	**歲 sui**	**9**
○欲自殺	4.12/39/1	燕○屠齊	6.11/59/30		
○許傅（妻）〔妾〕留	4.12/39/1	○見	6.12/60/15	○祀禮事畢	1.12/10/17
○不敢復求	4.13/39/16	○尊相	6.12/60/26	○時禮不理	1.12/10/18
○使養其姑	4.15/40/23	○配相君	6.12/61/2	晉無寧○	2.3/14/2
義保○抱稱以出	5.1/41/14	王必○往	6.13/61/21	使我終○不食葵	3.13/30/7
義保○以逃	5.1/41/16	○復與夜	6.14/62/11	年九○	5.13/49/14
子瞀○〔行〕不顧	5.2/41/29	淳于公○得免焉	6.15/63/2	罪子生五○而贊禹	6.1/51/21
（可得）而○顧	5.2/41/30	湯○放桀	7.1/63/24	至今數千○	6.11/59/25
○立以爲夫人	5.2/42/3	○反爲（商）〔商〕	7.1/63/29	至今千餘○	6.11/59/26
○立之	5.2/42/6	武王○受命興師伐紂	7.2/64/10	即百○後	7.14/72/25
○辜無罪	5.2/42/9	于是武王○致天之罰	7.2/64/11		
○興師作亂	5.2/42/14	○敗牧野	7.2/64/17	**碎 sui**	**1**
○自經	5.2/42/15	○竄于襃	7.3/64/28		
子圉○逃歸	5.3/42/30	○釋襃姁	7.3/65/1	姬墮車○	4.6/35/5
○登附社之臺	5.4/43/9	○殺幽王于驪山之下	7.3/65/7		
婦人○行不顧	5.6/44/29	朔○立爲太子	7.4/65/24	**隧 sui**	**3**
齊兵○止	5.6/45/16	○與如齊	7.5/66/7		
○泣而呼天	5.7/45/25	○死于車	7.5/66/9	阿谷之○浣者也	6.6/55/8
○留野死	5.7/46/1	○殺子般于黨氏	7.6/66/24	過阿谷之○	6.6/55/8
秋胡子○去	5.9/46/30	○使卜齮襲弒閔公于武		阿谷之○	6.6/55/11
必不○矣	5.9/47/3	闈	7.6/66/25		
○去而東走	5.9/47/4	魯○殺慶父	7.6/66/27	**燧 sui**	**3**
○東赴河	5.9/47/11	○使太子居曲沃	7.7/67/12		
○抱公子逃于深澤之中		○自經于新城廟	7.7/68/1	幽王爲燧○大鼓	7.3/65/4
	5.11/48/15	公○殺少傅杜原款	7.7/68/2	數爲舉○火	7.3/65/5

幽王舉燧○徵兵　7.3/65/7	○以致敬也　1.9/7/8	心有○懷　3.14/30/26
	○以戒人也　1.9/7/8	○以就之也　3.14/30/28
孫 sūn　26	○執贄而見於窮閭隘巷	○以開善遏淫也　3.14/30/29
	者七十餘人　1.10/8/4	身○奉飯〔飲而進食〕
胎養子○　1/1/3	其○與遊者皆過己者也　1.10/8/5	者以十數　3.15/31/20
從以○子　1.4/3/6	○與遊者　1.10/8/6	○友者以百數　3.15/31/20
子○保之　1.6/4/18	○與遊處者　1.10/8/7	大王及宗室○賜幣者　3.15/31/20
定公惡○林父　1.7/5/11	○以正曲枉也　1.10/8/9	王○賜金帛　3.15/31/21
○林父奔晉　1.7/5/12	○以均不均、服不服　1.10/8/10	○以傳重承業　4.1/32/13
○文子自是不敢舍其重	○以治蕪與莫也　1.10/8/11	償宋之○喪　4.2/33/5
器于衛　1.7/5/17	皆非吾○敢言也　1.10/9/16	○務者異　4.5/34/13
○文子卜追之　1.7/5/23	人情○有也　1.12/10/26	○以正心一意　4.6/35/8
懼干季○之怒　1.10/8/15	安○得此　1.14/12/1	非○敢受命也　4.6/35/8
貽厥○子　1.10/9/10	亂之○興也　2.1/12/26	非○敢久居也　4.6/35/9
使人迎○叔敖而進之　2.5/15/20	至于君○　2.1/12/29	○以遠別也　4.6/35/12
故福結于子○　2.9/17/29	〔若〕無○濟　2.3/14/7	既無○歸　4.8/36/11
楚令尹○叔敖之母也　3.5/24/20	王之○謂賢者　2.5/15/13	夫婦人必有○倚者也　4.8/36/12
臧○母者　3.9/26/26,3.9/27/5	姬之○笑　2.5/15/14	內無○依　4.8/36/14
臧○母泣下襟曰　3.9/27/6	○以觀人能也　2.5/15/16	外無○倚　4.8/36/14
於是以臧○母之言　3.9/27/11	○薦非子弟　2.5/15/17	○以遠之也　4.9/36/29
君子謂臧○母識高見遠　3.9/27/12	妾之○笑　2.5/15/19	公侯之○絕　4.9/37/1
臧○之母　3.9/27/17	不知○對　2.5/15/20	天子之○誅也　4.9/37/1
購其子○　5.11/48/24	蓋與其鄰人陳素○與大	且凡○欲妾者　4.9/37/3
昔○叔敖之爲令尹也　6.2/52/12	夫言　2.6/16/4	非愚妾之○聞也　4.11/38/6
而得○叔敖　6.12/60/23	夫人既有○好　2.7/16/21	○以不死者　4.14/40/3
繆姜通于叔○宣伯　7.8/68/16	將安○用此　2.7/16/26	義之○在　5/41/6
使執季○行父而止之　7.8/68/18	百爾○思　2.9/18/4,3.12/29/22	心之○見　5.2/42/7
許殺仲○蔑　7.8/68/18	不如我○之　2.9/18/4,3.12/29/22	恐失其○　5.2/42/9
公○寧、儀行父與陳靈	故賢人之○以成者　2.12/20/2	不告○從　5.3/43/3
公皆通于夏姬　7.9/69/8	人之○欲也　2.13/20/17	無○阿傾　5.3/43/3
公○寧、儀行父皆奔楚　7.9/69/13	莫知○之　2.13/20/21	棄其○抱　5.6/44/29
	爲人○制也　2.14/21/10	抱其○攜而走〔於〕山　5.6/44/29
損 sǔn　4	妾不能爲人○制　2.14/21/10	母○抱者誰也　5.6/44/30
	○安不過容膝　2.15/21/25	齊將問○抱者誰也　5.6/45/1
物滿則○　3.1/22/19	〔○〕甘不過一肉　2.15/21/26	○棄者誰也　5.6/45/1
不○祿而加刑　6.4/53/27	禍福○移　3/22/6	○抱者妾兄之子也　5.6/45/2
○膳減樂　6.11/59/28	見事○興　3.2/23/10	○棄者妾之子也　5.6/45/2
○一人　6.14/62/9	○以苞苴玩弄　3.3/23/16	則脅肩無○容　5.6/45/5
	視其○使　3.4/24/7	而累足無○履也　5.6/45/6
所 suǒ　129	○以廣敬也　3.7/25/24	聽其○欲殺活　5.8/46/8
	○以治鋸　3.9/27/9	故問母何○欲殺活　5.8/46/9
必愼○感　1.6/4/9	○以治木也　3.9/27/10	人之○愛也　5.8/46/10
此非吾○以居處子〔也〕	使援○危　3.9/27/17	○願卿無有外意　5.9/46/29
1.9/6/24	非子○知也　3.13/30/7	當○悅　5.9/47/1
此非吾○以居處子也　1.9/6/25	婦人獨安○避乎　3.13/30/10	夫人○棄珠　5.13/49/19
學〔何〕○至矣　1.9/6/28	子之○慮　3.13/30/11	爲世○傳　5.13/50/2
女則廢其○食　1.9/7/2	非妾○及　3.13/30/11	○與共殺吾兄者爲誰　5.14/50/8

聽汝○之　　　　　　5.14/50/10
使臥他○　　　　　　5.15/50/28
乃易其○　　　　　　5.15/51/5
爲世○誦　　　　　　6/51/11
管仲不知○謂　　　　6.1/51/17
非汝○知也　　　　　6.1/51/18
吾不知其○謂　　　　6.1/51/24
○謂國無人者　　　　6.2/52/17
景公有○愛槐　　　　6.4/53/20
〔○憂何也〕　　　　6.4/53/24
吾○以請雨者　　　　6.4/53/29
○以然者何也　　　　6.4/53/30
而爲讒臣○擠　　　　6.9/57/22
○以生者　　　　　　6.9/57/27
無○容入　　　　　　6.10/58/12
固寡人之○願也　　　6.10/58/19
尊○好　　　　　　　6.10/58/23
〔而〕忽（時）〔恃〕
　　　　　　　　　　6.10/58/23
過時無○容　　　　　6.12/60/11
無○容止　　　　　　6.12/60/12
物之○徵　　　　　　6.12/60/25
妲己之○譽貴之　　　7.2/64/5
妲己之○憎誅之　　　7.2/64/5
咸獲○欲　　　　　　7.2/64/6
○欲殺者　　　　　　7.4/65/23
國人之○知也　　　　7.11/71/3
遂入至姬○　　　　　7.12/71/20
數言○夢　　　　　　7.13/72/5
彼亦各貴其〔故〕○親
　　　　　　　　　　7.14/72/26
國家○以覆而不安也　7.15/73/18
窮意○欲　　　　　　7.15/73/28

索 suǒ　　　　　　　3

關候士吏搜○　　　　5.13/49/15
惟家之○　　　　　　7.2/64/12
閉門而○客　　　　　7.10/70/6

他 tā　　　　　　　7

誰知其○　　　　　　2.3/13/30
莫知其○　　　　　　2.10/18/22
吾恐○人復見之　　　3.5/24/22
無○兄弟　　　　　　4.15/40/15
因以○過答　　　　　5.10/47/20

○人無事不得往　　　5.11/48/19
使臥○所　　　　　　5.15/50/28

胎 tāi　　　　　　　3

○養子孫　　　　　　1/1/3
能以○教　　　　　　1.6/4/5
君子謂太任爲能○教　1.6/4/6

台 tái　　　　　　　3

投諸○　　　　　　　3.9/27/3
飲小器、投諸○者　　3.9/27/7

邰 tái　　　　　　　4

○侯之女也　　　　　1.2/1/29
更國○地　　　　　　1.2/2/2
遂封棄于○　　　　　1.2/2/2
（○）〔邰〕陽邑任延
　壽之妻也　　　　　5.14/50/6

臺 tái　　　　　　　22

魯大夫從○上見而怪之
　　　　　　　　　　1.12/10/22
乃舍諸靈○　　　　　2.4/14/26
留夫人漸○之上而去　4.10/37/16
○崩　　　　　　　　4.10/37/21
留姜漸○　　　　　　4.10/37/27
成王登○臨後宮　　　5.2/41/27
王下○而問曰　　　　5.2/41/30
今者大王在○上　　　5.2/42/1
遂登附社之○　　　　5.4/43/9
王方在小曲之○　　　6.2/52/10
乃閉虞姬于九層之○　6.9/57/19
宣王方置酒于漸○　　6.10/58/15
漸○五重　　　　　　6.10/58/24
于是（折）〔拆〕漸○
　　　　　　　　　　6.10/58/29
造爲高○深池　　　　6.11/59/25
頃襄王好○榭　　　　6.13/61/6
王好○榭　　　　　　6.13/61/18
造瓊室瑤○以臨雲雨　7.1/63/22
囚之於夏○　　　　　7.1/63/23
紂乃登廩○　　　　　7.2/64/11

公登○以臨崔子之宮　7.11/70/21
由○上與東郭姜戲　　7.11/70/22

太 tài　　　　　　　112

○姜、○任、○姒　　1.6/3/27
○姜者　　　　　　　1.6/3/27
生○伯、仲雍、王季　1.6/3/28
○王謀事遷徙　　　　1.6/3/28
必與○姜　　　　　　1.6/3/28
君子謂○姜廣于德教　1.6/3/29
蓋○姜淵智非常　　　1.6/4/1
雖○王之賢聖　　　　1.6/4/1
其知○王仁恕　　　　1.6/4/2
○任者　　　　　　　1.6/4/4
○任之性　　　　　　1.6/4/4
○任教之以一而識百　1.6/4/6
君子謂○任爲能胎教　1.6/4/6
○姒者　　　　　　　1.6/4/12
○姒思媚○姜、○任　1.6/4/13
○姒號曰文母　　　　1.6/4/13
○姒生有十男　　　　1.6/4/14
○姒教誨十子　　　　1.6/4/16
武王纘○王、王季、文
　王之緒　　　　　　1.6/4/17
追王○王、王季　　　1.6/4/19
豈可以累○姒耶　　　1.6/4/24
故君子謂○姒仁明而有
　德　　　　　　　　1.6/4/24
○姒嗣徽音　　　　　1.6/4/26
○姜任姒　　　　　　1.6/5/3
○姒最賢　　　　　　1.6/5/3
與○史、司載（糾）
　〔糾〕虔天刑　　　1.10/8/20
妾反○早　　　　　　1.12/10/26
譖殺○子申生　　　　2.3/13/28
○子申生之同母姊　　2.4/14/19
獻公殺○子申生　　　2.4/14/20
乃與○子奚、公子弘、
　與簡璧　　　　　　2.4/14/23
○子奚思母之恩而送其
　舅氏也　　　　　　2.4/14/27
陶○夫荅子妻也　　　2.9/17/26
無已○康　　　　　　3.1/22/14
以爲○子　3.8/26/10,7.4/65/18
戎子請以牙爲○子代光　3.8/26/11
遂逐○子光　　　　　3.8/26/14

而立牙爲○子	3.8/26/15
且三代之亡、恭○子之	
廢	3.10/28/6
○子少愚	3.13/30/9
秦立魏公子政爲魏○子	
	3.14/30/22
魏哀王使使者爲○子納	
妃而美	3.14/30/22
今大王爲○子求妃	3.14/30/29
遂與○子妃	3.14/31/7
不亦○甚乎	4.11/38/9
淮陽（大）〔○〕守以	
聞	4.15/40/24
宣王立戲爲魯○子	5.1/41/12
王將立公子（商）〔商〕	
臣以爲○子	5.2/42/3
子上言○子之不可立也	5.2/42/8
○子怨之	5.2/42/8
○子貪忍	5.2/42/9
今者王必將以職易○子	5.2/42/11
其以○子爲非吾子	5.2/42/12
必寙○子之不可釋也	5.2/42/13
○子知王之欲廢之也	5.2/42/14
晉惠公○子之妃也	5.3/42/25
晉○子也	5.3/42/27
寡君受之○廟也	5.4/43/16
昔者○公望年七十	6.1/51/19
天下之治○平	6.1/51/21
其幹生于○山之阿	6.3/53/6
召○（上）〔卜〕而卜	
之	6.4/53/28
立○子	6.10/58/30
遂立○子	6.10/59/6
不立○子	6.13/61/7
	6.13/61/9，6.13/61/19
無○子也	6.13/61/17
齊○倉女者	6.15/62/21
漢○倉令淳于公之少女	
也	6.15/62/21
廢○子宜臼而立伯服爲	
○子	7.3/65/2
于是諸侯乃即申侯而共	
立故○子宜臼	7.3/65/8
廢后、○子	7.3/65/13
以告○子曰	7.4/65/21
○子其避之	7.4/65/21
壽度○子必行	7.4/65/21

乃與○子飲	7.4/65/22
朔遂立爲○子	7.4/65/24
謀危○子	7.4/65/29
生秦穆夫人及○子申生	7.7/67/6
逐○子與二公子而可間	
也	7.7/67/9
若使○子主曲沃	7.7/67/11
遂使○子居曲沃	7.7/67/12
既遠○子	7.7/67/12
由此疑○子	7.7/67/21
驪姬乃使人以公命告○	
子曰	7.7/67/21
獻公使人謂○子曰	7.7/67/26
○傅里克曰	7.7/67/26
○子入自明可以生	7.7/67/26
○子曰	7.7/68/1
謀譖○子	7.7/68/10
靈公○子午奔晉	7.9/69/13
○子光之母也	7.10/70/3
○子蒯聵知而惡之	7.12/71/15
南子譖○子于靈公曰	7.12/71/16
○子欲殺我	7.12/71/16
姬杖戈先○子與五介冑	
之士	7.12/71/20
章爲○子	7.13/72/4
○子無慈孝之行	7.13/72/7
王乃廢后與○子	7.13/72/7
立爲○子	7.14/73/4
乃驫殺哀王及后	7.14/73/6
爲○子	7.15/73/19
陰譖后及○子于王	7.15/73/20
使人犯○子而陷之于罪	
	7.15/73/20
大夫怨倡后之譖○子及	
殺李牧	7.15/73/23

泰 tài　　　　1

刺子騫○	1.11/10/12

貪 tān　　　　15

不○榮祿	1.9/7/12
○富務大	2.9/17/29
○婪無壓	3.10/28/5
叔魚卒以○死	3.10/28/15
○人敗類	3.10/28/16

皆○不正	3.10/28/20
○也	4.11/38/7
夫○污之人	4.11/38/7
不○行貴	4.14/40/9
則是姜○貴樂利以忘義	
理也	5.2/42/2
太子○忍	5.2/42/9
姜豈○貨而（失）〔干〕	
大王哉	6.2/52/19
是○色也	7.9/69/15
○色爲淫	7.9/69/15
○叨無足	7.15/73/28

探 tān　　　　2

見不善如○湯	5.9/47/6
乃○雀鷇而食之	7.13/72/13

談 tán　　　　1

不敢○語	6.5/55/3

餤 tán　　　　1

亂（時）〔是〕用○	7.14/73/7

譚 tán　　　　4

○公維私	1.8/6/10
我思○○	6.6/55/10
○國之政	6.12/61/1

袒 tǎn　　　　1

其婦○而在內	1.9/7/5

炭 tàn　　　　2

加之○	7.2/64/8
輒墮○中	7.2/64/8

嘆 tàn　　　　5

○曰	1.7/5/16
敬姜○曰	1.10/8/15
母喟然○曰	3.11/29/2
亡士○市	6.9/57/26

于是宣王喟然而〇曰	6.10/58/28

歎 tàn　2

閒居擁楹而〇	1.9/7/11
今擁楹而〇	1.9/7/11

湯 tāng　12

〇興爲天子	1.3/2/20
〇妃有嬖者	1.5/3/15
殷〇娶婇以爲妃	1.5/3/15
有嬖之妃〇也	1.5/3/16
〇妃有嬖	1.5/3/22
見不善如探〇	5.9/47/6
〇立以爲三公	6.1/51/21
妾聞昔者〇伐夏	6.7/56/8
掌奉〇沐	6.9/57/22
召〇	7.1/63/23
于是〇受命而伐之	7.1/63/23
〇遂放桀	7.1/63/24

唐 táng　1

南遊于〇五百里有樂焉	6.13/61/8

堂 táng　13

將上〇	1.9/7/8
見其友上〇	1.10/7/28
下〇再拜曰	2.2/13/12
妾聞〇上兼女	2.5/15/16
〔立於〇下〕	2.11/19/3
上〇	2.11/19/4
及〇	3.10/28/8
夜不下〇	4.2/33/2,4.2/33/6
夜不可下〇	4.2/33/3
父母送孟姬不下〇	4.6/34/29
下〇	4.6/35/7
景公乃降〇	6.4/53/29

棠 táng　5

〇公之妻	7.11/70/19
〇公死	7.11/70/19
東郭姜與前夫子〇毋咎 　俱入	7.11/70/27

〇毋咎與東郭偃爭而不 　與	7.11/70/30
于是二子歸殺〇毋咎、 　東郭偃于崔子之庭	7.11/71/1

螳 táng　1

越王敬〇蜋之怒	6.12/60/25

儻 tǎng　1

乳母〇言之	5.11/48/10

叨 tāo　1

貪〇無足	7.15/73/28

慆 tāo　1

使無〇淫	1.10/8/22

謟 tāo　2

（〇）〔謟〕諛强于左 　右	6.10/58/25
退（〇）〔謟〕諛	6.10/58/29

逃 táo　18

萊子〇世	2.14/21/3
〇世山陽	2.14/21/17
乃遂〇亡	2.14/21/17
遂相與〇而爲人灌園	2.15/21/27
後果遁〇	3.3/23/27
義保遂以〇	5.1/41/16
〇匿孝公	5.1/41/22
圉將〇歸	5.3/42/25
子圉遂〇歸	5.3/42/30
圉將與〇	5.3/43/3
節乳母與公子俱〇	5.11/48/7
我聞公子與乳母俱〇	5.11/48/11
遂抱公子〇于深澤之中	5.11/48/15
與俱遁〇	5.11/48/24
閔王〇亡	6.11/59/30
姪乃〇	6.13/61/11
夫妻夜〇	7.3/64/28

公踰墙而〇	7.11/70/27

陶 táo　9

〇于河濱	2.6/16/5
〇太夫荅子妻也	2.9/17/26
荅子治〇三年	2.9/17/26
今夫子治〇	2.9/18/1
荅子治〇	2.9/18/9
〇嬰者	4.13/39/12
魯〇門之女也	4.13/39/12
君子謂〇嬰貞一而思	4.13/39/17
〇嬰少寡	4.13/39/22

討 tǎo　4

夜而〇過	1.10/8/23
必霸諸侯而〇無禮	3.4/24/5
必能〇過	3.4/24/8
王〇罪也	7.9/69/14

忒 tè　2

其儀不〇	1.7/5/14,4.10/37/22

特 tè　3

非〇師傅、朋友相與切 　磋也	2.12/20/3
今〇書來云爾	3.9/27/6
〇竊慕大王之美義耳	6.10/58/18

啼 tí　1

兒隨而〇	5.6/44/29

緹 tí　5

以〇竿爲幟	6.13/61/11
名〇縈	6.15/62/21
〇縈自悲泣	6.15/62/23
君子謂〇縈一言發聖主 　之意	6.15/63/3
〇縈訟父	6.15/63/8

騠 tí	1	以○子之禮	1.6/4/19	卒霸○下	5.4/43/15

騠 tí　1

駾○生七日而超其母　6.1/51/22

體 tí　3

無以下○　2.8/17/11
妾娟之幸得蒙先人之遺
　○　6.9/57/20
至斷支○　6.15/63/1

悌 tí　3

愷○君子　2.10/18/20
　5.8/46/16,6.15/62/28

涕 tí　7

揮泣垂○　1.7/5/9
泣○如雨　1.7/5/10
毋揮○　1.10/9/8
夫人流○　2.4/15/6
莫不爲之揮（俤）〔○〕
　4.8/36/12
因○泣不能自禁　5.13/49/22
莫不爲酸鼻揮○　5.13/49/24

惕 tí　1

晏子○然而悟　6.4/54/2

天 tiān　85

不以○子之女故而驕盈
　怠嫚　1.1/1/10
號泣旻呼旻○　1.1/1/16
升爲○子　1.1/1/18
○下稱二妃聰明貞仁　1.1/1/19
至周文、武而興爲○子　1.2/2/4
克配彼○　1.2/2/5
上知○文　1.3/2/17
湯興爲○子　1.3/2/20
○命玄鳥　1.3/2/21
禹爲○子　1.4/3/5
壹戎衣而有○下　1.6/4/17
身不失○下之顯名　1.6/4/18
尊爲○子　1.6/4/18

以○子之禮　1.6/4/19
達乎○子　1.6/4/21
倪○之妹　1.6/4/25
（夫）〔○〕禍衛國也　1.7/5/16
遂成○下之名儒　1.9/7/3
故長王○下　1.10/8/17
是故○子大采朝日　1.10/8/18
與太史、司載（斜）
　〔糾〕虔○刑　1.10/8/20
諸侯朝脩○子之業令　1.10/8/21
○子及諸侯合民事〔于
　外朝〕　1.10/9/14
○陰還　1.12/10/21
則以父母爲○　1.12/10/28
既嫁則以夫爲○　1.12/10/28
其喪（○）〔父〕母　1.12/10/28
無二之義也　1.12/10/29
○未亡晉　2.3/14/2
遂伯○下　2.3/14/9
上○降災　2.4/14/24
○子十二　2.7/16/24
終卒○年　2.9/18/3
甘○下之淡味　2.11/19/11
安○下之卑位　2.11/19/11
原度○理　3/22/6
○之道也　3.2/23/3
君子謂鄧曼爲知○道　3.2/23/5
○地盈虛　3.2/23/5
識彼○道　3.2/23/10
〔○必〕陽報之　3.5/24/23
○之處高而聽卑　3.5/24/23
皇○無親　3.5/24/23
深知○道　3.5/24/29
君子謂伯宗之妻知○道　3.6/25/12
而○鐘美于是　3.10/28/4
非有○咎　3.12/29/19
○下之大綱紀也　3.14/31/4
○維顯思　3.14/31/9
○下之俊　4/32/6
妾聞○子者　4.9/36/27
○下之表也　4.9/36/27
○子失制　4.9/36/27
則○下亂　4.9/36/27
○子之所誅也　4.9/37/1
以終○年　4.11/38/6
○命早寡兮　4.13/39/14
請周○子殺伯御　5.1/41/17

卒霸○下　5.4/43/15
遂泣而呼○　5.7/45/25
何面目以生而戴○（復）
　〔履〕地乎　5.14/50/12
義冠○下　5.15/51/6
八十爲○子師　6.1/51/20
○下之治太平　6.1/51/21
仁著于○下　6.3/53/4
皆○下之妙選也　6.3/53/7
○大雨　6.4/53/30
以能順○慈民也　6.4/53/30
逢○之暑　6.6/55/10
生于○壤之間　6.9/57/21
上指皇○　6.9/58/6
此○下强顏女子也　6.10/58/15
堯、舜、桀、紂俱○子
　也　6.11/59/23
雖爲○子　6.11/59/24
○下歸善焉　6.11/59/25
爲○下笑　6.11/59/26
○下歸惡焉　6.11/59/26
○子憐悲其意　6.15/62/26
高○下以聲　7.2/64/4
于是武王遂致○之罰　7.2/64/11
亂匪降自○　7.5/66/9
驪姬乃仰○叩心而泣　7.7/67/24
○下多美婦女　7.9/69/17
逢○時而生　7.13/72/5
〔妾〕賴○有子男　7.14/73/2

田 tián　14

舜往于○　1.1/1/16
齊○稷子之母也　1.14/11/30
○稷子相齊　1.14/11/30
○稷子慚而出　1.14/12/6
○稷之母　1.14/12/13
王○不取群　3.1/22/12
邢侯與雍子爭○　3.10/28/13
乃日視便利○宅可買者
　〔買之〕　3.15/31/22
力○不如逢豐年　5.9/46/27
延壽與其友○建陰殺季
　宗　5.14/50/7
○建　5.14/50/8
○建已死　5.14/50/9
經瓜○　6.9/57/24

公〇不在	7.7/67/22	王嘗〇朝罷晏	2.5/15/12	伺于王〇而言曰	7.3/64/22
		遂不〇	2.7/16/27	縈流于〇	7.3/64/25
塡 tián	2	不〇其姒	2.7/17/1	于是二子歸殺棠毋咎、	
		妻諫不〇	2.9/18/9	東郭偃于崔子之〇	7.11/71/1
先狗馬〇溝壑	4.14/39/28	俾獻不〇	3.1/22/19		
〇池澤	6.11/59/28	曾是莫〇	3.2/23/1	**通 tōng**	23
		衛侯不〇	3.3/23/19		
忝 tiǎn	1	衛君不〇	3.3/23/27	〇達知禮	1.10/9/22
		天之處高而〇卑	3.5/24/23	使其傅母〇言于王曰	2.1/12/24
無〇皇祖	3.11/29/4	伯宗不〇	3.6/25/5	魯與齊〇壁	3.9/26/28
		爾試〇之	3.6/25/8	又皆〇于齊高子、國子	3.9/26/28
瑱 tiàn	1	公終不〇	3.8/26/14	保母以其言〇于王	5.2/42/14
		〇用我謀	3.8/26/16	惟若辯〇	6/51/10
見處子珮〇而浣	6.6/55/8	公既不〇	3.8/26/21	女娟〇達而有辭	6.7/56/15
		子皮不〇	3.12/29/20,3.12/29/27	爲我〇于主君	6.8/56/26
苕 tiáo	2	故不肯〇命	4.2/32/27	乃言不〇則老婦死而已	6.8/56/27
		女不〇	4.3/33/16	嘗與北郭先生〇	6.9/57/18
顏若〇之榮	7.13/72/4	終不〇	4.3/33/17	諫者不得〇入	6.10/58/26
吳女〇顏	7.13/72/18	女終不〇	4.3/33/18	君子謂宿瘤女〇而有禮	
		終不〇其母	4.4/34/3		6.11/59/30
條 tiáo	2	作詩不〇	4.4/34/8	文姜與襄公〇	7.5/66/7
		夫人不〇	4.7/35/25	齊襄淫〇	7.5/66/14
施于〇枚	4.9/37/6	不〇	4.12/39/1	〇于二叔公子慶父、公	
戰于鳴〇	7.1/63/23		5.4/43/21,7.1/63/22	子牙	7.6/66/23
		終不肯〇	4.12/39/7	聞哀姜與慶父〇以危魯	7.6/66/26
調 tiáo	3	終不〇母	4.15/41/1	繆姜〇于叔孫宣伯	7.8/68/16
		王不〇	5.2/42/6	公孫寧、儀行父與陳靈	
見陰陽不〇	6.4/53/25	贏不肯〇	5.3/43/3	公皆〇于夏姬	7.9/69/8
願借子〔以〕〇其音	6.6/55/15	三年不〇政事	5.4/43/14	其子黑要又〇于夏姬	7.9/69/18
安能〇琴	6.6/55/16	三弟不〇	5.4/43/25	淫〇于大夫慶剋	7.10/70/3
		〇其所欲殺活	5.8/46/8	莊公〇焉	7.11/70/20
窕 tiǎo	1	〇汝所之	5.14/50/10	〇于宋子朝	7.12/71/15
		女計念不〇之	5.15/50/26	〇于春平君	7.15/73/21
窈〇淑女	1.5/3/17	〇之	5.15/50/27		
		〇用邪人	6.9/57/25	**同 tóng**	36
偢 tiè	2	〇用其言	7.1/63/19		
		桓公不〇	7.5/66/7	乃人才質不〇	1.6/4/23
不〇不賊	5.7/45/26,5.14/50/15	公不〇	7.6/66/22	上下〇之	1.10/9/15
		請反〇命	7.8/68/17	太子申生之〇母姊	2.4/14/19
聽 tīng	48			〇列者七人	2.5/15/16
		廷 tíng	1	與己〇處	2.5/15/27
耳不〇淫聲	1.6/4/5			當與時小〇	2.6/16/6
耳不〇于淫聲	1.6/4/8	不待幽間於朝〇	7.9/69/9	生原〇、屛括、樓嬰	2.8/17/8
諸侯不〇	1.9/7/13			及爾〇死	2.8/17/11
〇而不用	1.9/7/13	**庭 tíng**	4		4.7/35/28,5.4/43/27
衛姬爲之不〇鄭衛之音	2.2/13/10			與人〇寒苦	2.8/17/11
公子不〇	2.3/14/5,2.3/14/14	既歸家（〇）〔處〕	6.2/52/25	猶與之〇死而不去	2.8/17/11

食我以○魚	3.9/27/4,3.9/27/9	痛 tòng	10	斜 tǒu	1
○者	3.9/27/9				
三姦○罪	3.10/28/14	○不能救	2.4/15/6	與太史、司載（○）	
父子○女	3.14/31/6	莫不悼○	4.2/33/5	〔糾〕虔天刑	1.10/8/20
父子不○	3.15/31/22	其親愛也○甚于心	5.6/45/3		
請願○庖	4.3/33/17	子雖○乎	5.6/45/6,5.8/46/14	徒 tú	9
後君欲○	4.3/33/25	讎人哀○之	5.15/50/30		
既往而不○欲	4.5/34/13	惻然爲〔民〕○之	6.3/53/2	堯使爲司○	1.3/2/18
自古寡○	4.6/35/18	妾恐其身之不知○	6.7/56/5	汝作司○	1.3/2/19
死則○穴	4.7/35/25	○哉	6.10/58/28	若師○毋虧	3.2/23/4
○日俱死	4.7/35/26	何其〔楚〕○而不德也	6.15/63/1	非○讌令尹	6.2/52/18
作詩《○穴》	4.7/36/3			收倡優、侏儒、狎○、	
聊與子○歸	4.8/36/15	慟 tòng	2	能爲奇偉戲者	7.1/63/18
（受）坐不○席	4.9/36/29			慶封乃使盧蒲嫳帥○衆	
不與衆○	4.13/39/14	悲心感○	1.7/5/9	與國人焚其庫廄而殺	
死○時	5.4/43/12	哀○傍人	5.13/49/23	成、（姜）〔彊〕	7.11/71/3
子姪○內	5.12/49/8			章以其○作亂	7.13/72/11
與子○枕席	5.14/50/11	偷 tōu	1	非○然也	7.14/72/26
義不與婦人○舟而渡也	6.7/56/8			考烈王弟公子負芻之○	
與妾○舟	6.7/56/10	○生苟活	5.5/44/16	聞知幽王非考烈王子	7.14/73/6
攜手○歸	6.13/61/27				
與末喜、嬖妾○舟流于		投 tóu	8	屠 tú	2
海	7.1/63/24				
出入與之○乘	7.3/65/3	○其奮萊而去	2.14/21/10	○牛于朝歌市	6.1/51/20
		○諸台	3.9/27/3	燕遂○齊	6.11/59/30
童 tóng	7	歛小器、○諸台者	3.9/27/7		
		○河而死	5.9/47/4	塗 tú	7
○子也	3.10/27/26	吾欲復○吾子	5.12/49/2		
有一女○伏于幟下	6.13/61/12	火盛自○	5.12/49/8	使○廩	1.1/1/11
雖爲女○	6.13/62/1	以○禍凶	6/51/10	父母使我○廩	1.1/1/12
○妾之女	7.3/64/22	○而棄之	6.6/55/12	○山氏長女也	1.4/3/3
宮之○妾未毀〔齒〕而				○山獨明教訓而致其化焉	1.4/3/4
遭之	7.3/64/26	頭 tóu	11	君子謂○山彊於教誨	1.4/3/5
先是有○謠曰	7.3/64/27			啓母○山	1.4/3/10
聞○妾遭棄而夜號〔也〕		覆○則足見	2.11/19/5	夏之興也以○山	3.14/31/1
	7.3/64/28	覆足則○見	2.11/19/5		
		見兩○蛇	3.5/24/20	圖 tú	9
銅 tóng	1	吾聞見兩○蛇者死	3.5/24/21		
		兩○岐首	3.5/24/29	大夫○之	1.7/5/24
膏○柱	7.2/64/8	○亂不得梳	3.9/27/10	惟君其○之	2.4/14/25
		斷○持去	5.15/50/29	子不早○	3.4/24/8
統 tǒng	1	乃其妻之○也	5.15/50/30	是必使齊○魯而拘汝留	
		臼○深目	6.10/58/11	之	3.9/27/1
○領九嬪	1.5/3/16	羈其○而飲之于酒池	7.1/63/20	是究是○	6.4/54/8
		斬妲己○	7.2/64/11	君不早○	7.7/67/19
				吾將○之	7.7/67/21
				爾其○之	7.7/67/26

願王○之	7.9/69/15

土 tǔ 8

惟荒度○功	1.4/3/4
禹往敷○	1.4/3/10
擇瘠○而處之	1.10/8/16
沃○之民不材	1.10/8/18
瘠○之民嚮義	1.10/8/18
平治水○	2.6/16/3
夫出治○	2.6/16/14
○階三等	6.3/53/5

吐 tǔ 2

周公一食而三○哺	1.10/8/3
王輟食○哺而起	6.12/60/13

兔 tù 1

肅肅○罝	2.13/20/22

推 tuī 11

○恩有德	1.3/2/26
○而往	1.10/8/12
引過○讓	2.1/13/5
君子謂叔姬為能○類	3.10/28/10
賢其○理	5.6/45/15
若繼母與假女○讓爭死	5.13/49/27
○推一切	6/51/10
退而○之	6.10/58/20
○一而用之	6.12/60/23
○誠上書	6.15/63/8
公○之曰	7.11/70/22

退 tuì 15

揖讓進○	1.9/6/25
文伯○朝	1.10/8/14
則不○	1.10/9/18
起居進○	1.13/11/11
早朝晏○	2.1/12/27
未聞進賢〔而〕○不肖	2.5/15/18
大夫夙（夜）〔○〕	2.5/15/21
進○則鳴玉環佩	4.6/35/7

遂○	4.9/37/5
傅妾○而謂其子曰	4.12/38/29
王○而問于夫人	5.2/42/5
子督○而與其保言曰	5.2/42/11
不可不○	6.9/57/17
○而推之	6.10/58/20
○（諂）〔諂〕諛	6.10/58/29

吞 tūn 2

誤而○之	1.3/2/16
○卵產子	1.3/2/26

託 tuō 11

且以自○	3.4/24/15
子何不豫結賢大夫以○州犂焉	3.6/25/10
于是文仲○于三家	3.9/27/2
○為妃匹	4.11/38/5
夫受人之○	4.15/40/19
棄○不信	4.15/40/19
可以○六尺之孤	5.1/41/17
今既受人之○	5.8/46/12
豈可以忘人之○	5.8/46/12
願○桑蔭下飱	5.9/46/26
夜○燭明	6.14/62/16

脫 tuō 4

〔乃〕○簪珥	2.1/12/24
○朝服	2.1/12/29
○簪珥	2.2/13/12
願與少子俱○	2.9/18/2

蘀 tuò 2

（籜）〔○〕兮（籜）〔○〕兮	3.12/29/21

籜 tuò 2

（○）〔蘀〕兮（○）〔蘀〕兮	3.12/29/21

袜 wà 1

昔者武王罷朝而結絲○絕	1.10/8/2

外 wài 42

生仲壬、○丙	1.5/3/15
化訓內○	1.5/3/22
文王理陽道而治○	1.6/4/14
而無境○之志	1.9/7/15
好○	1.10/9/7
天子及諸侯合民事〔于○朝〕	1.10/9/14
合官職于○朝	1.10/9/15
夫○朝	1.10/9/15
至闈○而止	1.12/10/21
至闈〔○〕而止	1.12/10/23
故止闈○	1.12/10/26
管仲治○	2.2/13/17
而娶○妻	2.7/16/19
賂遺○妻甚厚	2.7/16/20
夫有○妻	2.7/17/1
門○車跡何其深也	2.13/20/15
門○成市	3.4/24/10
言取郭○萌內之於城中也	3.9/27/7
而○不達人事	3.12/29/16
語不及○	4.6/34/28
內○皆無五屬之親	4.8/36/10
○無所倚	4.8/36/14
若諸侯○淫者絕	4.9/36/29
卿大夫○淫者放	4.9/36/29
士庶人○淫者宮割	4.9/36/30
吾願出居○	4.12/38/24
夫人欲出居○	4.12/38/26
吾終願居○而已	4.12/38/28
將欲居○	4.12/38/30
遇稱舅魯大夫于○	5.1/41/15
所願卿無有○意	5.9/46/29
將車宿齊東門之○	6.1/51/15
頓首司馬門○	6.10/58/14
○有二國之難	6.10/58/22
○不修諸侯之禮	6.10/58/27
而弒死于○	6.11/59/30
○比內比	6.12/60/20
是○比內比也	6.12/60/21

使遊五百里○　6.13/61/9
○內崩（壞）〔壞〕　6.13/61/19
王遊于五百里之○　6.13/61/20
食自○來　7.7/67/23

玩 wán　4

所以苞苴○弄　3.3/23/16
故（一）〔以〕婢子之
　身爲苞苴○好　5.4/43/11
崇○好　6.4/54/3,6.4/54/5

頑 wán　1

舜父○母囂　1.1/1/8

萬 wàn　9

君子以一儀養○物　1.13/11/20
故爲○物始　3.14/31/4
則○物理　4.1/32/12
封即墨大夫以○戶　6.9/57/30
而欲干○乘之主　6.10/58/17
○民罷極　6.10/58/25
夫飾〔與不飾〕相去千
　○　6.11/59/22
相去千○　6.11/59/27
幽王乃欲其笑○端　7.3/65/4

汪 wāng　1

浴○　1.1/1/15

亡 wáng　46

將○　1.7/5/13
不猶愈于○乎　1.7/5/13
出○至境　1.7/5/19
使祝宗告○　1.7/5/19
告○而已　1.7/5/21
魯其○乎　1.10/8/16
天未○晉　2.3/14/2
敗○之徵見矣　2.9/18/2
乃遂逃○　2.14/21/17
晉公子重耳○　3.4/24/3
妻知且○　3.6/25/17
而○一國、兩卿矣　3.10/28/2

且三代之○、恭太子之
　廢　3.10/28/6
隨人○　3.13/30/8
○也以末喜　3.14/31/1
○也以妲己　3.14/31/1
○也以褒姒　3.14/31/2
昭王○　4.9/36/26
亂○興焉　4.9/37/1
夫造亂○之端　4.9/37/1
縱亂○之欲　4.9/37/1
君○不死　5.5/44/8
○兄子而存妾子　5.6/45/4
今代已○　5.7/45/23
今魏國亦破○　5.11/48/12
輕死○　5.15/50/31
其母○布八尋　6.2/52/9
妾夜○布八尋　6.2/52/9
○布八尋　6.2/52/25
遂免父○　6.4/54/13
○士嘆市　6.9/57/26
身死國○　6.11/59/26
閔王逃○　6.11/59/30
必○矣　7.1/63/21
日有○乎　7.1/63/22
日○而我○　7.1/63/22
以爲○紂者　7.2/64/12
寔○周國　7.3/64/27
國適以○　7.6/67/1
○　7.8/68/20
○其尸　7.9/69/18
遂以奔○　7.10/70/14
好禍用○　7.10/70/14
趙○　7.15/73/23
受賂○趙　7.15/73/28

王 wáng　443

而敬敷（○）〔五〕教　1.3/2/19
卒致○功　1.5/3/16
○季之母　1.6/3/27
大○娶以爲妃　1.6/3/27
生太伯、仲雍、○季　1.6/3/28
太○謀事遷徙　1.6/3/28
雖太○之賢聖　1.6/4/1
其知太○仁恕　1.6/4/2
文○之母　1.6/4/4
○季娶爲妃　1.6/4/4

溲于豕牢而生文○　1.6/4/5
文○生而明聖　1.6/4/6
文○母可謂知肖化矣　1.6/4/10
武○之母　1.6/4/12
文○嘉之　1.6/4/12
文○理陽道而治外　1.6/4/14
次則武○發　1.6/4/14
文○繼而教之　1.6/4/17
卒成武○、周公之德　1.6/4/17
武○續太○、○季、文
　○之緒　1.6/4/17
武○未受命　1.6/4/18
追太○、○季　1.6/4/19
惟武○、周公成聖　1.6/4/22
昔者武○罷朝而結絲絑
　絕　1.10/8/2
故能成○道　1.10/8/2
皆伯○之君也　1.10/8/4
文○以寧　1.10/8/8
昔聖○之處民也　1.10/8/16
故長○天下　1.10/8/17
○后親織玄紞　1.10/8/24
先○之訓也　1.10/8/27
使人請于○　1.11/9/27
子不聞越○句踐之伐吳
　〔耶〕　1.11/10/1
○使人（往）〔注〕江
　之上流　1.11/10/2
○又以賜軍士　1.11/10/3
前妻中子犯魏○令　1.13/11/12
魏安釐○聞之　1.13/11/17
自歸罪於宣○　1.14/12/6
宣○聞之　1.14/12/7,7.3/64/27
〔宣○之后〕也　2.1/12/23
宣○常早臥晏起　2.1/12/24
使其傅母通言于○曰　2.1/12/24
至使君○失禮而晏朝　2.1/12/25
以見君○樂色而忘德也　2.1/12/25
○曰　2.1/12/27,2.5/15/13
　2.5/15/14,2.5/15/15
　2.14/21/5,3.2/22/29
　3.14/31/7,3.15/31/19
　3.15/31/23,3.15/31/24
　4.10/37/21,5.2/41/28
　5.2/41/28,5.2/41/29
　5.2/42/3,5.4/43/10
　5.4/43/13,5.4/43/20

	5.4/43/23, 5.8/46/7	○御不參一族	3.1/22/13	楚○賢其夫人守節有義	4.7/35/26
	6.2/52/11, 6.2/52/14	○猶不堪	3.1/22/13	楚平○之夫人	4.9/36/25
	6.2/52/18, 6.2/52/20	○滅密	3.1/22/14	昭○之母也	4.9/36/25
	6.10/58/18, 6.11/59/14	武○之夫人也	3.2/22/24	當昭○時	4.9/36/25
	6.11/59/23, 6.12/60/14	○使屈瑕爲將	3.2/22/24	昭○亡	4.9/36/26
	6.12/60/15, 6.12/60/18	見○曰	3.2/22/25	吳○闔閭盡妻其後宮	4.9/36/26
	6.12/60/19, 6.12/60/20	○以告夫人鄧曼	3.2/22/25	○教之端	4.9/36/28
	6.12/60/21, 6.12/60/24	於是○使賴人追之	3.2/22/27	是以明○之制	4.9/36/28
	6.12/60/26, 6.13/61/13	○伐隨	3.2/23/2	今君○棄儀表之行	4.9/37/1
	6.13/61/13, 6.13/61/15	○德薄而祿厚	3.2/23/2	若使君○棄其儀表	4.9/37/2
	6.13/61/16, 6.13/61/18	先○知之矣	3.2/23/3	又何益于君○	4.9/37/4
	6.13/61/21, 6.13/61/22	將發大命而蕩○心焉	3.2/23/4	于是吳○慚	4.9/37/4
	6.13/61/24, 7.15/73/18	○薨于行	3.2/23/4	昭○乃復矣	4.9/37/5
宜○悟焉	2.1/13/5	○遂行	3.2/23/4	楚昭○之夫人也	4.10/37/16
楚莊○之夫人也	2.5/15/11	知○將薨	3.2/23/10	○出遊	4.10/37/16
莊○即位	2.5/15/11	則其君必伯○之主也	3.4/24/7	○聞江水大至	4.10/37/16
○改過	2.5/15/12	魏哀○使使者爲太子納		○與宮人約	4.10/37/17
○嘗聽朝罷晏	2.5/15/12	妃而美	3.14/30/22	吳○聞其美且有行	4.11/38/3
○之所謂賢者	2.5/15/13	○將自納焉	3.14/30/23	今○賜金璧之聘、夫人	
求賢人進于○	2.5/15/15	○亂于無別	3.14/30/23	之位	4.11/38/6
妾豈不欲擅○之愛寵乎	2.5/15/16	○又無義	3.14/30/24	○何以爲哉	4.11/38/7
欲○多見	2.5/15/17	○中人也	3.14/30/24	吳○賢其守節〔而〕有	
○悅	2.5/15/19	負因款○門而上書曰	3.14/30/26	義	4.11/38/9
○以姬〔之〕言告虞丘		願以聞於○	3.14/30/26	吳○美之	4.11/38/15
子	2.5/15/19	○召入	3.14/30/27	衛宗室靈○之夫人（而）	
○以爲令尹	2.5/15/20	今大○爲太子求妃	3.14/30/29	及其傅妾也	4.12/38/20
而莊○以霸	2.5/15/21	自古聖○	3.14/30/30	封靈○世家	4.12/38/20
莊○之霸	2.5/15/21	周之康○夫人晏出朝	3.14/31/2	靈○死	4.12/38/21
妻恐其懈于○事	2.6/16/3	今大○亂人道之始	3.14/31/5	梁○聞之	4.14/39/28
○室如毀	2.6/16/9	○不憂此	3.14/31/6	今○又重之	4.14/39/29
楚○使使者持金百鎰、		妾恐大○之國政危矣	3.14/31/6	○之求妾者	4.14/40/3
車二駟	2.13/20/13	哀○勤行自修	3.14/31/8	○大其義	4.14/40/4
○願請先生治淮南	2.13/20/14	非刺哀○	3.14/31/13	聖○嘉之	4.15/41/1
○不知吾不肖也	2.13/20/15	○子納妃	3.14/31/13	孝公父武公與其二子長	
人或言之楚○曰	2.14/21/4	負款○門	3.14/31/13	子括、中子戲朝周宣	
○欲聘以璧帛	2.14/21/4	○能自脩	3.14/31/13	○	5.1/41/11
楚○駕至老萊之門	2.14/21/4	孝成○使括代廉頗爲將		宣○立戲爲魯太子	5.1/41/12
○復曰	2.14/21/6		3.15/31/18	楚成○之夫人也	5.2/41/27
○去	2.14/21/7	括母上書言于○曰	3.15/31/18	成○登臺臨後宮	5.2/41/27
楚○欲使吾守國之政	2.14/21/7	大○及宗室所賜者	3.15/31/20	○下臺而問曰	5.2/41/30
楚○聘之	2.14/21/17	○所賜金帛	3.15/31/21	今者大○在臺上	5.2/42/1
楚○聞於陵子終賢	2.15/21/22	○以爲若其父乎	3.15/31/22	何以事○	5.2/42/3
楚○欲以我爲相	2.15/21/23	願〔○〕勿遣	3.15/31/23	○將立公子（商）〔商〕	
○使聘焉	2.15/22/1	○終遣之	3.15/31/23	臣以爲太子	5.2/42/3
周共○遊于涇上	3.1/22/11	○以括母〔先言〕	3.15/31/25	○問之于令尹子上	5.2/42/4
必致之〔於〕○	3.1/22/12	其有大妨于○命者	4.6/35/1	○退而問于夫人	5.2/42/5
○田不取群	3.1/22/12	楚○出遊	4.7/35/23	○不聽	5.2/42/6

○不明察	5.2/42/8	代○及從者	5.7/45/21	于是宣○乃召見之	6.10/58/16
○多寵子	5.2/42/9	事代○	5.7/45/22	先○爲寡人娶妃匹	6.10/58/16
○又不明	5.2/42/10	襲滅代○	5.7/45/30	特竊慕大○之美義耳	6.10/58/18
後○又欲立公子職	5.2/42/10	當宣○時	5.8/46/5	宣○曰 6.10/58/19,6.10/58/21	
今者○必將以職易太子	5.2/42/11	言之于○ 5.8/46/7,5.8/46/9		宣○大驚	6.10/58/19
而言之于○	5.2/42/12	○有仁惠	5.8/46/9	今大○之君國也	6.10/58/22
○不〔吾〕應	5.2/42/12	相入言于○	5.8/46/14	于是宣○喟然而嘆曰	6.10/58/28
且○聞吾死	5.2/42/13	○美其義	5.8/46/15	宣○從之	6.10/59/6
保母以其言通于○	5.2/42/14	○以問母	5.8/46/20	閔○之后也	6.11/59/11
太子知○之欲廢之也	5.2/42/14	殺魏（主）〔○〕瑕	5.11/48/6	閔○出遊 6.11/59/11,6.11/60/5	
圍○宮	5.2/42/14	秦○聞之	5.11/48/16	○怪之	6.11/59/12
○請食熊（蟠）〔蹯〕		馮翊○讓聞之	5.14/50/14	不受教觀大○	6.11/59/14
而死	5.2/42/14	當恭○之時	6.2/52/8	○大悅之	6.11/59/15
卒配成○	5.2/42/20	有入○宮中盜者	6.2/52/8	賴大○之力	6.11/59/16
越○勾踐之女	5.4/43/8	請于○而紲之	6.2/52/8	而隨大○	6.11/59/16
楚昭○之姬也	5.4/43/8	乃往言于○曰	6.2/52/9	大○又安用之	6.11/59/16
昭○燕遊	5.4/43/8	○方在小曲之臺	6.2/52/10	○大慚曰	6.11/59/17
○親乘駟以馳逐	5.4/43/9	○謂母曰	6.2/52/10	于是○遣歸	6.11/59/17
昔敝邑寡君固以衆黎民		何大○之言過也	6.2/52/14	如是見○	6.11/59/18
之役事君○之馬足	5.4/43/11	有盜○宮中之物者	6.2/52/15	閔○歸	6.11/59/19
○顧謂史	5.4/43/12	昔者周武○有言曰	6.2/52/16	○大慚	6.11/59/21
昔者吾先君莊○淫樂	5.4/43/14	○其察之	6.2/52/18	閔○大感	6.11/59/28
妾以君○爲能法吾先君	5.4/43/15	妾豈貪貨而（失）〔干〕		閔○至于此也	6.11/59/29
且君○以束帛乘馬	5.4/43/16	大○哉	6.2/52/19	閔○逃亡	6.11/59/30
于是○寤	5.4/43/17	○復用乙	6.2/52/25	○召與語	6.11/60/5
○救陳	5.4/43/18	楚莊○臣援其夫人之衣	6.3/53/3	逐女造襄○之門	6.12/60/11
○病在軍中	5.4/43/18	稱說先○	6.4/54/12	願當君○之盛顏	6.12/60/12
○問周史	5.4/43/19	不勝○祝杯酌餘瀝	6.7/56/3	左右復于○	6.12/60/12
是害○身	5.4/43/19	武（三）〔○〕伐殷	6.7/56/9	○輟食吐哺而起	6.12/60/13
君○之德	5.4/43/21	齊威○之姬也	6.9/57/15	○何爲邃	6.12/60/14
以是妾願從○矣	5.4/43/21	威○即位	6.9/57/15	大○知國之柱乎	6.12/60/15
及君○復于禮	5.4/43/22	虞姬謂○曰	6.9/57/17	○	6.12/60/17
國人皆將爲君○死	5.4/43/22	○疑之	6.9/57/19	今大○既有明哲	6.12/60/18
妾死○之義	5.4/43/24	○視其詞	6.9/57/20	○之國相	6.12/60/19
不死○之好也	5.4/43/24	侍明○之讒	6.9/57/21	妾聞明○之用人也	6.12/60/22
○病甚	5.4/43/25	昵附○著	6.9/57/21	大○誠能屬之	6.12/60/23
○薨于軍中	5.4/43/25	不意大○乃復見〔而〕		越○敬螳蜋之怒	6.12/60/25
○弟子閭與子西、子期		與之語	6.9/57/23	造襄○門	6.12/61/1
謀曰	5.4/43/25	然願戒大○	6.9/57/29	○猶見焉	6.12/61/1
是爲惠○	5.4/43/27	○不執政	6.9/57/29	楚頃襄○之夫人	6.13/61/6
歸葬昭○	5.4/43/27	于是○大寤	6.9/57/30	頃襄○好臺榭	6.13/61/6
蔡姬許○	5.4/44/1	威○覺寤	6.9/58/6	使其左右謂○曰	6.13/61/7
代○之夫人也	5.7/45/20	宣○之正后也	6.10/58/11	○將往	6.13/61/8
誘代○	5.7/45/21	自詣宣○	6.10/58/13	○好淫樂	6.13/61/8
使廚人持斗以食代○及		聞君○之聖德	6.10/58/14	以惑我○	6.13/61/9
從者	5.7/45/21	唯○幸許之	6.10/58/15	○已出	6.13/61/10
陰令宰人各以一斗擊殺		宣○方置酒于漸臺	6.10/58/15	○必不得反國	6.13/61/10

○車至	6.13/61/12
○見之而止	6.13/61/12
願有謁于○	6.13/61/13
欲言隱事于○	6.13/61/14
聞大○出遊五百里	6.13/61/14
墻欲內崩而○不視	6.13/61/15
○離國五百里也	6.13/61/16
墻欲內崩而○不視者	6.13/61/17
禍亂且成而○不改也	6.13/61/18
○好臺榭	6.13/61/18
強秦使人內間○左右	6.13/61/20
使○不改	6.13/61/20
○遊于五百里之外	6.13/61/20
○必遂往	6.13/61/21
國非○之國也	6.13/61/21
○之致此三難也	6.13/61/21
○有五患	6.13/61/24
○乃發鄢郢之師以擊之	
	6.13/61/25
爲○陳節儉愛民之事	6.13/61/26
以幟見○	6.13/62/1
設○三難	6.13/62/1
○載以歸	6.13/62/1
不修先○之典法	7.2/64/9
武○遂受命興師伐紂	7.2/64/10
于是武○遂致天之罰	7.2/64/11
維○之（邛）〔邛〕	7.2/64/13
周幽○之后也	7.3/64/22
伺于○庭而言曰	7.3/64/22
及周厲○之末	7.3/64/25
○使婦人裸而譟之	7.3/64/25
當宣○之時產	7.3/64/26
○使執而戮之	7.3/64/28
幽○受而養之	7.3/65/1
幽○乃廢后申侯之女而	
立褒姒爲后	7.3/65/2
幽○惑于褒姒	7.3/65/2
幽○乃欲其笑萬端	7.3/65/4
幽○爲烽燧大鼓	7.3/65/4
幽○欲悅之	7.3/65/5
申侯乃與繒、西夷犬戎	
共攻幽○	7.3/65/6
幽○舉烽燧徵兵	7.3/65/7
遂殺幽○于驪山之下	7.3/65/7
是爲平○	7.3/65/8
興配幽○	7.3/65/13
毋必假手於武○以廢其	

祀	7.7/67/18
三爲○后	7.9/69/7
楚莊○舉兵誅徵舒	7.9/69/13
莊○見夏姬美好	7.9/69/14
○討罪也	7.9/69/14
願○圖之	7.9/69/15
○從之	7.9/69/15
莊○以夏姬與連尹襄老	7.9/69/17
及恭○即位	7.9/69/19
趙武靈○之后也	7.13/72/3
武靈○娶韓○女爲夫人	7.13/72/3
○嘗夢見處女鼓瑟而歌	
曰	7.13/72/4
○飲酒樂	7.13/72/5
○愛幸之	7.13/72/6
○乃廢后與太子	7.13/72/7
以何爲○	7.13/72/7
是爲惠文○	7.13/72/8
武靈○自號主父	7.13/72/8
乃欲分趙而○章于代	7.13/72/10
楚考烈○之后也	7.14/72/23
考烈○無子	7.14/72/23
楚○之貴幸君	7.14/72/24
而○無子	7.14/72/25
多失禮于○兄弟	7.14/72/27
○兄弟誠立	7.14/72/27
誠以君之重而進妾于楚	
○	7.14/73/1
楚○必變妾	7.14/73/1
則是君之子爲○也	7.14/73/2
言之考烈○	7.14/73/3
〔考烈○〕召而幸之	7.14/73/3
及考烈○死	7.14/73/4
是爲幽○	7.14/73/5
后有考烈○遺腹子猶立	7.14/73/5
是爲哀○	7.14/73/5
考烈○弟公子負芻之徒	
聞知幽○非考烈○子	7.14/73/6
疑哀○	7.14/73/6
乃襲殺哀○及太后	7.14/73/6
而立負芻爲○	7.14/73/7
趙悼襄○之后也	7.15/73/17
悼襄○以其美而取之	7.15/73/17
大○不畏乎	7.15/73/18
悼襄○后生子嘉	7.15/73/19
倡后既嬖幸于○	7.15/73/20
陰譖后及太子于○	7.15/73/20

○遂廢嘉而立遷	7.15/73/20
及悼襄○薨	7.15/73/21
是爲幽閔○	7.15/73/21
而使○誅其良將武安君	
李牧	7.15/73/22

往 wǎng　　　　　　　　40

我其○	1.1/1/12
○哉	1.1/1/12,1.1/1/13
舜○飛出	1.1/1/12
舜○浚井	1.1/1/13
遂○	1.1/1/15
舜○于田	1.1/1/16
簡狄與其妹娣競○取之	1.3/2/16
禹○敷土	1.4/3/10
始○	1.8/6/6,7.8/68/19
推而○	1.10/8/12
王使人（○）〔注〕江	
之上流	1.11/10/2
吾從汝謁○監之	1.12/10/18
因○來者請問其夫	2.7/16/19
曾子與門人○弔之	2.11/19/3
○聘之	2.13/20/13,2.15/21/22
進○遇害	2.15/22/1
齊桓○而存之	3.3/23/20
叔姬○視之	3.10/28/8
遂不肯○	4.1/32/14
必死不○	4.1/32/15
既○而不同欲	4.5/34/13
終不○	4.6/34/28
一○而不改	4.14/40/1
子束髮辭親○仕	5.9/47/1
他人無事不得○	5.11/48/19
乃○言于王曰	6.2/52/9
妻○說公	6.3/53/15
子貢○曰	6.6/55/14,6.6/55/17
使使者以金百鎰○聘迎	
之	6.11/59/18
請死不○	6.11/59/19
王將○	6.13/61/8
姪願○諫之	6.13/61/10
使人○問之	6.13/61/12
王必遂○	6.13/61/21
遽○追之	7.4/65/22
亟○祀焉	7.7/67/22

枉 wǎng　　　　　2

所以正曲○也　　1.10/8/9
○者惡之　　　　3.6/25/4

罔 wǎng　　　　　1

夫可欺而不可○者　3.7/25/29

忘 wàng　　　　30

淫則○善　　　　1.10/8/17
○善則惡心生　　1.10/8/17
猶恐○先人之業　1.10/8/27
妾安可以○義乎　1.13/11/16
以見君王樂色而○德也　2.1/12/25
夫得寵而○舊　　2.8/17/9
況于安新○舊乎　2.8/17/12
不○先君　　　　4.2/32/29
無○父母之言　　4.6/35/3
妾無須臾而○君也　4.7/35/23
思故○新　　　　4.7/36/3
○持其符　　　4.10/37/17
見利○死者　　4.11/38/7
德音不○　　　4.11/38/11
死者不可○　　4.13/39/15
（念）〔今〕○死而趨
　生　　　　　4.14/40/1
〔見〕貴而○賤　4.14/40/2
則是妾貪貴樂利以○義
　理也　　　　　5.2/42/2
苟○義理　　　　5.2/42/3
子父之接○而秦晉之友
　不加親也　　　5.3/42/26
夫戰而○勇　　　5.5/44/8
忠孝○于身　　　5.5/44/9
憂妻子而○仁義　5.5/44/13
豈可以○人之託　5.8/46/12
背言○信　　　　5.8/46/13
是○母也　　　　5.9/47/2
○母不孝　　　　5.9/47/2
孝義並○　　　　5.9/47/3
忽然○之　　　5.13/49/21
予之不○　　　6.11/59/15

望 wàng　　　　15

立而○之　　　　1.7/5/9
瞻○不及　　　　1.7/5/10
歸泣而○之　　　1.7/5/11
泣而○之　　　　1.7/6/1
衛姬○見桓公　　2.2/13/12
今妾○君舉趾高　2.2/13/14
○色請罪　　　　2.2/13/23
瞻○母兮　　　　3.9/27/13
先君猶有○也　　4.2/32/29
以○雲夢之囿　　5.4/43/9
○見一婦人抱一兒、攜
　一兒而行　　　5.6/44/28
昔者太公○年七十　6.1/51/19
晏子○見之　　　6.4/53/24
宮室相○　　　6.13/61/22
百姓怨○　　　　7.2/64/7

危 wēi　　　　　9

○險必避　　　　3/22/6
其○可立待也　　3.6/25/10
使援所○　　　　3.9/27/17
妾恐大王之國政○矣　3.14/31/6
則其國○　　　　4.9/36/28
國殆○矣　　　　6.9/57/29
謀○太子　　　　7.4/65/29
衛果○殆　　　　7.4/65/29
聞哀姜與慶父通以○魯　7.6/66/26

威 wēi　　　　15

君子謂姜后善于○儀而
　有德行　　　　2.1/12/28
○儀抑抑　　　　2.1/12/30
敬愼○儀　　　　2.4/15/2
○儀是力　　　　2.7/16/28
而○莫敖以刑也　3.2/22/26
窮人以爲○　　　3.9/26/27
刺子好○　　　　3.9/27/17
○儀棣棣　　　　4.3/33/20
嚴○令　　6.4/54/3,6.4/54/5
齊○王之姬也　　6.9/57/15
○王即位　　　　6.9/57/15
齊○惰政　　　　6.9/58/6
○王覺寤　　　　6.9/58/6

則可以○民而懼寇矣　7.7/67/12

隈 wēi　　　　　2

狄人入其二女叔（○）
　〔隗〕、季隗于公子　2.8/17/6
公以叔（○）〔隗〕妻
　趙衰　　　　　2.8/17/7

微 wēi　　　　11

君子謂敬姜爲愼○　1.10/9/6
○君姬氏　　　　2.8/17/15
君子謂密母爲能識○　3.1/22/14
式○式○　　　　4.5/34/15
○君之故　　　　4.5/34/17
作詩《式○》　　4.5/34/22
君子謂乙母善以○喻　6.2/52/20
（鞭）〔輕〕其○弱　6.5/54/21
○子去之　　　　7.2/64/10
孟姚數○言后有淫意　7.13/72/7

爲 wéi　　　　435

行○儀表　　　　1/1/3
升○天子　　　　1.1/1/18
娥皇○后　　　　1.1/1/18
女英○妃　　　　1.1/1/18
以○不祥　　　　1.2/1/30
姜嫄以○異　　　1.2/2/1
至周文、武而興○天子　1.2/2/4
卒○帝佐　　　　1.2/2/10
堯使○司徒　　　1.3/2/18
湯興○天子　　　1.3/2/20
契○帝輔　　　　1.3/2/26
夏禹娶以○妃　　1.4/3/3
禹○天子　　　　1.4/3/5
而啓○嗣　　　　1.4/3/5
殷湯娶以○妃　　1.5/3/15
言賢女能○君子和好衆
　妾　　　　　　1.5/3/17
大王娶以○妃　　1.6/3/27
王季娶○妃　　　1.6/4/4
〔卒○周宗〕　　1.6/4/6
君子謂太任○能胎教　1.6/4/6
造舟○梁　　1.6/4/13,1.6/4/25
尊○天子　　　　1.6/4/18

父○大夫	1.6/4/20	獨於假子而不○	1.13/11/14	且彼○彼	2.10/18/16
子○士	1.6/4/20	其父○其孤也	1.13/11/15	我○我	2.10/18/16
父○士	1.6/4/20	而使妾○其繼母	1.13/11/15	宜○惠兮	2.10/18/21
子○大夫	1.6/4/20	○人母〔而〕不能愛其		門人從之以○誅	2.10/18/21
君子謂定姜○慈姑	1.7/5/11	子	1.13/11/15	妻○之辭	2.10/18/26
晉侯使郤犨○請還	1.7/5/12	咸○魏大夫卿士	1.13/11/18	何以○謚	2.11/19/7
大國又以○請	1.7/5/13	子○相三年矣	1.14/11/30	以「康」○謚	2.11/19/8
立敬姒之子衍○君	1.7/5/15	不○苟得	1.14/12/2	何樂于此而謚○「康」	
是○獻公	1.7/5/15	夫○人臣而事其君	1.14/12/4	乎	2.11/19/9
先君有冢卿以○師保而		猶○人子而事其父也	1.14/12/4	以○國相	2.11/19/10
蔑之	1.7/5/20	夫○人臣不忠	1.14/12/5	辭而不○	2.11/19/10
女○衛莊公夫人	1.8/6/6	是○人子不孝也	1.14/12/5	其謚○「康」	2.11/19/12
當○民法則	1.8/6/8	不○也	1.14/12/9	君子謂黔婁妻○樂貧行	
當○人表式	1.8/6/8	以○不德	1.14/12/13	道	2.11/19/13
以○人君之子弟	1.8/6/10	○中興君	2.1/13/5	命婦窺其夫○相御	2.12/19/23
○國君之夫人	1.8/6/11	衛姬○之不聽鄭衛之音	2.2/13/10	乃○之僕御耳	2.12/19/26
嬉遊○墓間之事	1.9/6/23	乃立衛姬○夫人	2.2/13/17	升諸景公以○大夫	2.12/20/2
其嬉戲○賈人衒賣之事	1.9/6/24	號管仲○仲父	2.2/13/17	顯其妻以○命婦	2.12/20/2
中道廢而不○	1.9/7/2	姬○修身	2.2/13/23	言當常嚮○其善也	2.12/20/4
不○竊盜	1.9/7/3	立○夫人	2.2/13/23	接輿躬耕以○食	2.13/20/13
則○虜役矣	1.9/7/3	是○文公	2.3/14/8,7.7/68/5	先生（以）〔少〕而○	
君子謂孟母知○人母之		迎齊姜以○夫人	2.3/14/8	義	2.13/20/15
道矣	1.9/7/4	○諸侯盟主	2.3/14/9	不○貧而易操	2.13/20/17
不○苟得而受賞	1.9/7/12	是○晉文公	2.4/14/27	不○賤而改行	2.13/20/18
○當世冠	1.9/7/22	王以○令尹	2.5/15/20	躬耕以○食	2.13/20/18
文伯自以○成人矣	1.10/8/1	而舜○之者	2.6/16/5	親績以○衣	2.13/20/18
皆○服役	1.10/8/6	○養父母也	2.6/16/5	君子謂接輿妻○樂道而	
故幅可以○將	1.10/8/10	○父母在故也	2.6/16/8	遠害	2.13/20/21
故畫可以○正	1.10/8/10	勉○父母	2.6/16/14	○人所制也	2.14/21/10
故物可以○都大夫	1.10/8/11	○親之在	2.6/16/14	妾不能○人所制	2.14/21/10
捆可以○大行人也	1.10/8/11	以專一○貞	2.7/16/22	吾○子更慮	2.14/21/10
綜可以○（開）〔關〕		以善從○順	2.7/16/23	蓬蒿○室	2.14/21/17
內之師	1.10/8/12	豈以專夫室之愛○善哉	2.7/16/23	莞葭○蓋	2.14/21/17
均可以○內史	1.10/8/13	若其以淫意○心	2.7/16/23	欲以○相	2.15/21/22
軸可以○相	1.10/8/13	妬正○首	2.7/16/25	楚王欲以我○相	2.15/21/23
摘可以○三公	1.10/8/14	而反欲使吾○見棄之行	2.7/16/26	今日○相	2.15/21/24
其以歜○不能事主乎	1.10/8/15	不○變己	2.7/17/1	夫子織屨以○食	2.15/21/24
卿之內子○大帶	1.10/8/25	文公○公子時	2.8/17/6	遂相與逃而○人灌園	2.15/21/27
言婦人以織績○公事者		姬以盾○賢	2.8/17/13	君子謂於陵妻○有德行	
也	1.10/9/2	請立○嫡子	2.8/17/13		2.15/21/28
以露堵父○客	1.10/9/3	以叔隗○內婦	2.8/17/14	○人灌園	2.15/22/1
羞鱉焉○小	1.10/9/3	及盾○正卿	2.8/17/14	夫獸三○群	3.1/22/12
君子謂敬姜○慎微	1.10/9/6	請以姬之中子屏括○公		人三○衆	3.1/22/12
列○慈母	1.10/9/22	族大夫	2.8/17/14	女三○粲	3.1/22/12
今子○將	1.11/10/4	屏括遂以其族○公族大		君子謂密母○能識微	3.1/22/14
則以父母○天	1.12/10/28	夫	2.8/17/15	王使屈瑕○將	3.2/22/24
既嫁則以夫○天	1.12/10/28	子盾○嗣	2.8/17/21	君子謂鄧曼○知人	3.2/23/1

君子謂鄧曼○知天道	3.2/23/5	今大王○太子求妃	3.14/30/29	容	5.2/42/1
强者○雄	3.3/23/17,3.14/30/23	故○萬物始	3.14/31/4	遂立以○夫人	5.2/42/3
曹必○首〔誅也〕	3.4/24/6	孝成王使括代廉頗○將		王將立公子（商）〔商〕	
叔敖○嬰兒之時	3.5/24/20		3.15/31/18	臣以○太子	5.2/42/3
○〔楚〕令尹	3.5/24/24	父時○將	3.15/31/19	必○亂矣	5.2/42/5
于是○大會	3.6/25/8	今括一旦○將	3.15/31/21	其以太子○非吾子	5.2/42/12
不○昭昭（變）〔信〕		王以○若其父乎	3.15/31/22	故（一）〔以〕婢子之	
節	3.7/25/24	〔君子謂括母〕○仁智		身○苞苴玩好	5.4/43/11
不○冥冥惰行	3.7/25/25		3.15/31/25	妾以君王○能法吾先君	5.4/43/15
始妾獨以衛○有蘧伯玉		○必可信	4/32/6	不聞其以苟從其闇死○	
爾	3.7/25/27	以○法訓	4/32/7	榮	5.4/43/17
以○太子	3.8/26/10,7.4/65/18	以○夫婦者	4.1/32/11	庸○去是身乎	5.4/43/20
戎子請以牙○太子代光	3.8/26/11	繼續先祖○宗廟主也	4.1/32/13	國人皆將○君王死	5.4/43/22
而立牙○太子	3.8/26/15	君子以○得婦道之儀	4.1/32/16	是○惠王	5.4/43/27
高厚○傅	3.8/26/15	○賢伯姬	4.2/33/4	以○卿	5.5/44/18
文仲將○魯使至齊	3.9/26/26	以○婦人以貞○行者也	4.2/33/4	○夫先死	5.5/44/23
窮人以○威	3.9/26/27	以○死者不可以生	4.2/33/5	號婦○義	5.6/45/15
○胏與鮒亨之	3.10/27/25	以○順貞	4.4/34/9	鮮不○則	5.7/45/26,5.14/50/15
君子謂叔姬○能防害遠		胡○乎中露	4.5/34/17	四方○則	5.8/46/16
疑	3.10/27/29	息君夫人不○利動矣	4.7/35/27	是以○刺	5.9/47/6
汝何以○哉	3.10/28/6	莫不○之揮（俤）〔涕〕		吾○毒酒	5.10/47/17
與祁勝○亂	3.10/28/10		4.8/36/12	吾○子勞	5.10/47/18
君子謂叔姬○能推類	3.10/28/10	十日而城○之崩	4.8/36/12	將納以○妻	5.10/47/23
○國贊理	3.10/28/13	城○之崩	4.8/36/20,6.9/57/25	君子謂忠妾○仁厚	5.10/47/25
明君不問不○	3.11/28/26	楚與吳○伯莒之戰	4.9/36/25	尚誰○乎	5.11/48/12
亂君不問而○	3.11/28/26	以○仁失可復以義	4.9/36/30	吾不○也	5.11/48/13
將有馬○也	3.11/28/28	○樂也	4.9/37/4	且夫凡○人養子者	5.11/48/13
君子謂范氏母○知難本	3.11/29/3	以○有節	4.9/37/11	非○殺之也	5.11/48/14
魯君欲以子皮○相	3.12/29/14	不○苟生	4.10/37/21	乳母以身○公子蔽	5.11/48/15
魯君欲以我○相	3.12/29/14	將以○夫人	4.11/38/4	寵兄○五大夫	5.11/48/17
○之乎	3.12/29/15	託○妃匹	4.11/38/5	○孺子室于宮	5.11/48/18
勿○也	3.12/29/15	王何以○哉	4.11/38/7	使○子師	5.11/48/18
子不可以○相	3.12/29/16	仁以○己任	4.11/38/10	次○慈母	5.11/48/19
子其勿○也	3.12/29/20	紡織○產	4.13/39/12	次○保母	5.11/48/19
卒受○相	3.12/29/20	以○女紀	4.13/39/22	不○利違	5.11/48/24
卒○宗恥	3.12/29/28	其○人榮于色而美于行		○失母之恩	5.12/49/2
莫不○之慘者	3.13/30/4		4.14/39/27	繼母連大珠以○繫臂	5.13/49/13
吾○子求偶	3.13/30/5	無以○人	4.14/40/2	母意亦以初○實	5.13/49/19
始吾以子○有知	3.13/30/5	紡績以○家業	4.15/40/16	莫不○酸鼻揮涕	5.13/49/24
吾豈○不嫁不樂而悲哉	3.13/30/5	夫○人婦	4.15/40/21	父○子隱	5.13/49/26
秦立魏公子政○魏太子		不得盡○人子之禮	4.15/40/22	子○父隱	5.13/49/26
	3.14/30/22	以○世基	5/41/7	○世所傳	5.13/50/2
魏哀王使使者○太子納		宣王立戲○魯太子	5.1/41/12	所與共殺吾兄者○誰	5.14/50/8
妃而美	3.14/30/22	是○懿公	5.1/41/12	季兒可以○則矣	5.14/50/15
不知其○禍耳	3.14/30/24	是○孝公	5.1/41/17	使要其女○中謠	5.15/50/26
聘則○妻	3.14/30/28	吾以女○夫人	5.2/41/28	以○有義	5.15/50/30
奔則○妾	3.14/30/28	妾聞婦人以端正和顏○		○世所誦	6/51/11

乃〇人僕	6.1/51/15	群臣〇邪	6.9/57/29	幽王乃廢后申侯之女而	
八十〇天子師	6.1/51/20	其〇人極醜無雙	6.10/58/11	立褒姒〇后	7.3/65/2
湯立以〇三公	6.1/51/21	先王〇寡人娶妃匹	6.10/58/16	廢太子宜臼而立伯服〇	
因以〇相	6.1/51/27	拜無鹽君〇后	6.10/59/1	太子	7.3/65/2
君子謂妾婧〇可與謀	6.1/51/27	雖〇天子	6.11/59/24	幽王〇燧大鼓	7.3/65/4
〇說其詩	6.1/52/3	習〇奇文	6.11/59/25	數〇舉燧火	7.3/65/5
乙〇郢大夫	6.2/52/8	造〇高臺深池	6.11/59/25	是〇平王	7.3/65/8
寡人不〇其富貴而不行		〇天下笑	6.11/59/26	伋子以〇己死	7.4/65/23
法焉	6.2/52/10	〔立〕瘤女以〇后	6.11/59/28	朔遂立〇太子	7.4/65/24
昔孫叔敖之〇令尹也	6.2/52/12	不〇變常	6.11/60/5	是〇惠公	7.4/65/24,7.7/68/4
妾之子〇郢大夫	6.2/52/15	王何〇遽	6.12/60/14	維女〇亂	7.5/66/14
令尹獨何人而不以是〇		何〇不可也	6.12/60/22	是〇閔公	7.6/66/24
過也	6.2/52/16	而龍〇暴下	6.12/60/25	公乃立驪姬以〇夫人	7.7/67/8
使其夫〇弓	6.3/52/30	以緹竿〇幟	6.13/61/11	吾聞申生〇人甚好仁而	
惻然〇〔民〕痛之	6.3/53/2	女何〇者也	6.13/61/13	強	7.7/67/13
猶以〇〇之者勞	6.3/53/5	乃立姪〇夫人	6.13/61/25	〇民與〇父異	7.7/67/15
其〇之亦勞〔矣〕	6.3/53/5	〇王陳節儉愛民之事	6.13/61/26	〔今夫以君〇紂〕	7.7/67/17
何〇老而見奔	6.4/53/23	雖〇女童	6.13/62/1	此皆〇民而不顧親	7.7/67/19
妾父衍幸得充城郭〇公		凡〇貧、燭不屬故也	6.14/62/9	子何遲〇君	7.7/67/25
民	6.4/53/25	燭不〇暗	6.14/62/9	是〇懷公	7.7/68/4
不〇六畜傷民人	6.4/53/27	燭不〇明	6.14/62/9	毒酒〇權	7.7/68/10
不〇野草傷禾苗	6.4/53/27	長〇妾役之事	6.14/62/10	以魯士晉〇內臣	7.8/68/18
乃〇吾民也	6.4/53/29	妾父〇吏	6.15/62/23	三〇王后	7.9/69/7
晏子〇言	6.4/54/12	妾願入身〇官婢	6.15/62/25	七〇夫人	7.9/69/7
今子列大夫而不〇之表	6.5/54/21	以〇示	6.15/62/26	夏姬之子徵舒〇大夫	7.9/69/7
〇之辭	6.6/55/9	或欲改行〇善	6.15/62/29	今自子牽君而〇之	7.9/69/9
	6.6/55/14,6.6/55/17	豈稱〇民父母之意哉	6.15/63/2	是〇成公	7.9/69/14
女子走何〇	6.7/56/1	指是〇非	7/63/13	貪色〇淫	7.9/69/15
〇簡子發《河激》之歌	6.7/56/11	收倡優、侏儒、狎徒、		淫〇大罰	7.9/69/15
將使人祝祓以〇夫人	6.7/56/13	能〇奇偉戲者	7.1/63/18	更以崔杼〇大夫	7.10/70/7
而立以〇夫人	6.7/56/15	〇酒池	7.1/63/20	使〇相室	7.11/70/28
〇我通于主君	6.8/56/26	以〇樂	7.1/63/21	崔子廢成而以明〇後	7.11/70/29
士長〇之言于襄子	6.8/56/27	以〇妖言而殺之	7.1/63/22	是〇出公	7.12/71/17
母何〇當死	6.8/56/29	〇梟〇鴟	7.1/63/25	許以姬〇良夫妻	7.12/71/19
母何〇不當死也	6.8/56/30	遂反〇（商）〔商〕	7.1/63/29	是〇莊公	7.12/71/21
以主君殺妾〇有說也	6.8/56/30	以〇人皆出己之下	7.2/64/4	二女〇亂五世	7.12/71/23
子少則〇子	6.8/57/2	積精〇丘	7.2/64/6	不死何〇	7.12/71/24
長則〇友	6.8/57/2	流酒〇池	7.2/64/6	武靈王娶韓王女〇夫人	7.13/72/3
妾能〇君長子	6.8/57/3	懸肉〇林	7.2/64/6	立以〇后	7.13/72/4
君自擇以〇臣	6.8/57/3	〇長夜之飲	7.2/64/7	章〇太子	7.13/72/7
而〇讒臣所擠	6.9/57/22	紂乃〇炮（烙）〔格〕		而立孟姚〇惠后	7.13/72/7
妾聞玉石墜泥不〇汙	6.9/57/23	之法	7.2/64/7	以何〇王	7.13/72/7
柳下覆寒女不〇亂	6.9/57/23	以〇妖言	7.2/64/9	是〇惠文王	7.13/72/8
市〇之罷	6.9/57/26	以〇亡紂者	7.2/64/12	反〔北面〇〕（目）	
而眾人莫〇毫釐	6.9/57/27	反（商）〔商〕〇周	7.2/64/17	〔臣〕	7.13/72/9
〇莫白妾之汙名也	6.9/57/28	化〇二龍	7.3/64/22	李園〇春申君舍人	7.14/72/24
反以〇殘	6.9/57/28	化〇玄蚖	7.3/64/25	則是君之子〇王也	7.14/73/2

立○太子	7.14/73/4
〔以〕園女弟○后	7.14/73/4
是○幽王	7.14/73/5
是○哀王	7.14/73/5
而立負芻○王	7.14/73/7
遂得○嗣	7.14/73/12
在寡人○政	7.15/73/19
○太子	7.15/73/19
倡后既入○姬	7.15/73/19
黜后而立倡姬○后	7.15/73/21
是○幽閔王	7.15/73/21
趙遂滅○郡	7.15/73/24

惟 wéi　22

○若母儀	1/1/3
○害若茲	1.1/1/16
不顯○德	1.1/1/20
○荒度土功	1.4/3/4
○德之行	1.6/4/4
○武王、周公成聖	1.6/4/22
我言○服	1.7/5/22
○酒食是議	1.9/7/16
○若賢明	2/12/18
○君其圖之	2.4/14/25
○勉強之	2.6/16/4
○若仁智	3/22/6
○德是輔	3.5/24/24
○若貞順	4/32/6
○若節義	5/41/6
○趙襄子	5.7/45/30
○是褊心	5.9/47/6
○若辯通	6/51/10
○號斯言	6.5/54/24
○若孽嬖	7/63/13
○家之索	7.2/64/12
○厲之階	7.7/68/5

唯 wéi　6

○其母老以免	2.9/18/2
○斯人也	2.11/19/13
○至德者能之	2.13/20/22
○王幸許之	6.10/58/15
○褒姒言是從	7.3/65/6
○厚使者不可以已	7.11/71/3

帷 wéi　3

設○薄而觀之	3.4/24/4
姬使侍御者舒○以自障	
蔽	4.6/35/6
野處則○裳擁蔽	4.6/35/8

圍 wéi　6

帶○減尺	1.13/11/12
○王宮	5.2/42/14
乃帥師○莒	7.10/70/7
兌因○主父宮	7.13/72/11
以章○主父	7.13/72/12
乃遂○主父	7.13/72/12

違 wéi　11

德音莫○	2.8/17/11
	4.7/35/28、5.4/43/27
雖○禮求去	2.9/18/3
從之又○	2.13/20/20
夫家輕禮○制	4.1/32/14
不○婦道以俟君命	4.5/34/17
無○宮事	4.6/35/1
無○命	4.6/35/1
不○為利	5.11/48/24
君子謂壯姬雖○于禮而	
終守以正	6.13/61/26

維 wéi　18

○配帝禹	1.4/3/10
譚公○私	1.8/6/10
使師尹○旅牧〔相〕	1.10/8/19
○民之則	2.4/15/2
○戒無怠	2.6/16/14
○德之基	2.8/17/16
○是四方之故	3.3/23/17
○知識賢	3.7/26/5
○魯且亂	3.13/30/17
天○顯思	3.14/31/9
○斯兩姬	5.4/44/1
○女亦賢	5.13/50/1
妾持楫兮操其○	6.7/56/12
○久雖蔽	6.7/56/20
○亂驕揚	7.1/63/29

帷 wéi　3

○王之（邛）〔邙〕	7.2/64/13
○女為亂	7.5/66/14
時○婦寺	7.10/70/9

闈 wéi　1

遂使卜齮襲弑閔公于武	
○	7.6/66/25

尾 wěi　3

魴魚赬○	2.6/16/9
有龍無○	6.13/61/15
有龍無○者	6.13/61/17

委 wěi　1

○政大臣	6.9/57/15

偉 wěi　1

收倡優、侏儒、狎徒、	
能為奇○戲者	7.1/63/18

僞 wěi　4

不行詐○	1.14/12/2
乘○行詐	3.11/29/3
愚○日起	3.13/30/9
邪○立于本朝	6.10/58/26

葦 wěi　1

羊牛踐葭○	6.3/53/2

隗 wěi　8

狄人入其二女叔（隈）	
〔○〕、季○于公子	2.8/17/6
公以叔（隈）〔○〕妻	
趙衰	2.8/17/7
乃逆叔○與盾來	2.8/17/13
以叔○為內婦	2.8/17/14
躬事叔○	2.8/17/21
姓（魏）〔○〕氏	3.1/22/11
燕用郭○	6.12/60/23

闈 wěi	1
敬姜○門而與之言	1.10/9/16

未 wèi	39
○嘗見邪辟之事	1.6/4/16
○必至於斯也	1.6/4/24
君子善傅母之防○然也	1.8/6/11
防女○然	1.8/6/18
使吾子備官而○之聞耶	1.10/8/16
婦人○嫁	1.12/10/28
祿○嘗多若此也	1.14/12/1
天○亡晉	2.3/14/2
○忠也	2.5/15/14
○聞進賢〔而〕退不肖	2.5/15/18
吾○知其善也	2.7/16/23
衛女○嫁	3.3/23/27
居○期年	3.12/29/20
過時○適人	3.13/30/3
如耳○遇（門）〔間〕	3.14/30/25
猶○嘗見乘居而匹處也	3.14/31/3
傅母○至也	4.2/33/2
○嘗得見	4.5/34/13
○有子	4.15/40/14
我生死○可知	4.15/40/15
君之齒○也	5.2/42/4
魯○可伐也	5.6/45/7
襄子○除服	5.7/45/20
○至家	5.9/46/25
國家○定	6.1/51/25
猷之○遠	6.2/52/21
言○卒　6.4/53/30,6.10/58/19	
又○能得	6.10/58/20
求之○可得也	6.12/60/22
今則○有	6.12/60/22
教○施而刑已加焉	6.15/62/29
宮之童姜○毀〔齒〕而遭之	7.3/64/26
哀姜○入時	7.6/66/19
君○終命而歿	7.7/67/14
○及收髮	7.11/70/23
枝葉○有害	7.11/71/6
計○決而輒	7.13/72/10
姜之幸君○久	7.14/73/1

位 wèi	21
舜既嗣○	1.1/1/18
舜即○	1.2/2/3,1.3/2/18
君子稱身〔而〕就○	1.9/7/12
今以子年之少而○之卑	1.10/8/5
爾又在下○	1.10/8/27
復其相○	1.14/12/7
始即○	2.4/14/20
莊王即○	2.5/15/11
仕于下○	2.10/18/17
安天下之卑○	2.11/19/11
今王賜金璧之聘、夫人之○	4.11/38/6
重○也	5.2/41/30
讓○于三弟	5.4/43/25
江乙失○	6.2/52/25
威王即○	6.9/57/15
皆已備有列○矣	6.10/58/17
卒升后○	6.11/60/5
固在下○而有不仁	7.8/68/22
棄○而放	7.8/68/23
及恭王即○	7.9/69/19

味 wèi	6
不食邪○	1.6/4/7
○不及加美	1.11/10/3
甘天下之淡○	2.11/19/11
今以容郤之安、一肉之○	2.15/21/26
不勝麴（孽）〔糵〕之○	6.4/53/26
食不重○	6.11/59/25

畏 wèi	7
勇者不○死	4.10/37/19
故士民盡力而不○死	5.5/44/7
○死而棄義者	5.11/48/13
豈可利賞○誅之故	5.11/48/14
而○高明	6.5/54/21
則民不○	7.7/67/10
大王不○乎	7.15/73/18

渭 wèi	3
親迎于○	1.6/4/12,1.6/4/25
日至○陽	2.4/15/1

蔚 wèi	1
夫鳳皇不罹于○羅	2.6/16/7

謂 wèi	273
俗○之湘君	1.1/1/19
此之○也	1.1/1/20
	1.2/2/5,1.3/2/21,1.4/3/6
	1.6/4/1,1.6/4/26,1.7/5/15
	1.7/5/22,1.7/5/26,1.8/6/13
	1.9/6/27,1.9/7/4,1.9/7/18
	1.10/8/8,1.10/9/11
	1.10/9/18,1.11/10/8
	1.13/11/21,2.3/14/10
	2.5/15/23,2.7/16/28
	2.9/18/4,2.10/18/22
	2.11/19/14,2.14/21/13
	2.15/21/28,3.1/22/15
	3.2/23/2,3.2/23/6
	3.4/24/11,3.6/25/13
	3.7/26/1,3.9/27/13
	3.10/27/30,3.10/28/11
	3.10/28/16,3.11/29/4
	3.12/29/23,3.13/30/13
	3.14/31/9,3.15/31/26
	4.1/32/17,4.6/35/13
	4.7/35/28,4.8/36/15
	4.9/37/6,4.10/37/22
	4.11/38/11,4.12/39/3
	4.13/39/18,4.14/40/5
	4.15/40/26,5.2/42/16
	5.5/44/19,5.6/45/10
	5.7/45/26,5.8/46/16
	5.9/47/7,5.10/47/26
	5.11/48/20,5.12/49/3
	5.15/51/1,6.1/51/28
	6.2/52/21,6.4/54/8
	6.5/54/25,6.6/55/21
	6.7/56/16,6.8/57/6
	6.9/58/2,6.10/59/2
	6.11/60/1,6.12/60/27

6.13/61/27,6.14/62/12	可○孔膠也 2.1/13/1	君子○臧孫母識高見遠 3.9/27/12
6.15/63/4,7.1/63/25	君子○衛姬信而有行 2.2/13/18	君子○叔姬爲能防害遠
7.2/64/13,7.3/65/9	君子○齊姜潔而不瀆 2.3/14/9	疑 3.10/27/29
7.4/65/25,7.5/66/10	穆姬之○也 2.4/15/2	○之封豕 3.10/28/5
7.6/66/27,7.7/68/6	王之所○賢者 2.5/15/13	君子○叔姬爲能推類 3.10/28/10
7.8/68/26,7.10/70/9	何○也 2.5/15/15,6.1/51/19	叔姬可○知矣 3.10/28/15
7.11/71/6,7.12/71/24	6.12/60/20,6.13/61/18	君子○范氏母爲知難本 3.11/29/3
7.14/73/8,7.15/73/24	○女（者）〔君〕也 2.5/15/22	君子○公乘姒緣事而知
君子○姜嫄靜而有化 1.2/2/4	女宗姒○曰 2.7/16/20	弟之遇禍也 3.12/29/20
君子○簡狄仁而有禮 1.3/2/20	君子○女宗謙而知禮 2.7/16/27	可○智矣 3.12/29/21
君子○塗山彊於教誨 1.4/3/5	君子○趙姬恭而有讓 2.8/17/16	可○貞矣 3.12/29/21
君子○妃明而有序 1.5/3/16	趙姬之○也 2.8/17/17	○我心憂 3.13/30/13
其有娎之○也 1.5/3/17	是○嬰害 2.9/17/28	○我何求 3.13/30/13
君子○太姜廣于德教 1.6/3/29	是○積殃 2.9/17/28	曲沃負○其子如耳曰 3.14/30/23
君子○太任爲能胎教 1.6/4/6	君子○荅子妻能以義易	可○僅存矣 3.14/31/6
文王母可○知肯化矣 1.6/4/10	利 2.9/18/3	君子○魏負知禮 3.14/31/8
故君子○太姒仁明而有	可○遠識矣 2.9/18/4	〔君子○括母〕爲仁智
德 1.6/4/24	君子○柳下惠妻能光其	3.15/31/25
君子○定姜爲慈姑 1.7/5/11	夫矣 2.10/18/21	伯姬之○也 4.2/33/6
君子○定姜能遠患難 1.7/5/14	君子○黔婁妻爲樂貧行	伯姬可○不失儀矣 4.2/33/7
君子○定姜能以辭教 1.7/5/22	道 2.11/19/13	○夫人曰 4.5/34/14
君子○定姜達於事情 1.7/5/25	君子○命婦知善 2.12/20/2	父母之言○何 4.6/35/3
君子○孟母善以漸化 1.9/6/26	君子○接輿妻爲樂道而	君子○孟姬好禮 4.6/35/11
君子○孟母知爲人母之	遠害 2.13/20/21	○之曰 4.7/35/23
道矣 1.9/7/4	君子○老萊妻果於從善	（有如）〔予〕不信 4.7/35/25
于是孟母召孟子而○之曰 1.9/7/7	2.14/21/12	君子○夫人說于行善 4.7/35/27
君子○孟母知禮而明於	○其妻曰 2.15/21/23	君子○杞梁之妻貞而知
姑母之道 1.9/7/9	君子○於陵妻爲有德行	禮 4.8/36/15
君子○孟母知婦道 1.9/7/18	2.15/21/28	君子○伯嬴勇而精 4.9/37/5
君子○敬姜備于教化 1.10/8/8	君子○密母爲能識微 3.1/22/14	君子○貞姜有婦節 4.10/37/22
敬姜○之曰 1.10/8/9	鬬伯比○其御曰 3.2/22/25	君子○貞姬廉潔而誠信
君子○敬姜爲愼微 1.10/9/6	大夫非衆之○也 3.2/22/26	4.11/38/10
季氏之婦可○知禮矣 1.10/9/11	其○君撫小民以信 3.2/22/26	夫人○傅姜曰 4.12/38/22
仲尼○敬姜別于男女之	君子○鄧曼爲知人 3.2/23/1	衆人○我不知禮也 4.12/38/28
禮矣 1.10/9/18	君子○鄧曼爲知天道 3.2/23/5	傅姜退而○其子曰 4.12/38/29
君子○子發母能以教誨 1.11/10/7	○瑕軍敗 3.2/23/10	可○行成于內 4.12/39/2
○曰 1.12/10/17	君子○僖氏之妻能遠識 3.4/24/10	君子○陶嬰貞一而思 4.13/39/17
3.13/30/4,6.10/58/16	君子○叔敖之母知道德	君子○高行節禮專精 4.14/40/5
7.9/69/9,7.9/69/18	之次 3.5/24/24	○予不信 4.14/40/5
君子○母師能以身教 1.12/10/28	此之（說）〔○〕也 3.5/24/25	君子○孝婦備于婦道 4.15/40/25
人有○慈母曰 1.13/11/13	諸大夫皆○我知似陽子 3.6/25/6	其義保之○也 5.1/41/18
可○慈乎 1.13/11/15	君子○伯宗之妻知天道 3.6/25/12	子贅○其保曰 5.2/42/7
可○義乎 1.13/11/16,5.5/44/12	知此○誰 3.7/25/23	○嬴氏曰 5.3/42/26
君子○慈母一心 1.13/11/19	君子○衛夫人明于知人	君子○懷嬴善處夫婦之
君子○稷母廉而有化 1.14/12/8	道 3.7/25/29	間 5.3/42/30
君子○姜后善于威儀而	君子○仲子明於事理 3.8/26/16	乃顧○二姬曰 5.4/43/9
有德行 2.1/12/28	仲子之○也 3.8/26/17	王顧○史 5.4/43/12

乃復○越姬	5.4/43/12	君子○宿瘤女通而有禮		吾與○無故	2.2/13/12
君子○越姬信能死義	5.4/43/27		6.11/59/30	意在○也	2.2/13/15
越姬之○也	5.4/43/28	使其左右○王曰	6.13/61/7	是釋○也	2.2/13/16
其妻○之曰	5.5/44/7	○其母曰	6.13/61/8	乃立○姬爲夫人	2.2/13/17
可○仁乎	5.5/44/13	何○五患	6.13/61/22	君子謂○姬信而有行	2.2/13/18
可○忠乎	5.5/44/13	君子○莊姪雖違于禮而		齊桓○姬	2.2/13/23
可○賢乎	5.5/44/14	終守以正	6.13/61/26	遣人之鄭、○	2.5/15/15
君子○蓋將之妻潔而好		李吾（與）〔○〕其屬		鮑蘇仕○三年	2.7/16/19
義	5.5/44/18	曰	6.14/62/7	○懿公之女	3.3/23/15
獨○義何	5.6/45/6	君子○緹縈一言發聖主		○侯不聽	3.3/23/19
君子○趙夫人善處夫婦		之意	6.15/63/3	其後翟人攻○	3.3/23/19
之間	5.7/45/25	可○得事之宜矣	6.15/63/3	○侯遂奔走	3.3/23/19
獨○行何	5.8/46/14	乃○盜曰	7.4/65/23	○侯於是悔不用其言	3.3/23/20
君子○義母信而好義	5.8/46/15	○之有禮	7.5/66/6	許夫人馳驅而弔唁○侯	3.3/23/20
下車○曰	5.9/46/26	今○君惑于我	7.7/67/13	歸唁○侯	3.3/23/21
秋胡子○曰	5.9/46/27	獻公使人○太子曰	7.7/67/26	○女未嫁	3.3/23/27
秋胡子婦之○也	5.9/47/6	是○《艮》之《隨》	7.8/68/20	○君不聽	3.3/23/27
君子○忠妾爲仁厚	5.10/47/25	不可○元	7.8/68/23	○靈公之夫人也	3.7/25/22
君子○節乳母慈惠敦厚		不可○亨	7.8/68/23	○之賢大夫也	3.7/25/25
	5.11/48/17	不可○利	7.8/68/23	始妾獨以○爲有蘧伯玉	
中心○何　5.12/49/1,6.11/59/15		不可○貞	7.8/68/24	爾	3.7/25/27
君子○節姑姊潔而不污 5.12/49/3		其○爾何	7.9/69/10	今○復有與之齊者	3.7/25/28
乃因○吏曰	5.13/49/20	○二子曰	7.11/71/1	君子謂○夫人明于知人	
君子○二義慈孝	5.13/49/26	可○不祥矣	7.11/71/5	道	3.7/25/29
可○直耳	5.13/49/27	圉女弟因間○春申君曰		○靈夜坐	3.7/26/5
君子○友（姊）〔娣〕			7.14/72/24	嫁于○	4.3/33/16
善復兄讎	5.14/50/15			至城門而○君死	4.3/33/16
君子○節女仁孝	5.15/50/30	**衛 wèi**	**61**	○	4.3/33/17
管仲不知所○	6.1/51/17			○君使人愬于齊兄弟	4.3/33/18
吾不知其所○	6.1/51/24	○姑定姜者	1.7/5/8	齊女嫁○	4.3/33/25
君子○妾婧爲可與謀	6.1/51/27	○定公之夫人	1.7/5/8	野處無○	4.6/35/9
王○母曰	6.2/52/10	是將敗○國	1.7/5/16	○宗二順者	4.12/38/20
所○國無人者	6.2/52/17	（夫）〔天〕禍○國也	1.7/5/16	○宗室靈王之夫人（而）	
君子○乙母善以微喻	6.2/52/20	孫文子自是不敢舍其重		及其傅妾也	4.12/38/20
君子○弓工妻可與處難 6.3/53/10		器于○	1.7/5/17	秦滅○君（乃）〔角〕	
皆○君愛樹而（賊）		鄭皇耳率師侵○	1.7/5/23		4.12/38/20
〔賤〕人	6.4/54/2	○人追之	1.7/5/24	○宗二順	4.12/39/7
○景公曰	6.4/54/3	○姑定姜	1.7/6/1	自○仕于周	5.10/47/16
窮民財力○之暴	6.4/54/3	女爲○莊公夫人	1.8/6/6	盛服而○	6.11/59/20
○之逆	6.4/54/3	○侯之妻	1.8/6/10	○宣公之夫人也	7.4/65/18
○之賊	6.4/54/4	○姬者	2.2/13/10	○之宣姜	7.4/65/29
豈可○不侮鰥寡乎	6.5/54/22	○侯之女　2.2/13/10,4.5/34/13		○果危殆	7.4/65/29
孔子○子貢曰	6.6/55/9	○姬爲之不聽鄭○之音 2.2/13/10		○二亂女者	7.12/71/15
虞姬○王曰	6.9/57/17	而○獨不至	2.2/13/11	南子及○伯姬也	7.12/71/15
君子○虞姬好善	6.9/58/1	桓公與管仲謀伐○	2.2/13/11	○靈公之夫人	7.12/71/15
○謁者曰	6.10/58/13	○姬望見桓公	2.2/13/12	○伯姬者	7.12/71/17
君子○鍾離春正而有辭 6.10/59/1		願請○之罪	2.2/13/12		

瞶 wèi	10
太子蒯○知而惡之	7.12/71/15
靈公大怒蒯○	7.12/71/16
蒯○奔宋	7.12/71/16
蒯○之子輒立	7.12/71/17
蒯○之姊也	7.12/71/17
姬使良夫于蒯○	7.12/71/18
蒯○曰	7.12/71/18
良夫乃與蒯○入舍孔氏	
之圃	7.12/71/19
蒯○遂立	7.12/71/21
譖彼蒯○	7.12/71/28

魏 wèi	23
○芒慈母者	1.13/11/10
○孟陽氏之女	1.13/11/10
前妻中子犯○王令	1.13/11/12
○安釐王聞之	1.13/11/17
咸爲○大夫卿士	1.13/11/18
姓（○）〔隗〕氏	3.1/22/11
○大夫如耳母也	3.14/30/22
秦立○公子政爲○太子	
	3.14/30/22
○哀王使使者爲太子納	
妃而美	3.14/30/22
今○不能强	3.14/30/24
則○必有禍矣	3.14/30/25
而○國居其間	3.14/31/6
君子謂○負知禮	3.14/31/8
○負聰達	3.14/31/13
○節乳母者	5.11/48/6
○公子之乳母	5.11/48/6
秦攻○	5.11/48/6
殺（主）〔王〕瑕	5.11/48/6
令○國曰	5.11/48/7
○之故臣見乳母而識之	
曰	5.11/48/8
今○國亦破亡	5.11/48/12
秦既滅○	5.11/48/24

溫 wēn	4
○恭朝夕	2.5/15/22
○○恭人	2.8/17/16
○良恭敬	5.11/48/18

文 wén	72
至周○、武而興爲天子	1.2/2/4
思○后稷	1.2/2/5
上知天○	1.3/2/17
○王之母	1.6/4/4
溲于豕牢而生○王	1.6/4/5
○王生而明聖	1.6/4/6
○王母可謂知肖化矣	1.6/4/10
○王嘉之	1.6/4/12
太姒號曰○母	1.6/4/13
○王理陽道而治外	1.6/4/14
○母理陰道而治內	1.6/4/14
○王繼而教之	1.6/4/17
武王纘太王、王季、○	
王之緒	1.6/4/17
周公成○武之德	1.6/4/19
○定厥祥	1.6/4/25
○武之興	1.6/5/3
號曰○母	1.6/5/3
孫○子自是不敢舍其重	
器于衛	1.7/5/17
孫○子卜追之	1.7/5/23
麗于○辭	1.7/6/1
○伯之母	1.10/7/27, 1.10/9/22
○伯出學而還歸	1.10/7/28
○伯自以爲成人矣	1.10/8/1
○伯乃謝罪	1.10/8/6
○伯引袵攘捲而親饋之	1.10/8/7
○王以寧	1.10/8/8
○伯相魯	1.10/8/8
○伯再拜受教	1.10/8/14
○伯退朝	1.10/8/14
○伯曰	1.10/8/15
○伯飲南宮敬叔酒	1.10/9/3
遂逐○伯	1.10/9/5
○伯卒	1.10/9/7
暮哭○伯	1.10/9/11
言成○章	2/12/18
晉○公之夫人也	2.3/13/28
○公父獻公納驪姬	2.3/13/28
○公號公子重耳	2.3/13/29
子犯知○公之安齊也	2.3/13/30
是爲○公	2.3/14/8, 7.7/68/5
勸勉晉○	2.3/14/14
是爲晉○公	2.4/14/27
晉○公之女也	2.8/17/6

○公爲公子時	2.8/17/6
○公以其女趙姬妻趙衰	2.8/17/8
昔楚令尹子○之治國也	2.9/17/28
欲以澤其毛而成○章也	2.9/17/30
賢明有○	2.10/18/26
○伐曹國	3.4/24/16
魯大夫臧○仲之母也	3.9/26/26
○仲將爲魯使至齊	3.9/26/26
于是○仲託于三家	3.9/27/2
○仲陰使人遺公書	3.9/27/2
其○錯	3.9/27/9
乃還○仲而不伐魯	3.9/27/12
魯使大夫季○子如宋	4.2/32/28
漢孝○皇帝高其義	4.15/40/24
不忍加○	5.13/49/25
○詞可從	6/51/10
習爲奇○	6.11/59/25
亦甚有○	6.12/61/1
孝○皇帝時	6.15/62/21
○雅甚備	6.15/63/8
○姜者	7.5/66/5
○姜與襄公通	7.5/66/7
○姜以告襄公	7.5/66/8
○姜淫亂	7.5/66/14
孔○子之妻	7.12/71/17
○子卒	7.12/71/18
是爲惠○王	7.13/72/8

聞 wén	125
大夫○之皆懼	1.7/5/17
姜○夫婦之道	1.9/7/6
軻○之	1.9/7/12
使吾子備官而未之○耶	1.10/8/16
仲尼○之曰	1.10/9/1
	1.10/9/9, 1.10/9/11
敬姜○之	1.10/9/4
吾○之先子曰	1.10/9/4
吾○之	1.10/9/7, 5.5/44/12
吾惡其以好內○也	1.10/9/8
肥也不得○命	1.10/9/13
子不○耶	1.10/9/14
子不○越王句踐之伐吳	
〔耶〕	1.11/10/1
魏安釐王○之	1.13/11/17
吾○士脩身潔行	1.14/12/2
宣王○之	1.14/12/7, 7.3/64/27

妾○之	2.2/13/13,2.14/21/8	○	4.15/40/24	妾○明王之用人也	6.12/60/22
	4.10/37/19,4.11/38/7	義保○伯御將殺稱	5.1/41/14	○大王出遊五百里	6.13/61/14
	4.15/40/17,6.8/57/2	妾○婦人以端正和顏爲		蓋○有虞之時	6.15/62/26
○者吾已除之矣	2.3/14/2	容	5.2/42/1	吾○聖人之心有七竅	7.2/64/9
穆姬○之	2.4/14/23	吾○婦人之事	5.2/42/7	○童妾遭棄而夜號〔也〕	
妾○堂上兼女	2.5/15/16	吾○信不見疑	5.2/42/11		7.3/64/28
妾○虞丘子相楚十餘年	2.5/15/17	且王○吾死	5.2/42/13	壽○之	7.4/65/20
未○進賢〔而〕退不肖	2.5/15/18	妾○之諸姑	5.4/43/16	○哀姜與慶父通以危魯	7.6/66/26
宋公○之	2.7/16/27	不○其以苟從其闇死爲		吾○申生爲人甚好仁而	
妾○南山有玄豹	2.9/17/30	榮	5.4/43/17	強	7.7/67/13
且吾○寧榮于義而賤	2.12/19/28	妾不敢○命	5.4/43/17	余○崔子之疾也	7.11/70/23
楚王○於陵子終賢	2.15/21/22	將相○之	5.4/43/19	不○	7.11/70/23
○其骿脅	3.4/24/3	妾○信者不負其心	5.4/43/24	臣不敢○命	7.11/70/25
且吾○之	3.4/24/6	吾○將節勇而不果生	5.5/44/7	侍臣不敢○命	7.11/70/26
	3.10/28/2,5.7/45/23	魯君○之	5.6/45/8	吳廣○之	7.13/72/6
吾○見兩頭蛇者死	3.5/24/21	主父弟○其事	5.10/47/20	考烈王弟公子負芻之徒	
○車聲轔轔	3.7/25/22	主○之	5.10/47/24	○知幽王非考烈王子	7.14/73/6
妾○禮	3.7/25/24	夫名無細而不○	5.10/47/25		
我○其聲	3.7/26/1	吾○秦令者	5.11/48/9	問 wèn	56
○諸侯之難	3.8/26/12	我○公子與乳母俱逃	5.11/48/11		
○兵在境上	3.9/27/12	秦王○之	5.11/48/16	○曰	1.9/6/28,5.14/50/8
○其號也而還	3.10/28/9	繼母○之	5.13/49/18	孟子懼而○其故	1.9/6/29
旁人○之	3.13/30/4	馮翊王讓○之	5.14/50/14	○則廣知	1.9/6/29
吾○河潤九里	3.13/30/9	○其妻之仁孝有義	5.15/50/25	○執存	1.9/7/7
願以○於王	3.14/30/26	妾○之也	6.1/51/19	因歸○其母	1.11/9/27
妾○男女之別	3.14/30/27	君○昔者公劉之行乎	6.3/53/2	母○使者曰	1.11/9/27
諸侯○之	4.2/33/5	妾○射之道	6.3/53/8	又○	1.11/9/28
孝公○之	4.6/34/28	景公○之曰	6.4/53/21	于是大夫召母而○之曰	
妾○妃后踰閾	4.6/35/7	晏子○之	6.4/53/23		1.12/10/23
妾○天子者	4.9/36/27	妾○明君之蒞國也	6.4/53/27	是以○也	1.12/10/24
且妾○生而辱	4.9/37/2	鄰國○之	6.4/54/2	因往來者請○其夫	2.7/16/19
王○江水大至	4.10/37/16	○子之言	6.6/55/14	晏子怪而○其故	2.12/20/1
吳王○其美且有行	4.11/38/3	妾父○主君來渡不測之		學○靡已	2.12/20/8
非愚妾之所○也	4.11/38/6	水	6.7/56/2	母○其故	3.5/24/21
且吾○主君之母不妾事		妾○昔者湯伐夏	6.7/56/8	既飲而○妻曰	3.6/25/8
人	4.12/38/22	不敢○命	6.7/56/14	公○夫人曰	3.7/25/22
妾○忠臣（下）〔事〕		妾○子少而慢者	6.8/57/1	○之信然	3.7/26/5
君	4.12/38/26	破胡○之	6.9/57/18	君何不試召而○焉	3.9/27/5
吾○君子處順	4.12/38/29	妾○玉石墜泥不爲汙	6.9/57/23	○三子曰	3.11/28/26
夫人○之	4.12/39/1	妾○寡婦哭城	6.9/57/25	明君不○不爲	3.11/28/26
魯人或○其義	4.13/39/12	○君王之聖德	6.10/58/14	亂君不○而爲	3.11/28/26
嬰之	4.13/39/13,6.4/54/3	謁者以○	6.10/58/15	子皮○姒曰	3.12/29/14
魯人○之曰	4.13/39/16	左右○之	6.10/58/15	不○家事	3.15/31/21
梁王○之	4.14/39/28	願遂○命	6.10/58/21	歸○女（見）〔昆〕弟	4.6/35/12
妾○婦人之義	4.14/40/1	〔吾〕乃今一○〔寡人		不○男昆弟	4.6/35/12
妾○寧載于義而死	4.15/40/20	之殆〕	6.10/58/28	舅○	5.1/41/15
淮陽（大）〔太〕守以		非不○牛聲也	6.12/60/14	王下臺而○曰	5.2/41/30

王○之于令尹子上	5.2/42/4	不如○所之	2.9/18/4,3.12/29/22	○殺之	5.8/46/6
王退而○于夫人	5.2/42/5	○爲○	2.10/18/16	乃○殺之	5.8/46/6
王○周史	5.4/43/19	安能污○	2.10/18/17	○不知公子之處	5.11/48/11
齊將○兒曰	5.6/44/29	欲使○治淮南	2.13/20/16	○聞公子與乳母俱逃	5.11/48/11
齊將○所抱者誰也	5.6/45/1	○許之矣	2.13/20/17	獨今乃語○乎	5.14/50/8
齊將○之	5.6/45/15	楚王欲以○爲相	2.15/21/23	獨○當坐之	5.14/50/9
吏○之	5.8/46/6	○心則憂	3.3/23/22	汝殺○而已	5.14/50/9
試○其母	5.8/46/8	既不○嘉	3.3/23/22	昔日公使○迎甯戚	6.1/51/23
○之曰	5.8/46/8	○思不遠	3.3/23/22	君來召○	6.1/51/25
故○母何所欲殺活	5.8/46/9	諸大夫皆謂○知似陽子	3.6/25/6	○將安居	6.1/51/25
因而○之曰	5.8/46/10	○聞其聲	3.7/26/1	從○焉如	6.1/51/26
王以○母	5.8/46/20	在○而已	3.8/26/14	是先犯○令	6.4/53/21
使人陰○勝婢曰	5.10/47/21	聽用○謀	3.8/26/16	盍從○于鄭乎	6.5/54/23
遽疾行○初	5.13/49/18	臧○羊	3.9/27/4,3.9/27/8	○北鄙之人也	6.6/55/10
要女之○	5.15/51/5	食○以同魚	3.9/27/4,3.9/27/9	○思譚譚	6.6/55/10
敢○國家之事耶	6.1/51/18	生楊食○	3.10/28/7	以伏○心	6.6/55/11
妾進○焉	6.1/52/3	食○號曰伯碩	3.10/28/8	私復○心	6.6/55/15
進而○焉〔曰〕	6.4/53/24	晉人殺食○	3.10/28/10	○鄙野之人也	6.6/55/15
而○之	6.5/54/23	叔魚食○	3.10/28/20	○死不當	6.8/56/26
何○乎婢子	6.6/55/12	魯君欲以○爲相	3.12/29/14	爲○通于主君	6.8/56/26
士長○其故	6.8/56/26	使○終歲不食葵	3.13/30/7	○心寫兮	6.8/57/6
襄子○其故	6.8/56/27	知○者	3.13/30/13	○心則降	6.9/58/2
于是襄子見而○之曰	6.8/56/28	謂○心憂	3.13/30/13	○心則喜	6.10/59/2
而使有司即窮驗○	6.9/57/19	不知○者	3.13/30/13	以惑○王	6.13/61/9
乃召虞姬而自○焉	6.9/57/20	謂○何求	3.13/30/13	惠而好○	6.13/61/27
又更召而○之	6.10/58/20	匪○言耄	3.15/31/26	日亡而○亡	7.1/63/22
召○曰	6.11/59/12	雖速○獄	4.1/32/15	乃○也	7.4/65/23
使人往○之	6.13/61/12	雖速○訟	4.1/32/17	請殺○	7.4/65/23
公○其故	7.7/67/13	○心匪石	4.3/33/18	今謂君惑于○	7.7/67/13
		○心匪席	4.3/33/19	胡不殺○	7.7/67/14
甕 wèng	1	○心傷悲	4.8/36/15	今○婦人而與于亂	7.8/68/22
		孺子養○甚謹	4.12/38/22	○皆無之	7.8/68/24
于是乃盛以○	3.10/27/27	子奉祀而妾事○	4.12/38/22	○則取惡	7.8/68/24
		○不聊也	4.12/38/22	○將聘汝	7.9/69/18
我 wǒ	100	今○無子	4.12/38/23	國佐非○	7.10/70/5
		是○幸也	4.12/38/23	太子欲殺○	7.12/71/16
父母使○塗廥	1.1/1/12	○甚內慚	4.12/38/24	子苟能內○于國	7.12/71/18
○其往	1.1/1/12	○甚便之	4.12/38/24	曾莫○嬴嬴	7.13/72/5
立○烝民	1.2/2/5	衆人謂○不知禮也	4.12/38/28		
○言惟服	1.7/5/22	今夫人難○	4.12/38/30	**沃 wò**	8
而○老矣	1.9/7/17	使○居內	4.12/38/30		
今○寡也	1.10/8/27	○心匪（后）〔石〕	4.12/39/3	○土之民不材	1.10/8/18
吾翼而朝夕脩○曰	1.10/8/28	○歌且謠	4.13/39/17	曲○負者	3.14/30/22
○有旨酒	1.10/9/6	○生死未可知	4.15/40/15	曲○負謂其子如耳曰	3.14/30/23
今諸子許○歸視私家	1.12/10/20	○其首晉而死	5.3/42/27	曲○之老婦也	3.14/30/26
○送舅氏	2.4/15/1	子其與○行乎	5.3/42/27	曲○	7.7/67/9
不○屑以	2.8/17/12	欲迎○何之	5.7/45/24	若使太子主曲○	7.7/67/11

遂使太子居曲〇	7.7/67/12	〇也	6.12/60/17	眞可以居〇子矣	1.9/6/26
申生祭于曲〇	7.7/67/22	夫〇堅與不堅	6.12/60/17	若〇斷斯織也	1.9/6/29
				〇行乎〇禮	1.9/7/17
臥 wò	6	**嗚** wū	2	〇語汝	1.10/8/9
				使〇子備官而未之聞耶	1.10/8/16
宣王常早〇晏起	2.1/12/24	〇呼哀哉	2.10/18/20	〇語女	1.10/8/16
〇于稱之處	5.1/41/14	〇呼（哉）〔悲〕兮	4.13/39/15	〇冀而朝夕脩我曰	1.10/8/28
東首〇	5.15/50/28			（〇）〔胡〕不自安	1.10/9/1
使〇他所	5.15/50/28	**誣** wū	4	〇聞之先子曰	1.10/9/4
開戶牖而〇	5.15/50/29			〇聞之	1.10/9/7,5.5/44/12
津吏醉〇不能渡	6.7/56/1	神不可〇	1.7/5/19	今〇子夭死	1.10/9/7
		若不盜而〇之	6.2/52/11	〇惡其以好內聞也	1.10/9/8
握 wò	1	執事者〇其詞而上之	6.9/57/19	是昭〇子	1.10/9/9
		終故不可〇也	7.8/68/22	皆非〇所敢言也	1.10/9/16
一沐而三〇髮	1.10/8/3			子非〇子也	1.11/10/6
		毋 wú	19	無入〇門	1.11/10/6
污 wū	6			然〇父母家〔多〕幼稚	
		〇教猱升木	1.8/6/13		1.12/10/18
安能〇我	2.10/18/17	請〇瘠色	1.10/9/8	〇從汝調往監之	1.12/10/18
〇也	4.11/38/7	〇揮涕	1.10/9/8	〇夕而反	1.12/10/21
夫貪〇之人	4.11/38/7	〇陷膺	1.10/9/8	〇不知其故	1.12/10/24
是〇行也	5.9/47/2	〇憂容	1.10/9/9	雖不〇愛	1.13/11/25
〇行不義	5.9/47/2	〇加服	1.10/9/9	〇聞士脩身潔行	1.14/12/2
君子謂節姑姊潔而不〇	5.12/49/3	〇乃罪耶	1.10/9/13	非〇有也	1.14/12/6
		若師徒〇虧	3.2/23/4	非〇子也	1.14/12/6
汙 wū	3	忿戾〇期	3.10/28/5	〇與衛無故	2.2/13/12
		〇老老	6.1/51/19	聞者〇已除之矣	2.3/14/2
妾聞玉石墜泥不爲〇	6.9/57/23	〇賤賤	6.1/51/19	〇不動	2.3/14/3
既有〇名	6.9/57/27	〇少少	6.1/51/19	〇食舅氏之肉	2.3/14/7
爲莫白妾之〇名也	6.9/57/28	〇弱弱	6.1/51/19	惠公號子夷〇	2.4/14/20
		〇彰其惡〔而厚其敗〕	7.7/67/17	〇未知其善也	2.7/16/23
巫 wū	8	〇必假手於武王以廢其		今〇夫誠士也	2.7/16/24
		祀	7.7/67/18	〇姒不教〇以居室之禮	2.7/16/26
叔向欲娶于申公〇臣氏		東郭姜與前夫子棠〇咎		而反欲使〇爲見棄之行	2.7/16/26
夏姬之女	3.10/27/30	俱入	7.11/70/27	〇能以乎	2.10/18/16
申公〇臣諫曰	7.9/69/14	棠〇咎與東郭偃爭而不		〇從門間觀其志氣	2.12/19/25
〇臣諫曰	7.9/69/16	與	7.11/70/30	且〇聞寧榮于義而賤	2.12/19/28
〇臣見夏姬	7.9/69/18	于是二子歸殺棠〇咎、		王不知〇不肖也	2.13/20/15
〇臣聘于齊	7.9/69/19	東郭偃于崔子之庭	7.11/71/1	〇不許也	2.13/20/20
〇臣使介歸幣於楚	7.9/69/20	〇咎是依	7.11/71/10	楚王欲使〇守國之政	2.14/21/7
遂與子重滅〇臣之族	7.9/69/20			〇爲子更慮	2.14/21/10
敗亂〇臣	7.9/69/26	**吾** wú	182	〇觀晉公子〔賢人也〕	3.4/24/4
				且〇聞之	3.4/24/6
屋 wū	4	夫〇不獲鱄也	1.7/5/17		3.10/28/2,5.7/45/23
		此非〇所以居處子〔也〕		〇聞見兩頭蛇者死	3.5/24/21
馳登夏〇	5.7/45/21		1.9/6/24	〇恐他人復見之	3.5/24/22
則〇幾覆矣	6.12/60/17	此非〇所以居處子也	1.9/6/25	〇言于朝	3.6/25/5

○欲飲諸大夫酒而與之謀 3.6/25/7
○使臧子之齊 3.9/27/6
○子拘有木治矣 3.9/27/6
故知○子拘而有木治矣 3.9/27/11
○受之 3.10/27/28
○母之族 3.10/28/1
○懲舅氏矣 3.10/28/1
而反懲○族 3.10/28/2
○今嫁姊矣 3.12/29/14
○豈以欲嫁之故數子乎 3.12/29/17
○爲子求偶 3.13/30/5
始○以子爲有知 3.13/30/5
○豈爲不嫁不樂而悲哉 3.13/30/5
○憂魯君老 3.13/30/6
昔晉客舍○家 3.13/30/7
踐○葵 3.13/30/7
其家倩○兄行追之 3.13/30/8
令○終身無兄 3.13/30/8
○聞河潤九里 3.13/30/9
○甚憂之 3.13/30/10
有禍必及○家 3.14/30/25
○計已決矣 3.15/31/23
彼雖不○以 4.5/34/16
○何可以離于婦道乎 4.5/34/16
○何歸矣 4.8/36/12
今○上則無父 4.8/36/13
以見○誠 4.8/36/14
以立○節 4.8/36/14
○豈能更二哉 4.8/36/14
且○聞主君之母不妾事人 4.12/38/22
○願出居外 4.12/38/24
○終願居外而已 4.12/38/28
○聞君子處順 4.12/38/29
（備）〔借〕○不還 4.15/40/15
汝肯養○母乎 4.15/40/15
○憐女少年早寡也 4.15/40/20
以○子代之 5.1/41/16
○以女爲夫人 5.2/41/28
○又與女千金 5.2/41/29
○聞婦人之事 5.2/42/7
○不能藏 5.2/42/8
○聞信不見疑 5.2/42/11
○懼禍亂之作也 5.2/42/11
王不〔○〕應 5.2/42/12
其以太子爲非○子 5.2/42/12
疑○譖之者乎 5.2/42/12
且王聞○死 5.2/42/13
○去國數年 5.3/42/26
今○不足以結子 5.3/42/28
是○不肖也 5.3/42/28
雖○不從子也 5.3/42/29
○不敢泄言 5.3/42/30
○願與子生若此 5.4/43/10
5.4/43/13
昔者○先君莊王淫樂 5.4/43/14
妾以君王爲能法○先君 5.4/43/15
○戲耳 5.4/43/23
○聞將節勇而不果生 5.5/44/7
○力畢能盡 5.5/44/9
○固自殺也 5.5/44/10
○非愛身也 5.5/44/11
○不能與子蒙恥而生焉 5.5/44/17
○將射爾 5.6/45/1
則魯君不○畜 5.6/45/5
大夫不○養 5.6/45/5
庶民國人不○與也 5.6/45/5
○受先君之命 5.7/45/22
○將奚歸 5.7/45/23
○豈有二夫哉 5.7/45/24
○不敢怨 5.7/45/24
○行道遠 5.9/46/26
○有金 5.9/46/27
○不願〔人之〕金〔也〕 5.9/46/29
○爲毒酒 5.10/47/17
○爲子勞 5.10/47/18
○死則死耳 5.10/47/22
○柰公子何 5.11/48/8
○聞秦令者 5.11/48/9
○雖知之 5.11/48/11
○不爲也 5.11/48/13
○欲復投○子 5.12/49/2
○勢不可以生 5.12/49/2
○寧坐之 5.13/49/25
所與共殺○兄者爲誰 5.14/50/8
○不敢留汝 5.14/50/10
○當安之 5.14/50/11
而使殺○兄 5.14/50/11
汝父殺○兄 5.14/50/13
○去汝而死 5.14/50/13
○請語子其故 6.1/51/23
○不知其所謂 6.1/51/24
○所以請雨者 6.4/53/29
乃爲○民也 6.4/53/29
今○君樹槐 6.4/54/1
○鞭則鞭耳 6.5/54/22
○北鄙之人也 6.6/55/17
〔○〕乃今一聞〔寡人之殆〕 6.10/58/28
○國相奚若 6.12/60/19
○相其可易乎 6.12/60/21
○用之柰何 6.12/60/24
齊女徐○者 6.14/62/6
與鄰婦李○之屬會燭相從夜績 6.14/62/6
徐○最貧 6.14/62/6
李○（與）〔謂〕其屬曰 6.14/62/7
徐○燭數不屬 6.14/62/7
徐○曰 6.14/62/7
李○莫能應 6.14/62/11
齊女徐○ 6.14/62/16
李○絕焉 6.14/62/16
徐○自列 6.14/62/16
○甚自媿 6.15/62/28
○聞聖人之心有七竅 7.2/64/9
生公子重耳、夷○ 7.7/67/7
夷○居二屈 7.7/67/12
○聞申生爲人甚好仁而强 7.7/67/13
〔至于今○豈知紂之善否哉〕 7.7/67/18
自○先君武公兼翼 7.7/67/18
○將圖之 7.7/67/21
○君老矣 7.7/68/1
○君不安 7.7/68/1
使賈華刺夷○ 7.7/68/2
夷○奔梁 7.7/68/2
于是秦立夷○ 7.7/68/4
○不善 7.9/69/10
請改心事○子 7.11/70/24
○不肖 7.11/71/2
○事夫子 7.11/71/2
○屬夷矣 7.13/72/12

吳 wú 12

子不聞越王句踐之伐○

〔耶〕	1.11/10/1	○入吾門	1.11/10/6	○後	3.10/28/3
楚與○爲伯莒之戰	4.9/36/25	貴以○禮	1.11/10/12	貪婪○饜	3.10/28/5
○勝楚	4.9/36/26	而○專制之行	1.12/10/19	○淪胥以敗	3.10/28/11
○王閭閻盡妻其後宮	4.9/36/26	○二天之義也	1.12/10/29	則○愛民力	3.11/28/27
于是○王慚	4.9/37/4	不慈且○義	1.13/11/16	則○愛馬足	3.11/28/27
○王聞其美且有行	4.11/38/3	故遂而○患	1.14/12/5	○忝皇祖	3.11/29/4
○王賢其守節〔而〕有		○功而食祿	1.14/12/8	猶○患也	3.12/29/19
義	4.11/38/9	終身○殃	2/12/18	今○識也	3.13/30/5
○王美之	4.11/38/15	吾與衛○故	2.2/13/12	令吾終身○兄	3.13/30/8
趙靈○女者	7.13/72/3	○伐國之志	2.2/13/16	婦人○與者	3.13/30/10
○廣之女	7.13/72/3	二○成命	2.3/14/2	王亂于○別	3.14/30/23
○廣聞之	7.13/72/6	晉○寧歲	2.3/14/2	王又○義	3.14/30/24
○女莒顏	7.13/72/18	猶恐○及	2.3/14/4	而從亂○別	3.14/31/6
		〔若〕○所濟	2.3/14/7	卒○敵兵	3.14/31/14
梧 wú	1	反國○疑	2.3/14/14	吏○敢仰視之者	3.15/31/21
		得○飢倦乎	2.5/15/12	妾得○隨〔坐〕乎	3.15/31/24
舜陟方死于蒼○	1.1/1/19	○使君勞	2.5/15/22	以絕○禮之求	4.1/32/16
		○有譴怒	2.6/16/4	言其左右○賢臣	4.3/33/20
無 wú	235	○虧大義	2.6/16/6	彼○大故	4.4/34/3
		維戒○怠	2.6/16/14	○義則去	4.5/34/15
以求○子	1.2/1/30	（方）〔夫〕○一去義	2.7/16/25	○違宮事	4.6/35/1
咸○妬媚逆理之人	1.5/3/16	淫僻、竊盜、長舌、驕		○違命	4.6/35/1
亦○怨殃	1.5/3/23	侮、○子、惡病皆在		夙夜○怠	4.6/35/2
○貴賤一也	1.6/4/21	其後	2.7/16/25	夙夜○怨	4.6/35/3
其婦○子	1.7/5/8	○恩	2.8/17/9	○忘父母之言	4.6/35/3
且告○罪於廟	1.7/5/19	○禮	2.8/17/10	今立車○軹	4.6/35/8
若令○	1.7/5/19	雖妾亦○以侍執巾櫛	2.8/17/10	野處○衛	4.6/35/9
有罪若何告○罪也	1.7/5/20	○以下體	2.8/17/11	夫○禮而生	4.6/35/9
○告○罪	1.7/5/21	○以新廢舊	2.8/17/13	妾○須臾而忘君也	4.7/35/23
○子	1.8/6/12	○功而家昌	2.9/17/28	杞梁之妻○子	4.8/36/10
使○辱先	1.8/6/18	○乃瀆乎	2.10/18/14	內外皆○五屬之親	4.8/36/10
而○以離于禍患也	1.9/7/1	國○道而貴	2.10/18/15	既○所歸	4.8/36/11
而○境外之志	1.9/7/15	夫子之信誠而與人○害		今吾上則○父	4.8/36/13
○攸遂	1.9/7/15	兮	2.10/18/18	中則○夫	4.8/36/13
○非○儀	1.9/7/15	旁○酒肉	2.11/19/9	下則○子	4.8/36/13
以言婦人○擅制之義	1.9/7/16	得○許之乎	2.13/20/16	內○所依	4.8/36/14
○可使結之者	1.10/8/2	非與物○治也	2.15/21/25	外○所倚	4.8/36/14
舒而○窮者	1.10/8/13	○已太康	3.1/22/14	自以○親	4.8/36/20
使○慆淫	1.10/8/22	必霸諸侯而討○禮	3.4/24/5	則○以臨國	4.9/37/3
○憾	1.10/8/23	令兵士○敢入	3.4/24/9	則○以生世	4.9/37/3
○自以怠	1.10/8/24	皇天○親	3.5/24/23	○符不來	4.10/37/27
必○廢先人	1.10/8/28	言而○謀	3.6/25/7	夫人○子而守寡	4.12/38/21
婦○公事	1.10/9/2	今○故而廢之	3.8/26/13	今我○子	4.12/38/23
愛而○私	1.10/9/12	庶○大悔	3.8/26/17	夫人○子而婢妾有子	4.12/38/25
士卒得○恙乎	1.11/9/28	汝刻而○恩	3.9/26/26	○怠倦時	4.12/38/26
將軍得○恙乎	1.11/9/28	○曰不顯	3.10/27/29	患○日也	4.12/38/27
好樂○荒	1.11/10/5	貴而○庶	3.10/28/1	○子之人	4.12/38/28

○強昆弟	4.13/39/12	大夫慚而○以應	6.5/54/22	○乃不可乎	7.6/66/22
○以爲人	4.14/40/2	有琴○軫	6.6/55/15	不可以○主	7.7/67/10
○他兄弟	4.15/40/15	陋固○心	6.6/55/15	宗邑○主	7.7/67/10
終○嫁意	4.15/40/16	乃以母○教耶	6.8/56/30	邊境○主	7.7/67/10
其父母哀其年少○子而		姜○暴子	6.8/57/4	○乃以國民之故	7.7/67/14
早寡也	4.15/40/17	是以言妾○罪也	6.8/57/4	○以一妾亂百姓	7.7/67/15
不孝不信且○義	4.15/40/23	齊○鹽邑之女	6.10/58/11	○咎	7.8/68/21
夫死○子	4.15/41/1	其爲人極醜○雙	6.10/58/11	是以雖《隨》○咎	7.8/68/22
必死○避	5/41/6	○所容入	6.10/58/12	《隨》而○咎	7.8/68/24
遂辜○罪	5.2/42/9	○有	6.10/58/18	我皆○之	7.8/68/24
○以照之	5.2/42/10	○鹽君之言	6.10/58/28	能○咎乎	7.8/68/24
與其○義而生	5.2/42/13	拜○鹽君爲后	6.10/59/1	其狀美好○匹	7.9/69/6
三者○一可行	5.3/42/29	○鹽之女	6.10/59/6	○害也	7.9/69/10
○所阿傾	5.3/43/3	拜○鹽君	6.10/59/6	大○信也	7.9/69/21
人○忠臣之道、仁義之		百姓○少長	6.11/59/13	父母○聊	7.11/71/10
行	5.5/44/14	且○笑	6.11/59/21	人而○儀 7.12/71/23, 7.12/71/23
○事君之禮	5.5/44/16	逐女孤○父母	6.12/60/10	太子○慈孝之行	7.13/72/7
則脅肩○所容	5.6/45/5	過時○所容	6.12/60/11	考烈王○子	7.14/72/23
而累足○所履也	5.6/45/6	孤○父母	6.12/60/12	而王○子	7.14/72/25
不能○義而視魯國	5.6/45/6	○所容止	6.12/60/12	考烈○子	7.14/73/12
代○大故	5.7/45/23	有龍○尾	6.13/61/15	人而○禮	7.15/73/24
婦人執義○二夫	5.7/45/23	有龍○尾者	6.13/61/17	貪叨○足	7.15/73/28
是誅○辜也	5.8/46/7	○太子也	6.13/61/17		
所願卿○有外意	5.9/46/29	國○弼輔	6.13/61/17	**蕪 wú**	1
妾亦○淫佚之志	5.9/46/29	國○強輔	6.13/61/19		
妻執○二	5.9/47/11	民人○褐	6.13/61/23	所以治○與莫也	1.10/8/11
恥夫○義	5.9/47/11	奢侈○度	6.13/61/23		
○憂也	5.10/47/17	請○與夜也	6.14/62/7	**五 wǔ**	53
是○禮也	5.10/47/23	終○後言	6.14/62/11		
○禮逆禮	5.10/47/24	淳于公○男	6.15/62/21	○色甚好	1.3/2/16
夫名○細而不聞	5.10/47/25	其道○由也	6.15/62/25	○品不遜	1.3/2/19
行○隱而不彰	5.10/47/25	而其道○絲〔也〕	6.15/62/29	而敬敷（王）〔○〕教	1.3/2/19
○言不讎	5.10/47/26	亂孽○道	7.1/63/17	精○飯	1.9/7/14
○德不報	5.10/47/26	○有休時	7.1/63/19	諫臣○人	1.10/8/3
乳母○羞乎	5.11/48/8	君○道	7.1/63/21	○日	1.10/9/5
則昆弟○類矣	5.11/48/10	桀既○道	7.1/63/29	而士卒戰自○也	1.11/10/3
他人○事不得往	5.11/48/19	禍至○日	7.2/64/9	前妻之子有○人	1.13/11/10
○可奈何	5.13/49/16	牝雞○晨	7.2/64/12	自此○子親附慈母	1.13/11/18
幸○劾兒	5.13/49/20	紂既○道	7.2/64/17	○子後母	1.13/11/25
欲報其夫而○道徑	5.15/50/25	○夫而乳	7.3/64/26	居○年	2.9/17/26
○求生以害仁	5.15/50/31	〔至〕而○寇	7.3/65/5	是故必十○而笄	3.14/30/28
道○從	6.1/51/15	周與諸侯○異	7.3/65/8	大國○六	3.14/31/5
處家○幾何	6.2/52/9	竟終○後	7.4/65/24	內外皆無○屬之親	4.8/36/10
所謂國○人者	6.2/52/17	德音○良	7.4/65/25	居二十○年	5.4/43/18
非○人也	6.2/52/17	○相濟也	7.5/66/6	陳設○榮	5.5/44/23
○理人者也	6.2/52/17	婦人○大故	7.5/66/7	既納之○日	5.9/46/25
○侮鰥寡	6.5/54/21	是男女○別也	7.6/66/21	○年乃歸 5.9/46/25, 5.9/47/11

○年乃還	5.9/47/1	○王續太王、王季、文		願〔王〕○遣	3.15/31/23	
寵其兄爲○大夫	5.11/48/17	王之緒	1.6/4/17	亦○從也	4.6/35/2	
不朝○日	6.1/51/17	○王末受命	1.6/4/18	（浮）〔呼〕來攫兮行		
今君不朝○日	6.1/51/17	周公成文○之德	1.6/4/19	○疑	6.7/56/13	
睪子生○歲而贊禹	6.1/51/21	惟○王、周公成聖	1.6/4/22			
齊戒○日	6.1/51/27	文○之興	1.6/5/3	**物 wù**		**20**
○穀不滋之故	6.4/53/25	昔者○王罷朝而結絲袜		皆其母感于○	1.6/4/9	
○音不知	6.6/55/16	絕	1.10/8/2	○者	1.10/8/10	
抽絺紵○兩以授子貢	6.6/55/16	○王之夫人也	3.2/22/24	故○可以爲都大夫	1.10/8/11	
有絺紵○兩	6.6/55/18	故臨○事	3.2/23/3	君子以一儀養萬○	1.13/11/20	
漸臺○重	6.10/58/24	楚○鄧曼	3.2/23/10	非與○無治也	2.15/21/25	
○逐于里	6.12/60/10,6.12/60/11	孝公父○公與其二子長		美之○〔也〕	3.1/22/13	
○逐于里者	6.12/60/13	子括、中子戲朝周宣		〔眾以美○〕歸汝	3.1/22/13	
女雖○逐	6.12/61/1	王	5.1/41/11	○滿則損	3.1/22/19	
南遊于唐○百里有樂焉	6.13/61/8	○公薨	5.1/41/12	○盛必衰	3.2/23/3	
使遊○百里外	6.13/61/9	昔者周○王有言曰	6.2/52/16	皆是○也	3.10/28/6	
聞大王出遊○百里	6.13/61/14	○（三）〔王〕伐殷	6.7/56/9	夫有美○足以移人	3.10/28/6	
王離國○百里也	6.13/61/16	于是○王遂致天之罰	7.2/64/10	故爲萬○始	3.14/31/4	
王遊于○百里之外	6.13/61/20	○王遂受命興師伐紂	7.2/64/11	則萬○理	4.1/32/12	
以○患	6.13/61/21	遂使卜齮襲弒閔公于○		女終以一○不具	4.1/32/14	
何謂○患	6.13/61/22	闈	7.6/66/25	財○猶可復	4.2/33/5	
○患也	6.13/61/24	毋必假手於○王以廢其		願以車馬及家中財○盡		
王有○患	6.13/61/24	祀	7.7/67/18	以送汝	5.14/50/10	
○患累重	6.13/62/1	自吾先君○公兼翼	7.7/67/18	有盜王宮中之○者	6.2/52/15	
有女○人	6.15/62/21	趙○靈王之后也	7.13/72/3	○之所徵	6.12/60/25	
今法有肉刑○	6.15/62/27	○靈王娶韓王女爲夫人	7.13/72/3	收珍○	7.2/64/5	
亂及○世	7.4/65/24	○靈王自號主父	7.13/72/8	以彰○也	7.6/66/21	
○世不寧	7.4/65/29	而使王誅其良將○安君				
亂及○世然後定	7.7/68/5	李牧	7.15/73/22	**悟 wù**		**2**
○世亂昏	7.7/68/10					
姬杖戈先太子與○介冑		**侮 wǔ**	**4**	宣王○焉	2.1/13/5	
之士	7.12/71/20			晏子愓然而○	6.4/54/2	
二女爲亂○世	7.12/71/23	慢○定姜	1.7/5/18			
○年而秦滅之	7.14/73/7	淫僻、竊盜、長舌、驕		**悮 wù**		**1**
		○、無子、惡病皆在				
午 wǔ	**2**	其後	2.7/16/25	卒○得爾子	5.12/49/1	
		無○鰥寡	6.5/54/21			
靈公太子○奔晉	7.9/69/13	豈可謂不○鰥寡乎	6.5/54/22	**務 wù**		**8**
立○	7.9/69/14			○在效忠	1.14/12/4	
		舞 wǔ	**1**	貪富○大	2.9/17/29	
武 wǔ	**27**			所○者異	4.5/34/13	
		北鄙之○	7.2/64/5	○在一信	4.14/40/9	
至周文、○而興爲天子	1.2/2/4			○生之	5.11/48/14	
○王之母	1.6/4/12	**勿 wù**	**5**	○盡其職	6.9/58/1	
次則○王發	1.6/4/14			不○眾子	6.10/58/23	
次則霍叔○	1.6/4/15	○爲也	3.12/29/15			
卒成○王、周公之德	1.6/4/17	子其○爲也	3.12/29/20			

而○眾婦	6.10/58/23	**兮 xī**	47	美人熒熒○	7.13/72/4
				命○命○	7.13/72/5
寤 wù	5	其子七○	1.13/11/19		
		其儀一○	1.13/11/20,1.13/11/20	**西 xī**	6
可與○言	2.3/14/10	心如結○	1.13/11/20		
必○太子之不可釋也	5.2/42/13	彼君子○	1.14/12/8	率○水滸	1.6/3/29
于是王○	5.4/43/17	不素飧○	1.14/12/8	○有橫秦	3.14/31/5
不拂不○	6.6/55/14	展如之人○	2.2/13/18	王弟子閭與子○、子期	
于是王大○	6.9/57/30	夫子之不伐○	2.10/18/18	謀曰	5.4/43/25
		夫子之不竭○	2.10/18/18	秋胡○仕	5.9/47/11
誤 wù	2	夫子之信誠而與人無害		○有衡秦之患	6.10/58/22
		○	2.10/18/18	申侯乃與繒、○夷犬戎	
○而吞之	1.3/2/16	不强察○	2.10/18/19	共攻幽王	7.3/65/6
殆○楚莊	7.9/69/26	德彌大○	2.10/18/19		
		紂不蔽○	2.10/18/19	**昔 xī**	26
寱 wù	3	永能屬○	2.10/18/20		
		乃下世○	2.10/18/20	○者武王罷朝而結絲袜	
可與○言	2.11/19/14	今遂逝○	2.10/18/20	絕	1.10/8/2
威王覺○	6.9/58/6	魂神泄○	2.10/18/21	○聖王之處民也	1.10/8/16
神○趙靈	7.13/72/18	宜爲惠○	2.10/18/21	○舜耕于歷山	2.6/16/4
		陟彼屺○	3.9/27/12	○楚令尹子文之治國也	2.9/17/28
霧 wù	1	瞻望母○	3.9/27/13	○先生	2.11/19/10
		（藔）〔藔〕○（藔）		○有仍氏生女	3.10/28/4
○雨七日而不下食者	2.9/17/30	〔藔〕○	3.12/29/21	○晉客舍吾家	3.13/30/7
		叔○伯○	3.12/29/22	夫○者	5.2/42/8
夕 xī	17	黃鵠之早寡○	4.13/39/13	○敝邑寡君固以眾黎民	
		鵯頸獨宿○	4.13/39/14	之役事君王之馬足	5.4/43/11
旦○勤勞	1.6/4/13	夜半悲鳴〔○〕	4.13/39/14	○者吾先君莊王淫樂	5.4/43/14
旦○勤學不息	1.9/7/3	天命早寡○	4.13/39/14	○日之遊	5.4/43/21
少采○月	1.10/8/20	寡婦念此○	4.13/39/15	○之遊樂	5.4/43/23
○省其典刑	1.10/8/21	嗚呼（哉）〔悲〕○	4.13/39/15	○者妾雖口不言	5.4/43/23
○序其業	1.10/8/22	飛鳥尚然○	4.13/39/15	○者太公望年七十	6.1/51/19
○而習復	1.10/8/23	雖有賢（匹）〔雄〕○		○日公使我迎甯戚	6.1/51/23
朝○處事	1.10/8/27		4.13/39/16	○孫叔敖之爲令尹也	6.2/52/12
吾冀而朝夕○脩我日	1.10/8/28	升彼阿○面觀清	6.7/56/11	○者	6.2/52/15
將軍朝○芻豢黍粱	1.11/10/1	水揚波○杳冥冥	6.7/56/11		6.4/53/28,6.10/58/16
子獨朝○芻豢黍粱	1.11/10/4	禱求福○醉不醒	6.7/56/11		6.11/59/23,6.12/60/24
吾○而反	1.12/10/21	誅將加○妾心驚	6.7/56/12	○者周武王有言曰	6.2/52/16
〔待〕○而入	1.12/10/22	罰既釋○瀆乃清	6.7/56/12	君聞○者公劉之行乎	6.3/53/2
○乃入	1.12/10/24	妾持楫○操其維	6.7/56/12	○帝堯茅茨不剪	6.3/53/4
與諸婦孺子期○而反	1.12/10/25	蛟龍助○主將歸	6.7/56/12	妾聞○者湯伐夏	6.7/56/8
朝○勤勞	1.13/11/13	（浮）〔呼〕來擢○行		○者不穀夢娶妻	6.7/56/13
婢子○以死	2.4/14/25	勿疑	6.7/56/13		
溫恭朝○	2.5/15/22	我心寫○	6.8/57/6	**胚 xī**	10
		士之耽○	7.8/68/26		
		女之耽○	7.8/68/26	叔向名○	3.10/27/22
		乃如之人○	7.9/69/21	爲○與魳亨之	3.10/27/25

今○與鮒	3.10/27/26
趙佛○母者	6.8/56/25
趙之中牟宰佛○之母也	6.8/56/25
佛○以中牟畔	6.8/56/25
佛○之母將論	6.8/56/26
夫佛○之反	6.8/57/4
佛○之母一言而發襄子	
之意	6.8/57/5
佛○既叛	6.8/57/10

奚 xī　　6

吾將○歸	5.7/45/23
吾國相○若	6.12/60/19
生○齊、卓子	7.7/67/7
驪姬欲立○齊	7.7/67/8
乃立○齊	7.7/68/3
○齊立	7.7/68/3

息 xī　　17

定姜既哭而○	1.7/5/15
且夕勤學不○	1.9/7/3
與時消○	3.2/23/5
不得休○	3.13/30/12
○君之夫人也	4.7/35/22
楚伐○	4.7/35/22
夫人遂出見○君	4.7/35/23
○君止之	4.7/35/25
○君亦自殺	4.7/35/26
○君夫人不爲利動矣	4.7/35/27
楚虜○君	4.7/36/3
而盜賊自○	6.2/52/12
不可休○	6.6/55/21
津吏○女	6.7/56/2
○常後	6.14/62/8
終身不○	6.15/63/1
齊亂乃○	7.10/70/9

惜 xī　　5

嗟呼○哉	2.10/18/20
初心○之	5.13/49/18
○子大夫之喪善也	6.5/54/22
○哉宿瘤	6.11/59/14
○哉繆姜	7.8/68/25

悉 xī　　3

○召諸子	1.12/10/17
與群帥○楚師以行	3.2/22/24
諸侯○至	7.3/65/5

郗 xī　　1

今以容○之安、一肉之	
味	2.15/21/26

僖 xī　　4

曹大夫○負羈之妻也	3.4/24/3
君子謂○氏之妻能遠識	3.4/24/10
○氏之妻	3.4/24/15
齊桓公立○公	7.6/66/26

膝 xī　　3

所安不過容○	2.15/21/25
舉手拊○曰	6.10/58/21
置妹喜于○上	7.1/63/19

嬉 xī　　3

○遊爲墓間之事	1.9/6/23
其○戲爲賈人衒賣之事	1.9/6/24
其○遊乃設俎豆	1.9/6/25

嘻 xī　　3

○	5.9/46/28
5.13/49/16、5.14/50/8	

谿 xī　　1

○壑可盈	3.10/28/12

攜 xī　　4

士民之扶老○幼而赴其	
闕者	3.4/24/10
望見一婦人抱一兒、○	
一兒而行	5.6/44/28
抱其所○而走〔於〕山	5.6/44/29
○手同歸	6.13/61/27

席 xī　　12

○不正不坐	1.6/4/7
丘子避○	2.5/15/19
枕墼○橐	2.11/19/4
木床蓍○	2.14/21/3
我心匪○	4.3/33/19
躃男○	4.6/34/28
（受）坐不同○	4.9/36/29
拂枕○	4.11/38/5
與子同枕○	5.14/50/11
于是管仲乃下○而謝曰	6.1/51/22
薦床蔽○	6.9/57/21
灑掃陳○以待來者	6.14/62/8

習 xī　　7

夕而○復	1.10/8/23
一何不○禮也	3.12/29/16
子內不○禮	3.12/29/16
子誠不○於禮	3.12/29/18
〔世○舟楫之事〕	6.7/56/7
○相遠也	6.11/59/23
○爲奇文	6.11/59/25

隰 xī　　1

○桑有阿	2.1/12/30

襲 xī　　7

而興兵欲○魯	3.9/27/2
將以○魯	3.9/27/11
莊公○莒	4.8/36/8
○滅代王	5.7/45/30
秦欲○其國	6.13/61/7
遂使卜齮○弒閔公于武	
闈	7.6/66/25
乃○殺哀王及太后	7.14/73/6

洗 xī　　1

欲○沐加衣裳	6.11/59/18

枲 xī　　1

執麻○	2.7/16/21

徙 xǐ	3
太王謀事遷○	1.6/3/28
復○舍學宮之傍	1.9/6/25
變名易姓而遠○	2.13/20/21

喜 xǐ	15
顯然○樂	2.2/13/13
朝而以○色歸	3.6/25/5
子貌有○色	3.6/25/5
子何○焉	3.6/25/7
亡也以末○	3.14/31/1
何○	6.10/58/18
竊嘗○隱	6.10/58/18
我心則○	6.10/59/2
末○者	7.1/63/17
日夜與末○及宮女飲酒	7.1/63/19
置妹○于膝上	7.1/63/19
末○笑之	7.1/63/21
與末○、嬖妾同舟流于	
海	7.1/63/24
末○配桀	7.1/63/29
良夫○以告姬	7.12/71/19

係 xì	1
是有木治（保）〔○〕	
于獄矣	3.9/27/10

郤 xì	2
晉侯使○犨爲請還	1.7/5/12
○害伯宗	3.6/25/11

細 xì	1
夫名無○而不聞	5.10/47/25

綌 xì	2
抽絺○五兩以授子貢	6.6/55/16
有絺○五兩	6.6/55/18

戲 xì	11
其嬉○爲賈人衒賣之事	1.9/6/24

以○夫人曰	3.7/25/26
孝公父武公與其二子長	
子括、中子○朝周宣	
王	5.1/41/11
宣王立○爲魯太子	5.1/41/12
○立	5.1/41/12
吾○耳	5.4/43/23
收倡優、侏儒、狎徒、	
能爲奇偉○者	7.1/63/18
以○于朝	7.9/69/8
以○士民	7.9/69/9
公○二子曰	7.9/69/11
由臺上與東郭姜○	7.11/70/22

繫 xì	11
舜之女弟○憐之	1.1/1/15
少○〔於〕父母	1.12/10/19
長○于夫	1.12/10/20
老○于子	1.12/10/20
○援于大國也	3.3/23/16
○馬園中	3.13/30/7
繼母連大珠以爲○臂	5.13/49/13
繼母棄其○臂珠	5.13/49/14
夫人解○臂	5.13/49/17
此珠妾之○臂也	5.13/49/20
詔獄○長安	6.15/62/22

狎 xiá	1
收倡優、侏儒、○徒、	
能爲奇偉戲者	7.1/63/18

狹 xiá	2
至于○路	6.5/54/17
今于○路之中	6.5/54/19

瑕 xiá	4
王使屈○爲將	3.2/22/24
屈○號莫敖	3.2/22/24
謂○軍敗	3.2/23/10
殺魏（主）〔王〕○	5.11/48/6

遐 xiá	1
庶幾○年	2.10/18/20

下 xià	104
天○稱二妃聰明貞仁	1.1/1/19
承舜於○	1.1/1/24
至於岐○	1.6/4/1
壹戎衣而有天○	1.6/4/17
身不失天○之顯名	1.6/4/18
遂成天○之名儒	1.9/7/3
視必○	1.9/7/8
而○人如此	1.10/8/5
故長王天○	1.10/8/17
自庶人以○	1.10/8/24
自庶士以○	1.10/8/25
自上以○	1.10/8/27
爾又在○位	1.10/8/27
上○有章	1.10/9/12
自卿大夫以○	1.10/9/14
上○同之	1.10/9/15
使士卒飲其○流	1.11/10/3
受○吏之貨金百鎰	1.14/11/30
誠受之于○	1.14/12/1
○堂再拜曰	2.2/13/12
恭而氣○	2.2/13/16
與從者謀于桑○	2.3/13/30
遂伯天○	2.3/14/9
姬○殿迎曰	2.5/15/12
無以○體	2.8/17/11
使三子○之	2.8/17/13
姬親○之	2.8/17/14
霧雨七日而不○食者	2.9/17/30
魯大夫柳○惠之妻也	2.10/18/14
柳○惠處魯	2.10/18/14
柳○惠曰	2.10/18/16
仕于○位	2.10/18/17
柳○既死 2.10/18/17, 2.10/18/26	
乃○世兮	2.10/18/20
君子謂柳○惠妻能光其	
夫矣	2.10/18/21
○惠之妻	2.10/18/26
將誄○惠	2.10/18/26
〔立於堂○〕	2.11/19/3
見先生之尸在牖○	2.11/19/4
甘天○之淡味	2.11/19/11

安天○之卑位	2.11/19/11	此天○强顏女子也	6.10/58/15	○姬好美	7.9/69/26
恂恂自○	2.12/19/26	天○歸善焉	6.11/59/25		
衡門之○	2.14/21/13	爲天○笑	6.11/59/26	**先 xiān**	71
公行○衆	3.1/22/12,3.1/22/19	天○歸惡焉	6.11/59/26		
卒于橫木之○	3.2/23/4	而龍爲暴○	6.12/60/25	上祀○公	1.6/4/19
○公門	3.7/25/24	有一女童伏于幟○	6.13/61/12	○君之思	1.7/5/11
臧孫母泣○襟曰	3.9/27/6	坐常處○	6.14/62/8	是○君宗卿之嗣也	1.7/5/12
天○之大綱紀也	3.14/31/4	乃○詔曰	6.15/62/26	必○害善人	1.7/5/16
天○之俊	4/32/6	高天○以聲	7.2/64/4	○君有冢卿以爲師保而	
使○而有知	4.2/32/29	以爲人皆出己之○	7.2/64/4	蔑之	1.7/5/20
夜不○堂	4.2/33/2,4.2/33/6	上○相諛	7.3/65/6	余以巾櫛事○君而暴妾	
夜不可○堂	4.2/33/3	遂殺幽王于驪山之○	7.3/65/7	使余	1.7/5/21
父母送孟姬不○堂	4.6/34/29	固在○位而有不仁	7.8/68/22	稱列○祖	1.8/6/18
○堂	4.6/35/7	心意摧○	7.8/69/1	使無辱○	1.8/6/18
豈如死歸于地○哉	4.7/35/24	天○多美婦女	7.9/69/17	穆伯○死	1.10/7/28
○妾不得與郊弔	4.8/36/9	公○從之	7.11/70/22	○王之訓也	1.10/8/27
乃（枕）〔就〕其夫之				猶恐忘○人之業	1.10/8/27
屍于城○而哭〔之〕	4.8/36/11	**夏 xià**	27	必無廢○人	1.10/8/28
○則無子	4.8/36/13			吾聞之○子曰	1.10/9/4
天○之表也	4.9/36/27	○禹娶以爲妃	1.4/3/3	二三婦之辱共祀○祀者	1.10/9/8
則天○亂	4.9/36/27	自○適殷	1.5/3/22	掃除○人之廟	2.4/14/23
妾聞忠臣（○）〔事〕		叔向欲娶于申公巫臣氏		魯黔婁○生之妻也	2.11/19/3
君	4.12/38/26	○姬之女	3.10/27/30	○生死	2.11/19/3
奉上○之儀	4.12/38/29	○之興也以塗山	3.14/31/1	見○生之尸在牖下	2.11/19/4
泣○數行	4.13/39/15	馳登○屋	5.7/45/21	○生以不斜之故	2.11/19/6
王○臺而問曰	5.2/41/30	妾聞昔者湯伐○	6.7/56/8	非○生意也	2.11/19/7
上○錯謬也	5.2/42/9	○桀之妃也	7.1/63/17	○生之終也	2.11/19/7
卒霸天○	5.4/43/15	囚之於○臺	7.1/63/23	○生在時	2.11/19/8
請願先驅狐狸于地○	5.4/43/22	○后之國	7.1/63/29	昔○生	2.11/19/10
泣○沾襟	5.8/46/14	○之衰也	7.3/64/22	○生辭而不受	2.11/19/11
○車謂曰	5.9/46/26	○后卜殺之與去	7.3/64/23	彼○生者	2.11/19/11
願託桑蔭○湌	5.9/46/26	大夫○甫不忌曰	7.6/66/20	王願請○生治淮南	2.13/20/14
○資休焉	5.9/46/26	陳女○姬者	7.9/69/6	○生（以）〔少〕而爲	
○子之糧	5.9/47/2	〔陳〕大夫○徵舒之母	7.9/69/6	義	2.13/20/15
泣○交頸	5.13/49/23	○姬之子徵舒爲大夫	7.9/69/7	妾事○生	2.13/20/18
義冠天○	5.15/51/6	公孫寧、儀行父與陳靈		願○生幸臨之	2.14/21/5
天○之治太平	6.1/51/21	公皆通于○姬	7.9/69/8	願變○生之志	2.14/21/6
于是管仲乃○席而謝曰	6.1/51/22	靈公與二子飮於○氏	7.9/69/11	今○生食人酒肉	2.14/21/9
寇盜在○	6.2/52/14	莊王見○姬美好	7.9/69/14	妾恐○生之不保命也	2.15/21/27
則○不治	6.2/52/17	而納○姬	7.9/69/15	○識盛衰	3.1/22/19
仁著于天○	6.3/53/4	戮○南	7.9/69/16	○王知之矣	3.2/23/3
皆天○之妙選也	6.3/53/7	莊王以○姬與連尹襄老	7.9/69/17	王以括母〔言〕	3.15/31/25
○令曰	6.4/53/20	其子黑要又通于○姬	7.9/69/18	繼續○祖爲宗廟主也	4.1/32/13
願得備數于○〔陳〕	6.4/53/22	巫臣見○姬	7.9/69/18	不忘○君	4.2/32/29
去蓬廬之○	6.9/57/21	使人召○姬曰	7.9/69/19	○君猶有望也	4.2/32/29
涇于百重之○	6.9/57/22	○姬從之	7.9/69/20	則賤妾有○人之弊廬在	4.8/36/9
柳○覆寒女不爲亂	6.9/57/23	而與○姬奔晉	7.9/69/20	如○殺妾	4.9/37/4

脩○古之禮	4.12/38/29
○狗馬塡溝壑	4.14/39/28
夫不幸○死	4.15/40/21
子督○識	5.2/42/20
昔者吾○君莊王淫樂	5.4/43/14
妾以君王爲能法吾○君	5.4/43/15
請願○驅狐狸于地下	5.4/43/22
○君而後臣	5.5/44/14
○父母而後兄弟	5.5/44/14
○兄弟而後交友	5.5/44/15
○交友而後妻子	5.5/44/15
爲夫○死	5.5/44/23
吾受○君之命	5.7/45/22
○民有言	6.1/51/28
是○犯我令	6.4/53/21
○犯君令	6.4/53/26
稱說○王	6.4/54/12
齊有北郭○生者	6.9/57/17
嘗與北郭○生通	6.9/57/18
妾娟之幸得蒙○人之遺	
體	6.9/57/20
○王爲寡人娶妃匹	6.10/58/16
起常○	6.14/62/8
不修○王之典法	7.2/64/9
○是有童謠曰	7.3/64/27
齊姜○死	7.7/67/8
若紂有良子而○殺紂	7.7/67/17
自吾○君武公兼翼	7.7/67/18
請就（元）〔○〕君之	
廟而死焉	7.11/70/26
○是時	7.11/70/27
本寔○敗	7.11/71/6
姬杖戈○太子與五介冑	
之士	7.12/71/20

鮮 xiān　　　　9

次則管叔○	1.6/4/15
○不及矣	1.6/4/24
獻公弟子○也	1.7/5/18
食人肥○	2.13/20/19
施○而得多	3.2/23/3
○能布仁	3.11/29/2
○能有仁	3.11/29/8
○不爲則	5.7/45/26,5.14/50/15

咸 xián　　　　7

後伐平林者○（鷹）	
〔鷹〕之覆之	1.2/1/31
○無妬媚逆理之人	1.5/3/16
○爲魏大夫卿士	1.13/11/18
○曉事理	2/12/18
執行○固	4.12/39/7
○獲所欲	7.2/64/6
○以滅身	7.12/71/28

閑 xián　　　　1

已而（○）〔開〕圉示	
之株	3.11/28/28

閒 xián　　　　1

○居擁楹而歎	1.9/7/11

街 xián　　　　1

雖○號于九層之內	6.9/57/26

嫌 xián　　　　4

避○遠別	4/32/6,4.6/35/17
遠別避○	4.6/34/28
自○非子	5.2/42/20

銜 xián　　　　2

有玄鳥○卵	1.3/2/15
但揚目○齒	6.10/58/21

賢 xián　　　　61

○聖有智	1/1/3
言○女能爲君子和好眾	
妾	1.5/3/17
（○）〔質〕行聰明	1.5/3/22
雖太王之○聖	1.6/4/1
太姒最○	1.6/5/3
○	1.7/5/18
彼二聖一○者	1.10/8/4
于是乃擇嚴師○友而事	
之	1.10/8/6
仲尼○焉	1.10/9/22
魯君○之	1.12/11/5
惟若○明	2/12/18
妃后○焉	2/12/19
○而有德	2.1/12/23
厥德孔○	2.1/13/5
○而有義	2.4/14/19
與○者俱	2.5/15/13
王之所謂○者	2.5/15/13
虞丘子○則○矣	2.5/15/14
求○人進于王	2.5/15/15
今○于妾者二人	2.5/15/15
未聞進○〔而〕退不肖	2.5/15/18
是蔽賢而塞○路	2.5/15/18
知○不進	2.5/15/18
不知其○	2.5/15/18
蔽○之路	2.5/15/27
宋公○之	2.7/17/1
姬以盾爲○	2.8/17/13
○明有文	2.10/18/26
于是晏子○其能納善自	
改	2.12/20/1
故○人之所以成者	2.12/20/2
○士也	2.14/21/4
楚王聞於陵子終○	2.15/21/22
吾觀晉公子〔○人也〕	3.4/24/4
伯宗○而好以直辨凌人	3.6/25/3
子何不預結○大夫以託	
州犂焉	3.6/25/10
衛之○大夫也	3.7/25/25
是君有二〔○〕臣也	3.7/25/28
國多○臣	3.7/25/28
維知識○	3.7/26/5
爲○伯姬	4.2/33/4
《春秋》○之	4.2/33/11
言其左右無○臣	4.3/33/20
其傅母閔夫人○	4.5/34/14
楚王○其夫人守節有義	4.7/35/26
列于貞○	4.7/36/4
吳王○其守節〔而〕有	
義	4.11/38/9
雖有○（匹）〔雄〕兮	
	4.13/39/16
可謂○乎	5.5/44/14
戎君○之	5.5/44/17
○其推理	5.6/45/15
維女亦○	5.13/50/1

相不○	6.2/52/17
過○則賓	6.6/55/16
嫉○妬能	6.9/57/16
即墨大夫○而日毀之	6.9/57/16
○明有道	6.9/57/17
○者〔伏〕匿于山林	6.10/58/25
此○女也	6.11/59/15
○其（夫妻）〔妻子〕	6.12/60/21
○者不達	6.13/61/24

誠 xián　　1

內○動人	4.8/36/11

險 xiǎn　　3

危○必避	3/22/6
夫○阻之山	3.11/28/28
何有○詖	5/41/6

顯 xiǎn　　14

不○惟德	1.1/1/20
身不失天下之○名	1.6/4/18
不○其光	1.6/4/26
○然喜樂	2.2/13/13
名○諸侯	2.12/19/25
○其妻以爲命婦	2.12/20/2
仁智○明	3.8/26/21
無日不○	3.10/27/29
義者○焉	3.14/30/24
天維○思	3.14/31/9
○示後人	4.14/40/10
卒遺○名	5.5/44/24
名號○遺	5.11/48/24
○之于朝市	6.9/57/30

陷 xiàn　　6

毋○膺	1.10/9/8
麒麟不入于○穽	2.6/16/7
將○于害	2.10/18/16
既○難中	6.9/57/25
而愚民○焉	6.15/62/28
使人犯太子而○之于罪	7.15/73/20

縣 xiàn　　3

令○復其三子而表其墓	5.14/50/14
○邑之女也	6.13/61/6
	6.13/61/14

獻 xiàn　　28

是爲○公	1.7/5/15
○公居喪而慢	1.7/5/15
見○公之不哀也	1.7/5/16
○公弟子鮮也	1.7/5/18
後○公暴虐	1.7/5/18
○公復得反國	1.7/5/22
○兆于定姜曰	1.7/5/23
數諫○公	1.7/6/1
忝而○功	1.10/8/26
客有○醇酒一器〔者〕	1.11/10/2
有○一囊糗糒者	1.11/10/3
文公父○公納驪姬	2.3/13/28
晉○公之女	2.4/14/19
○公殺太子申生	2.4/14/20
及○公卒	2.4/14/20
康公不○	3.1/22/14
俾○不聽	3.1/22/19
范○子之妻也	3.11/28/25
括母○書	3.15/32/1
○之以贖	7.3/65/1
晉○公之夫人也	7.7/67/6
○公娶于齊	7.7/67/6
○公伐驪戎	7.7/67/7
驪姬嬖于○公	7.7/67/8
晉○驪姬	7.7/67/12
○公使人謂太子曰	7.7/67/26
○公卒	7.7/68/3
惑亂晉○	7.7/68/10

相 xiāng　　86

文伯○魯	1.10/8/8
軸可以爲○	1.10/8/13
使師尹維旅牧〔○〕	1.10/8/19
○延食繁	1.10/9/4
甚○遠	1.13/11/12
田稷子○齊	1.14/11/30
子爲○三年矣	1.14/11/30

情貌○副	1.14/12/3
復其○位	1.14/12/7
使兩君罷以玉帛○見	2.4/14/24
婢子娣姒不能○教	2.4/14/25
妾聞虞丘子○楚十餘年	2.5/15/17
以爲國○	2.11/19/10
齊○晏子僕御之妻也	2.12/19/23
命婦窺其夫爲○御	2.12/19/23
身○齊國	2.12/19/25
非特師傅、朋友○與切磋也	2.12/20/3
齊○御妻	2.12/20/8
欲以爲○	2.15/21/22
楚王欲以我爲○	2.15/21/23
今日爲○	2.15/21/24
遂○與逃而爲人灌園	2.15/21/27
其從者三人皆國○也	3.4/24/4
今其從者皆卿○之僕也	3.4/24/7
公及大夫○與議之	3.9/27/4
○與攘羊而遺之	3.10/27/23
魯君欲以子皮爲○	3.12/29/14
魯君欲以我爲○	3.12/29/14
子不可以爲○	3.12/29/16
以此○一國	3.12/29/18
不達人事而○國	3.12/29/19
卒受爲○	3.12/29/20
子皮○魯	3.12/29/27
故○與聚會于澶淵	4.2/33/5
以時○見	4.12/38/24
二女○讓	4.12/39/2
使○聘焉	4.14/39/28
于是○以報	4.14/40/4
然可（移）〔以〕移于將○	5.4/43/19
將○聞之	5.4/43/19
將○之於孤	5.4/43/20
言之于○	5.8/46/7
○不能決	5.8/46/7
○召其母	5.8/46/8
兄弟欲○代死	5.8/46/9
○受其言	5.8/46/10
○入言于王	5.8/46/14
○讓不已	5.8/46/20
歸而○知	5.9/47/11
封酒○待	5.10/47/18
且又○讓	5.13/49/25
假繼○讓	5.13/50/1

齊○管仲之妾也	6.1/51/15	今女子不容于○里布衣
因以爲○	6.1/51/27		6.10/58/17
○不賢	6.2/52/17	三逐于○	6.12/60/10
乃造于○晏子之門	6.4/53/22	妾三逐于○	6.12/60/11
固○去十百也	6.11/59/22	三逐于○者	6.12/60/13

夫飾〔與不飾〕○去千
　萬　　6.11/59/22

襄 xiāng　27

性○近	6.11/59/23
習○遠也	6.11/59/23
○去千萬	6.11/59/27
齊○之妻也	6.12/60/10
齊○婦死	6.12/60/11
○國是也	6.12/60/16
在乎○	6.12/60/18
而國○不可不審也	6.12/60/18
吾國○奚若	6.12/60/19
王之國○	6.12/60/19
吾○其可易乎	6.12/60/21
遂尊○	6.12/60/26
遂配○君	6.12/61/2
宮室○望	6.13/61/22

○子之姊	5.7/45/20
○子未除服	5.7/45/20
惟趙○子	5.7/45/30
士長爲之言于○子	6.8/56/27
○子問其故	6.8/56/27
于是○子見而問之曰	6.8/56/28
○子曰	6.8/56/29
	6.8/56/29,6.8/57/4

佛肹之母一言而發○子
　之意　6.8/57/5

與鄰婦李吾之屬會燭○
　從夜績　6.14/62/6

自言○子	6.8/57/10
○子說之	6.8/57/10
逐女造○王之門	6.12/60/11
造○王門	6.12/61/1
楚頃○王之夫人	6.13/61/6
頃○王好臺榭	6.13/61/6
內亂其兄齊○公	7.5/66/5
文姜與○公通	7.5/66/7
文姜以告○公	7.5/66/8
○公享桓公酒	7.5/66/8
齊○淫通	7.5/66/14

使人裸形○逐其間	7.2/64/6
又重○謬	7.2/64/17
上下○誑	7.3/65/6
無○瀆也	7.5/66/6
時國佐○靈公	7.10/70/5
使爲○室	7.11/70/28
欲其○滅也	7.11/71/1
爭邑○殺	7.11/71/10
悝○出公	7.12/71/18
○鼠有皮	7.12/71/23
乃○與謀曰	7.13/72/12
今君○楚三十餘年	7.14/72/25

莊王以夏姬與連尹○老　7.9/69/17

○老死於邲	7.9/69/18
趙悼○王之后也	7.15/73/17
悼○王以其美而取之	7.15/73/17
悼○王后生子嘉	7.15/73/19
及悼○王薨	7.15/73/21

何以保○邱、江東之封
　乎　7.14/72/27

祥 xiáng　13

湘 xiāng　2

以爲不○	1.2/1/30
文定厥○	1.6/4/25
何其不○也	2.9/17/27
德勝不○	3.5/24/23
不○	3.8/26/12
而以難犯不○也	3.8/26/13
棄嫡不○	3.8/26/21

二妃死于江、○之間	1.1/1/19
俗謂之○君	1.1/1/19

夫人欲使靈氏受三不○
　耶　4.12/38/24

鄉 xiāng　6

○見子有憂色	1.9/7/11
夫鳥飛反○	5.3/42/26

是一不○也	4.12/38/25
是二不○也	4.12/38/25
是三不○也	4.12/38/26
是不○人也	7.9/69/16
可謂不○矣	7.11/71/5

詳 xiáng　2

《春秋》○錄其事	4.2/33/4
○錄其事	4.2/33/12

享 xiǎng　4

卒○福祜	1.1/1/24
公○之	4.2/32/28
卒○其報	6.3/53/4
襄公○桓公酒	7.5/66/8

想 xiǎng　2

○其故雄	4.13/39/14
○見其人	7.13/72/5

饗 xiǎng　3

宗廟○之	1.6/4/18
○養上賓	1.10/9/5

言趣○戰鬪之士而繕甲
　兵也　3.9/27/8

向 xiàng　9

叔○、叔魚之母也	3.10/27/22
叔○名肹	3.10/27/22

叔○欲娶于申公巫臣氏
　夏姬之女　3.10/27/30

叔○曰　3.10/27/30,3.10/28/14
叔○懼而不敢娶	3.10/28/7
叔○之母	3.10/28/20
東○而朝軍吏	3.15/31/21
乃○採桑者也	5.9/46/30

巷 xiàng　5

而棄之隘○	1.2/1/30

所執贄而見於窮閭隘○
　者七十餘人　1.10/8/4

待罪於永〇 2.1/12/24
閉永〇之門 4.9/37/5
其幼弱在于閣〇之時 6.9/57/18

象 xiàng　　　　5

弟曰〇 1.1/1/8
母憎舜而愛〇 1.1/1/9
瞽叟與〇謀殺舜 1.1/1/11
〇後與父母謀 1.1/1/13
封〇于有庳 1.1/1/18

項 xiàng　　　　2

肥〇少髮 6.10/58/12
〇有大瘤 6.11/59/11

嚮 xiàng　　　　4

瘠土之民〇義 1.10/8/18
言當常〇爲其善也 2.12/20/4
夫背公義而〇私愛 5.6/45/4
〇者 6.6/55/14

消 xiāo　　　　1

與時〇息 3.2/23/5

梟 xiāo　　　　1

爲〇爲鴟 7.1/63/25

小 xiǎo　　　　28

力〇而任重 1.6/4/23
舍大臣而與〇臣謀 1.7/5/20
〇人勞力 1.10/8/26
羞繁焉爲〇 1.10/9/3
當與時〇同 2.6/16/6
〇心翼翼 2.7/16/28
雖有〇過 2.8/17/11
專專〇心 3/22/6
況爾〇醜乎 3.1/22/14
其謂君撫〇民以信 3.2/22/26
必〇羅 3.2/22/27
言今者許〇而遠 3.3/23/16
離大而附〇 3.3/23/18

歃〇器 3.9/27/3
歃〇器、投諸台者 3.9/27/7
〇子三悅 3.11/29/8
〇子矯矯 3.15/31/26
辱送〇子 4.2/32/29
〇國也 4.3/33/17
利動〇人 4.7/35/27
妾豈敢以〇貴之故 4.12/38/27
蓋〇戎大 5.5/44/9
道遠與弱〇俱 5.13/49/21
王方在〇曲之臺 6.2/52/10
〇女之言 6.15/63/8
懸于〇白旗 7.2/64/11
飲〇臣 7.7/67/24
〇臣死之 7.7/67/24

曉 xiǎo　　　　2

咸〇事理 2/12/18
梁國豈可戶告人〇也 5.12/49/1

孝 xiào　　　　47

承事瞽叟以〇 1.1/1/9
要其安民以播烈光、制
　禮以廣達〇而言之 1.6/4/22
是爲人子不〇也 1.14/12/5
不〇之子 1.14/12/6
忠〇之事 1.14/12/13
慈母生〇子 2.4/15/2
夫忠臣與〇子 3.7/25/24
〇成王使括代廉頗爲將
　 3.15/31/18
〇成用括 3.15/32/1
齊〇公之夫人也 4.6/34/27
〇公聞之 4.6/34/28
〇公親迎孟姬於其父母 4.6/35/4
〇公使馹馬立車載姬以
　歸 4.6/35/6
〇子養親 4.12/38/27
〇婦者 4.15/40/14
囑〇婦曰 4.15/40/14
〇婦曰 4.15/40/17,4.15/40/20
而著妾之不〇 4.15/40/22
不〇不信且無義 4.15/40/23
漢〇文皇帝高其義 4.15/40/24
號曰〇婦 4.15/40/25,4.15/41/2

君子謂〇婦備于婦道 4.15/40/25
〇婦處陳 4.15/41/1
〇義保者 5.1/41/11
魯〇公稱之保母 5.1/41/11
〇公父武公與其二子長
　子括、中子戲朝周宣
　王 5.1/41/11
〇公時號公子稱 5.1/41/12
是爲〇公 5.1/41/17
〇公乳保 5.1/41/22
逃匿〇公 5.1/41/22
非〇也 5.5/44/8
忠〇忘于身 5.5/44/9
忘母不〇 5.9/47/2
夫事親不〇 5.9/47/3
〇義並忘 5.9/47/3
妾不忍見〔不〇不義之
　人〕 5.9/47/4
夫不〇莫大于不愛其親
　而愛其人 5.9/47/5
君子謂二義慈〇 5.13/49/26
聞其妻之仁〇有義 5.15/50/25
不〇 5.15/50/27
不〇不義 5.15/50/27
君子謂節女仁〇 5.15/50/30
〇順至明 6.9/57/28
〇文皇帝時 6.15/62/21
太子無慈〇之行 7.13/72/7

肖 xiào　　　　9

人生而〇父母者 1.6/4/9
故形意之 1.6/4/10
文王母可謂知〇化矣 1.6/4/10
未聞進賢〔而〕退不〇 2.5/15/18
王不知吾不〇也 2.13/20/15
是明夫之不〇 4.15/40/22
是吾不〇也 5.3/42/28
阿大夫不〇 6.9/57/16
吾不〇 7.11/71/2

效 xiào　　　　3

男女〇績 1.10/8/26
務在〇忠 1.14/12/4
恂恂自〇 2.12/20/8

笑 xiào	21	恊 xié	1	榭 xiè	2
載色載〇	1.9/7/18	民之〇矣	6.14/62/12	頃襄王好臺〇	6.13/61/6
姬掩口而〇	2.5/15/14			王好臺〇	6.13/61/18
姬之所〇	2.5/15/14	挾 xié	2		
妾之所〇	2.5/15/19	〇薪樵而來	2.14/21/7	懈 xiè	2
接輿〇而不應	2.13/20/14	內〇技術	7.9/69/6	妻恐其〇于王事	2.6/16/3
鄰婦〇曰	3.13/30/6			永懼匪〇	3/22/7
其妾〇曰	6.1/51/24	脅 xié	4		
〇曰	6.4/53/23	聞其駢〇	3.4/24/3	謝 xiè	7
莫不掩口大〇	6.10/58/15	則〇肩無所容	5.6/45/5	孟子〇	1.9/7/9
縱橫大〇	6.10/58/27	抽〇者笞	6.15/63/2	文伯乃〇罪	1.10/8/6
宮中諸夫人皆掩口而〇		因拉其〇而殺之	7.5/66/8	子發于是〇其母	1.11/10/7
	6.11/59/21			其夫〇曰	2.12/19/27
且無〇	6.11/59/21	斜 xié	3	〇使者而不許也	2.15/21/27
爲天下〇	6.11/59/26	〇引其被	2.11/19/5	鄰婦〇曰	3.13/30/11
末喜〇之	7.1/63/21	〇而有餘	2.11/19/6	于是管仲乃下席而〇曰	6.1/51/22
妲己乃〇	7.2/64/8	先生以不〇之故	2.11/19/6		
指〇炮炙	7.2/64/17			褻 xiè	1
褒姒不〔好〕〇	7.3/65/4	諧 xié	2	衣〇服	2.1/12/29
幽王乃欲其〇萬端	7.3/65/4	舜能〇柔之	1.1/1/9		
故不〇	7.3/65/4	與二嫂〇	1.1/1/15	心 xīn	76
褒姒乃大〇	7.3/65/5			〇怪惡之	1.2/1/30
〇寇不至	7.3/65/13	襭 xié	1	悲〇感慟	1.7/5/9
		終于懷〇之	4.4/34/2	（〇泆泆）	1.8/6/7
嘯 xiào	3			〔泆泆之〇〕	1.8/6/7
女倚柱而〇	3.13/30/3	寫 xiě	1	砥厲女之〇以高節	1.8/6/10
何〇之悲也	3.13/30/4	我心〇兮	6.8/57/6	思則善〇生	1.10/8/17
倚柱而〇	3.13/30/17			忘善則惡〇生	1.10/8/17
		泄 xiè	6	君子勞〇	1.10/8/26
邪 xié	14	魂神〇兮	2.10/18/21	誰敢淫〇舍力	1.10/8/27
不食〇味	1.6/4/7	吾不敢〇言	5.3/42/30	君子謂慈母一〇	1.13/11/19
目不視于〇色	1.6/4/7	亦不〇言	5.3/43/3	〇如結兮	1.13/11/20
未嘗見〇辟之事	1.6/4/16	〇冶見之	7.9/69/8	言〇之均一也	1.13/11/20
尤不可有〇辟之行焉	1.8/6/11	〇冶知之	7.9/69/10	尸鳩以一〇養七子	1.13/11/20
姬何請〇	2.2/13/13	乃使人徵賊〇冶而殺之	7.9/69/11	一〇可以事百君	1.13/11/21
生時不〇	2.11/19/6			百〇不可以事一君	1.13/11/21
死而〇之	2.11/19/7	屑 xiè	1	不計於〇	1.14/12/2
不可以〇開也	3.14/30/27	不我〇以	2.8/17/12	姜之淫〇見矣	2.1/12/25
公遊于琅〇	4.6/35/5			若其以淫意爲〇	2.7/16/23
聽用〇人	6.9/57/25			小〇翼翼	2.7/16/28
群臣爲〇	6.9/57/29			專專小〇	3/22/6
〇僞立于本朝	6.10/58/26			〇不固矣	3.2/22/25
〇臣在側	6.13/61/23				
哀姜好〇	7.6/67/1				

余○蕩	3.2/23/2
將發大命而蕩王○焉	3.2/23/4
我○則憂	3.3/23/22
君（○）〔必〕悔之	3.8/26/13
宕有豕○	3.10/28/5
狼子野○	3.10/28/9
謂我○憂	3.13/30/13
○有所懷	3.14/30/26
竊于○	3.14/30/27
執○各異	3.15/31/23
伯姬○專	4.2/33/11
厥○靡悔	4.2/33/11
我○匪石	4.3/33/18
我○匪席	4.3/33/19
持○不（願）〔頃〕	4.4/34/8
所以正○一意	4.6/35/8
我○傷悲	4.8/36/15
我○匪（后）〔石〕	4.12/39/3
○之憂矣	4.13/39/17
秉○塞淵	4.15/40/26
專○養姑	4.15/41/1
○之所見	5.2/42/7
操○甚平	5.3/43/3
○既許之矣	5.4/43/24
妾聞信者不負其○	5.4/43/24
其親愛也痛甚于○	5.6/45/3
惟是褊○	5.9/47/6
○有淫思	5.9/47/11
滕婢○知其毒酒也	5.10/47/18
恩出于中○也	5.11/48/20
中○謂何　5.12/49/1,6.11/59/15	
○恐母云置鏡奩中	5.13/49/16
初○惜之	5.13/49/18
終能一○	6/51/10
乙母動○	6.2/52/25
以伏我○	6.6/55/11
私復我○	6.6/55/15
陋固無○	6.6/55/15
而○不知罪也	6.7/56/5
誅將加兮妾○驚	6.7/56/12
我○寫兮	6.8/57/6
惓惓之○	6.9/57/22
我○則降	6.9/58/2
我○則喜	6.10/59/2
丈夫○	7.1/63/17
吾聞聖人之○有七竅	7.2/64/9
于是剖○而觀之	7.2/64/10

則開寇○	7.7/67/10
夫寇生其○	7.7/67/11
驪姬乃仰天叩○而泣	7.7/67/24
○意摧下	7.8/69/1
請改○事吾子	7.11/70/24
○憐之	7.13/72/10
惑○乃生	7.13/72/18

辛 xīn 　2

○壬癸甲	1.4/3/3,1.4/3/10

忻 xīn 　2

不○○于富貴	2.11/19/12

新 xīn 　10

好○而嫚故	2.8/17/9
況于安○忘舊乎	2.8/17/12
讌爾○婚	2.8/17/12
無以○廢舊	2.8/17/13
思故忘○	4.7/36/3
旦日在樓上○沐	5.15/50/28
雖〔復〕欲改過自○	6.15/62/25
使得自○	6.15/62/25
作○淫之聲	7.2/64/5
遂自經于○城廟	7.7/68/1

薪 xīn 　2

衰絰履○以迎	2.4/14/24
挾○樵而來	2.14/21/7

信 xìn 　39

忠○不欺	1.14/12/4
君子謂衛姬○而有行	2.2/13/18
忠款誠○	2.2/13/23
夫子之○誠而與人無害	
兮	2.10/18/18
其謂君撫小民以○	3.2/22/26
不爲昭昭（變）〔○〕	
節	3.7/25/24
問之○然	3.7/26/5
貴德尙○	3.11/29/8
爲必可○	4/32/6

（有如）〔謂予〕不○	4.7/35/25
處約持○	4.10/37/21
君子謂貞姬廉潔而誠○	
	4.11/38/10
以全貞○之節	4.14/40/1
是不○也	4.14/40/1
謂予不○	4.14/40/5
務在一○	4.14/40/9
○者	4.15/40/17
棄託不○	4.15/40/19
許人以諾而不能○	4.15/40/21
不孝不○且無義	4.15/40/23
貴其○	4.15/40/24
誠○勇敢	5/41/6
○可從也	5.2/42/6
吾聞○不見疑	5.2/42/11
妾聞○者不負其心	5.4/43/24
母○者	5.4/43/26
君子謂越姬○能死義	5.4/43/27
公正誠○	5.6/45/9
而不○其諾耶	5.8/46/13
背言忘○	5.8/46/13
君子謂義母○而好義	5.8/46/15
義繼以○	5.8/46/20
據○行義	5.8/46/20
令尹○盜之	6.2/52/10
誠○發內	6.9/57/26
君子○盜	7.2/64/13
其後不○	7.3/65/5
大無○也	7.9/69/21
若不○	7.11/70/25

惺 xīng 　1

其女悼（○）〔惺〕	6.4/54/12

興 xīng 　29

至周文、武而○爲天子	1.2/2/4
湯○爲天子	1.3/2/20
文武之○	1.6/5/3
循法○居	2/12/18
亂之所○也	2.1/12/26
原亂之○	2.1/12/26
卒成中○之名	2.1/12/28
爲中○君	2.1/13/5
姜（○）〔與〕犯謀	2.3/14/14

秦遂○兵與晉戰	2.4/14/22	終除肉○	6.15/63/8	景○○止	2.12/20/3
乃以○戎	2.4/14/24			夫改易○	2.12/20/8
名譽不○	2.9/17/26	**行 xíng**	**149**	不爲賤而改○	2.13/20/18
見事所○	3.2/23/10	○爲儀表	·1/1/3	遂○不顧	2.14/21/11
知其○祚	3.4/24/15	二妃德純而○篤	1.1/1/20	老萊將○	2.14/21/17
必○于楚	3.5/24/24	○見巨人跡	1.2/1/29	君子謂於陵妻爲有德○	
而○兵欲襲魯	3.9/27/2	（賢）〔買〕聰明	1.5/3/22		2.15/21/28
則○	3.14/31/1	九嬪有○	1.5/3/22	公○下衆	3.1/22/12,3.1/22/19
夏之○也以塗山	3.14/31/1	惟德之○	1.6/4/4	與群帥悉楚師以○	3.2/22/24
殷之○也以有藝	3.14/31/1	且公之○	1.7/5/20	且	3.2/23/2
周之○也以大姒	3.14/31/2	操○衰惰	1.8/6/6	王薨于○	3.2/23/4
《關雎》起○	3.14/31/2	〔有〕冶容〔之〕	1.8/6/7	王遂○	3.2/23/4
必凤○夜寐	4.6/35/1	尤不可有邪辟之○焉	1.8/6/11	不爲冥冥惰	3.7/25/25
亂亡○焉	4.9/37/1	願而母老	1.9/7/13	乘僞○詐	3.11/29/3
禍必○焉	5.2/42/10	子○乎子義	1.9/7/17	其家倩吾兄○追之	3.13/30/8
遂○師作亂	5.2/42/14	吾○乎吾禮	1.9/7/17	此毀貞女之○	3.14/30/30
○于不顧	5.2/42/20	從後階降而卻○	1.10/8/1	哀王勤○自修	3.14/31/8
武王遂受命○師伐紂	7.2/64/10	捆可以爲大○人也	1.10/8/11	將○	3.15/31/18,7.8/68/17
○配幽王	7.3/65/13	○遠道	1.10/8/13	括既○	3.15/31/24
廢后○戎	7.13/72/18	德○光明	1.10/9/22	勤正潔○	4/32/6
		而無專制之○	1.12/10/19	不可以○	4.1/32/14
刑 xíng	**24**	女子有○	1.12/10/29	防淫慾之○焉	4.1/32/16
		德○既備	1.12/11/5	伯姬迫于父母之命而○	4.2/32/27
百辟其○之	1.1/1/20	吾聞士脩身潔○	1.14/12/2	當○夫婦之道	4.2/32/27
與太史、司載（斜）		不○詐僞	1.14/12/2	以爲婦人以貞爲○者也	4.2/33/4
〔糾〕虔天○	1.10/8/20	言○若一	1.14/12/3	○必以燭	4.2/33/6
夕省其典○	1.10/8/21	言○則可以報君	1.14/12/3	執○不衰	4.5/34/22
而威莫敖以○也	3.2/22/26	○非禮不動	2.1/12/23	○節（及）〔反〕乖	4.5/34/22
諫者有○	3.2/22/28	君子謂姜后善于威儀而		而後○夫婦之道	4.6/35/5
群帥囚于（治）〔冶〕		有德○	2.1/12/28	君子謂夫人說于○善	4.7/35/27
父以待○	3.2/22/29	姜氏之德○	2.1/13/1	今君王棄儀表之○	4.9/37/1
妾已○矣	4.14/40/3	○伯道	2.2/13/11	何以○令訓民	4.9/37/2
今○餘之人	4.14/40/3	君子謂衛姬信而有○	2.2/13/18	妾不敢從使者○	4.10/37/18
劓鼻○身	4.14/40/9	欲○而患之	2.3/13/30	吳王聞其美且有○	4.11/38/3
將加以○	6.3/53/15	從者將以子○	2.3/14/1	遂辭聘而不○	4.11/38/9
犯槐者○	6.4/53/21,6.4/54/5	凤夜征○	2.3/14/4	妻操固○	4.11/38/15
不損祿而加○	6.4/53/27	醉〔而〕載之以○	2.3/14/6	可謂○成于內	4.12/39/2
○殺不正	6.4/54/3,6.4/54/6	遂○	2.3/14/7	執○咸固	4.12/39/7
淳于公有罪當○	6.15/62/22	言○不怠	2.3/14/14	泣下數○	4.13/39/15
是時肉○尙在	6.15/62/22	不得○義	2.6/16/8	終不重○	4.13/39/16
（令）〔今〕坐法當○		而反欲使吾爲見棄之○	2.7/16/26	高○者	4.14/39/27
	6.15/62/24	制○分明	2.8/17/21	其爲人榮于色而美于○	
○者不可復屬	6.15/62/24	厥○孔備	2.8/17/21		4.14/39/27
今法有肉○五	6.15/62/27	陳列其○	2.10/18/26	高○曰	4.14/39/28
教未施而○已加焉	6.15/62/29	君子謂黔婁妻爲樂貧○		高其○	4.14/40/4,5.8/46/15
夫○者	6.15/63/1	道	2.11/19/13	尊其號曰高○	4.14/40/4
其除肉○	6.15/63/2			君子謂高○節禮專精	4.14/40/5

高〇處梁	4.14/40/9	〇年四十	6.13/61/6	變名易〇而遠徙	2.13/20/21
不貪〇貴	4.14/40/9	當〇會逮	6.15/62/22	戴紆易〇	2.13/20/27
其夫當〇戍	4.15/40/14	或欲改〇爲善	6.15/62/29	〇（魏）〔隗〕氏	3.1/22/11
夫且〇時 4.15/40/14,4.15/40/18		女子〇	7.1/63/17	一〇楊氏	3.10/27/22
〇之節也	4.15/40/18	令有罪者〇其上	7.2/64/8	百〇有過	6.2/52/16
美其〇	4.15/40/25	壽度太子必〇	7.4/65/21	百〇盡觀	6.11/59/12
子督直〇不顧	5.2/41/27	奪之旄而〇	7.4/65/22	百〇無少長	6.11/59/13
〇者顧	5.2/41/28	既〇	7.5/66/5	百〇飢餓	6.13/61/23
子督遂〔〇〕不顧	5.2/41/29	〇强于君	7.7/67/14	百〇怨望	7.2/64/7
子其與我〇乎	5.3/42/27	聰慧而〇亂	7.8/68/15	百〇乖離	7.3/65/6
三者無一可〇	5.3/42/29	使執季孫〇父而止之	7.8/68/18	無以一妾亂百〇	7.7/67/15
子〇矣	5.3/42/29	公孫寧、儀〇父與陳靈			
人無忠臣之道、仁義之		公皆通于夏姬	7.9/69/8	**性 xìng**	**8**
〇	5.5/44/14	公孫寧、儀〇父皆奔楚 7.9/69/13			
望見一婦人抱一兒、攜		厥〇亂失	7.10/70/14	姜嫄之〇	1.2/2/1
一兒而〇	5.6/44/28	太子無慈孝之〇	7.13/72/7	棄之〇明而仁	1.2/2/2
婦人遂〇不顧	5.6/44/29			簡狄〇好人事之治	1.3/2/17
故忍棄子而〇義	5.6/45/6	**形 xíng**	**4**	契之〇	1.3/2/18
猶知持節〇義	5.6/45/8			太任之〇	1.6/4/4
果于〇義	5.6/45/9	則生子〇容端正	1.6/4/8	子之（仕）〔〇〕固不	
有覺德〇	5.6/45/10	故〇意肖之	1.6/4/10	可易也	3.6/25/9
〇斟	5.7/45/21	衣不蓋〇	2.11/19/8	察于情〇	3.10/28/20
獨謂〇何	5.8/46/14	使人裸〇相逐其間	7.2/64/6	〇相近	6.11/59/23
據信〇義	5.8/46/20				
吾〇道遠	5.9/46/26	**邢 xíng**	**4**	**幸 xìng**	**30**
是污〇也	5.9/47/2				
污〇不義	5.9/47/2	〇侯之姨	1.8/6/10	妾不〇早失夫	1.12/10/24
〇無隱而不彰	5.10/47/25	〇侯與雍子爭田	3.10/28/13	願先生〇臨之	2.14/21/5
廢正義而〇逆節哉	5.11/48/14	〇侯殺叔魚與雍子于朝		夫之不〇	4.4/33/30
〇有死人	5.11/48/20		3.10/28/14	乃妾之不〇也	4.4/34/1
遽疾〇問初	5.13/49/18	遂族〇侯氏	3.10/28/15	不〇遇惡疾	4.4/34/1
義不可〇	5.14/50/20			妾〇得充後宮	4.11/38/5
雖生不可以〇于世	5.15/50/27	**省 xǐng**	**2**	白公不〇而死	4.11/38/5
〇之高者也	5.15/50/31			是我〇也	4.12/38/23
寡人不爲其富貴而不〇		夕〇其典刑	1.10/8/21	〔公〕不〇早終	4.12/38/25
法焉	6.2/52/10	夫人〇茲	3/22/7	妾夫不〇早死	4.14/39/28
盜賊公〇	6.2/52/13			〇而得免	4.14/39/29
君聞昔者公劉之〇乎	6.3/53/2	**醒 xǐng**	**4**	〇有老母	4.15/40/15
〇暴之大者也	6.4/54/5			妾〇得離襁褓	4.15/40/18
〇客之人	6.6/55/18	酒〇	2.3/14/6	夫不〇先死	4.15/40/21
不穀將〇	6.7/56/8	願〇而殺之	6.7/56/5	君不〇而死	5.5/44/10
（浮）〔呼〕來擢兮〇		禱求福兮醉不〇	6.7/56/11	〇而得	5.6/45/5
勿疑	6.7/56/13	伋子〇	7.4/65/22	君不〇 5.13/49/17,5.13/49/20	
使〇不遷怒之德	6.8/57/5			〇無劾兒	5.13/49/20
〔〇〕年四十	6.10/58/12	**姓 xìng**	**12**	妾父衍〇得充城郭爲公	
試一〇之	6.10/58/19			民	6.4/53/25
化〇鄰國	6.11/59/29	百〇不親	1.3/2/19	妾娟之〇得蒙先人之遺	

體	6.9/57/20	父事	5.14/50/6	下齋○焉	5.9/46/26
冀○補一言	6.9/57/22	所與共殺吾○者爲誰	5.14/50/8	不可○息	6.6/55/21
唯王○許之	6.10/58/15	事○之讎	5.14/50/9	無有○時	7.1/63/19
嬖○于紂	7.2/64/3	○死而讎不（執）〔報〕			
王愛○之	7.13/72/6		5.14/50/11	**修** xiū	10
楚王之貴○君	7.14/72/24	而使殺吾○	5.14/50/11		
妾之○君未久	7.14/73/1	又縱○之讎	5.14/50/11	女遂感而自○	1.8/6/11
〔考烈王〕召而○之	7.14/73/3	汝父殺吾○	5.14/50/13	故有閨內之○	1.9/7/14
倡后既嬖○于王	7.15/73/20	君子謂友（姊）〔娣〕		姬爲○身	2.2/13/23
		善復○讎	5.14/50/15	哀王勤行自○	3.14/31/8
凶 xiōng	3	夫殺其○	5.14/50/20	○道正進	4/32/6
		欲復○讎	5.14/50/20	乃自○理	4.13/39/22
以投禍○	6/51/10	內亂其○齊襄公	7.5/66/5	桓公乃○官職	6.1/51/26
陳國禍○	6.13/62/1	雖○弟不如	7.14/72/25	外不○諸侯之禮	6.10/58/27
卒成禍○	7.5/66/14	將〔更〕立○弟	7.14/72/25	不○先王之典法	7.2/64/9
		多失禮于王○	7.14/72/27	惑亂是○	7.2/64/17
兄 xiōng	41	王○弟誠立	7.14/72/27		
				脩 xiū	13
若事父○	1.10/8/1	**胸** xiōng	2		
遠父母○弟	1.12/11/1			遂自○（飾）〔飾〕	1.3/2/26
其家倩吾○行追之	3.13/30/8	折腰出○	6.10/58/12	不可不自○整	1.8/6/8
令吾終身無○	3.13/30/8	摧幹拉○	7.5/66/14	卒能○身	1.8/6/18
衛君使人愬于齊○弟	4.3/33/18			男則墮于○德	1.9/7/2
齊○弟皆欲與君	4.3/33/18	**雄** xióng	6	諸侯朝○天子之業令	1.10/8/21
無他○弟	4.15/40/15			吾冀而朝夕○我曰	1.10/8/28
而封若父○	5.2/41/29	有夫出征而喪其○	1.7/5/23	禮節甚○	1.12/10/22
先父母而後○弟	5.5/44/14	征者喪○	1.7/5/24	豈○士大夫之費哉	1.14/12/1
先○弟而後交友	5.5/44/15	强者爲○ 3.3/23/17,3.14/30/23		吾聞士○身潔行	1.14/12/2
所抱者妾○之子也	5.6/45/2	想其故○	4.13/39/14	王能自○	3.14/31/13
而反抱○之子	5.6/45/3	雖有賢（匹）〔○〕兮		貞一○容	4.1/32/21
○之子	5.6/45/4		4.13/39/16	乃○禮親迎于華氏之室	4.6/34/29
亡○子而存妾子	5.6/45/4			○先古之禮	4.12/38/29
（○）〔況〕以禮義治		**熊** xióng	2		
國乎	5.6/45/10			**羞** xiū	2
二子○弟立其傍	5.8/46/5	王請食○（蟠）〔蹯〕			
○曰	5.8/46/6	而死	5.2/42/14	○鱉焉爲小	1.10/9/3
非○也	5.8/46/6	迎越姬之子○章	5.4/43/26	○饋食	2.7/16/22
○弟欲相代死	5.8/46/9				
且殺○活弟	5.8/46/13	**休** xiū	11	**袖** xiù	1
寵其○爲五大夫	5.11/48/17				
○子與其己子在火中	5.12/48/29	晦而○	1.10/8/24	立在鄭子○之右	6.13/61/25
欲取○子	5.12/48/29	○其蠶織	1.10/9/2		
獨不得○子	5.12/48/30	○之非禮也	1.10/9/3	**繡** xiù	1
子本欲取○之子	5.12/48/30	良士○○	1.11/10/5		
何面目以見○弟、國人		臘日○作者	1.12/10/17	宮垣衣○	6.13/61/22
哉	5.12/49/2	歸○	2.9/17/27		
季兒○季宗與延壽爭葬		不得○息	3.13/30/12		

吁 xū　　6

公子州〇　　1.8/6/12
後州〇果殺桓公　　1.8/6/13
〇　　5.11/48/10
　　6.2/52/14, 6.8/56/30
母〇而言曰　　5.11/48/12

胥 xū　　2

聿來〇宇　　1.6/4/1
無淪〇以敗　　3.10/28/11

須 xū　　3

坐而〇死耳　　2.9/18/1
妾無〇臾而忘君也　　4.7/35/23
固不〇頃　　6.12/60/26

虛 xū　　5

食不充（口）〔〇〕　　2.11/19/8
不〇驕以貴　　2.12/19/28
天地盈〇　　3.2/23/5
義者不〇設其事　　5.4/43/24
國且〇竭　　6.13/61/23

徐 xú　　8

言則〇　　2.2/13/16
〇步不變　　5.2/41/28
齊女〇吾者　　6.14/62/6
〇吾最貧　　6.14/62/6
〇吾燭數不屬　　6.14/62/7
〇吾曰　　6.14/62/7
齊女〇吾　　6.14/62/16
〇吾自列　　6.14/62/16

許 xǔ　　40

而弗〇　　1.7/5/13
諸子皆頓首〇諾　　1.12/10/19
今諸子〇我歸視私家　　1.12/10/20
桓公〇諾　　2.2/13/15
趙衰〇諾　　2.8/17/13
成公〇之　　2.8/17/15
得無〇之乎　　2.13/20/16

我〇之矣　　2.13/20/17
吾不〇也　　2.13/20/20
〇之乎　　2.14/21/8
謝使者而不〇也　　2.15/21/27
〇穆夫人者　　3.3/23/15
〇穆公之夫人也　　3.3/23/15
〇求之　　3.3/23/15
懿公將與〇　　3.3/23/15
言今者〇小而遠　　3.3/23/16
而嫁之于〇　　3.3/23/19
而〇不能救　　3.3/23/19
〇夫人馳驅而弔唁衛侯　　3.3/23/20
謀〇與齊　　3.3/23/27
〇不能救　　3.3/23/27
厚〇畢羊　　3.6/25/17
公〇之　　3.8/26/11
節成然後〇嫁　　3.14/30/29
既〇嫁于鄷　　4.1/32/11
遂〇傅（妻）〔妾〕留　　4.12/39/1
既〇諾之　　4.15/40/19
〇人以諾而不能信　　4.15/40/21
蔡姬〇從孤死矣　　5.4/43/12
是以不敢〇　　5.4/43/21
心既〇之矣　　5.4/43/24
蔡姬〇王　　5.4/44/1
齊君〇之　　5.6/45/8
〇人以諾　　5.8/46/12
乃且〇諾曰　　5.15/50/27
不敢不〇　　5.15/51/5
唯王幸〇之　　6.10/58/15
〇殺仲孫蔑　　7.8/68/18
崔子哀而〇之　　7.11/70/29
〇以姬爲良夫妻　　7.12/71/19

序 xù　　10

順之〇　　1.3/2/17
母獨論〇　　1.4/3/10
後宮有〇　　1.5/3/16
君子謂妃明而有〇　　1.5/3/16
夕〇其業　　1.10/8/22
君子故〇之以編《詩》　　4.5/34/17
故〇之于《詩》　　4.7/35/27
君子〇焉　　4.10/37/27
慈惠有〇　　5.10/48/1
亦有其〇　　6.5/55/3

恤 xù　　4

乃復收〇　　1.2/2/10
不〇衆庶　　6.13/61/18
不〇法常　　7.1/63/29
不〇國事　　7.3/65/3

敘 xù　　1

宣（敬）〔〇〕民事　　1.10/8/19

緒 xù　　1

武王纘太王、王季、文
　王之〇　　1.6/4/17

續 xù　　1

繼〇先祖爲宗廟主也　　4.1/32/13

宣 xuān　　36

〇（敬）〔敘〕民事　　1.10/8/19
自歸罪於〇王　　1.14/12/6
〇王聞之　　1.14/12/7, 7.3/64/27
周〇姜后者　　2.1/12/23
〔〇王之后〕也　　2.1/12/23
〇王常早臥晏起　　2.1/12/24
匡配周〇　　2.1/13/5
〇王悟焉　　2.1/13/5
韓〇子患之　　3.10/28/14
魯〇公之女　　4.2/32/26
孝公父武公與其二子長
　子括、中子戲朝周〇
　王　　5.1/41/11
〇王立戲爲魯太子　　5.1/41/12
當〇王時　　5.8/46/5
〇王之正后也　　6.10/58/11
自詣〇王　　6.10/58/13
〇王方置酒于漸臺　　6.10/58/15
于是〇王乃召見之　　6.10/58/16
〇王曰　　6.10/58/19, 6.10/58/21
〇王大驚　　6.10/58/19
于是〇王喟然而嘆曰　　6.10/58/28
干說齊〇　　6.10/59/6
〇王從之　　6.10/59/6
當〇王之時產　　7.3/64/26

○姜者	7.4/65/18	選 xuǎn	5	○○自效	2.12/20/8
衛○公之夫人也	7.4/65/18				
○公夫人夷姜生伋子	7.4/65/18	○于林木	1.1/1/17	紃 xún	1
曰○姜	7.4/65/19	不可○也	4.3/33/20		
○姜欲立壽	7.4/65/19	皆天下之妙○也	6.3/53/7	織紝組○	2.7/16/22
○姜乃陰使力士待之界		○士大夫齋戒沐浴	6.7/56/8		
上而殺之	7.4/65/20	○兵馬	6.10/58/30	尋 xún	3
○公薨	7.4/65/24				
衛之○姜	7.4/65/29	衒 xuàn	2	其母亡布八○	6.2/52/9
魯○公之夫人	7.8/68/15			妾夜亡布八○	6.2/52/9
繆姜通于叔孫○伯	7.8/68/16	其嬉戲爲買人○賣之事	1.9/6/24	亡布八○	6.2/52/25
○伯是阻	7.8/69/1	○嫁不售	6.10/58/13		
				循 xún	1
軒 xuān	1	穴 xué	2		
				○法興居	2/12/18
報子以乘○	7.12/71/19	死則同○	4.7/35/25		
		作詩《同○》	4.7/36/3	詢 xún	2
玄 xuán	7				
		學 xué	11	○于芻蕘	6.1/51/28
與其妹（姊）〔娣〕浴				將○之	7.10/70/4
於○丘之水	1.3/2/15	復徙舍○宮之傍	1.9/6/25		
有○鳥衛卵	1.3/2/15	○六藝	1.9/6/26	訓 xùn	10
天命○鳥	1.3/2/21	既○而歸	1.9/6/27		
王后親織○紞	1.10/8/24	○〔何〕所至矣	1.9/6/28	塗山獨明教○而致其化焉	1.4/3/4
妾聞南山有○豹	2.9/17/30	子之廢○	1.9/6/29	教○以善	1.4/3/10
名曰○妻	3.10/28/4	夫君子○以立名	1.9/6/29	亦明教○	1.5/3/15
化爲○蚖	7.3/64/25	且夕勤○不息	1.9/7/3	化○內外	1.5/3/22
		子○不進	1.9/7/22	先王之○也	1.10/8/27
旋 xuán	1	文伯出○而還歸	1.10/7/28	古○是式	2.7/16/28
		○道謙遜	2.12/20/1	○諸司以德	3.2/22/26
不能○反	3.3/23/22	○問靡已	2.12/20/8	以爲法○	4/32/7
				何以行令○民	4.9/37/2
滋 xuán	3	雪 xuě	1	〔故〕夫○道不純	6.15/62/28
五穀不○之故	6.4/53/25	雨○霏霏	6.13/61/27	訊 xùn	1
（○日以）〔日以○〕					
甚	6.13/61/20	譃 xuè	1	吏○之	5.8/46/5
懸 xuán	4	爾用憂○	3.15/31/26	遜 xùn	2
植木○之	6.4/53/20	旬 xún	1	五品不○	1.3/2/19
拔植○之木	6.4/54/7			學道謙○	2.12/20/1
○肉爲林	7.2/64/6	三○	4.9/37/5		
○于小白旗	7.2/64/11			牙 yá	6
		恂 xún	4		
				仲子生子○	3.8/26/11
		○○自下	2.12/19/26	戎子請以○爲太子代光	3.8/26/11

而立○爲太子	3.8/26/15
高厚欲迎○	3.8/26/15
靈公立○	3.8/26/21
通于二叔公子慶父、公	
子○	7.6/66/23

崖 yá　　3

珠○令之後妻及前妻之	
女也	5.13/49/13
珠○多珠	5.13/49/13
珠○夫人	5.13/50/1

雅 yǎ　　2

積之于（大）〔素〕○	6.9/57/23
文○甚備	6.15/63/8

焉 yān　　82

事瞽叟猶若○	1.1/1/18
遂生契○	1.3/2/17
塗山獨明教訓而致其化○	1.4/3/4
尤不可有邪辟之行○	1.8/6/11
私室不與○	1.9/7/6
斷機示○	1.9/7/22
羞繁○爲小	1.10/9/3
婦人治其職○	1.10/9/15
子將業君之官職○	1.10/9/15
子將庇季氏之政○	1.10/9/16
康子與○	1.10/9/17
仲尼賢○	1.10/9/22
君子嘉○	1.11/10/12,4.6/35/17
請就誅○	1.14/12/7
妃后賢○	2/12/19
宣王悟○	2.1/13/5
桓公加○	2.2/13/23
蠱妾在○	2.3/14/1
將○用	2.4/14/26
楚莊用○	2.5/15/27
曾子弔○	2.11/19/18
妃匹亦居多○	2.12/20/3
王使聘○	2.15/22/1
將發大命而蕩王心○	3.2/23/4
恭公不禮○	3.4/24/3
子胡不早自貳○	3.4/24/6
若加禮○	3.4/24/8
若有罪○	3.4/24/8
歸見其母而泣○	3.5/24/20
子何喜○	3.6/25/7
子何不預結賢大夫以託	
州犁	3.6/25/10
遂得免○	3.6/25/12
遂語夫人其實○	3.7/25/29
必伯玉○	3.7/26/5
而後出以求助○	3.9/27/1
君何不試召而問○	3.9/27/5
則其骨存○	3.10/27/28
婦人何與○	3.13/30/6
王將自納○	3.14/30/23
義者顯○	3.14/30/24
則父子生○	3.14/31/4
君臣成○	3.14/31/4
而齊、楚、强秦不敢加	
兵○	3.14/31/8
防淫慾之行○	4.1/32/16
齊中莫能備禮求○	4.6/34/28
君何辱命○	4.8/36/9
亂亡興○	4.9/37/1
君子序○	4.10/37/27
使大夫持金百鎰、白璧	
一雙以聘○	4.11/38/3
將求○	4.13/39/13
或欲取○	4.13/39/22
使相聘○	4.14/39/28
禍必興○	5.2/42/10
今移禍○	5.4/43/20
吾不能與子蒙恥而生○	5.5/44/17
下齋休○	5.9/46/26
妻妾則○	6/51/11
從我○如	6.1/51/26
妾進問○	6.1/52/3
令尹侍○	6.2/52/10
寡人不爲其富貴而不行	
法○	6.2/52/10
有何罪○	6.2/52/14
且加罪○	6.4/53/22
進而問○〔曰〕	6.4/53/24
乃召虞姬而自問○	6.9/57/20
天下歸善○	6.11/59/25
天下歸惡○	6.11/59/26
宿瘤女有力○	6.11/59/30
王猶見○	6.12/61/1
南遊于唐五百里有樂○	6.13/61/8
李吾絕○	6.14/62/16
而愚民陷○	6.15/62/28
教未施而刑已加○	6.15/62/29
淳于公遂得免○	6.15/63/2
乃布幣○	7.3/64/24
妾不欲○	7.7/67/16
亟往祀○	7.7/67/22
寡人恥○	7.9/69/11
莊公通○	7.11/70/20
請就（元）〔先〕君之	
廟而死○	7.11/70/26
甚有色○	7.13/72/6

鄢 yān　　3

及○	3.2/22/28
王乃發○郢之師以擊之	
	6.13/61/25
晉、楚戰于○陵	7.8/68/16

閹 yān　　1

使○楚刺重耳	7.7/68/2

延 yán　　10

相○食繁	1.10/9/4
（邰）〔郃〕陽邑任○	
壽之妻也	5.14/50/6
季兒兄季宗與○壽爭葬	
父事	5.14/50/6
○壽與其友田建陰殺季	
宗	5.14/50/7
〔○〕壽會赦	5.14/50/7
○壽曰	5.14/50/8,5.14/50/10
○壽慚而去	5.14/50/12
○及側陋	6.10/58/30
○及二叔	7.6/67/1

言 yán　　137

○則中義	1/1/3
○賢女能爲君子和好衆	
妾	1.5/3/17
口不出敖○	1.6/4/5
要其安民以播烈光、制	
禮以廣達孝而○之	1.6/4/22

我〇惟服	1.7/5/22	子皮不復〇也	3.12/29/14	昔者周武王有〇曰	6.2/52/16
以〇婦人無擅制之義	1.9/7/16	夫臨喪而〇嫁	3.12/29/15	平公以其〇而射	6.3/53/9
〇婦人以織績爲公事者		後過時而不〇	3.12/29/16	〇射有法也	6.3/53/11
也	1.10/9/2	何不早〇	3.12/29/17	〇未卒　6.4/53/30,6.10/58/19	
〇尊賓也	1.10/9/6	汝不〇	3.14/30/24	晏子爲〇	6.4/54/12
與之〇	1.10/9/12	汝〇以盡忠	3.14/30/25	惟號斯〇	6.5/54/24
皆非吾所敢〇也	1.10/9/16	括母上書〇于王曰	3.15/31/18	其可與〇乎	6.6/55/9
敬姜闔門而與之〇	1.10/9/16	王以括母〔先〇〕	3.15/31/25	聞子之〇	6.6/55/14
〇不失和也	1.11/10/5	匪我〇耄	3.15/31/26	自〇〔曰〕	6.8/56/26
〇于穆公	1.12/10/27	女與其人〇	4.1/32/11	乃〇不通則老婦死而已	6.8/56/27
〇心之均一也	1.13/11/20	〇夫家之禮不備足也	4.1/32/15	士長爲之〇于襄子	6.8/56/27
〇行若一	1.14/12/3	〇不失也	4.3/33/20	則不〇	6.8/56/28
〇行則可以報君	1.14/12/3	〇其左右無賢臣	4.3/33/20	是以〇妾無罪也	6.8/57/4
〇成文章	2/12/18	父母之〇謂何	4.6/35/3	佛肸之母一〇而發襄子	
事非禮不〇	2.1/12/23	無忘父母之〇	4.6/35/3	之意	6.8/57/5
使其傅母通〇于王曰	2.1/12/24	令尹之〇	5.2/42/6	自〇襄子	6.8/57/10
〇則徐	2.2/13/16	子上〇太子之不可立也	5.2/42/8	冀幸補一〇	6.9/57/22
而〇于公子曰	2.3/14/1	子瞀退而與其保〇曰	5.2/42/11	無鹽君之〇	6.10/58/28
可與寤〇	2.3/14/10	而〇之于王	5.2/42/12	招進直〇	6.10/58/30
〇行不怠	2.3/14/14	保母以其〇通于王	5.2/42/14	尚不足〇　6.11/59/22,6.11/59/27	
王以姬〔之〕〇告虞丘		〇之甚強	5.2/42/20	何以〇之	6.11/59/23
子	2.5/15/19	〇子之謀	5.3/42/29	欲〇隱事于王	6.13/61/14
蓋與其鄰人陳素所與大		吾不敢泄〇	5.3/42/30	是何〇與	6.14/62/7
夫〇	2.6/16/4	亦不泄〇	5.3/43/3	終無後〇	6.14/62/11
可與寤〇	2.11/19/14	敬越姬之〇	5.4/43/18	終沒後〇	6.14/62/16
〇當常嚮爲其善也	2.12/20/4	昔者妾雖口不〇	5.4/43/23	君子謂緹縈一〇發聖主	
明〇驕恭	2.12/20/8	使人〇于齊君曰	5.6/45/7	之意	6.15/63/3
〇不怠于道也	2.13/20/22	〇之于相	5.8/46/7	小女之〇	6.15/63/8
人或〇之楚王曰	2.14/21/4	〇之于王　5.8/46/7,5.8/46/9		聽用其〇	7.1/63/19
終如其〇	3.2/23/10	相受其〇	5.8/46/10	以爲妖〇而殺之	7.1/63/22
女因其傅母而〇曰	3.3/23/16	背〇忘信	5.8/46/13	而用婦〇	7.2/64/9
〇今者許小而遠	3.3/23/16	夫〇不約束	5.8/46/14	以爲妖〇	7.2/64/9
衛侯於是悔不用其〇	3.3/23/20	相入〇于王	5.8/46/14	伺于王庭而〇曰	7.3/64/22
〇至于曹	3.3/23/22	〇之又殺主母	5.10/47/19	唯褒姒〇是從	7.3/65/6
負羈之妻〇于夫曰	3.4/24/4	妻恐媵婢〇之	5.10/47/20	後雖善〇	7.8/69/1
夫子好直〇	3.6/25/4	終不〇	5.10/47/20	徵舒疾此〇	7.9/69/12
吾〇于朝	3.6/25/5	何以不〇	5.10/47/21	〇變色殞命也	7.9/69/21
至〇不（餚）〔飾〕	3.6/25/6	豈〇之哉	5.10/47/22	數〇所夢	7.13/72/5
〇而無謀	3.6/25/7	無〇不醻	5.10/47/26	孟姚數微〇后有淫意	7.13/72/7
以不用仲子之〇	3.8/26/16	乳母儳〇之	5.11/48/10	流〇以對	7.13/72/13
人有〇	3.9/27/5	知而不〇	5.11/48/10	〇不善之從內出也	7.13/72/14
〇取郭外萌內之於城中		亦終不可以〇	5.11/48/11	〇之考烈王	7.14/73/3
也	3.9/27/7	母呼而〇曰	5.11/48/12	盜〇孔甘	7.14/73/7
〇趣饗戰鬭之士而繕甲		慎而寡〇者	5.11/48/18		
兵也	3.9/27/8	先民有〇	6.1/51/28	**綖 yán**	1
〇思妻也	3.9/27/8	乃往〇于王曰	6.2/52/9		
於是以臧孫母之〇	3.9/27/11	何大王之〇過也	6.2/52/14	公侯之夫人加之以紘、	

○ 1.10/8/24

顏 yán 5

妾聞婦人以端正和○爲
　容 5.2/42/1
此天下強○女子也 6.10/58/15
願當君王之盛○ 6.12/60/12
○若苕之榮 7.13/72/4
吳女苕○ 7.13/72/18

嚴 yán 5

于是乃擇○師賢友而事
　之 1.10/8/6
受○命而事夫 4.15/40/18
○威令 6.4/54/3,6.4/54/5
○親在內 6.7/56/14

鹽 yán 5

齊無○邑之女 6.10/58/11
無○君之言 6.10/58/28
拜無○君爲后 6.10/59/1
無○之女 6.10/59/6
拜無○君 6.10/59/6

衍 yǎn 3

傷槐○之女也 6.4/53/20
于是○醉而傷槐 6.4/53/21
妾父○幸得充城郭爲公
　民 6.4/53/25

掩 yǎn 9

從○ 1.1/1/14
不○人情 1.12/11/5
姬○口而笑 2.5/15/14
尸不○蔽 2.11/19/18
○目而別黑白 3.12/29/19
莫不○口大笑 6.10/58/15
宮中諸夫人皆○口而笑
　 6.11/59/21
終不得○其淫亂之罪 7.8/68/25
子宜○之 7.9/69/9

偃 yǎn 4

齊崔杼御東郭○之（娣）
〔姊〕也 7.11/70/19
遂與○謀娶之 7.11/70/20
棠毋咎與東郭○爭而不
　與 7.11/70/30
于是二子歸殺棠毋咎、
　東郭○于崔子之庭 7.11/71/1

揜 yǎn 1

譬猶○目而別黑白也 3.12/29/18

壓 yǎn 2

○弧箕服 7.3/64/27
後有人夫妻賣○弧箕服
　之器者 7.3/64/27

喭 yàn 2

許夫人馳驅而弔○衛侯 3.3/23/20
歸○衛侯 3.3/23/21

晏 yàn 20

宣王常早臥○起 2.1/12/24
至使君王失禮而○朝 2.1/12/25
早朝○退 2.1/12/27
王嘗聽朝罷○ 2.5/15/12
何罷〔之〕○也 2.5/15/12
齊相○子僕御之妻也 2.12/19/23
○子將出 2.12/19/23
○子長不滿三尺 2.12/19/25
是懷○子之智 2.12/19/27
○子怪而問其故 2.12/20/1
于是○子賢其能納善自
　改 2.12/20/1
○子升之 2.12/20/8
周之康王夫人○出朝 3.14/31/2
乃造于相○子之門 6.4/53/22
○子聞之 6.4/53/23
○子望見之 6.4/53/24
○子愀然而悟 6.4/54/2
○子出 6.4/54/6
奔告○子 6.4/54/12

○子爲言 6.4/54/12

燕 yàn 7

○○于飛 1.7/5/10
昭王○遊 5.4/43/8
○樂也 5.4/43/21
傅以○牛之角 6.3/53/6
○遂屠齊 6.11/59/30
○用郭隗 6.12/60/23

靨 yàn 5

豈有○哉 2.3/14/7
貪婪無○ 3.10/28/5
是不可○也 3.10/28/12
意非有○時也 6.11/59/26
意尚不○ 7.1/63/23

驗 yàn 1

而使有司即窮○問 6.9/57/19

讞 yàn 4

嘉賓式○以樂 1.10/9/6
徹俎不○ 1.10/9/17
○爾新婚 2.8/17/12
侍明王之○ 6.9/57/21

殃 yāng 7

亦無怨○ 1.5/3/23
終身無○ 2/12/18
是謂積○ 2.9/17/28
以免咎○ 3.6/25/17
果有禍○ 3.8/26/21
遂以自○ 5.14/50/20
守國之大○也 6.4/54/4

羊 yáng 22

牛○避而不踐 1.2/1/30
乃得畢○而交之 3.6/25/11
畢○乃遂州犂于荊 3.6/25/11
厚許畢○ 3.6/25/17
組○裘 3.9/27/3

臧我○	3.9/27/4,3.9/27/8	
○有母	3.9/27/4,3.9/27/9	
食獵犬、組○裘者	3.9/27/8	
○舌子之妻也	3.10/27/22	
○舌子好正	3.10/27/22	
相與攘○而遺之	3.10/27/23	
○舌子不受	3.10/27/23	
○舌子受之	3.10/27/25	
攘○之事發	3.10/27/27	
○舌子曰	3.10/27/28	
○舌子不與攘○之事矣	3.10/27/28	
今將滅○舌氏者	3.10/28/9	
○舌氏由是遂滅	3.10/28/10	
○牛踐葭葦	6.3/53/2	

洋 yáng　　6

意氣○○　2.12/19/24
然子之意○○若自足者　2.12/19/26
泌之○○　2.14/21/13

揚 yáng　　12

聲必○　1.9/7/8
名號必○　2/12/19
色屬音（楊）〔○〕　2.2/13/15
其名必○矣　2.12/19/28
君子○稱　3.2/23/10
故舉而○之　4.1/32/16
君子稱○　4.13/39/22
馳騖○塵疾至　5.9/47/1
水○波兮杳冥冥　6.7/56/11
終遂發○　6.7/56/20
但○目銜齒　6.10/58/21
維亂驕○　7.1/63/29

陽 yáng　　16

文王理○道而治外　1.6/4/14
魏孟○氏之女　1.13/11/10
曰至渭○　2.4/15/1
耕於蒙山之○　2.14/21/3
逃世山○　2.14/21/17
〔天必〕○報之　3.5/24/23
諸大夫皆謂我知似○子　3.6/25/6

今○子華而不實　3.6/25/6
淮○（大）〔太〕守以
　聞　4.15/40/24
因○僵覆酒　5.10/47/19
（邰）〔郃〕○邑任延
　壽之妻也　5.14/50/6
三覘○　6.3/53/6
見陰○不調　6.4/53/25
至于華山之○　6.7/56/10
號安○君　7.13/72/8
安○君來朝　7.13/72/8

楊 yáng　　3

色屬音（○）〔揚〕　2.2/13/15
一姓○氏　3.10/27/22
生○食我　3.10/28/7

仰 yǎng　　3

高山○止　2.12/20/3
吏無敢○視之者　3.15/31/21
驪姬乃○天叩心而泣　7.7/67/24

養 yǎng　　37

胎○子孫　1/1/3
○舅姑　1.9/7/14
敬姜守○　1.10/7/28
祭○尸　1.10/9/5
饗○上賓　1.10/9/5
尸鳩以一心○七子　1.13/11/20
君子以一儀○萬物　1.13/11/20
扶○假子　1.13/11/25
爲○父母也　2.6/16/5
○姑甚謹　2.7/16/19
女宗○姑愈敬　2.7/16/19
○姑　2.9/18/3
復歸○姑　2.9/18/9
是善告妻善○母也　3.9/27/9
供○愈謹　4.12/38/21
孺子○我甚謹　4.12/38/22
孝子○親　4.12/38/27
供○　4.12/38/27
終年供○不衰　4.12/39/2
供○如故　4.12/39/7
○幼孤　4.13/39/12

紡績○子　4.13/39/22
守○其孤幼　4.14/39/29
汝肯○吾母乎　4.15/40/15
婦○姑不衰　4.15/40/16
且夫○人老母而不能卒
　　4.15/40/20
固其舅姑○者也　4.15/40/21
莫○老母　4.15/40/22
遂使○其姑　4.15/40/23
專心○姑　4.15/41/1
○公子稱　5.1/41/13
大夫不吾○　5.6/45/5
善○視之　5.8/46/12
○夫子〔而已矣〕　5.9/46/28
且夫凡爲人○子者　5.11/48/13
皆居子室以○全之　5.11/48/19
○士欲殺春申君以滅口　7.14/73/4

恙 yàng　　3

士卒得無○乎　1.11/9/28
將軍得無○乎　1.11/9/28
乳母無○乎　5.11/48/8

夭 yāo　　1

今吾子○死　1.10/9/7

妖 yāo　　2

以爲○言而殺之　7.1/63/22
以爲○言　7.2/64/9

要 yāo　　10

○其安民以播烈光、制
　禮以廣達孝而言之　1.6/4/22
治國之○盡在經矣　1.10/8/9
○以必死　4.1/32/21
人生○一死而已　4.7/35/23
而○婢子以死　5.4/43/15
○姬從死　5.4/44/1
使○其女爲中讒　5.15/50/26
○女問之　5.15/51/5
必○殺之　7.4/65/20
其子黑○又通于夏姬　7.9/69/18

腰 yāo ... 1

折○出胸　6.10/58/12

姚 yáo ... 5

今是鄭穆少妃○子之子　3.10/28/3
號孟○　7.13/72/3
乃因后而入其女孟○　7.13/72/6
孟○數微言后有淫意　7.13/72/7
而立孟○爲惠后　7.13/72/7

堯 yáo ... 14

帝○之二女也　1.1/1/8
四嶽（鷹）〔薦〕之於○　1.1/1/9
○乃妻以二女　1.1/1/10
○試之百方　1.1/1/17
帝○之女　1.1/1/24
當○之時　1.2/1/29,1.3/2/15
○使棄居稷官　1.2/2/2
及○崩　1.2/2/3,1.3/2/18
○使爲司徒　1.3/2/18
昔帝○茅茨不剪　6.3/53/4
○、舜、桀、紂俱天子
　也　6.11/59/23
○、舜自飾以仁義　6.11/59/24

瑤 yáo ... 1

造瓊室○臺以臨雲雨　7.1/63/22

謠 yáo ... 2

我歌且○　4.13/39/17
先是有童○曰　7.3/64/27

繇 yáo ... 1

而其道無○〔也〕　6.15/62/29

杳 yáo ... 1

水揚波兮○冥冥　6.7/56/11

窈 yǎo ... 1

○窕淑女　1.5/3/17

藥 yào ... 3

二女乃與舜○　1.1/1/14
不可救○　3.6/25/12
○酒毒主　5.10/48/1

耶 yé ... 16

豈可以累太姒○　1.6/4/24
使吾子備官而未之聞○　1.10/8/16
毋乃罪○　1.10/9/13
子不聞○　1.10/9/14
子不聞越王句踐之伐吳
　〔○〕　1.11/10/1
將誅夫子之德○　2.10/18/17
子欲嫁○　3.13/30/4
夫人欲使靈氏受三不祥
　○　4.12/38/24
走者爾母○　5.6/44/30
而不信其諾○　5.8/46/13
敢問國家之事○　6.1/51/18
老可老○　6.1/51/20
賤可賤○　6.1/51/21
少可少○　6.1/51/22
弱可弱○　6.1/51/22
乃以母無教○　6.8/56/30

也 yě ... 760

帝堯之二女○　1.1/1/8
此之謂○　1.1/1/20
　1.2/2/5,1.3/2/21,1.4/3/6
　1.6/4/1,1.6/4/26,1.7/5/15
　1.7/5/22,1.7/5/26,1.8/6/13
　1.9/6/27,1.9/7/4,1.9/7/18
　1.10/8/8,1.10/9/11
　1.10/9/18,1.11/10/8
　1.13/11/21,2.3/14/10
　2.5/15/23,2.7/16/28
　2.9/18/4,2.10/18/22
　2.11/19/14,2.14/21/13
　2.15/21/28,3.1/22/15
　3.2/23/2,3.2/23/6
　3.4/24/11,3.6/25/13
　3.7/26/1,3.9/27/13
　3.10/27/30,3.10/28/11
　3.10/28/16,3.11/29/4
　3.12/29/23,3.13/30/13
　3.14/31/9,3.15/31/26
　4.1/32/17,4.6/35/13
　4.7/35/28,4.8/36/15
　4.9/37/6,4.10/37/22
　4.11/38/11,4.12/39/3
　4.13/39/18,4.14/40/5
　4.15/40/26,5.2/42/16
　5.5/44/19,5.6/45/10
　5.7/45/26,5.8/46/16
　5.9/47/7,5.10/47/26
　5.11/48/20,5.12/49/3
　5.15/51/1,6.1/51/28
　6.2/52/21,6.4/54/8
　6.5/54/25,6.6/55/21
　6.7/56/16,6.8/57/6
　6.9/58/2,6.10/59/2
　6.11/60/1,6.12/60/27
　6.13/61/27,6.14/62/12
　6.15/63/4,7.1/63/25
　7.2/64/13,7.3/65/9
　7.4/65/25,7.5/66/10
　7.6/66/27,7.7/68/6
　7.8/68/26,7.10/70/9
　7.11/71/6,7.12/71/24
　7.14/73/8,7.15/73/24
郃侯之女○　1.2/1/29
有娀氏之長女○　1.3/2/15
塗山氏長女○　1.4/3/3
有娎氏之女○　1.5/3/15
有娎之妃湯○　1.5/3/16
其有娎之謂○　1.5/3/17
德教本○　1.6/3/29
摯任氏中女○　1.6/4/4
斯禮○　1.6/4/19
無貴賤一○　1.6/4/21
未必至於斯○　1.6/4/24
公子之母○　1.7/5/8
是先君宗卿之嗣○　1.7/5/12
見獻公之不哀○　1.7/5/16
（夫）〔天〕禍衛國○　1.7/5/16
夫吾不獲鱄○　1.7/5/17
獻公弟子鮮○　1.7/5/18

有罪若何告無罪〇	1.7/5/20	捆〇	1.10/8/11	非夫人之罪〇	2.1/12/27
一罪〇	1.7/5/20	捆可以爲大行人〇	1.10/8/11	可謂孔膠〇	2.1/13/1
二罪〇	1.7/5/21	綜〇	1.10/8/12	齊桓公之夫人〇	2.2/13/10
三罪〇	1.7/5/21	均〇	1.10/8/13	意在衛〇	2.2/13/15
禦寇之利〇	1.7/5/24	軸〇	1.10/8/13	是以請〇	2.2/13/15
齊女之傅母〇	1.8/6/6	摘〇	1.10/8/14	君之蒞朝〇	2.2/13/16
是不貴德〇	1.8/6/9	昔聖王之處民〇	1.10/8/16	是釋衛〇	2.2/13/16
君子善傅母之防未然〇	1.8/6/11	淫〇	1.10/8/18	邦之媛〇	2.2/13/18
東宮得臣之妹〇	1.8/6/12	勞〇	1.10/8/18	晉文公之夫人〇	2.3/13/28
嬖人之子〇	1.8/6/12	古之制〇	1.10/8/26	子犯知文公之安齊〇	2.3/13/30
鄒孟軻之母〇	1.9/6/23	先王之訓〇	1.10/8/27	太子蟜思母之恩而逶其	
孟子之少〇	1.9/6/23	今我寡〇	1.10/8/27	舅氏	2.4/14/27
此非吾所以居處子〔〇〕		爾今〇曰	1.10/8/28	穆姬之謂〇	2.4/15/2
	1.9/6/24	余懼穆伯之絕嗣〇	1.10/9/1	楚莊王之夫人〇	2.5/15/11
此非吾所以居處子〇	1.9/6/25	言婦人以織績爲公事者		何罷〔之〕晏	2.5/15/12
自孟子之少〇	1.9/6/27	〇	1.10/9/2	不知飢倦〇	2.5/15/13
自若〇	1.9/6/28	休之非禮〇	1.10/9/3	虞丘子〇	2.5/15/13
若吾斷斯織〇	1.9/6/29	言尊賓〇	1.10/9/6	未忠〇	2.5/15/14
而無以離于禍患〇	1.9/7/1	吾惡其以好內聞〇	1.10/9/8	何謂〇 2.5/15/15, 6.1/51/19	
是客妾〇	1.9/7/6	敬姜之處喪〇	1.10/9/11	6.12/60/20, 6.13/61/18	
所以致敬〇	1.9/7/8	肥〇不得聞命	1.10/9/13	所以觀人能〇	2.5/15/16
所以戒人〇	1.9/7/8	皆非吾所敢言〇	1.10/9/16	知人能〇	2.5/15/17
恐見人過〇	1.9/7/8	女〇不爽	1.10/9/18	是不智〇	2.5/15/18
何〇	1.9/7/10	楚將子發之母〇	1.11/9/27	樊姬之力〇	2.5/15/21
1.9/7/12, 1.11/10/5		而士卒戰自五〇	1.11/10/3	謂女（者）〔君〕〇	2.5/15/22
2.5/15/13, 2.5/15/14		而戰自十〇	1.11/10/4	周南大夫之妻〇	2.6/16/3
2.9/17/30, 2.12/19/25		言不失和〇	1.11/10/6	爲養父母〇	2.6/16/5
3.2/23/2, 3.6/25/5, 3.9/27/6		非其術〇	1.11/10/6	爲父母在故〇	2.6/16/8
3.10/28/2, 3.12/29/15		子非吾子〇	1.11/10/6	蓋不得已〇	2.6/16/9
3.15/31/19, 5.2/42/1		魯九子之寡母〇	1.12/10/17	君子以是知周南之妻而	
5.6/45/3, 5.8/46/11		是以問〇	1.12/10/24	能匡夫	2.6/16/9
6.8/56/28, 6.11/59/13		人情所有〇	1.12/10/26	宋鮑蘇之妻〇	2.7/16/19
6.13/61/21		無二天之義〇	1.12/10/29	吾未知其善〇	2.7/16/23
曰『不〇』	1.9/7/11	芒卯之後妻〇	1.13/11/10	今吾夫誠士〇	2.7/16/24
是以憂〇	1.9/7/13	〔人不愛母至甚〇〕	1.13/11/13	晉文公之女〇	2.8/17/6
而有三從之道〇	1.9/7/16	其父爲其孤〇	1.13/11/15	蓋傷之〇	2.8/17/12
禮〇	1.9/7/17	言心之均一〇	1.13/11/20	君姬氏之愛子〇	2.8/17/15
成人〇	1.9/7/17	齊田稷子之母〇	1.14/11/30	則臣狄人〇	2.8/17/15
莒女〇	1.10/7/27	祿未嘗多若此〇	1.14/12/1	趙姬之謂〇	2.8/17/17
季康子之從祖叔母〇	1.10/7/27	猶爲人子而事其父	1.14/12/4	陶太夫荅子妻〇	2.9/17/26
皆伯王之君〇	1.10/8/4	是爲人子不孝〇	1.14/12/5	何其不祥〇	2.9/17/27
其所與遊者皆過己者〇	1.10/8/5	非吾有〇	1.14/12/6	昔楚令尹子文之治國〇	2.9/17/28
是以日益而不自知〇	1.10/8/5	非吾子〇	1.14/12/6	欲以澤其毛而成文章〇	2.9/17/30
皆黃耇倪齒〇	1.10/8/7	不爲〇	1.14/12/9	魯大夫柳下惠之妻〇	2.10/18/14
所以正曲枉〇	1.10/8/9	〔宣王之后〕〇	2.1/12/23	恥 2.10/18/15, 2.10/18/15	
所以均不均、服不服	1.10/8/10	以見君王樂色而忘德〇	2.1/12/25	亦近恥〇	2.10/18/15
所以治蕪與莫〇	1.10/8/11	亂之所興〇	2.1/12/26	則二三子不如妾知之〇	

	2.10/18/18	其從者三人皆國相○	3.4/24/4	豺狼之聲○	3.10/28/9
魯黔婁先生之妻○	2.11/19/3	曹必爲首〔誅〕○	3.4/24/6	必是子○	3.10/28/9,3.11/29/2
不如正而不足○	2.11/19/6	今其從者皆卿相之僕○	3.4/24/7	叔姬之始生叔魚○	3.10/28/11
非先生意○	2.11/19/7	則其君必伯王之主○	3.4/24/7	是不可壓○	3.10/28/12
先生之終○	2.11/19/7	楚令尹孫叔敖之母○	3.5/24/20	范獻子之妻○	3.11/28/25
是有餘貴○	2.11/19/10	此之（說）〔謂〕○	3.5/24/25	將有馬爲○	3.11/28/28
是有餘富○	2.11/19/11	晉大夫伯宗之妻○	3.6/25/3	魯公乘子皮之姒○	3.12/29/13
唯斯人○	2.11/19/13	諸大夫（慕）〔莫〕子		子皮不復言○	3.12/29/14
齊相晏子僕御之妻○	2.12/19/23	若○	3.6/25/9	勿爲○	3.12/29/15
甚自得○	2.12/19/24	子之（仕）〔性〕固不		一何不智禮○	3.12/29/16
宜矣子之卑且賤○	2.12/19/24	可易○	3.6/25/9	一何不達人事○	3.12/29/16
妾是以去○	2.12/19/26	其危可立待○	3.6/25/10	譬猶撟目而別黑白○	3.12/29/18
而加以八尺之長○	2.12/19/27	衛靈公之夫人○	3.7/25/22	猶無患○	3.12/29/19
非特師傅、朋友相與切		此〔必〕蘧伯玉○	3.7/25/23	子其勿爲○	3.12/29/20
磋○	2.12/20/3	所以廣敬○	3.7/25/24	君子謂公乘姒緣事而知	
言當常鄉爲其善○	2.12/20/4	衛之賢大夫○	3.7/25/25	弟之遇禍	3.12/29/20
楚狂接輿之妻○	2.13/20/13	果伯玉○	3.7/25/26	魯漆室邑之女○	3.13/30/3
門外車跡何其深○	2.13/20/15	非○	3.7/25/26	何嘯之悲○	3.13/30/4
王不知吾不肯○	2.13/20/15	是君有二〔賢〕臣○	3.7/25/28	今無識○	3.13/30/5
人之所欲○	2.13/20/17	齊靈公之夫人○	3.8/26/10	非子所知○	3.13/30/7
吾不許○	2.13/20/20	夫光之立○	3.8/26/12	漆室女之思○	3.13/30/12
非忠○	2.13/20/20,5.5/44/8	而以難犯不祥○	3.8/26/13	魏大夫如耳母○	3.14/30/22
非義○	2.13/20/20,5.7/45/24	妾非讓○	3.8/26/14	王中人○	3.14/30/24
言不怠于道○	2.13/20/22	誠禍之萌○	3.8/26/14	不可失○	3.14/30/25
楚老萊子之妻○	2.14/21/3	仲子之謂○	3.8/26/17	曲沃之老婦○	3.14/30/26
賢士○	2.14/21/4	魯大夫臧文仲之母○	3.9/26/26	國之大節○	3.14/30/27
何車迹之衆○	2.14/21/7	壁鄰之國○	3.9/26/28		7.6/66/22
爲人所制○	2.14/21/10	難乎其免○	3.9/27/1	不可以邪開○	3.14/30/27
足以食○	2.14/21/11	世家子○	3.9/27/5	所以就之○	3.14/30/28
楚於陵子終之妻○	2.15/21/22	言取郭外萌內之於城中		所以開善遏淫○	3.14/30/29
非與物無治○	2.15/21/25	○	3.9/27/7	貞女之義○	3.14/30/29
妾恐先生之不保命○	2.15/21/27	言趣饗戰鬭之士而繕甲		而亂男（子）〔女〕之	
謝使者而不許○	2.15/21/27	兵○	3.9/27/8	別○	3.14/30/30
美之物〔○〕	3.1/22/13	言思妻○	3.9/27/8	夏之興○以塗山	3.14/31/1
武王之夫人○	3.2/22/24	是善告妻善養母○	3.9/27/9	亡○以末喜	3.14/31/1
大夫非衆之謂○	3.2/22/26	所以治木○	3.9/27/10	殷之興○以有娀	3.14/31/1
而威莫敖以刑○	3.2/22/26	飢不得食○	3.9/27/10	亡○以妲己	3.14/31/1
將自用○	3.2/22/27	羊舌子之妻○	3.10/27/22	周之興○以大姒	3.14/31/2
孤之罪○	3.2/23/1	叔向、叔魚之母○	3.10/27/22	亡○以褒姒	3.14/31/2
天之道○	3.2/23/3	是于夫子不容○	3.10/27/24	猶未嘗見乘居而匹處○	3.14/31/3
國之福○	3.2/23/4,3.7/25/28	童子○	3.10/27/26	天下之大綱紀○	3.14/31/4
許穆公之夫人○	3.3/23/15	不敢食○	3.10/27/28	寡人不知○	3.14/31/7
古者諸侯之有女子○	3.3/23/16	子貉之妹○	3.10/28/3	趙括之母○	3.15/31/18
繫援于大國○	3.3/23/16	將必以是大有敗○	3.10/28/4	不○	3.15/31/24
君子善其慈惠而遠識○	3.3/23/23	皆是物○	3.10/28/6	申人之女○	4.1/32/11
曹大夫僖負羈之妻○	3.4/24/3	則必有禍○	3.10/28/7	人倫之始○	4.1/32/12
吾觀晉公子〔賢人○〕	3.4/24/4	聞其號○而還	3.10/28/9	繼續先祖爲宗廟主○	4.1/32/13

言夫家之禮不備足○	4.1/32/15	是一不祥○	4.12/38/25	晉太子○	5.3/42/27
成公之妹○	4.2/32/26	是二不祥○	4.12/38/25	寡君使婢子侍執巾櫛以	
先君猶有望○	4.2/32/29	是三不祥○	4.12/38/26	固子○	5.3/42/28
待保傅來○	4.2/33/2	患無日○	4.12/38/27	是吾不肖○	5.3/42/28
傅母未至○	4.2/33/2	固妾之職○	4.12/38/27	是棄君○	5.3/42/29
以爲婦人以貞爲行者○	4.2/33/4	眾人謂我不知禮○	4.12/38/28	是負妻之義○	5.3/42/29
伯姬之謂○	4.2/33/6	此順道○	4.12/38/29	雖吾不從子○	5.3/42/29
齊侯之女○	4.3/33/16	此逆○	4.12/38/30	亦不敢從○	5.3/42/30
小國○	4.3/33/17	魯陶門之女○	4.13/39/12	楚昭王之姬○	5.4/43/8
不可轉○	4.3/33/19,4.12/39/3	作歌明己之不更二○	4.13/39/13	然而不可久○	5.4/43/13
不可卷○	4.3/33/19	梁之寡婦○	4.14/39/27	將改斯樂而勤於政○	5.4/43/15
然後能自致○	4.3/33/19	是不信○	4.14/40/1	寡君受之太廟○	5.4/43/16
言不失○	4.3/33/20	是不貞○	4.14/40/2	而猶親變蔡姬○	5.4/43/18
不可選○	4.3/33/20	不忍幼弱之重孤○	4.14/40/3	猶股肱○	5.4/43/20
皆順其君之意○	4.3/33/21	以其色○	4.14/40/3	燕樂○	5.4/43/21
故舉而列之于《詩》○	4.3/33/21	陳之少寡婦○	4.15/40/14	是彰孤之不德○	5.4/43/23
宋人之女○	4.4/33/30	其父母哀其年少無子而		不死王之好○	5.4/43/24
乃妾之不幸○	4.4/34/1	早寡○	4.15/40/17	越姬之謂○	5.4/43/28
甚貞而一○	4.4/34/4	人之幹○	4.15/40/18	蓋之偏將丘子之妻○	5.5/44/6
黎莊公之夫人○	4.5/34/13	行之節○	4.15/40/18	非孝○	5.5/44/8
齊孝公之夫人○	4.6/34/27	不可○	4.15/40/19	吾固自殺○	5.5/44/10
亦勿從○	4.6/35/2	吾憐女少年早寡○	4.15/40/20	今又何○	5.5/44/10
自斂制○	4.6/35/8	固養其舅姑者○	4.15/40/21	吾非愛身○	5.5/44/11
非所敢受命○	4.6/35/8	其父母懼而不敢嫁○	4.15/40/23	私愛○	5.5/44/15,5.6/45/4
非所敢久居○	4.6/35/9	匪直○人	4.15/40/26	公義○	5.5/44/15,5.6/45/4
比其反○	4.6/35/10	臧氏之寡○	5.1/41/11	魯野之婦人○	5.6/44/28
所以遠別○	4.6/35/12	其義保之謂○	5.1/41/18	是	5.6/44/30
息君之夫人○	4.7/35/22	楚成王之夫人○	5.2/41/27	母所抱者誰	5.6/44/30
妾無須臾而忘君○	4.7/35/23	重位○	5.2/41/30	不知○	5.6/44/30,6.13/61/16
齊杞梁殖之妻○	4.8/36/8	厚祿○	5.2/41/30	齊將問所抱者誰○	5.6/45/1
夫婦人必有所倚者○	4.8/36/12	則是失儀節○	5.2/42/1	所棄者誰○	5.6/45/1
昭王之母○	4.9/36/25	則是妾貪貴樂利以忘義		所抱者妾兄之子○	5.6/45/2
天下之表○	4.9/36/27	理○	5.2/42/2	所棄者妾之子○	5.6/45/2
一國之儀○	4.9/36/27	君之齒未○	5.2/42/4	其親愛○痛甚于心	5.6/45/3
所以遠之○	4.9/36/29	忍人○	5.2/42/5	庶民國人不吾與○	5.6/45/5
天子之所誅○	4.9/37/1	不可立○	5.2/42/5	而累足無所履○	5.6/45/6
爲樂○	4.9/37/4	信可從○	5.2/42/6	魯未可伐○	5.6/45/7
楚昭王之夫人○	4.10/37/16	子上言太子之不可立○	5.2/42/8	代王之夫人○	5.7/45/20
楚白公勝之妻○	4.11/38/3	上下錯謬○	5.2/42/9	非仁○	5.7/45/24
非愚妾之所聞○	4.11/38/6	商臣庶弟○	5.2/42/10	齊二子之母○	5.8/46/5
污○	4.11/38/7	吾懼禍亂之作○	5.2/42/11	非兄○	5.8/46/6
貪○	4.11/38/7	必寤太子之不可釋○	5.2/42/13	是縱有罪○	5.8/46/7
衛宗室靈王之夫人（而）		太子知王之欲廢之○	5.2/42/14	是誅無辜○	5.8/46/7
及其傅妾○	4.12/38/20	不可得○	5.2/42/15	人之所愛○	5.8/46/10
我不聊○	4.12/38/22	晉惠公太子之妃○	5.3/42/25	妾之子○	5.8/46/11
于禮、斥紲之人○	4.12/38/23	子父之接忘而秦晉之友		前妻之子○	5.8/46/11
是我幸○	4.12/38/23	不加親○	5.3/42/26	是以私愛廢公義○	5.8/46/13

是欺死者○ 5.8/46/13
魯秋胡子妻○ 5.9/46/25
吾不願〔人之〕金〔○〕
5.9/46/29
乃向採桑者○ 5.9/46/30
今○乃悅路傍婦人 5.9/47/1
是忘母○ 5.9/47/2
是污行○ 5.9/47/2
秋胡子婦之謂○ 5.9/47/6
周大夫妻之媵妾○ 5.10/47/16
無憂○ 5.10/47/17
媵婢心知其毒酒○ 5.10/47/18
是無禮○ 5.10/47/23
是逆禮○ 5.10/47/24
逆○ 5.11/48/13
亂○ 5.11/48/13
吾不爲○ 5.11/48/13
非爲殺之○ 5.11/48/14
妾不能生而令公子擒○
5.11/48/14
恩出于中心○ 5.11/48/20
梁之婦人○ 5.12/48/29
梁國豈可戶告人曉○ 5.12/49/1
珠崖令之後妻及前妻之
女○ 5.13/49/13
夫人不知○ 5.13/49/18
兒誠不知○ 5.13/49/20
此珠妾之繫臂○ 5.13/49/20
夫人實不知○ 5.13/49/23
後乃知男獨取之○ 5.13/49/25
（郃）〔郤〕陽邑任延
壽之妻○ 5.14/50/6
長安大昌里人之妻○ 5.15/50/25
乃其妻之頭○ 5.15/50/30
厚於恩義○ 5.15/50/30
行之高者○ 5.15/50/31
齊相管仲之妾○ 6.1/51/15
君之謀○ 6.1/51/18
非汝所知○ 6.1/51/18
妾聞之○ 6.1/51/19
有孌氏之媵臣○ 6.1/51/21
人（○）〔已〕語君矣 6.1/51/24
此甯戚之欲得仕國家○ 6.1/51/26
楚大夫江乙之母○ 6.2/52/8
令尹不身盜之○ 6.2/52/11
昔孫叔敖之爲令尹○ 6.2/52/12
今令尹之治○ 6.2/52/13

是與使人盜何以異○ 6.2/52/13
何大王之言過○ 6.2/52/14
令尹獨何人而不以是爲
過○ 6.2/52/16
非無人○ 6.2/52/17
無理人者○ 6.2/52/17
怨令尹之治○ 6.2/52/19
晉繁人之女○ 6.3/52/30
弓人之妻○ 6.3/53/1
居之者逸○ 6.3/53/5
皆天下之妙選○ 6.3/53/7
是君〔之〕不能射○ 6.3/53/7
此蓋射之道○ 6.3/53/9
言射有法○ 6.3/53/11
傷槐衍之女○ 6.4/53/20
〔所憂何○〕 6.4/53/24
妾聞明君之蒞國○ 6.4/53/27
乃爲吾民○ 6.4/53/29
所以然者何○ 6.4/53/30
以能順天慈民○ 6.4/53/30
而害明君之義○ 6.4/54/1
守國之大殃○ 6.4/54/4
行暴之大者○ 6.4/54/5
是逆民之明者○ 6.4/54/5
是賊民之深者○ 6.4/54/6
昭氏之妻○ 6.5/54/17
惜子大夫之喪善○ 6.5/54/22
楚野之鄙人○ 6.5/54/23
阿谷之隧浣者○ 6.6/55/8
我北鄙之人○ 6.6/55/10
我鄙野之人○ 6.6/55/15
吾北鄙之人○ 6.6/55/17
非敢以當子之身○ 6.6/55/18
趙簡子之夫人○ 6.7/55/30
非女（子）之罪○ 6.7/56/4
而心不知罪○ 6.7/56/5
是殺不辜○ 6.7/56/5
義不與婦人同舟而渡○ 6.7/56/8
趙之中牟宰佛肸之母○ 6.8/56/25
亦何○ 6.8/56/29
母何爲不當死○ 6.8/56/30
以主君殺妾爲有說○ 6.8/56/30
母之罪○ 6.8/57/1
父之罪○ 6.8/57/1
是以言妾無罪○ 6.8/57/4
寡人之罪○ 6.8/57/4
齊威王之姬○ 6.9/57/15

讒諛之臣○ 6.9/57/17
故不見疑○ 6.9/57/24
此罪一○ 6.9/57/24
〔此〕妾之罪二○ 6.9/57/27
爲莫白妾之汙名○ 6.9/57/28
宣王之正后○ 6.10/58/11
齊之不售女○ 6.10/58/14
此天下强顔女子○ 6.10/58/15
固寡人之所願○ 6.10/58/19
今大王之君國○ 6.10/58/22
此一殆○ 6.10/58/24
此二殆○ 6.10/58/25
此三殆○ 6.10/58/26
此四殆○ 6.10/58/27
醜女之力○ 6.10/59/1
閔王之后○ 6.11/59/11
此奇女○ 6.11/59/14
此賢女○ 6.11/59/15
是弃女○ 6.11/59/16
不見識○ 6.11/59/19
遲其至○ 6.11/59/20
固相去十百○ 6.11/59/22
何獨十百○ 6.11/59/22
6.11/59/27
習相遠○ 6.11/59/23
堯、舜、桀、紂俱天子
○ 6.11/59/23
意非有饜時○ 6.11/59/26
閔王至于此○ 6.11/59/29
齊相之妻○ 6.12/60/10
不忠○ 6.12/60/13
少禮○ 6.12/60/13
子不識○ 6.12/60/14
非不聞牛聲○ 6.12/60/14
異類故○ 6.12/60/14
相國是○ 6.12/60/16
榱橑○ 6.12/60/17
屋○ 6.12/60/17
而國相不可不審○ 6.12/60/18
比目之魚○ 6.12/60/19
是外比內比○ 6.12/60/21
中才○ 6.12/60/22
求之未可得○ 6.12/60/22
何爲不可○ 6.12/60/22
妾聞明王之用人○ 6.12/60/22
〔四方之士多歸於〕齊
〔而〕國以治〔○〕

	6.12/60/26	是男女無別○	7.6/66/21	楚考烈王之后○	7.14/72/23
縣邑之女○	6.13/61/6	晉獻公之夫人○	7.7/67/6	非徒然○	7.14/72/26
	6.13/61/14	逐太子與二公子而可間		則是君之子爲王○	7.14/73/2
嬰兒○	6.13/61/11	○	7.7/67/9	趙悼襄王之后○	7.15/73/17
女何爲者○	6.13/61/13	君之宗邑○	7.7/67/9	國家所以覆而不安○	7.15/73/18
王離國五百里○	6.13/61/16	君之境○	7.7/67/10		
不思禍之起于後○	6.13/61/16	國之患○	7.7/67/11	**冶 yě**	**6**
無太子○	6.13/61/17	欲不勝○	7.7/67/17		
必且殆○	6.13/61/17	鈞〔之〕死○	7.7/67/18	〔有〕○容〔之行〕	1.8/6/7
禍亂且成而王不改○	6.13/61/18	不可不試○	7.7/67/23	群帥囚于（治）〔○〕	
國非王之國○	6.13/61/21	成公母○	7.8/68/15	父以待刑	3.2/22/29
王之致此三難○	6.13/61/21	是背君○	7.8/68/17	終不○容	4.6/35/17
一患○	6.13/61/22	其出○	7.8/68/20	泄○見之	7.9/69/8
二患○	6.13/61/23	元、善之長○	7.8/68/21	泄○知之	7.9/69/10
三患○	6.13/61/23	亨、嘉之會○	7.8/68/21	乃使人徵賊泄○而殺之	7.9/69/11
四患○	6.13/61/23	利、義之和○	7.8/68/21		
五患○	6.13/61/24	貞、事之幹○	7.8/68/22	**野 yě**	**18**
齊東海上貧婦人○	6.14/62/6	終故不可誣○	7.8/68/22		
請無與夜○	6.14/62/7	豈《隨》○哉	7.8/68/24	懼棄於○	1.2/2/10
凡爲貧、燭不屬故○	6.14/62/9	猶可說○	7.8/68/26	自送之至於○	1.7/5/9
漢太倉令淳于公之少女		不可說○	7.8/68/26	遠送于○	1.7/5/10
○	6.15/62/21	〔御叔之妻〕○	7.9/69/6	僕、山○之人	2.14/21/6
〔有〕緩急非有益〔○〕		無害○	7.9/69/10	狼子○心	3.10/28/9
	6.15/62/23	召徵舒○	7.9/69/11	○處則帷裳擁蔽	4.6/35/8
其道無由○	6.15/62/25	不若其似公○	7.9/69/12	○處無衛	4.6/35/9
其至治○	6.15/62/27	王討罪○	7.9/69/14	魯○之婦人也	5.6/44/28
而其道無纇〔○〕	6.15/62/29	是貪色○	7.9/69/15	遂留○死	5.7/46/1
何其〔楚〕痛而不德○	6.15/63/1	是不祥人○	7.9/69/16	不爲○草傷禾苗	6.4/53/27
夏桀之妃○	7.1/63/17	尸可得○	7.9/69/19	楚○辯女者	6.5/54/17
殷紂之妃○	7.2/64/3	懷婚姻○	7.9/69/21	楚○之鄙人也	6.5/54/23
是女○	7.2/64/12	大無信○	7.9/69/21	我鄙○之人也	6.6/55/15
周幽王之后○	7.3/64/22	不知命○	7.9/69/21	棄于○鄙	6.6/55/19
夏之衰○	7.3/64/22	言變色殞命也○	7.9/69/21	伯奇放○	6.9/57/28
褒之二君○	7.3/64/23	太子光之母○	7.10/70/3	擯棄于○	6.12/60/12
莫之敢發○	7.3/64/24	齊崔杼御東郭偃之（娣）		戰于牧○	7.2/64/10
不可除○	7.3/64/25	〔姊〕○	7.11/70/19	遂敗牧○	7.2/64/17
聞童妾遭棄而夜號〔○〕		余聞崔子之疾○	7.11/70/23		
	7.3/64/28	齊大夫○	7.11/70/30	**夜 yè**	**31**
衛宣公之夫人○	7.4/65/18	欲其相滅○	7.11/71/1		
則惡用子○	7.4/65/21	有子不能教○	7.11/71/2	○則令瞽誦詩	1.6/4/8
乃我○	7.4/65/23	國人之所知○	7.11/71/3	○儆百工	1.10/8/21
魯桓公之夫人○	7.5/66/5	南子及衛伯姬○	7.12/71/15	○庀其家事	1.10/8/22
與夫人俱將如齊○	7.5/66/6	蒯聵之姊○	7.12/71/17	○而討過	1.10/8/23
無相瀆○	7.5/66/6	孔悝之母○	7.12/71/17	夙○崇道	2.1/13/5
莊公之夫人○	7.6/66/19	趙武靈王之后○	7.13/72/3	夙○征行	2.3/14/4
以致禮○	7.6/66/21	見章矗然○	7.13/72/9	大夫夙（○）〔退〕	2.5/15/21
以彰物○	7.6/66/21	言不善之從內出○	7.13/72/14	靈公與夫人○坐	3.7/25/22

衛靈○坐　3.7/26/5
伯姬嘗遇○失火　4.2/33/1
○不下堂　4.2/33/2,4.2/33/6
○不可下堂　4.2/33/3
宮○失火　4.2/33/11
必夙興○寐　4.6/35/1
夙○無怠　4.6/35/2
夙○無愆　4.6/35/3
○半悲鳴〔兮〕　4.13/39/14
○半　5.15/50/29
妾○亡布八尋　6.2/52/9
以○繼晝　6.10/58/26,7.3/65/4
與鄰婦李吾之屬會燭相
　從○績　6.14/62/6
請無與○也　6.14/62/7
遂復與○　6.14/62/11
○託燭明　6.14/62/16
日○與末喜及宮女飲酒　7.1/63/19
爲長○之飲　7.2/64/7
夫妻○逃　7.3/64/28
聞童妾遭棄而○號〔也〕
　　　　7.3/64/28
乃○泣　7.7/67/13

業 yè　10

致其功○　1/1/3
故能成伯○　1.10/8/3
諸侯朝脩天子之○令　1.10/8/21
夕序其○　1.10/8/22
士朝而受○　1.10/8/23
猶恐忘先人之○　1.10/8/27
子將○君之官職焉　1.10/9/15
功○遂伯　2.5/15/27
所以傳重承○　4.1/32/13
紡績以爲家○　4.15/40/16

葉 yè　3

其○有幽　2.1/12/30
○公好龍　6.12/60/25
枝○未有害　7.11/71/6

謁 yè　10

吾從汝○往監之　1.12/10/18
從諸子○歸視私家　1.12/10/25

使（明請）〔朝○〕夫
　人　1.12/10/27
○歸還返　1.12/11/5
侍者○之叔姬曰　3.10/28/8
願有○于君　6.3/53/1
謂○者曰　6.10/58/13
○者以聞　6.10/58/15
而見○者曰　6.12/60/11
願有○于王　6.13/61/13

一 yī　118

清靜專○　1.2/2/1,1.2/2/10
端○誠莊　1.6/4/4
太任教之以○而識百　1.6/4/6
無貴賤○也　1.6/4/21
○罪也　1.7/5/20
周公○食而三吐哺　1.10/8/3
○沐而三握髮　1.10/8/3
彼二聖○賢者　1.10/8/4
客有獻醇酒○器〔者〕　1.11/10/2
有獻○囊糗糒者　1.11/10/3
○日從北方來　1.12/10/23
則降服○等　1.12/10/29
雍雍若○　1.13/11/18
君子謂慈母○心　1.13/11/19
其儀○兮　1.13/11/20,1.13/11/20
言心之均○也　1.13/11/20
尸鳩以○心養七子　1.13/11/20
君子以○儀養萬物　1.13/11/20
○心可以事百君　1.13/11/21
百心不可以事○君　1.13/11/21
言行若○　1.14/12/3
妾執巾櫛十○年　2.5/15/15
婦人○醮不改　2.7/16/21
以專○爲貞　2.7/16/22
（方）〔夫〕無○去義　2.7/16/25
莫能竄○字　2.10/18/21
人知其○　2.10/18/22
○年成落　2.14/21/12
〔所〕甘不過○肉　2.15/21/26
今以容翟之安、○肉之
　味　2.15/21/26
王御不參○族　3.1/22/13
○旦有車馳之難　3.3/23/18
○姓楊氏　3.10/27/22
子靈之妻殺三夫、○君

、○子　3.10/28/1
而亡○國、兩卿矣　3.10/28/2
是民○悅矣　3.11/28/28
○何不習禮也　3.12/29/16
○何不達人事也　3.12/29/16
以此相○國　3.12/29/18
今括○且爲將　3.15/31/21
女終以○物不具　4.1/32/14
○禮不備　4.1/32/15
貞○脩容　4.1/32/21
守禮○意　4.2/33/11
君子美其貞○　4.3/33/21
○與之醮　4.4/34/1
甚貞而○也　4.4/34/4
意猶○精　4.4/34/8
○而已矣　4.5/34/16
終執貞○　4.5/34/17
夫人守○　4.5/34/23
好禮貞○　4.6/34/27
所以正心○意　4.6/35/8
人生要○死而已　4.7/35/23
○國之儀也　4.9/36/27
○舉而兩辱　4.9/37/3
君子謂伯嬴勇而精○　4.9/37/5
堅固專○　4.9/37/11
守○節而已　4.10/37/19
使大夫持金百鎰、白璧
　○雙以聘焉　4.11/38/3
是○不祥也　4.12/38/25
君子謂陶嬰貞○而思　4.13/39/17
○往而不改　4.14/40/1
務在○信　4.14/40/9
○醮不改　4.15/41/1
十○年　5.1/41/16
○顧可以得之　5.2/41/30
三者無○可行　5.3/42/29
故（○）〔以〕婢子之
　身爲苞苴玩好　5.4/43/11
望見○婦人抱○兒、攜
　○兒而行　5.6/44/28
陰令宰人各以○斗擊殺
　代王及從者　5.7/45/21
被○創　5.8/46/5
有○猶愈　5.10/47/24
而○公子不得　5.11/48/7
不能就○字　5.13/49/24
推擁○切　6/51/10

終能○心	6/51/10
罪予○人	6.2/52/16
不穿○札	6.3/53/1
○日三覾陰	6.3/53/6
而君不能以穿○札	6.3/53/7
有○婦人乘車與大夫〔遇〕	6.5/54/17
願乞○飲	6.6/55/10
其水○清○濁	6.6/55/11
用楣者少○人	6.7/56/6
佛肸之母○言而發襄子之意	6.8/57/5
冀幸補○言	6.9/57/22
此罪○也	6.9/57/24
〔願乞○見〕	6.10/58/13
試○行之	6.10/58/19
○旦山陵崩弛	6.10/58/24
此○殆也	6.10/58/24
〔吾〕乃今○聞〔寡人之殆〕	6.10/58/28
曾不○覩	6.11/59/13
貞女○禮不備	6.11/59/17
得○聖女	6.11/59/20
（○）立帝號	6.11/59/29
始○日	6.12/60/15
其（○）〔二〕日	6.12/60/19
推○而用之	6.12/60/23
有○女童伏于幟下	6.13/61/12
○患也	6.13/61/22
夫○室之中	6.14/62/9
益○人	6.14/62/9
損○人	6.14/62/9
君子謂緹縈○言發聖主之意	6.15/63/3
○鼓而牛飲者三千人	7.1/63/20
○朝不朝	7.7/67/8
無以○妾亂百姓	7.7/67/15
東郭姜殺○國君而滅三室	7.11/71/5
前日而亂○宗之族	7.15/73/17
此女亂○宗	7.15/73/18

伊 yī 　2

媵從○尹	1.5/3/22
夫○尹	6.1/51/20

衣 yī 　34

壹戎○而有天下	1.6/4/17
○錦絅裳	1.8/6/9
○錦絅○	1.8/6/9
寧能○其夫子而長不乏糧食哉	1.9/7/2
縫○裳而已矣	1.9/7/14
皆○其夫	1.10/8/25
○服飲食	1.13/11/11
○褻服	2.1/12/29
以供○服	2.7/16/22
○不蓋形	2.11/19/8
布○褐衾	2.11/19/18
親績以爲○	2.13/20/18
食飽○暖	2.13/20/18
○緼食菽	2.14/21/3
可績而○之	2.14/21/11
○服綑繆	4.6/35/11
掌○履	4.11/38/5
乃○其子以稱之○	5.1/41/14
以供○食	5.9/46/28
遂振○欲去	5.14/50/8
楚莊王臣援其夫人之○	6.3/53/3
今女子不容于鄉里布○	6.10/58/17
欲洗沐加○裳	6.11/59/18
後宮○不重采	6.11/59/24
宮垣○繡	6.13/61/22
畫○冠	6.15/62/26
○寶玉○而自殺	7.2/64/11
或○其○	7.9/69/8
與之蒙○乘輦而入于閨	7.10/70/3
二人蒙○而乘	7.12/71/20

依 yī 　5

上帝是○	1.2/2/5
齊大可○	3.3/23/27
內無所○	4.8/36/14
慶父是○	7.6/67/1
毋咎是○	7.11/71/10

壹 yī 　1

○戎衣而有天下	1.6/4/17

揖 yī 　1

○讓進退	1.9/6/25

夷 yí 　12

惠公號公子○吾	2.4/14/20
罪至○	5.11/48/7, 5.11/48/10
申侯乃與繒、西○犬戎共攻幽王	7.3/65/6
宜公夫人○姜生伋子	7.4/65/18
○姜既死	7.4/65/19
生公子重耳、○吾	7.7/67/7
○吾居二屈	7.7/67/12
使賈華刺○吾	7.7/68/2
○吾奔梁	7.7/68/2
于是秦立○吾	7.7/68/4
吾屬○矣	7.13/72/12

宜 yí 　11

君子○之	1.7/5/25
有二不亦○乎	2.7/16/24
○爲惠兮	2.10/18/21
不亦○乎	2.11/19/12, 5.3/42/28
○矣子之卑且賤也	2.12/19/24
妾〔○以身薦其棺槨〕	4.14/39/29
可謂得事之○矣	6.15/63/3
廢太于○臼而立伯服爲太子	7.3/65/2
于是諸侯乃即申侯而共立故太子○臼	7.3/65/8
子○掩之	7.9/69/9

姨 yí 　1

邢侯之○	1.8/6/10

移 yí 　6

禍福所○	3/22/6
日中必○	3.2/23/3
夫有美物足以○人	3.10/28/6
然可（○）〔以〕○于將相	5.4/43/19
今○禍焉	5.4/43/20

貽 yí	1
○厥孫子	1.10/9/10
檹 yí	1
殊○枷	4.9/36/29
疑 yí	13
反國無○	2.3/14/14
君子謂叔姬爲能防害遠 ○	3.10/27/29
流死不○	4.10/37/27
赴之不○	5/41/6
吾聞信不見○	5.2/42/11
○吾譖之者乎	5.2/42/12
夫見○而生	5.2/42/12
管仲憂○	6.1/52/3
（浮）〔呼〕來擢兮行 勿○	6.7/56/13
王○之	6.9/57/19
故不見○也	6.9/57/24
由此○太子	7.7/67/21
○哀王	7.14/73/6
儀 yí	30
惟若母○	1/1/3
行爲○表	1/1/3
其○不忒	1.7/5/14,4.10/37/22
○貌壯麗	1.8/6/8
無非無○	1.9/7/15
其○一兮	1.13/11/20,1.13/11/20
君子以一○養萬物	1.13/11/20
君子謂姜后善于威○而 有德行	2.1/12/28
威○抑抑	2.1/12/30
敬慎威○	2.4/15/2
令○令色	2.7/16/28
威○是力	2.7/16/28
君子以爲得婦道之○	4.1/32/16
不愆于○	4.2/33/7
伯姬可謂不失○矣	4.2/33/7
威○棣棣	4.3/33/20
一國之○也	4.9/36/27
今君王棄○表之行	4.9/37/1

若使君王棄其○表	4.9/37/2
奉上下之○	4.12/38/29
則是失○節也	5.2/42/1
樂且有○	6.11/60/1
乃使張○間之	6.13/61/7
公孫寧、○行父與陳靈 公皆通于夏姬	7.9/69/8
公孫寧、○行父皆奔楚	7.9/69/13
出孔、○	7.9/69/17
人而無○	7.12/71/23,7.12/71/23
遺 yí	14
以○其母	1.14/11/30
○父母憂	2.6/16/4
賂○外妻甚厚	2.7/16/20
豈將老而○之哉	2.13/20/15
据其○粒	2.14/21/11
負羈乃○之壺飱	3.4/24/8
文仲陰使人○公書	3.9/27/2
相與攘羊而○之	3.10/27/23
卒○顯名	5.5/44/24
奉金○母	5.9/46/30
名號顯○	5.11/48/24
道不拾○	6.2/52/12
妾娟之幸得蒙先人之○ 體	6.9/57/20
后有考烈王○腹子猶立	7.14/73/5
乙 yǐ	8
楚大夫江○之母也	6.2/52/8
○爲郢大夫	6.2/52/8
令尹以罪	6.2/52/8
乃復召江○而用之	6.2/52/20
君子謂○母善以微喻	6.2/52/20
江○失位	6.2/52/25
○母動心	6.2/52/25
王復用○	6.2/52/25
已 yǐ	50
怒之不○	1.1/1/16
思慕不○	1.1/1/16
告亡而○	1.7/5/21
縫衣裳而○矣	1.9/7/14
人生安樂而○	2.3/13/30

聞者吾○除之矣	2.3/14/2
不罹患害而○	2.6/16/6
蓋不得○也	2.6/16/9
學問靡○	2.12/20/8
無○太康	3.1/22/14
在我而○	3.8/26/14
○而（閑）〔開〕圉示 之株	3.11/28/28
○過時	3.12/29/14
吾計○決矣	3.15/31/23
又恐其○見遺而不以時 去	4.5/34/14
一而○矣	4.5/34/16
輻軨○具	4.6/35/11
人生要一死而○	4.7/35/23
亦死而○	4.8/36/14
守一節而○	4.10/37/19
死而後○	4.11/38/10
吾終願居外而○	4.12/38/28
斯女不可得○	4.13/39/16
妾○刑矣	4.14/40/3
在于饋食之間而○	5.2/42/7
今代○亡	5.7/45/23
○諾不分	5.8/46/14
相讓不○	5.8/46/20
養夫子〔而○矣〕	5.9/46/28
既○	5.10/47/20
族○滅	5.11/48/12
田建○死	5.14/50/9
汝殺我而○	5.14/50/9
人（也）〔○〕語君矣	6.1/51/24
妾〔之避〕○極矣	6.5/54/19
丘○知之矣	6.6/55/13
	6.6/55/16,6.6/55/20
主君不欲渡則○	6.7/56/10
乃言不通則老婦死而○	6.8/56/27
皆○備有列位矣	6.10/58/17
王○出	6.13/61/10
門○閉	6.13/61/25
反者○定	6.13/61/25
則辭安可以○乎哉	6.14/62/11
教未施而刑○加焉	6.15/62/29
○而釋之	7.1/63/23
壽○死矣	7.4/65/22
唯辱使者不可以○	7.11/71/3
○食	7.12/71/20

以 yǐ	618	君子謂孟母善○漸化	1.9/6/26	教○法理	1.10/9/22
		何○予之	1.9/6/27	王又○賜軍士	1.11/10/3
○漸教化	1/1/3	孟母○刀斷其織	1.9/6/28	雖有○得勝	1.11/10/6
既成○德	1/1/3	夫君子學○立名	1.9/6/29	君子謂子發母能○教誨	1.11/10/7
承事瞽叟○孝	1.1/1/9	是○居則安寧	1.9/7/1	責○無禮	1.11/10/12
堯乃妻○二女	1.1/1/10	而無○離于禍患也	1.9/7/1	○備婦人出入之制	1.12/10/20
○觀厥內	1.1/1/10	何○異于織績而食	1.9/7/1	○狀對	1.12/10/23
不○天子之女故而驕盈		何○告之	1.9/7/4	是○問也	1.12/10/24
怠嫚	1.1/1/10	所○致敬也	1.9/7/8	君子謂母師能○身教	1.12/10/28
○尊事卑	1.1/1/24	所○戒人也	1.9/7/8	則○父母為天	1.12/10/28
浸○益大	1.2/1/29	是○憂也	1.9/7/13	既嫁則○夫為天	1.12/10/28
○求無子	1.2/1/30	○言婦人無擅制之義	1.9/7/16	號○尊名	1.12/11/6
○為不祥	1.2/1/30	文伯自○為成人矣	1.10/8/1	○救其罪	1.13/11/13
姜嫄○為異	1.2/2/1	是○日益而不自知也	1.10/8/5	何○異于凡母	1.13/11/14
乃收○歸	1.2/2/1	今○子年之少而位之卑	1.10/8/5	何○立於世	1.13/11/16
教○事理	1.3/2/26	亦○明矣	1.10/8/6	妾安可○忘義乎	1.13/11/16
夏禹娶○為妃	1.4/3/3	文王○寧	1.10/8/8	慈母○禮義之漸	1.13/11/18
從○孫子	1.4/3/6	所○正曲枉也	1.10/8/9	尸鳩○一心養七子	1.13/11/20
教訓○善	1.4/3/10	故幅可○為將	1.10/8/10	君子○一儀養萬物	1.13/11/20
殷湯娶○為妃	1.5/3/15	所○均不均、服不服也	1.10/8/10	一心可○事百君	1.13/11/21
大王娶○為妃	1.6/3/27	故畫可○為正	1.10/8/10	百心不可○事一君	1.13/11/21
必可○比國人而景附矣	1.6/4/2	所○治蕪與莫也	1.10/8/11	○遺其母	1.14/11/30
能○胎教	1.6/4/5	故物可○為都大夫	1.10/8/11	今君設官○待子	1.14/12/3
太任教之○一而識百	1.6/4/6	捆可○為大行人也	1.10/8/11	厚祿○奉子	1.14/12/3
○進婦道	1.6/4/13	綜可○為（開）〔關〕		言行則可○報君	1.14/12/3
○天子之禮	1.6/4/19	內之師	1.10/8/12	而○公金賜母	1.14/12/7
葬○大夫	1.6/4/20	均可○為內史	1.10/8/13	○為不德	1.14/12/13
祭○士	1.6/4/20	軸可○為相	1.10/8/13	廉正○方	2/12/18
葬○士	1.6/4/20	摘可○為三公	1.10/8/14	○見君王樂色而忘德也	2.1/12/25
祭○大夫	1.6/4/21	○歜之家而主猶績	1.10/8/15	○燭進	2.1/12/28
要其安民○播烈光、制		其○歜為不能事主乎	1.10/8/15	樂師擊鼓○告旦	2.1/12/29
禮○廣達孝而言之	1.6/4/22	自庶人○下	1.10/8/24	夫婦人○色親	2.1/13/1
有不可○少加重任者	1.6/4/23	無自○怠	1.10/8/24	○德固	2.1/13/1
豈可○累太姒耶	1.6/4/24	公侯之夫人加之○紘、		是○請也	2.2/13/15
○畜寡人	1.7/5/11	綖	1.10/8/24	足○立于世矣	2.2/13/18
大國又○為請	1.7/5/13	（則）〔列〕士之妻加		齊桓公○宗女妻之	2.3/13/29
先君有冢卿○為師保而		之○朝服	1.10/8/25	從者將○子行	2.3/14/1
蔑之	1.7/5/20	自庶士○下	1.10/8/25	不可○貳	2.3/14/2
余○巾櫛事先君而暴妾		自上○下	1.10/8/27	醉〔而〕載之○行	2.3/14/6
使余	1.7/5/21	其何○辟	1.10/8/28	公子○戈逐舅犯	2.3/14/6
君子謂定姜能○辭教	1.7/5/22	○是承君之官	1.10/9/1	秦穆公乃○兵內之于晉	2.3/14/8
砥厲女之心○高節	1.8/6/10	言婦人○織績為公事者		迎齊姜○為夫人	2.3/14/8
○為人君之子弟	1.8/6/10	也	1.10/9/2	獲晉君○歸	2.4/14/22
此非吾所○居處子〔也〕		○露堵父為客	1.10/9/3	寡人將○晉君見	2.4/14/23
	1.9/6/24	嘉賓式讌○樂	1.10/9/6	衰絰履薪○迎	2.4/14/24
此非吾所○居處子也	1.9/6/25	吾惡其○好內聞也	1.10/9/8	使兩君龍○玉帛相見	2.4/14/24
眞可○居吾子矣	1.9/6/26	自卿大夫○下	1.10/9/14	乃○興戎	2.4/14/24

○辱君命	2.4/14/25	終○全身復禮	2.9/18/4	○此三人者	3.4/24/5
晉君朝○入	2.4/14/25	吾能○乎	2.10/18/16	皆善戮力○輔人	3.4/24/5
婢子夕○死	2.4/14/25	門人從之○爲誄	2.10/18/21	○保其身	3.4/24/11
大夫請○入	2.4/14/26	覆○布被	2.11/19/4	且○自託	3.4/24/15
獲晉君○功歸	2.4/14/26	先生○不斜之故	2.11/19/6	伯宗賢而好○直辨凌人	3.6/25/3
今○喪歸	2.4/14/26	何○爲謚	2.11/19/7	朝而○喜色歸	3.6/25/5
饋○七牢而遣之	2.4/14/27	○「康」爲謚	2.11/19/8	是○禍及其身	3.6/25/7
何○贈之	2.4/15/1	○爲國相	2.11/19/10	子何不預結賢大夫○託	
所○觀人能也	2.5/15/16	妾是○去也	2.12/19/26	州犁焉	3.6/25/10
妾不能○私蔽公	2.5/15/17	而加○八尺之長也	2.12/19/27	屬○州犁	3.6/25/17
王○姬〔之〕言告虞丘		不虛驕○貴	2.12/19/28	○免咎殃	3.6/25/17
子	2.5/15/19	具○實對	2.12/20/1	何○知之	3.7/25/23,3.9/27/7
王○爲令尹	2.5/15/20	升諸景公○爲大夫	2.12/20/2	所○廣敬也	3.7/25/24
而莊王○霸	2.5/15/21	顯其妻○爲命婦	2.12/20/2	敬○事上	3.7/25/25
君子○是知周南之妻而		故賢人之所○成者	2.12/20/2	此其人必不○闇昧廢禮	3.7/25/25
能匡夫也	2.6/16/9	匡夫○道	2.12/20/8	是○知之	3.7/25/26
○敕君子	2.6/16/15	接輿躬耕○爲食	2.13/20/13	○戲夫人曰	3.7/25/26
可○去矣	2.7/16/20	先生（○）〔少〕而爲		子何○賀寡人	3.7/25/27
○供衣服	2.7/16/22	義	2.13/20/15	始妾獨○衛爲有蘧伯玉	
○事夫室	2.7/16/22	躬耕○爲食	2.13/20/18	爾	3.7/25/27
○事舅姑	2.7/16/22	親績○爲衣	2.13/20/18	妾是○賀	3.7/25/28
○專一爲貞	2.7/16/22	而將何○待之	2.13/20/19	○爲太子	3.8/26/10,7.4/65/18
○善從爲順	2.7/16/23	王欲聘○璧帛	2.14/21/4	戎子請○牙爲太子代光	3.8/26/11
豈○專夫室之愛爲善哉	2.7/16/23	可食○酒肉者	2.14/21/8	而○難犯不祥也	3.8/26/13
若其○淫意爲心	2.7/16/23	可隨○鞭捶	2.14/21/9	○死爭之	3.8/26/14
吾姒不教吾○居室之禮	2.7/16/26	可授○官祿者	2.14/21/9	○不用仲子之言	3.8/26/16
公○叔（隈）〔隗〕妻		可隨○鈇鉞	2.14/21/9	窮人○爲威	3.9/26/27
趙衰	2.8/17/7	足○食也	2.14/21/11	而後出○求助焉	3.9/27/1
文公○其女趙姬妻趙衰	2.8/17/8	可○棲遲	2.14/21/13	食我○同魚	3.9/27/4,3.9/27/9
何○使人	2.8/17/10	可○療飢	2.14/21/13	所○治鋸	3.9/27/9
雖妾亦無○侍執巾櫛	2.8/17/10	欲○爲相	2.15/21/22	所○治木也	3.9/27/10
無○下體	2.8/17/11	楚王欲○我爲相	2.15/21/23	於是○臧孫母之言	3.9/27/11
不我屑○	2.8/17/12	夫子織屨○爲食	2.15/21/24	將○襲魯	3.9/27/11
無○新廢舊	2.8/17/13	今○容豰之安、一肉之		不可食○不義之肉	3.10/27/26
姬○盾爲賢	2.8/17/13	味	2.15/21/26	○明不與	3.10/27/27
○叔隗爲內婦	2.8/17/14	〔衆○美物〕歸汝	3.1/22/13	于是乃盛○甕	3.10/27/27
請○姬之中子屏括爲公		而何德○堪之	3.1/22/13	將必○是大有敗也	3.10/28/4
族大夫	2.8/17/14	與群帥悉楚師○行	3.2/22/24	汝何○爲哉	3.10/28/6
何○至此	2.8/17/15	王○告夫人鄧曼	3.2/22/25	夫有美物足○移人	3.10/28/6
屏括遂○其族爲公族大		其謂君撫小民○信	3.2/22/26	無淪胥○敗	3.10/28/11
夫	2.8/17/15	訓諸司○德	3.2/22/26	必○賂死	3.10/28/12
欲○澤其毛而成文章也	2.9/17/30	而威莫敖○刑也	3.2/22/26	雍子入其女於叔魚○求	
犬彘不擇食○肥其身	2.9/18/1	群帥囚于（治）〔冶〕		直	3.10/28/13
荅子之家果○盜誅	2.9/18/2	父○待刑	3.2/22/29	叔魚卒○貪死	3.10/28/15
唯其母老○免	2.9/18/2	大命○傾	3.2/23/1	○窮其命	3.10/28/20
君子謂荅子妻能○義易		所○苞苴玩弄	3.3/23/16	必○貨死	3.10/28/20
利	2.9/18/3	遂城楚丘○居	3.3/23/20	可○三德使民	3.11/28/27

歸○告母	3.11/29/2	浸○益親	4.4/34/2		4.14/39/29
○詐與民	3.11/29/8	何○得去	4.4/34/3	○全貞信之節	4.14/40/1
魯君欲○子皮爲相	3.12/29/14	○爲順貞	4.4/34/9	無○爲人	4.14/40/2
魯君欲○我爲相	3.12/29/14	又恐其已見遣而不○時		乃援鏡持刀○割其鼻	4.14/40/2
子不可○爲相	3.12/29/16	去	4.5/34/14	所○不死者	4.14/40/3
吾豈○欲嫁之故數子乎		彼雖不吾○	4.5/34/16	○其色也	4.14/40/3
	3.12/29/17	吾何可○離于婦道乎	4.5/34/16	于是相○報	4.14/40/4
○此相一國	3.12/29/18	不違婦道○俟君命	4.5/34/17	紡績○爲家業	4.15/40/16
何○理之	3.12/29/18	君子故序之○編《詩》	4.5/34/17	屬妾○其老母	4.15/40/18
始吾○子爲有知	3.13/30/5	孝公使駟馬立車載姬○		許人○諾而不能信	4.15/40/21
何○持國乎	3.14/30/24	歸	4.6/35/6	將何○立于世	4.15/40/21
汝言○盡忠	3.14/30/25	姬使侍御者舒帷○白障		何○生哉	4.15/40/23
忠○除禍	3.14/30/25	蔽	4.6/35/6	淮陽（大）〔太〕守○	
願○聞於王	3.14/30/26	所○正心一意	4.6/35/8	聞	4.15/40/24
不可○邪開也	3.14/30/27	使者馳○告公	4.6/35/9	○爲世基	5/41/7
所○就之也	3.14/30/28	所○遠別也	4.6/35/12	乃衣其子○稱之衣	5.1/41/14
所○開善遏淫也	3.14/30/29	終不○身更貳醮	4.7/35/24	義保遂抱稱○出	5.1/41/14
夏之興也○塗山	3.14/31/1	乃○諸侯之禮	4.7/35/26	何○得免	5.1/41/16
亡也○末喜	3.14/31/1	○見吾誠	4.8/36/14	○吾子代之	5.1/41/16
殷之興也○有㜪	3.14/31/1	○立吾節	4.8/36/14	義保遂○逃	5.1/41/16
亡也○妲己	3.14/31/1	自○無親	4.8/36/20	可○託六尺之孤	5.1/41/17
周之興也○大姒	3.14/31/2	是○明王之制	4.9/36/28	易○其子	5.1/41/22
亡也○襃姒	3.14/31/2	所○遠之也	4.9/36/29	吾○女爲夫人	5.2/41/28
○配君子	3.14/31/3	○爲仁失可復○義	4.9/36/30	一顧可○得之	5.2/41/30
合之○禮	3.14/31/3	義失可復○禮	4.9/36/30	妾聞婦人○端正和顏爲	
身所奉飯〔飲而進食〕		何○行令訓民	4.9/37/2	容	5.2/42/1
者○十數	3.15/31/20	則無○臨國	4.9/37/3	告○夫人之尊	5.2/42/2
所友者○百數	3.15/31/20	則無○生世	4.9/37/3	示○封爵之重	5.2/42/2
盡○與軍吏士大夫	3.15/31/20	妾○死守之	4.9/37/3	則是妾貪貴樂利○忘義	
王○爲若其父乎	3.15/31/22	○爲有節	4.9/37/11	理也	5.2/42/2
王○括母〔先言〕	3.15/31/25	令召宮人必○符	4.10/37/17	何○事王	5.2/42/3
○爲法訓	4/32/7	○成其貞	4.10/37/21	遂立○爲夫人	5.2/42/3
○爲夫婦者	4.1/32/11	使大夫持金百鎰、白璧		王將立公子（商）〔商〕	
是○本立而道生	4.1/32/13	一雙○聘焉	4.11/38/3	臣○爲太子	5.2/42/3
所○傳重承業	4.1/32/13	○輜軿三十乘迎之	4.11/38/4	其後（商）〔商〕臣○	
不可○行	4.1/32/14	將○爲夫人	4.11/38/4	子上救蔡之事	5.2/42/6
女終○一物不具	4.1/32/14	○終天年	4.11/38/6	無○照之	5.2/42/10
君子○爲得婦道之儀	4.1/32/16	王何○爲哉	4.11/38/7	今者王必將○職易太子	5.2/42/11
○絕無禮之求	4.1/32/16	忠臣不借人○力	4.11/38/7	其○太子爲非吾子	5.2/42/12
要○必死	4.1/32/21	貞女不假人○色	4.11/38/8	不如死○明之	5.2/42/13
伯姬○恭公不親迎	4.2/32/27	仁○爲己任	4.11/38/10	保母○其言通于王	5.2/42/14
○及後嗣	4.2/32/29	聘○金璧	4.11/38/15	孰能○身（試）〔誠〕	5.2/42/15
○爲婦人○貞爲行者也	4.2/33/4	而得留○盡其節	4.12/38/23	○殺身盟	5.2/42/21
○爲死者不可○生	4.2/33/5	○時相見	4.12/38/24	穆公○嬴妻之	5.3/42/25
行必○燭	4.2/33/6	妾豈敢○小貴之故	4.12/38/27	寡君使婢子侍執巾櫛○	
可○還矣	4.3/33/16	○爲女紀	4.13/39/22	固子也	5.3/42/28
然後可○濟難矣	4.3/33/20	妾〔宜○身薦其棺槨〕		今吾不足○結子	5.3/42/28

配○懷嬴	5.3/43/3	何○不言	5.10/47/21	糊○（阿）〔河〕魚之	
王親乘駟○馳逐	5.4/43/9	殺主○自生	5.10/47/22	膠	6.3/53/7
○望雲夢之圉	5.4/43/9	將納○爲妻	5.10/47/23	而君不能○穿一札	6.3/53/7
昔敝邑寡君固○衆黎民		難○生矣	5.10/47/24	平公○其言而射	6.3/53/9
之役事君王之馬足	5.4/43/11	僵○除賊	5.10/48/1	將加○刑	6.3/53/15
故（一）〔○〕婢子之		則可○得千金	5.11/48/10	又不○私患害公法	6.4/53/27
身爲苞苴玩好	5.4/43/11	亦終不可○言	5.11/48/11	當○人祀〔之〕	6.4/53/28
妾○君王爲能法吾先君	5.4/43/15	今持逆亂而○求利	5.11/48/13	吾所○請雨者	6.4/53/29
而要婢子○死	5.4/43/15	故臣○告秦軍	5.11/48/15	今必當○人祀	6.4/53/29
且君王○束帛乘馬	5.4/43/16	乳母○身爲公子蔽	5.11/48/15	所○然者何也	6.4/53/30
婦人○死彰君之善	5.4/43/17	乃○卿禮葬之	5.11/48/16	○能順天慈民也	6.4/53/30
不聞其○苟從其闇死爲		皆居子室○養全之	5.11/48/19	欲〔○〕槐之故	6.4/54/1
榮	5.4/43/17	何面目○見兄弟、國人		今君窮民財力○美飲食	
然可（移）〔○〕移于		哉	5.12/49/2	之具	6.4/54/4
將相	5.4/43/19	吾勢不可○生	5.12/49/2	傷槐女能○辭免	6.4/54/7
將請○身禱于神	5.4/43/20	繼母連大珠○爲繫臂	5.13/49/13	是○敗子（夫）〔大〕	
○是妾願從王矣	5.4/43/21	母意亦○初爲實	5.13/49/19	夫之車	6.5/54/19
是○不敢許	5.4/43/21	乃○告季兒	5.14/50/7	大夫慙而無○應	6.5/54/22
是○戰勝攻取	5.5/44/8	願○車馬及家中財物盡		辯女能○辭免	6.5/54/24
何忍○歸	5.5/44/9	○送汝	5.14/50/10	抽觴○授子貢	6.6/55/9
○救	5.5/44/10	何面目○生而戴天（復）		○觀其志	6.6/55/9
是○不死	5.5/44/11	〔履〕地乎	5.14/50/12	○伏我心	6.6/55/11
今子○妻子之故	5.5/44/15	義不可○留	5.14/50/13	抽琴去其軫○授子貢	6.6/55/13
祠○大牢　5.5/44/17,5.11/48/17		遂○（身）〔緤〕自經		願借子〔○〕調其音	6.6/55/15
而○將禮葬之	5.5/44/17	而死	5.14/50/14	子貢○報孔子	6.6/55/16
○爲卿	5.5/44/18	季兒可○爲則矣	5.14/50/15	抽絺紵五兩○授子貢	6.6/55/16
不○私害公	5.6/45/8	遂○自殊	5.14/50/20	非敢○當子之身也	6.6/55/18
（兄）〔況〕○禮義治		雖生不可○行于世	5.15/50/27	子貢○告孔子	6.6/55/20
國乎	5.6/45/10	欲○身當之	5.15/50/27	妾願○鄙軀易父之死	6.7/56/4
使廚人持斗○食代王及		○爲有義	5.15/50/30	將使人祝祓○爲夫人	6.7/56/13
從者	5.7/45/21	君子殺身○成仁	5.15/50/31	而立○爲夫人	6.7/56/15
陰令宰人各○一斗擊殺		無求生○害仁	5.15/50/31	○矢其音	6.7/56/16
代王及從者	5.7/45/21	○投禍凶	6/51/10	佛肸○中牟畔	6.8/56/25
○弟慢夫	5.7/45/24	湯立○爲三公	6.1/51/21	○城畔者	6.8/56/25
○夫怨弟	5.7/45/24	○報桓公	6.1/51/26	○主君殺妾爲有說也	6.8/56/30
許人○諾	5.8/46/12	因○爲相	6.1/51/27	乃○母無教耶	6.8/56/30
豈可○忘人之託	5.8/46/12	齊國○治	6.1/51/27	君自擇○爲臣	6.8/57/3
是○私愛廢公義也	5.8/46/13	齊得○治	6.1/52/4	是○言妾無罪也	6.8/57/4
何○居于世哉	5.8/46/14	令尹○罪乙	6.2/52/8	○免其身	6.8/57/5
王○問母	5.8/46/20	是與使人盜何○異也	6.2/52/13	義固不可○生	6.9/57/27
願○與夫人	5.9/46/27	令尹獨何人而不○是爲		所○生者	6.9/57/27
○供衣食	5.9/46/28	過也	6.2/52/16	反○爲殘	6.9/57/28
○金予之	5.9/47/2	君子謂乙母善○微喻	6.2/52/20	封即墨大夫○萬戶	6.9/57/30
是○爲刺	5.9/47/6	反飲之○酒	6.3/53/3	謁者○聞	6.10/58/15
封○待之矣	5.10/47/17	猶○爲爲之者勞	6.3/53/5	〔又〕不○隱對	6.10/58/20
因○他過荅	5.10/47/20	傅○燕牛之角	6.3/53/6	○夜繼晝　6.10/58/26,7.3/65/4	
具○告主父	5.10/47/20	纏○荆棘之筋	6.3/53/6	使使者○金百鎰往聘迎	

之	6.11/59/18	○致禮也	7.6/66/21	○章圍主父	7.13/72/12
何○言之	6.11/59/23	○彰物也	7.6/66/21	流言○對	7.13/72/13
堯、舜自飾○仁義	6.11/59/24	○夸哀姜	7.6/66/23	國○亂傾	7.13/72/19
桀、紂不自飾○仁義	6.11/59/25	聞哀姜與慶父通○危魯	7.6/66/26	何○保相印、江東之封	
〔立〕瘤女○爲后	6.11/59/28	國適○亡	7.6/67/1	乎	7.14/72/27
○逐女妻之	6.12/60/26	獲驪姬○歸	7.7/67/7	誠○君之重而進妾于楚	
〔四方之士多歸於〕齊		公乃立驪姬○爲夫人	7.7/67/8	王	7.14/73/1
〔而〕國○治〔也〕		不可○無主	7.7/67/10	〔○〕圍女弟爲后	7.14/73/4
	6.12/60/26	則可○威民而懼寇矣	7.7/67/12	養士欲殺春申君○滅口	7.14/73/4
○惑我王	6.13/61/9	無乃○國民之故	7.7/67/14	悼襄王○其美而取之	7.15/73/17
○觀其勢	6.13/61/10	無○一姜亂百姓	7.7/67/15	國家所○覆而不安也	7.15/73/18
○緹竿爲幟	6.13/61/11	〔今夫○君爲紂〕	7.7/67/17		
因○幟見	6.13/61/14	毋必假手於武王○廢其		矣 yǐ	139
子何○戒寡人	6.13/61/15	祀	7.7/67/18		
（滋日○）〔日○滋〕		驪姬乃使人○公命告太		必可以比國人而景附○	1.6/4/2
甚	6.13/61/20	子曰	7.7/67/21	才德必過人○	1.6/4/8
○五患	6.13/61/21	弒父○求利	7.7/67/25	文王母可謂知肖化○	1.6/4/10
王乃發鄒郢之師○擊之		太子入自明可○生	7.7/67/26	則盛德自然著○	1.6/4/22
	6.13/61/25	不則不可○生	7.7/67/26	鮮不及○	1.6/4/24
君子謂莊姪雖違于禮而		公辭○晉難	7.8/68/17	亦甚大○	1.6/5/3
終守○正	6.13/61/26	○魯士晉爲內臣	7.8/68/18	眞可以居吾子○	1.9/6/26
○幟見王	6.13/62/1	是○雖《隨》無咎	7.8/68/22	學〔何〕所至○	1.9/6/28
王載○歸	6.13/62/1	○戲于朝	7.9/69/8	則爲虜役○	1.9/7/3
妾○貧、燭不屬之故	6.14/62/8	○戲士民	7.9/69/9	君子謂孟母知爲人母之	
灑掃陳席○待來者	6.14/62/8	二人○告靈公	7.9/69/10	道○	1.9/7/4
婦人○辭不見棄于鄰	6.14/62/11	莊王○夏姬與連尹襄老	7.9/69/17	縫衣裳而已○	1.9/7/14
則辭安可○已乎哉	6.14/62/11	○告國佐	7.10/70/4	而我老○	1.9/7/17
○贖父罪	6.15/62/25	○告孟子曰	7.10/70/4	文伯自以爲成人	1.10/8/1
○爲示	6.15/62/26	更○崔杼爲大夫	7.10/70/7	亦以明○	1.10/8/6
○免父事	6.15/63/8	遂○奔亡	7.10/70/14	子成人○	1.10/8/7
可○運舟	7.1/63/20	亦○事喪	7.10/70/15	治國之要盡在經○	1.10/8/9
○爲樂	7.1/63/21	公○崔子之冠賜侍人	7.11/70/21	季氏之婦不淫○	1.10/9/2
○爲妖言而殺之	7.1/63/22	公登臺○臨崔子之宮	7.11/70/21	公父氏之婦知○	1.10/9/10
造瓊室瑤臺○臨雲雨	7.1/63/22	崔子廢成而○明爲後	7.11/70/29	季氏之婦可謂知禮○	1.10/9/11
智足○距諫	7.2/64/3	成使人請崔邑○老	7.11/70/29	仲尼謂敬姜別于男女之	
辨足○（餙）〔飾〕非	7.2/64/3	○告慶封	7.11/70/30	禮○	1.10/9/18
矜人臣○能	7.2/64/4	○至于此	7.11/71/2	子爲相三年○	1.14/11/30
高天下○聲	7.2/64/4	唯辱使者不可○已	7.11/71/3	遠忠○	1.14/12/5
○爲人皆出己之下	7.2/64/4	報子○乘軒	7.12/71/19	姜之淫心見○	2.1/12/25
○爲妖言	7.2/64/9	許○姬爲良夫妻	7.12/71/19	足以立于世○	2.2/13/18
○爲亡紂者	7.2/64/12	良夫喜○告姬	7.12/71/19	聞者吾已除之○	2.3/14/2
獻之○贖	7.3/65/1	莊公○戎州之亂又出奔		必死於此○	2.3/14/3
○適褒姒之意	7.3/65/3		7.12/71/22	將何及○	2.3/14/5
○告太子曰	7.4/65/21	咸○滅身	7.12/71/28	虞丘子賢則賢○	2.5/15/14
伋子○壽爲己死	7.4/65/23	立○爲后	7.13/72/4	可以去○	2.7/16/20
文姜○告襄公	7.5/66/8	○何爲王	7.13/72/7	敗亡之徵見○	2.9/18/2
魯人求彭生○除恥	7.5/66/9	章○其徒作亂	7.13/72/11	可謂遠識○	2.9/18/4

君子謂柳下惠妻能光其		一而已○	4.5/34/16	則此可用○	6.12/60/24
夫○	2.10/18/21	三者失禮多○	4.6/35/9	國既殆○	6.13/61/7
則歟○	2.11/19/5	則自經○	4.6/35/10	辭之輯	6.14/62/12
宜○子之卑且賤也	2.12/19/24	息君夫人不爲利動○	4.7/35/27	民之協	6.14/62/12
思念深○	2.12/19/26	吾何歸○	4.8/36/12	可謂得事之宜○	6.15/63/3
其名必揚○	2.12/19/28	昭王乃復○	4.9/37/5	辭之懌○	6.15/63/3
其道博○	2.12/20/2	則恐後○	4.10/37/19	民之莫○	6.15/63/4
我許之○	2.13/20/17	而名立于〔夫〕〔後〕		必亡○	7.1/63/21
其樂亦自足○	2.13/20/19	世○	4.12/39/2	壽已死○	7.4/65/22
樂亦在其中○	2.15/21/25	心之憂○	4.13/39/17	啜其泣○	7.6/66/27
心不固○	3.2/22/25	妾已刑○	4.14/40/3	何嗟及○	7.6/66/27
先王知之○	3.2/23/3	殆可釋○	4.14/40/4	則可以威民而懼寇○	7.7/67/12
必能報施○	3.4/24/8	必爲亂○	5.2/42/5	禍且及○	7.7/67/19
禍至不久○	3.4/24/8	子行○	5.3/42/29	吾君老○	7.7/68/1
殺而埋之○	3.5/24/22	蔡姬許從孤死○	5.4/43/12	不得出○	7.8/68/25
汝不死○	3.5/24/22	樂則樂○	5.4/43/13	公知有罪○	7.11/70/24
爾嘿○	3.5/24/24	以是妾願從王○	5.4/43/21	可謂不祥○	7.11/71/5
禍必及身○	3.6/25/4	心既許之○	5.4/43/24	吾屬夷○	7.13/72/12
然而民之不能戴其上久		今十有餘年○	5.7/45/22	今妾〔自〕知有身○	7.14/73/1
○	3.6/25/9	養夫子〔而已○〕	5.9/46/28		
列于諸侯○	3.8/26/12	必不遂○	5.9/47/3	**苡 yǐ**	**2**
魯國不容子○	3.9/26/27	子改娶○	5.9/47/4		
吾子拘有木治○	3.9/27/6	秋胡子有之○	5.9/47/5	且夫采采苡○之草	4.4/34/2
是有木治（保）〔係〕		封以待之○	5.10/47/17	乃作《苡○》之詩	4.4/34/3
于獄○	3.9/27/10	難以生○	5.10/47/24		
故知吾子拘而有木治○	3.9/27/11	則昆弟無類○	5.11/48/10	**倚 yǐ**	**8**
羊舌子不與攘羊之事○		直在其中○	5.13/49/26		
	3.10/27/28	又終不復嫁○	5.14/50/13	女○柱而嘯	3.13/30/3
吾懲舅氏○	3.10/28/1	季兒可以爲則○	5.14/50/15	○柱而嘯	3.13/30/17
而亡一國、兩卿○	3.10/28/2	則是○	5.15/50/28	夫婦人必有所○者也	4.8/36/12
叔姬可謂知○	3.10/28/15	人（也）〔已〕語君○	6.1/51/24	父在則○父	4.8/36/13
是民一悦○	3.11/28/28	君不知識○	6.1/51/24	夫在則○夫	4.8/36/13
民二悦○	3.11/29/1	其爲之亦勞〔矣〕○	6.3/53/5	子在則○子	4.8/36/13
民三悦○	3.11/29/1	妾〔之避〕已極○	6.5/54/19	外無所○	4.8/36/14
吾今嫁姊○	3.12/29/14	既有狂夫昭氏在內○	6.5/54/24	姦臣必（倍）〔○〕敵	
可謂智○	3.12/29/21	丘已知之○	6.6/55/13	國而發謀	6.13/61/10
可謂貞○	3.12/29/21		6.6/55/16,6.6/55/20		
遠○	3.13/30/12	（切）〔竊〕有狂夫名		**齮 yǐ**	**1**
則魏必有禍○	3.14/30/25	之者○	6.6/55/19		
可謂僅存○	3.14/31/6	妾之職盡久○	6.8/57/1	遂使卜○襲弑閔公于武	
妾恐大王之國政危○	3.14/31/6	至今十餘年○	6.9/57/22	闈	7.6/66/25
吾計已決○	3.15/31/23	國殆危○	6.9/57/29		
保母至○	4.2/33/2	皆已備有列位○	6.10/58/17	**弋 yì**	**1**
伯姬之婦道盡○	4.2/33/4	斥汝屬○	6.11/59/20		
伯姬可謂不失儀○	4.2/33/7	此人必有與人異者○	6.12/60/14	驅馳○獵不時	7.3/65/3
可以還○	4.3/33/16	則屋幾覆○	6.12/60/17		
然後可以濟難○	4.3/33/20	則棟○	6.12/60/17		

亦 yì　　54

○明教訓	1.5/3/15
○無愬怏	1.5/3/23
○與之謀	1.6/4/2
○甚大矣	1.6/5/3
不○可乎	1.7/5/14
	2.5/15/19,6.14/62/10
不○遠乎	1.9/7/9,4.11/38/11
○以明矣	1.10/8/6
○誠可尊	1.13/11/25
有二不○宜乎	2.7/16/24
雖妾○無以侍執巾櫛	2.8/17/10
○近恥也	2.10/18/15
不○宜乎	2.11/19/12,5.3/42/28
妃匹○居多焉	2.12/20/3
其樂○自足矣	2.13/20/19
○安貧賤	2.13/20/27
樂○在其中矣	2.15/21/25
齊○求之	3.3/23/15
○不女從	4.1/32/17
○勿從也	4.6/35/2
息君○自殺	4.7/35/26
○死而已	4.8/36/14
于死者○然	4.11/38/8
不○太甚乎	4.11/38/9
不○重乎	4.11/38/10
○誠君子	4.12/39/2
○誠足恃	5.1/41/22
○不敢從也	5.3/42/30
○不泄言	5.3/43/3
然○不歸	5.7/45/25
妾○無淫佚之志	5.9/46/29
妾○不嫁	5.9/47/4
○終不可以言	5.11/48/11
今魏國○破亡	5.11/48/12
母意○以初爲實	5.13/49/19
女○曰	5.13/49/22
維女○賢	5.13/50/1
○不義	5.14/50/9
妾子○豈知之哉	6.2/52/15
其爲之○勞〔矣〕	6.3/53/5
不○謬乎	6.3/53/8
○有其序	6.5/55/3
○何也	6.8/56/29
○有何奇能哉	6.10/58/17
○甚有文	6.12/61/1

○孔有識	6.15/63/8
○甚嫚易	7/63/13
二子○曰	7.9/69/12
○以事喪	7.10/70/15
悝母○變	7.12/71/28
彼○各貴其〔故〕所親	7.14/72/26

抑 yì　　3

威儀○○	2.1/12/30
意氣沉○者	2.2/13/14

佚 yì　　4

馬○馳走	3.13/30/7
妾亦無淫○之志	5.9/46/29
好色淫○	5.9/47/2
倡后淫○不正	7.15/73/21

役 yì　　7

是不免于厮○	1.9/7/1
則爲虜○矣	1.9/7/3
皆爲服○	1.10/8/6
莫敖狃于蒲騷之○	3.2/22/27
昔敝邑寡君固以衆黎民	
之○事君王之馬足	5.4/43/11
景公即時命罷守槐之○	6.4/54/6
長爲妾○之事	6.14/62/10

邑 yì　　17

長伯○考	1.6/4/14
去而之三室之○	3.10/27/23
三室之○人	3.10/27/23
去之三室之○	3.10/27/24
又不容于三室之○	3.10/27/24
魯漆室○之女也	3.13/30/3
昔敝○寡君固以衆黎民	
之役事君王之馬足	5.4/43/11
取婢子于弊○	5.4/43/16
(郃)〔部〕陽○任延	
壽之妻也	5.14/50/6
齊無鹽○之女	6.10/58/11
縣○之女也	6.13/61/6
	6.13/61/14

君之宗○也	7.7/67/9
宗○無主	7.7/67/10
成使人請崔○以老	7.11/70/29
爭○相殺	7.11/71/10
李兌乃起四○之兵擊章	
	7.13/72/11

易 yì　　20

《○》曰	1.6/4/23,1.9/7/15
	3.2/23/5
君子謂荅子妻能以義○	
利	2.9/18/3
莫能○之	2.10/18/26
夫改○行	2.12/20/8
不爲貧而○操	2.13/20/17
變名○姓而遠徙	2.13/20/21
戴絍○姓	2.13/20/27
豫識難○	3/22/6
子之（仕）〔性〕固不	
可○也	3.6/25/9
雖死不○	4.11/38/15
○以其子	5.1/41/22
今者王必將以職○太子	5.2/42/11
乃○其所	5.15/51/5
妾願以鄙軀○父之死	6.7/56/4
吾相末可○乎	6.12/60/21
亦甚嫚○	7/63/13
○此必敗	7.5/66/6
是于《周○》曰	7.8/68/20

泆 yì　　3

（心淫○）	1.8/6/7
〔淫○之心〕	1.8/6/7
繆姜淫○	7.8/69/1

羿 yì　　1

有窮后○滅之	3.10/28/5

益 yì　　10

浸以○大	1.2/1/29
是以日○而不自知也	1.10/8/5
子之不○	1.10/8/6
浸以○親	4.4/34/2

又何○于君王　　　　　4.9/37/4
○君之寵　　　　　　　5.4/43/17
死又何○于君　　　　　5.5/44/11
○一人　　　　　　　　6.14/62/9
〔有〕緩急非有○〔也〕
　　　　　　　　　　　6.15/62/23
慶父與哀姜淫○甚　　　7.6/66/24

挹 yì　　　　　　　　　　　2

迎流而○之　　　　　　6.6/55/12
從流而○之　　　　　　6.6/55/12

翊 yì　　　　　　　　　　　2

馮○王讓聞之　　　　　5.14/50/14
馮○表墓　　　　　　　5.14/50/20

異 yì　　　　　　　　　　22

姜嫄以爲○　　　　　　1.2/2/1
何以○于織績而食　　　1.9/7/1
○日　　　1.9/7/11,1.11/10/3
　　　　　7.11/70/21,7.13/72/5
遇之甚○　　　　　　　1.13/11/11
何以○于凡母　　　　　1.13/11/14
與惠公○母　　　　　　2.4/14/19
執心各○　　　　　　　3.15/31/23
所務者○　　　　　　　4.5/34/13
穀則○室　　　　　　　4.7/35/24
○巾櫛　　　　　　　　4.9/36/29
桓公○之　　　　　　　6.1/51/16
是與使人盜何以○也　　6.2/52/13
○其處子　　　　　　　6.6/55/25
豈不○哉　　　　　　　6.10/58/16
○類故也　　　　　　　6.12/60/14
此人必有與人○者矣　　6.12/60/14
○章服　　　　　　　　6.15/62/26
周與諸侯無○　　　　　7.3/65/8
爲民與爲父○　　　　　7.7/67/15

逸 yì　　　　　　　　　　　2

○則淫　　　　　　　　1.10/8/17
居之者○也　　　　　　6.3/53/5

義 yì　　　　　　　　　　151

言則中○　　　　　　　1/1/3
婦人之○　　1.9/7/7,1.12/10/17
　　　　　　4.2/33/1,4.2/33/3
以言婦人無擅制之○　　1.9/7/16
子行乎子○　　　　　　1.9/7/17
瘠土之民嚮○　　　　　1.10/8/18
婦人有三從之○　　　　1.12/10/19
無二天之○也　　　　　1.12/10/29
可謂○乎　1.13/11/16,5.5/44/12
不慈且無○　　　　　　1.13/11/16
妾安可以忘○乎　　　　1.13/11/16
高其○　　　　　　　　1.13/11/17
慈母以禮○之漸　　　　1.13/11/18
各成於禮○　　　　　　1.13/11/19
慈惠仁○　　　　　　　1.13/11/25
非○之事　　　　　　　1.14/12/2
不○之財　　　　　　　1.14/12/6
大賞其母之○　　　　　1.14/12/7
賢而有○　　　　　　　2.4/14/19
穆公○之　　　　　　　2.4/15/6
無虧大○　　　　　　　2.6/16/6
不得行○　　　　　　　2.6/16/8
（方）〔夫〕無一去○　2.7/16/25
舍○　　　　　　　　　2.8/17/9
君子謂苕子妻能以○易
　利　　　　　　　　　2.9/18/3
求○而得○　　　　　　2.11/19/12
夫躬仁○　　　　　　　2.12/19/28
且吾聞寧榮于○而賤　　2.12/19/28
先生（以）〔少〕而爲
　○　　　　　　　　　2.13/20/15
○士非禮不動　　　　　2.13/20/17
據○而動　　　　　　　2.13/20/18
非○也　　2.13/20/20,5.7/45/24
歸○從安　　　　　　　3/22/6
不可食以不○之肉　　　3.10/27/26
苟非德○　　　　　　　3.10/28/7
○者顯焉　　　　　　　3.14/30/24
王又無○　　　　　　　3.14/30/24
貞女之○也　　　　　　3.14/30/29
守節持○　　　　　　　4.1/32/15
越○而生　　　　　　　4.2/33/3
不如守○而死　　　　　4.2/33/3
有○則合　　　　　　　4.5/34/15
無○則去　　　　　　　4.5/34/15

楚王賢其夫人守節有○　4.7/35/26
夫○動君子　　　　　　4.7/35/27
以爲仁失可復以○　　　4.9/36/30
○失可復以禮　　　　　4.9/36/30
貞女之○不犯約　　　　4.10/37/19
然棄約越○而求生　　　4.10/37/20
守○死節　　　　　　　4.10/37/21
且夫棄○從欲者　　　　4.11/38/6
吳王賢其守節〔而〕有
　○　　　　　　　　　4.11/38/9
魯人或聞其○　　　　　4.13/39/12
妾聞婦人之○　　　　　4.14/40/1
棄○而從利　　　　　　4.14/40/2
王大其○　　　　　　　4.14/40/4
○者　　　　　　　　　4.15/40/18
背死不○　　　　　　　4.15/40/19
妾聞寧載于○而死　　　4.15/40/20
不孝不信且無○　　　　4.15/40/23
漢孝文皇帝高其○　　　4.15/40/24
惟若節○　　　　　　　5/41/6
終不背○　　　　　　　5/41/6
○之所在　　　　　　　5/41/6
孝○保者　　　　　　　5.1/41/11
○保與其子俱入宮　　　5.1/41/13
○保聞伯御將殺稱　　　5.1/41/14
○保遂抱稱以出　　　　5.1/41/14
○保曰　　5.1/41/15,5.1/41/16
○保遂以逃　　　　　　5.1/41/16
其○保之謂也　　　　　5.1/41/18
則是妾貪貴樂利以忘○
　理也　　　　　　　　5.2/42/2
苟忘○理　　　　　　　5.2/42/3
與其無○而生　　　　　5.2/42/13
是負妻之○也　　　　　5.3/42/29
○者不虛設其事　　　　5.4/43/24
妾死王之○　　　　　　5.4/43/24
君子謂越姬信能死○　　5.4/43/27
憂妻子而忘仁○　　　　5.5/44/13
人無忠臣之道、仁○之
　行　　　　　　　　　5.5/44/14
公○也　　5.5/44/15,5.6/45/4
君子謂蓋將之妻潔而好
　○　　　　　　　　　5.5/44/18
魯○姑姊者　　　　　　5.6/44/28
夫背公○而嚮私愛　　　5.6/45/4
獨謂○何　　　　　　　5.6/45/6
故忍棄子而行○　　　　5.6/45/6

不能無○而視魯國　5.6/45/6
猶知持節行○　5.6/45/8
號曰○姑姊　5.6/45/9
果于行○　5.6/45/9
夫○其大哉　5.6/45/9
（兄）〔況〕以禮○治
　國乎　5.6/45/10
○姑有節　5.6/45/15
號婦爲○　5.6/45/15
婦人執○無二夫　5.7/45/23
姊引○理　5.7/45/30
齊○繼母者　5.8/46/5
是以私愛廢公○也　5.8/46/13
王美其○　5.8/46/15
而尊其母號曰○母　5.8/46/15
君子謂○母信而好○　5.8/46/15
○繼信誠　5.8/46/20
據信行○　5.8/46/20
污行不○　5.9/47/2
處家不○　5.9/47/3
孝○並忘　5.9/47/3
妾不忍見〔不孝不○之
　人〕　5.9/47/4
恥夫無○　5.9/47/11
不○　5.10/47/19,5.15/50/27
主父高其○　5.10/47/22
畏死而棄○者　5.11/48/13
廢正○而行逆節哉　5.11/48/14
貴其守忠死○　5.11/48/16
重○輕財　5.11/48/17
被不○之名　5.12/49/1
據○執理　5.12/49/8
二○者　5.13/49/13
母子有○如此　5.13/49/24
君子謂二○慈孝　5.13/49/26
二○如此　5.13/50/1
殺夫不○　5.14/50/9
亦不○　5.14/50/9
○不可以留　5.14/50/13
大其○　5.14/50/14
季兒樹○　5.14/50/20
○不可行　5.14/50/20
嘉其○明　5.14/50/20
聞其妻之仁孝有○　5.15/50/25
不孝不○　5.15/50/27
以爲有○　5.15/50/30
厚於恩○也　5.15/50/30

夫重仁○　5.15/50/31
○冠天下　5.15/51/6
而害明君之○也　6.4/54/1
○不與婦人同舟而渡也　6.7/56/8
○固不可以生　6.9/57/27
特竊慕大王之美○耳　6.10/58/18
堯、舜自飾以仁○　6.11/59/24
桀、紂不自飾以仁○　6.11/59/25
背節棄○　7/63/13
桀既棄禮○　7.1/63/18
利、○之和也　7.8/68/21

肆 yì　1

畫而講（隸）〔○〕　1.10/8/23

意 yì　38

靡有姦○　1.1/1/9
故形○肖之　1.6/4/10
○氣沉抑者　2.2/13/14
○在衛也　2.2/13/15
若其以淫○爲心　2.7/16/23
非先生○也　2.11/19/7
○氣洋洋　2.12/19/24
然子之○洋洋若自足者
　　2.12/19/26
作詩明○　4.1/32/21
守禮一○　4.2/33/11
皆順其君之○也　4.3/33/21
不改其○　4.4/34/1
宋女之○　4.4/34/4
○猶一精　4.4/34/8
甚不得○　4.5/34/14
憐其失○　4.5/34/14
今不得○　4.5/34/15
所以正心一○　4.6/35/8
曾不得專○　4.14/39/29
終無嫁○　4.15/40/16
所願卿無有外○　5.9/46/29
貴其○　5.10/47/23
母○亦以初爲實　5.13/49/19
開○甚公　6/51/11
佛肹之母一言而發襄子
　之○　6.8/57/5
不合于○　6.9/57/20
不○大王乃復見〔而

與之語　6.9/57/23
○非有屬時也　6.11/59/26
天子憐悲其○　6.15/62/26
豈稱爲民父母之○哉　6.15/63/2
君子謂緹縈一言發聖主
　之○　6.15/63/3
乃感聖○　6.15/63/8
○尙不屬　7.1/63/23
以適褒姒之○　7.3/65/3
心○摧下　7.8/69/1
莫不迷惑失○　7.9/69/7
孟姚數微言后有淫○　7.13/72/7
窮○所欲　7.15/73/28

溢 yì　1

滿而○之　6.6/55/12

詣 yì　2

○其室　4.8/36/10
自○宣王　6.10/58/13

嗌 yì　1

甘不踰○　1.11/10/4

毅 yì　1

而得樂○　6.12/60/23

劓 yì　1

○鼻刑身　4.14/40/9

懌 yì　1

辭之○矣　6.15/63/3

翼 yì　6

飛鳥傴○之　1.2/1/31
鳥獸覆○　1.2/2/10
敦仁勗○　1.3/2/26
小心○○　2.7/16/28
自吾先君武公兼○　7.7/67/18

鎰 yì	11
受下吏之貨金百○	1.14/11/30
楚王使使者持金百○、	
車二駟	2.13/20/13
使使者持金百○	2.15/21/22
使大夫持金百○、白璧	
一雙以聘焉	4.11/38/3
賜其弟金百○	5.5/44/18
賜金千○	5.11/48/7,5.11/48/9
賜金百○	5.11/48/17
因賜金千○	6.2/52/18
而賜金三○	6.3/53/10
使使者以金百○往聘迎	
之	6.11/59/18

藝 yì	2
學六○	1.9/6/26
處子擇○	1.9/7/22

繹 yì	2
宗不具不○	1.10/9/17
○不盡飲	1.10/9/17

議 yì	2
惟酒食是○	1.9/7/16
公及大夫相與○之	3.9/27/4

懿 yì	5
衛○公之女	3.3/23/15
○公將與許	3.3/23/15
是爲○公	5.1/41/12
攻殺○公而自立	5.1/41/13
○厥哲婦	7.1/63/25

因 yīn	26
○命曰棄	1.2/2/1
○歸問其母	1.11/9/27
得○秦立	2.4/14/20
○往來者請問其夫	2.7/16/19
女○其傅母而言曰	3.3/23/16
而○疾之而作詩云	3.3/23/21
負○款王門而上書曰	3.14/30/26
○欲自殺	4.15/40/23
○舉兵平代地	5.7/45/22
○而問之曰	5.8/46/10
○陽僵覆酒	5.10/47/19
○以他過答	5.10/47/20
○失火	5.12/48/29
乃○謂吏曰	5.13/49/20
○涕泣不能自禁	5.13/49/22
又○哭泣	5.13/49/23
○自沐	5.15/50/29
桓公○出	6.1/51/16
○以爲相	6.1/51/27
○賜金千鎰	6.2/52/18
主君欲○其醉而殺之	6.7/56/4
○以幟見	6.13/61/14
○拉其脅而殺之	7.5/66/8
乃○后而入其女孟姚	7.13/72/6
兌○圍主父宮	7.13/72/11
園女弟○間謂春申君曰	
	7.14/72/24

姻 yīn	1
懷婚○也	7.9/69/21

音 yīn	14
太姒嗣徽○	1.6/4/26
德○秩秩	2.1/12/30
德○孔膠	2.1/13/1
衛姬爲之不聽鄭衛之○	2.2/13/10
色屬○（楊）〔揚〕	2.2/13/15
德○莫違	2.8/17/11
	4.7/35/28,5.4/43/27
秩秩德○	2.15/21/28
德○不忘	4.11/38/11
願借子〔以〕調其○	6.6/55/15
五○不知	6.6/55/16
以矢其○	6.7/56/16
德○無良	7.4/65/25

殷 yīn	7
至○	1.3/2/20
○湯娶以爲妃	1.5/3/15
自夏適○	1.5/3/22
若管、蔡監○而畔	1.6/4/23
○之興也以有嬖	3.14/31/1
武（三）〔王〕伐○	6.7/56/9
○紂之妃也	7.2/64/3

陰 yīn	15
文母理○道而治內	1.6/4/14
天○還	1.12/10/21
夫有○德者	3.5/24/22
母曰○德	3.5/24/29
文仲○使人遺公書	3.9/27/2
埋爐○	3.10/27/27
○令宰人各以一斗擊殺	
代王及從者	5.7/45/25
使人○問媵婢曰	5.10/47/21
延壽與其友田建○殺季	
宗	5.14/50/7
一日三覿○	6.3/53/6
見○陽不調	6.4/53/25
宣姜乃○使力士待之界	
上而殺之	7.4/65/20
○設力士	7.4/65/29
○與崔氏爭權	7.11/71/1
○譖后及太子于王	7.15/73/20

溼 yīn	1
○于百重之下	6.9/57/22

愔 yīn	2
○○良人	2.15/21/28

禋 yīn	1
卜筮○祀	1.2/1/30

蔭 yīn	1
願託桑○下澣	5.9/46/26

淫 yín	53
耳不聽○聲	1.6/4/5
耳不聽于○聲	1.6/4/8
（心○泆）	1.8/6/7

〔○洸之心〕 1.8/6/7
逸則○ 1.10/8/17
○則忘善 1.10/8/17
○也 1.10/8/18
使無慆○ 1.10/8/22
誰敢○心舍力 1.10/8/27
季氏之婦不○矣 1.10/9/2
妾之○心見矣 2.1/12/25
桓公好○樂 2.2/13/10
容貌○樂者 2.2/13/13
公好○樂 2.2/13/23
若其以○意爲心 2.7/16/23
○僻、竊盜、長舌、驕
　侮、無子、惡病皆在
　其後 2.7/16/25
所以開善遏○也 3.14/30/29
防○慾之行焉 4.1/32/16
若諸侯外○者絕 4.9/36/29
卿大夫外○者放 4.9/36/29
士庶人外○者宮割 4.9/36/30
妾有○端 4.9/37/3
昔者吾先君莊王○樂 5.4/43/14
妾亦無○佚之志 5.9/46/29
好色○佚 5.9/47/2
心有○思 5.9/47/11
其妻○于鄰人 5.10/47/16
其○者憂之 5.10/47/17
主妻○僻 5.10/48/1
嬰有○色乎 6.4/53/23
知禮不○ 6.6/55/26
土好○樂 6.13/61/8
○（如）〔妬〕熒惑 7/63/13
○于婦人 7.1/63/18
好酒○樂 7.2/64/4
作新○之聲 7.2/64/5
文姜○亂 7.5/66/14
齊襄○通 7.5/66/14
與哀姜○ 7.6/66/19
哀姜驕○ 7.6/66/23
慶父與哀姜○益甚 7.6/66/24
○于魯莊 7.6/67/1
終不得掩其○亂之罪 7.8/68/25
繆姜○洸 7.8/69/1
貪色爲○ 7.9/69/15
○爲大罰 7.9/69/15
○通于大夫慶剋 7.10/70/3
○于慶剋 7.10/70/14

姬與孔氏之豎渾良夫○ 7.12/71/18
南子惡○ 7.12/71/28
孟姚數微言后有○意 7.13/72/7
倡后○佚不正 7.15/73/21
○亂春平 7.15/73/28

囂 yín　　1
舜父頑母○ 1.1/1/8

引 yǐn　　10
文伯○衽攘捲而親饋之 1.10/8/7
○而來者 1.10/8/12
○過推讓 2.1/13/5
稱○婦道 2.7/17/1
斜○其被 2.11/19/5
軍士○弓將射之 5.6/45/1
姊○義理 5.7/45/30
連類○譬 6/51/10
平公○弓而射 6.3/52/30
而子大夫之僕不肯少○ 6.5/54/19

尹 yǐn　　23
媵從伊○ 1.5/3/22
使師○維旅牧〔相〕 1.10/8/19
王以爲令○ 2.5/15/20
昔楚令○子文之治國也 2.9/17/28
楚令○孫叔敖之母也 3.5/24/20
爲〔楚〕令○ 3.5/24/24
王問之于令○子上 5.2/42/4
令○之言 5.2/42/6
夫伊○ 6.1/51/20
令○以罪乙 6.2/52/8
令○盜之 6.2/52/9
令○侍焉 6.2/52/10
令○信盜之 6.2/52/10
令○不身盜之也 6.2/52/11
昔孫叔敖之爲令○也 6.2/52/12
今令○之治也 6.2/52/13
令○在上 6.2/52/14
令○不知 6.2/52/14
令○獨何人而不以是爲
　過也 6.2/52/16
非徒譏令○ 6.2/52/18

怨令○之治也 6.2/52/19
指責令○ 6.2/52/25
莊王以夏姬與連○襄老 7.9/69/17

飲 yǐn　　28
瞽叟又速舜○酒 1.1/1/14
舜終日○酒不醉 1.1/1/15
不內食○ 1.7/5/16
文伯○南宮敬叔酒 1.10/9/3
繹不盡○ 1.10/9/17
使士卒○其下流 1.11/10/3
○饌于褅 1.12/10/29
衣服○食 1.13/11/11
吾欲○諸大夫酒而與之
　謀 3.6/25/7
與諸大夫○ 3.6/25/8
既○而問妻曰 3.6/25/8
身所奉飯〔○而進食〕
　者以十數 3.15/31/20
反○之以酒 6.3/53/3
而絕纓與○大樂 6.3/53/4
今君窮民財力以美○食
　之具 6.4/54/4
願乞一○ 6.6/55/10
欲○則○ 6.6/55/11
○酒沉湎 6.10/58/26,7.3/65/3
日夜與末喜及宮女○酒 7.1/63/19
一鼓而牛○者三千人 7.1/63/20
驪其頭而○之于酒池 7.1/63/20
爲長夜之○ 7.2/64/7
乃與太子○ 7.4/65/22
○小臣 7.7/67/24
靈公與二子○於夏氏 7.9/69/11
王○酒樂 7.13/72/5

隱 yǐn　　10
〔○門而入〕 2.11/19/3
行無○而不彰 5.10/47/25
父爲子○ 5.13/49/26
子爲父○ 5.13/49/26
○曲之地 6.6/55/11
竊譽喜○ 6.10/58/18
○ 6.10/58/19
立發《○書》而讀之 6.10/58/20
〔又〕不以○對 6.10/58/20

欲言○事于王　　6.13/61/14

印 yìn　　2

（○）〔印〕鼻結喉　6.10/58/12
何以保相○、江東之封
　乎　　7.14/72/27

英 yīng　　2

次女○　　1.1/1/8
女○爲妃　　1.1/1/18

蓉 yīng　　2

乃與太子○、公子弘、
　與簡璧　　2.4/14/23
太子○思母之恩而送其
　舅氏也　　2.4/14/27

應 yīng　　10

不○　　1.10/9/12
不○而入　　1.10/9/13
曾子不能○　　2.11/19/7
接輿笑而不○　　2.13/20/14
而使傅母○使者曰　4.6/35/6
婦○曰　　4.15/40/16
王不〔吾〕○　　5.2/42/12
大夫慚而無以○　6.5/54/22
夫牛鳴而馬不○　6.12/60/14
李吾莫能○　　6.14/62/11

嬰 yīng　　11

生原同、屛括、樓○　2.8/17/8
是謂○害　　2.9/17/28
叔敖爲○兒之時　3.5/24/20
陶○者　　4.13/39/12
○聞之　4.13/39/13,6.4/54/3
○寡　　4.13/39/17
君子謂陶○貞一而思　4.13/39/17
陶○少寡　　4.13/39/22
○有淫色乎　　6.4/53/23
○兒也　　6.13/61/11

膺 yīng　　1

毋陷○　　1.10/9/8

縈 yīng　　3

冠○不足帶有餘　3.9/27/4
冠○不足帶有餘者　3.9/27/10
而絕○與飲大樂　6.3/53/4

迎 yíng　　29

親○于渭　1.6/4/12,1.6/4/25
○齊姜以爲夫人　2.3/14/8
衰経履薪以○　2.4/14/24
姬下殿○曰　2.5/15/12
使人○孫叔敖而進之　2.5/15/20
趙姬請○盾與其母而納
　之　　2.8/17/8
往聘○之　2.13/20/13,2.15/21/22
高厚欲○牙　3.8/26/15
親○然後隨從　3.14/30/29
夫家禮不備而欲○之　4.1/32/11
恭公不親○　4.2/32/26
伯姬以恭公不親○　4.2/32/27
乃脩禮親○于華氏之室　4.6/34/29
孝公親○孟姬於其父母　4.6/35/4
親○之綏　4.6/35/4
使使者○夫人　4.10/37/17
以輜軿三十乘○之　4.11/38/4
○越姬之子熊章　5.4/43/26
而○其姊趙夫人　5.7/45/22
欲○我何之　5.7/45/24
○取其姊　5.7/45/30
使管仲○之　6.1/51/16
昔日公使我○甯戚　6.1/51/23
命管○之　6.1/52/3
○流而挹之　6.6/55/12
使使者以金百鎰往聘○
　之　　6.11/59/18
大夫殺孔悝之母而○公
　　　　7.12/71/22

盈 yíng　　5

不以天子之女故而驕○
　怠嫚　　1.1/1/10

○而蕩　　3.2/23/3
月○則虧　　3.2/23/5
天地○虛　　3.2/23/5
谿壑可○　3.10/28/12

楹 yíng　　3

閒居擁○而歎　1.9/7/11
今擁○而歎　1.9/7/11
又丹其父桓公廟宮之○　7.6/66/22

熒 yíng　　3

淫（如）〔妎〕○惑　7/63/13
美人○○兮　7.13/72/4

縈 yíng　　4

名緹○　6.15/62/21
緹○自悲泣　6.15/62/23
君子謂緹○一言發聖主
　之意　　6.15/63/3
緹○訟父　6.15/63/8

嬴 yíng　　16

伯○者　4.9/36/25
次至伯○　4.9/36/26
伯○持刀曰　4.9/36/26
舍伯○與其保阿　4.9/37/5
君子謂伯○勇而精一　4.9/37/5
伯○自守　4.9/37/11
鄭女之○媵　5.2/41/27
懷○者　5.3/42/25
穆公以○妻之　5.3/42/25
謂○氏曰　5.3/42/26
○氏對曰　5.3/42/27
君子謂懷○善處夫婦之
　間　　5.3/42/30
配以懷○　5.3/43/3
○不肯聽　5.3/43/3
曾莫我○○　7.13/72/5

營 yíng　　1

○妻子之私愛　5.5/44/16

郢 yǐng	4
〔遂〕入至○	4.9/36/26
乙爲○大夫	6.2/52/8
妾之子爲○大夫	6.2/52/15
王乃發鄢○之師以擊之	
	6.13/61/25

媵 yìng	12
○從伊尹	1.5/3/22
鄭女之嬴○	5.2/41/27
周大夫妻之○妾也	5.10/47/16
使○婢取酒而進之	5.10/47/18
○婢心知其毒酒也	5.10/47/18
妻恐○婢言之	5.10/47/20
○知將死	5.10/47/20
乃免○婢而笞殺其妻	5.10/47/21
使人陰問○婢曰	5.10/47/21
○婢曰	5.10/47/22
○婢辭曰	5.10/47/23
有莘氏之○臣也	6.1/51/21

庸 yōng	1
○爲去是身乎	5.4/43/20

雍 yōng	7
生太伯、仲○、王季	1.6/3/28
○○若一	1.13/11/18
邢侯與○子爭田	3.10/28/13
○子入其女於叔魚以求	
直	3.10/28/13
邢侯殺叔魚與○子于朝	
	3.10/28/14
而尸叔魚與○子于市	3.10/28/15

擁 yōng	5
閒居○楹而歎	1.9/7/11
今○楹而歎	1.9/7/11
○大蓋	2.12/19/23
野處則帷裳○蔽	4.6/35/8
○柱而歌	7.11/70/24

壅 yōng	1
恐○閼蔽塞而不得見	6.13/61/14

永 yǒng	5
待罪於○巷	2.1/12/24
○能屬兮	2.10/18/20
○懼匪懈	3/22/7
閉○巷之門	4.9/37/5
嗟然○久	6.6/55/18

勇 yǒng	6
君子謂伯嬴○而精一	4.9/37/5
○者不畏死	4.10/37/19
誠信○敢	5/41/6
吾聞將節○而不果生	5.5/44/7
夫戰而忘○	5.5/44/8
而○士死之	6.12/60/25

踴 yǒng	1
○躍築埋	1.9/6/23

用 yòng	39
聽而不○	1.9/7/13
今道不○於齊	1.9/7/13
勞其民而○之	1.10/8/17
桓公○管仲、甯戚	2.2/13/10
惠公不○	2.4/14/21
將焉○	2.4/14/26
楚莊○焉	2.5/15/27
將安所○此	2.7/16/26
不○	2.9/17/26
將自○也	3.2/22/27
衛侯於是悔不○其言	3.3/23/20
以不○仲子之言	3.8/26/16
聽○我謀	3.8/26/16
夒是○不祀	3.10/28/6
爾○憂譖	3.15/31/26
孝成○括	3.15/32/1
乃復召江乙而○之	6.2/52/20
是○大諫	6.2/52/21
王復○乙	6.2/52/25
○椝者少一人	6.7/56/6

聽○邪人	6.9/57/25
大王又安○之	6.11/59/16
妾聞明王之○人也	6.12/60/22
推一而○之	6.12/60/23
故楚○虞丘子	6.12/60/23
燕○郭隗	6.12/60/23
則此可○矣	6.12/60/24
吾○之奈何	6.12/60/24
聽○其言	7.1/63/19
姦宄是○	7.1/63/29
而○婦言	7.2/64/9
亂是○暴	7.2/64/13
則惡○子也	7.4/65/21
公使大夫宗〔婦〕○幣	
見	7.6/66/20
今婦贄○幣	7.6/66/21
好禍○亡	7.10/70/14
君〔貴〕○事（又）	
〔久〕	7.14/72/26
而李園貴○事	7.14/73/4
亂（時）〔是〕○餤	7.14/73/7

攸 yōu	1
無○遂	1.9/7/15

幽 yōu	16
其葉有○	2.1/12/30
周○王之后也	7.3/64/22
○王受而嬖之	7.3/65/1
○王乃廢后申侯之女而	
立襃姒爲后	7.3/65/2
○王惑于襃姒	7.3/65/2
○王乃欲其笑萬端	7.3/65/4
○王爲燧燧大鼓	7.3/65/4
○王欲悅之	7.3/65/5
申侯乃與繒、西夷犬戎	
共攻○王	7.3/65/6
○王舉燧燧徵兵	7.3/65/7
遂殺○王于驪山之下	7.3/65/7
興配○王	7.3/65/13
不待○間於朝廷	7.9/69/9
是爲○王	7.14/73/5
考烈王弟公子負芻之徒	
聞知○王非考烈王子	7.14/73/6
是爲○閔王	7.15/73/21

悠 yōu	2
驅馬○○	3.3/23/21

憂 yōu	29
而有○色	1.9/7/10
	6.1/51/17, 6.1/51/18
子若有○色	1.9/7/10
鄉見子有○色	1.9/7/11
是以○也	1.9/7/13
毋○容	1.10/9/9
慈母○戚悲哀	1.13/11/12
何如勤勞○懼如此	1.13/11/13
遺父母○	2.6/16/4
○民救亂	2.10/18/14
而懷楚國之○	2.15/21/26
職思其○	3.1/22/14
我心則○	3.3/23/22
吾○魯君老	3.13/30/6
此乃魯大夫之○	3.13/30/6
吾甚○之	3.13/30/10
謂我心○	3.13/30/13
王不○此	3.14/31/6
爾用○譖	3.15/31/26
心之○矣	4.13/39/17
主○臣辱	5.5/44/12
○妻子而忘仁義	5.5/44/13
其淫者○之	5.10/47/17
無○也	5.10/47/17
是故○之	6.1/51/24
管仲○疑	6.1/52/3
有深○	6.4/53/24
〔所○何也〕	6.4/53/24

優 yōu	3
女樂俳○	6.10/58/26
收倡○、侏儒、狎徒、	
能爲奇偉戲者	7.1/63/18
倡○在前	7.3/65/3

尤 yóu	2
得其罪○	1.7/6/1
○不可有邪辟之行焉	1.8/6/11

由 yóu	13
蓋○斯起	1.6/5/3
○禮動作	2.1/13/5
羊舌氏○是遂滅	3.10/28/10
○魯宮起	5.1/41/22
○是觀之	6.1/51/20
	6.1/51/21, 6.1/51/22
	6.1/51/22, 6.11/59/27
其道無○也	6.15/62/25
亂○姜起	7.4/65/29
○此疑太子	7.7/67/21
○臺上與東郭姜戲	7.11/70/22

油 yóu	4
○○之民	2.10/18/16
○○然與之處	2.10/18/17

游 yóu	1
敖○於嫚	1.1/1/9

猶 yóu	34
舜○內治	1.1/1/9
○謙謙恭儉	1.1/1/11
舜○不怨	1.1/1/16
事瞽叟○若焉	1.1/1/18
不○愈于亡乎	1.7/5/13
以歆之家而主○績	1.10/8/15
○恐忘先人之業	1.10/8/27
○不愛	1.13/11/11
前妻之子○不愛	1.13/11/12
○救其禍而除其害	1.13/11/14
○爲人子而事其父也	1.14/12/4
○恐無及	2.3/14/4
○知避害	2.6/16/7
○與之同死而不去	2.8/17/11
○諡曰「康」	2.11/19/18
王○不堪	3.1/22/13
妾在不○愈乎	3.3/23/18
譬○揜目而別黑白也	3.12/29/18
○無患也	3.12/29/19
○未嘗見乘居而匹處也	3.14/31/3
先君○有望也	4.2/32/29
財物○可復	4.2/33/5

○始于捋采之	4.4/34/2
意○一精	4.4/34/8
而○親變蔡姬也	5.4/43/18
○股肱也	5.4/43/20
○知持節行義	5.6/45/8
國○賴之	5.6/45/9
○豫	5.10/47/19
有一○愈	5.10/47/24
○以爲爲之者勞	6.3/53/5
王○見焉	6.12/61/1
○可說也	7.8/68/26
后有考烈王遺腹子○立	7.14/73/5

猷 yóu	1
○之未遠	6.2/52/21

遊 yóu	31
嬉○爲墓間之事	1.9/6/23
其嬉○乃設俎豆	1.9/6/25
其所與○者皆過己者也	1.10/8/5
所與○者	1.10/8/6
所與○處者	1.10/8/7
周共王○于涇上	3.1/22/11
出○	3.5/24/20
今者出○見之	3.5/24/21
其三子○于趙氏	3.11/28/25
其鄰人婦從之○	3.13/30/4
公○于琅邪	4.6/35/5
楚王出○	4.7/35/23
王出○	4.10/37/16
楚昭出○	4.10/37/27
昭王燕○	5.4/43/8
昔日之○	5.4/43/21
昔之○樂	5.4/43/23
楚昭○樂	5.4/44/1
孔子南○〔適楚〕	6.6/55/8
漢有○女	6.6/55/21
孔子出○	6.6/55/25
來○來歌	6.7/56/16
閔王出○	6.11/59/11, 6.11/60/5
寡人出○	6.11/59/12
今日出○	6.11/59/19
南○于唐五百里有樂焉	6.13/61/8
使○五百里外	6.13/61/9
聞大王出○五百里	6.13/61/14

王○于五百里之外	6.13/61/20
主父○沙丘宫	7.13/72/11

友 yǒu　　　　　　　　　12

見其○上堂	1.10/7/28
桓公坐○三人	1.10/8/3
于是乃擇嚴師賢○而事	
之	1.10/8/6
非特師傅、朋○相與切	
磋也	2.12/20/3
所○者以百數	3.15/31/20
子父之接忘而秦晉之○	
不加親也	5.3/42/26
先兄弟而後交○	5.5/44/15
先交○而後妻子	5.5/44/15
○娣者	5.14/50/6
延壽與其○田建陰殺季	
宗	5.14/50/7
君子謂○（姊）〔娣〕	
善復兄讎	5.14/50/15
長則為○	6.8/57/2

有 yǒu　　　　　　　　312

賢聖○智	1/1/3
○虞二妃者	1.1/1/8
靡○姦意	1.1/1/9
封象于○庫	1.1/1/18
嬪列○虞	1.1/1/24
歸而○娠	1.2/1/29
君子謂姜嫄静而○化	1.2/2/4
○娀氏之長女也	1.3/2/15
○玄鳥衔卵	1.3/2/15
君子謂簡狄仁而○禮	1.3/2/20
○娀方將	1.3/2/20
推恩○德	1.3/2/26
蓋母○力	1.3/2/27
湯妃○娎者	1.5/3/15
○娎氏之女也	1.5/3/15
○娎之妃湯也	1.5/3/16
後宫○序	1.5/3/16
君子謂妃明而○序	1.5/3/16
其○娎之謂也	1.5/3/17
湯妃○娎	1.5/3/22
九嬪○行	1.5/3/22
○（呂）〔台〕氏之女	1.6/3/27

靡○過失	1.6/3/28
及其○娠	1.6/4/5
禹后○（娶）〔莘〕姒	
氏之女	1.6/4/12
太姒生○十男	1.6/4/14
壹戎衣而○天下	1.6/4/17
富○四海之内	1.6/4/18
○不可以少加重任者	1.6/4/23
故君子謂太姒仁明而○	
德	1.6/4/24
大邦○子	1.6/4/25
○罪若何告無罪也	1.7/5/20
先君○冢卿以為師保而	
蔑之	1.7/5/20
○夫出征而喪其雄	1.7/5/23
〔○〕冶容〔之行〕	1.8/6/7
尤不可○邪辟之行焉	1.8/6/11
○寵	1.8/6/12
而○憂色	1.9/7/10
	6.1/51/17,6.1/51/18
子若○憂色	1.9/7/10
鄉見子○憂色	1.9/7/11
故○閨内之修	1.9/7/14
而○三從之道也	1.9/7/16
否則○辟	1.10/8/26
况○怠惰	1.10/8/28
繫于人何○	1.10/9/5
我○旨酒	1.10/9/6
○降服	1.10/9/9
君子○毅	1.10/9/10
上下○章	1.10/9/12
客○獻醇酒一器〔者〕	1.11/10/2
○獻一囊糗糒者	1.11/10/3
雖○以得勝	1.11/10/6
非○大故	1.12/10/18
婦人○三從之義	1.12/10/19
人情所○也	1.12/10/26
女子○行	1.12/10/29
○三子	1.13/11/10,5.14/50/6
前妻之子○五人	1.13/11/10
人○謂慈母曰	1.13/11/13
非吾○也	1.14/12/6
君子謂稷母廉而○化	1.14/12/8
動作○節	2/12/18
賢而○德	2.1/12/23
寔自○過	2.1/12/27
君子謂姜后善于威儀而	

○德行	2.1/12/28
隰桑○阿	2.1/12/30
其葉○幽	2.1/12/30
人君○三色	2.2/13/13
君子謂衛姬信而○行	2.2/13/18
○馬二十乘	2.3/13/29
○晉國者	2.3/14/3
貳必○咎	2.3/14/3
公子必○晉	2.3/14/5
若事○濟	2.3/14/6
豈○壓哉	2.3/14/7
賢而○義	2.4/14/19
執事○恪	2.5/15/23
靡○嫉妒	2.5/15/27
無○譴怒	2.6/16/4
夫人既○所好	2.7/16/21
○二不亦宜乎	2.7/16/24
且婦人○七見去	2.7/16/24
夫○外妻	2.7/17/1
雖○小過	2.8/17/11
君子謂趙姬恭而○讓	2.8/17/16
妾聞南山○玄豹	2.9/17/30
君子○二恥	2.10/18/15
國○道而賤	2.10/18/15
賢明○文	2.10/18/26
斜而○餘	2.11/19/6
是○餘貴也	2.11/19/10
是○餘富也	2.11/19/11
而○斯婦	2.11/19/13
僕○箕帚之妾	2.15/21/23
君子謂於陵妻為○德行	
	2.15/21/28
○三女奔之	3.1/22/11
諫者○刑	3.2/22/28
古者諸侯之○女子也	3.3/23/16
如使邊境○寇戎之事	3.3/23/17
一旦○車馳之難	3.3/23/18
若曹○難	3.4/24/6
若○罪焉	3.4/24/8
夫○陰德者	3.5/24/22
○愛好人者	3.6/25/4
必○憎妒人者	3.6/25/4
子貌○喜色	3.6/25/5
過闕復○聲	3.7/25/22
仁而○智	3.7/25/25
始妾獨以衛為○蘧伯玉	
爾	3.7/25/27

今衛復○與之齊者	3.7/25/28	今殖○罪	4.8/36/9	聞其妻之仁孝○義	5.15/50/25
是君○二〔賢〕臣也	3.7/25/28	則賤妾○先人之弊廬在	4.8/36/9	以爲○義	5.15/50/30
○車轔轔	3.7/26/5	夫婦人必○所倚者也	4.8/36/12	○婪氏之媵臣也	6.1/51/21
果○禍殃	3.8/26/21	妾○淫端	4.9/37/3	古○《白水》之詩	6.1/51/24
羊○母	3.9/27/4,3.9/27/9	何樂之○	4.9/37/4	先民○言	6.1/51/28
冠纓不足帶○餘	3.9/27/4	以爲○節	4.9/37/11	○入王宮中盜者	6.2/52/8
人○言	3.9/27/5	君子謂貞姜○婦節	4.10/37/22	楚國○常法	6.2/52/11
吾子拘○木治矣	3.9/27/6	吳王聞其美且○行	4.11/38/3	○何罪焉	6.2/52/14
是○木治（保）〔係〕		吳王賢其守節〔而〕○		○盜王宮中之物者	6.2/52/15
于獄矣	3.9/27/10	義	4.11/38/9	昔者周武王○言曰	6.2/52/16
冠纓不足帶○餘者	3.9/27/10	傅妾○子	4.12/38/21	百姓○過	6.2/52/16
故知吾子拘而○木治矣	3.9/27/11	夫人無子而婢妾○子	4.12/38/25	辭甚○度	6.2/52/25
南方○鳥	3.10/27/25	禮甚○度	4.12/39/8	願○謁于君	6.3/53/1
美而○色	3.10/27/30,7.11/70/19	雖○賢（匹）〔雄〕兮		秦穆公○盜食其駿馬之	
○奇福者	3.10/28/2		4.13/39/16	肉	6.3/53/3
必○奇禍	3.10/28/2	○如皎日	4.14/40/5	言射○法也	6.3/53/11
而○甚美者	3.10/28/3	未○子	4.15/40/14	景公○所愛槐	6.4/53/20
必○甚惡	3.10/28/3	幸○老母	4.15/40/15	嬰○淫色乎	6.4/53/23
將必以是大○敗也	3.10/28/4	何○險詖	5/41/6	殆○說	6.4/53/23
昔○仍氏生女	3.10/28/4	執節○常	5.2/42/20	○深憂	6.4/53/24
宕○豕心	3.10/28/5	○赤雲夾日如飛鳥	5.4/43/19	○一婦人乘車與大夫	
○窮后羿滅之	3.10/28/5	敢○自殺者	5.5/44/6	〔遇〕	6.5/54/17
夫○美物足以移人	3.10/28/6	曝日○救	5.5/44/10	既○狂夫昭氏在內矣	6.5/54/24
則必○禍也	3.10/28/7	○覺德行	5.6/45/10	○倫○脊	6.5/54/25
將○馬爲也	3.11/28/28	義姑○節	5.6/45/15	亦○其序	6.5/55/3
鮮能○仁	3.11/29/8	今十○餘年矣	5.7/45/22	○琴無軫	6.6/55/15
非○天咎	3.12/29/19	吾豈○二夫哉	5.7/45/24	○絺綌五兩	6.6/55/18
必○人禍	3.12/29/19	○人闕死于道者	5.8/46/5	（切）〔竊〕○狂夫名	
始吾以子爲○知	3.13/30/5	是縱○罪也	5.8/46/7	之者矣	6.6/55/19
夫魯國○患者	3.13/30/9	王○仁惠	5.8/46/9	南○喬木	6.6/55/21
魯連○寇	3.13/30/11	潔而○讓	5.8/46/16	漢○遊女	6.6/55/21
則魏必○禍矣	3.14/30/25	親假○罪	5.8/46/20	女娟通達而○辭	6.7/56/15
○禍必及吾家	3.14/30/25	吾○金	5.9/46/27	以主君殺妾爲○說也	6.8/56/30
心○所懷	3.14/30/26	所願卿無○外意	5.9/46/29	君○暴臣	6.8/57/3
殷之興也以○娎	3.14/31/1	秋胡子○之矣	5.9/47/5	齊○北郭先生者	6.9/57/17
南○強楚	3.14/31/5	心○淫思	5.9/47/11	賢明○道	6.9/57/17
西○橫秦	3.14/31/5	又○辱主之名	5.10/47/22	而使○司即窮驗問	6.9/57/19
即○〔如〕不稱	3.15/31/24	○一猶愈	5.10/47/24	○司受賂	6.9/57/25
使下而○知	4.2/32/29	今盡○之	5.10/47/24	既○汙名	6.9/57/27
先君猶○望也	4.2/32/29	慈惠○序	5.10/48/1	且自古○之	6.9/57/28
而夫○惡疾	4.4/33/30	〔○〕得公子者	5.11/48/7	皆已備○列位矣	6.10/58/17
夫○惡疾	4.4/34/8	○能得公子者	5.11/48/9	亦○何奇能哉	6.10/58/17
○義則合	4.5/34/15	行○死人	5.11/48/20	無○	6.10/58/18
其○大妨于王命者	4.6/35/1	母子○義如此	5.13/49/24	西○衡秦之患	6.10/58/22
（○如）〔謂予〕不信	4.7/35/25	甚○母恩	5.13/50/1	南○強楚之讎	6.10/58/22
（死）〔○〕如曒日	4.7/35/25	各（○）〔自〕伏愆	5.13/50/1	外○二國之難	6.10/58/22
楚王賢其夫人守節○義	4.7/35/26	其夫○讎人	5.15/50/25	君子謂鍾離春正而○辭	6.10/59/1

項○大瘤 6.11/59/11
意非○饜時也 6.11/59/26
宿瘤女○力焉 6.11/59/30
君子謂宿瘤女通而○禮 6.11/59/30
樂且○儀 6.11/60/1
此人必○與人異者矣 6.12/60/14
今大王既○明哲 6.12/60/18
如○過之者 6.12/60/22
今則未○ 6.12/60/22
而○道之士歸之 6.12/60/25
亦甚○文 6.12/61/1
南遊于唐五百里○樂焉 6.13/61/8
○一女童伏于幟下 6.13/61/12
願○謁于王 6.13/61/13
○龍無尾 6.13/61/15
○龍無尾者 6.13/61/17
馬○餘秣 6.13/61/23
王○五患 6.13/61/24
終卒○功 6.13/62/1
使諸君常○惠施于妾 6.14/62/10
○女五人 6.15/62/21
淳于公○罪當刑 6.15/62/22
〔○〕緩急非○益〔也〕 6.15/62/23
蓋聞○虞之時 6.15/62/26
今法○肉刑五 6.15/62/27
今人○過 6.15/62/29
亦孔○識 6.15/63/8
無○休時 7.1/63/19
日○亡乎 7.1/63/22
諸侯○畔者 7.2/64/7
令○罪者行其上 7.2/64/8
吾聞聖人之心○七竅 7.2/64/9
先是○童謠曰 7.3/64/27
後○人夫妻賣檿弧箕服之器者 7.3/64/27
褒人姁○獄 7.3/65/1
○寇至則舉 7.3/65/4
○四馬白旄至者 7.4/65/20
女○家 7.5/66/6
男○室 7.5/66/6
謂之○禮 7.5/66/6
若紂○良子而先殺紂 7.7/67/17
○父恩忍之 7.7/67/25
婦○長舌 7.7/68/5
固在下位而○不仁 7.8/68/22
○四德者 7.8/68/24
雖○聽慧之質 7.8/68/25
君○不善 7.9/69/9
告○疾 7.11/70/21
公知○罪矣 7.11/70/24
君之臣杼○疾不在 7.11/70/26
成○疾 7.11/70/29
○子不能教也 7.11/71/2
枝葉未○害 7.11/71/6
相鼠○皮 7.12/71/23
甚○色焉 7.13/72/6
孟姚數微言后○淫意 7.13/72/7
知○身 7.14/72/24
又安得長○寵乎 7.14/72/26
今妾〔自〕知○身矣 7.14/73/1
〔妾〕賴天○子男 7.14/73/2
后○考烈王遺腹子猶立 7.14/73/5

牖 yǒu 3

見先生之尸在○下 2.11/19/4
妾請開戶○待之 5.15/50/28
開戶○而臥 5.15/50/29

又 yòu 76

瞽叟○速舜飲酒 1.1/1/14
○曰 1.2/2/5,1.3/2/21,1.6/4/26,2.1/12/30,2.5/15/22,2.8/17/12,3.12/29/22,4.1/32/17,6.11/59/17,7.7/68/5
○作詩曰 1.7/5/11
大國○以為請 1.7/5/13
孟母○曰 1.9/6/24
爾○在下位 1.10/8/27
○問 1.11/9/28
王○以賜軍士 1.11/10/3
○召諸婦曰 1.12/10/19
○背秦賂 2.4/14/21
從之○違 2.13/20/20
○皆通于齊高子、國子 3.9/26/28
○不容于三室之邑 3.10/27/24
王○無義 3.14/30/24
左右○曰 4.2/33/2
○不遣妾 4.4/34/3
○恐其已見遣而不以時去 4.5/34/14
○何益于君王 4.9/37/4
今○去而嫁 4.11/38/8
今○煩孺子 4.12/38/23
夫人○何勤乎 4.12/38/27
今王○重之 4.14/39/29
今○使妾去之 4.15/40/22
吾○與女千金 5.2/41/29
而○多寵子 5.2/42/4
王○不明 5.2/42/10
後王○欲立公子職 5.2/42/10
死○若此 5.4/43/10
今○何也 5.5/44/10
死○何益于君 5.5/44/11
言之○殺主母 5.10/47/19
○有辱主之名 5.10/47/22
繼母○曰 5.13/49/22
○因哭泣 5.13/49/23
且○相讓 5.13/49/25
○縱兄之讎 5.14/50/11
○終不復嫁矣 5.14/50/13
○譏寡人 6.2/52/18
○不以私恚害公法 6.4/53/27
○何傷乎 6.7/56/10
長○能使 6.8/57/2
○未能得 6.10/58/20
○更召而問之 6.10/58/20
〔○〕不以隱對 6.10/58/20
大王○安用之 6.11/59/16
今秦○使人重賂左右 6.13/61/9
○重其荒 7.1/63/29
○重相謬 7.2/64/17
○娶于齊 7.4/65/18
盜○殺之 7.4/65/23
○丹其父桓公廟宮之楹 7.6/66/22
○與慶父謀殺閔公 7.6/66/25
○娶二女于戎 7.7/67/7
○殺之 7.7/68/3
身○伏辜 7.7/68/10
○貨晉大夫 7.8/68/17
○欲取之 7.9/69/16
其子黑要○通于夏姬 7.9/69/18
孟子○愬而殺之 7.10/70/8
公○請于崔氏之宰曰 7.11/70/25
○自經而死 7.11/71/5
○殘其身 7.11/71/5
○殺渾良夫 7.12/71/22

莊公以戎州之亂〇出奔 7.12/71/22
〇不得食 7.13/72/13
〇安得長有寵乎 7.14/72/26
君〔貴〕用事（〇）〔久〕 7.14/72/26

幼 yòu 10

然吾父母家〔多〕〇稚 1.12/10/18
士民之扶老攜〇而赴其閭者 3.4/24/10
大子〇 3.13/30/3,3.13/30/6
君老嗣〇 3.13/30/17
養〇孤 4.13/39/12
守養其孤〇 4.14/39/29
不忍〇弱之重孤也 4.14/40/3
其〇弱在于閭巷之時 6.9/57/18
成公〇 7.3/68/15

右 yòu 23

左〇顧 1.10/8/2,5.13/49/16
左琴〇書 2.15/21/25,2.15/22/1
左〇曰 4.2/33/1,6.12/60/13
左〇又曰 4.2/33/2
言其左〇無賢臣 4.3/33/20
越姬參〇 5.4/43/8
〇（乎）〔手〕如附枝 6.3/53/8
〇手發之 6.3/53/9
〇驂牝靡 6.7/56/9
〇驂牝騜 6.7/56/9
可置左〇 6.9/57/18
左〇聞之 6.10/58/15
（諂）〔諂〕諛強于左〇 6.10/58/25
左〇失貌 6.11/59/21
左〇復于王 6.12/60/12
朋其左〇 6.12/60/20
使其左〇謂王曰 6.13/61/7
今秦又使人重賂左〇 6.13/61/9
強秦使人內間王左〇 6.13/61/20
立在鄭子袖之〇 6.13/61/25

宥 yòu 1

夫安民而〇宗卿 1.7/5/13

囿 yòu 3

已而（閑）〔開〕〇示之株 3.11/28/28
夫山遠而〇近 3.11/28/28
以望雲夢之〇 5.4/43/9

誘 yòu 1

〇代王 5.7/45/21

于 yú 410

舜往〇田 1.1/1/16
既納〇百揆 1.1/1/17
賓〇四門 1.1/1/17
選〇林木 1.1/1/17
入〇大麓 1.1/1/17
每事常謀〇二女 1.1/1/17
封象〇有庳 1.1/1/18
舜陟方死〇蒼梧 1.1/1/19
二妃死〇江、湘之間 1.1/1/19
遂封棄〇邰 1.2/2/2
君子謂太姜廣〇德教 1.6/3/29
溲〇豕牢而生文王 1.6/4/5
目不視〇邪色 1.6/4/7
耳不聽〇淫聲 1.6/4/8
感〇善則善 1.6/4/9
感〇惡則惡 1.6/4/9
皆其母感〇物 1.6/4/9
親迎〇渭 1.6/4/12,1.6/4/25
燕燕〇飛 1.7/5/10
之子〇歸 1.7/5/10
遠送〇野 1.7/5/10
不猶愈〇亡乎 1.7/5/13
孫文子自是不敢舍其重器〇衛 1.7/5/17
獻兆〇定姜曰 1.7/5/23
獲鄭皇耳〇（大）〔犬〕丘 1.7/5/24
麗〇文辭 1.7/6/1
子之質聰達〇事 1.8/6/8
是不免〇廝役 1.9/7/1
而無以離〇禍患也 1.9/7/1
何以異〇織績而食 1.9/7/1
男則墮〇脩德 1.9/7/2
〇是孟母召孟子而謂之曰 1.9/7/7
〇是乃擇嚴師賢友而事之 1.10/8/6
君子謂敬姜備〇教化 1.10/8/8
繫〇人何有 1.10/9/5
康子辭〇朝而入見 1.10/9/13
天子及諸侯合民事〔〇外朝〕 1.10/9/14
〔合神事〕〇內朝 1.10/9/14
合官職〇外朝 1.10/9/15
合家事〇內朝 1.10/9/15
仲尼謂敬姜別〇男女之禮矣 1.10/9/18
使人請〇王 1.11/9/27
夫使人入〇死地 1.11/10/5
而自康樂〇其上 1.11/10/6
子發〇是謝其母 1.11/10/7
編〇母德 1.11/10/12
長繫〇夫 1.12/10/20
老繫〇子 1.12/10/20
〇是使少子僕 1.12/10/21
〇是大夫召母而問之曰 1.12/10/23
言〇穆公 1.12/10/27
出宿〇濟 1.12/10/29
飲餞〇禰 1.12/10/29
〇是 1.13/11/12,4.10/37/20,5.1/41/17,5.2/41/29
何以異〇凡母 1.13/11/14
誠受之〇下 1.14/12/1
不入〇家 1.14/12/3
使其傅母通言〇王曰 2.1/12/24
遂復姜后而勤〇政事 2.1/12/27
君子謂姜后善〇威儀而有德行 2.1/12/28
后夫人御〇君 2.1/12/28
至〇君所 2.1/12/29
然後進御〇君 2.1/12/29
足以立〇世矣 2.2/13/18
將死〇齊 2.3/13/29
與從者謀〇桑下 2.3/13/30
而言〇公子曰 2.3/14/1
秦穆公乃以兵內之〇晉 2.3/14/8
能育君子〇善 2.3/14/9

請粟○秦	2.4/14/21
請粟○晉	2.4/14/22
求賢人進○王	2.5/15/15
今賢○妾者二人	2.5/15/15
○是避舍	2.5/15/20
妻恐其懈○王事	2.6/16/3
昔舜耕○歷山	2.6/16/4
漁○雷澤	2.6/16/5
陶○河濱	2.6/16/5
夫鳳皇不罹○蔚羅	2.6/16/7
麒麟不入○陷穽	2.6/16/7
蛟龍不及○枯澤	2.6/16/7
而況○人乎	2.6/16/7
生○亂世	2.6/16/8
而迫○暴虐	2.6/16/8
狄人入其二女叔（隗）	
〔隗〕、季隗○公子	2.8/17/6
與人勤○隘厄	2.8/17/9
況○安新忘舊乎	2.8/17/12
故福結○子孫	2.9/17/29
名傳○後世	2.9/17/29
將陷○害	2.10/18/16
仕○下位	2.10/18/17
能至○此	2.11/19/6
何樂○此而謚為「康」	
乎	2.11/19/9
不戚戚○貧賤	2.11/19/12
不忻忻○富貴	2.11/19/12
且吾聞寧榮○義而賤	2.12/19/28
○是其夫乃深自責	2.12/19/28
○是晏子賢其能納善自	
改	2.12/20/1
列○君子	2.12/20/8
夫安貧賤而不怠○道者	
	2.13/20/21
言不怠○道也	2.13/20/22
○是子終出	2.15/21/27
周共王遊○涇上	3.1/22/11
莫敖狃○蒲騷之役	3.2/22/27
莫敖令○軍中曰	3.2/22/28
群帥囚○（治）〔冶〕	
父以待刑	3.2/22/29
王薨○行	3.2/23/4
卒○橘木之下	3.2/23/4
繫援○大國也	3.3/23/16
而嫁之○許	3.3/23/19
言至○曹	3.3/23/22

負羈之妻言○夫曰	3.4/24/4
必興○楚	3.5/24/24
吾言○朝	3.6/25/5
○是為大會	3.6/25/8
畢羊乃遂州犁○荊	3.6/25/11
君子謂衛夫人明○知人	
道	3.7/25/29
靈公娶○魯	3.8/26/10
夫人仲子與其娣戎子	
〔皆〕嬖○公	3.8/26/11
列○諸侯矣	3.8/26/12
其○斯發事乎	3.9/26/28
又皆通○齊高子、國子	3.9/26/28
○是文仲託○三家	3.9/27/2
○是召而語之曰	3.9/27/5
是有木治（保）〔係〕	
○獄矣	3.9/27/10
軍○境上	3.9/27/11
果拘○齊	3.9/27/17
不容○晉	3.10/27/23
又不容○三室之邑	3.10/27/24
是○夫子不容也	3.10/27/24
○是乃盛以甕	3.10/27/27
叔向欲娶○申公巫臣氏	
夏姬之女	3.10/27/30
而天鍾美○是	3.10/28/4
邢侯殺叔魚與雍子○朝	
	3.10/28/14
而尸叔魚與雍子○市	3.10/28/15
察○情性	3.10/28/20
其三子遊○趙氏	3.11/28/25
設令伐株○山	3.11/28/27
王亂○無別	3.14/30/23
會使○齊	3.14/30/26
婦人脆○志	3.14/30/27
窳○心	3.14/30/27
而自納之○後宮	3.14/30/30
括母上書言○王曰	3.15/31/18
既許嫁○酆	4.1/32/11
夫家訟之○理	4.1/32/14
致之○獄	4.1/32/14
嫁伯姬○宋恭公	4.2/32/26
伯姬迫○父母之命而行	4.2/32/27
致命○伯姬	4.2/32/28
繆姜出○房	4.2/32/28
大夫勤勞○遠道	4.2/32/29
伯姬既嫁○恭公	4.2/32/30

遂逮○火而死	4.2/33/3
故相與聚會○澶淵	4.2/33/5
不愆○儀	4.2/33/7
嫁○衛	4.3/33/16
衛君使人愬○齊兄弟	4.3/33/18
故舉而列之○《詩》也	4.3/33/21
既嫁○蔡	4.4/33/30
猶始○捋采之	4.4/34/2
終○懷襭之	4.4/34/2
況○夫婦之道乎	4.4/34/3
吾何可以離○婦道乎	4.5/34/16
乃脩禮親迎○華氏之室	4.6/34/29
其有大妨○王命者	4.6/35/1
遂納○宮	4.6/35/5
公遊○琅邪	4.6/35/5
將妻其夫人而納之○宮	4.7/35/22
生離○地上	4.7/35/24
豈如死歸○地下哉	4.7/35/24
君子謂夫人說○行善	4.7/35/27
故序之○《詩》	4.7/35/27
列○貞賢	4.7/36/4
使使者弔之○路	4.8/36/8
若令殖免○罪	4.8/36/9
○是莊公乃還車	4.8/36/10
乃（枕）〔就〕其夫之	
屍○城下而哭〔之〕	4.8/36/11
哭夫○城	4.8/36/20
又何益○君王	4.9/37/4
○是吳王慚	4.9/37/4
施○條枚	4.9/37/6
○死者亦然	4.11/38/8
○禮、斥絀之人也	4.12/38/23
可謂行成○內	4.12/39/2
而名立○（夫）〔後〕	
世矣	4.12/39/2
況○貞良	4.13/39/15
其為人榮○色而美○行	
	4.14/39/27
○是相以報	4.14/40/4
妾聞寧載○義而死	4.15/40/20
不載○地而生	4.15/40/20
將何以立○世	4.15/40/21
君子謂孝婦備○婦道	4.15/40/25
求公子稱○宮	5.1/41/13
臥○稱之處	5.1/41/14
遇稱舅魯大夫○外	5.1/41/15
王問之○令尹子上	5.2/42/4

王退而問○夫人	5.2/42/5	得珠十枚○繼母鏡奩中
在○饋食之間而已	5.2/42/7		5.13/49/15
而言之○王	5.2/42/12	納珠○關	5.13/50/1
保母以其言通○王	5.2/42/14	雖生不可以行○世	5.15/50/27
興○不顧	5.2/42/20	屠牛○朝歌市	6.1/51/20
圍質○秦	5.3/42/25	九十而封○齊	6.1/51/20
辱○秦	5.3/42/27	○是管仲乃下席而謝曰	6.1/51/22
今乃比○妃嬪	5.4/43/12	詢○弱蕘	6.1/51/28
取婢子○弊邑	5.4/43/16	請○王而絀之	6.2/52/8
○是王寤	5.4/43/17	乃往言○王曰	6.2/52/9
然可（移）〔以〕移○		願有謁○君	6.3/53/1
將相	5.4/43/19	仁著○天下	6.3/53/4
將請以身禱○神	5.4/43/20	其幹生○太山之阿	6.3/53/6
及君王復○禮	5.4/43/22	敦（○）〔弓〕既堅	6.3/53/10
而況○妾乎	5.4/43/22	○是衍醉而傷槐	6.4/53/21
請願先驅狐狸○地下	5.4/43/22	乃造○相晏子之門	6.4/53/22
讓位○三弟	5.4/43/25	願得備數○下〔陳〕	6.4/53/22
王薨○軍中	5.4/43/25	禱祠○名山神（女）	
令○蓋群臣曰	5.5/44/6	〔水〕	6.4/53/26
忠孝忘○身	5.5/44/9	醉至○此	6.4/53/26,6.7/56/3
死又何益○君	5.5/44/11	鄭簡公使大夫聘○荊	6.5/54/17
況○子乎	5.5/44/17	至○狹路	6.5/54/17
子之○母	5.6/45/3	今○狹路之中	6.5/54/19
其親愛也痛甚○心	5.6/45/3	盍從我○鄭乎	6.5/54/23
○是齊將按兵而止	5.6/45/7	流入○海	6.6/55/11
使人言○齊君曰	5.6/45/7	棄○野鄙	6.6/55/19
乃至○境	5.6/45/7	斯婦人達○人情而知禮	6.6/55/20
而況○朝臣士大夫乎	5.6/45/8	至○華山之陽	6.7/56/10
果○行義	5.6/45/9	乃納幣○父母	6.7/56/15
自殺○磨笄之地	5.7/45/25	爲我通○主君	6.8/56/26
有人關死○道者	5.8/46/5	士長爲之言○襄子	6.8/56/27
言之○相	5.8/46/7	○是襄子見而問之曰	6.8/56/28
言之○王	5.8/46/7,5.8/46/9	故使至○反	6.8/56/30
屬之○妾曰	5.8/46/12	此乃在○主君	6.8/57/1
何以居○世哉	5.8/46/14	將就○論	6.8/57/10
相入言○王	5.8/46/14	其幼弱在○閭巷之時	6.9/57/18
去而官○陳	5.9/46/25	乃閉虞姬○九層之臺	6.9/57/19
潔婦精○善	5.9/47/5	不合○意	6.9/57/20
夫不孝莫大○不愛其親		生○天壤之間	6.9/57/21
而愛其人	5.9/47/5	湮○百重之下	6.9/57/22
自衛仕○周	5.10/47/16	積之○（大）〔素〕雅	6.9/57/23
其妻淫○鄰人	5.10/47/16	妾之冤明○白日	6.9/57/26
遂抱公子逃○深澤之中		雖銜號○九層之內	6.9/57/26
	5.11/48/15	○是王大寤	6.9/57/30
爲孺子室○宮	5.11/48/18	顯之○朝市	6.9/57/30
恩出○中心也	5.11/48/20	○是乃拂拭短褐	6.10/58/13
內珠入○關者死	5.13/49/14	宣王方置酒○漸臺	6.10/58/15

○是宣王乃召見之	6.10/58/16
今女子不容○鄉里布衣	
	6.10/58/17
賢者〔伏〕匿○山林	6.10/58/25
（諂）〔諂〕諛強○左	
右	6.10/58/25
邪僞立○本朝	6.10/58/26
○是宣王喟然而嘆曰	6.10/58/28
○是（折）〔拆〕漸臺	
	6.10/58/29
○是王遣歸	6.11/59/17
○是如故隨使者	6.11/59/19
安○節儉	6.11/59/24
○是諸夫人皆大慚	6.11/59/27
閔王至○此也	6.11/59/29
而弒死○外	6.11/59/30
三逐○鄉	6.12/60/10
五逐○里	6.12/60/10,6.12/60/11
妾三逐○鄉	6.12/60/11
擯棄○野	6.12/60/12
左右復○王	6.12/60/12
三逐○鄉者	6.12/60/13
五逐○里者	6.12/60/13
南遊○唐五百里有樂焉	6.13/61/8
有一女童伏○幟下	6.13/61/12
願有謁○王	6.13/61/13
欲言隱事○王	6.13/61/14
不思禍之起○後也	6.13/61/16
王遊○五百里之外	6.13/61/20
君子謂莊姪雖違○禮而	
終守以正	6.13/61/26
使諸君常有惠施○妾	6.14/62/10
婦人以辭不見棄○鄰	6.14/62/11
漢太倉令淳○公之少女	
也	6.15/62/21
淳○公無男	6.15/62/21
淳○公有罪當刑	6.15/62/22
淳○公遂得免焉	6.15/63/2
美○色	7.1/63/17
薄○德	7.1/63/17
淫○婦人	7.1/63/18
聚之○旁	7.1/63/19
置妹喜○膝上	7.1/63/19
羈其頭而飲之○酒池	7.1/63/20
○是湯受命而伐之	7.1/63/23
戰○鳴條	7.1/63/23
與末喜、嬖妾同舟流○	

海	7.1/63/24	卒薨○東宮	7.8/68/25	**於 yú**		66
死○南巢之山	7.1/63/24	公孫寧、儀行父與陳靈				
嬖幸○紂	7.2/64/3	公皆通○夏姬	7.9/69/8	敖游○嫚	1.1/1/9	
積之○後宮	7.2/64/6	以戲○朝	7.9/69/8	四嶽（鷹）〔薦〕之○堯	1.1/1/9	
○是剖心而觀之	7.2/64/10	其子黑要又通○夏姬	7.9/69/18	二女承事舜○畎畝之中	1.1/1/10	
戰○牧野	7.2/64/10	巫臣聘○齊	7.9/69/19	承舜○下	1.1/1/24	
○是武王遂致天之罰	7.2/64/11	淫通○大夫慶剋	7.10/70/3	懼棄○野	1.2/2/10	
懸○小白旗	7.2/64/11	與之蒙衣乘輦而入○閎	7.10/70/3	與其妹（姊）〔娣〕浴		
伺○王庭而言曰	7.3/64/22	會諸侯○柯陵	7.10/70/5	○玄丘之水	1.3/2/15	
髹流○庭	7.3/64/25	淫○慶剋	7.10/70/14	樂○施惠	1.3/2/17	
遂竄○褒	7.3/64/28	其室比○公宮	7.11/70/20	封之○亳	1.3/2/18	
幽王惑○褒姒	7.3/65/2	公請○崔氏曰	7.11/70/24	君子謂塗山彊○教誨	1.4/3/5	
遂殺幽王○驪山之下	7.3/65/7	公又請○崔氏之宰曰	7.11/70/25	至○岐下	1.6/4/1	
○是諸侯乃即申侯而共		○是二子歸殺棠毋咎、		未必至○斯也	1.6/4/24	
立故太子宜臼	7.3/65/8	東郭偃○崔之庭	7.11/71/1	自送之至○野	1.7/5/9	
又娶○齊	7.4/65/18	愬之○慶氏	7.11/71/2	且告無罪○廟	1.7/5/19	
遂死○車	7.5/66/9	以至○此	7.11/71/2	君子謂定姜達○事情	1.7/5/25	
通○二叔公子慶父、公		通○宋子朝	7.12/71/15	今子不察○禮	1.9/7/8	
子牙	7.6/66/23	南子讒太子○靈公曰	7.12/71/16	而責禮○人	1.9/7/9	
遂殺子般○黨氏	7.6/66/24	姬使良夫○蒯瞶	7.12/71/18	君子謂孟母知禮而明○		
遂使卜齮襲弒閔公○武		子苟能內我○國	7.12/71/18	姑母之道	1.9/7/9	
闈	7.6/66/25	迫其子悝○廁	7.12/71/21	今道不用○齊	1.9/7/13	
淫○魯莊	7.6/67/1	封章○代	7.13/72/8	所執贄而見○窮閭隘巷		
獻公娶○齊	7.7/67/6	〔詘〕○〔其〕弟	7.13/72/10	者七十餘人	1.10/8/4	
又娶二女○戎	7.7/67/7	乃欲分趙而王章○代	7.13/72/10	少繫〔○〕父母	1.12/10/19	
驪姬嬖○獻公	7.7/67/8	多失禮○王兄弟	7.14/72/27	獨○假子而不爲	1.13/11/14	
○是驪姬乃說公曰	7.7/67/9	誠以君之重而進妾○楚		何以立○世	1.13/11/16	
甚寬惠而慈○民	7.7/67/13	王	7.14/73/1	各成○禮義	1.13/11/19	
今謂君惑○我	7.7/67/13	倡后既嬖幸○王	7.15/73/20	不計○心	1.14/12/2	
行强○君	7.7/67/14	陰譖后及太子○王	7.15/73/20	自歸罪○宣王	1.14/12/6	
〔至○今吾豈知紂之善		使人犯太子而陷之○罪		況○受金乎	1.14/12/9	
否哉〕	7.7/67/18		7.15/73/20	待罪○永巷	2.1/12/24	
申生祭○曲沃	7.7/67/22	通○春平君	7.15/73/21	必死○此矣	2.3/14/3	
歸福○絳	7.7/67/22	遷遂見虜○秦	7.15/73/22	勤○政事	2.5/15/12	
乃置鴆○酒	7.7/67/22	共立嘉○代	7.15/73/23	〔立○堂下〕	2.11/19/3	
施毒○脯	7.7/67/22			耕○蒙山之陽	2.14/21/3	
覆酒○地	7.7/67/23	**余 yú**	7	能免○患乎	2.14/21/10	
遂自經○新城廟	7.7/68/1			君子謂老萊妻果○從善		
○是秦立夷吾	7.7/68/4	○以巾櫛事先君而暴妾			2.14/21/12	
晉人殺懷公○高梁	7.7/68/4	使○	1.7/5/21	楚○陵子終之妻也	2.15/21/22	
繆姜通○叔孫宣伯	7.8/68/16	○懼穆伯之絕嗣也	1.10/9/1	楚王聞○陵子終賢	2.15/21/22	
晉、楚戰○鄢陵	7.8/68/16	○心蕩	3.2/23/2	○陵子終曰	2.15/21/23	
魯（逐）〔遂〕擯繆姜		○	7.3/64/23,7.11/70/22	食方丈○前	2.15/21/24	
○東宮	7.8/68/19	○聞崔子之疾也	7.11/70/23		2.15/21/25	
是○《周易》曰	7.8/68/20			君子謂○陵妻爲有德行		
今我婦人而與○亂	7.8/68/22				2.15/21/28	
必死○此	7.8/68/25			○陵處楚	2.15/22/1	

必致之〔○〕王　3.1/22/12
○是王使賴人追之　3.2/22/27
衛侯○是悔不用其言　3.3/23/20
禍至○此　3.8/26/16
君子謂仲子明○事理　3.8/26/16
必○變動　3.9/26/27
言取郭外萌內之○城中
　也　3.9/27/7
○是以臧孫母之言　3.9/27/11
雍子入其女○叔魚以求
　直　3.10/28/13
子誠不習○禮　3.12/29/18
不達○人事　3.12/29/18
願以聞○王　3.14/30/26
孝公親迎孟姬○其父母　4.6/35/4
將改斯樂而勤○政也　5.4/43/15
將相之○孤　5.4/43/20
抱其所攜而走〔○〕山　5.6/44/29
厚○恩義也　5.15/50/30
〔四方之士多歸○〕齊
〔而〕國以治〔也〕
　　6.12/60/26
樂之○前　6.13/61/16
求美女積之○後宮　7.1/63/18
囚之○夏臺　7.1/63/23
毋必假手○武王以廢其
　祀　7.7/67/18
不待幽閒○朝廷　7.9/69/9
靈公與二子飲○夏氏　7.9/69/11
襄老死○邲　7.9/69/18
巫臣使介歸幣○楚　7.9/69/20

俞 yú　1
○　1.1/1/13

臾 yú　1
妾無須○而忘君也　4.7/35/23

魚 yú　18
魴○赬尾　2.6/16/9
作詩魴○　2.6/16/14
食我以同○　3.9/27/4,3.9/27/9
叔向、叔○之母也　3.10/27/22
叔○名鮒　3.10/27/22

叔姬之始生叔○也　3.10/28/11
及叔○長　3.10/28/13
雍子入其女於叔○以求
　直　3.10/28/13
邢侯殺叔○與雍子于朝
　　3.10/28/14
而尸叔○與雍子于市　3.10/28/15
叔○卒以貪死　3.10/28/15
叔○食我　3.10/28/20
懍懍之○　6.1/51/25
糊以（阿）〔河〕之
　膠　6.3/53/7
比目之○也　6.12/60/19
大○失水　6.13/61/15
大○失水者　6.13/61/16

渝 yú　2
舍命不○　5.2/42/16,5.12/49/3

虞 yú　18
有○二妃者　1.1/1/8
嬪列有○　1.1/1/24
○丘子也　2.5/15/13
○丘子賢則賢矣　2.5/15/14
妾聞○丘子相楚十餘年　2.5/15/17
王以姬〔之〕言告○丘
　子　2.5/15/19
非刺○丘　2.5/15/27
○姬者　6.9/57/15
○姬謂王曰　6.9/57/17
乃惡○姬　6.9/57/18
乃閉○姬于九層之臺　6.9/57/19
乃召○姬而自問焉　6.9/57/20
○姬對曰　6.9/57/20
出○姬　6.9/57/30
君子謂○姬好善　6.9/58/1
○姬譏刺　6.9/58/6
故楚用○丘子　6.12/60/23
蓋聞有○之時　6.15/62/26

愚 yú　9
寡人雖○　2.2/13/17
寡人○陋　2.14/21/5
太子少○　3.13/30/9

○僞日起　3.13/30/9
○悖姦生　3.13/30/17
非○姦之所聞也　4.11/38/6
其子必不○　6.2/52/20
盡其○辭　6.12/60/12
而○民陷焉　6.15/62/28

漁 yú　1
○于雷澤　2.6/16/5

踰 yú　5
皆不○閾　1.10/9/17
甘不○嗌　1.11/10/4
雖○正禮　1.12/10/20
妾聞妃后○閾　4.6/35/7
公○墻而逃　7.11/70/27

餘 yú　17
所執贄而見於窮閭隘巷
　者七十○人　1.10/8/4
妾聞虞丘子相楚十○年　2.5/15/17
斜而有○　2.11/19/6
是有○貴也　2.11/19/10
是有○富也　2.11/19/11
冠纓不足帶有○　3.9/27/4
冠纓不足帶有○者　3.9/27/10
代廉頗三十○日　3.15/31/24
今刑○之人　4.14/40/3
今十有○年矣　5.7/45/22
不勝王祝杯酌之○瀝　6.7/56/3
至今十○年矣　6.9/57/22
至今千○歲　6.11/59/26
馬有○秣　6.13/61/23
何愛東壁之○光　6.14/62/10
三月○　7.13/72/13
今君相楚三十○年　7.14/72/25

諛 yú　5
讒○之臣也　6.9/57/17
（諂）〔諂〕○强于左
　右　6.10/58/25
退（諂）〔諂〕○　6.10/58/29
○（目）〔臣〕群女　7.2/64/6

上下相○　7.3/65/6

輿 yú　10

飾在○馬　1.8/6/9
楚狂接○之妻也　2.13/20/13
接○躬耕以爲食　2.13/20/13
接○笑而不應　2.13/20/14
接○曰　2.13/20/15
　2.13/20/17,2.13/20/19
君子謂接○妻爲樂道而
　遠害　2.13/20/21
接○之妻　2.13/20/27
楚聘接○　2.13/20/27

歟 yú　1

非朕德薄而教之不明○
　6.15/62/27

予 yú　8

何以○之　1.9/6/27
莫○云覯　3.10/27/29
唱○和汝　3.12/29/22
（有如）〔謂○〕不信　4.7/35/25
謂○不信　4.14/40/5
以金○之　5.9/47/2
罪○一人　6.2/52/16
○之不忘　6.11/59/15

羽 yǔ　1

差池其○　1.7/5/10

宇 yǔ　1

聿來胥○　1.6/4/1

雨 yǔ　8

泣涕如○　1.7/5/10
霧○七日而不下食者　2.9/17/30
風○不時　6.4/53/25
三年不○　6.4/53/28
吾所以請○者　6.4/53/29
天大○　6.4/53/30

○雪霏霏　6.13/61/27
造瓊室瑤臺以臨雲○　7.1/63/22

禹 yǔ　8

夏○娶以爲妃　1.4/3/3
○去而治水　1.4/3/3
○爲天子　1.4/3/5
持○之功而不殞　1.4/3/5
維配帝○　1.4/3/10
○往敷土　1.4/3/10
○后有（娶）〔莘〕姒
　氏之女　1.6/4/12
睪子生五歲而贊○　6.1/51/21

圉 yǔ　6

○質于秦　5.3/42/25
○將逃歸　5.3/42/25
子○遂逃歸　5.3/42/30
晉○質秦　5.3/43/3
○將與逃　5.3/43/3
子○立　7.7/68/4

俁 yǔ　1

飛鳥○翼之　1.2/1/31

語 yǔ　18

吾○汝　1.10/8/9
吾○女　1.10/8/16
使者遂不得與○而去　2.13/20/14
遂○夫人其實焉　3.7/25/29
于是召而○之曰　3.9/27/5
○不及外　4.6/34/28
《論○》曰　5.1/41/17
　5.13/49/26,5.15/50/31
獨今乃○我乎　5.14/50/8
吾請○子其故　6.1/51/23
人（也）〔已〕○君矣　6.1/51/24
不敢談○　6.5/55/3
不意大王乃復見〔而〕
　與之○　6.9/57/23
王召與○　6.11/60/5
與之○三日　6.12/60/15
與○三日　6.12/61/1

辭○甚分　6.14/62/16

與 yǔ　208

瞽叟○象謀殺舜　1.1/1/11
象復○父母謀　1.1/1/13
二女乃○舜藥　1.1/1/14
○二嫂諧　1.1/1/15
○其妹（姊）〔娣〕浴
　於玄丘之水　1.3/2/15
簡狄○其妹娣競往取之　1.3/2/16
必○太姜　1.6/3/28
亦○之謀　1.6/4/2
舍大臣而○小臣謀　1.7/5/20
私室不○焉　1.9/7/6
其所○遊者皆過己者也　1.10/8/5
所○遊者　1.10/8/6
所○遊處者　1.10/8/7
所以治蕪○莫也　1.10/8/11
○三公九卿組織施德　1.10/8/18
○百官之政事　1.10/8/19
○太史、司載（枓）
　〔糾〕虔天刑　1.10/8/20
○之言　1.10/9/12
敬姜闔門而○之言　1.10/9/16
康子○焉　1.10/9/17
願○少子俱　1.12/10/20
獨○九子居　1.12/10/24
○諸婦孺子期夕而反　1.12/10/25
不得○前妻子齊　1.13/11/11
桓公○管仲謀伐衛　2.2/13/11
吾○衛無故　2.2/13/12
○舅犯奔狄　2.3/13/29
○從者謀于桑下　2.3/13/30
姜○舅犯謀　2.3/14/6
可○竊言　2.3/14/10
姜（輿）〔○〕犯謀　2.3/14/14
○惠公異母　2.4/14/19
秦○之　2.4/14/22
晉不○　2.4/14/22
秦遂興兵○晉戰　2.4/14/22
乃○太子罃、公子弘、
　○簡璧　2.4/14/23
○賢者俱　2.5/15/13
己○同處　2.5/15/27
蓋○其鄉人陳素所○大
　夫言　2.6/16/4

當○時小同	2.6/16/6	
○趙衰奔狄	2.8/17/6	
趙姬請迎盾○其母而納		
之	2.8/17/8	
○人勤于隘厄	2.8/17/9	
○人同寒苦	2.8/17/11	
猶○之同死而不去	2.8/17/11	
乃逆叔隗○盾來	2.8/17/13	
願○少子俱脫	2.9/18/2	
婦乃○少子歸	2.9/18/3	
油油然○之處	2.10/18/17	
夫子之信誠而○人無害		
兮	2.10/18/18	
曾子○門人往弔之	2.11/19/3	
可○竊言	2.11/19/14	
非特師傅、朋友相○切		
磋也	2.12/20/3	
使者遂不得○語而去	2.13/20/14	
老萊○妻	2.14/21/17	
請入○計之	2.15/21/23	
非○物無治也	2.15/21/25	
遂相○逃而爲人灌園	2.15/21/27	
入○妻謀	2.15/22/1	
○群帥悉楚師以行	3.2/22/24	
羅○盧戎擊之	3.2/22/29	
○時消息	3.2/23/5	
懿公將○許	3.3/23/15	
孰可○慮社稷	3.3/23/18	
謀許○齊	3.3/23/27	
吾欲飲諸大夫酒而○之		
謀	3.6/25/7	
○諸大夫飲	3.6/25/8	
靈公○夫人夜坐	3.7/25/22	
夫忠臣○孝子	3.7/25/24	
今衛復有○之齊者	3.7/25/28	
夫人○存	3.7/26/5	
夫人仲子○其娣戎子		
〔皆〕嬖于公	3.8/26/11	
魯○齊通壁	3.9/26/28	
公及大夫相○議之	3.9/27/4	
相○攘羊而遺之	3.10/27/23	
爲胏○鮒亨之	3.10/27/25	
今胏○鮒	3.10/27/26	
以明不○	3.10/27/27	
羊舌子不○攘羊之事矣		
	3.10/27/28	
○祁勝爲亂	3.10/28/10	
邢侯○雍子爭田	3.10/28/13	
邢侯殺叔魚○雍子于朝		
	3.10/28/14	
而尸叔魚○雍子于市	3.10/28/15	
以詐○民	3.11/29/8	
婦人何○焉	3.13/30/6	
婦人無○者	3.13/30/10	
遂○太子妃	3.14/31/7	
盡以○軍吏士大夫	3.15/31/20	
女○其人言	4.1/32/11	
故相○聚會于澶淵	4.2/33/5	
齊兄弟皆欲○君	4.3/33/18	
一○之醮	4.4/34/1	
自御輪三曲顧姬○	4.6/35/4	
下妾不得○郊弔	4.8/36/9	
聊○子同歸	4.8/36/15	
楚○吳爲伯莒之戰	4.9/36/25	
舍伯嬴○其保阿	4.9/37/5	
王○宮人約	4.10/37/17	
不○衆同	4.13/39/14	
孝公父武公○其二子長		
子括、中子戲朝周宣		
王	5.1/41/11	
義保○其子俱入宮	5.1/41/13	
括之子伯御○魯人作亂	5.1/41/13	
吾又○女千金	5.2/41/29	
子瞀退而○其保言曰	5.2/42/11	
○其無義而生	5.2/42/13	
子其○我行乎	5.3/42/27	
圍將○逃	5.3/43/3	
吾願○子生若此	5.4/43/10	
	5.4/43/13	
王弟子閭○子西、子期		
謀曰	5.4/43/25	
吾不能○子蒙恥而生焉	5.5/44/17	
庶民國人不吾○也	5.6/45/5	
願以○夫人	5.9/46/27	
收子之齎○笥金	5.9/46/29	
節乳母○公子俱逃	5.11/48/7	
我聞公子○乳母俱逃	5.11/48/11	
○公子俱死	5.11/48/16	
○俱遁逃	5.11/48/24	
兄子○其己子在火中	5.12/48/29	
道遠○弱小俱	5.13/49/21	
若繼母○假女推讓爭死		
	5.13/49/27	
季兒兄季宗○延壽爭葬		
父事		5.14/50/6
延壽○其友田建陰殺季		
宗		5.14/50/7
所○共殺吾兄者爲誰		5.14/50/8
○子同枕席		5.14/50/11
君子謂妾婧爲可○謀		6.1/51/27
是○使人盜何以異也		6.2/52/13
而絕纓○飲大樂		6.3/53/4
君子謂弓工妻可○處難		6.3/53/10
有一婦人乘車○大夫		
〔遇〕		6.5/54/17
其可○言乎		6.6/55/9
○津吏期		6.7/55/30
義不○婦人同舟而渡也		6.7/56/8
○妾同舟		6.7/56/10
遂○渡		6.7/56/10
妾之子○在論中		6.8/57/3
嘗○北郭先生通		6.9/57/18
不意大王乃復見〔而〕		
○之語		6.9/57/23
烹阿大夫○周破胡		6.9/57/30
夫飾○不飾		6.11/59/22
夫飾〔○不飾〕相去千		
萬		6.11/59/22
飾○不飾		6.11/59/27
王召○語		6.11/60/5
此人必有○人異者矣		6.12/60/14
○之語三日		6.12/60/15
夫屋堅○不堅		6.12/60/17
國家安○不安		6.12/60/18
○語三日		6.12/61/1
○鄰婦李吾之屬會燭相		
從夜績		6.14/62/6
李吾（○）〔謂〕其屬		
曰		6.14/62/7
請無○夜也		6.14/62/7
是何言○		6.14/62/7
自○蔽薄		6.14/62/8
遂復○夜		6.14/62/11
日夜○末喜及宮女飲酒		7.1/63/19
○末喜、嬖妾同舟流于		
海		7.1/63/24
夏后卜殺之○去		7.3/64/23
出入○之同乘		7.3/65/3
申侯乃○繒、西夷犬戎		
共攻幽王		7.3/65/6
周○諸侯無異		7.3/65/8

乃○壽弟朔謀構伋子	7.4/65/19	之圉	7.12/71/19	御 yù	20
乃○太子飲	7.4/65/22	姬杖戈先太子○五介冑			
○夫人俱將如齊也	7.5/66/6	之士	7.12/71/20	日入監九○	1.10/8/20
遂○如齊	7.5/66/7	王乃廢后○太子	7.13/72/7	后夫人○于君	2.1/12/28
文姜○襄公通	7.5/66/7	乃相○謀曰	7.13/72/12	然後進○于君	2.1/12/29
○俱歸齊	7.5/66/14	乃取其女弟○春申君	7.14/72/24	齊相晏子僕○之妻也	2.12/19/23
○哀姜淫	7.6/66/19	孰○身臨不測之罪乎	7.14/73/2	命婦窺其夫爲相○	2.12/19/23
○其弟叔姜俱	7.6/66/20	亂○不亂	7.15/73/19	乃爲之僕○耳	2.12/19/26
慶父○哀姜謀	7.6/66/24			齊相○妻	2.12/20/8
慶父○哀姜淫益甚	7.6/66/24	窳 yǔ	1	王○不參一族	3.1/22/13
又○慶父謀殺閔公	7.6/66/25			闟伯比謂其○曰	3.2/22/25
聞哀姜○慶父通以危魯	7.6/66/26	○于心	3.14/30/27	自○輪三曲顧姬與	4.6/35/4
乃○弟謀曰	7.7/67/8			姬使侍○者舒帷以自障	
逐太子○二公子而可閒		玉 yù	12	蔽	4.6/35/6
也	7.7/67/9			括之子伯○與魯人作亂	5.1/41/13
蒲○二屈	7.7/67/10	使兩君罷以○帛相見	2.4/14/24	義保聞伯○將殺稱	5.1/41/14
二公子主蒲○二屈	7.7/67/11	此〔必〕蘧伯○也	3.7/25/23	伯○殺之	5.1/41/14
爲民○爲父異	7.7/67/15	蘧伯○	3.7/25/25	請周天子殺伯○	5.1/41/17
驪姬○犬	7.7/67/24	果伯○也	3.7/25/26	伯○作亂	5.1/41/22
喬如○繆姜謀去季、孟		始妾獨以衛爲有蘧伯○		○釐受福	6.7/56/3
而擅魯國	7.8/68/16	爾	3.7/25/27	〔○叔之妻〕也	7.9/69/6
今我婦人而○于亂	7.8/68/22	必伯○焉	3.7/26/5	殺○叔	7.9/69/16
公孫寧、儀行父○陳靈		進退則鳴○環佩	4.6/35/7	齊崔杼○東郭偃之（娣）	
公皆通于夏姬	7.9/69/8	妾聞○石墜泥不爲汙	6.9/57/23	〔姊〕也	7.11/70/19
靈公○二子飲於夏氏	7.9/69/11	黃金白○	6.10/58/24		
莊王以夏姬○連尹襄老	7.9/69/17	弄珠○	6.11/59/26	欲 yù	107
盡○其室俱	7.9/69/19	衣寶○衣而自殺	7.2/64/11		
而○夏姬奔晉	7.9/69/20	不過○帛、禽鳥	7.6/66/21	父母○殺舜	1.1/1/15
遂○子重滅巫臣之族	7.9/69/20			定公○辭	1.7/5/12
○之蒙衣乘輦而入于閟	7.10/70/3	聿 yù	1	而定姜○立之而不得	1.7/5/18
靈公○佐盟而復之	7.10/70/8			○明其子之令德	1.10/9/10
遂○偃謀娶之	7.11/70/20	○來胥宇	1.6/4/1	必好奢窮○	2.1/12/26
由臺上○東郭姜戲	7.11/70/22			○行而患之	2.3/13/30
崔子○姜自側戶出	7.11/70/23	育 yù	3	況○懷安	2.3/14/5
東郭姜○前夫子棠毋咎				妾豈不○擅王之愛寵乎	2.5/15/16
俱入	7.11/70/27	能○其教	1.2/2/2,1.3/2/18	○王多見	2.5/15/17
棠毋咎○東郭偃爭而不		能○君子于善	2.3/14/9	而反○使吾爲見棄之行	2.7/16/26
○	7.11/70/30			○以澤其毛而成文章也	2.9/17/30
成○彊怒	7.11/70/30	浴 yù	4	君嘗○授之政	2.11/19/10
陰○崔氏爭權	7.11/71/1			○使我治淮南	2.13/20/16
慶封乃使盧蒲嫳帥徒衆		○汪	1.1/1/15	人之所○也	2.13/20/17
○國人焚其庫廄而殺		與其妹（姊）〔娣〕○		雖○進仕	2.13/20/27
成、（姜）〔彊〕	7.11/71/3	於玄丘之水	1.3/2/15	王○聘以璧帛	2.14/21/4
姬○孔氏之豎渾良夫淫		伺其將○	3.4/24/4	楚王○使吾守國之政	2.14/21/7
	7.12/71/18	選士大夫齋戒沐○	6.7/56/8	○以爲相	2.15/21/22
○盟	7.12/71/19			楚王○以我爲相	2.15/21/23
良夫乃○蒯瞶入舍孔氏				吾○飲諸大夫酒而與之	

謀　3.6/25/7
高厚○迎牙　3.8/26/15
而興兵○襲魯　3.9/27/2
叔向○娶于申公巫臣氏
　夏姬之女　3.10/27/30
叔姬不○娶其族　3.10/27/30
魯君○以子皮爲相　3.12/29/14
魯君○以我爲相　3.12/29/14
姒○嫁　3.12/29/17
吾豈以○嫁之故數子乎　3.12/29/17
子○嫁耶　3.13/30/4
夫家禮不備而○迎之　4.1/32/11
齊兄弟皆○與君　4.3/33/18
後君○同　4.3/33/25
既往而不同○　4.5/34/13
縱亂亡之○　4.9/37/1
且凡所○妾者　4.9/37/3
且夫棄義從○者　4.11/38/6
夫人○使靈氏受三不祥
　耶　4.12/38/24
夫人○出居外　4.12/38/26
雖子○爾　4.12/38/28
將○居外　4.12/38/30
遂○自殺　4.12/39/1
或○取焉　4.13/39/22
梁貴人多爭○娶之者　4.14/39/27
因○自殺　4.15/40/23
皆○得國　5.2/42/9
後王又○立公子職　5.2/42/10
太子知王之○廢之也　5.2/42/14
子之○去　5.3/42/27
○迎我何之　5.7/45/24
聽其所○殺活　5.8/46/8
兄弟○相代死　5.8/46/9
故問母何所○殺活　5.8/46/9
今○殺之　5.8/46/11
○殺之　5.10/47/20,6.7/56/1
○自殺　5.10/47/24
○取兄子　5.12/48/29
子本○取兄之子　5.12/48/30
吾○復投吾子　5.12/49/2
○出其姪　5.12/49/8
○強活初身　5.13/49/23
遂振衣○去　5.14/50/8
○復兄讎　5.14/50/20
○報其夫而無道徑　5.15/50/25

○以身當之　5.15/50/27
甯戚○見桓公　6.1/51/15
此甯戚之○得仕國家也　6.1/51/26
豈○殺不辜者乎　6.3/53/3
而反○殺妾之夫　6.3/53/8
賤妾不勝其○　6.4/53/22
○〔以〕槐之故　6.4/54/1
將○之楚　6.6/55/10,6.6/55/17
○飲則飲　6.6/55/11
○觀其風　6.6/55/25
君○殺之　6.7/56/3
主君○因其醉而殺之　6.7/56/4
主君不○渡則已　6.7/56/10
將○加誅　6.7/56/20
而○干萬乘之主　6.10/58/17
○洗沐加衣裳　6.11/59/18
秦○襲其國　6.13/61/7
○言隱事于王　6.13/61/14
牆○內崩而王不視　6.13/61/15
牆○內崩而王不視者　6.13/61/17
雖〔復〕○改過自新　6.15/62/25
或○改行爲善　6.15/62/29
咸獲所○　7.2/64/6
幽王乃○其笑萬端　7.3/65/4
幽王○悅之　7.3/65/5
宣姜○立壽　7.4/65/19
所○殺者　7.4/65/23
○立子壽　7.4/65/29
哀姜○立慶父　7.6/66/23
驪姬○立奚齊　7.7/67/8
妾不○焉　7.7/67/16
○不勝也　7.7/67/17
○使專魯　7.8/69/1
又○取之　7.9/69/16
而○立公子角　7.10/70/6
將○殺之　7.11/70/30
○其相滅也　7.11/71/1
太子○殺我　7.12/71/16
乃○分趙而王章于代　7.13/72/10
主父○出不得　7.13/72/13
養士○殺春申君以滅口　7.14/73/4
窮意所○　7.15/73/28

喻 yù　　1
君子謂乙母善以微○　6.2/52/20

預 yù　　1
子何不○結賢大夫以託
　州犁焉　3.6/25/10

愈 yù　　7
不猶○于亡乎　1.7/5/13
女宗養姑○敬　2.7/16/19
事姑○謹　2.7/16/27
姜在不猶○乎　3.3/23/18
供養○謹　4.12/38/21
慈愛○固　4.15/40/16
有一猶○　5.10/47/24

遇 yù　　17
○之甚異　1.13/11/11
○之甚善　2.3/13/29
雖○三黜　2.10/18/19
進往○害　2.15/22/1
伯宗○禍　3.6/25/17
必且○害　3.9/27/17
君子謂公乘姒緣事而知
　弟之○禍也　3.12/29/20
如耳未○（門）〔間〕
　　　　　　　3.14/30/25
伯姬嘗○夜失火　4.2/33/1
不幸○惡疾　4.4/34/1
○其妻　4.8/36/8
○稱舅魯大夫于外　5.1/41/15
○妻不識　5.9/47/11
桓○甯戚　6.1/52/3
有一婦人乘車與大夫
　〔○〕　6.5/54/17
○鄭使者　6.5/55/3
○《艮》之六　7.8/68/19

獄 yù　　6
是有木治（保）〔係〕
　于○矣　3.9/27/10
致之于○　4.1/32/14
雖速我○　4.1/32/15
遂至○訟　4.1/32/21
詔○繫長安　6.15/62/22
褒人姁有○　7.3/65/1

慾 yù	1

防淫○之行焉　4.1/32/16

禦 yù	1

○寇之利也　1.7/5/24

閾 yù	2

皆不踰○　1.10/9/17
妾聞妃后踰○　4.6/35/7

豫 yù	2

○識難易　3/22/6
猶○　5.10/47/19

諭 yù	1

○之云　1.8/6/7

譽 yù	3

名○不興　2.9/17/26
反日○之　6.9/57/16
妲己之所○貴之　7.2/64/5

冤 yuān	2

女陳其○　6.5/55/3
妾之○明于白日　6.9/57/26

淵 yuān	3

蓋太姜○智非常　1.6/4/1
故相與聚會于澶○　4.2/33/5
秉心塞○　4.15/40/26

鳶 yuān	1

○（眉）〔肩〕而牛腹　3.10/28/12

鴛 yuān	1

○頸獨宿兮　4.13/39/14

元 yuán	5

○始二妃　1.1/1/24
○、亨、利、貞　7.8/68/21
○、善之長也　7.8/68/21
不可謂○　7.8/68/23
請就（○）〔先〕君之
　廟而死焉　7.11/70/26

垣 yuán	2

宮○衣繡　6.13/61/22
使壞後○而出之　7.9/69/15

爰 yuán	1

○及姜女　1.6/4/1

員 yuán	1

願備（父）〔○〕持棺　6.7/56/7

原 yuán	5

○亂之興　2.1/12/26
生○同、屏括、樓嬰　2.8/17/8
○度天理　3/22/6
屈○放逐　6.13/61/7
公遂殺少傅杜○款　7.7/68/2

蚖 yuán	1

化爲玄○　7.3/64/25

援 yuán	4

繫○于大國也　3.3/23/16
使○所危　3.9/27/17
乃○鏡持刀以割其鼻　4.14/40/2
楚莊王臣○其夫人之衣　6.3/53/3

源 yuán	1

○潔而流清　4.1/32/13

園 yuán	15

遂相與逃而爲人灌○　2.15/21/27
爲人灌○　2.15/22/1
趙（間）〔簡〕子乘馬
　○中　3.11/28/25
○中多株　3.11/28/25
繫馬○中　3.13/30/7
過李○　6.9/57/24
趙人李○之女弟　7.14/72/23
李○爲春申君舍人　7.14/72/24
○女弟因間謂春申君曰
　　7.14/72/24
乃出○女弟　7.14/73/3
〔以〕○女弟爲后　7.14/73/4
而李○貴用事　7.14/73/4
○乃殺春申君　7.14/73/5
盡滅李○之家　7.14/73/6
李○女弟　7.14/73/12

嫄 yuán	6

棄母姜○者　1.2/1/29
姜○以爲異　1.2/2/1
姜○之性　1.2/2/1
君子謂姜○靜而有化　1.2/2/4
赫赫姜○　1.2/2/4
棄母姜○　1.2/2/10

緣 yuán	1

君子謂公乘姒○事而知
　弟之遇禍也　3.12/29/20

遠 yuǎn	36

○送于野　1.7/5/10
君子謂定姜能○患難　1.7/5/14
聰明○識　1.7/6/1
動則○害　1.9/7/1
不亦○乎　1.9/7/9,4.11/38/11
行○道　1.10/8/13
○父母兄弟　1.12/11/1
甚相○　1.13/11/12
○忠矣　1.14/12/5
凡事○（周）〔害〕　2.6/16/14
故藏而○害　2.9/17/30

可謂○識矣	2.9/18/4
變名易姓而○徙	2.13/20/21
君子謂接輿妻爲樂道而	
○害	2.13/20/21
言今者許小而○	3.3/23/16
今舍近而就○	3.3/23/18
我思不○	3.3/23/22
君子善其慈惠而○識也	3.3/23/23
君子謂僖氏之妻能○識	3.4/24/10
君子謂臧孫母識高見	3.9/27/12
君子謂叔姬爲能防害○	
疑	3.10/27/29
夫山○而圍近	3.11/28/28
○矣	3.13/30/12
避嫌○別	4/32/6,4.6/35/17
大夫勤勞于○道	4.2/32/29
○別避嫌	4.6/34/28
所以○別也	4.6/35/12
所以○之也	4.9/36/29
夫任重而道○	4.11/38/10
吾行道○	5.9/46/26
道○與弱小俱	5.13/49/21
猷之未○	6.2/52/21
習相○也	6.11/59/23
既○太子	7.7/67/12

怨 yuàn　　12

舜猶不○	1.1/1/16
不○其弟	1.1/1/16
魯之寵臣多○汝者	3.9/26/28
太子○之	5.2/42/8
以夫○弟	5.7/45/24
吾不敢○	5.7/45/24
不歸不○	5.7/45/30
○令尹之治也	6.2/52/19
而反○妾	6.5/54/20
百姓○望	7.2/64/7
大夫子反○之	7.9/69/20
大夫○倡后之譖太子及	
殺李牧	7.15/73/23

媛 yuàn　　1

邦之○也	2.2/13/18

願 yuàn　　44

○行而母老	1.9/7/13
○與少子俱	1.12/10/20
○請衛之罪	2.2/13/12
○與少子俱脫	2.9/18/2
王○請先生治淮南	2.13/20/14
○先生幸臨之	2.14/21/5
○變先生之志	2.14/21/6
○以聞於王	3.14/30/26
○〔王〕勿遣	3.15/31/23
○止不得	3.15/32/1
請○同庖	4.3/33/17
持心不（○）〔頃〕	4.4/34/8
妾○守其墳墓	4.11/38/6
吾○出居外	4.12/38/24
吾終○居外而已	4.12/38/28
吾○與子生若此	5.4/43/10
	5.4/43/13
固○生俱樂	5.4/43/12
以是妾○從王矣	5.4/43/21
請○先驅狐狸于地下	5.4/43/22
○託桑蔭下飡	5.9/46/26
○以與夫人	5.9/46/27
吾不○〔人之〕金〔也〕	
	5.9/46/29
所○卿無有外意	5.9/46/29
○且待	5.13/49/20
○以車馬及家中財物盡	
以送汝	5.14/50/10
○有謁于君	6.3/53/1
○得備數于下〔陳〕	6.4/53/22
○乞一飲	6.6/55/10
○借子〔以〕調其音	6.6/55/15
○注之水旁	6.6/55/18
妾○以鄙軀易父之死	6.7/56/4
○醒而殺之	6.7/56/5
○備（父）〔員〕持楯	6.7/56/7
然○戒大王	6.9/57/29
〔○乞一見〕	6.10/58/13
○（借）〔備〕後宮之	
埽除	6.10/58/14
固寡人之所○也	6.10/58/19
○遂聞命	6.10/58/21
○當君王之盛顏	6.12/60/12
姪○往諫之	6.13/61/10
○有謁于王	6.13/61/13

妾○入身爲官婢	6.15/62/25
○王圖之	7.9/69/15

曰 yuē　　751

弟○象	1.1/1/8
舜歸告二女○	1.1/1/11
二女○	1.1/1/12,1.1/1/13
號○重華	1.1/1/19
君子○	1.1/1/20
	2.4/15/2,3.13/30/12
	4.2/33/6,4.4/34/4
	4.12/39/2,5.2/42/15
	5.9/47/4,5.9/47/5,6.4/54/7
	6.5/54/24,6.7/56/15
	6.8/57/5,6.14/62/11
	7.8/68/25,7.11/71/5
頌○	1.1/1/22,1.2/2/8,1.3/2/24
	1.4/3/8,1.5/3/20,1.6/5/1
	1.7/5/28,1.8/6/16,1.9/7/20
	1.10/9/20,1.11/10/10
	1.12/11/3,1.13/11/23
	1.14/12/11,2.1/13/3
	2.2/13/21,2.3/14/12
	2.4/15/4,2.5/15/25
	2.6/16/12,2.7/16/30
	2.8/17/19,2.9/18/7
	2.10/18/24,2.11/19/16
	2.12/20/6,2.13/20/25
	2.14/21/15,2.15/21/30
	3.1/22/17,3.2/23/8
	3.3/23/25,3.4/24/13
	3.5/24/27,3.6/25/15
	3.7/26/3,3.8/26/19
	3.9/27/15,3.10/28/8
	3.11/29/6,3.12/29/25
	3.13/30/15,3.14/31/11
	3.15/31/28,4.1/32/19
	4.2/33/9,4.3/33/13
	4.4/34/6,4.5/34/20
	4.6/35/15,4.7/36/1
	4.8/36/18,4.9/37/9
	4.10/37/25,4.11/38/13
	4.12/39/5,4.13/39/20
	4.14/40/7,4.15/40/28
	5.1/41/20,5.2/42/18
	5.3/43/1,5.4/43/30

	5.5/44/21,5.6/45/13		6.3/53/10,7.1/63/24	文伯○ 1.10/8/15
	5.7/45/28,5.8/46/18		7.5/66/9,7.7/68/5	敬姜嘆○ 1.10/8/15
	5.9/47/9,5.10/47/28		7.8/68/26,7.11/71/6	吾冀而朝夕脩我○ 1.10/8/28
	5.11/48/22,5.12/49/6		7.13/72/13	爾今也○ 1.10/8/28
	5.13/49/29,5.14/50/18	號○文母	1.6/5/3	仲尼聞之○ 1.10/9/1
	5.15/51/3,6.1/52/1	乃賦詩○	1.7/5/9	1.10/9/9,1.10/9/11
	6.2/52/23,6.3/53/13	又作詩○	1.7/5/11	堵父辭○ 1.10/9/4
	6.4/54/10,6.5/55/1	定姜○	1.7/5/12,1.7/5/19	怒○ 1.10/9/4
	6.6/55/23,6.7/56/18		1.7/5/24	吾聞之先子○ 1.10/9/4
	6.8/57/8,6.9/58/4	嘆○	1.7/5/16	敬姜戒(止)〔其〕妾
	6.10/59/4,6.11/60/3	獻兆于定姜○	1.7/5/23	○ 1.10/9/7
	6.12/60/30,6.13/61/29	號○莊姜	1.8/6/6	敬姜對○ 1.10/9/13
	6.14/62/14,6.15/63/6	乃作詩○	1.8/6/9	號○敬姜 1.10/9/22
	7.1/63/27,7.2/64/15		4.3/33/18,4.5/34/15	母問使者○ 1.11/9/27
	7.3/65/11,7.4/65/27		4.5/34/17,4.7/35/24	對○ 1.11/9/28
	7.6/66/29,7.7/68/8	孟母○	1.9/6/23	1.11/9/28,1.14/12/1
	7.8/68/29,7.9/69/24		1.9/6/25,1.9/6/29,1.9/7/14	2.2/13/13,2.5/15/15
	7.10/70/12,7.11/71/8	孟母又○	1.9/6/24	3.5/24/21,3.5/24/22
	7.12/71/26,7.13/72/16	問○	1.9/6/28,5.14/50/8	3.6/25/9,3.9/27/7,5.6/45/2
	7.14/73/10,7.15/73/26	孟子○	1.9/6/28,1.9/7/10	5.13/49/17,6.2/52/12
因命○棄	1.2/2/1	○	1.9/7/5	6.4/53/25,6.5/54/23
號○后稷	1.2/2/3		1.10/9/13,1.13/11/17	6.5/54/23,6.7/56/2
乃命之○	1.2/2/3		2.2/13/17,2.3/13/30	6.11/59/13,6.11/59/23
又○	1.2/2/5,1.3/2/21		2.3/14/6,2.5/15/13	6.12/60/19,7.7/67/13
	1.6/4/26,2.1/12/30		2.5/15/14,2.8/17/15	使人數之○ 1.11/10/1
	2.5/15/22,2.8/17/12		2.13/20/14,2.13/20/14	謂○ 1.12/10/17
	3.12/29/22,4.1/32/17		2.14/21/7,2.14/21/8	3.13/30/4,6.10/58/16
	6.11/59/17,7.7/68/5		2.14/21/11,3.10/27/25	7.9/69/9,7.9/69/18
乃敕之○	1.3/2/19		3.10/28/9,3.15/31/19	又召諸婦○ 1.12/10/19
太姒號○文母	1.6/4/13		4.6/35/1,4.6/35/2,4.6/35/3	于是大夫召母而問之○
《易》○	1.6/4/23;1.9/7/15		4.8/36/12,4.14/40/3	1.12/10/23
	3.2/23/5		5.6/44/30,5.6/44/30	母對○ 1.12/10/24
《詩》○	1.6/4/25,1.7/5/14		5.6/45/1,6.4/53/22	〔穆公〕賜母尊號○母
	1.8/6/13,1.9/7/15,1.10/9/2		6.4/53/24,6.4/53/28	師 1.12/10/27
	1.10/9/6,1.10/9/10		6.6/55/9,6.6/55/14	人有謂慈母○ 1.13/11/13
	1.10/9/18,1.14/12/8		6.6/55/17,6.7/56/13	慈母○ 1.13/11/14
	2.1/12/30,2.2/13/18		6.9/57/18,6.10/58/15	母○ 1.14/11/30,4.15/40/19
	2.3/14/9,2.5/15/21		6.11/59/15,6.11/59/21	5.11/48/11,6.2/52/11
	2.8/17/16,2.9/18/4		6.12/60/15,7.4/65/20	6.2/52/14,6.8/56/26
	2.10/18/22,2.11/19/13		7.11/71/2	6.8/56/27,6.8/56/28
	2.13/20/22,2.14/21/13	于是孟母召孟子而謂之○ 1.9/7/7		6.8/56/29,6.8/56/30
	3.10/27/29,3.11/29/3	孟母見之○	1.9/7/10,1.9/7/11	其母○ 1.14/12/1
	3.15/31/26,4.3/33/20	○「不也」	1.9/7/11	3.1/22/11,3.5/24/21
	4.6/35/12,4.9/37/6	孟子對○	1.9/7/12	3.5/24/22,6.13/61/11
	5.2/42/16,5.4/43/27	敬姜召而數之○	1.10/8/1	使其傅母通言于王○ 2.1/12/24
	5.5/44/18,5.8/46/16	敬姜○	1.10/8/7	王○ 2.1/12/27,2.5/15/13
	5.12/49/3,5.14/50/15	敬姜謂之○	1.10/8/9	2.5/15/14,2.5/15/15

2.14/21/5,3.2/22/29
3.14/31/7,3.15/31/19
3.15/31/23,3.15/31/24
4.10/37/21,5.2/41/28
5.2/41/28,5.2/41/29
5.2/42/3,5.4/43/10
5.4/43/13,5.4/43/20
5.4/43/23,5.8/46/7
6.2/52/11,6.2/52/14
6.2/52/18,6.2/52/20
6.10/58/18,6.11/59/14
6.11/59/23,6.12/60/14
6.12/60/15,6.12/60/18
6.12/60/19,6.12/60/20
6.12/60/21,6.12/60/24
6.12/60/26,6.13/61/13
6.13/61/13,6.13/61/15
6.13/61/16,6.13/61/18
6.13/61/21,6.13/61/22
6.13/61/24,7.15/73/18
下堂再拜○ 2.2/13/12
桓公○ 2.2/13/12,2.2/13/16
管仲趨進○ 2.2/13/16
而言于公子○ 2.3/14/1
公子○ 2.3/14/3
姜○ 2.3/14/4,7.8/68/20
《周詩》○ 2.3/14/4
穆姬使納群公子○ 2.4/14/21
秦穆公○ 2.4/14/22
且告穆公○ 2.4/14/24
公○ 2.4/14/26,3.7/25/23
3.7/25/27,3.9/27/7
6.4/54/6,7.7/67/15
7.7/67/20,7.11/70/23
作詩○ 2.4/15/1
○至渭陽 2.4/15/1
姬下殿迎○ 2.5/15/12
姬○ 2.5/15/13,2.8/17/9
楚史書○ 2.5/15/21
乃作《詩》○ 2.6/16/8
女宗姒謂○ 2.7/16/20
女宗○ 2.7/16/20,2.7/16/21
姒○ 2.7/16/20,3.12/29/15
3.12/29/15,3.12/29/17
號○女宗 2.7/16/27
姑怒○ 2.9/17/27
婦○ 2.9/17/28,5.9/47/1

妻○ 2.10/18/14
2.10/18/17,2.11/19/6
2.12/19/25,2.12/19/27
2.13/20/17,2.13/20/20
2.14/21/8,2.14/21/8
2.15/21/24,3.6/25/6
5.10/47/17,6.3/53/2
柳下惠○ 2.10/18/16
乃誄○ 2.10/18/18
曾子○ 2.11/19/5
2.11/19/8,2.11/19/13
遂哭之○ 2.11/19/7
其妻○ 2.11/19/8
2.11/19/10,2.12/19/24
2.13/20/16,3.6/25/5
3.6/25/8,5.5/44/10
5.5/44/12,5.10/47/18
猶謚○「康」 2.11/19/18
號○命婦 2.12/19/23
夫○ 2.12/19/24
其夫謝○ 2.12/19/27
接輿○ 2.13/20/15
2.13/20/17,2.13/20/19
人或言之楚王○ 2.14/21/4
老萊子○ 2.14/21/5,2.14/21/6
2.14/21/7,2.14/21/10
王復○ 2.14/21/6
妻○世亂 2.14/21/17
於陵子終○ 2.15/21/23
謂其妻○ 2.15/21/23
鬭伯比謂其御○ 3.2/22/25
見王○ 3.2/22/25
〔鄧曼〕○ 3.2/22/26
莫敖令于軍中○ 3.2/22/28
告鄧曼○ 3.2/23/2
鄧曼○ 3.2/23/2
女因其傅母而言○ 3.3/23/16
女諷母○ 3.3/23/27
負羈之妻言于夫○ 3.4/24/4
母○陰德 3.5/24/29
其妻常戒之○ 3.6/25/3
伯宗○ 3.6/25/5
3.6/25/7,3.6/25/11
既飲而問妻○ 3.6/25/8
公問夫人○ 3.7/25/22
夫人○ 3.7/25/23,3.7/25/23
3.7/25/27,4.5/34/16

4.10/37/17,4.10/37/19
4.12/38/28,5.7/45/22
以戲夫人○ 3.7/25/26
公驚○ 3.7/25/28
仲子○ 3.8/26/12,3.8/26/14
〔公○〕 3.8/26/13
其母送之○ 3.9/26/26
乃謬其辭○ 3.9/27/3
于是召而語之○ 3.9/27/5
臧孫母泣下襟○ 3.9/27/6
叔姬○ 3.10/27/24
3.10/27/25,3.10/28/1
名○乾吉 3.10/27/25
羊舌子○ 3.10/27/28
都吏○ 3.10/27/28
無○不顯 3.10/27/29
叔向 3.10/27/30,3.10/28/14
名○玄妻 3.10/28/4
食我號○伯碩 3.10/28/8
侍者謁之叔姬○ 3.10/28/8
而視之○ 3.10/28/11
問三子○ 3.11/28/26
長者○ 3.11/28/26
中者○ 3.11/28/26
少者○ 3.11/28/27
母喟然嘆○ 3.11/29/2
子皮止姒○ 3.12/29/13
子皮問姒○ 3.12/29/14
子皮○ 3.12/29/15,3.12/29/17
漆室女○ 3.13/30/5,3.13/30/6
鄰婦笑○ 3.13/30/6
子乃○ 3.13/30/10
鄰婦謝○ 3.13/30/11
曲沃負謂其子如耳○ 3.14/30/23
負因款王門而上書○ 3.14/30/26
負○ 3.14/30/27
括母上書言于王○ 3.15/31/18
括母○ 3.15/31/23
《傳》○ 4.1/32/12
而作詩○ 4.1/32/15
其母○繆姜 4.2/32/26
再拜○ 4.2/32/29
左右○ 4.2/33/1,6.12/60/13
伯姬○ 4.2/33/1,4.2/33/2
左右又○ 4.2/33/2
保母○ 4.3/33/16
弟立請○ 4.3/33/17

女〇	4.4/33/30
	6.11/59/14,6.11/59/16
	6.11/59/18,6.11/59/22
謂夫人〇	4.5/34/14
戒之〇	4.6/34/29
而使傅母應使者〇	4.6/35/6
傅母〇	4.6/35/10
謂之〇	4.7/35/23
杞梁妻〇	4.8/36/8
伯嬴持刀〇	4.9/36/26
使者〇	4.10/37/18
乃號之〇貞姜	4.10/37/22
白妻辭之〇	4.11/38/4
號〇〔楚白〕貞姬（楚）	
	4.11/38/9
夫人謂傅妾〇	4.12/38/22
傅妾泣而對〇	4.12/38/24
傅妾退而謂其子〇	4.12/38/29
其歌〇	4.13/39/13
魯人聞之〇	4.13/39/16
高行〇	4.14/39/28
尊其號〇高行	4.14/40/4
囑孝婦〇	4.15/40/14
婦應〇	4.15/40/16
孝婦〇	4.15/40/17,4.15/40/20
號〇孝婦	4.15/40/25,4.15/41/2
義保〇	5.1/41/15,5.1/41/16
舅〇	5.1/41/15
《論語》〇	5.1/41/17
	5.13/49/26,5.15/50/31
王下臺而問〇	5.2/41/30
子瞀〇	5.2/42/1,5.2/42/5
子上〇	5.2/42/4
子瞀謂其保〇	5.2/42/7
子瞀退而與其保言〇	5.2/42/11
謂嬴氏〇	5.3/42/26
嬴氏對〇	5.3/42/27
乃顧謂二姬〇	5.4/43/9
蔡姬對〇	5.4/43/10
蔡姬〇	5.4/43/10
越姬對〇	5.4/43/13,5.4/43/14
史〇	5.4/43/19,7.8/68/19
越姬〇	5.4/43/21,5.4/43/23
王弟子閭與子西、子期	
謀〇	5.4/43/25
令于蓋群臣〇	5.5/44/6
其妻謂之〇	5.5/44/7
丘子〇	5.5/44/9,5.5/44/11
戎令〇	5.5/44/11
《周書》〇	5.5/44/14,6.5/54/20
齊將問兒〇	5.6/44/29
齊將〇	5.6/45/3
婦人〇	5.6/45/4,5.9/46/28
	5.12/49/1,6.5/54/18
使人言于齊君〇	5.6/45/7
號〇義姑姊	5.6/45/9
兄〇	5.8/46/6
弟〇	5.8/46/6
問之〇	5.8/46/8
其母泣而對〇	5.8/46/10
因而問之〇	5.8/46/10
其母對〇	5.8/46/11
屬之于妾〇	5.8/46/12
妾〇	5.8/46/12
而尊其母號〇義母	5.8/46/15
下車謂〇	5.9/46/26
秋胡子謂〇	5.9/46/27
使人陰問媵婢〇	5.10/47/21
媵婢〇	5.10/47/22
媵婢辭〇	5.10/47/23
令魏國〇	5.11/48/7
魏之故臣見乳母而識之	
〇	5.11/48/8
乳母〇	5.11/48/8,5.11/48/10
故臣〇	5.11/48/9
	5.11/48/11,5.11/48/12
母呼而言〇	5.11/48/12
其人止之〇	5.12/48/30
吏〇	5.13/49/16,5.13/49/17
乃〇	5.13/49/17,5.13/49/24
初〇	5.13/49/19
乃因謂吏〇	5.13/49/20
初固〇	5.13/49/21
繼母又〇	5.13/49/22
女亦〇	5.13/49/22
季兒〇	5.14/50/7
	5.14/50/9,5.14/50/10
延壽〇	5.14/50/8,5.14/50/10
季兒乃告其大女〇	5.14/50/12
乃且許諾〇	5.15/50/27
甯戚稱〇	6.1/51/16
其妾婧進〇	6.1/51/17
管仲〇	6.1/51/18,6.1/51/19
婧〇	6.1/51/18
于是管仲乃下席而謝〇	6.1/51/22
甯戚〇	6.1/51/23
其妾笑〇	6.1/51/24
乃往言于王〇	6.2/52/9
王謂母〇	6.2/52/10
昔者周武王有言〇	6.2/52/16
母讓金、布〇	6.2/52/19
弓人之妻請見〇	6.3/53/1
下令〇	6.4/53/20
景公聞之〇	6.4/53/21
笑〇	6.4/53/23
進而問焉〔〇〕	6.4/53/24
北面稽首〇	6.4/53/29
謂景公〇	6.4/54/3
大夫〇	6.5/54/23
孔子謂子貢〇	6.6/55/9
子貢〇	6.6/55/10
處子〇	6.6/55/11
	6.6/55/15,6.6/55/18
跪置沙上〇	6.6/55/13
孔子〇	6.6/55/13
	6.6/55/16,6.6/55/20
子貢往〇	6.6/55/14,6.6/55/17
子〇達情	6.6/55/25
簡子〇	6.7/56/1
	6.7/56/4,6.7/56/6,6.6/7/56/7
娟〇	6.7/56/4
娟攘卷操楫而請〇	6.7/56/6
娟對〇	6.7/56/8
其辭〇	6.7/56/11
娟乃再拜而辭〇	6.7/56/14
自言〔〇〕	6.8/56/26
于是襄子見而問之〇	6.8/56/28
襄子〇	6.8/56/29
	6.8/56/29,6.8/57/4
虞姬謂王〇	6.9/57/17
虞姬對〇	6.9/57/20
謂謁者〇	6.10/58/13
鍾離春對〇	6.10/58/17
	6.10/58/22
良久〇	6.10/58/18
宣王	6.10/58/19,6.10/58/21
舉手拊膝〇	6.10/58/21
故〇	6.10/58/27
于是宣王喟然而嘆〇	6.10/58/28
故號〇宿瘤	6.11/59/11
召問〇	6.11/59/12

王大慚○	6.11/59/17	靈公○	7.9/69/10	○鮑牽而逐高子、國佐	7.10/70/7
告○	6.11/59/19	公戲二子○	7.9/69/11		
而見謁者○	6.12/60/11	二子亦○	7.9/69/12	**悅 yuè**	**17**
逐女○	6.12/60/16	申公巫臣諫○	7.9/69/14		
逐女對○	6.12/60/20	巫臣諫○	7.9/69/16	孟子不○	1.9/7/5
	6.12/60/22,6.12/60/24	使人召夏姬○	7.9/69/19	勃然不○	1.9/7/6
使其左右謂王○	6.13/61/7	以告孟子○	7.10/70/4	王○	2.5/15/19
謂其母○	6.13/61/8	孟子訴之	7.10/70/6	是民一○矣	3.11/28/28
使者報○	6.13/61/12	公推之○	7.11/70/22	民二○矣	3.11/29/1
姪對○	6.13/61/13	東郭姜○	7.11/70/23	民三○矣	3.11/29/1
	6.13/61/15,6.13/61/16	公請于崔氏○	7.11/70/24	民果三○矣	3.11/29/1
姪○	6.13/61/18	崔子○	7.11/70/25	小子三○矣	3.11/29/8
	6.13/61/21,6.13/61/22	公又請于崔氏之宰○	7.11/70/25	秋胡子○之	5.9/46/26
李吾（與）〔謂〕其屬		崔氏之宰○	7.11/70/26	當所○	5.9/47/1
○	6.14/62/7	謂二子○	7.11/71/1	今也乃○路傍婦人	5.9/47/1
徐吾○	6.14/62/7	崔氏之妻○	7.11/71/4	管仲大○	6.1/51/26
公罵其女○	6.15/62/22	南子讒太子于靈公○	7.12/71/16	簡子○	6.7/56/10
上書○	6.15/62/23	蒯瞶○	7.12/71/18	簡子大○	6.7/56/13
乃下詔○	6.15/62/26	王嘗夢見處女鼓瑟而歌		王大○之	6.11/59/15
龍逢進諫○	7.1/63/21	○	7.13/72/4	幽王欲○之	7.3/65/5
桀○	7.1/63/21	乃相與謀○	7.13/72/12	姬大○	7.12/71/19
比干諫○	7.2/64/8	園女弟因間謂春申君○			
妲己○	7.2/64/9		7.14/72/24	**越 yuè**	**18**
《書》○	7.2/64/12	李牧諫○	7.15/73/17		
伺于王庭而言○	7.3/64/22			子不聞○王句踐之伐吳	
先是有童謠○	7.3/64/27	**約 yuē**	**6**	〔耶〕	1.11/10/1
故號○襃姒	7.3/65/1			○義而生	4.2/33/3
○宣姜	7.4/65/19	王與宮人○	4.10/37/17	然棄約○義而求生	4.10/37/20
以告太子○	7.4/65/21	貞女之義不犯○	4.10/37/19	楚昭○姬者	5.4/43/8
伋子○	7.4/65/21	然棄○越義而求生	4.10/37/20	○王句踐之女	5.4/43/8
乃謂盜○	7.4/65/23	處○持信	4.10/37/21	○姬參右	5.4/43/8
申繻○	7.5/66/6	不○死	5.4/43/16	乃復謂○姬	5.4/43/12
（誦）〔頌〕○	7.5/66/12	夫言不○束	5.8/46/14	○姬對曰	5.4/43/13,5.4/43/14
大夫夏甫不忌○	7.6/66/20			敬○姬之言	5.4/43/18
乃與弟謀○	7.7/67/8	**月 yuè**	**7**	○姬從	5.4/43/18
于是驪姬乃說公○	7.7/67/9			○姬曰	5.4/43/21,5.4/43/23
驪姬○	7.7/67/15	少采夕○	1.10/8/20	迎○姬之子熊章	5.4/43/26
	7.7/67/20,7.7/67/23	臘（○）〔日〕禮畢事		君子謂○姬信能死義	5.4/43/27
公懼○	7.7/67/19	間	1.12/10/25	○姬之謂也	5.4/43/28
驪姬乃使人以公命告太		○盈則虧	3.2/23/5	○姬執禮	5.4/44/1
子○	7.7/67/21	三○廟見	4.2/32/27,4.6/35/5	○王敬螳螂之怒	6.12/60/25
見申生哭○	7.7/67/24	期之間	6.11/59/29		
獻公使人謂太子○	7.7/67/26	三○餘	7.13/72/13	**鉞 yuè**	**1**
太傅里克○	7.7/67/26				
太子○	7.7/68/1	**削 yuè**	**2**	可隨以鈇○	2.14/21/9
故諡○繆	7.8/68/15				
是于《周易》○	7.8/68/20	○足者鉗	6.15/63/2		

樂 yuè	48
○於施惠	1.3/2/17
嘉賓式讌以○	1.10/9/6
好○無荒	1.11/10/5
而自康○于其上	1.11/10/6
以見君王○色而忘德也	2.1/12/25
夫苟○色	2.1/12/26
○師擊鼓以告旦	2.1/12/29
桓公好淫○	2.2/13/10
顯然喜○	2.2/13/13
容貌淫○者	2.2/13/13
公好淫○	2.2/13/23
人生安○而已	2.3/13/30
何○于此而謐爲「康」	
乎	2.11/19/9
君子謂黔婁妻爲○貧行	
道	2.11/19/13
其○亦自足矣	2.13/20/19
君子謂接輿妻爲○道而	
遠害	2.13/20/21
○亦在其中矣	2.15/21/25
其可○乎	2.15/21/26
○正變婆之	3.10/28/5
吾豈爲不嫁不○而悲哉	3.13/30/5
爲○也	4.9/37/4
何○之有	4.9/37/4
則是妾貪貴○利以忘義	
理也	5.2/42/2
○乎	5.4/43/10
○	5.4/43/10
固願生俱○	5.4/43/12
○則○矣	5.4/43/13
昔者吾先君莊王淫○	5.4/43/14
將改斯○而勤於政也	5.4/43/15
燕○也	5.4/43/21
昔之遊○	5.4/43/23
楚昭遊○	5.4/44/1
而絕纓與飲大○	6.3/53/4
繁鐘鼓之○	6.4/54/4
女○俳優	6.10/58/26
罷女○	6.10/58/29
損膳減○	6.11/59/28
○且有儀	6.11/60/1
而得○毅	6.12/60/23
南遊于唐五百里有○焉	6.13/61/8
王好淫○	6.13/61/8

○之於前	6.13/61/16
造爛漫之○	7.1/63/19
以爲○	7.1/63/21
好酒淫○	7.2/64/4
靡靡之○	7.2/64/5
王飲酒○	7.13/72/5

嶽 yuè	1
四○（麃）〔麃〕之於堯	1.1/1/9

躍 yuè	1
踴○築埋	1.9/6/23

云 yún	79
《詩》○	1.1/1/20,1.2/2/4
	1.3/2/20,1.4/3/6,1.5/3/17
	1.6/3/29,1.7/5/22,1.7/5/25
	1.9/6/27,1.9/7/4,1.9/7/18
	1.10/8/8,1.11/10/7
	1.12/10/29,1.13/11/19
	2.4/15/2,2.7/16/28
	2.12/20/3,2.15/21/28
	3.1/22/14,3.2/23/1
	3.4/24/10,3.5/24/25
	3.6/25/12,3.7/26/1
	3.8/26/16,3.9/27/12
	3.10/28/11,3.10/28/15
	3.12/29/21,3.13/30/12
	3.14/31/9,4.2/33/7
	4.7/35/28,4.8/36/15
	4.10/37/22,4.11/38/11
	4.12/39/3,4.13/39/17
	4.14/40/5,4.15/40/25
	5.6/45/10,5.7/45/26
	5.9/47/6,5.10/47/25
	5.11/48/20,6.1/51/27
	6.2/52/21,6.4/54/7
	6.5/54/24,6.6/55/20
	6.7/56/16,6.8/57/5
	6.9/58/2,6.10/59/1
	6.11/60/1,6.12/60/27
	6.13/61/27,6.14/62/12
	6.15/62/28,6.15/63/3
	7.2/64/12,7.3/65/9

	7.4/65/25,7.6/66/27
	7.9/69/21,7.10/70/9
	7.12/71/23,7.14/73/7
	7.15/73/24
諭之○	1.8/6/7
《詩》不○乎	1.11/10/5
	2.8/17/10
因疾之而作詩○	3.3/23/21
《書》不○乎	3.5/24/23
今特書來○爾	3.9/27/6
莫予○覯	3.10/27/29
心恐母○置鏡奩中	5.13/49/16
詩不○乎	6.1/51/25

雲 yún	3
以望○夢之圃	5.4/43/9
有赤○夾日如飛鳥	5.4/43/19
造瓊室瑤臺以臨○雨	7.1/63/22

殞 yǔn	3
持禹之功而不○	1.4/3/5
密果滅○	3.1/22/19
言變色○命也	7.9/69/21

孕 yùn	2
履跡而○	1.2/2/10
既笄而○	7.3/64/26

慍 yùn	1
崔子○	7.11/70/21

運 yùn	1
可以○舟	7.1/63/20

縕 yùn	2
○袍不表	2.11/19/4
衣○食菽	2.14/21/3

災 zāi	1
上天降○	2.4/14/24

哉 zāi   50

往○	1.1/1/12,1.1/1/13
寧能衣其夫子而長不乏	
糧食○	1.9/7/2
豈悋士大夫之費○	1.14/12/1
豈有屢○	2.3/14/7
豈以專夫室之愛爲善	2.7/16/23
嗟呼惜○	2.10/18/20
嗚呼哀○	2.10/18/20
豈將老而遺之○	2.13/20/15
善○	3.7/25/29
君子○	3.10/27/28
汝何以爲○	3.10/28/6
吾豈爲不嫁不樂而悲○	3.13/30/5
何○	3.13/30/11
豈如死歸于地下○	4.7/35/24
吾豈能更二○	4.8/36/14
王何以爲○	4.11/38/7
豈獨事生若此○	4.11/38/8
變妾之節○	4.12/38/27
豈若守順而死○	4.12/38/30
嗚呼（○）〔悲〕兮	4.13/39/15
豈可棄○	4.15/40/19
何以生○	4.15/40/23
大○	5.4/43/21
夫義其大○	5.6/45/9
吾豈有二夫○	5.7/45/24
何以居于世○	5.8/46/14
豈言之○	5.10/47/22
廢正義而行逆節○	5.11/48/14
何面目以見兄弟、國人	
○	5.12/49/2
妾子亦豈知之○	6.2/52/15
妾豈貪貨而（失）〔干〕	
大王○	6.2/52/19
內之至○	6.4/53/23
怪○	6.4/53/24
豈不遷怒○	6.5/54/20
豈不貳過○	6.5/54/20
妾何負○	6.8/57/2
豈不異○	6.10/58/16
亦有何奇能○	6.10/58/17
殆○	6.10/58/21,6.10/58/21
	6.10/58/27,6.10/58/27
痛○	6.10/58/28
惜○宿瘤	6.11/59/14

則辭安可以已乎○	6.14/62/11
豈稱爲民父母之意○	6.15/63/2
〔至于今吾豈知紂之善	
否○〕	7.7/67/18
豈《隨》也○	7.8/68/24
惜○繆姜	7.8/68/25

宰 zǎi   4

陰令○人各以一斗擊殺	
代王及從者	5.7/45/21
趙之中牟○佛肹之母也	6.8/56/25
公又請于崔氏之○曰	7.11/70/25
崔氏之○曰	7.11/70/26

在 zài   64

○寬	1.3/2/19
飾○輿馬	1.8/6/9
其婦袒而○內	1.9/7/5
今者妾竊墮○室	1.9/7/6
○中饋	1.9/7/15
治國之要盡○經矣	1.10/8/9
爾又○下位	1.10/8/27
康子○朝	1.10/9/12
尸鳩○桑	1.13/11/19
務○效忠	1.14/12/4
意○衛也	2.2/13/15
蠱妾○焉	2.3/14/1
故父母○	2.6/16/6
爲父母○故也	2.6/16/8
爲親之○	2.6/16/14
淫僻、竊盜、長舌、驕	
侮、無子、惡病皆○	
其後	2.7/16/25
見先生之尸○牖下○	2.11/19/4
先生○時	2.11/19/8
樂亦○其中矣	2.15/21/25
妾○不猶愈乎	3.3/23/18
蛇今安○	3.5/24/21
○我而已	3.8/26/14
聞兵○境上	3.9/27/12
則賤妾有先人之弊廬	4.8/36/9
父○則倚父	4.8/36/13
夫○則倚夫	4.8/36/13
子○則倚子	4.8/36/13
務○一信	4.14/40/9

義之所○	5/41/6
○此	5.1/41/15
魯大夫皆知稱之○保	5.1/41/16
今者大王○臺上	5.2/42/1
○于饋食之間而已	5.2/42/7
蔡姬○左	5.4/43/8
王病○軍中	5.4/43/18
雖○匹婦	5.6/45/9
今公子安○	5.11/48/9
兄子與其己子○火中	5.12/48/29
初○	5.13/49/16
直○其中矣	5.13/49/26
旦日○樓上新沐	5.15/50/28
王方○小曲之臺	6.2/52/10
令尹○上	6.2/52/14
寇盜○下	6.2/52/14
既有狂夫昭氏○內矣	6.5/54/24
嚴親○內	6.7/56/16
此乃○于主君	6.8/57/1
妾之子與○論中	6.8/57/3
子長○君	6.8/57/10
其幼弱○于閭巷之時	6.9/57/18
父母○內	6.11/59/16
○彼中阿	6.11/60/1
○乎柱	6.12/60/17
○乎相	6.12/60/18
邪臣○側	6.13/61/23
立○鄭子袖之右	6.13/61/25
是時肉刑尙○	6.15/62/22
其咎安○	6.15/62/27
倡優○前	7.3/65/3
公田不○	7.7/67/22
固○下位而有不仁	7.8/68/22
老夫○此	7.11/70/23
君之臣杼有疾不○	7.11/70/26
○寡人爲政	7.15/73/19

再 zài   6

文伯○拜受教	1.10/8/14
下堂○拜曰	2.2/13/12
○拜賀公	3.7/25/27
○拜曰	4.2/32/29
敢○拜大夫之辱	4.2/32/30
娟乃○拜而辭曰	6.7/56/14

載 zài	15	既○	4.8/36/12	棗 zǎo	1
次則聘季○	1.6/4/16	○之	4.15/40/24	不過○、栗	7.6/66/20
○色○笑	1.9/7/18	歸○昭王	5.4/43/27		
與太史、司○（斜）		而以將禮○之	5.5/44/17	造 zào	10
〔糾〕虔天刑	1.10/8/20	簡子既○	5.7/45/20		
醉〔而〕○之以行	2.3/14/6	乃以卿禮○之	5.11/48/16	○舟爲梁	1.6/4/13,1.6/4/25
醉而○之	2.3/14/14	送○者盡哭	5.13/49/23	夫○亂亡之端	4.9/37/1
○馳○（馳）〔驅〕	3.3/23/21	季兒兄季宗與延壽爭○		今妾之夫治○此弓	6.3/53/5
女作《○馳》	3.3/23/27	父事	5.14/50/6	乃○于相晏子之門	6.4/53/22
孝公使駟馬立車○姬以				○爲高臺深池	6.11/59/25
歸	4.6/35/6	遭 zāo	3	逐女○襄王之門	6.12/60/11
妾聞寧○于義而死	4.15/40/20			○襄王門	6.12/61/1
不○于地而生	4.15/40/20	終不○難	2.13/20/27	○爛漫之樂	7.1/63/19
命後乘○之	6.11/59/15	宮之童妾未毀〔齒〕而		○瓊室瑤臺以臨雲雨	7.1/63/22
命後車○之	6.13/61/24	○之	7.3/64/26		
王○以歸	6.13/62/1	聞童妾○棄而夜號〔也〕		譟 zào	1
			7.3/64/28		
簪 zān	2			王使婦人裸而○之	7.3/64/25
		糟 zāo	1		
〔乃〕脫○珥	2.1/12/24			則 zé	143
脫○珥	2.2/13/12	積○爲丘	7.2/64/6		
				言○中義	1/1/3
贊 zàn	2	早 zǎo	20	夜○令瞽誦詩	1.6/4/8
				○生子形容端正	1.6/4/8
爲國○理	3.10/28/13	失○	1.12/10/21	感于善○善	1.6/4/9
睪子生五歲而○禹	6.1/51/21	妾不幸○失夫	1.12/10/24	感于惡○惡	1.6/4/9
		妾反太○	1.12/10/26	次○武王發	1.6/4/14
臧 zāng	13	宣王常○臥晏起	2.1/12/24	次○周公旦	1.6/4/15
		○朝晏退	2.1/12/27	次○管叔鮮	1.6/4/15
視爾不○	3.3/23/22	子胡不○自貳焉	3.4/24/6	次○蔡叔度	1.6/4/15
○孫母者	3.9/26/26,3.9/27/5	子不○圖	3.4/24/8	次○曹叔振鐸	1.6/4/15
魯大夫○文仲之母也	3.9/26/26	子貉○死	3.10/28/3	次○霍叔武	1.6/4/15
○我羊	3.9/27/4,3.9/27/8	何不○言	3.12/29/17	次○成叔處	1.6/4/15
吾使○子之齊	3.9/27/6	○成其號諡	3.14/30/28	次○康叔封	1.6/4/16
○孫母泣下襟曰	3.9/27/6	不若○死	4.6/35/9	次○聘季載	1.6/4/16
於是以○孫母之言	3.9/27/11	〔公〕不幸○終	4.12/38/25	○盛德自然著矣	1.6/4/22
君子謂○孫母識高見遠	3.9/27/12	黃鵠之○寡兮	4.13/39/13	○百斯男	1.6/4/26
○孫之母	3.9/27/17	天命○寡兮	4.13/39/14	當爲民法○	1.8/6/8
○氏之寡也	5.1/41/11	夫死○寡	4.14/39/27	問○廣知	1.9/6/29
○氏之母	5.1/41/22	妾夫不幸○死	4.14/39/28	是以居○安寧	1.9/7/1
		其父母哀其年少無子而		動○遠害	1.9/7/1
葬 zàng	11	○寡也	4.15/40/17	女○廢其所食	1.9/7/2
		吾憐女少年○寡也	4.15/40/20	男○墮于脩德	1.9/7/2
○以大夫	1.6/4/20	子不○命	6.6/55/19	○爲虜役矣	1.9/7/3
○以士	1.6/4/20	君不○圖	7.7/67/19	○不達其上	1.9/7/13
合而○之	4.7/35/26			○不踐其朝	1.9/7/13

故年少〇從乎父母 1.9/7/16
出嫁〇從乎夫 1.9/7/16
夫死〇從乎子 1.9/7/17
夫民勞〇思 1.10/8/17
思〇善心生 1.10/8/17
逸〇淫 1.10/8/17
淫〇忘善 1.10/8/17
忘善〇惡心生 1.10/8/17
（〇）〔列〕士之妻加
　之以朝服 1.10/8/25
否〇有辟 1.10/8/26
〇不退 1.10/9/18
〇以父母爲天 1.12/10/28
既嫁〇以夫爲天 1.12/10/28
〇降服一等 1.12/10/29
言行〇可以報君 1.14/12/3
言〇徐 2.2/13/16
〇可 2.3/14/7
維民之〇 2.4/15/2
虞丘子賢〇賢矣 2.5/15/14
〇族昆弟 2.5/15/17
雖〇如毀 2.6/16/9
〇臣狄人也 2.8/17/15
〇二三子不如妾知之也
　2.10/18/18
覆頭〇足見 2.11/19/5
覆足〇頭見 2.11/19/5
〇斂矣 2.11/19/5
死〇手足不斂 2.11/19/9
物滿〇損 3.1/22/19
日中〇昃 3.2/23/5
月盈〇虧 3.2/23/5
我心〇憂 3.3/23/22
〇其君必伯王之主也 3.4/24/7
〇其骨存焉 3.10/27/28
〇必有禍也 3.10/28/7
〇無愛民力 3.11/28/27
〇無愛馬足 3.11/28/27
〇魏必有禍矣 3.14/30/25
聘〇爲妻 3.14/30/28
奔〇爲妾 3.14/30/28
〇興 3.14/31/1
〇亂 3.14/31/1
〇父子生焉 3.14/31/4
三者治〇治 3.14/31/4
亂〇亂 3.14/31/5
〇萬物理 4.1/32/12
有義〇合 4.5/34/15
無義〇去 4.5/34/15
〇從傅母保阿 4.6/35/7
進退〇鳴玉環佩 4.6/35/7
內（飾）〔飾〕〇結紐
　綢繆 4.6/35/7
野處〇帷裳擁蔽 4.6/35/8
〇自經矣 4.6/35/10
穀〇異室 4.7/35/24
死〇同穴 4.7/35/25
〇賤妾有先人之弊廬在 4.8/36/9
父在〇倚父 4.8/36/13
夫在〇倚夫 4.8/36/13
子在〇倚子 4.8/36/13
今吾上〇無父 4.8/36/13
中〇無夫 4.8/36/13
下〇無子 4.8/36/13
〇天下亂 4.9/36/27
〇其國危 4.9/36/28
〇無以臨國 4.9/37/3
〇無以生世 4.9/37/3
〇恐後矣 4.10/37/19
〇水大至 4.10/37/20
〇是失儀節也 5.2/42/1
〇是妾貪貴樂利以忘義
　理也 5.2/42/2
樂〇樂矣 5.4/43/13
今〇不然 5.4/43/15
〇魯君不吾畜 5.6/45/5
〇脅肩無所容 5.6/45/5
鮮不爲〇 5.7/45/26,5.14/50/15
四方爲〇 5.8/46/16
〇事君不忠 5.9/47/3
〇治官不理 5.9/47/3
計念進之〇殺主父 5.10/47/18
吾死〇死耳 5.10/47/22
〇可以得千金 5.11/48/10
〇昆弟無類矣 5.11/48/10
季兒可以爲〇矣 5.14/50/15
〇殺父 5.15/50/26
〇殺夫 5.15/50/27
〇是矣 5.15/50/28
妻妾〇焉 6/51/11
〇下不治 6.2/52/17
〇國不寧 6.2/52/17
吾鞭〇鞭耳 6.5/54/22
欲飲〇飲 6.6/55/11
過賢〇賓 6.6/55/16
主君不欲渡〇已 6.7/56/10
乃言不通〇老婦死而已 6.8/56/27
〇不言 6.8/56/28
子少〇爲子 6.8/57/2
長〇爲友 6.8/57/2
我心〇降 6.9/58/2
我心〇喜 6.10/59/2
〇變容更服 6.11/59/18
〇棟不安 6.12/60/16
〇榱橑墮 6.12/60/16
〇屋幾覆矣 6.12/60/17
〇棟矣 6.12/60/17
今〇未有 6.12/60/22
〇此可用矣 6.12/60/24
〇辭安可以已乎哉 6.14/62/11
何〔〇〕 6.15/62/27
有寇至〇舉 7.3/65/4
〇惡用子也 7.4/65/21
〇不歸 7.5/66/7
〇民不畏 7.7/67/10
〇開寇心 7.7/67/10
〇可以威民而懼寇矣 7.7/67/12
不〇不可以生 7.7/67/26
〇驪姬死 7.7/68/1
我〇取惡 7.8/68/24
〇是君之子爲王也 7.14/73/2

責 zé 5

而〇禮於人 1.9/7/9
〇以無禮 1.11/10/12
〇子受金 1.14/12/13
于是其夫乃深自〇 2.12/19/28
指〇令尹 6.2/52/25

賊 zé 9

不僭不〇 5.7/45/26,5.14/50/15
僅以除〇 5.10/48/1
而盜〇自息 6.2/52/12
盜〇公行 6.2/52/13
皆謂君愛樹而（〇）
　〔賤〕人 6.4/54/2
謂之〇 6.4/54/4
是〇民之深者也 6.4/54/6
乃使人徼〇泄冶而殺之 7.9/69/11

擇 zé　　10

處子○藝	1.9/7/22
于是乃○嚴師賢友而事	
之	1.10/8/6
○瘠土而處之	1.10/8/16
不○官而仕	2.6/16/5
不○妻而娶	2.6/16/6
犬彘不○食以肥其身	2.9/18/1
食其子不○肉	3.10/27/26
○諸母及阿者	5.11/48/18
君自○以爲臣	6.8/57/3
卜○吉日	6.10/58/30

澤 zé　　6

漁于雷○	2.6/16/5
蛟龍不及于枯○	2.6/16/7
欲以○其毛而成文章也	2.9/17/30
山○之婦人耳	5.6/45/7
遂抱公子逃于深○之中	
	5.11/48/15
塡池○	6.11/59/28

昃 zè　　1

日中則○	3.2/23/5

譖 zèn　　10

○殺太子申生	2.3/13/28
○而殺之	3.6/25/11,5.2/42/8
○子上而殺之	5.2/42/7
疑吾○之者乎	5.2/42/12
謀○太子	7.7/68/10
○懟高、鮑	7.10/70/14
○彼蒯瞶	7.12/71/28
陰○后及太子于王	7.15/73/20
大夫怨倡后之○太子及	
殺李牧	7.15/73/23

曾 zēng　　11

○子與門人往弔之	2.11/19/3
○子弔之	2.11/19/4
○子曰	2.11/19/5
	2.11/19/8,2.11/19/13
○子不能應	2.11/19/7
○子弔焉	2.11/19/18
○是莫聽	3.2/23/1
○不得專意	4.14/39/29
○不一視	6.11/59/13
○莫我贏贏	7.13/72/5

憎 zēng　　4

母○舜而愛象	1.1/1/9
盜○主人	3.6/25/3
必有○妬人者	3.6/25/4
妲己之所○誅之	7.2/64/5

繒 zēng　　1

申侯乃與○、西夷犬戎	
共攻幽王	7.3/65/6

甑 zèng　　1

夫負釜○	2.13/20/20

贈 zèng　　1

何以○之	2.4/15/1

札 zhá　　3

不穿一○	6.3/53/1
而君不能以穿一○	6.3/53/7
穿七○	6.3/53/9

詐 zhà　　4

不行○僞	1.14/12/2
乘僞行○	3.11/29/3
以○與民	3.11/29/8
執○不愨	7.15/73/28

摘 zhāi　　2

○也	1.10/8/14
○可以爲三公	1.10/8/14

齋 zhāi　　1

選士大夫○戒沐浴	6.7/56/8

宅 zhái　　1

乃日視便利田○可買者	
〔買之〕	3.15/31/22

沾 zhān　　1

泣下○襟	5.8/46/14

瞻 zhān　　2

○望不及	1.7/5/10
○望母兮	3.9/27/13

展 zhǎn　　1

○如之人兮	2.2/13/18

斬 zhǎn　　1

○妲己頭	7.2/64/11

戰 zhàn　　16

而士卒○自五也	1.11/10/3
而○自十也	1.11/10/4
秦遂興兵與晉○	2.4/14/22
言趣饗○鬭之士而繕甲	
兵也	3.9/27/8
男子○鬭	3.13/30/12
方今○國	3.14/30/23
殖○而死	4.8/36/8
杞梁○死	4.8/36/20
楚與吳爲伯莒之○	4.9/36/25
莫不○慄	4.9/37/11
是以○勝攻取	5.5/44/8
夫○而忘勇	5.5/44/8
○于鳴條	7.1/63/23
桀師不○	7.1/63/24
○于牧野	7.2/64/10
晉、楚○于鄢陵	7.8/68/16

張 zhāng	**1**
乃使○儀間之	6.13/61/7

章 zhāng	**15**
上下有○	1.10/9/12
言成文○	2/12/18
欲以澤其毛而成文○也	2.9/17/30
迎越姬之子熊○	5.4/43/26
異○服	6.15/62/26
生子○	7.13/72/4
○爲太子	7.13/72/4
封○于代	7.13/72/8
見○暴然也	7.13/72/9
乃欲分趙而王○于代	7.13/72/10
○以其徒作亂	7.13/72/11
李兌乃起四邑之兵擊○	
	7.13/72/11
○走主父	7.13/72/11
既殺○	7.13/72/12
以○圍主父	7.13/72/12

彰 zhāng	**5**
婦人以死○君之善	5.4/43/17
是○孤之不德也	5.4/43/23
行無隱而不○	5.10/47/25
以○物也	7.6/66/21
毋○其惡〔而厚其敗〕	7.7/67/17

掌 zhǎng	**2**
○衣履	4.11/38/5
○奉湯沐	6.9/57/22

丈 zhàng	**3**
食方○於前	2.15/21/24
	2.15/21/25
○夫心	7.1/63/17

杖 zhàng	**1**
姬○戈先太子與五介冑	
之士	7.12/71/20

障 zhàng	**1**
姬使侍御者舒帷以自○	
蔽	4.6/35/6

招 zhāo	**1**
○進直言	6.10/58/30

昭 zhāo	**16**
是○吾子	1.10/9/9
不爲○○（變）〔信〕	
節	3.7/25/24
○王之母也	4.9/36/25
當○王時	4.9/36/25
○王亡	4.9/36/26
○王乃復矣	4.9/37/5
楚○王之夫人也	4.10/37/16
楚○出遊	4.10/37/27
楚○越姬者	5.4/43/8
楚○王之姬也	5.4/43/8
○王燕遊	5.4/43/8
歸葬○王	5.4/43/27
楚○遊樂	5.4/44/1
○氏之妻也	6.5/54/17
既有狂夫○氏在內矣	6.5/54/24

朝 zhāo	**59**
來○走馬	1.6/3/29
則不踐其○	1.9/7/13
昔者武王罷○而結絲絑	
絕	1.10/8/2
文伯退○	1.10/8/14
○敬姜	1.10/8/14
是故天子大采○日	1.10/8/18
諸侯○脩天子之業令	1.10/8/21
卿大夫○考其職	1.10/8/22
士○而受業	1.10/8/23
（則）〔列〕士之妻加	
之以○服	1.10/8/25
○夕處事	1.10/8/27
吾冀而○夕脩我曰	1.10/8/28
○哭穆伯	1.10/9/11
康子在○	1.10/9/12
康子辭于○而入見	1.10/9/13
天子及諸侯合民事〔于	
外○〕	1.10/9/14
〔合神事〕于內○	1.10/9/14
合官職于外○	1.10/9/15
合家事于內○	1.10/9/15
夫外○	1.10/9/15
內○	1.10/9/16
將軍○夕錫爨黍梁	1.11/10/1
子獨○夕錫爨黍梁	1.11/10/4
使（明請）〔○謁〕夫	
人	1.12/10/27
○夕勤勞	1.13/11/13
至使君王失禮而晏○	2.1/12/25
早○晏退	2.1/12/27
脫○服	2.1/12/29
諸侯皆○	2.2/13/11
〔罷〕○入閨	2.2/13/11
明日臨○	2.2/13/15
君之蒞○也	2.2/13/16
晉君○以入	2.4/14/25
王嘗聽○罷晏	2.5/15/12
明日〔○〕	2.5/15/19
溫恭○夕	2.5/15/22
每○	3.6/25/3
○而以喜色歸	3.6/25/5
吾言于○	3.6/25/5
邢侯殺叔魚與雍子于○	
	3.10/28/14
周之康王夫人晏出○	3.14/31/2
東向而○軍吏	3.15/31/21
孝公父武公與其二子長	
子括、中子戲○周宣	
王	5.1/41/11
而況于○臣士大夫乎	5.6/45/8
不○五日	6.1/51/17
今君不○五日	6.1/51/17
屠牛于○歌市	6.1/51/20
明日○	6.4/54/3
顯之于○市	6.9/57/30
邪僞立于本○	6.10/58/26
諸侯○之	6.11/59/29
一○不○	7.7/67/8
以戲于○	7.9/69/8
不待幽間於○廷	7.9/69/9
通于宋子○	7.12/71/15
宋○是親	7.12/71/28
○群臣	7.13/72/8

安陽君來〇	7.13/72/8	照 zhào	1	〇遂滅爲郡	7.15/73/24
				〇悼倡后	7.15/73/28
召 zhào	28	無以〇之	5.2/42/10	受略亡〇	7.15/73/28
于是孟母〇孟子而謂之曰 1.9/7/7		趙 zhào	42	折 zhé	5
敬姜〇而數之曰	1.10/8/1				
悉〇諸子	1.12/10/17	晉〇衰妻者	2.8/17/6	民醉〇傷	6.4/54/12
又〇諸婦曰	1.12/10/19	號〇姬	2.8/17/6	轂擊而〇大夫車軸	6.5/54/18
于是大夫〇母而問之曰		與〇衰奔狄	2.8/17/6	鄭使〇軸	6.5/55/3
	1.12/10/23	公以叔（隈）〔隗〕妻		〇腰出胸	6.10/58/12
君何不試〇而問焉	3.9/27/5	〇衰	2.8/17/7	于是（〇）〔拆〕漸臺	
于是〇而語之曰	3.9/27/5	文公以其女〇姬妻〇衰	2.8/17/8		6.10/58/29
王〇入	3.14/30/27	〇姬請迎盾與其母而納			
〇南申女者	4.1/32/11	之	2.8/17/8	哲 zhé	4
〇南申女	4.1/32/21	〇衰辭而不敢	2.8/17/9		
令〇宮人必以符	4.10/37/17	〇衰許諾	2.8/17/13	既明且〇	3.4/24/11
相〇其母	5.8/46/8	思〇姬之讓恩	2.8/17/14	今大王既有明〇	6.12/60/18
君來〇我	6.1/51/25	君子謂〇姬恭而有讓	2.8/17/16	懿厥〇婦	7.1/63/25
乃復〇江乙而用之	6.2/52/20	〇姬之謂也	2.8/17/17	〇婦傾城	7.7/68/5
〇太（上）〔卜〕而卜		〇衰姬氏	2.8/17/21		
之	6.4/53/28	其三子遊于〇氏	3.11/28/25	輒 zhé	4
乃〇虞姬而自問焉	6.9/57/20	〇（蕑）〔簡〕子乘馬			
于是宣王乃〇見之	6.10/58/16	園中	3.11/28/25	〇得其子	5.12/48/29
又更〇而問之	6.10/58/20	〇將馬服君〇奢之妻	3.15/31/18	〇得厥子	5.12/49/8
〇問曰	6.11/59/12	括之母也	3.15/31/18	〇墮炭中	7.2/64/8
王〇與語	6.11/60/5	秦攻〇	3.15/31/18	蒯瞶之子〇立	7.12/71/17
〇之	6.13/61/13	〇兵果敗	3.15/31/25		
〇湯	7.1/63/23	代〇夫人者	5.7/45/20	者 zhě	385
乃〇哀姜	7.6/66/26	〇簡子之女	5.7/45/20		
〇申生	7.7/67/23	而迎其姊〇夫人	5.7/45/22	有虞二妃〇	1.1/1/8
〇徵舒也	7.9/69/11	君子謂〇夫人善處夫婦		棄母姜嫄〇	1.2/1/29
使人〇夏姬曰	7.9/69/19	之間	5.7/45/25	後伐平林〇咸（薦）	
國佐〇慶剋	7.10/70/4	惟〇襄子	5.7/45/30	〔薦〕之覆之	1.2/1/31
〔考烈王〕〇而幸之	7.14/73/3	〇津女娟者	6.7/55/30	契母簡狄〇	1.3/2/15
		〇河津〔吏〕之女	6.7/55/30	啓母〇	1.4/3/3
兆 zhào	2	〇簡子之夫人也	6.7/55/30	湯妃有㜪〇	1.5/3/15
		〇簡渡河	6.7/56/20	三母〇	1.6/3/27
獻〇于定姜曰	1.7/5/23	〇佛肸母者	6.8/56/25	太姜〇	1.6/3/27
〇如山（林）〔陵〕	1.7/5/23	〇之中牟宰佛肸之母也	6.8/56/25	太任〇	1.6/4/4
		〇之法	6.8/56/25	古〇婦人妊子	1.6/4/6
詔 zhào	2	〇靈吳女者	7.13/72/3	人生而肖父母〇	1.6/4/9
		〇武靈王之后也	7.13/72/3	太姒〇	1.6/4/12
〇獄繫長安	6.15/62/22	乃欲分〇而王章于代	7.13/72/10	有不可以少加重任〇	1.6/4/23
乃下〇曰	6.15/62/26	神竇〇靈	7.13/72/18	衛姑定姜〇	1.7/5/8
		〇人李園之女弟	7.14/72/23	鱄〇	1.7/5/18
		〇悼襄王之后也	7.15/73/17	征〇喪雄	1.7/5/24
		〇亡	7.15/73/23	傅母〇	1.8/6/6

莊姜○	1.8/6/12	同列○七人	2.5/15/16	必有憎妬人○	3.6/25/4
彼姝○子	1.9/6/27,1.9/7/4	其「君」○	2.5/15/22	枉○惡之	3.6/25/4
今○妾竊墮在室	1.9/7/6	謂女（○）〔君〕也	2.5/15/22	今衛復有與之齊○	3.7/25/28
魯季敬姜○	1.10/7/27	周南之妻○	2.6/16/3	夫可欺而不可罔○	3.7/25/29
昔○武王罷朝而結絲絿		而舜爲之○	2.6/16/5	齊靈仲子○	3.8/26/10
絕	1.10/8/2	然而仕○	2.6/16/8	臧孫母○	3.9/26/26,3.9/27/5
無可使結之○	1.10/8/2	女宗○	2.7/16/19	害子○	3.9/26/28
日舉過○三十人	1.10/8/3	因往來○請問其夫	2.7/16/19	魯之寵臣多怨汝○	3.9/26/28
所執贄而見於窮閭隘巷		晉趙衰妻○	2.8/17/6	斂小器、投諸台○	3.9/27/7
○七十餘人	1.10/8/4	君棄此三○	2.8/17/10	食獵犬、組羊裘○	3.9/27/8
彼二聖一賢○	1.10/8/4	霧雨七日而不下食○	2.9/17/30	琴之合、甚思之○	3.9/27/8
其所與遊○皆過己○也	1.10/8/5	彼先生○	2.11/19/11	同○	3.9/27/9
所與遊○	1.10/8/6	今○	2.12/19/25	錯○	3.9/27/9
所與遊處○	1.10/8/7	然子之意洋洋若自足○		鋸○	3.9/27/9
夫幅○	1.10/8/9		2.12/19/26	冠纓不足帶有餘○	3.9/27/10
（晝）〔畫〕○	1.10/8/10	故賢人之所以成○	2.12/20/2	叔姬○	3.10/27/22
物○	1.10/8/10	楚王使使○持金百鎰、		隨大夫而化○	3.10/27/26
出入不絕○	1.10/8/11	車二駟	2.13/20/13	有奇福○	3.10/28/2
引而來○	1.10/8/12	使○遂不得與語而去	2.13/20/14	而有甚美○	3.10/28/3
主多少之數○	1.10/8/12	遣使○持金、駟來聘	2.13/20/16	侍○謁之叔姬曰	3.10/28/8
正直而固○	1.10/8/13	夫富貴○	2.13/20/17	今將滅羊舌氏○	3.10/28/9
舒而無窮○	1.10/8/13	夫安貧賤而不怠于道○		請殺其生○而戮其死○	
言婦人以織績爲公事○			2.13/20/21		3.10/28/14
也	1.10/9/2	唯至德○能之	2.13/20/22	晉范氏母○	3.11/28/25
二三婦之辱共祀先祀○	1.10/9/8	可食以酒肉○	2.14/21/8	長○曰	3.11/28/26
母問使○曰	1.11/9/27	可授以官祿○	2.14/21/9	中○曰	3.11/28/26
客有獻醇酒一器〔○〕	1.11/10/2	民從而家○	2.14/21/12	少○曰	3.11/28/27
有獻一囊糗糒○	1.11/10/3	使○持金百鎰	2.15/21/22	終滅范氏○	3.11/29/2
母師○	1.12/10/17	遣使○持金來	2.15/21/24	魯公乘姒○	3.12/29/13
臘日休作○	1.12/10/17	謝使○而不許也	2.15/21/27	漆室女○	3.13/30/3
使○還	1.12/10/23	鄧曼○	3.2/22/24	莫不爲之慘○	3.13/30/4
魏芒慈母○	1.13/11/10	諫○有刑	3.2/22/28	夫魯國有患○	3.13/30/9
周宣姜后○	2.1/12/23	許穆夫人○	3.3/23/15	婦人無與○	3.13/30/10
衛姬○	2.2/13/10	古○諸侯之有女子也	3.3/23/16	知我○	3.13/30/13
容貌淫樂○	2.2/13/13	言今○許小而遠	3.3/23/16	不知我○	3.13/30/13
意氣沉抑○	2.2/13/14	強○爲雄	3.3/23/17,3.14/30/23	曲沃負○	3.14/30/22
手足矜動○	2.2/13/14	其從○三人皆國相也	3.4/24/4	魏哀王使使○爲太子納	
與從○謀于桑下	2.3/13/30	以此三人○	3.4/24/5	妃而美	3.14/30/22
從○將以子行	2.3/14/1	不知其子○	3.4/24/6	義○顯焉	3.14/30/24
聞○吾已除之矣	2.3/14/2	不知其君○	3.4/24/7	三○	3.14/31/4
有晉國○	2.3/14/3	今其從○皆卿相之僕也	3.4/24/7	三○治則治	3.14/31/4
穆姬○	2.4/14/19	士民之扶老攜幼而赴其		身所奉飯〔飲而進食〕	
公族○	2.4/14/21	闕○	3.4/24/10	○以十數	3.15/31/20
樊姬○	2.5/15/11	吾聞見兩頭蛇○死	3.5/24/21	所友○以百數	3.15/31/20
與賢○俱	2.5/15/13	今○出遊見之	3.5/24/21	大王及宗室所賜幣○	3.15/31/20
王之所謂賢○	2.5/15/13	夫有陰德○	3.5/24/22	吏無敢仰視之○	3.15/31/21
今賢于妾○二人	2.5/15/15	有愛好人○	3.6/25/4	乃日視便利田宅可買○	

〔買之〕	3.15/31/22	梁貴人多爭欲娶之〇	4.14/39/27	潔婦〇	5.9/46/25
召南申女〇	4.1/32/11	貴人多求妾〇	4.14/39/29	乃向採桑〇也	5.9/46/30
以爲夫婦〇	4.1/32/11	所以不死〇	4.14/40/3	周主忠妾〇	5.10/47/16
故嫁娶〇	4.1/32/13	王之求妾〇	4.14/40/3	其淫〇憂之	5.10/47/17
伯姬〇	4.2/32/26	孝婦〇	4.15/40/14	魏節乳母〇	5.11/48/6
以爲婦人以貞爲行〇也	4.2/33/4	信〇	4.15/40/17	〔有〕得公子〇	5.11/48/7
以爲死〇不可以生	4.2/33/5	義〇	4.15/40/18	匿之〇	5.11/48/7,5.11/48/9
夫人〇	4.3/33/16,4.7/35/22	固養其舅姑〇也	4.15/40/21	吾聞秦令〇	5.11/48/9
蔡人之妻〇	4.4/33/30	使使〇賜之黃金四十斤		有能得公子〇	5.11/48/9
黎莊夫人〇	4.5/34/13		4.15/40/25	夫見利而反上〇	5.11/48/13
所務〇異	4.5/34/13	孝義保〇	5.1/41/11	畏死而棄義〇	5.11/48/13
孟姬〇	4.6/34/27	鄭瞀〇	5.2/41/27	且夫凡爲人養子〇	5.11/48/13
其有大妨于王命〇	4.6/35/1	行〇顧	5.2/41/28	矢著身〇數十	5.11/48/16
姬使侍御〇舒帷以自障		今〇大王在臺上	5.2/42/1	擇諸母及阿〇	5.11/48/18
蔽	4.6/35/6	夫昔〇	5.2/42/8	慎而寡言〇	5.11/48/18
而使傅母應使〇曰	4.6/35/6	今〇王必將以職易太子	5.2/42/11	梁節姑姊〇	5.12/48/29
三〇失禮多矣	4.6/35/9	疑吾譖之〇乎	5.2/42/12	二義〇	5.13/49/13
使〇馳以告公	4.6/35/9	懷嬴〇	5.3/42/25	內珠入于關〇死	5.13/49/14
使〇至	4.6/35/10,4.10/37/17	三〇無一可行	5.3/42/29	誰當坐〇	5.13/49/16
使使〇弔之于路	4.8/36/8	楚昭越姬〇	5.4/43/8	送葬〇盡哭	5.13/49/23
道路過〇	4.8/36/11	觀士大夫逐〇	5.4/43/9	友娣〇	5.14/50/6
夫婦人必有所倚〇也	4.8/36/12	昔〇吾先君莊王淫樂	5.4/43/14	所與共殺吾兄〇爲誰	5.14/50/8
伯嬴〇	4.9/36/25	昔〇妾雖口不言	5.4/43/23	京師節女〇	5.15/50/25
妾聞天子〇	4.9/36/27	妾聞信〇不負其心	5.4/43/24	行之高〇也	5.15/50/31
公侯〇	4.9/36/27	義〇不虛設其事	5.4/43/24	妾婧〇	6.1/51/15
若諸侯外淫〇絕	4.9/36/29	母信〇	5.4/43/26	昔〇太公望年七十	6.1/51/19
卿大夫外淫〇放	4.9/36/29	敢有自殺〇	5.5/44/6	有入王宮中盜〇	6.2/52/8
士庶人外淫〇宮割	4.9/36/30	自殺〇誅及妻子	5.5/44/11	昔〇	6.2/52/15
夫然〇	4.9/36/30	魯義姑姊〇	5.6/44/28		6.4/53/28,6.10/58/16
且凡所欲妾〇	4.9/37/3	走〇爾母耶	5.6/44/30		6.11/59/23,6.12/60/24
貞姜〇	4.10/37/16	母所抱〇誰也	5.6/44/30	有盜王宮中之物〇	6.2/52/15
使使〇迎夫人	4.10/37/17	齊將問所抱〇誰也	5.6/45/1	昔〇周武王有言曰	6.2/52/16
今使〇不持符	4.10/37/18	所棄〇誰也	5.6/45/1	所謂國無人〇	6.2/52/17
妾不敢從使〇行	4.10/37/18	所抱〇妾兄之子也	5.6/45/2	無理人〇也	6.2/52/17
使〇曰	4.10/37/18	所棄〇妾之子也	5.6/45/2	弓工妻〇	6.3/52/30
勇〇不畏死	4.10/37/19	代趙夫人〇	5.7/45/20	君聞昔〇公劉之行乎	6.3/53/2
妾知從使〇必生	4.10/37/19	使廚人持斗以食代王及		豈欲殺不辜〇乎	6.3/53/3
使〇取符	4.10/37/20	從〇	5.7/45/21	此三君〇	6.3/53/4
貞姬〇	4.11/38/3	陰令宰人各以一斗擊殺		猶以爲爲之〇勞	6.3/53/5
且夫棄義從欲〇	4.11/38/6	代王及從〇	5.7/45/21	居之〇逸也	6.3/53/5
見利忘死〇	4.11/38/7	齊義繼母〇	5.8/46/5	此四〇	6.3/53/7
于死〇亦然	4.11/38/8	有人鬬死于道〇	5.8/46/5	齊傷槐女〇	6.4/53/20
衛宗二順〇	4.12/38/20	殺其少〇	5.8/46/10	犯槐〇刑	6.4/53/21,6.4/54/5
陶嬰〇	4.13/39/12	夫少子〇	5.8/46/10	傷槐〇死	6.4/53/21,6.4/54/5
死〇不可忘	4.13/39/15	少〇	5.8/46/11	吾所以請雨〇	6.4/53/29
求〇乃止	4.13/39/22	長〇	5.8/46/11	所以然〇何也	6.4/53/30
高行〇	4.14/39/27	是欺死〇也	5.8/46/13	令犯〇死	6.4/54/1

夫三〇	6.4/54/4	大魚失水〇	6.13/61/16	**貞** zhēn	35
行暴之大〇也	6.4/54/5	有龍無尾〇	6.13/61/17	天下稱二妃聰明〇仁	1.1/1/19
是逆民之明〇也	6.4/54/5	墻欲內崩而王不視〇	6.13/61/17	〇順率道	1.6/3/28
是賊民之深〇也	6.4/54/6	賢〇不達	6.13/61/24	以專一爲〇	2.7/16/22
楚野辯女〇	6.5/54/17	反〇已定	6.13/61/25	可謂〇矣	3.12/29/21
遇鄭使〇	6.5/55/3	齊女徐吾〇	6.14/62/6	〇女之義也	3.14/30/29
阿谷處女〇	6.6/55/8	灑掃陳席以待來〇	6.14/62/8	此毀〇女之行	3.14/30/30
阿谷之隧浣〇也	6.6/55/8	齊太倉女〇	6.15/62/21	惟若〇順	4/32/6
彼浣〇	6.6/55/9	妾傷夫死〇不可復生	6.15/62/24	〇一脩容	4.1/32/21
嚮〇	6.6/55/14	刑〇不可復屬	6.15/62/24	以爲婦人以〇爲行者也	4.2/33/4
（切）〔竊〕有狂夫名		夫刑〇	6.15/63/1	君子美其〇一	4.3/33/21
之〇矣	6.6/55/19	鑿顛〇髡	6.15/63/2	甚〇而一也	4.4/34/4
趙津女娟〇	6.7/55/30	抽脅〇笞	6.15/63/2	以爲順〇	4.4/34/9
用楫〇少一人	6.7/56/6	刖足〇鉗	6.15/63/2	終執〇一	4.5/34/17
妾聞昔〇湯伐夏	6.7/56/8	末喜	7.1/63/17	好禮〇一	4.6/34/27
昔〇不穀夢娶妻	6.7/56/13	收倡優、侏儒、狎徒、		齊國稱其〇	4.6/34/28
趙佛肹母〇	6.8/56/25	能爲奇偉戲〇	7.1/63/18	列于〇賢	4.7/36/4
以城畔〇	6.8/56/25	一鼓而牛飮〇三千人	7.1/63/20	君子謂杞梁之妻〇而知	
妾聞子少而慢〇	6.8/57/1	醉而溺死〇	7.1/63/21	禮	4.8/36/15
長而不能使〇	6.8/57/1	妲己〇	7.2/64/3	〇姜者	4.10/37/16
虞姬〇	6.9/57/15	諸侯有畔〇	7.2/64/7	〇女之義不犯約	4.10/37/19
齊有北郭先生〇	6.9/57/17	令有罪〇行其上	7.2/64/8	以成其〇	4.10/37/21
破胡賂執事〇	6.9/57/19	以爲亡紂〇	7.2/64/12	乃號之曰〇姜	4.10/37/22
執事〇誣其詞而上之	6.9/57/19	褒姒〇	7.3/64/22	君子謂〇姜有婦節	4.10/37/22
所以生〇	6.9/57/27	後有人夫妻賣檿弧箕服		〇姬者	4.11/38/3
鍾離春〇	6.10/58/11	之器	7.3/64/27	〇女不假人以色	4.11/38/8
謂謁〇曰	6.10/58/13	忠諫〇誅	7.3/65/6	號曰〔楚白〕〇姬（楚）	
謁〇以聞	6.10/58/15	宣姜〇	7.4/65/18		4.11/38/9
如此〇四	6.10/58/21	有四馬白旄至〇	7.4/65/20	君子謂〇姬廉潔而誠信	
賢于〔伏〕匿于山林	6.10/58/25	所欲殺〇	7.4/65/23		4.11/38/10
諫〇不得通入	6.10/58/26	文姜〇	7.5/66/5	況于〇良	4.13/39/15
而齊國大安〇	6.10/59/1	哀姜〇	7.6/66/19	君子謂陶嬰〇一而思	4.13/39/17
宿瘤女〇	6.11/59/11	驪姬〇	7.7/67/6	以全〇信之節	4.14/40/1
使使〇以金百鎰往聘迎		繆姜〇	7.8/68/15	是不〇也	4.14/40/2
之	6.11/59/18	有四德〇	7.8/68/24	〇專精純	4.14/40/9
于是如故隨使〇	6.11/59/19	陳女夏姬〇	7.9/69/6	〇女一禮不備	6.11/59/17
菁菁〇莪	6.11/60/1	蓋老而復壯〇	7.9/69/7	元、亨、利、〇	7.8/68/21
孤逐女〇	6.12/60/10	聲姬〇	7.10/70/3	〇、事之幹也	7.8/68/22
而見謁〇曰	6.12/60/11	齊東郭姜〇	7.11/70/19	不可謂〇	7.8/68/24
三逐于鄉	6.12/60/13	唯辱使〇不可以已	7.11/71/3		
五逐于里〇	6.12/60/13	衛二亂女〇	7.12/71/15	**珍** zhēn	1
此人必有與人異〇矣	6.12/60/14	南子〇	7.12/71/15		
如有過之〇	6.12/60/22	衛伯姬〇	7.12/71/17	收〇物	7.2/64/5
楚處莊姪〇	6.13/61/6	趙靈吳女〇	7.13/72/3		
諫〇蔽塞	6.13/61/7	楚考李后〇	7.14/72/23		
使〇報曰	6.13/61/12	倡后〇	7.15/73/17		
女何爲〇也	6.13/61/13				

眞 zhēn	1
○可以居吾子矣	1.9/6/26

斟 zhēn	1
行○	5.7/45/21

枕 zhěn	4
○墼席槀	2.11/19/4
乃（○）〔就〕其夫之	
屍于城下而哭〔之〕	4.8/36/11
拂○席	4.11/38/5
與子同○席	5.14/50/11

軫 zhěn	2
抽琴去其○以授子貢	6.6/55/13
有琴無○	6.6/55/15

朕 zhèn	2
非○德薄而教之不明歟	
	6.15/62/27
○甚憐之	6.15/63/1

振 zhèn	2
次則曹叔○鐸	1.6/4/15
遂○衣欲去	5.14/50/8

鴆 zhèn	1
乃置○于酒	7.7/67/22

震 zhèn	1
齊國○懼	6.9/58/1

鎭 zhèn	1
君若不○撫	3.2/22/27

爭 zhēng	13
以死○之	3.8/26/14

邢侯與雍子○田	3.10/28/13
果卒分○	3.10/28/21
梁貴人多○欲娶之者	4.14/39/27
庶嫡分○	5.2/42/10
四鄰○娶之	5.10/47/25
○射之	5.11/48/15
若繼母與假女推讓○死	
	5.13/49/27
季兒兄季宗與延壽○葬	
父事	5.14/50/6
公侯○之	7.9/69/7
棠毋咎與東郭偃○而不	
與	7.11/70/30
陰與崔氏○權	7.11/71/1
○邑相殺	7.11/71/10

征 zhēng	5
有夫出○而喪其雄	1.7/5/23
○者裹雄	1.7/5/24
莘莘○夫	2.3/14/4
夙夜○行	2.3/14/4
齊桓○伐	7.6/67/1

烝 zhēng	2
立我○民	1.2/2/5
○而獻功	1.10/8/26

徵 zhēng	11
敗亡之○見矣	2.9/18/2
物之所○	6.12/60/25
幽王舉燧燧○兵	7.3/65/7
〔陳〕大夫夏○舒之母	7.9/69/6
夏姬之子○舒爲大夫	7.9/69/7
乃使人○賊泄冶而殺之	7.9/69/11
召○舒也	7.9/69/11
○舒似汝	7.9/69/12
○舒疾此言	7.9/69/12
○舒伏弩廐門	7.9/69/12
楚莊王舉兵誅○舒	7.9/69/13

整 zhěng	2
不可不自脩○	1.8/6/8
不○冠	6.9/57/24

正 zhèng	41
割不○不食	1.6/4/7
席不○不坐	1.6/4/7
道○事	1.6/4/8
則生子形容端○	1.6/4/8
○是四國	1.7/5/15
傅母見其婦道不○	1.8/6/7
奉劍而○履	1.10/8/1
所以○曲枉也	1.10/8/9
故畫可以爲○	1.10/8/10
○直而固者	1.10/8/13
雖踰○禮	1.12/10/20
廉潔公○	1.14/12/5
廉潔○直	1.14/12/13
廉○以方	2/12/18
齊姜公○	2.3/14/14
妒○爲首	2.7/16/25
及盾爲○卿	2.8/17/14
不如○而不足也	2.11/19/6
羊舌子好○	3.10/27/22
樂○羹娶之	3.10/28/5
皆貪不○	3.10/28/20
必○妃匹	3.14/30/30
妃匹○	3.14/31/1
不○	3.14/31/1
修道○進	4/32/6
勤○潔行	4/32/6
不可不○	4.1/32/12
○其本	4.1/32/12
所以○心一意	4.6/35/8
妾聞婦人以端○和顏爲	
容	5.2/42/1
公○誠信	5.6/45/9
公○知禮	5.8/46/20
廢○義而行逆節哉	5.11/48/14
刑殺不○	6.4/54/3, 6.4/54/6
宣王之○后也	6.10/58/11
君子謂鍾離春○而有辭	6.10/59/1
夫柱不○	6.12/60/16
君子謂莊姪雖違于禮而	
終守以○	6.13/61/26
女之不○	7.15/73/18
倡后淫佚不○	7.15/73/21

政 zhèng	23
日中考○	1.10/8/19
與百官之○事	1.10/8/19
晝講其庶○	1.10/8/22
子將庇季氏之○焉	1.10/9/16
遂復姜后而勤于○事	2.1/12/27
勤於○事	2.5/15/12
君嘗欲授之○	2.11/19/10
不足守○	2.14/21/6
楚王欲使吾守國之○	2.14/21/7
據大○	3.12/29/18
秦立魏公子○爲魏太子	
	3.14/30/22
妾恐大王之國○危矣	3.14/31/6
三年不聽○事	5.4/43/14
將改斯樂而勤於○也	5.4/43/15
妾恐傷執○之法	6.4/54/1
委○大臣	6.9/57/15
王不執○	6.9/57/29
齊威惰○	6.9/58/6
譚國之○	6.12/61/1
民慢其○	7.7/67/11
君何不老而授之○	7.7/67/20
彼得○而治之	7.7/67/20
在寡人爲○	7.15/73/19

鄭 zhèng	16
○皇耳率師侵衛	1.7/5/23
獲○皇耳于（大）〔犬〕	
丘	1.7/5/24
衛姬爲之不聽○衛之音	2.2/13/10
過曹、郲、○、楚	2.3/14/7
遣人之○、衛	2.5/15/15
今是○穆少妃姚子之子	3.10/28/3
○瞀者	5.2/41/27
○女之嬴媵	5.2/41/27
○簡公使大夫聘于荊	6.5/54/17
盍從我于○乎	6.5/54/23
遇○使者	6.5/55/3
○使折軸	6.5/55/3
○使慚去	6.5/55/3
立在○子袖之右	6.13/61/25
桓公將伐○	7.5/66/5
至○	7.9/69/19

之 zhī	1707
帝堯○二女也	1.1/1/8
舜能諧柔○	1.1/1/9
四嶽（鷹）〔薦〕於堯	1.1/1/9
二女承事舜於畎畝○中	1.1/1/10
不以天子○女故而驕盈	
怠嫚	1.1/1/10
醉將殺○	1.1/1/14
舜○女弟繫憐	1.1/1/15
怒○不已	1.1/1/16
堯試○百方	1.1/1/17
二妃死于江、湘○間	1.1/1/19
俗謂○湘君	1.1/1/19
百辟其刑○	1.1/1/20
此○謂也	1.1/1/20
	1.2/2/5,1.3/2/21,1.4/3/6
	1.6/4/1,1.6/4/26,1.7/5/15
	1.7/5/22,1.7/5/26,1.8/6/13
	1.9/6/27,1.9/7/4,1.9/7/18
	1.10/8/8,1.10/9/11
	1.10/9/18,1.11/10/8
	1.13/11/21,2.3/14/10
	2.5/15/23,2.7/16/28
	2.9/18/4,2.10/18/22
	2.11/19/14,2.14/21/13
	2.15/21/28,3.1/22/15
	3.2/23/2,3.2/23/6
	3.4/24/11,3.6/25/13
	3.7/26/1,3.9/27/13
	3.10/27/30,3.10/28/11
	3.10/28/16,3.11/29/4
	3.12/29/23,3.13/30/13
	3.14/31/9,3.15/31/26
	4.1/32/17,4.6/35/13
	4.7/35/28,4.8/36/15
	4.9/37/6,4.10/37/22
	4.11/38/11,4.12/39/3
	4.13/39/18,4.14/40/5
	4.15/40/26,5.2/42/16
	5.5/44/19,5.6/45/10
	5.7/45/26,5.8/46/16
	5.9/47/7,5.10/47/26
	5.11/48/20,5.12/49/3
	5.15/51/1,6.1/51/28
	6.2/52/21,6.4/54/8
	6.5/54/25,6.6/55/21
	6.7/56/16,6.8/57/6
	6.9/58/2,6.10/59/2
	6.11/60/1,6.12/60/27
	6.13/61/27,6.14/62/12
	6.15/63/4,7.1/63/25
	7.2/64/13,7.3/65/9
	7.4/65/25,7.5/66/10
	7.6/66/27,7.7/68/6
	7.8/68/26,7.10/70/9
	7.11/71/6,7.12/71/24
	7.14/73/8,7.15/73/24
帝堯○女	1.1/1/24
郃侯○女也	1.2/1/29
當堯○時	1.2/1/29,1.3/2/15
好而履○	1.2/1/29
心怪惡○	1.2/1/30
而棄○隘巷	1.2/1/30
乃送○平林○中	1.2/1/31
後伐平林者咸（鷹）	
〔薦〕○覆○	1.2/1/31
乃取置寒冰○上	1.2/1/31
飛鳥嫗翼○	1.2/1/31
姜嫄○性	1.2/2/1
而教○種樹桑麻	1.2/2/1
棄○性明而仁	1.2/2/2
乃命○曰	1.2/2/3
有娀氏○長女也	1.3/2/15
與其妹（姊）〔娣〕浴	
於玄丘○水	1.3/2/15
過而墜○	1.3/2/16
簡狄與其妹娣競往取○	1.3/2/16
簡狄得而含○	1.3/2/16
誤而吞○	1.3/2/16
簡狄性好人事○治	1.3/2/17
而教○理	1.3/2/17
順○序	1.3/2/17
契○性	1.3/2/18
封○於亳	1.3/2/18
乃敕○曰	1.3/2/19
持禹○功而不殞	1.4/3/5
有娀氏○女也	1.5/3/15
有娀○妃湯也	1.5/3/16
咸無妬媢逆理○人	1.5/3/16
其有娀○謂也	1.5/3/17
王季○母	1.6/3/27
有（呂）〔台〕氏○女	1.6/3/27
而謀事次○	1.6/3/29

雖太王○賢聖	1.6/4/1	見獻公○不哀也	1.7/5/16	婦人○義	1.9/7/7,1.12/10/17	
亦與○謀	1.6/4/2	大夫聞○皆懼	1.7/5/17		4.2/33/1,4.2/33/3	
文王○母	1.6/4/4	而定姜欲立○而不得	1.7/5/18	于是孟母召孟子而謂○曰	1.9/7/7	
太任○性	1.6/4/4	且公○行	1.7/5/20	君子謂孟母知禮而明於		
惟德○行	1.6/4/4	先君有冢卿以爲師保而		姑母○道	1.9/7/9	
太任教○以一而識百	1.6/4/6	蔑○	1.7/5/20	孟母見○曰	1.9/7/10,1.9/7/11	
故妊子○時	1.6/4/9	孫文子卜追○	1.7/5/23	軻聞○	1.9/7/12	
故形意肖○	1.6/4/10	禦寇○利也	1.7/5/24	夫婦人○禮	1.9/7/14,6.7/56/14	
武王○母	1.6/4/12	大夫圖○	1.7/5/24	故有閨內○修	1.9/7/14	
禹后有（娶）〔莘〕姒		衛人追○	1.7/5/24	而無境外○志	1.9/7/15	
氏○女	1.6/4/12	左○左	1.7/5/25	以言婦人無擅制○義	1.9/7/16	
文王嘉○	1.6/4/12	君子宜○	1.7/5/25	而有三從○道也	1.9/7/16	
未嘗見邪辟○事	1.6/4/16	泣而望○	1.7/6/1	孟子○母	1.9/7/22	
文王繼而教○	1.6/4/17	齊女○傅母也	1.8/6/6	魯大夫公父穆伯○妻	1.10/7/27	
卒成武王、周公○德	1.6/4/17	〔有〕冶容〔行〕	1.8/6/7	文伯○母	1.10/7/27,1.10/9/22	
武王繼太王、王季、文		〔淫泆○心〕	1.8/6/7	季康子○從祖叔母也	1.10/7/27	
王○緒	1.6/4/17	諭○云	1.8/6/7	敬姜側目而盼○	1.10/7/28	
身不失天下○顯名	1.6/4/18	子○家世世尊榮	1.8/6/7	敬姜召而數○曰	1.10/8/1	
富有四海○內	1.6/4/18	子○質聰達于事	1.8/6/8	無可使結○者	1.10/8/2	
宗廟饗○	1.6/4/18	齊侯○子	1.8/6/9	俯而自申○	1.10/8/2	
子孫保○	1.6/4/18	衛侯○妻	1.8/6/10	皆伯王○君也	1.10/8/4	
周公成文武○德	1.6/4/19	東宮○妹	1.8/6/10	今以子年○少而位○卑	1.10/8/5	
以天子○禮	1.6/4/19	邢侯○姨	1.8/6/10	子○不益	1.10/8/6	
期○喪	1.6/4/21	砥厲女○心以高節	1.8/6/10	于是乃擇嚴師賢友而事		
三年○喪	1.6/4/21	以爲人君○子弟	1.8/6/10	○	1.10/8/6	
父母○喪	1.6/4/21	爲國君○夫人	1.8/6/11	文伯引衽攘捲而親饋○	1.10/8/7	
蓋十子○中	1.6/4/21	尤不可有邪辟○行焉	1.8/6/11	敬姜謂○曰	1.10/8/9	
要其安民以播烈光、制		君子善傅母○防未然也	1.8/6/11	治國○要盡在經矣	1.10/8/9	
禮以廣達孝而言○	1.6/4/22	東宮得臣○妹也	1.8/6/12	綜可以爲（開）〔關〕		
反思其受教○時	1.6/4/24	姆戴媯○子桓公	1.8/6/12	內○帥	1.10/8/12	
倪天○妹	1.6/4/25	嬖人○子也	1.8/6/12	主多少○數者	1.10/8/12	
文武○興	1.6/5/3	鄒孟軻○母也	1.9/6/23	以歜○家而主猶績	1.10/8/15	
三姑○德	1.6/5/3	孟子○少也	1.9/6/23	懼干季孫○怒	1.10/8/15	
衛定公○夫人	1.7/5/8	嬉遊爲墓間○事	1.9/6/23	使吾子備官而未○聞耶	1.10/8/16	
公子○母也	1.7/5/8	其嬉戲爲賈人衒賣○事	1.9/6/24	昔聖王○處民也	1.10/8/16	
畢三年○喪	1.7/5/8	復徙舍學宮○傍	1.9/6/25	擇瘠土而處○	1.10/8/16	
自送○至於野	1.7/5/9	遂居○	1.9/6/26	勞其民而用○	1.10/8/17	
立而望○	1.7/5/9	卒成大儒○名	1.9/6/26	沃土○民不材	1.10/8/18	
○子于歸	1.7/5/10	何以予○	1.9/6/27	瘠土○民嚮義	1.10/8/18	
歸泣而望○	1.7/5/11	自孟子○少也	1.9/6/27	與百官○政事	1.10/8/19	
先君○思	1.7/5/11	子○廢學	1.9/6/29	使潔奉禘、郊○粢盛	1.10/8/20	
過而○厚	1.7/5/11	今而廢○	1.9/7/1	諸侯朝脩天子○業令	1.10/8/21	
是先君宗卿○嗣也	1.7/5/12	遂成天下○名儒	1.9/7/3	公侯○夫人加○以紘、		
雖惡○	1.7/5/13	君子謂孟母知爲人母○		綖	1.10/8/24	
君其忍○	1.7/5/13	道矣	1.9/7/4	卿○內子爲大帶	1.10/8/25	
定公遂復○	1.7/5/14	何以告○	1.9/7/4	（則）〔列〕士○妻加		
立敬姒○子衍爲君	1.7/5/15	妾聞夫婦○道	1.9/7/6	○以朝服	1.10/8/25	

古○制也	1.10/8/26	以備婦人出入○制	1.12/10/20	衛侯○女	2.2/13/10,4.5/34/13
先王○訓也	1.10/8/27	諸婦其慎房戶○守	1.12/10/21	齊桓公○夫人也	2.2/13/10
猶恐忘先人而○業	1.10/8/27	魯大夫從臺上見而怪○		衛姬爲○不聽鄭衛○音	2.2/13/10
以是承君○官	1.10/9/1		1.12/10/22	願請衛○罪	2.2/13/12
余懼穆伯○絕嗣也	1.10/9/1	于是大夫召母而問○曰		妾聞○	2.2/13/13,2.14/21/8
仲尼聞○曰	1.10/9/1		1.12/10/23		4.10/37/19,4.11/38/7
	1.10/9/9,1.10/9/11	甚怪○	1.12/10/24		4.15/40/17,6.8/57/2
弟子記○	1.10/9/2	大夫美○	1.12/10/26	鐘鼓酒食○色	2.2/13/13
季氏○婦不淫矣	1.10/9/2	夫人、諸姬皆師○	1.12/10/27	喪禍○色	2.2/13/14
休○非禮也	1.10/9/3	無二天○義也	1.12/10/29	攻伐○色	2.2/13/14
將使縈長而食○	1.10/9/4	九子○母	1.12/11/5	君○蒞朝也	2.2/13/16
敬姜聞○	1.10/9/4	魯君賢○	1.12/11/5	無伐國○志	2.2/13/16
吾聞○先子曰	1.10/9/4	魏孟陽氏○女	1.13/11/10	展如○人兮	2.2/13/18
魯大夫辭而復○	1.10/9/5	芒卯○後妻也	1.13/11/10	邦○媛也	2.2/13/18
吾聞○	1.10/9/7,5.5/44/12	前妻○子有五人	1.13/11/10	齊桓公○宗女	2.3/13/28
女死○	1.10/9/7	遇○甚異	1.13/11/11	晉文公○夫人也	2.3/13/28
士死○	1.10/9/7	前妻○子猶不愛	1.13/11/12	齊桓公以宗女妻○	2.3/13/29
二三婦○辱共祀先祀者	1.10/9/8	遂說○	1.13/11/17	遇○甚善	2.3/13/29
公父氏○婦知矣	1.10/9/10	魏安釐王聞○	1.13/11/17	子犯知文公○安齊也	2.3/13/30
欲明其子○令德	1.10/9/10	慈母以禮義○漸	1.13/11/18	欲行而患○	2.3/13/30
敬姜○處喪也	1.10/9/11	言心○均一也	1.13/11/20	姜〔氏〕殺○	2.3/14/1
季氏○婦可謂知禮矣	1.10/9/11	芒卯○妻	1.13/11/25	聞者吾已除○矣	2.3/14/2
與○言	1.10/9/12	齊田稷子○母也	1.14/11/30	子其勉○	2.3/14/3
從○	1.10/9/12	受下吏○貨金百鎰	1.14/11/30	醉〔而〕載○以行	2.3/14/6
寢門○內	1.10/9/15	豈脩士大夫○費哉	1.14/12/1	吾食舅氏○肉	2.3/14/7
上下同○	1.10/9/15	誠受○于下	1.14/12/1	秦穆公乃以兵內○于晉	2.3/14/8
子將業君○官職焉	1.10/9/15	非義○事	1.14/12/2	醉而載○	2.3/14/14
子將庀季氏○政焉	1.10/9/16	非理○利	1.14/12/2	秦穆公○夫人	2.4/14/19
敬姜闔門而與○言	1.10/9/16	不義○財	1.14/12/6	晉獻公○女	2.4/14/19
仲尼謂敬姜別于男女○		不孝○子	1.14/12/6	太子申生○同母姊	2.4/14/19
禮矣	1.10/9/18	宣王聞○	1.14/12/7,7.3/64/27	君○根本	2.4/14/21
楚將子發○母也	1.11/9/27	大賞其母○義	1.14/12/7	秦與○	2.4/14/22
士卒并分菽粒而食○	1.11/9/28	遂舍稷子○罪	1.14/12/7	掃除先人○廟	2.4/14/23
	1.11/10/4	田稷○母	1.14/12/13	穆姬聞○	2.4/14/23
使人數○曰	1.11/10/1	忠孝○事	1.14/12/13	惟君其圖○	2.4/14/25
子不聞越王句踐○伐吳		齊侯○女	2.1/12/23,4.10/37/16	饋以七牢而遺○	2.4/14/27
〔耶〕	1.11/10/1		7.4/65/18,7.5/66/5	穆姬○弟重耳入秦	2.4/14/27
王使人（往）〔注〕江			7.6/66/19,7.8/68/15	秦送○晉	2.4/14/27
○上流	1.11/10/2	〔宣王○后〕也	2.1/12/23	太子簪思母○恩而送其	
分而食○	1.11/10/4	妾（○）不才	2.1/12/25	舅氏也	2.4/14/27
然後內○	1.11/10/7	妾○淫心見矣	2.1/12/25	何以贈○	2.4/15/1
式穀似○	1.11/10/7	亂○所興也	2.1/12/26	維民○則	2.4/15/2
子發○母	1.11/10/12	原亂○興	2.1/12/26	穆姬○謂也	2.4/15/2
魯九子○寡母也	1.12/10/17	敢請婢子○罪	2.1/12/26	晉惠○姊	2.4/15/6
吾從汝謁往監○	1.12/10/18	非夫人○罪也	2.1/12/27	穆公義○	2.4/15/6
婦人有三從○義	1.12/10/19	卒成中興○名	2.1/12/28	楚莊王○夫人也	2.5/15/11
而無專制○行	1.12/10/19	姜氏○德行	2.1/13/1	乃不食禽獸○肉	2.5/15/11

何龍〔○〕晏也	2.5/15/12	敗亡○徵見矣	2.9/18/2	而將何以待○	2.13/20/19
王○所謂賢者	2.5/15/13	遂棄○	2.9/18/2	從○又違	2.13/20/20
姬○所笑	2.5/15/14	苔子○家果以盜誅	2.9/18/2	不如去○	2.13/20/20
遣人○鄭、衛	2.5/15/15	不如我所○	2.9/18/4,3.12/29/22	莫知所○	2.13/20/21
妾豈不欲擅王○愛寵乎	2.5/15/16	魯大夫柳下惠○妻曰	2.10/18/14	唯至德者能○	2.13/20/22
妾○所笑	2.5/15/19	油油○民	2.10/18/16	椓○丁丁	2.13/20/22
王以姬〔○〕言告虞丘		油油然與○處	2.10/18/17	接輿○妻	2.13/20/27
子	2.5/15/19	門人將誅○	2.10/18/17	楚老萊子○妻也	2.14/21/3
使人迎孫叔敖而進○	2.5/15/20	將誅夫子○德耶	2.10/18/17	耕於蒙山○陽	2.14/21/3
莊王○霸	2.5/15/21	則二三子不如妾知○也		人或言○楚王曰	2.14/21/4
樊姬○力也	2.5/15/21		2.10/18/18	楚王駕至老萊○門	2.14/21/4
蔽賢○路	2.5/15/27	夫子○不伐兮	2.10/18/18	願先生幸臨○	2.14/21/5
周南○妻者	2.6/16/3	夫子○不竭兮	2.10/18/18	僕、山野○人	2.14/21/6
周南大夫○妻也	2.6/16/3	夫子○信誠而與人無害		守國○孤	2.14/21/6
惟勉强	2.6/16/4	兮	2.10/18/18	願變先生○志	2.14/21/6
非舜○事	2.6/16/5	夫子○（謐）〔謐〕	2.10/18/21	何車迹○衆也	2.14/21/7
而舜爲○者	2.6/16/5	門人從○以爲誅	2.10/18/21	楚王欲使吾守國○政	2.14/21/7
鳥獸○智	2.6/16/7	下惠○妻	2.10/18/26	許○乎	2.14/21/8
君子以是知周南○妻而		妻爲○辭	2.10/18/26	鳥獸○解毛	2.14/21/11
能匡夫也	2.6/16/9	莫能易○	2.10/18/26	可績而衣○	2.14/21/11
爲親○在	2.6/16/14	魯黔婁先生○妻也	2.11/19/3	老萊子乃隨其妻而居○	
宋鮑蘇○妻也	2.7/16/19	曾子與門人往弔○	2.11/19/3		2.14/21/12
豈以專夫室○愛爲善哉	2.7/16/23	曾子弔○	2.11/19/4	衡門○下	2.14/21/13
而扼夫室○好	2.7/16/23	見先生○尸在牖下	2.11/19/4	泌○洋洋	2.14/21/13
七去○道	2.7/16/25	先生以不斜○故	2.11/19/6	楚王聘○	2.14/21/17
吾姒不教吾以居室○禮	2.7/16/26	死而邪○	2.11/19/7	楚於陵子終○妻也	2.15/21/22
而反欲使吾爲見棄○行	2.7/16/26	遂哭○曰	2.11/19/7	僕有箕帚○妾	2.15/21/23
宋公聞○	2.7/16/27	先生○終也	2.11/19/7	請入與計○	2.15/21/23
宋公賢○	2.7/17/1	君嘗欲授○政	2.11/19/10	今以容斮○安、一肉○	
晉文公○女也	2.8/17/6	君嘗賜○粟二十鍾	2.11/19/10	味	2.15/21/26
趙姬請迎盾與其母而納		甘天下○淡味	2.11/19/11	而懷楚國○憂	2.15/21/26
○	2.8/17/8	安天下○卑位	2.11/19/11	妾恐先生○不保命也	2.15/21/27
猶與○同死而不去	2.8/17/11	齊相晏子僕御○妻也	2.12/19/23	密康公○母	3.1/22/11
蓋傷○也	2.8/17/12	宜矣子○卑且賤也	2.12/19/24	有三女奔○	3.1/22/11
君其逆○	2.8/17/12	乃爲○僕御耳	2.12/19/26	必致○〔於〕王	3.1/22/12
使三子下○	2.8/17/13	然子○意洋洋若自足者		美○物〔也〕	3.1/22/13
姬親下○	2.8/17/14		2.12/19/26	而何德以堪○	3.1/22/13
思趙姬○讓恩	2.8/17/14	是懷晏子○智	2.12/19/27	密康○母	3.1/22/19
請以姬○中子屏括爲公		而加以八尺○長也	2.12/19/27	武王○夫人也	3.2/22/24
族大夫	2.8/17/14	故賢人○所以成者	2.12/20/2	大夫非衆○謂也	3.2/22/26
君姬氏○愛子也	2.8/17/15	晏子升○	2.12/20/8	莫敖狃于蒲騷○役	3.2/22/27
成公許○	2.8/17/15	楚狂接輿○妻也	2.13/20/13	於是王使賴人追○	3.2/22/27
維德○基	2.8/17/16	往聘迎○ 2.13/20/13,2.15/21/22		羅與盧戎擊○	3.2/22/29
趙姬○謂也	2.8/17/17	豈將老而遺○哉	2.13/20/15	大敗〔○〕	3.2/22/29
君子美○ 2.8/17/21,4.9/37/11		得無許○乎	2.13/20/16	孤○罪也	3.2/23/1
宗人擊牛而賀○	2.9/17/27	人○所欲也	2.13/20/17	皆免○	3.2/23/1
昔楚令尹子文○治國也	2.9/17/28	我許○矣	2.13/20/17	天○道也	3.2/23/3

先王知○矣　　　　　　3.2/23/3
國○福也　　3.2/23/4,3.7/25/28
卒于檽木○下　　　　　3.2/23/4
衛懿公○女　　　　　　3.3/23/15
許穆公○夫人也　　　　3.3/23/15
許求○　　　　　　　　3.3/23/15
齊亦求○　　　　　　　3.3/23/15
古者諸侯○有女子也　　3.3/23/16
若今○世　　　　　　　3.3/23/17
如使邊境有寇戎○事　　3.3/23/17
維是四方○故　　　　　3.3/23/17
一旦有車馳○難　　　　3.3/23/18
而嫁○于許　　　　　　3.3/23/19
大破○　　　　　　　　3.3/23/19
齊桓往而存○　　　　　3.3/23/20
當敗○時　　　　　　　3.3/23/20
因疾○而作詩云　　　　3.3/23/21
曹大夫僖負羈○妻也　　3.4/24/3
設帷薄而觀○　　　　　3.4/24/4
負羈○妻言于夫曰　　　3.4/24/4
且吾聞○　　　　　　　3.4/24/6
　　　　3.10/28/2,5.7/45/23
今其從者皆卿相○僕也　3.4/24/7
則其君必伯王○主也　　3.4/24/7
負羈乃遺○壺飧　　　　3.4/24/8
乃表負羈○閭　　　　　3.4/24/9
士民○扶老攜幼而赴其
　閭者　　　　　　　　3.4/24/10
君子謂僖氏○妻能遠識　3.4/24/10
僖氏○妻　　　　　　　3.4/24/15
楚令尹孫叔敖○母也　　3.5/24/20
叔敖為嬰兒○時　　　　3.5/24/20
殺而埋○　3.5/24/20,3.5/24/29
今者出遊見○　　　　　3.5/24/21
吾恐他人復見○　　　　3.5/24/22
殺而埋○矣　　　　　　3.5/24/22
〔天必〕陽報○　　　　3.5/24/23
天○處高而聽卑　　　　3.5/24/23
君子謂叔敖○母知道德
　○次　　　　　　　　3.5/24/24
此○（說）〔謂〕也　　3.5/24/25
叔敖○母　　　　　　　3.5/24/29
晉大夫伯宗○妻也　　　3.6/25/3
其妻常戒○曰　　　　　3.6/25/3
枉者惡○　　　　　　　3.6/25/4
吾欲飲諸大夫酒而與○
　謀　　　　　　　　　3.6/25/7

爾試聽○　　　　　　　3.6/25/8
然而民○不能戴其上久
　矣　　　　　　　　　3.6/25/9
子○（仕）〔性〕固不
　可易也　　　　　　　3.6/25/9
乃得畢羊而交○　　　　3.6/25/11
及欒不忌○難　　　　　3.6/25/11
譖而殺○　3.6/25/11,5.2/42/8
君子謂伯宗○妻知天道　3.6/25/12
衛靈公○夫人也　　　　3.7/25/22
何以知○　3.7/25/23,3.9/27/7
衛○賢大夫也　　　　　3.7/25/25
是以知○　　　　　　　3.7/25/26
公使視○　　　　　　　3.7/25/26
公反○　　　　　　　　3.7/25/26
今衛復有與○齊者　　　3.7/25/28
夫人知○　　　　　　　3.7/26/5
問○信然　　　　　　　3.7/26/5
宋侯○女　　　　　　　3.8/26/10
齊靈公○夫人也　　　　3.8/26/10
公許○　　　　　　　　3.8/26/11
聞諸侯○難　　　　　　3.8/26/12
夫光○立也　　　　　　3.8/26/12
今無故而廢○　　　　　3.8/26/13
君（心）〔必〕悔○　　3.8/26/13
誠禍○萌也　　　　　　3.8/26/14
以死爭○　　　　　　　3.8/26/14
以不用仲子○言　　　　3.8/26/16
仲子○謂也　　　　　　3.8/26/17
魯大夫臧文仲○母也　　3.9/26/26
其母送○曰　　　　　　3.9/26/26
而使子○齊　　　　　　3.9/26/27
汝其戒○　　　　　　　3.9/26/28
壁鄰○國也　　　　　　3.9/26/28
魯○寵臣多怨汝者　　　3.9/26/28
是必使齊圖魯而拘汝留
　○　　　　　　　　　3.9/27/1
厚士大夫而後○齊　　　3.9/27/2
齊果拘○　　　　　　　3.9/27/2
琴○合　　　　　　　　3.9/27/3
甚思○　　　　　　　　3.9/27/4
公及大夫相與議○　　　3.9/27/4
莫能知○　　　　　　　3.9/27/5
于是召而語○曰　　　　3.9/27/5
吾使臧子○齊　　　　　3.9/27/6
言取郭外萌內○於城中
　也　　　　　　　　　3.9/27/7

言趣饗戰鬪○士而繕甲
　兵也　　　　　　　　3.9/27/8
琴○合、甚思○者　　　3.9/27/8
於是以臧孫母○言　　　3.9/27/11
臧孫○母　　　　　　　3.9/27/17
羊舌子○妻也　　　　　3.10/27/22
叔向、叔魚○母也　　　3.10/27/22
去而○三室○邑　　　　3.10/27/23
三室○邑人　　　　　　3.10/27/23
相與攘羊而遺○　　　　3.10/27/23
去○三室○邑　　　　　3.10/27/24
又不容于三室○邑　　　3.10/27/24
不如受·　　　　　　　3.10/27/24
羊舌子受○　　　　　　3.10/27/25
為胙與鮒亨○　　　　　3.10/27/25
不可食以不義○肉　　　3.10/27/26
不若埋○　　　　　　　3.10/27/27
攘羊○事發　　　　　　3.10/27/27
吾受○　　　　　　　　3.10/27/28
發而視○　　　　　　　3.10/27/28
羊舌子不與攘羊○事矣
　　　　　　　　　　　3.10/27/28
叔向欲娶于申公巫臣氏
　夏姬○女　　　　　　3.10/27/30
吾母○族　　　　　　　3.10/28/1
子靈○妻殺三夫、一君
　、一子　　　　　　　3.10/28/1
今是鄭穆少妃姚子○子　3.10/28/3
子貉○妹也　　　　　　3.10/28/3
樂正夔娶○　　　　　　3.10/28/5
謂○封豕　　　　　　　3.10/28/5
有窮后羿滅○　　　　　3.10/28/5
且三代○亡、恭太子○
　廢　　　　　　　　　3.10/28/6
平公强使娶○　　　　　3.10/28/7
侍者謁○叔姬曰　　　　3.10/28/8
叔姬往視○　　　　　　3.10/28/8
豺狼○聲也　　　　　　3.10/28/9
叔姬○始生叔魚也　　　3.10/28/11
而視○曰　　　　　　　3.10/28/11
韓宣子患○　　　　　　3.10/28/14
叔向○母　　　　　　　3.10/28/20
知人○生　　　　　　　3.10/28/20
范獻子○妻也　　　　　3.11/28/25
已而（閑）〔開〕圍示
　○株　　　　　　　　3.11/28/28
夫險阻○山　　　　　　3.11/28/28

而伐平地○株	3.11/29/1	妾恐大王○國政危矣	3.14/31/6	夫○不幸	4.4/33/30
簡子從○	3.11/29/1	如耳還而爵○	3.14/31/7	乃妾○不幸也	4.4/34/1
范氏○母	3.11/29/8	敬○敬○	3.14/31/9,4.6/35/2	奈何去○	4.4/34/1
魯公乘子皮○姒也	3.12/29/13	趙將馬服君趙奢○妻	3.15/31/18	適人○道	4.4/34/1
姒哭○甚悲	3.12/29/13	趙括○母也	3.15/31/18	一與○醮	4.4/34/1
安○	3.12/29/13	受命○日	3.15/31/21	且夫采采芣苢○草	4.4/34/2
爲○乎	3.12/29/15	吏無敢仰視○者	3.15/31/21	猶始于捋采○	4.4/34/2
婦人○事	3.12/29/17	歸盡藏○	3.15/31/22	終于懷襭○	4.4/34/2
吾豈以欲嫁○故數子乎		乃日視便利田宅可買者		況于夫婦○道乎	4.4/34/3
	3.12/29/17	〔買○〕	3.15/31/22	乃作《芣苢》○詩	4.4/34/3
何以理○	3.12/29/18	母置○	3.15/31/23	宋女○意	4.4/34/4
君子謂公乘姒緣事而知		王終遺○	3.15/31/23	詩人美○	4.4/34/9
弟○遇禍也	3.12/29/20	天下○俊	4/32/6	黎莊公○夫人也	4.5/34/13
子皮○姊	3.12/29/27	諸姬觀○	4/32/7	夫婦○道	4.5/34/15,4.9/36/28
魯漆室邑○女也	3.13/30/3	申人○女也	4.1/32/11	婦人○道	4.5/34/16
旁人聞○	3.13/30/4	夫家禮不備而欲迎○	4.1/32/11	微君○故	4.5/34/17
莫不爲○慘者	3.13/30/4	人倫○始也	4.1/32/12	君子故序○以編《詩》	4.5/34/17
其鄰人婦從○遊	3.13/30/4	失○毫釐	4.1/32/12	華氏○長女	4.6/34/27
何嘯○悲也	3.13/30/4	差○千里	4.1/32/12	齊孝公○夫人也	4.6/34/27
此乃魯大夫○憂	3.13/30/6	夫家訟○于理	4.1/32/14	齊中求○	4.6/34/27
其家倩吾兄行追○	3.13/30/8	致○于獄	4.1/32/14	孝公聞○	4.6/34/28
吾甚憂○	3.13/30/10	言夫家○禮不備足也	4.1/32/15	乃脩禮親迎于華氏○室	4.6/34/29
子○所慮	3.13/30/11	君子以爲得婦道○儀	4.1/32/16	母醮房○中	4.6/34/29
齊、楚攻○	3.13/30/11	故舉而揚○	4.1/32/16	戒○日	4.6/34/29
漆室女○思也	3.13/30/12	傳而法○	4.1/32/16	父誡○東階○上	4.6/35/1
漆室○女	3.13/30/17	以絕無禮○求	4.1/32/16	諸母誡○兩階○間	4.6/35/2
汝胡不匡○	3.14/30/23	防淫慾○行焉	4.1/32/16	必終父母○命	4.6/35/2
曲沃○老婦也	3.14/30/26	魯宣公○女	4.2/32/26	爾○衿縭	4.6/35/3
妾聞男女○別	3.14/30/27	成公○妹也	4.2/32/26	父母○言謂何	4.6/35/3
國○大節也	3.14/30/27	伯姬迫于父母○命而行	4.2/32/27	姑姊妹誡○門內	4.6/35/3
	7.6/66/22	當行夫婦○道	4.2/32/27	爾○衿鞶	4.6/35/3
所以就○也	3.14/30/28	公享○	4.2/32/28	無忘父母○言	4.6/35/3
貞女○義也	3.14/30/29	敢再拜大夫○辱	4.2/32/30	親迎○綏	4.6/35/4
而自納○于後宮	3.14/30/30	伯姬○婦道盡矣	4.2/33/4	而後行夫婦○道	4.6/35/5
此毀貞女○行	3.14/30/30	當此○時	4.2/33/4	既居久○	4.6/35/5
而亂男（子）〔女〕○		諸侯聞○	4.2/33/5	傅母救○	4.6/35/10
別也	3.14/30/30	償宋○所喪	4.2/33/5	息君○夫人也	4.7/35/22
夏○興也以塗山	3.14/31/1	《春秋》善○	4.2/33/6	破○	4.7/35/22,5.11/48/6
殷○興也以有娀	3.14/31/1	伯姬○謂也	4.2/33/6	將妻其夫人而納○于宮	4.7/35/22
周○興也以大姒	3.14/31/2	《春秋》賢○	4.2/33/11	謂○日	4.7/35/23
周○康王夫人晏出朝	3.14/31/2	齊侯○女也	4.3/33/16	息君止○	4.7/35/25
夫雎鳩○鳥	3.14/31/3	持三年○喪	4.3/33/17	乃以諸侯○禮	4.7/35/26
夫男女○盛	3.14/31/3	皆順其君○意也	4.3/33/21	合而葬○	4.7/35/26
合○以禮	3.14/31/3	故舉而列○于《詩》也	4.3/33/21	故序○于《詩》	4.7/35/27
天下○大綱紀也	3.14/31/4	蔡人○妻者	4.4/33/30	齊杞梁殖○妻也	4.8/36/8
今大王亂人道○始	3.14/31/5	宋人○女也	4.4/33/30	使使者弔○于路	4.8/36/8
棄綱紀○大	3.14/31/5	其母將改嫁○	4.4/33/30	則賤妾有先人○弊廬在	4.8/36/9

杞梁○妻無子	4.8/36/10	且吾聞主君○母不妻事		赴○不疑	5/41/6
內外皆無五屬○親	4.8/36/10	人	4.12/38/22	魯孝公稱○保母	5.1/41/11
乃（枕）〔就〕其夫○		于禮、斥紲○人也	4.12/38/23	臧氏○寡也	5.1/41/11
屍于城下而哭〔○〕	4.8/36/11	我甚便○	4.12/38/24	括○子伯御與魯人作亂	5.1/41/13
莫不爲○揮（俤）〔涕〕		妾豈敢以小貴○故	4.12/38/27	將殺○	5.1/41/14
	4.8/36/12	變妾○節哉	4.12/38/27	乃衣其子以稱○衣	5.1/41/14
十日而城爲○崩	4.8/36/12	固妾○職也	4.12/38/27	臥于稱○處	5.1/41/14
君子謂杞梁○妻貞而知		無子○人	4.12/38/28	伯御殺○	5.1/41/14
禮	4.8/36/15	而辱主君○母	4.12/38/28	以吾子代○	5.1/41/16
城爲○崩　4.8/36/20,6.9/57/25		奉上下○儀	4.12/38/29	魯大夫皆知稱○在保	5.1/41/16
秦穆公○女　4.9/36/25,5.3/42/25		脩先古○禮	4.12/38/29	魯人高○	5.1/41/17
楚平王○夫人	4.9/36/25	其子泣而（守）〔止〕		可以託六尺○孤	5.1/41/17
昭王○母也	4.9/36/25	○	4.12/39/1	其義保○謂也	5.1/41/18
楚與吳爲伯莒○戰	4.9/36/25	夫人聞○	4.12/39/1	臧氏○母	5.1/41/22
天下○表也	4.9/36/27	魯陶門○女也	4.13/39/12	鄭女○嬴媵	5.2/41/27
一國○儀也	4.9/36/27	嬰聞○　4.13/39/13,6.4/54/3		楚成王○夫人也	5.2/41/27
固人倫○始	4.9/36/28	作歌明己○不更二也	4.13/39/13	一顧可以得○	5.2/41/30
王教○端	4.9/36/28	黃鵠○早寡兮	4.13/39/13	告以夫人○尊	5.2/42/2
是以明王○制	4.9/36/28	魯人聞○曰	4.13/39/16	示以封爵○重	5.2/42/2
所以遠○也	4.9/36/29	心○憂矣	4.13/39/17	王問○于令尹子上	5.2/42/4
男女○失	4.9/36/30	梁○寡婦也	4.14/39/27	君○齒未也	5.2/42/4
夫造亂亡○端	4.9/37/1	梁貴人多爭欲娶○者	4.14/39/27	既置而黜○	5.2/42/4
公侯○所絕	4.9/37/1	梁王聞○	4.14/39/28	令尹○言	5.2/42/6
天子○所誅也	4.9/37/1	今王又重○	4.14/39/29	遂立○	5.2/42/6
今君王棄儀表○行	4.9/37/1	妾聞婦人○義	4.14/40/1	其後（商）〔商〕臣以	
縱亂亡○欲	4.9/37/1	以全貞信○節	4.14/40/1	子上救蔡○事	5.2/42/6
犯誅絕○事	4.9/37/2	不忍幼弱○重孤也	4.14/40/3	譖子上而殺○	5.2/42/7
妾以死守○	4.9/37/3	王○求妾者	4.14/40/3	吾聞婦人○事	5.2/42/7
何樂○有	4.9/37/4	今刑餘○人	4.14/40/3	在于饋食○間而已	5.2/42/7
閉永巷○門	4.9/37/5	君子高○	4.14/40/9	心○所見	5.2/42/7
楚昭王○夫人也	4.10/37/16	陳○少寡婦也	4.15/40/14	子上言太子○不可立也	5.2/42/8
留夫人漸臺○上而去	4.10/37/16	將取而嫁○	4.15/40/17	太子怨○	5.2/42/8
貞女○義不犯約	4.10/37/19	人○幹也	4.15/40/18	無以照○	5.2/42/10
乃號○曰貞姜	4.10/37/22	行○節也	4.15/40/18	吾懼禍亂○作也	5.2/42/11
楚白公勝○妻也	4.11/38/3	既許諾○	4.15/40/19	而言○于王	5.2/42/12
以輜軿三十乘迎○	4.11/38/4	夫受人○託	4.15/40/19	疑吾譖○者乎	5.2/42/12
白妻辭○曰	4.11/38/4	不得盡爲人子○禮	4.15/40/22	不如死以明○	5.2/42/13
白公生○時	4.11/38/5	今又使妾去○	4.15/40/22	必寤太子○不可釋也	5.2/42/13
今王賜金璧○聘、夫人		是明夫○不肖	4.15/40/22	太子知王○欲廢○也	5.2/42/14
○位	4.11/38/6	而著妾○不孝	4.15/40/22	言○甚強	5.2/42/20
非愚妾○所聞也	4.11/38/6	葬○	4.15/40/24	晉惠公太子○妃也	5.3/42/25
夫貪污○人	4.11/38/7	使使者賜○黃金四十斤		穆公以嬴妻○	5.3/42/25
白公○妻	4.11/38/15		4.15/40/25	子父○接忘而秦晉○友	
吳王美○	4.11/38/15	復○終身	4.15/40/25	不加親也	5.3/42/26
君子大○	4.11/38/15	母將嫁○	4.15/41/1	子○欲去	5.3/42/27
衛宗室靈王○夫人（而）		聖王嘉○	4.15/41/1	言子○謀	5.3/42/29
及其傅妾也	4.12/38/20	義○所在	5/41/6	是負妻○義也	5.3/42/29

君子謂懷嬴善處夫婦○		所抱者妾兄○子也	5.6/45/2	秋胡子悅○	5.9/46/26
間	5.3/42/30	所棄者妾○子也	5.6/45/2	吾不願〔人○〕金〔也〕	
越王勾踐○女	5.4/43/8	見軍○至	5.6/45/2		5.9/46/29
楚昭王○姬也	5.4/43/8	故棄妾○子	5.6/45/2	妾亦無淫佚○志	5.9/46/29
遂登附社○臺	5.4/43/9	子○于母	5.6/45/3	收子○齎與笥金	5.9/46/29
以望雲夢○囿	5.4/43/9	今釋○	5.6/45/3	下子○糧	5.9/47/2
昔斂邑寡君固以眾黎民		而反抱兄○子	5.6/45/3	以金予○	5.9/47/2
○役事君王○馬足	5.4/43/11	己○子	5.6/45/4	妾不忍見〔不孝不義○	
故（一）〔以〕婢子○		兄○子	5.6/45/4	人〕	5.9/47/4
身爲苞苴玩好	5.4/43/11	山澤○婦人耳	5.6/45/7	秋胡子有○矣	5.9/47/5
書○	5.4/43/12	齊君許○	5.6/45/8	秋胡子婦○謂也	5.9/47/6
寡君受○太廟也	5.4/43/16	魯君聞○	5.6/45/8	周大夫妻○媵妾也	5.10/47/16
妾聞○諸姑	5.4/43/16	國猶賴○	5.6/45/9	其淫者憂○	5.10/47/17
婦人以死彰君○善	5.4/43/17	四國順○	5.6/45/10	封以待○矣	5.10/47/17
益君○寵	5.4/43/17	齊將問○	5.6/45/15	使媵婢取酒而進○	5.10/47/18
敬越姬○言	5.4/43/18	趙簡子○女	5.7/45/20	計念進○則殺主父	5.10/47/18
將相聞○	5.4/43/19	襄子○姊	5.7/45/20	言○又殺主母	5.10/47/19
將相○於孤	5.4/43/20	代王○夫人也	5.7/45/20	主大怒而笞○	5.10/47/19
君王○德	5.4/43/21	吾受先君○命	5.7/45/22	妻恐媵婢言○	5.10/47/20
昔日○遊	5.4/43/21	而主君殘○	5.7/45/23	欲殺○	5.10/47/20,6.7/56/1
昔○遊樂	5.4/43/23	欲迎我何○	5.7/45/24	又有辱主○名	5.10/47/22
是彰孤○不德也	5.4/43/23	自殺于磨笄○地	5.7/45/25	豈言○哉	5.10/47/22
心既許○矣	5.4/43/24	代人皆懷○	5.7/45/25	代主○處	5.10/47/23
妾死王○義	5.4/43/24	君子謂趙夫人善處夫婦		今盡有○	5.10/47/24
不死王○好也	5.4/43/24	○間	5.7/45/25	主聞○	5.10/47/24
迎越姬○子熊章	5.4/43/26	齊二子○母也	5.8/46/5	乃厚幣而嫁○	5.10/47/24
越姬○謂也	5.4/43/28	吏訊○	5.8/46/5	四鄰爭娶○	5.10/47/25
蓋○偏將丘子○妻也	5.5/44/6	吏問○	5.8/46/6	魏公子○乳母	5.11/48/6
人救○	5.5/44/7	我殺○	5.8/46/6	匿○者	5.11/48/7,5.11/48/9
其妻謂○曰	5.5/44/7	乃我殺○	5.8/46/6	魏○故臣見乳母而識○	
人無忠臣○道、仁義○		言○于相	5.8/46/7	曰	5.11/48/8
行	5.5/44/14	言○于王	5.8/46/7,5.8/46/9	乳母儱言○	5.11/48/10
今子以妻子○故	5.5/44/15	今皆赦○	5.8/46/7	我不知公子○處	5.11/48/11
失人臣○節	5.5/44/16	皆殺○	5.8/46/7	吾雖知○	5.11/48/11
無事君○禮	5.5/44/16	問○曰	5.8/46/8	子匿○	5.11/48/12
棄忠臣○公道	5.5/44/16	母○子殺人	5.8/46/9	務生○	5.11/48/14
營妻子○私愛	5.5/44/16	因而問○曰	5.8/46/10	非爲殺○也	5.11/48/14
妾等恥○	5.5/44/16	人○所愛也	5.8/46/10	豈可利賞畏誅○故	5.11/48/14
戎君賢○	5.5/44/17	今欲殺○	5.8/46/11	遂抱公子逃于深澤○中	
而以將禮葬○	5.5/44/17	妾○子也	5.8/46/11		5.11/48/15
君子謂蓋將○妻潔而好		前妻○子也	5.8/46/11	爭射○	5.11/48/15
義	5.5/44/18	且死○時	5.8/46/12	秦王聞○	5.11/48/16
蓋將○妻	5.5/44/23	屬○于妾曰	5.8/46/12	乃以卿禮葬○	5.11/48/16
魯野○婦人也	5.6/44/28	善養視○	5.8/46/12	皆居子室以養全○	5.11/48/19
軍且及○	5.6/44/28	今既受人○託	5.8/46/12	尙或壤○	5.11/48/20
齊將乃追○	5.6/44/30	豈可以忘人○託	5.8/46/12	梁○婦人也	5.12/48/29
軍士引弓將射○	5.6/45/1	既納○五日	5.9/46/25	其人止○曰	5.12/48/30

子本欲取兄〇子	5.12/48/30	將車宿齊東門〇外	6.1/51/15	肉	6.3/53/3
被不義〇名	5.12/49/1	桓公異〇	6.1/51/16	反飲〇以酒	6.3/53/3
爲失母〇恩	5.12/49/2	使管仲迎〇	6.1/51/16	楚莊王臣援其夫人〇衣	6.3/53/3
彼其〇子	5.12/49/3	敢問國家〇事耶	6.1/51/18	猶以爲爲〇者勞	6.3/53/5
珠崖令〇後妻及前妻		君〇謀也	6.1/51/18	居〇者逸也	6.3/53/5
女也	5.13/49/13	妾聞〇也	6.1/51/19	今妾〇夫治造此弓	6.3/53/5
好而取〇	5.13/49/15	由是觀〇	6.1/51/20	其爲〇亦勞〔矣〕	6.3/53/5
置〇母鏡奩中	5.13/49/15		6.1/51/21,6.1/51/22	其幹生于太山〇阿	6.3/53/6
皆莫〇知	5.13/49/15		6.1/51/22,6.11/59/27	傅以燕牛〇角	6.3/53/6
初當坐〇	5.13/49/17,5.13/49/19	有藝氏〇媵臣也	6.1/51/21	纏以荆蔂〇筋	6.3/53/6
棄〇	5.13/49/18	天下〇治太平	6.1/51/21	糊以（阿）〔河〕魚〇	
初心惜〇	5.13/49/18	是故憂〇	6.1/51/24	膠	6.3/53/7
繼母聞〇	5.13/49/18	古有《白水》〇詩	6.1/51/24	皆天下〇妙選也	6.3/53/7
初復取〇	5.13/49/19	憸憸〇魚	6.1/51/25	是君〔〇〕不能射也	6.3/53/7
然憐〇	5.13/49/19	此甯戚〇欲得仕國家也	6.1/51/26	而反欲殺妾〇夫	6.3/53/8
此珠妾〇繫臂也	5.13/49/20	命管迎〇	6.1/52/3	妾聞射〇道	6.3/53/8
妾解去〇	5.13/49/20	楚大夫江乙〇母也	6.2/52/8	右手發〇	6.3/53/9
忽然忘〇	5.13/49/21	當恭王〇時	6.2/52/8	此蓋射〇道也	6.3/53/9
妾當坐〇	5.13/49/21	請于王而紲〇	6.2/52/8	繁人〇夫立得出	6.3/53/10
實初取〇	5.13/49/21	令尹盜〇	6.2/52/9	公遂釋〇	6.3/53/15
實妾取〇	5.13/49/22	王方在小曲〇臺	6.2/52/10	傷槐衍〇女也	6.4/53/20
夫人哀初〇孤	5.13/49/22	令尹信盜〇	6.2/52/10	使人守	6.4/53/20
吾寧坐〇	5.13/49/25	若不盜而誣〇	6.2/52/11	植木懸〇	6.4/53/20
遂棄珠而遺〇	5.13/49/25	令尹不身盜〇也	6.2/52/11	景公聞〇曰	6.4/53/21
後乃知男獨取〇也	5.13/49/25	乃使人盜〇	6.2/52/11	使吏拘〇	6.4/53/21
（邰）〔郃〕陽邑任延		昔孫叔敖〇爲令尹	6.2/52/12	乃造于相晏子〇門	6.4/53/22
壽〇妻也	5.14/50/6	今令尹〇治也	6.2/52/13	晏子聞〇	6.4/53/23
獨我當坐〇	5.14/50/9	是故使盜得盜妾〇布	6.2/52/13	內〇至哉	6.4/53/23
事兄〇讎	5.14/50/9	何大王〇言過也	6.2/52/14	晏子望見〇	6.4/53/24
聽汝所〇	5.14/50/10	妾〇子爲郢大夫	6.2/52/15	五穀不滋〇故	6.4/53/25
吾當安〇	5.14/50/11	有盜王宮中〇物者	6.2/52/15	不勝麴（蘗）〔糵〕〇	
又縱兄〇讎	5.14/50/11	妾子亦豈知〇哉	6.2/52/15	味	6.4/53/26
馮翊王讓聞〇	5.14/50/14	然終坐〇	6.2/52/16	妾聞明君〇蒞國也	6.4/53/27
長安大昌里人〇妻也	5.15/50/25	王其察〇	6.2/52/18	宋景公〇時	6.4/53/28
聞其妻〇仁孝有義	5.15/50/25	命吏償母〇布	6.2/52/18	召太（上）〔卜〕而卜	
乃劫其妻〇父	5.15/50/26	怨令尹〇治也	6.2/52/19	〇	6.4/53/28
父呼其女告〇	5.15/50/26	乃復召江乙而用〇	6.2/52/20	當以人祀〔〇〕	6.4/53/28
女計念不聽〇	5.15/50/26	猷〇未遠	6.2/52/21	寡人請自當〇	6.4/53/30
聽〇	5.15/50/27	晉繁人〇女也	6.3/52/30	欲〔以〕槐〇故	6.4/54/1
欲以身當〇	5.15/50/27	當平公〇時	6.3/52/30	殺婧〇父	6.4/54/1
妾請開戶牖待〇	5.15/50/28	弓人〇妻請見曰	6.3/53/1	孤妾〇身	6.4/54/1
明而視〇	5.15/50/29	繁人〇子	6.3/53/1	妾恐傷執政〇法	6.4/54/1
乃其妻〇頭也	5.15/50/30	弓人〇妻也	6.3/53/1	而害明君〇義也	6.4/54/1
讎人哀痛〇	5.15/50/30	平公見〇	6.3/53/2	鄰國聞〇	6.4/54/2
行〇高者也	5.15/50/31	君聞昔者公劉〇行乎	6.3/53/2	窮民財力謂〇暴	6.4/54/3
要女聞〇	5.15/51/5	惻然爲〔民〕痛〇	6.3/53/2	謂〇逆	6.4/54/3
齊相管仲〇妾也	6.1/51/15	秦穆公有盜食其駿馬〇		謂〇賊	6.4/54/4

守國○大殃也	6.4/54/4	阿谷○南	6.6/55/25	執事者誣其詞而上○	6.9/57/19
今君窮民財力以美飲食		趙河津〔吏〕○女	6.7/55/30	妾娟○幸得蒙先人○遺	
○具	6.4/54/4	趙簡子○夫人也	6.7/55/30	體	6.9/57/20
繁鐘鼓○樂	6.4/54/4	妾父聞主君來渡不測○		生于天壤○間	6.9/57/21
極宮室○觀	6.4/54/5	水	6.7/56/2	去蓬廬○下	6.9/57/21
行暴○大者也	6.4/54/5	恐風波○起	6.7/56/2	侍明王○讌	6.9/57/21
是逆民○明者也	6.4/54/5	故禱祠九江三淮○神	6.7/56/2	悁悁○心	6.9/57/22
是賊民○深者也	6.4/54/6	君欲殺○	6.7/56/3	湮于百重○下	6.9/57/22
景公即時命罷守槐○役	6.4/54/6	妾願以鄙軀易父○死	6.7/56/4	不意大王乃復見〔而〕	
拔植懸○木	6.4/54/7	非女（子）○罪也	6.7/56/4	與○語	6.9/57/23
廢傷槐○法	6.4/54/7	主君欲因其醉而殺○	6.7/56/4	積○于（大）〔素〕雅	6.9/57/23
出犯槐○囚	6.4/54/7	妾恐其身○不知痛	6.7/56/5	市爲○罷	6.9/57/26
昭氏○妻也	6.5/54/17	若不知罪殺○	6.7/56/5	妾○冤明于白日	6.9/57/26
將執而鞭○	6.5/54/18	願醒而殺○	6.7/56/5	雖銜號于九層○內	6.9/57/26
今于狹路○中	6.5/54/19	妾〔居河濟○間〕	6.7/56/7	〔此〕妾○罪二也	6.9/57/27
妾〔避〕已極矣	6.5/54/19	〔世習舟楫○事〕	6.7/56/7	爲莫白妾○汙名也	6.9/57/28
而子大夫○僕不肯少引	6.5/54/19	至于華山○陽	6.7/56/10	且自古有○	6.9/57/28
是以敗子（夫）〔大〕		爲簡子發《河激》○歌	6.7/56/11	顯○于朝市	6.9/57/30
夫○車	6.5/54/19	趙○中牟宰佛肸○母也	6.8/56/25	齊無鹽邑○女	6.10/58/11
今子列大夫而不爲○表	6.5/54/21	趙○法	6.8/56/25	宣王○正后也	6.10/58/11
惜子大夫○喪善也	6.5/54/22	佛肸○母將論	6.8/56/26	齊○不售女也	6.10/58/14
遂釋○	6.5/54/23,6.8/57/4	士長爲○言于襄子	6.8/56/27	聞君王○聖德	6.10/58/14
而問○	6.5/54/23	于是襄子見而問○曰	6.8/56/28	願（借）〔備〕後宮○	
楚野○鄙人也	6.5/54/23	妾○當死	6.8/56/28	埽除	6.10/58/14
阿谷○隧浣者也	6.6/55/8	妾○職盡久矣	6.8/57/1	唯王幸許○	6.10/58/15
過阿谷○隧	6.6/55/8	母○罪也	6.8/57/1	左右聞○	6.10/58/15
爲○辭	6.6/55/9	父○罪也	6.8/57/1	于是宣王乃召見○	6.10/58/16
	6.6/55/14,6.6/55/17	今妾○子少而不慢	6.8/57/2	而欲干萬乘○主	6.10/58/17
我北鄙○人也	6.6/55/10	妾○子與在論中	6.8/57/3	特竊慕大王○美義耳	6.10/58/18
將欲○楚	6.6/55/10,6.6/55/17	此君○臣	6.8/57/3	固寡人○所願也	6.10/58/19
逢天○暑	6.6/55/10	非妾○子	6.8/57/3	試一行○	6.10/58/19
阿谷○隧	6.6/55/11	夫佛肸○反	6.8/57/4	立發《隱書》而讀○	6.10/58/20
隱曲○地	6.6/55/11	寡人○罪也	6.8/57/4	退而推○	6.10/58/20
迎流而挹○	6.6/55/12	佛肸○母一言而發襄子		又更召而問○	6.10/58/20
投而棄○	6.6/55/12	○意	6.8/57/5	今大王○君國也	6.10/58/22
從流而挹○	6.6/55/12	使行不遷怒○德	6.8/57/5	西有衡秦○患	6.10/58/22
滿而溢○	6.6/55/12	襄子說○	6.8/57/10	南有强楚○讎	6.10/58/22
丘已知○矣	6.6/55/13	名娟○	6.9/57/15	外有二國○難	6.10/58/22
	6.6/55/16,6.6/55/20	齊威王○姬也	6.9/57/15	外不修諸侯○禮	6.10/58/27
聞子○言	6.6/55/14	〔諸侯並侵○〕	6.9/57/15	內不乘國家○治	6.10/58/27
我鄙野○人也	6.6/55/15	即墨大夫賢而日毀	6.9/57/16	無鹽君○言	6.10/58/28
吾北鄙○人也 ·	6.6/55/17	反日譽	6.9/57/16	〔吾〕乃今一聞〔寡人	
非敢以當子○身也	6.6/55/18	讒諛○臣也	6.9/57/17	○殆〕	6.10/58/28
願注○水旁	6.6/55/18	破胡聞○	6.9/57/18	〔寡人○殆幾不全〕	6.10/58/29
行客○人	6.6/55/18	其幼弱在于閭巷○時	6.9/57/18	醜女○力也	6.10/59/1
（切）〔竊〕有狂夫名		王疑○	6.9/57/19	無鹽○女	6.10/59/6
○者矣	6.6/55/19	乃閉虞姬于九層○臺	6.9/57/19	宣王從○	6.10/59/6

齊東郭採桑○女	6.11/59/11	
閔王○后也	6.11/59/11	
王怪○	6.11/59/12	
婢妾○職	6.11/59/14	
屬○不二	6.11/59/14	
予○不忘	6.11/59/15	
王大悅○	6.11/59/15	
命後乘載○	6.11/59/15	
賴大王○力	6.11/59/16	
使妾不受父母○教	6.11/59/16	
大王又安用○	6.11/59/16	
寡人失○	6.11/59/17	
使使者以金百鎰往聘迎		
○	6.11/59/18	
諸夫人皆怪○	6.11/59/20	
何以言○	6.11/59/23	
期月○間	6.11/59/29	
諸侯朝○	6.11/59/29	
及女死○後	6.11/59/30	
齊即墨○女	6.12/60/10	
齊相○妻也	6.12/60/10	
逐女造襄王○門	6.12/60/11	
願當君王○盛顏	6.12/60/12	
不忠少禮○人	6.12/60/13	
與○語三日	6.12/60/15	
大王知國○柱乎	6.12/60/15	
王○國相	6.12/60/19	
比目○魚也	6.12/60/19	
求○未可得也	6.12/60/22	
如有過○者	6.12/60/22	
妾聞明王○用人也	6.12/60/22	
推一而用○	6.12/60/23	
大王誠能屬○	6.12/60/23	
吾用○奈何	6.12/60/24	
齊桓公尊九九○人	6.12/60/24	
而有道○士歸○	6.12/60/25	
越王敬螳螂○怒	6.12/60/25	
而勇士死○	6.12/60/25	
物○所徵	6.12/60/25	
敬而事○	6.12/60/26	
以逐女妻○	6.12/60/26	
〔四方○士多歸於〕齊		
〔而〕國以治〔也〕		
	6.12/60/26	
譚國○政	6.12/61/1	
楚頃襄王○夫人	6.13/61/6	
縣邑○女也	6.13/61/6	

	6.13/61/14	
乃使張儀間○	6.13/61/7	
姪願往諫○	6.13/61/10	
王見○而止	6.13/61/12	
使人往問○	6.13/61/12	
召○	6.13/61/13	
樂○於前	6.13/61/16	
不思禍○起于後也	6.13/61/16	
王遊于五百里○外	6.13/61/20	
國非王○國也	6.13/61/21	
王○致此三難也	6.13/61/21	
命後車載○	6.13/61/24	
王乃發鄢郢○師以擊○		
	6.13/61/25	
僅能勝○	6.13/61/25	
立在鄭子袖○右	6.13/61/25	
爲王陳節儉愛民○事	6.13/61/26	
與鄰婦李吾○屬會燭相		
從夜績	6.14/62/6	
妾以貧、燭不屬○故	6.14/62/8	
夫一室○中	6.14/62/9	
何愛東壁○餘光	6.14/62/10	
不使貧妾得蒙見哀○恩		
	6.14/62/10	
長爲妾役○事	6.14/62/10	
辭○輯矣	6.14/62/12	
民○協矣	6.14/62/12	
漢太倉令淳于公○少女		
也	6.15/62/21	
蓋聞有虞○時	6.15/62/26	
非朕德薄而教○不明歟		
	6.15/62/27	
民○父母	6.15/62/29	
朕甚憐○	6.15/63/1	
豈稱爲民父母○意哉	6.15/63/2	
自是○後　　6.15/63/2,7.3/65/8		
君子謂緹縈一言發聖主		
○意	6.15/63/3	
可謂得事○宜矣	6.15/63/3	
辭○懇矣	6.15/63/3	
民○莫矣	6.15/63/4	
小女○言	6.15/63/8	
夏桀○妃也	7.1/63/17	
求美女積○於後宮	7.1/63/18	
聚○于旁	7.1/63/19	
造爛漫○樂	7.1/63/19	
羈其頭而飲○于酒池	7.1/63/20	

末喜笑○	7.1/63/21
以爲妖言而殺○	7.1/63/22
囚○於夏臺	7.1/63/23
已而釋○	7.1/63/23
于是湯受命而伐○	7.1/63/23
死于南巢○山	7.1/63/24
夏后○國	7.1/63/29
殷紂○妃也	7.2/64/3
以爲人皆出己○下	7.2/64/4
妲己○所譽貴	7.2/64/5
妲己○所憎誅	7.2/64/5
作新淫○聲	7.2/64/5
北鄙○舞	7.2/64/5
靡靡○樂	7.2/64/5
積○于後宮	7.2/64/6
爲長夜○飲	7.2/64/7
妲己好○	7.2/64/7
紂乃爲炮（烙）〔格〕	
○法	7.2/64/7
加○炭	7.2/64/8
不修先王○典法	7.2/64/9
吾聞聖人○心有七竅	7.2/64/9
于是剖心而觀○	7.2/64/10
微子去○	7.2/64/10
于是武王遂致天○罰	7.2/64/11
牝雞○晨	7.2/64/12
惟家○索	7.2/64/12
維王○（邛）〔邛〕	7.2/64/13
童妾○女	7.3/64/22
周幽王○后也	7.3/64/22
夏○衰也	7.3/64/22
褒人○神	7.3/64/22
褒○二君也	7.3/64/23
夏后卜殺○與去	7.3/64/23
卜請其漦〔而〕藏○	7.3/64/23
乃置○郊	7.3/64/24
莫○敢發也	7.3/64/24
及周厲王○末	7.3/64/25
發而觀○	7.3/64/25
王使婦人裸而譟○	7.3/64/25
宮○童妾未毀〔齒〕而	
遭	7.3/64/26
當宣王○時產	7.3/64/26
懼而棄○	7.3/64/26
後有人夫妻賣檿弧箕服	
○器者	7.3/64/27
王使執而戮○	7.3/64/28

哀而取○	7.3/64/28	彼得政而治○	7.7/67/20	靈公○夫人	7.10/70/3
獻○以贖	7.3/65/1	吾將圖○	7.7/67/21	太子光○母也	7.10/70/3
幽王受而變○	7.3/65/1	小臣死○	7.7/67/24	與○蒙衣乘輦而入于閎	7.10/70/3
幽王乃廢后申侯○女而		子○國	7.7/67/25	鮑牽見○	7.10/70/4
立褒姒爲后	7.3/65/2	有父恩忍○	7.7/67/25	將詢○	7.10/70/4
出入與○同乘	7.3/65/3	人孰利○	7.7/67/25	孟子訴○曰	7.10/70/6
以適褒姒○意	7.3/65/3	爾其圖○	7.7/67/26	國佐知○	7.10/70/6
幽王欲悅○	7.3/65/5	里克殺○	7.7/68/3	使慶剋佐○	7.10/70/7
遂殺幽王于驪山○下	7.3/65/7	又殺○	7.7/68/3	靈公與佐盟而復○	7.10/70/8
褒姒滅○	7.3/65/9	鞭而殺○	7.7/68/3	孟子又愬而殺○	7.10/70/8
衛宣公○夫人也	7.4/65/18	惟厲○階	7.7/68/5	棠公○妻	7.11/70/19
公使伋子○齊	7.4/65/19	魯宣公○夫人	7.8/68/15	齊崔杼御東郭偃○（娣）	
宣姜乃陰使力士待○界		使執季孫行父而止○	7.8/68/18	〔姊〕也	7.11/70/19
上而殺○	7.4/65/20	明而逐○	7.8/68/18	遂與偃謀娶○	7.11/70/20
必要殺○	7.4/65/20	繆姜使筮○	7.8/68/19	崔子知○	7.11/70/21
壽聞○	7.4/65/20	遇《艮》○六	7.8/68/19	公以崔子○冠賜侍人	7.11/70/21
太子其避○	7.4/65/21	是謂《艮》○《隨》	7.8/68/20	公登臺以臨崔子○宮	7.11/70/21
夫棄父○命	7.4/65/21	元、善○長也	7.8/68/21	公下從	7.11/70/22
奪○旆而行	7.4/65/22	亨、嘉○會也	7.8/68/21	東郭姜奔入戶而閉○	7.11/70/22
盜殺○	7.4/65/22	利、義○和也	7.8/68/21	公推○曰	7.11/70/22
遽往追○	7.4/65/22	貞、事○幹也	7.8/68/22	余聞崔子○疾也	7.11/70/23
盜又殺○	7.4/65/23	我皆無○	7.8/68/24	乃避○	7.11/70/25
乃如○人	7.4/65/25	雖有聰慧○質	7.8/68/25	公又請于崔氏○宰曰	7.11/70/25
衛○宣姜	7.4/65/29	終不得掩其淫亂○罪	7.8/68/25	請就（元）〔先〕君○	
魯桓公○夫人也	7.5/66/5	士○耽兮	7.8/68/26	廟而死焉	7.11/70/26
謂○有禮	7.5/66/6	女○耽兮	7.8/68/26	崔氏○宰曰	7.11/70/26
禁○不止	7.5/66/8	〔陳〕大夫夏徵舒○母	7.9/69/6	君○臣杼有疾不在	7.11/70/26
醉○	7.5/66/8	〔御叔○妻〕也	7.9/69/6	崔子愛○	7.11/70/28
使公子彭生抱而乘○	7.5/66/8	公侯爭○	7.9/69/7	崔子哀而許○	7.11/70/29
因拉其脅而殺○	7.5/66/8	夏姬○子徵舒爲大夫	7.9/69/7	將欲殺○	7.11/70/30
莊公○夫人也	7.6/66/19	泄冶見○	7.9/69/8	殺○	7.11/71/1
男女○別	7.6/66/22	子宜掩○	7.9/69/9	于是二子歸殺棠毋咎、	
又丹其父桓公○廟宮○楹	7.6/66/22	今自子牽君而爲○	7.9/69/9	東郭偃于崔子○庭	7.11/71/1
立叔姜○子	7.6/66/24	衆人知○	7.9/69/10	愬○于慶氏	7.11/71/2
魯人謀○	7.6/66/25	泄冶知○	7.9/69/10	國人○所知也	7.11/71/3
酖而殺○	7.6/66/26	乃使人徵賊泄冶而殺○	7.9/69/11	崔氏○妻曰	7.11/71/4
驪戎○女	7.7/67/6	將納○	7.9/69/14	崔杼○妻	7.11/71/10
晉獻公○夫人也	7.7/67/6	願王圖○	7.9/69/15	衛靈公○夫人	7.12/71/15
克○	7.7/67/7	王從○	7.9/69/15	太子蒯瞶知而惡○	7.12/71/15
君○宗邑也	7.7/67/9	使壞後垣而出○	7.9/69/15	蒯瞶○子輒立	7.12/71/17
君○境也	7.7/67/10	又欲取○	7.9/69/16	蒯瞶○姊也	7.12/71/17
國○患也	7.7/67/11	夏姬從○	7.9/69/20	孔文子○妻	7.12/71/17
無乃以國民○故	7.7/67/14	大夫子反怨○	7.9/69/20	孔悝○母也	7.12/71/17
鈞〔○〕死也	7.7/67/18	遂與子重滅巫臣○族	7.9/69/20	姬與孔氏○豎渾良夫淫	
〔至于今吾豈知紂○善		乃如○人兮	7.9/69/21		7.12/71/18
否哉〕	7.7/67/18	殺子○身	7.9/69/26	良夫乃與蒯瞶入舍孔氏	
君何不老而授○政	7.7/67/20	魯侯○女	7.10/70/3	○圃	7.12/71/19

姬杖戈先太子與五介胄
　○士　7.12/71/20
强盟○　7.12/71/21
子路死○　7.12/71/21
莊公以戎州○亂又出奔
　7.12/71/22
大夫殺孔悝○母而迎公
　7.12/71/22
使○出奔　7.12/71/28
吳廣○女　7.13/72/3
趙武靈王○后也　7.13/72/3
顏若苕○榮　7.13/72/4
吳廣聞○　7.13/72/6
王愛幸○　7.13/72/6
太子無慈孝○行　7.13/72/7
主父從旁觀窺群臣宗室
　〔○禮〕　7.13/72/9
心憐○　7.13/72/10
李兌乃起四邑○兵擊章
　7.13/72/11
主父開○　7.13/72/11
乃探雀鷇而食○　7.13/72/13
言不善○從內出也　7.13/72/14
趙人李園○女弟　7.14/72/23
楚考烈王○后也　7.14/72/23
春申君患○　7.14/72/23
楚王○貴幸君　7.14/72/24
何以保相印、江東○封
　乎　7.14/72/27
妾○幸君未久　7.14/73/1
誠以君○重而進妾于楚
　王　7.14/73/1
則是君○子爲王也　7.14/73/2
孰與身臨不測○罪乎　7.14/73/2
春申君大然○　7.14/73/3
謹舍○　7.14/73/3
言○考烈王　7.14/73/3
〔考烈王〕召而幸○　7.14/73/3
考烈王弟公子負芻○徒
　聞知幽王非考烈王子　7.14/73/6
盡滅李園○家　7.14/73/6
五年而秦滅○　7.14/73/7
趙悼襄王○后也　7.15/73/17
前日而亂一宗○族　7.15/73/17
悼襄王以其美而取○　7.15/73/17
女○不正　7.15/73/18
遂娶○　7.15/73/19

使人犯太子而陷○于罪
　7.15/73/20
大夫怨倡后○譖太子及
　殺李牧　7.15/73/23

支 zhī　1

至斷○體　6.15/63/1

枝 zhī　2

右（乎）〔手〕如附○　6.3/53/8
○葉未有害　7.11/71/6

知 zhī　133

上○天文　1.3/2/17
其○太王仁恕　1.6/4/2
文王母可謂○肖化矣　1.6/4/10
問則廣○　1.9/6/29
君子謂孟母○爲人母之
　道矣　1.9/7/4
君子謂孟母○禮而明於
　姑母之道　1.9/7/9
君子謂孟母○婦道　1.9/7/18
博達○禮　1.10/7/28
是以日益而不自○也　1.10/8/5
女○莫如婦　1.10/9/9
男○莫如夫　1.10/9/9
公父氏之婦○矣　1.10/9/10
季氏之婦可謂○禮矣　1.10/9/11
通達○禮　1.10/9/22
吾不○其故　1.12/10/24
誠○禮經　1.12/11/5
○世紀綱　2/12/18
誰○其他　2.3/13/30
子犯○文公之安齊也　2.3/13/30
不○飢倦也　2.5/15/13
○人能也　2.5/15/17
○賢不進　2.5/15/18
不○其賢　2.5/15/18
不○所對　2.5/15/20
猶○避害　2.6/16/7
君子以是○周南之妻而
　能匡夫也　2.6/16/9
吾未○其善也　2.7/16/23
君子謂女宗謙而○禮　2.7/16/27

好禮○理　2.7/17/1
○其不改　2.9/18/9
則二三子不如妾○之也
　2.10/18/18
人○其一　2.10/18/22
莫○其他　2.10/18/22
君子謂命婦○善　2.12/20/2
王不○吾不肖也　2.13/20/15
莫○所之　2.13/20/21
君子謂鄧曼爲○人　3.2/23/1
先王○之矣　3.2/23/3
君子謂鄧曼爲○天道　3.2/23/5
○王將薨　3.2/23/10
不○其子者　3.4/24/6
不○其君者　3.4/24/7
○其興祚　3.4/24/15
君子謂叔敖之母○道德
　之次　3.5/24/24
深○天道　3.5/24/29
諸大夫皆謂我○似陽子　3.6/25/6
君子謂伯宗之妻○天道　3.6/25/12
妻○且亡　3.6/25/17
○此謂誰　3.7/25/23
何以○之　3.7/25/23,3.9/27/7
是以○之　3.7/25/26
君子謂衛夫人明于○人
　道　3.7/25/29
夫人○之　3.7/26/5
維○識賢　3.7/26/5
莫能○之　3.9/27/5
故○吾子拘而有木治矣　3.9/27/11
叔姬可謂○矣　3.10/28/15
○人之生　3.10/28/20
君子謂范氏母爲○難本　3.11/29/3
○其必滅　3.11/29/8
君子謂公乘姒緣事而○
　弟之遇禍也　3.12/29/20
○其禍起　3.12/29/27
始吾以子爲有○　3.13/30/5
非子所○也　3.13/30/7
○我者　3.13/30/13
不○我者　3.13/30/13
不○其爲禍耳　3.14/30/24
寡人不○也　3.14/31/7
君子謂魏負○禮　3.14/31/8
○其覆軍　3.15/32/1
使下而有○　4.2/32/29

君子謂杞梁之妻貞而〇
　禮　4.8/36/15
妾〇從使者必生　4.10/37/19
衆人謂我不〇禮也　4.12/38/28
我生死未可〇　4.15/40/15
魯大夫皆〇稱之在保　5.1/41/16
衆人孰〇其不然　5.2/42/12
太子〇王之欲廢之也　5.2/42/14
〇（商）〔商〕臣亂　5.2/42/20
不〇也　5.6/44/30,6.13/61/16
猶〇持節行義　5.6/45/8
寡人度其母能〇子善惡　5.8/46/8
公正〇禮　5.8/46/20
歸而相〇　5.9/47/11
媵婢心〇其毒酒也　5.10/47/18
媵〇將死　5.10/47/20
汝〇其事　5.10/47/21
〇而不言　5.11/48/10
我不〇公子之處　5.11/48/11
吾雖〇之　5.11/48/11
皆莫之〇　5.13/49/15
夫人不〇也　5.13/49/18
兒誠不〇也　5.13/49/20
夫人實不〇也　5.13/49/23
安〇孰是　5.13/49/25
後乃〇男獨取之也　5.13/49/25
管仲不〇所謂　6.1/51/17
非汝所〇也　6.1/51/18
吾不〇其所謂　6.1/51/24
君不〇識矣　6.1/51/24
令尹不〇　6.2/52/14
妾子亦豈〇之哉　6.2/52/15
左手不〇　6.3/53/9
丘已〇之矣　6.6/55/13
　　6.6/55/16,6.6/55/20
五音不〇　6.6/55/16
斯婦人達于人情而〇禮　6.6/55/20
〇禮不淫　6.6/55/26
妾恐其身之不〇痛　6.7/56/5
而心不〇罪也　6.7/56/5
若不〇罪殺之　6.7/56/5
使〇其罪　6.7/56/5
人〇烹阿大夫　6.9/58/1
大王〇國之柱乎　6.12/60/15
不〇　6.12/60/16
安〇諫　6.13/61/11
〔至于今吾豈〇紂之善

否哉〕　7.7/67/18
衆人〇之　7.9/69/10
泄冶〇之　7.9/69/10
不〇命也　7.9/69/21
國佐〇之　7.10/70/6
崔子〇之　7.11/70/21
公〇有罪矣　7.11/70/24
國人之所〇也　7.11/71/3
太子蒯聵〇而惡之　7.12/71/15
〇有身　7.14/72/24
今妾〔自〕〇有身矣　7.14/73/1
而人莫〇　7.14/73/1
考烈王弟公子負芻之徒
　聞〇幽王非考烈王子　7.14/73/6
〇重而入　7.14/73/12

織 zhī　12

孟母以刀斷其〇　1.9/6/28
若吾斷斯〇也　1.9/6/29
何以異于〇績而食　1.9/7/1
與三公九卿組〇施德　1.10/8/18
王后親〇玄紞　1.10/8/24
休其蠶〇　1.10/9/2
言婦人以〇績爲公事者
　也　1.10/9/2
〇紝組紃　2.7/16/22
老萊方〇畚　2.14/21/5
夫子〇屨以爲食　2.15/21/24
紡〇爲產　4.13/39/12
紡績〇紝　5.9/46/28

直 zhí　11

正〇而固者　1.10/8/13
廉潔正〇　1.14/12/13
伯宗賢而好以〇辨凌人　3.6/25/3
夫子好〇言　3.6/25/4
雍子入其女於叔魚以求
　〇　3.10/28/13
綱〇如髮　4.6/35/12
匪〇也人　4.15/40/26
子瞀〇行不顧　5.2/41/27
〇在其中矣　5.13/49/26
可謂〇耳　5.13/49/27
招進〇言　6.10/58/30

姪 zhí　19

棄子抱〇　5.6/45/15
子〇同內　5.12/49/8
欲出其〇　5.12/49/8
楚處莊〇者　6.13/61/6
是時莊〇年十二　6.13/61/8
〇願往諫之　6.13/61/10
〇乃逃　6.13/61/11
〇持幟伏南郊道旁　6.13/61/11
〇舉其幟　6.13/61/12
〇至　6.13/61/13
〇對曰　6.13/61/13
　6.13/61/15,6.13/61/16
〇曰　6.13/61/18
　6.13/61/21,6.13/61/22
乃立〇爲夫人　6.13/61/25
君子謂莊〇雖違于禮而
　終守以正　6.13/61/26
楚處莊〇　6.13/62/1

值 zhí　1

此〇法　5.13/49/16

執 zhí　34

所〇贄而見於窮閭隘巷
　者七十餘人　1.10/8/4
秦〇晉君　2.4/15/6
妾〇巾櫛十一年　2.5/15/15
〇事有恪　2.5/15/23
〇麻枲　2.7/16/21
雖妾亦無以侍〇巾櫛　2.8/17/10
〇心各異　3.15/31/23
終〇貞一　4.5/34/17
〇行不衰　4.5/34/22
〇節甚公　4.6/35/17
〇箕帚　4.11/38/5
〇行咸固　4.12/39/7
〇節有常　5.2/42/20
寡君使婢子侍〇巾櫛以
　固子也　5.3/42/28
越姬〇禮　5.4/44/1
婦人〇義無二夫　5.7/45/23
妻〇無二　5.9/47/11
守節〇事　5.11/48/24

據義○理	5.12/49/8	**止 zhǐ**	31	**趾 zhǐ**	2
關吏○筆書劾	5.13/49/24			今妾望君舉○高	2.2/13/14
兄死而讎不（○）〔報〕		敬姜戒（○）〔其〕姜		舉○高	3.2/22/25
	5.14/50/11	曰	1.10/9/7		
妾恐傷○政之法	6.4/54/1	至闈外而○	1.12/10/21	**至 zhǐ**	98
將○而鞭之	6.5/54/18	至闈〔外〕而○	1.12/10/23		
而反○妾	6.5/54/20	故○闈外	1.12/10/26	○周文、武而興爲天子	1.2/2/4
釋僕○妾	6.5/54/21	不○	2.5/15/11,5.6/45/1	○殷	1.3/2/20
○女忿怒	6.5/55/3	高山仰○	2.12/20/3	○於岐下	1.6/4/1
破胡貉○事者	6.9/57/19	景行行○	2.12/20/3	未必○於斯也	1.6/4/24
○事者誣其詞而上之	6.9/57/19	至江南而○	2.14/21/11	自送之○於野	1.7/5/9
供○掃除	6.9/57/21	至闕而○	3.7/25/22	出亡○境	1.7/5/19
王不○政	6.9/57/29	中○闕門	3.7/26/5	學〔何〕所○矣	1.9/6/28
流棄莫○	6.10/58/13	子皮○姒曰	3.12/29/13	康子瞢○	1.10/9/16
王使○而戮之	7.3/64/28	殆不如○	3.12/29/27	○闈外而止	1.12/10/21
使季孫行父而止之	7.8/68/18	願○不得	3.15/32/1	○闈〔外〕而止	1.12/10/23
○詐不愨	7.15/73/28	請罪○身	3.15/32/1	〔人不愛母○甚也〕	1.13/11/13
		淑慎爾○	4.2/33/7	○使君王失禮而晏朝	2.1/12/25
殖 zhí	4	息君○之	4.7/35/25	○于君所	2.1/12/29
		其子泣而（守）〔○〕		而衛獨不○	2.2/13/11
齊杞梁○之妻也	4.8/36/8	之	4.12/39/1	曰○渭陽	2.4/15/1
○戰而死	4.8/36/8	求者乃○	4.13/39/22	何以○此	2.8/17/15
今○有罪	4.8/36/9	○	5.6/45/1	能○于此	2.11/19/6
若令○免于罪	4.8/36/9	于是齊將按兵而○	5.6/45/7	唯○德者能之	2.13/20/22
		齊兵遂○	5.6/45/16	楚王駕○老萊之門	2.14/21/4
植 zhí	2	其人○之曰	5.12/48/30	○江南而止	2.14/21/11
		不能自○	6.11/59/21	○羅	3.2/22/28
○木懸之	6.4/53/20	無所容○	6.12/60/12	○楚丘	3.3/23/20
拔○懸之木	6.4/54/7	王見之而○	6.13/61/12	言○于曹	3.3/23/22
		而姦不○	6.15/62/27	禍○不久矣	3.4/24/8
職 zhí	15	匪其○共	7.2/64/13	○言不（餙）〔飾〕	3.6/25/6
		禁之不○	7.5/66/8	○闕而止	3.7/25/22
晝考其國〔○〕	1.10/8/21	使執季孫行父而○之	7.8/68/18	禍○於此	3.8/26/16
卿大夫朝考其○	1.10/8/22	子反乃○	7.9/69/17	文仲將爲魯使○齊	3.9/26/26
合官○于外朝	1.10/9/15			都吏○	3.10/27/27
婦人治其○焉	1.10/9/15	**旨 zhǐ**	1	遂○獄訟	4.1/32/21
子將業君之官○焉	1.10/9/15			○景公時	4.2/32/30
○思其憂	3.1/22/14	我有○酒	1.10/9/6	保母○矣	4.2/33/2
固妾之○也	4.12/38/27			傅母未○也	4.2/33/2
後王又欲立公子○	5.2/42/10	**指 zhǐ**	6	傅母不○	4.2/33/3
○	5.2/42/10			○城門而衛君死	4.3/33/16
今者王必將以○易太子	5.2/42/11	作詩明○	1.8/6/18	厥○城門	4.3/33/25
桓公乃修官○	6.1/51/26	○責令尹	6.2/52/25	使者○	4.6/35/10,4.10/37/17
妾之○盡久矣	6.8/57/1	上○皇天	6.9/58/6	何○自苦	4.7/35/23
陳列母○	6.8/57/10	長○大節	6.10/58/11	〔遂〕入○郢	4.9/36/26
務盡其○	6.9/58/1	○是爲非	7/63/13	次○伯嬴	4.9/36/26
婢妾之○	6.11/59/14	○笑炮炙	7.2/64/17		

秦救○	4.9/37/5	○戴公而後寧	7.4/65/24	王願請先生○淮南	2.13/20/14
王聞江水大○	4.10/37/16	〔○于今吾豈知紂之善		欲使我○淮南	2.13/20/16
今水方大○	4.10/37/18	否哉〕	7.7/67/18	非與物無○也	2.15/21/25
則水大○	4.10/37/20	公○	7.7/67/23	群帥因于（○）〔冶〕	
江水大○	4.10/37/27	○鄭	7.9/69/19	父以待刑	3.2/22/29
非○仁	5.2/42/15	將○	7.10/70/6	吾子拘有木○矣	3.9/27/6
○郊	5.6/44/28	以○于此	7.11/71/2	所以○鋸	3.9/27/9
見軍之○	5.6/45/2	遂入○姬所	7.12/71/20	所以○木也	3.9/27/10
乃○于境	5.6/45/7	○悼公而後定	7.12/71/23	是有木○（保）〔係〕	
未○家	5.9/46/25			于獄矣	3.9/27/10
○家	5.9/46/30	**志 zhì**	**7**	故知吾子拘而有木○矣	3.9/27/11
○	5.9/46/30			三者○則○	3.14/31/4
馳驟揚塵疾○	5.9/47/1	而無境外之○	1.9/7/15	而使別○蓋	5.5/44/18
主父	5.10/47/17	無伐國之○	2.2/13/16	（兄）〔況〕以禮義○	
罪○夷	5.11/48/7,5.11/48/10	吾從門間觀其○氣	2.12/19/25	國乎	5.6/45/10
何○自赴火	5.12/49/1	願變先生之○	2.14/21/6	則○官不理	5.9/47/3
○海關	5.13/49/15	婦人脆于○	3.14/30/27	天下之○太平	6.1/51/21
讙家果○	5.15/50/29	妾亦無淫佚之○	5.9/46/29	齊國以○	6.1/51/27
名垂○今	6.3/53/4	以觀其○	6.6/55/9	齊得以○	6.1/52/4
內之○哉	6.4/53/23			今令尹之○也	6.2/52/13
醉○于此	6.4/53/26,6.7/56/3	**炙 zhì**	**1**	則下不○	6.2/52/17
○于狹路	6.5/54/17			怨令尹之○也	6.2/52/19
簡子○	6.7/56/1	指笑炮○	7.2/64/17	今妾之夫○造此弓	6.3/53/5
○于華山之陽	6.7/56/10			九年不○	6.9/57/15
故使○于反	6.8/56/30	**治 zhì**	**49**	齊國大○	6.9/58/1
○今十餘年矣	6.9/57/22			不○九年	6.9/58/6
孝順○明	6.9/57/28	舜猶內○	1.1/1/9	內不秉國家之○	6.10/58/27
○東郭	6.11/59/12	舜既○廉	1.1/1/12	〔四方之士多歸於〕齊	
今○	6.11/59/20	簡狄性好人事之○	1.3/2/17	〔而〕國以○〔也〕	
遲其○也	6.11/59/20	禹去而○水	1.4/3/3		6.12/60/26
○今數千歲	6.11/59/25	勤愨○中	1.5/3/22	其至○也	6.15/62/27
○今千餘歲	6.11/59/26	文王理陽道而○外	1.6/4/14	彼得政而○之	7.7/67/20
閔王○于此也	6.11/59/29	文母理陰道而○內	1.6/4/14		
王車○	6.13/61/12	○國之要盡在經矣	1.10/8/9	**制 zhì**	**12**
姪○	6.13/61/13	所以○蕪與莫也	1.10/8/11		
而隨其父○長安	6.15/62/23	婦人○其職焉	1.10/9/15	要其安民以播烈光、○	
其○治也	6.15/62/27	夫人○內	2.2/13/17	禮以廣達孝而言之	1.6/4/22
○斷支體	6.15/63/1	管仲○外	2.2/13/17	以言婦人無擅○之義	1.9/7/16
禍○無日	7.2/64/9	厥使○內	2.2/13/23	古之○也	1.10/8/26
○周	7.3/64/24	○楚三（季）〔年〕	2.5/15/20	而無專○之行	1.12/10/19
有寇○則舉	7.3/65/4	平○水土	2.6/16/3	以備婦人出入之○	1.12/10/20
諸侯悉○	7.3/65/5	夫出○土	2.6/16/14	○行分明	2.8/17/21
〔○〕而無寇	7.3/65/5	○絲繭	2.7/16/21	為人所○也	2.14/21/10
諸侯不○	7.3/65/6	苔子○陶三年	2.9/17/26	妾不能為人所○	2.14/21/10
莫○	7.3/65/7	昔楚令尹子文之○國也	2.9/17/28	夫家輕禮違○	4.1/32/14
笑寇不○	7.3/65/13	今夫子○陶	2.9/18/1	自歛○也	4.6/35/8
有四馬白旄○者	7.4/65/20	苔子○陶	2.9/18/9	天子失○	4.9/36/27

是以明王之○	4.9/36/28	母○若此	6.2/52/20	**幟 zhì**	6
		○足以距諫	7.2/64/3		
致 zhì	17			以緹竿爲○	6.13/61/11
		彘 zhì	1	姪持○伏南郊道旁	6.13/61/11
○其功業	1/1/3			姪擧其○	6.13/61/12
卒○其名	1.2/2/2,1.3/2/18	犬○不擇食以肥其身	2.9/18/1	有一女童伏于○下	6.13/61/12
塗山獨明教訓而○其化焉	1.4/3/4			因以○見	6.13/61/14
卒○令名	1.4/3/5	**置 zhì**	14	以○見王	6.13/62/1
○其功	1.5/3/15				
卒○王功	1.5/3/16	乃取○寒冰之上	1.2/1/31	**贄 zhì**	4
所以○敬也	1.9/7/8	母○之	3.15/31/23		
必○之〔於〕王	3.1/22/12	既○而黜之	5.2/42/4	所執○而見於窮閭隘巷	
○之于獄	4.1/32/14	○之母鏡奩中	5.13/49/15	者七十餘人	1.10/8/4
○命于伯姬	4.2/32/28	心恐母云○鏡奩中	5.13/49/16	婦○	7.6/66/20
然後能自○也	4.3/33/19	取而○夫人鏡奩中	5.13/49/18	男○	7.6/66/21
〔大夫〕○幣	4.11/38/4	○夫人奩中	5.13/49/19	今婦○用幣	7.6/66/21
王之○此三難也	6.13/61/21	而○奩中	5.13/49/21		
于是武王遂○天之罰	7.2/64/11	跪○沙上曰	6.6/55/13	**櫛 zhì**	5
擧烽○兵	7.3/65/13	可○左右	6.9/57/18		
以○禮也	7.6/66/21	宣王方○酒于漸臺	6.10/58/15	余以巾○事先君而暴妾	
		○妹喜于膝上	7.1/63/19	使余	1.7/5/21
秩 zhì	4	乃○之郊	7.3/64/24	妾執巾○十一年	2.5/15/15
		乃○鴆于酒	7.7/67/22	雖妾亦無以侍執巾○	2.8/17/10
德音○○	2.1/12/30			異巾○	4.9/36/29
○○德音	2.15/21/28	**稚 zhì**	1	寡君使婢子侍執巾○以	
				固子也	5.3/42/28
陟 zhì	2	然吾父母家〔多〕幼○			
			1.12/10/18	**中 zhōng**	64
舜○方死于蒼梧	1.1/1/19				
○彼屺兮	3.9/27/12	**鷹 zhì**	2	言則○義	1/1/3
				二女承事舜於畎畝之○	1.1/1/10
智 zhì	15	四嶽（○）〔薦〕之於堯	1.1/1/9	乃送之平林之○	1.2/1/31
		後伐平林者咸（○）		勤懇治○	1.5/3/22
賢聖有○	1/1/3	〔薦〕之覆之	1.2/1/31	摯任氏○女也	1.6/4/4
蓋太姜淵○非常	1.6/4/1			蓋十子之○	1.6/4/21
是不○也	2.5/15/18	**質 zhì**	6	○道廢而不爲	1.9/7/2
鳥獸之○	2.6/16/7			在○饋	1.9/7/15
是懷晏子之○	2.12/19/27	（賢）〔○〕行聰明	1.5/3/22	日○考政	1.10/8/19
惟若仁○	3/22/6	乃人才○不同	1.6/4/23	前妻○子犯魏王令	1.13/11/12
（廉）〔厥〕○孔白	3.4/24/15	子之○聰達于事	1.8/6/8	卒成○興之名	2.1/12/28
仁而有○	3.7/25/25	圉○于秦	5.3/42/25	適房○	2.1/12/29
其明○乎	3.7/25/29	晉圉○秦	5.3/43/3	爲○興君	2.1/13/5
仁○顯明	3.8/26/21	雖有聰慧之○	7.8/68/25	請以姬之○子屛括爲公	
其後○伯滅范氏	3.11/29/3			族大夫	2.8/17/14
可謂○矣	3.12/29/21	**摯 zhì**	1	樂亦在其○矣	2.15/21/25
〔君子謂括母〕爲仁○				莫敖令于軍○日	3.2/22/28
	3.15/31/25	○任氏中女也	1.6/4/4	日○必移	3.2/23/3

日○則戾	3.2/23/5
○止闕門	3.7/26/5
言取郭外萌內之於城○	
也	3.9/27/7
趙（間）〔簡〕子乘馬	
園○	3.11/28/25
園○多株	3.11/28/25
○者曰	3.11/28/26
繫馬園○	3.13/30/7
王○人也	3.14/30/24
胡爲乎○露	4.5/34/17
齊○求之	4.6/34/27
齊○莫能備禮求焉	4.6/34/28
母醮房之○	4.6/34/29
○則無夫	4.8/36/13
孝公父武公與其二子長	
子括、○子戲朝周宣	
王	5.1/41/11
王病在軍○	5.4/43/18
王薨于軍○	5.4/43/25
遂抱公子逃于深澤之○	
	5.11/48/15
恩出于○心也	5.11/48/20
兄抱與其己子在火○	5.12/48/29
○心謂何	5.12/49/1,6.11/59/15
置之母鏡奩○	5.13/49/15
得珠十枚于繼母鏡奩○	
	5.13/49/15
心恐母云置鏡奩○	5.13/49/16
取而置夫人鏡奩○	5.13/49/18
置夫人奩○	5.13/49/19
而置奩○	5.13/49/21
直在其○矣	5.13/49/26
願以車馬及家○財物盡	
以送汝	5.14/50/10
使要其女爲○諝	5.15/50/26
有入王宮○盜者	6.2/52/8
有盜王宮○之物者	6.2/52/15
今于狹路之○	6.5/54/19
○流	6.7/56/11
趙之牟宰佛肸之母也	6.8/56/25
佛肸以○牟畔	6.8/56/25
姜之子與在論○	6.8/57/3
既陷難○	6.9/57/25
宮○諸夫人皆掩口而笑	
	6.11/59/21
在彼○阿	6.11/60/1
○才也	6.12/60/22
夫一室之○	6.14/62/9
齊○皆稱〔其〕廉平	6.15/62/24
輒墮炭○	7.2/64/8
而藏黎（犢）〔櫝〕○	7.3/64/24
崔氏射（○公）〔公○〕	
踵	7.11/70/27

忠 zhōng 29

○信不欺	1.14/12/4
務在效○	1.14/12/4
遠○矣	1.14/12/5
夫爲人臣不○	1.14/12/5
○孝之事	1.14/12/13
○款誠信	2.2/13/23
未○也	2.5/15/14
是不○	2.5/15/18
非○也	2.13/20/20,5.5/44/8
夫○臣與孝子	3.7/25/24
汝言以盡○	3.14/30/25
○以除禍	3.14/30/25
○臣不借人以力	4.11/38/7
妾聞○臣（下）〔事〕	
君	4.12/38/26
○孝忘于身	5.5/44/9
可謂○乎	5.5/44/13
人無○臣之道、仁義之	
行	5.5/44/14
棄○臣之公道	5.5/44/16
則事君不○	5.9/47/3
周主○妾者	5.10/47/16
不○	5.10/47/19
君子謂○妾爲仁厚	5.10/47/25
周主○妾	5.10/48/1
○全其主	5.10/48/1
貴其守○死義	5.11/48/16
不○也	6.12/60/13
不○少禮之人	6.12/60/13
○諫者誅	7.3/65/6

終 zhōng 68

舜○日飲酒不醉	1.1/1/15
○能勞苦	1.1/1/24
○生子	1.2/1/30
○不素食	1.14/12/13
○身無殃	2/12/18
○卒天年	2.9/18/3
○以全身復禮	2.9/18/4
先生之○也	2.11/19/7
○不遭難	2.13/20/27
楚於陵子○之妻也	2.15/21/22
楚王聞於陵子○賢	2.15/21/22
於陵子○曰	2.15/21/23
于是子○出	2.15/21/27
○如其言	3.2/23/10
公○不聽	3.8/26/14
○滅范氏者	3.11/29/2
使我○歲不食葵	3.13/30/7
令吾○身無兄	3.13/30/8
王○遣之	3.15/31/23
○不更二	4/32/6
女○以一物不具	4.1/32/14
○不肯從	4.1/32/21
○不聽	4.3/33/17
女○不聽	4.3/33/18
女○不渾	4.3/33/25
○身不改	4.4/34/1,4.13/39/17
○于懷襁之	4.4/34/2
○不聽其母	4.4/34/3
○執貞一	4.5/34/17
○不肯歸	4.5/34/23
○不往	4.6/34/28
必○父母之命	4.6/35/2
○不冶容	4.6/35/17
○不以身更貳醮	4.7/35/24
以○天年	4.11/38/6
〔公〕不幸早○	4.12/38/25
吾○願居外而已	4.12/38/28
○年供養不衰	4.12/39/2
○不肯聽	4.12/39/7
○不重行	4.13/39/16
○無嫁意	4.15/40/16
○奉祭祀	4.15/40/24
復之○身	4.15/40/25
○不聽母	4.15/41/1
○不背義	5/41/6
○而能改	5.4/43/14
○獨死節	5.4/44/1
○不言	5.10/47/20
○蒙其福	5.10/48/1
亦○不可以言	5.11/48/11
○日不能忍決	5.13/49/24

又〇不復嫁矣	5.14/50/13
〇能一心	6/51/10
然〇坐之	6.2/52/16
〇遂發揚	6.7/56/20
君子謂莊姪雖違于禮而	
〇守以正	6.13/61/26
〇卒有功	6.13/62/1
〇無後言	6.14/62/11
〇沒後言	6.14/62/16
〇身不息	6.15/63/1
〇除肉刑	6.15/63/8
〇被禍敗	7/63/13
竟〇無後	7.4/65/24
君未〇命而歿	7.7/67/14
〇故不可誣也	7.8/68/22
〇不得掩其淫亂之罪	7.8/68/25
〇不能補	7.8/69/2

鍾 zhōng　6

君嘗賜之粟三十〇	2.11/19/10
而賞負〔粟〕三十〇	3.14/31/7
〇離春者	6.10/58/11
〇離春對曰	6.10/58/17
	6.10/58/22
君子謂〇離春正而有辭	6.10/59/1

鐘 zhōng　3

〇鼓酒食之色	2.2/13/13
而天〇美于是	3.10/28/4
繁〇鼓之樂	6.4/54/4

冢 zhǒng　1

先君有〇卿以爲師保而	
蔑之	1.7/5/20

種 zhǒng　3

好〇稼穡	1.2/2/1
而教之〇樹桑麻	1.2/2/1
墾山播〇	2.14/21/3

踵 zhǒng　1

崔氏射（中公）〔公中〕	

〇	7.11/70/27

仲 zhòng　37

生〇壬、外丙	1.5/3/15
生太伯、〇雍、王季	1.6/3/28
〇尼聞之曰	1.10/9/1
	1.10/9/9, 1.10/9/11
〇尼謂敬姜別于男女之	
禮矣	1.10/9/18
〇尼賢焉	1.10/9/22
桓公用管〇、甯戚	2.2/13/10
桓公與管〇謀伐衛	2.2/13/11
管〇趨進曰	2.2/13/16
號管〇爲父	2.2/13/17
管〇治外	2.2/13/17
齊靈〇子者	3.8/26/10
夫人〇子與其娣戎子	
〔皆〕嬖于公	3.8/26/11
〇子生子牙	3.8/26/11
〇子曰	3.8/26/12, 3.8/26/14
以不用〇子之言	3.8/26/16
君子謂〇子明於事理	3.8/26/16
〇子之謂也	3.8/26/17
齊靈〇子	3.8/26/21
〇子強諫	3.8/26/21
魯大夫臧文〇之母也	3.9/26/26
文〇將爲魯使至齊	3.9/26/26
于是文〇託于三家	3.9/27/2
文〇陰使人遺公書	3.9/27/2
乃還文〇而不伐魯	3.9/27/12
齊相管〇之妾也	6.1/51/15
使管〇迎之	6.1/51/16
管〇不知所謂	6.1/51/17
管〇曰	6.1/51/18, 6.1/51/19
于是管〇乃下席而謝曰	6.1/51/22
管〇大悅	6.1/51/26
管〇憂疑	6.1/52/3
許殺〇孫蔑	7.8/68/18

重 zhòng　39

號曰〇華	1.1/1/19
有不可以少加〇任者	1.6/4/23
力小而任〇	1.6/4/23
孫文子自是不敢舍其〇	
器于衛	1.7/5/17

服〇任	1.10/8/13
文公號公子〇耳	2.3/13/29
晉人殺懷公而立公子〇	
耳	2.3/14/8
穆姬之弟〇耳入秦	2.4/14/27
若受人〇祿	2.13/20/19
晉公子〇耳亡	3.4/24/3
所以傳〇承業	4.1/32/13
夫任〇而道遠	4.11/38/10
不亦〇乎	4.11/38/10
終不〇行	4.13/39/16
今王又〇之	4.14/39/29
不忍幼弱之〇孤也	4.14/40/3
〇位也	5.2/41/30
示以封爵之〇	5.2/42/2
〇義輕財	5.11/48/17
夫〇仁義	5.15/50/31
後不復〇	6/51/10
湮于百〇之下	6.9/57/22
不復〇陳	6.9/57/29
漸臺五〇	6.10/58/24
後宮衣不〇采	6.11/59/24
食不〇味	6.11/59/25
後宮不得〇采	6.11/59/28
今秦又使人〇賂左右	6.13/61/9
五患累〇	6.13/62/1
又〇其荒	7.1/63/29
又〇相謬	7.2/64/17
生公子〇耳、夷吾	7.7/67/7
〇耳居蒲	7.7/67/12
使閹楚刺〇耳	7.7/68/2
〇耳奔狄	7.7/68/2
立〇耳	7.7/68/4
遂與子〇滅巫臣之族	7.9/69/20
誠以君之〇而進妾于楚	
王	7.14/73/1
知〇而入	7.14/73/12

眾 zhòng　22

言賢女能爲君子和好〇	
妾	1.5/3/17
何車迹之〇也	2.14/21/7
人三爲〇	3.1/22/12
公行下〇	3.1/22/12, 3.1/22/19
〔〇以美物〕歸汝	3.1/22/13
大夫非〇之謂也	3.2/22/26

禍及○庶	3.13/30/10
○人謂我不知禮也	4.12/38/28
不與○同	4.13/39/14
○人孰知其不然	5.2/42/12
昔敝邑寡君固以○黎民	
之役事君王之馬足	5.4/43/11
而○人莫爲毫釐	6.9/57/27
○人不附	6.10/58/23
不務○子	6.10/58/23
而務○婦	6.10/58/23
車騎甚○	6.11/59/12
不恤○庶	6.13/61/18
除亂而○說	7.7/67/16
○人知之	7.9/69/10
聚○鳴鼓	7.11/70/24
慶封乃使盧蒲嫳帥徒○	
與國人焚其庫廄而殺	
成、（姜）〔彊〕	7.11/71/3

州 zhōu　　　　7

公子○吁	1.8/6/12
後○吁果殺桓公	1.8/6/13
子何不預結賢大夫以託	
○犂焉	3.6/25/10
畢羊乃送○犂于荆	3.6/25/11
屬以○犂	3.6/25/17
○犂奔荆	3.6/25/18
莊公以戎○之亂又出奔	
	7.12/71/22

舟 zhōu　　　　7

造○爲梁	1.6/4/13,1.6/4/25
〔世習○楫之事〕	6.7/56/7
義不與婦人同○而渡也	6.7/56/8
與妾同○	6.7/56/10
可以運○	7.1/63/20
與末喜、嬖妾同○流于	
海	7.1/63/24

周 zhōu　　　　42

至○文、武而興爲天子	1.2/2/4
〔卒爲○宗〕	1.6/4/6
次則○公旦	1.6/4/15
卒成武王、○公之德	1.6/4/17

○公成文武之德	1.6/4/19
惟武王、○公成聖	1.6/4/22
○室三母	1.6/5/3
○公一食而三吐哺	1.10/8/3
故能存○室	1.10/8/4
○宜姜后者	2.1/12/23
匡配○宣	2.1/13/5
《○詩》曰	2.3/14/4
○南之妻者	2.6/16/3
○南大夫之妻也	2.6/16/3
君子以是知○南之妻而	
能匡夫也	2.6/16/9
○大夫妻	2.6/16/14
凡事遠（○）〔害〕	2.6/16/14
○共王遊于涇上	3.1/22/11
○之興也以大姒	3.14/31/2
○之康王夫人晏出朝	3.14/31/2
孝公父武公與其二子長	
子括、中子戲朝○宣	
王	5.1/41/11
請○天子殺伯御	5.1/41/17
王問○史	5.4/43/19
《○書》曰	5.5/44/14,6.5/54/20
○主忠妾者	5.10/47/16
○大夫妻之媵妾也	5.10/47/16
自衞仕于○	5.10/47/16
○主忠妾	5.10/48/1
昔者○武王有言曰	6.2/52/16
〔其〕佞臣○破胡專權	
擅勢	6.9/57/16
烹阿大夫與○破胡	6.9/57/30
反（南）〔商〕爲○	7.2/64/17
○幽王之后也	7.3/64/22
至○	7.3/64/24
及○厲王之末	7.3/64/25
寔亡○國	7.3/64/27
盡取○賂而去	7.3/65/7
○與諸侯無異	7.3/65/8
赫赫宗○	7.3/65/9
申侯伐○	7.3/65/13
是于《○易》曰	7.8/68/20

軸 zhóu　　　　4

○也	1.10/8/13
○可以爲相	1.10/8/13
轂擊而折大夫車○	6.5/54/18

鄭使折○	6.5/55/3

冑 zhòu　　　　2

僕有箕○之妾	2.15/21/23
執箕○	4.11/38/5

冑 zhòu　　　　1

姬杖戈先太子與五介○	
之士	7.12/71/20

紂 zhòu　　　　19

○不蔽兮	2.10/18/19
而遂克○	6.7/56/9
堯、舜、桀、○俱天子	
也	6.11/59/23
桀、○不自飾以仁義	6.11/59/25
殷○之妃也	7.2/64/3
嬖幸于○	7.2/64/3
○材力過人	7.2/64/3
○乃爲炮（烙）〔格〕	
之法	7.2/64/7
○怒	7.2/64/9
武王遂受命興師伐○	7.2/64/10
○師倒戈	7.2/64/11
○乃登廩臺	7.2/64/11
以爲亡○者	7.2/64/12
妲己配○	7.2/64/17
○既無道	7.2/64/17
〔今夫以君爲○〕	7.7/67/17
若○有良子而先殺○	7.7/67/17
〔至于今吾豈知○之善	
否哉〕	7.7/67/18

畫 zhòu　　　　6

（○）〔畫〕者	1.10/8/10
○考其國〔職〕	1.10/8/21
○講其庶政	1.10/8/22
○而講（隸）〔肄〕	1.10/8/23
以夜繼○	6.10/58/26,7.3/65/4

驟 zhòu　　　　2

馳○揚塵疾至	5.9/47/1

○如崔氏	7.11/70/20	妻子盡○	5.5/44/6	投○台	3.9/27/3

侏 zhū　1

收倡優、○儒、狃徒、
　能爲奇偉戲者　7.1/63/18

邾 zhū　2

過曹、○、鄭、楚　2.3/14/7
哀姜奔○　7.6/66/26

株 zhū　4

園中多○　3.11/28/25
設令伐○于山　3.11/28/27
已而（閑）〔開〕圍示
　之○　3.11/28/28
而伐平地之○　3.11/29/1

珠 zhū　14

○崔令之後妻及前妻之
　女也　5.13/49/13
○崔多○　5.13/49/13
繼母連大○以爲繫臂　5.13/49/13
內○入于關者死　5.13/49/14
繼母棄其繫臂○　5.13/49/14
得○十枚于繼母鏡奩中
　5.13/49/15
夫人所棄○　5.13/49/19
此○妾之繫臂也　5.13/49/20
遂棄○而遣之　5.13/49/25
○崔夫人　5.13/50/1
納○于關　5.13/50/1
翡翠○璣　6.10/58/25
弄○玉　6.11/59/26

誅 zhū　19

請就○焉　1.14/12/7
苔子之家果以盜○　2.9/18/2
曹必爲首〔○也〕　3.4/24/6
果○而死　3.12/29/20
〔故卒不加○〕　3.15/31/25
天子之所○也　4.9/37/1
犯○絕之事　4.9/37/2

自殺者○及妻子　5.5/44/11
是○無辜也　5.8/46/7
○諸公子　5.11/48/6
豈可利賞畏○之故　5.11/48/14
遂釋不○　6.7/56/6
○將加兮妾心驚　6.7/56/12
將欲加○　6.7/56/20
妲己之所憎○之　7.2/64/5
忠諫者○　7.3/65/6
楚莊王舉兵○徵舒　7.9/69/13
而使王○其良將武安君
　李牧　7.15/73/22

諸 zhū　54

達乎○侯大夫及士庶人　1.6/4/19
○侯不聽　1.9/7/13
○侯朝脩天子之業令　1.10/8/21
天子及○侯合民事〔于
　外朝〕　1.10/9/14
悉召○子　1.12/10/17
○子皆頓首許諾　1.12/10/19
又召○婦曰　1.12/10/19
今○子許我歸視私家　1.12/10/20
○婦其愼房戶之守　1.12/10/21
從○子謁歸視私家　1.12/10/25
與○婦孺子期夕而反　1.12/10/25
夫人、○姬皆師之　1.12/10/27
○侯皆朝　2.2/13/11
爲○侯盟主　2.3/14/9
乃舍○靈臺　2.4/14/26
○侯九　2.7/16/24
名顯○侯　2.12/19/25
升○景公以爲大夫　2.12/20/2
訓○司以德　3.2/22/26
古者○侯之有女子也　3.3/23/16
必霸○侯而討無禮　3.4/24/5
○大夫皆謂我知似陽子　3.6/25/6
吾欲飲○大夫酒而與之
　謀　3.6/25/7
與○大夫飲　3.6/25/8
○大夫（慕）〔莫〕子
　若也　3.6/25/9
聞○侯之難　3.8/26/12
列于○侯矣　3.8/26/12
是專紲○侯　3.8/26/13

歛小器、投○台者　3.9/27/7
○姬觀之　4/32/7
○侯聞之　4.2/33/5
○母誡之兩階之間　4.6/35/2
乃以○侯之禮　4.7/35/26
○侯失節　4.9/36/27
若○侯外淫者絕　4.9/36/29
妾聞之○姑　5.4/43/16
誅○公子　5.11/48/6
擇○母及阿者　5.11/48/18
〔○侯並侵之〕　6.9/57/15
外不修○侯之禮　6.10/58/27
見○夫人　6.11/59/19
○夫人皆怪之　6.11/59/20
宮中○夫人皆掩口而笑
　6.11/59/21
于是○夫人皆大慚　6.11/59/27
○侯朝之　6.11/59/29
使○君常有惠施于妾　6.14/62/10
○侯大叛　7.1/63/23
○侯有畔者　7.2/64/7
○侯悉至　7.3/65/5
○侯不至　7.3/65/6
于是○侯乃即申侯而共
　立故太子宜臼　7.3/65/8
周與○侯無異　7.3/65/8
會○侯于柯陵　7.10/70/5

逐 zhú　32

卒見○走　1.7/5/18
遂○文伯　1.10/9/5
公子以戈○舅犯　2.3/14/6
○群公子　2.4/14/20
遂○太子光　3.8/26/14
王親乘駟以馳○　5.4/43/9
觀士大夫○者　5.4/43/9
孤○女者　6.12/60/10
○女孤無父母　6.12/60/10
三○于鄉　6.12/60/10
五○于里　6.12/60/10,6.12/60/11
○女造襄王之門　6.12/60/11
妾三○于鄉　6.12/60/11
三○于鄉者　6.12/60/13
五○于里者　6.12/60/13
○女曰　6.12/60/16

○女對曰	6.12/60/20
	6.12/60/22,6.12/60/24
以○女妻之	6.12/60/26
齊孤○女	6.12/61/1
女雖五○	6.12/61/1
屈原放○	6.13/61/7
使人裸形相○其間	7.2/64/6
○太子與二公子而可間	
也	7.7/67/9
盡○群公子	7.7/68/2
必○季、孟	7.8/68/17
明而○之	7.8/68/18
魯（○）〔遂〕擯繆姜	
于東宮	7.8/68/19
謀○季、孟	7.8/69/1
刖鮑牽而○高子、國佐	7.10/70/7

燭 zhú　11

以○進	2.1/12/28
滅○	2.1/12/29
行必以○	4.2/33/6
與鄰婦李吾之屬會○相	
從夜績	6.14/62/6
而○數不屬	6.14/62/6
徐吾○數不屬	6.14/62/7
妾以貧、○不屬之故	6.14/62/8
凡為貧、○不屬故也	6.14/62/9
○不為暗	6.14/62/9
○不為明	6.14/62/9
夜託○明	6.14/62/16

主 zhǔ　61

使○社稷	1.7/5/17
○多少之數者	1.10/8/12
以歌之家而○猶績	1.10/8/15
其以歌為不能事○乎	1.10/8/15
為諸侯盟○	2.3/14/9
妻獨○喪	2.11/19/18
事明○	2.12/19/28
則其君必伯王之○也	3.4/24/7
盜憎○人	3.6/25/3
繼續先祖為宗廟○也	4.1/32/13
且吾聞○君之母不妾事	
人	4.12/38/22
而辱○君之母	4.12/38/28

○憂臣辱	5.5/44/12
○辱臣死	5.5/44/12
而○君殘之	5.7/45/23
周○忠妾者	5.10/47/16
大夫號○父	5.10/47/16
恐○父覺	5.10/47/17
○父至	5.10/47/17
計念進之則殺○父	5.10/47/18
言之又殺○母	5.10/47/19
○大怒而笞之	5.10/47/19
○父弟聞其事	5.10/47/20
具以告○父	5.10/47/20
○父驚	5.10/47/21
殺○以自生	5.10/47/22
又有辱○之名	5.10/47/22
○父高其義	5.10/47/22
○辱而死	5.10/47/23
代○之處	5.10/47/23
○聞之	5.10/47/24
周○忠妾	5.10/48/1
○妻淫僻	5.10/48/1
藥酒毒○	5.10/48/1
忠全其○	5.10/48/1
殺魏（○）〔王〕瑕	5.11/48/6
妾父聞○君來渡不測之	
水	6.7/56/2
○君欲因其醉而殺之	6.7/56/4
○君不欲渡則已	6.7/56/10
蛟龍助兮○將歸	6.7/56/12
為我通于○君	6.8/56/26
不得見○君	6.8/56/27
以○君殺妾為有說也	6.8/56/30
此乃在于○君	6.8/57/1
而欲干萬乘之○	6.10/58/17
君子謂緹縈一言發聖○	
之意	6.15/63/3
不可以無○	7.7/67/10
宗邑無○	7.7/67/10
邊境無○	7.7/67/10
若使太子○曲沃	7.7/67/11
二公子○蒲與二屈	7.7/67/11
武靈王自號○父	7.13/72/8
○父從旁觀窺群臣宗室	
〔之禮〕	7.13/72/9
○父遊沙丘宮	7.13/72/11
章走○父	7.13/72/11
○父開之	7.13/72/11

兌因圍○父宮	7.13/72/11
以章圍○父	7.13/72/12
乃遂圍○父	7.13/72/12
○父欲出不得	7.13/72/13
（生）〔○〕閉沙丘	7.13/72/18

囑 zhǔ　1

○孝婦曰	4.15/40/14

助 zhù　2

而後出以求○焉	3.9/27/1
蛟龍○兮主將歸	6.7/56/12

注 zhù　2

王使人（往）〔○〕江	
之上流	1.11/10/2
願○之水旁	6.6/55/18

杼 zhù　5

崔○立光而殺高厚	3.8/26/15
更以崔○為大夫	7.10/70/7
齊崔○御東郭偃之（娣）	
〔姊〕也	7.11/70/19
君之臣○有疾不在	7.11/70/26
崔○之妻	7.11/71/10

柱 zhù　8

女倚○而嘯	3.13/30/3
倚○而嘯	3.13/30/17
大王知國之○乎	6.12/60/15
○	6.12/60/16
夫○不正	6.12/60/16
在乎○	6.12/60/17
膏銅○	7.2/64/8
擁○而歌	7.11/70/24

祝 zhù　3

使○宗告亡	1.7/5/19
不勝王○杯酌餘瀝	6.7/56/3
將使人○祓以為夫人	6.7/56/13

著 zhù　　5

則盛德自然○矣	1.6/4/22
而○妾之不孝	4.15/40/22
矢○身者數十	5.11/48/16
仁○于天下	6.3/53/4
昵附王○	6.9/57/21

築 zhù　　1

踴躍○埋	1.9/6/23

專 zhuān　　18

清靜○一	1.2/2/1,1.2/2/10
而無○制之行	1.12/10/19
以○一爲貞	2.7/16/22
豈以○夫室之愛爲善哉	2.7/16/23
○○小心	3/22/6
是○絀諸侯	3.8/26/13
精○謹愼	4/32/6
伯姬心○	4.2/33/11
宋女○愨	4.4/34/8
堅固○一	4.9/37/11
曾不得○意	4.14/39/29
君子謂高行節禮○精	4.14/40/5
貞○精純	4.14/40/9
○心養姑	4.15/41/1
〔其〕佞臣周破胡○權 　擅勢	6.9/57/16
欲使○魯	7.8/69/1

鱄 zhuān　　3

夫吾不獲○也	1.7/5/17
○者	1.7/5/18
其後賴○力	1.7/5/21

轉 zhuǎn　　3

婦人○輸	3.13/30/12
不可○也	4.3/33/19,4.12/39/3

莊 zhuāng　　36

端一誠○	1.6/4/4
女爲衛○公夫人	1.8/6/6
號曰○姜	1.8/6/6
○姜者	1.8/6/12
○公弗禁	1.8/6/13
○姜姆妹	1.8/6/18
楚○王之夫人也	2.5/15/11
○王即位	2.5/15/11
而○王以霸	2.5/15/21
○王之霸	2.5/15/21
楚○用焉	2.5/15/27
黎○夫人者	4.5/34/13
黎○公之夫人也	4.5/34/13
黎○夫人	4.5/34/22
○公不偶	4.5/34/22
○公襲莒	4.8/36/8
○公歸	4.8/36/8
于是○公乃還車	4.8/36/10
齊○道弔	4.8/36/20
昔者吾先君○淫樂	5.4/43/14
楚○王臣援其夫人之衣	6.3/53/3
楚處○姪者	6.13/61/6
是時○姪年十二	6.13/61/8
君子謂○姪雖違于禮而 　終守以正	6.13/61/26
楚處○姪	6.13/62/1
○公之夫人也	7.6/66/19
○公薨	7.6/66/23
淫于魯○	7.6/67/1
楚○王舉兵誅徵舒	7.9/69/13
○王見夏姬美好	7.9/69/14
○王以夏姬與連尹襄老	7.9/69/17
殆誤楚○	7.9/69/26
○公通焉	7.11/70/20
惑亂○公	7.11/71/10
是爲○公	7.12/71/21
○公以戎州之亂又出奔	7.12/71/22

裝 zhuāng　　1

〔或○其幡〕	7.9/69/8

壯 zhuàng　　3

儀貌○麗	1.8/6/8
○男不立	6.10/58/23
蓋老而復○者	7.9/69/7

狀 zhuàng　　4

以○對	1.12/10/23
其○何如	5.13/49/17
○甚醜	6.12/60/10
其○美好無匹	7.9/69/6

追 zhuī　　8

○王太王、王季	1.6/4/19
孫文子卜○之	1.7/5/23
衛人○之	1.7/5/24
於是王使賴人○之	3.2/22/27
其家倩吾兄行○之	3.13/30/8
齊將乃○之	5.6/44/30
秦軍○見	5.11/48/15
遽往○之	7.4/65/22

墜 zhuì　　2

過而○之	1.3/2/16
妾聞玉石○泥不爲汙	6.9/57/23

卓 zhuō　　2

生奚齊、○子	7.7/67/7
○子立	7.7/68/3

酌 zhuó　　2

夫人○觴	3.7/25/27
不勝王祝杯○餘瀝	6.7/56/3

啄 zhuó　　1

是虎目而豕（○）〔喙〕	3.10/28/12

琢 zhuó　　1

去雕○	6.10/58/30

椓 zhuó　　1

○之丁丁	2.13/20/22

斲 zhuó   2
采椽不○   6.3/53/5, 6.11/59/24

濁 zhuó   1
其水一清一○   6.6/55/11

擢 zhuó   1
（浮）〔呼〕來○兮行
　勿疑   6.7/56/13

茲 zī   3
惟害若○   1.1/1/16
嘉○姜后   2.1/13/5
夫人省○   3/22/7

淄 zī   2
遂赴○水而死   4.8/36/14
赴○而蔍   4.8/36/20

粢 zī   1
使潔奉禘、郊之○盛   1.10/8/20

資 zī   1
分其○財   6.6/55/19

輜 zī   4
必乘安車○軿   4.6/35/7
○軿已具   4.6/35/11
婦人出必○軿   4.6/35/11
以○軿三十乘迎之   4.11/38/4

子 zǐ   959
胎養○孫   1/1/3
不以天○之女故而驕盈
　怠嫚   1.1/1/10
升爲天○   1.1/1/18
君○曰   1.1/1/20
    2.4/15/2, 3.13/30/12
    4.2/33/6, 4.4/34/4
    4.12/39/2, 5.2/42/15
    5.9/47/4, 5.9/47/5, 6.4/54/7
    6.5/54/24, 6.7/56/15
    6.8/57/5, 6.14/62/11
    7.8/68/25, 7.11/71/5
以求無○   1.2/1/30
終生○   1.2/1/30
至周文、武而興爲天○   1.2/2/4
君○謂姜嫄静而有化   1.2/2/4
湯興爲天○   1.3/2/20
君○謂簡狄仁而有禮   1.3/2/20
立○生（商）〔商〕   1.3/2/21
吞卵產○   1.3/2/26
禹爲天○   1.4/3/5
君○謂塗山彊於教誨   1.4/3/5
從以孫   1.4/3/6
君○謂妃明而有序   1.5/3/16
君○好逑   1.5/3/17
言賢女能爲君○和好衆
　妾   1.5/3/17
君○謂太姜廣于德教   1.6/3/29
君○謂太任爲能胎教   1.6/4/6
古者婦人妊○   1.6/4/6
則生○形容端正   1.6/4/8
故妊○之時   1.6/4/9
太姒教誨十○   1.6/4/16
尊爲天○   1.6/4/18
○孫保之   1.6/4/18
以天○之禮   1.6/4/19
○爲士   1.6/4/20
○爲大夫   1.6/4/20
達乎天○   1.6/4/21
蓋十○之中   1.6/4/21
故君○謂太姒仁明而有
　德   1.6/4/24
大邦有○   1.6/4/25
公○之母也   1.7/5/8
公○既娶而死   1.7/5/8
其婦無○   1.7/5/8
之○于歸   1.7/5/10
君○謂定姜爲慈姑   1.7/5/11
君○謂定姜能遠患難   1.7/5/14
立敬姒之○衍爲君   1.7/5/15
孫文○自是不敢舍其重
　器于衛   1.7/5/17
獻公弟○鮮也   1.7/5/18
君○謂定姜能以辭教   1.7/5/22
孫文○卜追之   1.7/5/23
君○謂定姜達於事情   1.7/5/25
君○宜之   1.7/5/25
○之家世世尊榮   1.8/6/7
○之質聰達于事   1.8/6/8
齊侯之○   1.8/6/9
以爲人君之○弟   1.8/6/10
君○善傳母之防未然也   1.8/6/11
無○   1.8/6/12
姆戴嬀之○桓公   1.8/6/12
公○州吁   1.8/6/12
嬖人之○也   1.8/6/12
孟○之少也   1.9/6/23
此非吾所以居處○〔也〕
    1.9/6/24
此非吾所以居處○也   1.9/6/25
眞可以居吾○矣   1.9/6/26
及孟○長   1.9/6/26
君○謂孟母善以漸化   1.9/6/26
彼姝者○   1.9/6/27, 1.9/7/4
自孟○之少也   1.9/6/27
孟○曰   1.9/6/28, 1.9/7/10
孟○懼而問其故   1.9/6/29
○之廢學   1.9/6/29
夫君○學以立名   1.9/6/29
寧能衣其夫○而長不乏
　糧食哉   1.9/7/2
孟○懼   1.9/7/3
師事○思   1.9/7/3
君○謂孟母知爲人母之
　道矣   1.9/7/4
孟○既娶   1.9/7/5
孟○不悅   1.9/7/5
而夫○見姜   1.9/7/6
于是孟母召孟○而謂之曰   1.9/7/7
今○不察於禮   1.9/7/8
孟○謝   1.9/7/9
君○謂孟母知禮而明於
　姑母之道   1.9/7/9
孟○處齊   1.9/7/10
○若有憂色   1.9/7/10
鄉見○有憂色   1.9/7/11
孟○對曰   1.9/7/12
君○稱身〔而〕就位   1.9/7/12
夫死則從乎○   1.9/7/17
今○   1.9/7/17

○行乎○義	1.9/7/17	刺○驕泰	1.11/10/12	○起	1.14/12/6
君○謂孟母知婦道	1.9/7/18	君○嘉焉	1.11/10/12,4.6/35/17	田稷○慚而出	1.14/12/6
孟○之母	1.9/7/22	魯九○之寡母也	1.12/10/17	遂舍稷○之罪	1.14/12/7
處○擇藝	1.9/7/22	悉召諸○	1.12/10/17	君○謂稷母廉而有化	1.14/12/8
○學不進	1.9/7/22	諸○皆頓首許諾	1.12/10/19	彼君○兮	1.14/12/8
○遂成德	1.9/7/22	老繫于○	1.12/10/20	責○受金	1.14/12/13
季康○之從祖叔母也	1.10/7/27	今諸○許我歸視私家	1.12/10/20	君○受祿	1.14/12/13
今以○年之少而位之卑	1.10/8/5	願與少○俱	1.12/10/20	從婢○起	2.1/12/26
○之不益	1.10/8/6	于是使少○僕	1.12/10/21	敢請婢○之罪	2.1/12/26
○成人矣	1.10/8/7	獨與九○居	1.12/10/24	君○謂姜后善于威儀而	
君○謂敬姜備于教化	1.10/8/8	從諸○謁歸視私家	1.12/10/25	有德行	2.1/12/28
使吾○備官而未之聞耶	1.10/8/16	與諸婦孺○期夕而反	1.12/10/25	既見君○	2.1/13/1,6.8/57/6
是故天○大采朝日	1.10/8/18	君○謂母師能以身教	1.12/10/28		6.9/58/2,6.10/59/2
諸侯朝脩天○之業令	1.10/8/21	女○有行	1.12/10/29		6.11/60/1,6.12/60/27
卿之內○爲大帶	1.10/8/25	九○之母	1.12/11/5	君○謂衛姬信而有行	2.2/13/18
君○勞心	1.10/8/26	有三○	1.13/11/10,5.14/50/6	譖殺太○申生	2.3/13/28
弟○記之	1.10/9/2	前妻之○有五人	1.13/11/10	文公號公○重耳	2.3/13/29
吾聞之先○曰	1.10/9/4	慈母乃命其三○	1.13/11/11	○犯知文公之安齊也	2.3/13/30
君○謂敬姜爲愼微	1.10/9/6	不得與前妻○齊	1.13/11/11	而言于公○曰	2.3/14/1
今吾○夭死	1.10/9/7	前妻之○猶不愛	1.13/11/12	從者將以○行	2.3/14/1
是昭吾○	1.10/9/9	前妻中○犯魏王令	1.13/11/12	公○必從	2.3/14/2
欲明其○之令德	1.10/9/10	如妾親○	1.13/11/14	自○去晉	2.3/14/3
君○有穀	1.10/9/10	獨於假○而不爲	1.13/11/14	非○而誰	2.3/14/3
貽厥孫○	1.10/9/10	爲人母〔而〕不能愛其		○其勉之	2.3/14/3
康○在朝	1.10/9/12	○	1.13/11/15	上帝臨○	2.3/14/3
康○辭于朝而入見	1.10/9/13	可不赦其○乎	1.13/11/17	公○曰	2.3/14/3
○不聞耶	1.10/9/14	乃赦其○	1.13/11/17	公○必有晉	2.3/14/5
天○及諸侯合民事〔于		自此五○親附慈母	1.13/11/18	公○不聽	2.3/14/5,2.3/14/14
外朝〕	1.10/9/14	率導八○	1.13/11/18	公○以戈逐舅犯	2.3/14/6
○將業君之官職焉	1.10/9/15	君○謂慈母一心	1.13/11/19	晉人殺懷公而立公○重	
○將庇季氏之政焉	1.10/9/16	其○七兮	1.13/11/19	耳	2.3/14/8
康○譽至	1.10/9/16	淑人君○	1.13/11/19	君○謂齊姜潔而不瀆	2.3/14/9
祭悼○	1.10/9/17		4.10/37/22,5.5/44/18	能育君○于善	2.3/14/9
康○與焉	1.10/9/17	尸鳩以一心養七○	1.13/11/20	太○申生之同母姊	2.4/14/19
匡○過失	1.10/9/22	君○以一儀養萬物	1.13/11/20	獻公殺太○申生	2.4/14/20
楚將○發之母也	1.11/9/27	五○後母	1.13/11/25	逐群公○	2.4/14/20
○發攻秦	1.11/9/27	扶養假○	1.13/11/25	惠公號公○夷吾	2.4/14/20
○發破秦而歸	1.11/10/1	齊田稷○之母也	1.14/11/30	穆姬使納群公○曰	2.4/14/21
○不聞越王句踐之伐吳		田稷○相齊	1.14/11/30	乃與太○罃、公○弘、	
〔耶〕	1.11/10/1	○爲相三年矣	1.14/11/30	與簡璧	2.4/14/23
今○爲將	1.11/10/4	今君設官以待○	1.14/12/3	婢○娣姒不能相教	2.4/14/25
○獨朝夕芻豢黍粱	1.11/10/4	厚祿以奉○	1.14/12/3	婢○夕以死	2.4/14/25
○非吾○也	1.11/10/6	猶爲人○而事其父也	1.14/12/4	太○罃思母之恩而送其	
○發于是謝其母	1.11/10/7	今○反是	1.14/12/5	舅氏也	2.4/14/27
君○謂○發母能以教誨	1.11/10/7	是爲人○不孝也	1.14/12/5	慈母生孝○	2.4/15/2
教誨爾○	1.11/10/7	不孝之○	1.14/12/6	虞丘○也	2.5/15/13
○發之母	1.11/10/12	非吾○也	1.14/12/6	虞丘○賢則賢矣	2.5/15/14

妾聞虞丘○相楚十餘年	2.5/15/17
所薦非○弟	2.5/15/17
王以姬〔之〕言告虞丘	
○	2.5/15/19
丘○避席	2.5/15/19
君○以是知周南之妻而	
能匡夫也	2.6/16/9
以敕君○	2.6/16/15
○何留乎	2.7/16/21
天○十二	2.7/16/24
淫僻、竊盜、長舌、驕	
侮、無○、惡病皆在	
其後	2.7/16/25
君○謂女宗謙而知禮	2.7/16/27
文公爲公○時	2.8/17/6
狄人入其二女叔（隗）	
〔隗〕、季隗于公○	2.8/17/6
請立爲嫡○	2.8/17/13
使三○下之	2.8/17/13
請以姬之中○屏括爲公	
族大夫	2.8/17/14
君姬氏之愛○也	2.8/17/15
君○謂趙姬恭而有讓	2.8/17/16
○盾爲嗣	2.8/17/21
君○美之	2.8/17/21,4.9/37/11
陶太夫荅○妻也	2.9/17/26
荅○治陶三年	2.9/17/26
夫○能薄而官大	2.9/17/28
昔楚令尹○文之治國也	2.9/17/28
故福結于○孫	2.9/17/29
今夫○不然	2.9/17/29
今夫○治陶	2.9/18/1
願與少○俱脫	2.9/18/2
荅○之家果以盜誅	2.9/18/2
婦乃與少○歸	2.9/18/3
君○謂荅○妻能以義易	
利	2.9/18/3
荅○治陶	2.9/18/9
荅○逢禍	2.9/18/9
君○有二恥	2.10/18/15
將誅夫○之德耶	2.10/18/17
則二三○不如妾知之也	
	2.10/18/18
夫○之不伐兮	2.10/18/18
夫○之不竭兮	2.10/18/18
夫○之信誠而與人無害	
兮	2.10/18/18
愷悌君○	2.10/18/20
	5.8/46/16,6.15/62/28
夫○之（謚）〔謚〕	2.10/18/21
君○謂柳下惠妻能光其	
夫矣	2.10/18/21
曾○與門人往弔之	2.11/19/3
曾○弔之	2.11/19/4
曾○曰	2.11/19/5
	2.11/19/8,2.11/19/13
曾○不能應	2.11/19/7
君○謂黔婁妻爲樂貧行	
道	2.11/19/13
曾○弔焉	2.11/19/18
齊相晏○僕御之妻也	2.12/19/23
晏○將出	2.12/19/23
宜矣○之卑且賤也	2.12/19/24
晏○長不滿三尺	2.12/19/25
今身長八尺	2.12/19/26
然○之意洋洋若自足者	
	2.12/19/26
是懷晏○之智	2.12/19/27
晏○怪而問其故	2.12/20/1
于是晏○賢其能納善自	
改	2.12/20/1
君○謂命婦知善	2.12/20/2
晏○升之	2.12/20/8
列于君○	2.12/20/8
○何惡	2.13/20/17
君○謂接輿妻爲樂道而	
遠害	2.13/20/21
楚老萊○之妻也	2.14/21/3
萊○逃世	2.14/21/3
老萊○曰	2.14/21/5,2.14/21/6
	2.14/21/7,2.14/21/10
○還	2.14/21/10
吾爲○更慮	2.14/21/10
老萊○乃隨其妻而居之	
	2.14/21/12
君○謂老萊妻果於從善	
	2.14/21/12
楚於陵○終之妻也	2.15/21/22
楚王聞於陵○終賢	2.15/21/22
於陵○終曰	2.15/21/23
夫○織屨以爲食	2.15/21/24
于是○終出	2.15/21/27
君○謂於陵妻爲有德行	
	2.15/21/28
君○謂密母爲能識微	3.1/22/14
君○謂鄧曼爲知人	3.2/23/1
君○謂鄧曼爲知天道	3.2/23/5
君○揚稱	3.2/23/10
古者諸侯之有女○也	3.3/23/16
君○善其慈惠而遠識也	3.3/23/23
晉公○重耳亡	3.4/24/3
吾觀晉公○〔賢人也〕	3.4/24/4
○必不免	3.4/24/6
○胡不早自貳焉	3.4/24/6
不知其○者	3.4/24/6
○不早圖	3.4/24/8
公○受飡反璧	3.4/24/9
及公○反國	3.4/24/9
君○謂僖氏之妻能遠識	3.4/24/10
見晉公○	3.4/24/15
君○謂叔敖之母知道德	
之次	3.5/24/24
夫○好直言	3.6/25/4
○貌有喜色	3.6/25/5
諸大夫皆謂我知似陽○	3.6/25/6
今陽○華而不實	3.6/25/6
○何喜焉	3.6/25/7
諸大夫（慕）〔莫〕○	
若也	3.6/25/9
難必及○	3.6/25/9
○之（仕）〔性〕固不	
可易也	3.6/25/9
○何不預結賢大夫以託	
州犂焉	3.6/25/10
君○謂伯宗之妻知天道	3.6/25/12
夫忠臣與孝○	3.7/25/24
○何以賀寡人	3.7/25/27
君○謂衛夫人明于知人	
道	3.7/25/29
齊靈仲○者	3.8/26/10
聲姬生○光	3.8/26/10
以爲太○	3.8/26/10,7.4/65/18
夫人仲○與其娣戎○	
〔皆〕嬖于公	3.8/26/11
仲○生○牙	3.8/26/11
戎○請以牙爲太○代光	3.8/26/11
仲○曰	3.8/26/12,3.8/26/14
遂逐太○光	3.8/26/14
而立牙爲太○	3.8/26/15
以不用仲○之言	3.8/26/16
君○謂仲○明於事理	3.8/26/16

仲○之謂也	3.8/26/17	范獻○之妻也	3.11/28/25	君臣、父○、夫婦	3.14/31/4
齊靈仲○	3.8/26/21	其三○遊于趙氏	3.11/28/25	父○同女	3.14/31/6
廢姬○光	3.8/26/21	趙（間）〔簡〕○乘馬		遂與太○妃	3.14/31/7
仲○強諫	3.8/26/21	園中	3.11/28/25	君○謂魏負知禮	3.14/31/8
魯國不容○矣	3.9/26/27	問三○曰	3.11/28/26	王○納妃	3.14/31/13
而使○之齊	3.9/26/27	簡○從之	3.11/29/1	父○不同	3.15/31/22
害○者	3.9/26/28	少○伐其謀	3.11/29/1	〔君○謂括母〕爲仁智	
又皆通于齊高○、國○	3.9/26/28	君○謂范氏母爲知難本	3.11/29/3		3.15/31/25
世家○也	3.9/27/5	小○三悅	3.11/29/8	小○矯矯	3.15/31/26
吾使臧○之齊	3.9/27/6	魯公乘○皮之姒也	3.12/29/13	妻○得存	3.15/32/2
吾○拘有木治矣	3.9/27/6	○皮止姒曰	3.12/29/13	君○以爲得婦道之儀	4.1/32/16
故知吾○拘而有木治矣	3.9/27/11	○皮不復言也	3.12/29/14	魯使大夫季文○如宋	4.2/32/28
君○謂臧孫母識高見遠	3.9/27/12	魯君欲以○皮爲相	3.12/29/14	辱送小○	4.2/32/29
刺○好威	3.9/27/17	○皮問姒曰	3.12/29/14	君○美其貞一	4.3/33/21
○遂得歸	3.9/27/18	○皮曰 3.12/29/15,3.12/29/17		君○故序之以編《詩》	4.5/34/17
羊舌○之妻也	3.10/27/22	○內不智禮	3.12/29/16	君○謂孟姬好禮	4.6/35/11
羊舌○好正	3.10/27/22	○不可以爲相	3.12/29/16	彼君○女	4.6/35/12
羊舌○不受	3.10/27/23	吾豈以欲嫁之故數○乎		君○謂夫人說于行善	4.7/35/27
夫○居晉	3.10/27/24		3.12/29/17	夫義動君○	4.7/35/27
是于夫○不容也	3.10/27/24	○誠不智於禮	3.12/29/18	杞梁之妻無○	4.8/36/10
羊舌○受之	3.10/27/25	○其勿爲也	3.12/29/20	○在則倚	4.8/36/13
食其○不擇肉	3.10/27/26	○皮不聽 3.12/29/20,3.12/29/27		下則無○	4.8/36/13
○常不遂	3.10/27/26	君○謂公乘姒緣事而知		君○謂杞梁之妻貞而知	
童○也	3.10/27/26	弟之遇禍也	3.12/29/20	禮	4.8/36/15
羊舌○曰	3.10/27/28	○皮之姊	3.12/29/27	聊與○同歸	4.8/36/15
君○哉	3.10/27/28	○皮相魯	3.12/29/27	妾聞天○者	4.9/36/27
羊舌○不與攘羊之事矣		姊諫○皮	3.12/29/27	天○失制	4.9/36/27
	3.10/27/28	大○幼 3.13/30/3,3.13/30/6		天○之所誅也	4.9/37/1
君○謂叔姬爲能防害遠		○欲嫁耶	3.13/30/4	君○謂伯嬴勇而精一	4.9/37/5
疑	3.10/27/29	吾爲○求偶	3.13/30/5	豈弟君○	4.9/37/6
○靈之妻殺三夫、一君		始吾以○爲有知	3.13/30/5	君○謂貞姜有婦節	4.10/37/22
、一○	3.10/28/1	非○所知也	3.13/30/7	君○序焉	4.10/37/27
今是鄭穆少妃姚○之○	3.10/28/3	太○少愚	3.13/30/9	君○謂貞姬廉潔而誠信	
○貉之妹也	3.10/28/3	君臣父○皆被其辱	3.13/30/10		4.11/38/10
○貉早死	3.10/28/3	○乃曰	3.13/30/10	君○大之	4.11/38/15
且三代之亡、恭太○之		○之所慮	3.13/30/11	夫人無○而守寡	4.12/38/21
廢	3.10/28/6	男○戰鬭	3.13/30/12	傅妾有○	4.12/38/21
狼○野心	3.10/28/9	秦立魏公○政爲魏太○		孺○養我甚謹	4.12/38/22
必是○也 3.10/28/9,3.11/29/2			3.14/30/22	○奉祀而妾事我	4.12/38/22
君○謂叔姬爲能推類	3.10/28/10	魏哀王使使者爲太○納		今我無○	4.12/38/23
邢侯與雍○爭田	3.10/28/13	妃而美	3.14/30/22	今又煩孺○	4.12/38/23
雍○入其女於叔魚以求		曲沃負謂其○如耳曰	3.14/30/23	夫人無○而婢妾有○	4.12/38/25
直	3.10/28/13	今大王爲太○求妃	3.14/30/29	使婢○居內	4.12/38/26
邢侯殺叔魚與雍○于朝		而亂男（○）〔女〕之		孝○養親	4.12/38/27
	3.10/28/14	別也	3.14/30/30	無○之人	4.12/38/28
韓宣○患之	3.10/28/14	以配君○	3.14/31/3	雖○欲爾	4.12/38/28
而尸叔魚與雍○于市	3.10/28/15	則父○生焉	3.14/31/4	傅妾退而謂其○曰	4.12/38/29

吾聞君○處順	4.12/38/29	後王又欲立公○職	5.2/42/10	營妻○之私愛	5.5/44/16
其○泣而（守）〔止〕		○督退而與其保言曰	5.2/42/11	況于○乎	5.5/44/17
之	4.12/39/1	今者王必將以職易太○	5.2/42/11	吾不能與○蒙恥而生焉	5.5/44/17
亦誠君○	4.12/39/2	其以太○爲非吾○	5.2/42/12	君○謂蓋將之妻潔而好	
妾○雖代	4.12/39/7	必寵太○之不可釋也	5.2/42/13	義	5.5/44/18
君○謂陶嬰貞一而思	4.13/39/17	太○知王之欲廢之也	5.2/42/14	丘○獨生	5.5/44/23
紡績養	4.13/39/22	○督先識	5.2/42/20	所抱者妾兄之○也	5.6/45/2
君○稱揚	4.13/39/22	自嫌非○	5.2/42/20	所棄者妾之○也	5.6/45/2
君○謂高行節禮專精	4.14/40/5	晉惠公太○之妃也	5.3/42/25	故棄妾之○	5.6/45/2
君○高之	4.14/40/9	○父之接忘而秦晉之友		○之于母	5.6/45/3
未有○	4.15/40/14	不加親也	5.3/42/26	而反抱兄之○	5.6/45/3
其父母哀其年少無○而		○其與我行乎	5.3/42/27	己之○	5.6/45/4
早寡也	4.15/40/17	○	5.3/42/27	兄之○	5.6/45/4
不得盡爲人○之禮	4.15/40/22	晉太○也	5.3/42/27	亡兄○而存妾○	5.6/45/4
君○謂孝婦備于婦道	4.15/40/25	○之欲去	5.3/42/27	○雖痛乎　5.6/45/6,5.8/46/14	
夫死無○	4.15/41/1	寡君使婢○侍執巾櫛以		故忍棄○而行義	5.6/45/6
孝公父武公與其二○長		固也	5.3/42/28	棄○抱姪	5.6/45/15
括、中○戲朝周宣		今吾不足以結○	5.3/42/28	趙簡○之女	5.7/45/20
王	5.1/41/11	從○而歸	5.3/42/29	襄○之姊	5.7/45/20
宣王立戲爲魯太○	5.1/41/12	言○之謀	5.3/42/29	簡○既葬	5.7/45/20
孝公時號公○稱	5.1/41/12	雖吾不從○也	5.3/42/29	襄○未除服	5.7/45/20
義保與其○俱入宮	5.1/41/13	○行矣	5.3/42/29	君○謂趙夫人善處夫婦	
養公○稱	5.1/41/13	○圉遂逃歸	5.3/42/30	之間	5.7/45/25
括之○伯御與魯人作亂	5.1/41/13	君○謂懷嬴善處夫婦之		惟趙襄○	5.7/45/30
求公○稱于宮	5.1/41/13	間	5.3/42/30	齊二○之母也	5.8/46/5
乃衣其○以稱之衣	5.1/41/14	吾願與○生若此	5.4/43/10	二○兄弟立其傍	5.8/46/5
以吾○代之	5.1/41/16		5.4/43/13	寡人度其母能知○善惡	5.8/46/8
請周天○殺伯御	5.1/41/17	故（一）〔以〕婢○之		母之○殺人	5.8/46/9
易以其○	5.1/41/22	身爲苞苴玩好	5.4/43/11	夫少○者	5.8/46/10
○督直行不顧	5.2/41/27	而要婢○以死	5.4/43/15	妾之○也	5.8/46/11
○督不顧	5.2/41/28	取婢○于弊邑	5.4/43/16	前妻之○也	5.8/46/11
○督復不顧	5.2/41/29	王弟○閭與○西、○期		君○謂義母信而好義	5.8/46/15
○督遂〔行〕不顧	5.2/41/29	謀曰	5.4/43/25	卒免二○	5.8/46/20
○督曰　5.2/42/1,5.2/42/5		其○必仁	5.4/43/26	魯秋胡○妻也	5.9/46/25
王將立公○（商）〔商〕		迎越姬之○熊章	5.4/43/26	秋胡○悅之	5.9/46/26
臣以爲太○	5.2/42/3	君○謂越姬信能死義	5.4/43/27	秋胡○謂曰	5.9/46/27
王問之于令尹○上	5.2/42/4	蓋之偏將丘○之妻也	5.5/44/6	養夫○〔而已矣〕	5.9/46/28
○上曰	5.2/42/4	妻○盡誅	5.5/44/6	收之齎與筍金	5.9/46/29
而又多寵○	5.2/42/4	丘○自殺	5.5/44/7	秋胡○遂去	5.9/46/30
其後（商）〔商〕臣以		○獨可生	5.5/44/9	秋胡○慚	5.9/47/1
○上救蔡之事	5.2/42/6	丘○曰　5.5/44/9,5.5/44/11		○束髮辭親往仕	5.9/47/1
譖○上而殺之	5.2/42/7	自殺者誅及妻○	5.5/44/11	下○之糧	5.9/47/2
○督謂其保曰	5.2/42/7	今君死而○不死	5.5/44/12	○改娶矣	5.9/47/4
○上言太○之不可立也	5.2/42/8	憂妻○而忘仁義	5.5/44/13	秋胡○有之矣	5.9/47/5
太○怨之	5.2/42/8	先交友而後妻○	5.5/44/15	秋胡○婦之謂也	5.9/47/6
王多寵○	5.2/42/9	妻○	5.5/44/15	吾爲○勞	5.10/47/18
太○貪忍	5.2/42/9	今○以妻○之故	5.5/44/15	君○謂忠妾爲仁厚	5.10/47/25

魏公〇之乳母	5.11/48/6	君〇殺身以成仁	5.15/50/31	〇貢以告孔	6.6/55/20
誅諸公〇	5.11/48/6	八十爲天〇師	6.1/51/20	孔〇出遊	6.6/55/25
而一公〇不得	5.11/48/7	舜生五歲而贊禹	6.1/51/21	異其處〇	6.6/55/25
〔有〕得公〇者	5.11/48/7	吾請語〇其故	6.1/51/23	〇貢三反	6.6/55/25
節乳母與公〇俱逃	5.11/48/7	見甯〇	6.1/51/27	〇曰達情	6.6/55/25
吾奈公〇何	5.11/48/8	君〇謂妾婧爲可與謀	6.1/51/27	趙簡〇之夫人也	6.7/55/30
今公〇安在	5.11/48/9	妾之〇爲郢大夫	6.2/52/15	簡〇南擊楚	6.7/55/30
有能得公〇者	5.11/48/9	妾〇坐而紃	6.2/52/15	簡〇至	6.7/56/1
我不知公〇之處	5.11/48/11	妾〇亦豈知之哉	6.2/52/15	簡〇〔怒〕	6.7/56/1
我聞公〇與乳母俱逃	5.11/48/11	其〇必不愚	6.2/52/20	簡〇曰	6.7/56/1
〇匿之	5.11/48/12	君〇謂乙母善以微喻	6.2/52/20		6.7/56/4, 6.7/56/6, 6.7/56/7
且夫凡爲人養〇者	5.11/48/13	繫人之〇	6.3/53/1	女〇走何爲	6.7/56/1
妾不能生而令公〇擒也		君〇謂弓工妻可與處難	6.3/53/10	非女（〇）之罪也	6.7/56/4
	5.11/48/14	乃造于相晏〇之門	6.4/53/22	簡〇將渡	6.7/56/6
遂抱公〇逃于深澤之中		晏〇聞之	6.4/53/23	簡〇悅	6.7/56/10
	5.11/48/15	晏〇望見之	6.4/53/24	爲簡〇發《河激》之歌	6.7/56/11
乳母以身爲公〇蔽	5.11/48/15	晏〇惕然而悟	6.4/54/2	簡〇大悅	6.7/56/13
與公〇俱死	5.11/48/16	晏〇出	6.4/54/6	簡〇歸	6.7/56/15
君〇謂節乳母慈惠敦厚		奔告晏〇	6.4/54/12	士長爲之言于襄〇	6.8/56/27
	5.11/48/17	晏〇爲言	6.4/54/12	襄〇問其故	6.8/56/27
爲孺〇室于宮	5.11/48/18	君〇不遷怒	6.5/54/18	于是襄〇見而問之曰	6.8/56/28
使爲〇師	5.11/48/18	而〇大夫之僕不肯少引	6.5/54/19	襄〇曰	6.8/56/29
皆居〇室以養全之	5.11/48/19	是以敗〇（夫）〔大〕			6.8/56/29, 6.8/57/4
購其〇孫	5.11/48/24	夫之車	6.5/54/19	而〇反	6.8/56/29
公〇乳母	5.11/48/24	今〇列大夫而不爲之表	6.5/54/21	〇反	6.8/56/29
兄〇與其己〇在火中	5.12/48/29	惜〇大夫之喪善也	6.5/54/22	母不能教〇	6.8/56/29
欲取兄〇	5.12/48/29	孔〇南遊〔適楚〕	6.6/55/8	妾聞〇少而慢者	6.8/57/1
輒得其〇	5.12/48/29	見處〇珮瑱而浣	6.6/55/8	今妾之〇少而不慢	6.8/57/2
獨不得兄〇	5.12/48/30	孔〇謂〇貢曰	6.6/55/9	〇少則爲	6.8/57/2
〇本欲取兄之〇	5.12/48/30	抽觴以授〇貢	6.6/55/9	夫死從〇	6.8/57/2
卒悞得爾〇	5.12/49/1	〇貢曰	6.6/55/10	妾能爲君長〇	6.8/57/3
吾欲復投吾〇	5.12/49/2	處〇曰	6.6/55/11	妾之〇與在論中	6.8/57/3
君〇謂節姑姊潔而不污	5.12/49/3		6.6/55/15, 6.6/55/18	非妾之〇	6.8/57/3
彼其之〇	5.12/49/3	何問乎婢〇	6.6/55/12	妾無暴〇	6.8/57/4
〇姪同內	5.12/49/8	（授）〔受〕〇貢觴	6.6/55/12	佛肸之母一言而發襄〇	
輒得厥〇	5.12/49/8	〇貢還報其辭	6.6/55/13	之意	6.8/57/5
其〇男	5.13/49/14	孔〇曰	6.6/55/13	自言襄〇	6.8/57/10
母〇有義如此	5.13/49/24		6.6/55/16, 6.6/55/20	〇長在君	6.8/57/10
君〇謂二義慈孝	5.13/49/26	抽琴去其軫以授〇貢	6.6/55/13	襄〇說之	6.8/57/10
父爲〇隱	5.13/49/26	〇貢往曰	6.6/55/14, 6.6/55/17	君〇謂虞姬好善	6.9/58/1
〇爲父隱	5.13/49/26	聞〇之言	6.6/55/14	此天下强顏女〇也	6.10/58/15
與〇同枕席	5.14/50/11	願借〇〔以〕調其音	6.6/55/15	今女〇不容于鄉里布衣	
令縣復其三〇而表其墓		〇貢以報孔〇	6.6/55/16		6.10/58/17
	5.14/50/14	抽絺綌五兩以授〇貢	6.6/55/16	不務〈〇〉	6.10/58/23
君〇謂友（姊）〔娣〕		非敢以當〇之身也	6.6/55/18	立太〇	6.10/58/30
善復兄讎	5.14/50/15	何敢受〇	6.6/55/19	君〇謂鍾離春正而有辭	6.10/59/1
君〇謂節女仁孝	5.15/50/30	〇不早命	6.6/55/19	遂立太〇	6.10/59/6

堯、舜、桀、紂俱天〇		〇牙	7.6/66/23	孟〇訴之曰	7.10/70/6
也	6.11/59/23	〇般立	7.6/66/23	而欲立公〇角	7.10/70/6
雖爲天〇	6.11/59/24	遂殺〇般于黨氏	7.6/66/24	刖鮑牽而逐高〇、國佐	7.10/70/7
君〇謂宿瘤女通而有禮		立叔姜之〇	7.6/66/24	孟〇又愬而殺之	7.10/70/8
	6.11/59/30	生秦穆夫人及太〇申生	7.7/67/6	遂殺孟〇	7.10/70/9
〇不識也	6.12/60/14	生公〇重耳、夷吾	7.7/67/7	崔〇（吊）〔弔〕而說	
賢其（夫妻）〔妻〇〕		生奚齊、卓〇	7.7/67/7	姜	7.11/70/20
	6.12/60/21	逐太〇與二公〇而可間		崔〇知之	7.11/70/21
故楚用虞丘〇	6.12/60/23	也	7.7/67/9	公以崔〇之冠賜侍人	7.11/70/21
不立太〇	6.13/61/7	若使太〇主曲沃	7.7/67/11	崔〇慍	7.11/70/21
	6.13/61/9,6.13/61/19	二公〇主蒲與二屈	7.7/67/11	公登臺以臨崔〇之宮	7.11/70/21
〇何以戒寡人	6.13/61/15	遂使太〇居曲沃	7.7/67/12	余聞崔〇之疾也	7.11/70/23
無太〇也	6.13/61/17	既遠太〇	7.7/67/12	崔〇與姜自側戶出	7.11/70/23
立在鄭〇袖之右	6.13/61/25	若紂有良〇而先殺紂	7.7/67/17	請改心事吾〇	7.11/70/24
君〇謂莊姪雖違于禮而		由此疑太〇	7.7/67/21	崔〇曰	7.11/70/25
終守以正	6.13/61/26	驪姬乃使人以公命告太		東郭姜與前夫〇棠毋咎	
生〇不生男	6.15/62/22	〇曰	7.7/67/21	俱入	7.11/70/27
天〇憐悲其意	6.15/62/26	〇之國	7.7/67/25	崔〇愛之	7.11/70/28
君〇謂緹縈一言發聖主		〇何遲爲君	7.7/67/25	崔〇前妻〇二人	7.11/70/28
之意	6.15/63/3	獻公使人謂太〇曰	7.7/67/26	大〇城、少〇彊	7.11/70/28
女〇行	7.1/63/17	太〇入自明可以生	7.7/67/26	生二〇明（成）	7.11/70/29
囚箕〇	7.2/64/10	太〇曰	7.7/68/1	崔〇廢成而以明爲後	7.11/70/29
微〇去之	7.2/64/10	盡逐群公〇	7.7/68/2	崔〇哀而許之	7.11/70/29
君〇信盜	7.2/64/13	卓〇立	7.7/68/3	謂二〇曰	7.11/71/1
既生〇伯服	7.3/65/1	〇圉立	7.7/68/4	于是二〇歸殺棠毋咎、	
廢太〇宜臼而立伯服爲		謀譖太〇	7.7/68/10	東郭偃于崔〇之庭	7.11/71/1
太〇	7.3/65/2	公〇出奔	7.7/68/10	崔〇怒	7.11/71/2
于是諸侯乃即申侯而共		夏姬之〇徵舒爲大夫	7.9/69/7	有〇不能教也	7.11/71/2
立故太〇宜臼	7.3/65/8	〇宜掩之	7.9/69/9	吾事夫〇	7.11/71/2
廢后、太〇	7.3/65/13	今自〇牽君而爲之	7.9/69/9	崔〇歸	7.11/71/4
宣公夫人夷姜生伋〇	7.4/65/18	靈公與二〇飲於夏氏	7.9/69/11	妻〇皆死	7.11/71/5
乃與壽弟朔謀構伋〇	7.4/65/19	公戲二〇曰	7.9/69/11	南〇及衛伯姬也	7.12/71/15
公使伋〇之齊	7.4/65/19	二〇亦曰	7.9/69/12	南〇者	7.12/71/15
以告太〇曰	7.4/65/21	靈公太〇午奔晉	7.9/69/13	通于宋〇朝	7.12/71/15
太〇其避之	7.4/65/21	將軍〇反見美	7.9/69/16	太〇蒯聵知而惡之	7.12/71/15
伋〇曰	7.4/65/21	〇反乃止	7.9/69/17	南〇讒太〇于靈公曰	7.12/71/16
則惡用〇也	7.4/65/21	其〇黑要又通于夏姬	7.9/69/18	太〇欲殺我	7.12/71/16
壽度太〇必行	7.4/65/21	〇歸	7.9/69/18	蒯聵之〇輒立	7.12/71/17
乃與太〇飲	7.4/65/22	大夫〇反怨之	7.9/69/20	孔文〇之妻	7.12/71/17
伋〇醒	7.4/65/22	遂與〇重滅巫臣之族	7.9/69/20	文〇卒	7.12/71/18
伋〇以壽爲己死	7.4/65/23	殺〇之身	7.9/69/26	〇苟能內我于國	7.12/71/18
二〇既死	7.4/65/24	〇反悔懼	7.9/69/26	報〇以乘軒	7.12/71/19
朔遂立爲太〇	7.4/65/24	太〇光之母也	7.10/70/3	免〇三死	7.12/71/19
謀危太〇	7.4/65/29	號孟〇	7.10/70/3	姬杖戈先太〇與五介冑	
欲立〇壽	7.4/65/29	以告孟〇曰	7.10/70/4	之士	7.12/71/20
使公〇彭生抱而乘之	7.5/66/8	孟〇怒	7.10/70/5	迫其〇悝于廁	7.12/71/21
通于二叔公〇慶父、公		高〇、鮑〇處內守	7.10/70/5	〇路死之	7.12/71/21

殺夫人南○ 7.12/71/21
南○惑淫 7.12/71/28
生○章 7.13/72/4
章爲太○ 7.13/72/4
生○何 7.13/72/6
太○無慈孝之行 7.13/72/7
王乃廢后與太○ 7.13/72/7
○何是成 7.13/72/18
考烈王無○ 7.14/72/23
而王無○ 7.14/72/25
〔妾〕賴天有○男 7.14/73/2
則是君之○爲王也 7.14/73/2
遂生○悼 7.14/73/3
立爲太○ 7.14/73/4
后有考烈王遺腹○猶立 7.14/73/5
考烈王弟公○負芻之徒
聞知幽王非考烈王○ 7.14/73/6
考烈無○ 7.14/73/12
悼襄王后生○嘉 7.15/73/19
爲太○ 7.15/73/19
生○遷 7.15/73/20
陰譖后及太○于王 7.15/73/20
使人犯太○而陷之于罪
7.15/73/20
大夫怨倡后之譖太○及
殺李牧 7.15/73/23

姊 zǐ 19

與其妹（○）〔娣〕浴
於玄丘之水 1.3/2/15
太子申生之同母○ 2.4/14/19
晉惠之○ 2.4/15/6
吾今嫁○矣 3.12/29/14
子皮之○ 3.12/29/27
○諫子皮 3.12/29/27
姑○妹誡之門內 4.6/35/3
魯義姑○者 5.6/44/28
號曰義姑○ 5.6/45/9
襄子之○ 5.7/45/20
而迎其○趙夫人 5.7/45/22
迎取其○ 5.7/45/30
○引義理 5.7/45/30
梁節姑○者 5.12/48/29
君子謂節姑○潔而不污 5.12/49/3
梁節姑○ 5.12/49/8
君子謂友（○）〔娣〕
善復兄讎 5.14/50/15
齊崔杼御東郭偃之（娣）
〔○〕也 7.11/70/19
蒯聵之○也 7.12/71/17

字 zì 3

莫能竄一○ 2.10/18/21
不能就一○ 5.13/49/24
○季兒 5.14/50/6

自 zì 119

遂○脩（餙）〔飾〕 1.3/2/26
○夏適殷 1.5/3/22
○少及長 1.6/4/16
則盛德○然著矣 1.6/4/22
○送之至於野 1.7/5/9
孫文子○是不敢舍其重
器于衛 1.7/5/17
不可不○脩整 1.8/6/8
女遂感而○修 1.8/6/11
○孟子之少也 1.9/6/27
○若也 1.9/6/28
文伯○以爲成人矣 1.10/8/1
俯而○申之 1.10/8/2
是以日益而不○知也 1.10/8/5
○庶人以下 1.10/8/24
無○以怠 1.10/8/24
○庶士以下 1.10/8/25
○上以下 1.10/8/27
（吾）〔胡〕不○安 1.10/9/1
○卿大夫以下 1.10/9/14
而士卒戰○五也 1.11/10/3
而戰○十也 1.11/10/4
而○康樂于其上 1.11/10/6
○此五子親附慈母 1.13/11/18
○歸罪於宣王 1.14/12/6
寔○有過 2.1/12/27
○子去晉 2.3/14/2
甚○得也 2.12/19/24
恂恂○下 2.12/19/26
然子之意洋洋若○足者
2.12/19/26
請○改 2.12/19/27
于是其夫乃深○責 2.12/19/28
于是晏子賢其能納善○
改 2.12/20/1
恂恂○效 2.12/20/8
其樂亦○足矣 2.13/20/19
將○用也 3.2/22/27
莫敖○經荒谷 3.2/22/29
子胡不早○貳焉 3.4/24/6
且以○託 3.4/24/15
王將○納焉 3.14/30/23
而○納之于後宮 3.14/30/30
○古聖王 3.14/30/30
哀王勤行○修 3.14/31/8
王能○脩 3.14/31/13
然後能○致也 4.3/33/19
○御輪三曲顧姬與 4.6/35/4
姬使侍御者舒帷以○障
蔽 4.6/35/6
○斂制也 4.6/35/8
則○經矣 4.6/35/10
○古寡同 4.6/35/18
何至○苦 4.7/35/23
遂○殺 4.7/35/26,5.2/42/14
5.4/43/25,5.5/44/17
息君亦○殺 4.7/35/26
○以無親 4.8/36/20
伯嬴○守 4.9/37/11
遂欲○殺 4.12/39/1
乃○修理 4.13/39/22
作歌○明 4.13/39/22
因欲○殺 4.15/40/23
攻殺懿公而○立 5.1/41/13
遂○經 5.2/42/15
○嫌非子 5.2/42/20
敢有○殺者 5.5/44/6
丘子○殺 5.5/44/7
吾固○殺也 5.5/44/10
○殺者誅及妻子 5.5/44/11
不能存國而○活 5.5/44/13
○殺于磨笄之地 5.7/45/25
○衛仕于周 5.10/47/16
殺主以○生 5.10/47/22
欲○殺 5.10/47/24
婦人將○趣火 5.12/48/30
何至○赴火 5.12/49/1
火盛○投 5.12/49/8
因涕泣不能○禁 5.13/49/22
各（有）〔○〕伏辜 5.13/50/1
遂以（身）〔繦〕○經

而死	5.14/50/14
遂以○殃	5.14/50/20
因○沐	5.15/50/29
而盜賊○息	6.2/52/12
寡人請○當之	6.4/53/30
○北徂南	6.6/55/10,6.6/55/17
○言〔曰〕	6.8/56/26
君○擇以爲臣	6.8/57/3
○言襄子	6.8/57/10
乃召虞姬而○問焉	6.9/57/20
不能○明	6.9/57/25
且○古有之	6.9/57/28
○詣宣王	6.10/58/13
不能○止	6.11/59/21
堯、舜○飾以仁義	6.11/59/24
桀、紂不○飾以仁義	6.11/59/25
○與蔽薄	6.14/62/8
徐吾○列	6.14/62/16
緹縈○悲泣	6.15/62/23
雖〔復〕欲改過○新	6.15/62/25
使得○新	6.15/62/25
吾甚○媿	6.15/62/28
○是之後	6.15/63/2,7.3/65/8
驕奢○恣	7.1/63/20
衣寶玉衣而○殺	7.2/64/11
亂匪降○天	7.5/66/9
生○婦人	7.5/66/9
將○立	7.6/66/25
○吾先君武公兼翼	7.7/67/18
食○外來	7.7/67/23
太子入○明可以生	7.7/67/26
若入而○明	7.7/68/1
遂○經于新城廟	7.7/68/1
今○子率君而爲之	7.9/69/9
崔子與姜○側戶出	7.11/70/23
遂○經而死	7.11/71/4
又○經而死	7.11/71/5
武靈王○號主父	7.13/72/8
今姜〔○〕知有身矣	7.14/73/1

恣 zì　1

驕奢自○	7.1/63/20

宗 zōng　45

〔卒爲周○〕	1.6/4/6

○廟饗之	1.6/4/18
是先君○卿之嗣也	1.7/5/12
夫安民而宥○卿	1.7/5/13
使祝○告亡	1.7/5/19
○不具不繹	1.10/9/17
齊桓公之○女	2.3/13/28
齊桓公以○女妻之	2.3/13/29
女○者	2.7/16/19
女○養姑愈敬	2.7/16/19
女○姒謂曰	2.7/16/20
女○曰	2.7/16/20,2.7/16/21
號曰女○	2.7/16/27
君子謂女○謙而知禮	2.7/16/27
宋鮑女○	2.7/17/1
○人擊牛而賀之	2.9/17/27
獨守○廟	2.14/21/5
晉大夫伯○之妻也	3.6/25/3
伯○賢而好以直辨凌人	3.6/25/3
伯○不聽	3.6/25/5
伯○曰	3.6/25/5
	3.6/25/7,3.6/25/11
郤害伯○	3.6/25/11
君子謂伯○之妻知天道	3.6/25/12
伯○凌人	3.6/25/17
數諫伯○	3.6/25/17
伯○遇禍	3.6/25/17
卒爲○恥	3.12/29/28
大王及○室所賜幣者	3.15/31/20
繼續先祖爲○廟主也	4.1/32/13
衛○二順者	4.12/38/20
衛○室靈王之夫人（而）	
及其傅妾也	4.12/38/20
衛○二順	4.12/39/7
季兒兄季○與延壽爭葬	
父事	5.14/50/6
延壽與其友田建陰殺季	
○	5.14/50/7
赫赫○周	7.3/65/9
公使大夫○〔婦〕用幣	
見	7.6/66/20
君之○邑也	7.7/67/9
○邑無主	7.7/67/10
主父從旁觀窺群臣○室	
〔之禮〕	7.13/72/9
○族滅弒	7.14/73/12
前日而亂一○之族	7.15/73/17
此女亂一○	7.15/73/18

綜 zōng　2

○也	1.10/8/12
○可以爲（開）〔關〕	
內之師	1.10/8/12

縱 zòng　5

○亂亡之欲	4.9/37/1
是○有罪也	5.8/46/7
又○兄之讎	5.14/50/11
○橫大笑	6.10/58/27
驕妬○橫	7.6/67/1

鄒 zōu　1

○孟軻之母也	1.9/6/23

走 zǒu　12

來朝○馬	1.6/3/29
卒見逐○	1.7/5/18
衛侯遂奔○	3.3/23/19
馬佚馳○	3.13/30/7
抱其所攜而○〔於〕山	5.6/44/29
○者爾母耶	5.6/44/30
見軍○山	5.6/45/15
遂去而東○	5.9/47/4
持楫而○	6.7/56/1
女子○何爲	6.7/56/1
○二大夫	7.9/69/26
章○主父	7.13/72/11

奏 zòu　1

書○	6.15/62/26

足 zú　29

手○矜動者	2.2/13/14
○以立于世矣	2.2/13/18
（手）〔首〕○不盡歛	2.11/19/5
覆頭則○見	2.11/19/5
覆○則頭見	2.11/19/5
不如正而不○也	2.11/19/6
死則手○不歛	2.11/19/9
然子之意洋洋若自○者	

	2.12/19/26	及獻公○	2.4/14/20	申公○分	7.9/69/26
常若不○	2.12/20/1	終○天年	2.9/18/3	宗○滅弒	7.14/73/12
其樂亦自○矣	2.13/20/19	○于橫木之下	3.2/23/4	前日而亂一宗之○	7.15/73/17
不○守政	2.14/21/6	○獨見釋	3.4/24/16		
○以食也	2.14/21/11	叔魚○以貪死	3.10/28/15	**阻** zǔ	3
冠纓不○帶有餘	3.9/27/4	果○分爭	3.10/28/21		
冠纓不○帶有餘者	3.9/27/10	○受為相	3.12/29/20	黎民○飢	1.2/2/3
夫有美物○以移人	3.10/28/6	○為宗恥	3.12/29/28	夫險○之山	3.11/28/28
愛馬○	3.11/28/27	○無敵兵	3.14/31/14	宣伯是○	7.8/69/1
則無愛馬○	3.11/28/27	〔故○不加誅〕	3.15/31/25		
室家不○	4.1/32/15	恭公○	4.2/32/30	**俎** zǔ	2
言夫家之禮不備○也	4.1/32/15	○守死君	4.3/33/25		
亦誠○恃	5.1/41/22	且夫養人老母而不能○		其嬉遊乃設○豆	1.9/6/25
今吾不○以結子	5.3/42/28		4.15/40/20	徹○不讌	1.10/9/17
昔敝邑寡君固以衆黎民		○配成王	5.2/42/20		
之役事君王之馬○	5.4/43/11	○霸天下	5.4/43/15	**祖** zǔ	4
而累○無所履也	5.6/45/6	○遺顯名	5.5/44/24		
尚不○言	6.11/59/22,6.11/59/27	○免二子	5.8/46/20	稱列先○	1.8/6/18
刖○者鉗	6.15/63/2	○悕得爾子	5.12/49/1	季康子之從○叔母也	1.10/7/27
智○以距諫	7.2/64/3	○享其報	6.3/53/4	無忝皇○	3.11/29/4
辨○以（餙）〔飾〕非	7.2/64/3	言未○	6.4/53/30,6.10/58/19	繼續先○為宗廟主也	4.1/32/13
貪叨無○	7.15/73/28	○見覆冒	6.9/57/25		
		○距强秦	6.9/58/6	**組** zǔ	4
卒 zú	53	○升后位	6.11/60/5		
		終○有功	6.13/62/1	與三公九卿○織施德	1.10/8/18
○享福祜	1.1/1/24	○得容入	6.14/62/16	織紝○紃	2.7/16/22
○致其名	1.2/2/2,1.3/2/18	○成禍凶	7.5/66/14	○羊裘	3.9/27/3
○為帝佐	1.2/2/10	獻公○	7.7/68/3	食獵犬、○羊裘者	3.9/27/8
○致令名	1.4/3/5	○薨于東宮	7.8/68/25		
○繼其父	1.4/3/10	文子○	7.12/71/18	**纘** zuǎn	1
○致王功	1.5/3/16				
〔○為周宗〕	1.6/4/6	**族** zú	16	武王○太王、王季、文	
○成武王、周公之德	1.6/4/17			王之緒	1.6/4/17
定公○	1.7/5/15	公○者	2.4/14/21		
○見逐走	1.7/5/18	則○昆弟	2.5/15/17	**最** zuì	4
○能脩身	1.8/6/18	請以姬之中子屏括為公			
○成大儒之名	1.9/6/26	○大夫	2.8/17/14	太姒○賢	1.6/5/3
文伯○	1.10/9/7	屏括遂以其○為公○大		○少	5.1/41/12
士○得無恙乎	1.11/9/28	夫	2.8/17/15	破胡○甚	6.9/57/29
士○并分菽粒而食之	1.11/9/28	王御不參一○	3.1/22/13	徐吾○貧	6.14/62/6
	1.11/10/4	叔姬不欲娶其○	3.10/27/30		
使士○飲其下流	1.11/10/3	吾母之○	3.10/28/1	**罪** zuì	55
而士○戰自五也	1.11/10/3	而反懲吾○	3.10/28/2		
士○菽粒	1.11/10/12	遂○邢侯氏	3.10/28/15	且告無○於廟	1.7/5/19
○蒙其榮	1.12/11/5	其○人死	3.12/29/13	有○若何告無○也	1.7/5/20
○成中興之名	2.1/12/28	○已滅	5.11/48/12	一○也	1.7/5/20
○成伯基	2.3/14/15	遂與子重滅巫臣之○	7.9/69/20	二○也	1.7/5/21

三〇也	1.7/5/21	孰與身臨不測之〇乎	7.14/73/2	言其〇右無賢臣	4.3/33/20
無告無〇	1.7/5/21	使人犯太子而陷之于〇		蔡姬在〇	5.4/43/8
得其〇尤	1.7/6/1		7.15/73/20	〇手如拒〔石〕	6.3/53/8
文伯乃謝〇	1.10/8/6			〇手不知	6.3/53/9
毋乃〇耶	1.10/9/13	**醉** zuì	15	〇驂牝驪	6.7/56/9
以救其〇	1.13/11/13			〇驂牝騏	6.7/56/9
自歸〇於宣王	1.14/12/6	〇將殺之	1.1/1/14	可置〇右	6.9/57/18
遂舍稷子之〇	1.14/12/7	舜終日飲酒不〇	1.1/1/15	〇右聞之	6.10/58/15
待〇於永巷	2.1/12/24	妾恐其醼醲〇飽	1.12/10/25	〔諂〕〔讇〕諛强于〇	
敢請婢子之〇	2.1/12/26	〇〔而〕載之以行	2.3/14/6	右	6.10/58/25
非夫人之〇也	2.1/12/27	〇而載之	2.3/14/14	〇右失貌	6.11/59/21
願請衛之〇	2.2/13/12	于是衍〇而傷槐	6.4/53/21	〇右復于王	6.12/60/12
望色請〇	2.2/13/23	〇至于此	6.4/53/26,6.7/56/3	朋其〇右	6.12/60/20
孤之〇也	3.2/23/1	民〇折傷	6.4/54/12	使其〇右謂王曰	6.13/61/7
若有〇焉	3.4/24/8	津吏〇臥不能渡	6.7/56/1	今秦又使人重賂〇右	6.13/61/9
三姦同〇	3.10/28/14	主君欲因其〇而殺之	6.7/56/4	强秦使人內間王〇右	6.13/61/20
請〇止身	3.15/32/1	禱求福兮〇不醒	6.7/56/11		
今殖有〇	4.8/36/9	津吏〇荒	6.7/56/20	**佐** zuǒ	12
若令殖免于〇	4.8/36/9	〇而溺死者	7.1/63/21		
遂辜無〇	5.2/42/9	〇之	7.5/66/8	卒爲帝〇	1.2/2/10
是縱有〇也	5.8/46/7			公出〇晉	7.8/68/17
親假有〇	5.8/46/20	**尊** zūn	15	以告國〇	7.10/70/4
〇至夷	5.11/48/7,5.11/48/10			國〇召慶剋	7.10/70/4
令尹以〇	6.2/52/8	以〇事卑	1.1/1/24	國〇非我	7.10/70/5
有何〇焉	6.2/52/14	〇爲天子	1.6/4/18	時國〇相靈公	7.10/70/5
〇予一人	6.2/52/16	子之家世世〇榮	1.8/6/7	國〇知之	7.10/70/6
且加〇焉	6.4/53/22	莫不〇榮	1.8/6/18	削鮑牽而逐高子、國〇	7.10/70/7
〇固當死	6.4/53/26	言〇賓也	1.10/9/6	〇使奔莒	7.10/70/7
非女（子）之〇也	6.7/56/4	〔穆公〕賜母〇號曰母		使慶剋〇之	7.10/70/7
而心不知〇也	6.7/56/5	師	1.12/10/27	國〇使人殺慶剋	7.10/70/8
若不知〇殺之	6.7/56/5	號以〇名	1.12/11/6	靈公與〇盟而復之	7.10/70/8
使知其〇	6.7/56/5	亦誠可〇	1.13/11/25		
母之〇也	6.8/57/1	身雖〇貴	2.8/17/21	**坐** zuò	20
父之〇也	6.8/57/1	〇其號曰高行	4.14/40/4		
是以言妾無〇也	6.8/57/4	告以夫人之〇	5.2/42/2	〇不邊	1.6/4/7
寡人之〇也	6.8/57/4	而〇其母號曰義母	5.8/46/15	席不正不〇	1.6/4/7
使竟其〇	6.9/57/19	〇所好	6.10/58/23	桓公〇友三人	1.10/8/3
此〇一也	6.9/57/24	齊桓公〇九九之人	6.12/60/24	〇而須死耳	2.9/18/1
〔此〕妾之〇二也	6.9/57/27	遂〇相	6.12/60/26	靈公與夫人夜〇	3.7/25/22
而加此二〇	6.9/57/27			衛靈夜〇	3.7/26/5
淳于公有〇當刑	6.15/62/22	**左** zuǒ	24	妾得無隨〔〇〕乎	3.15/31/24
以贖父〇	6.15/62/25			（受）不同席	4.9/36/29
令有〇者行其上	7.2/64/8	〇之〇之	1.7/5/25	誰當〇者	5.13/49/16
此何〇	7.4/65/23	〇右顧	1.10/8/2,5.13/49/16	初當〇之	5.13/49/17,5.13/49/19
終不得掩其淫亂之〇	7.8/68/25	〇琴右書	2.15/21/25,2.15/22/1	妾當〇之	5.13/49/21
王討〇也	7.9/69/14	〇右曰	4.2/33/1,6.12/60/13	吾寧〇之	5.13/49/25
公知有〇矣	7.11/70/24	〇右又曰	4.2/33/2	建獨〇死	5.14/50/7

獨我當○之	5.14/50/9	**胙** zuò	1
妾子○而紲	6.2/52/15		
然終○之	6.2/52/16	將○	7.7/67/23
並○鼓瑟	6.12/60/27		
○常處下	6.14/62/8	**祚** zuò	1
（令）〔今〕○法當刑		知其興○	3.4/24/15
	6.15/62/24		
		酢 zuò	1
作 zuò	36	○不受	1.10/9/17
汝○司徒	1.3/2/19		
又○詩曰	1.7/5/11	**鑿** zuò	1
送婦○詩	1.7/6/1	○顛者髡	6.15/63/2
乃○詩曰	1.8/6/9		
	4.3/33/18,4.5/34/15	**牟** （音未詳）	2
	4.5/34/17,4.7/35/24		
○詩明指	1.8/6/18	趙之中○宰佛肸之母也	6.8/56/25
臘日休○者	1.12/10/17	佛肸以中○畔	6.8/56/25
動○有節	2/12/18		
由禮動○	2.1/13/5		
○詩曰	2.4/15/1		
乃○《詩》曰	2.6/16/8		
○詩魴魚	2.6/16/14		
因疾之而○詩云	3.3/23/21		
女○《載馳》	3.3/23/27		
凡奸將○	3.9/26/27		
而○詩曰	4.1/32/15		
○詩明意	4.1/32/21		
○詩譏刺	4.3/33/25		
乃○《茉苡》之詩	4.4/34/3		
○詩不聽	4.4/34/8		
○詩《式微》	4.5/34/22		
○詩《同穴》	4.7/36/3		
○歌明己之不更二也	4.13/39/13		
○歌自明	4.13/39/22		
括之子伯御與魯人○亂	5.1/41/13		
伯御○亂	5.1/41/22		
吾懼禍亂之○也	5.2/42/11		
遂興師○亂	5.2/42/14		
夫採桑力○	5.9/46/28		
晉平○弓	6.3/53/15		
○新淫之聲	7.2/64/5		
○而害身	7.8/68/23		
章以其徒○亂	7.13/72/11		

附　　　　錄

全書用字頻數表

全書總字數 ＝ 39,315
單字字數　 ＝　2,272

之	1707	矣	139	出	80	成	57	少	46	仲	37	忘	30	昔	26
不	1005	詩	139	楚	80	叔	57	莫	46	名	37	幸	30	泣	26
子	959	言	137	云	79	善	57	雖	46	求	37	滅	30	孫	26
而	782	殺	135	從	78	晉	56	宗	45	嫁	37	儀	30	娶	26
也	760	生	133	歸	77	問	56	居	45	養	37	足	29	貴	26
曰	751	知	133	又	76	然	56	對	45	靈	37	奔	29	簡	26
以	618	父	132	心	76	好	55	當	44	同	36	姑	29	顧	26
其	545	齊	130	亂	75	安	55	號	44	作	36	忠	29	多	25
人	515	所	129	明	73	罪	55	願	44	宣	36	迎	29	男	25
王	443	姜	125	文	72	亦	54	告	43	莊	36	保	29	車	25
爲	435	聞	125	如	72	皆	54	姒	43	遠	36	南	29	來	25
夫	427	將	124	魯	72	諸	54	室	43	貞	35	怒	29	持	25
于	410	乎	120	入	71	士	53	過	43	酒	35	思	29	乘	25
者	385	事	120	先	71	令	53	十	42	色	34	慈	29	廢	25
公	380	今	119	若	69	弟	53	仁	42	衣	34	憂	29	丘	24
君	360	自	119	民	68	卒	53	外	42	執	34	穆	29	代	24
有	312	能	119	終	68	孟	53	百	42	猶	34	興	29	左	24
母	307	一	118	臣	67	淫	53	老	42	謀	34	小	28	刑	24
謂	273	見	118	非	67	復	53	周	42	守	33	召	28	吏	24
女	247	三	114	德	67	請	53	門	42	惠	33	取	28	兵	24
無	235	得	113	於	66	且	52	教	42	盡	33	害	28	固	24
妾	210	太	112	年	65	甚	52	趙	42	汝	32	崔	28	服	24
大	209	禮	112	中	64	節	51	親	42	季	32	進	28	果	24
死	208	欲	107	日	64	已	50	兄	41	桓	32	飲	28	容	24
是	208	下	104	在	64	哉	50	正	41	豈	32	爾	28	馬	24
與	208	頌	104	時	64	治	49	愛	41	高	32	稱	28	喪	24
使	183	必	103	身	63	秦	49	往	40	逐	32	獻	28	惡	24
吾	182	我	100	氏	62	反	48	美	40	舜	32	四	27	發	24
可	178	故	99	家	62	受	48	許	40	獨	32	伐	27	盜	24
乃	175	至	98	主	61	宮	48	敬	40	止	31	東	27	觀	24
此	166	立	96	食	61	寡	48	禍	40	申	31	武	27	尹	23
妻	165	後	91	衛	61	樂	48	未	39	妃	31	夏	27	水	23
姬	161	二	89	賢	61	聽	48	用	39	耳	31	師	27	右	23
遂	153	既	89	去	60	兮	47	信	39	夜	31	恐	27	改	23
何	151	及	88	內	59	孝	47	重	39	初	31	理	27	政	23
義	151	相	86	侯	59	長	47	敢	39	金	31	襄	27	强	23
行	149	天	85	朝	59	棄	47	世	38	哀	31	山	26	患	23
國	145	伯	84	命	58	處	47	意	38	傅	31	因	26	通	23
則	143	焉	82	上	57	亡	46	辭	38	遊	31	定	26	視	23
婦	141	道	81	后	57	失	37	力	30	彼	26	諫	23		

字	次	字	次	字	次	字	次	字	次	字	次	字	次	字	次
魏	23	姪	19	辱	17	望	15	由	13	逆	12	慚	11	畢	10
難	23	封	19	敖	17	貪	15	兩	13	配	12	廟	11	造	10
孔	22	紂	19	傷	17	陰	15	況	13	盛	12	徵	11	閉	10
加	22	俱	19	遇	17	章	15	爭	13	鳥	12	暴	11	惑	10
白	22	衰	19	壽	17	厥	15	前	13	揚	12	瘤	11	痛	10
羊	22	郭	19	管	17	喜	15	留	13	景	12	窮	11	開	10
法	22	誅	19	賜	17	尊	15	堂	13	湯	12	寵	11	感	10
納	22	達	19	餘	17	智	15	祥	13	福	12	學	11	新	10
惟	22	識	19	久	16	萊	15	脩	13	遣	12	頭	11	業	10
梁	22	九	18	分	16	順	15	閔	13	蔡	12	嬰	11	經	10
異	22	列	18	目	16	園	15	勤	13	鄰	12	戲	11	僕	10
眔	22	宋	18	次	16	載	15	群	13	閻	12	戴	11	實	10
陳	22	城	18	別	16	嘉	15	舅	13	繆	12	燭	11	歌	10
備	22	括	18	私	16	槐	15	嘗	13	織	12	鎰	11	誰	10
誡	22	負	18	良	16	醉	15	寧	13	膝	12	繫	11	適	10
臺	22	逃	18	里	16	諾	15	榮	13	手	11	引	10	擇	10
蓋	22	動	18	孤	16	聲	15	疑	13	北	11	牛	10	謁	10
還	22	專	18	幽	16	職	15	藏	13	休	11	仕	10	鮑	10
懼	22	康	18	昭	16	化	14	潔	13	存	11	古	10	龐	10
驪	22	敗	18	耶	16	田	14	蔽	13	曲	11	幼	10	應	10
己	21	野	18	恭	16	皮	14	麋	13	戒	11	合	10	臨	10
方	21	魚	18	恩	16	光	14	覆	13	攻	11	式	10	輿	10
位	21	勞	18	桑	16	考	14	離	13	狄	11	江	10	隱	10
免	21	越	18	送	16	邪	14	變	13	宜	11	舌	10	寵	10
利	21	聘	18	常	16	始	14	千	12	直	11	序	10	驕	10
即	21	虞	18	救	16	祀	14	弓	12	采	11	忍	10	變	10
舍	21	維	18	族	16	秋	14	友	12	帝	11	刺	10	姐	10
胡	21	語	18	斯	16	音	14	木	12	首	11	延	10	甯	10
軍	21	說	18	陽	16	珠	14	比	12	哭	11	河	10	督	10
笑	21	褒	18	飾	16	疾	14	玉	12	射	11	肯	10	剷	10
間	21	賤	18	鄭	16	除	14	夷	12	託	11	怠	10	瞶	10
數	21	隨	18	贏	16	宿	14	佐	12	寇	11	施	10	譖	10
平	20	避	18	戰	16	庶	14	吳	12	悼	11	皇	10	讎	10
早	20	繼	18	績	16	貧	14	更	12	戚	11	要	10	肹	10
坐	20	釋	18	讓	16	勝	14	走	12	推	11	倡	10	八	9
兒	20	夕	17	七	15	堯	14	制	12	富	11	修	10	匹	9
易	20	犯	17	火	15	報	14	咎	12	悲	11	娟	10	戶	9
物	20	戎	17	任	15	置	14	姓	12	曾	11	桀	10	市	9
春	20	邑	17	地	15	聖	14	抱	12	期	11	烈	10	本	9
殆	20	阿	17	肉	15	稷	14	表	12	結	11	益	10	伏	9
晏	20	厚	17	李	15	遺	14	怨	12	絕	11	神	10	危	9
書	20	流	17	乳	15	舉	14	苟	12	微	11	訓	10	向	9
婢	20	致	17	奉	15	懷	14	匪	12	祿	11	崩	10	收	9
御	20	卿	17	官	15	屬	14	席	12	葬	11	情	10	省	9
慶	20	息	17	威	15	顯	14	恥	12	路	11	接	10	妹	9
冊	19	悅	17	待	15	功	13	破	12	違	11	採	10	近	9
姊	19	起	17	退	15	布	13	貢	12	馳	11	深	10	赴	9

字	頻	字	頻	字	頻	字	頻	字	頻	字	頻	字	頻	字	頻
徒	9	林	8	州	7	墮	7	埋	6	永	5	黑	5	壓	5
商	9	雨	8	舟	7	憐	7	奚	6	甘	5	傳	5	驚	5
掩	9	冠	8	佛	7	駟	7	浩	6	示	5	傾	5	驪	5
授	9	度	8	余	7	器	7	紡	6	全	5	幹	5	鹽	5
曹	9	拜	8	役	7	燕	7	唯	6	匡	5	毀	5	悝	5
設	9	柱	8	志	7	謝	7	圉	6	各	5	虜	5	誄	5
陵	9	禹	8	決	7	璧	7	晝	6	克	5	解	5	輗	5
陶	9	背	8	具	7	襲	7	移	6	均	5	嘆	5	廉	5
就	9	降	8	屈	7	奈	7	符	6	折	5	墓	5	踰	5
舒	9	倚	8	怪	7	婧	7	莒	6	杞	5	夢	5	刀	4
嗣	9	弱	8	或	7	凡	6	陷	6	依	5	寢	5	工	4
廉	9	徐	8	附	7	升	6	圍	6	征	5	彰	5	才	4
愚	9	財	8	咸	7	牙	6	鄉	6	念	5	竭	5	充	4
會	9	追	8	契	7	夙	6	雄	6	昆	5	箕	5	石	4
歲	9	假	8	客	7	池	6	盟	6	杼	5	聚	5	吉	4
萬	9	務	8	柳	7	污	6	奮	6	社	5	蒲	5	臼	4
賊	9	曼	8	陝	7	牝	6	察	6	姚	5	誨	5	亨	4
賂	9	孰	8	畏	7	西	6	慢	6	巷	5	貌	5	似	4
圖	9	清	8	計	7	冶	6	獄	6	毒	5	賓	5	佚	4
幣	9	華	8	叟	7	沐	6	幟	6	盈	5	輔	5	形	4
漸	9	貳	8	娣	7	谷	6	廣	6	紀	5	戮	5	束	4
蒙	9	嗟	8	旁	7	卑	6	質	6	郊	5	緹	5	材	4
遷	9	弒	8	殷	7	味	6	踐	6	面	5	諛	5	沙	4
擊	9	鼓	8	涕	7	奇	6	髮	6	原	5	黎	5	牢	4
濟	9	境	8	飢	7	帛	6	澤	6	悔	5	疆	5	角	4
聰	9	端	8	啓	7	房	6	獲	6	海	5	擁	5	豕	4
鮮	9	精	8	淑	7	承	6	翼	6	畔	5	據	5	邢	4
關	9	履	8	祭	7	拘	6	薄	6	芻	5	積	5	防	4
靡	9	穀	8	習	7	放	6	鍾	6	荒	5	賴	5	並	4
乙	8	論	8	被	7	泄	6	薦	6	側	5	選	5	享	4
卜	8	鄧	8	連	7	牧	6	謹	6	匿	5	靜	5	佩	4
土	8	操	8	逢	7	臥	6	鞭	6	堅	5	櫛	5	呱	4
尸	8	瞽	8	傍	7	剋	6	獸	6	密	5	縱	5	忽	4
予	8	隗	8	渡	7	勇	6	攘	6	帶	5	謙	5	抽	4
弔	8	謚	8	琴	7	姦	6	竊	6	惜	5	黜	5	枕	4
旦	8	妬	8	童	7	指	6	荅	6	率	5	斷	5	油	4
末	8	商	8	塗	7	洋	6	媛	6	責	5	藏	5	狀	4
共	8	口	7	愈	7	津	6	歛	6	赦	5	鼇	5	玩	4
巫	8	六	7	慎	7	活	6	饋	6	幾	5	顏	5	肥	4
投	8	月	7	楷	7	盾	6	巾	5	棠	5	羅	5	侮	4
沃	8	犬	7	試	7	約	6	干	5	登	5	醮	5	勉	4
侍	8	他	7	辟	7	范	6	元	5	著	5	鏡	5	屋	4
供	8	司	7	雍	7	風	6	勿	5	虛	5	類	5	帥	4
呼	8	史	7	漆	7	飛	6	尺	5	象	5	嚴	5	建	4
和	8	玄	7	鄙	7			囚	5	幸	5	辯	5	恤	4
尚	8	交	7	鳴	7			尼	5	黃	5	驅	5	苦	4
性	8			屬	7							懿	5		

字		字		字		字		字		字		字		字	
迫	4	詐	4	鱗	4	圍	3	欺	3	褐	3	粲	3	忌	2
借	4	賀	4	懸	4	垂	3	殘	3	調	3	愨	3	扶	2
倫	4	軸	4	攜	4	屏	3	渭	3	賣	3	榠	3	步	2
冥	4	塞	4	灌	4	穿	3	渾	3	輟	3	殞	3	辛	2
哲	4	嫌	4	霸	4	胎	3	滋	3	遭	3	鄩	3	邦	2
宰	4	慾	4	鱉	4	衍	3	焚	3	墨	3	藜	3	乖	2
庭	4	損	4	邰	4	陋	3	畫	3	儒	3	橑	3	京	2
朔	4	極	4	恂	4	倍	3	等	3	橫	3	鮒	3	典	2
株	4	溫	4	紆	4	倦	3	距	3	縣	3	攢	3	劼	2
氣	4	瑕	4	寔	4	庫	3	逮	3	蕩	3	蓮	3	卓	2
浴	4	僖	4	嫚	4	恙	3	雲	3	辨	3	轉	3	卷	2
祠	4	滿	4	懇	4	悌	3	須	3	遲	3	窬	3	姆	2
祖	4	監	4	贅	4	效	3	勢	3	隧	3	丁	2	帚	2
秩	4	綱	4	驂	4	格	3	愷	3	險	3	乞	2	庖	2
素	4	裳	4	讔	4	特	3	楊	3	黔	3	介	2	弧	2
耕	4	誦	4	墻	4	畜	3	楹	3	優	3	午	2	拉	2
脅	4	誣	4	犁	4	畚	3	煩	3	燧	3	厄	2	拒	2
荊	4	誠	4	鬮	4	病	3	禁	3	爵	3	尤	2	昌	2
討	4	赫	4	餝	4	祝	3	葉	3	虢	3	斗	2	朋	2
躬	4	輒	4	飡	4	索	3	葭	3	邈	3	毛	2	枝	2
郢	4	輕	4	丈	3	純	3	跡	3	糧	3	半	2	枉	2
偽	4	鼻	4	井	3	草	3	隘	3	舊	3	卯	2	枚	2
偃	4	慮	4	凶	3	茲	3	鳩	3	觸	3	孕	2	注	2
奢	4	慕	4	切	3	偏	3	嫡	3	轉	3	弗	2	波	2
淳	4	憎	4	壬	3	基	3	寢	3	闋	3	斥	2	狗	2
淮	4	樊	4	戈	3	堵	3	摧	3	雙	3	穴	2	狐	2
產	4	賞	4	台	3	婁	3	漢	3	雞	3	伊	2	秉	2
笞	4	輜	4	札	3	崇	3	熒	3	騎	3	兆	2	肩	2
粒	4	齒	4	甲	3	崖	3	碩	3	懲	3	刪	2	苶	2
絀	4	壁	4	矢	3	帷	3	種	3	藥	3	印	2	返	2
組	4	擅	4	仰	3	徙	3	網	3	邊	3	吐	2	便	2
脫	4	樹	4	回	3	悉	3	罰	3	勸	3	奸	2	俟	2
蛇	4	熒	4	字	3	掃	3	裸	3	孽	3	并	2	俎	2
訟	4	醒	4	汙	3	斜	3	頗	3	蘇	3	艮	2	叛	2
貨	4	錯	4	壯	3	淵	3	儉	3	覺	3	伺	2	垣	2
速	4	嬪	4	尾	3	牽	3	嘻	3	鐘	3	但	2	恃	2
頃	4	孺	4	抑	3	累	3	嘯	3	譽	3	兌	2	柔	2
最	4	繁	4	每	3	聊	3	嬉	3	饗	3	劫	2	炭	2
彭	4	臂	4	沉	3	莘	3	寬	3	權	3	助	2	炮	2
惰	4	醜	4	狂	3	都	3	播	3	纓	3	卵	2	癸	2
惶	4	嚮	4	育	3	竟	3	樓	3	體	3	吞	2	省	2
揮	4	瀆	4	芒	3	割	3	牖	3	讒	3	否	2	矜	2
援	4	獠	4	刻	3	寒	3	瘠	3	洸	3	妖	2	耄	2
款	4	謬	4	忿	3	尋	3	膝	3	旀	3	妊	2	宵	2
殖	4	禱	4	拂	3	廄	3	膠	3	浣	3	岐	2	茅	2
粟	4	譚	4	昏	3	敦	3	蓬	3	竮	3	床	2	英	2
菽	4	讖	4	阻	3	棟	3			衿	3	弄	2	苞	2

字		字		字		字		字		字		字		字	
虐	2	淡	2	補	2	篤	2	忻	2	燵	2	甫	1	恪	1
亳	2	淄	2	裘	2	罹	2	姁	2	弋	1	究	1	按	1
倒	2	烹	2	詳	2	衡	2	徂	2	丹	1	赤	1	拭	1
候	2	琅	2	詣	2	諧	2	娀	2	仍	1	侈	1	拾	1
俾	2	羞	2	詢	2	豫	2	姝	2	勾	1	侏	1	昧	1
倉	2	術	2	豪	2	鋸	2	苕	2	夭	1	兔	1	枯	1
兼	2	趾	2	貉	2	錄	2	苴	2	支	1	奈	1	柯	1
冤	2	麻	2	賈	2	錦	2	苬	2	斤	1	委	1	泉	1
凌	2	博	2	遁	2	霏	2	邽	2	丙	1	府	1	洗	1
唁	2	喟	2	頓	2	頸	2	挹	2	乏	1	弩	1	爰	1
哺	2	堪	2	飽	2	館	2	烝	2	叩	1	忝	1	狩	1
娠	2	幅	2	弊	2	駭	2	珥	2	叨	1	戾	1	珍	1
娥	2	掌	2	摘	2	償	2	郤	2	句	1	招	1	界	1
差	2	棣	2	榭	2	壑	2	陟	2	巨	1	拔	1	畎	1
徑	2	植	2	熊	2	彌	2	惓	2	弘	1	拆	1	眉	1
悟	2	減	2	綜	2	歡	2	絅	2	瓜	1	杳	1	盼	1
悖	2	湘	2	菹	2	環	2	翃	2	禾	1	杯	1	竿	1
拳	2	測	2	誤	2	矯	2	衒	2	冰	1	歿	1	羿	1
挾	2	渝	2	遜	2	薪	2	酖	2	吊	1	泌	1	苟	1
振	2	湎	2	衙	2	講	2	惛	2	夸	1	泥	1	苗	1
捆	2	絲	2	閩	2	謠	2	軫	2	宇	1	沾	1	郡	1
朕	2	肅	2	僻	2	趨	2	限	2	宅	1	炙	1	俯	1
浸	2	菁	2	僵	2	韓	2	亶	2	寺	1	狎	1	倩	1
涉	2	萌	2	劍	2	瞻	2	鷹	2	弛	1	祁	1	值	1
浚	2	蛟	2	墳	2	竄	2	橡	2	戍	1	糾	1	俳	1
狼	2	詔	2	墜	2	簪	2	絺	2	旨	1	罔	1	倪	1
狹	2	買	2	層	2	闔	2	紿	2	旬	1	胲	1	剖	1
狸	2	軻	2	慧	2	壞	2	睢	2	羽	1	股	1	唐	1
耽	2	逸	2	撫	2	廬	2	偺	2	聿	1	臾	1	員	1
胸	2	鈞	2	敵	2	繹	2	熇	2	肌	1	虎	1	圃	1
般	2	雅	2	敷	2	臘	2	㺜	2	佞	1	亟	1	屑	1
茨	2	項	2	歎	2	藝	2	魴	2	呂	1	俊	1	展	1
豺	2	飯	2	編	2	襟	2	緼	2	吹	1	俗	1	恋	1
酌	2	馮	2	膚	2	贊	2	蕃	2	含	1	係	1	恕	1
偶	2	黍	2	蔑	2	顚	2	閬	2	夾	1	俞	1	捐	1
剪	2	僅	2	誥	2	麗	2	緄	2	妨	1	冒	1	旅	1
參	2	鳴	2	賦	2	壤	2	閽	2	妙	1	冑	1	根	1
唱	2	塡	2	趣	2	議	2	儳	2	廷	1	勃	1	梳	1
售	2	嫉	2	輦	2	譬	2	檡	2	技	1	卻	1	栗	1
婚	2	想	2	餓	2	變	2	槖	2	扼	1	品	1	殊	1
屠	2	搏	2	翼	2	露	2	篔	2	攸	1	奏	1	泰	1
悠	2	溺	2	懈	2	鰥	2	牟	2	旱	1	姨	1	消	1
探	2	瑟	2	整	2	贖	2	諂	2	杜	1	姻	1	涇	1
敕	2	禽	2	曉	2	蠹	2	迹	2	杖	1	宥	1	浮	1
晨	2	筮	2	盧	2	驟	2	覯	2	汪	1	屍	1	烙	1
絛	2	腹	2	窺	2	庀	2	壓	2	沒	1	急	1	珮	1
毫	2	葵	2			式	2			災	1			畝	1

字	頻	字	頻	字	頻	字	頻	字	頻	字	頻	字	頻	字	頻
盍	1	統	1	詖	1	塵	1	稻	1	勵	1	譎	1	枷	1
眞	1	細	1	貽	1	奪	1	糊	1	履	1	贈	1	枲	1
砥	1	脯	1	費	1	幕	1	緣	1	嶽	1	霧	1	泇	1
祚	1	莞	1	超	1	徹	1	緩	1	徵	1	麒	1	紃	1
秣	1	祖	1	跋	1	慘	1	罵	1	擠	1	麓	1	胙	1
窈	1	袖	1	鈇	1	旗	1	蔚	1	擢	1	麵	1	衍	1
紐	1	袍	1	閑	1	構	1	蔭	1	濱	1	寶	1	恚	1
脆	1	逝	1	開	1	漠	1	褓	1	營	1	競	1	捋	1
脊	1	雀	1	閔	1	漫	1	褊	1	療	1	觸	1	祜	1
臭	1	雪	1	嫂	1	漱	1	談	1	糟	1	譟	1	祓	1
虔	1	創	1	慄	1	漁	1	豎	1	縫	1	醴	1	紞	1
衽	1	啼	1	慍	1	瑤	1	輪	1	縐	1	饑	1	紘	1
記	1	喚	1	搜	1	綺	1	醇	1	膺	1	騷	1	枓	1
訊	1	喻	1	搆	1	緒	1	銳	1	螳	1	黨	1	罝	1
豹	1	喉	1	斟	1	翠	1	震	1	襞	1	曩	1	蚖	1
軒	1	喙	1	暗	1	翥	1	駕	1	謚	1	爛	1	衾	1
迷	1	壹	1	暖	1	翟	1	鳩	1	谿	1	纏	1	埽	1
郡	1	壺	1	殿	1	膏	1	冪	1	購	1	續	1	庫	1
釜	1	媚	1	溢	1	舞	1	剷	1	轂	1	譴	1	据	1
骨	1	媒	1	源	1	蒿	1	墾	1	闆	1	護	1	桷	1
乾	1	媛	1	照	1	蒼	1	壅	1	闌	1	躍	1	笥	1
偉	1	寐	1	猷	1	誘	1	導	1	隸	1	鐸	1	聃	1
偷	1	廁	1	睪	1	酸	1	憾	1	駿	1	儻	1	莪	1
副	1	循	1	碎	1	銅	1	擒	1	糜	1	囊	1	逑	1
啄	1	惺	1	稚	1	障	1	樵	1	齋	1	灑	1	喈	1
啜	1	惻	1	綏	1	領	1	機	1	擾	1	籠	1	媧	1
婪	1	揆	1	肆	1	魂	1	歷	1	歟	1	讀	1	媚	1
寂	1	握	1	腰	1	鳶	1	濁	1	甕	1	驗	1	甤	1
巢	1	揖	1	落	1	鳳	1	激	1	穢	1	麟	1	掾	1
庸	1	捶	1	葦	1	劉	1	澶	1	窾	1	囑	1	猱	1
張	1	暑	1	葛	1	嘿	1	璣	1	縉	1	躡	1	粢	1
惕	1	棺	1	蜂	1	審	1	磨	1	繡	1	鑿	1	詘	1
捲	1	棗	1	裝	1	寫	1	禦	1	繒	1	卬	1	酢	1
敝	1	棲	1	資	1	幡	1	築	1	蟠	1	宂	1	嗌	1
敏	1	游	1	跪	1	慾	1	膳	1	豐	1	妃	1	媿	1
敘	1	湮	1	運	1	憫	1	燕	1	蹕	1	狃	1	慆	1
斬	1	琢	1	遐	1	摯	1	諷	1	軀	1	玕	1	橢	1
旋	1	短	1	遏	1	暮	1	諭	1	邇	1	剡	1	溲	1
晦	1	策	1	鄒	1	槲	1	踴	1	鎮	1	妹	1	葑	1
梧	1	筆	1	鉗	1	毅	1	踵	1	鵠	1	宕	1	蜋	1
梟	1	筋	1	雷	1	漿	1	輯	1	曝	1	拊	1	裎	1
淪	1	絡	1	靖	1	潛	1	輸	1	檳	1	旻	1	豊	1
烽	1	経	1	預	1	潤	1	雕	1	瀝	1	昃	1	鉞	1
爽	1	絳	1	頑	1	磋	1	霖	1	牘	1	邠	1	頯	1
猛	1	菲	1	髡	1	稼	1	霍	1	瓊	1	倪	1		
皎	1	訴	1	鼠	1	稽	1	餞	1	繭	1	昵	1		
窒	1							駢	1						

墐 1	觳 1						
嫠 1	爨 1						
澔 1	齮 1						
瑱 1	纘 1						
禘 1	驥 1						
禋 1	菶 1						
綖 1	愫 1						
蓍 1	稟 1						
醄 1	疎 1						
駃 1	恊 1						
儌 1	廝 1						
橅 1	冡 1						
窳 1	鶏 1						
墼 1	醯 1						
憚 1	窣 1						
殫 1	頳 1						
糒 1	俤 1						
糗 1	闠 1						
穀 1	衐 1						
薨 1	卭 1						
諴 1	閰 1						
譴 1	袜 1						
闋 1	殮 1						
闒 1	郗 1						
餤 1							
鷗 1							
甌 1							
緤 1							
襏 1							
覯 1							
隰 1							
嚚 1							
礉 1							
黟 1							
騏 1							
壚 1							
禰 1							
蹦 1							
鼟 1							
騠 1							
騜 1							
鳹 1							
虪 1							
繻 1							
醹 1							
槇 1							
酆 1							

ISBN 957-05-0894-9 (782)   41423000

全   精裝   NT$ 1200
古列女傳逐字索引